值服务

在掌握

师用书
课件

详细
答案

测评本
PDF

典本
PDF

最新中考资讯

启光中考命题研究

2025

启光中考 全程复习方案

生物学

2025

全程

·专题分类

生

**图书在版编目(CIP)数据**

规则重构：建设工程施工合同纠纷裁判路径总梳理 / 邬砚著. -- 北京：法律出版社，2024（2024.11 重印）

ISBN 978-7-5197-8566-6

Ⅰ. ①规… Ⅱ. ①邬… Ⅲ. ①建筑工程－工程施工－合同纠纷－研究－中国 Ⅳ. ①D923.64

中国国家版本馆 CIP 数据核字（2023）第 218840 号

**规则重构：建设工程施工合同纠纷裁判路径总梳理**
**GUIZE CHONGGOU: JIANSHE GONGCHENG SHIGONG HETONG JIUFEN CAIPAN LUJING ZONGSHULI**

邬 砚 著

责任编辑 李 群 赵雪慧
装帧设计 鲍龙卉

**出版发行** 法律出版社
**编辑统筹** 法规出版分社
**责任校对** 王 丰 王晓萍
**责任印制** 耿润瑜
**经　　销** 新华书店

**开本** 710 毫米×1000 毫米 1/16
**印张** 81.75 **字数** 1410 千
**版本** 2024 年 2 月第 1 版
**印次** 2024 年 11 月第 2 次印刷
**印刷** 固安华明印业有限公司

地址：北京市丰台区莲花池西里 7 号（100073）
网址：www.lawpress.com.cn
投稿邮箱：info@lawpress.com.cn
举报盗版邮箱：jbwq@lawpress.com.cn
销售电话：010-83938349
客服电话：010-83938350
咨询电话：010-63939796

**书号**：ISBN 978-7-5197-8566-6
**定价**：168.00 元

凡购买本社图书，如有印装错误，我社负责退换。电话：010-83938349

# 规则重构

## 建设工程施工合同纠纷裁判路径总梳理

邬砚 / 著

RULE RECONSTRUCTION: THE OVERALL WAY OF ADJUDICATION OF CONSTRUCTION CONTRACT DISPUTES IS SORTED OUT

法律出版社 | LAW PRESS
北京

个裁判规则深度解析》修订二版的序言中所说："修订时发现，部分章节过于注重资料的收集与展示，作者自己的观点较少展开，显得说理不够；原书按照传统教科书的体例写作，完成后根据编辑的建议调整为现在的体例，体例调整后显得逻辑层次不够清晰，部分裁判规则零碎而杂乱。但这些问题只有全面改写才能解决。"① 本次重写既注重介绍实务中的裁判观点，亦致力阐释笔者自己的思考，本书每个裁判规则相对独立而完整，且坚持了"裁判规则+理论解析+典型案例"之体例上的一贯性。

有三个问题需要说明：第一，本书讨论的多是实务中的争议问题，普遍存在"公说公有理婆说婆有理"的两难选择。笔者学识所限，所选择的部分裁判规则难免有失允当。如商品房买卖合同被确认为无效或被解除情形下，购房人返还购房款请求权与承包人工程价款优先受偿权的关系问题，笔者原本的观点是，购房人的返还购房款请求权不具有优先性。但书稿即将完成之时，适逢《最高人民法院关于商品房消费者权利保护问题的批复》（法释〔2023〕1号）出台。笔者虽不赞同该批复第3条的立场，但基于本书实务书籍的定位，还是忙不迭地根据该批复规定进行了改写——商品房消费者的价款返还请求权在房屋不能交付且无实际交付可能的情况下优先于建设工程价款优先受偿权。此外，挂靠人是否享有建设工程价款优先受偿权，也是争议颇大的问题。笔者最终的选择是：挂靠人与发包人之间存在事实上的建设工程施工合同关系，系事实上的承包人，故挂靠人对发包人享有直接的工程款请求权，也就相应享有建设工程价款优先受偿权。据悉，就此问题，湖南省高级人民法院向最高人民法院进行了请示（湘高法报〔2022〕46号），但最高人民法院尚未作出答复。站在司法实务的立场，相关争议问题当然应以具有法律效力的规范为准，笔者的论述就权当抛砖引玉吧。第二，通常情况下，每个建设工程施工合同纠纷案件都会涉及多个法律问题，且多数问题都有争议。本书每个裁判规则之下所援引的典型案例②，仅表明就讨论的该裁判规则笔者赞同典型案例的裁判意见，但不代表笔者赞同典型案例所涉及的与该裁判规则无关的其他法律问题的立场。第三，附录中有26个高级人民法院的指导意见，这是本书在介绍实务观点时

① 邬砚：《建设工程合同纠纷：254个裁判规则深度解析》，法律出版社2019年版，修订版序第2、3页。

② 感谢我的学生申仙妮为本书收集了大量案例。

# 自　序

首先需要声明并强调的是，本书不是拙著《建设工程合同纠纷：254 个裁判规则深度解析》[1] 的修订版，而是笔者另起炉灶重新完成的一本新书。从内容、体例来看，《建设工程合同纠纷：254 个裁判规则深度解析》只有 254 个裁判规则，而本书有 456 个裁判规则，且完全重合的裁判规则为数寥寥；《建设工程合同纠纷：254 个裁判规则深度解析》字数约 42 万字，而本书字数约 141 万字；《建设工程合同纠纷：254 个裁判规则深度解析》只有 70 个典型案例、52 个关联案例，而本书有 456 个典型案例、501 个参考案例。对比二者，虽有丝缕联系，但主要内容区别显著。

《建设工程合同纠纷：254 个裁判规则深度解析》市场反响尚可，之所以选择推倒重来，而非加印或修订，主要源自两方面的考量：一是调整建设工程施工合同纠纷的法律规范制度迭代。“一典出、九法废”，随着《民法典》的施行，《建设工程合同纠纷：254 个裁判规则深度解析》所依托的《合同法》《物权法》等法律废止。在此基础上，最高人民法院相应废止了原《关于建设工程价款优先受偿权问题的批复》（法释〔2002〕16 号）、《关于审理建设工程施工合同纠纷案件适用法律问题的解释》（法释〔2004〕14 号）、《关于审理建设工程施工合同纠纷案件适用法律问题的解释（二）》（法释〔2018〕20 号），并重新颁布了《关于审理建设工程施工合同纠纷案件适用法律问题的解释（一）》（法释〔2020〕25 号）、《最高人民法院关于商品房消费者权利保护问题的批复》（法释〔2023〕1 号）。这就导致《建设工程合同纠纷：254 个裁判规则深度解析》所讨论的法律规则发生根本性变化，很难通过修订的方式加以完善。二是如笔者在《建设工程合同纠纷：254

① 邬砚：《建设工程合同纠纷：254 个裁判规则深度解析》，法律出版社 2018 年第一版，2019 年修订二版。

作 者 简 介

## 邬 砚

重庆市垫江县人，西南政法大学法学博士。历任重庆市高级人民法院民一庭审判长、重庆市沙坪坝区人民法院副院长、重庆市石柱土家族自治县人民法院院长，现为西南政法大学民商法学院副教授。

先后在《现代法学》《法学杂志》等期刊发表论文30余篇，出版专著《侵权补充责任研究》《建设工程合同纠纷：254个裁判规则深度解析》《房地产开发经营纠纷：214个裁判规则深度解析》，主编《破产法律报告》，参编《侵权责任纠纷裁判依据新释新解》《最高人民法院商品房买卖合同司法解释精释精解》等。

主要依赖的资料。其中，绝大部分指导意见笔者通过北大法宝得以查询核实，北大法宝没有收录的，笔者也通过当地法院系统的朋友予以了核实。

本书的不足或者说是遗憾是显而易见的：第一，建设工程施工合同纠纷领域争议问题非常多，笔者虽尽力搜集、整理、建构，但所收获者不过九牛一毛。而且本书直接从单个裁判规则入手，这种“梅花桩式”的写作体例，也决定了本书的论述必然是挂一漏万的。第二，涉及交叉问题的裁判规则，无论摆放在哪个章节，都难以周全。笔者的选择是，若一个争议点涉及多个法律问题的，则择一摆放。如工期违约金，既可以安排在工期部分，也可以放置在违约金部分，笔者最终摆放在了“3.3　工期的索赔”；若一类问题之下的多个争议点涉及多个法律问题的，则根据法律问题的不同分散摆放。如涉及招标投标的裁判规则，则分散在“2.1　建设工程施工合同的成立”之【裁判规则9】、“2.4　招投标程序对建设工程施工合同效力的影响”、“5.5　无效建设工程施工合同的参照结算”之【裁判规则214】，以及“8. 建设工程‘黑白合同’裁判规则”。这种位置摆放，要么使被“忽视”的章节显得内容“漏项”，要么使被分散的规则显得支离破碎。第三，由于《民法典》与《关于审理建设工程施工合同纠纷案件适用法律问题的解释（一）》（法释〔2020〕25号）施行不久，实务中适用《民法典》《关于审理建设工程施工合同纠纷案件适用法律问题的解释（一）》裁判且契合本书所建构的裁判规则的案件不多，所以本书所援引的大量案例适用的仍是《合同法》、《关于审理建设工程施工合同纠纷案件适用法律问题的解释》（法释〔2004〕14号）、《关于审理建设工程施工合同纠纷案件适用法律问题的解释（二）》（法释〔2018〕20号）等，在时效性上有所欠缺。

在建设工程施工合同纠纷领域，建造、造价与法律规范相互交织。笔者在这一领域存在大量的知识盲区，对裁判规则的解说心余而力绌，部分裁判规则的建构难免流于浅薄，还请读者诸君多多包涵。

是为序。

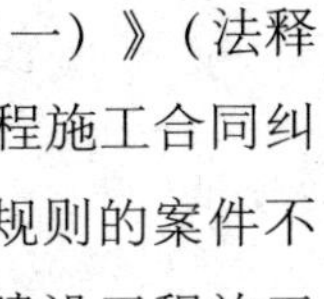

# 缩略语表

一、本书中，法律、法规等规范性文件名称一律使用简称，如《中华人民共和国民法典》，简称为《民法典》。

二、其他规范性文件简称如下：

| 序号 | 文件全称 | 文件简称 | 文号 |
|---|---|---|---|
| 1 | 《最高人民法院关于建设工程价款优先受偿权问题的批复》 | 《优先受偿权批复》 | 法释〔2002〕16号，已失效 |
| 2 | 《最高人民法院关于审理建设工程施工合同纠纷案件适用法律问题的解释》 | 《2004年建工解释》 | 法释〔2004〕14号，已失效 |
| 3 | 《第八次全国法院民事商事审判工作会议（民事部分）纪要》 | 《八民会纪要（民事部分）》 | 法〔2016〕399号 |
| 4 | 《最高人民法院关于审理建设工程施工合同纠纷案件适用法律问题的解释（二）》 | 《2018年建工解释》 | 法释〔2018〕20号，已失效 |
| 5 | 《全国法院民商事审判工作会议纪要》 | 《九民会纪要》 | 法〔2019〕254号 |
| 6 | 《最高人民法院关于民事诉讼证据的若干规定》 | 《证据规定》 | 法释〔2019〕19号修正 |
| 7 | 《最高人民法院关于审理涉及国有土地使用权合同纠纷案件适用法律问题的解释》 | 《国有土地使用权合同解释》 | 法释〔2020〕17号修正 |

续表

| 序号 | 文件全称 | 文件简称 | 文号 |
|---|---|---|---|
| 8 | 《最高人民法院关于审理城镇房屋租赁合同纠纷案件具体应用法律若干问题的解释》 | 《城镇房屋租赁合同解释》 | 法释〔2020〕17号修正 |
| 9 | 《最高人民法院关于审理民间借贷案件适用法律若干问题的规定》 | 《民间借贷规定》 | 法释〔2020〕17号修正 |
| 10 | 《最高人民法院关于审理买卖合同纠纷案件适用法律问题的解释》 | 《买卖合同解释》 | 法释〔2020〕17号修正 |
| 11 | 《最高人民法院关于适用〈中华人民共和国企业破产法〉若干问题的规定（二）》 | 《企业破产法规定（二）》 | 法释〔2020〕18号修正 |
| 12 | 《最高人民法院关于人民法院办理执行异议和复议案件若干问题的规定》 | 《执行异议复议规定》 | 法释〔2020〕21号修正 |
| 13 | 《最高人民法院关于人民法院民事执行中查封、扣押、冻结财产的规定》 | 《查封、扣押、冻结规定》 | 法释〔2020〕21号修正 |
| 14 | 《最高人民法院关于适用〈中华人民共和国民法典〉物权编的解释（一）》 | 《民法典物权编解释（一）》 | 法释〔2020〕24号 |
| 15 | 《最高人民法院关于审理建设工程施工合同纠纷案件适用法律问题的解释（一）》 | 《建设工程施工合同解释（一）》 | 法释〔2020〕25号 |
| 16 | 《最高人民法院关于适用〈中华人民共和国民事诉讼法〉的解释》 | 《民事诉讼法解释》 | 法释〔2022〕11号修正 |
| 17 | 《最高人民法院关于适用〈中华人民共和国民法典〉合同编通则若干问题的解释》 | 《合同编通则解释》 | 法释〔2023〕13号 |

# 目 录

# 1. 建设工程施工合同的范围界定

建设工程施工合同有其自身特性。如承包人应具备相应的建筑业企业资质、符合规定条件的建设工程必须进行招投标、承包人就工程价款享有优先受偿权亦负担质量保证责任、围绕合同发生的纠纷由工程所在地法院专属管辖等。因此，需明确哪些工程属于建设工程、哪些合同属于建设工程施工合同，才能将建设工程施工合同与其他合同区分开来。

## 1.1 建设工程的范围界定

建设工程施工合同以建设工程为合同客体，故甄别合同是否属于建设工程施工合同，首先应从合同客体——建设工程——入手。

**裁判规则1**

**建设工程是指为人类生活、生产提供物质技术基础的各类建（构）筑物和工程设施。合同标的物是否属于建设工程，可参考《建设工程分类标准》（GB/T 50841-2013）予以确定。**

建设工程施工合同以建设工程为标的物。由于《建筑法》《建设工程质量管理条例》针对建设工程的文字表述与涵摄范围不尽一致，在实践中，除房屋建造、道路修筑、桥梁架设这类典型的建设工程以外，针对温室大棚搭设、光伏设备安装、输水管道防腐处理、铁路道口监控系统的建设安装等是否属于建设工程，往往存在争议。

对是否属于建设工程的判断，可以参考住建部发布的国家标准——《建设工程分类标准》（GB/T 50841-2013）。在“北京京鹏环球科技股份有限公司与海南洪民富温室工程有限公司承揽合同纠纷案”① 中，海南省高级人民法院认定温室大棚不属于建设工程，其理由即为“《建设工程分类标准》（GB50841-2013）中未明确规定温室大棚属于建设工程”。在“中昊长源防腐有限公司与天津市常天管道有限公司建设工程施工合同纠纷案”② 中，法院认定管道防腐工程属于建设工程的理由，也是“本案中昊公司所施工内容是管道防腐蚀工程，属于住建部发布的《建设工程分类标准》（GB/T 50841-2013）第5.11.1条规定的设备及管道防腐蚀工程”。在“山东象阳能源科技有限公司与上海二十冶建设有限公司建设工程合同纠纷案”③ 中，山东省高级人民法院也是依据《建设工程分类标准》（GB/T 50841-2013），认定案涉分布式光伏发电项目工程属于建设工程。

根据《建设工程分类标准》（GB/T 50841-2013）第2.0.1项的规定，建设工程，是“为人类生活、生产提供物质技术基础的各类建（构）筑物和工程设施”。建设工程按自然属性和主要用途可分为建筑工程、土木工程和机电工程三大类。建筑工程，是指供人们进行生产、生活或其他活动的房屋或场所；按照使用性质可分为民用建筑工程、工业建筑工程、构筑物工程及其他建筑工程等。土木工程，是指建造在地上或地下、陆上或水中，直接或间接为人类生活、生产、科研等服务的各类工程；可分为道路工程、轨道交通工程、桥涵工程、隧道工程、水工工程、矿山工程、架线与管沟工程、其他土木工程。机电工程，是指按照一定的工艺和方法，将不同规格、型号、性能、材质的设备、管路、线路等有机组合起来，满足使用功能要求的工程；可分为机械设备工程、静设备与工艺金属结构工程、电气工程、自动化控制仪表工程、建筑智能化工程、管道工程、消防工程、净化工程、通风与空调工程、设备及管道防腐蚀与绝热工程、工业炉工程、电子与通信及广电工程等。在实践中，针对是否属于建设工程的争议，可按图索骥，根据合同标的物是否为《建设工程分类标准》（GB/T 50841-2013）所包含进行判断。

---

① 参考案例1：北京京鹏环球科技股份有限公司与海南洪民富温室工程有限公司承揽合同纠纷案，海南省高级人民法院（2020）琼民申133号民事裁定书。

② 参考案例2：中昊长源防腐有限公司与天津市常天管道有限公司建设工程施工合同纠纷案，河南省高级人民法院（2018）豫民再633号民事判决书。

③ 参考案例3：山东象阳能源科技有限公司与上海二十冶建设有限公司建设工程合同纠纷案，山东省高级人民法院（2021）鲁民申4761号民事裁定书。

典型案例 1

## 靖江苏靖环保工程有限公司与郑州康宁特环保工程技术有限公司建设工程合同纠纷案①

### 基本案情

靖江苏靖环保工程有限公司（以下简称苏靖环保公司）诉称，2015 年 6 月 23 日，其与郑州康宁特环保工程技术有限公司（以下简称康宁环保公司）签订《鹤壁鹤淇发电有限责任公司 2 号炉 660MW 机组湿式除尘器工程防腐施工合同》，约定由其承接鹤壁鹤淇发电有限责任公司 2 号炉 660MW 机组湿式除尘器工程防腐施工工程。完工后，康宁环保公司欠付工程款 667, 365 元，故其诉至法院要求支付。2019 年 12 月 26 日，淇县人民法院立案受理。康宁环保公司提出管辖权异议，认为本案是承揽合同纠纷，应适用普通合同纠纷的一般管辖规定，因合同中已经约定纠纷管辖法院为新密市人民法院，故本案应移送新密市人民法院审理。淇县人民法院采纳康宁环保公司的抗辩，裁定将案件移送新密市人民法院处理。案件移送后，2020 年 8 月 12 日，郑州市中级人民法院以本案为建设工程分包合同纠纷，施工地点位于鹤壁市淇县庙口镇，案涉合同中的协议管辖条款违反民事诉讼法对专属管辖的规定，应属无效，应由淇县人民法院对本案行使管辖权为由，报请河南省高级人民法院指定管辖。

### 法院观点

河南省高级人民法院认为，建设工程合同属于一种特殊的承揽合同，由于其特殊性，建设工程合同纠纷应按照不动产纠纷确定管辖。在本案中，苏靖环保公司的诉讼请求为支付工程款款项，从双方签订的《鹤壁鹤淇发电有限责任公司 2 号炉 660MW 机组湿式除尘器工程防腐施工合同》中的工程名称、工程适用标准、技术规范及工程验收规定上分析，该工程应属于建设工程。住建部 2012 年 12 月 25 日发布、2013 年 5 月 1 日施行的《建设工程分类标准》（GB/T 50841-2013）亦将管

① 典型案例 1：靖江苏靖环保工程有限公司与郑州康宁特环保工程技术有限公司建设工程合同纠纷案，河南省高级人民法院（2020）豫民辖 387 号民事裁定书。

道与设备防腐工程纳入建设工程范畴。虽然双方在合同中约定了管辖条款，但该约定管辖条款内容因违反专属管辖的规定而属无效。因此，本案应由案涉工程所在地人民法院——淇县人民法院——管辖。

## 裁判规则2

**园林绿化工程不属于建设工程。但建筑面积达300平方米以上的园林景观建造，因超越了园林绿化工程的规模限定，应归属于建设工程的范畴。**

园林绿化工程是否属于建设工程，从现行法的规定来看不尽明确，实务中的处理亦未臻统一。

从现行规范来看，根据《建设工程分类标准》（GB/T 50841-2013）的相关规定，园林绿化属于土木工程项下的环境保护工程所辖的“绿化工程”。在“江南园林有限公司与呼和浩特市林业和草原局合同纠纷案”① 中，法院即认为，“根据《建设工程分类标准》（GB/T 50841-2013）的相关规定，绿化工程属于建设工程的范畴”。在“山东长兴园林工程有限公司与威海广信房地产开发有限责任公司破产债权确认纠纷案”② 中，山东省高级人民法院也将案涉园林绿化工程合同认定为建设工程合同。此外，从作为行业标准的《园林绿化工程施工及验收规范》（CJJ82-2012）的名称来看，该标准也把园林绿化工程纳入建设工程的范畴。

《城市绿化条例》③ 在2017年第二次修订时，取消了对绿化工程的施工人资质、完工后主管部门验收的要求。④《园林绿化工程建设管理规定》（建城〔2017〕

---

① 参考案例4：江南园林有限公司与呼和浩特市林业和草原局合同纠纷案，内蒙古自治区高级人民法院（2020）内民终324号民事判决书。

② 参考案例5：山东长兴园林工程有限公司与威海广信房地产开发有限责任公司破产债权确认纠纷案，山东省高级人民法院（2018）鲁民终1116号民事判决书。

③ 1992年中华人民共和国国务院令第100号发布，2011年中华人民共和国国务院令第588号第一次修订，2017年中华人民共和国国务院令第676号第二次修订。

④ 《城市绿化条例》（2011年修订）第16条规定：“城市绿化工程的施工，应当委托持有相应资格证书的单位承担。绿化工程竣工后，应当经城市人民政府城市绿化行政主管部门或者该工程的主管部门验收合格后，方可交付使用。”实务界常以此为据，将园林、绿化工程纳入建设工程的范畴。2017年3月1日，《城市绿化条例》第二次修订时该条被删除。

251号）第7条相应规定："各级住房城乡建设（园林绿化）主管部门、招标人不得将具备住房城乡建设部门核发的原城市园林绿化企业资质或市政公用工程施工总承包资质等作为投标人资格条件。"原《城市园林绿化企业资质标准》（建城〔2009〕157号）也在2017年12月12日被住建部第1765号公告废止。这就使得园林绿化工程合同失去了建设工程施工合同最常见的特征——施工人应具备相应资质。《福建省高级人民法院当前我省涉建工纠纷审判调研 问答·案例·白皮书》（2022年9月）第2条据此提出："国家已取消对城市园林绿化企业的资质要求，园林绿化工程一般情况下不应认定为建设工程。"在"易县绿馨园林绿化有限公司与北京乾景园林股份有限公司合同纠纷案"① 中，合同约定，由绿馨园林绿色有限公司对乾景园林股份有限公司位于北京市顺义区2013年平原造林工程——京密引水工程——1标段11地块、13地块、14地块种植进行造林施工且种植养护1年。法院认为，诉争合同中的履行内容不涉及建设工程施工合同中的建筑及其配套的安装活动，故不属于建设工程施工合同。但也有观点认为，园林绿化工程虽然取消了对施工单位的资质规定，但作为工程建设项目附属工程的园林绿化工程，仍然受到建设主管部门的监管，仍然属于建设工程的范畴，应当适用建设工程合同的规定。② 换言之，园林绿化工程属于不要求施工人资质的建设工程。

从《园林绿化工程建设管理规定》第2条③来看，可将园林绿化工程区分为两种类型：一是绿化工程，主要包括植物栽植、地形整理、园林设备安装；二是景观建造工程，主要包括建筑面积300平方米以下的单层配套建筑、小品、花坛、园路、水系、驳岸、喷泉、假山、雕塑、绿地广场、园林景观桥梁等施工。其中：绿化工程显然不属于建设工程的范畴；建筑面积300平方米以下的景观建造工程，根据《建设工程分类标准》（GB/T 50841-2013）第2.0.1项④的规定，本应属于建

---

① 参考案例6：易县绿馨园林绿化有限公司与北京乾景园林股份有限公司合同纠纷案，北京市第三中级人民法院（2016）京03民辖终689号民事判决书。

② 参见李玉生主编：《建设工程施工合同案件审理指南》，人民法院出版社2019年版，第29页。

③ 该条规定："园林绿化工程是指新建、改建、扩建公园绿地、防护绿地、广场用地、附属绿地、区域绿地，以及对城市生态和景观影响较大建设项目的配套绿化，主要包括园林绿化植物栽植、地形整理、园林设备安装及建筑面积300平方米以下单层配套建筑、小品、花坛、园路、水系、驳岸、喷泉、假山、雕塑、绿地广场、园林景观桥梁等施工。"

④ 该项规定，建设工程，是"为人类生活、生产提供物质技术基础的各类建（构）筑物和工程设施"。

设工程的范畴，但《建筑工程施工许可管理办法》（根据中华人民共和国住房和城乡建设部令第52号修改）第2条第2款规定，“工程投资额在30万元以下或者建筑面积在300平方米以下的建筑工程，可以不申请办理施工许可证。省、自治区、直辖市人民政府住房城乡建设主管部门可以根据当地的实际情况，对限额进行调整，并报国务院住房城乡建设主管部门备案”。也就是说，建筑面积在300平方米以下的建筑工程，因建设规模小、技术难度低，不纳入建筑法及相关配套管理规范的强监管范围。事实上，早在2006年11月17日，针对广东省建设厅《关于园林绿化企业申领安全生产许可证有关问题的请示》（粤建管字〔2006〕146号），建设部工程质量安全监督与行业发展司复函（建质安函〔2006〕136号）指出，“根据《安全生产许可证条例》、《建筑施工企业安全生产许可证管理规定》和《关于严格实施建筑施工企业安全生产许可证制度的若干补充规定》的规定：‘除预拌商品混凝土专业承包企业和混凝土预制构件专业承包企业外，所有施工总承包企业、专业承包企业均应依法申领建筑施工企业安全生产许可证’。鉴于园林绿化企业不属于上述法规、规章和规范性文件调整的‘建筑施工企业’范围［不在《关于印发〈建筑业企业资质等级标准〉的通知》（建建〔2001〕82号）中规定的资质序列内］，因此不必申领建筑施工企业安全生产许可证”。

但需注意的是，建筑面积300平方米以上的景观建造，已经超出了《园林绿化工程建设管理规定》第2条的限定范围，不再属于园林绿化工程的范畴，而应直接归属于建设工程施工的范畴。在下述【典型案例2】中，案涉园林景观工程的造价达2330万元，显然远超300平方米的标准。法院即将其纳入建设工程施工合同的范畴，对合同效力按照建设工程施工合同的要求进行审查——承包人是否具备资质、是否经过招投标，并认可承包人享有建设工程施工合同承包人特有的权利——工程价款优先受偿权。

**典型案例 2**

## 苏州金螳螂园林绿化景观有限公司与柞水县溶洞景区管理处等建设工程施工合同纠纷案[①]

### 基本案情

2017 年 8 月 20 日，经招投标，苏州金螳螂园林绿化景观有限公司（以下简称金螳螂公司）与百川公司签订《建设工程施工合同》，约定金螳螂公司对柞水县东甘沟银杏园综合改造项目进行总承包，工程设计费 145 万元、工程建安费 2353 万元，工程范围包括银杏园改造（不含佛像）工程、牌楼工程、祈福台工程。合同签订后，金螳螂公司依约进行了工程设计和施工。2018 年 1 月 19 日，案涉工程经竣工验收合格，结算确认工程价款为 24,751,520.87 元。后金螳螂公司诉至法院，要求百川公司按照结算结果支付工程款，并主张对工程款享有建设工程价款优先受偿权。

### 法院观点

法院认为，金螳螂公司具有工程设计建筑行业（建筑工程）资质、风景园林工程设计资质以及建筑施工企业资质，案涉工程经过招投标，《建设工程施工合同》是双方的真实意思表示，内容不违反法律、行政法规的强制性规定，应属有效。案涉工程经验收合格，金螳螂公司就工程款享有优先受偿权。但该工程价款中包括的工程设计费 145 万元，不属于承包人建设工程价款优先受偿的范围，故金螳螂公司建设工程价款优先受偿权的工程款范围应为 23,301,520.87 元（24,751,520.87—1,450,000.00 元）。

**裁判规则 3**

**拆除工程属于建设工程，应当按照被拆除工程的性质进行类别管理。**

所谓拆除工程，即对已经建成或部分建成的建筑物或构筑物等进行拆除的工

① 典型案例 2：苏州金螳螂园林绿化景观有限公司与柞水县溶洞景区管理处等建设工程施工合同纠纷案，陕西省高级人民法院（2021）陕民终 1107 号民事判决书。

程。《建筑法》第2条第2款规定："本法所称建筑活动，是指各类房屋建筑及其附属设施的建造和与其配套的线路、管道、设备的安装活动。"拆除行为，既非建造活动，也非安装活动。这是否意味着拆除工程不属于建设工程？

《建筑法》第50条规定："房屋拆除应当由具备保证安全条件的建筑施工单位承担，由建筑施工单位负责人对安全负责。"《招标投标法实施条例》第2条第1款规定："招标投标法第三条所称工程建设项目，是指工程以及与工程建设有关的货物、服务。"第2款规定："前款所称工程，是指建设工程，包括建筑物和构筑物的新建、改建、扩建及其相关的装修、拆除、修缮……"据此，工程的拆除属于建设工程范畴。

至于拆除工程的类别管理，在2001年4月20日发布的原《建筑业企业资质等级标准》（建建〔2001〕82号）中，专业承包企业资质分为60项，其中第19项为"爆破与拆除工程专业承包企业资质"，从而将拆除工程纳入专业承包工程的范畴。2014年11月6日，住建部发布新的《建筑业企业资质等级标准》（建市〔2014〕159号），原60项专业承包资质缩减为36项，爆破与拆除工程专业承包企业资质被取消。[①] 但2015年4月3日，住建部办公厅《关于土石方、混凝土预制构件等8类专业承包企业申领安全生产许可证事宜的意见》（建办质函〔2015〕269号）称，"拆除作业按工程性质由具有相应资质类别的企业承担，该类企业应申领建筑施工企业安全生产许可证"。据此，拆除工程按照所拆工程的性质进行类别管理。至于原本与拆除并列的爆破作业，根据《民用爆炸物品安全管理条例》（中华人民共和国国务院令第653号），则纳入特种行业转由公安机关管理。

**典型案例3**

## 裴有强与抚顺意顺房屋拆除工程服务有限公司等建设施工合同纠纷案[②]

### 基本案情

2014年8月28日，抚顺意顺房屋拆除工程服务有限公司（以下简称意顺公

① 根据《建设工程企业资质管理制度改革方案》（建市〔2020〕94号），专业承包资质依然为该36项。

② 典型案例3：裴有强与抚顺意顺房屋拆除工程服务有限公司等建设施工合同纠纷案，吉林省高级人民法院（2019）吉民终550号民事判决书。

司）与化工公司签订《拆除协议》，约定意顺公司承接化工公司拆除工程。2015 年 1 月 5 日，意顺公司出具授权书，授权裴有强全权处理化工公司产区拆除改造工程项目。2015 年 1 月 12 日，化工公司与裴有强签订《通化化工拆除工程合同》，约定裴有强承接化工公司厂区拆除改造项目，拆除工程范围为“化工工厂厂区办公楼除外，二道院墙内地上地下所有物资、机械设备、电机、电缆、变压器及车间厂房建筑物、发电厂厂区等全部包括在内”。合同签订后，裴有强组织施工人员进场施工，直至 2015 年 7 月末。2015 年 7 月 31 日，化工公司就案涉工程与案外人毛某另行签订了《通化化工拆除工程合同》。2016 年 9 月 18 日，意顺公司发出《债权转让通知书》，将拆除工程的债权转让给裴有强。裴有强遂以自己名义提起诉讼，要求化工公司承担单方停拆的违约责任。

**法院观点**

一审法院（吉林省通化市中级人民法院）认为，本案系因履行拆除合同过程而引起的纠纷，拆除合同约定拆除的工程包括地上地下物资、机械设备、电机、电缆、变压器及车间厂房建筑物，属于建设工程施工合同类纠纷。吉林省高级人民法院在二审中也认为，根据《建设工程安全生产管理条例》第 2 条的规定，一审认定本案拆除工程属于建设工程范畴，并确定本案为建设工程合同纠纷并无不当。

## 1.2 建设工程施工合同的案由范围

**裁判规则 4**

**建设工程施工合同纠纷包括《民事案件案由规定》中的建设工程施工合同纠纷，建设工程价款优先受偿权纠纷，建设工程分包合同纠纷，装饰装修合同纠纷，铁路修建合同纠纷，农村建房施工合同纠纷，航道、港口疏浚合同纠纷，船坞、码头建造合同纠纷。**

现行《民事案件案由规定》采用纵向十一个部分、横向四级结构的编排设置。其中，第四部分“合同、准合同纠纷”（一级案由）项下第 10 小节“合同纠纷”

（二级案由）所辖第 115 号案由“建设工程合同纠纷”（三级案由）包括如下 9 个四级案由：建设工程勘察合同纠纷、建设工程设计合同纠纷、建设工程施工合同纠纷、建设工程价款优先受偿权纠纷、建设工程分包合同纠纷、建设工程监理合同纠纷、装饰装修合同纠纷、铁路修建合同纠纷、农村建房施工合同纠纷。一般认为，其中的建设工程施工合同纠纷、建设工程价款优先受偿权纠纷、建设工程分包合同纠纷、装饰装修合同纠纷、铁路修建合同纠纷、农村建房施工合同纠纷，属于建设工程施工合同纠纷范畴。

此外，《民事案件案由规定》的第七部分“海事海商纠纷”（一级案由）项下的第 19 小节“海事海商纠纷”（二级案由）所辖 2 个三级案由——第 235 号“航道、港口疏浚合同纠纷”、第 236 号“船坞、码头建造合同纠纷”——也属于建设工程施工合同范畴。在“寿光市晟鑫航运疏浚工程发展有限公司与重庆路港市政工程有限公司航道、港口疏浚合同纠纷案”① 中，山东省高级人民法院即认为，“本案为航道、港口疏浚合同纠纷。水域工程建设系建设工程施工的一种，包括水下疏浚”。下述【典型案例 4】之所以认可码头建造人就工程款享有优先受偿权，也是因为船坞、码头建造合同属于建设工程施工合同的范畴。

综上，建设工程施工合同纠纷包括《民事案件案由规定》中的建设工程施工合同纠纷，建设工程价款优先受偿权纠纷，建设工程分包合同纠纷，装饰装修合同纠纷，铁路修建合同纠纷，农村建房施工合同纠纷，航道、港口疏浚合同纠纷，船坞、码头建造合同纠纷。此外，如后所述，工程总承包合同与建设工程施工合同构成包含与被包含的关系，即工程总承包合同在包含建设工程施工合同内容的基础上，还包括了设计、采购等内容，故涉及建设工程施工合同方面的争议亦应适用建设工程施工合同的相关规则。

---

① 参考案例 7：寿光市晟鑫航运疏浚工程发展有限公司与重庆路港市政工程有限公司航道、港口疏浚合同纠纷案，山东省高级人民法院（2020）鲁民辖终 28 号民事裁定书。

**典型案例 4**

## 中铁港航局集团有限公司与宁德三都港口发展有限公司船坞、码头建造合同纠纷案[①]

### 基本案情

宁德三都港口发展有限公司（以下简称三都港口公司）就建设福州港三都澳城澳作业8号、9号泊位工程进行邀请招标，中铁港航局集团有限公司（以下简称中铁港航局）投标并中标后，双方于2014年1月签订了《福州港三都澳城澳作业8号、9号泊位工程施工合同》。4月3日，中铁港航局的施工船舶开始进场进行挖泥施工。后因三都港口公司以工期延误为由要求解除合同，中铁港航局诉至法院，要求其支付工程款，并主张就工程价款享有优先受偿权。

### 法院观点

法院认为，本案为码头建造合同纠纷。案涉工程的挖泥工程款为34,044,238.80元、停工损失补偿及船舶二次进场费为140万元。因三都港口公司未支付工程价款，中铁港航局就该工程折价或者拍卖的价款享有优先受偿权。但优先受偿权的范围为工程价款，不包括利息等因发包人违约所造成的损失。据此判决，中铁港航局就工程款35,444,238.80元对福州港三都澳城澳作业8号、9号泊位工程享有优先受偿权。

**裁判规则 5**

**建设工程劳务分包合同有别于劳务合同。其工作内容虽限于施工中的简单劳务，但就性质而言，仍属于建设工程施工合同。**

① 典型案例4：中铁港航局集团有限公司与宁德三都港口发展有限公司船坞、码头建造合同纠纷案，福建省高级人民法院（2019）闽民终397号民事判决书、最高人民法院（2019）最高法民申6203号民事裁定书。

从案由来看，《民事案由规定》中第115号三级案由“建设工程合同纠纷”项下第5号四级案由为“建设工程分包合同纠纷”。如后所述，建设工程分包分为劳务分包与专业分包。与此同时，第139号三级案由为“劳务合同纠纷”。若此，应当如何区分建设工程劳务分包合同与劳务合同？

区分二者的意义在于：一是对主体的要求不同。劳务合同对劳务提供者无特别要求；建设工程劳务分包合同在性质上属于建设工程施工合同，根据《建筑法》第26条第1款的规定，分包人应当持有依法取得的资质证书，否则合同应属无效。二是管辖规则不同。建设工程劳务分包合同纠纷属于建设工程施工合同纠纷，适用不动产专属管辖规则；劳务合同纠纷适用一般合同纠纷的管辖规则，不适用专属管辖规则。就此，可参考“李海军与大连昱德建设工程有限公司等劳务合同纠纷案”①。

从第139号三级案由“劳务合同纠纷”的流变来看：（1）在《民事案件案由规定（试行）》（法发〔2000〕26号）中，其被规定为第139号三级案由“劳务（雇佣）合同纠纷”；（2）在《民事案件案由规定》（法发〔2008〕11号）中，其被规定为第110号三级案由“劳务（雇佣）合同纠纷”；（3）在《民事案件案由规定》（法〔2011〕42号）中，其被规定为第122号三级案由“劳务合同纠纷”；（4）在现行《民事案件案由规定》（法〔2020〕347号）中，其被规定为第139号三级案由“劳务合同纠纷”。由此可知，第139号三级案由“劳务合同纠纷”中的合同是指狭义的劳务合同，也即雇佣合同，② 调整的是雇主与雇员的关系：一方的义务是提供劳动（不涉及经营）；另一方的义务是支付劳动报酬（单个雇员的劳动报酬或多个雇员劳动报酬的集合），不包括经营利润。

如后所述，建设工程劳务作业分包，是指施工总承包企业或者专业承包企业将其承包工程中的劳务作业发包给劳务分包企业完成的活动，是“将简单劳动从复杂劳动剥离出来单独进行承包施工的劳动”③。《房屋建筑和市政基础设施工程施工分包管理办法》（根据2019年3月13日住房和城乡建设部令第47号修正）第4条

① 参考案例8：李海军与大连昱德建设工程有限公司等劳务合同纠纷案，最高人民法院（2021）最高法民辖56号民事裁定书。

② 参见最高人民法院民事案件案由规定课题小组编著：《最高人民法院民事案件案由规定理解与适用》，人民法院出版社2008年版，第142页。

③ 最高人民法院民事审判第一庭编著：《最高人民法院新建设工程施工合同司法解释（一）理解与适用》，人民法院出版社2021年版，第58页。

规定："本办法所称施工分包，是指建筑业企业将其所承包的房屋建筑和市政基础设施工程中的专业工程或者劳务作业发包给其他建筑业企业完成的活动。"据此，在劳务分包的情况下，劳务作业属于建设工程施工活动，总承包人与劳务分包人之间既不是劳务关系也不是劳动合同关系，而是建设工程施工合同关系，[①] 即基于发包人与承包人之间的建设工程施工合同而派生出来的新的建设工程施工合同关系。

**典型案例 5**

## 关进明与浙江中景市政园林建设有限公司建设工程分包合同纠纷管辖权异议案[②]

### 基本案情

关进明诉称，2018 年 5 月至 12 月，就浙江中景市政园林建设有限公司（以下简称中景公司）承建的广州市恒大君睿、揭阳市恒大中央公司、梅州市恒大御景半岛三个项目，关进明工班实施完成了园林建设工程。工程劳务款总额为 1,125,902 元，中景公司已付 1,050,000 元，尚欠 75,902 元。梅江区人民法院认为，本案属劳务合同纠纷，因被告住所地为浙江省杭州市西湖区，案涉劳务合同履行地为广东省揭阳市，故梅江区人民法院不具有管辖权，遂裁定将案件移送至西湖区人民法院。西湖区人民法院认为，本案系建设工程分包合同纠纷，应由不动产所在地人民法院专属管辖，遂层报至浙江省高级人民法院，请其就管辖问题函商广东省高级人民法院。

### 法院观点

广东省高级人民法院认为，本案系因关进明承建广州市恒大君睿、揭阳市恒大

---

① 最高人民法院民事审判第一庭编著：《最高人民法院新建设工程施工合同司法解释（一）理解与适用》，人民法院出版社 2021 年版，第 64、65 页。也有观点认为，劳务分包合同不应被认定为建设工程合同。参见曹文衔、宿辉、曲笑飞：《民法典建设工程合同章条文释解与司法适用》，法律出版社 2021 年版，第 19、20 页。

② 典型案例 5：关进明与浙江中景市政园林建设有限公司建设工程分包合同纠纷管辖权异议案，广东省高级人民法院（2020）粤民辖监 6 号民事裁定书。

中央公园、梅州市恒大御景半岛三个项目的园林建设工程导致的工程款纠纷，应属建设工程分包合同纠纷。根据《民事案件案由规定》，建设工程分包合同纠纷属于三级案由建设工程合同纠纷项下的四级案由，系与建设工程施工合同纠纷相关的案件。根据《民事诉讼法解释》第28条第2款的规定，本案应由不动产所在地的人民法院专属管辖。关进明诉请的75,902元工程劳务款实属揭阳市恒大中央公园项目拖欠的工程款，该项目地址位于揭阳市榕城区，因此，本案应由揭阳市榕城区人民法院管辖。

## 1.3 建设工程施工合同的性质甄别

**裁判规则6**

**以建设工程为标的物的PPP协议，属于行政协议。围绕PPP协议履行、解除等产生的纠纷，应当通过行政诉讼程序解决。但不涉及特许经营权的BT合同除外。**

政府和社会资本合作（Public-Private Partnership，PPP）模式，是指政府采取竞争性方式择优选择具有投资、运营管理能力的社会资本，双方按照平等协商原则订立合同，明确责权利关系，由社会资本提供公共服务，政府依据公共服务绩效评价结果向社会资本支付相应对价，保证社会资本获得合理收益的经营模式。PPP模式包含转让—运营—移交（TOT）、改建—运营—移交（ROT）、建设—运营—移交（BOT）、建设—拥有—运营（BOO）等多种运作方式。[①] 主要涉及由国家发改委牵头负责的传统基础设施领域、财政部牵头负责的公共服务领域。

在我国法确立行政合同这一合同类型之前，基于PPP模式签订的协议（以下简称PPP协议），存在三种观点：

第一种观点认为，PPP协议属于民事合同，围绕合同产生的纠纷应当通过民事诉讼解决。在“辉县市人民政府与河南新陵公路建设投资有限公司合同纠纷管辖

① 参见《关于在公共服务领域推广政府和社会资本合作模式的指导意见》第四部分第13条、第14条。

权案”① 中，最高人民法院即认为，“本案是典型的 BOT 模式的政府特许经营协议。虽然合同的一方当事人为辉县市政府，但合同相对人新陵公司在订立合同及决定合同内容等方面仍享有充分的意思自治，并不受单方行政行为强制，合同内容包括了具体的权利义务及违约责任，均体现了双方当事人的平等、等价协商一致的合意。合同涉及的相关行政审批和行政许可等其他内容，为合同履行行为之一，属于合同的组成部分，不能决定案涉合同的性质。从本案合同的目的、职责、主体、行为、内容等方面看，合同具有明显的民商事法律关系性质，应当定性为民商事合同”。在“兴义市威鲁公路投资建设有限责任公司与兴义市人民政府合同纠纷案”② 中，最高人民法院也持相同观点。

第二种观点认为，PPP 协议属于行政合同，围绕合同产生的纠纷应当通过行政诉讼解决。在“和田市人民政府与和田天瑞燃气有限责任公司合同纠纷案”③ 中，兴源公司与和田市政府就和田市天然气利用项目工程的投资建设签订《和田市天然气利用项目合同》，约定项目自投产正式经营起由兴源公司自主经营，20 年后兴源公司将项目所有权全部交与和田市政府。最高人民法院认为，案涉合同系由和田市政府作为一方当事人根据其行政机关公权力所签订，体现了其依据有关市政公用事业管理法规，对天然气的利用实施特许经营的权力，是行使行政职权的行为，目的是要对天然气这一公共资源进行开发利用，建设并提供公共产品和服务，从而满足公众利益的需要。案涉合同内容虽然存在对双方权利义务的约定，在一定程度上体现了双方协商一致的特点，但其中关于特许经营权的授予、经营内容、范围和期限的限定、价格收费标准的确定、设施权属与处置、政府对工程的监管等内容，均体现了政府在合同签订中的特殊地位。兴源公司与和田天瑞燃气有限责任公司针对和田市政府解除合同、强行接管其相关财产及经营权而提起本案诉讼，应当属于行政诉讼受案范围。

第三种观点认为，PPP 协议交织着行政内容与民事内容，应当区分争议的内

---

① 参考案例 9：辉县市人民政府与河南新陵公路建设投资有限公司合同纠纷管辖权案，最高人民法院（2015）民一终字第 244 号民事裁定书。

② 参考案例 10：兴义市威鲁公路投资建设有限责任公司与兴义市人民政府合同纠纷案，最高人民法院（2019）最高法民终 789 号民事判决书。

③ 参考案例 11：和田市人民政府与和田天瑞燃气有限责任公司合同纠纷案，最高人民法院（2014）民二终字第 12 号民事裁定书。

容，分别确定纠纷性质。详言之，涉及行政规划、许可、处罚、管理、监督等行政职能的争议，属于行政争议；涉及协议的履行、变更、解除等行为的争议，属于民事争议。[①] 在“北京北方电联电力工程有限责任公司与乌鲁木齐市交通运输局其他合同纠纷案”[②] 中，最高人民法院认为，“BOT 协议中交织着两种性质不同的法律关系，在民事合同关系中的双方当事人，是相关行政法律关系中的行政主体和行政相对人，双方主体重叠，不能因此否认双方民事合同关系的存在及独立性。争议法律关系的实际性质，不能仅凭一方主体的特定身份确定，需判断争议是否与行政主体行使行政职权相关。本案当事人间就回购款支付依据发生的争议，不涉及具体行政行为，有关回购原因的行政行为与回购争议本身相互独立，对回购依据的争议，独立于相关协议终止前的行政行为，属于民事纠纷”。

结合当前立法对行政协议这一合同类型的肯定，应当认为，PPP 协议属于行政协议。《行政诉讼法》第 12 条第 1 款第 11 项确认了行政合同。根据该项规定，认为行政机关不依法履行、未按照约定履行或者违法变更、解除政府特许经营协议、土地房屋征收补偿协议等协议的，公民、法人或者其他组织有权提起行政诉讼。《最高人民法院关于审理行政协议案件若干问题的规定》（法释〔2019〕17 号）第 2 条规定，公民、法人或者其他组织就下列行政协议提起行政诉讼的，人民法院应当依法受理：（1）政府特许经营协议；（2）土地、房屋等征收征用补偿协议；（3）矿业权等国有自然资源使用权出让协议；（4）政府投资的保障性住房的租赁、买卖等协议；（5）符合本规定第 1 条[③]规定的政府与社会资本合作协议；（6）其他行政协议。一般认为，行政协议与民事合同的主要区别在于：一是主体不同。行政协议的其中一方恒定为行政机关。民事合同的主体一般为自然人、法人或者其他组织，双方地位平等。二是合同目的不同。行政协议主要是为了实现行政管理或者公共服务的目标，民事合同一般是为追求缔约双方个人特定利益的最大化。三是内容有所区别。行政协议形成、变更或消灭的是以行政法上权利义务为内容的行政法律关系，民事合同规范的是民事法律关系。四是意思自治程度不同。尽管行政协议与

---

① 参见李玉生主编：《建设工程施工合同案件审理指南》，人民法院出版社 2019 年版，第 382 页。

② 参考案例 12：北京北方电联电力工程有限责任公司与乌鲁木齐市交通运输局其他合同纠纷案，最高人民法院（2014）民二终字第 40 号民事裁定书。

③ 该条规定：“行政机关为了实现行政管理或者公共服务目标，与公民、法人或者其他组织协商订立的具有行政法上权利义务内容的协议，属于行政诉讼法第十二条第一款第十一项规定的行政协议。”

民事协议均存在双方合意，但行政机关在缔结行政协议时必须受相关行政实体法、程序法方面的约束，要在相应法定职权范围内依照法定程序进行，其享有的自由裁量的幅度有限。民事合同中当事人的意思自治程度较高。

与传统建设工程施工合同相比，PPP 模式具有如下特点：第一，主要适用于能源、交通运输、水利、环境保护、农业、林业、科技、保障性安居工程、医疗、卫生、养老、教育、文化等公共服务领域。除涉及政府和社会资本的经济效益，还涉及政府和公众的社会效益。① 第二，《财政部关于推进政府和社会资本合作规范发展的实施意见》（财金〔2019〕10 号）第二部分“规范推进 PPP 项目实施”第 1 条“规范的 PPP 项目应当符合以下条件”第 5 项规定，“政府方签约主体应为县级及县级以上人民政府或其授权的机关或事业单位”。第三，在合同履行过程中，基于公共利益的变化需求，政府对协议有单方变更或解除的权利。② 第四，在政府和社会资本合作模式下，政府以运营补贴等作为社会资本提供公共服务的对价，以绩效评价结果作为对价支付依据。据此，PPP 项目属于公共产品或公共服务供给范畴，政府在其中是为了实现行政管理或者公共服务的目标。因此，PPP 协议属于行政协议。不可否认，行政协议中存在类民事权利义务关系，但并不足以作为将其界定为民事合同进而纳入民事诉讼范畴的充分理由。前述《最高人民法院关于审理行政协议案件若干问题的规定》第 27 条第 2 款规定：“人民法院审理行政协议案件，可以参照适用民事法律规范关于民事合同的相关规定。”这表明，虽应将 PPP 协议界定为行政协议进而纳入行政诉讼范畴，但双方之间的类民事权利义务关系可以在行政诉讼中参照民事合同的法律规定得到解决。

不涉及特许经营权的建设移交合同（BT 合同），是指政府利用非政府资金来进行经营性基础设施建设项目的一种融资模式，在性质上属于垫资施工的建设工程施工合同。由于不涉及特许经营权，也就不应纳入行政协议的范畴，而应适用建设工程施工合同纠纷的解决规则。就此，可参考“新疆金汇控股集团有限公司等与新疆阜康产业园管理委员会建设工程施工合同纠纷案”③。

---

① 参见李玉生主编：《建设工程施工合同案件审理指南》，人民法院出版社 2019 年版，第 380 页。

② 参见于安：《我国 PPP 的法治走向与新行政法》，载《中国法律评论》2018 年第 4 期。

③ 参考案例 13：新疆金汇控股集团有限公司等与新疆阜康产业园管理委员会建设工程施工合同纠纷案，最高人民法院（2017）最高法民终 135 号民事判决书。

典型案例 6

# 哈尔滨恒通四方公路投资管理发展有限公司与哈尔滨市阿城区人民政府行政协议案[①]

## 基本案情

2003 年 5 月 22 日，哈尔滨恒通四方公路投资管理发展有限公司（以下简称恒通四方公司）与阿城区政府签订《哈尔滨至红星乡公路工程建设项目 BOT 合同文件》，约定由恒通四方公司依法组织设计单位和施工单位对哈红（哈尔滨至红星水库）公路项目进行勘测设计和工程施工，建成后依法独立运营，并按一定投资回报收回投资和一定额度利润后，将哈红公路使用权及收费经营权无偿交给阿城区政府。2012 年 6 月 28 日，因恒通四方公司开始收费运营后连年亏损，双方签订《哈红 BOT 公路回购协议》，约定解除《哈尔滨至红星乡公路工程建设项目 BOT 合同文件》及相关补充协议。后就《哈红 BOT 公路回购协议》的履行发生争议，恒通四方公司提起行政诉讼。阿城区政府辩称，《哈红 BOT 公路回购协议》系民事协议而非行政协议。

## 法院观点

二审法院（黑龙江省高级人民法院）认为，根据《行政诉讼法》第 12 条第 1 款第 11 项的规定，公民、法人或者其他组织认为行政机关不依法履行、未按照约定履行或者违法变更、解除政府特许经营协议、土地房屋征收补偿协议等协议的，人民法院作为行政诉讼案件受理。在本案中，阿城区政府通过与恒通四方公司签订《哈尔滨至红星乡公路工程建设项目 BOT 合同文件》，将哈红公路的专有权（包括工程修建权和商业运营权）授予恒通四方公司，系典型的政府特许经营协议。双方于 2012 年 6 月 28 日签订的《哈红 BOT 公路回购协议》，主要内容是解除《哈尔滨至红星乡公路工程建设项目 BOT 合同文件》，阿城区政府收回哈红公路及公路的经营管理权，并向恒通四方公司支付回购资金（补偿）。因回购资金一直未

① 典型案例 6：哈尔滨恒通四方公路投资管理发展有限公司与哈尔滨市阿城区人民政府行政协议案，黑龙江省高级人民法院（2019）黑行终 61 号行政判决书、最高人民法院（2019）最高法行申 14276 号行政裁定书。

能解决，恒通四方公司以阿城区政府未按约定履行《哈红 BOT 公路回购协议》为由提起本案诉讼，要求给付公路回购资金及迟延给付的利息和造成的损失，人民法院作为行政案件予以受理符合《行政诉讼法》第 12 条第 1 款第 11 项的规定。在再审审查中，最高人民法院也认为，阿城区政府通过与恒通四方公司签订《哈尔滨至红星乡公路工程建设项目 BOT 合同文件》，将哈红公路的专有权（包括工程修建权和商业运营权）授予恒通四方公司，系典型的政府特许经营协议，因履行、解除协议产生的纠纷属于行政诉讼的受案范围。

## 裁判规则7

**建设工程监理合同属于委托合同，而非建设工程施工合同。但在建筑业企业资质、招标投标、合同无效的折价补偿标准、纠纷管辖等方面，应适用与建设工程施工合同相同的裁判规则。**

如前所述，第 115 号三级案由“建设工程合同纠纷”项下的建设工程分包合同纠纷、铁路修建合同纠纷、建设工程价款优先受偿权纠纷等都属于建设工程施工合同纠纷，那么同处于“建设工程合同纠纷”项下的建设工程监理合同纠纷，应否纳入建设工程施工合同纠纷的范畴？或者参照适用建设工程施工合同纠纷的裁判规则？

首先，《民法典》第 788 条第 2 款规定：“建设工程合同包括工程勘察、设计、施工合同。”第 796 条规定：“建设工程实行监理的，发包人应当与监理人采用书面形式订立委托监理合同。发包人与监理人的权利和义务以及法律责任，应当依照本编委托合同以及其他有关法律、行政法规的规定。”《建设工程监理规范》（GB/T 50319-2013）第 2. 0. 2 项规定：“工程监理单位受建设单位委托，根据法律法规、工程建设标准、勘察设计文件及合同，在施工阶段对建设工程质量、进度、造价进行控制，对合同、信息进行管理，对工程建设相关方的关系进行协调，并履行建设工程安全生产管理法定职责的服务活动。”由此可知，监理合同不属于建设工程合同的范畴，监理单位与建设单位之间是委托合同关系。《天津市高级人民法院关于审理建设工程施工合同纠纷案件相关问题的审判委员会纪要》（2020 年 12 月 9 日）第 10 条规定：“发包人与监理人订立的建设工程委托监理合同，依法属于委托合同，不适用建设工程施工合同相关法律、司法解释的规定。因委托监理合同发生的纠纷应当依据有关委托合同的法律规定处理。”

其次，监理单位与施工单位是监督与被监督的关系，因此二者之间有共通的规则。一是根据现行法的要求，监理单位也须具备相应资质。《建筑法》第13条规定：“从事建筑活动的建筑施工企业、勘察单位、设计单位和工程监理单位，按照其拥有的注册资本、专业技术人员、技术装备和已完成的建筑工程业绩等资质条件，划分为不同的资质等级，经资质审查合格，取得相应等级的资质证书后，方可在其资质等级许可的范围内从事建筑活动。”如果监理单位不具备相应资质的，应当认定监理合同无效。二是适用于建设工程施工合同的招投标规则，如“先定后招”签订的合同无效，也适用于监理合同。在下述【典型案例7】中法院即以监理公司在招投标前已实际进行监理为由，认定双方签订的《建设工程委托监理合同》无效。

最后，监理合同作为与施工活动密切联系的合同，其相关规则可以参照建设工程施工合同的裁判规则。一是管辖规则。适用于建设工程施工合同的不动产所在地专属管辖规则，也应适用于建设工程监理合同。在“北京天禾空间展示有限公司与上海汉能薄膜发电有限公司装饰装修合同纠纷案”[①] 中，最高人民法院指出，《民事诉讼法解释》第28条规定的建设工程施工合同纠纷按照不动产纠纷确定管辖，不限于《民事案件案由规定》中建设工程合同纠纷项下的第四级案由“建设工程施工合同纠纷”，还应当包括该项下的建设工程监理合同纠纷等其他与建设工程施工相关的纠纷。二是无效合同的折价补偿规则。《民法典》第793条第1款规定：“建设工程施工合同无效，但是建设工程经验收合格的，可以参照合同关于工程价款的约定折价补偿承包人。”建设工程监理合同无效的，可以参照该规则确定折价补偿的标准。除下述【典型案例7】外，在“西安市城中村（棚户区）改造事务中心与陕西恒瑞项目管理有限公司监理合同纠纷案”[②] 中，在案涉《建设工程监理合同》被认定无效的情况下，最高人民法院也认为，监理行为系与工程建设密切相关的服务，原审法院适用关于“建设工程施工合同无效，但建设工程经竣

① 参考案例14：北京天禾空间展示有限公司与上海汉能薄膜发电有限公司装饰装修合同纠纷案，最高人民法院（2020）最高法民辖93号民事裁定书。

② 参考案例15：西安市城中村（棚户区）改造事务中心与陕西恒瑞项目管理有限公司监理合同纠纷案，最高人民法院（2019）最高法民申5820号民事裁定书。

工验收合格，承包人请求参照合同约定支付工程价款的，应予支持”之规定，并无不当。

典型案例 7

## 青岛理工大学建设工程监理咨询公司与聊城市正泰伟业房地产开发有限公司建设工程监理合同纠纷案[①]

### 基本案情

2010 年 11 月，青岛理工大学建设工程监理咨询公司（以下简称理工大学监理公司）与聊城市正泰伟业房地产开发有限公司（以下简称正泰伟业公司）协商确定，理工大学监理公司为正泰伟业公司开发的聊城市“丽水名都”小区 1—13 号楼、地下车库、幼儿园、公厕及垃圾站等工程提供监理工作。2010 年 11 月 19 日，理工大学监理公司进入施工场地开始监理工作。2011 年 9 月 29 日，聊城市招标办就聊城市“丽水名都”小区 1—13 号楼工程向理工大学监理公司下达了中标通知书。同日，理工大学监理公司与正泰伟业公司分别就“丽水名都”小区 1—8 号楼、9—13 号楼工程补签了两份建设工程委托监理合同。2012 年 7 月 18 日，聊城市招标办就聊城市“丽水名都”小区地下车库、幼儿园、公厕及垃圾站等工程向理工大学监理公司下达了中标通知书。同日，理工大学监理公司、正泰伟业公司又就地下车库、幼儿园、公厕及垃圾站等工程签订一份建设工程委托监理合同。2012 年 12 月 31 日，“丽水名都”小区 1—8 号楼竣工验收合格，9—13 号楼等工程在 2013 年 12 月 28 日基本完工。后理工大学监理公司与正泰伟业公司因监理费事宜产生争议，形成诉讼。

① 典型案例 7：青岛理工大学建设工程监理咨询公司与聊城市正泰伟业房地产开发有限公司建设工程监理合同纠纷案，山东省高级人民法院（2019）鲁民终 2348 号民事判决书、最高人民法院（2020）最高法民申 3753 号民事裁定书。

## 法院观点

法院①认为，案涉工程属于必须进行招投标的建设工程项目，理工大学监理公司在招投标前已实际进行监理，违反了《招标投标法》第55条的规定，双方签订的《建设工程委托监理合同》应认定无效。本案工程竣工验收合格，且正泰伟业公司已将案涉房屋交付购房户居住、使用，参照《2004年建工解释》第2条的规定，理工大学监理公司可参照监理合同的约定，要求正泰伟业公司支付监理费；委托监理合同中未约定监理费的利息标准，故可参照《2004年建工解释》第17条的规定计算利息。

① 一审法院（山东省聊城市中级人民法院）、二审法院（山东省高级人民法院）、再审法院（最高人民法院）的裁判意见相同。

# 2. 建设工程施工合同的效力判断规则

"建设工程施工合同受到不同领域的多部法律及其他规范性文件调整。法律、行政法规和部颁规章中调整建设工程施工合同的强制性规范就有60多条。"① 《民法典》规定的有名合同中，建设工程合同的法定无效事由最多。除《民法典》以外，《建设工程施工合同解释（一）》第1条与第4条规定了五种施工合同的无效情形，《招标投标法》规定了七种无效情形。但法律的严格管控并未使建筑行业规范有序，与之相反，"在建设工程施工合同纠纷案件中，无效合同的比例较大"②。从最高人民法院审判委员会掌握的情况来看，"在建设工程施工合同纠纷案件审理中，由于建筑市场违法违规行为的普遍，建设工程施工合同被认定无效占有很大比例"③。"没有任何一个其他类型的合同纠纷案件会有如此高的无效合同比例。"④

## 2.1 建设工程施工合同的成立⑤

在通常情况下，缔约双方就合同的权利义务达成一致，合同即告成立，但实践合同与要式合同除外。《民法典》第789条规定："建设工程合同应当采用书面形

---

① 冯小光：《〈关于审理建设工程施工合同纠纷案件适用法律问题的解释〉的理解与适用》，载《建筑经济》2005年第1期。

② 李玉生主编：《建设工程施工合同案件审理指南》，人民法院出版社2019年版，第92页。

③ 关丽：《就同一建设工程分别签订的多份施工合同均被认定无效后，应当参照双方当事人达成合意并实际履行的合同结算工程价款——汕头市建安（集团）公司与北京秦浪屿工艺品有限公司建设工程施工合同纠纷上诉案》，载最高人民法院民事审判第一庭编：《民事审判指导与参考》总第55辑，人民法院出版社2014年版。

④ 周利明：《解构与重塑：建设工程合同纠纷裁判思维与方法》，法律出版社2019年版，第8页。

⑤ 严格来说，合同成立与合同效力属于不同范畴的问题，但基于合同成立是判断合同效力的前提、合同不成立与合同无效的法律后果区别不大，且实务中就建设工程施工合同是否成立的争议不多，为结构上的精简，故纳入本章一并讨论。

式。”这表明“建设工程合同具有要式性”①，以书面形式为成立要件。

## 裁判规则 8

**建设工程施工合同是要式合同，以书面形式为合同成立要件。发承包双方未采用书面形式订立合同，但已经实际开始施工的，根据履行治愈规则，应当认定建设工程施工合同成立。**

如前所述，根据《民法典》第789条的规定，建设工程施工合同属于要式合同。“除当事人意思表示一致之外，还需要具备书面形式要件，合同才成立。”因此，未采取书面形式订立建设工程施工合同的，则不能成立建设工程施工合同关系。②

虽然建设工程施工合同应当采用书面形式，但《民法典》第490条第2款规定：“法律、行政法规规定或者当事人约定合同应当采用书面形式订立，当事人未采用书面形式但是一方已经履行主要义务，对方接受时，该合同成立。”该款规定确立了“履行治愈规则”，即因欠缺书面形式而未成立的合同，鉴于当事人已经实际履行，不再因形式上的瑕疵而否认合同的成立。就此，除下述【典型案例8】外，还可参见“湖北红旗建设集团有限公司与中国人民解放军69242部队等建设工程施工合同纠纷案”③、“新疆路桥桥梁工程建设有限责任公司与中国公路工程咨询集团有限公司、中交第一公路工程局有限公司建设工程施工合同纠纷案”④。但需注意的是，履行治愈的仅是合同成立所缺少的形式要件上的瑕疵（进而认可合同成立），并非合同效力瑕疵。⑤故如建设工程施工合同存在无效事由，不得因实际履行而认可合同的效力。

---

① 崔建远主编：《合同法》，法律出版社2021年版，第382页；最高人民法院民事审判第一庭编著：《最高人民法院新建设工程施工合同司法解释（一）理解与适用》，人民法院出版社2021年版，第5页（前言）。

② 参见谢勇：《建设工程施工合同案件裁判规则解析》，中国法制出版社2020年版，第10页。

③ 参考案例16：湖北红旗建设集团有限公司与中国人民解放军69242部队等建设工程施工合同纠纷案，最高人民法院（2017）最高法民申829号民事裁定书。

④ 参考案例17：新疆路桥桥梁工程建设有限责任公司与中国公路工程咨询集团有限公司、中交第一公路工程局有限公司建设工程施工合同纠纷案，最高人民法院（2015）民一终字第22号民事判决书。

⑤ 参见谭启平主编：《中国民法学》，法律出版社2021年版，第448页。

对于《民法典》第490条第2款规定的“已经履行主要义务”，“根据《合同法》鼓励交易、尽可能使合同生效的精神，以及当事人在签订合同后履行合同时的真实意思表示，不能将该条款规定的履行‘主要义务’简单地理解为履行全部义务中的大部分，而首先应当从合同约定的义务的性质进行分析，其次应当从合同约定的内容进行考量，最后应当综合考虑以上情况以及履行的数量等因素进行认定”[①]。也就是说，该款规定的“主要义务”是指当事人在合同中的义务类型，而非义务的履行程度，只要当事人履行的是主要义务（承包人的主要义务是施工建设，发包人的主要义务是支付工程款）即符合履行治愈规则。

**典型案例8**

## 中铁二十四局集团有限公司与新疆甘泉堡神信物流有限责任公司建设工程施工合同纠纷案[②]

### 基本案情

2011年10月10日，由新疆甘泉堡神信物流有限责任公司（以下简称神信公司）负责建设的新疆甘泉堡神信铁路专用线项目奠基。之后在未签订施工合同的情况下，中铁二十四局集团有限公司（以下简称二十四局）作为施工单位，完成了1.6公里试验段的工程施工。2013年5月，新疆甘泉堡神信铁路专用线工程进行招投标，二十四局未中标。后双方就施工期间的费用问题未能达成一致，二十四局诉至法院，要求神信公司支付已完成工程施工费及赔偿各项损失，合计63,365,958元。

### 法院观点

一审法院（新疆维吾尔自治区高级人民法院）认为，二十四局与神信公司虽未签订书面合同，但二十四局已对神信铁路专用线工程进行了部分施工，完成了一定工程量，神信公司亦接收了工作成果，因此，在双方当事人间已建立了建设工程

① 最高人民法院民一庭：《商品房买卖合同解释第六条规定的主要义务应当如何理解》，载最高人民法院民事审判第一庭编：《民事审判指导与参考》总第37集，法律出版社2009年版。

② 典型案例8：中铁二十四局集团有限公司与新疆甘泉堡神信物流有限责任公司建设工程施工合同纠纷案，最高人民法院（2016）最高法民终813号民事判决书。

施工合同关系。在二审中，最高人民法院也认为，虽然双方未订立书面合同，但二十四局对神信铁路进行了部分施工，神信公司对此也予以接受，根据《合同法》[①]第36条[②]的规定，双方以实际履行的方式订立了合同。

## 裁判规则9

**建设工程施工合同所要求的书面形式，不限于合同书。信件、电报、电传、传真、投标文件、中标通知书等可以有形地表现所载内容的形式，均构成合同的书面形式。**

对建设工程施工合同所要求的书面形式，应当如何理解？是否仅限于书面的合同书？

《招标投标法》第46条第1款前段规定："招标人和中标人应当自中标通知书发出之日起三十日内，按照招标文件和中标人的投标文件订立书面合同。"因此，有观点认为，所谓"书面形式"，应限定为书面的合同书。在"舜元建设（集团）有限公司等与海南骏华房地产开发有限公司建设工程施工合同纠纷案"[③]中，海南骏华房地产开发有限公司（以下简称骏华公司）将"君海·香水湾"项目一期土建总承包工程对外招标，舜元建设（集团）有限公司（以下简称舜元公司）参与投标。2011年4月29日，骏华公司向舜元公司发出《中标通知书》。在合同条款协商过程中，由于骏华公司和舜元公司对合同文本初稿的部分内容未能达成一致，双方最终未能订立书面建设工程施工合同。海南省高级人民法院认为，建设工程施工合同应当采用书面形式。在本案中，双方并未签订书面形式的施工合同，双方之间的施工合同关系尚未成立。

《民法典》第469条第2款规定："书面形式是合同书、信件、电报、电传、传真等可以有形地表现所载内容的形式。"因此，合同书虽然是最典型的书面形式，但并非唯一的书面形式。除合同书外，凡可以有形地表现所载内容的形式，如

① 《合同法》已失效，后文不再赘述。

② 现为《民法典》第490条第2款。

③ 参考案例18：舜元建设（集团）有限公司等与海南骏华房地产开发有限公司建设工程施工合同纠纷案，海南省高级人民法院（2016）琼民终288号民事判决书。

信件、电报、电传、传真、招标文件、投标文件、中标通知书等，等均属于书面形式。在下述【典型案例 9】中，法院即认为，招投标文件和中标通知书符合书面形式的要求。

**典型案例 9**

## 河北建设集团安装工程有限公司与重庆云计算投资运营有限公司等建设工程施工合同纠纷案①

### 基本案情

2013 年 1 月，重庆云计算投资运营有限公司（以下简称云计算投运公司）就 EC 重庆数据产业园一期在岸数据中心工程机电安装工程发出招标文件。2013 年 3 月 11 日，云计算投运公司向投标人河北建设集团安装工程有限公司（以下简称河北建安公司）发出《中标通知书》，载明涉案工程中标额为 116,983,198 元，并告知河北建安公司在收到中标通知书后的 15 日内到云计算投运公司签订承发包合同。但截至起诉时，双方就涉案中标工程始终未签订书面承包合同。其后，河北建安公司进场在涉案工程工地上搭建了临时设施，之后因故拆除。河北建安公司诉至法院，请求解除案涉工程施工总承包合同，由云计算投运公司赔偿其经济损失 25,144,907.67 元。云计算投运公司辩称，建设工程施工合同属于要式合同，但双方并未订立书面合同，故未形成建设工程施工合同关系。

### 法院观点

一审法院（重庆市第一中级人民法院）认为，建设工程施工合同必须采用书面形式，应当自招标人和中标人在书面合同上签字或盖章时成立，而不应认定为在中标通知书发出时合同即成立，在招标人向中标人发出中标通知书后，双方之间建立的应是预约合同关系而非本约合同关系。但在二审中，重庆市高级人民法院认为，依照《合同法》第 11 条②的规定，书面形式是指合同书、信件和数据电文等

① 典型案例 9：河北建设集团安装工程有限公司与重庆云计算投资运营有限公司等建设工程施工合同纠纷案，重庆市高级人民法院（2017）渝民终 221 号民事判决书。

② 现《民法典》第 469 条第 2 款。

可以有形地表现所载内容的形式。就本案而言，招投标文件和中标通知书符合“有形地表现所载内容”的构成要件，可以认定双方已采用书面形式订立了合同。

## 2.2　承包人资质对建设工程施工合同效力的影响

“由于建筑产品是涉及公共安全的特殊产品，为保证建筑产品质量，法律、法规对建筑市场主体规定了较为严格的准入条件”①，也就是实行建筑业企业资质许可制度。《建筑法》第13条规定：“从事建筑活动的建筑施工企业、勘察单位、设计单位和工程监理单位，按照其拥有的注册资本、专业技术人员、技术装备和已完成的建筑工程业绩等资质条件，划分为不同的资质等级，经资质审查合格，取得相应等级的资质证书后，方可在其资质等级许可的范围内从事建筑活动。”第26条第2款规定：“禁止建筑施工企业超越本企业资质等级许可的业务范围或者以任何形式用其他建筑施工企业的名义承揽工程。禁止建筑施工企业以任何形式允许其他单位或者个人使用本企业的资质证书、营业执照，以本企业的名义承揽工程。”《建设工程施工合同解释（一）》第1条第1款第1项规定，如果施工合同的承包人未取得建筑施工企业资质或者超越资质等级的，建设工程施工合同无效。②

**裁判规则10**

**现行法关于建筑业企业资质的要求，指向的是施工方，故建设工程施工合同的发包人、转包合同的转发包人、分包合同的分发包人不具有资质的，不影响建设工程施工合同的效力。**

针对建筑业施工企业的资质，《建筑业企业资质管理规定》（中华人民共和国住房和城乡建设部令第22号发布，中华人民共和国住房和城乡建设部令第32号第一次修正，中华人民共和国住房和城乡建设部令第45号第二次修正）第5条第1款规定：“建筑业企业资质分为施工总承包资质、专业承包资质、施工劳务资质三

① 最高人民法院民事审判第一庭编著：《最高人民法院建设工程施工合同司法解释的理解与适用》，人民法院出版社2004年版，第20页。

② 因本书将挂靠施工单列为一章，故本部分的讨论不涉及挂靠情形下的建设工程施工合同的效力问题。

个序列。”第 2 款规定：“施工总承包资质、专业承包资质按照工程性质和技术特点分别划分为若干资质类别，各资质类别按照规定的条件划分为若干资质等级。施工劳务资质不分类别与等级。”2020 年 11 月 30 日，经国务院常务会议审议通过，住建部印发《建设工程企业资质管理制度改革方案》（建市〔2020〕94 号），对施工资质进行了调整。其中，施工劳务企业资质改为专业作业资质，由审批制改为备案制。根据上述资质的区分：施工总承包企业可以对所承接的工程全部自行施工，也可以将其中的专业工程及劳务作业分包给具有相应资质的专业承包企业或劳务分包企业；取得专业承包资质的企业，可以承接施工总承包企业分包的专业工程和建设单位直接发包的专业工程；专业承包企业可以对所承接的专业工程全部自行施工，也可以将其中的劳务作业分包给具有相应资质的劳务分包企业；取得施工劳务资质的企业，可以承接施工总承包企业、专业承包企业分包的劳务作业。[①] 如果承包人没有取得工程所需相应资质的，根据《建设工程施工合同解释（一）》第 1 条第 1 款第 1 项的规定，应当认定建设工程施工合同无效。还需注意的是，《建筑法》第 27 条第 2 款规定：“两个以上不同资质等级的单位实行联合共同承包的，应当按照资质等级低的单位的业务许可范围承揽工程。”

如果作为建设工程施工合同发包人——开发商——不具备房地产开发资质，应当如何评价建设工程施工合同的效力？如果建设工程施工合同的承包人缺乏相应资质导致建设工程施工合同无效，而承包人将工程中的专业工程或劳务工程分包给有相应资质的施工企业，又应当如何评价该分包合同的效力？有观点认为，“建设工程施工合同的发包人应具有工程发包主体资格”[②]。房地产的开发经营属于“国家限制经营”的范围。根据《房地产开发企业资质管理规定》的相关规定，我国将房地产开发企业按照企业条件分成四个资质等级。房地产开发企业应当按照核定的资质等级承担相应的房地产开发项目。因此，“对于未依法取得从事房地产开发经营营业执照的发包人与承包人签订的建设工程合同，应认定为无效合同”[③]。与此同理，如总包人不具备相应的施工资质，则分包合同因总包人欠缺分包工程的权利能力和行为能力而归于无效。[④]

---

① 参见王勇：《建设工程施工合同纠纷实务解析》，法律出版社 2017 年版，第 46 页。

② 杨心忠等：《建设工程合同纠纷裁判思路》，法律出版社 2014 年版，第 40 页。

③ 杨心忠等：《建设工程合同纠纷裁判思路》，法律出版社 2014 年版，第 2 页。

④ 杨心忠等：《建设工程合同纠纷裁判思路》，法律出版社 2014 年版，第 15 页。

事实上，综观现行法的规定，对建筑业企业资质的要求指向的都是施工方。其理由在于，通过设立建筑业企业资质制度，可以确保施工主体具有相应的技术能力，进而保证建设工程的质量合格。无论是作为开发商的发包人，还是作为分包合同的发包人，均非该合同项下的施工人，其是否具有相应资质，与工程质量无关。因此，建设工程施工合同的发包人或分（发）包人不具备相应的主体资格，不影响建设工程施工合同的效力。

**典型案例 10**

## 青海盛邦建设集团有限公司与海东市平安区司法局、西宁闽德房地产开发有限公司建设工程施工合同纠纷案[①]

### 基本案情

2013 年 3 月 19 日，青海盛邦建设集团有限公司（以下简称盛邦公司）中标“平安县司法局办公综合楼工程”。2013 年 4 月 10 日，司法局与盛邦公司签订《建设工程施工合同》，约定司法局将“平安县司法局办公综合楼工程”发包给盛邦公司承建，合同固定价款为 50,037,913.99 元。6 月 25 日，司法局与西宁闽德房地产开发有限公司（以下简称闽德公司）平安分公司签订《房地产开发合同》，约定双方共同开发“平安县司法局综合办公楼”，项目性质为商品房开发。盛邦公司于 2013 年 8 月 17 日开工，2015 年 5 月 20 日完工。后盛邦公司诉至法院，要求司法局、闽德公司支付工程款。司法局抗辩称，其系行政机关，无商住楼房地产开发资质而擅自从事房地产开发业务，作为发包人主体不适格，应当认定《建设工程施工合同》无效。

### 法院观点

青海省高级人民法院认为，我国法律就建设工程施工合同发包人的主体并未明确作出特别的效力性规定。《建筑法》第 8 条、第 12 条、第 28 条，《合同法》第

① 典型案例 10：青海盛邦建设集团有限公司与海东市平安区司法局、西宁闽德房地产开发有限公司建设工程施工合同纠纷案，青海省高级人民法院（2018）青民终 235 号民事判决书、最高人民法院（2019）最高法民申 3834 号民事裁定书。

272条，《2004年建工解释》第4条规定指的是施工单位非法转包、分包、借用资质与他人签订的合同无效，与建设单位无关。《2004年建工解释》第1条规定了三种发包人与承包人签订的施工合同无效的情形，本案中不存在该三种情形。据此，司法局与盛邦公司签订的《建设工程施工合同》合法有效，司法局以其无房地产开发资质为由认为施工合同无效的理由不能成立。最高人民法院在再审审查中也认为，案涉《建设工程施工合同》系双方当事人真实意思表示，内容不违反法律、行政法规效力性强制性规定，应属有效。

## 裁判规则11

**工程总承包的范围包括设计与施工的，工程总承包人或联合承包体应当同时具备与工程规模相适应的设计资质与施工资质，否则工程总承包合同无效。**

工程总承包有别于施工总承包。工程总承包主要涉及如下三项内容：设计（Engineering）、采购（Procurement）、施工（Construction）。理论上，若承包范围包含其中任意两项或全部三项，则构成工程总承包。也即工程总承包存在如下模式：一是EPC模式，即设计采购施工总承包，也称交钥匙工程。二是DB模式，即设计施工总承包。三是EP模式，即设计采购总承包。四是PC模式，即采购施工总承包。从实践来看，工程总承包方式主要限于EPC和DB。如《公路工程设计施工总承包管理办法》（中华人民共和国交通运输部令2015年第10号）第2条第2款规定："本办法所称设计施工总承包（以下简称总承包），是指将公路工程的施工图勘察设计、工程施工等工程内容由总承包单位统一实施的承发包方式。"住房和城乡建设部与国家发展改革委联合印发的《房屋建筑和市政基础设施项目工程总承包管理办法》（建市规〔2019〕12号）第3条规定："本办法所称工程总承包，是指承包单位按照与建设单位签订的合同，对工程设计、采购、施工或者设计、施工等阶段实行总承包，并对工程的质量、安全、工期和造价等全面负责的工程建设组织实施方式。"

就工程总承包人的资质要求，现行规则有一个流变的过程：首先是要求其具备专门的工程总承包资质。《工程总承包企业资质管理暂行规定》（1992年建施字第

189号，已失效）第3条规定："工程总承包企业按照资质条件分为三级。"也就是说，其可分为一级工程总承包企业、二级工程总承包企业、三级工程总承包企业。其次是要求工程总承包企业仅需具备设计资质与施工资质的其中之一即可。《住房城乡建设部关于进一步推进工程总承包发展的若干意见》（建市〔2016〕93号）规定："工程总承包企业应当具有与工程规模相适应的工程设计资质或者施工资质……仅具有设计资质的企业承接工程总承包项目时，应当将工程总承包项目中的施工业务依法分包给具有相应施工资质的企业。仅具有施工资质的企业承接工程总承包项目时，应当将工程总承包项目中的设计业务依法分包给具有相应设计资质的企业。"最后是要求工程总承包企业应兼具设计资质与施工资质。《房屋建筑和市政基础设施项目工程总承包管理办法》第10条第1款前段规定："工程总承包单位应当同时具有与工程规模相适应的工程设计资质和施工资质，或者由具有相应资质的设计单位和施工单位组成联合体。"此外，《公路工程设计施工总承包管理办法》（中华人民共和国交通运输部令2015年第10号）第6条第1项规定，总承包单位应当同时具备与招标工程相适应的勘察设计和施工资质，或者由具备相应资质的勘察设计和施工单位组成联合体。

根据"新法优于旧法"的法律适用规则，在前述相互冲突的三个部门规章中，应当适用颁布时间最晚的《房屋建筑和市政基础设施项目工程总承包管理办法》(2019年12月23日)，也即工程总承包企业应当具备设计、施工的双重资质。而且，《建筑法》第26条第1款规定："承包建筑工程的单位应当持有依法取得的资质证书，并在其资质等级许可的业务范围内承揽工程。"无论是EPC模式还是DB模式，承包内容均涵括了设计与施工，故工程总承包企业需具备设计、施工的双重资质，或者按照《房屋建筑和市政基础设施项目工程总承包管理办法》第10条第1款的规定，由具有相应资质的设计单位和施工单位组成联合体，否则即构成"超越本企业资质等级许可的业务范围承揽工程"。除下述【典型案例11】外，在"中国五冶集团有限公司与西安华江环保科技股份有限公司等建设工程施工合同纠纷案"① 中，作为工程总承包人的西安华江环保科技股份有限公司具备环境工程、焦化工程、电气工程、土建工程的设计资质，但缺乏施工资质，法院即认定工程总

① 典型案例123：中国五冶集团有限公司与西安华江环保科技股份有限公司等建设工程施工合同纠纷案，最高人民法院（2021）最高法民终750号民事判决书。

承包无效。

需注意的是，工程总承包不同于工程总承包管理。工程总承包人应依据合同约定，具体实施建设项目的设计、采购、施工；工程总承包管理人负责实施整个工程从设计到施工的管理，但不具体从事工程实施。

**典型案例 11**

## 辽宁科技大学工程技术有限公司与拜城县峰峰煤焦化有限公司建设工程施工合同纠纷案①

### 基本案情

新疆国际煤焦化有限责任公司 120 万 t/a 焦化厂（EPC）总承包工程经招投标，确定辽宁科技大学工程技术有限公司（以下简称辽宁科大公司）和三冶集团公司联合中标。2011 年 5 月 18 日，拜城县峰峰煤焦化有限公司（以下简称拜城峰峰公司）与辽宁科大公司签订《建设工程施工合同》，约定前述工程由辽宁科大公司进行 EPC 总承包（交钥匙工程），承包内容包括 HXDK55-082×65 孔 5.5 米 120t/a 单热式捣固焦化配套的煤气净化车间、公铺设施等专业全部设计、建筑工程、安装工程、设备采购及非标制作、人员培训、开工调试等各专业全部工程内容。2011 年 6 月 15 日，工程开工。2012 年 3 月 18 日，1 号焦炉完工；2013 年 10 月，2 号焦炉完工。后辽宁科大公司诉至法院，要求拜城峰峰公司支付工程款。拜城峰峰公司辩称，案涉工程虽由联合体中标，但中标后，仅仅由辽宁科大公司与拜城峰峰公司签订合同并实际履行。辽宁科大公司仅具备工程设计资质，不具备 EPC 总承包资质及施工资质，故应认定合同无效。

### 法院观点

新疆维吾尔自治区高级人民法院认为：首先，案涉工程虽名义上由辽宁科大公司与三冶集团公司联合中标，但根据施工合同的签订主体、约定内容及合同的履行

① 典型案例 11：辽宁科技大学工程技术有限公司与拜城县峰峰煤焦化有限公司建设工程施工合同纠纷案，新疆维吾尔自治区高级人民法院（2019）新民终 451 号民事判决书。

情况可以确认，案涉工程由辽宁科大公司实际施工。故拜城峰峰公司与辽宁科大公司之间建立建设工程施工合同法律关系，系合同的实际履行主体。其次，《建筑法》对建筑施工企业承揽建筑工程的资质规定属于效力性强制性规定。在本案中，根据案涉工程施工内容及辽宁科大公司的资质可知，辽宁科大公司不具备承建EPC总承包工程的法定资质，违反了《建筑法》的效力性强制性规定，施工合同应当依据《合同法》第52条之规定确认为无效。

## 裁判规则12

**建设工程施工合同的总承包人，除具有施工综合资质的总承包人以外，其他总承包人既需符合资质类别的要求，也需满足资质等级的要求，否则所签订的建设工程施工合同无效。**

《建筑业企业资质管理规定》第5条第1款规定："建筑业企业资质分为施工总承包资质、专业承包资质、施工劳务资质三个序列。"第2款前段进一步规定："施工总承包资质、专业承包资质按照工程性质和技术特点分别划分为若干资质类别，各资质类别按照规定的条件划分为若干资质等级。"

前述《建设工程企业资质管理制度改革方案》（建市〔2020〕94号），将10类施工总承包企业特级资质调整为施工综合资质，具备该资质可承担各行业、各等级施工总承包业务。该方案保留了建筑工程施工总承包、公路工程施工总承包、铁路工程施工总承包、港口与航道工程施工总承包等12个类别的施工总承包资质，并将民航工程的专业承包资质整合为施工总承包资质，从而形成"施工综合资质+12类施工总承包资质"的施工总承包资质。12类施工总承包资质又进一步分为甲级与乙级两个等级。其中，甲级资质可承接本类别范围内的所有工程，乙级资质在本类别范围内可承接的工程则有所限制。如水利水电工程施工总承包乙级资质，则只能承接"工程规模中型以下水利水电工程和建筑物级别3级以下水工建筑物的施工，但下列工程规模限制在以下范围内：坝高70米以下、水电站总装机容量150MW以下、水工隧洞洞径小于8米（或断面积相等的其它型式）且长度小于1000米、堤防级别2级以下"。

《建筑法》第26条第1款规定："承包建筑工程的单位应当持有依法取得的资

质证书，并在其资质等级许可的业务范围内承揽工程。”第 2 款前段规定：“禁止建筑施工企业超越本企业资质等级许可的业务范围或者以任何形式用其他建筑施工企业的名义承揽工程。”据此：具有施工综合资质的承包人可以承接各行业、各等级施工总承包业务，没有资质类别、资质等级的要求；具有施工总承包资质的承包人，只能在该资质对应的工程类别（如建筑工程、公路工程、机电工程等）范围内承接工程，且须与自身资质等级（甲级或乙级）相符合。否则，所签订的建设工程施工合同无效。

**典型案例 12**

## 广东国茂建设工程有限公司与肇庆市高要区新肇养老基地开发有限公司建设工程施工合同纠纷案[①]

### 基本案情

2013 年 12 月 12 日，广东国茂建设工程有限公司（以下简称国茂公司）与肇庆市高要区新肇养老基地开发有限公司（以下简称新肇公司）签订《广东省建设工程施工合同》，约定国茂公司承建新肇公司的高要区新肇养老基地项目颐园养老公寓建设工程。工程内容为：基础、桩工程，土建工程，室内外装饰工程，消防、防雷工程，机电安装、给排水工程，市政道路，园林绿化工程；总建设面积 12 万平方米；合同总价 23,000 万元。签约后国茂公司进场施工，但进行部分临时设施的建造后，国茂公司于 2015 年 10 月退场。其后，国茂公司诉至法院，要求解除《广东省建设工程施工合同》、新肇公司赔偿损失 5,934,380 元。经查，国茂公司具备房屋建筑工程施工总承包三级、钢结构工程专业承包三级资质，可承担高度 50 米以下的工业、民用建筑工程，高度 70 米以下的构筑物工程，建筑面积 1.2 万平方米以下的单位工业、民用建筑工程，单跨跨度 27 米以下的建筑工程。

### 法院观点

一审、二审法院均认为，国茂公司具有房屋建筑工程施工总承包三级、钢结构

① 典型案例 12：广东国茂建设工程有限公司与肇庆市高要区新肇养老基地开发有限公司建设工程施工合同纠纷案，广东省肇庆市中级人民法院（2019）粤 12 民终 758 号民事判决书。

工程专业承包三级资质，可以承接的工程为高度50米以下的工业、民用建筑工程，高度70米以下的构筑物工程，建筑面积1.2万平方米以下的单位工业、民用建筑工程，单跨跨度27米以下的建筑工程。案涉合同约定的合同总价为23,000万元、总建设面积为12万平方米。无论从合同总价还是总建设面积，均超出了国茂公司的资质范围。根据《2004年建工解释》第1条第1项①的规定，国茂公司超越资质等级承接工程，案涉《广东省建设工程施工合同》为无效合同。

## 裁判规则13

**专业工程的承包人，既需符合资质类别的要求，也需满足资质等级的要求，否则所签订的专业承包合同无效。**

根据前述《建筑业企业资质管理规定》第5条的规定，专业承包资质按照工程性质和技术特点分别划分为若干资质类别，各资质类别按照规定的条件又划分为若干资质等级。《建筑业企业资质管理规定》划定了36类专业承包资质，《建设工程企业资质管理制度改革方案》将其整合为地基基础工程专业承包、预拌混凝土专业承包、模板脚手架专业承包、建筑装修装饰工程专业承包等18个类别。多数类别（如地基基础工程专业承包）区分为甲、乙两个等级，少数类别（如预拌混凝土专业承包）不区分等级。

根据《建筑法》第26条的规定：专业工程的承包人只能承接与自身资质相对应的工程类别；如该类别进一步区分了资质等级，则还需符合资质等级的要求。如专业工程承包人承接的工程与自身资质类别不符或资质等级不符，根据《建设工程施工合同解释（一）》第1条第1款第1项的规定，专业工程承包人签订的施工合同无效。就此，除下述【典型案例13】外，还可参见“邯郸派瑞气体设备有限公司与聚灿光电科技（宿迁）有限公司建设工程分包合同纠纷案”②。

① 现《建设工程施工合同解释（一）》第1条第1款第1项。

② 参考案例19：邯郸派瑞气体设备有限公司与聚灿光电科技（宿迁）有限公司建设工程分包合同纠纷案，江苏省宿迁市中级人民法院（2020）苏13民终332号民事判决书。

典型案例 13

## 重庆鼎益防水保温隔热工程有限公司与重庆渝海控股（集团）有限责任公司建设工程施工合同纠纷案①

### 基本案情

重庆渝海控股（集团）有限责任公司（以下简称渝海公司）承建了重庆市纯阳建设开发有限公司开发建设的合川东海滨江城项目工程。2010 年 11 月 13 日，重庆鼎益防水保温隔热工程有限公司（以下简称鼎益公司）与渝海公司签订《“合川东海滨江城”项目防水工程分包合同》，约定由鼎益公司分包合川区东海滨江城 6 号楼、8 号楼的所有防水工程。施工完毕后，鼎益公司起诉要求其支付工程款。经查，鼎益公司具有建筑防水工程专业承包暂三级，注册资本为 10 万元。诉讼中经鉴定，鼎益公司施工的工程总价款为 1, 313, 866 元。

### 法院观点

一审、二审法院均认为，鼎益公司具有建筑防水工程专业承包暂三级，可以承担单项合同额不超过企业注册资本金五倍的各类建筑防水工程。在本案所涉合同中鼎益公司承担的建筑防水工程已超过其注册资本的五倍，属于超越资质等级签订建筑防水工程合同的情形。根据《2004 年建工解释》第 1 条的规定，案涉合同因超越鼎益公司资质等级而无效。

### 裁判规则 14

**专业作业资质不分类别与等级。劳务分包合同的施工方只需具备专业作业资质，即可承接任何专业作业工程。**

① 典型案例 13：重庆鼎益防水保温隔热工程有限公司与重庆渝海控股（集团）有限责任公司建设工程施工合同纠纷案，重庆市第一中级人民法院（2018）渝 01 民终 3148 号民事判决书。

建筑业专业作业资质的规则流变较大。《建筑业企业资质管理规定》（中华人民共和国建设部令第159号，已失效）对劳务资质按照工程性质和技术特点，划分为木工作业、砌筑作业、抹灰作业、石制作、油漆作业、钢筋作业等十三个类别，且部分类别还划分为一级、二级两个等级。劳务施工企业只能在所属类别及等级限定范围内承接劳务作业，如超越类别或等级的，所签订的劳务施工合同将被认定为无效。[①] 随着资质管控政策的逐步放开，《建筑业企业资质管理规定》（中华人民共和国住房和城级建设部令第45号修正）第5条第2款末句明确规定："施工劳务资质不分类别与等级。"2020年11月30日，住建部印发《建设工程企业资质管理制度改革方案》（建市〔2020〕94号）再次对施工劳务资质进行了调整，将其改为专业作业资质，由审批制改为备案制。综上，施工劳务资质改称为专业作业资质，不分类别与等级，只要承包人具备专业作业资质，就可以从事所有的劳务分包工程。

有观点认为，施工劳务仅限于简单劳动，故即便劳务分包企业不具有相应资质，也不应当轻易认定劳务分包合同无效。[②] 的确，已有部分地区取消该资质，且从发展趋势来看，该资质很可能被全面取消，进而被自有工人施工模式所取代。2016年4月，根据国务院的"放管服"改革要求，住建部在浙江省、安徽省、陕西省三省开展建筑劳务用工制度改革试点，取消劳务资质办理和资质准入。自2017年12月之后，山东省不再将劳务企业资质列入建筑市场监管事项。2020年12月18日，住建部会同国家发展改革委等十二个部门颁布的《住房和城乡建设部等部门关于加快培育新时代建筑产业工人队伍的指导意见》（建市〔2020〕105号）指出，要"改革建筑施工劳务资质，大幅降低准入门槛"。2022年4月18日，重庆市住建委发布了《重庆市培育新时代建筑企业自有工人队伍试点工作方案（征求意见稿）》。征求意见稿提出，试点区县所有工程项目全面取消劳务分包，全部采用自有工人施工。但在专业作业资质取消之前，基于现行法——《建筑法》第26条、《建设工程施工合同解释（一）》第1条第1款第1项——的规定，"虽然

① 参考案例20：重庆市有益建筑劳务有限公司与咸阳第一建筑工程有限公司等建设工程施工合同纠纷案，重庆市高级人民法院（2014）渝高法民终字第00012号民事判决书、最高人民法院（2016）最高法民申1128号民事裁定书。

② 参见最高人民法院民事审判第一庭编著：《最高人民法院新建设工程施工合同司法解释（一）理解与适用》，人民法院出版社2021年版，第67页。

劳务分包作业是相对简单的劳动，但仍然要求劳务分包企业具有相应的资质”①，未取得专业作业资质的承包人承接劳务工程的，仍然应当认定相关劳务合同无效。当然，试点取消专业作业资质的地区除外。

**典型案例 14**

## 田仁明与田金军建设工程施工合同纠纷案②

### 基本案情

2015 年 11 月 24 日，田金军与田仁明签订《内墙体抹灰分包合同（2 号楼）》，约定田金军将金州体育城项目 A4 组团 2 号楼 5—27 层（含屋面女儿墙外围）所有的内外墙抹灰分包给田仁明施工。田仁明实际施工范围为内墙第 10 层、外墙 5—27 层。后田仁明以内墙抹灰只做了第 10 层、其余部分被田金军发包给他人施工，导致该工程的利润受到损失为由诉至法院，要求田金军支付违约金。法院认为，因田仁明系不具备建设工程施工资质的个人，故《内墙体抹灰分包合同（2 号楼）》应属无效，其诉请的未做抹灰工程利润损失无法律依据，田金军无须支付违约金。田仁明申请再审，称抹灰劳务资质已被取消，故《内墙体抹灰分包合同》应属有效。

### 法院观点

贵州省高级人民法院认为，根据住建部新修订的《建筑企业资质标准》，抹灰作业属施工劳务序列，施工劳务资质虽不分类别与等级，但承包人应为取得劳务施工资质的企业，自然人不具备劳务施工资质。故原判决认定案涉合同无效并无不当。因案涉合同无效，故原判决对于田仁明根据合同约定支付违约金的请求不予支持，并无不当。

---

① 最高人民法院民事审判第一庭编著：《最高人民法院新建设工程施工合同司法解释（一）理解与适用》，人民法院出版社 2021 年版，第 59 页。

② 典型案例 14：田仁明与田金军建设工程施工合同纠纷案，贵州省黔西南布依族苗族自治州中级人民法院（2018）黔 23 民终 1810 号民事判决书、贵州省高级人民法院（2019）黔民申 3770 号民事裁定书。

## 裁判规则15

**三层以下的农村住宅房屋，属“农民自建低层住宅”，不适用《建筑法》，故不要求承包人具备相应施工资质，但三层（含三层）以上的农村住宅房屋除外。**

对建筑业企业资质的要求源于《建筑法》。《建筑法》第83条第3款规定：“抢险救灾及其他临时性房屋建筑和农民自建低层住宅的建筑活动，不适用本法。”据此，农民自建低层住宅不适用《建筑法》，承包人无须具备施工资质。有疑问的是，对该款规定的“农民自建低层住宅”，应当如何界定？

对于该款所称的“农民自建”，一般认为，“《建筑法》第83条规定的农民自建是对建设主体即权利主体而言的，不论是农民自己施工，还是将工程承包给个体工匠或建筑企业建设，都属于农民自建”①。

对于“低层”住宅，《建筑法》未作规定，而现行法律规范分别提出了三个不同的标准：一是现行《民用建筑设计统一标准》（GB50352-2019）第3.1.2项第1目规定的，“建筑高度不大于27.0m的住宅建筑、建筑高度不大于24.0m的公共建筑及建筑高度大于24.0m的单层公共建筑为低层或多层民用建筑”。二是1—2层属低层住宅。《建设部关于加强村镇建设工程质量安全管理的若干意见》（建质〔2004〕216号）第3条“突出重点，分类指导，创新监督管理方式”第1款提出，“两层（含两层）以下”住宅，属于限额以下工程，无须按照国家有关法律、法规和工程建设强制性标准实施监督管理。《国务院办公厅关于印发全国自建房安全专项整治工作方案的通知》（国办发明电〔2022〕10号）指出，“3层及以上城乡新建房屋，以及经营性自建房必须依法依规经过专业设计和专业施工，严格执行房屋质量安全强制性标准”。根据这两个文件，两层（含两层）以下住宅属于“低层住宅”。三是低层住宅仅限于单层住宅。国务院《村庄和集镇规划建设管理条例》（中华人民共和国国务院令第116号）第21条第1款规定，“在村庄、集镇规划区内、凡建筑跨度、跨径或者高度超出规定范围的乡（镇）村企业、乡（镇）村公共设施和公益事业的建筑工程，以及二层（含二层）以上的住宅，必须由取

① 王国聚：《涉农村自建房纠纷案件的裁判思路》，载《人民司法》2015年第23期。

得相应的设计资质证书的单位进行设计，或者选用通用设计、标准设计”。据此，所谓“低层住宅”，应指“单层建筑”。[①]

在上述三个标准中，《村庄和集镇规划建设管理条例》颁布时间较早，随着村镇建设的发展，亟须修订完善。《民用建筑设计统一标准》并非针对农民自建住宅的专门规定。目前，实务界通常按照建设部的两个文件：认定两层（含两层）以下住宅属于“低层住宅”，不要求承包人具有相应资质；认为三层（含三层）以上的农民住房，承包人必须具备相应资质，否则施工合同无效。北京市高级人民法院[②]、天津市高级人民法院[③]、重庆市高级人民法院与四川省高级人民法院[④]均持这一标准。站在宽松的立场，“对于农村住宅两层带阁楼、带地下室，俗称‘两层半’的房屋，可以比照两层房屋处理”[⑤]。

须指出的是，虽然农民自建低层住宅因具有简易性等特定，没有必要遵守《建筑法》关于建筑工程施工许可、设计、施工、监理、招标投标的规定，[⑥] 但是围绕农民自建低层住宅签订的施工合同，依然属于建设工程合同的调整范围，[⑦] 其结算等问题，仍应遵循建设工程施工合同的基本规范。

---

① 参见国务院法制局农林城建司等编著：《〈中华人民共和国建筑法〉释义》，中国建筑工业出版社 1997 年版，第 172 页。

② 《北京市高级人民法院关于审理建设工程施工合同纠纷案件若干疑难问题的解答》（京高法发〔2012〕245 号）第 6 条第 1 款规定：“施工人签订合同承建小型建筑工程或两层以下（含两层）农民住宅，或者进行家庭住宅室内装饰装修，当事人仅以施工人缺乏相应资质为由，主张合同无效的，一般不予支持。对于当事人确实违反企业资质管理规定承揽工程的，可以建议有关行政主管部门予以处理。”

③ 《天津市高级人民法院关于审理建设工程施工合同纠纷案件相关问题的审判委员会纪要》（2020 年 12 月 9 日）第 9 条规定：“依据建筑法第 83 条规定，农村自建房屋中二层以下（含二层）住宅，属于‘农民自建低层住宅’，不受建筑法调整。审判中，当事人仅以施工人缺乏相应资质为由主张施工合同无效的，不予支持。”

④ 《重庆市高级人民法院、四川省高级人民法院关于审理建设工程施工合同纠纷案件若干问题的解答》（渝高法〔2022〕156 号）第 3 条规定：“农民自建两层（含两层）以下的住宅，属于《中华人民共和国建筑法》第八十三条规定的‘农民自建低层住宅’，承包人不具备相应的施工资质的，不影响施工合同的效力。农民自建三层（含三层）以上的住宅或者自建非住宅建筑的，承包人应当具备相应的施工资质，不具备相应的施工资质或者超越资质等级所签订的施工合同应当认定无效。”

⑤ 李玉生主编：《建设工程施工合同案件审理指南》，人民法院出版社 2019 年版，第 28 页。此外，福建省高级人民法院根据《福建省农村村民住宅建设管理办法》第 28 条的规定，将农民自建低层住宅限定为四层及四层以下。

⑥ 参见国务院法制局农林城建司等编著：《〈中华人民共和国建筑法〉释义》，中国建筑工业出版社 1997 年版，第 172 页。

⑦ 参见杨心忠等：《建设工程合同纠纷裁判思路》，法律出版社 2014 年版，第 1 页。

典型案例 15

## 林及时等与林艳平农村建房施工合同纠纷案[①]

### 基本案情

2005 年至 2006 年，林及时等三人将福建省惠安县洛阳镇前园村的房屋交由林艳平承建。2007 年，案涉房屋完工并交付林及时使用。后林及时发现案涉房屋出现质量问题，经法院委托鉴定：其中案涉厂房的鉴定结论为该幢建筑主体结构安全性的评级为 D 级[②]，案涉宿舍楼的鉴定结论为案涉建筑主体结构鉴定单元安全性等级为 Dsu 级[③]，上述质量问题主要系因施工造成，上述房屋拆除及重建费用为 5, 552, 404 元。林及时等三人诉至法院，要求林艳平赔偿经济损失 5, 552, 404 元。

### 法院观点

福建省高级人民法院认为，虽然《建筑法》第 83 条第 3 款规定，“抢险救灾及其他临时性房屋建筑和农民自建低层住宅的建筑活动，不适用本法”，但根据《建设部关于加强村镇建设工程质量安全管理的若干意见》第 3 条第 3 款的规定，农民自建低层住宅是指两层以下住宅。在本案中，讼争厂房有三层、宿舍楼有五层，建筑面积超过 300 平方米，金额亦超过 30 万元，参照《建设部关于加强村镇建设工程质量安全管理的若干意见》第 3 条第 1 款[④]的规定，本案的工程建设应

---

① 典型案例 15：林及时等与林艳平农村建房施工合同纠纷案，福建省高级人民法院（2017）闽民终 40 号民事判决书、最高人民法院（2020）最高法民申 4081 号民事裁定书。

② 即该建筑物的安全性极不符合国家标准规范的安全性要求，已严重影响整体安全，必须立即采取措施。

③ 即该建筑安全性严重不符合 Asu 级的要求，严重影响整体承载，必须立即采取措施。

④ 该款规定：“对于建制镇、集镇规划区内的所有公共建筑工程、居民自建两层（不含两层）以上，以及其它建设工程投资额在 30 万元以上或者建筑面积在 300 平方米以上的所有村镇建设工程、村庄建设规划范围内的学校、幼儿园、卫生院等公共建筑（以下称限额以上工程），应严格按照国家有关法律、法规和工程建设强制性标准实施监督管理。建制镇、集镇规划区内所有加层的扩建工程必须委托有资质的设计单位进行设计，并由有资质的施工单位承建。”

当符合《建筑法》第26条①、国务院《村庄和集镇规划建设管理条例》第23条②关于施工资质的要求。根据《2004年建工解释》第1条第1项的规定，由于林艳平个人不具有工程施工资质，故林艳平与林及时之间的农村建房施工合同应认定为无效。在再审审查中，最高人民法院也认为，案涉厂房、宿舍楼不属于《建筑法》第83条第3款规定的“抢险救灾及其他临时性房屋建筑和农民自建低层住宅”，其建设应符合《建筑法》第26条关于“承包建筑工程的单位应当持有依法取得的资质证书”的规定。由于本案工程的承包人林艳平系自然人，不具有上述法律规定的施工资质，故林艳平与林及时、杨雪如、林荣波之间形成的农村建房施工合同应属无效。

## 裁判规则16

**小型房屋建筑工程不要求承包人具备相应施工资质。小型房屋建筑工程的判断标准，省、自治区、直辖市人民政府有规定的，按照其规定；无规定的，按照“工程投资额在30万元以下或者建筑面积在300平方米以下”的标准确定。**

《建筑法》第83条第2款规定：“依法核定作为文物保护的纪念建筑物和古建筑等的修缮，依照文物保护的有关法律规定执行。”第3款规定：“抢险救灾及其他临时性房屋建筑和农民自建低层住宅的建筑活动，不适用本法。”这是否意味着，除此之外的所有建筑活动均应遵守《建筑法》，其承包人均应具有建筑业企业资质？就此问题，还需关注《建筑法》第83条第1款的规定。该款规定：“省、自治区、直辖市人民政府确定的小型房屋建筑工程的建筑活动，参照本法执行。”

何为“小型房屋建筑工程”？原本《建筑法》将其授权由各省、自治区、直辖市人民政府予以确定，但实践中普遍援引的标准是“工程投资额在30万元以下或者建筑面积在300平方米以下的建筑工程”。其原因在于，《建筑法》第7条第1款

① 该条第1款规定：“承包建筑工程的单位应当持有依法取得的资质证书，并在其资质等级许可的业务范围内承揽工程。”

② 该条第1款规定：“承担村庄、集镇规划区内建筑工程施工任务的单位，必须具有相应的施工资质等级证书或者资质审查证书，并按照规定的经营范围承担施工任务。”

规定："建筑工程开工前，建设单位应当按照国家有关规定向工程所在地县级以上人民政府建设行政主管部门申请领取施工许可证；但是，国务院建设行政主管部门确定的限额以下的小型工程除外。"《建筑工程施工许可管理办法》第2条第2款据此规定："工程投资额在30万元以下或者建筑面积在300平方米以下的建筑工程，可以不申请办理施工许可证。省、自治区、直辖市人民政府住房城乡建设主管部门可以根据当地的实际情况，对限额进行调整，并报国务院住房城乡建设主管部门备案。"在此基础上，北京市①、浙江省②、甘肃省③等地出台了地方上的专门规定。《建设部关于加强村镇建设工程质量安全管理的若干意见》（建质〔2004〕216号）第3条"突出重点，分类指导，创新监督管理方式"第1款第1项也从反面规定："对于建制镇、集镇规划区内的所有公共建筑工程、居民自建两层（不含两层）以上，以及其它建设工程投资额在30万元以上或者建筑面积在300平方米以上的所有村镇建设工程、村庄建设规划范围内的学校、幼儿园、卫生院等公共建筑（以下称限额以上工程），应严格按照国家有关法律、法规和工程建设强制性标准实施监督管理。"④

《建筑法》第83条第1款中的"'参照'不同于'依照'，有着可以部分执行以及根据情况予以变通的含义。建筑法有关建筑活动监督管理的规定，对一些规模很小的房屋建筑（如比较简易的平房建筑）来说，难以全部适用，要求参照执行，比较符合实际"⑤。实务中一般认为，对前述"小型房屋建筑工程"，除不要求施工许可证外，也不宜要求承包人具备施工资质。原《广东省高级人民法院关于

---

① 《北京市住房和城乡建设委员会关于做好社会投资简易低风险工程建设项目建筑工程施工许可有关问题的通知》（京建发〔2019〕434号）第2条规定："社会投资工程投资额在100万元以下或建筑面积在300平方米以下（含300平方米）的建筑工程，无需办理建筑工程施工许可证。"

② 《住房和城乡建设部办公厅关于浙江省调整房屋建筑和市政基础设施工程施工许可证办理限额意见的函》（建办市函〔2020〕432号），同意浙江省住房和城乡建设厅将办理施工许可的房屋建筑和市政基础设施工程限额调整为"工程投资额在200万元以下（不含200万元）或者建筑面积在1000平方米以下（不含1000平方米）的房屋建筑和市政基础设施工程，可以不申请办理施工许可证"。

③ 《甘肃省住房和城乡建设厅关于调整房屋建筑和市政基础设施工程施工许可证办理限额的通知》（甘建质〔2021〕85号）第1条规定："……工程投资额在100万元以下（含100万元）或者建筑面积在500平方米以下（含500平方米）的房屋建筑和市政基础设施工程（以下简称限额以下小型工程），可以不申请办理施工许可证。"

④ 该条第1款第2项将加层建筑也纳入了规制的范围。该款规定："建制镇、集镇规划区内所有加层的扩建工程必须委托有资质的设计单位进行设计，并由有资质的施工单位承建。"

⑤ 卞耀武主编：《中华人民共和国建筑法释义》，法律出版社1998年版，第207页。

审理建设工程合同纠纷案件疑难问题的解答》（粤高法〔2017〕151号）第2条规定："家庭室内装修和农村、建制镇、集镇规划区内自建低层住宅（二层以下、含两层）、建设工程投资额在30万元以下或者建筑面积在300平方米以下的合同纠纷，当事人以施工人没有施工资质而主张合同无效的，一般不予支持。"《四川省高级人民法院关于审理建设工程施工合同纠纷案件若干疑难问题的解答》（川高法民一〔2015〕3号）第11条第1款规定："施工人签订合同承建小型建筑工程或两层以下（含两层）农民住宅，或者进行家庭住宅室内装饰装修，当事人仅以施工人缺乏相应资质为由，主张合同无效的，一般不予支持。"《北京市高级人民法院关于审理建设工程施工合同纠纷案件若干疑难问题的解答》（京高法发〔2012〕245号）第6条第1款规定："施工人签订合同承建小型建筑工程或两层以下（含两层）农民住宅，或者进行家庭住宅室内装饰装修，当事人仅以施工人缺乏相应资质为由，主张合同无效的，一般不予支持。对于当事人确实违反企业资质管理规定承揽工程的，可以建议有关行政主管部门予以处理。"就此，除下述【典型案例16】外，还可参见"谢金元与毕文鑫等农村建房施工合同纠纷案"①、"朱永才与武夷山市新大地飞歌歌舞厅装饰装修合同纠纷案"②。

**典型案例 16**

## 韶关市武江区泰艺装饰部与彭伟等装饰装修合同纠纷案③

### 基本案情

2013年11月22日，韶关市武江区泰艺装饰部（以下简称泰艺装饰部）与李欢签订《南雄市新城影都二楼"零点"酒吧装饰工程合同》，约定泰艺装饰部对李欢经营的南雄市新城影都二楼"零点"酒吧进行室内装饰装修，装修面积为609

① 参考案例21：谢金元与毕文鑫等农村建房施工合同纠纷案，广东省广州市中级人民法院（2021）粤01民终22760号民事判决书。

② 参考案例22：朱永才与武夷山市新大地飞歌歌舞厅装饰装修合同纠纷案，福建省南平市中级人民法院（2019）闽07民终597号民事判决书。

③ 典型案例16：韶关市武江区泰艺装饰部与彭伟等装饰装修合同纠纷案，广东省韶关市中级人民法院（2017）粤02民再41号民事判决书。法院对该案作出判决后，广东省人民检察院提起抗诉，广东省高级人民法院以（2019）粤民抗162号民事裁定书提审本案后，裁定维持原判。

平方米，合同总价款55万元。后因李欢欠付工程款176,800元及其利息，泰艺装饰部诉至法院。

### 法院观点

针对《南雄市新城影都二楼“零点”酒吧装饰工程合同》的效力，法院认为，参照《住宅室内装饰装修管理办法》第22条、第44条的规定，工程投资额在30万元以下或者建筑面积在300平方米以下的，可以不申请办理施工许可证、承包人可以不具备建筑企业资质。泰艺装饰部装修的酒吧面积为609平方米，应取得相应的建筑业企业资质证书，但泰艺装饰部至今仍没有提供相应的施工资质证书，案涉装修装饰工程合同书应当认定为无效。

### 裁判规则17

**公共建筑装饰装修工程、工业建筑装饰装修工程、成品房批量装修工程的承包人应当具备相应的建筑装修装饰工程专业承包资质，否则装饰装修合同无效。**

作为现行国家标准的《建筑装饰装修工程质量验收标准》（GB50210-2018）第2.0.1项对“建筑装饰装修”的定义是，“为保护建筑物的主体结构、完善建筑物的使用功能和美化建筑物，采用装饰装修材料或饰物，对建筑物的内外表面及空间进行的各种处理过程”。从《民事案件案由规定》来看，其第四部分“合同、准合同纠纷”（一级案由）项下第10小节“合同纠纷”（二级案由）所辖第115号案由“建设工程合同纠纷”（三级案由）包括9个四级案由，其中第7个案由即为“装饰装修合同纠纷”。《建设工程施工合同解释（一）》第37条规定：“装饰装修工程具备折价或者拍卖条件，装饰装修工程的承包人请求工程价款就该装饰装修工程折价或者拍卖的价款优先受偿的，人民法院应予支持。”据此，根据现行法的规定，装饰装修工程属于建设工程。

既然装饰装修工程属于建设工程，则其承包人应具备建筑业企业资质，否则所签订的装饰装修合同无效。根据前述《建设工程企业资质管理制度改革方案》（建市〔2020〕94号）可知，《建筑业企业资质管理规定》规定的建筑装修装饰工程专业承包资质与建筑幕墙工程专业承包资质合并为建筑装修装饰工程专业承包资质，设甲、乙两级。据此，装饰装修工程的承包人应具备建筑装修装饰工程专业承包资质，并且只能承接与自身资质等级（甲级或乙级）相符的装饰装修工程，否则所签订的装饰装修合同无效。《重庆市高级人民法院、四川省高级人民法院关于审理建设工程施工合同纠纷案件若干问题的解答》（渝高法〔2022〕156号）第2条第1款规定："……工业装饰装修工程的承包人应当具备相应的施工资质，不具备相应的施工资质或者超越资质等级所签订的装饰装修合同应当认定为无效……"就此，除下述【典型案例17】外，还可参见"四川西子体育场馆工程有限公司与雅安市名山区蜀中驿酒店有限公司装饰装修合同纠纷案"①。

需说明的是，装饰装修工程可根据工程性质进一步区分为公共建筑装饰装修工程、工业建筑装饰装修工程、成品房批量装修工程、住宅室内装饰装修工程。其中，公共建筑装饰装修工程、工业建筑装饰装修工程、成品房批量装修工程的承包人，应当具备相应的建筑装修装饰工程专业承包资质，否则装饰装修合同无效。但住宅室内装饰装修工程相对特殊，关于其承包人资质的问题，参见下述【裁判规则18】。

**典型案例17**

## 天水市懿达电子技术有限公司与秦安县晟瑞丰酒店有限公司、刘军瑞装饰装修合同纠纷案②

### 基本案情

2014年11月1日，刘军瑞以秦安县晟瑞丰酒店有限公司（以下简称晟瑞丰公司）名义与天水市懿达电子技术有限公司（以下简称懿达公司）签订《工程承包合同》，将晟瑞酒店的装修、装饰及信息化建设工程发包给懿达公司。2015年2月9日，在工程未完工的情况下，晟瑞酒店开业，陆续开始使用装修工程。后懿达公

① 参考案例23：四川西子体育场馆工程有限公司与雅安市名山区蜀中驿酒店有限公司装饰装修合同纠纷案，四川省高级人民法院（2020）川民申1805号民事裁定书。

② 典型案例17：天水市懿达电子技术有限公司与秦安县晟瑞丰酒店有限公司、刘军瑞装饰装修合同纠纷案，甘肃省高级人民法院（2018）甘民再84号民事判决书。

司诉至法院，要求晟瑞丰公司支付拖欠的装饰装修款1,589,030元。经查，懿达公司未取得相关工程建筑装修施工资质。针对合同效力，晟瑞丰公司认为，本工程为一般性的室内装饰装修，并不涉及房屋建筑主体和承重结构变动，故其选择没有施工资质的企业承揽工程并不违反国家强制性规定。

### 法院观点

甘肃省高级人民法院认为，案涉《工程承包合同》虽包括了电子信息化工程、家具购买安装等内容，但仍属酒店对外服务经营用途、目的、功能下的装饰装修范畴，本质上均属装修装饰工程的具体组成部分。根据《建筑法》第13条[①]，《建设工程质量管理条例》第2条第2款[②]、第25条第1款[③]的规定，本案中的装饰装修工程属于建设工程范畴，承包人懿达公司依法应当具备相应的资质。但直至本案一审诉讼前，懿达公司并未获得装修装饰工程资质。根据《2004年建工解释》第1条第1项[④]的规定，懿达公司与晟瑞丰公司签订的《工程承包合同》因违反了法律、行政法规的强制性规定而无效。

## 裁判规则18

**住宅室内装饰装修工程属于建设工程。但基于施工内容、工程规模等原因，承包人无须具备建筑装修装饰工程专业承包资质。**

所谓住宅室内装饰装修工程，也称家庭居室装饰装修工程。前一称谓源于《住宅室内装饰装修管理办法》（建设部令2002年第110号发布，住建部令2011年第9号修正），后一称谓源于《家庭居室装饰装修管理试行办法》（建建〔1997〕

---

① 该条规定："从事建筑活动的建筑施工企业、勘察单位、设计单位和工程监理单位，按照其拥有的注册资本、专业技术人员、技术装备和已完成的建筑工程业绩等资质条件，划分为不同的资质等级，经资质审查合格，取得相应等级的资质证书后，方可在其资质等级许可的范围内从事建筑活动。"

② 该款规定："本条例所称建设工程，是指土木工程、建筑工程、线路管道和设备安装工程及装修工程。"

③ 该款规定："施工单位应当依法取得相应等级的资质证书，并在其资质等级许可的范围内承揽工程。"

④ 现《建设工程施工合同解释（一）》第1条第1款第1项。

92 号)，系指业主或者住宅使用人对住宅室内进行装饰装修的建筑活动。[①]

针对住宅室内装饰装修工程的性质，实务中有两种观点：一是认定住宅室内装饰装修工程不属于建设工程，而属于传统的承揽工程，进而主张承包人无须具备建筑业企业资质。江苏省高级人民法院[②]、山东省高级人民法院[③]、福建省高级人民法院[④]、重庆市高级人民法院在“蔡福英与丰都县鸿瑞建材经营部装饰装修合同纠纷案”[⑤] 中均持这一观点。二是认定住宅室内装饰装修工程属于建设工程，但因性质特殊，故承包人无须具备建筑业企业资质。北京市高级人民法院[⑥]、广东省高级人民法院[⑦]、重庆市高级人民法院与四川省高级人民法院[⑧]持这一观点。上述争议涉及纠纷是否适用专属管辖规则、承包人是否应具备建筑装修装饰工程专业承包资

---

① 《住宅室内装饰装修管理办法》第 2 条第 2 款规定：“本办法所称住宅室内装饰装修，是指住宅竣工验收合格后，业主或者住宅使用人（以下简称装修人）对住宅室内进行装饰装修的建筑活动。”《家庭居室装饰装修管理试行办法》第 2 条规定：“本办法所称家庭居室装饰装修，是指居民为改善自己的居住环境，自行或者委托他人对居住的房屋进行修饰处理的工程建设活动。”

② 《江苏省高级人民法院审判工作座谈会纪要（2009 年）》第四部分“建设工程施工合同纠纷案件中的若干问题”第 8 条规定：“家庭住宅装饰装修合同纠纷适用法律关于承揽合同的规定，对合同效力以外的问题可以参照《建设工程施工合同解释（一）》处理。”还可参见李玉生主编：《建设工程施工合同案件审理指南》，人民法院出版社 2019 年版，第 28 页。

③ 《山东省高级人民法院全省民事审判工作座谈会纪要（2008 年）》（鲁高法〔2008〕243 号）第四部分“关于建设工程施工合同纠纷案件中若干问题的处理”第 4 条规定：“……家庭居室装饰装修活动不属于《建筑法》的调整范围，对于家庭居室装饰装修合同引起的纠纷应当依据《合同法》有关承揽合同的规定，并参照建设部 2002 年 3 月 5 日发布的《住宅室内装饰装修管理办法》予以处理。”

④ 《福建省高级人民法院当前我省涉建工纠纷审判调研　问答 · 案例 · 白皮书》（2022 年 9 月）第 2 条第 3 款第 3 项规定：家庭的装修装饰活动属于承揽事项，不属于建设工程。

⑤ 参考案例 24：蔡福英与丰都县鸿瑞建材经营部装饰装修合同纠纷案，重庆市高级人民法院（2018）渝民申 2970 号民事裁定书。

⑥ 《北京市高级人民法院关于审理建设工程施工合同纠纷案件若干疑难问题的解答》（京高法发〔2012〕245 号）第 6 条规定：“……进行家庭住宅室内装饰装修，当事人仅以施工人缺乏相应资质为由，主张合同无效的，一般不予支持……”

⑦ 原《广东省高级人民法院关于审理建设工程合同纠纷案件疑难问题的解答》（粤高法〔2017〕151 号）第 2 条规定：“家庭室内装修和农村、建制镇、集镇规划区内自建低层住宅（二层以下、含两层）、建设工程投资额在 30 万元以下或者建筑面积在 300 平方米以下的合同纠纷，当事人以施工人没有施工资质而主张合同无效的，一般不予支持。”

⑧ 《重庆市高级人民法院、四川省高级人民法院关于审理建设工程施工合同纠纷案件若干问题的解答》（渝高法〔2022〕156 号）第 2 条第 1 款规定：“装饰装修工程可以分为工业装饰装修工程和家庭居室装饰装修工程……家庭居室装饰装修工程的承包人不具备相应的施工资质的，不影响装饰装修合同的效力，但装修活动涉及变动建筑主体和承重结构，或者法律、法规要求承包人应具备相应施工资质的除外。”

质、承包人是否享有价款优先受偿权等问题。

从现行法来看，并未区分住宅室内装饰装修与非住宅室内装饰装修，而是统一将装饰装修纳入建设工程的范畴。《建筑法》第2条第2款规定："本法所称建筑活动，是指各类房屋建筑及其附属设施的建造和与其配套的线路、管道、设备的安装活动。"就此，原国务院法制局农林城建司、建设部体改法规司与建筑业司解释道："至于建筑装饰装修，全国人大法律委员会在审查（建筑法草案）时认为，各类房屋建筑的建造本身已包含了装饰装修，在文字上可不作专门表述。""本条调整的行为是各类房屋建筑及其设施的新建、改建、扩建、维修、拆除、装饰装修等活动，以及线路、管道、设备（包括电梯）的安装活动。"①《建设工程质量管理条例》第2条第2款规定："本条例所称建设工程，是指土木工程、建筑工程、线路管道和设备安装工程及装修工程。"此外，前述《民事案件案由规定》《建设工程施工合同解释（一）》均未区分住宅室内装饰装修与非住宅室内装饰装修。最高人民法院在"蔡佳佳与南京名工坊装饰工程有限公司装饰装修合同纠纷案"②中，也将住宅室内装饰装修纳入建设工程的范畴，进而适用不动产专属管辖规则。

虽然装饰装修（含住宅室内装饰装修）工程属于建设工程，装饰装修（含住宅室内装饰装修）合同属于建设工程合同，③ 但就承包人的资质问题，实务界普遍主张，应将装饰装修合同区分为"公装"④ 与"家装"，公装的承包人应具备相应资质，家装的承包人应不作要求。前述五个高级人民法院的指导意见均体现了这一立场。其原因有三：一是家庭居室装修的性质。相对于公装工程规模大、施工工艺相对复杂的特点，从家装的内容来看，通常仅涉及对住宅的美化及基本功能的设置，并不影响建筑物的安全，作为个体的装修从业者可以胜任。二是装饰装修的工程规模较小。如【裁判规则16】所述，工程投资额在30万元以下或者建筑面积在300平方米以下的建筑工程，属于小型房屋建筑工程，不要求承包人具备相应施工

① 国务院法制局农林城建司等编著：《〈中华人民共和国建筑法〉释义》，中国建筑工业出版社1997年版，第11页。

② 参考案例25：蔡佳佳与南京名工坊装饰工程有限公司装饰装修合同纠纷案，最高人民法院（2021）最高法民辖59号民事裁定书。

③ 参见杨心忠等：《建设工程合同纠纷裁判思路》，法律出版社2014年版，第1页。

④ 较多著作表述为"工装"而非"公装"，但事实上，"工装"是指制造过程中所用的各种工具的总称，或者为工作需要而特制的服装。"公装"才是指与家庭居室装修相对的公共装修，包括公共建筑装饰装修工程、工业建筑装饰装修工程、成品房批量装修工程。

资质。绝大多数住宅室内装饰装修的建筑面积均在300平方米以下。三是装修市场的客观现实。从家装市场的实际情况来看，大量的住宅装饰装修系交由所谓的装修队（个人包工头）完成。基于上述原因，前述《家庭居室装饰装修管理试行办法》明确允许个体装饰装修从业者承接家庭居室装饰装修工程。[①]《住宅室内装饰装修管理办法》也“不禁止个人承接住宅室内的装饰装修工程”，对承包人“并无强制性资质性要求”。[②]

有疑问的是，严格意义上的装饰装修活动，不应涉及对建筑工程主体结构的变动。《住宅室内装饰装修管理办法》第9条规定：“装修人经原设计单位或者具有相应资质等级的设计单位提出设计方案变动建筑主体和承重结构的，或者装修活动涉及本办法第六条、第七条、第八条内容的，必须委托具有相应资质的装饰装修企业承担。”因此，在认定“居民将住宅室内装饰装修工程交由不具备装饰装修资质的个人完成，并不因其不具备装饰装修资质而影响装饰装修合同的效力”的基础上，有法院进一步认为，如合同约定内容涉及更改房屋主体结构等建造活动的，则属《建筑法》调整的范畴，应当根据相应法律、法规认定该部分合同内容的效力。重庆市高级人民法院与四川省高级人民法院、[③]广东省佛山市中级人民法院在“洪坤尧与黄喜欢装饰装修合同纠纷案”[④]中即持这一观点。换句话说，如果家装工程涉及更改房屋主体结构等建造活动的，则承包人必须具备相应资质，否则装饰装修合同无效。针对家装的不同内容对承包人资质做不同要求，有利有弊。其利在于：《住宅室内装饰装修管理办法》第9条所限制的装修活动，具有较高的技术要求与严格的操作规范，如果处理不当，可能影响装修人对住宅的使用、其他相邻住户对

① 《家庭居室装饰装修管理试行办法》第6条第2款规定：“对于承接家庭居室装饰装修工程的个体装饰装修从业者，应当持所在地乡镇以上人民政府有关主管部门出具的务工证明、本人身份证、暂时居住证，向工程所在地的建设行政主管部门或者指定的机构登记备案，实行‘登记注册、持证上岗’的制度。具体办法由省、自治区、直辖市人民政府建设行政主管部门制订。”

② 参见最高人民法院民事审判第一庭编著：《最高人民法院新建设工程施工合同司法解释（一）理解与适用》，人民法院出版社2021年版，第389页。

③ 《重庆市高级人民法院、四川省高级人民法院关于审理建设工程施工合同纠纷案件若干问题的解答》（渝高法〔2022〕156号）第2条第1款后段规定：“家庭居室装饰装修工程的承包人不具备相应的施工资质的，不影响装饰装修合同的效力，但装修活动涉及变动建筑主体和承重结构，或者法律、法规要求承包人应具备相应施工资质的除外。”

④ 参考案例26：洪坤尧与黄喜欢装饰装修合同纠纷案，广东省佛山市中级人民法院（2014）佛中法民一终字第3477号民事判决书。

房屋的使用，甚至危及建筑物的安全；要求承包人必须具备相应资质，能够更好地保障工程质量与安全。其弊有三：一是很多家装工程没有书面合同，或合同约定极为简略，难以判断约定的施工内容是否包括上述受限装修活动，还有大量家装合同的工程内容在施工过程中通过口头方式不断变更，这就导致合同效力判断上的困难；二是《住宅室内装饰装修管理办法》第9条所限制的装修活动涉及的范围广、类型多，部分问题的辨识涉及专业技术，法官难以准确区分与判断；三是根据施工内容的不同对承包人资质提出不同的要求，也就意味着将《住宅室内装饰装修管理办法》这一部门规章作为判断合同效力的依据。这似乎不符合《民法典》第153条第1款的规定。两相比较，不作区分更为适宜，即所有的住宅室内装饰装修工程均不要求承包人具备建筑装修装饰工程专业承包资质。当然，在《住宅室内装饰装修管理办法》第9条所限制的装修活动取得设计方案或相关单位批准前，承包人有权拒绝施工；对不具备资质的承包人承接第9条所限制的装修活动的，可以由城市房地产行政主管部门依据《住宅室内装饰装修管理办法》第36条的规定对其进行行政处罚。

需指出的是，在实务中还存在商品房的建设单位将开发建设的毛坯房在批量统一装修后进行销售的情况。无论是《住宅室内装饰装修管理办法》第2条第2款，还是《家庭居室装饰装修管理试行办法》第2条，均将家装的主体限定为业主或住宅使用人、居民。因此，建设单位为进行成品房销售而实施的批量住宅装修，不属于住宅室内装修，而构成前述【裁判规则17】所称的成品房批量装修工程。该类装修规模较大，设计要求规范，故要求承包人必须具备相应的施工资质。

**典型案例18**

## 王学亮与信阳居美联定制精装修产业有限公司等装饰装修合同纠纷案[①]

### 基本案情

2018年10月25日，王学亮与信阳居美联定制精装修产业有限公司（以下简

① 典型案例18：王学亮与信阳居美联定制精装修产业有限公司等装饰装修合同纠纷案，河南省信阳市中级人民法院（2020）豫15民终2906号民事判决书、河南省高级人民法院（2020）豫民申7748号民事裁定书。

称居美联公司）签订《信阳恒大·晟世豪庭项目住宅精装修合同》，约定居美联公司对王学亮位于信阳市的某住宅房屋进行装修。在装修过程中，王学亮诉至法院，以居美联公司未取得装饰装修资质为由，请求法院确认《信阳恒大·晟世豪庭项目住宅精装修合同》为无效合同，并要求该公司立即终止履行该合同。居美联公司提交的营业执照载明，其经营范围为室内外批量装饰装修设计、施工与精装房销售，精装工程配套的软、硬装材料与配饰的销售与设计等，但未提供证据证明其已取得装修装饰施工资质。

### 法院观点

河南省高级人民法院认为，住宅室内装饰装修是指住宅竣工验收合格后，业主或者住宅使用人对住宅室内进行装饰装修的建筑活动。从《建筑法》第 13 条与《建设工程质量管理条例》第 2 条、第 18 条、第 25 条的规定看，法律、法规并未明确要求从事室内装修装饰施工必须具备相应的施工资质，也未明确规定未取得资质的企业所签订的室内装饰装修工程施工合同无效。《住宅室内装饰装修管理办法》规定承接住宅室内装饰装修工程的装饰装修企业必须经建设行政主管部门资质审查，取得相应的建筑业企业资质证书，并在其资质等级许可的范围内承揽工程，但同样并未明确规定未取得资质企业不得进行装饰装修工程，且该规定系部门规章，不能作为认定民事合同无效的法律依据。据此，不应以居美联公司未取得装修装饰施工资质为由否定案涉住宅精装修合同的效力。

### 裁判规则 19

**建设工程施工合同因承包人不满足建筑业企业资质的要求本应认定为无效，但该合同效力可因承包人嗣后取得相应资质而得到补正。但补正时点应限定在工程竣工或停建之前。**

合同效力补正，即合同因存在某一瑕疵本应被认定为无效，但如该瑕疵在特定的时间节点之前消除的，则可以认定合同有效。我国合同法允许对合同效力进行补正，因承包人不满足施工资质要求本应认定为无效的施工合同，其效力也可以进行补正。

针对合同效力的补正时点，现行法的规定不尽一致。《最高人民法院关于审理商品房买卖合同纠纷案件适用法律若干问题的解释》（法释〔2020〕17号修正）针对未取得商品房预售许可证明的商品房买卖合同，规定的补正时点为“起诉前”。①《城镇房屋租赁合同解释》第2条针对未取得建设工程规划许可证的租赁合同，规定效力补正的时点为“一审法庭辩论终结前”。②《建设工程施工合同解释（一）》第3条第1款针对未取得建设工程规划许可证的施工合同，规定效力补正的时点也是起诉前。那么在建设工程施工合同因承包人不满足建筑业企业资质的要求而无效时，允许进行效力补正的时间应当限定在何时？

有观点认为，根据合同效力补正理论，对承包人欠缺相应资质的施工合同，根据履行建设工程施工工序的特殊要求，应将补正时点限定为“工程开工前”，即承包人应在工程开工前达到与工程相适应的资质等级。③

《建设工程施工合同解释（一）》第4条规定：“承包人超越资质等级许可的业务范围签订建设工程施工合同，在建设工程竣工前取得相应资质等级，当事人请求按照无效合同处理的，人民法院不予支持。”该解释把承包人欠缺相应资质的施工合同的效力补正时点确定为“工程竣工前”。也就是说，“承包人在工程竣工前取得了相应资质等级，即超越资质等级签订合同这一违反《建筑法》禁止性规定的情形已经消失，已满足合同生效要件条件，则可以认定合同有效”④。超过该时点的，即便承包人取得了相应资质，也不发生合同效力补正的法律后果，也即应当认定建设工程施工合同无效。下述【典型案例19】即为适例。

站在这一规则的延长线上，还可以得出如下三个结论：第一，没有资质的承包人在工程竣工前取得相应资质等级的，其签订的建设工程施工合同应被认定为有

---

① 《最高人民法院关于审理商品房买卖合同纠纷案件适用法律若干问题的解释》（法释〔2020〕17号修正）第2条规定：“出卖人未取得商品房预售许可证明，与买受人订立的商品房预售合同，应当认定无效，但是在起诉前取得商品房预售许可证明的，可以认定有效。”

② 《城镇房屋租赁合同解释》第2条规定：“出租人就未取得建设工程规划许可证或者未按照建设工程规划许可证的规定建设的房屋，与承租人订立的租赁合同无效。但在一审法庭辩论终结前取得建设工程规划许可证或者经主管部门批准建设的，人民法院应当认定有效。”

③ 参见杨心忠等：《建设工程合同纠纷裁判思路》，法律出版社2014年版，第92页。

④ 最高人民法院民事审判第一庭编著：《最高人民法院新建设工程施工合同司法解释（一）理解与适用》，人民法院出版社2021年版，第52页。

效。[1] 这一情形主要发生在专业作业领域。第二，“对于因合同解除等原因导致工程未施工完毕，一般应以承包人停止建设、将工程实际交付发包人之时，承包人是否取得与承揽工程相适应的资质等级，作为认定合同效力的事实基础”[2]。第三，建设工程设计单位在建设工程设计合同签订后、设计图纸完全交付前取得相应设计资质的，也应认定设计合同有效。[3]

**典型案例 19**

## 浙江省三建建设集团有限公司与咸阳凯创置业有限责任公司、陕西林凯置业发展有限公司建设工程施工合同纠纷案[4]

### 基本案情

2011 年 5 月 23 日，陕西林凯置业发展有限公司（以下简称林凯公司）作为陈杨新界项目发包人，与浙江省三建建设集团有限公司（以下简称三建公司）签订了合同一。合同一约定的施工区域为主楼 18 栋，地下室一层，地上 34 层，总建筑面积约为 40 万平方米。2012 年 10 月 16 日，林凯公司向三建公司发送《债权债务转让通知》，称由于该项目的建设用地使用权已经由咸阳凯创置业有限责任公司（以下简称凯创公司）合法取得，建设单位变更为凯创公司。2012 年 11 月 15 日，凯创公司作为发包人就案涉工程与三建公司重新签订了合同二，内容与合同一一致。2013 年 1 月 25 日、1 月 31 日、2 月 28 日，凯创公司向建设主管部门就项目三标段、二标段、一标段补办了招投标手续，提交了用于备案的《建筑工程施工合同》（合同三）。2015 年 4 月 6 日，凯创公司向三建公司发送《关于解除陈杨新界项目〈建筑工程施工合同〉的函》。2015 年 4 月 7 日，三建公司离场。后三建公

---

① 参见杨心忠等：《建设工程合同纠纷裁判思路》，法律出版社 2014 年版，第 98 页。

② 最高人民法院民事审判第一庭编著：《最高人民法院新建设工程施工合同司法解释（一）理解与适用》，人民法院出版社 2021 年版，第 56 页。

③ 参见杨心忠等：《建设工程合同纠纷裁判思路》，法律出版社 2014 年版，第 122 页。

④ 典型案例 19：浙江省三建建设集团有限公司与咸阳凯创置业有限责任公司、陕西林凯置业发展有限公司建设工程施工合同纠纷案，最高人民法院（2020）最高法民终 483 号民事判决书。

司向法院提起诉讼，要求凯创公司、林凯公司支付工程款。经查，三建公司在承建案涉工程时具有建筑工程施工总承包一级资质，2015 年 11 月 3 日，取得建筑工程施工总承包特级资质。

### 法院观点

一审法院（陕西省高级人民法院）认为，案涉工程项目总建筑面积约为 40 万平方米，三建公司于 2015 年 4 月 7 日离场前只具有房屋建筑工程施工总承包一级资质，依法只能承建建筑面积 20 万平方米及以下的住宅小区或建筑群体。根据《2004 年建工解释》第 1 条第 1 款的规定，合同一、合同二、合同三均为无效合同。三建公司上诉称，其于 2017 年 8 月 15 日取得了建筑工程施工总承包特级资质，根据《2004 年建工解释》第 5 条的规定，合同应认定为有效。在二审中，最高人民法院认为，三建公司在离场前具有房屋建筑工程施工总承包一级资质，依法只能承建建筑面积在 20 万平方米以下的住宅小区或建筑群体。案涉工程总建筑面积约为 40 万平方米，远超三建公司依资质所能承建的范围，故施工合同应属无效。对合同效力的评判应建立在合同订立和履行的基础之上。三建公司在订立合同及之后施工的全过程中均不具备相应资质。该公司于 2015 年 4 月 7 日离场时尚不具备相应承建资质，于离场后 2 年取得相应资质的事实，不符合《2004 年建工解释》第 5 条①规定的情形，对合同效力不产生影响。

### 裁判规则 20

**承包人签订建设工程施工合同时具备相应施工资质，嗣后因工程变更、施工资质被吊销或降级等，不再满足资质要求的，建设工程施工合同依然有效，但因承包人欠缺履行能力的，施工合同应予解除。**

我国建设行政主管部门对建筑施工企业资质等级实行动态管理，故建筑施工企业的资质等级在承建工程的过程中可能发生变化。如承包人在签订建设工程施工合

① 现《建设工程施工合同解释（一）》第 4 条。

同时具备相应的施工资质，但在合同履行过程中，因承包人承揽的其他工程发生质量、安全事故等，导致承包人的施工资质被吊销或降级的，应当如何评价建设工程施工合同的效力？

就此问题，应当区分为两种情形：一是承包人的施工资质被降级，但降级后依然满足施工资质要求的，则施工合同的效力不受影响，且应继续履行。当然，如施工合同约定的计费标准与承包人资质等级相关联的，则应根据所降资质等级相应降低计费标准。[①] 二是承包人的施工资质被吊销，或降级后不满足施工资质要求的，或者签订施工合同后工程规模扩大，承包人不具备工程规模扩大后所要求的施工资质的，由于签订施工合同时承包人具备相应资质，故施工合同应属有效，不应基于嗣后法律事实否定合同效力。但是，承包人不再满足资质要求，也就“表明其已不符合正在承建的工程资质要求，也不能确保所建工程质量达到原有资质水准。因此，该企业不再具备继续履行合同的能力和资格”[②]。在此种情形下，无论建设工程是尚未开工还是处于施工过程中，只要尚未施工完毕，均应以承包人欠缺法律上的履行能力为由予以解除。在“内蒙古锡林郭勒白音华煤电有限责任公司煤电硅分公司与北京建工一建工程建设有限公司建设工程施工合同纠纷案”[③]中，签约时北京建工一建工程建设有限公司（以下简称建工一公司）具备施工资质，但在合同履行过程中，建工一公司因在北京市海淀区清华大学附属中学体育馆及宿舍楼工程中发生重大生产安全责任事故，被住建部吊销房屋建设工程施工总承包一级资质。法院在认定施工合同有效的基础上，即以“建工一公司已经不能继续履行合同进行工程施工，否则不单是违约行为，而且是违法行为”为由，判决解除案涉施工合同。

---

① 参见杨心忠等：《建设工程合同纠纷裁判思路》，法律出版社 2014 年版，第 93 页。

② 杨心忠等：《建设工程合同纠纷裁判思路》，法律出版社 2014 年版，第 402 页。

③ 参考案例 27：内蒙古锡林郭勒白音华煤电有限责任公司煤电硅分公司与北京建工一建工程建设有限公司建设工程施工合同纠纷案，内蒙古自治区锡林郭勒盟中级人民法院（2016）内 25 民终 1366 号民事判决书。

典型案例 20

## 江阴市伟业房屋拆修工程有限公司与南京市栖霞区房屋征收管理办公室建设工程合同纠纷案[①]

### 基本案情

2014 年 7 月 29 日，南京市栖霞区房屋征收管理办公室（以下简称栖霞征收办）与江阴市伟业房屋拆修工程有限公司（以下简称伟业公司）签订《栖霞区旧房拆除工程施工协议书》，约定栖霞征收办将燕子矶新城保障性住房项目 b 标段拆迁范围内房屋交由伟业公司承包拆除，房屋面积约 67,012.1 平方米。签约后，栖霞征收办将上述拆迁范围内的一部分房屋交付给伟业公司拆除。2017 年 6 月 20 日，栖霞征收办致函伟业公司，称因伟业公司原有的拆除资质被取消，亦未取得新的建筑施工承包资质，故施工协议书无法继续履行，应立即停止拆除工作，解除施工协议书。伟业公司诉至法院，要求继续履行合同。经查，伟业公司原本拥有建筑物非爆破拆除工程专业承包二级资质。在合同履行过程中，住建部《建筑业企业资质管理规定》[②]、《建筑业企业资质标准》[③] 开始实施，原拆除工程专业承包资质被取消。《建筑业企业资质管理规定和资质标准实施意见》[④] 第 33 条第 2 款规定："拆除作业按工程性质由具有相应资质类别的企业承担。"2016 年 12 月 31 日，《建筑业企业资质管理规定》《建筑业企业资质标准》的实施过渡期满，伟业公司未能重新申请取得建筑业企业资质。

---

① 典型案例 20：江阴市伟业房屋拆修工程有限公司与南京市栖霞区房屋征收管理办公室建设工程合同纠纷案，江苏省南京市中级人民法院（2018）苏 01 民终 2052 号民事判决书。

② 2015 年 1 月 22 日，住建部发布《建筑业企业资质管理规定》，取代了原建设部发布的《建筑业企业资质管理规定》。此后，2015 年 1 月 22 日发布的《建筑业企业资质管理规定》分别于 2016 年 9 月 13 日、2018 年 12 月 22 日被两次修正。

③ 2014 年 11 月 6 日，住建部发布《建筑业企业资质标准》（建市〔2014〕159 号）。

④ 《建筑业企业资质管理规定和资质标准实施意见》（建市〔2015〕20 号）于 2015 年 1 月 31 日发布，2015 年 11 月 9 日被第一次修改（建市〔2015〕177 号），2020 年 1 月 16 日被第二次修改（建市规〔2020〕1 号）。本案中适用的是 2015 年 1 月 31 日发布的版本。

**法院观点**

南京市中级人民法院认为，承包建筑工程的单位应当持有依法取得的资质证书，并在其资质等级许可的业务范围内承揽工程。在本案中，伟业公司与栖霞征收办就涉案旧房拆除工程虽签订了施工协议书，但在合同履行过程中，伟业公司原取得的拆除专业承包资质被取消，在规定的期限内，伟业公司未能重新申请取得相应承包资质，即伟业公司现已不具备对涉案旧房进行拆除的施工资质，故因伟业公司缺乏施工资质致其无法履行拆除房屋这一主要合同义务，双方之间的施工协议书客观上已不具备履行的可能，双方合同目的亦无法实现，应予解除。

## 2.3 不同经营模式对建设工程施工合同效力的影响

在建筑行业中存在多种经营模式，有的合法，有的不合法。从实务的情况来看，由于经营模式违反法律规定导致施工合同无效的，主要包括四种类型：一是没有资质的实际施工人借用有资质的建筑施工企业名义经营，也就是挂靠。就此，后述第 11 章将做专题讨论，此处不赘述。二是发包人对建设工程进行肢解发包。三是承包人转包建设工程。四是承包人违法分包。其他经营模式，如总承包人的专业分包、劳务分包、内部承包等，则属于合法经营，相应的施工合同属有效合同。

**裁判规则 21**

**发包人将一个单位工程肢解成若干部分发包给数个承包人的，构成肢解发包，由此签订的数个建设工程施工合同均属无效。**

“……肢解发包，是指建设单位将应当由一个承包单位完成的建设工程分解成若干部分发包给不同的承包单位的行为。”① 肢解发包为法律所禁止。《建筑法》第 24 条第 1 款规定：“提倡对建筑工程实行总承包，禁止将建筑工程肢解发包。”第 2 款规定：“……不得将应当由一个承包单位完成的建筑工程肢解成若干部分发包给几个承包单位。”《民法典》第 791 条第 1 款规定：“……发包人不得将应当由一个

① 《建设工程质量管理条例》第 78 条第 1 款。

承包人完成的建设工程支解成若干部分发包给数个承包人。”①

建设工程从“纵向”划分，可以依次分为建设项目（可以分为建筑工程、土木工程和机电工程）、单项工程、单位工程、分部工程、分项工程。（1）建设项目（building projects），是指按一个总体规划或设计进行建设的，由一个或若干个互有内在联系的单项工程组成的工程总和。（2）单项工程（individual project），是指具有独立设计文件，能够独立发挥生产能力、使用效益的工程，是建设项目的组成部分，由多个单位工程构成。（3）单位工程（unit project），是指具备独立施工条件并能形成独立使用功能的建筑物及构筑物，是单项工程的组成部分，可分为多个分部工程。（4）分部工程（part project），是按工程的部位、结构形式的不同等划分的工程，是单位工程的组成部分，可分为多个分项工程。（5）分项工程（item project），是根据工种、构件类别、设备类别、使用材料不同划分的工程项目，是分部工程的组成部分。

对于法律所要求的“应当由一个承包单位完成的建筑工程”，即“按其性质和技术联系应当由一个承包单位整体完成的工程”，一般认为，“单位工程必须由一个承包单位完成施工”②。《建筑工程施工发包与承包违法行为认定查处管理办法》（建市规〔2019〕1号）第6条第5项即规定，建设单位将一个单位工程的施工分解成若干部分发包给不同的施工总承包或专业承包单位的，属于违法发包。据此，“除单独立项的专业工程外，建设单位不得将一个单位工程的分部工程发包给专业承包单位”③。否则即构成肢解发包，由此签订的施工合同应认定为无效。就此，除下述【典型案例21】外，还可参见“江苏苏南建设集团有限公司、安庆新城悦盛房地产发展有限公司建设工程施工合同纠纷案”④。

单位工程也构成肢解发包与平行发包的分界线。与肢解发包“将一个单位工程分解成若干部分发包给不同的承包人”相比，平行发包的最小单位是单位工

① 需注意的是，《民法典》将原《合同法》《建筑法》所使用的“肢解”一词改为了“支解”。

② 谢勇：《建设工程施工合同无效的主要类型及法律后果》，载最高人民法院民事审判第一庭编：《民事审判指导与参考》总第83辑，人民法院出版社2021年版。

③ 谢勇：《建设工程施工合同无效的主要类型及法律后果》，载最高人民法院民事审判第一庭编：《民事审判指导与参考》总第83辑，人民法院出版社2021年版。

④ 参考案例28：江苏苏南建设集团有限公司、安庆新城悦盛房地产发展有限公司建设工程施工合同纠纷案，最高人民法院（2019）最高法民终589号民事判决书。

程，故平行发包是合法的。

典型案例21

## 实事集团建设工程有限公司与浙江华和叉车有限公司建设工程施工合同纠纷案[①]

### 基本案情

2007年8月28日，浙江华和叉车有限公司（以下简称华和公司）与实事集团建设工程有限公司（以下简称实事集团）签订《建设工程施工合同》，约定实事集团承包华和公司位于三门县三角塘工业区的厂房、仓库及综合楼工程，承包范围为施工图纸范围内的土建（不含桩基工程）、安装工程及市政公用工程。华和公司将该工程中的桩基工程、给排水、电气、门窗、内外墙涂料及钢结构等工程另外发包给第三人承建。合同签订后，工程于2007年12月28日开工，开工时该桩基工程已完工。后因实事集团在工程未完工的情况下停工，华和公司诉至法院，要求实事集团继续履行合同。一审、二审法院均以华和公司构成肢解发包为由，认定《建设工程施工合同》无效。华和公司向浙江省高级人民法院申请再审。

### 法院观点

浙江省高级人民法院认为，建筑工程肢解发包违反了法律法规的强制性规范，应确认为无效。肢解发包是指建设单位将一个单位工程的施工分解成若干部分发包给不同的施工总承包或专业承包单位的。按照《建设工程分类标准》（GB/T 50841-2013）的规定，单位工程是指具备独立施工条件并能形成独立使用功能的建筑物或构筑物。除单独立项的专业工程外，建设单位不得将一个单位工程的分部工程施工发包给专业承包单位。就本案而言，实事集团在签订合同时已经明知华和公司将桩基工程发包给他人施工，《建设工程施工合同》约定的承包范围也不含桩基工程；在合同的履行过程中，华和公司又将给排水、电气、门窗、内外墙涂料及

① 典型案例21：实事集团建设工程有限公司与浙江华和叉车有限公司建设工程施工合同纠纷案，浙江省高级人民法院（2016）浙民申3829号民事裁定书。

钢结构等工程另外发包给他人承建。据此，讼争工程构成肢解发包，应当认定涉案建设工程施工合同无效。

## 裁判规则22

**工程总承包人将设计或施工转交第三人完成的，不应认定为转包或违法分包，但将设计与施工全部转交给第三人完成的除外。**

如前所述，工程总承包主要包含设计、采购、施工。除采购以外，根据《建筑法》的规定，无论是设计还是施工，均禁止转包。这是否意味着，在EPC模式或DB模式之下，工程总承包人须自行完成设计与施工？

有观点认为，“EPC合同核心和落脚点在于工程建设，其主要权利义务属于建设工程合同法律关系”①。若此，工程总承包人必须自行完成施工，至于设计，则可交由第三人完成。

《住房城乡建设部关于进一步推进工程总承包发展的若干意见》（建市〔2016〕93号）第9条规定：“工程总承包项目的分包。工程总承包企业可以在其资质证书许可的工程项目范围内自行实施设计和施工，也可以根据合同约定或者经建设单位同意，直接将工程项目的设计或者施工业务择优分包给具有相应资质的企业。仅具有设计资质的企业承接工程总承包项目时，应当将工程总承包项目中的施工业务依法分包给具有相应施工资质的企业。仅具有施工资质的企业承接工程总承包项目时，应当将工程总承包项目中的设计业务依法分包给具有相应设计资质的企业。”第10条规定：“工程总承包项目严禁转包和违法分包。工程总承包企业应当加强对分包的管理，不得将工程总承包项目转包，也不得将工程总承包项目中设计和施工业务一并或者分别分包给其他单位。工程总承包企业自行实施设计的，不得将工程总承包项目工程主体部分的设计业务分包给其他单位。工程总承包企业自行实施施工的，不得将工程总承包项目工程主体结构的施工业务分包给其他单位。”据此，工程总承包人可以将设计或施工转交第三人完成，但不得将设计与施工全部转交给第三人完成。在下述【典型案例22】中，PC总承包人将

① 李玉生主编：《建设工程施工合同案件审理指南》，人民法院出版社2019年版，第31页。

施工、安装工程分包给第三人，法院即认可该分包行为的合法性。在“惟邦营造建筑设计（北京）有限公司与贵州省梵净山投资控股集团有限公司等建设工程合同纠纷案”① 中，工程 EPC 总承包人惟邦营造建筑设计（北京）有限公司将案涉工程的施工，以施工总承包的方式发包给中铁公司，法院也认可该施工总承包合同的效力。

所谓“将设计与施工全部转交给第三人完成”，根据《城乡建设部关于进一步推进工程总承包发展的若干意见》第 10 条的规定，包括两种形式：一是将工程总承包项目中的设计和施工业务一并交由某一单位完成，二是将工程总承包项目中的设计和施工业务分别交由不同的单位完成。其核心在于，工程总承包人既未自行完成设计，也未自行完成施工。

**典型案例 22**

## 青岛捷能发电设备成套有限公司与嘉峪关奥福凯盛节能有限责任公司等建设工程施工合同纠纷案②

### 基本案情

2011 年 10 月 15 日，嘉峪关奥福凯盛节能有限责任公司（以下简称奥福凯盛公司）与青岛捷能发电设备成套有限公司（以下简称青岛捷能公司）签订《余热发电工程合作协议》，约定青岛捷能公司以总承包（PC）方式建设奥福凯盛公司投资的铁合金矿热炉余热发电项目，奥福凯盛公司负责设计、立项、环评、并网手续等办理，青岛捷能公司负责案涉项目的全部工程设备和材料的成套采购和全部工程的土建、安装、调试及达产达标，计价方式为工程成本价+工程毛利润。同日，双方还签订《土建施工、设备安装合同》，约定了案涉项目的土建施工、设备安装调试及施工管理。在履行过程中，青岛捷能公司将案涉部分工程分包给江苏华能公

---

① 参考案例 29：惟邦营造建筑设计（北京）有限公司与贵州省梵净山投资控股集团有限公司等建设工程合同纠纷案，最高人民法院（2021）最高法民终 1312 号民事判决书。

② 典型案例 22：青岛捷能发电设备成套有限公司与嘉峪关奥福凯盛节能有限责任公司等建设工程施工合同纠纷案，最高人民法院（2019）最高法民终 1681 号民事判决书。

司和河南东风电力工程有限公司进行施工。2013 年 4 月 26 日 20 时至 29 日 20 时，案涉项目 1×18MW 发电工程的并网带负荷试运行表明，整个系统的性能和设备的运行状况基本达到实际使用要求。后青岛捷能公司诉至法院，要求奥福凯盛公司支付工程垫资成本款 62,834,700 元、毛利润 9,183,470 元、工程垫资款利息及违约罚息。

### 法院观点

甘肃省高级人民法院认为，《余热发电工程合作协议》约定的承包方式为 PC 方式。所谓 PC 合同，也就是采购—施工总承包合同，指总承包公司按照合同约定，承担工程项目的采购和施工，并对承包工程的采购和施工的质量、安全、工期、造价负责。青岛捷能公司的资质条件符合以总承包（PC）方式建设奥福凯盛公司投资的铁合金矿热炉余热发电项目的承包条件。根据《合同法》第 272 条第 2 款的规定，青岛捷能公司将部分工程分包给有资质的分包单位——江苏华能公司和河南东风电力工程有限公司——进行工程施工或者设备安装，符合法律规定，并无不当。

### 裁判规则 23

**承包人将其承包的全部建筑工程转交给第三人，或者将其承包的全部建筑工程肢解后以分包的名义分别发包给第三人的，构成转包，由此签订的建设工程施工合同应属无效。**

转包为现行法所禁止。《建筑法》第 28 条规定：“禁止承包单位将其承包的全部建筑工程转包给他人，禁止承包单位将其承包的全部建筑工程肢解以后以分包的名义分别转包给他人。”《民法典》第 791 条第 2 款规定：“……承包人不得将其承包的全部建设工程转包给第三人或者将其承包的全部建设工程支解以后以分包的名义分别转包给第三人。”

所谓转包，《建设工程质量管理条例》第 78 条第 3 款规定：“本条例所称转包，是指承包单位承包建设工程后，不履行合同约定的责任和义务，将其承包的全部建设工程转给他人或者将其承包的全部建设工程肢解以后以分包的名义分别转给其他单位承包的行为。”据此，转包的主体是承包人。转包的形式有两种：一是直接转包，即承包人将其承包的全部建筑工程转包给他人。“中十冶集团有限公司华东分公司与枣庄矿业集团中兴建安工程有限公司、枣庄德圣房地产开发有限公司建设工程施工合同纠纷案”① 即为适例。二是肢解转包，也称变相转包，即承包人将其承包的全部建筑工程肢解以后，以分包的名义分别转包给他人。对于这类情形，“可以从各‘分包合同’的施工内容进行对比累加，看所有的‘分包合同’的工程范围是否等于原总包合同的工程范围，或至少在原总包合同中的绝大部分工程（主体结构工程）的工程范围内”②。就此，除下述【典型案例 23】外，还可参见“张书广等与河南隆基建设有限公司等建设工程施工合同纠纷案”③。转包的核心要素在于，对于承接的建设工程，承包人不实际履行合同约定的责任和义务，而是全部交由他人完成。如果只是将全部工程的一部分转给其他单位或者个人施工，则属于分包。④

针对转包的表现形式，《建筑工程施工发包与承包违法行为认定查处管理办法》（建市规〔2019〕1 号）第 8 条规定：“存在下列情形之一的，应当认定为转包，但有证据证明属于挂靠或者其他违法行为的除外：（一）承包单位将其承包的全部工程转给其他单位（包括母公司承接建筑工程后将所承接工程交由具有独立法人资格的子公司施工的情形）或个人施工的；（二）承包单位将其承包的全部工程肢解以后，以分包的名义分别转给其他单位或个人施工的；（三）施工总承包单位或专业承包单位未派驻项目负责人、技术负责人、质量管理负责人、安全管理负责人等主要管理人员，或派驻的项目负责人、技术负责人、质量管理负责人、安全管理负责人中一人及以上与施工单位没有订立劳动合同且没有建立劳动工资和社会

---

① 参考案例 30：中十冶集团有限公司华东分公司与枣庄矿业集团中兴建安工程有限公司、枣庄德圣房地产开发有限公司建设工程施工合同纠纷案，最高人民法院（2017）最高法民终 462 号民事判决书。

② 周利明：《解构与重塑：建设工程合同纠纷裁判思维与方法》，法律出版社 2019 年版，第 155 页。

③ 参考案例 31：张书广等与河南隆基建设有限公司等建设工程施工合同纠纷案，最高人民法院（2020）最高法民申 309 号民事裁定书。

④ 王勇：《建设工程施工合同纠纷实务解析》，法律出版社 2017 年版，第 67 页。

养老保险关系，或派驻的项目负责人未对该工程的施工活动进行组织管理，又不能进行合理解释并提供相应证明的；（四）合同约定由承包单位负责采购的主要建筑材料、构配件及工程设备或租赁的施工机械设备，由其他单位或个人采购、租赁，或施工单位不能提供有关采购、租赁合同及发票等证明，又不能进行合理解释并提供相应证明的；（五）专业作业承包人承包的范围是承包单位承包的全部工程，专业作业承包人计取的是除上缴给承包单位‘管理费’之外的全部工程价款的；（六）承包单位通过采取合作、联营、个人承包等形式或名义，直接或变相将其承包的全部工程转给其他单位或个人施工的；（七）专业工程的发包单位不是该工程的施工总承包或专业承包单位的，但建设单位依约作为发包单位的除外；（八）专业作业的发包单位不是该工程承包单位的；（九）施工合同主体之间没有工程款收付关系，或者承包单位收到款项后又将款项转拨给其他单位和个人，又不能进行合理解释并提供材料证明的。两个以上的单位组成联合体承包工程，在联合体分工协议中约定或者在项目实际实施过程中，联合体一方不进行施工也未对施工活动进行组织管理的，并且向联合体其他方收取管理费或者其他类似费用的，视为联合体一方将承包的工程转包给联合体其他方。”

针对转包行为的效力，《建设工程施工合同解释（一）》第1条第2款规定：“承包人因转包、违法分包建设工程与他人签订的建设工程施工合同，应当依据民法典第一百五十三条第一款及第七百九十一条第二款、第三款的规定，认定无效。”但需要明确的是，在转包的情况下，与承包人相关联的建设工程施工合同有二：一是发包人与承包人之间的施工合同，二是承包人与转承包人之间的转包合同。就发包人与承包人之间的施工合同而言，转包行为发生在该合同签订之后，不能因承包人之后的转包行为否定这一合同的效力。只有承包人与转承包之间的转包合同，才是《建设工程施工合同解释（一）》第1条第2款所规定的应当认定为无效的施工合同。

**典型案例 23**

## 江苏南通三建集团股份有限公司与南京市第十建筑工程有限公司等建设工程施工合同纠纷案[①]

### 基本案情

2007年5月2日，南京市第十建筑工程有限公司（以下简称南京十建）向明发集团出具《承诺书》，载明南京十建对明发集团开发的明发广场工程进行施工总承包。其后，南京十建将明发商业广场项目肢解分包给五个土建项目部。其中，2007年8月14日，南京十建与江苏南通三建集团股份有限公司（以下简称南通三建）签订分包合同，约定南京十建将明发商业广场工程中二期第一标段工程（酒店、夜总会、三号住宅楼、部分商铺）分包给南通三建施工。后因结算发生争议，南通三建于2013年11月14日诉至法院，要求南京十建给付工程款3889万元及相应利息。针对分包合同效力：南通三建认为，该合同构成肢解分包，应属无效；南京十建与明发集团认为，该分包行为得到明发集团认可，应属有效。

### 法院观点

江苏省高级人民法院认为，南京十建作为明发广场工程的总承包单位，并未实际组织涉案工程的施工，而是将其总承包的全部建设工程肢解以后以分包名义分别转包给他人施工。承接工程部分项目的南通三建虽然具备相应建筑资质条件，且得到了发包方明发集团的认可，但该合同因违反相关法律的效力性强制性规定，应属无效。

**裁判规则 24**

**经发包人同意，承包人可以将其在建设工程施工合同中的权利义务概括转移给具有相应施工资质的第三人。但经招投标程序订立的建设工程施工合同除外。**

---

① 典型案例23：江苏南通三建集团股份有限公司与南京市第十建筑工程有限公司等建设工程施工合同纠纷案，江苏省高级人民法院（2016）苏民终254号民事判决书。

《民法典》第555条规定："当事人一方经对方同意，可以将自己在合同中的权利和义务一并转让给第三人。"据此，经发包人同意，建设工程施工合同的承包人有权将合同中的权利义务概括转让给具有相应施工资质的第三人。就此，可参见"山东尚景建筑安装工程有限公司与莒南县壮岗镇凤凰峪村村民委员会、莒南县第三建筑安装工程有限公司建设工程施工合同纠纷案"①。当然，如受让人不具备相应施工资质的，则应当认定合同转让无效。

有观点认为，"转包性质上属于合同权利义务概括转移"②，也即合同的转让。事实上，转包与转让迥然有别且界限分明：第一，建设工程施工合同的主体不同。在转包的情况下，其与发包人之间的施工合同的相对人仍是转包人，转包人与转承包人之间是另一合同关系；在合同转让的情况下，转让人退出原施工合同，施工合同的相对人由转让人变更为受让人。原《广东省高级人民法院关于审理建设工程合同纠纷案件的暂行规定》（粤高法发〔2000〕31号）第2条规定："……如转包经发包人同意，即属合同转让，应直接列发包人为被告。"第二，法律关系的结构不同。在转包的情况下，存在"施工合同+转包合同"双层法律关系；在合同转让的情况下，转让人退出施工合同关系、受让人接替转让人承继施工合同关系，故只存在一层施工合同法律关系。第三，法律行为效力不同。转包是非法的，而合同转让只要没有违反法律、行政法规的效力性强制性规定，都是有效的。第四，外在表现有差异。合同转让需经发包人同意，故须告知发包人；而转包属于非法行为，故转包人与转承包人通常会隐瞒发包人。

虽然通常情况下合同转让是合法行为，但承包人中标之后进行合同转让的，即便得到招标人的同意，因违背《招标投标法》的竞争选任机制，根据《招标投标法》第48条第1款③的规定，也应当认定合同转让无效。就此，除下述【典型案例24】外，还可参见"吉林长弓建筑安装工程有限责任公司与吉林市江城众合房

① 参考案例32：山东尚景建筑安装工程有限公司与莒南县壮岗镇凤凰峪村村民委员会、莒南县第三建筑安装工程有限公司建设工程施工合同纠纷案，山东省临沂市中级人民法院（2022）鲁13民终943号民事判决书。

② 李玉生主编：《建设工程施工合同案件审理指南》，人民法院出版社2019年版，第68页。

③ 该款规定："中标人应当按照合同约定履行义务，完成中标项目。中标人不得向他人转让中标项目，也不得将中标项目肢解后分别向他人转让。"

地产开发有限公司建设工程施工合同纠纷案”①。

**典型案例 24**

## 国家电投集团远达水务有限公司<br>与天津滨海鼎昇环保科技工程有限公司、<br>天津渤天化工有限责任公司建设工程施工合同纠纷案②

### 基本案情

2009年6月，天津渤天化工有限责任公司（以下简称渤天化工公司）就“天津渤天化工有限责任公司2.1万t/d中水回用BOT运营商采购项目”进行招标。招标文件要求：由中标人组建项目公司负责项目的方案设计、投融资、建设、运营以及在特许经营期结束后向渤天化工公司移交项目；项目公司的股权结构必须满足投标人持有项目公司30%以上的股权的条件。2009年8月，重庆环保设计院中标。其后，渤天化工公司与重庆环保设计院签订《意向书》《双方备忘录》，约定重庆环保设计院成立项目公司天津滨海鼎昇环保科技工程有限公司（以下简称滨海鼎昇公司），由滨海鼎昇公司签订合同并具体实施该项目，重庆环保设计院提供技术保障。滨海鼎昇公司的工商档案材料显示，滨海鼎昇公司的股东是毕桂军和徐文红。2010年6月，渤天化工公司与滨海鼎昇公司签订《BOT合约》，就项目建设、项目运营和维护、项目设施的移交、不可抗力等进行了约定。2012年7月31日，滨海鼎昇公司与国家电投集团远达水务有限公司（以下简称远达水务公司）签订《总承包合同》，将案涉工程交由远达水务公司进行施工。后远达水务公司诉至法院，要求其支付工程款。

### 法院观点

最高人民法院认为，渤天化工公司招标文件载明，中标人应按要求组建项目公

① 参考案例33：吉林长弓建筑安装工程有限责任公司与吉林市江城众合房地产开发有限公司建设工程施工合同纠纷案，吉林省吉林市中级人民法院（2018）吉02民初97号民事判决书。

② 典型案例24：国家电投集团远达水务有限公司与天津滨海鼎昇环保科技工程有限公司、天津渤天化工有限责任公司建设工程施工合同纠纷案，最高人民法院（2019）最高法民终134号民事判决书。

司，负责本项目的方案设计、投融资、建设、运营/经营及在特许经营期结束后向渤天化工公司移交项目，项目公司的股权结构必须满足投标人持有项目公司30%以上的股权的条件。重庆环保设计院经公开招投标程序中标取得案涉项目的特许经营权后，未按招标文件要求组建项目公司，而是与滨海鼎昇公司签订《双方备忘录》，约定由滨海鼎昇公司作为重庆环保设计院的项目公司与渤天化工公司签订特许经营合同，但滨海鼎昇公司与重庆环保设计院并无股权投资关联，滨海鼎昇公司亦非重庆环保设计院组建的项目公司，上述约定实质系重庆环保设计院将中标项目全部转让给滨海鼎昇公司，违反《招标投标法》第48条关于中标人不得向他人转让中标项目的强制性规定，《双方备忘录》应认定为以合法形式掩盖非法目的的无效协议。案涉工程项目属于依法应当进行招投标的大型基础设施项目，但滨海鼎昇公司通过违法受让他人中标项目，与渤天化工公司签订《BOT合约》的方式获得项目特许经营权，规避了《招标投标法》第3条关于特定工程项目必须招投标的效力性强制性规定，故《BOT合约》应认定为无效合同。

## 裁判规则25

**母公司将承接的建设工程交由子公司施工的，因母公司与子公司系相互独立的不同法人，该行为构成转包，由此签订的建设工程施工合同应属无效。**

建筑企业母公司承接工程后，将工程交由子公司实施的，并不鲜见，尤其是在母公司是大型建筑集团的情况下，更是如此。对这类母公司将承接的建设工程交由子公司施工的行为，应当如何定性？

有观点认为，母公司基于其控股地位，对子公司具有绝对的控制力，足以保证子公司严格按照母公司的管理要求认真组织施工，确保工程的履约质量，且母子公司之间不需要签订民事合同，主管部门可以依据公司的管理办法直接规范二者之间的经济关系。① 也有观点认为，母公司将中标的工程交由子公司施工，债务履行主

① 参见杨心忠等：《建设工程合同纠纷裁判思路》，法律出版社2014年版，第21页。

体的资质和能力并没有发生实质性改变，这种关系宜定性为内部管理关系。[1]

2017 年 9 月 4 日，针对住建部办公厅《关于建筑施工企业母公司承接工程后交由子公司实施是否属于转包以及行政处罚两年追溯期认定法律适用问题的请示》(建法函〔2017〕227 号)，全国人大常委会法工委作出《对建筑施工企业母公司承接工程后交由子公司实施是否属于转包以及行政处罚两年追溯期认定法律适用问题的意见》(法工办发〔2017〕223 号)。该意见第 1 条未明确母公司承接建筑工程后将所承接工程交由其子公司实施的行为是否属于转包，而是引用了下列三条法律规范的相关规定：一是《建筑法》第 28 条[2]，二是《合同法》第 272 条[3]（现《民法典》第 791 条)，三是《招标投标法》第 48 条[4]。并称，"上述法律对建设工程转包的规定是明确的，这一问题属于法律执行问题，应当根据实际情况依法认定、处理"。从该意见援引的三条法律规定可以看出，全国人大常委会法工委并不认为母公司承接建筑工程后将工程交由其子公司实施的行为具有合法性。

《公司法》第 14 条第 2 款规定："公司可以设立子公司，子公司具有法人资格，依法独立承担民事责任。"因此，对于母公司而言，具有独立法人资格的子公司，无论是全资子公司还是控股子公司，在法律性质上都是"第三人"。母公司将其承接的工程交由其子公司实施，就是交由"第三人"实施，符合现行法关于转包的认定。

---

① 参见王勇：《建设工程施工合同纠纷实务解析》，法律出版社 2017 年版，第 93 页。

② 该条规定："禁止承包单位将其承包的全部建筑工程转包给他人，禁止承包单位将其承包的全部建筑工程肢解以后以分包的名义分别转包给他人。"

③ 该条规定："……发包人不得将应当由一个承包人完成的建设工程肢解成若干部分发包给几个承包人……承包人不得将其承包的全部建设工程转包给第三人或者将其承包的全部建设工程肢解以后以分包的名义分别转包给第三人。禁止承包人将工程分包给不具备相应资质条件的单位。禁止分包单位将其承包的工程再分包。建设工程主体结构的施工必须由承包人自行完成。"

④ 该条规定："……中标人不得向他人转让中标项目，也不得将中标项目肢解后分别向他人转让。中标人按照合同约定或者经招标人同意，可以将中标项目的部分非主体、非关键性工作分包给他人完成。接受分包的人应当具备相应的资格条件，并不得再次分包……"

**典型案例 25**

## 济南正恒聚氨酯材料有限公司与山东省建设建工集团第三有限公司等建设工程施工合同纠纷案①

### 基本案情

省建工公司与山东省建设建工集团第三有限公司（以下简称省建工三公司）系母子公司。2007 年 10 月 26 日，建大置业公司（发包人）与省建工公司（承包人）签订《建设工程施工合同》，约定省建工公司承建建大教授花园项目一期工程第六标段 F-3、F-4、F-8、H-1、H-4 住宅楼及 2 # B 区南车库工程。省建工公司承揽该项目工程后，将工程交由其子公司省建工三公司进行施工和管理。其后，省建工三公司将该项目工程中的“H-1、H-4 号楼保温工程”发包给济南正恒聚氨酯材料有限公司（以下简称正恒公司）进行施工，并签订《工程承包合同》和《补充合同》。后正恒公司以省建工三公司、省建工公司、建大置业公司为被告诉至法院，要求其支付工程款。

### 法院观点

济南市中级人民法院认为，省建工三公司具备独立的法人资格，依法对外独立承担民事责任，属于独立的建筑施工企业。因此，省建工公司将其总承包项下的工程交由其子公司省建工三公司进行施工和管理，双方之间应视为存在转包关系。省建工公司将涉案工程转包给省建工三公司，其行为违反了法律的禁止性规定，应认定为无效。

**裁判规则 26**

**不同建筑企业组成联合体，以联合体名义共同承揽工程后，由联合体一方单独承建的，视为转包。**

① 典型案例 25：济南正恒聚氨酯材料有限公司与山东省建设建工集团第三有限公司等建设工程施工合同纠纷案，山东省济南市中级人民法院（2013）济民五终字第 566 号民事判决书。

现行法允许不同建筑企业组成联合体承揽工程。《建筑法》第27条第1款第1句规定："大型建筑工程或者结构复杂的建筑工程，可以由两个以上的承包单位联合共同承包。"若甲企业与乙企业组成联合体承揽工程后，以内部工作分配为由，将工程交由乙企业单独承建的，应当如何评价该行为的性质？

之所以允许不同建筑企业组成联合体承揽工程，乃因"由多家单位组成联合体共同承包，可以集中各方的经济、技术力量，发挥各自的优势，大大增强投标竞争的实力"①。因此，《建筑法》第27条第1款第2句规定："共同承包的各方对承包合同的履行承担连带责任。"质言之，既然是由联合体共同承揽的工程，则工程建设也应由联合体共同实施完成、共同承担责任。"两个以上的单位组成联合体承包工程，在联合体分工协议中约定或者在项目实际实施过程中，联合体一方不进行施工也未对施工活动进行组织管理的，并且向联合体其他方收取管理费或者其他类似费用的，视为联合体一方将承包的工程转包给联合体其他方。"② 下述【典型案例26】虽非联合体承揽工程后由联合体一方单独承建，而是总承包人承揽工程后以联合建设的名义将工程交一方单独承建，但就实质而言，均系以联合建设之名行一方单独建设之实，故均应认定为转包。

之所以是"视为"转包，乃因真正意义上的转包是指承包人将其承包的全部建筑工程转交给第三人，而在联合体承包、联合体之一单方承建的情况下，承包权由联合体各方共享，非承建方并未获得全部的承建权，也就谈不上将"承包的全部建筑工程转交给第三人"。之所以要视为"转包"，乃因非承建方将共同承揽的项目中己方的全部施工内容转给了承建方。

**典型案例26**

## 上海瑞成建设工程有限公司与湖南南托建筑股份有限公司、镇江中环嘉业房地产开发有限公司建设工程施工合同纠纷案③

### 基本案情

2013年7月11日，镇江中环嘉业房地产开发有限公司（以下简称镇江中环嘉

① 卞耀武主编：《中华人民共和国建筑法释义》，法律出版社1998年版，第93页。

② 《建筑工程施工发包与承包违法行为认定查处管理办法》（建市规〔2019〕1号）第8条第2款。

③ 典型案例26：上海瑞成建设工程有限公司与湖南南托建筑股份有限公司、镇江中环嘉业房地产开发有限公司建设工程施工合同纠纷案，江苏省镇江市中级人民法院（2019）苏11民终183号民事判决书。

业公司）向湖南南托建筑股份有限公司（以下简称湖南南托公司）发出《中标通知书》，通知其成为镇江市中山东路地下人防通道工程的中标总承包人。2013 年 10 月 9 日，上海瑞成建设工程有限公司（以下简称上海瑞成公司）（乙方）与湖南南托公司（甲方）签订《联合承包协议》，约定就镇江市中山东路地下人防通道及停车场工程，乙方全权管理施工，材料、劳务工资、保险等均由乙方出资，甲方按税前总价提取 10%（含甲方人员管理费、资金占用费、利润），剩余盈亏均属乙方。2014 年 4 月 6 日，镇江中环嘉业公司与湖南南托公司签订《提前终止合同协议书》，约定提前终止镇江市中山东路地下人防通道工程。后上海瑞成公司诉至法院，就工程款及相应利息，要求湖南南托公司承担直接付款责任，镇江中环嘉业公司在欠付工程款的范围内承担连带责任。

## 法院观点

针对上海瑞成公司与湖南南托公司之间法律关系的性质，镇江市中级人民法院认为，《建筑工程施工发包与承包违法行为认定查处管理办法》第 8 条第 2 款规定，两个以上的单位组成联合体承包工程，在联合体分工协议中约定或者在项目实际实施过程中，联合体一方不进行施工也未对施工活动进行组织管理，并且向联合体其他方收取管理费或者其他类似费用的，视为联合体一方将承包的工程转包给联合体其他方。本案湖南南托公司承包工程后既未组织施工，也未进行现场项目管理，但提取 10%的费用，符合联合体一方将承包工程转给联合体其他方的情形，根据上述办法规定，本案情形可视为转包。

## 裁判规则 27

**在符合法定条件的前提下，承包人可以将承包工程中的部分工程进行分包，由此签订的分包合同应属有效。**

所谓分包，是指承包人将所承包的建设工程的某一部分交由第三人施工建设。《建筑法》第 29 条第 1 款规定：“建筑工程总承包单位可以将承包工程中的部分工程发包给具有相应资质条件的分包单位；但是，除总承包合同中约定的分包外，必须经建设单位认可。施工总承包的，建筑工程主体结构的施工必须由总承包单位自行完成。”《民法典》第791条第2款规定：“总承包人或者勘察、设计、施工承包人经发包人同意，可以将自己承包的部分工作交由第三人完成。第三人就其完成的工作成果与总承包人或者勘察、设计、施工承包人向发包人承担连带责任。承包人不得将其承包的全部建设工程转包给第三人或者将其承包的全部建设工程支解以后以分包的名义分别转包给第三人。”上述规定表明，建设工程允许分包。

分包与转包的区别在于，“承包人对其所承包的建设工程进行部分施工还是均不施工”①。如为转包，则是承包人将所承包的全部建设工程转由第三人施工完成，即自己“均不施工”；如为分包，则是承包人将所承包的建设工程的某一部分转由第三人施工完成，即自己也要“部分施工”。

根据《房屋建筑和市政基础设施工程施工分包管理办法》（中华人民共和国住房和城乡建设部令第47号修正）第5条的规定，工程分包分为专业工程分包和劳务作业分包，二者在性质上仍属于建设工程施工合同。其中，专业工程分包，是指施工总承包企业将其所承包工程中的专业工程发包给具有相应资质的其他建筑业企业完成的活动。劳务作业分包，是指施工总承包企业或者专业承包企业将其承包工程中的劳务作业发包给劳务分包企业完成的活动，是“将简单劳动从复杂劳动剥离出来单独进行承包施工的劳动”②。据此，专业工程分包与劳务作业分包的区别有三点：第一，主体不同。劳务分包发生在总承包人（或专业分包人）与劳务分包人之间，专业分包发生在总承包人与专业承包人之间。第二，分包内容不同。劳务分包中针对的是劳务作业，专业分包针对的是专业工程。也就是说，劳务分包的内容仅为工程施工中的劳务部分，而专业分包则包含完成专业工程的所有工作，如提供专业技术、管理、材料的采购等，当然也包括工程范围内的劳务。③ 第三，限制条件不同。就此，【裁判规则28】与【裁判规则30】将详细介绍，此处不赘述。

---

① 谢勇：《建设工程施工合同无效的主要类型及法律后果》，载最高人民法院民事审判第一庭编：《民事审判指导与参考》总第83辑，人民法院出版社2021年版。

② 最高人民法院民事审判第一庭编著：《最高人民法院新建设工程施工合同司法解释（一）理解与适用》，人民法院出版社2021年版，第58页。

③ 参见杨心忠等：《建设工程合同纠纷裁判思路》，法律出版社2014年版，第13页。

典型案例 27

## 浦项建设（中国）有限公司与首尔星宝置业（烟台）有限公司建设工程施工合同纠纷案[①]

### 基本案情

2009 年 2 月 10 日，经过招投标程序，浦项建设（中国）有限公司（以下简称浦项公司）与首尔星宝置业（烟台）有限公司（以下简称星宝公司）签订《建设工程施工合同》，约定浦项公司承建案涉天享佳园韩国商城一期工程。在合同履行过程中，浦项公司先后与宜昌市四海建筑劳务有限公司、烟台市中傲建材有限公司、烟台市飞龙建筑劳务有限公司等分包单位签订合同，进行工程分包。2012 年 12 月 21 日，案涉工程竣工验收。后浦项公司诉至法院，要求星宝公司支付工程款。星宝公司辩称，浦项公司没有实施过任何工程，而是分别与宜昌市四海劳务有限公司等分包单位签订了合同，将工程肢解转包，该分包合同应属无效，浦项公司按照工程造价收取 15%的总包管理费的约定亦应无效。

### 法院观点

最高人民法院认为，在实际施工过程中，浦项公司分别与宜昌市四海建筑劳务有限公司、烟台市飞龙建筑劳务有限公司等签订了《劳务分包合同》，双方在合同中就工程价款的结算、取费标准、竣工验收、付款方式等权利义务的约定属于劳务分包合同的内容。根据《建筑法》第 29 条的规定，浦项公司依据双方对于分包工程的约定，将案涉劳务、材料等工程予以分包不违反法律强制性规定，分包合同应属有效。星宝公司称浦项公司将全部工程肢解分包、案涉分包合同应属无效的主张，没有事实依据和法律依据，法院不予支持。

---

① 典型案例 27：浦项建设（中国）有限公司与首尔星宝置业（烟台）有限公司建设工程施工合同纠纷案，最高人民法院（2017）最高法民终 154 号民事判决书。

## 裁判规则28

**专业分包合同需满足如下条件：一是分包人具备相应的专业施工资质，二是分包的内容限于建设工程主体结构以外的部分。否则分包合同无效。**

“专业工程分包是指建筑工程总承包单位根据总承包合同的约定或者经建设单位允许，将承包工程中的部分专业工程发包给具有相应资质的分包单位的行为。”①

对于专业分包的限制条件，《民法典》第791条第3款规定：“禁止承包人将工程分包给不具备相应资质条件的单位。禁止分包单位将其承包的工程再分包。建设工程主体结构的施工必须由承包人自行完成。”《建筑法》第29条第1款规定：“建筑工程总承包单位可以将承包工程中的部分工程发包给具有相应资质条件的分包单位；但是，除总承包合同中约定的分包外，必须经建设单位认可。施工总承包的，建筑工程主体结构的施工必须由总承包单位自行完成。”据此，专业分包合同的应满足如下三个条件：一是分包人须具备相应的专业施工资质，二是分包的内容应符合法律规定，三是分包行为应取得发包人的同意或认可。其中，“分包人须具备相应的专业施工资质”的问题，前述【裁判规则13】已做讨论，此处不赘述。

所谓“分包的内容应符合法律规定”，主要是指《民法典》第791条第3款末句、《建筑法》第29条第1款末句规定的“建设工程主体结构的施工必须由承包人自行完成”，即专业分包的范围应限于建设工程主体结构以外的部分。就该项限制性规定，相关规则有一个流变的过程。《建筑工程施工发包与承包违法行为认定查处管理办法》（建市规〔2019〕1号）第12条规定：“存在下列情形之一的，属于违法分包……（三）施工总承包单位将施工总承包合同范围内工程主体结构的施工分包给其他单位的，钢结构工程除外……”之所以规定“钢结构工程除外”，是因为《建筑业企业资质管理规定》（住建部令2015年第22号发布，2016年第32号修正，2018年第45号第二次修正）设定了钢结构工程专业承包资质。据此，钢结构工程虽为工程主体结构，但其作为专业承包资质，应当允许进行专业

① 周利明：《解构与重塑：建设工程合同纠纷裁判思维与方法》，法律出版社2019年版，第152页。

分包。《四川省高级人民法院关于审理建设工程施工合同纠纷案件若干疑难问题的解答》（川高法民一〔2015〕3号）第4条第2款第4项即规定：施工总承包企业将除钢结构工程以外的房屋建筑工程的主体结构的施工分包给其他企业的，应认定为违法分包。但是，住建部在2020年11月30日发布的《建设工程企业资质管理制度改革方案》（建市〔2020〕94号），取消了单独的钢结构工程专业承包资质，将其并入了建筑工程施工总承包资质。根据新的建筑业企业资质的规定，钢结构工程专业承包资质不复存在，钢结构工程应由建筑工程施工总承包方实施，不能再进行专业分包。

至于“分包行为应取得发包人的同意或认可”这一限制条件，未取得发包人同意或认可的专业分包，虽构成违法分包，但不应影响分包合同的效力。具体理由参见下述【裁判规则29】。

**典型案例28**

## 吴川市第七建筑工程公司湛江公司与广东中都建筑集团有限公司等建设工程分包合同纠纷案①

### 基本案情

2009年10月10日，华兴公司与广东中都建筑集团有限公司（以下简称中都公司）签订《建设工程施工合同》，约定华兴公司将“沿江××庭”商住楼工程施工项目（包括土建、水电安装、消防、防雷、人防、室内外装修装饰工程）发包给中都公司总承包施工。2010年1月7日，华兴公司、中都公司共同作为甲方（发包方）与乙方吴川市第七建筑工程公司湛江公司（以下简称吴川七建湛江公司）（承包方）签订《分包施工合同书》，约定：甲方同意乙方承包“沿江××庭”项目的工程施工；工程内容按华兴公司、中都公司施工图纸除基础桩工程外，还包括从地下室开挖至主体结构和装修工程，给排水、消防（喷淋）、强电、弱电、强排风、防雷、阳台栏杆等设计施工图纸的全部内容；工程承包方式由吴川七建湛江

① 典型案例28：吴川市第七建筑工程公司湛江公司与广东中都建筑集团有限公司等建设工程分包合同纠纷案，广东省高级人民法院（2018）粤民终819号民事判决书、最高人民法院（2020）最高法民申568号民事裁定书。

公司按包工不包料的方式承包（包机械、包周转材、包质量、包安全文明施工、包工期、包验收、包现场施工管理、包相关竣工验收备案资料等）；所有机械、工具、用具均由吴川七建湛江公司自备。2011 年 12 月 31 日，全部工程竣工并交付华兴公司使用。由于双方无法就工程价款结算问题达成一致意见，吴川七建湛江公司遂于 2013 年 1 月 16 日诉至法院，请求确认《分包施工合同书》无效并要求对方支付工程款。

### 法院观点

二审法院（广东省高级人民法院）认为，虽然吴川七建湛江公司完成了建筑工程主体结构的施工，但是桩基础、园林绿化、人防设备安装、电梯安装（除土建外）等工程并不是由其承建施工，故《分包施工合同书》应定性为建设工程分包合同。因吴川七建湛江公司的建筑业企业资质是建筑工程施工总承包三级，按照资质要求其可承担 14 层及以下、单跨跨度 24 米及以下的房屋建筑工程。而吴川七建湛江公司承建施工本案“沿江××庭”工程的主体结构部分，案涉工程楼层层级、高度等超过了其建筑资质要求。据此，《分包施工合同书》违反了《建筑法》第 29 条、《建设工程质量管理条例》第 78 条第 1 款的规定，应属无效。在再审审查中，最高人民法院也认为，吴川七建湛江公司参与案涉工程施工是基于其与华兴公司、中都公司签订的《分包施工合同书》。因该合同内容并不限于劳务作业，还约定了吴川七建湛江公司以包工不包料的方式承包部分工程，原审判决据此确定本案案由为建设工程分包合同纠纷正确。又因案涉工程楼层层级、高度等对建筑业企业资质的要求超过了吴川七建湛江公司具有的企业资质条件，且分包内容包含工程主体结构，原审判决据此确认《分包施工合同书》无效并无不当。

## 裁判规则29

**专业分包未取得发包人的同意或认可的，不影响专业分包合同的效力。但发包人有权追究承包人的违约责任。**

《建筑法》第 29 条第 1 款中段规定：“除总承包合同中约定的分包外，必须经建设单位认可”。《建设工程质量管理条例》第 78 条第 2 款第 2 项规定，建设工程总承包合同中未有约定，又未经建设单位认可，承包单位将其承包的部分建设工程交由其他单位完成的，构成违法分包。2019 年 3 月 13 日发布的《房屋建筑和市政基础设施工程施工分包管理办法》第 9 条第 1 款针对专业分包规定："专业工程分包除在施工总承包合同中有约定外，必须经建设单位认可。专业分包工程承包人必须自行完成所承包的工程。"据此，未取得发包人的同意或认可的专业分包，应当认定为违法分包。《四川省高级人民法院关于审理建设工程施工合同纠纷案件若干疑难问题的解答》（川高法民一〔2015〕3 号）第 4 条第 2 款第 3 项即规定：施工合同中没有约定，又未经建设单位认可，建筑施工企业将其承包的部分工程交由其他企业施工的，应认定为违法分包。有疑问的是，应当如何评价该类分包合同的效力？

较多观点认为，未经发包人同意的专业分包合同无效。①《安徽省高级人民法院关于审理建设工程施工合同纠纷案件适用法律问题的指导意见》（2009 年 5 月 4 日）第 5 条规定："符合下列情形之一的，应认定为违法分包，所签订的建设工程施工合同无效：（一）承包人将建设工程主体结构的施工分包给他人完成；（二）分包单位不具备相应的资质条件；（三）分包未经建设单位认可；（四）分包单位将其承包的工程再行分包。"在"齐齐哈尔龙丰建筑消防设施安装工程有限公司与黑龙江四海园建筑工程有限公司等建设工程施工合同纠纷案"②中，黑龙江四海园建筑工程有限公司（以下简称四海园公司）承建红旗医院的综合楼工程后，将通风及火灾自动报警工程分包给齐齐哈尔龙丰建筑消防设施安装工程有限公司，因四海园公司与红旗医院签订的建设工程施工合同中未约定可以对外分包，红旗医院亦不予认可，最高人民法院即认为，该分包工程的行为违反了法律的禁止性规定，分包合同应属无效。

就此问题，应关注行政执法领域的规则变化。原《建筑工程施工转包违法分包等违法行为认定查处管理办法（试行）》（建市〔2014〕118 号）第 9 条第 3 项规定，施工合同中没有约定，又未经建设单位认可，施工单位将其承包的部分工程交由其他单位施工的，属于违法分包。2019 年 1 月 3 日，《建筑工程施工发包与承

① 参见宋崇迪、陈二华：《未经发包人同意的建设工程分包合同效力研究》，载《建筑 · 建材 · 装饰》2017 年第 19 期。

② 参考案例 34：齐齐哈尔龙丰建筑消防设施安装工程有限公司与黑龙江四海园建筑工程有限公司等建设工程施工合同纠纷案，最高人民法院（2016）最高法民申 223 号民事裁定书。

包违法行为认定查处管理办法》(建市规〔2019〕1号)出台，取代了原《建筑工程施工转包违法分包等违法行为认定查处管理办法(试行)》。《建筑工程施工发包与承包违法行为认定查处管理办法》第12条规定的6种违法分包的情形，并不包括“施工合同中没有约定，又未经建设单位认可”这一情形。这也就意味着，分包行为虽未取得发包人的同意或认可，但不应认定为违法分包。此外，分包人具备相应施工资质、分包内容合法，仅凭分包合同当事人以外的第三人(发包人)同意与否，决定分包合同的效力，似乎与《民法典》第597条第1款①规定的理念不符。再参照《民法典》第716条第2款②针对未经出租人同意的转租行为的规定可知，在认定未取得发包人同意的专业分包构成违约的前提下(发包人可以据此追究承包人的违约责任)，认可分包合同的效力，也许是更为妥当的选择。③

**典型案例29**

## 新疆盛淮工程建设有限公司与华鸿建设集团有限公司建设工程施工合同纠纷案④

### 基本案情

2017年9月7日，华鸿建设集团有限公司(以下简称华鸿公司)与新疆寰球工程公司签订《建设工程施工合同》，约定华鸿公司承建奎屯-独山子经济技术开发区南区独山子排水管线改迁项目(一标段)K0+000-K8+761工程。合同中对是否允许或禁止分包未作约定。12月5日，华鸿公司与新疆盛淮工程建设有限公司(以下简称盛淮公司)签订《建设工程专业分包合同》，约定华鸿公司将项目中的K4+000-K6+000地下管网管线改造工程分包给盛淮公司。2018年10月24日，盛

① 该款规定：“因出卖人未取得处分权致使标的物所有权不能转移的，买受人可以解除合同并请求出卖人承担违约责任。”

② 该款规定：“承租人未经出租人同意转租的，出租人可以解除合同。”

③ 参见杨心忠等：《建设工程合同纠纷裁判思路》，法律出版社2014年版，第396页。

④ 典型案例29：新疆盛淮工程建设有限公司与华鸿建设集团有限公司建设工程施工合同纠纷案，新疆维吾尔自治区高级人民法院伊犁哈萨克自治州分院(2021)新40民终411号民事判决书、新疆维吾尔自治区高级人民法院(2021)新民申1808号民事裁定书。

淮公司完成诉争工程。因双方就工程款给付协商无果，盛淮公司诉至法院，以《建设工程专业分包合同》未经建设单位同意为由，请求确认合同无效。

## 法院观点

新疆维吾尔自治区高级人民法院认为，《建筑法》第29条第1款属于行业管理性规定，不属于效力性强制性条款，未经发包人同意的分包情形并不当然无效。首先，建设工程资质要求，禁止工程再分包、禁止将主体结构分包的要求具有保障工程质量、维护社会公共利益的必要性和效力强制性，违反上述规定所签订的分包合同应当无效，而未经发包人同意的分包行为在违法性质上与上述情形明显不同，在分包内容不属于工程主体结构、分包人具有相应资质的情况下，未经发包人同意进行分包，对工程质量和社会公共利益并不当然产生不利影响。其次，根据合同相对性原则，以分包合同当事人之外的发包人的同意与否，作为界定分包合同是否有效的依据，突破了合同相对性原则，缺乏法理依据。具体到本案中，案涉《建设工程专业分包合同》约定的工程不属于建筑工程的主体结构，盛淮公司亦具有相应施工资质，应当认定案涉《建设工程专业分包合同》有效。

## 裁判规则30

**劳务分包合同需满足如下条件：一是分包人须具备专业作业资质；二是分包内容仅限于工程中的劳务作业，而不涉及主要建筑材料、主要周转材料和大中型施工机械设备。否则分包合同无效。**

所谓劳务分包，俗称“单包工”“清包工”“包清工”，是“将简单劳动从复杂劳动剥离出来单独进行承包施工的劳动”①。质言之，劳务分包人仅承接建设工程中的劳务作业，承包方式为提供劳务及小型机具和辅料。

《民法典》第791条第3款规定：“禁止承包人将工程分包给不具备相应资质条件的单位。禁止分包单位将其承包的工程再分包。建设工程主体结构的施工必须由承包人自行完成。”《建筑法》第29条第1款规定：“建筑工程总承包单位可以

① 最高人民法院民事审判第一庭编著：《最高人民法院新建设工程施工合同司法解释（一）理解与适用》，人民法院出版社2021年版，第58页。

将承包工程中的部分工程发包给具有相应资质条件的分包单位；但是，除总承包合同中约定的分包外，必须经建设单位认可。施工总承包的，建筑工程主体结构的施工必须由总承包单位自行完成。”上述规定并未区分专业分包与劳务分包。如若与专业分包相同，劳务分包也应满足如下三个条件：一是分包人须具备相应的专业作业资质，二是分包的内容应符合法律限定，三是分包行为应取得发包人的同意或认可。

首先，劳务分包人须具备专业作业资质。“虽然劳务分包作业是相对简单的劳动，但仍然要求劳务分包企业具有相应的资质”①，即专业作业资质。【裁判规则14】已经述及，专业作业资质不区分类别和等级，只要具备了建筑施工专业作业资质，就可以承担各类施工劳务作业。

其次，在实践中，“分包内容仅限于工程中的劳务作业”，是判断的重点、难点问题。大量的分包合同以劳务分包为名，行转包、违法分包之实。就此，《建筑工程施工发包与承包违法行为认定查处管理办法》(建市规〔2019〕1号) 第12条第6项规定，“专业作业承包人除计取劳务作业费用外，还计取主要建筑材料款和大中型施工机械设备、主要周转材料费用的”，属于违法分包。也就是说，劳务分包人的承包内容仅限于提供劳务及小型机具和辅料，而不能提供主要建筑材料款和大中型施工机械设备、主要周转材料。在“辽宁中海房地产开发有限公司建设工程施工合同纠纷案”② 中，最高人民法院即认为，如分包内容涉及主要建筑材料款和大中型施工机械设备、主要周转材料的，则应认定为以劳务分包之名行转包、违法分包之实，该合同无效。“黄国盛、林心勇与江西通威公路建设集团有限公司建设工程分包合同纠纷案”③、“云南云桥建设股份有限公司、陈瑞福建设工程分包合同纠纷案”④ 亦

① 最高人民法院民事审判第一庭编著：《最高人民法院新建设工程施工合同司法解释（一）理解与适用》，人民法院出版社2021年版，第59页。

② 参考案例35：辽宁中海房地产开发有限公司建设工程施工合同纠纷案，最高人民法院（2018）最高法民申5457号民事裁定书。

③ 参考案例36：黄国盛、林心勇与江西通威公路建设集团有限公司建设工程分包合同纠纷案，最高人民法院（2013）民一终字第93号民事判决书。

④ 参考案例37：云南云桥建设股份有限公司、陈瑞福建设工程分包合同纠纷案，最高人民法院（2016）最高法民申208号民事裁定书。

是如此。安徽省高级人民法院①、北京市高级人民法院②、河北省高级人民法院③、四川省高级人民法院④发布的指导意见均贯彻了这一要求。

最后，《房屋建筑和市政基础设施工程施工分包管理办法》（住建部令2019年第479号修正）第9条第1款针对专业分包规定："专业工程分包除在施工总承包合同中有约定外，必须经建设单位认可。专业分包工程承包人必须自行完成所承包的工程。"第2款针对劳务分包规定："劳务作业分包由劳务作业发包人与劳务作业承包人通过劳务合同约定。劳务作业承包人必须自行完成所承包的任务。"对比两款规定可知，其对劳务分包，没有设置"除在施工总承包合同中有约定外，必须经建设单位认可"这一限定条件。再结合劳务分包的内容仅限于工程中的简单劳动——劳务作业的规定，应当认定，"除当事人另有特别约定外，劳务作业分包无须经过发包人的同意"⑤，由承包人自行决定是否分包、分包给谁。总承包单位

① 《安徽省高级人民法院关于审理建设工程施工合同纠纷案件适用法律问题的指导意见》（2009年5月4日）第6条规定："同时符合下列情形的，应认定为劳务分包，所签订的合同有效：（1）实际施工人具备劳务分包企业资质等级标准规定的一种或几种项目的施工资质，承包的施工任务仅是整个工程的一道或几道工序，而不是工程的整套工序；（2）承包的方式为提供劳务，而非包工包料。"

② 《北京市高级人民法院关于审理建设工程施工合同纠纷案件若干疑难问题的解答》（京高法发〔2012〕245号）第4条第1款规定："同时符合下列情形的，所签订的劳务分包合同有效：（1）劳务作业承包人取得相应的劳务分包企业资质等级标准；（2）分包作业的范围是建设工程中的劳务作业（包括木工、砌筑、抹灰、石制作、油漆、钢筋、混凝土、脚手架、模板、焊接、水暖、钣金、架线）；（3）承包方式为提供劳务及小型机具和辅料。"第2款规定："合同约定劳务作业承包人负责与工程有关的大型机械、周转性材料租赁和主要材料、设备采购等内容的，不属于劳务分包。"

③ 《河北省高级人民法院建设工程施工合同案件审理指南》（冀高法〔2018〕44号）第5条从反面规定："以下情形可以认定为非法劳务分包：（1）总承包人、专业分包企业将建筑工程的劳务作业分包给不具备相应资质条件的企业和个人；（2）总承包人、专业分包企业将建筑工程的劳务作业分包给具备相应资质条件的企业，但分包的内容包括提供大型机械、周转性材料租赁和主要材料、设备采购等；（3）劳务作业承包人将承包的劳务作业再分包的。"

④ 《四川省高级人民法院关于审理建设工程施工合同纠纷案件若干疑难问题的解答》（川高法民一〔2015〕3号）第4条第2款第6项规定：劳务分包企业除计取劳务作业费用外，还计取主要建筑材料款、周转材料款和大中型施工机械设备费用的，应认定为违法分包。第7条第2款规定："审判实践中，可以结合下列情形综合认定是否属于劳务分包：（一）劳务作业承包人具有劳务分包企业资质；（二）分包内容是劳务作业而不是工程本身；（三）劳务作业承包人一般仅提供劳务作业，施工技术、工程主要材料、大型机械、设备等均由总承包人或者专业承包人负责；（四）劳务费用一般是通过工日的单价和工日的总数量进行费用结算，不发生主要材料、大型机械、设备等费用的结算，不收取管理费。"

⑤ 最高人民法院民事审判第一庭编著：《最高人民法院新建设工程施工合同司法解释（一）理解与适用》，人民法院出版社2021年版，第59页。

将承包工程中的劳务作业部分发包给具有劳务分包资质的企业完成，无须征得发包人同意。

据此，合法的劳务分包应满足两方面的条件：一是分包人须具备专业作业资质，二是分包内容仅限于工程中的劳务作业，而不涉及主要建筑材料、主要周转材料和大中型施工机械设备。就此，除下述【典型案例 30】外，还可参见“石嘴山市远达建筑有限公司、西安满平建筑劳务有限公司建设工程分包合同纠纷案”①。

**典型案例 30**

## 中铁十九局集团第二工程有限公司、西藏川中建筑劳务有限公司等建设工程合同纠纷案②

### 基本案情

西藏川中建筑劳务有限公司（以下简称川中公司）具有建筑劳务分包等资质。2015 年 5 月 12 日，中铁十九局集团第二工程有限公司（以下简称十九局二公司）从昌都公路中心处承接了国道（西藏境）丁青至斜拉山公路整治改建工程。2015 年 5 月 25 日，十九局二公司与川中公司签订《隧道施工合同》，约定：将位于西藏自治区丁青县巴达乡的丁斜公路工程四标段隧道工程交由川中公司完成；合同价款为劳务综合单价，该单价包括完成该工程所需的劳务、保险、利润、税金、安全文明施工措施费、施工环保费、施工防护费及作业范围内一切劳务费等；十九局二公司向川中公司提供施工图纸及有关技术资料，负责施工测量、试验和技术服务工作，负责派驻施工现场工程师或代表，负责对安全生产、工程质量、工程进度、标准化管理、变更的签证及验工等管理工作进行监督和指导；按时组织供应本合同确定由甲方供应的材料以满足工程进度的需要；主材（钢材、水泥、火工品、砼外加剂等）、机械、车辆由十九局二公司提供。2017 年 11 月 10 日，十九局二公司与川中公司签订《隧道工程工序劳务作业补充合同》，约定作业范围为西藏境国道 317

① 参考案例 38：石嘴山市远达建筑有限公司、西安满平建筑劳务有限公司建设工程分包合同纠纷案，最高人民法院（2018）最高法民再 333 号民事判决书。

② 典型案例 30：中铁十九局集团第二工程有限公司、西藏川中建筑劳务有限公司等建设工程合同纠纷案，最高人民法院（2020）最高法民终 428 号民事判决书。

丁青县斜拉山隧道出口等工程，作业内容为开挖、支护、衬砌及排水附属工程。后十九局二公司诉至法院，请求解除合同，要求川中公司返还劳务费 9,652,014.50 元、赔偿经济损失 18,202,491 元。

### 法院观点

最高人民法院认为，《2004 年建工解释》第 7 条①规定："具有劳务作业法定资质的承包人与总承包人、分包人签订的劳务分包合同，当事人以转包建设工程违反法律规定为由请求确认无效的，不予支持。"在本案中，十九局二公司将其承包工程中的劳务作业部分发包给有相应资质的川中公司，十九局二公司提供施工图纸、专业技术、机械设备和施工主材，川中公司主要义务为完成工程劳务。川中公司虽称主材、机械设备系由川中公司提供，但并未提供证据证明；结合十九局二公司与川中公司之间的工程量清单及验工计价单均为工作内容和对应单价的情况，可以认定案涉合同系劳务分包合同。根据上述司法解释的规定，双方签订的《隧道施工合同》及《隧道工程工序劳务作业补充合同》是双方当事人真实意思表示，不违反法律、行政法规的强制性规定，应认定有效。

## 裁判规则 31

**分包人将其承包的工程再分包的，再分包合同无效。但专业分包单位将其承包的专业工程中的劳务部分再分包的除外。**

《民法典》第 791 条第 3 款与《建筑法》第 29 条第 3 款均规定：禁止分包单位将其承包的工程再分包。据此，建设工程分包人将其承包的工程再分包的，应当认定再分包合同无效。

但需注意的是，《房屋建筑和市政基础设施工程施工分包管理办法》第 5 条第 3 款规定："本办法所称劳务作业分包，是指施工总承包企业或者专业承包企业（以下简称劳务作业发包人）将其承包工程中的劳务作业发包给劳务分包企业（以下简称劳务作业承包人）完成的活动。"《建筑工程施工发包与承包违法行为认定

① 现《建设工程施工合同解释（一）》第 5 条。

查处管理办法》(建市规〔2019〕1号)第12条第4项规定,“专业分包单位将其承包的专业工程中非劳务作业部分再分包的”,属于违法分包。上述两个办法均认为,专业分包单位可以将其承包的专业工程中的劳务部分再分包。在此基础上,《建设工程施工合同解释(一)》第5条规定:“具有劳务作业法定资质的承包人与总承包人、分包人签订的劳务分包合同,当事人请求确认无效的,人民法院依法不予支持。”其所谓的“分包人”,当指专业分包人。据此,专业分包单位可以对所承接的工程全部自行施工,也可以将分包范围内的劳务作业部分再分包给劳务分包企业。[①] 如专业工程分包人将其依法分包的专业工程中的劳务作业部分分包给具有劳务分包资质的企业完成,不属于违法分包,且根据前述【裁判规则30】的内容,无须征得发包人和总包单位同意。[②]《四川省高级人民法院关于审理建设工程施工合同纠纷案件若干疑难问题的解答》(川高法民一〔2015〕3号)第4条第2款第5项规定,“专业分包企业将其承包的专业工程中非劳务作业部分再分包的”,应认定为违法分包。其之所以将“劳务作业部分”排除在外,理由即在于此。

综上:专业分包单位将其承包的专业工程再分包的,再分包合同无效;劳务分包单位将其承包的劳务再分包的,再分包合同无效;专业分包单位将其承包的专业工程中的劳务部分再分包的,再分包合同有效。

**典型案例31**

## 东莞市专业基础工程有限公司、广东科诺勘测工程有限公司等建设工程施工合同纠纷案[③]

### 基本案情

2019年10月21日,经招投标,韶关供电局与电网能源公司签订《输变电工程施工合同》,约定电网能源公司承接犁市(韶关北)500KV变电站新建工程。2019年12月20日,电网能源公司与广东科诺勘测工程有限公司(以下简称科诺

---

① 参见最高人民法院民事审判第一庭编著:《最高人民法院新建设工程施工合同司法解释(一)理解与适用》,人民法院出版社2021年版,第59页。

② 参见杨心忠等:《建设工程合同纠纷裁判思路》,法律出版社2014年版,第12页。

③ 典型案例31:东莞市专业基础工程有限公司、广东科诺勘测工程有限公司等建设工程施工合同纠纷案,广东省韶关市中级人民法院(2022)粤02民终1199号民事判决书。

公司）签订《工程分包合同》，约定科诺公司承接500KV犁市（韶关北）输变电工程（500KV韶关北变电站工程）“三通一平”及边坡加固与地基处理专业分包工程。2020年4月，科诺公司与恒建达公司签订《施工劳务分包合同》，约定500KV韶关北变电站工程边坡加固与地基处理施工劳务部分由恒建达公司分包。2020年8月27日，恒建达公司与东莞市专业基础工程有限公司（以下简称东莞专业公司）签订《工程承包合同》，约定恒建达公司将《施工劳务分包合同》中的边坡支护桩工程劳务部分发包给东莞专业公司。2020年8月27日，东莞专业公司与恒建达公司签订《工程结算单》，确认工程量为5,980,032.40元。后东莞专业公司诉至法院，要求恒建达公司支付工程欠款，科诺公司、电网能源公司、韶关供电局承担连带清偿责任。

## 法院观点

韶关市中级人民法院认为，韶关供电局作为建设单位，将500KV犁市（韶关北）输变电工程发包给电网能源公司，双方签订的《工程施工合同》是当事人的真实意思表示，且不违反法律、法规的强制性规定，合法有效。电网能源公司随后将该工程的“三通一平”及边坡加固与地基处理的专业工程分包给科诺公司，双方签订了《工程分包合同》，该专业分包符合韶关供电局与电网能源公司签订的施工合同约定的可分包范围，属于专业分包的范畴，内容也不违反法律、法规的强制性规定，合法有效。随后，科诺公司与恒建达公司签订《施工劳务分包合同》，将其中的500KV韶关北变电站工程边坡加固与地基处理工程中的劳务部分分包给恒建达公司，恒建达公司具有相应的劳务作业施工资质，该合同不违反法律、法规的强制性规定，合法有效。恒建达公司将劳务分包合同中的边坡支护桩工程再分包给东莞专业公司，双方签订《500KV犁市（韶关北）输变电站边坡支护桩工程承包合同》，该合同违反《合同法》第272条第3款的规定，应认定为无效。

## 裁判规则32

**指定分包违反现行法的规定。承包人有权拒绝发包人指定分包，但不得以此为由主张双方关于指定分包的约定以及由此签订的分包合同无效。**

所谓指定分包，也称甲指分包（“甲”即甲方、发包人），是指发包人将施工总承包人承包范围内的部分工程，要求总承包人交由其选择或指定的分包人完成。在指定分包的模式下：分包人直接由发包人确定，而不是由总承包人选定；指定分包的工程内容包含在总承包合同的范围内；分包合同由总承包人与指定分包人签订，实践中也存在发包人、总承包人与指定分包人三方签订分包合同的情形。

在施工总承包的模式下，是否分包、分包给谁，属于总承包人决定的范畴。因此，现行法禁止指定分包。《工程建设项目施工招标投标办法》（2013 年修正）第 66 条规定：“招标人不得直接指定分包人。”《房屋建筑和市政基础设施工程施工分包管理办法》（2019 年修正）第 7 条规定：“建设单位不得直接指定分包工程承包人。任何单位和个人不得对依法实施的分包活动进行干预。”据此，总承包人有权拒绝发包人的指定分包。

虽然指定分包行为违法，但不应因此而认定指定分包行为无效。首先，《工程建设项目施工招标投标办法》与《房屋建筑和市政基础设施工程施工分包管理办法》均系部门规章，根据《民法典》第 153 条第 1 款的规定，不能作为认定法律行为无效的依据。其次，虽然《建设工程施工合同解释（一）》第 13 条第 1 款第 3 项规定，发包人直接指定分包人分包专业工程，造成建设工程质量缺陷，应当承担过错责任，但并未认定指定分包行为无效。最后，如前所述，虽然总承包人可以依法进行专业分包，但须取得发包人的认可。这也就意味着发包人对分包行为本身就有一定的决定权，在此情形下，不宜以指定分包行为违法为由认定指定分包行为无效。

指定分包行为可分为两种：一是发包人与总承包人在合同中约定的指定分包。在“浙江华厦建设集团有限公司与合肥耀华房地产开发有限公司建设工程施工合同纠纷案”① 中，总承包合同约定了土方工程、幕墙（包括石材、铝板、玻璃幕墙）、消防工程、通风空调工程、防火卷帘等多项甲指分包，最高人民法院并未以此为由否定合同的效力。二是总承包人基于发包人指定而与分包人签订的分包合同，该合同也不因系发包人指定而归于无效。

① 典型案例 86：浙江华厦建设集团有限公司与合肥耀华房地产开发有限公司建设工程施工合同纠纷案，最高人民法院（2015）民一终字第 104 号民事判决书。

典型案例 32

## 江苏吉瑞建筑安装工程有限公司与江苏中冶钢结构有限公司等建设工程施工合同纠纷案[1]

### 基本案情

2012 年 8 月 6 日，必康公司与远大公司签订建设工程施工合同，约定远大公司承建新沂必康新医药产业综合体工业厂房项目，工程承包范围为 16 栋厂房的土建、钢结构。2012 年 8 月 16 日、24 日，因必康公司指定江苏中冶钢结构有限公司（以下简称中冶公司）为分包商，远大公司与中冶公司分别签订钢结构工程施工合同书及补充协议约定，由中冶公司分包远大公司的部分钢结构工程。2013 年 2 月 22 日，中冶公司与江苏吉瑞建筑安装工程有限公司（以下简称吉瑞公司）签订必康屋面板工程施工合同，约定由吉瑞公司分包提取车间等 10 栋车间彩钢保温屋面板工程。完工后，吉瑞公司诉至法院，要求中冶公司、远大公司等支付工程款 3,085,295.22 元。经查，中冶公司主项资质等级为钢结构工程专业承包三级。

### 法院观点

一审法院（徐州市中级人民法院）认为，远大公司主项资质等级为房屋建筑工程施工总承包一级、钢结构工程专业承包三级，其与必康公司签订的建设工程施工合同是双方真实意思表示，且不违反法律规定，应为有效。中冶公司的钢结构工程专业承包等级为三级，对涉案工程有施工资质，故其与远大公司签订的钢结构施工合同亦为有效。在二审中，江苏省高级人民法院也认为，涉案工程由中远公司总承包，经业主必康公司指定分包人，中远公司将涉案项目中的部分钢结构厂房工程分包给中冶公司，中远公司、中冶公司均具有相应的施工资质，一审判决认定总承包合同及钢结构分包合同有效正确。

---

① 典型案例 32：江苏吉瑞建筑安装工程有限公司与江苏中冶钢结构有限公司等建设工程施工合同纠纷案，江苏省高级人民法院（2015）苏民终字第 00544 号民事判决书。

## 裁判规则33

**承包人享有经营自主权，其通过内部承包的方式，将承接的建设工程全部或者部分交由下属分支机构或职工组织施工，由此签订的内部承包合同应属有效。**

企业内部承包，是指企业作为发包人与其内部职能部门、分支机构或职工个人之间，为实现一定的经济目的而达成的关于双方权利义务关系的协议。在内部承包合同中，通常会设定承包人的绩效指标，并根据绩效指标完成情况，由发包人给承包人一定比例的提成或奖励，此外，还会约定承包人对造成的损失须承担一定比例的责任或受到惩罚。

《关于改革国营施工企业经营机制的若干规定》（计施〔1987〕1806号）第2条规定："施工企业内部可以根据承包工程的不同情况，按照所有权与经营权适当分离的原则，实行多层次、多形式的内部承包经营责任制，以调动基层施工单位的积极性。"据此，建设工程领域的内部承包经营模式属于承包人可自主选择的事项，属于承包人承接工程之后在其内部所做工作分配。《最高人民法院对十三届全国人大五次会议第3784号建议的答复》（2022年6月22日）认为，根据《全民所有制工业企业法》第65条、第66条的规定，应认可建筑企业"项目内部承包责任制合法化"问题。《重庆市高级人民法院、四川省高级人民法院关于审理建设工程施工合同纠纷案件若干问题的解答》（渝高法〔2022〕156号）第8条第1款也规定："建筑施工企业将其自身承包的工程交由与其建立了劳动关系的企业职工或者下属分支机构经营管理，利用建筑施工企业特定的生产资料完成工程施工，对相关经营管理权以及利润分配、风险承担等事项达成合意的，属于内部承包。当事人以《最高人民法院关于审理建设工程施工合同纠纷案件适用法律问题的解释（一）》第一条第一、二项规定主张合同无效的，人民法院不予支持。"此外，福建省高级人民法院①、

① 《福建省高级人民法院关于审理建设工程施工合同纠纷案件疑难问题的解答》（2007年11月22日）第1条规定："建设工程施工合同的承包人与其下属分支机构或职工就所承包的全部或部分工程施工所签订的承包合同为企业内部承包合同，属建筑施工企业的一种内部经营方式，法律和行政法规对此并不禁止，承包人仍应对工程施工过程及质量等进行管理，对外承担施工合同的权利义务。当事人以内部承包合同的承包方无施工资质为由主张合同无效的，不予支持。"

浙江省高级人民法院①、北京市高级人民法院②也有类似指导意见。

**典型案例 33**

## 江西省建工集团有限责任公司、金世品合同纠纷案③

### 基本案情

2010 年 3 月 25 日、2011 年 5 月 25 日，江西省建工集团有限责任公司（以下简称江西建工）下属北方总公司先后与金世品签订两份《合作协议书》，约定：江西建工设立湖北分公司，由金世品负责经营管理、施工生产、安全等有关事项；金世品及其所属分公司从业人员的一切与经营、施工生产、公司管理有关活动和与公司有关的社会活动均需在江西建工授权范围内进行。签订《合作协议书》后，金世品先后承建了瑞昌市体育公园工程等项目。这些项目均是在江西建工与发包人签订建设工程施工合同后，由北方总公司与金世品签订工程项目内部承包经营合同，约定由金世品代表江西建工履行。在上述工程施工过程中，江西建工被上述工程所涉材料商等起诉并先后判决，支付了工程款、材料费、机械费、租赁费用等。后江西建工诉至法院，要求金世品支付代为清偿与垫付的各项款项 29, 486, 132. 56 元及相应违约金。金世品辩称，《合作协议书》系无效合同。经查，签订《合作协议书》时，金世品系建工公司下属第一建筑工程公司的职工。

① 《浙江省高级人民法院民事审判第一庭关于审理建设工程施工合同纠纷案件若干疑难问题的解答》（浙法民一〔2012〕3 号）第 1 条规定：“建设工程施工合同的承包人与其下属分支机构或在册职工签订合同，将其承包的全部或部分工程承包给其下属分支机构或职工施工，并在资金、技术、设备、人力等方面给予支持的，可认定为企业内部承包合同；当事人以内部承包合同的承包方无施工资质为由，主张该内部承包合同无效的，不予支持。”

② 《北京市高级人民法院关于审理建设工程施工合同纠纷案件若干疑难问题的解答》（京高法发〔2012〕245 号）第 5 条规定：“建设工程施工合同的承包人将其承包的全部或部分工程交由其下属的分支机构或在册的项目经理等企业职工个人承包施工，承包人对工程施工过程及质量进行管理，对外承担施工合同权利义务的，属于企业内部承包行为；发包人以内部承包人缺乏施工资质为由主张施工合同无效的，不予支持。”

③ 典型案例 33：江西省建工集团有限责任公司、金世品合同纠纷案，江西省南昌市中级人民法院（2018）赣 01 民初 500 号之一民事判决书、最高人民法院（2021）最高法民申 5326 号民事裁定书。

## 法院观点

最高人民法院认为，北方总承包公司与金世品签订《合作协议书》时，金世品虽然不是江西建工员工，但系江西建工下属第一建筑工程公司的职工。在该合同履行期间，即金世品在实施具体项目期间，受聘于江西建工，且合同约定金世品在项目施工期间需接受江西建工的监督、执行江西建工的规章制度、遵守江西建工的财务管理规定。据此，金世品与江西建工之间存在内部承包管理关系，该法律关系并未违反法律、行政法规的强制性规定，《合作协议书》合法有效。

## 裁判规则34

**内部承包合同需满足如下要件：一是内部承包人是承包人的内设机构或职工，二是承包人对内部承包人有管理权，三是内部承包人与承包人共同分担经营风险。否则内部承包合同无效。**

由于内部承包是合法的经营模式，为规避法律对转包、违法分包的限制，一些转包、违法分包合同纷纷披上内部承包合同的外衣，以内部承包合同为名，行转包、违法分包之实。

针对内部承包的界定，《重庆市高级人民法院、四川省高级人民法院关于审理建设工程施工合同纠纷案件若干问题的解答》（渝高法〔2022〕156号）第8条第2款规定："审判实践中，可以结合下列情形综合判断是否属于内部承包：（一）内部承包人为建筑施工企业下属分支机构，其与建筑施工企业之间是否存在管理与被管理的隶属关系；（二）内部承包人为个人的，如本企业职工或在册项目经理等，其与建筑施工企业之间是否存在劳动关系；（三）内部承包人是否在建筑施工企业的管理和监督下进行项目施工，使用建筑施工企业的建筑资质、商标及企业名称等是否属于职务行为；（四）施工现场的项目经理或其他现场管理人员是否接受建筑施工企业的任免、调动和聘用；（五）承包人组织项目施工所需的资金、技术、设备和人力等方面是否由建筑施工企业予以支持；（六）承包人与建筑施工企业是否共享利润、共担风险。"

从内部承包的内涵来看，准确区分真假内部承包合同的标准在于：

首先，内部承包人是承包人的内设机构或职工，二者之间存在管理与被管理的关系。在内部承包人是职工个人的情况下，较多观点认为，挂靠、转包、违法分包与企业内部承包的实质区别在于，内部承包的承包主体是本单位人员，而挂靠人、转承包人、分包人则是外部人员。至于判断的标准，《河北省高级人民法院建设工程施工合同案件审理指南》（冀高法〔2018〕44 号）第 4 条中段提出，“判断是否为企业的在册职工应以书面劳动合同、社保缴纳凭证、工资发放证明等证据综合予以认定”。但须指出的是，“在劳动力自由流动的今天，通过建立劳动合同关系，把所谓的外部人员纳入‘本单位人员’，并没有任何体制或操作上的障碍”①。因此，内部承包人是承包人的内设机构或职工，只是构成内部承包的前提条件，但并不是充分条件，也不是唯一标准。就此，可以参考“李百林与苏州建筑工程集团有限公司建设工程分包合同纠纷案”②。

其次，内部承包人在经营上具有一定的独立性，但承包人应就项目管理，建设所需的人、财、物及技术，予以支持、管理。一方面，在内部承包的情形下，虽然内部承包人拥有较大程度的自主权，但该自主权受发包人限制，发包人有权也有义务进行管理，尤其是质量管理和安全管理。前述《福建省高级人民法院关于审理建设工程施工合同纠纷案件疑难问题的解答》（2007 年 11 月 22 日）第 1 条即强调定：“建设工程施工合同的承包人与其下属分支机构或职工就所承包的全部或部分工程施工所签订的承包合同为企业内部承包合同，属建筑施工企业的一种内部经营方式，法律和行政法规对此并不禁止，承包人仍应对工程施工过程及质量等进行管理，对外承担施工合同的权利义务……”在挂靠、转包、违法分包的情况下，挂靠人、转承包人、分包人独立经营，发包人无权干涉，不对工程质量、安全进行管理。另一方面，在内部承包的情况下，《四川省高级人民法院关于审理建设工程施工合同纠纷案件若干疑难问题的解答》（川高法民一〔2015〕3 号）第 6 条第 2 款第 5 项强调，承包人组织项目施工所需的人、财、物及资金，由建筑施工企业予以协调支持。挂靠人与被挂靠人、转承包人与承包人、分包人与发包人分属不同主体，彼此独立经营，其经营资产归各自单独所有。

---

① 杨心忠等：《建设工程合同纠纷裁判思路》，法律出版社 2014 年版，第 20 页。

② 参考案例 39：李百林与苏州建筑工程集团有限公司建设工程分包合同纠纷案，江苏省苏州市中级人民法院（2014）苏中民终字第 0290 号民事判决书。

最后，也是最重要的，内部承包人与承包人均需分担相应的经营风险。否则，除内部承包人是承包人的职工以外，其与转包并无实质区别。《最高人民法院对十三届全国人大五次会议第3784号建议的答复》（2022年6月22日）提出，内部承包，即《全民所有制工业企业承包经营责任制暂行条例》规定的“企业内部项目经济责任制承包”。《全民所有制工业企业承包经营责任制暂行条例》第33条第1款规定：“企业经营者的年收入，视完成承包经营合同情况，可高于本企业职工年平均收入的1至3倍，贡献突出的，还可适当高一些。企业领导班子其他成员的收入要低于企业经营者。”第2款规定：“完不成承包经营合同时，应当扣减企业经营者的收入，直至只保留其基本工资的一半。企业领导班子其他成员也要承担相应的经济责任。”《江苏省高级人民法院建设工程施工合同案件审理指南（2010年）》针对“项目经理行为的法律责任”提出，“内部承包也是施工企业的重要经营方式，内部承包合同通常设定项目经理应当达到的绩效指标，按绩效指标的完成情况，施工企业给予项目经理一定比例的提成，或者规定项目经理上缴利润，给企业造成损失的给予一定的惩罚”。前述《重庆市高级人民法院、四川省高级人民法院关于审理建设工程施工合同纠纷案件若干问题的解答》（渝高法〔2022〕156号）第8条第2款第6项也强调，“承包人与建筑施工企业是否共享利润、共担风险”。因此，在内部承包的情况下，如施工活动最终亏损的，由施工企业对外负担项目的亏损，同时在企业内部，内部承包人也会因经营不善而受到一定的经济处罚，最终导致二者均负担不同程度的风险。然而，在挂靠、转包、违法分包中，被挂靠人或转承包人、分包人的发包人，并不负担被挂靠人、转承包人、分包人的任何亏损风险。

据此，企业内部承包经营为法律所允许，但在企业内部承包经营中，内部承包人必须是企业的下属分支机构或在职职工，同时企业在资金、技术、设备、人力等方面必须提供支持，并需最终承担相应的质量、经济责任。① 如果内部承包人自负盈亏的，则不构成真正意义上的内部承包。

① 参见潘定春、罗慰沁、孙贤程：《“挂靠”“内部承包”界定及其责任承担——各地法院审理建设工程施工合同纠纷案件指导意见浅析（一）》，载《建筑时报》2012年6月14日，第4版。

典型案例 34

## 贵州华隆煤业有限公司、六枝工矿（集团）六十五工程建设有限公司建设工程合同纠纷案[①]

### 基本案情

2012 年 5 月 18 日，贵州华隆煤业有限公司（以下简称华隆煤业公司）与六枝工矿（集团）六十五工程建设有限公司（以下简称六十五公司）签订《建设工程施工合同》，约定华隆煤业公司将新华煤矿中央风井施工区井巷工程发包给六十五公司建设。2012 年 5 月 24 日，六十五公司（甲方）与陈荣、郭占辉（乙方）签订《内部承包协议》，约定：成立六十五公司新华矿建项目部，由陈荣、郭占辉担任承包负责人，负责组织完成新华煤矿中央风井井巷工程的施工任务；乙方向甲方上缴管理费，2012 年 4 月（含 4 月）以前按工程造价 4%提取，之后按工程造价 5%逐月上交（不含税金，税金按国家规定税率计算上缴）；工程项目亏损，由乙方全额承担；由于管理不善，工程工期的延误所造成的损失和影响由承包方自行负责。上述合同签订后，陈荣、郭占辉等人组织施工队进行施工。在施工期间，华隆煤业公司、六十五公司未向陈荣等四人发放工资、福利等，也未为其缴纳社会保险。后陈荣等四人向法院起诉，要求华隆煤业公司与六十五公司共同支付工程款 1794 万元。

### 法院观点

最高人民法院认为，从陈荣等人与六十五公司关系分析，陈荣等人在案涉工程建设之前并非六十五公司内部员工，六十五公司未提交陈荣等人社会保险缴纳凭证或发放工资福利证明，尽管六十五公司任命陈荣、郭占辉为承包负责人，但陈荣等人并非六十五公司职工，与公司亦不存在劳动关系，不是符合法律规定的内部承包。陈荣等人的经营风险、财务管理等方面均独立于六十五公司，为实体义务的履行者、权利的最终享有者和盈亏的最终承受者，为本案实际施工人。综上分析，陈

① 典型案例 34：贵州华隆煤业有限公司、六枝工矿（集团）六十五工程建设有限公司建设工程合同纠纷案，最高人民法院（2016）最高法民终 361 号民事判决书。

荣等人系借用六十五公司资质，以六十五公司项目部的名义进行建设工程活动，该《内部承包协议》应属无效。

### 裁判规则35

**承包人与下属机构或职工约定，将承接的建设工程全部（或部分）交由分支机构或职工自主经营、自负盈亏的，应认定为名为内部承包，实为转包（或违法分包）。**

如前所述，在合法的内部承包模式中，内部承包人与承包人均分担相应的经营风险。如果内部承包人确系承包人的下属机构或职工，但内部承包协议约定，内部承包人自主经营、自负盈亏的，应当如何确定合同的性质与效力？

仅从内部承包合同的相对方是否是建设单位的人员来判断是内部承包还是转包，缺乏合理性。[①] 安徽省高级人民法院认为："对于分公司与总公司内部明确约定独立核算、自负盈亏的，应当认定为挂靠或借用建筑施工资质，依据《建设工程施工合同解释》第1条第2款规定，建筑施工合同无效。"[②]《安徽省高级人民法院关于审理建设工程施工合同纠纷案件适用法律问题的指导意见（二）》（2013年12月23日公布）第1条又规定："建筑施工企业的内部人员对外以企业名义承包工程，对内与企业签订承包协议，企业只收取管理费，不在资金、技术、设备、人力等方面提供支持，不承担技术、质量监管和经济责任的，应当认定为借用资质，以建筑施工企业名义与发包人签订的建设工程施工合同无效。"的确，内部承包人是承包人的内设机构或职工，只是成立内部承包的前提条件，但并不是充分条件，也不是唯一标准。转承包人、分包人是或者不是承包人的工作人员，并不影响转包、分包关系的成立。如分支机构或职工独立实施、自主经营、自负盈亏，其在权利义务关系上与转包、分包并无实质区别，应认定为转包、分包。

---

① 参见杨心忠等：《建设工程合同纠纷裁判思路》，法律出版社2014年版，第20页。

② 安徽省高级人民法院民四庭：《关于房地产发改案件的调研报告》，载最高人民法院民事审判第一庭编：《民事审判指导与参考》总第58辑，人民法院出版社2014年版。

典型案例 35

## 江苏建兴建工集团有限公司、王寿义建设工程施工合同纠纷案[①]

### 基本案情

2010年6月29日，潍坊嘉榕置业有限公司（以下简称嘉榕公司）与江苏建兴建工集团有限公司（以下简称建兴集团公司）签订《建设工程施工合同》，约定建兴集团公司承建嘉榕公司的金源大厦工程，王寿义为项目经理。2011年5月8日，建兴潍坊公司与王寿义签订《工程内部承包协议》，约定王寿义承包嘉榕公司金源大厦项目，执行建兴集团公司、建兴潍坊公司和嘉榕公司签订的合同中的各项条款，王寿义向建兴潍坊公司上缴管理费3.5%。上述合同签订后，王寿义依约进行了施工，完成了主体工程及部分装修工程，在涉案工程未全部完工时退场。后王寿义诉至法院，要求建兴潍坊公司、建兴集团公司支付工程款25,465,473.58元及逾期付款违约金，嘉榕公司承担连带付款责任。建兴集团公司辩称，王寿义系公司员工，故《工程内部承包协议》合法有效，而王寿义违约在先，建兴集团公司不应承担任何违约责任。

### 法院观点

山东省高级人民法院在二审中认为，建兴集团公司虽主张王寿义为其正式员工，双方签订有合法的劳动合同且公司为其投交社会保险，但上述工程内部承包协议名为内部承包，实为王寿义具体承建涉案工程，故应当认定为违法转包，《工程内部承包协议》应属无效。最高人民法院在再审审查中也认为，建兴集团公司虽然主张王寿义系其员工，但是在《建设工程施工合同》的实际履行过程中，案涉工程的承建施工系由王寿义负责，《内部承包协议》名为内部承包，实为转包。

---

① 典型案例35：江苏建兴建工集团有限公司、王寿义建设工程施工合同纠纷案，最高人民法院（2020）最高法民申6678号民事裁定书。

## 裁判规则36

**具有诉讼主体资格的内部承包人，可依据内部承包合同，以自身名义向发包人或承包人主张工程款债权。**

虽然内部承包的成立，以内部承包人是承包人的内设机构或职工、二者之间存在管理与被管理的关系为前提条件，但当前的司法实践普遍认为，内部承包人既可以实际施工人身份向发包人主张工程款债权，也可以合同相对人身份向承包人主张工程款债权。内部承包人与发包人之间、内部承包人与承包人之间的法律关系，均属于民事合同关系中的建设工程施工合同关系，围绕该合同关系产生的争议，可以且应当用合同法调整。

须指出的是，因本书立足于介绍司法实务中的主流观点，故【裁判规则36】亦采当前的主流司法观点。但站在法律逻辑的角度，这一观点的合理性值得怀疑。一方面，由于是“内部”承包，即该承包关系属于内部关系，内部承包人显然不能基于内部关系对外主张权利，即内部承包人无权以自身名义向发包人主张工程款债权。另一方面，内部承包人要么是承包人的职工，要么是承包人的内设机构。如系承包人的内设机构，既不具有独立人格，财产也与承包人的财产“混同”，其工程款债权属于承包人工程款债权的组成部分，显然不能以其自身名义向承包人主张工程款债权。故其与承包人之间的权利义务关系，应当通过公司内部治理机制解决；如系承包人的职工，则双方之间不是平等的民事主体关系，而是管理与被管理的隶属关系，双方之间的纠纷不属于民事案件受案范围，应当纳入劳动争议的解决范畴。就此，《河北省高级人民法院建设工程施工合同案件审理指南》（冀高法〔2018〕44号）第4条中段即规定：“企业内部职工和下属分支机构不得单独主张工程款。”

典型案例 36

## 张思津、山东桓台建设工程有限公司建设工程施工合同纠纷案①

### 基本案情

2011 年 3 月 20 日，山东桓台建设工程有限公司（以下简称桓台公司）与滨州中裕食品有限公司（以下简称中裕公司）签订《建设工程施工合同》，约定由桓台公司承包中裕公司发包的 30 万吨转用粉生产线工程。同日，桓台公司与张思津签订《单位工程施工风险承包责任合同书》，约定：桓台公司将前述工程交由张思津项目部承建；张思津向桓台公司上交结算总值 3%的管理费；桓台公司负责处理与建设、监理、设计等单位和有关部门的主要工作关系，负责协调有关单位的关系，负责审核、编制工程预算及建设单位的供料、拨款账目核实，负责施工过程中的质量、进度、安全、资料以及资金使用等的控制，监督检查和验收；张思津负责劳动力、材料、施工机具的进场、管理、使用；质量安全的管理与奖励按桓台公司 2011 年度《企业经营管理办法》执行；如果结算定案的工程因建设单位长期欠款无法收回，按财务制度形成坏账，双方按应收账款额各负担 50%。后张思津诉至法院，要求桓台公司支付工程款 30 万元及相应利息，中裕公司承担连带责任。桓台公司辩称，其与张思津之间的关系系用人单位与劳动者之间的劳动关系。诉讼中查明，张思津自 2007 年起在桓台公司工作，系桓台公司的员工。张思津入职桓台公司以后，一直从事工程施工工作，大部分时间在桓台公司的项目部工作并担任职务。张思津的工资等收入通常情况下由施工项目部发放，其社会保险费等由桓台公司缴纳。

### 法院观点

滨城区人民法院（一审法院）认为，桓台公司与中裕公司分别属于建设工程

① 典型案例 36：张思津、山东桓台建设工程有限公司建设工程施工合同纠纷案，山东省滨州市中级人民法院（2019）鲁 16 民终 646 号民事裁定书。

施工合同的承包方和发包方，是民事法律关系的主体。张思津系桓台公司的员工，与桓台公司存在事实上的劳动关系，而非平等主体之间发生的民事法律关系。张思津作为劳动者无权援引《2004年建工解释》第26条主张权利。法院据此作出裁定，驳回张思津的起诉。但滨州市中级人民法院在二审中认为，张思津与桓台公司签订的《单位工程施工风险承包责任合同书》，实为企业内部承包合同。从合同的内容来看，张思津与桓台公司签订该合同时法律地位平等，权利义务一致，因此，因履行该合同而发生的纠纷应属于平等主体之间的民事纠纷，属于人民法院受理的民事案件的范围。张思津与中裕公司虽然不存在直接的合同关系，但张思津有权主张代位行使桓台公司与中裕公司建设工程施工合同设定的债权。滨州市中级人民法院据此撤销一审裁定，指令滨城区人民法院审理该案。

## 2.4 招投标程序对建设工程施工合同效力的影响

因违反《招标投标法》导致建设工程施工合同无效的，包括两种情形：一是必须进行招标而未招标就签订施工合同的，即《建设工程施工合同解释（一）》第1条第1款第3项规定的情形；二是中标无效的。根据《招标投标法》的规定，中标无效主要包括如下七种情形：（1）中标价低于成本价的（第41条）；（2）招标机构泄密或与招标人、投标人串通，以致影响中标结果的（第50条）；（3）招标人泄密，以致影响中标结果的（第52条）；（4）投标人相互串通投标或者与招标人串通投标，投标人以向招标人或者评标委员会成员行贿的手段谋取中标的（第53条）；（5）投标人以他人名义投标或者以其他方式弄虚作假骗取中标的（第54条）；（6）招标人与投标人就投标价格、投标方案等实质性内容进行谈判，以致影响中标结果的（第55条）；（7）招标人在中标候选人之外确定中标人的（第56条）。此外，《建设工程施工合同解释（一）》第2条规定的“黑白合同”规则，也涉及因违反招投标的强制性规定而影响施工合同的效力问题，因本书在第8章——建设工程“黑白合同”裁判规则——将作专门讨论，故此处不赘述。

## 裁判规则 37

**建设工程是否属于必须招投标的工程，应当严格按照《必须招标的工程项目规定》《必须招标的基础设施和公用事业项目范围规定》等强制性规定确定，不得扩大解释。**

《招标投标法》第 3 条第 1 款规定："在中华人民共和国境内进行下列工程建设项目，包括项目的勘察、设计、施工、监理以及与工程建设有关的重要设备、材料等的采购，必须进行招标：（一）大型基础设施、公用事业等关系社会公共利益、公众安全的项目；（二）全部或者部分使用国有资金投资或者国家融资的项目；（三）使用国际组织或者外国政府贷款、援助资金的项目。"同时，该条第 2 款授权国务院发展计划部门制定所列项目的具体范围和规模标准。[①] 2000 年 5 月 1 日，原国家发展计划委员会发布了《工程建设项目招标范围和规模标准规定》（中华人民共和国国家发展计划委员会令第 3 号，已失效），明确了必须进行招标的工程范围与规模标准。在以往的司法实践中，都是以此作为判断建设工程是否属于强制招投标范围的依据。

2018 年 3 月 27 日，经国务院批准，[②] 国家发改委颁布了《必须招标的工程项目规定》（中华人民共和国国家发展和改革委员会令第 16 号）。2018 年 6 月 6 日，又颁布了《必须招标的基础设施和公用事业项目范围规定》（发改法规规〔2018〕843 号），原《工程建设项目招标范围和规模标准规定》被废止。据此，判断建设工程是否属于必须招投标范围，应当以《必须招标的工程项目规定》《必须招标的基础设施和公用事业项目范围规定》为依据。2020 年 10 月 19 日，国家发改委办公厅发布《关于进一步做好〈必须招标的工程项目规定〉和〈必须招标的基础设施和公用事业项目范围规定〉实施工作的通知》（发改办法规〔2020〕770 号），对《必须招标的工程项目规定》《必须招标的基础设施和公用事业项目范

① 该款规定："前款所列项目的具体范围和规模标准，由国务院发展计划部门会同国务院有关部门制订，报国务院批准。"

② 2018 年 3 月 8 日，国务院作出《关于〈必须招标的工程项目规定〉的批复》（国函〔2018〕56 号），同意国家发改委公布《必须招标的工程项目规定》。

围规定》予以进一步细化。如该通知指出，“16 号令第二条第（一）项中‘预算资金’，是指《预算法》规定的预算资金，包括一般公共预算资金、政府性基金预算资金、国有资本经营预算资金、社会保险基金预算资金”。围绕强制招标工程范围的规则变化，需注意以下问题：

第一，《必须招标的工程项目规定》沿袭了原《工程建设项目招标范围和规模标准规定》的做法，对必须招标的工程项目，既有项目范围的限制（第 2 条、第 3 条），也有项目规模的要求（第 5 条），只有同时满足两方面的条件，才属于必须招标的工程项目。

第二，在工程总承包的情况下，任一单项工程达到规定的范围与规模要求，均应进行招投标。《房屋建筑和市政基础设施项目工程总承包管理办法》（建市规〔2019〕12 号）第 8 条第 2 款规定：“工程总承包项目范围内的设计、采购或者施工中，有任一项属于依法必须进行招标的项目范围且达到国家规定规模标准的，应当采用招标的方式选择工程总承包单位。”前述《关于进一步做好〈必须招标的工程项目规定〉和〈必须招标的基础设施和公用事业项目范围规定〉实施工作的通知》也有类似要求。①

第三，《必须招标的工程项目规定》《必须招标的基础设施和公用事业项目范围规定》规定的必须招标的工程项目，存在例外情形。《招标投标法》第 66 条规定：“涉及国家安全、国家秘密、抢险救灾或者属于利用扶贫资金实行以工代赈、需要使用农民工等特殊情况，不适宜进行招标的项目，按照国家有关规定可以不进行招标。”《招标投标法实施条例》第 9 条第 1 款规定：“除招标投标法第六十六条规定的可以不进行招标的特殊情况外，有下列情形之一的，可以不进行招标：（一）需要采用不可替代的专利或者专有技术；（二）采购人依法能够自行建设、生产或者提供；（三）已通过招标方式选定的特许经营项目投资人依法能够自行建设、生产或者提供；（四）需要向原中标人采购工程、货物或者服务，否则将影响施工或者功能配套要求；（五）国家规定的其他特殊情形。”需注意的是，原《工

① 《关于进一步做好〈必须招标的工程项目规定〉和〈必须招标的基础设施和公用事业项目范围规定〉实施工作的通知》提出，“对于 16 号令第二条至第四条规定范围内的项目，发包人依法对工程以及与工程建设有关的货物、服务全部或者部分实行总承包发包的，总承包中施工、货物、服务等各部分的估算价中，只要有一项达到 16 号令第五条规定相应标准，即施工部分估算价达到 400 万元以上，或者货物部分达到 200 万元以上，或者服务部分达到 100 万元以上，则整个总承包发包应当招标”。

程建设项目招标范围和规模标准规定》第8条规定："建设项目的勘察、设计，采用特定专利或者专有技术的，或者其建立艺术造型有特殊要求的，经项目主管部门批准，可以不进行招标。"《必须招标的工程项目规定》《必须招标的基础设施和公用事业项目范围规定》均无类似规定。在理解上应当认为，原《工程建设项目招标范围和规模标准规定》已被废止，第8条所作的例外规定缺乏法律依据。

第四，与原《工程建设项目招标范围和规模标准规定》相比，《必须招标的工程项目规定》《必须招标的基础设施和公用事业项目范围规定》大幅缩小了强制招投标的范围，体现了严格限制的立场。① 如在"宏润建设集团股份有限公司、中山市华联实业开发有限公司建设工程施工合同纠纷案"② 中，人民法院指出，"《招标投标法》第3条规定必须进行招标的建设工程，其最主要的立法目的和功能就在于规制两个方面：一是规制大型基础设施、公用事业等关系社会公共利益、公众安全的项目建设，强调的是诸如民生工程等'公共事务'范畴；二是规制国有资金或使用国际组织、外国政府借款、援助资金等公共资金的使用效益，防止在民生工程等工程项目中的该类公共资金被滥用，杜绝腐败。故对于上述两个方面规制的载体工程项目不能作无限扩大解释"。除下述【典型案例37】外，在"中建三局第一建设工程有限责任公司与南宁金胤房地产有限责任公司等建设工程施工合同纠纷案"③ 中，最高人民法院在援引《必须招标的工程项目规定》《必须招标的基础设施和公用事业项目范围规定》判断案涉工程是否属于必须招投标的工程时，也强调须"缩小并严格界定必须进行招标的工程建设项目范围"，"在民间投资的房屋建筑工程中，探索由建设单位自主决定发包方式"。此外，《重庆市高级人民法院、四川省高级人民法院关于审理建设工程施工合同纠纷案件若干问题的解答》（渝高法〔2022〕156号）第1条第2款规定："订立合同时属于必须招标的工程项目，但在起诉前属于非必须招标工程项目，可以认定建设工程属于非必须招标工程项目。"

---

① 参见谢勇：《建设工程施工合同案件裁判规则解析》，中国法制出版社2020年版，第63、64页。

② 参考案例40：宏润建设集团股份有限公司、中山市华联实业开发有限公司建设工程施工合同纠纷案，广东省中山市中级人民法院（2016）粤20民终1542号民事判决书。

③ 典型案例81：中建三局第一建设工程有限责任公司与南宁金胤房地产有限责任公司等建设工程施工合同纠纷案，最高人民法院（2018）最高法民再163号民事判决书。

典型案例 37

## 江苏省苏中建设集团股份有限公司、包头市恒源房地产开发有限责任公司建设工程施工合同纠纷案[①]

### 基本案情

2011年6月1日，包头市恒源房地产开发有限责任公司（以下简称恒源公司）与江苏省苏中建设集团股份有限公司（以下简称苏中公司）签订《建设工程施工合同》约定，由苏中公司实施恒源公司开发的位于包头市青山区的“银河游泳馆改造项目（恒源时代中心）”工程。合同签订后，苏中公司依照合同约定开始施工。工程竣工验收合格并投入使用后，苏中公司诉至法院，要求恒源公司给付工程款。

### 法院观点

一审法院（内蒙古自治区高级人民法院）认为，双方签订的《建设工程施工合同》系真实意思表示，但依据《招标投标法》第3条第1款第1项之规定，案涉合同未经过招投标程序而签订，违反法律强制性规定，应属无效。但最高人民法院在二审中认为，《招标投标法》第3条第1款的主要立法目的和功能在于：一是规制大型基础设施、公用事业等关系社会公共利益、公众安全的项目建设，即强调的是对诸如民生工程等公共事务范畴的规制；二是规制国有资金或者国际组织、外国政府借款、援助资金等公共资金的使用效益，防止在使用该类资金的工程项目中资金被滥用。因此，对于必须进行招标的工程项目，应严格限定而不得随意扩大其范围，除非法律、行政法规或根据其授权颁布实施的其他规范性文件另有明确规定。对于纯民营资本投资且不涉及社会公共利益、公众安全的建设工程，一般不应认定为必须进行招标的工程项目。根据《必须招标的工程项目规定》第4条、《必须招标的基础设施和公用事业项目范围规定》第2条的规定，案涉工程显然并非必须进

① 典型案例37：江苏省苏中建设集团股份有限公司、包头市恒源房地产开发有限责任公司建设工程施工合同纠纷案，最高人民法院（2018）最高法民终620号民事判决书。

行招标的“大型基础设施、公用事业等关系社会公共利益、公众安全的项目”。据此，案涉工程项目并不属于《招标投标法》第3条规定的必须招标的工程范围，是否经过招投标并不影响案涉《建设工程施工合同》的效力。

## 裁判规则38

**依法必须招投标的工程，建设行政主管部门允许直接发包的，属于越权行政行为，由此签订的建设工程施工合同应属无效。**

对于依法必须招投标的工程，“实践中，存在政府有关部门违反法律规定，不当批准发包人以邀请招标方式确定依法必须公开招标确定的承包人，或者不当批准发包人以非招投标的方式确定承包人，甚至以地方法规、行政规章的形式对应当招标的项目规模或范围予以缩小等现象”①。在此情形下，应当如何评价未经招投标签订的建设工程施工合同的效力？

有观点认为，既然建设行政主管部门同意不招投标，就不应再否定未经招投标签订的建设工程施工合同的效力。在“江苏南通六建建设集团有限公司与昆山华强房地产开发有限公司建设工程施工合同纠纷案”② 中，最高人民法院在再审审查中认为，“本案南通六建公司施工的住宅楼工程系经江苏省昆山市建设局审核，认为符合《江苏省房屋建筑和市政基础设施工程施工直接发包管理暂行办法》的规定，同意由华强房地产公司直接予以发包的工程”，故案涉工程未经招投标不违反法律规定。

但是，《必须招标的工程项目规定》《必须招标的基础设施和公用事业项目范围规定》源于《招标投标法》第3条第2款。该款规定：“前款所列项目的具体范围和规模标准，由国务院发展计划部门会同国务院有关部门制订，报国务院批准。”2018年3月8日，国务院以国函〔2018〕56号批复批准了《必须招标的工程项目规定》；2018年6月6日，经国务院批准后，发展改革委印发了《必须招标的

① 周利明：《解构与重塑：建设工程合同纠纷裁判思维与方法》，法律出版社2019年版，第146页。

② 参考案例41：江苏南通六建建设集团有限公司与昆山华强房地产开发有限公司建设工程施工合同纠纷案，最高人民法院（2014）民申字第90号民事裁定书。

基础设施和公用事业项目范围规定》。就法律文件的效力层级而言，无论是地方政府规章还是建设行政主管部门的批准文件，均不得违背《必须招标的工程项目规定》《必须招标的基础设施和公用事业项目范围规定》。据此，依法必须招投标的工程，建设行政主管部门允许直接发包的，属于越权行政行为，由此签订的建设工程施工合同应属无效。

**典型案例 38**

## 苏州东方威尼斯置业有限公司与中城建第六工程局集团有限公司建设工程合同纠纷案①

### 基本案情

2009 年 4 月 15 日，苏州东方威尼斯置业有限公司（以下简称威尼斯公司）（发包人）与中城建第六工程局集团有限公司（以下简称中城建公司）（承包人）签订《建设工程施工合同》，约定威尼斯公司将周庄东方威尼斯庄园 14 栋双拼别墅、41 栋联排住宅、物业用房工程发包给中城建公司施工。涉案工程所在地的建设主管部门昆山市建设局对于涉案工程采用直接发包方式缔结施工合同予以准许。工程施工过程中，因威尼斯公司未能及时支付工程进度款，双方协议解除《建设工程施工合同》。其后，中城建公司就已完工部分的工程款诉至法院。

### 法院观点

一审法院（江苏省苏州市中级人民法院）、二审法院（江苏省高级人民法院）均认为，当地建设行政主管部门同意本案工程采用直接发包的方式，故《建设工程施工合同》不因未招投标而无效。但最高人民法院在再审审查中认为，案涉工程虽系威尼斯公司自行投资的商品房开发项目，当地建设行政主管部门也同意采用直接发包的方式进行工程建设，但国家发展计划委员会《工程建设项目招标范围和规模标准规定》第 3 条第 5 项明确规定商品住宅属于《招标投标法》第 3 条第 1

① 典型案例 38：苏州东方威尼斯置业有限公司与中城建第六工程局集团有限公司建设工程合同纠纷案，江苏省高级人民法院（2013）苏民终字第 0230 号民事判决书、最高人民法院（2014）民申字第 463 号民事裁定书。

款第 1 项规定的关系社会公共利益、公众安全的必须进行招标的工程建设项目。案涉工程建设项目必须进行招标而未招标，根据《2004 年建工解释》第 1 条第 3 项[①]的规定，案涉《建设工程施工合同》无效。[②]

**裁判规则 39**

**民间资本投资的工程项目，即使符合《必须招标的工程项目规定》《必须招标的基础设施和公用事业项目范围规定》的规定，也应由投资主体自行决定是否招标。**

如前所述，当前判断建设工程是否属于强制招投标范围，应当以《必须招标的工程项目规定》《必须招标的基础设施和公用事业项目范围规定》为依据。《必须招标的工程项目规定》第 2 条规定了“全部或者部分使用国有资金投资或者国家融资的项目”，第 3 条规定了“使用国际组织或者外国政府贷款、援助资金的项目”，同时 第 4 条规定，“不属于本规定第二条、第三条规定情形的大型基础设施、公用事业等关系社会公共利益、公众安全的项目，必须招标的具体范围由国务院发展改革部门会同国务院有关部门按照确有必要、严格限定的原则制订，报国务院批准”。就此，《必须招标的基础设施和公用事业项目范围规定》第 2 条规定，“不属于《必须招标的工程项目规定》第二条、第三条规定情形的大型基础设施、公用事业等关系社会公共利益、公众安全的项目，必须招标的具体范围包括：（一）煤炭、石油、天然气、电力、新能源等能源基础设施项目；（二）铁路、公路、管道、水运，以及公共航空和 A1 级通用机场等交通运输基础设施项目；（三）电信枢纽、通信信息网络等通信基础设施项目；（四）防洪、灌溉、排涝、引（供）水等水利基础设施项目；（五）城市轨道交通等城建项目”。通常情况下，上述五类工程多为政府投资修建，但也有少数民间资本参与其中。

对民营资本投资的项目，为“充分尊重非国有资金投资主体发包自主性”，

---

① 现《建设工程施工合同解释（一）》第 1 条第 1 款第 3 项。

② 如前所述，该裁定所援引的《工程建设项目招标范围和规模标准规定》已被 2018 年颁布的《必须招标的工程项目规定》《必须招标的基础设施和公用事业项目范围规定》所取代。如果适用《必须招标的工程项目规定》《必须招标的基础设施和公用事业项目范围规定》，则案涉工程不再属于强制招投标工程。

2014 年 7 月 1 日，《住房和城乡建设部关于推进建筑业发展和改革的若干意见》（建市〔2014〕92 号）第 5 条“改革招标投标监管方式”规定，“调整非国有资金投资项目发包方式，试行非国有资金投资项目建设单位自主决定是否进行招标发包，是否进入有形市场开展工程交易活动，并由建设单位对选择的设计、施工等单位承担相应的责任”。《国务院办公厅关于开展工程建设项目审批制度改革试点的通知》（国办发〔2018〕33 号）第 8 条末句也规定，“社会投资的房屋建筑工程，建设单位可以自主决定发包方式”。一些地方政府建设行政主管部门也先后出台类似规定，将相关项目进一步区分为国有投资与非国有投资，如果属国有投资建设的，必须进行招标，如果这些项目属非国有投资建设的，是否招标由投资主体自行决定。①

针对上述根据投资主体确定应否招投标的规定，实务界存在不同认识。否定的观点认为，在判断项目是否属于必须招标的项目时，区分国有投资与非国有投资，不仅与《招标投标法》等上位法的规定不符，而且与招投标方面同层级的规章制度也不协调。在当前诚信经营的氛围尚未完全形成、建筑市场不够规范的情况下，推行非国有投资主体自主决定发包方式的时机尚不成熟。② 因此，只要根据现行规定应当进行招标而未招标，即使是非国有投资建设，也应当认定施工合同无效。最高人民法院在“普定县鑫臻房地产开发有限责任公司与黑龙江省建工集团有限责任公司、普定县鑫臻酒店有限公司建设工程合同纠纷案”③ 中，即持这一观点。肯定的观点认为，《招标投标法》设定强制招投标制度的主要宗旨，在于维护公平竞争的市场秩序，提高国有资金的利用效率，特别是防止政府投资项目在招投标过程中的腐败和不公正，没有必要对非国有投资实行强制招投标。尤其在非国有投资者同时经营建筑企业时，如果该建筑企业符合项目对企业的资质要求，强行要

① 如《重庆市建设委员会关于非国有资金投资建设工程施工承发包监督管理有关事项的通知》（渝建发〔2007〕159 号）第 1 条规定：“对于全部使用非国有资金投资的建设工程施工发包，本着充分尊重非国有资金投资主体发包自主性的原则，由发包人自主决定发包方式，自主决定是否进入有形建筑市场开展承发包活动，自主依法组织承发包活动……”《安徽省住房和城乡建设厅关于改革非国有资金投资房屋建筑和市政基础设施工程项目发包方式的通知》第 1 条前段规定：“自 2014 年 11 月 1 日起，在我省行政区域内全部使用非国有资金投资的房屋建筑和市政基础设施工程项目，由项目建设单位自主决定是否进行招标或直接发包，是否进入有形建筑市场开展工程交易活动。”

② 参见刘勇、黄胜方：《关于非国有投资主体自主决定建设工程发包方式的法律思考》，载《淮北职业技术学院学报》2015 年第 1 期。

③ 典型案例 182：普定县鑫臻房地产开发有限责任公司与黑龙江省建工集团有限责任公司、普定县鑫臻酒店有限公司建设工程合同纠纷案，最高人民法院（2016）民终 106 号民事判决书。

求必须招标，只会取得"串通投标""明招暗定"等事与愿违的结果。河北省高级人民法院①、广东省高级人民法院②、最高人民法院在"中建三局第一建设工程有限责任公司与南宁金胤房地产有限责任公司等建设工程施工合同纠纷案"③中，均持这一观点。

与原《工程建设项目招标范围和规模标准规定》相比，《必须招标的工程项目规定》《必须招标的基础设施和公用事业项目范围规定》虽然限缩了强制招投标的范围，但其未区分国有投资与非国有投资，作出不同的要求，仍值得斟酌。强制招标的主要作用在于保障国有建设资金的合理有效使用，提高投资效益。对非国有投资项目实行强制招标，缺乏充分理据。因此，对《必须招标的基础设施和公用事业项目范围规定》第2条规定的非国有投资项目，是否招标宜由投资业主自行决定，不应以未经招投标为由认定施工合同无效。

**典型案例39**

## 重庆华昊房地产开发有限公司与重庆渝永建设（集团）有限公司建设工程施工合同纠纷案④

### 基本案情

2007年11月13日、2008年3月6日，重庆华昊房地产开发有限公司（以下简称华昊开发公司）与重庆渝永建设（集团）有限公司（以下简称渝永建设公司）先后签订《施工合同补充协议》《建设工程施工合同》，约定由渝永建设公司承建华昊开发公司开发的重庆市永川富华大厦工程。2009年9月18日，案涉工程主体

① 《河北省高级人民法院建设工程施工合同案件审理指南》（冀高法〔2018〕44号）第2条规定："……根据国务院《关于促进建筑业持续健康发展的意见》（2017年第19号），在民间投资的建设工程项目中，可由建设单位自主决定发包方式。"

② 《广东省高级人民法院关于审理建设工程合同纠纷案件疑难问题的解答》（粤高法〔2017〕151号，已失效）第1条规定："……根据国务院《关于促进建筑业持续健康发展的意见》（2017年第19号），在民间投资的建设工程项目中，可由建设单位自主决定发包方式。"

③ 典型案例81：中建三局第一建设工程有限责任公司与南宁金胤房地产有限责任公司等建设工程施工合同纠纷案，最高人民法院（2018）最高法民再163号民事判决书。

④ 典型案例39：重庆华昊房地产开发有限公司与重庆渝永建设（集团）有限公司建设工程施工合同纠纷案，重庆市高级人民法院（2014）渝高法民终字第00396号民事判决书。

结构验收。后双方因工程款及违约金的支付发生争议，渝永建设公司诉至法院，要求华昊开发公司给付工程款及利息。华昊开发公司辩称，签订《施工合同补充协议》《建设工程施工合同》时，案涉工程属于必须招投标的工程，故双方未经招投标签订的《施工合同补充协议》及《建设工程施工合同》属于无效合同。

### 法院观点

最高人民法院认为，首先，华昊开发公司与渝永建设公司签订的《施工合同补充协议》以及《建设工程施工合同》是双方真实意思表示。其次，案涉富华大厦工程属于华昊开发公司利用自有资金建设的项目，根据《重庆市建设委员会关于非国有资金投资建设工程施工承发包监督管理有关事项的通知》〔渝建发(2007) 159号〕的要求，对全部使用非国有资金投资的建设工程施工发包，应充分尊重非国有资金投资主体发包自主性，由发包人自主决定发包方式，自主决定是否进入有形建筑市场开展承发包活动，自主依法组织承发包活动。结合《重庆市房屋建筑和市政基础设施工程项目施工招标投标管理办法》以及原《重庆市工程建设项目招标范围和规模标准规定的通知》，可以看出自2007年8月开始，在重庆市范围内对自筹资金开发的商品房项目已采取自主发包模式，案涉富华大厦工程在当时的重庆市辖区范围内已不属于必须招标的工程项目。综上，华昊开发公司关于上述两份合同应认定无效的理由不能成立。

### 裁判规则40

**符合《必须招标的工程项目规定》《必须招标的基础设施和公用事业项目范围规定》的PPP项目，合作方依法能够自行建设的，可以不进行招标。**

PPP项目的采购金额通常远超《必须招标的工程项目规定》第5条规定的上限。如前所述，PPP项目由政府和民间资本合作实施。这是否意味着所有的PPP建设项目均需通过招投标确定承包人？

《财政部关于在公共服务领域深入推进政府和社会资本合作工作的通知》(财金〔2016〕90号)第9条规定："……对于涉及工程建设、设备采购或服务外包的

PPP 项目，已经依据政府采购法选定社会资本合作方的，合作方依法能够自行建设、生产或者提供服务的，按照《招标投标法实施条例》第九条规定，合作方可以不再进行招标。”《招标投标法实施条例》第9条第1款第3项也规定，已通过招标方式选定的特许经营项目投资人依法能够自行建设、生产或提供的项目，可以不进行招标。据此，采取 PPP 模式的政府采购工程，如合作方依法能够自行建设的，可以直接交由合作方承建，不再进行招标。

**典型案例 40**

## 江苏中南建筑产业集团有限责任公司、四川公路桥梁建设集团有限公司公司决议效力确认纠纷案[①]

### 基本案情

2019 年 3 月，四川公路桥梁建设集团有限公司（以下简称四川路桥公司）、四川铁投公司与江苏中南建筑产业集团有限责任公司（以下简称江苏中南公司）签订《联合体协议》，约定三方组成联合体并以联合体名义参与眉山市交通运输局“眉山市交通基础建设 PPP 项目”的投标。后联合体中标眉山市交通基础建设 PPP 项目。2019 年 4 月 25 日，三方与眉山市交通运输局签订《眉山市交通基础建设 PPP 项目合同文件》，约定项目概算总投资合计 65.7152 亿元；待项目公司成立后，由项目公司与眉山市交通运输局签署本项目的 PPP 合同。其后，三方签订《眉山天环基础设施项目开发有限责任公司投资人协议书》，约定拟组建公司名称为眉山天环基础设施项目开发有限责任公司（以下简称眉山天环公司），四川路桥公司承接 PPP 项目中 55%的施工项目，江苏中南公司承接 45%的施工项目，各方出资的资金应用于各自所承担的工程范围内。2019 年 6 月 17 日，眉山天环公司依法登记成立。因江苏中南公司未缴付项目资本金中前期费用 3.6 亿元，眉山天环公司股东会形成 2019 年第二次股东会决议：鉴于江苏中南公司对出资存在严重违约，故取消江苏中南公司对 PPP 项目 45%的施工承包权。后四川路桥公司、四川

---

① 典型案例 40：江苏中南建筑产业集团有限责任公司、四川公路桥梁建设集团有限公司公司决议效力确认纠纷案，四川省眉山市中级人民法院（2020）川 14 民终 837 号民事判决书。

铁投公司诉至法院，要求确认眉山天环公司第二次股东会决议有效；江苏中南公司则提起反诉，要求撤销眉山天环公司第二次股东会决议。

## 法院观点

眉山市中级人民法院认为，根据《招标投标法实施条例》第9条第1款第3项的规定，除《招标投标法》第66条规定的可以不进行招标的特殊情况外，已通过招标方式选定的特许经营项目投资人依法能够自行建设、生产或者提供的，可以不进行招标。据此，满足施工条件和资质的PPP项目投资人可不经招标投标直接承建工程。在PPP项目中，投资人的这一特定权利是投资人参与PPP项目的利益基础，是投资人收益的重要组成部分，其权利基础是投资人特定身份。①

### 裁判规则41

**法定招标方式仅限于公开招标和邀请招标。议标、竞争性谈判等方式，均不属于招投标的范畴。**

《招标投标法》第10条第1款规定："招标分为公开招标和邀请招标。"其中，公开招标，又称竞争性招标，"是指招标人以招标公告的方式邀请不特定的法人或者其他组织投标"②。这是由招标人在报刊、电子网络或其他媒体上刊登招标公告，吸引众多企业参加投标竞争，招标人从中择优选择中标单位的招标方式。邀请招标，也称有限竞争招标、选择性招标，"是指招标人以投标邀请书的方式邀请特定的法人或者其他组织投标"③。该种招标是由招标人向三个以上具备承担招标项目的能力、资信良好的特定的法人或者其他组织发出投标邀请书，由被邀请的企业投标竞争，从中选定中标者的招标方式。在依法必须招标的情况下，除《招标

① 法院最终认为，因江苏中南公司未全面履行项目资本金出资义务，取消江苏中南公司工程承包权利与其未全面履行出资义务的违约行为对等，具有合理性。

② 《招标投标法》第10条第2款。

③ 《招标投标法》第10条第3款。

投标法》第 11 条[①]对国家和地方重点项目采用的招标方式作了必要的限制外，应当允许招标人对这两种招标方式自行选择。有疑问的是，法定招标方式是否仅限于公开招标与邀请招标？议标、竞争性谈判等方式，是否也属于合法的招标方式？

所谓议标，也称谈判性采购，是指招标人不发布招标公告，直接与自己比较熟悉的一个或几个潜在投标人，围绕合同内容、价格进行商谈，并确定中标人的一种招标方式。目前，世界各国和国际组织普遍将议标作为与公开招标、邀请招标并列的招标投标方式之一。议标这种方式可以节约招标费用，但不具有公开性，且竞争性不足，与公开招标、邀请招标所要求的公开性、竞争性有较大差距。因此，我国《招标投标法》未将议标作为一种招标方式予以规定。换句话说，“‘议标’并非《招标投标法》规定的招标方式”[②]。在此基础上，通过议标的方式确定承包人，即相当于未经招标确定承包人，由此签订的施工合同应属无效。在“商丘市淮海营造工程有限公司与河南建信置业有限公司建设工程施工合同纠纷案”[③]中，商丘市淮海营造工程有限公司承建了河南建信置业有限公司开发的文苑国际地下室和附楼工程，工程价款为 276 万元，而双方签订的建设工程施工合同系通过议标签订。一审法院（商丘市中级人民法院）与二审法院（河南省高级人民法院）均认为，“本案所建工程是该住宅小区楼房的一部分，是该商品住宅小区整体组成部分，且该工程造价已远超国家规定的 50 万元项目工程标准，应属于必须招投标的建设项目工程，本案项目工程未经过招标程序，双方通过议标建设该工程不符合法律、法规的相关规定，故本案建设施工合同应属无效”。

所谓竞争性谈判，是指采购人或代理机构通过与多家供应商（不少于 3 家）进行谈判，并从中确定中标供应商的一种采购方式。竞争性谈判既强调竞争——参与谈判的供应商不少于 3 家，又强调谈判——最终的结果必须要在谈判的基础上确定。但竞争性谈判依然不属于《招标投标法》规定的招标方式。在“江苏南通三

---

① 该条规定：“国务院发展计划部门确定的国家重点项目和省、自治区、直辖市人民政府确定的地方重点项目不适宜公开招标的，经国务院发展计划部门或者省、自治区、直辖市人民政府批准，可以进行邀请招标。”

② 辛正郁：《涉及企业商业秘密不能成为认定工程属于不适宜进行招标项目的依据——青海西部化工有限责任公司与中天建设集团有限公司建设工程施工合同纠纷上诉案》，载最高人民法院民事审判第一庭编：《民事审判指导与参考》总第 38 集，法律出版社 2009 年版。

③ 参考案例 42：商丘市淮海营造工程有限公司与河南建信置业有限公司建设工程施工合同纠纷案，河南省高级人民法院（2015）豫法民一终字第 79 号民事判决书。

建集团股份有限公司、杨陵示范区农科房地产开发有限公司建设工程合同纠纷案"①中，案涉工程使用的是国有资金，属于必须进行招标的工程。首轮招标时只有江苏南通三建集团股份有限公司（以下简称南通三建）投标，按规定本应重新招标，但杨陵示范区农科房地产开发有限公司采用竞争性谈判的方式直接与南通三建签订《BT融资建设合同》。陕西省高级人民法院在二审中、最高人民法院在再审审查中，均以竞争性谈判不符合招投标法对招标行为的要求为由，认定《BT融资建设合同》无效。

质言之，根据《招标投标法》的规定，合法的招标方式仅限于公开招标和邀请招标，除此之外的议标、竞争性谈判等其他方式，均不能视为招投标，不能产生招标的法律效果。

**典型案例41**

## 青海西部化工有限责任公司与中天建设集团有限公司建设工程施工合同纠纷案②

### 基本案情

2003年4月8日，青海省发展计划委员会批复同意青海西部化工有限公司（以下简称西部化工）启动（柴达木天然气一盐湖资源利用基地规划项目）一期工程的示范工程。2003年5月30日，西部化工示范工程部以涉及商业机密为由，向青海省格尔木昆仑经济开发区管委会申请，该项工程不采取公开招标的方式，而采用议标的方式进行施工招标。2003年5月6日，西部化工与中天建设集团有限公司（以下简称中天公司）经议标签订《建设工程施工合同》，约定中天公司承接西部化工的团结湖示范工程。施工完成后，中天公司起诉要求支付工程款。

### 法院观点

一审法院（青海省高级人民法院）认为，《建设工程施工合同》没有违反法律

---

① 参考案例43：江苏南通三建集团股份有限公司、杨陵示范区农科房地产开发有限公司建设工程合同纠纷案，陕西省高级人民法院（2021）陕民终66号民事判决书、最高人民法院（2021）最高法民申4541号民事裁定书。

② 典型案例41：青海西部化工有限责任公司与中天建设集团有限公司建设工程施工合同纠纷案，最高人民法院（2009）民一终字第7号民事判决书。

强制性规定，应当受到法律保护。但最高人民法院在二审中认为，本案中的《建设工程施工合同》属于施工单项合同，根据《招标投标法》第3条和《工程建设项目招标范围和规模标准规定》第7条的规定，属于必须招标的范围。双方通过议标建设该工程不符合法律、法规的相关规定，应当认定本案当事人所签的《建设工程施工合同》无效。

## 裁判规则42

**依法应当公开招标的建设工程，采取邀请招标方式确定中标人的，因招标形式不合法，中标无效。**

如前所述，法定的招标方式包括公开招标与邀请招标。在通常情况下，对于依法必须招投标的工程，应当允许招标人在这两种招标方式中自行选择。但《招标投标法》第11条规定："国务院发展计划部门确定的国家重点项目和省、自治区、直辖市人民政府确定的地方重点项目不适宜公开招标的，经国务院发展计划部门或者省、自治区、直辖市人民政府批准，可以进行邀请招标。"换言之，对于国家重点项目与地方重点项目，除非获得准予邀请招标的批准，否则只能公开招标。《招标投标法实施条例》第8条第1款规定："国有资金占控股或者主导地位的依法必须进行招标的项目，应当公开招标；但有下列情形之一的，可以邀请招标：（一）技术复杂、有特殊要求或者受自然环境限制，只有少量潜在投标人可供选择；（二）采用公开招标方式的费用占项目合同金额的比例过大。"《工程建设项目施工招标投标办法》（2013年修正）第11条第1款第2项在此基础上增加了一种情形，即"涉及国家安全、国家秘密或者抢险救灾，适宜招标但不宜公开招标"。对本应公开招标而实行邀请招标的，《招标投标法实施条例》第64条第1款第1项进一步规定，招标人依法应当公开招标而采用邀请招标的，由有关行政监督部门责令改正，可以处10万元以下的罚款。有疑问的是，本应公开招标而实行邀请招标的，除行政处罚外，是否影响中标的效力？

最高人民法院在"普洱磨思高速公路开发经营有限公司、云南省交通投资建设集团有限公司建设工程施工合同纠纷案"① 中认为，招标分为公开招标和邀请招

① 参考案例44：普洱磨思高速公路开发经营有限公司、云南省交通投资建设集团有限公司建设工程施工合同纠纷案，最高人民法院（2020）最高法民申4680号民事裁定书。

标，两种招标方式均为合法有效。涉案工程本应实行公开招标而采用邀请招标，只是违反了行政管理的规定，不影响合同效力。但多数判决认为，对依法应当公开招标的项目采取邀请招标的，应认定中标无效。除下述【典型案例 42】外，黑龙江省高级人民法院在“林甸县东明园风力发电有限公司与陕西省建筑基础工程公司建设工程施工合同纠纷案”①、四川省高级人民法院在“遂宁市金发建筑有限责任公司建设工程施工合同纠纷案”②、贵州省高级人民法院在“嘉祥华通路桥工程有限公司、大方县交通运输局建设工程施工合同纠纷案”③ 中，均持这一观点。

比较公开招标与邀请招标可知，二者在公开性及因公开带来的竞争性上存在较大区别。公开招标的对象是不特定的法人或者其他组织，公开范围广、竞争性大，招标人可以在更大范围内选择可靠的中标人，并获得更有竞争力的报价。邀请招标的对象是特定的法人或者其他组织，公开范围窄、竞争性不足，不利于投标单位获得最佳报价，且容易出现串通投标等违法行为。《招标投标法实施条例》第 81 条规定：“依法必须进行招标的项目的招标投标活动违反招标投标法和本条例的规定，对中标结果造成实质性影响，且不能采取补救措施予以纠正的，招标、投标、中标无效，应当依法重新招标或者评标。”对依法应当公开招标而实行邀请招标的，应认定构成该条规定的“招标投标活动违反招标投标法和本条例的规定”，进而认定中标无效。

典型案例 42

## 肖春佑、临泉县人民政府建设工程施工合同纠纷案④

### 基本案情

**2010 年 9 月 6 日，临泉县人民政府召开县政府第 33 次常务会议，并形成会议**

① 参考案例 45：林甸县东明园风力发电有限公司与陕西省建筑基础工程公司建设工程施工合同纠纷案，黑龙江省高级人民法院（2017）黑民终 567 号民事判决书。

② 参考案例 46：遂宁市金发建筑有限责任公司建设工程施工合同纠纷案，四川省高级人民法院（2019）川民申 4578 号民事裁定书。

③ 参考案例 47：嘉祥华通路桥工程有限公司、大方县交通运输局建设工程施工合同纠纷案，贵州省高级人民法院（2019）黔民终 870 号民事判决书。

④ 典型案例 42：肖春佑、临泉县人民政府建设工程施工合同纠纷案，最高人民法院（2019）最高法民申 1218 号民事裁定书。

纪要，同意采取邀请招标的方式实施临泉中学建设工程。2010年12月10日，盐城二建公司致函招标人临泉县教育局，愿意以8680万元的投标总报价完成临泉中学建设项目一期工程。2010年12月14日，临泉县教育局发出中标通知书，确定盐城二建公司为中标单位，中标价款为8680万元。2012年3月20日，临泉县人民政府与盐城二建公司根据中标通知书签订《建设工程施工合同》。该工程由肖春佑实际组织施工并完成后，肖春佑起诉要求支付工程欠款。

## 法院观点

针对招投标行为的效力，二审法院（安徽省高级人民法院）认为，根据《招标投标法实施条例》第8条的规定，国有资金占控股或者主导地位的必须进行招标的项目，应当公开招标。在本案中，临泉县教育局并未对案涉工程公开招标，而是采用邀请招标的形式确定盐城二建公司为涉案工程的中标单位，违反了法律法规的强制性规定，中标无效。在再审审查中，最高人民法院也认为，依据《招标投标法》及《招标投标法实施条例》的规定，案涉工程作为使用国有资金、关系社会公共利益的大型基础设施项目，应当公开招标，而临泉县教育局却采用邀请招标的形式确定盐城二建公司为涉案工程的中标单位，故原判决认定盐城二建公司与临泉县教育局签订的《建设工程施工合同》无效，并无不当。

## 裁判规则43

**招标人与中标人就中标条件发生争议，如招标文件与投标文件不一致的，应当以投标文件为准。**

《建设工程施工合同解释（一）》第22条规定："当事人签订的建设工程施工合同与招标文件、投标文件、中标通知书载明的工程范围、建设工期、工程质量、工程价款不一致，一方当事人请求将招标文件、投标文件、中标通知书作为结算工程价款的依据的，人民法院应予支持。"但是，招标文件、投标文件、中标通知书彼此之间也可能不一致。在投标文件与中标通知书不一致的情况下，即要约与承诺不一致时，若此时，施工合同未成立，则对当事人不具有约束力。那么在招标文件与投标文件不一致的情况下，又应当如何处理？

《建设工程工程量清单计价规范》（GB50500-2013）第7.1.1项第2目后段规定："招标文件与中标人投标文件不一致的地方，应以投标文件为准。"其理由在于：首先，《民法典》第473条第1款规定，"要约邀请是希望他人向自己发出要约的表示。拍卖公告、招标公告、招股说明书、债券募集办法、基金招募说明书、商业广告和宣传、寄送的价目表等为要约邀请"。据此，招标文件作为要约邀请，本身不具有直接的约束力。其次，投标文件构成要约。《民法典》第472条规定："要约是希望与他人订立合同的意思表示，该意思表示应当符合下列条件：（一）内容具体确定；（二）表明经受要约人承诺，要约人即受该意思表示约束。"据此，投标文件明确了合同的具体内容。最后，中标通知书是承诺。《民法典》第488条规定："承诺的内容应当与要约的内容一致。受要约人对要约的内容作出实质性变更的，为新要约。有关合同标的、数量、质量、价款或者报酬、履行期限、履行地点和方式、违约责任和解决争议方法等的变更，是对要约内容的实质性变更。"由于招标文件本身不具有直接的约束力，而投标文件明确了合同的具体内容，中标通知书只是对投标文件的接受，并未提出新的合同条件。因此，在招标文件与投标文件不一致的情况下，应当以要约——投标文件为准。

**典型案例43**

## 温州市名城建设开发有限公司、中建五局第三建设有限公司建设工程施工合同纠纷案①

### 基本案情

2007年年初，温州市名城建设开发有限公司（以下简称名城建设公司）就温州市九山公园二期安置房Ⅰ、Ⅱ标段（1—9号楼）工程（不含桩基）对外进行公开招标。招标文件及附件中的"其他项目清单"部分载明：该项目4—9号楼的预留金为230万元。中建五局第三建设有限公司（以下简称中建五局第三公司）参与了该项目的投标，在其投标文件的"其他项目清单计价表"部分载明，预留金

① 典型案例43：温州市名城建设开发有限公司、中建五局第三建设有限公司建设工程施工合同纠纷案，浙江省温州市中级人民法院（2020）浙03民终1101号民事判决书。

金额为0元，项目总造价为117,085,660元，其中Ⅱ标段（4—9号楼）造价金额为66,584,467元。2007年3月13日，名城建设公司向中建五局第三公司发出《中标通知书》。2007年4月2日，双方签订了《施工合同》。因该工程的Ⅰ标段（1—3号楼）实际未施工，双方在《施工合同》中约定工程名称为九山公园二期安置房Ⅱ标段（4—9号楼）（不含桩基）。合同签订后，中建五局第三公司进场施工，并于2012年12月完成竣工验收。后中建五局第三公司诉至法院，要求名城建设公司支付工程款2,522,596元。名城建设公司认为，招标文件是各个投标单位在统一条件下投标的共同平台，投标文件不能改变招标文件的实质性内容，因此，关于预留金的约定应以招标文件为准。

## 法院观点

温州市中级人民法院认为，名城建设公司将涉案工程对外进行公开招标并发布招标文件，中建五局第三公司参与投标并向名城建设公司提交了投标文件，名城建设公司经评审后通知中建五局第三公司中标并向其发出中标通知书。在上述行为中，招标公告系要约邀请，投标系要约，中标通知书系承诺。虽然本案招标文件及其附件中的“其他项目清单”部分载明预留金为230万元，但投标文件的“其他项目清单计价表”部分载明预留金金额为0元。中建五局中标后与名城建设公司签订了《施工合同》，应当认为，双方就预留金为0元已达成合意。现中建五局第三公司已全面履行了合同约定的施工义务，名城建设公司又以招标文件确定预留金为230万元为由主张扣除中建五局第三公司工程款，于法不符，不予采纳。

## 裁判规则44

**中标通知书应当符合“镜像规则”的要求。若中标通知书与投标文件的实质性内容不一致，应当认定中标通知书无效。**

在招投标程序中，发包人发布的招标公告属于要约邀请。承包人提交的投标文件属于要约，发包人发出的中标通知书属于承诺。①《民法典》第483条规定：“承

① 参见杨心忠等：《建设工程合同纠纷裁判思路》，法律出版社2014年版，第78页。

诺生效时合同成立，但是法律另有规定或者当事人另有约定的除外。”也就是说，招标人发出的中标通知书到达投标人，在双方之间即成立建设工程施工合同关系。

所谓“有效的中标通知书”，《民法典》第488条第1句规定：“承诺的内容应当与要约的内容一致。”此即合同法的“镜像规则”。如果受要约人在承诺中对要约的实质性内容加以扩张、限制或者变更，便不构成承诺。[①]《民法典》第488条第2句规定：“受要约人对要约的内容作出实质性变更的，为新要约。”既然是新要约，合同也就因无承诺而未成立。据此，若中标通知书与投标文件的实质性内容不一致，应当认定中标通知书无效，在此基础上签订的建设工程施工合同亦属无效。

有观点认为，“如果中标无效，实则招标人所做的承诺无效，故建设工程施工合同未成立”[②]，而非无效。但在招投标的情况下，改变投标文件实质性内容的中标通知书，既不构成有效的承诺，也因仅针对中标人而有违招投标制度的要求，故只能归于无效。在此基础上，虽然中标通知书无效，但招标人与投标人签订的建设工程施工合同，因意思表示一致而成立。但该合同又因中标无效而归于无效。

**典型案例44**

## 中建二局第四建筑工程有限公司、通辽京汉置业有限公司建设工程施工合同纠纷案[③]

### 基本案情

京汉·新城一期住宅一标段施工总承包工程进行招标。2007年6月25日，中建二局第四建筑工程有限公司（以下简称中建二局四公司）向建设单位发出投标书，载明投标报价总建筑面积为39,128.38平方米，计划开工日期为2007年7月6日，计划竣工日期为2008年6月30日，报价总金额为33,967,665.50元。7月3日，中建二局四公司向通辽京汉置业有限公司（以下简称京汉置业公司）出具承

① 参见崔建远主编：《合同法》，法律出版社2021年版，第36页。

② 谢勇：《建设工程施工合同案件裁判规则解析》，中国法制出版社2020年版，第13页。

③ 典型案例44：中建二局第四建筑工程有限公司、通辽京汉置业有限公司建设工程施工合同纠纷案，最高人民法院（2018）最高法民终244号民事判决书。

诺书，称同意以工程总价的10%银行保函作为履约保函，全部工程总工期为299日历天，基础标高比投标图纸平均抬高60cm，合同价款为2906万元。2007年7月4日，京汉置业公司向中建二局四公司发出中标通知书，称经评标委员会评审，确定中建二局四公司为该工程的中标人。工程总建筑面积为39,129平方米，计划开工日期为2007年7月6日，计划竣工日期为2008年4月28日，中标价格为2906万元。2007年7月6日，双方根据中标通知书签订了《建设工程施工合同》，承包范围、合同工期、合同价款与中标通知书确定的内容一致。施工完成后，中建二局四公司以合同无效为由，起诉要求支付工程款。

## 法院观点

最高人民法院认为，在本案中，中建二局四公司于2007年6月25日向建设单位发出投标书，计划开工日期为2007年7月6日，计划竣工日期为2008年6月30日，报价总金额为33,967,665.50元。2007年7月3日，中建二局四公司向京汉置业公司出具承诺书，承诺同意全部工程总工期为299日历天，合同价款为2906万元。[①] 2007年7月4日，京汉置业公司向中建二局四公司发出中标通知书，称计划开工日期为2007年7月6日，计划竣工日期为2008年4月28日，中标价格为2906万元。中标通知书对中建二局四公司投标文件的价格和工期均作出了实质性变更，违反了相关法律规定，应当认定案涉《建设工程施工合同》无效。

## 裁判规则45

**中标通知书到达之日，发承包双方之间成立建设工程施工合同关系。其后签订的书面建设工程施工合同，系对已经成立的建设工程施工合同关系的确认、细化与补充。**

如前所述，招标公告属于要约邀请，承包人提交的投标文件属于要约，发包人发出的中标通知书属于承诺。发包人发出的中标通知书到达承包人，即在承发包双方之间成立建设工程施工合同关系。但《招标投标法》第46条第1款规定：“招

① 根据《建设工程施工合同解释（一）》第2条第2款的规定，该承诺书无效，不能产生变更投标书的法律效力。

标人和中标人应当自中标通知书发出之日起三十日内，按照招标文件和中标人的投标文件订立书面合同。招标人和中标人不得再行订立背离合同实质性内容的其他协议。”如中标通知书到达投标人后，招标人和中标人未签订书面合同，建设工程施工合同关系是否成立？

第一种观点认为，建设工程合同应当采用书面形式。中标后招标人和中标人未签订书面合同的，建设工程施工合同关系不成立，由此引发的责任为缔约过失责任，而非违约责任。安徽省高级人民法院在“安徽水利开发股份有限公司与怀远县城市投资发展有限责任公司缔约过失责任纠纷案”① 中即采这一观点。第二种观点认为，在此情形下，招标人与中标人之间成立建设工程施工合同之预约合同，但未成立本约合同。最高人民法院在“林州市采桑建筑劳务输出有限公司与天津市西青区大寺镇倪黄庄村民委员会等建设工程施工合同纠纷案”② 中采这一观点。第三种观点认为，发包人发出的中标通知书到达投标人，即标志着建设工程施工合同本约的成立。《湖南省高级人民法院关于审理建设工程施工合同纠纷案件若干问题的解答》（湘高法〔2022〕102 号）第 4 条规定：“招投标过程中承包人与发包人签订中标通知书，承包人或发包人拒绝与对方签订正式建设工程施工合同文本的，此时应视为双方之间建设工程施工合同本约合同成立。”

基于下述理由，应当认为，中标通知书发出之日，发承包双方之间即成立建设工程施工合同关系，该合同才是真正意义上的中标合同，是双方签订书面建设工程施工合同的渊源。首先，就招投标的程序而言，招标人的招标公告是要约邀请，投标人递交的投标文件是要约，招标人的中标通知书是同意接受投标人要约的意思表示，构成招标人的承诺。③ “中标通知书为发包人作出的承诺，中标通知书一经发出即生效，那么根据《民法典》第 483 条规定，承诺生效时合同成立。”④ 因此，中标通知书到达之日，发承包双方之间成立建设工程施工合同关系。《民法典

---

① 参考案例 48：安徽水利开发股份有限公司与怀远县城市投资发展有限责任公司缔约过失责任纠纷案，安徽省高级人民法院（2014）皖民二终字第 00659 号民事判决书。

② 参考案例 49：林州市采桑建筑劳务输出有限公司与天津市西青区大寺镇倪黄庄村民委员会等建设工程施工合同纠纷案，最高人民法院（2014）民申字第 952 号民事裁定书。

③ 参见王勇：《建设工程施工合同纠纷实务解析》，法律出版社 2017 年版，第 18 页；谢勇：《建设工程施工合同案件裁判规则解析》，中国法制出版社 2020 年版，第 11 页。

④ 最高人民法院民事审判第一庭编著：《最高人民法院新建设工程施工合同司法解释（一）理解与适用》，人民法院出版社 2021 年版，第 223 页。

合同编通则解释》第4条第1款前段规定："采取招标方式订立合同，当事人请求确认合同自中标通知书到达中标人时成立的，人民法院应予支持。"其次，就《民法典》第789条所要求的"建设工程合同应当采用书面形式"，如【裁判规则9】所述，"实际上招标文件、中标人的投标文件和中标通知书本身就是书面建设工程施工合同，已经符合《民法典》规定的形式要件"①。因此，《民法典合同编通则解释》第4条第1款后段也规定："合同成立后，当事人拒绝签订书面合同的，人民法院应当依据招标文件、投标文件和中标通知书等确定合同内容。"换言之，在中标后，双方虽未签订书面的建设工程施工合同，但不影响建设工程施工合同的成立。最后，就《招标投标法》所要求的"按照招标文件和中标人的投标文件订立书面合同"，"虽然招标文件、投标文件和中标通知书这一合同文本与依据该文本另行签订的建设工程施工合同书是不同的文本，甚至后者的内容可能更为全面、详细，但这并不能否定二者系同一建设工程施工合同的事实"②。不影响当事人之间已经成立的建设工程施工合同关系。换言之，《招标投标法》第46条的规定，对合同成立并无影响。③ 据此，招标人发出的中标通知书到达投标人，建设工程施工合同即成立并生效。任何一方拒绝签订书面的建设工程施工合同，即构成对已经成立的施工合同关系的违约，"应当承担违约责任，而非缔约过失责任"④。

需注意的是，《招标投标法》第45条第1款规定："中标人确定后，招标人应当向中标人发出中标通知书，并同时将中标结果通知所有未中标的投标人。"第2款规定："中标通知书对招标人和中标人具有法律效力。中标通知书发出后，招标人改变中标结果的，或者中标人放弃中标项目的，应当依法承担法律责任。"一般认为，该规定表明，中标通知书采发出生效主义。但《民法典》第481条第1款规定，"承诺应当在要约确定的期限内到达要约人"。即承诺的意思表示采到达生效主义。在此基础上，《民法典合同编通则解释》第4条第1款前段规定："合同自中标通知书到达中标人时成立。"据此，对中标通知书，也应采到达生效主义。

---

① 谢勇、郭培培：《招投标文件应当作为认定支付工程款时间的依据》，载最高人民法院民事审判第一庭编：《民事审判指导与参考》总第84辑，人民法院出版社2021年版。

② 谢勇：《建设工程施工合同案件裁判规则解析》，中国法制出版社2020年版，第130页。

③ 参见最高人民法院民事审判第一庭编著：《最高人民法院新建设工程施工合同司法解释（一）理解与适用》，人民法院出版社2021年版，第227页。

④ 谢勇：《建设工程施工合同案件裁判规则解析》，中国法制出版社2020年版，第11页。

还需注意的是，【裁判规则 9】提出，“建设工程施工合同所要求的书面形式，不限于合同书。信件、电报、电传、传真、投标文件、中标通知书等可以有形地表现所载内容的形式，均构成合同的书面形式”。该规则着眼于建设工程施工合同的要式性——书面形式——问题。【裁判规则 45】认为，“中标通知书到达之日，发承包双方之间成立建设工程施工合同关系。中标后签订的书面建设工程施工合同，系对已经成立的建设工程施工合同关系的细化与确认”。该规则的着眼点在于建设工程施工合同的成立时间。两个规则之间虽有牵连，但指向的是不同的法律问题。

**典型案例 45**

## 江苏中南建筑产业集团有限责任公司、潜江市兴城投资开发有限公司建设工程施工合同纠纷案①

### 基本案情

2012 年 5 月 2 日，潜江市兴城投资开发有限公司（以下简称兴城公司）发布湖北省潜江市新城区范新村农民公寓工程施工招标公告。公告载明的“资金来源”为：施工期间，由施工单位自筹；工程竣工验收审计后 5 年内待新城区土地出让后由业主支付。2012 年 5 月 27 日，南通总承包公司报送的投标文件中承诺：“如我司有幸中标，我司完全接受并响应招标文件主要合同条款规定的全部内容。”2012 年 7 月 6 日，兴城公司与南通总承包公司签订《建设工程施工合同》，约定南通总承包公司承建潜江市新城区范新村农民公寓 1—9 号楼工程，但未约定付款时间。2014 年 8 月 7 日，案涉工程通过竣工验收。2015 年 12 月 24 日，审计确定案涉工程造价为 66, 176, 945. 25 元。2018 年 10 月 31 日，江苏中南建筑产业集团有限责任公司（以下简称中南建筑公司）诉至法院，要求兴城公司支付工程款 351, 606, 117. 25 元，并自 2015 年 12 月 17 日起按银行同期贷款利率计算利息。兴城公司辩称，付款条件并未成就，应当驳回中南建筑公司的诉讼请求。

① 典型案例 45：江苏中南建筑产业集团有限责任公司、潜江市兴城投资开发有限公司建设工程施工合同纠纷案，最高人民法院（2019）最高法民终 1996 号民事判决书。

## 法院观点

最高人民法院认为，通过招标投标方式订立建设工程施工合同，有固定的程序，每个程序阶段亦有明确的要求。根据《招标投标法》第 19 条第 1 款①、第 27 条第 1 款②、第 41 条③的规定，招标人发布招标公告是要约邀请，投标人投标是要约，招标人向中标人发出中标通知书是承诺。中标通知书到达中标人时承诺生效，合同成立。招标文件、中标人的投标文件和中标通知书构成建设工程施工合同的文本。根据《招标投标法》第 46 条第 1 款④的规定，招标人和中标人自中标通知书发出之日起 30 日内按照招标文件和中标人的投标文件订立的书面合同，实际是根据招标文件和中标人的投标文件订立的合同书。案涉招标文件已经约定工程价款付款时间，其内容属于建设工程施工合同的一部分。潜江市新城区范新村农民公寓工程于 2014 年 8 月 7 日竣工验收，至 2019 年 8 月 7 日，竣工验收已满 5 年，支付条件已成就，兴城公司应向中南建筑公司支付该部分工程款 18, 724, 747. 40 元及利息。

**裁判规则46**

**中标后签订的建设工程施工合同系对招标文件、投标文件、中标通知书等确定的承包条件的书面确认。如其与招标文件、投标文件、中标通知书载明的实质性内容不一致的，应当以招标文件、投标文件、中标通知书确定的承包条件为准。**

---

① 该款规定："招标人应当根据招标项目的特点和需要编制招标文件。招标文件应当包括招标项目的技术要求、对投标人资格审查的标准、投标报价要求和评标标准等所有实质性要求和条件以及拟签订合同的主要条款。"

② 该款规定："投标人应当按照招标文件的要求编制投标文件。投标文件应当对招标文件提出的实质性要求和条件作出响应。"

③ 该条规定："中标人的投标应当符合下列条件之一：（一）能够最大限度地满足招标文件中规定的各项综合评价标准。（二）能够满足招标文件的实质性要求，并且经评审的投标价格最低；但是投标价格低于成本的除外。"

④ 该款规定："招标人和中标人应当自中标通知书发出之日起三十日内，按照招标文件和中标人的投标文件订立书面合同。招标人和中标人不得再行订立背离合同实质性内容的其他协议。"

《建设工程施工合同解释（一）》第22条规定："当事人签订的建设工程施工合同与招标文件、投标文件、中标通知书载明的工程范围、建设工期、工程质量、工程价款不一致，一方当事人请求将招标文件、投标文件、中标通知书作为结算工程价款的依据的，人民法院应予支持。"其理由为，"中标通知书发出后，确定当事人权利义务依据的应当是招标文件、投标文件以及中标通知书，这些文件即构成当事人之间的书面合同，而《招标投标法》第46条规定的书面合同只是对招投标文件以及中标通知书的进一步确认、明确和规范化"①。

首先需要明确的是，"参照招投标文件结算工程价款的前提是招投标活动合法有效"②。在此基础上，根据《民法典》第473条第1款的规定，招标行为是要约邀请，投标行为是要约，中标通知书构成承诺。③《民法典》第483条规定："承诺生效时合同成立，但是法律另有规定或者当事人另有约定的除外。"《招标投标法》第45条第2款第1句规定："中标通知书对招标人和中标人具有法律效力。"据此，中标通知书到达中标人时，双方的合同关系已经成立并生效，此时所成立的合同才是真正意义上的中标合同。该中标合同由招标文件、投标文件、投标澄清文件(如有)、中标通知书构成。④ 其中，记载主要权利义务的载体是投标文件。其后签订的建设工程施工合同书因背离中标合同的实质性内容而无效，发承包双方之间的权利义务关系，应当依据招标文件和中标人的投标文件予以确定。⑤

《招标投标法》第46条第1款规定："招标人和中标人应当自中标通知书发出之日起三十日内，按照招标文件和中标人的投标文件订立书面合同。招标人和中标人不得再行订立背离合同实质性内容的其他协议。"该款规定的书面合同只是对招标文件、投标文件、投标澄清文件（如有)、中标通知书确定的合同条件的再次确认，其不得对中标合同的实质性内容作出变更。如中标通知书到达后签订的书面合

---

① 最高人民法院民事审判第一庭编著：《最高人民法院新建设工程施工合同司法解释（一）理解与适用》，人民法院出版社2021年版，第227页。

② 最高人民法院民事审判第一庭编著：《最高人民法院新建设工程施工合同司法解释（一）理解与适用》，人民法院出版社2021年版，第228页。

③ 参见最高人民法院民事审判第一庭编著：《最高人民法院新建设工程施工合同司法解释（一）理解与适用》，人民法院出版社2021年版，第223页。

④ 参见李少平主编：《最高人民法院第五巡回法庭法官会议纪要》，人民法院出版社2021年版，第144页。

⑤ 参见谢勇：《建设工程施工合同案件裁判规则解析》，中国法制出版社2020年版，第129页。

同的实质性内容与中标合同不一致的，根据《招标投标法》第 46 条第 1 款的规定，应当认定该书面合同无效，进而按照由招标文件、投标文件、投标澄清文件（如有）、中标通知书共同构成的中标合同确定发承包双方的权利义务。在此意义上，招标文件、投标文件、中标通知书上记载的实质性内容才是真正意义上的“中标合同”，与招标文件、投标文件、中标通知书载明的实质性内容不一致的中标合同，相当于“黑合同”。除下述【典型案例 46】外，在“惠生工程（中国）有限公司、中国石油四川石化有限责任公司建设工程施工合同纠纷案”① 中，针对中标后签订的合同——《PC 工程合同》——约定的“暂列金额节余金额的 50%用于奖励基金”，最高人民法院即认为，《招标文件》并未规定将暂列金节余的 50% 作为对惠生工程（中国）有限公司的奖励，双方在《PC 工程合同》中的该项约定违背了招投标文件的实质性内容，应属无效。在“青海新田房地产开发有限公司、万利建设有限公司建设工程施工合同纠纷案”② 中，针对投标清单载明的工程范围与中标后签订的合同不一致的问题，最高人民法院也坚持“应以投标清单记载内容为准”。

有疑问的是，《标准施工招标文件》第四章第 1.4 款“合同文件的优先顺序”规定：“组成合同的各项文件应互相解释，互为说明。除专用合同条款另有约定外，解释合同文件的优先顺序如下：（1）合同协议书；（2）中标通知书；（3）投标函及投标函附录；（4）专用合同条款；（5）通用合同条款；（6）技术标准和要求；（7）图纸；（8）已标价工程量清单；（9）其他合同文件。”《建设工程施工合同（示范文本）》（GF-2017-0201）通用条款第 1.5 款“合同文件的优先顺序”第 1 项也规定：“组成合同的各项文件应互相解释，互为说明。除专用合同条款另有约定外，解释合同文件的优先顺序如下：（1）合同协议书；（2）中标通知书（如果有）；（3）投标函及其附录（如果有）；（4）专用合同条款及其附件；（5）通用合同条款；（6）技术标准和要求；（7）图纸；（8）已标价工程量清单或预算书；（9）其他合同文件。”根据上述两个法律文本可知，就合同文件的优先顺序而言，中标后签订的书面合同优先于中标通知书与投标文件，这与《建设工程

① 参考案例 50：惠生工程（中国）有限公司、中国石油四川石化有限责任公司建设工程施工合同纠纷案，最高人民法院（2018）最高法民终 803 号民事判决书。

② 参考案例 51：青海新田房地产开发有限公司、万利建设有限公司建设工程施工合同纠纷案，最高人民法院（2020）最高法民终 1142 号民事判决书。

施工合同解释（一）》第22条的规定并不相同。就此问题，应当认为：如中标后签订的书面合同与招投标文件、中标通知书的实质性内容不一致的，那么显然这些条款因为违反了《招标投标法》的规定应属无效，① 应当按照招投标文件、中标通知书确定施工合同的实质性内容；如果中标后签订的合同与招投标文件、中标通知书不存在实质性内容不一致的情况，而仅是因表述不同导致理解上的歧义，鉴于"中标合同是对招投标文件以及中标通知书的进一步确认、明确和规范化"，故在确定解释合同文件时，中标合同优先于招投标文件以及中标通知书。

**典型案例46**

## 中国电建集团新能源电力有限公司（原贵州电力建设第二工程公司）、贵州赤天化桐梓化工有限公司建设工程施工合同纠纷案②

### 基本案情

经贵州省发展和改革委员会等单位审核，同意贵州赤天化桐梓化工有限公司（以下简称赤天化公司）自筹资金建设以煤为原料生产中间产品30万吨/年液氨并深加工成52万吨/年最终产品尿素及30万吨/年甲醇的桐梓煤化工基地一期工程项目。2007年11月，赤天化公司委托国信公司对案涉工程项目对外进行招标。2008年1月8日，中国电建集团新能源电力有限公司（以下简称电建公司）编制《EPC总承包投标文件》进行投标，投标报价为521,965,260元。此后，在"投标澄清文件"中，电建公司对投标报价进行了六次核减，核减总额为10,090,229元，电建公司承诺，该核减金额从总价中扣除。2008年4月25日，国信公司向电建公司出具《中标通知书》，确认电建公司为该项目的中标人。2008年5月29日，赤天化公司与电建公司签订《EPC总承包合同》，约定合同总价为460,436,515元，该价格是固定不变的，但是工程变更或合同规定的其他原因引起的合同价格变化除外。施工完成后，电建公司主张以其投标价作为计算其合同范围内工程总价的依据，赤

① 参见最高人民法院民事审判第一庭编著：《最高人民法院新建设工程施工合同司法解释（一）理解与适用》，人民法院出版社2021年版，第230页。

② 典型案例46：中国电建集团新能源电力有限公司（原贵州电力建设第二工程公司）、贵州赤天化桐梓化工有限公司建设工程施工合同纠纷案，最高人民法院（2019）最高法民终1356号民事判决书。

天化公司则主张以《EPC总承包合同》为依据。电建公司诉至法院。

## 法院观点

一审法院（贵州省高级人民法院）认为，《EPC总承包合同》为合法有效的合同，对双方当事人均具有约束力，工程价款的确定应当以合同约定为准。即使合同无效，按照《2004年建工解释》第2条的规定，案涉工程合同范围内的工程总价款也应以合同约定为准，即合同内工程造价为460,436,515元。但最高人民法院在二审中认为，《EPC总承包合同》关于工程价款的约定因与投标文件不一致而无效，案涉工程价款应当以中标合同作为结算依据。首先，中标通知书是对投标文件的确认，是承诺的书面形式。中标通知书发出，"中标合同"即告成立并生效。"中标合同"文本由中标通知书、澄清文件、投标文件和招标文件构成，亦即中标人的投标文件是"中标合同"的书面载体，其记载的事项构成"中标合同"的主要权利义务，也是《招标投标法》第46条第1款规定的"书面合同"订立的依据，属于该"书面合同"的实质性内容。该"书面合同"是"中标合同"权利义务内容的"确认书"和"合同书"，是条文化、具体化及规范化的且有别于招投标文件的合同格式文本，不得对"中标合同"内容作出实质性变更。其次，"投标澄清文件"是评标阶段对投标文件中含义不明确的内容所作的必要澄清或者说明，是合同文件的组成部分，构成中标合同的内容，而非对中标合同的变更。最后，《EPC总承包合同》的工程价款条款严重背离投标文件及澄清文件所确定的工程固定价款总额，违背了《2018年建工解释》第9条①的规定，电建公司请求以中标合同作为结算建设工程价款依据，理由成立，应予支持，但应当扣除澄清文件所列明的金额，故本案工程价款应为511,875,031元（521,965,260元-10,090,229元）。

## 裁判规则47

**《招标投标法》所限定的实质性内容，主要包括合同的标的、价款、质量、工期、投标方案等足以影响其他竞标人能否中标或以何种条件中标的内容。**

① 现《建设工程施工合同解释（一）》第23条。

《招标投标法》中多处出现“实质性内容”这一概念。如第43条规定：“在确定中标人前，招标人不得与投标人就投标价格、投标方案等实质性内容进行谈判。”又如第46条第1款规定：“招标人和中标人应当自中标通知书发出之日起三十日内，按照招标文件和中标人的投标文件订立书面合同。招标人和中标人不得再行订立背离合同实质性内容的其他协议。”那么应当如何界定该实质性内容的范围？此外，《建设工程施工合同解释（一）》第2条针对“黑白合同”也规定了“工程范围、建设工期、工程质量、工程价款等实质性内容”。这两个“实质性内容”有无区别？

《招标投标法》第55条第1款规定：“依法必须进行招标的项目，招标人违反本法规定，与投标人就投标价格、投标方案等实质性内容进行谈判的，给予警告，对单位直接负责的主管人员和其他直接责任人员依法给予处分。”《招标投标法实施条例》第57条第1款前段规定：“招标人和中标人应当依照招标投标法和本条例的规定签订书面合同，合同的标的、价款、质量、履行期限等主要条款应当与招标文件和中标人的投标文件的内容一致。”综合上述规定可知，《招标投标法》所限定的实质性内容包括合同的标的、价款、质量、工期、投标方案。其与《建设工程施工合同解释（一）》第2条针对“黑白合同”规定的实质性内容相比，多了一个投标方案。在下述【典型案例47】中，法院即认为投标方案属于招投标程序中的实质性内容。

有观点认为，违约责任和解决争议方法也属于实质性内容。① 在“威海卓达房地产开发有限公司与南通海洲建设集团有限公司建设工程施工合同纠纷案”中，一审法院（山东省高级人民法院）在以《招标投标法》第43条、第55条为据认定施工合同无效时，即将违约责任纳入实质性内容的范畴。但事实上，违约责任与解决争议方法通常在中标后签订书面合同时才会约定，投标文件通常不会涉及。

---

① 参见王勇：《建设工程施工合同纠纷实务解析》，法律出版社2017年版，第10页；谢勇：《建设工程施工合同案件裁判规则解析》，中国法制出版社2020年版，第131页。

典型案例 47

## 云南文荣建筑工程有限公司、景洪立丰房地产开发有限公司建设工程施工合同纠纷案①

### 基本案情

2010 年 7 月 14 日，经招投标，云南文荣建筑工程有限公司（以下简称文荣公司）以 39, 200, 064. 2 元中标景洪立丰 9 号公馆工程。2010 年 7 月 21 日，文荣公司与景洪立丰房地产开发有限公司（以下简称立丰公司）就景洪立丰 9 号公馆项目签订了两份《建设工程施工合同》。第一份合同约定，合同暂估工程价款为 39, 200, 064. 20 元，最终合同价款为核定的预算价款+设计变更+工程签证并以此作为最终结算；第二份合同约定，合同暂估工程价款为 4200 万元，最终合同价款为核定的预算价款+设计变更+工程签证，再下浮 6%作为最终结算。2012 年 5 月 7 日，文荣公司完成合同施工内容并经竣工验收合格。后文荣公司诉至法院，要求立丰公司支付工程款。文荣公司主张，案涉招投标程序违法，根据《招标投标法》第 43 条的规定，应认定案涉合同无效。

### 法院观点

针对招投标及建设工程合同的效力问题，最高人民法院认为，根据《招标投标法》第 43 条的规定，在确定中标人前，招标人不得与投标人就投标价格、投标方案等实质性内容进行谈判。在本案中，文荣公司未提供证据证明招标人与投标人就投标价格、投标方案等实质性内容进行谈判以及其他导致本案中标无效的情形，故文荣公司所称本案招投标结果及据此订立的建设工程施工合同无效的理由不能成立。文荣公司以 39, 200, 064. 20 元中标为有效中标，应当以中标合同作为结算工程价款的依据。

① 典型案例 47：云南文荣建筑工程有限公司、景洪立丰房地产开发有限公司建设工程施工合同纠纷案，最高人民法院（2020）最高法民再 360 号民事判决书。

## 裁判规则 48

**依法必须进行招投标的工程项目，虽然经过招投标程序，但中标被认定为无效的，其后签订的建设工程施工合同相应无效。**

依法必须进行招投标的工程经过招投标程序签订的建设工程施工合同（如前所述，该合同并非真正意义上的中标合同，但为论述上的简便，以下简称中标合同），并非都是有效合同，应当根据中标的效力确定合同的效力。

根据《招标投标法》的规定，中标无效主要包括如下七种情形：（1）第 41 条规定的中标价低于成本价的；（2）第 50 条规定的招标机构泄密或与招标人、投标人串通，以致影响中标结果的；（3）第 52 条规定的招标人泄密，以致影响中标结果的；（4）第 53 条规定的投标人相互串通投标或者与招标人串通投标，投标人以向招标人或者评标委员会成员行贿的手段谋取中标；（5）第 54 条规定的投标人以他人名义投标或者以其他方式弄虚作假骗取中标的；（6）第 55 条规定的招标人与投标人就投标价格、投标方案等实质性内容进行谈判，以致影响中标结果的；（7）第 56 条规定的招标人在中标候选人之外确定中标人的。实践中常见的无效情形有：第一，当事人双方在招投标之前就合同实质性内容进行谈判，进而影响中标结果，构成“明招暗定”，根据《招标投标法》第 55 条的规定，中标无效。[①] 第二，因中标价低于成本价，根据《招标投标法》第 41 条第 2 项的规定，中标无效。[②] 第三，中标合同是双方当事人为应付招投标程序而签订，真实意思在于履行另行签订的“黑合同”，则中标合同属于通谋而为虚伪意思表示，根据《民法典》第 146 条第 1 款[③]、《招标投标法》第 53 条的规定，中标无效。

有观点认为，“如果中标无效，实则招标人所做的承诺无效，建设工程施工合同未成立”[④]，而非无效。但在中标无效的情况下，招标人与招标人签订的建设工

---

① 可参见典型案例 216：汕头市建安（集团）公司与北京秦浪屿工艺品有限公司建设工程施工合同纠纷上诉案，最高人民法院（2011）民一终字第 62 号民事判决书。

② 参见最高人民法院民一庭：《如何理解招标投标法第三十三条所称的“低于成本”》，载杜万华主编、最高人民法院民事审判第一庭编：《民事审判指导与参考》总第 60 辑，人民法院出版社 2015 年版。

③ 该款规定：“行为人与相对人以虚假的意思表示实施的民事法律行为无效。”

④ 参见谢勇：《建设工程施工合同案件裁判规则解析》，中国法制出版社 2020 年版，第 13 页。

程施工合同是基于意思表示达成的合意，故该合同因意思表示一致已经成立。该合同只是因中标无效，而不能“依法”发生效力。[1] 因此，中标无效，其后签订的建设工程施工合同相应无效，而非不成立。

典型案例 48

## 中国华冶科工集团有限公司、营口雅威房地产开发有限公司等建设工程施工合同纠纷案[2]

### 基本案情

2010 年 6 月 13 日，中国华冶科工集团有限公司（以下简称华冶集团）与万隆广场签订《万隆广场施工总承包合同》，约定华冶集团承建万隆广场（一期、二期）建设工程。合同签订后，案涉工程开工建设。2012 年 10 月 15 日，万隆广场、华冶集团又经招投标程序，依照中标通知书内容签订了建设施工合同，并在营口经济技术开发区建设档案馆备案。2014 年 10 月 26 日，万隆广场一期商业部分开业。后华冶集团诉至法院，要求万隆广场支付欠付的工程款 504, 561, 199. 20 元及相应利息。

### 法院观点

最高人民法院认为，经招投标程序，万隆广场与华冶集团于 2012 年 10 月 15 日签订了备案建筑施工合同，即中标合同。但在该份合同签订之前，2010 年 6 月 13 日万隆广场与华冶集团签订《万隆广场施工总承包合同》，且实际开始进行施工活动，即双方当事人在开展项目招投标之前，已经实际签订建设工程施工合同并履行。依据《招标投标法》第 43 条、第 55 条的规定，因串标行为导致中标无效的，中标合同无效。案涉备案建筑施工合同属于“先定后招”，违反《招标投标法》规定，应认定为无效。

---

① 《民法典》第 502 条第 1 款规定：“依法成立的合同，自成立时生效，但是法律另有规定或者当事人另有约定的除外。”

② 典型案例 48：中国华冶科工集团有限公司、营口雅威房地产开发有限公司等建设工程施工合同纠纷案，最高人民法院（2019）最高法民终 612 号民事判决书。

## 裁判规则49

**在招投标之前，发承包双方就投标价格、投标方案等实质性内容进行谈判，其后承包人通过招标投标程序中标的，构成“明招暗定”，中标无效。**

所谓“明招暗定”，又称“先定后招”，是指虽然从形式上看，招标人与投标人是通过招投标程序签订的施工合同，但事实上在投标前，招标人与投标人就已经确定了合同内容，也就是通常所说的“公开招标前中标者已内部确定”。根据《招标投标法》第55条的规定，应当认定中标无效。

在“明招暗定”的情况下，招标人与投标人之间的合同关系存在两种可能：一是招标人与投标人之间只有一份中标合同。也就是说，虽然招标人与投标人在投标前已经私下确定了施工合同内容，但并未签订书面合同，最终是通过招投标程序签订的中标合同。《招标投标法》第43条规定：“在确定中标人前，招标人不得与投标人就投标价格、投标方案等实质性内容进行谈判。”第55条规定：“依法必须进行招标的项目，招标人违反本法规定，与投标人就投标价格、投标方案等实质性内容进行谈判的……影响中标结果的，中标无效。”据此，由于中标无效，中标合同属于无效合同。二是招标人与投标人之间有两份施工合同，一份是在招投标之前私下签订的合同，另一份是通过招投标程序签订的合同。如工程属于依法必须招投标的项目，则两份合同都属于无效合同。① 原因在于，对于在招投标之前签订的合同，因工程必须招标而未经招标，应确定为无效合同。《安徽省高级人民法院关于审理建设工程施工合同纠纷案件适用法律问题的指导意见（二）》（2013年12月23日）第2条即规定：“依法必须进行招标的建设工程，招标人与投标人在履行招投标程序前，以签订补充协议等形式对建设工程的施工范围、工期、计价方式、总价款等内容进行约定的，属串通投标，所签订的建设工程施工合同无效。”对于中标合同，根据《招标投标法》第55条的规定，也应当认定为无效。除下述【典型案例49】外，在“山东日建建设集团有限公司与日照君泰房地产（集团）有限公

---

① 如工程不属于依法必须招投标的项目，则招投标前签订的合同应属有效。就此，【裁判规则52】将专门论述，此处不赘述。

司建设工程施工合同纠纷案"[①]中，最高人民法院也认为，"讼争工程属于必须进行招标的工程。本案中作为投标人的日照公司在讼争工程正式招标之前和招标人君泰公司就投标价格等实质性内容进行谈判，并签订了标前合同，违反了《招标投标法》第55条之规定，日照公司的中标应认定无效，依据《2018年建工解释》第1条之规定，中标无效的，备案的中标合同亦应认定无效"。"中建二局第四建筑工程有限公司、黑龙江省日出康城房地产开发有限公司建设工程合同纠纷案"[②]也是如此。

须指出的是，在确定中标人前，招标人与投标人就实质性内容进行谈判，虽然违反《招标投标法》第43条的规定，但并不必然导致其后的中标无效。根据第55条的规定，只有谈判行为影响中标结果的，才能认定中标无效。在"新疆华诚安居房地产开发有限公司、中国铁建大桥工程局集团有限公司建设工程施工合同纠纷案"[③]中，发承包双方在招投标前进行了谈判并达成合作意向，签订了《建筑施工合作框架协议书》。该协议书中没有约定投标方案等内容，未载明开工时间，合同条款中还存在大量不确定的约定，如关于施工内容，双方约定"具体规划指标与建设内容以政府相关部门最终的批复文件为准"，关于合同概算，双方约定"项目建筑施工总概算约人民币叁亿元，具体概算数值待规划文件，设计方案确定后双方另行约定"。其后，双方按照《招标投标法》的规定，履行了招投标相关手续，并签订了《建设工程施工合同》。对双方在招投标前进行谈判的行为，最高人民法院最终认定，对投标前的磋商行为是否影响了中标结果，新疆华诚安居房地产开发有限公司未予以证明，故涉案《建设工程施工合同》应当认定为有效。

还需指出的是，所有的工程，包括非强制招投标工程，只要存在"先定后招"的情形，中标均无效。[④]但招投标前签订的合同的效力则因案涉工程是否属于强制招投标工程而有所不同。就此，【裁判规则52】将专门论述，此处不赘述。

---

① 参考案例52：山东日建建设集团有限公司与日照君泰房地产（集团）有限公司建设工程施工合同纠纷案，最高人民法院（2013）民申字第572号民事裁定书。

② 参考案例53：中建二局第四建筑工程有限公司、黑龙江省日出康城房地产开发有限公司建设工程合同纠纷案，最高人民法院（2018）最高法民终922号民事判决书。

③ 参考案例54：新疆华诚安居房地产开发有限公司、中国铁建大桥工程局集团有限公司建设工程施工合同纠纷案，最高人民法院（2019）最高法民终347号民事判决书。

④ 参见谢勇：《建设工程施工合同案件裁判规则解析》，中国法制出版社2020年版，第16页。

典型案例 49

## 广东中煤地瑞丰建设集团有限公司等与陕西宏兴投资开发有限公司建设工程施工合同纠纷案①

### 基本案情

2013年7月1日，陕西宏兴投资开发有限公司（以下简称宏兴公司）与广东中煤地瑞丰建设集团有限公司陕西分公司（以下简称中煤陕西分公司）签订《承包协议》，约定中煤陕西分公司承建三原县东三路南边丽晶雅苑，建筑面积约170,000平方米，工程造价以最终竣工结算为准，宏兴公司负责该工程招投标手续并承担此费用，中煤陕西分公司负责配合。协议签订后，中煤陕西分公司于2013年7月2日至9月9日分六次将1300万元保证金打入宏兴公司指定账户，并于2013年8月开始施工。后宏兴公司委托招标代理机构对涉案工程进行招标，2013年12月23日，中煤陕西分公司提交投标文件，宏兴公司向中煤陕西分公司发出中标通知书。2014年1月6日，宏兴公司与中煤陕西分公司签订《施工合同》，约定工程名称为丽晶雅苑，建设面积约为180,000平方米，合同总价为331,875,980.45元。后在履行中发生争议，中煤陕西分公司以《承包协议》《施工合同》均无效为由提起诉讼。宏兴公司主张《承包协议》及《施工合同》均有效。

### 法院观点

最高人民法院在二审中认为，案涉工程属于必须进行招标的项目。宏兴公司与中煤陕西分公司于2013年7月1日签订《承包协议》时，工程未进行招标，故《承包协议》应属无效。宏兴公司与中煤陕西分公司于2014年1月6日签订《施工合同》，该合同虽然经过招投标，但招标之前宏兴公司与中煤陕西分公司已经签订《承包协议》，约定工程由中煤陕西分公司承包，建筑面积约为170,000平方米，工程造价以最终竣工结算为准，还约定由宏兴公司负责招投标，中煤陕西分公司配合

① 典型案例49：广东中煤地瑞丰建设集团有限公司等与陕西宏兴投资开发有限公司建设工程施工合同纠纷案，最高人民法院（2018）最高法民终33号民事判决书。

等。中煤陕西分公司于2013年7月2日至9月9日分六次将1300万元保证金打入宏兴公司指定账户，并于2013年8月开始施工。以上事实说明，招投标之前宏兴公司与中煤陕西分公司已就投标价格、投标方案等实质性内容进行谈判，达成合意，双方之间的招投标属于明招暗定，影响中标结果，依据法律规定，中标无效。

## 裁判规则50

**经过招投标程序确定的中标价是否低于成本价，应当根据中标人完成该项工程所需个别成本进行判断，并由中标人承担其个别成本的证明责任。**

《招标投标法》第33条规定："投标人不得以低于成本的报价竞标，也不得以他人名义投标或者以其他方式弄虚作假，骗取中标。"第41条规定："中标人的投标应当符合下列条件之一：（一）能够最大限度地满足招标文件中规定的各项综合评价标准。（二）能够满足招标文件的实质性要求，并且经评审的投标价格最低；但是投标价格低于成本的除外。"在中标价低于成本价的情况下，《评标委员会和评标方法暂行规定》（2013年修正）第21条规定："在评标过程中，评标委员会发现投标人的报价明显低于其他投标报价或者在设有标底时明显低于标底，使得其投标报价可能低于其个别成本的，应当要求该投标人作出书面说明并提供相关证明材料。投标人不能合理说明或者不能提供相关证明材料的，由评标委员会认定该投标人以低于成本报价竞标，应当否决其投标。"也就是说，中标价低于成本价的，中标无效。《全国民事审判工作会议纪要》（法办〔2011〕442号）第四部分"关于建设工程合同纠纷案件"第1条"关于工程价款结算问题"第1款前段规定："要依法维护通过招投标方式所签订的中标合同的法律效力。对以低于工程建设成本的工程项目标底订立的施工合同，应当依据招标投标法第四十一条[①]第（二）项的规定认定无效。"据此，在中标价低于成本价基础上签订的中标合同无效。原《江苏

① 《招标投标法》第41条规定："中标人的投标应当符合下列条件之一：（一）能够最大限度地满足招标文件中规定的各项综合评价标准。（二）能够满足招标文件的实质性要求，并且经评审的投标价格最低；但是投标价格低于成本的除外。"

省高级人民法院关于审理建设工程施工合同纠纷案件若干问题的意见》（苏高法审委〔2008〕26号）第3条第5项也规定，中标合同约定的工程价款低于成本价的，建设工程施工合同无效。实践中的难点在于如何确定“成本价”，就此有如下三个标准：

一是按照“个别成本”确定成本价。由于每个投标人的管理水平、技术能力与条件不同，即使完成同样的招标项目，其个别成本也不可能完全相同。管理水平高、技术先进的投标人，生产、经营成本低，有条件以较低的报价参加投标竞争，这是其竞争实力强的表现。实行招标投标的目的，正是通过投标人之间的竞争，特别在投标报价方面的竞争，择优选择中标者。因此，只要投标人的报价不低于自身的个别成本，即使是低于行业平均成本的，也是完全可以的。据此，“招标投标法第33条所称的‘低于成本’，是指低于投标人的为完成投标项目所需支出的个别成本”[①]。在“佛山市南海第二建筑工程有限公司与佛山华丰纺织有限公司建设工程施工合同纠纷案”[②]中，最高人民法院在再审中即认为：“所谓‘投标人不得以低于成本的报价竞标’应指投标人投标报价不得低于其为完成投标项目所需支出的企业个别成本。”但将个别成本作为评价成本价的标准，并不具有足够的说服力。第一，建筑工程涉及机械设备的租赁、随时变动的原材料价格等，如果工程尚未开工或未施工完毕，中标人几乎无法证明完成该项工程所需的个别成本。第二，即便中标人证明了中标价低于成本价，此时仍有两个选择：其一，根据《民法典》第793条第1款的规定，参照合同约定支付工程价款。若如此，证明乃至采取个别成本，不具有实质意义。其二，既然约定的价格条款无效，则按照确定的个别成本支付工程价款。若如此，则可能同时损害招标人与其他投标人的利益。[③] 第三，如果按照个别成本确定成本价，那么投标人报价越低，就越可能中标，投标人关于合同无效的主张也越可能得到支持。这显然有悖常理，也为投标人低于成本价

---

① 最高人民法院民一庭：《如何理解招标投标法第三十三条所称的“低于成本”》，载杜万华主编、最高人民法院民事审判第一庭编：《民事审判指导与参考》总第60辑，人民法院出版社2015年版。

② 参考案例55：佛山市南海第二建筑工程有限公司与佛山华丰纺织有限公司建设工程施工合同纠纷案，最高人民法院（2015）民提字第142号民事判决书。

③ 举例来说，甲的投标价为700万元，乙的投标价为900万元，甲中标，但甲的个别成本为1000万元，故最终应给甲支付1000万元工程款。但如由乙施工，由于乙工艺精湛、管理有方，其个别成本仅为800万元，则这种处理方式既侵害了乙的利益——少赚了100万元，也侵害人发包方的利益——多支付了100万元。

投标提供了反向激励。第四，就个别成本而言，还存在预计个别成本与实际个别成本之分。在投标前，投标人根据自身实际情况测算出预计个别成本，再加上合理利润，从而确定投标价。但在施工过程中，原材料价格上涨、油价上涨使运费增加，发生安全事故等，均可能导致实际个别成本增加，超过中标价。此时，应按照预计个别成本还是实际个别成本确定成本价？一方面，预计个别成本往往是一个概数，不够精确，且因该证据由投标人本人制作、本人掌握，难以采信。即使予以采信，投标人在明知的情况下仍低于成本价投标，再以此为由主张合同无效并上调合同价款，也有违诚实信用原则。另一方面，如果采纳实际个别成本，则违反了合同法的基本规则。对于在履行过程中因各种因素增加的实际个别成本，通常认为属于商业风险，应由订约人自行承担。且合同订立在前、履行在后，根据履行情况确定合同效力，在逻辑上存在明显问题。第五，不能忽视建筑企业“舍小利以谋远”的行动策略。对建筑企业而言，更高的资质意味着可承接更大规模、更高利润的工程。但根据《建筑业企业资质管理规定》（根据中华人民共和国住房和城乡建设部令第45号修正）、《建筑业企业资质标准》（建市〔2014〕159号）、《建筑业企业资质管理规定和资质标准实施意见》（根据建市规〔2020〕1号修正）等相关规定，只有承接相应规模的建设工程、产值达到相应金额，建筑企业才能申报更高资质。① 因此，在处于资质升级的临界点时，为早日实现升级，很多建筑企业为了承接相应工程都愿意在价款方面作出让步，乃至其投标价低于成本价。但这一“舍小利以谋远”的行为，并不会危及建设工程的质量。

二是参照标底确定成本价。所谓标底，即招标项目的底价，是招标人购买工程、货物、服务的预算，对于确定成本价具有参照价值。《评标委员会和评标方法暂行规定》（2013年修正）第21条规定：“在评标过程中，评标委员会发现投标人的报价明显低于其他投标报价或者在设有标底时明显低于标底，使得其投标报价可

---

① 如建筑工程施工总承包企业一级资质标准对企业工程业绩要求：“近5年承担过下列4类中的2类工程的施工总承包或主体工程承包，工程质量合格：1. 地上25层以上的民用建筑工程1项或地上18—24层的民用建筑工程2项；2. 高度100米以上的构筑物工程1项或高度80—100米（不含）的构筑物工程2项；3. 建筑面积3万平方米以上的单体工业、民用建筑工程1项或建筑面积2万—3万平方米（不含）的单体工业、民用建筑工程2项；4. 钢筋混凝土结构单跨30米以上（或钢结构单跨36米以上）的建筑工程1项或钢筋混凝土结构单跨27—30米（不含）［或钢结构单跨30—36米（不含）］的建筑工程2项。”

能低于其个别成本的，应当要求该投标人作出书面说明并提供相关证明材料。投标人不能合理说明或者不能提供相关证明材料的，由评标委员会认定该投标人以低于成本报价竞标，应当否决其投标。”《全国民事审判工作会议纪要》（法办〔2011〕442号）针对“工程价款结算问题”也规定：“对以低于工程建设成本的工程项目标底订立的施工合同，应当依据招标投标法第四十一条第（二）项的规定认定无效。”据此，如果投标价或中标价低于标底，而投标人不能证明其个别成本低于标底的，则投标无效，施工合同也相应无效。但是，一方面，《招标投标法实施条例》第27条第1款前段规定：“招标人可以自行决定是否编制标底。”这也就意味着并非所有招标项目都有标底。另一方面，投标价低于标底本就不应中标，也就不应成为中标价。因此，以标底来衡量中标价是否低于成本价，在实践中可能性不大。

三是参照当时的行业平均成本确定成本价。也就是说，在“个别投标人的工投标价显著低于当时的行业平均成本”[①] 的情况下，认定中标价低于成本价。站在理论的角度，当中标价显著低于社会平均成本时，根据民事诉讼“高度可能性”的证明标准，可以认定中标价低于成本价。但是，适用该标准也存在如下问题：一方面，如最高人民法院民一庭所言，每个投标人的个别成本并不相同，低成本正是优秀投标人竞争实力强的表现。如将平均成本作为评价投标价效力的标准，导致个别成本低于平均成本的投标人，不能低于平均成本投标，反而抑制了优秀投标人脱颖而出，背离了招标投标法择优选择——价格是其中最重要的考量因素——的初衷。另一方面，缺乏确定社会平均成本的合理方法。所谓社会平均成本，本应是所有施工企业个别成本的中位数，但事实上难以确定所有施工企业的个别成本，通常只能根据建设行政主管部门发布的计价标准或者计价方法确定平均成本。然而目前的情况是，根据这一方法得出的价格要高于真实的平均成本，[②] 在实践中，大量建筑工程施工合同约定的价格低于定额，即为例证。《福建省高级人民法院关于审理建设工程施工合同纠纷案件疑难问题的解答》（2007年11月22日）第6条前段即规定：“工程造价定额标准不属于法律、法规的强制性规定，因此，建设工程施工合同约定的价款低于工程定额标准，不导致该约定无效。”在“仁和建筑公司与中

① 当然，此处所谓的行业成本，只能根据建设行政主管部门发布的计价标准或者计价方法得出。

② 参见最高人民法院民事审判第一庭编著：《最高人民法院建设工程施工合同司法解释的理解与适用》，人民法院出版社2004年版，第37、38页。

天房地产公司建设工程施工合同纠纷案”[①] 中，中标价为 276,537,217 元。仁和建筑公司以中标价明显低于社会平均成本为由，主张中标无效。经鉴定，案涉工程社会平均成本为 377,307,703 元。最高人民法院即认为，有的企业的成本可能显著低于当时的社会平均成本，“投标人以中标合同约定价格低于社会平均成本为由，主张符合招标投标法第三十三条规定的情形，合同约定价格条款无效的，人民法院不予支持”[②]。

综上所述，无论是中标人的个别成本还是标底，抑或社会平均成本，作为衡量成本价的标准，都有其自身的局限性。比较而言，以中标人的个别成本为标准，更符合招标投标法竞争选优的制度目的；且从结果看，中标人难以完成个别成本的证明责任导致认定中标价低于成本价的可能性很低，以此为标准不失为退而求其次的选择。需要指出的是，《民法典》第 793 条第 1 款规定：“建设工程施工合同无效，但是建设工程经验收合格的，可以参照合同关于工程价款的约定折价补偿承包人。”但是，在中标价低于成本价导致合同无效的情况下，则不应适用该条规则。就此，【裁判规则 214】将专门讨论，此处不赘述。

**典型案例 50**

## 南通市通州百盛市政工程有限公司与苏州市吴江东太湖综合开发有限公司建设工程施工合同纠纷案[③]

### 基本案情

2009 年 5 月 8 日，经招投标，苏州市吴江东太湖综合开发有限公司（以下简称东太湖公司）与南通市通州百盛市政工程有限公司（以下简称百盛市政公司）签订《建筑工程施工合同》，约定百盛市政公司承接东太湖公司的“东太湖综合整

① 参考案例 56：《仁和建筑公司与中天房地产公司建设工程施工合同纠纷案》，载杜万华主编、最高人民法院民事审判第一庭编：《民事审判指导与参考》总第 60 辑，人民法院出版社 2015 年版。

② 最高人民法院民一庭：《如何理解招标投标法第三十三条所称的“低于成本”》，载杜万华主编、最高人民法院民事审判第一庭编：《民事审判指导与参考》总第 60 辑，人民法院出版社 2015 年版。

③ 典型案例 50：南通市通州百盛市政工程有限公司与苏州市吴江东太湖综合开发有限公司建设工程施工合同纠纷案，江苏省高级人民法院（2014）苏民终字第 00367 号民事判决书、最高人民法院（2015）民申字第 884 号民事裁定书。

治工程”——围垦区团结圩取土工程，工程内容包括土方的挖运、堆放、便道、便桥等，合同价款为51,296,539.29元。后双方发生纠纷，百盛市政公司以合同约定的工程价格大大低于成本价，致使百盛市政公司遭受巨大损失为由，请求确认双方签订的《建筑工程施工合同》无效。一审法院（江苏省苏州市中级人民法院）审理时，委托鉴定机构对招标范围内的工程成本价进行了鉴定，鉴定结论显示，涉案工程的成本价为66,105,011.60元（不计风险费）。

### 法院观点

最高人民法院在再审审查中认为，《招标投标法》第33条所称的“低于成本”，是指低于投标人为完成投标项目所需支出的个别成本。每个投标人的管理水平、技术能力与条件不同，即使完成同样的招标项目，其个别成本也不可能完全相同。个别成本与行业平均成本存在差异，这是市场经济环境下的正常现象。实行招标投标的目的，正是通过投标人之间的竞争，特别在投标报价方面的竞争，择优选择中标者，因此，只要投标人的报价不低于其自身的个别成本，即使是低于行业平均成本，也是完全可以的。

## 裁判规则51

**依法必须招投标的工程，经招投标程序确定中标人后，工程范围发生重大变更或工程范围变更导致超越中标人施工资质的，应当重新进行招投标。**

建设工程因设计变更、规划调整导致工程范围发生变化，实乃常见现象。通过招投标程序签订中标合同之后，工程范围可因设计变更、规划调整发生变化，严格来说，变化后的工程与中标合同约定的工程不再是同一工程，在此情形下，应否重新组织招投标？

首先，工程范围因设计变更、规划调整发生变化，实属常见，动辄废除原有中标而重新招标，显然不具有合理性。《工程建设项目施工招标投标办法》（2013年修正）第12条即规定：“依法必须进行施工招标的工程建设项目有下列情形之一的，可以不进行施工招标……（五）在建工程追加的附属小型工程或者主体加层工程，原中标人仍具备承包能力，并且其他人承担将影响施工或者功能配套要求……”其次，签订中标合同后工程范围发生重大变更，与原定工程范围迥异，尤其是工程范围大幅度增加的，应当重新招标，否则工程变更极易沦为规避、操纵招投标程序的工具。就此，除下述【典型案例51】外，还可参见“重庆市涪陵饭店与重庆金创装饰工程有限公司建设工程施工合同纠纷案”[①]。最后，工程范围变更可能导致超越中标人施工资质，基于中标人施工资格的丧失，应当重新进行招投标。如果没有重新招投标，而是由中标人继续履行完毕的，工程范围变更部分应当按照无效结算。

**典型案例51**

## 青海璞润投资有限公司与江苏邗建集团有限公司建设工程施工合同纠纷案[②]

### 基本案情

2013年5月30日，青海璞润投资有限公司（以下简称璞润公司）委托青海省招标有限责任公司代理朗悦新天地1号、2号商住楼项目的招标工作。2013年6月29日，璞润公司向江苏邗建集团有限公司（以下简称邗建公司）下发《中标通知书》，中标价为91,452,265.26元。2013年7月3日，璞润公司与邗建公司签订《建设工程施工合同》（以下简称7月3日《合同》），约定邗建公司承建朗悦新天地1号、2号商住楼工程，工程内容为施工图清单内全部内容，合同固定价为91,452,265元。2013年8月15日，双方就案涉工程再次签订《建设工程施工合同》（以下简称8月15日《合同》），约定合同为固定包干价（含税）118,928,000元。施工过程中，邗建公司诉至法院，要求璞润公司支付2016年4月27日之前的工程款。璞润公司辩称，8月15日《合同》约定的工期、造价等实质性内容，完全背离《中标通知书》和7月3日《合同》，应属无效。邗建公司认

① 参考案例57：重庆市涪陵饭店与重庆金创装饰工程有限公司建设工程施工合同纠纷案，重庆市高级人民法院（2015）渝高法民终字第00314号民事判决书。

② 典型案例51：青海璞润投资有限公司与江苏邗建集团有限公司建设工程施工合同纠纷案，最高人民法院（2017）最高法民终578号民事判决书。

为，比较《投标文件》与《工程量清单》可知，《投标文件》中的工程量有甩项，故8月15日《合同》构成对7月3日《合同》的增项变更，该变更应属有效。

### 法院观点

青海省高级人民法院认为，在中标合同实际履行过程中，工程因设计变更、规划调整等客观原因导致工程量增减、质量标准或施工工期发生变化，当事人通过签订补充协议、会议纪要等书面文件对中标合同实质性内容进行变更和补充的，属于正常的合同变更。但案涉工程中标价为91,452,265元，而8月15日《合同》约定的价款为118,928,000元，与中标价相差27,475,735元，差价超过中标价的30%。因案涉工程属于招投标项目，招投标时因已经过专业评标，投标人编制投标文件等程序，工程范围、工程量大致已定，即使有变更，工程价款应不会大起大落。如果变化很大，应当重新进行招投标并备案。据此，8月15日《合同》应属无效。

## 裁判规则52

**非强制招投标工程，发承包双方在协商签订建设工程施工合同后，又自愿进行招投标并签订中标合同的，标前合同的效力不受招投标程序的影响，中标合同则因“先定后招”而无效。**

《建设工程施工合同解释（一）》第23条规定：“发包人将依法不属于必须招标的建设工程进行招标后，与承包人另行订立的建设工程施工合同背离中标合同的实质性内容，当事人请求以中标合同作为结算建设工程价款依据的，人民法院应予支持，但发包人与承包人因客观情况发生了在招标投标时难以预见的变化而另行订立建设工程施工合同的除外。”据此，非强制招投标项目自愿招投标的，也应适用《招标投标法》的规定及“黑白合同”规则。但相关合同效力因强制招投标项目与自愿招投标项目的区别而有所区别。

如前所述，在强制招投标项目中，招标人与投标人在招投标之前私下签订的施工合同，因应招投标而未招投标，故应认定为无效；其后根据招投标签订的中标合同，因违反《招标投标法》第55条禁止的“招标前实质性谈判”，也应认定为无效。

在非强制招投标项目中，有观点认为，招标人与投标人在招投标之前私下签订的施工合同，也构成“先定后招”，应认定为无效。①《民法典合同编通则解释》第14条第3款规定：“当事人就同一交易订立的多份合同均系真实意思表示，且不存在其他影响合同效力情形的，人民法院应当在查明各合同成立先后顺序和实际履行情况的基础上，认定合同内容是否发生变更。法律、行政法规禁止变更合同内容的，人民法院应当认定合同的相应变更无效。”在非强制招投标的情形下，标前合同并不存在应招投标而未招投标的问题，如无其他无效情形，该合同应属有效。至于私下签订合同后又经过招投标程序签订的中标合同，《招标投标法》第43条规定，“在确定中标人前，招标人不得与投标人就投标价格、投标方案等实质性内容进行谈判”。因此，在后签订的中标合同构成该条所禁止的“先定后招”，应当认定中标合同无效。此时，因当事人事先签订的标前合同有效，故应将标前合同作为结算工程价款的依据。

除下述【典型案例52】外，在“中建四局第五建筑工程有限公司、昆明大田宥房地产开发有限公司建设工程施工合同纠纷案”② 中，2012年9月21日，中建四局第五建筑工程有限公司（以下简称中建四局）与昆明大田宥房地产开发有限公司就案涉工程签订了《总包协议》与《总包合同》。2014年3月13日，经招投标，双方又就案涉工程签订了两份《建设工程施工合同》。针对合同效力，一审法院（云南省高级人民法院）认为，案涉工程并不属于《招标投标法》第3条规定的必须进行招标的项目，故《总包协议》和《总包合同》应属有效。双方签订《总包协议》和《总包合同》后，中建四局实际已于2013年4月1日进场施工。之后经过招投标，双方又在2014年3月13日签订了两份《建设工程施工合同》，根据《招标投标法》第43条的规定，该中标应归于无效，故双方2014年3月13日签订的两份《建设工程施工合同》无效。由此，针对非强制招投标工程，如果发承包双方先私下签订合同，再经招投标签订中标合同的，就形成标前合

① 《重庆市高级人民法院、四川省高级人民法院关于审理建设工程施工合同纠纷案件若干问题的解答》（渝高法〔2022〕156号）第12条规定：“在非必须招标项目中，当事人选择通过招标投标程序订立建设工程施工合同，应当受《中华人民共和国招标投标法》的约束和调整，中标前进行实质性谈判并签订合同，属于‘先定后招’实质性谈判的行为，违反了《中华人民共和国招标投标法》第四十三条的强制性规定，应属无效。”

② 参考案例58：中建四局第五建筑工程有限公司、昆明大田宥房地产开发有限公司建设工程施工合同纠纷案，最高人民法院（2019）最高法民终273号民事判决书。

同有效、中标合同无效的情形，有别于强制招投标工程（标前合同与中标合同均无效）。正因如此，《建设工程施工合同解释（一）》第23条规定的是“发包人将依法不属于必须招标的建设工程进行招标后，与承包人另行订立的建设工程施工合同背离中标合同的实质性内容，当事人请求以中标合同作为结算建设工程价款依据的，人民法院应予支持”，并未否定招投标前自愿签订的施工合同的效力。

典型案例52

## 石家庄恒丰房地产开发有限公司与石家庄三建建业集团有限公司建设工程施工合同纠纷案①

### 基本案情

2009年5月20日，石家庄恒丰房地产开发有限公司（以下简称恒丰公司）与石家庄三建建业集团有限公司（以下简称三建公司）签订《建筑工程协议》，约定三建公司承建恒丰公司开发的新河县城2020都市风情大道A、B区商铺，承包方式为包工包料，A、B区商铺每平方米造价845元包死。在协议签订后，三建公司即进场施工。2009年12月，恒丰公司就该工程公开招标，三建公司于同月30日进行投标并中标。2010年1月5日，双方签订《建设工程施工合同》，约定合同价款为固定总价10,802,954元。该合同在新河县建设工程招标投标管理办公室备案。后双方就工程款支付发生争议，诉至法院。

### 法院观点

二审法院（河北省高级人民法院）认为，本案诉争建设项目不属于法定的必须进行招标的工程建设项目，且三建公司具备与承揽的讼争项目相适应的法定资质等级，因此双方自主签订的《建筑工程协议》并不违反法律强制性规定，且签约时双方意思表示真实，合同内容合法，应当依法认定该协议有效。双方的招投标行为明显存在串通行为，故中标和《建设工程施工合同》均为无效。《建筑工程协议》是案涉唯一合法有效的施工合同，也是双方实际履行的依据，故应按照该协

① 典型案例52：石家庄恒丰房地产开发有限公司与石家庄三建建业集团有限公司建设工程施工合同纠纷案，河北省高级人民法院（2013）冀民一终字第119号民事判决书、最高人民法院（2015）民申字第11号民事裁定书。

议确定工程价款。在再审审查中，最高人民法院也认为：首先，双方自主签订《建筑工程协议》并不违反法律强制性规定，且签约时双方意思表示真实，合同内容合法，因此依法认定该协议有效。其次，第二份施工合同——《建设工程施工合同》——因当事人双方的招投标行为明显存在串通行为而无效。最后，《建筑工程协议》是案涉唯一合法有效的施工合同，应以此作为确定工程款数额的依据。

## 2.5 建设审批手续对建设工程施工合同效力的影响

施工合同的标的物是建设工程，不仅具有不可移动性，而且要长期存在且发挥效用，事涉公共安全，所以现行法管控严格，规定了多项行政审批程序。大致来看，建设项目的行政审批分为如下六个阶段：规划许可审批、土地批准审批、大循环审批（包括消防、卫生、人防、环保等部门的审批）、施工图审查、交纳建设项目相关费用、施工许可审批（含中标通知书、工程质量监督、安全监督、施工合同备案、监理合同备案等项目的审批）。在这些审批事项中，主要审批的是土地使用权证、建设用地规划许可证、建设工程规划许可证、施工许可证，俗称“四证”。

**裁判规则53**

**建设工程规划审批手续是建设工程符合规划要求的法律凭证。应当办理建设工程规划审批手续的建设工程未取得规划审批手续的，建设工程施工合同因标的物违法而无效。**

《建设工程施工合同解释（一）》第3条第1款规定：“当事人以发包人未取得建设工程规划许可证等规划审批手续为由，请求确认建设工程施工合同无效的，人民法院应予支持，但发包人在起诉前取得建设工程规划许可证等规划审批手续的除外。”该规定把“建设工程规划许可证等规划审批手续”作为建设工程施工合同的效力要件。

从当前法律规定来看，“建设工程规划许可证等规划审批手续”是有关建设工程符合规划要求的法律凭证，相当于建设工程的“准生证”。未取得建设工程规划许可证等规划审批手续的建设工程，属于违法建筑。除《建设工程施工合同解释（一）》以外，《城镇房屋租赁合同解释》第2条第1款前段规定：“出租人就未取得建设工程规划许可证或者未按照建设工程规划许可证的规定建设的房屋，与承租人订立的租赁合同无效。”其理由就在于，未取得建设工程规划许可证或者未按照建设工程规划许可证的规定建设的房屋，属于违法建筑，标的物违法。[①]《国有土地使用权合同解释》第16条第1款第2项、第3项规定，房地产建设项目未取得建设工程规划许可证或者擅自变更建设工程规划，合作开发房地产合同的当事人请求分配房地产项目利益的，不予受理，已经受理的，驳回起诉。其理由相同，也是房地产建设项目未取得建设工程规划许可证，就表明建筑是违法建筑，即标的违法。[②] 因此，未取得建设工程规划许可证等规划审批手续签订的建设工程施工合同，因约定的施工内容违法——修建违法建筑，应当认定为无效。

需要指出的是，在《城镇房屋租赁合同解释》第2条中，除取得建设工程规划许可证之外，还提到一种情形——“有批准权的人民政府批准”，也就是说，在没有建设工程规划许可证的情况下，如果有政府的批准，也应该承认建设工程的合法性。但前述条文之所以承认“有批准权的人民政府批准”这一情形，是因为在《城乡规划法》颁布实施前，未实行建设工程规划许可证制度，而是实行有权政府部门规划审批制度，所以，在实践中存在未取得建设工程规划许可证但得到有权政府部门批准的建设工程项目。[③]《城乡规划法》自2008年1月1日起施行至今，已逾15年，基本不存在15年前获得批准而至今尚未开始建设的工程，所以就施工合同的效力而言，无须考虑“有批准权的人民政府批准”这一情形。

**典型案例53**

## 中铁十五局集团第五工程有限公司、乌江铁路建设运营有限公司建设工程合同纠纷案[④]

### 基本案情

2012年11月27日，经招投标程序，乌江铁路建设运营有限公司（以下简称

① 参见最高人民法院民事审判第一庭编著：《最高人民法院关于审理城镇房屋租赁合同纠纷案件司法解释的理解与适用》，人民法院出版社2009年版，第34页。

② 参见最高人民法院民事审判第一庭编著：《最高人民法院国有土地使用权合同纠纷司法解释的理解与适用》，人民法院出版社2005年版，第206页。

③ 参见最高人民法院民事审判第一庭编著：《最高人民法院关于审理城镇房屋租赁合同纠纷案件司法解释的理解与适用》，人民法院出版社2009年版，第43页。

④ 典型案例53：中铁十五局集团第五工程有限公司、乌江铁路建设运营有限公司建设工程合同纠纷案，最高人民法院（2019）最高法民终1799号民事判决书。

乌江铁路公司）筹备组与中铁十五局集团第五工程有限公司（以下简称中铁十五局五公司）签订《施工合同书》，约定中铁十五局五公司承建新建乌江铁路（乌兰浩特至扎赉特旗音德尔段先期试验段工程）隧道、预制梁场工程。2013 年 3 月，中铁十五局五公司乌江铁路项目部进场施工。2015 年 5 月 31 日，内蒙古自治区发展和改革委员会批复同意建设乌兰浩特至扎赉特旗音德尔铁路项目。后因工程监理单位通知中铁十五局五公司于 2016 年 11 月 20 日起全面停止施工，中铁十五局五公司诉至法院，请求解除《施工合同书》。

## 法院观点

一审法院（内蒙古自治区高级人民法院）认为，《施工合同书》约定的工程项目未取得建设用地规划许可证、建设工程规划许可证，故《施工合同书》因违反法律强制性规定而无效。在二审中，最高人民法院也认为，涉案项目虽已得到内蒙古自治区发展和改革委员会的批复核准，但截至一审起诉前，涉案项目尚未取得建设用地规划许可证、建设工程规划许可证，在庭审中，乌江铁路公司亦不能确认其具备申请相关许可证的条件，不存在能够办理手续而未办理的情形，故《施工合同书》因违反法律强制性规定而无效。

## 裁判规则54

**建设工程规划审批手续因建设工程位于城市、镇规划区或乡、村庄规划区而有所不同。前者为建设用地规划许可证与建设工程规划许可证，后者为乡村建设规划许可证。**

《建设工程施工合同解释（一）》第 3 条第 1 款规定的“建设工程规划许可证等规划审批手续”，因工程所处地理位置不同而有所不同。

《城乡规划法》在规制建设活动时，区分了城市、镇规划区与乡、村庄规划区。针对城市、镇规划区，第 38 条第 2 款规定：“以出让方式取得国有土地使用权的建设项目，建设单位在取得建设项目的批准、核准、备案文件和签订国有土地使用权出让合同后，向城市、县人民政府城乡规划主管部门领取建设用地规划许可证。”第 40 条第 1 款规定：“在城市、镇规划区内进行建筑物、构筑物、道路、管线和其他工程建设的，建设单位或者个人应当向城市、县人民政府城乡规划主管部门或者省、自治区、直辖市人民政府确定的镇人民政府申请办理建设工程规划许可证。”针对乡、村庄规划区，第41条第1款规定：“在乡、村庄规划区内进行乡镇企业、乡村公共设施和公益事业建设的，建设单位或者个人应当向乡、镇人民政府提出申请，由乡、镇人民政府报城市、县人民政府城乡规划主管部门核发乡村建设规划许可证。”据此，建设工程位于城市、镇规划区的，其规划审批手续体现为建设用地规划许可证与建设工程规划许可证；建设工程位于乡、村庄规划区的，其规划审批手续体现为乡村建设规划许可证，即下述【典型案例54】所讨论情形。

下文为论述上的简便，主要以位于城市、镇规划区的建设工程为对象展开讨论。

**典型案例54**

## 中冶建工集团第四分公司与庆业爱农生态公司、庆业置业公司等建设工程施工合同纠纷案①

### 基本案情

2009年8月12日，庆业爱农生态公司（以下简称爱农公司）作为发包人，中冶建工集团第四分公司（以下简称中冶四分公司）作为承包人，庆业置业公司作为担保人，三方签订《建设工程施工合同》，约定工程名称为千秋村农民安置房工程，工程地点为重庆市九龙坡区千秋村。2010年12月28日，九龙坡区人民政府作出《西彭镇千秋村新建住宅小区使用集体土地的批复》。另查明，涉案工程所涉土地性质为集体土地，该工程未取得乡村规划许可证。完工后，中冶四分公司于2015年11月起诉要求支付工程款。

### 法院观点

针对合同效力，重庆市第五中级人民法院认为，由于案涉工程用地系集体性

① 典型案例54：中冶建工集团第四分公司与庆业爱农生态公司、庆业置业公司等建设工程施工合同纠纷案，重庆市第五中级人民法院（2015）渝五中法民初字第1365号民事判决书。

质，虽已取得《西彭镇千秋村新建住宅小区使用集体土地的批复》，但该工程项目至今未取得乡村规划许可证。根据《城乡规划法》第 41 条的规定，在乡、村庄规划区内进行乡镇企业、乡村公共设施和公益事业建设的，建设单位或者个人应当向乡、镇人民政府提出申请，由乡、镇人民政府报城市、县人民政府城乡规划主管部门核发乡村建设规划许可证。在本案中，涉案工程至今未取得乡村规划许可证，故中冶四分公司、爱农公司、庆业置业公司签订的《建设工程施工合同》虽系双方当事人真实意思表示，但由于违反国家法律强制性规定，属无效合同。

## 裁判规则55

**基于办理建设用地规划许可证与建设工程规划许可证的先后顺序，在判断建设工程施工合同效力时，只需审查是否取得建设工程规划许可证即可。**

建设工程位于城市、镇规划区的，其规划审批手续分为用地规划审批与建设规划审批。《建设工程施工合同解释（一）》第 3 条第 1 款规定的“建设工程规划许可证等规划审批手续”，是仅限于建设工程规划许可证，还是要求二者兼具？

有观点主张，建设用地规划许可证不涉及建设工程本身的合法性，不应以未取得建设用地规划许可证否定建设工程的合法性，进而否定施工合同的效力。① 故仅需具备建设工程规划许可证。也有观点主张，须同时具备建设用地规划许可证与建设工程规划许可证。施工合同约定的施工行为显然涉及土地利用（尤其是基础工程），如未取得建设用地规划许可证，也就意味着施工合同约定的施工行为违法，在此种情况下依然认可施工合同的效力，显属不当。河北省高级人民法院②、

① 参见关丽：《建设工程施工合同的效力认定及处理径路》，载王利明主编：《判解研究》总第 73 辑，人民法院出版社 2016 年版。

② 《河北省高级人民法院建设工程施工合同案件审理指南》（冀高法〔2018〕44 号）第 1 条第 1 款规定：“发包人未取得建设用地规划许可证或建设工程规划许可证，与承包人签订的建设工程施工合同，应认定为无效。但在一审法庭辩论终结前取得两证或者经主管部门批准建设的，可以认定有效。”

北京市高级人民法院①、浙江省高级人民法院②、四川省高级人民法院③均持这一观点。此外，《江苏省高级人民法院建设工程施工合同纠纷案件审理指南（2010年）》也有类似规定。

首先，需要指出的是，用地规划审批手续并不局限于建设用地规划许可证。建设用地规划许可证作为用地规划审批手续之一，与其他用地审批文件存在功能重合，有的地方政府选用其他用地规划审批手续取代建设用地规划许可证。④《北京市城乡规划条例》（2021 年修正）第 29 条第 2 款规定："规划许可证件包括选址意见书、建设工程规划许可证、乡村建设规划许可证和相应的临时规划许可证。"该条例就用"选址意见书"取代了建设用地规划许可证。《国务院办公厅关于全面开展工程建设项目审批制度改革的实施意见》（国办发〔2019〕11 号）第 4 条也提出，可以将用地预审意见作为使用土地证明文件申请办理建设工程规划许可证。

其次，在通常情况下，取得建设用地规划许可证是办理建设工程规划许可证的前提条件。⑤《甘肃省建设项目规划许可办法》（甘肃省人民政府令第 50 号）第 20 条第 1 款即规定："申请办理建设工程规划许可证，应当提交建设工程设计方案及建设工程的批准（核准或备案）文件，建设用地规划许可证，建设用地使用权属证明等材料。"《陕西省城乡规划条例》第 38 条第 2 款⑥也是如此规定。若取得了建设工程规划许可证，必然已经取得建设用地规划许可证；如未取得建设用地规划

---

① 《北京市高级人民法院关于审理建设工程施工合同纠纷案件若干疑难问题的解答》（京高法发〔2012〕245 号）第 1 条规定："发包人就尚未取得建设用地规划许可证、建设工程规划许可证等行政审批手续的工程，与承包人签订的建设工程施工合同无效……"

② 《浙江省高级人民法院民事审判第一庭关于审理建设工程施工合同纠纷案件若干疑难问题的解答》（浙法民一〔2012〕3 号）第 2 条第 1 款规定：发包人未取得建设用地规划许可证或建设工程规划许可证，与承包人签订建设工程施工合同的，应认定合同无效。

③ 《四川省高级人民法院关于审理建设工程施工合同纠纷案件若干疑难问题的解答》（川高法民一〔2015〕3 号）第 2 条第 1 款规定："未取得建设用地规划许可证、建设工程规划许可证签订的建设工程施工合同无效。但在审理期间取得建设用地使用权，办理了相应审批手续或者经行政主管部门批准建设且已经竣工验收合格的，应当认定为有效。"

④ 参见王毓莹、史智军：《建设工程施工合同纠纷疑难问题和裁判规则解析》，法律出版社 2022 年版，第 83 页。

⑤ 参见谢勇：《建设工程施工合同案件裁判规则解析》，中国法制出版社 2020 年版，第 53 页。

⑥ 该款规定："申请办理建设工程规划许可证应当提交下列材料：（一）申请书；（二）建设用地规划许可证及其附属要求的材料；（三）土地使用权属证明；（四）建设工程设计方案；（五）法律、法规和规章规定的其他材料。"

许可证，则不可能取得建设工程规划许可证。[①] 因此，将建设工程规划许可证作为施工合同效力要件，也就意味着建设用地规划许可证自然构成施工合同的效力要件，“故仅需规定建设工程规划许可证即可”[②]。在下述【典型案例 55】中，最高人民法院在判定合同效力时，即聚焦于建设工程规划许可证。

最后，建设用地规划许可证通常包括下列内容：(1) 地块的位置、使用性质、用地范围、退让道路红线；(2) 土地使用强度，主要包括客积率、建筑密度和建筑高度；(3) 核定绿地、市政设施与公共服务设施的配置、交通出入口方位、日照间距、机动车停放车位、车库和物业服务用房等要求；(4) 房地产开发项目中的保障性住房建设要求；(5) 法律、法规、规章规定的其他事项和有关规范、标准的强制性内容。[③] 从内容看，建设用地规划许可证是有关项目的位置、面积、范围符合城市规划的法律凭证，[④] 主要是为了解决建设用地合法性问题。[⑤] 建设工程规划许可证通常包括下列内容：(1) 许可证编号；(2) 发证机关名称和发证日期；(3) 用地单位；(4) 用地项目名称、位置、宗地号以及子项目名称、建筑性质、栋数、层数、结构类型；(5) 计容积率面积及各分类面积；(6) 附件包括总平面图、各层建筑平面图、各向立面图和剖面图。从内容看，建设工程规划许可证指向的是工程、约束的是建设行为。即便行政主管部门在未取得用地规划审批手续的情况下就发放了建设工程规划许可证，鉴于行政机关已经认可该建设行为的合法性，也就没必要再否定施工合同的效力了。

---

① 参见肖峰、严慧勇、徐宽宝：《〈关于审理建设工程施工合同纠纷案件适用法律问题的解释（二）〉解读与探索》，载《法律适用》2019 年第 7 期。

② 最高人民法院民事审判第一庭编著：《最高人民法院新建设工程施工合同司法解释（一）理解与适用》，人民法院出版社 2021 年版，第 41 页。

③ 参见《陕西省城乡规划条例》（2009 年 3 月 26 日发布）第 36 条。

④ 参见王勇：《建设工程施工合同纠纷实务解析》，法律出版社 2017 年版，第 51 页。

⑤ 参见最高人民法院民事审判第一庭编著：《最高人民法院国有土地使用权合同纠纷案件适用法律问题的解释》，人民法院出版社 2005 年版，第 203、204 页。

典型案例 55

## 镇江建工建设集团有限公司、大同市云中水泥有限责任公司建设工程施工合同纠纷案[①]

### 基本案情

2009年7月2日，镇江建工建设集团有限公司（以下简称建工集团）与大同市云中水泥有限责任公司（以下简称水泥公司）签订《建设工程施工合同》，约定建工集团承建水泥公司4500t/d熟料新型干法水泥生产线一期工程。2010年1月5日，双方又签订了《补充协议》，将工程分为A段和B段，成立两个项目部分别实施。2009年至2010年，各分项工程经竣工验收，2010年年底全部工程竣工。后建工集团诉至法院，要求水泥公司支付工程款。在诉讼中，针对《建设工程施工合同》《补充协议》的效力问题，建工集团认为，水泥公司就案涉项目并未取得建设用地规划许可证、建设工程规划许可证等，应属无效。水泥公司主张，案涉工程早在1994年1月29日已取得建设用地规划许可证，案涉工程是在原有生产线上取得开工的行政审批文件——2016年10月24日大同市南郊区原住房保障和城乡建设管理局的文件、2017年7月18日大同市原国土资源局南郊分局的函件，此二文件均认为，案涉项目用地符合土地利用总体规划，并在原则上同意该项目用地。因此案涉工程手续合法。

### 法院观点

最高人民法院认为，《2018年建工解释》第2条第1款规定："当事人以发包人未取得建设工程规划许可证等规划审批手续为由，请求确认建设工程施工合同无效的，人民法院应予支持，但发包人在起诉前取得建设工程规划许可证等规划审批手续的除外。"2016年10月24日大同市南郊区原住房保障和城乡建设管理局印发的文件、2017年7月18日大同市原国土资源局南郊分局给水泥公司的函，均不能证明水泥公司取得前述司法解释规定的建设工程规划许可证等规划审批手续。且截

① 典型案例55：镇江建工建设集团有限公司、大同市云中水泥有限责任公司建设工程施工合同纠纷案，最高人民法院（2020）最高法民终1274号民事判决书。

至目前，水泥公司亦不能举证证明其已取得案涉工程的建设工程规划许可证等规划审批手续，故《建设工程施工合同》《补充协议》应属无效。

## 裁判规则56

**应当办理建设工程规划许可证的建设工程未取得建设工程规划许可证的，围绕该工程签订的总承包合同、分包合同、装饰装修合同等所有施工性质的合同，均应归于无效。**

需要明确的是，不是所有的工程建设都需要办理建设工程规划许可证。故将取得建设工程规划许可证作为建设工程施工合同的有效要件，以该工程应当办理建设工程规划许可证为前提。在实践中，各地纷纷发布建设工程规划许可证豁免清单，如《珠海市建筑类建设工程规划许可证豁免清单（第一批）》（2020年12月29日）、《南宁市自然资源局关于公布第二批建设工程规划许可证豁免清单的通告》（2020年4月30日）、《长沙市自然资源和规划局关于公布建设工程规划许可证豁免清单（第二批）的通知》（长资规发〔2020〕127号）等，将已验收且不改变建筑使用功能性质，不增加建筑面积、建筑总高度、建筑层数，不涉及建筑使用功能变更的建设工程，或者在建设项目用地范围内为工程施工修建的临时性建筑物及不涉及土建施工的临时性用房等，纳入免办建设工程规划许可证的范围。正因如此，《建筑法》第8条第1款第2项针对申请领取施工许可证时应当具备的条件规定："依法应当办理建设工程规划许可证的，已经取得建设工程规划许可证。"

围绕一项建设工程，可能签订多个施工合同，除总承包合同以外，还有专业分包合同、劳务分包合同、装饰装修合同等。如果该工程应当办理而未办理建设工程规划许可证的，总承包合同自应归于无效，但其他合同的效力应当如何认定？

"取得建设工程规划许可证是进行合法建设的前提。未取得建设工程规划许可证即进行建设或者未按照建设工程规划许可证的规定进行建设是法律明确禁止的行为，以该建设行为为主要内容的《建设工程施工合同》应当认定无效。"① 换言

① 参见《未取得建设工程规划许可审批手续等签订建设工程施工合同的，建设工程施工合同的效力如何认定?》，载杜万华主编、最高人民法院民事审判第一庭编：《民事审判指导与参考》总第69辑，人民法院出版社2017年版。

之，专业分包合同、劳务分包合同等所有施工性质的合同，均因合同约定的施工内容违法——修建违法建筑，而归于无效。《湖南省高级人民法院关于审理建设工程施工合同纠纷案件若干问题的解答》（湘高法〔2022〕102号）第6条规定："发包人与承包人之间的建设工程施工合同无效，不必然导致分包合同无效。若承包人将部分工程分包给有资质的施工方，则分包合同有效，除非案涉工程本身存在违法性，如未取得建设工程规划许可证、建设工程用地规划许可证、案涉工程被认定为违法建筑等情形。"换言之，如案涉工程本身存在违法性，则围绕该工程签订的所有施工合同均无效。

就装饰装修合同而言，其样态相对复杂。如果是建筑过程中的装修，则属于建造活动的组成部分，① 建设工程未取得建设工程规划许可证的，应当认定装饰装修合同无效；如果是对已建成的建筑物进行装饰装修，且该装饰装修工程本身需要申办建设工程规划许可证而未申办的，② 应当认定装饰装修合同无效；如果是对已建成的建筑物进行装饰装修，该装饰装修工程本身无须申办建设工程规划许可证，但建设工程本身未取得建设工程规划许可证的，由于装饰装修属于民法上的添附，基于添附的所有权取得规则，也应当认定装饰装修合同无效。③

**典型案例 56**

## 盐城市市政建设集团有限公司与上海建设机场道路工程有限公司建设工程施工合同纠纷案④

### 基本案情

案涉张謇大道（静海路）拓宽工程由海门城投公司委托建设和收购，由上海

① 参见卞耀武主编：《中华人民共和国建筑法释义》，法律出版社1998年版，第34页。

② 如《珠海经济特区城乡规划条例实施办法》（珠海市人民政府令第135号）第42条规定，对已建成并投入使用的建筑物进行外立面装修的，建设单位或者个人应当向自然资源部门申请办理建设工程规划许可证。

③ 当然，单纯的装饰活动因仅涉及建筑物的美化，不涉及建筑物的安全性和基本使用功能，也就不属于建设工程施工合同的范畴。

④ 典型案例56：盐城市市政建设集团有限公司与上海建设机场道路工程有限公司建设工程施工合同纠纷案，江苏省高级人民法院（2014）苏民终字第253号民事判决书、最高人民法院（2015）民申字第3311号民事裁定书。

城建投资、建设、移交。上海城建为建设该工程，设立项目公司晟隆公司，并由晟隆公司与海门城投公司签订 BOT 合同。晟隆公司后将该工程发包给上海建设机场道路工程有限公司（以下简称上海场道公司）（联合体主办方）和上海城建（联合体成员）施工。上海场道公司又将其中的 K3+750-K5+600 标段分包给盐城市市政建设集团有限公司（以下简称盐城市政公司）。施工完成后，盐城市政公司起诉要求其支付工程款。

## 法院观点

二审法院（江苏省高级人民法院）认为，涉案工程的建设方海门城投公司没有申请取得建设工程规划许可证，晟隆公司作为受托方，与上海场道公司和上海城建签订的总包合同以及上海场道公司与盐城市政公司签订的分包合同，均应认定为无效。在再审审查中，最高人民法院也认为，海门城投公司与晟隆公司之间签订的是 BOT 合同而非总包合同，晟隆公司与上海场道公司、上海城建在 2007 年 6 月 5 日签订的是总包合同，上海场道公司与盐城市政公司在 2007 年 7 月 10 日签订的则是 K3+750-K5+600 标段的分包合同。因海门城投公司没有取得建设工程规划许可证，故晟隆公司与上海场道公司、上海城建签订的总包合同，以及上海场道公司与盐城市政公司签订的分包合同，均应认定为无效。

## 裁判规则 57

**虽已取得建设工程规划许可证，但建设工程施工合同约定的施工范围超越建设工程规划许可证规模的，合同无效。但合法部分与违法部分可区分的，仅应认定违法部分无效。**

虽已取得建设工程规划许可证，但建设工程施工合同约定的施工范围超越了建设工程规划许可证规定的建设规模的，合同是否有效？

《城乡规划法》第 64 条规定："未取得建设工程规划许可证或者未按照建设工程规划许可证的规定进行建设的，由县级以上地方人民政府城乡规划主管部门责令停止建设；尚可采取改正措施消除对规划实施的影响的，限期改正，处建设工程造价百分之五以上百分之十以下的罚款；无法采取改正措施消除影响的，限期拆除，不能拆除的，没收实物或者违法收入，可以并处建设工程造价百分之十以下的罚款。”第65条规定：“在乡、村庄规划区内未依法取得乡村建设规划许可证或者未按照乡村建设规划许可证的规定进行建设的，由乡、镇人民政府责令停止建设、限期改正；逾期不改正的，可以拆除。”据此，无论是未取得建设工程规划许可证，还是未按建设工程规划许可证的规定进行建设，都是法律禁止的违法行为。[①]对二者所涉施工合同的效力，应作相同评价。《安徽省高级人民法院关于审理建设工程施工合同纠纷案件适用法律问题的指导意见》（2009年5月4日）第7条第2款规定：“违反建设工程规划许可证规定超规模建设的，所签订的建设工程施工合同无效，但起诉前补办手续的，应认定合同有效。”原《广东省高级人民法院关于审理建设工程合同纠纷案件的暂行规定》（粤高法发〔2000〕31号）第12条也规定：“违反《建设工程规划许可证》的规定，超规模建设所签订的建设工程合同经批准可补办手续，且无违反其他法律规定的，应确认合同有效。”最高人民法院民一庭也认为，“本条[②]中规定的未取得建设工程规划许可证等规划审批手续主要是指未取得建设工程规划许可证，或者未按照建设工程规划许可证的规定进行建设”[③]。

在建设工程施工合同约定的施工范围超越建设工程规划许可证规定的建设规模的情况下，应认定符合建设工程规划许可证规定的建设规模的部分有效、超越建设工程规划许可证规定的建设规模的部分无效。但由于规划范围内的部分与超规划的部分通常结合成一体，“成为合法建筑与违法建筑的混合体”[④]，因此除非建设项目合法性能够得到补正，否则在不能区分合法部分与违法部分的情况下，施工合同整体无效。当然，如果合法部分与违法部分可以区分，则应考虑合法部分有效、违法部分无效的思路。

① 参见最高人民法院民事审判第一庭编著：《最高人民法院新建设工程施工合同司法解释（一）理解与适用》，人民法院出版社2021年版，第44页。

② 指《建设工程施工合同解释（一）》第3条。

③ 最高人民法院民事审判第一庭编著：《最高人民法院新建设工程施工合同司法解释（一）理解与适用》，人民法院出版社2021年版，第41页。

④ 最高人民法院民事审判第一庭编著：《最高人民法院关于审理城镇房屋租赁合同纠纷案件司法解释的理解与适用》，人民法院出版社2009年版，第31页。

典型案例57

## 宝鸡市虹桥房地产开发（集团）有限公司、陕西省恒立建设（集团）有限公司等建设工程施工合同纠纷案[①]

### 基本案情

2010年11月10日，经公开招投标，陕西省恒立建设（集团）有限公司（以下简称恒立公司）以39,539,977.66元的价格中标了宝鸡市虹桥房地产开发（集团）有限公司（以下简称虹桥公司）开发的地上14层、地下1层的高新茗苑工程。同月14日，双方签订《陕西省建设工程施工合同》。2011年11月17日，双方签订《协议书》，确定案涉项目地上14层、地下1层的合同总价为4000万元，案涉项目新加盖楼（15至26层）以每平方米2000元作为工程承包单价。完工后，恒立公司起诉要求其支付工程款。

### 法院观点

二审法院（陕西省高级人民法院）认为，双方在2010年11月14日签订的《陕西省建设工程施工合同》，系双方真实意思表示，不存在中标无效的情形，应属有效。至于涉案15至26层工程项目的造价问题，该项目未经招投标程序，且至今虹桥公司未办理建设工程规划许可证，故2011年11月17日签订的《协议书》中涉及此部分的应为无效。在再审审查中，最高人民法院也认为，在施工过程中，双方协议由恒立公司负责15至26层的施工，该部分工程因未办理法定招投标手续以及建审手续，相关协议中涉及15至26层的部分应被认定为无效。

① 典型案例57：宝鸡市虹桥房地产开发（集团）有限公司、陕西省恒立建设（集团）有限公司等建设工程施工合同纠纷案，陕西省高级人民法院（2016）陕民终9号民事判决书、最高人民法院（2016）最高法民申2411号民事裁定书。

## 裁判规则58

**虽未取得建设工程规划许可证，但承包人有证据证明发包人能够办理建设工程规划许可证而未办理的，应准用“恶意促成条件不成就而视为条件成就”规则，认定建设工程施工合同有效。**

《建设工程施工合同解释（一）》第3条第2款规定：“发包人能够办理审批手续而未办理，并以未办理审批手续为由请求确认建设工程施工合同无效的，人民法院不予支持。”其原因在于，发包人是办理建设工程规划许可证的义务人，发包人能够办理建设工程规划许可证而不办理，并以此为由主张合同无效的，有违诚实信用原则。“最高人民法院希望通过这条解释逐步树立一项裁判规则，即任何人不能从其不诚信的行为中获利。”① 有疑问的是，在此情形下，应当如何评价建设工程施工合同的效力？

就此问题有两种裁判路径：一是以发包人恶意主张合同无效为由驳回发包人的请求，但不认定建设工程施工合同有效。在“广西粤华房地产开发有限公司、广西建工集团第一建筑工程有限责任公司建设工程施工合同纠纷案”② 中，最高人民法院的裁判路径即是如此。二是参照“恶意促成条件不成就而视为条件成就”规则，直接认定建设工程施工合同有效。下述【典型案例58】即为适例。

建设工程施工合同的法律后果，因合同有效或无效而有所区别。因此，合同效力问题无从回避。《建设工程施工合同解释（一）》第3条第2款照搬了《2018年建工解释》第2条第2款。考察《2018年建工解释》第2条第2款的制定理由，系“根据《合同法》第45条的规定，对发包人恶意反悔获利的行为作出了否定性评价”③。《合同法》第45条第2款规定：“当事人为自己的利益不正当地阻止

① 《最高人民法院民一庭负责人就〈最高人民法院关于审理建设工程施工合同纠纷案件适用法律问题的解释（二）〉答记者问》，载中华人民共和国最高人民法院网2019年1月3日，http://www.court.gov.cn/zixun-xiangqing-137941.html。

② 参考案例59：广西粤华房地产开发有限公司、广西建工集团第一建筑工程有限责任公司建设工程施工合同纠纷案，最高人民法院（2019）最高法民申4305号民事裁定书。

③ 最高人民法院民事审判第一庭编著：《最高人民法院新建设工程施工合同司法解释（一）理解与适用》，人民法院出版社2021年版，第46页。

条件成就的，视为条件已成就；不正当地促成条件成就的，视为条件不成就。”该规定为《民法典》所继承。《民法典》第159条规定：“附条件的民事法律行为，当事人为自己的利益不正当地阻止条件成就的，视为条件已经成就；不正当地促成条件成就的，视为条件不成就。”据此，发包人能办理而不办理审批手续，属于不正当地阻止条件成就，根据《民法典》第159条的规定，“承包人有证据证明发包人能够办理审批手续而未办理的，可要求确认建设工程施工合同有效，人民法院应予支持”①。

对于“发包人能够办理审批手续”这一要件，有观点认为，应由发包人提交其积极办理上述审批手续的证据，否则即可认定发包人能够办理审批手续而未办理。② 该举证责任分配有失公允。承包人作为主张“发包人能够办理审批手续而未办理”这一要件的主体，“对办理建设工程规划许可证等规划审批手续的条件成就，发包人故意不办理相关手续的，承包人应付举证责任。也就是说，承包人既要证明该工程项目已经具备办理建设工程规划许可证等规划审批手续的条件，又要证明发包人存在不办理相关手续的主观恶意”③。换言之，承包人以发包人能够办理审批手续而未办理为由主张合同有效的，应当举证证明发包人持有办理建设工程规划许可证的所有材料、相关行政部门在收到发包人持有的材料后能够颁发建设工程规划许可证、发包人存在故意不办理建设工程规划许可证的行为，否则应当承担举证不能的不利后果。④ 最高人民法院在“重庆市丰都县第一建筑工程公司、重庆市园林工程建设有限公司建设工程施工合同纠纷案”⑤ 中即采这一观点。

---

① 肖峰、严慧勇、徐宽宝：《〈关于审理建设工程施工合同纠纷案件适用法律问题的解释（二）〉解读与探索》，载《法律适用》2019年第7期。

② 参考案例60：陕西经久实业有限公司、西安三建建设有限公司等建设工程施工合同纠纷案，最高人民法院（2020）最高法民申3545号民事裁定书。

③ 最高人民法院民事审判第一庭编著：《最高人民法院新建设工程施工合同司法解释（一）理解与适用》，人民法院出版社2021年版，第46、47页。

④ 参见福建省高级人民法院发布建设工程施工合同纠纷十大典型案例之二：海峡公司与和昌公司建设工程施工合同纠纷案——未取得建设工程规划许可证的合同效力及是否享有优先受偿权的认定，【法宝引证码】CLI. C. 431445922。

⑤ 参考案例61：重庆市丰都县第一建筑工程公司、重庆市园林工程建设有限公司建设工程施工合同纠纷案，最高人民法院（2019）最高法民申5348号民事裁定书。

典型案例 58

## 沈阳世茂新世纪房地产开发有限公司与北京城建集团有限责任公司建设工程施工合同纠纷案①

### 基本案情

2013 年 1 月 25 日，沈阳世茂新世纪房地产开发有限公司（以下简称沈阳世茂公司）与北京城建集团有限责任公司（以下简称北京城建公司）签订《建设工程承包合同》，约定由北京城建公司承建沈阳世茂五里河商业广场 T3—T5 及 S3 楼工程。2012 年 9 月 25 日，沈阳世茂公司发出《进场通知书》，北京城建公司随即开始施工。2014 年 9 月，工程停工。2017 年 4 月 26 日，沈阳世茂公司向北京城建公司发出《终止（解除）合同通知函》，以北京城建公司在履行合同过程中已多次逾期完工、严重影响了该工程的整体完工进度为由，要求解除《建设工程承包合同》。后沈阳世茂公司诉至法院，以案涉工程至今没有取得建设工程规划许可证为由，请求确认《建设工程承包合同》无效，要求北京城建公司立即从案涉施工场地撤出，将场地返还沈阳世茂公司占有使用。经查，案涉工程于施工之前已取得土地使用证和建设用地规划许可证，但未取得建设工程规划许可证。2012 年 2 月 21 日，沈阳市发展和改革委员会《关于世茂五里河商业广场 T3、T4、T5 楼及 S3 商业项目核准的批复》要求："请项目单位进一步落实土地、规划等相关手续，按照'四制'和'三同时'要求，履行基本建设程序，抓好组织实施……如建设规模、内容、地点等发生变化，应重新办理核准手续。"

### 法院观点

辽宁省高级人民法院（一审法院）认为，能否办理建设工程规划许可证是合同是否有效的关键。经查，没有办理此证的原因，是因为案涉工程个别项目超高，需调整。案涉工程是"金廊工程"项目之一，而"金廊工程"是沈阳市市政

① 典型案例 58：沈阳世茂新世纪房地产开发有限公司与北京城建集团有限责任公司建设工程施工合同纠纷案，最高人民法院（2021）最高法民终 695 号民事判决书。

建设的重点工程，相关部门已将案涉工程列为“金廊工程”的重点项目。案涉工程已经办理了土地使用证和建设用地规划许可证，从《关于世茂五里河商业广场T3、T4、T5楼及S3商业项目核准的批复》来看，只要沈阳世茂公司调整建筑设计规划，符合要求，就能办理建设工程规划许可证。故案涉工程的建设工程规划许可证不是因为违反了法律、法规的效力性强制规定办不了，而是因为沈阳世茂公司没有及时调整建筑设计规划。故目前案涉工程没有取得建设工程规划许可证，不是合同无效的理由。《建设工程承包合同》系双方当事人的真实意思表示，没有违反法律法规的强制性规定，并已实际履行，应认定有效。最高人民法院在二审中也认为，案涉工程确实未办理建设工程规划许可证，但办理该许可证是作为发包人的沈阳世茂公司的法定义务，沈阳世茂公司以自己未履行法定义务为由主张案涉合同无效，违反诚实信用原则。根据《2018年建工解释》第2条第2款的规定，应当认定案涉协议合法有效。①

## 裁判规则59

**已取得的建设工程规划许可证失效的，基于行政行为的确定力，不影响失效前签订的建设工程施工合同的效力。**

如前所述，在特定情况下，取得建设工程规划许可证是建设工程施工合同的生效要件。如签订建设工程施工合同时已取得建设工程规划许可证，或签约时未取得但嗣后取得的，则建设工程施工合同有效。但在此之后，建设工程规划许可证因到期失效或被行政机关撤销的，应当如何认定施工合同的效力？

江苏省高级人民法院认为：如当事人以伪造资料等手段骗取建设工程规划许可证的，由于自始不具备规划许可证申领的条件，故施工合同自始无效；如因当事人的履行行为导致规划许可证被撤销的，基于行政行为的确定力，后续规划许可证的撤销不影响施工合同的效力。②

就此问题，可以参考商品房预售合同所要求的预售许可证的相关规定，即签订

① 一审法院在认定合同有效的基础上，以双方不可能继续合作为由，判决解除合同；在二审中，最高人民法院认为，案涉协议合法有效，且不存在解除事由，据此予以改判。

② 参见李玉生主编：《建设工程施工合同案件审理指南》，人民法院出版社2019年版，第94页。

商品房预售合同时已经取得商品房预售许可证，后该预售许可证被撤销或者因超期失效的，不影响之前签订的商品房预售合同的效力。① 建设工程规划许可证是国家运用公权力对建设行为进行管控的手段，发包人只有取得建设工程规划许可证才能组织工程建设。只要签订施工合同时，发包人已经取得建设工程规划许可证，其与承包人订立的施工合同就应当是有效的。至于施工合同履行期间，因建设工程规划许可证违反行政管理法规被有关部门撤销或者因到期失效的，都是属于合同履行中发生的行为，不应对之前已经签订的施工合同的效力产生影响。就此，除下述【典型案例 59】外，还可参见“湖北久发建筑工程有限公司与黄冈汇源食品饮料有限公司建设工程施工合同纠纷案”②。

典型案例 59

## 沈阳永来房地产有限公司与大连永和圣地建设集团有限公司建设工程施工合同纠纷案③

### 基本案情

2009 年 4 月 28 日，沈阳永来房地产有限公司（以下简称永来公司）与大连永和圣地建设集团有限公司（以下简称永和圣地公司）签订《建设工程施工合同》，约定紫郡城项目 6 号、15 号、16 号、17 号楼工程（案涉工程）由永和圣地公司总承包施工。合同签订后，永和圣地公司进场施工。2010 年 2 月 5 日，双方就涉案工程的剩余工程另行签订了《补充协议》。2010 年 8 月 30 日，双方签订《关于 2010 年 2 月 5 日补充协议书的补充协议》，对工程工期、工程款支付及违约责任另行进行了约定。后永来公司诉至法院，要求永和圣地公司承担违约责任。永和圣地公司辩称，讼争工程的建设工程规划许可证已被撤销，故《建设工程施工合同》

① 参见邬砚：《房地产开发经营纠纷：214 个裁判规则深度解析》，法律出版社 2020 年版，第 281、282 页。

② 参考案例 62：湖北久发建筑工程有限公司与黄冈汇源食品饮料有限公司建设工程施工合同纠纷案，湖北省黄冈市中级人民法院（2021）鄂 11 民终 3284 号民事判决书。在该案中，施工合同签订后建设工程规划许可证失效，法院在认定施工合同有效的前提下判决将其解除。

③ 典型案例 59：沈阳永来房地产有限公司与大连永和圣地建设集团有限公司建设工程施工合同纠纷案，最高人民法院（2018）最高法民申 394 号民事裁定书。

《补充协议书》《关于2010年2月5日补充协议书的补充协议》违反法律强制性规定，应属无效。经查，2015年5月5日，杨冲向沈阳市城乡建设委员会申领案涉工程的施工许可证，该委答复称：2011年7月26日，其接到沈阳市规划和国土资源局于洪分局的《撤销〈建设工程规划许可证〉决定书》，永来公司开发的紫郡城项目15号、16号、17号楼的建设工程规划许可证被撤销。

## 法院观点

最高人民法院认为，自开工至完工的施工全流程中，本案讼争工程建设项目存在诸多违约违规行为，致规划审批手续被撤销。上述违规行为及政府有权部门作出的撤销规划许可证的行政处罚决定，尚不足以导致讼争建设项目成为违法建筑；在行政管理相对人永来公司接受行政处罚后，有权部门可能恢复行政许可证照的效力。故处罚决定尚不足以导致施工合同无效，双方当事人应当依约依规承担民事责任。

## 裁判规则60

**建设工程施工合同因未取得建设工程规划许可证无效的，其合同效力可因嗣后取得建设工程规划许可证得到补正。但补正的时点应限定在起诉前。**

为尽量促成合同有效，现行法允许对效力有瑕疵的合同进行效力补正。针对不同情形，合同效力补正时点不尽一致。如针对承包人超越资质等级许可的业务范围签订的建设工程施工合同，《建设工程施工合同解释（一）》第4条限定的补正时点为“建设工程竣工前”。《城镇房屋租赁合同解释》第2条针对未取得建设工程规划许可证的租赁合同，规定效力补正的时点为“一审法庭辩论终结前”①。

就未取得建设工程规划许可证而无效的施工合同，有观点认为，“在与承包人

① 《城镇房屋租赁合同解释》第2条规定：“出租人就未取得建设工程规划许可证或者未按照建设工程规划许可证的规定建设的房屋，与承租人订立的租赁合同无效。但在一审法庭辩论终结前取得建设工程规划许可证或者经主管部门批准建设的，人民法院应当认定有效。”

发生纠纷后在诉讼或仲裁过程中完善了这些手续，则不能认定建设工程合同无效”①。但是，《建设工程施工合同解释（一）》第3条第1款的但书明确规定，“但发包人在起诉前取得建设工程规划许可证等规划审批手续的除外”。据此，应当将效力补正的时点限定为起诉前。在此基础上，《湖南省高级人民法院关于审理建设工程施工合同纠纷案件若干问题的解答》（湘高法〔2022〕102号）第5条进一步规定：“存在多次诉讼，发包人在本次起诉前取得建设工程规划许可证等审批手续的，可以认定建设工程施工合同有效。”

在“安徽东华建设有限公司与泗阳锦程置业有限公司建设工程施工合同纠纷案”② 中：签订施工合同时（2016年7月21日）案涉工程未取得建设工程规划许可证；2017年12月13日，泗阳锦程置业有限公司（以下简称锦程公司）提起诉讼；在一审过程中（2018年1月9日），案涉工程取得建设工程规划许可证。宿迁市中级人民法院即认为，锦程公司取得涉案项目建设工程规划许可证的时间在其起诉之后，按照《建设工程施工合同解释（一）》第3条第1款的规定，双方签订的施工合同系无效合同。下述【典型案例60】则正好相反，在签订《建设工程施工合同》时发包人未取得建设工程规划许可证，但在承包人起诉之前发包人补办了建设工程规划许可证，法院则认定建设工程施工合同有效。

**典型案例60**

## 重庆建工集团股份有限公司、重庆市荣昌区荣新环保产业发展有限公司建设工程施工合同纠纷案③

### 基本案情

2016年8月，重庆市荣昌区荣新环保产业发展有限公司（以下简称荣新环保公司）就“苏高新荣昌节能环保产业园一期接续产业平台建设项目（A区）总承

① 杨心忠等：《建设工程合同纠纷裁判思路》，法律出版社2014年版，第3页。

② 参考案例63：安徽东华建设有限公司与泗阳锦程置业有限公司建设工程施工合同纠纷案，江苏省宿迁市中级人民法院（2018）苏13民终5110号民事判决书。

③ 典型案例60：重庆建工集团股份有限公司、重庆市荣昌区荣新环保产业发展有限公司建设工程施工合同纠纷案，重庆市高级人民法院（2019）渝民终492号民事判决书。

包工程”对外招标。2016年8月25日，重庆建工集团股份有限公司（以下简称重庆建工公司）向荣新环保公司投标。2016年9月7日，荣新环保公司向重庆建工公司发出《中标通知书》。2016年10月11日，双方就案涉工程签订《建设工程施工合同》。2017年3月，重庆建工公司进场施工。在施工过程中，钢材、商品砼等主要建材价格出现较大幅度上涨，双方经多次协商，仍未就“材料价差”和“投资限价”达成一致意见。2018年9月10日，重庆建工公司诉至法院，要求荣新环保公司支付工程款。在诉讼中，重庆建工公司主张《建设工程施工合同》无效。经查，荣新环保公司就案涉工程于2017年6月26日取得建设工程规划许可证。

## 法院观点

重庆市高级人民法院认为，《2018年建工解释》第2条第1款规定：“当事人以发包人未取得建设工程规划许可证等规划审批手续为由，请求确认建设工程施工合同无效的，人民法院应予支持，但发包人在起诉前取得建设工程规划许可证等规划审批手续的除外。”在本案中，荣新环保公司虽然于2017年6月26日才取得建设工程规划许可证，晚于其发出招标公告以及双方签订《建设工程施工合同》的时间，但荣新环保公司取得建设工程规划许可证的时间早于重庆建工公司提起本案诉讼的时间，故重庆建工公司以此为由主张合同无效，理由明显不能成立。

## 裁判规则61

**因工程总承包合同内容包括工程设计，故工程总承包合同不因未取得建设工程规划许可证而无效，但未取得建设用地规划审批手续的除外。**

无论是EPC模式的工程总承包还是DP模式的工程总承包，总承包的范围均包括工程设计，故规划审批手续对合同效力的影响有别于一般施工合同。

有观点认为，“工程总承包的发包条件与建设用地规划许可条件无关，亦不能因签订工程总承包合同时尚未取得建设用地规划许可证认定合同无效”①。但在

① 常设中国建设工程法律论坛第十工作组：《建设工程总承包合同纠纷裁判指引》，法律出版社2020年版，第130页。

“上海宝冶集团有限公司与泰州振昌工业废渣综合利用有限责任公司等建设工程合同纠纷案”① 中，江苏省高级人民法院认为，涉案 EPC 总承包合同因未办理建设工程规划许可等审批手续而无效。

就建设工程规划许可证而言，《城乡规划法》第 40 条第 2 款前段规定：“申请办理建设工程规划许可证，应当提交使用土地的有关证明文件、建设工程设计方案等材料。”据此，提交建设工程设计方案是申办建设工程规划许可证的条件。在工程总承包模式中，提供建设工程设计方案系总承包人的合同义务，故从时间顺序看，双方先签订工程总承包合同，之后总承包人提供建设工程设计方案，最后再申领建设工程规划许可证。因此，在双方签订工程总承包合同时，根本不具备办理建设规划审批手续的条件，不应将取得建设工程规划许可证作为工程总承包合同的生效要件。

就建设用地规划审批手续而言，《房屋建筑和市政基础设施项目工程总承包管理办法》（建市规〔2019〕12 号）第 7 条规定：“建设单位应当在发包前完成项目审批、核准或者备案程序。采用工程总承包方式的企业投资项目，应当在核准或者备案后进行工程总承包项目发包。采用工程总承包方式的政府投资项目，原则上应当在初步设计审批完成后进行工程总承包项目发包；其中，按照国家有关规定简化报批文件和审批程序的政府投资项目，应当在完成相应的投资决策审批后进行工程总承包项目发包。”也就是说，如果用地条件没有确定，建设工程无法立项，不可能完成项目的核准或者备案，更无法确定工程总承包的条件。因此，在实行工程总承包的情况下，建设单位应当已经取得用地规划审批手续。

**典型案例 61**

## 新煤化工设计院（上海）有限公司、中铝矿业有限公司等建设工程合同纠纷案②

### 基本案情

中铝矿业有限公司（以下简称中铝公司）河南分公司就“中国铝业股份有限

① 参考案例 64：上海宝冶集团有限公司与泰州振昌工业废渣综合利用有限责任公司等建设工程合同纠纷案，江苏省高级人民法院（2017）苏民终 371 号民事判决书。

② 典型案例 61：新煤化工设计院（上海）有限公司、中铝矿业有限公司等建设工程合同纠纷案，最高人民法院（2021）最高法民终 450 号民事判决书。

公司河南分公司氧化铝节能减排升级改造项目自备煤气站工程”进行招标，2014年12月，新煤化工设计院（上海）有限公司（以下简称新煤化工）中标。2015年3月18日，双方就前述工程签订EPC《商务合同》与《技术协议》，约定该工程为交钥匙工程。在合同签订后，新煤化工对案涉工程进行了设计、设备采购、安装和施工。2017年7月11日，中铝公司取得建设工程规划许可证。该证载明，建设项目名称为“空分装置（4000）-空分厂房、变配电楼（5100）”，建设规模“3015.86平方米”。2018年8月，新煤化工取得交（竣）工验收证书。后新煤化工诉至法院，要求确认《商务合同》《技术协议》无效。其理由称，案涉工程项下建筑物、构筑物、管道、道路等均应办理建设工程规划许可证，但中铝矿业公司仅仅办理了空分装置的空分厂房和变配电楼两处的，其余均未办理。根据《2018年建工解释》第2条的规定，案涉合同无效。中铝矿业公司辩称，中铝公司申请的是整个项目的建设工程规划许可证，政府规划部门批准的具体内容未完全包含案涉项目，系政府行政权裁量范围，不能以此认定案涉项目未取得建设工程规划许可证。

## 法院观点

一审法院（河南省高级人民法院）认为，在EPC合同模式下，承包商的工作范围包括设计、工程材料和机电设备的采购以及工程施工，该工作直至工程竣工、验收、交付业主后能够立即运行。设计不但包括工程图纸的设计，还包括工程规划和整个设计过程的管理工作。承包商需要全面负责工程的设计和实施，从项目开始到结束。案涉工程项目有设计、设备购买和安装调试，也有部分土建工程。本案土建工程仅占项目的极少部分，工程的主要价款由设计费、设备购买安装费组成。因此，新煤化工以项目占地面积与工程规划许可证面积不符为由主张合同无效的理由不能成立。在二审中，最高人民法院也认为，案涉合同为EPC合同，新煤化工的工程范围不仅包括土建工程，还包括设计、设备购买、安装调试等，土建工程只是其中一部分。因此，新煤化工公司以建设工程规划许可证不足以覆盖全部工程为由，主张《商务合同》和《技术协议》无效，该理由不能成立。

**裁判规则 62**

**建设工程施工合同因未取得建设工程规划许可证而无效，围绕合同的损失赔偿等争议，虽与违法建筑有牵连，但并不指向违法建筑本身，不适用行政处理前置原则。**

未取得建设工程规划许可证的工程，属于违法建筑。针对违法建筑的利益分配，现行法要求行政处理前置，待通过行政处理解决合法性问题后，再进行司法分配。《国有土地使用权合同解释》第16条第1款规定："在下列情形下，合作开发房地产合同的当事人请求分配房地产项目利益的，不予受理；已经受理的，驳回起诉：(一) 依法需经批准的房地产建设项目未经有批准权的人民政府主管部门批准；(二) 房地产建设项目未取得建设工程规划许可证；(三) 擅自变更建设工程规划。"其理由在于，这三种"建筑属于违法建筑，即标的违法。在标的违法的情况下，人民法院不能对该标的进行裁决"①。《八民会纪要（民事部分）》第21条也规定，"对于未取得建设工程规划许可证或者未按照建设工程规划许可证规定内容建设的违法建筑的认定和处理，属于国家有关行政机关的职权范围，应避免通过民事审判变相为违法建筑确权。当事人请求确认违法建筑权利归属及内容的，人民法院不予受理；已经受理的，裁定驳回起诉"。也就是说，对违法建筑，"应以行政权处置为先、司法权处置为后，以防通过司法程序将非法利益'洗白'"②。那么对这类施工合同项下的工程款支付、损失赔偿等问题，是否也应坚持行政处理前置呢？

适用行政处理前置原则仅限于当事人的诉请直接指向违法建筑本身的情况。在当事人请求分配或获得违法建筑所对应的房屋权属、土地使用权等利益时，由于其指向的标的物违法，所以应当坚持先行政处理前置原则。当事人的诉请虽与违法建筑有所牵连，但并未涉及违法建筑本身的，则不应适用行政处理前置原则。在

---

① 最高人民法院民事审判第一庭编著：《最高人民法院国有土地使用权合同纠纷司法解释的理解与适用》，人民法院出版社2005年版，第203页。

② 郭魏：《违法建筑所涉房地产项目利益分配及有关诉权问题——南京羽舜实业有限公司与北京祥胜明新技术开发有限责任公司、沈志坚等合作开发房地产合同纠纷案》，载景汉朝、孙华璞主编：《审判监督指导》总第57辑，人民法院出版社2017年版。

“黄宏与重庆金仓建筑劳务有限公司建设工程施工合同纠纷案”① 中，黄宏为重庆金仓建筑劳务有限公司（以下简称金仓公司）承建的高阳玉石苑工程提供劳务作业（砼、砌体、内外抹灰）。施工完成后，黄宏起诉金仓公司要求其支付工程款。金仓公司抗辩称，案涉工程为“两违”建筑，人民法院不宜受理并处理。经查，案涉工程确系违法建筑。但法院认为，“虽然本案所涉工程系违法建筑，但是违法建筑已完工、已交付、已结算，承包人要求支付工程价款的案件，属于人民法院受理民事案件的范围”。也就是说，黄宏的诉请虽与违法建筑有所牵连——要求支付违法建筑的工程款，但并未直接指向违法建筑本身——不涉及违法建筑所对应的房屋权属、土地使用权等，无须适用行政处理前置原则。

还需注意的是，在建设工程施工合同因未取得建设工程规划许可证而无效的情况下，由于标的物违法，对承包人的投入，不应适用《民法典》第793条第1款的规定“参照合同关于工程价款的约定进行折价补偿”，而应如【裁判规则215】所述，将承包人的投入作为损失，由双方按照过错进行分担。

**典型案例62**

## 青岛坤盛基钢结构有限公司、青岛澳润达橡胶工业有限公司等建设工程施工合同纠纷案②

### 基本案情

2009年5月16日，青岛澳润达橡胶工业有限公司（以下简称澳润达公司）与青岛坤盛基钢结构有限公司（以下简称坤盛基公司）签订《钢结构工程施工承包合同》，约定坤盛基公司承建位于通济街道办事处郭庄四村宫象超土地内的30.48×83.6+30.48×37.45钢结构车间，工程价款为固定价641,990元。2009年5月30日，坤盛基公司开始施工。在涉案工程完工后，澳润达公司未经验收即接受使用。后坤盛基公司诉至法院，要求澳润达公司支付拖欠的工程款。澳润达公司提出反

---

① 参考案例65：黄宏与重庆金仓建筑劳务有限公司建设工程施工合同纠纷案，重庆市第二中级人民法院（2015）渝二中法民终字第00786号民事判决书。

② 典型案例62：青岛坤盛基钢结构有限公司、青岛澳润达橡胶工业有限公司等建设工程施工合同纠纷案，山东省高级人民法院（2016）鲁民再118号民事判决书。

诉，要求坤盛基公司赔偿因工程质量造成的损失。坤盛基公司抗辩称，涉案厂房未取得建设工程规划许可证，属于违章建筑，澳润达公司反诉提出的该违章建筑修复费用不属于民事案件的受案范围。

## 法院观点

山东省高级人民法院认为，根据我国《城乡规划法》等法律、行政法规的规定，对于未取得建设工程规划许可证或者未按照建设工程规划许可证规定内容建设的违法建筑的认定和处理，属于行政机关的职权范围，人民法院对于违法建筑的权利归属及内容不做认定。人民法院在建设工程施工合同纠纷案件中审理的是承包人与发包人之间关于建设工程的价款、质量等方面的纠纷，不涉及建筑物本身的权利归属和内容，因此本案无论是本诉还是反诉均属于人民法院民事案件的受案范围。双方所签订的合同虽因工程未取得建设工程规划许可证而无效，但坤盛基公司有权主张清偿工程款，澳润达公司也有权就主体结构质量问题向坤盛基公司主张权利。

## 裁判规则63

**建设工程未取得土地使用权证的，不影响建设工程施工合同效力。**

建设用地使用权证是经土地使用权人申请，由各级人民政府颁发的土地使用权的法律凭证。[①] 发包人未取得土地使用权证，是否影响建设工程施工合同的效力？

有少数法院将土地使用权证与规划审批手续并列作为施工合同的效力要件。如《江苏省高级人民法院建设工程施工合同纠纷案件审理指南（2010年）》，将“发包人在一审庭审结束前未取得土地使用权证、建设工程规划许可证”作为建设工程施工合同的无效事由。原《广东省高级人民法院关于审理建设工程合同纠纷案件的暂行规定》（粤高法发〔2000〕31号）第10条也规定：“发包人与承包人签订无取得土地使用权证、无取得建设工程规划许可证、无办理报建手续的‘三无’工程建设施工合同，应确认无效；但在审理期间已补办手续的，应确认合同有效。”

① 参见王勇：《建设工程施工合同纠纷实务解析》，法律出版社2017年版，第52页。

与规划审批手续不同，土地使用权证主要解决建设用地的合法性问题，[①] 并不涉及建设工程的合法性，故不应以未取得土地使用权证为由否定建设工程的合法性，进而否定施工合同的效力。[②]《浙江省高级人民法院民事审判第一庭关于审理建设工程施工合同纠纷案件若干疑难问题的解答》（浙法民一〔2012〕3号）第2条第2款即规定："发包人未取得建设用地使用权证或建筑工程施工许可证的，不影响建设工程施工合同的效力。"

《城乡规划法》第40条第2款规定："申请办理建设工程规划许可证，应当提交使用土地的有关证明文件、建设工程设计方案等材料。需要建设单位编制修建性详细规划的建设项目，还应当提交修建性详细规划。对符合控制性详细规划和规划条件的，由城市、县人民政府城乡规划主管部门或者省、自治区、直辖市人民政府确定的镇人民政府核发建设工程规划许可证。"据此，发包人未取得土地使用权证的，通常无法取得建设工程规划许可证。在此情况下，建设工程施工合同则会因未取得建设工程规划许可证而归于无效。

**典型案例63**

## 江苏科美瑞铝业有限公司与东台市晟发钢结构工程有限公司、张国平等建设工程施工合同纠纷案[③]

### 基本案情

2018年4月，江苏科美瑞铝业有限公司（以下简称科美瑞公司）与东台市晟发钢结构工程有限公司（以下简称晟发公司）签订《钢结构承包合同》，约定晟发公司承建科美瑞公司的钢结构制作、安装工程。在合同签订后，晟发公司依约完成了钢结构制作工程，并将成品交付科美瑞公司。2018年11月左右，因晟发公司要

---

① 最高人民法院民事审判第一庭编著：《最高人民法院国有土地使用权合同纠纷案件适用法律问题的解释》，人民法院出版社2005年版，第203、204页。

② 参见关丽：《建设工程施工合同的效力认定及处理路径》，载王利明主编：《判解研究》总第73辑，人民法院出版社2016年版。

③ 典型案例63：江苏科美瑞铝业有限公司与东台市晟发钢结构工程有限公司、张国平等建设工程施工合同纠纷案，江苏省盐城市中级人民法院（2020）苏09民终510号民事判决书。

求调高安装费，双方未能达成一致，晟发公司未履行钢结构安装义务，未购买C型钢和制作抗风柱，科美瑞公司另行发包他人完成。后晟发公司诉至法院，要求科美瑞公司支付加工费150,000元及利息。经查，案涉工程领取了建设工程规划许可证、建筑工程施工许可证，未领取土地使用权证。

## 法院观点

东台市人民法院（一审法院）认为，科美瑞公司将钢结构工程发包给晟发公司施工，双方之间为建设工程施工合同关系。案涉工程在一审庭审辩论终结前未取得土地使用权证书，故双方之间的施工合同无效。但盐城市中级人民法院在二审中认为，《2018年建工解释》第2条第1款规定，当事人以发包人未取得建设工程规划许可证等规划审批手续为由，请求确认建设工程施工合同无效的，人民法院应予支持，但发包人在起诉前取得建设工程规划许可证等规划审批手续的除外。在本案中，科美瑞公司发包的工程，已经取得了建设用地规划许可证和建设工程规划许可证。因此，《钢结构承包合同》内容不违反法律法规的强制性规定，应认定为合法有效。科美瑞公司虽尚未取得土地使用权证，但并不影响合同的效力。一审法院认定双方的《钢结构承包合同》无效系适用法律错误，应予以纠正。

## 裁判规则64

**建设工程施工许可证是行政主管部门对建设施工行为的行政管理措施，发包人未依法领取施工许可证的，不影响建设工程施工合同的效力。**

《建筑法》第7条第1款规定：“建筑工程开工前，建设单位应当按照国家有关规定向工程所在地县级以上人民政府建设行政主管部门申请领取施工许可证；但是，国务院建设行政主管部门确定的限额以下的小型工程除外。”发包人未取得施工许可证的，是否影响建设工程施工合同的效力？

在早前的司法实践中，有观点认为，工程未办理施工许可证等报建手续的，施工合同应属无效。如《山东省高级人民法院关于审理建筑工程承包合同纠纷案件若干问题的意见》（1998年10月30日）第16条规定：“按照《中华人民共和国建筑法》的规定，签订合同时发包方必须具有施工许可证或开工报告，承包方必须具备法人资格和资质证书。凡当事人双方或一方不具备上述条件而签订的建筑队工程承包合同，应认定无效。”

当前的实务界普遍认为，建设工程未取得施工许可证的，不影响施工合同效力。重庆市高级人民法院①、北京市高级人民法院②、江苏省高级人民法院③、河北省高级人民法院④、四川省高级人民法院⑤、广东省高级人民法院⑥均持这一观点。《建设工程施工合同解释（一）》也未将施工许可证作为施工合同的效力要件。

施工许可证是由建设行政主管部门颁发的准予建筑工程开工的法律凭证，属于行政许可范畴，其目的是通过行政许可环节的审查保证建设行为的合法性。未取得施工许可证，仅表明建设行为非法，承包人不得进行施工，但这属于施工合同的履行范畴，不能以此认定施工合同无效。根据《建筑法》第 8 条第 1 款第 4 项的规定，已经确定建筑施工企业是申请领取施工许可证的条件之一。换言之，“发包人申领许可证的一个前提条件是施工合同已经确定”⑦，而“合同是否有效，从签订之日就已经确定，而不能通过合同是否履行反过来决定合同的效力。通过合同的履行来决定合同的效力的观点，不符合人们的认识规律”⑧。因此，建设工程未取得施工许可证的，施工行为构成非法建设，应当“受到行政制裁，但在原则上并不影响其在私法上的效力”⑨。

---

① 《重庆市高级人民法院关于当前民事审判若干法律问题的指导意见》（2007 年 11 月 22 日）第 10 条规定：“有关施工许可证的规范属于管理性规范，不是影响合同效力性的规范，是否取得施工许可证不影响合同的效力。”

② 《北京市高级人民法院关于审理建设工程施工合同纠纷案件若干疑难问题的解答》（京高法发〔2012〕245 号）第 1 条第 2 款规定：“发包人未取得建筑工程施工许可证的，不影响施工合同的效力。”

③ 原《江苏省高级人民法院关于审理建设工程施工合同纠纷案件若干问题的解答》（2018 年 6 月 26 日）第 3 条第 2 款规定：“发包人未取得建设工程施工许可证的，不影响建设工程施工合同的效力。”

④ 《河北省高级人民法院建设工程施工合同案件审理指南》（冀高法〔2018〕44 号）第 1 条第 3 款规定：“发包人未取得建设工程施工许可证的，不影响合同效力。”

⑤ 《四川省高级人民法院关于审理建设工程施工合同纠纷案件若干疑难问题的解答》（川高法民一〔2015〕3 号）第 2 条第 2 款规定：“建设单位未领取施工许可证的，不影响建设工程施工合同的效力。”

⑥ 原《广东省高级人民法院关于审理建设工程合同纠纷案件疑难问题的解答》（粤高法〔2017〕151 号）第 3 条规定：“建设工程施工许可证是行政主管部门对建设施工行为的行政管理措施，发包人未依法领取施工许可证的，不影响当事人签订的建设工程施工合同效力。”

⑦ 杨心忠等：《建设工程合同纠纷裁判思路》，法律出版社 2014 年版，第 3 页。

⑧ 杨永清：《论不动产物权变动的区分原则》，载中华人民共和国最高人民法院民事审判第一庭编：《民事审判指导与参考》总第 30 集，法律出版社 2007 年版。

⑨ 最高人民法院民事审判第一庭编著：《最高人民法院建设工程施工合同司法解释的理解与适用》，人民法院出版社 2004 年版，第 20 页。

**典型案例 64**

## 淮北今一纺织制衣有限公司与大庆建筑安装集团有限责任公司等建设工程施工合同纠纷案①

### 基本案情

2009年11月5日，淮北今一纺织制衣有限公司（以下简称今一公司）与大庆建筑安装集团有限责任公司（以下简称大庆建安公司）签订《施工合同》，约定大庆建安公司承建“今一公司新建车间”工程。2011年1月11日，双方签订《2011.1.11补充协议》，约定《施工合同》终止履行，双方共同确认由淮北市价格认证中心对已完工部分按《施工合同》约定的价格进行估价。后因淮北市价格认证中心认定工程价款为13,675,639.10元，而今一公司已付款19,571,212.53元，超付5,895,573.43元，遂起诉要求大庆建安公司予以返还。大庆建安公司抗辩称，案涉建筑工程一直未办理建筑工程施工许可证等手续，违反法律禁止性规定，应属无效。

### 法院观点

最高人民法院在再审审查中认为，《建筑法》第7条虽然规定建设单位在开工前应当向有关主管部门申请领取施工许可证，但该规范系管理性强制性规定，因此，案涉工程是否办理建筑工程施工许可证并不影响案涉合同的效力。

**裁判规则 65**

**依法应办理安全生产许可证的建设工程，承包人未取得安全生产许可证的，不影响建设工程施工合同的效力。**

---

① 典型案例64：淮北今一纺织制衣有限公司与大庆建筑安装集团有限责任公司等建设工程施工合同纠纷案，最高人民法院（2013）民申字第1615号民事裁定书。相关案情可参见安徽省淮北市中级人民法院（2011）淮民一初字第00050号民事判决书。

《安全生产许可证条例》（中华人民共和国国务院令第653号）第2条规定："国家对矿山企业、建筑施工企业和危险化学品、烟花爆竹、民用爆炸物品生产企业（以下统称企业）实行安全生产许可制度。企业未取得安全生产许可证的，不得从事生产活动。"如作为建筑施工企业的承包人未取得安全生产许可证的，是否影响建设工程施工合同的效力？

有观点认为，"该条显然为效力性强制性规定"①。若此，承包人未取得安全生产许可证的，应当认定建设工程施工合同无效。在"邓玉彬、黄栋才与习水县民化乡新民煤矿等建设工程施工合同纠纷案"②中，一审法院（贵州省高级人民法院）即认为，建设工程未取得安全生产许可证的，应以"损害社会公共利益"为由认定施工合同无效。站在强制性规定的类型区分的角度，《安全生产许可证条例》第2条要求"不得从事生产活动"，限制的是施工行为，应属管理性强制性规定，而非效力性强制性规定。因此，与施工许可证相同，未取得安全生产许可证，仅表明施工行为非法，承包人不得进行施工，但这属于施工合同的履行范畴，不能以此为由认定施工合同无效。

**典型案例65**

## 广东骏田投资管理有限公司与贵州金鑫铝矿有限公司劳务承包合同纠纷案③

### 基本案情

2012年2月27日，广东骏田投资管理有限公司（以下简称骏田公司）与贵州金鑫铝矿有限公司（以下简称金鑫公司）签署《劳务承包协议》，约定：骏田公司属遵义县团溪大窝采矿场杨家坟，在指定的采掘区域内，金鑫公司自行组织人员和添置生产工具采掘铝土矿石，在经济上独立核算，自负盈亏；采掘的铝土矿石，由

---

① 周利明：《解构与重塑：建设工程合同纠纷审判思维与方法》，法律出版社2019年版，第143、144页。

② 参考案例66：邓玉彬、黄栋才与习水县民化乡新民煤矿等建设工程施工合同纠纷案，贵州省高级人民法院（2014）黔高民初字第42号民事判决书。

③ 典型案例65：广东骏田投资管理有限公司与贵州金鑫铝矿有限公司劳务承包合同纠纷案，最高人民法院（2016）最高法民终791号民事判决书。

骏田公司统一收购和销售。后在履行过程中发生争议，骏田公司诉至法院，要求解除《劳务承包协议》。一审判决后，骏田公司提起上诉。在二审期间，金鑫公司向最高人民法院提交了贵州省安全生产监督管理局颁发的《安全生产许可证（副本）》，拟证明案涉铝土矿的安全生产许可证于一审庭审后取得，金鑫公司不具备履行合同的条件，故《劳务承包协议》应属无效。

**法院观点**

针对金鑫公司提交的贵州省安全生产监督管理局颁发的《安全生产许可证（副本）》，最高人民法院认为，金鑫公司取得安全生产许可证系协议履行的内容，不是确定协议效力的依据，故金鑫公司以签订协议时未取得安全生产许可证为由主张协议无效的证明目的不能成立，对该证据不予采信。

## 2.6 建设工程施工合同无效对相关协议效力的影响

在建设工程施工过程中，发承包双方经常会签署多种协议，如结算协议、以房抵债协议、垫资协议等。在施工合同无效的情况下，应当如何评价这些协议的效力？

**裁判规则66**

**结算协议作为对既存债权债务进行清理达成的协议，其效力独立于建设工程施工合同。但背离有效中标合同而按照“黑合同”达成的结算协议除外。**

“工程结算协议是为履行施工合同签订的，体现了工程结算的结果，其性质为补充协议，是对施工合同的细化、补充。”① 但是，“工程结算后，施工合同双方对

① 参见《施工合同约定的仲裁条款是否适用于因偿付工程欠款签订〈还款协议书〉后发生的纠纷案件》，载最高人民法院民事审判第一庭编：《民事审判指导与参考》总第47辑，人民法院出版社2011年版。

发包人欠付承包人工程价款数额达成一致，即工程欠款已成为一个定数”①，在此意义上结算协议也具有一定的独立性。那么在建设工程施工合同无效的情况下，对结算协议是基于补充性将其认定为无效，还是基于独立性将其认定为有效？

实务界普遍认为，结算协议虽源于建设工程施工合同，但应被视为独立协议，施工合同无效并不导致结算协议无效。② 北京市高级人民法院③、江苏省高级人民法院④、河北省高级人民法院⑤、陕西省高级人民法院⑥、湖南省高级人民法院⑦均持这一观点。除下述【典型案例 66】外，最高人民法院在“普定县鑫臻房地产开发有限责任公司与黑龙江省建工集团有限责任公司、普定县鑫臻酒店有限公司建设工程合同纠纷案”⑧、“中国新兴建设开发有限责任公司与海上嘉年华（青岛）置业有限公司建设工程施工合同纠纷案”⑨ 中，也持这一观点。

有观点认为，根据《民法典》第 793 条第 1 款的规定，建设工程施工合同无

① 参见《施工合同约定的仲裁条款是否适用于因偿付工程欠款签订〈还款协议书〉后发生的纠纷案件》，载最高人民法院民事审判第一庭编：《民事审判指导与参考》总第 47 辑，人民法院出版社 2011 年版。

② 参见最高人民法院民事审判第一庭编著：《最高人民法院新建设工程施工合同司法解释（一）理解与适用》，人民法院出版社 2021 年版，第 298 页。

③ 《北京市高级人民法院关于审理建设工程施工合同纠纷案件若干疑难问题的解答》（京高法发〔2012〕245 号）第 7 条第 2 款规定：“建设工程施工合同无效，但工程经竣工验收合格，当事人一方以施工合同无效为由要求确认结算协议无效的，不予支持。”

④ 原《江苏省高级人民法院关于审理建设工程施工合同纠纷案件若干问题的解答》（2018 年 6 月 26 日）第 7 条第 4 款规定：“合同履行完毕后当事人达成的结算协议具有独立性，施工合同是否有效不影响结算协议的效力。”

⑤ 《河北省高级人民法院建设工程施工合同案件审理指南》（冀高法〔2018〕44 号）第 7 条第 1 款规定：“当事人就同一建设工程订立的数份施工合同均被认定为无效的，在结算工程价款时，应当参照当事人真实意思表示并实际履行的合同约定结算工程价款。当事人已经基于其中一份合同达成结算单的，如不存在欺诈、胁迫等撤销事由，应认定该结算单应有效。”

⑥ 《陕西省高级人民法院关于审理建设工程施工合同纠纷案件若干问题的解答》（陕高法〔2020〕113 号）第 3 条规定：“当事人在建设工程施工合同之外签订的结算协议具有独立性，建设工程施工合同是否有效不影响结算协议的效力，结算协议可以作为确定工程价款的依据。”

⑦ 《湖南省高级人民法院关于审理建设工程施工合同纠纷案件若干问题的解答》（湘高法〔2022〕102 号）第 8 条规定：“当事人就建设工程价款自行达成结算协议后，又以建设工程施工合同无效为由，否定结算协议确定的工程价款的，不予支持。”

⑧ 典型案例 182：普定县鑫臻房地产开发有限责任公司与黑龙江省建工集团有限责任公司、普定县鑫臻酒店有限公司建设工程合同纠纷案，最高人民法院（2016）民终字第 106 号民事判决书。

⑨ 典型案例 330：中国新兴建设开发有限责任公司、海上嘉年华（青岛）置业有限公司建设工程施工合同纠纷案，最高人民法院（2018）最高法民终 556 号民事判决书。

效，但工程经竣工验收合格的，发包人与承包人就工程价款（折价补偿款）的数额、支付方式和时间作出的约定，是当事人的权利，是自愿原则的体现，并不违反法律的强制性规定。故建设工程施工合同无效不影响结算协议的效力。① 这一观点不能成立。一方面，按照这一观点，建设工程施工合同就不是无效，而是部分无效、部分（合同中关于工程价款的约定）有效了。另一方面，《民法典》第 793 条第 1 款的理论基础在于，根据《民法典》第 157 条的规定，民事法律行为无效，行为人因该行为取得的财产，应当予以返还，不能返还的，应当折价补偿。在建设工程施工合同无效时，发包人既无法向承包人返还建设工程，也无法向承包人返还已经付出的劳务和使用的建筑材料，因此只能折价补偿。由于参照合同关于工程价款的约定进行折价补偿，可以确保双方当事人均不能从无效合同中获得超出合同有效时的利益，因而选择参照合同关于工程价款的约定折价补偿。② 质言之，该款规定的“参照合同关于工程价款的约定折价补偿承包人”，是建立在合同无效的基础上的，该合同无效也包括合同中关于工程价款的约定无效。否则就不应表述为“参照”，而应表述为“按照”或“依照”。

对于工程价款的确定，既可以是确定金额，也可以是明确计算方式。无论是在施工合同订立过程中，还是在施工过程中，抑或在施工完成后，发承包双方均可能签署这类协议。如后述【裁判规则 153】所言，结算协议是在施工完成后或不再继续施工的情况下，发承包双方对既往债权债务进行清理所达成的协议。在施工合同订立过程中与施工过程中签署的这类约定，均不属于结算协议。只有在施工完成后，发承包双方签署的确定工程价款的约定，才构成结算协议。其效力独立性的依据在于，虽然施工合同无效，但在发承包双方签订结算协议时，施工活动已经完结——要么履行完毕要么不再履行，此时发承包双方针对完工部分协商确定工程价款的，仅涉及金额的确定，与违法的施工行为不再具有关联性。因此，结算协议的效力独立于施工合同。

至于“背离有效中标合同而按照‘黑合同’达成的结算协议”，为维护招标投

① 参见最高人民法院民事审判第一庭 2022 年第 3 次法官会议纪要：《建设工程施工合同无效不影响结算协议的效力》，载最高人民法院民事审判第一庭编：《民事审判指导与参考》总第 89 辑，人民法院出版社 2022 年版。

② 参见黄薇主编：《中华人民共和国民法典释义》（中），法律出版社 2020 年版，第 1459—1462 页。

标管理秩序，则不应认可结算协议的效力。就此，【裁判规则 327】将作详细讨论，此处不赘述。

**典型案例 66**

## 薛理杰、陈强与重庆交通建设（集团）有限责任公司等建设工程施工合同纠纷案[①]

### 基本案情

2011 年 5 月 3 日，重庆交通建设（集团）有限责任公司（以下简称重庆交建）将承接的 S302 线北川曲山至茂县段灾后重建工程（任家坪至禹里段）的第三合同段工程分包给辰升公司。后辰升公司将涉案工程又转包给薛理杰、陈强。薛理杰、陈强未完成施工即告退场。2012 年 7 月 20 日，薛理杰、陈强与辰升公司签订《退场清算协议》，约定辰升公司向薛理杰、陈强包干锁定支付 10,044 万元，该金额包括但不限于薛理杰、陈强在任禹路三标段实施的所有工程及洪灾、工期延误等一切补偿。辰升公司前期已累计支付 7588 万元，根据锁定总额 10,044 万元，还应支付 2456 万元。后薛理杰、陈强诉至法院，要求撤销《退场清算协议》，对实际完成的工程造价进行鉴定，并由重庆交建承担支付责任。

### 法院观点

一审法院（四川省高级人民法院）认为，重庆交建与辰升公司签订的《劳务协作合同》，因名为协作实为分包而无效，辰升公司与薛理杰、陈强之间构成转包，其协议也属无效。但是，薛理杰、陈强与辰升公司签订的《退场清算协议》，效力独立于本案其他合同的效力，应属有效，应当据此确定工程价款，无须进行鉴定。最高人民法院在二审中也认为，辰升公司与薛理杰、陈强之间存在转包合同关系。但《退场清算协议》系在政府相关部门主持下为彻底解决工程款问题与退场清算问题双方当事人自愿协商的结果，体现了双方真实的意思表示，且不违反法律的禁止性规定，应为有效。因此，应以此为依据确定涉案工程款，已无须对

---

① 典型案例 66：薛理杰、陈强与重庆交通建设（集团）有限责任公司等建设工程施工合同纠纷案，最高人民法院（2014）民一终字第 88 号民事判决书。

涉案工程款再进行鉴定。

**裁判规则67**

**发承包双方达成的以房屋抵偿工程款的协议，在性质上属于债务清偿协议，其效力独立于建设工程施工合同。**

实践中，在发包人拖欠预付款、进度款或决算款的情形下，发承包双方常达成以房抵债协议，约定发包人以开发的房屋抵偿部分债务。在建设工程施工合同无效的情况下，这类以房抵债协议是否有效?

最高人民法院民一庭认为："不论施工合同有效与否，发包人都负有支付工程价款的义务。该以房抵顶工程款协议为当事人对欠付工程款进行结算的约定，性质上属于发包人与承包人对既存债权债务关系的清理。相较于施工合同，以房抵顶工程款的协议具有相对的独立性，根据合同法第九十八条①的立法精神，应认定其效力。"② 换句话说，无论施工合同是否有效，在工程质量合格的情况下，发包人都负有支付工程价款的义务，而以房抵债协议只是约定该义务的履行方式而已。以房屋抵偿工程款债务并不违法，因此，与结算协议相同，以房抵债协议的效力也独立于施工合同。

需指出的是，实务界的主流观点认为，当事人在债务清偿期届满前签订的以房抵债协议，违反现行法禁止流质约款的规定，应属无效。③ 首先，在建设工程施工

① 现《民法典》第567条。

② 《建设工程施工合同无效后，发包人与承包人之间签订的以房顶抵工程款的协议是否也应无效》，载杜万华主编、最高人民法院民事审判第一庭编：《民事审判指导与参考》总第64辑，人民法院出版社2016年版。

③ 在第八次全国民事商事审判工作会上，时任最高人民法院民二庭庭长杨临萍提出，"债权人与债务人在债务履行期限届满前就做出以物抵债的约定，由于债权尚未到期，债权数额与抵债物的价值可能存在较大差距。如果此时直接认定该约定有效，可能会导致双方利益显失公平。所以在处理上一般认为应参照物权法关于禁止流抵、流质的相关规定，不确认该种情形下签订的以物抵债协议的效力"。参见杨临萍：《关于当前商事审判工作中的若干具体问题》，载杜万华主编、最高人民法院民事审判第一庭编：《民事审判指导与参考》总第64辑，人民法院出版社2016年版。最高人民法院民二庭第4次法官会议纪要指出，"债权人与债务人在债务履行期届满前约定以物抵债的，标的物缔约时的价值与实现时的价值往往存在较大差距，如果直接认定以物抵债有效，既可能导致双方利益显著失衡，还可能存在流质（或流抵）的嫌疑。基于此，不应确认该种情形下签订的以物抵债合法有效"。参见贺小荣主编：《最高人民法院民事审判第二庭法官会议纪要：追寻裁判背后的法理》，人民法院出版社2018年版，第8页。

合同中，发包人应付的工程款包括预付款、进度款、结算款，[1] 不应把发包人的到期债务局限在结算款的范围内。其次，之所以认定债务清偿期届满前签订的以房抵债协议无效，主要是担心一方利用自身优势地位迫使对方接受以高价房屋抵偿低额债务。但建设工程领域正好相反，显然是发包人处于优势地位、承包人处于弱势地位，所以这一顾虑在建设工程领域并不存在。最后，即便认定以房屋抵偿工程款协议构成流质协议，还需关注《民法典》第401条[2]、第428条[3]就传统流质（流抵押、流质押）约款的规则变化——不发生财产所有权转移的效力，但可以依法优先受偿。除下述【典型案例67】外，还可参见“新疆建筑装饰设计有限责任公司与巴州广聚房地产开发有限公司、宏发建筑有限公司建设工程施工合同纠纷案”[4]。

**典型案例67**

## 甘肃第一建设集团有限责任公司与庆阳市华兴房地产开发有限公司、李锦昌建设工程施工合同纠纷案[5]

### 基本案情

2011年3月4日，甘肃第一建设集团有限责任公司（以下简称甘肃一建）与李锦昌就庆阳华兴商贸城工程建设事宜约定李锦昌以甘肃一建名义进行工程建

① 《建设工程价款结算暂行办法》（财建〔2004〕369号）第3条规定：“本办法所称建设工程价款结算（以下简称‘工程价款结算’），是指对建设工程的发承包合同价款进行约定和依据合同约定进行工程预付款、工程进度款、工程竣工价款结算的活动。”

② 《民法典》第401条规定：“抵押权人在债务履行期限届满前，与抵押人约定债务人不履行到期债务时抵押财产归债权人所有的，只能依法就抵押财产优先受偿。”

③ 《民法典》第428条规定：“质权人在债务履行期限届满前，与出质人约定债务人不履行到期债务时质押财产归债权人所有的，只能依法就质押财产优先受偿。”

④ 参考案例67：新疆建筑装饰设计有限责任公司与巴州广聚房地产开发有限公司、宏发建筑有限公司建设工程施工合同纠纷案，新疆维吾尔自治区巴音郭楞蒙古自治州中级人民法院（2021）新28民终152号民事判决书、新疆维吾尔自治区高级人民法院（2021）新民申2150号民事裁定书。

⑤ 典型案例67：甘肃第一建设集团有限责任公司与庆阳市华兴房地产开发有限公司、李锦昌建设工程施工合同纠纷案，最高人民法院（2019）最高法民终682号民事判决书、最高人民法院（2020）最高法民申1814号民事裁定书。

设，甘肃一建收取1%的管理费。后甘肃一建参与案涉工程竞标，并于2011年4月29日中标。2011年5月1日，庆阳市华兴房地产开发有限公司（以下简称华兴公司）与甘肃一建签订《建设工程施工合同》，约定华兴公司将其开发的庆阳华兴商贸城工程发包给甘肃一建施工。2011年6月7日，李锦昌以甘肃一建名义与金程公司签订协议书，将案涉工程发包给金程公司施工。李锦昌之子李建平系金程公司法定代表人，代表金程公司在《协议书》上签字的是李锦昌。在协议签订后，李锦昌以甘肃一建的名义组织人员进行施工。工程现已交付华兴公司。2018年5月15日，李锦昌以甘肃一建（乙方）委托代理人名义与华兴公司（甲方）签订协议书，约定：(1) 乙方实际完成的工程量对应的工程款为11,550万元；(2) 甲方已付款110,424,572.96元，下欠工程款5,075,427.04元；(3) 甲方用华兴商贸城负一楼共计169.18平方米抵顶工程欠款，抵顶价格为每平方米30,000元。后甘肃一建诉至法院，要求华兴公司支付工程款，并主张李锦昌与华兴公司关于以房抵债的约定无效。

## 法院观点

最高人民法院认为，本案系没有资质的实际施工人李锦昌为达到承揽工程的目的，借用有资质的建筑施工企业甘肃一建的名义进行招投标，中标后再交由实际施工人李锦昌具体施工的情形，根据《2004年建工解释》第1条第2项的规定，该《建设工程施工合同》应属无效。李锦昌系以甘肃一建委托代理人的名义与华兴公司签订结算协议，甘肃一建对上述情况完全知晓，其亦未能够举证证明李锦昌与华兴公司之间存在恶意串通损害其合法权益之事实，故案涉结算协议应属有效。以房抵债亦是李锦昌以甘肃一建名义与华兴公司约定，甘肃一建对此知情。华兴公司与李锦昌之间关于以房抵债的约定，系结算协议的内容之一，结算协议有效，以房抵债的约定亦无效力瑕疵。

## 裁判规则68

**垫资协议属于建设工程施工合同的组成部分，其效力不具有独立性。建设工程施工合同无效的，垫资协议相应无效。**

《建设工程施工合同解释（一）》第25条第1款规定："当事人对垫资和垫资利息有约定，承包人请求按照约定返还垫资及其利息的，应予支持，但是约定的利息计算标准高于垫资时的同类贷款利率或者同期贷款市场报价利率的部分除外。"该款规定认可了垫资协议的效力。如果施工合同被确认为无效的，垫资协议或条款是否相应无效？

有观点认为，垫资是为了完成建设工程的借款行为或者说是民间借贷行为，其效力独立于建设工程施工合同。这个观点隐含着一个假设前提——建设工程施工合同只能是预付工程款合同，因此只要承包人垫资，就意味着发包人向承包人借款。诚然，《建设工程价款结算暂行办法》（财建〔2004〕369号）第3条将工程价款分为工程预付款、工程进度款、工程竣工价款，并在第12条、第13条对预付款、进度款进行了专门规定。但是，"垫资是国际建筑市场惯例，并且也符合我国建筑市场实际情况"①。当前广泛推行的BT项目②、BOT项目③，承包人都是在建设完成后才获得回报。因此，将垫资视为借款，进而认定垫资协议的效力独立于施工合同，理据不足。

所谓垫资，是指在建设工程施工合同签订后，承包方不要求发包方先支付工程款或者支付部分工程款，而是利用自有资金先进场进行施工，待工程施工到一定阶段或者工程全部完工后，发包方再支付工程款。④ 因此，相对于《建设工程价款结算暂行办法》（财建〔2004〕369号）的制度安排而言，"承发包双方关于承包人垫资修建工程的约定，属于建设工程施工合同对工程款支付的特别约定"⑤，即由

① 最高人民法院民事审判第一庭编著：《最高人民法院建设工程施工合同司法解释的理解与适用》，人民法院出版社2004年版，第65页。

② BT项目，是指项目发起人与投资者约定，由投资者负责项目的融资、建设，并在规定时限内将竣工后的项目移交项目发起人，项目发起人根据事先签订的回购协议分期向投资者支付项目总投资及确定的回报。

③ BOT（Build-Operate-Transfer）项目，是指政府部门就某个基础设施项目与项目公司签订特许权协议，使项目公司承担该项目的投资、融资、建设和维护，在协议规定的特许期限内，许可其融资建设和经营特定的公用基础设施，并准许其通过向用户收取费用或出售产品以清偿贷款，回收投资并赚取利润。政府对这一基础设施有监督权、调控权，特许期满，项目公司将该基础设施无偿或有偿移交给政府部门。

④ 参见最高人民法院民事审判第一庭编著：《最高人民法院建设工程施工合同司法解释的理解与适用》，人民法院出版社2004年版，第62页。

⑤ 参见本书【裁判规则228】。

"先付款再建设"变更为"先建设再付款"。"就合同的目的而言，双方根本的合意还是完成某一特定的工程，本质还是建设工程合同。"① 据此，"如果建设工程施工合同被确认为无效，则垫资问题亦应按无效处理，垫资本金作为返还财产的内容，利息可作为无效合同的损失，根据过错原则处理"②。

需说明的是，承发包双方关于垫资的约定，既可能是施工合同中的垫资条款，也可能是独立的垫资协议。无论哪种形式的约定，从其性质来看，均系施工合同项下关于发包人付款义务的特别约定，"均应视为建设工程施工合同的组成部分"③。

**典型案例 68**

## 琼华装饰工程有限公司与临高县人民政府等建设工程施工合同纠纷案④

### 基本案情

1995 年 12 月 26 日，琼华装饰工程有限公司（以下简称琼华公司）与临高县人民政府签订《施工合同》，约定：临高县临城镇沿江延长南路改造工程由琼华公司按设计图纸要求包工、包料垫资施工；工程竣工验收合格之日起 1 年内由临高县人民政府分期分批付清工程款；经双方认定总工程结算造价之日起，临高县人民政府按工程的总造价以月息 1.8%计息给琼华公司，并按工程进度及实际投入资金以月息 1.8%计息，如不能按期付清工程款，造成琼华公司经济损失，临高县人民政府同意在合同约定的月息 1.8%的基础上，再增加一倍补偿。1996 年 3 月 22 日，该工程开工，1996 年 10 月 14 日，该工程竣工验收并交付使用。后琼华公司诉至法院，要求临高县政府支付拖欠的工程款 11,277,451.95 元、利息 14,283,221 元、

① 最高人民法院民事审判第一庭编著：《最高人民法院建设工程施工合同司法解释的理解与适用》，人民法院出版社 2004 年版，第 68 页。

② 最高人民法院民事审判第一庭编著：《最高人民法院新建设工程施工合同司法解释（一）理解与适用》，人民法院出版社 2021 年版，第 263 页。

③ 最高人民法院民事审判第一庭编著：《最高人民法院新建设工程施工合同司法解释（一）理解与适用》，人民法院出版社 2021 年版，第 262 页。

④ 典型案例 68：琼华装饰工程有限公司与临高县人民政府等建设工程施工合同纠纷案，海南省高级人民法院（2014）琼环民终字第 10 号民事判决书、最高人民法院（2015）民申字第 152 号民事裁定书。

工程垫资利息328,595元。经查，琼华公司无建筑施工企业资质。

## 法院观点

海南省高级人民法院认为，施工合同因琼华公司无施工资质而无效，临高县人民政府与琼华公司有关以月利率1.8%计算垫资利息的约定亦应无效。但琼华公司垫资完成涉案工程且工程经验收交付使用，所垫资金额的利息属垫资款之法定孳息，故临高县人民政府应以中国人民银行规定的同期1年期一般流动资金贷款基准利率按垫资金额分段支付利息。最高人民法院在再审审查中也认为，因琼华公司无相应施工资质，依照《2004年建工解释》第1条第1项之规定，案涉施工合同无效。根据《2004年建工解释》第17条的规定，在案涉施工合同被依法认定为无效的情况下，应当视为双方对利息支付没有约定。琼华公司要求临高县人民政府按照双方合同约定支付垫资款利息，缺乏法律依据，临高县人民政府应当按照中国人民银行规定的同期1年期一般流动资金贷款基准利率支付垫资款利息。

## 裁判规则69

**基于合同的相对性，对不同环节的建设工程施工合同的效力应当独立评价，彼此之间互不影响。**

建设工程领域广泛存在的挂靠、转包、分包，使得一项工程往往存在多层施工合同。这些处于同一链条的施工合同在效力上是相互关涉还是彼此独立？如承包人承接工程后将工程转包，由于转包合同无效，承包人与发包人之间的建设工程施工合同是否相应无效？反之，承包人与发包人之间的建设工程施工合同因挂靠无效而无效的，承包人（挂靠人）与下游施工人签订的劳务分包合同是否相应无效？

针对挂靠，广东省高级人民法院认为，挂靠人承接工程后，又将该工程转包或分包给有资质的第三人，该转包或分包合同也应认定为无效，否则就意味着变相承认了无资质承包人的法律地位，将导致建设单位疏于对承包人资质的确认，甚至造成建设工程“掮客”群体的产生，最终对建设工程的质量安全形成隐患。[①] 在“重

① 参见《广东省高级人民法院关于2009年度广东省法院民事审判工作若干具体问题分析的报告》，载中华人民共和国最高人民法院民事审判第一庭编：《民事审判指导与参考》总第41集，法律出版社2010年版。

庆市有益建筑劳务有限公司与咸阳第一建筑工程有限公司等建设工程合同纠纷案”① 中，咸阳第一建筑工程有限公司（以下简称咸阳一建公司）超越资质等级承揽工程，与双湖机电公司签订施工合同之后，与重庆市有益建筑劳务有限公司（以下简称有益劳务公司）签订《劳务分包合同》。重庆市第一中级人民法院也认为，“咸阳一建公司在超越资质的情况下将承揽的工程劳务分包给有益劳务公司，双方签订的《劳务分包合同》应属无效”。

相对性是合同法的基本原则，合同关系仅对合同当事人具有约束力。因此，不同合同的效力应当分别评价，彼此之间互不影响，处于同一链条的多层施工合同也是如此。既不应因上游合同无效而否定下游合同的效力，也不应因下游合同无效而否定上游合同的效力。《湖南省高级人民法院关于审理建设工程施工合同纠纷案件若干问题的解答》（湘高法〔2022〕102 号）第 6 条前段即规定：“发包人与承包人之间的建设工程施工合同无效，不必然导致分包合同无效。若承包人将部分工程分包给有资质的施工方，则分包合同有效。”

在实践中，常见的争议是上游合同无效是否导致下游合同无效。现行法通过施工资质制度禁止挂靠、转包、违法分包，是为了保证工程质量，而工程质量取决于该合同中承包人的施工水平与能力，而与该合同的发包人无关。故本书【裁判规则 10】提出，“现行法关于建筑业企业资质的要求，指向的是施工方，故建设工程施工合同的发包人或分（发）包人不具有资质的，不影响建设工程施工合同的效力”。因此，如果第一层施工合同因承包人（第一承包人）缺乏资质而无效，第一承包人又对外发包形成第二层施工合同的，则应根据第二层施工合同的承包人（第二承包人）的资质确定合同效力，不能因第一承包人缺乏资质而否定第二层施工合同的效力。如果第二层施工合同是合法分包的，则该分包合同应属有效；如果第二层施工合同构成转包的，则第二层施工合同因转包行为违法（而非第一层施工合同无效）而无效；如果第二承包人又进行合法分包的，则分包合同有效，不受第二层施工合同（转包合同）无效的影响。

---

① 参考案例 68：重庆市有益建筑劳务有限公司与咸阳第一建筑工程有限公司等建设工程合同纠纷案，重庆市高级人民法院（2014）渝高法民终字第 00012 号民事判决书。需说明的是重庆市高级人民法院在二审中虽也认定《劳务分包合同》无效，但其理由是“本案《劳务分包合同》超越了有益劳务公司的资质等级许可承接的工程范围”，也即对《劳务分包合同》的效力进行了独立判断，并未以咸阳一建公司与双湖机电公司签订的施工合同无效为由否定《劳务分包合同》的效力。

**典型案例 69**

## 逯淑梅与江苏盛谐建设集团有限公司、大庆油田房地产开发有限责任公司建设工程施工合同纠纷案①

### 基本案情

2011 年 5 月 1 日，大庆油田房地产开发有限责任公司（以下简称油田开发公司）与江苏盛谐建设集团有限公司（以下简称盛谐建设公司）签订《建设工程施工合同》，约定盛谐建设公司承建油田开发公司开发的城市乡村区块开发项目创业城工程十四标段工程。合同签订后，逯淑梅以项目部的名义进行施工。油田开发公司将工程进度款拨付至盛谐建设公司，盛谐建设公司又将款项拨付逯淑梅。2013 年 10 月至 11 月 20 日，案涉各项工程相继取得竣工验收报告。后逯淑梅诉至法院，要求盛谐建设公司给付工程款 34, 606, 196. 69 元及利息，油田开发公司在欠付工程款本金及利息范围内承担给付责任。

### 法院观点

一审法院（黑龙江省高级人民法院）认为，油田开发公司与盛谐建设公司签订的《建设工程施工合同》系合同双方的真实意思表示，不违反法律、行政法规的效力性强制性规定，应认定为有效合同。盛谐建设公司将其承包的工程全部交由逯淑梅施工，属违法转包行为，根据《2004 年建工解释》第 4 条②的规定，应认定无效。在二审中，最高人民法院也认为，油田开发公司与盛谐建设公司签订的《建设工程施工合同》系合同双方的真实意思表示，不违反法律、行政法规的效力性强制性规定，合法有效。盛谐建设公司将其承包的工程全部交由逯淑梅施工，属违法转包行为，但不影响上述《建设工程施工合同》本身的效力。

---

① 典型案例 69：逯淑梅与江苏盛谐建设集团有限公司、大庆油田房地产开发有限责任公司建设工程施工合同纠纷案，最高人民法院（2020）最高法民终 1008 号民事判决书。

② 现《建设工程施工合同解释（一）》第 1 条第 2 款，内容有修改。

# 3. 建设工程施工合同的工期认定规则

工期，即建设工程施工合同的履行期限，作为“建设工程项目管理控制的三大目标之一”①，对确定承包人是否构成迟延履行、支付工程价款本金及利息的起算时间、质量保修期与缺陷责任期等诸多问题，具有重要意义。在实务中，关于工期的约定主要有两种方式：一是只约定工期的总天数，如自开工之日起100天，或者从特定的某日起100天；二是分别约定开工日和竣工日，自开工日至竣工日期间即为工期。无论采取哪种约定方式，基于施工过程中的各种偶发因素，工期并非固定不变，这就涉及对开工日期、竣工日期、工期顺延等问题的认定。

## 3.1 开工日期的认定

确定开工日期，是计算工期的前提条件。开工日期分为计划开工日期、实际开工日期以及迟延开工情况下的应当开工日期。计划开工日期是合同约定的开工日期，较易确定。实际开工日期的认定，在有直接证据证明的情况下较为简单，如果没有直接证据的，则需要依托开工条件具备的时间、开工报告载明的时间、开工通知（也称开工令）载明的时间、施工许可证载明的时间、竣工验收报告载明的时间、合同约定的开工时间等综合判断。此外，通常情况下，应当以实际开工时间作为开工日期，但在构成迟延开工的情况下，则应根据迟延的原因认定开工日期。就此，《建设工程施工合同解释（一）》第8条规定：“当事人对建设工程开工日期有争议的，人民法院应当分别按照以下情形予以认定：（一）开工日期为发包人或者监理人发出的开工通知载明的开工日期；开工通知发出后，尚不具备开工条件

① 袁华之、邱闯主编：《建设工程工期争议解决指引》，法律出版社2021年版，第1页（前言）。

的，以开工条件具备的时间为开工日期；因承包人原因导致开工时间推迟的，以开工通知载明的时间为开工日期。（二）承包人经发包人同意已经实际进场施工的，以实际进场施工时间为开工日期。（三）发包人或者监理人未发出开工通知，亦无相关证据证明实际开工日期的，应当综合考虑开工报告、合同、施工许可证、竣工验收报告或者竣工验收备案表等载明的时间，并结合是否具备开工条件的事实，认定开工日期。”《建设工程造价鉴定规范》（GB/T 51262-2017）第5.7.1条规定：“当事人对鉴定项目开工时间有争议的，鉴定人应提请委托人决定，委托人要求鉴定人提出意见的，鉴定人应按以下规定提出鉴定意见，供委托人判断使用：1. 合同中约定了开工时间，但发包人又批准了承包人的开工报告或发出了开工通知，应采用发包人批准的开工报告或发出的开工通知的时间；2. 合同中未约定开工时间，应采用发包人批准的开工时间；没有发包人批准的开工时间，可根据施工日志、验收记录等相关证据确定开工时间；3. 合同中约定了开工时间，因承包人原因不能按时开工，发包人接到承包人延期开工申请且同意承包人要求的，开工时间相应顺延；发包人不同意延期要求或承包人未在约定时间内提出延期开工要求的，开工时间不予顺延；4. 因非承包人原因不能按照合同中约定的开工时间开工，开工时间相应顺延；5. 因不可抗力原因不能按时开工的，开工时间相应顺延；6. 证据材料中，均无发包人或承包人提前或推迟开工时间的证据，采用合同约定的开工时间。”在当事人对开工日期有争议的情况下，根据上述规定，结合实务中的问题，应当遵循如下规则：

## 裁判规则70

**实际开工日期属于事实问题，应当据实认定。发包人是否发出开工通知、是否取得施工许可证等，均不影响实际开工日期的认定。**

如前所述，建设工程的开工日期包括合同约定的开工日期、开工通知要求的开工日期、施工许可证载明的开工日期等。当这些日期不一致时，应当如何认定实际开工日期？

根据《建设工程施工合同解释（一）》第8条第2项的规定，实际开工日期属于事实问题，应当据实认定。无论是合同约定的开工时间，还是开工通知或开工报告载明的开工时间，抑或其他文件载明的开工时间，如果与承包人实际进场的日期不一致的，应当以承包人实际进场的日期为开工日期。在实践中，承包人实际进场施工的具体日期，可以通过监理单位的监理记录、当事人之间的会议纪要等文件确定。但应注意审查承包人进场是进行开工准备还是正式施工，如承包人进场只是为正式开工做准备，并未进行正式施工的，则不宜将进场时间作为开工时间。①

根据实际开工时间认定开工时间，也就意味着即使未取得相应开工手续，如建设单位未取得施工许可证或监理单位未发出开工通知，都应以实际开工日期作为开工日期。《深圳市中级人民法院关于审理建设工程施工合同纠纷案件的指导意见》（2010 年 3 月 9 日）第 9 条中段即规定："承包人在领取《施工许可证》之前已实际施工，且双方约定以实际施工日为工期起算时间的，依照约定执行。"《北京市高级人民法院关于审理建设工程施工合同纠纷案件若干疑难问题的解答》（京高法发〔2012〕245 号）第 25 条第 1 款中段也规定："承包人在开工通知发出前已经实际进场施工的，以实际开工时间为开工日期。"就此，除下述【典型案例 70】外，还可参见"甘肃滕泰公路建筑有限公司与甘肃欣海水利科技发展有限公司建设工程施工合同纠纷案"②。

**典型案例 70**

## 宏胜建设有限公司与兴义市威鲁公路投资建设有限责任公司建设工程施工合同纠纷案③

### 基本案情

兴义市威鲁公路投资建设有限责任公司（以下简称威鲁公司）是兴义市威舍至鲁屯一级煤炭专用公路 BOT 项目的建设方。2013 年 3 月 26 日，威鲁公司与宏胜

① 参见最高人民法院民事审判第一庭编著：《最高人民法院新建设工程施工合同司法解释（一）理解与适用》，人民法院出版社 2021 年版，第 92—94 页；王毓莹、史智军：《建设工程施工合同纠纷疑难问题和裁判规则解析》，法律出版社 2022 年版，第 143 页。

② 参考案例 69：甘肃滕泰公路建筑有限公司与甘肃欣海水利科技发展有限公司建设工程施工合同纠纷案，甘肃省高级人民法院（2019）甘民终 289 号民事判决书。

③ 典型案例 70：宏胜建设有限公司与兴义市威鲁公路投资建设有限责任公司建设工程施工合同纠纷案，最高人民法院（2018）最高法民终 373 号民事判决书。

建设有限公司（以下简称宏胜公司）签订《施工合同书》，约定宏胜公司承建威鲁公路LJ05标段，合同工期为540天。2013年6月2日，宏胜公司以抢抓工期为由，向监理公司报送了《关于提前施工的申请》，监理公司与威鲁公司均批复同意提前开工。在施工过程中，宏胜公司数次向监理公司报送《关于无弃土场导致停工的报告》，称因无弃土场导致合同段无法正常施工，工程进度严重滞后，大量机械设备停工等待。2014年3月2日，宏胜公司报送《合同段工程开工申请批复单》，称“根据合同要求，我们已经做好工程的开工前的一切准备工作，我们要求该项工作正式开工，请予批准。计划开工日期为2014年3月8日，计划完工日期为2015年8月30日”。监理方盖章确认。2014年8月，因融资贷款担保问题，威鲁公司退出案涉BOT项目，威鲁公路LJ05标段全面停工。宏胜公司诉至法院，要求解除《施工合同书》，赔偿因弃土场造成的停窝工损失。威鲁公司辩称，其无义务在2014年3月13日批准开工前提供弃土场。

## 法院观点

最高人民法院认为，由于宏胜公司于2013年6月2日向监理公司报送《关于提前施工的申请》，监理公司批复同意后上报威鲁公司，威鲁公路指挥部签署“属实，同意提前开工”并加盖威鲁公路指挥部的印章，因此，案涉工程提前开工系经过威鲁公司同意，威鲁公司有义务配合提供弃土场。因此，威鲁公司应赔偿宏胜公司因弃土场造成的停工损失。

## 裁判规则71

**开工通知是记录开工事实的直接文件，故实际开工日期一般以开工通知载明的日期为准。但有相反证据足以推翻的除外。**

《建设工程施工合同（示范文本）》（GF-2017-0201）通用合同条款部分第7.3.2条“开工通知”载明：“发包人应按照法律规定获得工程施工所需的许可。经发包人同意后，监理人发出的开工通知应符合法律规定。监理人应在计划开工日期7天前向承包人发出开工通知，工期自开工通知中载明的开工日期起算……”据此，开工通知是认定实际开工日期的直接证据。

首先，根据建设工程的正常开工流程，承包人应当在建设单位取得施工许可证、施工单位提交开工报告、建设单位或监理单位发出开工通知（也称开工令）后，才能开工。开工通知直接指向开工事实，无论从形式上还是内容上，其证明力都优于其他证据。① 因此，“开工通知是证明实际开工日期的直接证据。如无足以推翻开工通知的其他证据，就应当以开工通知载明的日期为开工日期”②。《北京市高级人民法院关于审理建设工程施工合同纠纷案件若干疑难问题的解答》（京高法发〔2012〕245号）第25条第1款前段规定：“建设工程施工合同实际开工日期的确定，一般以开工通知载明的开工时间为依据。”

在实践中，也有发包人或监理人直接在承包人提交的开工报告上签注准许开工的日期，以此代替开工通知。在此情形下，则应以签注准许开工的日期为开工日期。《深圳市中级人民法院关于审理建设工程施工合同纠纷案件的指导意见》（2010年3月9日）第9条前段规定：“建设工程开工时间一般以发包人签发的《开工报告》确认的时间为准。”

其次，有的地方法院将开工报告与开工通知并列，都作为确定开工时间的依据。如《浙江省高级人民法院民事审判第一庭关于审理建设工程施工合同纠纷案件若干疑难问题的解答》（浙法民一〔2012〕3号）第5条前段规定：“建设工程施工合同的开工时间以开工通知或开工报告为依据。”《安徽省高级人民法院关于审理建设工程施工合同纠纷案件适用法律问题的指导意见（二）》（2013年12月23日）第3条第1款规定：“建设工程的开工日期应依据开工令、开工报告记载的时间予以认定。当事人认为实际开工时间与开工令、开工报告记载的时间不符的，应当承担举证责任。”但开工报告只是承包人提交给发包人的请求开工的文件，开工通知才是发包人或监理单位向承包人发出的开工指令。因此，应当以开工通知载明的时间为准。

最后，如前所述，实际开工日期属于事实问题，应当据实认定。因此，如开工通知载明的开工日期与实际开工日期不一致的，应以实际开工日期为开工日期。前述《北京市高级人民法院关于审理建设工程施工合同纠纷案件若干疑难问题的解

---

① 参见最高人民法院民事审判第一庭编著：《最高人民法院新建设工程施工合同司法解释（一）理解与适用》，人民法院出版社2021年版，第91页。

② 谢勇：《建设工程施工合同案件裁判规则解析》，中国法制出版社2020年版，第192页。

答》（京高法发〔2012〕245号）第25条第1款中段规定："承包人在开工通知发出前已经实际进场施工的，以实际开工时间为开工日期。"

典型案例71

## 重庆黔龙阳光地产发展有限公司诉重庆宏宇建设工程（集团）有限公司建设工程合同纠纷案[①]

### 基本案情

2010年12月23日，重庆黔龙阳光地产发展有限公司（以下简称黔龙阳光地产公司）与重庆宏宇建设工程（集团）有限公司（以下简称宏宇建设公司）签订《施工合同》，约定：宏宇建设公司承建"酉阳黔龙·状元楼"工程；该工程的总工期为十五个月，具体开工时间以开工令为准，延长两个春节假、环境绿化时间合计30天，所有节点工期相应顺延；工期的起止时间以开工之日至该工程承包范围预验收合格之日止计算；未按合同约定工期完成，超期一个月以内，每天按单位工程3000元支付违约金；超期一个月以上，每天按单位工程6000元支付违约金。2011年3月18日，监理单位向宏宇建设公司下发了开工令。2013年8月30日，案涉工程经竣工验收合格。《竣工验收意见书》载明的开工时间为2011年3月18日。后黔龙阳光地产公司向法院提起诉讼，要求宏宇建设公司承担工期延误的违约责任。宏宇建设公司辩称，应以图纸和设计方案中交付时间或施工许可证的颁发时间作为开工时间。

### 法院观点

重庆市高级人民法院认为，开工令下达时间是2011年3月18日，竣工验收意见书上载明的开工时间也是2011年3月18日，现宏宇建设公司提出，应以图纸和设计方案中交付时间或施工许可证的颁发时间作为开工时间，没有相应的合同依据。且宏宇建设公司也未举示要求黔龙阳光地产公司变更合同确定的开工时间或顺

① 典型案例71：重庆黔龙阳光地产发展有限公司诉重庆宏宇建设工程（集团）有限公司建设工程施工合同纠纷案，重庆市高级人民法院（2015）渝高法民终字第00461号民事判决书。

延工期的证据。故本案的开工时间应为2011年3月18日。2011年3月18日开工，2013年8月30日竣工。合同约定的工期为十五个月，扣除合同约定的春节假、环境绿化时间30天，延误工期408天。依据合同约定，违约金为408天×6000元/天=244.80万元。黔龙阳光地产公司因工期延误导致迟延交房而赔付购房户违约金共1,076,545元、支付延期监理费183,500元，损失共计1,260,045元，故将违约金调整为1,260,045元×1.30=1,638,058.50元。

## 裁判规则72

**开工通知发出后，因施工现场不满足开工条件导致承包人未实际进场施工的，以开工条件成就之日作为开工日期。**

如果开工通知发出后，施工现场因各种原因不满足开工条件的，应当如何确定开工时间？

“开工条件成就是承包人进场开始正常施工的前提条件。”① 只有施工现场具备开工条件，才可能实际开工，因此，实际开工日期不可能早于具备开工条件的时间。《建设工程施工合同解释（一）》第8条第1项中段规定：“开工通知发出后，尚不具备开工条件的，以开工条件具备的时间为开工日期。”在实践中，施工现场不满足开工条件，要么源于发包人原因，要么源于外部原因。

一是发包人原因导致施工现场不满足开工条件。《建设工程施工合同（示范文本）》（GF-2017-0201）第2.4.2项“提供施工条件”载明，“除专用合同条款另有约定外，发包人应负责提供施工所需要的条件，包括：（1）将施工用水、电力、通讯线路等施工所必需的条件接至施工现场内；（2）保证向承包人提供正常施工所需要的进入施工现场的交通条件；（3）协调处理施工现场周围地下管线和邻近建筑物、构筑物、古树名木的保护工作，并承担相关费用；（4）按照专用合同条款约定应提供的其他设施和条件”。第2.4.3项“提供基础资料”载明，“发包人应当在移交施工现场前向承包人提供施工现场及工程施工所必需的毗邻区域内供水、排水、供电、供气、供热、通信、广播电视等地下管线资料，气象和水文观测

① 最高人民法院民事审判第一庭编著：《最高人民法院新建设工程施工合同司法解释（一）理解与适用》，人民法院出版社2021年版，第92页。

资料，地质勘察资料，相邻建筑物、构筑物和地下工程等有关基础资料，并对所提供资料的真实性、准确性和完整性负责。按照法律规定确需在开工后方能提供的基础资料，发包人应尽其努力及时地在相应工程施工前的合理期限内提供，合理期限应以不影响承包人的正常施工为限”。如果发包人未完成前述义务，导致施工现场不具备开工条件进而使承包人事实上无法开工的，显然应当以开工条件成就之日作为开工日期。《北京市高级人民法院关于审理建设工程施工合同纠纷案件若干疑难问题的解答》（京高法发〔2012〕245 号）第 25 条第 1 款中段规定：“因发包人原因导致开工通知发出时开工条件尚不具备的，以开工条件具备的时间确定开工日期。”

二是外部原因导致施工现场不满足开工条件。“如果在确定开工日期之后发生意外事件，导致承包人推迟开工日期，构成不可抗力或者情势变更的，应以承包人实际进场施工时间为开工日期。”① 此外，恶劣气候、周边群众阻挠等，都可能导致施工现场不具备开工条件。这些原因虽与发包人无关，但构成承包人开工的客观障碍，应以这些原因消除后施工现场具备开工条件之日作为开工日期。《浙江省高级人民法院民事审判第一庭关于审理建设工程施工合同纠纷案件若干疑难问题的解答》（浙法民一〔2012〕3 号）第 5 条规定：“建设工程施工合同的开工时间以开工通知或开工报告为依据。开工通知或开工报告发出后，仍不具备开工条件的，应以开工条件成就时间确定……”

**典型案例 72**

## 博州盛源电力有限责任公司与温泉顺凯达矿业有限责任公司建设工程施工合同纠纷案②

### 基本案情

博州盛源电力有限责任公司（以下简称盛源公司）与温泉顺凯达矿业有限责

---

① 最高人民法院民事审判第一庭编著：《最高人民法院新建设工程施工合同司法解释（一）理解与适用》，人民法院出版社 2021 年版，第 97 页。

② 典型案例 72：博州盛源电力有限责任公司与温泉顺凯达矿业有限责任公司建设工程施工合同纠纷案，最高人民法院（2011）民申字第 48 号民事裁定书。

任公司（以下简称顺凯达公司）签订《建设工程施工合同》，约定盛源公司承建案涉工程，工程应于2008年4月15日开工，2008年6月5日竣工，工期为50天。2008年10月2日，案涉工程施工完毕，2008年12月3日线路带电。后盛源公司起诉要求支付工程款，顺凯达公司反诉请求盛源公司赔偿延期完工损失1,313,437.74元。经查，2008年8月28日，温泉供电局领导、种畜场领导、盛源公司经理助理、施工现场负责人等与村民见面，就35千伏线路杆塔永久性占地费用达成协议，补偿款先由盛源公司替顺凯达公司向村民垫付，该工程的施工才得以正常进行。

### 法院观点

最高人民法院在再审审查中认为，因顺凯达公司对线路通道问题与温泉种畜场村民就永久性占地补偿费无法达成协议，村民阻挠施工，直至8月28日与村民达成补偿协议后，才具备开工条件。由于顺凯达公司没有解决与村民的占地补偿问题，不具备施工条件，因此，盛源公司顺延工期有合理的理由，顺凯达公司无权要求盛源公司赔偿延期完工损失。

## 裁判规则73

**开工通知发出时，施工现场虽不完全满足开工条件但承包人实际进场施工的，应以进场施工之日作为开工之日。但可根据现场条件对施工的影响酌情延长工期。**

施工现场仅局部地方可以施工，并不满足正常的施工条件，在此情况下承包人实际进场施工的，应当如何认定开工日期？一方面，开工日期属于事实问题。在施工现场不满足正常施工条件的情况下，承包人进场施工，应当视为对施工现场条件的认可。就此，可参见下述【典型案例73】。另一方面，保证施工现场满足开工条件，是发包人的义务。发包人在施工现场不满足正常施工条件的情况下发出开工通知，相当于强令承包人开工。因此，应根据现场条件对施工的影响酌情延长工期。

典型案例 73

## 厦门年年兴建筑工程有限公司与鑫洲科技有限公司建设工程施工合同纠纷案[①]

### 基本案情

2011 年 3 月 28 日，厦门年年兴建筑工程有限公司（以下简称年年兴公司）与鑫洲科技有限公司（以下简称鑫洲公司）签订《建设工程施工合同》，约定年年兴公司承建鑫洲公司的“鑫洲科技有限公司长泰厂区年产 25 万吨涂料生产线项目”，开工日期按总监理工程师签发的开工令为准，合同工期为 135 日历天。双方确认本案讼争工程的施工场地在签订合同时已具备开工条件。2011 年 4 月 2 日，年年兴公司向鑫洲公司出具施工进度计划，确定开工日期为 2011 年 4 月 15 日，计划竣工日期为 2011 年 8 月 29 日。2011 年 4 月 8 日，监理单位签发《开工令》，2011 年 4 月 9 日，年年兴公司签收该《开工令》。2011 年 5 月 20 日，建设局颁发案涉工程的《建筑工程施工许可证》，载明本案讼争工程开工时间为 2011 年 4 月，竣工时间为 2012 年 12 月。在施工过程中，年年兴公司分别于 2012 年 3 月 16 日、3 月 17 日两次致函鑫洲公司，称因没有做到三通一平致合成车间、化工棚及消防泵房三栋建筑物无法施工，决定终止合成车间、化工棚及消防泵房三栋建筑物的施工。2013 年 3 月 15 日，双方确认解除案涉合同，年年兴公司向鑫洲公司移交施工场地，此时年年兴公司承包的十一栋厂房均未完工。鑫洲公司起诉要求年年兴公司承担无故停工、工期延误的违约责任。年年兴公司辩称，场地未做到三通一平，最后三栋厂房的施工场地还在山体的覆盖下，不具备施工条件，所以工期延误的违约责任应由鑫洲公司承担。

### 法院观点

福建省高级人民法院认为，虽然《建设工程施工合同》《开工令》《开工许可证》均证实现场已经具备施工条件，但是根据年年兴公司提交的《工程联系单》

① 典型案例 73：厦门年年兴建筑工程有限公司与鑫洲科技有限公司建设工程施工合同纠纷案，福建省高级人民法院（2014）闽民终字第 885 号民事判决书。

可以证实，施工现场确实存在爆破、碎石清理、边坡安全、标高与设计不符等问题，影响工程施工。再结合 2012 年 3 月 16 日进度协调会的记录，可以认定前期八栋建筑具备正常施工条件，而后期三栋建筑现场未达到正常施工条件。鉴于年年兴公司已经进入现场施工了一段时间，应当视为其对现场施工条件的认可，现年年兴公司再以现场不符合施工条件为由主张鑫洲公司违约，无法律依据。

## 裁判规则 74

**施工现场具备开工条件，发包人发出开工通知后：因承包人原因导致延误开工的，以开工通知载明的日期作为开工日期；因发包人原因导致延误开工的，以实际开工日期作为开工日期。**

在实践中，施工现场具备开工条件，但由于某一方的原因导致未能实际开工的，如因发包人未取得施工许可证承包人拒绝开工，或因承包人施工组织不力无法开工，应当如何确定开工日期？

施工现场具备开工条件，但承包人在发包人发出开工通知后未能如期开工的，应当根据迟延的原因确定开工日期。《深圳市中级人民法院关于审理建设工程施工合同纠纷案件的指导意见》（2010 年 3 月 9 日）第 9 条后段针对发包人原因规定："发包人签发《开工报告》后，因发包人迟延履行合同约定义务而无法施工的，工期顺延。"《北京市高级人民法院关于审理建设工程施工合同纠纷案件若干疑难问题的解答》（京高法发〔2012〕245 号）第 25 条第 1 款中段针对承包人原因规定："因承包方原因导致实际开工时间推迟的，以开工通知载明的时间为开工日期。"《安徽省高级人民法院关于审理建设工程施工合同纠纷案件适用法律问题的指导意见（二）》（2013 年 12 月 23 日）第 3 条第 2 款则规定："因发包人原因导致延误开工的，以实际开工时间作为开工日期；因承包人原因导致延误开工的，以开工令、开工报告记载的时间作为开工日期。"

据此，在施工现场具备开工条件的情形下，如果是发包人原因（通常表现为未取得施工许可证）导致延误开工的，迟延期间不计入工期，以实际开工日期为准。但需注意的是，取得施工许可证虽系发包人的义务，但该义务的完成需要承包人配合提交法定代表人身份证明、营业执照等材料。故发包人未取得施工许可证的，不能一概认定为发包人责任，还应审查承包人是否有过错；[①] 如果是承包人原因导致延误开工的，则应以开工通知载明的时间作为开工日期。

**典型案例 74**

## 菏泽市海港房地产开发有限公司与菏泽市奔腾建筑工程有限公司建设工程施工合同纠纷案[②]

### 基本案情

2004 年 6 月 30 日，菏泽市怡海房地产开发有限公司（现为菏泽市海港房地产开发有限公司，以下简称怡海公司）与菏泽市奔腾建筑工程有限公司（以下简称奔腾建筑公司）签订《建设工程施工合同》，约定：怡海公司将怡海花园小区 12—17 号、21 号宿舍楼工程发包给奔腾建筑公司；合同工期为 225 天，开工日期为 2004 年 7 月 1 日，竣工日期为 2005 年 2 月 10 日；怡海公司应于合同签订后 10 日内完成图纸会审和设计交底，如未按期履行义务，导致工期延误的，顺延延误的工期；合同签订时，施工场地应已具备施工条件。12 号楼于 2004 年 7 月 1 日开工，2005 年 10 月 30 日竣工；13 号楼于 2004 年 7 月 7 日开工，2005 年 12 月 14 日竣工；14 号楼于 2004 年 7 月 7 日开工，2006 年 1 月 17 日竣工；15 号楼、16 号楼均在 2004 年 10 月 1 日开工，2006 年 1 月 10 日竣工；17 号楼于 2004 年 9 月 15 日开工，2006 年 1 月 23 日竣工；21 号楼于 2004 年 9 月 18 日开工，2006 年 3 月 29 日竣工。2008 年 7 月 14 日，怡海公司诉至法院，要求奔腾建筑公司支付逾期竣工违约金 4,057,087.6 元。奔腾建筑公司辩称，怡海公司组织图纸会审、技术交底的时间迟延，进而导致开工迟延，应顺延相应工期。

### 法院观点

山东省高级人民法院认为，案涉施工合同的签订日期是 2004 年 6 月 30 日。根据合同约定，怡海公司应于合同签订后 10 日内即 2004 年 7 月 10 日前完成图纸会

① 参见李玉生主编：《建设工程施工合同案件审理指南》，人民法院出版社 2019 年版，第 54 页。

② 典型案例 74：菏泽市海港房地产开发有限公司与菏泽市奔腾建筑工程有限公司建设工程施工合同纠纷案，最高人民法院（2017）最高法民再 49 号民事判决书。

审和设计交底。奔腾建筑公司申请从菏泽市城建档案馆调取的案涉工程施工资料载明，12号楼的图纸会审日期是2004年8月7日，14号楼的图纸会审日期是2004年8月10日，16号楼的图纸会审日期是2004年9月18日，21号楼的技术交底日期是2004年9月8日。由此可见，怡海公司存在迟延组织图纸会审和技术交底的行为，故关于涉案工程迟延开工问题，应由怡海公司承担责任，即自合同约定的开工日期至实际开工日期这段时间，应从工期中予以扣除。其中，13号楼应扣除6天（2004年7月1—7日），14号楼应扣除6天（2004年7月1—7日），15号楼应扣除92天（2004年7月1日—10月1日），16号楼应扣除92天（2004年7月1日—10月1日），17号楼应扣除76天（2004年7月1日—9月15日），21号楼应扣除79天（2004年7月1日—9月18日）。①

**裁判规则75**

**施工许可证是对施工行为的行政许可，可作为认定实际开工时间的间接证据。但对开工时间的认定，施工许可证既不具有优先性，更不具有决定性。**

《建筑法》第7条第1款规定："建筑工程开工前，建设单位应当按照国家有关规定向工程所在地县级以上人民政府建设行政主管部门申请领取施工许可证；但是，国务院建设行政主管部门确定的限额以下的小型工程除外。"据此，除小型工程外，未取得施工许可证的建设行为属违法行为。如果建设单位未取得施工许可证，承包人有权拒绝开工，且该期间不应计入工期。

有观点认为，施工许可证是经过当地建设工程主管部门签发的法定文件，具有较高的证明力。在无直接证据证明实际开工时间的情况下，应将施工许可证载明的

① 本案由菏泽市中级人民法院一审，（2008）菏民三初字第38号民事判决书；山东省高级人民法院二审，（2009）鲁民一终字第21号民事判决书；山东省高级人民法院再审，（2011）鲁民再字第23号民事判决书；最高人民法院（因最高人民检察院抗诉）再次再审，（2017）最高法民再49号民事判决书。上述关于开工日期顺延的认定，源于山东省高级人民法院民事判决书，（2009）鲁民一终字第21号。其后，山东省高级人民法院以（2011）鲁民再字第23号民事判决书维持了（2009）鲁民一终字第21号民事判决书。虽然最高人民法院以（2017）最高法民再49号民事判决书改变了（2009）鲁民一终字第21号民事判决书的裁判结果，但并未否定（2009）鲁民一终字第21号民事判决书对开工日期顺延的认定，并依然认定怡海公司组织图纸会审、技术交底的时间迟延。

开工时间列为优先考虑的时间。《深圳市中级人民法院关于审理建设工程施工合同纠纷案件的指导意见》（2010年3月9日）第9条中段规定："如果发包人签发的《开工报告》确认的开工时间早于《施工许可证》确认的开工时间的，则以《施工许可证》确定的开工时间为准。""重庆市五一实业（集团）有限公司与重庆市美盈森环保包装工程有限公司建设工程施工合同纠纷案"[①] 的一审法院也持这一观点。

建筑工程施工许可证是建设行政主管部门颁发给建设单位的准许其施工的凭证，只是表明建设工程符合相应的开工条件，可以开工。但"建筑工程施工许可证反映行政许可关系，其上记载的开工时间并不足以反映施工合同当事人的意思及事实"[②]。实践中，建设工程开工日期早于或者晚于施工许可证记载日期的情形大量存在。如前所述，"实际开工日期是事实问题"，当实际开工日期与施工许可证上记载的日期不一致时，应当以实际开工日期而不是施工许可证上记载的日期作为开工日期。《河北省高级人民法院建设工程施工合同案件审理指南》（冀高法〔2018〕44号）第46条、原《广东省高级人民法院关于审理建设工程合同纠纷案件疑难问题的解答》（粤高法〔2017〕151号）第19条前段均规定：发包人未取得施工许可证，但承包人已实际开工的，应以实际开工之日为开工日期，合同另有约定的除外。换言之，在没有直接证据证明实际开工时间的情况下，可以参考施工许可证载明的开工时间，但施工许可证记载的时间并不具有决定性与优先性，"其不具有高于其他文件如开工报告、施工合同等的证明力"[③]。

需说明的是，虽然取得施工许可证与实际开工日期的认定并无直接联系，但《建筑法》第64条规定："违反本法规定，未取得施工许可证或者开工报告未经批准擅自施工的，责令改正，对不符合开工条件的责令停止施工，可以处以罚款。"据此，如果未取得施工许可证即开工，后因未取得施工许可证被建设行政主管部门责令停止施工的，承包人可要求停工期间工期顺延。《河北省高级人民法院建设工

---

① 参考案例70：重庆市五一实业（集团）有限公司与重庆市美盈森环保装工程有限公司建设工程施工合同纠纷案，重庆市高级人民法院（2016）渝民终454号民事判决书。

② 最高人民法院民事审判第一庭编著：《最高人民法院新建设工程施工合同司法解释（一）理解与适用》，人民法院出版社2021年版，第95页。

③ 最高人民法院民事审判第一庭编著：《最高人民法院新建设工程施工合同司法解释（一）理解与适用》，人民法院出版社2021年版，第28页。

程施工合同案件审理指南》（冀高法〔2018〕44 号）第 46 条、原《广东省高级人民法院关于审理建设工程合同纠纷案件疑难问题的解答》（粤高法〔2017〕151 号）第 19 条后段均规定："因未取得施工许可证而被行政主管部门责令停止施工的，可作为工期顺延的事由。"

**典型案例 75**

## 益阳市资阳商贸投资开发有限公司<br>与湖南顺天建设集团有限公司建设工程施工合同纠纷案①

### 基本案情

2011 年 12 月 21 日，益阳市资阳商贸投资开发有限公司（以下简称资阳商贸公司）与湖南顺天建设集团有限公司（以下简称顺天公司）签订《建设工程施工合同》，约定顺天公司承建益阳大厦改扩建工程二期新建商住楼工程，开工时间为 2012 年 2 月 1 日，自开工日起算，总工期为十三个月。在履行过程中，因案涉工程工期延误，顺天公司未能依约交付案涉工程项目，资阳商贸公司将顺天公司未完成的工程及已完成需要整改部分工程发包给第三人。后资阳商贸公司向法院提起诉讼，要求顺天公司承担工期延误的违约责任。顺天公司抗辩称，工期应从 2012 年 9 月 3 日建设单位取得施工许可、施工行为具备合法性后开始计算。经查，案涉工程于 2012 年 9 月 3 日取得建筑工程施工许可证。

### 法院观点

最高人民法院在再审中认为，开工日期的确定要坚持实事求是的原则，以合同约定及施工许可证记载的日期为基础，综合工程的客观实际情况，以最接近实际进场施工的日期作为开工日期。在本案中，合同约定的开工日期为 2012 年 2 月 1 日，顺天公司提交的经济技术签证资料也能够证明项目自 2012 年 2 月 1 日开工。虽然资阳商贸公司取得施工许可证的日期为 2012 年 9 月 3 日，仍应认定 2012 年 2

① 典型案例 75：益阳市资阳商贸投资开发有限公司与湖南顺天建设集团有限公司建设工程施工合同纠纷案，最高人民法院（2018）最高法民再 442 号民事判决书。

月1日为实际进场施工的日期。至于案涉工程在未取得施工许可证前已经实际施工的问题，不影响对实际开工日期的认定。

## 裁判规则76

**现有证据之间就实际开工日期有矛盾的，应根据建设工程施工合同、施工许可证、开工报告、开工通知、施工中的往来文件、竣工验收报告、竣工验收备案表等证据的证明力大小，推定实际开工日期。**

《建设工程施工合同解释（一）》第8条第3项规定："发包人或者监理人未发出开工通知，亦无相关证据证明实际开工日期的，应当综合考虑开工报告、合同、施工许可证、竣工验收报告或者竣工验收备案表等载明的时间，并结合是否具备开工条件的事实，认定开工日期。"如果开工通知、开工报告、施工许可证、竣工验收报告或者竣工验收备案表等证据记载的开工日期有矛盾的，应当如何认定开工时间？

记载开工日期的证据，主要包括建设工程施工合同、施工许可证、开工报告、开工通知、施工中的往来文件、竣工验收报告、竣工验收备案表。相关证据的证明力不尽相同：（1）开工通知具有较高证明力，如有开工通知且具备开工条件的，通常应当按照开工通知认定开工时间。但开工通知也不具有决定性的效力，如有相反证据足以推翻开工通知的，应当根据实际情况认定开工时间。下述【典型案例76】即为适例。（2）如前所述，施工许可证作为证明开工日期的证据之一，不具有优先性。（3）"施工合同中约定的开工日期是暂定日期。"① 如无证据证明实际开工时间的，可以合同约定的开工日期作为实际开工日期。②《北京市高级人民法院关于审理建设工程施工合同纠纷案件若干疑难问题的解答》（京高法发〔2012〕245号）第25条第1款后段规定："既无开工通知也无其他相关证据能证明实际开工日期的，以施工合同约定的开工时间为开工日期。"《安徽省高级人民法院关于审理建设工程施工合同纠纷案件适用法律问题的指导意见（二）》（2013年12月23日）第3条第3款也规定："既无开工令、开工报告，又无法查明实际

① 最高人民法院民事审判第一庭编著：《最高人民法院新建设工程施工合同司法解释（一）理解与适用》，人民法院出版社2021年版，第94页。

② 参见蓝仑山：《建设工程施工合同法律实务》，法律出版社2010年版，第103页。

开工时间的，依据合同约定的开工日期予以认定。”（4）开工报告记载的开工时间与施工合同较为类似，也是拟开工时间。但因距离实际开工时间更近，故更接近于真实情况。（5）在施工过程中，发包人、监理人和承包人之间因协商相关事宜会形成多份书面文件，如会议纪要、洽商记录等，其中不乏对开工日期的记载，因而也可将其作为确定实际开工日期的重要凭证。[①]（6）竣工验收报告。按照竣工验收报告的格式，应当记载开工时间。且其作为完工后对开工时间的确认，往往较为准确。（7）竣工验收备案表中通常也会记载开工时间。但其记载的开工时间源于对竣工验收报告的抄录，相当于竣工验收报告的传来证据，其证明力弱于竣工验收报告。如果前述证据显示的实际开工日期有矛盾的，就应当根据相关证据的证明力大小进行考察认定。

**典型案例 76**

## 柳州望泰房地产开发有限公司与广西建工集团第五建筑工程有限责任公司建设工程施工合同纠纷案[②]

### 基本案情

广西建工集团第五建筑工程有限责任公司（以下简称广西五建公司）与柳州望泰房地产开发有限公司（以下简称柳州望泰公司）签订《建设工程施工合同》，约定广西五建公司承建案涉工程，开工日期以开工令为准。2010 年 3 月 5 日的监理例会记录载明，“今日是本工程第一次生产前例会，今天定为开工日期”。2010 年 8 月 18 日，开工令发出，其注明的开工时间为 2010 年 8 月 24 日。柳州望泰公司提交的《住宅工程质量逐套验收表》记录的开工日期也是 2010 年 8 月 24 日。2010 年 9 月 3 日广西五建公司的工作会议纪要载明，“截至 2010 年 7 月 31 日止，7 号楼完成五层主体，8 号、9 号、10 号楼要向 7 号楼看齐”。案涉工程于 2013 年 10 月 25 日竣工后，柳州望泰公司提起诉讼，要求广西五建公司承担工期延误的

---

① 参见王毓莹、史智军：《建设工程施工合同纠纷疑难问题和裁判规则解析》，法律出版社 2022 年版，第 141 页。

② 典型案例 76：柳州望泰房地产开发有限公司与广西建工集团第五建筑工程有限责任公司建设工程施工合同纠纷案，最高人民法院（2019）最高法民申 3651 号民事裁定书。

违约责任。针对开工日期，广西五建公司认为，应当以开工令载明的开工日期——2010年8月24日——为开工日期。

**法院观点**

最高人民法院在再审审查中认为，2010年9月3日广西五建公司的工作会议纪要载明，“截至2010年7月31日，7号楼完成五层主体，8号、9号、10号楼要向7号楼看齐”，由此可见，广西五建公司已经于2010年7月31日前进场施工，也即实际开工日期早于开工令载明的开工日期。在此基础上，原审法院根据2010年3月5日监理例会记录“今日是本工程第一次生产前例会，今天定为开工日期”的记载，将实际进场施工日期2010年3月5日确定为涉案工程的开工日期，符合《2018年建工解释》第5条第2项[①]的规定。

### 3.2 竣工日期的认定

竣工日期分为计划竣工日期与实际竣工日期。对实际竣工日期，如果双方签字确认的，以双方确认的日期为准；如果双方未签字确认的，根据《建设工程施工合同解释（一）》第9条的规定，“当事人对建设工程实际竣工日期有争议的，人民法院应当分别按照以下情形予以认定：（一）建设工程经竣工验收合格的，以竣工验收合格之日为竣工日期；（二）承包人已经提交竣工验收报告，发包人拖延验收的，以承包人提交验收报告之日为竣工日期；（三）建设工程未经竣工验收，发包人擅自使用的，以转移占有建设工程之日为竣工日期”。因此，“竣工”不同于“完工”，其在“完工”的基础上，还强调质量确认合格。

**裁判规则77**

**建设工程经竣工验收合格的，应以承包人施工部分整体竣工验收合格之日为竣工日期。但发包人拖延验收或合同另有约定的除外。**

对于经竣工验收合格工程的竣工日期，相关文本的规定不尽一致。《建设工程

① 现《建设工程施工合同解释（一）》第8条第2项。

施工合同解释（一）》第9条第1项规定："建设工程经竣工验收合格的，以竣工验收合格之日为竣工日期。"《建设工程造价鉴定规范》（GB/T 51262-2017）第5.7.3项也规定：鉴定项目经竣工验收合格的，以竣工验收之日为竣工时间。《建设工程施工合同（示范文本）》（GF-2013-0201）与《建设工程施工合同（示范文本）》（GF-2017-0201）均规定：工程经竣工验收合格的，以承包人提交竣工验收申请报告之日为实际竣工日期，并在工程接收证书中载明。前者是以竣工验收合格之日为竣工日期，后者是以承包人提交竣工验收申请报告之日为竣工日期。

鉴于《建设工程施工合同解释（一）》第9条并非强制性规定，根据私法领域意思自治的要求，如果发承包双方采用前述《建设工程施工合同（示范文本）》，或者合同有类似约定的，对经竣工验收合格的工程，应当以承包人提交竣工验收申请报告之日为实际竣工日期。如果承发包双方未采用前述《建设工程施工合同（示范文本）》，合同也无类似约定的，则应按照《建设工程施工合同解释（一）》第9条第1项的规定，以竣工验收合格之日为竣工日期。

需指出的是：首先，如案涉工程存在多次验收（如第一次验收不合格整改后再次验收、又如第一次验收是部分验收而后进行全面验收）的，则应以承包人施工的整体工程最后通过竣工验收的时间为准。下述【典型案例77】即为适例。其次，如果承包人提交竣工验收申请报告后发包人拖延验收的，则应按下述【裁判规则78】处理。最后，对于甩项验收，除发承包双方有特别约定的以外，甩项竣工验收合格的时间即为工程最终竣工验收合格的时间。就此，可参见【裁判规则80】。

**典型案例77**

## 山东锦沧投资有限公司与济南二建集团工程有限公司建设工程施工合同纠纷案①

### 基本案情

2007年2月9日和12日，山东锦沧投资有限公司（以下简称锦沧公司）与济

① 典型案例77：山东锦沧投资有限公司与济南二建集团工程有限公司建设工程施工合同纠纷案，最高人民法院（2013）民申字第2300号民事裁定书。相关案情可参见山东省济南市中级人民法院（2014）济民五终字第679号民事判决书。

南二建集团工程有限公司（以下简称二建公司）签订《建设工程施工合同》，约定二建公司总承包锦沧公司开发的福润康城2号楼及地下车库工程。2008年3月15日，双方签订《工程会议纪要》，将竣工日期确定为2008年6月30日。2010年5月12日，锦沧公司诉至法院，以二建公司迟延至2009年1月9日竣工为由，要求支付逾期竣工违约金1,541,743.83元。二建公司辩称：2号楼已于2008年9月1日经锦沧公司、监理单位、设计单位、二建公司共同验收合格，应以此日期为竣工日期；2号楼和地下车库属两个独立工程，分别结算，故竣工日期也应分别认定。经查，2号楼于2008年9月1日竣工验收后，二建公司对部分分项工程进行了整改，并于2009年1月9日竣工验收合格。2008年10月7日，地下车库工程竣工验收合格。

### 法院观点

最高人民法院在再审审查中认为，《2004年建工解释》第14条第1项①规定，当事人对建设工程实际竣工时间有争议，建设工程经竣工验收合格的，以竣工验收合格之日为竣工日期。在本案中，2号楼存在两份竣工验收报告和一份地下车库工程验收报告，其中两份2号楼竣工验收报告所载明的工程验收项目数量不同，说明两次验收内容并不相同，第一次竣工验收后还有部分工程项目未予验收，这也与第一次竣工验收没有验收地下车库工程的情形相符，即第一次竣工验收报告未包含全部工程项目内容。建设工程竣工验收是对工程的整体验收，在2号楼第二次竣工验收时，地下车库工程已竣工验收，故应以2号楼的第二次验收合格时间——2009年1月9日——为竣工日期。2号楼及地下车库虽分开结算，但属于同一个建设工程施工合同内容，并非两个完全独立的工程，故竣工日期应一并计算。

## 裁判规则78

**承包人提交竣工验收报告后发包人拖延验收的，根据“不正当阻止条件成就视为条件已成就”规则，以承包人提交验收报告之日为竣工日期。但工程经竣工验收不合格或承包人提交的竣工验收报告不满足规范要求的除外。**

① 现《建设工程施工合同解释（一）》第9条第1项。

对承包人已经提交竣工验收报告但发包人拖延验收的情形，《建设工程施工合同（示范文本）》（GF－2013－0201）与《建设工程施工合同（示范文本）》（GF－2017－0201）均规定：因发包人原因，未在监理人收到承包人提交的竣工验收申请报告42天内完成竣工验收，或完成竣工验收不予签发工程接收证书的，以提交竣工验收申请报告的日期为实际竣工日期。《建设工程施工合同解释（一）》第9条第2项也规定："承包人已经提交竣工验收报告，发包人拖延验收的，以承包人提交验收报告之日为竣工日期。"据此，如果发包人未在合同约定时间内组织验收的，则以承包人提交验收报告之日为竣工日期。就此，除下述【典型案例78】外，还可参见"绍兴康可胶囊有限公司与新昌县金城建设发展有限公司建设工程施工合同纠纷案"①。

上述规则的法理依据是"不正当阻止条件成就视为条件已成就"，即《民法典》第159条。至于判定"发包人拖延验收"的时间标准，合同有约定的从约定，合同无约定的，参照《建设工程施工合同（示范文本）》（GF－2017－0201）第13.2.3条规定，应为自监理人收到承包人提交的竣工验收申请报告42天内。

这一规则存在如下例外：第一，虽然承包人已经提交竣工验收报告，且发包人拖延验收，但其后的验收表明工程质量不合格需要返工的，则不能以承包人首次提交验收报告之日为竣工日期。《福建省高级人民法院关于审理建设工程施工合同纠纷案件疑难问题的解答》（2007年11月22日）第13条即规定："最高人民法院《关于审理建设工程施工合同纠纷案件适用法律问题的解释》第十四条第（二）项规定的'承包人已经提交竣工验收报告，发包人拖延验收的，以承包人提交验收报告之日为竣工日期'是指工程经竣工验收合格的情形。发包人拖延验收，而验收的工程质量不合格，经修改后才通过竣工验收，当事人对建设工程实际竣工日期有争议的，以承包人修改后提请发包人验收之日作为竣工日期。但在计算承包人的实际施工工期时，应当扣除发包人拖延验收的期间。"也就是说，因发包人拖延验收而以承包人提交验收报告之日为竣工日期，有一个前提，即承包人申请验收的工程应当是质量合格的工程。就此，可参见"浙江亚厦幕墙有限公司与浙江米兰房

---

① 参考案例71：绍兴康可胶囊有限公司与新昌县金城建设发展有限公司建设工程施工合同纠纷案，浙江省绍兴市中级人民法院（2016）浙06民终3615号民事判决书。

地产开发有限公司建设工程施工合同纠纷案”①。第二，承包人提交竣工验收申请报告时，应当同时提交必要的技术资料及有关质量证明文件。如果承包人提交的技术资料、质量证明文件不完整，构成竣工验收的实质性障碍的，则不满足竣工验收的条件，也就不应以承包人提交竣工验收报告之日为竣工日期。

**典型案例78**

## 许道军与四川省广安嘉铭房地产开发有限公司等建设工程施工合同纠纷案②

### 基本案情

2013年6月26日，四川省广安嘉铭房地产开发有限公司（以下简称嘉铭公司）与重庆六建签订《建设工程施工承包合同》，约定重庆六建承建广安市广安区南城印象建设工程。合同签订后，许道军组织施工。2016年3月23日、2016年6月1日，许道军以重庆六建名义两次向嘉铭公司提交竣工验收申请。2016年10月15日，嘉铭公司组织相关单位进行竣工验收，确认工程质量合格并交付嘉铭公司使用。后许道军诉至法院，要求支付工程款48,843,095元及资金占用利息；嘉铭公司提起反诉，要求许道军赔偿工期延误损失。

### 法院观点

针对竣工日期的确定，一审法院（广安市中级人民法院）认为，嘉铭公司于2016年3月23日、2016年6月1日两次收到重庆六建提交的竣工验收申请后，无故拖延验收，根据《2004年建工解释》第14条第2项的规定，应当以最后一次提交竣工验收申请的2016年6月1日为竣工日期。二审法院（四川省高级人民法院）认为，嘉铭公司在收到竣工验收申请后，未举证证明其作出相应回应，也未作出其

---

① 参考案例72：浙江亚厦幕墙有限公司与浙江米兰房地产开发有限公司建设工程施工合同纠纷案，浙江省绍兴市中级人民法院（2013）浙绍民终字第905号民事判决书。

② 典型案例78：许道军与四川省广安嘉铭房地产开发有限公司等建设工程施工合同纠纷案，四川省高级人民法院（2020）川民终506号民事判决书、最高人民法院（2021）最高法民申3528号民事裁定书。

他合理解释，嘉铭公司无故拖延验收，竣工时间应以嘉铭公司提交申请的2016年3月23日确定。一审法院认定以最后一次提交竣工验收申请的2016年6月1日为竣工日期，对嘉铭公司更为有利，许道军对此予以确认，未就此提起上诉。在再审审查中，最高人民法院也认为，重庆六建于2016年3月23日、2016年6月1日两次向嘉铭公司提交验收申请，嘉铭公司收到后未举证证明其作出相应回应，存在拖延验收情况。根据《2004年建工解释》第14条的规定，重庆六建首次提交竣工验收申请之日即2016年3月23日应为竣工日期。因许道军、重庆六建对一审法院确认的竣工日期为2016年6月1日并未提起上诉，应视为其对权利的处分，二审法院确定竣工日期为2016年6月1日并无不当。

## 裁判规则79

**建设工程未经竣工验收，但发包人实际使用的，以发包人实际使用之日为竣工之日。发包人分批投入使用的，则应根据实际使用时间分别确定竣工之日。**

《建设工程施工合同解释（一）》第9条第3项规定："建设工程未经竣工验收，发包人擅自使用的，以转移占有建设工程之日为竣工日期。"原《建设工程施工合同（示范文本）》（GF-2013-0201）及《建设工程施工合同（示范文本）》（GF-2017-0201）第13.2.3项后段的规定与此相同。《建设工程造价鉴定规范》（GB/T 51262-2017）第5.7.3项也规定："……鉴定项目未经竣工验收，未经承包人同意而发包人擅自使用的，以占有鉴定项目之日为竣工时间。"

上述规定的理据在于，发包人实际使用后，现实意义上的交付已经完成，承包人对工程不再负有继续建设和看管等义务，工程发生意外风险的责任将转移由发包人承担。在此基础上，以建设工程转移占有之日为竣工日期较为适宜。① 需注意的是：如发包人只使用部分工程的，则将实际使用之日认定为竣工之日的工程，应限于发包人实际使用的工程，而不及于其他工程；如发包人是分批投入使用的，则应根据每一批次的实际使用时间分别确定竣工之日。

---

① 参见最高人民法院民事审判第一庭编著：《最高人民法院新建设工程施工合同司法解释（一）理解与适用》，人民法院出版社2021年版，第106页。

典型案例 79

## 北京市建筑装饰设计工程有限公司与周口欣欣置业有限公司装饰装修合同纠纷案[①]

### 基本案情

2005年3月26日，北京市建筑装饰设计工程有限公司（以下简称北京装饰公司）与周口欣欣置业有限公司（以下简称周口欣欣公司）签订《建设工程施工合同》，约定：由北京装饰公司承包周口欣欣公司位于河南省项城市西大街与团结路交叉口的德银购物广场二次精装修工程；开工日期为2005年3月28日；1层、2层、3层商场于2005年8月26日完工，宾馆大堂、4层餐饮娱乐部分及5层、6层客房于9月19日完工。德银购物广场1层、2层、3层于2005年12月29日竣工，周口欣欣公司于同年12月30日未经验收即投入使用；4层、5层、6层分别于2006年10月10日、10月29日、12月29日竣工，周口欣欣公司亦未经验收即已使用。在工程完工后，北京装饰公司向法院提起诉讼，要求周口欣欣公司支付工程款。

### 法院观点

最高人民法院认为，本案所涉工程竣工后，未经验收，周口欣欣公司即提前使用。其中，德银购物广场1—3层于2005年12月30日投入使用，4层、5层、6层分别于2006年10月10日、10月29日、12月29日竣工即已使用。根据《2004年建工解释》第14条第3项规定，应以转移占有建设工程之日为竣工日期。因此，应认定本案所涉工程属于竣工合格工程，且竣工日期应为周口欣欣公司开始使用之日。该建筑装修后，最后一层投入使用的时间是2006年12月29日，该日期应为整个工程的竣工日期。

① 典型案例79：北京市建筑装饰设计工程有限公司与周口欣欣置业有限公司装饰装修合同纠纷案，最高人民法院（2013）民提字第128号民事判决书。

## 裁判规则80

**建设工程实行甩项竣工的，应当以甩项竣工之日作为承包人在建设工程施工合同项下的竣工日期。但甩项竣工协议另有约定的除外。**

《建设工程施工合同（示范文本）》（GF-2017-0201）第14.3款载明，“发包人要求甩项竣工的，合同当事人应签订甩项竣工协议。在甩项竣工协议中应明确，合同当事人按照第14.1款〔竣工结算申请〕及第14.2款〔竣工结算审核〕的约定，对已完合格工程进行结算，并支付相应合同价款”。所谓甩项，是指因急于交付使用某个单位工程，把按照施工图要求还没有完成的某些工程细目甩下，而对整个单位工程先行验收。其甩下的工程细目，称甩项工程。[①] 有疑问的是，在甩项验收的情况下，应当如何认定工程的竣工日期？

需明确的是，甩项工程中有些是漏项工程，或者是由于缺少某种材料、设备而导致的未完工程，有些是在验收过程中检查出来的需要返工或进行修补的工程。甩项竣工必须以完成主体结构工程为前提，且已完成工程具备单位工程使用功能。因此，甩项工程应是零星工程、辅助性工程，不应包括主体结构和重要的功能和设备工程。

“甩项竣工属于合同的重大变更。”[②] 对甩项工程的处理有三种模式：一是发包人将甩项工程交第三人施工或自己施工完成，二是甩项工程不再施工，三是甩项工程的后续施工仍应由承包人负责完成。在第一种、第二种模式下，承包人的承包范围不再包括甩项工程，自然应当以甩项竣工之日作为承包人的竣工日期。在第三种模式下，承包人的施工范围未发生变化，但被切分为两个部分：第一个部分是因甩项而已竣工部分，第二个部分是甩项工程。由于甩项竣工的目的在于让工程提前通过竣工验收，进而使发包人可以提前使用该工程，否则甩项就没有意义。既然发包人已经提前使用工程，也就应当以甩项竣工之日作为承包人的竣工日期。

---

① 参见《建设工程施工合同（示范文本）GF-2017-0201使用指南》编委会编著：《建设工程施工合同（示范文本）GF-2017-0201使用指南》，中国建筑工业出版社2018年版，第228页。

② 《建设工程施工合同（示范文本）GF-2017-0201使用指南》编委会编著：《建设工程施工合同（示范文本）GF-2017-0201使用指南》，中国建筑工业出版社2018年版，第228页。

当然，如果发承包双方签订甩项竣工协议，约定甩项竣工验收之日只是作为通过竣工验收部分的竣工日期，整体工程的竣工日期仍需以甩项工程完成之日为准，则应当遵循当事人的约定。

**典型案例 80**

## 北京市第三建筑工程有限公司与芜湖东方雨虹建筑材料有限公司建设工程施工合同纠纷案①

### 基本案情

2016年10月30日、2017年1月20日，芜湖东方雨虹建筑材料有限公司（以下简称东方雨虹公司）先后与北京市第三建筑工程有限公司（以下简称北京三建公司）签订两份《建设工程施工合同》，将东方雨虹公司新型建筑防水、防腐和保温材料生产研发项目一期一标段、一期二标段交由北京三建公司承建。2017年7月19日，双方签订《补充协议》，变更前述两份《建设工程施工合同》约定的工期，将厂房完工日期变更为2017年7月31日，将总完工日期变更为2017年10月15日。2017年8月1日，双方又签订《补充协议》（附件），就当时的施工界面进行划分，对北京三建公司部分未施工项目约定由东方雨虹公司自理，同时对北京三建公司应完成的施工界面进行了确定，并在该协议后附《各分包单位需要从北京三建公司内扣除的费用表》《北京三建公司工程未做项确认单》。2018年5月15日，案涉一期两标段工程完工。《单位（子单位）工程质量竣工验收记录》载明，竣工日期为2018年5月15日，但未载明验收日期。2018年9月18日，主门卫室、危废仓库、智能仓库经竣工验收合格。后东方雨虹公司提起诉讼，称案涉工程于2018年9月18日竣工，北京三建公司应承担工期延误违约金5978万元。北京三建公司认为，案涉工程存在诸多甩项，应当以2017年10月15日（综合楼作为最后施工项目的移交时间）为竣工时间。

① 典型案例80：北京市第三建筑工程有限公司与芜湖东方雨虹建筑材料有限公司建设工程施工合同纠纷案，最高人民法院（2021）最高法民终643号民事判决书。

**法院观点**

一审法院（安徽省高级人民法院）认为，根据双方约定，案涉工程应于 2017 年 10 月 15 日完工。案涉工程虽于 2018 年 9 月 18 日竣工验收，但《单位（子单位）工程质量竣工验收记录》记载的案涉工程一期两标段工程均于 2018 年 5 月 15 日完工，结合北京三建公司提交的《工程移交单》，案涉项目部分工程已于 2017 年 5 月至 10 月移交东方雨虹公司，故应确认北京三建公司对案涉工程的完工日期为 2018 年 5 月 15 日。据此，北京三建公司延误工期 210 天。在二审中，最高人民法院也认为，《补充协议》约定的 2017 年 10 月 15 日是工程总体完工时间。建设单位、监理单位、施工单位、设计单位、勘察单位及相关人员共同签章确认的《单位（子单位）工程质量竣工验收记录》载明，竣工日期为 2018 年 5 月 15 日。因此，原审法院认定北京三建公司完工时间为 2018 年 5 月 15 日，并无不当。

## 3.3 工期的索赔

根据计划开工日期与计划竣工日期计算出的工期总日历天数为计划工期，该工期是衡量工程是否如期竣工的标准。根据实际开工日期与实际竣工日期计算出的工期总日历天数为承包人完成工程的实际工期。将实际工期与计划工期相比，即可确定工期提前或延误天数。构成工期延误的，就会触发工期索赔。站在主体的角度，工期索赔，既包括发包人对承包人迟延竣工的索赔，也包括承包人对发包人工期延长的索赔。其中，承包人对发包人的索赔，既包括在施工过程中因发包人或自然条件等原因导致工期延误的，有权要求顺延工期，还包括要求发包人赔偿因工期延长导致的损失。站在证明责任分配的角度，“相较于承包人向发包人以工期延误为由进行索赔所需承担的举证责任，发包人主张索赔仅需证明承包人在客观上未能按照约定的工期节点完成相应施工任务，承包人如未能进一步提供证据证明并不存在工期延误或导致工期延误的主体并非己方，则一般需承担工期延误责任”①。

① 袁华之、邱闯主编：《建设工程工期争议解决指引》，法律出版社 2021 年版，第 188 页。

## 裁判规则81

**建设工程施工合同约定的工期是否少于合理工期，应当根据承包人完成该项工程所需个别工期进行判断，并由承包人承担其个别工期的证明责任。**

工期，是指合同中约定的承包人完成工程所需的期限，包括按照合同约定所作的期限变更。[①] 针对建设工程施工合同约定的工期，《建设工程质量管理条例》第10条第1款规定："建设工程发包单位不得迫使承包方以低于成本的价格竞标，不得任意压缩合理工期。"如果施工合同压缩合理工期的，《八民会纪要（民事部分）》（法〔2016〕399号）第30条规定："……当事人违反工程建设强制性标准，任意压缩合理工期、降低工程质量标准的约定，应认定无效。对于约定无效后的工程价款结算，应依据建设工程施工合同司法解释的相关规定处理。"有疑问的是，应当按什么标准评判是否构成"任意压缩合理工期"？

需要明确的是，合理工期不等于定额工期。2016年7月26日，住建部发布了《建筑安装工程工期定额》（TY 01-89-2016），针对民用建筑工程、工业及其他建筑工程、构筑物工程、专业工程，区分Ⅰ、Ⅱ、Ⅲ类地区，分别确定了定额工期。但与工程造价定额相同，工期定额不具有强制适用性，且"多数建筑施工企业均能够在定额工期内完成工程建设任务，并且存在或多或少的余量"[②]。因此，合理工期不等于定额工期。

从建设行政主管部门的规定与实务中的多数观点来看，一般主张以定额工期为基础，确定一定比例下浮，比例范围内的为合理工期，超过这一比例的，则属于任意压缩合理工期。[③] 如北京市住建委《关于执行2018年〈北京市建设工程工期定额〉和2018年〈北京市房屋修缮工程工期定额〉的通知》（京建法〔2019〕4号）第3条要求："发包人压缩定额工期的，应提出保证工程质量、安全和工期的具体

① 参见《建设工程施工合同（示范文本）》（GF-2017-0201）第1.1.4.3条。

② 周利明：《解构与重塑：建设工程合同纠纷审判思维与方法》，法律出版社2019年版，第591页。

③ 参见周利明：《解构与重塑：建设工程合同纠纷审判思维与方法》，法律出版社2019年版，第592页。

技术措施，并根据技术措施测算确定发包人要求工期。压缩定额工期的幅度超过10%（不含）的，应组织专家对相关技术措施进行合规性和可行性论证，并承担相应的质量安全责任。”《建设工程工程量清单计价规范》（GB50500－2013）第9.11.1项规定：“招标人应依据相关工程的工期定额合理计算工期，压缩的工期天数不得超过定额工期的20%，超过者，应在招标文件中明示增加赶工费用。”还有观点认为，合同工期少于定额工期的30%以上的为“压缩的合理工期”。[①]《福建省高级人民法院当前我省涉建工纠纷审判调研　问答·案例·白皮书》（2022年9月）第38条第2款规定：“一般来说，压缩的工期幅度最多不超过定额工期的30%，超过30%的，视为任意压缩合理工期。”也有观点认为，临界工期是在安全质量允许的情况下的最短工期，因此应当按照临界工期确定合理工期。其中，住宅工程＝定额总工期×80%，高层建筑工程＝定额总工期×75%，一般框架、工业厂房等其他工程＝定额总工期×80%。[②]

上述规定与有些观点提出的下浮比例不尽一致，且差距较大（如10%与30%）。尤为重要的是，《建设工程工程量清单计价规范》（GB50500－2013）虽提出了20%这一比例，但同时表示该问题可以通过“增加赶工费用”解决，也就意味着少于定额工期20%依然可以按期完工，无须认定约定工期无效。实际情况也是如此，绝大多数工期问题都可以通过合理的赶工措施解决，只不过承包人会因此增加成本。但承包人在自愿的基础上与发包人确定工期，理应承担由此增加的成本。鉴于此，这一问题可以参照“中标价低于成本价”的裁判规则。也就是说，建设工程所需合理工期，应当根据承包人自身情况分别判断。承包人主张约定工期少于合理工期的，应当举证证明其自身完成该项工程所需合理工期。当然，如承包人确实举证证明合同约定工期严重少于完成该项工程所需的个别工期的，可对约定工期适当予以调整。[③]

---

① 参见谢勇：《建设工程施工合同案件裁判规则解析》，中国法制出版社2020年版，第204页。还可参见王毓莹、史智军：《建设工程施工合同纠纷疑难问题和裁判规则解析》，法律出版社2022年版，第70页。

② 参见谢勇：《建设工程施工合同案件裁判规则解析》，中国法制出版社2020年版，第204页。

③ 参见杨心忠等：《建设工程合同纠纷裁判思路》，法律出版社2014年版，第142页。

典型案例 81

## 中建三局第一建设工程有限责任公司与南宁金胤房地产有限责任公司等建设工程施工合同纠纷案①

### 基本案情

2009 年 10 月 10 日，南宁金胤房地产有限责任公司（以下简称金胤公司）与中建三局第一建设工程有限责任公司（以下简称中建三局）签订《建设工程施工合同》，约定中建三局承建南宁市龙胤·凤凰城二期工程，开工日期暂定为 2009 年 11 月 15 日，竣工日期暂定为 2011 年 6 月 17 日，合同总工期不超过 580 日历天。工程于 2012 年 1 月 17 日竣工后，金胤公司提起诉讼，要求中建三局支付工期延误违约金 35, 195, 860 元。中建三局抗辩称，《建设工程施工合同》中的工期条款违反现行法“不得任意压缩合理工期”的强制性规定，应属无效。经查，实际施工工期为 794 天，施工中应顺延的工期为 48.5 天。经鉴定，按照《全国统一建筑安装工程工期定额》等规定计算，案涉工程所需定额工期为 1182 天。

### 法院观点

最高人民法院认为：一方面，定额工期通常依据施工规范、典型工程设计、施工企业的平均水平等多方面因素制定，虽具有合理性，但在实际技术专长、管理水平和施工经验方面存在差异的情况下，并不能完全准确反映不同施工企业在不同工程项目中的合理工期。另一方面，中建三局作为大型专业施工企业，基于对自身施工能力及市场等因素的综合考量，经与金胤公司平等协商，在《建设工程施工合同》中约定 580 日历天的工期条款，系对自身权利的处分，亦为其真实意思表示，在无其他相反证据证明的情况下，不能当然推定金胤公司迫使其压缩合理工期。本案中，合同约定工期为 580 日历天，中建三局共逾期 214 天，扣除 48.5 天的合理顺延工期，实际逾期 165.5 天，应承担相应的违约责任。

---

① 典型案例 81：中建三局第一建设工程有限责任公司与南宁金胤房地产有限责任公司等建设工程施工合同纠纷案，最高人民法院（2018）最高法民再 163 号民事判决书。

## 裁判规则82

**承包人要求发包人顺延工期、赔偿停窝工损失、因工期延长导致的材料价差损失等，发包人要求承包人承担工期延误的赔偿责任，均属于工期索赔的范畴。**

“工期索赔”这一表述，易让人陷入“因工期问题导致的损失赔偿”的认识误区。事实上，无论从《建设工程施工合同（示范文本）》（GF-2017-0201）第19.1款“承包人的索赔”、第19.3款“发包人的索赔”来看，还是从《建设项目工程总承包合同（示范文本）》（GF-2020-0216）第19.1款的“索赔的提出”来看，工期索赔的主体包括承包人与发包人，索赔的内容既包括费用的赔偿，也包括时间的赔偿（工期的顺延），但仅适用于承包人。下述【典型案例82】即同时包含了工期索赔的三种形态：一是发包人对承包人的费用索赔，二是承包人对发包人的费用索赔，三是承包人对发包人的时间索赔（工期顺延9.5个月）。

对承包人而言，工期索赔包括两个方面：一是顺延工期。对于非因承包人原因的迟延开工、停工，承包人有权要求顺延工期，以避免承担逾期竣工的违约责任。一方面，发包人导致迟延开工、停工的，应顺延工期；另一方面，发承包双方之外的客观原因导致的迟延开工、停工，如相关职能部门要求暂停施工、停水停电导致无法施工，也应计入可扣除工期之内。① 在实务中，承包人的时间索赔，通常表现为对发包人主张工期延误费用索赔的抗辩，下述【典型案例82】即是如此。二是赔偿损失。对非承包人原因导致的实际工期超过约定工期的，要求发包人赔偿因工期延长导致的停工损失、窝工损失、资金占用损失等。② 如承包人在合同约定的时间已经准备好人员、机具，但因发包人的原因造成承包人不能进场施工的，承包人可以主张人工、机具等的损失。“包括停工、窝工、倒运、机械设备调迁、材料和构件积压所造成的损失和实际发生的费用。”③合同约定了其他违约责任的，发包人

① 参见杨心忠等：《建设工程合同纠纷裁判思路》，法律出版社2014年版，第153页。

② 参见最高人民法院民事审判第一庭编著：《最高人民法院新建设工程施工合同司法解释（一）理解与适用》，人民法院出版社2021年版，第113页。

③ 杨心忠等：《建设工程合同纠纷裁判思路》，法律出版社2014年版，第152页。

还应当按照合同约定承担违约责任。①

对发包人而言，工期索赔仅限于因承包人原因导致实际工期超过约定工期的情形，其有权要求承包人对工期延长造成的损失进行赔偿。损失赔偿的范围，既包括发包人因建设工程无法按时投入使用导致的使用利益损失，也包括发包人无法按时向第三人交付工程进而对第三人承担赔偿责任而遭受的损失。

**典型案例82**

## 南通四建集团有限公司与上海万居德实业有限公司建设工程施工合同纠纷案②

### 基本案情

2012年6月27日，上海万居德实业有限公司（以下简称万居德公司）与南通四建集团有限公司（以下简称南通四建）签订《建设工程施工合同》，约定南通四建承建万居德项目（三期）A标段建安工程，工期为2012年7月18日至2013年9月30日。工程于2012年9月5日开工、2014年年底竣工。后南通四建诉至法院，要求万居德公司承担工期延误导致的损失。万居德公司提出反诉，要求南通四建支付工期延误罚金18,375,400元。在诉讼中，经鉴定，因万居德公司变更屋面做法、外墙装饰面做法，导致脚手架延后落地9.5个月，工期延误损失共计5,596,299元。

### 法院观点

最高人民法院认为：第一，由于万居德公司变更屋面和外墙装饰面做法等原因，致使脚手架拆除延后长达9.5个月之久，必然导致工期顺延，由此给南通四建造成的窝工损失，万居德公司应负赔偿责任。第二，导致工期延后的另一原因是双

① 参见肖峰、严慧勇、徐宽宝：《〈关于审理建设工程施工合同纠纷案件适用法律问题的解释（二）〉解读与探索》，载《法律适用》2019年第7期。

② 典型案例82：南通四建集团有限公司与上海万居德实业有限公司建设工程施工合同纠纷案，上海市高级人民法院（2018）沪民终44号民事判决书、最高人民法院（2019）最高法民申2995号民事裁定书。

方对甲定乙购材料的品牌、价格等无法达成一致，对此双方均负有责任。原判在综合脚手架拆除时间先后、双方定价争议等因素后，酌情减免万居德公司20%窝工损失赔偿责任，处理并无不当。第三，工期顺延的天数不应认定为南通四建逾期完工的天数。

## 裁判规则83

**发包人批准承包人编制的施工进度计划，该进度计划滞后于建设工程施工合同约定工期的，不能视为发包人同意承包人变更或顺延工期。**

《建设工程施工合同（示范文本）》（GF-2017-0201）第7.2.1项“施工进度计划的编制”载明，“承包人应按照第7.1款〔施工组织设计〕约定提交详细的施工进度计划，施工进度计划的编制应当符合国家法律规定和一般工程实践惯例，施工进度计划经发包人批准后实施。施工进度计划是控制工程进度的依据，发包人和监理人有权按照施工进度计划检查工程进度情况”。如发包人批准承包人编制的施工进度计划，该进度计划滞后于施工合同约定工期的，能否视为对工期的变更？

在“北京正实同创环境工程科技有限公司与宁夏泰益欣生物科技有限公司建设工程施工合同纠纷案”① 中，承包人向监理单位报送的施工方案中，计划完工时间（2015年8月底）晚于合同约定的完工时间（2015年7月31日前），监理单位签字同意，发包人也在2015年9月30日给承包人的告知函中予以确认。一审法院（宁夏回族自治区高级人民法院）与二审法院（最高人民法院）均据此认定，双方对项目投资建设的工期进行了变更。滨州市滨城区人民法院在“滨州市星光房地产开发有限公司与中天建设集团有限公司建设工程施工合同纠纷案”② 中也持这一观点。

但是，《建设工程施工合同（示范文本）》（GF-2017-0201）第7.2.2项“施

① 参考案例73：北京正实同创环境工程科技有限公司与宁夏泰益欣生物科技有限公司建设工程施工合同纠纷案，最高人民法院（2020）最高法民终441号民事判决书。

② 参考案例74：滨州市星光房地产开发有限公司与中天建设集团有限公司建设工程施工合同纠纷案，山东省滨州市滨城区人民法院（2018）鲁1602民初1163号民事判决书。

工进度计划的修订”明确，“施工进度计划不符合合同要求或与工程的实际进度不一致的，承包人应向监理人提交修订的施工进度计划，并附具有关措施和相关资料，由监理人报送发包人。除专用合同条款另有约定外，发包人和监理人应在收到修订的施工进度计划后7天内完成审核和批准或提出修改意见。发包人和监理人对承包人提交的施工进度计划的确认，不能减轻或免除承包人根据法律规定和合同约定应承担的任何责任或义务”。《建设项目工程总承包合同（示范文本）》（GF-2020-0216）第8.4.3项第2目也载明，“除专用合同条件另有约定外，工程师应在收到修订的项目进度计划后14天内完成审批或提出修改意见，如未按时答复视作已批准承包人修订后的项目进度计划。工程师对承包人提交的项目进度计划的确认，不能减轻或免除承包人根据法律规定和合同约定应承担的任何责任或义务”。第3目载明，“除合同当事人另有约定外，项目进度计划的修订并不能减轻或者免除双方按第8.7款［工期延误］、第8.8款［工期提前］、第8.9款［暂停工作］应承担的合同责任”。

前述两个示范文本之所以规定发包人对施工进度计划的批准不能视为发包人同意承包人变更或顺延工期，其理由在于，“鉴于按照合同约定完工是承包人的主要义务之一，因此发包人同意承包人所提出的经修订的施工进度的，并不减轻或免除承包人应当承担的责任和义务，承包人不能以发包人的同意作为免责的理由，不能以此认定合同当事人对于合同工期进行了变更”①。“发包人和工程师对修改后的项目进度计划的审查和确认，更多的是从工期管理角度出发的程序上的权利，其审查和确认不应减轻和免除承包人对工期所应承担的责任和义务，也不能因此视为双方通过施工进度计划对合同约定的工期进行了变更。”② 质言之，变更施工合同约定工期，须发承包双方有明示的意思表示。如果承包人编制的施工进度计划滞后于建设工程施工合同约定工期的，即便发包人批准了该施工进度计划，也不能视为发包人同意承包人变更或顺延工期。就此，除下述【典型案例83】外，还可参见“苏州马培德办公用品制造有限公司与中国建筑一局（集团）有限公司建设工程施工

① 《建设工程施工合同（示范文本）GF-2017-0201使用指南》编委会编著：《建设工程施工合同（示范文本）GF-2017-0201使用指南》，中国建筑工业出版社2018年版，第131页。

② 曹珊主编：《建设项目工程总承包合同（示范文本）（GF-2020-0216）使用指南》，中国建筑工业出版社2021年版，第256页。还可参见曹文衔、宿辉、曲笑飞：《民法典建设工程合同章条文释解与司法适用》，法律出版社2021年版，第235页。

合同纠纷案”①。

典型案例 83

## 泰州三福船舶工程有限公司与陕西建工集团机械施工有限公司建设工程施工合同纠纷案②

### 基本案情

2008年1月16日，泰州三福船舶工程有限公司（以下简称三福公司）与陕西建工集团机械施工有限公司（以下简称陕西建工）订立《分段车间桩基工程施工合同书》，约定陕西建工承建三福公司的分段车间桩基工程，合同工期为2008年1月20日前桩机进场施工，2008年4月20日前竣工。合同订立后，陕西建工依约进场施工，但至2008年4月20日，分段车间工程未能竣工。2008年6月21日，双方签署《备忘录》，约定：三福公司同意陕西建工按2008年6月21日提交的《分段车间25—40轴线进度计划》《配套库桩基工程承台分项月进度计划（6月份）》赶工，并对工程款的支付、工程材料的供给进行部分调整；对于承包人造成的工期延误，承包人按10,000元/天向发包人支付逾期违约金。如果发包人不能及时付款，工期顺延。《分段车间25—40轴线进度计划》《配套库桩基工程承台分项月进度计划（6月份）》载明，分段车间工程承台7月15日完成浇筑。案涉工程于2008年8月22日竣工验收合格后，三福公司诉至法院，要求陕西建工赔偿工期延误损失。陕西建工辩称，根据《备忘录》的约定，分段车间的竣工时间已由原来的4月20日变更为7月15日，故不存在延期。

### 法院观点

江苏省高级人民法院认为，在分段车间桩基工程施工过程中，陕西建工一直存在人力不足、施工迟延的问题。在此背景下，三福公司于6月21日和陕西建工签

① 参考案例75：苏州马培德办公用品制造有限公司与中国建筑一局（集团）有限公司建设工程施工合同纠纷案，苏州市中级人民法院（2015）苏中民终字第04628号民事判决书。

② 典型案例83：泰州三福船舶工程有限公司与陕西建工集团机械施工有限公司建设工程施工合同纠纷案，江苏省高级人民法院（2012）苏民终字第0057号民事判决书。

订《备忘录》，同意陕西建工按其提交的进度计划赶工，并对工程款支付、工程材料供给进行了部分调整，同时约定对于承包人造成的工程延误，承包人按10,000元/天向发包人支付逾期违约金。从该备忘录的签订背景和约定内容看，双方仅是对陕西建工已经构成施工迟延的情况下如何赶工进行的协商，约定的主要内容是赶工进度计划，并非对合同约定工期的变更。因三福公司并未在备忘录中明确表示放弃追究陕西建工之前工期迟延的违约责任，故备忘录中10,000元/天的违约金约定只能视为对承包人违反赶工进度计划的违约责任的约定，而不能认定为三福公司放弃追究违约责任。据此，陕西建工关于《备忘录》延长了合同工期的理由不能成立。

## 裁判规则84

**在施工过程中，因发包人迟延检查隐蔽工程、未按约履行相应义务、工程质量鉴定、设计变更、不可抗力、不利物质条件、异常恶劣的气候条件等原因，导致工期延长或停窝工的，承包人有权要求顺延工期。**

在建设工程施工合同履行过程中，承包人负按期完工的法律责任。但因发包人或自然条件等原因导致工期延误的，承包人有权要求顺延工期。实践中常见的导致工期顺延的情形，主要包括：

一是发包人迟延检查隐蔽工程。《民法典》第798条规定："隐蔽工程在隐蔽以前，承包人应当通知发包人检查。发包人没有及时检查的，承包人可以顺延工程日期，并有权请求赔偿停工、窝工等损失。"

二是发包人未按约履行相应义务。《民法典》第803条规定："发包人未按照约定的时间和要求提供原材料、设备、场地、资金、技术资料的，承包人可以顺延工程日期，并有权请求赔偿停工、窝工等损失……"《建设工程施工合同（示范文本）》（GF-2017-0201）第7.5.1项载明："在合同履行过程中，因下列情况导致工期延误和（或）费用增加的，由发包人承担由此延误的工期和（或）增加的费用，且发包人应支付承包人合理的利润：（1）发包人未能按合同约定提供图纸或所提供图纸不符合合同约定的；（2）发包人未能按合同约定提供施工现场、施工条件、基础资料、许可、批准等开工条件的；（3）发包人提供的测量基准点、基准线和水准点及其书面资料存在错误或疏漏的；（4）发包人未能在计划开工日期之日起7天内同意下达开工通知的；（5）发包人未能按合同约定日期支付工程预付款、进度款或竣工结算款的；（6）监理人未按合同约定发出指示、批准等文件的；（7）专用合同条款中约定的其他情形。"①在"重庆市凌志装饰设计工程有限公司与贵州恒鑫硕泰置业有限公司建设工程施工合同纠纷案"②中，最高人民法院即认为，发包人迟延支付工程进度款、变更设计图纸达41项、没有按期提供甲供材料，无权要求承包人承担工期逾期责任。但需要注意的是，"对发包人迟延支付工程款与工期顺延的关系要具体分析，不宜直接将发包人拖延支付工程款的时间作为工期顺延天数"③。

三是工程质量鉴定。《建设工程施工合同解释（一）》第11条规定："建设工程竣工前，当事人对工程质量发生争议，工程质量经鉴定合格的，鉴定期间为顺延工期期间。"该条所称的工程质量鉴定，既包括诉讼中的司法鉴定，也包括诉讼外当事人自行委托的鉴定。但需要注意的是，该条所称的鉴定期间，是指因鉴定影响承包人施工的期间，而非鉴定机构进行鉴定实际需要的时间。④此外，如果工程质量经鉴定为不合格的，则不应将鉴定期间纳入顺延工期期间。当然，如质量不合格不是承包人原因所导致，则鉴定期间仍应作为工期顺延期间。

四是发包人在履行合同过程中变更设计，造成承包人停工、缓建、返工、改建，或者因发包人的要求而增加工程量，也会导致工期的顺延。

五是在施工过程中，因自然灾害等原因，致使承包人无法施工的，应当顺延工期。《民法典》第590条第1款前段规定："当事人一方因不可抗力不能履行合同的，根据不可抗力的影响，部分或者全部免除责任，但是法律另有规定的除外。"除不可抗力外，不利物质条件、异常恶劣的气候条件也会影响承包人的正常施

---

① 《建设工程施工合同（示范文本）》（GF-2013-0201）第7.5.1项的规定与此相同。

② 参考案例76：重庆市凌志装饰设计工程有限公司与贵州恒鑫硕泰置业有限公司建设工程施工合同纠纷案，最高人民法院（2020）最高法民终449号民事判决书。

③ 最高人民法院民事审判第一庭编著：《最高人民法院新建设工程施工合同司法解释（一）理解与适用》，人民法院出版社2021年版，第119页。

④ 参见最高人民法院民事审判第一庭编著：《最高人民法院新建设工程施工合同司法解释（一）理解与适用》，人民法院出版社2021年版，第126页。

工，进而构成工期顺延的事由。但如【裁判规则 85】所述，对此应严格审查，只有在不利物质条件、异常恶劣的气候条件事实上导致了工期延长、停窝工或发承包双方就此达成工期顺延协议的，承包人才能要求顺延工期。

需要说明的是，在施工过程中，工程因故停工后至当事人解除合同的期间，属于双方就合同解除及结算事宜协商的期间，该期间一般不应纳入可归责于某一方的工期延误期间。就此，可参见后述“和记黄埔地产（成都）温江有限公司与中国建筑第五工程局有限公司建设工程施工合同纠纷案”①。

**典型案例 84**

## 重庆拉法基瑞安特种水泥有限公司与重庆天鹏源建筑安装工程有限公司建设工程施工合同纠纷案②

### 基本案情

2009 年 9 月 27 日，重庆拉法基瑞安特种水泥有限公司（以下简称拉法基水泥公司）与重庆天鹏源建筑安装工程有限公司（以下简称天鹏源建筑公司）签订《协议书》，约定天鹏源建筑公司承建麻柳凼矿山征地拆迁安置房工程，2009 年 10 月 11 日开工，工期为 180 天。2010 年 4 月 6 日，拉法基水泥公司将施工图交天鹏源建筑公司进行施工。2010 年 4 月 30 日，拉法基水泥公司向天鹏源建筑公司发出的《关于搬迁房总平面布置变更的通知》称，“由于搬迁房工程的总平面布置施工图与实际场地有一定的误差，给施工放线带来一定的困难。现我公司与草街镇国土所研究确定将总平面布置作如下变更……” 2010 年 5 月 20 日，拉法基水泥公司与相关部门形成的《会议纪要》称，“因规划设计调整，由拉法基水泥公司负责相关的设计变更工作，调整后方案经三方签字确认后交施工单位按设计施工。2010 年 6 月，因设计变更等原因工程停工”。2010 年 9 月 16 日，拉法基水泥公司将修改后的施工设计图（A20560）交由天鹏源建筑公司施工。在施工过程中，双方发生争

① 典型案例 97：和记黄埔地产（成都）温江有限公司与中国建筑第五工程局有限公司建设工程施工合同纠纷案，最高人民法院（2017）最高法民终 402 号民事判决书。

② 典型案例 84：重庆拉法基瑞安特种水泥有限公司与重庆天鹏源建筑安装工程有限公司建设工程施工合同纠纷案，重庆市高级人民法院（2015）渝高法民终字第 00387 号民事判决书。

议，天鹏源建筑公司停工，经法院判决解除合同后，拉法基水泥公司诉至法院，要求天鹏源建筑公司赔偿工期延误的损失。

### 法院观点

重庆市高级人民法院认为，建设工期包括约定工期和实际工期。如果在施工过程中，承包人不存在顺延工期和延误工期的情形，则约定工期应当与实际工期一致。首先，虽然双方当事人在《协议书》中约定了180天的工期，但是因拉法基水泥公司于2010年4月6日才将施工图纸交付天鹏源建筑公司，之后天鹏源建筑公司才能依据施工图纸进行施工，因此2009年10月11日至2010年4月6日的工期应当顺延。其次，2010年5月20日的《会议纪要》明确，“因规划调整，由拉法基水泥公司负责相关的设计变更工作，调整后方案经三方签字确认后交施工单位施工”。因上述设计变更原因导致工程停工，停工期间相应工期也应当顺延。最后，拉法基水泥公司将修改后的施工设计图交由天鹏源建筑公司施工后，对于前期工程款的结算和新增工程量的确认及工程款的支付问题，天鹏源建筑公司与拉法基水泥公司不能达成共识，天鹏源建筑公司再次停工至合同解除。以上停工不可归责于天鹏源建筑公司，其相应停工期间应当在原合同约定工期基础上顺延。综上，天鹏源建筑公司并不存在延误工期的事实。

## 裁判规则85

**在施工过程中遭遇不利物质条件、异常恶劣的气候条件的，承包人应采取合理措施继续施工。只有在前述情况导致事实上无法施工、窝工的，才可要求顺延相应工期。但合同另有约定的除外。**

如前所述，施工过程中遭遇异常恶劣的气候条件，导致工期延长或停窝工的，承包人有权要求顺延工期。在我国北方地区，冬季来临时天寒地冻，建设行政主管部门通常会下达冬季停工令。承包人可否据此主张顺延工期？

《建设工程施工合同（示范文本）》（GF-2017-0201）第7.6款、第7.7款载明，承包人即使遇到不利物质条件、异常恶劣的气候条件时，也不能停工，而应采取克服不利物质条件、异常恶劣的气候条件的合理措施继续施工，只不过承包人因采取合理措施而增加的费用和（或）延误工期的后果由发包人承担。[①] 建设行政主管部门发布的冬季停工令，仅仅是对施工活动的倡导性规定，不构成工期顺延的有效事由。就此，可参见“诸城市华欣铸造有限公司与山东大华置业有限公司建设工程施工合同纠纷案”[②]。

当然，如不利物质条件、异常恶劣的气候条件导致承包人事实上无法施工或者施工进度严重受阻的，因不可归咎于承包人，故承包人有权要求顺延相应工期。此外，如发承包双方就此有特别约定的，基于对当事人意思自治的尊重，应准许。在下述【典型案例 85】中，法院认定冬歇期的工期顺延，其实质理由并非基于建设行政主管部门发布的冬歇期通知，而是双方在施工期间就冬歇期达成的停工约定，以及承包人确实无法施工的客观条件。

**典型案例 85**

## 青海盛源房地产开发有限公司与八冶建设集团有限公司建设工程施工合同纠纷案[③]

### 基本案情

2014 年 1 月 6 日，青海盛源房地产开发有限公司（以下简称盛源公司）与八冶建设集团有限公司（以下简称八冶公司）签订《建设工程施工合同》，约定八冶公司承建案涉工程的 2 号楼、3 号楼，计划开工日期为 2013 年 12 月 18 日，计划竣工日期为 2015 年 10 月 30 日，工期的总日历天数为 665 天。案涉工程的实际工期从 2014 年 5 月 2 日起至 2016 年 9 月 10 日止，共计 862 天。完工后，盛源公司诉至法院，要求八冶公司承担逾期竣工的违约责任。八冶公司辩称，案涉工程历经两个冬歇期，应顺延工期 192 天。经查，2014 年 12 月 1 日，西宁市城乡建委下发《关于 2014 年冬季建筑工地大气污染防治工作的通知》，2015 年 12 月 1 日，西宁市城

① 《建设工程施工合同（示范文本）》（GF-2013-0201）第 7.6 款、第 7.7 款的规定与此相同。

② 参考案例 77：诸城市华欣铸造有限公司与山东大华置业有限公司建设工程施工合同纠纷案，山东省潍坊市中级人民法院（2017）鲁 07 民终 7048 号民事判决书。

③ 典型案例 85：青海盛源房地产开发有限公司与八冶建设集团有限公司建设工程施工合同纠纷案，最高人民法院（2021）最高法民终 372 号民事判决书。

乡规划和建设局下发《关于2015年冬季建筑工地大气污染防治工作的通知》，此二通知分别确定2014年、2015年冬歇期的起点是11月月底前和11月前。在冬歇期间，因天气寒冷，为保证案涉工程施工质量，经盛源公司、监理公司、八冶公司三方协商，分别于2014年12月17日至2015年4月1日、2015年12月30日至2016年4月1日两次停工，累计停工时间为200天。

## 法院观点

一审法院（青海省高级人民法院）认为，《建设工程施工合同》约定的工期总日历天数，应包括施工期间的冬歇期。但双方在施工期间两次就冬歇期达成停工约定，两次停工时间累计200天应视为发承包方对工期顺延的重新约定，根据有约定从约定的民事法律原则，应尊重双方当事人的真实意愿，故上述累计停工时间应视为工期顺延时间。盛源公司上诉认为，因冬歇期使案涉工程合同工期顺延，无合同依据和法律依据。最高人民法院认为，合同工期是建设单位与施工单位根据自身的实际需要和实际施工能力，经过协商约定的完成某项建设工程所需要的时间周期。双方在案涉合同约定的工期中并未说明包含冬歇期。但根据青海省冬季施工情况，因无法施工的客观条件限制，的确存在冬歇期。在此情况下，经盛源公司、监理单位、八冶公司三方协商，确定两次停工时间累计200天，应相应延长约定工期。

## 裁判规则86

**发包人指定分包的，因分包人导致的工期延误损失，承包人仅在未尽总包管理职责的范围内向发包人承担责任，其余损失由发包人向分包人追偿。**

从指定分包的合同关系看：虽然分包人、分包内容系发包人指定，但分包合同的当事人仍然是总承包人与分包人；分包人在施工过程中须接受总承包人的管理。如果因分包人导致工期延误的，发包人可否要求承包人承担工期延误的责任？

《建设工程施工合同解释（一）》仅在第13条规定了指定分包时的工程质量责任的分配，未涉及工期责任的问题。对指定分包人导致的工期延误损失：一方面，分包工程属于总承包工程的范围，而总承包人对分包人的施工行为负有管理的职责，因此，对分包人导致的工期延误损失，如承包人未尽到总包管理职责的，应在未尽责范围内承担相应的责任。反之，已尽到总包管理职责的承包人，无须就指定分包人的工期延误承担责任。“中国建筑第二工程局有限公司与宁波罗蒙环球商业广场有限公司建设工程施工合同纠纷案”① 即为适例。另一方面，分包人并非总承包人选定，而是发包人指定，要求总承包人就发包人选任的人的不当履行行为承担全部责任，显然有失公允，故对承包人总包管理职责之外的损失，应由发包人自行承担。在后述“中国核工业华兴建设有限公司与南京欣网视讯文化传播有限公司等建设工程施工合同纠纷案”② 中，承包人延误工期 834 天，但因存在指定分包，法院即要求承包人对工期延误承担 60%的责任，发包人承担 40%的责任。

需要说明的是，前文讨论的是工期延误损失在发包人与承包人之间的分担问题。因工期延误系分包人导致，分包人才是最终的责任主体，故发包人、承包人分担工期延误损失之后，还有权向分包人进行追偿。

**典型案例 86**

## 浙江华厦建设集团有限公司与合肥耀华房地产开发有限公司建设工程施工合同纠纷案③

### 基本案情

2008 年 12 月 28 日，合肥耀华房地产开发有限公司（以下简称耀华房产公司）（甲方）与浙江华厦建设集团有限公司（以下简称华厦建设公司）（乙方）签订《东方广场南地块项目施工合作意向协议》，约定：华厦建设公司承建“东方广场南地块项目”；乙方总承包工程内容包括乙方施工的工程内容和甲方另行分包的工程内容；甲方另行分包的工程内容为土方、幕墙（包括石材、铝板、玻璃幕墙）、

① 参考案例 78：中国建筑第二工程局有限公司与宁波罗蒙环球商业广场有限公司建设工程施工合同纠纷案，最高人民法院（2020）最高法民终 364 号民事判决书。

② 典型案例 92：中国核工业华兴建设有限公司与南京欣网视讯文化传播有限公司等建设工程施工合同纠纷案，最高人民法院（2021）最高法民终 1241 号民事判决书。

③ 典型案例 86：浙江华厦建设集团有限公司与合肥耀华房地产开发有限公司建设工程施工合同纠纷案，最高人民法院（2015）民一终字第 104 号民事判决书。

消防工程、通风空调工程、防火卷帘；乙方作为本工程的总承包人，必须承担本协议所约定的分包工程总承包职责，并按本协议约定收取分包工程的总包服务费；竣工日期为2012年12月31日。在施工过程中，受前期土方、结构图修改以及后期精装修影响，工期一再延后，涉案工程于2013年6月13日验收合格。后华厦建设公司起诉要求对方支付工程款，耀华房产公司则反诉要求华厦建设公司赔偿因工期延误造成的全部损失。

## 法院观点

一审法院（安徽省高级人民法院）认为，案涉工程拖延至2013年6月13日验收系分包工程延误所致。因案涉工程分包单位均系耀华房产公司指定，故分包工程延误的主要责任应由耀华房产公司自行承担；华厦建设公司作为总承包方，按约收取分包工程配合费，对分包工程延误亦应负有一定责任。在二审中，最高人民法院也认为，从耀华房产公司直接指定分包单位、华厦建设公司负有约定的管理义务并收取部分总包服务费的模式来看，耀华房产公司应对分包工程的工期延误承担主要责任，华厦建设公司亦应承担一定责任，但不应承担全部的工期延误责任。

## 裁判规则87

**工程量增加或者设计变更，并不必然导致工期延长。应当根据工程量增加或者设计变更对施工关键线路的影响，确定工期应否顺延以及顺延的时间。**

在建设工程施工合同履行过程中，常伴随着工程量的增加或设计变更。当实际竣工时间晚于约定竣工时间时，承包人常以工程量增加或者设计变更为由，要求顺延工期。在此情况下，应当如何确定工期顺延的时间？

在实践中，不少判决采取比例法确定工期顺延的时间。常见的比例法包括两类：一是价款比例法。（最终确定的包含增加工程在内的工程款÷原定工程量对应的工程款）×原定工期=最终工期。在“华太建设集团有限公司与浙江福得尔电器有限公司建设工程施工合同纠纷案”① 中，华太建设集团有限公司（以下简称华太公司）承建浙江福得尔电器有限公司的二期厂房工程，合同价款为 6,513,000 元，约定工期为 236 天，华太公司实际施工 310 天。在施工过程中，合同约定的二期厂房工程量增加，另外还增加了库房、水池工程。最终确定的工程款为 8,505,849 元。最高人民法院在再审中认定，涉案工程的造价增加了 30.7%（8,505,849 元÷6,510,000 元-1），故工期亦应相应顺延 30.7%，即延长 72 天（236 天×30.7%）。② 二是工程量比例法。（最终确定的工程量÷原定工程量）×原定工期=最终工期。在“新疆宏运房地产开发有限公司与新疆建工集团第一建筑工程有限责任公司建筑工程合同纠纷案”③ 中，新疆建工集团第一建筑工程有限责任公司（以下简称新疆一建）承建新疆宏运房地产开发有限公司的宏运大厦续建工程，约定建筑面积为 22,000 平方米、工期为 270 天。实际于 2000 年 5 月 1 日开工，2002 年 11 月 18 日竣工，实际施工面积为 31,400 平方米。一审法院（新疆维吾尔自治区乌鲁木齐市中级人民法院）认为，根据约定，每日应完成工程量为 81.48 平方米（22,000 平方米÷270 天），增加工程量 9400 平方米（31,400 平方米-22,000 平方米），则应顺延工期 115.37 天（9400 平方米÷81.48 平方米/天）。该法院以此为基础，判断新疆一建迟延竣工的天数。④

事实上，在施工过程中，承包人通常利用多个工作面同时进行施工。也就是说，在工程施工过程中，通常存在多条施工线路。因此，工程量增加或者设计变更并不必然导致工期延长。工期即便有所延长，所需时间与工程量变化也不构成等比

---

① 参考案例 79：华太建设集团有限公司与浙江福得尔电器有限公司建设工程施工合同纠纷案。参见王毓莹：《如何认定书面合同的变更——华太建设集团有限公司与浙江福得尔电器有限公司建设工程施工合同纠纷案》，载最高人民法院民事审判第一庭编：《民事审判指导与参考》总第 47 辑，人民法院出版社 2011 年版。

② 该案一审法院（浙江省台州市中级人民法院）、二审与再审法院（浙江省高级人民法院），采取的都是这一方法，只不过他们确定的最终工程款与最高人民法院不同，导致计算出的顺延工期也不同于最高人民法院，但计算方法完全一致。

③ 参考案例 80：新疆宏运房地产开发有限公司与新疆建工集团第一建筑工程有限责任公司建筑工程合同纠纷案，最高人民法院（2008）民提字第 39 号民事判决书。

④ 最高人民法院在再审中认为，对于增加的工程量，新疆一建在开工之前就已经知道，但在施工过程中并未提出延长工期的申请，所以不应根据工程量的增加计算新疆一建的工期顺延，从而否定了新疆维吾尔自治区乌鲁木齐市中级人民法院的这一观点。

例关系。因此，“按比例计算未必准确”①。作为国家标准的《建设工程项目管理规范》(GB/T 50326-2017) 第9.3.3条第2款要求，项目管理机构在进度控制过程中，应将关键线路上的各项活动过程和主要影响因素作为项目进度控制的重点。同为国家标准的《建设工程造价鉴定规范》(GB/T 51262-2017) 在条文说明部分的第5.7.5项明确提出，“设计变更导致工程量的增加，并不必然导致工期的增加。如果增加的工程量并非关键工作，可以组织平行施工和交叉施工，还可以增加作业工人和施工机械等组织措施，承包人可要求增加工程费用，而不应要求延长工期”。正文部分第5.7.5项规定，“当事人对鉴定项目因设计变更顺延工期有争议的，鉴定人应参考施工进度计划，判别是否因增加了关键线路和关键工作的工程量而引起工期变化，如增加了工期，应相应顺延工期；如未增加工期，工期不予顺延”。在作为行业标准的《工程网络计划技术规程》(JGJ/T 121-2015) 第2部分“术语和符号”中：第2.1.34项针对“关键工作”给出的定义是，“网络计划中机动时间最少的工作”；第2.1.35项针对“关键线路”给出的定义是，“双代号网络计划中，由关键工作组成的线路或总持续时间最长的线路；单代号网络计划中，由关键工作组成，且关键工作之间的间隔时间为零的线路或总持续时间最长的线路”。也就是说，在施工过程中，虽然增加了工程量或者进行了设计变更，是否导致总工期延长，应看是否影响关键线路。鉴于法官并不具备精准分析工期延误的专业知识，在双方争议较大的情况下，正确的做法是由专业机构对这些因素导致工期延长的天数进行司法鉴定。②

**典型案例87**

## 垫江县佳艺美庭家居装饰有限公司与广东省装饰有限公司四川分公司建设工程合同纠纷案③

### 基本案情

垫江县佳艺美庭家居装饰有限公司（以下简称佳艺美庭公司）与广东省装饰

① 最高人民法院民事审判第一庭编著：《最高人民法院新建设工程施工合同司法解释（一）理解与适用》，人民法院出版社2021年版，第120页。

② 参见杨心忠等：《建设工程合同纠纷裁判思路》，法律出版社2014年版，第148页。

③ 典型案例87：垫江县佳艺美庭家居装饰有限公司与广东省装饰有限公司四川分公司建设工程合同纠纷案，重庆市高级人民法院（2016）渝民终540号民事判决书。

有限公司四川分公司（以下简称广东装饰四川分公司）相继签订六份《建设工程安装承包合同》，将佳艺美庭（垫江）商城的装饰装修工程发包给广东装饰四川分公司施工。其中，外墙装饰工程约定工期为60天，屋顶采光棚钢结构安装工程约定工期为45天，室内钢结构改造工程约定工期为35天，室内装饰改造及办公室装修工程约定工期为45天，室外黑色烤漆玻璃大门造型装修工程约定工期为19天。该装修工程的最后一项工程即室外黑色烤漆玻璃大门造型装修工程的完工时间应为2013年4月26日。2013年7月16日，佳艺美庭公司在未进行工程验收的情况下，将佳艺美庭（垫江）商城投入使用。后佳艺美庭公司诉至法院，要求广东装饰四川分公司支付工期违约导致的违约金11,593,160元。

### 法院观点

重庆市高级人民法院认为，案涉系列六份合同均为案涉工程的一部分，且各分项工程之间的施工互相交叉，无法具体区分，因此双方签订的案涉系列合同应视为整体合同。案涉工程系列合同中的6号合同约定的完工时间2013年4月26日，为整个工程的最后完工时间，结合案涉工程2013年7月16日投入使用的事实，案涉工程延期80天。虽然广东装饰四川分公司举示证据证明案涉工程确实存在工程量增加及设计变更的事实，但工程量增加及存在设计变更并不必然导致工期延长，广东装饰四川分公司亦并未在施工的过程中向佳艺美庭公司提出要求延长工期的请求，应视为双方对工期未重新约定。因此，广东装饰四川分公司应当承担逾期完工的违约责任。

## 裁判规则88

**建设工程施工合同约定逾期索赔则索赔失权，承包人虽未取得工期赔偿签证，但在约定期限内提出符合约定或法定事由的工期索赔申请的，可以要求顺延工期、赔偿停窝工损失。**

根据《建设工程施工合同（示范文本）》（GF-2017-0201）第19.1款的规定，承包人认为有权索赔工期的，应按以下程序向发包人提出索赔：承包人应在知道或应当知道索赔事件发生后28天内，向监理人递交索赔意向通知书，并说明发生索赔事件的事由；承包人未在前述28天内发出索赔意向通知书的，丧失要求追加付款和（或）延长工期的权利；承包人应在发出索赔意向通知书后28天内，向监理人正式递交索赔报告；索赔事件具有持续影响的，承包人应按合理时间间隔继续递交延续索赔通知；在索赔事件影响结束后28天内，承包人应向监理人递交最终索赔报告，说明最终要求索赔的追加付款金额和（或）延长的工期，并附必要的记录和证明材料。① 如果承包人没有按照上述步骤要求延长工期，是否可以在诉讼中主张顺延工期？

就此问题，既往的司法实践把握的尺度有宽有严，不尽相同。②《建设工程施工合同解释（一）》第10条第1款则规定："当事人约定顺延工期应当经发包人或者监理人签证等方式确认，承包人虽未取得工期顺延的确认，但能够证明在合同约定的期限内向发包人或者监理人申请过工期顺延且顺延事由符合合同约定，承包人以此为由主张工期顺延的，人民法院应予支持。"在适用第10条第1款时需注意：

第一，如【裁判规则90】所述，第10条第1款的规定以"当事人约定，承包

---

① 《建设工程施工合同（示范文本）》（GF-2013-0201）第19.1条的规定与此相同。

② 《安徽省高级人民法院关于审理建设工程施工合同纠纷案件适用法律问题的指导意见（二）》（2013年12月23日）第4条规定："承包人未能提供顺延工期的签证等书面文件，但能够证明工程存在延期开工、不具备施工条件、设计变更、工程量增加、发包人指定的分包工程迟延完工、不可抗力等不可归责于承包人的原因，影响施工进度的，可以允许承包人相应顺延工期。"《河北省高级人民法院建设工程施工合同案件审理指南》（冀高法〔2018〕44号）第47条规定："工期延误的责任应该由造成工期延误的过错一方承担，发包人仅以承包人未在合同约定的期限内提出工期顺延申请而主张工期不能顺延的，人民法院不予支持。"《浙江省高级人民法院民事审判第一庭关于审理建设工程施工合同纠纷案件若干疑难问题的解答》（浙法民一〔2012〕3号）第6条规定："发包人仅以承包人未在规定时间内提出工期顺延申请而主张工期不能顺延的，该主张不能成立。但合同明确约定不在规定时间内提出工期顺延申请视为工期不顺延的，应遵从合同的约定。"原《广东省高级人民法院关于审理建设工程合同纠纷案件疑难问题的解答》（粤高法〔2017〕151号）第20条规定："发包人仅以承包人未在合同约定的期限内提出工期顺延申请而主张工期不能顺延的，不予支持，但合同明确约定承包人未依约提出顺延工期申请视为放弃权利的，按照约定处理。"甘肃省高级人民法院在"甘肃中利投资服务集团有限责任公司与甘肃一安建设科技集团有限公司建设工程施工合同纠纷案"中，也采这一立场。《北京市高级人民法院关于审理建设工程施工合同纠纷案件若干疑难问题的解答》（京高法发〔2012〕245号）第26条规定："因发包人拖欠工程预付款、进度款、迟延提供施工图纸、场地及原材料、变更设计等行为导致工程延误，合同明确约定顺延工期应当经发包人签证确认，经审查承包人虽未取得工期顺延的签证确认，但其举证证明在合同约定的办理期限内向发包人主张过工期顺延，或者发包人的上述行为确实严重影响施工进度的，对承包人顺延相应工期的主张，可予支持。"

人未在规定期限内发出索赔意向通知书则丧失工期索赔的权利”为前提。如合同约定了索赔时限但未约定逾期索赔丧失权利的，则逾期提出索赔一方不因索赔逾期而丧失索赔权。

第二，发包人或者监理单位出具的工期顺延签证，是发包人同意顺延工期的直接证据。第10条第1款之所以以承包人是否提出过工期索赔的申请为标准，而不以承包人取得工期赔偿的签证为标准，其理由在于：一方面，《建设工程施工合同（示范文本）》（GF-2017-0201）第19.1款明确指出，“承包人未在前述28天内发出索赔意向通知书的，丧失要求追加付款和（或）延长工期的权利”。因此，以承包人是否在约定时间内提出过工期索赔的申请为标准，确定可否顺延工期，具有合同依据。另一方面，“发包人往往利用其优势地位，对承包人工期顺延申请不出具签证确认。监理人一般由发包人雇佣，承包人获得监理人的工期顺延申请也较为困难”，故“如果仅以签证作为证明工期顺延的证据，则会使发包人对应否顺延工期问题有最终决定权，导致承包人与发包人之间的利益失衡”①。因此，“即使当事人约定顺延工期应当经发包人或者监理人签证等方式确认，而承包人提出的工期顺延申请未取得发包人或者监理人以签证方式做出的确认，只要承包人能够证明在合同约定的期限内向发包人或者监理人提出过工期顺延的申请，而且其所提出的工期顺延的事由为建设工程施工合同约定的事由，人民法院就应当支持其顺延工期的主张”。② 就此，可参考“湖南建工集团有限公司与贵州高速公路集团有限公司建设工程施工合同纠纷案”③。

第三，对承包人申请工期顺延的时限要求，《标准施工招标文件》（2007年版）第23.1款、《建设工程工程量清单计价规范》（GB50500-2013）第9.13.2项、《建设工程施工合同（示范文本）》（GF-2017-0201）第19.1款（针对承包人索赔）与第19.3款（针对发包人索赔）、《建设项目工程总承包合同（示范文本）》（GF-2020-0216）第19.1款，均规定为“自知道或者应当知道索赔事件发生后28天内”。在前述“新疆宏运房地产开发有限公司与新疆建工集团第一建筑工程有限

① 最高人民法院民事审判第一庭编著：《最高人民法院新建设工程施工合同司法解释（一）理解与适用》，人民法院出版社2021年版，第111、112页。

② 谢勇：《建设工程施工合同案件裁判规则解析》，中国法制出版社2020年版，第200页。

③ 参考案例81：湖南建工集团有限公司与贵州高速公路集团有限公司建设工程施工合同纠纷案，最高人民法院（2020）最高法民终941号民事裁定书。

公司建筑工程合同纠纷案”[1] 中，最高人民法院即以新疆建工集团第一建筑工程有限公司（以下简称新疆一建）未在规定时限内提出延长工期的申请为由，未支持新疆一建工期顺延的主张。

第四，所谓“申请过工期顺延”，不应拘泥于申请的形式，也即不应局限于正式的索赔意向通知书、最终索赔报告，只要表达了要求顺延工期的意思表示即可。在“青岛海沃置业有限公司与江苏南通三建集团股份有限公司建设工程施工合同纠纷案”[2] 中，一审法院认为，江苏南通三建集团股份有限公司（以下简称南通三建）“既未申请工期签证，又未就此提出明确延期申请，存在履约不慎”。但最高人民法院再审审查认为，“南通三建提交的证据可以证明，其在施工中反映过案涉工程存在设计变更、图纸交付不及时、甲供材不及时、精装修施工提前入场等问题，应审查是否存在上述情形，以及对工期是否有影响，而不能仅以南通三建未提交延期签证为由不予审查认定”。

第五，承包人的索赔申请超过 28 天的，法律后果是权利失效，即丧失索赔的实体性权利。原《广东省高级人民法院关于审理建设工程合同纠纷案件的暂行规定》（粤高法发〔2000〕31 号）第 23 条即规定：“……承包人对发包人逾期支付工程进度款没有异议并继续施工的，在发生纠纷后，承包人要求对方对此承担违约责任，不予支持。”还可参考“中铁二十二局集团有限公司与宁夏宝塔能源化工有限公司建设工程施工合同纠纷案”[3]、“中国建筑第六工程局有限公司与沈阳溢利房地产开发有限公司建设工程施工合同纠纷案”[4]。

---

① 参考案例 82：新疆宏运房地产开发有限公司与新疆建工集团第一建筑工程有限公司建筑工程合同纠纷案，最高人民法院（2008）民提字第 39 号民事判决书。

② 参考案例 83：青岛海沃置业有限公司与江苏南通三建集团股份有限公司建设工程施工合同纠纷案，最高人民法院（2020）最高法民申 4963 号民事裁定书。

③ 参考案例 84：中铁二十二局集团有限公司与宁夏宝塔能源化工有限公司建设工程施工合同纠纷案，最高人民法院（2018）最高法民终 827 号民事判决书。

④ 典型案例 152：中国建筑第六工程局有限公司与沈阳溢利房地产开发有限公司建设工程施工合同纠纷案，最高人民法院（2013）民一终字第 168 号民事判决书、最高人民法院（2014）民申字第 382 号民事裁定书。

**典型案例 88**

## 中铁二十二局集团第四工程有限公司与安徽瑞讯交通开发有限公司等建设工程施工合同纠纷案[①]

### 基本案情

2003 年 12 月 31 日，经招投标，中铁二十二局集团第四工程有限公司（以下简称中铁公司）与安徽瑞讯交通开发有限公司（以下简称瑞讯公司）签订《合同协议书》，约定瑞讯公司将阜周高速公路 13 标段发包给中铁公司施工，合同总价为 201, 901, 950 元，工期为二十二个月。2006 年 3 月，中铁公司完工（按约应于 2005 年 3 月完工）。后中铁公司诉至法院，除要求瑞讯公司支付尚欠的工程款、因迟延支付预付款导致的利息外，还要求赔偿停窝工损失（2004 年 1 月至 2005 年 3 月第一次停工期间损失为 22, 565, 873. 85 元、2006 年 11 月至 2009 年 4 月第二次停工期间损失为 32, 006, 719. 12 元）。

### 法院观点

针对中铁公司索赔的停窝工损失，最高人民法院立足于合同约定的程序性要求，对符合程序性要求的予以支持，不符合程序性要求的则被驳回。最高人民法院认为，根据合同约定，承包人提出索赔的，应该在该索赔事件首次发生的 21 天之内将其索赔意向书提交监理工程师，并抄送业主。监理工程师在与业主和承包人协商后，确定承包人有权得到的全部或部分索赔款额。对于 2004 年至 2005 年第一次停窝工期间的损失 6, 778, 661. 54 元，既有现场监理人员签字确认的每日停窝工情况具体统计表，也有现场监理人员签字确认的每月停窝工情况统计表，说明中铁公司已经按照索赔程序对这部分损失提出了索赔，且该索赔已经监理签字予以确认，故该部分索赔符合合同约定，应予支持。对于 2006 年 11 月至 2009 年 4 月的停窝工损失，在中铁公司未依据合同约定履行索赔程序的情况下，根据该条的进一步

① 典型案例 88：中铁二十二局集团第四工程有限公司与安徽瑞讯交通开发有限公司等建设工程施工合同纠纷案，最高人民法院（2014）民一终字第 56 号民事判决书。载《最高人民法院公报》2016 年第 4 期。

约定，中铁公司无权获得该部分损失的赔偿。

## 裁判规则89

**建设工程施工合同约定逾期索赔失权，承包人虽构成索赔逾期，但工期索赔事由系不可抗力、工期索赔由发包人引发且其明知、停工持续时间超过申请索赔时限的，不应认定为索赔失权。**

《建设工程施工合同解释（一）》第10条第2款规定："当事人约定承包人未在约定期限内提出工期顺延申请视为工期不顺延的，按照约定处理，但发包人在约定期限后同意工期顺延或者承包人提出合理抗辩的除外。""发包人在约定期限后同意工期顺延"，属于发包人的权利处分行为，应予以准许。有疑问的是，对"承包人提出合理抗辩"应当如何界定？

有观点认为，承包人的合理抗辩"主要包括客观原因导致难以发出通知，发（承）包人的原因导致难以送达通知等"①。也就是说，存在行使索赔权利的客观障碍。还有观点认为，"一是部分法定情形，比如发包人因未取得施工许可证，或在施工过程中因存在违法违规行为而被行政主管部门责令停止施工的，停工日期应作为工期顺延的事由；二是部分客观情况，如在施工过程中因发包人原因导致水电供应不足、材料堆积等其他原因导致承包人无法继续施工的，承包人如能提供相关证据证明，工期可相应顺延；三是不可抗力，自应予以顺延。但在施工过程中，如因承包人违法施工等导致停工的，不得作为工期顺延的事由"②。最高人民法院则认为，可考虑如下因素：一方面，承包人应未怠于行使权利，而系因客观原因未提出索赔请求。例如：承包人虽未提交索赔报告、提出正式索赔请求，但是通过其他方式作出了工期应予顺延的意思表示；或者发生法律规定的免责事由，但事件导致延期的时间暂时无法确定，无法在事件发生后的规定时间提出索赔请求。另一方面，承包人未在约定时间提出工期顺延不会影响对索赔事件的调查。发包人并未信

---

① 王毓莹、史智军：《建设工程施工合同纠纷疑难问题和裁判规则解析》，法律出版社2022年版，第183页。

② 肖峰、严慧勇、徐宽宝：《〈关于审理建设工程施工合同纠纷案件适用法律问题的解释（二）〉解读与探索》，载《法律适用》2019年第7期。

赖承包人不再主张工期顺延权利，也未因承包人在诉讼中才主张工期顺延而处于严重不利地位。例如，在发包人并未因未保存证据而无法进行抗辩，未影响其对工程延期后续事宜处理的情况下，则可认定承包人在诉讼中主张工期顺延并未违反诚信原则，未失去主张工期顺延的权利。①

在承包人具备约定或法定的工期索赔事由的情形下，工期延长是客观事实，再加之建筑市场是买方市场、建筑业是微利行业等属性，对未在合同约定时限提出工期索赔申请的承包人不应过于苛刻。符合以下情形之一的，对承包人超出合同约定时限提出的工期索赔申请应予支持：第一，工期索赔事由系不可抗力。根据《民法典》第180条第1款的规定，不可抗力是法定免责事由。虽然《民法典》第590条第1款规定了不可抗力的通知义务，但在现实生活中，发包人不知道承包人遭遇不可抗力的情形几乎不存在。故承包人通知与否，不影响承包人的索赔请求。第二，工期索赔系发包人引发且发包人对此明知。如建设工程因发包人未取得施工许可证被责令停工等。就此，可参考“新疆盈佳房地产开发有限公司与新疆宏泰建工集团有限公司建设工程施工合同纠纷案”②。第三，停工持续时间超过申请工期索赔时限的。详言之，停工处于持续状态，且持续时间超过合同约定的申请工期索赔时限，依然复工无望的，不应以承包人未在合同约定的期间申请工期索赔为由，认定承包人索赔失权。但复工时间确定后，承包人应当及时索赔。下述【典型案例89】即为适例。

**典型案例89**

## 中铁十八局集团建筑安装工程有限公司与石嘴山市文化旅游广电局建设工程施工合同纠纷案③

### 基本案情

*2011年6月22日，石嘴山市文化旅游广电局（以下简称石嘴山市文旅广局）*

① 参见最高人民法院民事审判第一庭编著：《最高人民法院新建设工程施工合同司法解释（一）理解与适用》，人民法院出版社2021年版，第116、118页。

② 参考案例85：新疆盈佳房地产开发有限公司与新疆宏泰建工集团有限公司建设工程施工合同纠纷案，最高人民法院（2013）民申字第2496号民事裁定书。

③ 典型案例89：中铁十八局集团建筑安装工程有限公司与石嘴山市文化旅游广电局建设工程施工合同纠纷案，最高人民法院（2020）最高法民终188号民事判决书。

与中铁十八局集团建筑安装工程有限公司（以下简称中铁十八局）签订《建设工程施工合同》，约定中铁十八局承建五千年华夏馆工程的土建及安装工程。合同专用条款第23条约定，工程索赔执行通用条款；通用条款第23.1（1）项约定，承包人应当在知道或应当知道索赔事件发生后28天内向监理人递交索赔意向通知书，并说明发生索赔的事由；承包人未在上述28天内发出索赔意向通知书的，丧失要求追加付款和延长工期的权利。案涉工程2011年5月28日开工。2012年11月2日，建设单位及监理单位签发了《停工报告》，停工原因是建设方的要求及气温不能满足施工要求，预计停工期限自2012年11月起至2013年4月止。2013年3月17日，中铁十八局提交了《关于五千年华夏馆工程停工相关问题的请示报告》等系列文件，提出了停工索赔要求。后因工程一直未复工，中铁十八局诉至法院，请求解除双方签订的《建设工程施工合同》，支付欠付的工程款22,361,266元，赔偿停窝工损失13,307,550.42元。石嘴山市文旅广局抗辩称，中铁十八局超过索赔期主张停工损失，丧失胜诉权。

### 法院观点

最高人民法院在二审中认为，案涉《停工报告》载明预计停工期限是2012年11月至2013年4月，期满后因建设方原因仍未复工，中铁十八局在2013年3月17日，也即《停工报告》载明的复工时间前，向建设方提交《关于五千年华夏馆工程停工相关问题的请示报告》索赔停工损失，具有合同依据。石嘴山市文旅广局上诉称中铁十八局未在合同约定的28天内索赔，已丧失索赔权，该主张不具有事实依据，不能成立。

### 裁判规则90

**建设工程施工合同仅约定工期索赔的期限，未约定逾期索赔导致索赔失权的，因权利的放弃必须明示，逾期申请的承包人仍享有索赔的权利。**

如前所述，根据《建设工程施工合同（示范文本）》（GF-2017-0201）第19.1款，承包人认为有权进行工期索赔的，应在约定期限内向发包人提出索赔，否则将导致索赔失权。如果建设工程施工合同仅约定了工期索赔的期限，但未约定逾期索赔导致索赔失权，对承包人的逾期索赔申请应当如何处理？

民事权利的放弃必须采取明示的意思。因此，《建设工程施工合同解释（一）》第10条第1款，以“当事人约定，承包人未在规定期限内发出索赔意向通知书则丧失工期索赔的权利”为前提。“如果当事人仅约定承包人提出工期顺延的期限，但是未明确约定未在约定时间内提出申请视为工期不顺延或者视为放弃权利，则不能直接认定承包人未申请顺延工期的后果是丧失主张工期顺延权利。”①

**典型案例90**

## 中国建筑股份有限公司与昆山市超华投资发展有限公司建设工程施工合同纠纷案②

### 基本案情

2006年9月15日，昆山市超华投资发展有限公司（以下简称超华公司）与中国建筑股份有限公司（以下简称中建公司）签订《建设工程施工合同》，约定中建公司承建昆山超华商贸城二期工程“超华·欧尚”购物中心；总工期为370日历天（含节假日）。因发包人未按合同约定履行义务或发生错误以及应由发包人承担责任的其他情况造成工期延误，承包人不能及时取得合同价款及其他经济补偿的，承包人应在索赔事件发生后28天内向工程师发出索赔意向通知并提交补偿经济损失的索赔报告及有关资料。工程师应在28天内给予答复或要求承包人进一步补充索赔理由和证据；28天未予答复或未对承包人提出进一步要求的，视为该项索赔已经获得认可。当该项索赔事件持续进行时，承包人应当分阶段向工程师发出索赔意向通知，在索赔事件终了后28天内，向工程师送交索赔的有关资料和最终索赔报告。案涉工程于2006年10月31日开工，2009年7月2日竣工验收，总工期976天，因高温顺延工期16天，在不考虑增加工程量和设计变更的情况下，延

① 最高人民法院民事审判第一庭编著：《最高人民法院新建设工程施工合同司法解释（一）理解与适用》，人民法院出版社2021年版，第118页。

② 典型案例90：中国建筑股份有限公司与昆山市超华投资发展有限公司建设工程施工合同纠纷案，最高人民法院（2014）民一终字第310号民事判决书。

误工期590天。后中建公司提起诉讼，要求超华公司支付工程款，并赔偿因超华公司设计变更、工程量增加、对分包单位的施工现场移交迟延、结构赶工、业态情况不明，以及外墙装饰施工的方案和施工单位未及时确定等行为导致的工期延误损失4771.741万元。超华公司抗辩称，中建公司未按合同约定履行工期索赔的程序，无权要求工期索赔。经鉴定，中建公司的窝工、赶工补偿等为1321万元。

### 法院观点

最高人民法院认为，建设工程施工合同虽对工期顺延及索赔程序进行了约定，但并未明确承包人未提出工期顺延、未按约定程序索赔或不及时索赔的法律后果。据此，超华公司认为中建公司在工程交工后予以索赔的请求不应获得支持的合同根据不足，不予采信。根据《合同法》第283条、第284条之规定，中建公司请求对方支付有关停工、窝工、机械设备调迁、材料、构件积压等损失和实际费用，有事实和法律根据，也有相应的合同根据，应予支持。

## 裁判规则91

**发包人向承包人索赔的，除应遵循合同约定的索赔程序外，在承包人追索工程款的诉讼中，发包人主张承包人应承担工期延误责任的，属于诉的范畴，不能以抗辩的方式行使。**

前述索赔的程序性要求，不仅适用于承包人，还适用于发包人。《建设工程施工合同（示范文本）》（GF-2017-0201）第19.3款第2项载明，“发包人应在知道或应当知道索赔事件发生后28天内通过监理人向承包人提出索赔意向通知书，发包人未在前述28天内发出索赔意向通知书的，丧失要求赔付金额和（或）延长缺陷责任期的权利”。《建设工程工程量清单计价规范》（GB50500-2013）第9.13.7项规定：“根据合同约定，发包人认为由于承包人的原因造成发包人的损失，宜按承包人索赔的程序进行索赔。”据此，发包人向承包人的索赔应当遵循与承包人相同的程序规则，只不过发包人的索赔无须取得承包人的签证。

与后述【裁判规则149】类似，在承包人追索工程款的诉讼中，发包人主张承包人应承担工期延误责任的，属于诉的范畴，不能以抗辩的方式行使。就此，除下述【典型案例91】外，还可参见“侯志才与江苏苏阳房地产开发有限公司等建设工程施工合同纠纷案”①。事实上，无论是在发包人提起的诉讼中，如要求承包人承担质量赔偿责任、返还多支付的工程款，承包人主张发包人应承担停窝工损失、迟延付款损失的，还是在承包人提起的诉讼中，发包人主张承包人应承担迟延完工损失、质量责任等，均属于诉的范畴，不能以抗辩的方式行使。在“上海闸北城市建设有限公司与中色十二冶金建设有限公司建设工程施工合同纠纷案”② 中，针对上海闸北城市建设有限公司（以下简称上海闸北公司）要求支付工程款的请求，中色十二冶金建设有限公司（以下简称中色冶金公司）辩称，上海闸北公司应当承担损坏电缆造成的损失、施工质量问题造成的损失及工期延误违约金等。安徽省高级人民法院认为，依照《民事诉讼法》第119条的规定，中色冶金公司的上述主张，旨在直接抵销、吞并对方当事人的权利，是独立的新的诉讼请求，但其未提起反诉，故不属本案审查范围，其应另行主张。

**典型案例91**

## 中国建筑第四工程局有限公司与宜昌三峡全通涂镀板有限公司等建筑工程施工合同纠纷案③

### 基本案情

2010年1月18日，宜昌三峡全通涂镀板有限公司（以下简称三峡全通）与中国建筑第四工程局有限公司（以下简称中建四局）签订《建设工程施工合同》，约定中建四局承建三峡全通的办公区及生活区。2011年10月14日，案涉工程全部竣工，并经验收合格交付三峡全通使用。后中建四局诉至法院，要求三峡全通支付工程欠款114,972,023.04元。三峡全通辩称，6号、7号宿舍楼工期延误640天，其有权扣罚工期赔偿款6640万元。

---

① 参考案例86：侯志才与江苏苏阳房地产开发有限公司等建设工程施工合同纠纷案，江苏省高级人民法院（2015）苏民终字第00309号民事判决书。

② 参考案例87：上海闸北城市建设有限公司与中色十二冶金建设有限公司建设工程施工合同纠纷案，安徽省高级人民法院（2020）皖民终261号民事判决书。

③ 典型案例91：中国建筑第四工程局有限公司与宜昌三峡全通涂镀板有限公司等建筑工程施工合同纠纷案，湖北省高级人民法院（2013）鄂民四初字第00003号民事判决书。

## 法院观点

湖北省高级人民法院认为，三峡全通有关扣除工期延误款 6640 万元的抗辩，旨在吞并和抵销中建四局的诉讼请求，已构成一项单独的诉请。在法庭审理过程中，合议庭亦告知三峡全通可提起反诉，但三峡全通未提起反诉，故在本案中对该公司此项请求不予审理。

### 裁判规则 92

**发包人因承包人逾期完工遭受的损失难以证明的，可以参照所建工程在迟延期内的同期同类租金标准或者以发包人的资金投入为基数按照同期 LPR 计算。**

发包人因承包人逾期完工遭受的损失：合同约定了相应违约责任的，按照约定处理；合同没有约定或者约定无效的，应当由发包人证明实际损失，进而按照实际损失进行赔偿。在发包人已将建设工程预售、预租给第三人，因承包人迟延竣工，导致发包人对第三人承担逾期交房、逾期办证违约责任的情况下，发包人的实际损失较易证明，承包人应当赔偿因其迟延交房给发包人造成的上述损失。① 除此之外，若所建工程系供发包人自己使用，则发包人很难证明因未能实际使用工程所遭受的损失。

在此情形下，发包人的损失客观存在，只是难以证明。就此，原《广东省高级人民法院关于审理建设工程施工合同纠纷案件若干问题的指导意见》（粤高法发〔2011〕37 号）第 11 条第 3 款提供了一个参照标准。该款规定："承包人逾期竣工给发包人造成的损失，如承包人无法证明发包人实际损失的，可以推定为迟延期间内按建设工程所在地同期同类指导租金标准计算的租金。对于道路、桥梁等无法参照指导租金标准计算实际损失的建设工程，如承包人无法证明发包人实际损失

① 参考案例 88：长业建设集团有限公司与西安鼎咸置业有限责任公司等建设工程施工合同纠纷案，最高人民法院（2021）最高法民终 375 号民事判决书。《福建省高级人民法院当前我省涉建工纠纷审判调研　问答·案例·白皮书》（2022 年 9 月）第 35 条也规定："发包人实际赔付购房人逾期交房违约金后，发包人向承包人主张赔偿该部分损失的，应当支持。"

的，可以推定为以发包人已付工程款为基数，参照中国人民银行规定的金融机构同期同类贷款利率计算的利息。”虽然该款规定的本意在于判断合同约定的违约金是否过高，但在发包人的迟延竣工损失难以认定的情况下，不失为可资参照的标准。一方面，发包人本应实现对所建工程的实际使用，因承包人迟延竣工而不能使用，那么租用同期同类建筑物，显然属于合理的替代措施。若此，承包人理应赔偿发包人因此支出的租金。另一方面，从物的价值看，发包人投入的资金与承包人本应及时完成的建设工程构成等值关系，发包人因承包人的逾期完工未能实现建设工程的利益，用金钱衡量，也就相当于未能实现等额的资金利益。资金利益的最典型形态是法定孳息——利息，以发包人的资金投入为基数按照同期 LPR 计算损失，自属合理。

**典型案例 92**

## 中国核工业华兴建设有限公司与南京欣网视讯文化传播有限公司等建设工程施工合同纠纷案①

### 基本案情

2012 年 8 月 8 日，南京欣网视讯文化传播有限公司（以下简称欣网视讯公司）等与中国核工业华兴建设有限公司（以下简称华兴公司）签订总承包合同，约定华兴公司承建南京欣网视讯研发大楼工程，开工日期为 2012 年 8 月 18 日，竣工日期为 2014 年 8 月 18 日。该工程实际开工日期为 2012 年 10 月 25 日，竣工验收日期为 2017 年 11 月 1 日，工期延误天数为 834 天。后华兴公司起诉要求欣网视讯公司支付工程款，欣网视讯公司提起反诉，要求华兴公司赔偿因工期延误造成的预期租金损失 227, 894, 945. 15 元，并提交了中原地产南京顾问事业部 2017 年 9 月作出的市场研究和价格评估报告予以证明。

### 法院观点

一审法院（江苏省高级人民法院）认为，案涉工程延误工期 834 天，但欣网

① 典型案例 92：中国核工业华兴建设有限公司与南京欣网视讯文化传播有限公司等建设工程施工合同纠纷案，最高人民法院（2021）最高法民终 1241 号民事判决书。

视讯公司对于分包单位（甲指分包）的工期延误应承担相应责任。法院根据各方过错程度，酌定华兴公司对工期延误承担60%的责任，即承担工期延误500天的违约责任。中原地产南京顾问事业部作出的市场研究和价格评估报告，可以作为计算案涉房屋租金标准的参考。华兴公司延误工期500天，对应产生的预期租金损失为78, 686, 845元。但涉案项目土地为自用型科教用地（科研设计），欣网视讯公司不应违反土地规划用途将南京欣网视讯研发大楼全部出租。酌定欣网视讯公司可出租部分占南京欣网视讯研发大楼的40%，华兴公司工期延误500天，应承担欣网视讯公司预期租金损失78, 686, 845元×40% = 31, 474, 738元。在二审中，最高人民法院也认为，结合本案系以中原地产南京顾问事业部根据当时市场行情所作的调查评估报告的租金标准来确定租金损失，应当综合考虑各方的过错情况、自用型科教用地上房屋租金差异以及案涉大楼于验收竣工后能否立即出租、出租空置率等各项影响因素，故一审法院酌定欣网视讯公司可出租部分占南京欣网视讯研发大楼的40%，并由华兴公司在工期延误500天范围内对相应部分预期租金损失承担全部赔偿责任，并无不当。

## 裁判规则93

**在建设工程施工合同同时约定节点工期违约金与总工期违约金时：承包人构成单项违约的，单独确定违约责任；构成双项违约的，因承包人的违约行为具有单一性，在重合的时间段应择重处理，不重合的时间段则单独科责。**

所谓节点工期，又称里程碑工期，是指建设工程施工合同约定的工程建设应当达到的形象进度节点的时间。在实践中，建设工程施工合同既约定节点工期违约金又约定总工期违约金的情形并不鲜见。在承包人同时满足两个违约金条款的情况下，应当如何界定承包人的工期违约责任？

有观点认为：如发承包双方明确约定可以同时适用的，则应同时适用；若未约定可以同时适用的，基于节点工期违约金与总工期违约金之间系部分与整体的关系，则应适用总工期违约金。也有观点认为，既然当事人分别约定了节点工期违约金与总工期违约金，则应当同时适用。①

承包人总工期违约通常伴随节点工期违约，但节点工期违约并不必然导致总工期违约。在承包人构成单项违约的情况下，根据相应违约金条款确定违约责任即可。但在承包人构成双项违约的情况下，鉴于节点所涉工期属于总工期的组成部分，则需考虑二者的牵连关系。例如，承包人节点工期迟延30日，总工期迟延50日。那么在重合的时间30日内，承包人事实上只有一个违约行为，只应承担一次违约责任。就此，应在节点工期违约金与总工期违约金之间，择重处理；至于重合的时间段以外的工期迟延，即总工期违约天数超出节点工期违约天数的20日，因仅构成总工期违约，故承包人仅应承担相应的总工期违约金。

**典型案例93**

## 武汉市华志建筑工程有限公司<br>与亨润节能环保科技武汉有限公司建设工程施工合同纠纷案②

### 基本案情

2017年8月5日，亨润节能环保科技武汉有限公司（以下简称亨润公司）与武汉市华志建筑工程有限公司（以下简称华志公司）签订《建筑安装施工承包合同》，约定华志公司承建车用同轴电驱动桥总成产业化项目，总工期为2017年8月5日至2018年5月5日。节点工期为：(1) 项目入场时间为2017年8月5日；(2) 桩基工程时间为2017年8月5日；(3) 基础至±0为2017年9月30日；(4) 主体结构封顶日期为2017年11月30日；(5) 主体结构验收时间为2018年1月10日；(6) 外脚手架拆除日期为2018年3月20日；(7) 竣工验收退场日期为2018年4月20日；(8) 办理竣工验收备案证日期为2018年5月5日，若拖延第4项、第5项、第6项之节点工期，每拖延一天罚款2000元，若拖延其他节点工期，每拖延一天罚款1000元，若拖延总工期，每拖延一天罚款5000元。合同签订后，华志公

① 参见王毓莹、史智军：《建设工程施工合同纠纷疑难问题和裁判规则解析》，法律出版社2022年版，第167、168页。

② 典型案例93：武汉市华志建筑工程有限公司与亨润节能环保科技武汉有限公司建设工程施工合同纠纷案，湖北省武汉市中级人民法院（2022）鄂01民终7434号民事判决书。

司组织人员进场施工。2019 年 4 月 3 日，案涉工程竣工验收合格。2019 年 4 月 11 日，华志公司办理了竣工验收备案。2020 年 8 月 12 日，华志公司诉至法院，要求亨润公司支付工程款 26, 481, 850. 19 元及利息等。亨润公司提起反诉，要求华志公司支付逾期完工违约金 2, 178, 000 元。

**法院观点**

武汉市中级人民法院认为，华志公司为案涉工程办理竣工验收备案证的时间逾期 341 天，事实清楚。虽然案涉《建筑安装施工承包合同》对总工期及节点工期均有约定，但每个节点的逾期违约责任与总工期的逾期违约责任显然存在重叠。因此，法院应酌情以总工期逾期 341 天的事实和 5000 元/天的计算标准确认华志公司逾期完工的违约金。在此基础上，因华志公司所施工的变更、增加部分的工程造价为 4, 046, 060. 51 元，综合考虑该部分工程在全部工程量中的占比以及亨润公司逾期付款在先等情况，华志公司就逾期完工应承担 80%的责任，计违约金 1, 364, 000 元（5000 元/天×341 天×80%）。

**裁判规则 94**

**在建设工程施工合同同时约定工期逾期违约金与工期违约之解约违约金时：承包人因工期延误构成单项违约的，单独确定违约责任；构成双项违约的，因违约行为具有单一性，故应择重处理，而不能并处。**

除节点工期违约金、总工期违约金外，在建设工程施工合同中，发承包双方还可能约定因承包人工期逾期发包人有权解除合同情形下的解约违约金。若此，则形成工期的逾期违约金与解约违约金并存。

在建设工程施工合同同时约定工期逾期违约金与工期逾期之解约违约金的情形下：如承包人因工期延误构成单项违约的，即满足工期逾期违约金支付条件，但尚不满足解约违约金支付条件，则承包人应承担工期逾期违约金；如承包人构成双项违约，即承包人的工期延误，既满足工期逾期违约金的支付条件，也符合工期违约之解约违约金的支付条件，因承包人的违约行为具有单一性，应在两项违约金中择重处理（通常是解约违约金），而不能并处。当然，如系基于工期之外的其他事由解除合同的，则解约违约金与工期违约金不构成吸收关系，可以并处。就此，可参见“苏州金螳螂建筑装饰股份有限公司与南京红月亮家具有限公司建设工程分包合同纠纷案”①。

**典型案例 94**

## 王自然、上海市徐汇区姑苏月亮湾酒家与上海藜峰装饰工程有限公司装饰装修合同纠纷案②

### 基本案情

2021 年 3 月 21 日，王自然与上海藜峰装饰工程有限公司（以下简称藜峰公司）签订《室内装饰施工合同》，约定：藜峰公司为王自然经营的饭店进行室内装修；工程总价为 375,000 元；工期为 30 个工作日；如藜峰公司拖延工期，每日应向王自然支付合同总价 1‰的违约金；任何一方不得以任何理由单方面终止合同，如单方面终止合同或者减项项目价格超过合同价格的 10%，则违约方应向守约方支付合同总造价 30%的违约金。2021 年 3 月 22 日，藜峰公司即进场施工；但自入场施工起，就存在装修人员不足、工程拖拉等多种情形。王自然多次催促藜峰公司尽快安排施工，但藜峰公司工程负责人员互相推诿。2021 年 5 月 8 日，藜峰公司工作人员王某微信通知王自然，称把剩余未做工程的款项退给王自然。王自然联系退款未果，遂诉至法院，要求藜峰公司支付拖延工期违约金 6375 元、单方终止合同违约金 112,500 元，返还未完工部分的装修费 175,000 元，赔偿租金损失 105,000 元等。

### 法院观点

徐汇区人民法院认为，关于解除合同违约金、拖延工期违约金，因王自然诉请的依据同为藜峰公司追究对方拖延工期的违约责任的依据，故王自然起诉要求藜峰

① 参考案例 89：苏州金螳螂建筑装饰股份有限公司与南京红月亮家具有限公司建设工程分包合同纠纷案，上海市闵行区人民法院（2018）沪 0112 民初 8523 号民事判决书。在该案中，被告存在施工质量问题、工期延误问题、申报工程款远高于实际的工作量金额问题三项违约行为，从而在承担工期延误违约金的同时被人民法院判处承担解约违约金。

② 典型案例 94：王自然、上海市徐汇区姑苏月亮湾酒家与上海藜峰装饰工程有限公司装饰装修合同纠纷案，上海市徐汇区人民法院（2021）沪 0104 民初 33207 号民事判决书。

公司承担违约责任存在重复计算问题。王自然另诉请的租金损失105,000元，因王自然要求藜峰公司支付合同总造价30%的解约违约金112,500元足以弥补损失，故亦无法支持。据此判决，藜峰公司返还王自然未完工部分的装修费175,000元，支付王自然违约金112,500元。

## 裁判规则95

**在施工过程中非承包人原因导致停窝工的，承包人负有减损义务。因此，在确定停窝工损失时，不能以停工状态的自然持续时间为准，而应根据案情确定合理的停窝工期间。**

在建设工程施工合同履行过程中，因发包人原因或者客观原因导致工程长时间停工、窝工的，承包人应当采取合理措施避免损失扩大。如果承包人对停窝工损失一直处于消极、放任状态，则无权要求发包人赔偿所有的停窝工损失。

《民法典》第591条第1款规定："当事人一方违约后，对方应当采取适当措施防止损失的扩大；没有采取适当措施致使损失扩大的，不得就扩大的损失请求赔偿。"据此，在施工过程中发生停窝工的，承包人应对工程的前景有合理的预见，对风险有较理性的把握，应积极采取措施降低损失，及时做好人员、机械的撤离工作，不应盲目等待而放任停工状态的持续以及停工损失的扩大。[①] 如果承包人对停窝工损失一直处于消极、放任状态的，在确定停工损失所依据的停工时间时，就不能简单地以停工状态的自然持续时间为准，而是应根据案件事实综合确定一定的合理期间作为停工时间。[②]《山东省高级人民法院关于审理建设工程施工合同纠纷案件若干问题的解答》(2020年11月4日)第12条后段规定："对计算停窝工损失的期间，应当综合双方履行情况合理确定。对承包人未采取措施导致损失扩大的，扩大部分的损失不予支持。"至于多长时间才算合理期间，应根据案件具体情况，结合各方当事人责任大小，酌情确定。就此，除下述【典型案例95】

---

① 参见司伟：《如何认定合理的停工时间——河南省偃师市鑫龙建安工程有限公司与洛阳理工学院、河南省第六建筑工程公司索赔及工程欠款纠纷再审案》，载最高人民法院民事审判第一庭编：《民事审判指导与参考》总第50辑，人民法院出版社2012年版。

② 参见杨心忠等：《建设工程合同纠纷裁判思路》，法律出版社2014年版，第155页。

外，还可参见“唐山凤辉房地产开发有限公司与赤峰建设建筑（集团）有限责任公司建设工程施工合同纠纷案”①。

需要指出的是，虽然建设工程施工合同无效，基于诚实信用原则，承包人对停窝工损失也负有减损义务。对因未履行减损义务导致的扩大部分损失，无效施工合同的承包人也无权要求赔偿。

典型案例 95

## 河南省偃师市鑫龙建安工程有限公司与洛阳理工学院、河南省第六建筑工程公司索赔及工程欠款纠纷案②

### 基本案情

1998年6月18日，洛阳理工学院（以下简称理工学院）与河南省第六建筑工程公司（以下简称六建公司）通过招标方式签订了《建设工程施工合同》，理工学院将其成教楼、住宅楼发包给六建公司。在施工过程中，由于发包人提供的地质报告有误，导致工程在1999年4月16日停工。六建公司在2001年3月10日提起诉讼，要求赔偿自停工之日起至2001年3月6日止691天的停工损失，共计2,118,559.73元。

### 法院观点

最高人民法院在再审中认为：一方面，在工程停工后，各方当事人应本着诚实信用的原则加以协商处理，暂时难以达成一致的，发包方对于停工、撤场应当有明确的意见，并应承担合理的停工损失；另一方面，承包方也不应盲目等待而放任停工损失的扩大，而应当采取适当措施，如及时将有关停工事宜告知有关各方、自行做好人员和机械的撤离等，以减少自身的损失。在本案中，成教楼工程停工后，理工学院作为工程的发包方没有就停工、撤场以及是否复工作出明确的指令，河南省

① 典型案例320：唐山凤辉房地产开发有限公司与赤峰建设建筑（集团）有限责任公司建设工程施工合同纠纷案，最高人民法院（2015）民一终字第309号民事判决书。

② 典型案例95：河南省偃师市鑫龙建安工程有限公司与洛阳理工学院、河南省第六建筑工程公司索赔及工程欠款纠纷案，最高人民法院（2011）民提字第292号民事判决书。载《最高人民法院公报》2013年第1期。

偃师市鑫龙建安工程有限公司（以下简称鑫龙公司）也未积极采取适当措施要求理工学院和六建公司明确停工时间以及是否需要撤出全部人员和机械，而是盲目等待近2年时间，从而放任了停工损失的扩大。因此，虽然成教楼工程实际处于停工状态近2年，但在计算停工损失时停工时间则应当综合案件事实加以合理确定，将鑫龙公司的停工时间计算为从1999年4月20日起的六个月，较为合理。由此计算得出的损失金额为552, 162. 60元。此后的停窝工，属鑫龙公司未采取适当措施致使的损失，应当自行承担责任。①

**裁判规则96**

**虽然建设工程施工合同无效，但依然成立工期延误责任。对发包人的延误竣工损失、承包人的工期延长损失，应参照合同约定工期，根据工期延误的过错，以实际损失为依据，确定双方的工期延误责任。**

建设工程施工合同无效，则合同中关于工期的约定亦属无效。据此，无论是发包人主张承包人逾期完工，还是承包人主张迟延开工、停窝工，均缺乏合同依据。但是，《建设工程施工合同解释（一）》第6条规定："建设工程施工合同无效，一方当事人请求对方赔偿损失的，应当就对方过错、损失大小、过错与损失之间的因果关系承担举证责任。损失大小无法确定，一方当事人请求参照合同约定的质量标准、建设工期、工程价款支付时间等内容确定损失大小的，人民法院可以结合双方过错程度、过错与损失之间的因果关系等因素作出裁判。"从而肯定了无效施工合同依然存在工期责任，即"参照无效合同中约定的逾期竣工违约责任条款来确定发包方损失，并结合双方过错责任确定损失责任分担"②。有疑问的是，该工期延误责任应当如何界定？

第一，工期的确定应当参照合同约定工期。重庆市高级人民法院即认为，"参照合同中关于工期的约定判断工期是否迟延。对发包人实际发生的损失，人民法院

---

① 对六个月内的停工损失，最高人民法院又进一步按照各方当事人的过错进行了细分。

② 最高人民法院民事审判第一庭编著：《最高人民法院新建设工程施工合同司法解释（一）理解与适用》，人民法院出版社2021年版，第76页。

应当根据发包人、承包人对导致工期延误的过错的大小确定损失的分担”①。

第二，应根据过错分配工期延误责任。其中，过错应限定为工期延误的过错，而非订立无效合同的过错。如发包人对无效合同的形成具有过错，但若其对工期延误无过错的，不宜让其分担因承包人原因导致工期延误所造成的损失。②

第三，发包人的迟延竣工损失，也称工期延误损失，是指承包人晚于施工合同约定时间竣工，导致发包人将建筑物交付第三人的时间晚于约定时间，因对第三人承担赔偿责任而遭受交易利益损失，或者导致发包人对建筑物的占有、使用晚于约定时间，从而遭受使用利益损失。对发包人因迟延竣工导致的交易价值损失——发包人对第三人（一般是购房人）承担的赔偿责任——承包人应予赔偿。最高人民法院在（2013）民一终字第00001号民事判决书中，在认定施工合同无效的基础上，即支持了发包人因实际施工人延误工期导致向购房人支付逾期交房违约金的损失赔偿请求。③“美兰公司与大华公司建设工程施工合同纠纷案”④也是如此。《河北省高级人民法院建设工程施工合同案件审理指南》（冀高法〔2018〕44号）第15条前段也规定，“建设工程施工合同被确认无效后，发包人主张因承包方工期延误应赔偿其与第三人签订的房屋买卖合同因逾期交房发生的违约损失，承包人对工期延误存在过错，损失已经实际发生，且损失发生与承包人逾期交工行为有因果关系，可以纳入无效合同过错责任赔偿范围”。除交易价值损失以外，因承包人迟延竣工导致的发包人损失，还可能是使用利益损失——发包人对建筑物的占有、使用晚于约定时间而遭受的不利益。对此，也应纳入无效施工合同的赔偿范畴。

第四，承包人的工期延长损失，主要是停窝工损失，即承包方按合同约定完成施工组织或进入施工现场后，因设计方或发包方原因导致无法施工或无法正常施工所产生的损失，主要包括在停窝工期间的现场施工机械停滞费、现场工人的工资及周转性材料的维护和摊销费等。在实践中，停窝工损失通常是由于发包人迟延支付

---

① 重庆市高级人民法院民一庭《关于建设工程施工合同纠纷中的法律适用问题解答（一）》（2015年）。

② 参见高印立：《论无效建设工程合同工期延误的责任承担》，载《建筑经济》2014年第5期。

③ 参见关丽：《建设工程施工合同的效力认定及处理径路》，载王利明主编：《判解研究》总第73辑，人民法院出版社2016年版。

④ 参考案例90：《美兰公司与大华公司建设工程施工合同纠纷案》，载最高人民法院民事审判第一庭编：《民事审判指导与参考》总第53辑，人民法院出版社2013年版。

预付款或进度款所导致。就此，原《广东省高级人民法院关于审理建设工程合同纠纷案件的暂行规定》(粤高法发〔2000〕31号) 第23条规定："发包人未按建设工程合同约定支付工程进度款致使停工、窝工的，承包人可顺延工程日期，并有权要求赔偿停工、窝工等损失……" 除迟延付款之外，根据《建设工程施工合同(示范文本)》(GF-2017-0201) 第7.5.1项，在合同履行过程中，因下列情况导致工期延误和（或）费用增加的，由发包人承担由此延误的工期的损失和（或）增加的费用，且发包人应支付承包人合理的利润：(1) 发包人未能按合同约定提供图纸或所提供图纸不符合合同约定的；(2) 发包人未能按合同约定提供施工现场、施工条件、基础资料、许可、批准等开工条件的；(3) 发包人提供的测量基准点、基准线和水准点及其书面资料存在错误或疏漏的；(4) 发包人未能在计划开工日期之日起7天内同意下达开工通知的；(5) 发包人未能按合同约定日期支付工程预付款、进度款或竣工结算款的；(6) 监理人未按合同约定发出指示、批准等文件的；(7) 专用合同条款中约定的其他情形。① 与发包人迟延支付工程款的资金占用损失相同，即使施工合同无效，根据《建设工程施工合同解释（一）》第6条第2款的规定，对因发包人原因导致的承包人停工、窝工损失，承包人也有权要求发包人予以赔偿。

第五，建设工程施工合同无效，合同中的违约金条款相应无效。因此，在确定发包人的延误竣工损失或承包人的工期延长损失时，不能适用也不能参照适用合同中的违约金条款，而应以有证据证明的实际损失为依据确定赔偿责任。

**典型案例96**

## 云南得廷房地产开发有限公司与广东吴川建筑安装工程有限公司、成信雄建设工程施工合同纠纷案②

### 基本案情

2012年6月26日，云南得廷房地产开发有限公司（以下简称得廷地产）与广

① 《建设工程施工合同（示范文本）》(GF-2013-0201) 第7.5.1条的规定与此相同。

② 典型案例96：云南得廷房地产开发有限公司与广东吴川建筑安装工程有限公司、成信雄建设工程施工合同纠纷案，最高人民法院（2019）最高法民再196号民事判决书。

东吴川建筑安装工程有限公司（以下简称吴川建筑）签订《工程总承包协议书》，约定得廷地产将镇雄得廷逸品、得廷尚品、得廷财富广场及新南站工程得廷地产工程发包给吴川建筑修建。同年7月15日，吴川建筑与成信雄签订《管理协议书》，约定成信雄对承包项目实行自主经营、独立经济核算、自负盈亏。在施工过程中，因涉诉项目周边滑坡、群众阻止施工，该项目自2014年5月10日停工至今。得廷地产认为，该工程系第三人挂靠吴川建筑承包，遂向法院提起诉讼，请求确认合同无效、吴川建筑立即退场。吴川建筑则就停工损失提起反诉。在审理中，经鉴定，吴川建筑的停工损失按照社会平均工资计算为10,729,261.31元，按照实际工资计算为11,109,733.22元。

## 法院观点

云南省高级人民法院在二审中认为，该工程系成信雄借用吴川建筑资质承包，故《工程总承包协议书》无效。合同无效的原因是成信雄借用吴川建筑的资质承包涉案工程，吴川建筑对此具有过错，故吴川建筑主张的停工损失缺乏依据，人民法院不予支持。但最高人民法院在再审中认为，停工原因与合同无效无关。停工的原因是涉诉项目周边滑坡、群众阻止施工。就滑坡原因而言：云南地质工程勘察设计研究院为第一过错人，应负主要责任；吴川建筑为第二过错人；云南世博建设监理有限责任公司为第三过错人。云南地质工程勘察设计研究院、云南世博建设监理有限责任公司均系得廷地产委托。因此，对于吴川建筑的停工损失，得廷地产应承担主要责任，吴川建筑应自行承担次要责任。据此，得廷地产应承担吴川建筑停工损失的80%，吴川建筑自行承担20%。原审以合同无效的责任在吴川建筑为由不支持吴川建筑的停工损失缺乏法律依据，人民法院予以纠正。

## 裁判规则97

**工期索赔的诉讼时效自工程款结算完成之日起计算，未达成结算的，自起诉之日起计算。但已构成索赔失权的除外。**

发包人要求承包人承担工期延误责任，或承包人向发包人进行工期索赔的，诉讼时效应当从何时起算？

一种观点认为，在工程实际竣工之日，工期是否逾期以及逾期天数均已确定，故应当自工程实际竣工之日起计算诉讼时效。① 最高人民法院在“中国建筑第七工程局有限公司与重庆桥伟物业管理有限公司建设工程施工合同纠纷案”② 中持这一观点。另一种观点认为，工期违约的索赔属于竣工结算的范畴，故应当自工程结算完成之日起计算诉讼时效。③

需要明确的是，超过合同约定竣工日期仍未竣工的，由于迟延竣工的状态一直在持续，究竟迟延多少天，须工程实际竣工才能确定，故工期索赔的诉讼时效不应从合同约定的竣工之日起计算。④

《民法典》第 188 条第 2 款前段规定：“诉讼时效期间自权利人知道或者应当知道权利受到损害以及义务人之日起计算。”站在文义解释的角度分析，工期索赔事件一旦结束，即意味着当事人知道权利受到侵害，故工期索赔的诉讼时效应当从索赔事件结束之日起计算。如施工过程中发生多起索赔事件的，则应当分别计算诉讼时效。但这并不符合建筑市场的实际情况。首先，如【裁判规则 155】所述，根据《建设工程施工合同（示范文本）》（GF-2017-0201）第 19.5 款，竣工结算是“大结算”，是包括工程造价、违约金、赔偿金等全部合同履行相关工作事项的总结算。⑤ 若此，发承包双方有权将施工过程中的工期索赔事宜留待结算时解决。其次，从建筑领域的施工、结算的实际情况和惯例来看，对施工过程中的工期索赔事件，如果承发包双方未能在施工过程中协商一致的，通常会在工程竣工结算时一并处理。在此意义上，竣工结算日也即“最终索赔时限日”。因此，从索赔事件结束之日起计算诉讼时效不符合现实情况。⑥ 最后，建设工程施工合同履行周期长，履行过程中需要双方协作配合。如果从索赔事件结束之日起计算诉讼时效，也就意味

---

① 参见王楷、于秋磊：《建设工程施工合同纠纷法律实务与工程专业知识解答》，法律出版社 2021 年版，第 31 页。

② 参考案例 91：中国建筑第七工程局有限公司与重庆桥伟物业管理有限公司建设工程施工合同纠纷案，最高人民法院（2020）最高法民申 3244 号民事裁定书。

③ 参见王毓莹、史智军：《建设工程施工合同纠纷疑难问题和裁判规则解析》，法律出版社 2022 年版，第 168—170 页。

④ 参见杨心忠等：《建设工程合同纠纷裁判思路》，法律出版社 2014 年版，第 149 页。

⑤ 《建设工程施工合同（示范文本）GF-2017-0201 使用指南》编委会编著：《建设工程施工合同（示范文本）GF-2017-0201 使用指南》，中国建筑工业出版社 2018 年版，第 224 页。

⑥ 参见王勇：《建设工程施工合同纠纷实务解析》，法律出版社 2017 年版，第 247 页。

着对施工过程中发生的索赔事件，如承发包双方无法协商一致的，当事人须尽快提起诉讼，以免该项请求权罹于时效。若此，难免恶化当事人之间的关系，进而导致协作配合上的抵牾。据此，工期索赔的诉讼时效，自结算完成之日起计算。未达成结算的，自起诉之日起计算。但因违反申请工期顺的时限要求已导致索赔失权的，由于丧失的是实体性权利，故无权再要求索赔。

在下述【典型案例97】中，对施工过程中工期延误的索赔，法院确定的诉讼时效的起算点，即为双方达成结算协议（《9.15解除合同协议》）之日。

**典型案例97**

## 和记黄埔地产（成都）温江有限公司与中国建筑第五工程局有限公司建设工程施工合同纠纷案[①]

### 基本案情

2007年1月8日，和记黄埔地产（成都）温江有限公司（以下简称和记黄埔公司）与中国建筑第五工程局有限公司（以下简称中建五局）签订《总包合同》，约定和记黄埔公司将温江新城光华大道住宅发展项目地块一（1A期）工程总包给中建五局施工。2009年9月15日，双方签订《9.15解除合同协议》，确定决算金额为153,570,858.56元，中建五局同意全面退场并完成移交手续，双方须承担因各自原因造成之工期延误的责任，由于工期延误以致双方蒙受的直接损失双方另行协商解决。2009年10月27日，中建五局与和记黄埔公司就案涉工程现状进行交接。2013年8月6日，中建五局提起诉讼，要求和记黄埔公司支付工期延误直接损失54,447,229.95元。和记黄埔公司辩称，中建五局的工期延误索赔请求超过了法定诉讼时效保护期间。

### 法院观点

最高人民法院认为，双方于2009年9月15日签订的合同系解除双方合同关系

① 典型案例97：和记黄埔地产（成都）温江有限公司与中国建筑第五工程局有限公司建设工程施工合同纠纷案，最高人民法院（2017）最高法民终402号民事判决书。

并处理善后决算、移交事宜的合同，当合同生效并履行完毕时，双方之间原约定的权利义务即行终结。但《9.15 解除合同协议》约定“由于工期延误以致双方蒙受的直接损失双方另行协商解决”，直到 2011 年 2 月 15 日，中建五局与和记黄埔公司之间有多份工期延误索赔事宜的函件往来。2012 年 4 月 6 日，中建五局另案诉请和记黄埔公司全额退还履约保证金 1889 万元，在该案民事起诉状的事实与理由部分，其明确表示因和记黄埔公司原因导致工期延误给中建五局造成了重大经济损失。可见，中建五局要求和记黄埔公司承担工期延误赔偿责任的意思表示明确。根据《民法通则》第 140 条①的规定，中建五局提起另案诉讼构成诉讼时效中断，从中断时起，诉讼时效重新计算，中建五局于 2013 年 8 月 6 日提起本案诉讼，未过诉讼时效。

① 《民法通则》已失效，后文不再赘述。该条（现被《民法典》第 195 条吸收）规定：“诉讼时效因提起诉讼、当事人一方提出要求或者同意履行义务而中断。从中断时起，诉讼时效期间重新计算。”《民法典》第 195 条规定：“有下列情形之一的，诉讼时效中断，从中断、有关程序终结时起，诉讼时效期间重新计算：（一）权利人向义务人提出履行请求；（二）义务人同意履行义务；（三）权利人提起诉讼或者申请仲裁；（四）与提起诉讼或者申请仲裁具有同等效力的其他情形。”

# 4. 建设工程施工合同的质量责任规则

建设工程质量不仅关乎建设工程施工合同双方当事人的利益，还会影响不特定第三人的安全，甚至影响社会公共安全，关系国计民生。[①] 因此，在建设工程施工合同纠纷中，工程质量的认定具有举足轻重的意义。只有经验收合格的建设工程，方可交付使用；建设工程质量合格，是承包人得以请求工程价款的前提条件，针对承包人支付工程价款的请求，发包人也常以工程质量不合格进行抗辩；工程竣工验收后，承包人仍应在一定期限内承担质量责任；等等。

## 4.1 建设工程质量的认定

在实践中，可以通过如下三种方式确定建设工程质量是否合格：一是对施工完毕的工程，由发包人组织竣工验收确认工程质量是否合格；二是对未完工程或未经竣工验收工程，可将发包人实际使用视为工程质量合格；三是对未完工工程或未经竣工验收工程，可通过司法鉴定确认工程质量是否合格。

**裁判规则98**

**建设工程质量的国家标准仅分为合格与不合格两种。发承包双方可以另行约定高于合格标准的质量标准，但须明确相应的评价方法。如约定的评价方法不明确的，按照合格标准执行。**

---

① 参见黄薇主编：《中华人民共和国民法典释义》（中），法律出版社2020年版，第1459页。

建设工程质量的国家标准有一个流变的过程。1989 年 9 月 1 日发布的《建筑安装工程质量检验评定统一标准》（GBJ300-88）第 3. 0. 1 项规定："本标准的分项、分部、单位工程质量均分为'合格'与'优良'两个等级。"2001 年 7 月 20 日，原建设部发布《建筑工程施工质量验收统一标准》（GB50300-2001），废止了《建筑安装工程质量检验评定统一标准》（GBJ300-88），且在第 5 条规定的"建筑工程质量验收"中，仅提出了"验收合格"的要求，未规定"优良"这一等级。2013 年 11 月 1 日，住建部发布《建筑工程施工质量验收统一标准》（GB50300-2013），废止了《建筑工程施工质量验收统一标准》（GB50300-2001），但在第 5 部分"建筑工程质量验收"中，依然仅有"验收合格"的要求，未规定"优良"这一等级。此外，国务院发布的《建设工程质量管理条例》① 第 16 条也仅提出"建设工程经验收合格的，方可交付使用"。《建筑法》② 自 1997 年颁布至今，历经两次修正，也仅提出了"验收合格"这一要求。据此，根据现行法的规定，建设工程质量的国家标准仅分为"合格"与"不合格"两种。

现行法关于建设工程质量必须达到"合格"的要求，系法定的最低质量标准，属于强行性标准，发承包双方不得约定低于该质量标准，但可以约定高于合格标准的质量标准。《北京市高级人民法院关于审理建设工程施工合同纠纷案件若干疑难问题的解答》（京高法发〔2012〕245 号）第 27 条规定："建设工程施工合同中约定的建设工程质量标准低于国家规定的工程质量强制性安全标准的，该约定无效；合同约定的质量标准高于国家规定的强制性标准的，应当认定该约定有效。"江苏省高级人民法院亦有类似规定。③ 最高人民法院在"广东省第一建筑工程有限公司与东莞市广华房地产开发有限公司、东莞市广华物业发展有限公司建设工程施工合同纠纷案"④ 中也提出，"虽然建设部发布文件将工程质量检验评定标准由过

---

① 2000 年 1 月 30 日（国务院令第 279 号）发布，2017 年 10 月 7 日（国务院令第 687 号）第一次修订，2019 年 4 月 23 日（国务院令第 714 号）第二次修订。

② 1997 年 11 月 1 日颁布，2011 年 4 月 22 日第一次修正，2019 年 4 月 23 日第二次修正。

③ 原《江苏省高级人民法院民一庭建设工程施工合同纠纷案件司法鉴定操作规程》（苏高法电〔2015〕802 号）第 42 条规定："合同约定的质量标准高于国家规定的强制性标准，应当以合同约定的质量标准作为鉴定依据；合同约定的质量标准低于国家规定的强制性标准，应当依据国家规定的强制性标准进行鉴定。"

④ 参考案例 92：广东省第一建筑工程有限公司与东莞市广华房地产开发有限公司、东莞市广华物业发展有限公司建设工程施工合同纠纷案，最高人民法院（2013）民申字第 114 号民事裁定书。

去样板、优良、合格三个等级改为合格一个等级，但并未禁止当事人在高于该国家标准之上另行约定工程质量标准”。

发承包双方虽然可以约定高于合格标准的质量标准，但该质量标准必须有相应的评价方法，否则无法评判是否达到约定的质量标准。该评价方法，可以是在合同中约定专门的质量指标，由发承包双方按照该指标验收确定，也可以约定由第三方机构按照既有标准进行确定。实践中，多采用第二种方式。如约定质量标准为“优良”，但未约定按照什么标准或方法进行评判，由于原国家标准中的“优良”标准已取消，也就无法判定是否达到合同约定的“优良”标准。在此情形下，只能按照法定的“合格”标准确定承包人是否完成约定的施工义务。在“周华良与赣州永德泰置业有限公司等建设工程施工合同纠纷案”① 中，案涉施工合同约定，工程质量达到赣州市市级评审优质工程标准，否则扣罚工程总价款的2%，后竣工验收确定工程质量为“合格”。发包人主张，因工程质量未达到合同约定等级，周华良应承担工程总价款2%的违约金。江西省高级人民法院即认为，2002年1月1日实施的《建设工程施工质量验收统一标准》对建设工程质量统一规定为“合格”和“不合格”标准，取消了“优良”的标准等级。案涉合同虽然约定工程质量应达到赣州市市级评审优质工程标准，但“优良”等级的评定活动缺乏统一明确的标准，合同双方也未就如何实现“优良”等级而进一步协商和约定，即双方未对该等级的评定活动应在何范围内，以何层次、规模为准，以及由何方负责参评事宜作出具体明确约定。故发包人要求周华良承担工程总价款2%的违约金理由与依据不足，法院不予支持。②

在约定的特别标准未达到的情况下，由于建设工程本身是质量合格的工程，可以投入使用，故通常情况下，发包人仍应接收工程并支付工程款，但可根据未达约定标准的具体情况，减少相应工程款。但如该特定标准是发包人基于特定安全生产、经营需要所设定，未达该标准导致建设工程无法正常使用的，则可以拒绝接收工程。

---

① 参考案例93：周华良与赣州永德泰置业有限公司等建设工程施工合同纠纷案，江西省高级人民法院（2014）赣民一终字第074号民事判决书。

② 除此之外，判决书中还有一个驳回该诉请的理由，即银球公司与周华良之间的《工程承包经济责任合同》无效，故双方在合同中约定的违约责任条款没有法律拘束力。但如【裁判规则248】所述，该理由值得斟酌。

典型案例 98

## 福建章诚隆建设工程有限公司与厦门经济特区房地产开发集团有限公司建设工程施工合同纠纷案①

### 基本案情

2007年3月1日，福建章诚隆建设工程有限公司（以下简称章诚隆公司）与厦门经济特区房地产开发集团有限公司（以下简称特房集团）签订《建设工程施工合同》，约定：诚隆公司承建“特房·锦绣祥安一期20—24号楼”土建及安装工程；关于工程质量，合同约定其标准为厦门市优良工程的标准，如果工程质量达不到市优良等级，承包人须按照工程合同造价的2%支付违约金。施工完成后，案涉工程竣工验收结论为“合格”，也未参评厦门市优良工程。特房集团遂以工程质量未达到约定的市优良等级为由，向厦门市中级人民法院提起诉讼，要求章诚隆公司按照工程造价的2%支付违约金。章诚隆公司辩称，系因特房集团未就讼争工程申报厦门市优良等级，导致无法评审市优良工程。另查明，《厦门市创建市优良工程暂行管理办法》第3条规定，市优良工程是指具有一定规模、基建程序报建手续齐全，经设计认可，施工自评、监理评价为优良，已通过建设单位组织的竣工验收，经协会评审，由市建设行政主管部门确认质量优良并公布的工程。第11条第2款规定，创建市优良工程应实施目标管理，工程开工前应根据承包合同的约定制定质量目标，并由施工企业填写《厦门市优良工程创建活动备案登记表》，向市建设工程质量安全管理协会告知性备案。

### 法院观点

最高人民法院在再审中认为，根据《厦门市优良工程评审暂行办法》第3条的规定，市优良工程必须是施工自评、监理评价为优良的工程。《建设工程竣工验收报告》表明，建设单位、施工单位、设计单位、监理单位均评定该工程为“合

① 典型案例98：福建章诚隆建设工程有限公司与厦门经济特区房地产开发集团有限公司建设工程施工合同纠纷案，最高人民法院（2014）民抗字第80号民事判决书。

格”，说明章诚隆公司作为施工单位，亦确认讼争工程质量为合格而不是优良，并非因为报建手续不齐备而无法参加评定。因此，章诚隆公司应依合同约定，按照工程合同造价的2%向特房集团支付违约金。

## 裁判规则99

**在建设工程质量合格的基础之上，发承包双方可以约定参与相关建筑奖项的评选，并根据评选结果确定工程价款。建设工程质量合格但未获得约定奖项的，应当扣减相应工程款，但发包人不能拒绝支付全部工程价款。**

“在实践中，有一种约定是在验收合格的基础上，另行约定达到市级、省级或国家级的优良工程则给予一定奖励，未达到则扣减一定工程款或按不同标准计算工程款等。这种约定并非质量验收标准，与建设主管部门认定的质量‘合格’并不冲突，实际上是合同双方对工程质量应当达到某种评优标准做出的约定。”① 也就是说，发包人可要求承包人施工的建设工程参与相关建筑奖项的评选，并根据是否获奖增减工程价款。

在各类评选中，最有名的当属“鲁班奖”。“鲁班奖”设立于1987年，全称是建筑中国建设工程鲁班奖（国家优质工程），是一项由住建部指导、中国建筑业协会评选的奖项，是中国建筑行业工程质量的最高荣誉奖。除此之外，各省、市一般都有各自的评选机构和不同名称的优质工程奖项。如江苏省“扬子杯”优质工程奖，是江苏省内建筑工程质量最高荣誉奖，由江苏省建设厅、江苏省建筑工程管理局、江苏省建筑行业协会组织评选。此外，重庆市市级优质工程奖为“巴渝杯优质工程奖”，“河北省建筑工程安济杯奖（省优质工程）”是河北省建筑行业工程质量最高荣誉奖，“广东省建设工程金匠奖”是广东省建筑行业工程质量的最高荣誉奖，等等。

对工程质量的评奖，不是对工程质量是否合格的评定，而是评选机构在建设工程验收合格的基础上，对工程质量是否达到评奖要求的评价和肯定。在此意义

① 徐忆：《建设工程质量等级标准相关法律问题初探》，载微信公众号“律行天下”2020年9月3日，https://mp.weiwin.qq.com/s/iQwjclgA8-KPWOiwY7K0kQ。

上，类似但也有别于前述“另行约定高于合格标准的质量标准”。有观点认为，承包人虽未获得约定奖项，但工程质量合格的，发包人无权要求减少支付工程款。[①]但如果发承包双方约定，建设工程应当参加相应优质工程的评选，并根据评选结果增减工程价款。由于该约定不违反法律法规的禁止性规定，应属有效，那么在承包人未获得约定奖项的情况下，发包人就有权按约减少工程价款。

需要指出的是，如案涉工程经竣工验收合格但未获得相应奖项，发包人虽可以扣减相应工程款，但不能拒绝支付全部工程款。毕竟工程经竣工验收合格就已经可以交付使用，也就具有相应的使用价值，发包人应当按照合格工程的标准支付工程款。如合同仅约定了获奖情况下的工程价款，未约定合格但未获奖情况下的工程价款，则应对合同约定的工程价款予以酌情减少。[②] 此外，由于工程质量合格是工程价款优先受偿权的成立要件，故承包人在工程款债权的范围内享有优先受偿权。[③]

典型案例 99

## 杨焕尧与江苏通力建设工程有限公司、太仓豪世投资管理有限公司建设工程施工合同纠纷案[④]

### 基本案情

2010 年 7 月 30 日，太仓豪世投资管理有限公司（以下简称豪世公司）与江苏通力建设工程有限公司（以下简称通力公司）签订《建设工程施工合同》，约定通力公司承建豪世公司开发的江南水郡一期工程。2010 年 9 月 8 日，豪世公司、通力公司、杨焕尧三方签订《补充协议书》，约定杨焕尧承建江南水郡一期部分工

① 参见杨心忠等：《建设工程合同纠纷裁判思路》，法律出版社 2014 年版，第 321 页。

② 参见最高人民法院民事审判第一庭编著：《最高人民法院新建设工程施工合同司法解释（一）理解与适用》，人民法院出版社 2021 年版，第 453、454 页。

③ 参见最高人民法院民事审判第一庭编著：《最高人民法院新建设工程施工合同司法解释（一）理解与适用》，人民法院出版社 2021 年版，第 395 页。

④ 典型案例 99：杨焕尧与江苏通力建设工程有限公司、太仓豪世投资管理有限公司建设工程施工合同纠纷案，江苏省高级人民法院（2019）苏民终 466 号民事判决书、最高人民法院（2020）最高法民申 4837 号民事裁定书。

程，包括3—19号房17栋小别墅，1—4号房2栋小高层，1栋地下车库，土建安装工程，建筑面积27,619.16平方米，工程款（进度款）支付的方式与时间参照《建设工程施工合同》，如2栋小高层的工程未被评为“姑苏杯”优质工程，通力公司、杨焕尧愿被处以小高层总价下浮4%的处罚。2012年10月30日，杨焕尧施工的2幢小高层、17幢别墅进行单位（子单位）工程质量竣工验收，但杨焕尧并未将2幢小高层的有关材料送至通力公司或豪世公司主张申报“姑苏杯”优质工程的评选。后杨焕尧起诉要求支付工程款，并认为小高层总价不应下浮4%。

## 法院观点

江苏省高级人民法院认为，《补充协议书》因杨焕尧个人无施工资质，应属无效，但其中2幢小高层工程未被评为“姑苏杯”优质工程则被处以总价下浮4%的处罚的约定，实质系各方当事人对小高层价款结算的约定，在协议书无效的情况下应当参照适用。最高人民法院在再审审查中也认为，案涉协议中有关如工程质量小高层未被评为“姑苏杯”优质工程，通力公司、杨焕尧愿被处以小高层总价下浮4%处罚的约定，可理解为案涉工程在合格标准之上额外投入的优质工程费用，本质上属于工程结算条款的组成部分。在小高层未评定为“姑苏杯”优质工程的情况下工程总价下浮4%，未超出当事人的缔约预期。如依杨焕尧所述，排除该条款的适用，则意味着杨焕尧以合格工程获得优质工程对价，有失公允。

## 裁判规则100

**建设工程质量必须符合国家标准中的强制性标准。如建设工程施工合同约定的质量标准低于国家标准中的强制性标准的，该约定无效。**

当前，约束建设工程质量的标准主要有《建筑工程施工质量验收统一标准》（GB50300-2013）、《建筑装饰装修工程质量验收标准》（GB50210-2018），这两个标准均为国家标准。《建筑工程施工质量验收统一标准》的“本标准用词说明”，对用词按照要求的严格程度不同作出如下区分：“（1）表示很严格，非这样做不可的：正面词采用‘必须’，反面词采用‘严禁’；（2）表示严格，在正常情况下均应这样做的：正面词采用‘应’，反面词采用‘不应’或‘不得’；(3) 表示允许稍有选择，在条件许可时首先应这样做的：正面词采用‘宜’，反面词采用‘不宜’；(4) 表示有选择，在一定条件下可以这样做的，采用‘可’。”对于“必须”“应”，原则上应解释为强制性标准。

《标准化法》第2条第2款规定：“标准包括国家标准、行业标准、地方标准和团体标准、企业标准。国家标准分为强制性标准、推荐性标准，行业标准、地方标准是推荐性标准。”第3款规定：“强制性标准必须执行。国家鼓励采用推荐性标准。”据此，建设工程质量必须符合国家标准中的强制性标准。如建设工程施工合同约定的质量标准低于国家标准中的强制性标准的，该约定无效；高于强制性国家标准，则应执行约定标准。《北京市高级人民法院关于审理建设工程施工合同纠纷案件若干疑难问题的解答》（京高法发〔2012〕245号）第27条规定：“建设工程施工合同中约定的建设工程质量标准低于国家规定的工程质量强制性安全标准的，该约定无效；合同约定的质量标准高于国家规定的强制性标准的，应当认定该约定有效。”下述【典型案例100】即为适例。

实践中，发承包双方在合同中直接约定质量标准低于强制性国家标准的，较为罕见。相对常见的情形：一是因合同约定不明确，导致发承包双方就应当参照适用的标准发生争议。就此，可参见“北京金工装饰工程有限公司与北京东峰兴达耐火材料有限公司建设工程施工合同纠纷案”①。二是就谁的行为导致工程质量不符合强制性国家标准发生争议。就此，可参考“贵州省黔东南州烟草专卖局与贵州中建伟业建设工程有限责任公司建设工程施工合同纠纷案”②。

---

① 参考案例94：北京金工装饰工程有限公司与北京东峰兴达耐火材料有限公司建设工程施工合同纠纷案，北京市第三中级人民法院（2016）京03民终4948号民事判决书。

② 参考案例95：贵州省黔东南州烟草专卖局与贵州中建伟业建设工程有限责任公司建设工程施工合同纠纷案，贵州省黔东南苗族侗族自治州中级人民法院（2018）黔26民终1598号民事判决书。

**典型案例 100**

# 西北工业大学明德学院与西安山河建筑有限公司建设工程施工合同纠纷案①

## 基本案情

2012年1月6日，西北工业大学明德学院（以下简称明德学院）与西安山河建筑有限公司（以下简称山河公司）签订施工合同，约定山河公司承建明德学院7号学生公寓楼工程，工程质量应当达到协议书约定的质量标准，质量标准的评定以国家或行业的质量检验评定标准为依据。承包人负责采购材料设备的，应按照专用条款约定及设计和有关标准要求采购，并提供产品合格证明，对材料设备质量负责。2012年1月8日，山河公司开始施工。2013年3月21日，山河公司向明德学院提交了工程结算书。后明德学院诉至法院，要求山河公司支付不合格材料部分工程的拆除费、垃圾清运费866,159元，返工违约金694,341.25元。诉讼中经鉴定：（1）Bv单芯线产品标识不符合《额定电压450750V及以下聚氯乙烯绝缘电缆第1部分：一般要求》（GB/T 5023.1-2008）中第3.1款，Bv单芯线导体电阻不符合《额定电压450750V及以下聚氯乙烯绝缘电缆第1部分：一般要求》（GB/T 5023.1-2008）中第5.1.4项，还有个别指标也不符合相关标准。Bv单芯线不是杭州鸿雁牌产品。（2）外墙保温板经检测，燃烧性能不符合《民用建筑外保温系统及外墙装饰防火暂行规定》（公通字〔2009〕46号）中相关条款的规定，产品的主要性能不合格。（3）公寓夹板门的胶合板厚度明显小于合同约定的5mm；夹板门板面调和漆由于检测依据不足，无法判定是否为宝塔牌调和漆。（4）加工塑钢窗其内腔未加增强型钢，不符合建筑工业行业标准《未增塑聚氯乙烯（PVC-U）塑料窗》（JG/T140-2005）中的第6.2.1项。涉案塑钢窗检材的主型材非可视面上没有任何标识，不符合《门、窗用未增塑聚氯乙烯（PVC-U）型材》（GB/T 8814-2004）中第8.2款，不符合国家标准……Bv单芯线、外墙保温板、公寓夹板门、塑钢窗

① 典型案例100：西北工业大学明德学院与西安山河建筑有限公司建设工程施工合同纠纷案，陕西省高级人民法院（2017）陕民终107号民事判决书。

与合同约定不符，均不符合国家标准或无法满足正常使用功能，拆除、清理、运输费用为1,534,511.22元。山河公司认为，鉴定结论不符合法律规定，不能作为定案依据。如鉴定所采用的《额定电压450750V及以下聚氯乙烯绝缘电缆》(GB/T 5023.1-2008)为国家推荐性标准，并非强制性标准。明德学院则认为，BV单芯电线采用的标准为推荐性标准，系参照合同约定的“鸿雁”品牌的质量标准设定鉴定标准，为合理鉴定依据。实际检测结果显示，山河公司所用的电线主要指标导电电阻值不仅达不到该推荐性标准，还超过了国家强制标准GB5023-1997的标准值。

## 法院观点

陕西省高级人民法院认为，根据鉴定意见，涉案工程中实际安装的Bv单芯线、外墙保温板、公寓夹板门、塑钢窗与合同约定不符，均不符合国家标准或无法满足正常使用功能，故该项目应当予以拆除。山河公司作为施工方，应当承担因拆除产生的费用。鉴定报告认定拆除、清理、运输费用为1,534,511.22元。明德学院要求山河公司承担866,159元，明德学院的主张成立，山河公司应向明德学院支付因工程质量问题导致的拆除、清理、运输费用866,159元。同时，合同约定，因山河公司原因工程质量达不到约定的标准，山河公司向明德学院支付工程造价2%的违约金。根据鉴定结论可知，在山河公司施工的工程中存在质量达不到约定的标准的情形，故其应当依照约定赔偿明德学院因工程质量问题产生的违约金72.397354万元（3619.867683万元×2%）。

## 裁判规则101

**建设工程的竣工验收，是由发包人组织，承包人、勘察单位、设计单位、监理单位等参与，对建设工程质量进行自我评价的民事行为。**

“建设工程的竣工验收，是指建设单位（发包人）收到施工单位（承包人）的工程竣工验收申请后，根据建设工程质量管理法律制度和建设工程竣工验收技术标准，以及建设工程合同（勘察设计合同、施工合同、监理合同等）的约定，组织设计、施工、工程监理等有关单位对建设工程查验接受的行为。”① 验收的单元从大到小依次划分为单位工程、分部工程、分项工程与检验批。《民法典》第799条第1款前段规定：“建设工程竣工后，发包人应当根据施工图纸及说明书、国家颁发的施工验收规范和质量检验标准及时进行验收。”《建设工程质量管理条例》第16条第1款规定：“建设单位收到建设工程竣工报告后，应当组织设计、施工、工程监理等有关单位进行竣工验收。”经验收，如建设、设计、施工、监理等单位均签署质量合格的意见，也就意味着工程竣工验收合格，可以交付使用。从现行法的规定可知：

第一，竣工验收的大致流程是：（1）承包人提交工程竣工报告；（2）监理人出具监理评估报告，勘察、设计单位出具质量验收报告；（3）建设、设计、施工、监理等单位现场查验合格后、签署工程竣工验收意见（多表现为《竣工验收意见表》）；（4）建设单位出具工程竣工验收报告，报送建设行政管理部门。

第二，组织竣工验收的主体是发包人，即建设单位。参与竣工验收的主体包括设计、施工、监理、勘察单位。在2000年以前，根据国家计委《建设项目（工程）竣工验收办法》（计建〔1990〕1215号，于2016年1月1日被废止）的规定，工程质量由建设行政主管部门的质量评定机构直接进行认定，而非发包人组织验收，具有强烈的行政色彩。2000年发布的《建设工程质量管理条例》（中华人民共和国国务院令第279号发布，2017年10月7日第一次修订，2019年4月23日第二次修订）改变了由行政机关评定工程质量的模式，竣工验收由建设单位组织，设计、施工、监理等单位参加，验收合格后报建设行政主管部门备案。2013年颁布的《房屋建筑和市政基础设施工程竣工验收规定》（建质〔2013〕171号）进一步明确：工程竣工验收由建设单位负责组织实施，由勘察、设计、施工、监理等单位组成验收组，共同进行验收；与此同时，建设单位应当在工程竣工验收7个工作日前将验收的时间、地点及验收组名单书面通知负责监督该工程的工程质量监督机构，工程质量监督机构对工程竣工验收的组织形式、验收程序、执行验收标准等情况进行现场监督，发现有违反建设工程质量管理规定行为的，责令改正，并将对工程竣工验收的监督情况作为工程质量监督报告的重要内容；建设单位应当自工

---

① 关丽：《因组织工程竣工验收的主体不适格，质监部门出具的竣工验收报告不具有证明力——威海市鲸园建筑有限公司与威海市福利企业服务公司、威海市盛发贸易有限公司拖欠建筑工程款纠纷再审案》，载最高人民法院民事审判第一庭编：《民事审判指导与参考》总第54辑，人民法院出版社2013年版。

程竣工验收合格之日起15日内，依照《房屋建筑和市政基础设施工程竣工验收备案管理办法》(中华人民共和国住房和城乡建设部令第2号）的规定，向工程所在地的县级以上地方人民政府建设主管部门备案。因此，根据现行制度要求，竣工验收由建设单位组织，勘察、设计、施工、监理等单位参加，质量监督机构现场监督，验收合格后报建设主管部门备案。

第三，竣工验收合格的法律后果有二：一是建设工程可以投入使用。“工程竣工验收是建设过程中最后一个工序，是建设工程由建设转入使用的重要标志。”① 二是发包人应当支付工程款。《民法典》第799条第1款后段规定：“验收合格的，发包人应当按照约定支付价款，并接收该建设工程。”下述【典型案例101】即为适例。

第四，经竣工验收得出的质量合格的结论，仅仅是建设、施工、勘察、设计等单位的自我认定。“工程竣工验收系建设单位等平等地位的合同主体基于法律规定及合同约定自主进行的一种行为，是上述平等主体对施工单位是否全面履行合同义务、建设工程质量是否符合合同约定的一种确认，具有民事法律行为的性质，其效力及于合同各方。”②

**典型案例101**

## 国电南京自动化股份有限公司与敦煌市清洁能源开发有限责任公司建设工程施工合同纠纷案③

### 基本案情

2016年5月12日，敦煌市清洁能源开发有限责任公司（以下简称敦煌能源公司）与国电南京自动化股份有限公司（以下简称南京自动化公司）签订《PC总承

---

① 关丽：《因组织工程竣工验收的主体不适格，质监部门出具的竣工验收报告不具有证明力——威海市鲸园建筑有限公司与威海市福利企业服务公司、威海市盛发贸易有限公司拖欠建筑工程款纠纷再审案》，载最高人民法院民事审判第一庭编：《民事审判指导与参考》总第54辑，人民法院出版社2013年版。

② 杨心忠等：《建设工程合同纠纷裁判思路》，法律出版社2014年版，第317页。

③ 典型案例101：国电南京自动化股份有限公司与敦煌市清洁能源开发有限责任公司建设工程施工合同纠纷案，最高人民法院（2018）最高法民终331号民事判决书。

包合同》，约定南京自动化公司对敦煌能源公司7MW光伏发电项目总承包，施工质量标准为《光伏发电验收规范》。2016年9月25日，南京自动化公司向监理单位提交《单位工程质量验收评定表》，结论为合格，监理公司及敦煌能源公司盖章予以确认。2016年9月28日，南京自动化公司向监理公司提交的《单位工程竣工报验单》《单位工程竣工验收申请表》《单位工程竣工验收报告》，载明分项分部工程合格率为100%，单位工程评定为合格，工程已于2016年8月15日全部竣工，于2016年9月28日现场验收。监理公司及敦煌能源公司盖章予以认可。2016年9月28日，南京自动化公司向监理公司提交《工程竣工验收报告》，载明案涉工程施工完毕，经验收工程质量符合设计要求，从2016年9月29日起进入质量保修阶段。监理公司及敦煌能源公司均盖章予以确认。2017年7月6日，南京自动化公司向监理公司提交《工程竣工移交证书》，载明涉案工程于2017年6月30日并网并试运行24小时，该项目仍有部分缺陷工程需进行消缺，该工程交付业主使用管理。后南京自动化公司诉至法院，要求敦煌能源公司支付剩余工程款2732.65万元。敦煌能源公司辩称，案涉工程不满足《光伏发电工程验收规范》，南京自动化公司的付款条件尚未成就。

## 法院观点

一审法院（甘肃省高级人民法院）认为，该项目于2016年9月25日进行了单位工程质量验收评定，9月28日进行了单位工程竣工验收、工程竣工验收，南京自动化公司于2017年7月6日提交了《工程竣工移交证书》，确认该工程交付业主管理使用。敦煌能源公司与监理公司在上述各验收环节均签字盖章予以确认，其辩称涉案工程未经竣工验收、至今尚未交付的理由，与事实不符，不予采纳。至于敦煌能源公司所称未按《光伏发电工程验收规范》全面检查验收的问题，根据《建设工程质量管理条例》第16条、《合同法》第279条的规定，组织相关单位进行竣工验收，属于发包人的责任，涉案项目未按《光伏发电工程验收规范》的要求进行工程启动验收、工程试运等环节的验收，不影响对涉案工程的工程竣工验收和工程移交，责任也不应由施工方南京自动化公司承担。敦煌能源公司因此拒付设备款及施工费用，理由不能成立。当然，涉案工程竣工验收合格，并不免除施工方的修复责任，如存在质量缺陷，应由总承包人在保修期内承担保修责任。在二审中，最高人民法院也认为，涉案工程已于2016年9月25日进行了单位工程质量验收评定，9月28日进行了单位工程竣工验收、工程竣工验收，南京自动化公司于2017年7月6日提交了《工程竣工移交证书》，确认该工程交付业主管理使用。因此，一审判决在查明工程竣工并已经移交给敦煌能源公司的情况下，判决敦煌能源公司支付工程进度款，并无不当。至于敦煌能源公司所称涉案工程存在质量问题，由于其在本案未提起反诉，故可另行主张。

## 裁判规则102

**发包人组织竣工验收确认工程质量合格，该结论仅对参与竣工验收的主体具有约束力，而不具有涉他效力。发包人向第三人交付工程时，第三人有权主张工程质量不合格。**

建设工程经竣工验收合格后，开发商向购房人交付房屋，购房人主张房屋质量不合格或存在严重影响正常居住使用的质量问题进而拒绝接收房屋的，应当如何处理？

《建设工程质量管理条例》第16条第1款规定："建设单位收到建设工程竣工报告后，应当组织设计、施工、工程监理等有关单位进行竣工验收。"第49条第2款规定："建设行政主管部门或者其他有关部门发现建设单位在竣工验收过程中有违反国家有关建设工程质量管理规定行为的，责令停止使用，重新组织竣工验收。"《房屋建筑和市政基础设施工程竣工验收规定》（建质〔2013〕171号）第4条规定："工程竣工验收由建设单位负责组织实施。"第6条第1款第2项规定："建设单位收到工程竣工报告后，对符合竣工验收要求的工程，组织勘察、设计、施工、监理等单位组成验收组，制定验收方案。对于重大工程和技术复杂工程，根据需要可邀请有关专家参加验收组。"第8条规定："负责监督该工程的工程质量监督机构应当对工程竣工验收的组织形式、验收程序、执行验收标准等情况进行现场监督，发现有违反建设工程质量管理规定行为的，责令改正，并将对工程竣工验收的监督情况作为工程质量监督报告的重要内容。"《房屋建筑和市政基础设施工程竣工验收备案管理办法》第4条规定："建设单位应当自工程竣工验收合格之日起15日内，依照本办法规定，向工程所在地的县级以上地方人民政府建设主管部门（以下简称备案机关）备案。"第8条规定："备案机关发现建设单位在竣工验收过程中有违反国家有关建设工程质量管理规定行为的，应当在收讫竣工验收备案文件15日内，责令停止使用，重新组织竣工验收。”

梳理上述规定可知：工程竣工验收由建设单位负责组织实施，由勘察、设计、施工、监理等单位共同进行验收，质量合格的结论也是由建设、勘察、设计、施工、监理五个单位共同作出。虽然工程质量监督机构要对工程竣工验收进行现场监督、备案机关要对验收程序进行审查，但二者都不会就质量合格作出认定。也就是说，质量合格的结论不属于行政认定的范畴，而是建设、勘察、设计、施工、监理单位这几个民事主体的自我认定。① 站在第三人的角度分析，其本身并未参与质量验收，质量合格的结论相当于开发商的自我认定。因此，应当认为，竣工验收合格的结论对第三人（通常是购房人）不具有约束力。如果购房人举证证明了商品房质量不合格或存在严重影响正常居住使用的质量问题的，应当否定竣工验收的效力，认定商品房质量不合格或存在严重质量瑕疵。既然商品房质量不合格或存在严重质量瑕疵，购房人当然有权拒绝接收房屋，并追究开发商在交付质量合格房屋前的违约责任。

当然，建设工程竣工验收合格表或竣工验收合格后的备案手续，具有证明商品房质量合格的效力。购房人认为商品房质量不合格或存在严重影响正常居住使用的质量问题的，应当承担质量不合格的证明责任。

**典型案例 102**

## 杨筠诉苏州佳福娱乐有限公司昆山分公司等商品房销售合同纠纷案②

### 基本案情

2009年6月11日，杨筠与苏州佳福娱乐有限公司昆山分公司（以下简称佳福昆山公司）签订《商品房购销合同》，约定杨筠购买佳福昆山公司开发的佳福娱乐

① 参见邬砚：《建设工程质量责任的厘定：从竣工验收到质量保修》，载刘云生主编：《中国不动产法研究》总第21辑，社会科学文献出版社·联合出版中心2020年版。

② 典型案例102：杨筠诉苏州佳福娱乐有限公司昆山分公司等商品房销售合同纠纷案，江苏省高级人民法院（2017）苏民再120号民事判决书。

酒店公寓2506号房，房屋总价款300,347元，佳福昆山公司应当在2011年6月30日前将取得昆山市建设局核发的交付备案证书的商品房交付其使用。2011年6月30日，佳福昆山公司取得了昆山市商品房屋交付使用备案证书。同日，应佳福昆山公司通知，杨筠对诉争商品房进行验收。杨筠在验房过程中认为，诉争房屋存在渗漏、楼顶漏水、墙面存在大面积的裂缝、落地窗不符合合同约定等问题，拒绝交接房屋。后经鉴定，诉争房屋屋顶9轴线、1/9轴线上钢架位置与设计不符，对结构安全有不利影响，屋面细石混凝土内的钢筋网格间格不符合（大于）设计要求。杨筠向法院提起诉讼，要求佳福昆山公司支付自2011年6月30日起至质量修复合格期间的逾期交房违约金。

## 法院观点

二审法院（苏州市中级人民法院）认为，商品房屋交付使用备案证书由昆山市住建部门依职权颁发，属于原《证据规定》（法释〔2001〕33号）第77条第1项①规定的公文书证，依法具有相当高的证明力。本案所涉房屋在取得商品房屋交付使用备案证书后即满足交付使用的条件，杨筠直至本案诉讼期间拒绝受领该房屋，是基于其自己的意志所为，由此产生的损失不应由佳福昆山公司承担。据此驳回了杨筠主张逾期交房违约金的诉讼请求。但江苏省高级人民法院在再审中认为，“涉案房屋在2011年6月30日交接时确实存在漏水质量问题。鉴于涉案房屋位于顶楼，其楼板渗漏水问题可以视为严重影响居住使用的质量问题，因此虽然佳福昆山公司在2011年6月30日取得交付使用备案证书，但是杨筠可以要求佳福昆山公司对质量问题进行整改并拒绝收房”。并据此判决佳福昆山公司应当承担自2011年6月30日起至2013年9月10日（修复完成之日）止的逾期交房的违约责任。

## 裁判规则103

**建设工程竣工验收合格后的备案审查，是建设行政主管部门对工程质量进行监督管理的行政行为，而非对工程质量的行政认定，不能作为确认工程质量合格的证据。**

---

① 《证据规定》于2019年修正后，公文书证被规定在第91条第1款。

《建设工程质量管理条例》第49条规定："建设单位应当自建设工程竣工验收合格之日起15日内，将建设工程竣工验收报告和规划、公安消防、环保等部门出具的认可文件或者准许使用文件报建设行政主管部门或者其他有关部门备案。建设行政主管部门或者其他有关部门发现建设单位在竣工验收过程中有违反国家有关建设工程质量管理规定行为的，责令停止使用，重新组织竣工验收。"据此，竣工验收后的备案，是建设工程质监部门在建设单位完成竣工验收后申请备案并提交有关文件的情况下予以备案，以供查考的行为。

一方面，由于备案发生在竣工验收之后，故不能以未经竣工验收备案为由，认定工程质量尚未确认。就此，可参见下述【典型案例103】。另一方面，竣工验收备案是建设行政主管部门对建设工程质量进行监督管理的制度之一，故是否予以备案，是质监部门依法在自身职权范围内行使权力的行为，具有行政法律行为的性质。但是，竣工验收备案行为，并不对建设工程质量做任何实体认定，仅是对建设单位自主组织的竣工验收行为进行程序性、形式性的审查，[①] 故竣工验收备案不应作为认定工程质量合格的证据。

**典型案例103**

## 江苏新龙兴建设集团有限公司、腾冲县金鹰房地产开发有限公司建设工程施工合同纠纷案[②]

### 基本案情

2010年4月28日至2013年3月1日，腾冲县金鹰房地产开发有限公司（以下简称金鹰公司）与江苏新龙兴建设集团有限公司（以下简称新龙兴公司）先后签订五份《建设工程施工合同》，约定新龙兴公司承建金鹰公司位于腾冲县的"美域中央""欢乐湖度假村"两个施工场地、四个工程项目。案涉工程分别于2011年12月25日、2012年5月25日、2013年8月23日、2014年5月19日、2014年12月8日竣工验收合格，且交付使用。后新龙兴公司诉至法院，要求金鹰公司支付工

① 参见杨心忠等：《建设工程合同纠纷裁判思路》，法律出版社2014年版，第317页。

② 典型案例103：江苏新龙兴建设集团有限公司、腾冲县金鹰房地产开发有限公司建设工程施工合同纠纷案，最高人民法院（2018）最高法民终24号民事判决书。

程款及利息。金鹰公司辩称："欢乐湖一期二段"工程虽有竣工验收记录，但因质监部门未进行竣工验收备案，不能认定为已经竣工验收合格；"欢乐湖一期二段B区"工程仅经过金鹰公司的自检自查，未经勘察、设计、施工、监理、建设、质监六方验收盖章。因新龙兴公司未进行档案资料备案导致无法通过工程质量监督部门的验收，工程尚未竣工验收。

## 法院观点

最高人民法院认为，根据金鹰公司提交的《工程质量竣工验收记录》记载，"欢乐湖一期二段"工程的竣工日期为2014年5月19日，建设单位金鹰公司、监理单位腾冲县腾腾工程监理有限公司、施工单位新龙兴公司腾冲分公司、设计单位上海都市建筑设计有限公司均参加了验收。金鹰公司提交的《工程质量验收意见》载明，"欢乐湖一期二段B区"工程2014年12月8日通过竣工初验，建设单位金鹰公司、勘察单位云南省宏兴物探岩土工程公司、设计单位上海都市建筑设计有限公司、监理单位腾冲县腾腾工程监理有限公司、施工单位新龙兴公司腾冲分公司均在其上盖章确认。《建设工程质量管理条例》第16条规定，建设单位收到建设工程竣工报告后，应当组织设计、施工、监理等有关单位进行竣工验收。第49条规定，建设单位应当自建设工程竣工验收合格之日起15日内，将建设工程竣工验收报告和规划、公安消防、环保等部门出具的认可文件或者准许使用文件报建设行政主管部门或者其他有关部门备案。根据前述规定，建设工程的竣工验收系由建设单位组织，设计、施工、监理等主体参与，建设行政主管部门或者其他有关部门一般情况下并不直接参与工程的竣工验收，其是通过要求建设单位进行工程竣工验收备案的方式依法行使对建设工程质量的监督管理职能。不能将建设单位主导的工程竣工验收等同于建设行政主管部门或者其他有关部门的备案监督。据此，案涉工程已经竣工验收合格。

## 裁判规则104

**隐蔽工程完工后发包人迟延检查的，推定隐蔽工程质量合格，承包人可以进行后续施工。但嗣后发现隐蔽工程质量不合格的，承包人仍应承担质量不合格的责任。**

隐蔽工程是指根据施工技术要求，将被下道工序掩盖或者封闭而无法或者很难再进行检查的工程。为保障隐蔽工程质量，《民法典》第798条规定："隐蔽工程在隐蔽以前，承包人应当通知发包人检查。发包人没有及时检查的，承包人可以顺延工程日期，并有权请求赔偿停工、窝工等损失。"

首先，隐蔽工程在隐蔽以前，承包人有通知检查的义务。《建设工程质量管理条例》第30条规定："……隐蔽工程在隐蔽前，施工单位应当通知建设单位和建设工程质量监督机构。"此处所称的"建设工程质量监督机构"，是指发包人所聘请的监理单位。按照上述规定，隐蔽工程在隐蔽之前，承包人负有通知发包人、监理单位进行检查的义务。如果承包人未尽到通知义务，擅自将建设工程隐蔽部位覆盖的，发包人有权主张工程未完成或质量不合格。就此，可参考"贵州益华房地产开发有限责任公司与贵州品尚装饰工程有限公司建设工程施工合同纠纷案"①。此外，发包人、监理人有权要求承包人通过钻孔探测或者整体揭开的方式进行检查，由此造成的费用由承包人承担。《建设工程施工合同（示范文本）》（GF-2017-0201）第5.3.4项规定："承包人未通知监理人到场检查，私自将工程隐蔽部位覆盖的，监理人有权指示承包人钻孔探测或揭开检查，无论工程隐蔽部位质量是否合格，由此增加的费用和（或）延误的工期均由承包人承担。"

其次，在承包人通知后发包人迟延检查的，承包人可以停工待建。对等待发包人检查的期间，承包人可以要求顺延工期，并请求发包人赔偿停工、窝工等损失。

再次，根据《建设工程施工合同（示范文本）》（GF-2017-0201）第5.3.1项②、第5.3.2项③的规定，隐蔽工程完成后，承包人先进行自检，自检合格后通

① 参考案例96：贵州益华房地产开发有限责任公司与贵州品尚装饰工程有限公司建设工程施工合同纠纷案，贵州省高级人民法院（2016）黔民申949号民事裁定书。

② 该项规定："承包人应当对工程隐蔽部位进行自检，并经自检确认是否具备覆盖条件。"

③ 该项规定："除专用合同条款另有约定外，工程隐蔽部位经承包人自检确认具备覆盖条件的，承包人应在共同检查前48小时书面通知监理人检查，通知中应载明隐蔽检查的内容、时间和地点，并应附有自检记录和必要的检查资料。监理人应按时到场并对隐蔽工程及其施工工艺、材料和工程设备进行检查。经监理人检查确认质量符合隐蔽要求，并在验收记录上签字后，承包人才能进行覆盖。经监理人检查质量不合格的，承包人应在监理人指示的时间内完成修复，并由监理人重新检查，由此增加的费用和（或）延误的工期由承包人承担。除专用合同条款另有约定外，监理人不能按时进行检查的，应在检查前24小时向承包人提交书面延期要求，但延期不能超过48小时，由此导致工期延误的，工期应予以顺延。监理人未按时进行检查，也未提出延期要求的，视为隐蔽工程检查合格，承包人可自行完成覆盖工作，并作相应记录报送监理人，监理人应签字确认。监理人事后对检查记录有疑问的，可按第5.3.3项〔重新检查〕的约定重新检查。"

知监理人检查，监理人未按时进行检查，也未提出延期要求的，视为隐蔽工程检查合格，承包人可自行完成覆盖工作。据此，在承包人通知后发包人迟延检查的，承包人也可以进行后续施工，并视为隐蔽工程检查合格。

最后，《建设工程施工合同（示范文本）》（GF-2017-0201）第5.3.3项“重新检查”规定：“承包人覆盖工程隐蔽部位后，发包人或监理人对质量有疑问的，可要求承包人对已覆盖的部位进行钻孔探测或揭开重新检查，承包人应遵照执行，并在检查后重新覆盖恢复原状。经检查证明工程质量符合合同要求的，由发包人承担由此增加的费用和（或）延误的工期，并支付承包人合理的利润；经检查证明工程质量不符合合同要求的，由此增加的费用和（或）延误的工期由承包人承担。”据此，因迟延检查而视为隐蔽工程检查合格，只是推定质量合格，是可以通过反证推翻的。[①] 如嗣后（竣工验收合格前）发现隐蔽工程质量不合格的，承包人仍应承担质量不合格的责任。下述【典型案例104】即为适例。

**典型案例104**

## 杜班建设有限公司与青海海力舟阳商贸有限公司、申怀武建设工程施工合同纠纷案[②]

### 基本案情

2014年5月28日，杜班建设有限公司（以下简称杜班公司）与青海海力舟阳商贸有限公司（以下简称海力舟阳公司）签订《建设工程施工合同》，约定杜班公司承建西宁市大通县煤炭集中交易市场建设工程。合同签订后，杜班公司进场施工。2015年10月9日，因海力舟阳公司建设资金不足无法按照合同约定付款，双方签订《合同解除协议书》。后杜班公司诉至法院，要求海力舟阳公司支付工程款1000万元、违约金1446.84万元。海力舟阳公司提起反诉，要求杜班公司赔偿基础工程及防风抑尘钢架主体结构质量问题的整改费用。诉讼中经鉴定，混凝土柱箍筋

① 参见曹文衔、宿辉、曲笑飞：《民法典建设工程合同章条文释解与司法适用》，法律出版社2021年版，第364页。

② 典型案例104：杜班建设有限公司与青海海力舟阳商贸有限公司、申怀武建设工程施工合同纠纷案，最高人民法院（2021）最高法民终1054号民事判决书。

间距不合格、混凝土柱垂直度不合格、混凝土基础防腐做法不符合设计要求、混凝土柱的构件截面尺寸不合格。截至起诉时，涉案工程尚未竣工验收。

## 法院观点

一审法院（青海省高级人民法院）认为，案涉工程在使用过程中发现案涉工程部分钢架管子开裂，贯穿性裂纹、脱落、锈蚀等，质量安全隐患显露。经鉴定，存在混凝土柱箍筋间距不合格等地基基础工程质量问题，依据《建筑法》第60条、《2004年建工解释》第13条的规定，杜班公司对案涉地基基础工程存在的质量问题应承担整改责任。在二审中，最高人民法院也认为，案涉工程经鉴定存在混凝土柱箍筋间距不合格等地基基础工程质量问题，依照《2004年建工解释》第13条之规定，杜班公司应当对案涉地基基础工程存在的质量问题承担整改责任。

## 裁判规则105

**建设工程的预验收、分户验收、交工验收，属于竣工验收的前序环节。建设工程仅通过预验收、分户验收或交工验收的，不足以认定工程质量合格。**

建设工程领域的验收，除竣工验收外，还有交工验收、预验收、分户验收、专项验收等。其中，交工验收、预验收、分户验收属于竣工验收的前序环节，故根据交工验收、预验收得出的质量合格的结论，不足以作为认定工程质量合格的证据。

预验收也称初步验收、竣工初验，是指监理工程师按照施工单位自检验收合格后提交的单位工程竣工预验收申请表，审查资料并进行现场检查。从预验收的主体看，仅有施工、监理单位参与。预验收合格后，根据施工单位的申请，由建设单位组织，勘察单位、设计单位、监理单位、施工单位共同参与，进行竣工验收。在竣工验收时，承包人需提交建设工程竣工验收报告、完整的工程技术资料，并签署工程保修书，监理单位需提交工程质量评估报告，勘察单位和设计单位需提交质量检查报告，否则不得进行竣工验收。① 从竣工验收的主体看，竣工验收的组织者是建

---

① 参见谢勇：《建设工程施工合同案件裁判规则解析》，中国法制出版社2020年版，第195、196页。

设单位（发包人），参与者包括施工单位（承包人）、勘察单位、设计单位、监理单位。由于预验收只是竣工验收的前序环节（但并非必经程序），工程质量是否合格取决于竣工验收的最终结论，故仅凭预验收合格的结论尚不足以认定工程质量合格。

分户验收是针对住宅工程设计的专门验收程序。《住房和城乡建设部关于做好住宅工程质量分户验收工作的通知》（建质〔2009〕291 号）第 1 条第 1 款规定："住宅工程质量分户验收（以下简称分户验收），是指建设单位组织施工、监理等单位，在住宅工程各检验批、分项、分部工程验收合格的基础上，在住宅工程竣工验收前，依据国家有关工程质量验收标准，对每户住宅及相关公共部位的观感质量和使用功能等进行检查验收，并出具验收合格证明的活动。"《住房和城乡建设部关于落实建设单位工程质量首要责任的通知》（建质规〔2020〕9 号）第 2 条第 5 项中段规定："住宅工程竣工验收前，应组织施工、监理等单位进行分户验收，未组织分户验收或分户验收不合格，不得组织竣工验收。"如最高人民法院在"长业建设集团有限公司与西安鼎咸置业有限责任公司等建设工程施工合同纠纷案"① 中所言，"分户验收并非最终竣工验收，且作为住宅工程，分户验收系竣工验收的前置条件"。因住宅工程的分户验收是工程竣工验收的前序环节，其验收程序相对简便②，仅凭分户验收合格的结论尚不足以认定工程质量合格。

交工验收存在于交通运输领域。《公路工程竣（交）工验收办法》（中华人民共和国交通部令 2004 年第 3 号）第 4 条规定："公路工程验收分为交工验收和竣工验收两个阶段。交工验收是检查施工合同的执行情况，评价工程质量是否符合技术标准及设计要求，是否可以移交下一阶段施工或是否满足通车要求，对各参建单位工作进行初步评价。竣工验收是综合评价工程建设成果，对工程质量、参建单位和建设项目进行综合评价。"针对交工验收与竣工验收的关系，该办法第 16 条规定："公路工程进行竣工验收应具备以下条件：（一）通车试运营 2 年后；（二）交工验

---

① 参考案例 97：长业建设集团有限公司与西安鼎咸置业有限责任公司等建设工程施工合同纠纷案，最高人民法院（2021）最高法民终 375 号民事判决书。

② 对分户验收的组织实施，《住房和城乡建设部关于做好住宅工程质量分户验收工作的通知》第 5 条第 1 款规定："分户验收由施工单位提出申请，建设单位组织实施，施工单位项目负责人、监理单位项目总监理工程师及相关质量、技术人员参加，对所涉及的部位、数量按分户验收内容进行检查验收。已经预选物业公司的项目，物业公司应当派人参加分户验收。"

收提出的工程质量缺陷等遗留问题已处理完毕，并经项目法人验收合格……”《航道工程建设管理规定》（中华人民共和国交通运输部令2019年第44号）第37条规定：“航道工程建设项目合同段完工后，由项目单位组织设计、施工、监理、试验检测等单位进行交工验收，并邀请具体负责建设项目监督管理工作的交通运输主管部门和质量监督机构参加。”针对交工验收与竣工验收的关系，第36条规定：“航道工程建设项目应当按照法规和国家有关规定及时组织竣工验收，经竣工验收合格后方可正式交付使用。本规定所称竣工验收，是指航道工程建设项目完工后、正式投入使用前，对工程交工验收、航运枢纽工程阶段验收、工程质量、强制性标准执行、资金使用等情况进行全面检查验收，以及对工程建设、设计、施工、监理等工作进行综合评价。”梳理上述规定可知，在上述交通运输领域：工程完工后，先进行交工验收；交工验收合格后，投入试运行；试运行期满且试运行期间工程效果和运行能力符合设计要求的，进行竣工验收。据此，“交工意味着可以投入使用，但尚在‘考察期’，考察期满符合条件者才能正式进行竣工验收”①，仅凭交工验收合格的结论尚不足以认定工程质量合格。

**典型案例105**

## 林达鑫与中电建路桥集团有限公司建设工程分包合同纠纷案②

### 基本案情

2010年1月29日，中电建路桥集团有限公司（以下简称中电建公司）承接了交通集团公司的珠海机场高速公路工程土建工程第A3标段工程。2010年5月13日，中电建公司与林达鑫签订《施工分包合同》，约定中电建公司将涵洞通道工程分包给林达鑫。林达鑫于2010年6月开始进场施工，至2012年5月基本完成施工。2012年11月9日，珠海机场高速公路举行通车仪式，投入使用。2013年11月21日，中电建公司与交通集团公司以及监理、设计单位共同出具《公路工程交

① 王毓莹、史智军：《建设工程施工合同纠纷疑难问题和裁判规则解析》，法律出版社2022年版，第192页。

② 典型案例105：林达鑫与中电建路桥集团有限公司建设工程分包合同纠纷案，广东省珠海市中级人民法院（2017）粤04民终2121号民事判决书。

工验收证书》，同意案涉工程交工。后林达鑫诉至法院，要求中电建公司支付分包施工费用。一审法院认为，《施工分包合同》无效，但建设工程已竣工并实际投入使用，林达鑫可以参照合同约定主张其应得的工程款。中电建公司上诉称，涉案公路工程仅办理了交工验收，未经竣工验收，林达鑫无权要求支付工程款。

### 法院观点

珠海市中级人民法院认为，林达鑫所施工的案涉工程属于公路工程的一部分，应当适用《公路工程竣（交）工验收办法》。《公路工程竣（交）工验收办法》对于公路工程的交工验收和竣工验收予以分别规定、明确区分，虽然交工验收的部分条件、步骤、内容与一般建设工程的竣工验收相似，但从该办法第三章“竣工验收”的规定可以看出，公路工程的竣工验收作为交工验收后的一道独立的工序，仍然需要在交工验收的基础上符合如通车试运营2年、交工验收提出的工程质量缺陷等遗留问题已处理完毕等特定条件才能进行。亦即，作为公路工程的竣工验收，是在公路工程全部建成后，为检查工程质量而设置的最后一项工作程序，是全面检验公路工程建设是否符合设计要求和施工质量的重要环节，除要求工程符合一般的交工条件外，还要求具备特定的竣工条件。因此，并不能将公路工程的交工验收等同于其他建设工程的竣工验收。在竣工验收合格前，林达鑫无权要求支付工程款。

## 裁判规则106

**建设工程竣工验收与专项验收是相互独立的验收程序。建设工程质量是否合格，应当根据竣工验收的结论单独评价。**

在既往的实践中，有综合验收的说法。1993年12月1日，原建设部颁布《城市住宅小区竣工综合验收管理办法》（建法〔1993〕814号）。此外，《城市房地产开发管理暂行办法》（中华人民共和国建设部令第41号）第16条第1款规定：“房地产开发项目竣工后，应当进行综合验收。房地产开发企业应当向主管部门提出综合验收申请，主管部门应当在收到申请后一个月内组织有关部门进行综合验收。综合验收不合格的，不准交付使用。”1998年7月20日发布的《城市房地产开发经营管理条例》第 18 条第 1 款也规定：住宅小区等群体房地产开发项目竣工，应当进行综合验收；综合验收的内容主要包括城市规划设计条件的落实情况、城市规划要求配套的基础设施和公共设施的建设情况、单项工程的工程质量验收情况、拆迁安置方案的落实情况、物业管理的落实情况。2004 年 5 月 19 日，《国务院关于第三批取消和调整行政审批项目的决定》（国发〔2004〕16 号）第 83 项取消了“住宅小区等群体房地产开发项目竣工综合验收”。① 此后，虽然 2011 年 1 月 8 日第一次修订的《城市房地产开发经营管理条例》依然保留了原第 18 条第 1 款的规定，但自 2018 年 3 月 19 日第二次修订起，就改为“房地产开发项目竣工，依照《建设工程质量管理条例》的规定验收合格后，方可交付使用”。此后，虽历经 2019 年 3 月 24 日第三次修订、2020 年 3 月 27 日第四次修订、2020 年 11 月 29 日第五次修订，但关于验收的规定维持不变。据此，现行法上已无“综合验收”程序。

原综合验收制度被“竣工验收+若干专项验收”所替代。所谓专项验收，是针对建设工程所涉特定项目，由相应行政主管部门进行的验收，包括规划验收、消防验收、节能验收、人防工程验收、防雷验收、档案验收等。如《消防法》第 13 条第 1 款规定：“国务院住房和城乡建设主管部门规定应当申请消防验收的建设工程竣工，建设单位应当向住房和城乡建设主管部门申请消防验收。”在实践中，有的地方将专项验收作为竣工验收的前提条件，但多数地方只要求在竣工验收备案前或投入使用前完成专项验收。但无论如何，专项验收与竣工验收是相互独立的验收程序。从专项验收的主体来看，无一例外都是相应行政机关。也就是说，专项验收是规划、消防、环保等行政主管部门对建设工程所涉特定项目是否满足要求的认定，属于行使行政权的范畴，是对建设工程质量的行政监管措施，与建设工程竣工验收分属于不同的范畴。②

在下述【典型案例 106】中，在工程经竣工验收合格，但未通过专项验收时，法院即认定工程质量合格、发包人应当支付工程款，至于专项验收，法院认为承包人虽有配合发包人的义务，但不影响发包人因工程质量合格而应履行的支付工程款的义务。

---

① 2016 年 2 月 18 日，《住房和城乡建设部关于宣布失效一批住房城乡建设部文件的公告》（住房和城乡建设部公告第 1041 号）宣布，《关于印发〈城市住宅小区竣工综合验收管理办法〉的通知》失效。

② 参见王永起、李玉明：《建设工程施工合同纠纷法律适用指南》，法律出版社 2013 年版，第 289 页。

典型案例 106

## 个旧市城市建筑工程有限公司与亿邦集团（云南）地产有限公司建设工程合同纠纷案[①]

### 基本案情

2009年11月12日，亿邦集团（云南）地产有限公司（以下简称亿邦公司）与锡城镇跃进村村委会签订《联合共建社会主义新农村合作协议书》，约定锡城镇跃进村村委会将其苹果园处约120亩集体土地交亿邦公司进行房地产综合开发。2010年8月30日，锡城镇政府与个旧市城市建筑工程有限公司（以下简称个旧城建公司）签订《建设工程施工合同》，约定个旧城建公司承建锡城镇跃进村新农村住宅。2013年4月7日，锡城镇政府、亿邦公司、个旧城建公司签订《补充协议》，确认锡城镇政府与个旧城建公司于2010年8月20日签订的施工合同由亿邦公司履行。2018年8月28日，涉案工程竣工验收合格。后个旧城建公司诉至法院，要求亿邦公司支付工程款1415万元。亿邦公司辩称，涉案工程尚未达到合同约定的结算及付款条件，并提出反诉，要求个旧城建公司立即向其移交符合城建档案馆归档要求的施工资料，并配合完成防雷验收、节能验收、消防验收、档案验收等专项验收，以及竣工验收备案工作。

### 法院观点

云南省高级人民法院认为：首先，个旧城建公司施工的涉案工程于2018年8月28日竣工验收合格，其有权主张已完工程对应的工程款。其次，亿邦公司要求个旧城建公司移交符合城建档案馆要求的施工资料，个旧城建公司表示愿意办理移交手续，故一审判令个旧城建公司向亿邦公司交付涉案工程相关的施工资料并无不当。最后，亿邦公司提出的配合完成防雷、节能等专业验收工作问题，因工程验收系发包方的义务，配合验收系承包方附随义务，在亿邦公司不能举证证明未完成验

---

① 典型案例106：个旧市城市建筑工程有限公司与亿邦集团（云南）地产有限公司建设工程合同纠纷案，云南省高级人民法院（2020）云民终697号民事判决书。

收系个旧城建公司的原因所致的情况下，对该项反诉请求不予支持。

## 裁判规则107

**建设工程实行甩项竣工验收的，应当根据甩项竣工验收的结论认定已完工程的质量并进行结算，发包人不得以甩项工程质量未经确认为由，拒绝支付因甩项而已竣工部分的工程款。但甩项竣工协议另有约定的除外。**

发包人在急于使用建设工程的情况下，可以对未完成的零星工程、辅助性工程作甩项处理，而对已完成的主体工程先行验收，也即甩项验收。在甩项验收合格的情况下，发包人可否以因甩项而未完部分工程未经验收为由，主张工程质量不合格？

首先，如果甩项工程交由第三人施工，甚至不再施工的，由于甩项工程并非由承包人施工完成，承包人只对因甩项而已竣工部分的工程质量负责，故发包人不得以甩项工程未经验收为由主张工程质量不合格。当然，被甩项工程对应的工程价款应当从总的工程价款中予以扣除。

其次，如果甩项工程的后续施工仍由承包人负责的，《建设工程施工合同（示范文本）》（GF-2017-0201）第14.3款载明：“发包人要求甩项竣工的，合同当事人应签订甩项竣工协议。在甩项竣工协议中应明确，合同当事人按照第14.1款〔竣工结算申请〕及第14.2款〔竣工结算审核〕的约定，对已完合格工程进行结算，并支付相应合同价款。”据此，在甩项工程竣工验收的情况下，对工程质量的认定及工程价款的结算，取决于发承包双方的约定。

最后，如果甩项工程的后续施工仍由承包人负责，而发承包双方就验收、结算未作专门约定的，由于验收的部分仅限于因甩项而已竣工部分，故验收的结论可以表明也只能表明因甩项而已竣工部分的工程质量合格。在此情况下，因甩项工程竣工验收合格，承包人有权要求支付因甩项而已竣工部分的工程款，发包人不得以甩项工程未经验收为由予以抗辩。若甩项工程未经验收确认质量合格的，在发包人确认质量合格前，承包人不得要求支付该部分工程款。但需要指出的是，在甩项竣工验收之后，即便甩项工程施工完成，通常也不会再组织正式的竣工验收，而是进行简单的查验，并根据查验结果确认甩项工程的质量。

典型案例 107

## 遵义静山建筑安装有限责任公司与遵义市鑫瑞房地产开发有限责任公司建设工程施工合同纠纷案①

### 基本案情

2011 年 1 月 26 日，遵义静山建筑安装有限责任公司（以下简称静山公司）与遵义市鑫瑞房地产开发有限责任公司（以下简称鑫瑞公司）签订《建设工程施工合同》，约定静山公司承建鑫瑞公司开发的案涉项目。合同签订后，静山公司按约施工。2014 年 7 月 11 日，双方在湄潭县矛盾调解中心达成《调解协议》，约定：双方一致同意该项工程结算价款为 1065 万元；静山公司在 2014 年 7 月 20 日前恢复施工，鑫瑞公司在恢复施工 20 日后、30 日前预付工程款 80 万元；静山公司在 2014 年 10 月 20 日前将该工程全部完工，因不可抗力导致工程延期的除外；鑫瑞公司在该工程完工验收合格后 60 日内支付乙方全部工程余款。2015 年 11 月 16 日，在当地政府主管部门主持下，双方进行了甩项验收。2015 年 11 月 17 日，静山公司向鑫瑞公司交付了 91 把钥匙。后静山公司诉至法院，要求鑫瑞公司支付工程款、退还工程保证金共 30 万元。鑫瑞公司辩称，案涉项目工程未施工完毕，整改项目未整改完毕。

### 法院观点

最高人民法院在再审审查中认为，根据《2004 年建工解释》第 14 条第 1 款第 3 项之规定，因案涉工程已进行甩项验收，鑫瑞公司亦实际占有并使用案涉工程，从工程实际交付之日鑫瑞公司即负有支付工程余款的义务。因此，鑫瑞公司提出的案涉工程未验收合格不具备支付工程款条件的主张不能成立。

---

① 典型案例 107：遵义静山建筑安装有限责任公司与遵义市鑫瑞房地产开发有限责任公司建设工程施工合同纠纷案，贵州省高级人民法院（2018）黔民终 59 号民事判决书、最高人民法院（2019）最高法民申 1728 号民事裁定书。

## 裁判规则108

**建设工程经竣工验收不合格的，承包人有权要求修复，并在保证质量合格的前提下有权选择修复措施。因修复导致的损失，由承包人承担赔偿责任。**

《民法典》第801条规定："因施工人的原因致使建设工程质量不符合约定的，发包人有权请求施工人在合理期限内无偿修理或者返工、改建。经过修理或者返工、改建后，造成逾期交付的，施工人应当承担违约责任。"所谓修理，也即返修，根据《建筑工程施工质量验收统一标准》（GB50300-2013）第2.0.16项的规定，是对施工质量不符合标准规定的部位采取的整修等措施；所谓返工，根据《建筑工程施工质量验收统一标准》（GB50300-2013）第2.0.17项的规定，是对施工质量不符合标准规定的部位采取的更换、重新制作、重新施工等措施；所谓改建，是指将原有建筑物或构筑物局部拆除，再按质量要求重新施工的措施。这些不同的返修措施的成本是不一样的，应当由谁选择确定？

首先，对于建设工程经竣工验收不合格的，《民法典》第801条表述为"发包人有权请求"无偿修理或者返工、改建，从而明确了承包人有返修的义务。至于返修的次数，并不以一次为限，只要未达到合同约定和法律规定的质量标准，承包人仍负有二次乃至多次返修的义务。与此同时，承包人要求返修的，发包人不得拒绝，这也表明承包人享有通过返修使工程质量合格的权利。[①] 但承包人多次返修仍不能解决质量问题的，或者如【裁判规则109】所述"返修违背经济原则"的，承包人不得要求（再次）返修。

其次，修复的方式有多种，只要能够通过修复使工程质量合格即可。在此基础上，基于经济原则，应当以最小的成本解决质量问题。基于此，应当允许承包人在保证质量合格的基础上选择其自认为合理的修复方式，而不应将选择权交由发包人行使。

最后，因为修复导致的工期延长等损失，应当由承包人承担责任。如果质量问

---

① 参见曹文衔、宿辉、曲笑飞：《民法典建设工程合同章条文释解与司法适用》，法律出版社2021年版，第373页。

题系多方原因所导致，则相关主体均应分担相应损失。就此，可参考“重庆市渝万建设集团有限公司与重庆双庆产业集团有限公司建设工程施工合同纠纷案”①。

**典型案例 108**

## 汕头市潮阳第一建安总公司与上海金万年文具制造有限公司建设工程施工合同纠纷案②

### 基本案情

2004年8月14日，汕头市潮阳第一建安总公司（以下简称潮阳一建）与上海金万年文具制造有限公司（以下简称金万年公司）签订《上海金万年文具制造有限公司厂办工程建设施工合同》，约定金万年公司将其位于上海市青浦区赵屯镇白石路北侧的厂办工程发包给潮阳一建施工。2004年9月6日，潮阳一建按约进场施工。2005年8月下旬，潮阳一建以金万年公司拖欠工程进度款为由，诉至法院要求解除合同。金万年公司则提起反诉称，潮阳一建建造的部分工程不合格。经鉴定，主厂房地坪及道路施工未达到设计要求，质量不合格，但可以进行修复。金万年公司要求拆除重建，潮阳一建则要求按照修复费用承担质量责任。

### 法院观点

上海市第二中级人民法院（一审法院）认为，根据法律的有关规定，对于质量不符合约定的，受损方可以合理选择要求对方承担维修、更换、重做、减少价款等责任。但受损方并无任意选择的权利，只有当不能维修时，方能选择更换，不能更换时，才可以选择重做，目的是避免扩大损失。在本案中，对于主厂房地坪及道路两项，鉴定人科技公司已经明确，如按修复方案中所述的方法进行修复，可以保证正常安全使用，故潮阳一建应当承担维修的责任，方式是支付维修费用，而不承担重做的责任。金万年公司主张重做，要求在造价中扣除主厂房地坪及道路造价的

---

① 参考案例98：重庆市渝万建设集团有限公司与重庆双庆产业集团有限公司建设工程施工合同纠纷案，最高人民法院（2016）最高法民再367号民事判决书。

② 典型案例108：汕头市潮阳第一建安总公司与上海金万年文具制造有限公司建设工程施工合同纠纷案，上海市高级人民法院（2009）沪高民一（民）终字第10号民事判决书。

意见，人民法院不予采纳。上海市高级人民法院二审予以维持。

## 裁判规则109

**建设工程经竣工验收不合格，可以修复但修复费用过高导致适修性差的，基于经济原则，应直接按照质量不合格处理。**

《民法典》第801条规定："因施工人的原因致使建设工程质量不符合约定的，发包人有权请求施工人在合理期限内无偿修理或者返工、改建。经过修理或者返工、改建后，造成逾期交付的，施工人应当承担违约责任。"如果承包人拒绝履行修复义务的，《建设工程施工合同解释（一）》第12条规定："因承包人的原因造成建设工程质量不符合约定，承包人拒绝修理、返工或者改建，发包人请求减少支付工程价款的，人民法院应予支持。"但如果修复费用明显过高的，则应另做考量。

建设工程经竣工验收不合格，可以修复但修复费用明显过高的，参照《民法典》第580条第1款①第2项规定的"非金钱债务因履行费用过高而不再继续履行"规则，应直接按照质量不合格处理。至于修复费用过高的判断标准，在下述【典型案例109】中，《云南省既有建筑结构安全性检测与鉴定技术标准》（DBJ53/T-66-2014）第3.3.3项规定："建筑适修性评定分级标准应按以下执行：1. 易修，修后功能可达到现行设计标准的规定；所需总费用远低于新建的造价；适修性好，应予修复。2. 稍难修，但修后尚能恢复，或接近恢复功能；所需总费用不到新建造价的70%，适修性尚好，宜予修复。3. 难修，修后需降低使用功能，或限制使用条件，或所需总费用为新建造价70%以上，适修性差，是否有保留价值，取决于其重要性和使用要求。4. 该鉴定对象已严重残损，或修后功能极差，已无利用价值，或所需总费用接近甚至超过新建造价，适修性差；除文物、历史、艺术及纪念性建筑外，宜予拆除重建。"该标准虽为云南省的地方标准，但其体现的经济原则，与民法的效率取向相合，可资参照。其他各地也有类似标准，如《广东省既

① 该款规定："当事人一方不履行非金钱债务或者履行非金钱债务不符合约定的，对方可以请求履行，但是有下列情形之一的除外：（一）法律上或者事实上不能履行；（二）债务的标的不适于强制履行或者履行费用过高；（三）债权人在合理期限内未请求履行。"

有建筑结构安全性检测与鉴定技术标准》(DBJ/T15-86-2011)、《上海市既有建筑物结构检测与评定标准》(DG/TJ08-804-2005)。

**典型案例 109**

## 曲靖市双恒房地产开发有限公司与云南宏仁建筑工程有限公司建设工程施工合同纠纷案①

### 基本案情

2012年6月28日,云南宏仁建筑工程有限公司(以下简称宏仁公司)与曲靖市双恒房地产开发有限公司(以下简称双恒公司)签订《建设工程施工合同》,约定宏仁公司承建双恒公司开发的长安金座1—6栋及1号地下室土建工程和水电工程。在建设过程中,该工程因质量问题停工。双恒公司诉至法院,要求解除《建设工程施工合同》,并以已完工程质量不合格为由要求拆除。在一审中,经云南特斯泰建设工程司法鉴定所鉴定,已施工部分存在部分轴线平面布置不符合设计要求、部分框架梁混凝土强度推定值不满足规范要求等十一项质量问题,修复造价为19,212,668.99元。

### 法院观点

一审法院(曲靖市中级人民法院)认为,双恒公司不能证明案涉工程符合拆除条件,而鉴定意见表明,案涉工程质量问题可以修复,遂驳回了双恒公司要求拆除的诉讼请求。在二审中,经鉴定,已完工程造价为26,503,623.21元,拆除费用为2,161,191.55元。云南省高级人民法院认为,经鉴定,已完工程造价为26,503,623.21元,修复造价为19,212,668.99元,修复费与已完工程造价对比,修复费占新建工程造价的72.49%。本工程存在的质量缺陷和问题较多,综合考虑建筑物的重要性、使用要求和使用过程中的维修保养工作难度及投入,其保留价值不高,宜予拆除。据此,宏仁公司承建的工程因质量不合格且保留价值不高达

① 典型案例109:曲靖市双恒房地产开发有限公司与云南宏仁建筑工程有限公司建设工程施工合同纠纷案,云南省高级人民法院(2020)云民终858号民事判决书。

到拆除条件，宏仁公司应负责拆除。

## 裁判规则110

**建设工程未完工或未经竣工验收，但发承包双方就已完工部分签订结算协议的，应当视为发包人认为工程质量合格。但结算协议另有约定的除外。**

发承包双方在工程未完工或虽完工但未经竣工验收的情况下即已签订结算协议，在承包人依据结算协议要求发包人支付工程款时，发包人可否以工程质量不合格或未确定合格为由抗辩？

一般认为，一旦结算协议达成，应视为发包人认为付款条件已经成就，故不得再以工程未经竣工验收或质量不合格为由进行抗辩。① 其原因在于，从工程价款结算的应然流程来看，应当是承包人完工后竣工验收，竣工验收合格后结算，结算后按照结算协议付款，也就是说，确认工程质量合格在前、确定结算金额在后。因此，“在建设工程未竣工或质量可能不合格情形下，一旦发包人同意与承包人签订工程价款结算协议，就可以推定发包人已经认可建设工程现状并愿意支付相应工程价款以结束与承包人之间的建设工程施工合同关系。这是发包人对自身权利的处分，应予尊重”②。当然，如果结算协议载明，已完工部分存在质量问题需要整改，或者未完工部分需要继续施工的，则应按照协议约定处理。下述【典型案例110】即为适例。

① 参见王楷、于秋磊：《建设工程施工合同纠纷法律实务与工程专业知识解答》，法律出版社2021年版，第98页。

② 最高人民法院民事审判第一庭编著：《最高人民法院新建设工程施工合同司法解释（一）理解与适用》，人民法院出版社2021年版，第299页。

**典型案例 110**

## 广厦建设集团有限责任公司与凯里市馨怡房地产开发有限责任公司建设工程施工合同纠纷案[①]

### 基本案情

2012 年 12 月 8 日，凯里市馨怡房地产开发有限责任公司（以下简称馨怡公司）与广厦建设集团有限责任公司（以下简称广厦公司）签订《御景上城工程施工合同》，约定由广厦公司对凯里市北京东路御景上城项目的商住楼 12 栋进行施工。2017 年 8 月 5 日，馨怡公司与广厦公司通过签订《凯里市御景上城项目结算协议》确认：（1）工程总结算造价为 173,651,160 元；（2）对已付款，双方派员于 2017 年 8 月 12 日前核对确认；（3）对项目中的扫尾工程即尚未完成的通风、商业部分水电安装等，广厦公司两个月内完成并移交给馨怡公司，以项目整体完成验收移交工作。2017 年 10 月 6 日，广厦公司完工并交付了全部工程。2018 年 3 月 15 日，广厦公司向馨怡公司发出"工作联系函"，要求馨怡公司在收到函件之日起按合同约定期限组织竣工验收，馨怡公司未予回复。后广厦公司起诉要求其支付工程款，馨怡公司辩称，就未完工的部分工程广厦公司应尽快完工，存在严重质量问题的地方应进行整改。

### 法院观点

最高人民法院认为，根据《凯里市御景上城项目结算协议》第 3 条的约定，广厦公司需在 2 个月内完成项目的扫尾工程并交付给馨怡公司，以项目整体完成验收移交工作。在建设工程施工合同正常履行的情况下，工程竣工是工程验收、结算支付工程款的前提，本案双方当事人虽然在工程未竣工验收的情况下签订协议确认了工程总价，但并未因此免除广厦公司继续完成扫尾工程的义务。在双方当事人原约定的合同义务履行顺序发生变化且付款时间未再明确约定的情况下，广厦公司将工程实际竣工理解为工程款支付条件，符合诚实信用原则和全面履行合同原

① 典型案例 110：广厦建设集团有限责任公司与凯里市馨怡房地产开发有限责任公司建设工程施工合同纠纷案，最高人民法院（2019）最高法民终 889 号民事判决书。

则。案涉工程已于2017年10月6日完工，2017年10月6日为馨怡公司应付工程价款之日。

**裁判规则111**

**未完工程或未经竣工验收的工程，可根据施工过程中形成的阶段验收结论，判定工程质量是否合格。**

在实践中，以下两种情形难以通过竣工验收确定工程质量：一是未完工程。工程未完工，也就不可能进行竣工验收。二是发承包双方在完工后验收前发生争议，双方难以协作完成验收工作。在这两种情况下，可以根据施工过程中形成的阶段验收结论，判定工程质量是否合格。

所谓阶段验收，也即《建设工程施工合同（示范文本）》（GF-2017-0201）第13.1款规定的“分部分项工程验收”，是指工程建设进行到一定关键阶段（如地基基础、主体结构等施工完毕后），为便于后续工程开展而进行的由建设单位负责组织的阶段性的验收活动。[①] 如果承包人已完工程取得了阶段验收合格的结论，可以认定工程质量合格。下述【典型案例111】在工程未完工但有分项验收合格结论的情形下，判决发包人参照合同约定支付工程款，即认为根据分项验收结论可以认定工程质量合格。但对这一认定，应当允许发包人举示反证推翻。

**典型案例111**

## 海天建设集团有限公司与西安佑利置业有限公司建设工程施工合同纠纷案[②]

### 基本案情

2013年2月1日，海天建设集团有限公司（以下简称海天公司）与西安佑利

① 参见王毓莹、史智军：《建设工程施工合同纠纷疑难问题和裁判规则解析》，法律出版社2022年版，第193页。

② 典型案例111：海天建设集团有限公司与西安佑利置业有限公司建设工程施工合同纠纷案，最高人民法院（2019）最高法民终1335号民事判决书。

置业有限公司（以下简称佑利公司）签订《长安紫翰庭院工程施工合同》，约定海天公司承建长安紫翰庭院住宅小区1—8号楼及车库工程。签约后，海天公司于2013年3月15日进场施工。2013年10月13日至2014年3月10日第一次停工。2014年5月23日第二次停工，之后海天公司未继续施工。后海天公司诉至法院，要求解除《长安紫翰庭院工程施工合同》，佑利公司支付工程款21,705,322.74元。佑利公司抗辩称，海天公司未按图纸设计和规范要求进行施工，导致工程质量不合格。

## 法院观点

案涉工程应招投标而未招投标，故《长安紫翰庭院工程施工合同》无效。在此基础上，一审法院（陕西省高级人民法院）认为，海天公司施工工程虽然没有竣工，但在施工过程中均进行了分项验收，现海天公司主张参照合同约定支付工程价款的主张符合法律规定，予以支持。在二审中，最高人民法院也认为，案涉工程未竣工，但在施工过程中双方进行了分项验收，海天公司可以参照合同约定要求佑利公司支付工程价款。

## 裁判规则112

**建设工程未完工或未经竣工验收，但发包人已经实际使用的，视为发包人认可已使用部分工程质量合格。发包人实际使用工程之日，视为工程验收合格之日。但发承包双方另有约定的除外。**

《建设工程施工合同解释（一）》第14条规定："建设工程未经竣工验收，发包人擅自使用后，又以使用部分质量不符合约定为由主张权利的，不予支持；但是承包人应当在建设工程的合理使用寿命内对地基基础工程和主体结构质量承担民事责任。"根据该条规定，在建设工程未经竣工验收或者验收未通过的情况下，发包人违反法律规定，擅自或强行使用，即可视为发包人认可工程质量，或者虽然工程质量不合格其自愿承担质量责任。①

① 参见最高人民法院民事审判第一庭编著：《最高人民法院新建设工程施工合同司法解释（一）理解与适用》，人民法院出版社2021年版，第148、395页。

首先，《建设工程施工合同解释（一）》第14条所称“擅自使用”，是指违反法律规定——未经竣工验收不得使用，而非未征得承包人同意。因此，发包人对建设工程的实际使用，既包括发包人不顾承包人意愿的强行使用，也包括经承包人同意后的合意使用。此外，发包人对建设工程的实际使用，既包括发包人自己使用，也包括按照发包人的意愿交由他人使用。但如果发包人接受工程后，发现存在质量问题，就质量问题进行整改而使用建设工程的，则不属于实际使用的范畴，不能适用本条规定。[①] “甘肃古典建设集团有限公司与广州市水电建设工程有限公司建设工程施工合同纠纷案”[②] 即为适例。

其次，发包人实际使用的后果是，“视为发包人认可已使用部分工程质量合格”[③]。该法律后果体现为两个方面：一是发包人应当向承包人支付工程款。针对承包人支付工程款的请求，发包人不得再提出质量不合格的抗辩。《重庆市高级人民法院民一庭关于建设工程施工合同纠纷案件若干问题的解答》（2019年10月）第8条第1款第3项规定：“建设工程尚未进行竣工验收，但已经交付使用或者发包人擅自使用的，应当认定工程价款支付条件成就，承包人请求参照合同约定支付工程价款的，人民法院应予支持。”二是承包人的工程质量责任由此转为质量保修责任，围绕工程发生或发现的质量问题通过保修制度解决。《河北省高级人民法院建设工程施工合同案件审理指南》（冀高法〔2018〕44号）第44条规定：“发包人擅自使用未经验收或验收不合格工程，视为该工程已经竣工验收，但不能排除工程保修期内承包人的保修责任。”

有观点认为，“发包人擅自使用未经验收建设工程的，除地基基础和主体结构工程以外，视为发包人认可工程质量，对其使用部分出现的质量问题，应自行承担

---

① 参见谢勇：《建设工程施工合同案件裁判规则解析》，中国法制出版社2020年版，第174页。

② 参考案例99：甘肃古典建设集团有限公司与广州市水电建设工程有限公司建设工程施工合同纠纷案，最高人民法院（2018）最高法民申2584号民事裁定书。

③ 但法院并非直接认定该部分工程质量合格。《福建省高级人民法院当前我省涉建工纠纷审判调研 问答·案例·白皮书》（2022年9月）第29条规定：“《最高人民法院关于审理建设工程施工合同纠纷案件适用法律问题的解释（一）》第十四条规定：建设工程未经验收，发包人擅自使用后，又以使用部分质量不符合约定为由主张权利的，人民法院不予支持。适用该规定支持支付建设工程价款的，不得在文书中表述‘质量符合合同约定或质量合格’。同时应向建设工程管理机构提出司法建议，要求有关部门加强对建设工程质量监督管理。”

责任”①。也就是说，发包人实际使用的后果是视为发包人认可已使用部分工程质量合格，但地基基础与主体结构工程除外。《重庆市高级人民法院民一庭关于建设工程施工合同纠纷案件若干问题的解答》(2019 年 10 月) 第 17 条第 2 款规定：“建设工程虽未经竣工验收但发包人擅自使用或承包人将建设工程交给发包人而发包人未提出异议的，发包人又以建设工程质量不符合合同约定或者法律规定为由主张权利的，人民法院不予支持，但发包人有证据证明地基基础工程和主体结构工程存在重大质量问题的除外。”但事实上，《建设工程施工合同解释（一）》第 14 条所称“但是承包人应当在建设工程的合理使用寿命内对地基基础工程和主体结构质量承担民事责任”，并不构成“视为质量合格”的但书，而是指向质量保修责任。就此，【裁判规则 126】将作详细论述，此处不赘述。

最后，虽然由于发包人实际使用建设工程，工程质量责任随之由承包人转移给发包人，“但发包人仅对其擅自使用部分承担工程质量风险责任，对未使用部分，其质量责任仍然由施工单位承担”②。《河南省高级人民法院建设工程案件审判工作座谈会综述》(2022 年 9 月 14 日)“议题四：有关工程质量责任和保修责任承担的问题”第 2 款规定：“发包人仅对其擅自使用部分的建设工程，不能再以工程质量不符合约定为由主张权利，而对于发包人未使用部分的建设工程，仍可以主张相应权利。”在实践中，因建设工程是一个整体，对发包人使用部分的认定，应结合建设工程的结构、使用功能、发包人使用情况等综合予以认定，对于与发包人使用部分不可明确分割的部分，虽然没有证据证明发包人使用，也应认定为发包人擅自使用部分。③

所谓发承包双方另有约定除外，是指发承包双方约定，发包人在竣工验收前可实际使用工程，但承包人须对工程存在的质量问题进行整改直至通过竣工验收。在此情况下，虽然发包人在竣工验收前可实际使用工程的约定违背法律的强制性规定，进而无效，但在发包人实际使用的情况下承包人依然承担质量责任，是当事人

---

① 最高人民法院民事审判第一庭编著：《最高人民法院建设工程施工合同司法解释的理解与适用》，人民法院出版社 2004 年版，第 128 页。

② 最高人民法院民事审判第一庭编著：《最高人民法院建设工程施工合同司法解释的理解与适用》，人民法院出版社 2004 年版，第 130、131 页。

③ 参见最高人民法院民事审判第一庭编著：《最高人民法院新建设工程施工合同司法解释（一）理解与适用》，人民法院出版社 2021 年版，第 151 页。

真实意思表示，且其作为责任分配的约定，并不违法，应属有效。

**典型案例 112**

## 北海智弘投资有限公司与张均智建设工程施工合同纠纷案①

### 基本案情

2013 年 6 月 24 日，北海智弘投资有限公司（以下简称智弘公司）与海天公司签订《北海“银城绿洲”住宅小区工程发包补充协议》，约定由海天公司承建智弘公司开发的北海“银城绿洲”住宅小区工程。签订合同后，海天公司于 2013 年 10 月 16 日、2013 年 11 月 30 日、2014 年 1 月 1 日对案涉工程的三个标段分别进场施工。2018 年 1 月 15 日至 11 月 12 日，海天公司陆续将案涉工程项目的房屋钥匙移交给了智弘公司，并办理了相关移交手续，智弘公司将部分房屋交付购房者使用。后海天公司向法院起诉，要求智弘公司支付工程欠款。海天公司抗辩称，智弘公司施工的工程质量不合格，无权要求支付工程款。

### 法院观点

一审法院（广西壮族自治区高级人民法院）认为，海天公司已于 2018 年 1 月 15 日至 11 月 12 日陆续将案涉工程项目的房屋钥匙移交给了智弘公司，并办理了相关移交手续。也就是说，案涉工程已经移交智弘公司管控，智弘公司亦已将部分房屋交付房屋买受人。智弘公司已经实际使用了案涉工程项目，海天公司要求智弘公司支付工程价款的诉请于法有据。智弘公司未经竣工验收擅自使用案涉工程，又以工程质量不合格为由，主张驳回海天公司的支付工程款的诉讼请求，不应得到支持。在建设工程的合理使用寿命内，若地基基础工程和主体结构存在质量问题，智弘公司应该通过合同约定及法律规定的保修责任进行权利救济。在二审中，最高人民法院也认为，海天公司将房屋钥匙交予智弘公司，已经将案涉工程置于智弘公司的管控之下，智弘公司出售案涉工程房屋，构成对案涉工程的使用及处分，应当认

① 典型案例 112：北海智弘投资有限公司与张均智建设工程施工合同纠纷案，最高人民法院（2020）最高法民终 305 号民事判决书。

定智弘公司构成《2004年建工解释》第14条规定的发包人擅自使用建设工程的行为。智弘公司在案涉工程竣工后未经验收擅自使用，自其实际使用之日起即应认定工程已经验收合格。

## 裁判规则113

**建设工程经竣工验收不合格，返修后质量仍不合格的，承包人无权要求发包人支付工程价款。由此导致的损失，根据发承包双方的过错进行分配。**

建设工程施工环节多、工序繁杂，完工时难免存在一些质量缺陷。与此同时，建设工程价值巨大，如果经竣工验收不合格，就予以废弃，会造成社会资源的极大浪费。因此，对经竣工验收不合格的建设工程，应当允许承包人进行返修，以期达到质量合格的标准。

《建设工程质量管理条例》第32条规定："施工单位对施工中出现质量问题的建设工程或者竣工验收不合格的建设工程，应当负责返修。"《民法典》第793条第2款第1项规定："修复后的建设工程经验收合格的，发包人可以请求承包人承担修复费用。"据此，首先，工程经竣工验收不合格的，承包人可以进行返修，并自行承担返修费用。其次，返修后应再次进行竣工验收，如验收合格，承包人可以要求支付工程款，但应承担修复费用，如因修复导致工期延误的，还应承担逾期完工的赔偿责任。① 至于返修的次数，现行法并无明文限定，只能根据工程质量的具体情况，结合返修的成本与难度，在个案中具体裁量。最后，如返修后验收仍不合格，则该工程不具有利用价值，只能拆除。根据《民法典》第793条第2款第2项的规定，承包人无权要求参照合同关于工程价款之约定折价补偿。至于工程质量不合格导致的损失，如承包人的建设成本、发包人已支付的工程款，参照《民法典》第793条第3款的规定，应根据发承包双方的过错进行分配。当然，如仅系部分工程不合格，且不影响整体工程使用的，则本规则仅适用于该部分工程。下述【典型案例113】即为适例。需要注意的是，这里的过错特指导致质量不合格的过

① 参见谢勇：《建设工程施工合同案件裁判规则解析》，中国法制出版社2020年版，第171页。

错，如承包人偷工减料、不按照工程设计图纸或者施工技术标准施工，又如发包人明示或者暗示施工单位使用不合格的建筑材料、建筑构配件和设备等。

典型案例 113

## 汪清县宝泉房地产开发有限公司与江苏长安建设集团有限公司等建设工程施工合同纠纷案①

### 基本案情

2012年5月8日，汪清县宝泉房地产开发有限公司（以下简称宝泉公司）与江苏长安建设集团有限公司（以下简称长安公司）签订《建设工程施工合同》，约定宝泉公司将其开发的汪清县新天府综合区一期工程发包给长安公司施工，竣工时间为2013年11月30日，逾期竣工损失为7万元/天。2013年11月30日，案涉工程完工，但验收时发现存在质量问题需要整改，未能通过竣工验收。2014年5月，案涉工程外墙玻璃丝棉保温板发生脱落。此后，双方多次就外墙保温工程质量缺陷沟通协商未果。建设主管部门组织质量检测单位、设计单位、监理单位、施工单位、建设单位进行了会商，结论为外墙体玻璃丝棉保温板工程无法修复，只能在现有基础上采用铝单板干挂。因长安公司无该项施工资质，宝泉公司将该工程发包给案外人施工完成，竣工时间为2015年8月30日，工程造价为11,269,075元。后宝泉公司诉至法院，要求长安公司承担外墙整体修复费用11,269,075元、工期延误损失2000万元。长安公司提起反诉，要求宝泉公司支付拖欠的工程款1100万元及利息。诉讼中经鉴定，长安公司施工的综合楼外墙体玻璃丝棉保温板工程质量不满足标准要求，该单项工程价款为4,413,279元。

### 法院观点

最高人民法院认为：首先，鉴定意见表明，造成案涉外墙保温工程质量缺陷的责任在施工方即长安公司，长安公司应当依法依约承担工程质量缺陷的民事责任。

① 典型案例113：汪清县宝泉房地产开发有限公司与江苏长安建设集团有限公司等建设工程施工合同纠纷案，最高人民法院（2018）最高法民再235号民事判决书。

其次，外墙保温工程出现的质量缺陷无法修复，只能在现有基础上采用铝单板干挂。根据《2004 年建工解释》第 3 条、第 16 条第 3 款的规定，应当认定案涉外墙保温工程经修复后仍然不合格，长安公司无权要求宝泉公司支付该部分工程款 4, 413, 279 元。再次，因长安公司施工的外墙保温工程的质量缺陷无法修复，宝泉公司通过采用铝单板干挂改建方式完成外墙保温工程，为此超出原外墙保温工程造价 6, 855, 796 元（11, 269, 075 元-4, 413, 279 元），应认定属长安公司施工的工程质量缺陷给宝泉公司造成的损失。但对于该质量缺陷采用铝单板干挂方式改建，改建造价远高于原外墙工程造价，且原设计使用的外墙保温材料已被限制使用，改建后的外墙保温工程避免了原设计使用的材料因不具有耐久性等缺陷而在将来使用过程中可能出现的问题。故酌定由长安公司承担 60%的赔偿责任，其余部分由宝泉公司自行承担。最后，外墙保温改建工程 2015 年 8 月 30 日竣工，已具备竣工验收条件，应将该时间点视为长安公司的竣工时间。据此，长安公司逾期竣工 630 天，按照合同计算，违约金达 4410 万元。案涉工程未能按期竣工系因长安公司施工质量缺陷所致，故长安公司应承担工期延误的违约责任。无证据证明系长安公司单方原因致使外墙质量缺陷解决方案长期无法确定。宝泉公司作为发包人，在工程出现质量问题后应及时与施工人协调解决，以避免损失进一步扩大，且宝泉公司未举示证据证明其实际损失情况。故法院酌定长安公司赔偿宝泉公司逾期竣工损失 500 万元。

## 裁判规则 114

**对承包人施工完成部分，发包人虽未确认质量合格，但交由他人进行后续施工的，应视为发包人对承包人施工完成部分的工程质量无异议。**

在承包人未完工程由第三人续建的情况下，如果工程由第三人完成续建并经验收合格，可以认定承包人施工完成部分质量合格。但如第三人尚未完成竣工验收或经竣工验收不合格的，应当如何判定承包人施工完成部分的质量？

一般认为，发包人将承包人的未完工程发包给第三人续建而非整改的，显然建立在认为承包人已完工程质量合格的基础之上。因此，其将工程发包给第三人续建与擅自使用行为相当，[①] 应视为发包人认可已完工程质量合格。[②]《陕西省高级人民法院关于审理建设工程施工合同纠纷案件若干问题的解答》（陕高法〔2020〕130号）第10条第3款规定："未完工工程的交付，不限于工程向发包人进行交付，承包人根据发包人指示将工程交由后续施工方进行施工的也属于工程交付。"除下述【典型案例114】外，最高人民法院在"格尔木市菁华学校与郑州金江实业有限公司建设工程施工合同纠纷案"[③] 中也认为，"案涉工程施工中途金江公司撤场，菁华学校已将后续工程交由案外人施工，应视为菁华学校对金江公司已施工部分的工程质量无异议"。"许明与吉林省天圣木业有限公司建设工程施工合同纠纷案"[④] 也是如此。

**典型案例114**

## 福建宏盛建设集团有限公司与陕西女皇实业有限公司建设工程施工合同纠纷案[⑤]

### 基本案情

2012年11月9日，陕西女皇实业有限公司（以下简称女皇公司）与福建宏盛建设集团有限公司（以下简称宏盛公司）签订《建设工程补充施工合同》，约定宏盛公司承建塞纳绿洲工程（两期，共计13栋楼），对施工质量的争议，由质量监督部门认定，认定费用及因此造成的损失由败诉方承担。在施工过程中，由于女皇公司没有按合同约定支付工程进度款，案涉工程陷入停工。2015年10月29日，女

① 参见肖峰、韩浩：《建设工程合同纠纷实务争议问题研究》，载最高人民法院民事审判第一庭编：《民事审判指导与参考》总第84辑，人民法院出版社2021年版。

② 参见最高人民法院民事审判第一庭编著：《最高人民法院新建设工程施工合同司法解释（一）理解与适用》，人民法院出版社2021年版，第405页。

③ 参考案例100：格尔木市菁华学校与郑州金江实业有限公司建设工程施工合同纠纷案，青海省高级人民法院（2019）青民终149号民事判决书、最高人民法院（2020）最高法民申5591号民事裁定书。

④ 参考案例101：许明与吉林省天圣木业有限公司建设工程施工合同纠纷案，最高人民法院（2019）最高法民申3393号民事裁定书。

⑤ 典型案例114：福建宏盛建设集团有限公司与陕西女皇实业有限公司建设工程施工合同纠纷案，最高人民法院（2019）最高法民终63号民事判决书。

皇公司向宏盛公司发出解除合同通知。2015 年 11 月 5 日，女皇公司将宏盛公司驱离施工现场后，将案涉工程交由其他施工主体继续施工。后宏盛公司诉至法院，请求其支付工程款。女皇公司提起反诉，请求宏盛公司赔偿因其施工质量问题产生的返工、返修及重复施工费用 23, 492, 342. 32 元。

### 法院观点

最高人民法院在二审中认为，宏盛公司于 2015 年 11 月 5 日离场，女皇公司随即在宏盛公司已完工程的基础上安排其他施工单位继续施工。女皇公司虽然对宏盛公司已完工程质量有异议，但并没有按照双方约定申请质量监督部门进行认定。根据《2004 年建工解释》第 13 条①规定的精神，女皇公司在没有对宏盛公司已完工程进行验收的情况下继续安排施工，造成工程质量如果存在瑕疵无法区分责任主体的可能。因此，女皇公司的行为应当视为擅自使用工程，其关于工程质量瑕疵的主张，人民法院不予支持。

## 裁判规则 115

**在建设工程交工验收后至竣工验收前，发包人的使用行为具有试用性质，不构成擅自使用，不能据此视为发包人认为工程质量合格。**

如前所述，交通运输领域存在交工验收制度。根据《公路工程竣（交）工验收办法》（中华人民共和国交通部令 2004 年第 3 号）第 16 条、《航道工程建设管理规定》（中华人民共和国交通运输部令 2019 年第 44 号）第 36 条的规定，在上述交通运输领域，工程完工后：先进行交工验收；交工验收合格后，投入试运行；试运行期满且试运行期间工程效果和运行能力符合设计要求的，进行竣工验收。

在建设工程交工验收后，发包人有权且应当将工程投入使用——试运行，只有试运行期满符合条件者才能正式进行竣工验收，以最终确定工程质量是否合格。如果将发包人在试运行期间的行为视为擅自使用，进而认定发包人认为工程质量合格，就违背了交工验收与试运行制度设置的初衷。除下述【典型案例 115】外，在

① 现《建设工程施工合同解释（一）》第 14 条。

前述“林达鑫与中电建路桥集团有限公司建设工程分包合同纠纷案”① 中，法院也认为，案涉公路工程在竣工验收前、交工验收后转移占有并进入试运营状态，是公路工程特定的验收程序要求，并不属于“未经竣工验收，发包人擅自使用”的情形。

典型案例 115

## 重庆市渝万建设集团有限公司与班玛县交通和住房城乡建设局建设工程施工合同纠纷案②

### 基本案情

2010 年 3 月 25 日，经招投标程序，班玛县交通和住房城乡建设局（以下简称班玛县交通局）与重庆市渝万建设集团有限公司（以下简称渝万公司）签订《合同协议书》，约定渝万公司承建青海省果洛州班玛县县城至知钦、知钦至年龙翁沟公路 A 合同段工程。后工程完工并通车使用，但未进行竣工验收。2017 年 5 月 22 日，班玛县交通局致函渝万公司，要求渝万公司派员办理交工验收前相关事宜，并对料场及施工场地进行覆填。渝万公司以路已通车及交付使用、对交工提出的整改方案已于 2015 年 5 月整改完毕为由，予以拒绝。后渝万公司提起诉讼称，案涉工程虽未竣工验收，但发包人已经擅自使用，依据《2004 年建工解释》第 14 条第 3 项③的规定，应视为竣工验收，班玛县交通局应当按约返还工程质量保修金。

### 法院观点

二审法院（青海省高级人民法院）认为，公路工程完工后通车试运行属于法定程序，通车试运行并非发包人擅自使用公路工程，不适用《2004 年建工解释》第 14 条有关发包人擅自使用工程视为工程竣工验收的规定。据此，案涉工程不存

① 典型案例 105：林达鑫与中电建路桥集团有限公司建设工程分包合同纠纷案，广东省珠海市中级人民法院（2017）粤 04 民终 2121 号民事判决书。

② 典型案例 115：重庆市渝万建设集团有限公司与班玛县交通和住房城乡建设局建设工程施工合同纠纷案，青海省高级人民法院（2018）青民终 50 号民事判决书、最高人民法院（2018）最高法民申 5641 号民事裁定书。

③ 该项规定：“建设工程未经竣工验收，发包人擅自使用的，以转移占有建设工程之日为竣工日期。”现《建设工程施工合同解释（一）》第 9 条第 1 款第 3 项。

在发包人擅自使用的情况，不能视为已竣工验收。在再审审查中，最高人民法院也认为，公路作为特殊的建设工程项目，进行前期通车试运营是竣工验收的必备条件和必经程序，并不属于班玛县交通局擅自使用涉案公路的情形，不应适用《2004年建工解释》第14条的规定。

## 裁判规则116

**发包人收到承包人提交的竣工验收申请报告后，在约定时间内无正当理由不组织验收的，视为恶意阻止付款条件成就。其应当组织验收之日为付款条件成就之日，但不能据此推定工程质量合格。**

《建设工程施工合同（示范文本）》（GF-2017-0201）第13.2.2项规定："除专用合同条款另有约定外，承包人申请竣工验收的，应当按照以下程序进行：（1）承包人向监理人报送竣工验收申请报告，监理人应在收到竣工验收申请报告后14天内完成审查并报送发包人。监理人审查后认为尚不具备验收条件的，应通知承包人在竣工验收前承包人还需完成的工作内容，承包人应在完成监理人通知的全部工作内容后，再次提交竣工验收申请报告。（2）监理人审查后认为已具备竣工验收条件的，应将竣工验收申请报告提交发包人，发包人应在收到经监理人审核的竣工验收申请报告后28天内审批完毕并组织监理人、承包人、设计人等相关单位完成竣工验收……"如果在承包人提交竣工验收申请报告后，发包人迟迟不组织竣工验收呢？

《民法典》第799条第1款后段规定："验收合格的，发包人应当按照约定支付价款，并接收该建设工程。"可知，竣工验收合格是支付工程款的前提条件。发包人应当组织竣工验收而不组织的，根据《民法典》第159条规定的"恶意阻止条件成就视为条件已成就"规则，应当认定支付工程款的条件已经成就。据此，发包人根据合同约定应当组织竣工验收之日，即为付款条件成就之日。福建省高级人民法院①、浙

① 《福建省高级人民法院关于审理建设工程施工合同纠纷案件疑难问题的解答》（2007年11月22日）第18条规定："工程完工后，发包人无正当理由不依照法律规定或者合同约定进行竣工验收的，视为恶意阻止付款条件成就，其应当履行验收或者组织验收义务之日为付款条件成就之日。"

江省高级人民法院①、北京市高级人民法院②、重庆市高级人民法院③均持这一观点。

有疑问的是，可否据此认定或拟制工程质量合格？有观点认为，“发包人接到承包人竣工报告后，无正当理由不组织验收的，发包人的行为可视为放弃工程验收的权利，可推定该工程已验收合格”④。《深圳市中级人民法院关于建设工程合同若干问题的指导意见》（2010年3月9日修订）第13条规定：“发包人接到承包人竣工报告后，无正当理由不组织验收的，经过一定合理时间（30天）后应视为工程已竣工验收，发包人以工程未验收或存在质量问题为由，要求不支付或缓支付工程款的，不予支持。”但是，在既未竣工验收也未实际使用的情况下，拟制工程款付款条件已经成就，对承包人利益的保护已经较为周到，在此基础上再认定工程质量合格或拟制发包人认可工程质量合格，似乎缺乏充分的理据。

**典型案例116**

## 中国新兴建设开发有限责任公司与阜新新兴房地产开发有限公司建设工程施工合同纠纷案⑤

### 基本案情

2012年10月8日，中国新兴建设开发有限责任公司（以下简称中国新兴公

---

① 《浙江省高级人民法院民事审判第一庭关于审理建设工程施工合同纠纷案件若干疑难问题的解答》（浙法民一〔2012〕3号）第18条规定：“发包人收到承包人竣工验收报告后，在合理期限内无正当理由不组织竣工验收的，不能以工程未验收合格为由，拒绝支付工程价款。”

② 《北京市高级人民法院关于审理建设工程施工合同纠纷案件若干疑难问题的解答》（京高法发〔2012〕245号）第23条第1款规定：“建设工程施工合同约定工程竣工验收合格后再支付工程款，发包人收到承包人提交的工程竣工验收资料后，无正当理由在合同约定期限或合理期限内未组织竣工验收，其又以工程未验收为由拒绝支付工程款的，不予支持。”

③ 《重庆市高级人民法院民一庭关于建设工程施工合同纠纷案件若干问题的解答》（2019年10月）第8条第1款第2项规定：“因发包人原因导致建设工程尚未进行竣工验收的，如发包人收到承包人报送的竣工验收资料后怠于组织竣工验收等，应认定发包人不正当地阻止工程价款支付条件成就，承包人请求参照合同约定支付工程价款的，人民法院应予支持。”

④ 王勇：《建设工程施工合同纠纷实务解析》，法律出版社2017年版，第281页。

⑤ 典型案例116：中国新兴建设开发有限责任公司与阜新新兴房地产开发有限公司建设工程施工合同纠纷案，最高人民法院（2019）最高法民终1466号民事判决书。

司）与阜新新兴房地产开发有限公司（以下简称阜新新兴公司）签订《建设工程施工合同》，约定由中国新兴公司承包大唐国际阜新公司生活基地，工程承包范围分为一期与二期。2012 年 12 月 28 日，一期工程（1—3 号楼）经竣工验收合格。2014 年 7 月 24 日，中国新兴公司向阜新新兴公司发出工作联系单，要求就二期工程进行预验收。阜新新兴公司和监理单位就此未签字盖章。2014 年 8 月 28 日，中国新兴公司向阜新新兴公司发出的大唐荣城工程联系单载明，二期工程（4—9 号楼）验收时间确定在 2014 年 9 月 10 日。阜新新兴公司未予签字盖章。后中国新兴公司诉至法院，要求阜新新兴公司支付工程款 304,125,200.18 元。阜新新兴公司辩称，案涉工程未竣工验收合格，工程存在严重质量问题。

### 法院观点

最高人民法院认为，本案工程分为一期和二期，一期工程已经竣工验收完毕，关于二期工程，根据本案查明事实，2014 年 7 月 24 日，中国新兴公司已向阜新新兴公司申请验收，阜新新兴公司并未对该申请予以回复。《2004 年建工解释》第 14 条第 2 项规定，承包人已经提交竣工验收报告，发包人拖延验收的，以承包人提交验收报告之日为竣工日期。双方签订的《建设工程施工合同》第 32.3 款亦约定，发包人在收到承包人送交的竣工验收报告后 28 天内不组织验收的，视为竣工验收报告已被认可。因此，二期工程虽未进行竣工验收，但施工方已向建设方提出竣工验收的申请，说明已基本完成涉案工程的建设，只因阜新新兴公司原因未组织验收。因此，涉案工程应按前述法律规定视为竣工，并具备结算条件。阜新新兴公司在有权依法组织验收，并在验收中提出质量异议的情况下，其拒绝按法定方式行使权利，应对其不当行为承担后果，即按照合同约定支付工程价款。

## 裁判规则117

**对于须通过司法鉴定确定工程质量是否合格的：如承包人未提交工程竣工报告的，则应由承包人申请司法鉴定；如承包人已依法提交工程竣工报告的，则应由发包人申请司法鉴定。**

在工程未完工或已完工但未竣工验收，发包人也未实际使用工程，且无法通过阶段验收结论确定工程质量是否合格的情况下，则应通过质量鉴定进行确认。有疑问的是，应当由谁申请司法鉴定？换言之，应当由谁承担工程质量（合格或不合格）的证明责任？

就此，应当区分为两种情形：第一种情形是工程未完工或已完工但承包人未提交工程竣工报告。有观点认为，在此情形下，应由发包人承担质量不合格的证明责任。① 但根据《民事诉讼法解释》第 91 条第 1 项的规定，主张法律关系存在的当事人，应当对产生该法律关系的基本事实承担举证证明责任。参照《民法典》第 793 条第 1 款、第 799 条第 1 款的规定可知，工程质量合格是支付工程款的前提条件。据此，承包人作为主张工程价款的当事人，应当承担工程质量合格的证明责任。也就是说，除非现有证据表明，发包人或监理单位已经认为已完工程质量合格，否则应由承包人申请司法鉴定。第二种情形是工程已完工且承包人已提交工程竣工报告但未竣工验收。对于已完工未验收工程，在承包人依法提交工程竣工报告的情况下，组织竣工验收是发包人的责任。因此，由于发包人未履行组织竣工验收的义务，故应由发包人申请司法鉴定。原《江苏省高级人民法院关于审理建设工程施工合同纠纷案件若干问题的意见》（苏高法审委〔2008〕26 号）第 16 条第 2 款规定："建设工程竣工但未经验收，承包人要求发包人支付工程价款，发包人对工程质量提出异议并要求进行鉴定的，人民法院应予支持。"

需要指出的是，应当申请鉴定，即意味着就鉴定事项承担举证责任。但鉴定费用的承担，虽根据《诉讼费用交纳办法》（中华人民共和国国务院令第 481 号）第 12 条第 1 款②的规定，应由申请人（承担举证责任一方）在委托鉴定时垫付，但最终应根据裁判结果由败诉方负担。在下述【典型案例 117】中，承包人在工程未完工的情况下主张工程款，为证明已完工程质量合格，故申请进行质量鉴定（承担质量合格的证明责任），但就该鉴定费用的最终承担，最高人民法院判决由败诉

① 《重庆市高级人民法院、四川省高级人民法院关于审理建设工程施工合同纠纷案件若干问题的解答》（渝高法〔2022〕156 号）第 4 条第 2 款第 1 项规定："建设工程完工后尚未进行竣工验收且发包人未擅自使用的，承包人请求发包人支付工程价款，发包人以建设工程质量不符合合同约定或者法律规定为由拒绝支付工程款，发包人举证证明因承包人原因导致工程尚未进行竣工验收或申请司法鉴定确认建设工程质量不合格的，人民法院予以支持。"

② 该款规定："诉讼过程中因鉴定、公告、勘验、翻译、评估、拍卖、变卖、仓储、保管、运输、船舶监管等发生的依法应当由当事人负担的费用，人民法院根据谁主张、谁负担的原则，决定由当事人直接支付给有关机构或者单位，人民法院不得代收代付。"

方——发包人承担。

**典型案例 117**

## 中国水利水电第十四工程局有限公司与敦煌市传承旅游文化开发有限责任公司等建设工程施工合同纠纷案[①]

### 基本案情

2015 年 7 月 9 日，广佳房地产公司与中国水利水电第十四工程局有限公司（以下简称水电十四局）签订《建设工程施工合同》，约定由水电十四局承建敦煌中医生态园项目。2015 年 9 月 8 日，工程开工。2016 年 3 月 30 日，广佳房地产公司、水电十四局、敦煌市传承旅游文化开发有限责任公司（以下简称传承文化公司）签订《补充协议（二）》，约定自 2016 年 3 月 30 日起，《建设工程施工合同》中广佳房地产公司的权利与义务全部转由传承文化公司享有和承担。后在工程未完工的情况下，水电十四局诉至法院，要求传承文化公司支付已完成工程的工程款并赔偿损失。2020 年 10 月 19 日、2021 年 1 月 17 日，水电十四局分两次向一审法院提交工程质量鉴定申请书，申请对已完工程中各建筑主体结构进行全面的现状调查和结构检测，并进行施工质量评价。甘肃土木工程院出具的鉴定意见认为：（1）批量检测混凝土抗压强度推定值均符合设计等级 C30 的要求；（2）梁底纵向受力钢筋保护层厚度、楼板板底钢筋保护层厚度均判定为合格；（3）结构实体位置与尺寸偏差所抽检项目均判定为合格。水电十四局主张，该笔工程质量鉴定费用（509, 520. 80 元）为其主张权利而发生的必要费用，应由传承文化公司承担。

### 法院观点

最高人民法院在二审中认为，根据《2004 年建工解释》第 2 条的规定，建设工程施工合同无效，但建设工程经竣工验收合格，承包人请求参照合同约定支付工

---

① 典型案例 117：中国水利水电第十四工程局有限公司与敦煌市传承旅游文化开发有限责任公司等建设工程施工合同纠纷案，最高人民法院（2022）最高法民终 341 号民事判决书。

程价款的，人民法院应予支持。本案案涉工程未经过竣工验收，无法自行认定水电十四局施工的工程质量是否合格。水电十四局为此申请就工程质量进行司法鉴定，以此确定在施工合同无效的情况下其是否有权主张工程价款，由此发生的鉴定费用应为水电十四局主张权利发生的必要费用，故该工程质量鉴定费用应由传承文化公司承担。

## 4.2 建设工程竣工验收或投入使用后的质量责任

《建筑法》第61条第2款规定了竣工验收制度——“建筑工程竣工经验收合格后，方可交付使用；未经验收或者验收不合格的，不得交付使用”，以确保竣工验收时交付使用的建设工程质量合格。对竣工验收合格后交付使用的建设工程，第62条[①]规定了质量保修制度。《建设工程质量管理条例》第41条进一步明确：“建设工程在保修范围和保修期限内发生质量问题的，施工单位应当履行保修义务，并对造成的损失承担赔偿责任。”对建设工程的质量，这两个制度以“竣工验收合格之日”[②]为界，之前由竣工验收制度调整，之后由质量保修制度调整，实现了时间上的前后衔接。此外，为担保承包人履行质量保修义务，《建设工程质量保证金管理办法》（建质〔2017〕138号）还规定了缺陷责任期制度。

**裁判规则118**

**建设工程在竣工验收合格或投入使用后，即进入质量保证期，由承包人承担质量保证责任。发包人不得再以质量不合格为由，拒绝支付工程款或要求减少工程价款。**

在建设工程竣工验收合格之前或发包人实际使用之前，建设工程的质量尚未确定，发包人有权提出质量不合格的抗辩。原《江苏省高级人民法院关于审理建设

① 该条第1款规定：“建筑工程实行质量保修制度。”第2款规定：“建筑工程的保修范围应当包括地基基础工程、主体结构工程、屋面防水工程和其他土建工程，以及电气管线、上下水管线的安装工程，供热、供冷系统工程等项目；保修的期限应当按照保证建筑物合理寿命年限内正常使用，维护使用者合法权益的原则确定。具体的保修范围和最低保修期限由国务院规定。”

② 《建设工程质量管理条例》第40条第3款规定：“建设工程的保修期，自竣工验收合格之日起计算。”

工程施工合同纠纷案件若干问题的意见》（苏高法审委〔2008〕26 号）第 16 条第 2 款规定："建设工程竣工但未经验收，承包人要求发包人支付工程价款，发包人对工程质量提出异议并要求进行鉴定的，人民法院应予支持。"但建设工程在竣工验收合格后，或因发包人实际使用被视为质量合格后，承包人起诉要求支付工程款的，发包人也常提出质量不合格的抗辩。就此，应当如何处理？

有少数观点认为，"如果建设工程经发包人验收合格后，发包人又提出建设工程质量不合格的，应当对其主张承担举证责任"①。也就是说，发包人仍有权提出质量不合格的抗辩，只是需要承担质量不合格的证明责任。但实务界普遍主张，在建设工程经竣工验收合格或发包人擅自使用建设工程之后，就应当认定建设工程质量合格或将其视为质量合格，即进入质量保证期，相关质量问题交由质量保证制度解决，发包人不得再以质量有问题为由，要求减少或拒绝支付工程款。"如果工程已经验收或发包人已经提前使用，应视为发包人已放弃质量抗辩，此时发包人的付款条件已经成就，发包人再以工程质量不合格而拒付工程款，应不予支持。"② 江苏省高级人民法院③、深圳市中级人民法院④、浙江省高级人民法院⑤、河北省高级人民法院⑥、山东省高级人民法院⑦、重庆市高级人民法院与四川省高级人民法

① 谢勇：《建设工程施工合同案件裁判规则解析》，中国法制出版社 2020 年版，第 182 页。

② 夏正芳：《建设工程案件审判实务中的有关问题》，载最高人民法院民事审判第一庭编：《民事审判指导与参考》总第 35 集，法律出版社 2009 年版。

③ 原《江苏省高级人民法院关于审理建设工程施工合同纠纷案件若干问题的意见》（苏高法审委〔2008〕26 号）第 16 条第 1 款规定："建设工程竣工并经验收合格后，承包人要求发包人支付工程价款，发包人对工程质量提出异议并要求对工程进行鉴定的，人民法院不予支持。"

④ 《深圳市中级人民法院关于审理建设工程施工合同纠纷案件的指导意见》（2014 年 8 月 28 日）第 12 条规定："发包人或监理单位已组织验收并在《建筑工程验收报告书》或相关文件上签字确认验收合格的，应认定工程质量合格，对工程存在的质量问题作保修期内质量问题处理，发包人以工程存在质量问题为由，要求不支付或缓支付工程款的，不予支持。"

⑤ 《浙江省高级人民法院民事审判第一庭关于审理建设工程施工合同纠纷案件若干疑难问题的解答》（浙法民一〔2012〕3 号）第 7 条中规定："发包人已组织验收并在相关文件上签字确认验收合格，后又以工程质量存在瑕疵为由，拒绝支付或要求延期支付工程价款的，该主张不能成立。"

⑥ 《河北省高级人民法院建设工程施工合同案件审理指南》（冀高法〔2018〕44 号）第 40 条规定："建设工程经过竣工验收合格后，承包人主张工程款的发包人又以工程质量不合格主张付款条件不成就或者拒付工程款的，人民法院不予支持。"

⑦ 《山东省高级人民法院关于审理建设工程施工合同纠纷案件若干问题的解答》（2020 年 11 月 4 日）第 8 条中规定："建设工程经竣工验收合格后，承包人主张工程款，发包人以工程质量不合格主张付款条件不成就或者拒付工程款的，不予支持。建设工程未经竣工验收，发包人擅自使用的，发包人以工程质量不合格主张付款条件不成就或者拒付工程款的，不予支持。"

院①均持这一立场。

首先，《民法典》第799条第1款规定："建设工程竣工后，发包人应当根据施工图纸及说明书、国家颁发的施工验收规范和质量检验标准及时进行验收。验收合格的，发包人应当按照约定支付价款，并接收该建设工程。"据此，建设工程一旦验收合格，发包人即应接受建设工程、支付工程款，显然不能再提出质量不合格的异议。其次，建设单位既是竣工验收程序的组织者，也是认定质量合格后建设成果的享有者。允许其在作出质量合格的认定后，又主张质量不合格，明显违反允诺禁反言规则，也即违背诚实信用原则。最后，竣工验收制度的功能在于，通过验收时建设单位对质量的确认，解决建设单位对工程质量是否认可、愿否接受工程的问题。如果允许建设单位在认定质量合格之后又主张质量不合格的，则竣工验收制度庶几无意义。质言之，工程在竣工验收合格或发包人投入使用后，承包人主张工程价款的，发包人不得拒绝付款，即使工程有质量问题，也应通过承包人保修责任解决。最高人民法院在"远洋装饰工程股份有限公司与鄂尔多斯市人民政府等建设工程施工合同纠纷案"②中即认为，维修义务是施工合同的从义务。在承包方未履行或未完全履行维修义务时，发包方可通过扣除质保金或对维修费用、相关损失以提起反诉、另诉的形式来主张权利，而不得直接以此抗辩拒绝支付工程款。在下述【典型案例118】中，发包人在建设工程竣工验收合格后提出的质量不合格的抗辩，法院未予支持。至于发包人擅自使用建设工程后又提出质量不合格的抗辩，法院不予支持的案例，可参见"重庆市康德实业（集团）有限公司与重庆覃家岗建设（集团）有限公司建设工程施工合同纠纷案"③。

需要指出的是，有观点认为，虽然发包人已经签字确认工程质量合格，但"鉴于法律对地基基础工程、工程主体结构质量的特殊规定和该两项工程质量的重要性，确因承包人施工导致地基基础工程、工程主体结构质量不合格的，发包人仍

① 《重庆市高级人民法院、四川省高级人民法院关于审理建设工程施工合同纠纷案件若干问题的解答》（渝高法〔2022〕156号）第4条第1款第1项规定："建设工程竣工验收后，发包人以建设工程质量不符合合同约定或者法律规定为由主张权利的，人民法院应当告知其按照建设工程有关质量缺陷责任、保修责任的规定进行处理。"

② 参考案例102：远洋装饰工程股份有限公司与鄂尔多斯市人民政府建设工程施工合同纠纷案，最高人民法院（2017）最高法民终871号民事判决书。

③ 参考案例103：重庆市康德实业（集团）有限公司与重庆覃家岗建设（集团）有限公司建设工程施工合同纠纷案，重庆市高级人民法院（2014）渝高法民终字第00390号民事判决书。

可以拒绝支付或要求延期支付工程价款”①。《北京市高级人民法院关于审理建设工程施工合同纠纷案件若干疑难问题的解答》(京高法发〔2012〕245号)第28条第1项规定:“建设工程已经竣工验收合格,或虽未竣工验收,但发包人已实际使用,工程存在的质量问题一般应属于工程质量保修的范围,发包人以此为由要求拒付或减付工程款的,对其质量抗辩不予支持,但确因承包人原因导致工程的地基基础工程或主体结构质量不合格的除外……”《山东省高级人民法院关于审理建设工程施工合同纠纷案件若干问题的解答》(2020年11月4日)第8条后段也有这一除外规定。但竣工验收合格的结论本就包括地基基础与主体结构工程质量合格,基于前述相同逻辑,发包人的这一抗辩依然不能成立。就此问题,【裁判规则126】有专门论述,此处不赘述。

**典型案例118**

## 云南省设计院集团与贵州博宏实业有限责任公司建设工程合同纠纷案②

### 基本案情

2007年11月14日,贵州博宏实业有限责任公司(以下简称博宏公司)与云南省设计院集团(以下简称云南设计院)签订《建设工程总承包合同》,约定云南设计院对博宏公司的水钢“日产2000吨熟料新型干法水泥生产线技改”项目实行EPC总承包。2008年12月31日,案涉工程项目点火试车,2009年3月22日投料试生产。2009年6月30日,案涉工程进行了初步验收。2010年3月20日,云南设计院提交了《关于申请工程竣工验收的报告》,监理单位、博宏公司水泥分公司等相关单位同意开展工程竣工验收。2010年4月8日,项目实施完成。2010年7月22日,监理单位、博宏公司、云南设计院、贵州省冶金质监站水钢分站等与本案工程相关的21家单位和部门召开验收会议,与会各相关单位一致同意验收。后云

① 王勇:《建设工程施工合同纠纷实务解析》,法律出版社2017年版,第288页。

② 典型案例118:云南省设计院集团与贵州博宏实业有限责任公司建设工程合同纠纷案,最高人民法院(2014)民一终字第256号民事判决书。

南设计院起诉要求支付工程余款，博宏公司以案涉工程存在质量问题为由抗辩。

## 法院观点

最高人民法院认为，关于博宏公司所称工程存在质量问题的情况，涉案工程于2010年7月23日即验收合格交付博宏公司使用，说明涉案工程质量合格。博宏公司上诉状中所述工程存在的问题，未提交相关证据予以证明，即使此类问题确实存在，也属于双方合同中约定的保修责任范围。博宏公司以此作为拒付工程余款的理由不能成立。

## 裁判规则119

**建设工程的质量保证期间，包括《建设工程质量管理条例》规定的最低保修期限与《建设工程质量保证金管理办法》规定的缺陷责任期。**

在建设工程竣工验收或投入使用后，承包人应在一定期间内承担质量保证责任。根据现行法的规定，该质量保证期间分为两种类型：一是最低保修期限。《建设工程质量管理条例》（中华人民共和国国务院令第714号）第40条规定了建设工程的最低保修期限，分别为合理使用年限、5年、两个采暖期与供冷期、2年。二是缺陷责任期。《建设工程质量保证金管理办法》（建质〔2017〕138号）第2条第1款规定："本办法所称建设工程质量保证金（以下简称保证金）是指发包人与承包人在建设工程承包合同中约定，从应付的工程款中预留，用以保证承包人在缺陷责任期内对建设工程出现的缺陷进行维修的资金。"第3款规定："缺陷责任期一般为1年，最长不超过2年，由发、承包双方在合同中约定。"

比较最低保修期限与缺陷责任期可知，二者的起算点基本一致，在期限与功能上表现为包含关系。但在性质上，二者属于不同的质量保证期间。《山东省高级人民法院2011年全省民事审判工作会议纪要》（鲁高法〔2011〕297号）第三部分"关于建设工程施工合同纠纷案件"第7条规定，"质量保修期与缺陷责任期是两个不同的概念，质量保修期是指建设工程在正常使用条件下的法定最低保修期限，在此期限内承包人对建设工程出现的质量问题负有保修义务。而缺陷责任期是指质量保证金的预留期限，最长为2年，缺陷责任期满，发包人应当将保证金返还给承包人。因二者期限不同，质量保修期长于缺陷责任期”。二者的区别在于：

第一，二者的起算点相同。《建设工程质量管理条例》第40条第3款规定："建设工程的保修期，自竣工验收合格之日起计算。"《建设工程质量保证金管理办法》第8条规定："缺陷责任期从工程通过竣工验收之日起计。由于承包人原因导致工程无法按规定期限进行竣工验收的，缺陷责任期从实际通过竣工验收之日起计。由于发包人原因导致工程无法按规定期限进行竣工验收的，在承包人提交竣工验收报告90天后，工程自动进入缺陷责任期。"在通常情况下，二者都是自工程竣工验收合格之日起计算。[①]《建设工程施工合同（示范文本）》（GF-2017-0201）第15.2.1项与此相同。

第二，期限长短不同。最低保修期限分别为合理使用年限、5年、两个采暖期与供冷期、2年；缺陷责任期一般为1年，最长不超过2年，具体时间由发、承包双方约定。因此，最低保修期限一般长于缺陷责任期。这也就意味着，在缺陷责任期届满后，承包人还应在余下的最低保修期限内承担保修责任。《广东省高级人民法院关于审理建设工程合同纠纷案件疑难问题的解答》（粤高法〔2017〕151号）第9条末段规定："合同约定的缺陷责任期期满后，承包人仍应在保修期内对工程承担保修责任。"

第三，约束的内容不同。最低保修期主要是行为约束，即着眼于承包人对保修义务的实际履行。缺陷责任期主要是金钱约束，"缺陷责任期是扣留工程质量保证金的期限，缺陷责任期满，发包人应当按照合同约定退还工程质量保证金"[②] 即以预留质量保证金的方式担保承包人履行维修义务。由于最低保修期限长于缺陷责任期，且如后所述，最低保修期限中承包人的维修义务包含并重于缺陷责任期，因此，缺陷责任期的实质作用仅限于以预留的质量保证金作为承包人履行维修义务的担保。

第四，保修义务的履行主体有所区别。在最低保修期限内，《建设工程质量管理条例》第41条规定："建设工程在保修范围和保修期限内发生质量问题的，施

---

① 参见最高人民法院民事审判第一庭编著：《最高人民法院新建设工程施工合同司法解释（一）理解与适用》，人民法院出版社2021年版，第177页。

② 最高人民法院民事审判第一庭编著：《最高人民法院新建设工程施工合同司法解释（一）理解与适用》，人民法院出版社2021年版，第171页。

工单位应当履行保修义务，并对造成的损失承担赔偿责任。”也就是说，在保修期限内，因勘察、设计、施工、材料等原因造成的质量缺陷，均应当由施工单位负责维修、返工或更换，在施工人保修后，如果质量责任不在施工人，则其可以向责任人主张返还修复费用。① 在缺陷责任期限内，《建设工程质量保证金管理办法》第9条第1款第1句规定：“缺陷责任期内，由承包人原因造成的缺陷，承包人应负责维修，并承担鉴定及维修费用。”第2款规定：“由他人原因造成的缺陷，发包人负责组织维修，承包人不承担费用，且发包人不得从保证金中扣除费用。”也就是说，在缺陷责任期限内，承包人只对自己原因造成的缺陷负责维修。但由于缺陷责任期为最低保修期所包含，所以发包人在缺陷责任期内要求承包人承担维修义务的，承包人不得以非自身原因造成缺陷为由拒绝。

**典型案例 119**

## 海天建设集团有限公司与西安华峰置业有限公司等建设工程施工合同纠纷案②

### 基本案情

2014年11月26日，海天建设集团有限公司（以下简称海天公司）和西安华峰置业有限公司（以下简称华峰公司）签订《施工合同》，约定华峰公司将位于西安市丈八东路以南的感恩时代广场项目交由海天公司施工。合同签订后，海天公司进场施工，因华峰公司未按照约定足额支付工程进度款、返还履约保证金等，导致案涉工程停工。2018年3月8日，双方签订《复工协议》。其中约定，保修金的50%预留1年，45%预留2年，5%预留5年。保修期满，若无质量问题15日内一次性返还（保修金不计取利息）。签订《复工协议》后，华峰公司仍未及时足额支付相关款项，导致案涉工程再次停工。后海天公司诉至法院，要求解除《施工合同》，华峰公司支付工程款3207万元。针对质量保证金，海天公司认为，案涉工程

① 参见国务院法制办等编著：《建设工程质量管理条例释义》，中国城市出版社2000年版，第98、99页。

② 典型案例119：海天建设集团有限公司与西安华峰置业有限公司等建设工程施工合同纠纷案，最高人民法院（2021）最高法民终340号民事判决书。

为未完成工程，不存在保修期，故不应扣除质量保证金。华峰公司则主张质量保证金未至退还期限。

## 法院观点

最高人民法院在二审中认为，质量保证金是发包人与承包人在建设工程承包合同中约定、从应付的工程款中预留、用以保证承包人在缺陷责任期内对建设工程出现的缺陷进行维修的资金。与承包人的法定质量保修义务不同，质量保证金条款依赖于双方当事人的约定。建设工程质量保证金对应的是“缺陷责任期”，而非保修期。缺陷责任期是承包人按照合同约定承担缺陷修复义务且发包人预留质量保证金的期限，自工程实际竣工日期起计算。保修期是承包人按照合同约定对工程承担保修责任的期限，从工程竣工验收合格之日起计算。保修义务是承包人的法定义务。在本案中，根据已查明事实，案涉工程系未完工工程。双方当事人现已解除合同，但已完工部分仍应按照《复工协议》约定的质量保证金条款处理：对于合同约定的缺陷责任期已经到期的部分，应返还质量保证金并承担法定保修义务；对于缺陷责任期未至届满的，应预留至期满再行返还。华峰公司返还工程质量保证金，不影响海天公司依照合同约定或法律规定履行工程保修义务。

## 裁判规则 120

**《建设工程质量管理条例》第 40 条规定的最低保修期限属于强制性规定。建设工程施工合同约定的质量保修期短于最低保修期限的，按照最低保修期限认定质量保修期。**

如前所述，《建设工程质量管理条例》第 40 条规定了建设工程的最低质量保修期，分别为合理使用年限、5 年、两个采暖期与供冷期、2 年。如果发承包双方在施工合同中约定的质量保修期低于第 40 条规定的最低期限的，应当如何处理？

实务界普遍主张，因建设工程质量涉及公共安全，故《建设工程质量管理条例》第 40 条规定的最低保修期属于强制性规范。如施工合同约定的质量保修期短于《建设工程质量管理条例》第 40 条规定的期限的，该约定无效。江苏省高级人民法院①、浙江省高级人民法院②、北京市高级人民法院③、四川省高级人民法院④均持这一立场。据此，建设工程施工合同中约定的质量保修期不能短于《建设工程质量管理条例》第40条规定的最低期限，否则应当按照该条规定的最低期限认定质量保修期。

**典型案例120**

## 湖北楚雄建筑工程有限公司等与青海凯丽房地产开发有限公司建设工程施工合同纠纷案⑤

### 基本案情

2014年9月18日，青海凯丽房地产开发有限公司（以下简称凯丽公司）与湖北楚雄建筑工程有限公司（以下简称楚雄公司）签订《建设工程施工合同》，约定凯丽公司将"凯丽·东方御景"1号、6号商住楼工程发包给楚雄公司。合同附件三《工程质量保修书》第2条规定："1. 地基基础工程和主体结构工程为设计文件规定的工程合理使用年限；2. 屋面防水工程、有防水要求的卫生间、房间和外墙面的防渗为5年；3. 装修工程为1年；4. 电气管线、给排水管道、设备安装工程为1年……质量保修期自工程竣工验收合格之日起计算。"2014年12月1日，凯丽公司与楚雄公司签订《建筑工程施工合同补充协议》。该协议第4条第3项规定：

① 原《江苏省高级人民法院关于审理建设工程施工合同纠纷案件若干问题的意见》（苏高法审委〔2008〕26号）第6条规定："建设工程施工合同中约定的正常使用条件下工程的保修期限低于法律、行政法规规定的最低期限，当事人要求确认该约定无效的，人民法院应予支持。"

② 《浙江省高级人民法院民事审判第一庭关于审理建设工程施工合同纠纷案件若干疑难问题的解答》（浙法民一〔2012〕3号）第4条规定："建设工程施工合同中约定的正常使用条件下工程的保修期限低于国家和省规定的最低期限的，该约定应认定无效。"

③ 《北京市高级人民法院关于审理建设工程施工合同纠纷案件若干疑难问题的解答》（京高法发〔2012〕245号）第31条第1款规定："建设工程施工合同中约定正常使用条件下工程的保修期限低于法律、行政法规规定的最低期限的，该约定无效。"

④ 《四川省高级人民法院关于审理建设工程施工合同纠纷案件若干疑难问题的解答》（川高法民一〔2015〕3号）第10条规定："建设工程施工合同中约定的正常使用条件下工程的保修期限低于国家和省相关行政主管部门规定的最低期限的，该约定应认定无效。"

⑤ 典型案例120：湖北楚雄建筑工程有限公司等与青海凯丽房地产开发有限公司建设工程施工合同纠纷案，最高人民法院（2019）最高法民终239号民事判决书。

“本工程质量保修期满后14日内将保修金返还楚雄公司，保修期按国家地方相关文件执行。”2017年12月4日，案涉工程竣工验收合格，并于当日进行移交。其后，楚雄公司诉至法院，要求凯丽公司支付工程余款。

## 法院观点

针对质量保修期，最高人民法院认为，《建设工程施工合同》附件三《工程质量保修书》对电气管线、给排水管道、设备安装和装修工程的保修期约定为1年。根据《建设工程质量管理条例》第40条的规定，电气管线、给排水管道、设备安装工程和装修工程的最低保修期限为2年。《建设工程质量管理条例》第2条规定：“凡在中华人民共和国境内从事建设工程的新建、扩建、改建等有关活动及实施对建设工程质量监督管理的，必须遵守本条例。”质量保修期限属于行政法规的强制性规定，当事人约定的质量保修期限短于《建设工程质量管理条例》规定的最低保修期限的，应当适用《建设工程质量管理条例》的规定。因此，案涉工程中电气管线、给排水管道、设备安装和装修工程的保修期应当认定为2年。在本案中，案涉工程于2017年12月4日竣工验收。根据《建设工程质量管理条例》，案涉工程中防水工程及电气管线、给排水管道、设备安装和装修等工程保修期均未届满（最高人民法院二审立案时间为2019年2月18日）。

## 裁判规则121

**质量保证金预留比例属于当事人意思自治范畴。不得以约定比例超过《建设工程质量保证金管理办法》规定比例为由，认定约定的预留比例无效。**

《建设工程施工合同（示范文本）》（GF-2013-0201）第15.3.2项第2目载明：“发包人累计扣留的质量保证金不得超过结算合同价格的5%，如承包人在发包人签发竣工付款证书后28天内提交质量保证金保函，发包人应同时退还扣留的作为质量保证金的工程价款。”原《建设工程质量保证金管理办法》（建质〔2016〕295号）第7条也规定，保证金总预留比例不得高于工程价款结算总额的5%。2017年6月20日，修订后的《建设工程质量保证金管理办法》（建质〔2017〕138

号）降低了质量保证金的比例。其第7条规定："发包人应按照合同约定方式预留保证金，保证金总预留比例不得高于工程价款结算总额的3%。合同约定由承包人以银行保函替代预留保证金的，保函金额不得高于工程价款结算总额的3%。"《建设工程施工合同（示范文本）》（GF-2017-0201）第15.3.2项第3目也明确："发包人累计扣留的质量保证金不得超过工程价款结算总额的3%。如承包人在发包人签发竣工付款证书后28天内提交质量保证金保函，发包人应同时退还扣留的作为质量保证金的工程价款；保函金额不得超过工程价款结算总额的3%。"在实践中，大量的建设工程施工合同沿袭原有规定，将质量保证金的预留比例约定为5%，该约定是否有效？

一般认为，"《建设工程质量保证金管理办法》属于住建部和财政部颁发的部门规章，目前对工程质保金的预留比例问题，法律、法规并无强制性规定，如当事人之间约定的工程质保金总预留比例高于工程价款结算总额的3%，不应认定无效"①。此外，根据《建设工程施工合同（示范文本）》（GF-2017-0201）第1.1款第4项第4目、第14.1款第2项第3目、第15.3款的新增规定，承包人已经缴纳履约保证金或提供其他工程质量担保方式的，发包人不得再扣留质量保证金。如果双方在建设工程施工合同中约定预留质量保证金的同时，也约定预留履约保证金的，依循相同的逻辑，也不应认定为无效。

**典型案例121**

## 江西亚宏建设工程有限公司与乐平市棚户区改造安置房建设项目部等建设工程施工合同纠纷案②

### 基本案情

2019年2月22日，经招投标，江西亚宏建设工程有限公司（以下简称亚宏公司）与乐平市棚户区改造安置房建设项目部（以下简称乐平棚改项目部）签订《建设工程施工合同》，约定亚宏公司承建乐平市南内河棚改安置小区西侧道路

① 李玉生主编：《建设工程施工合同案件审理指南》，人民法院出版社2019年版，第220页。

② 典型案例121：江西亚宏建设工程有限公司与乐平市棚户区改造安置房建设项目部等建设工程施工合同纠纷案，江西省高级人民法院（2020）赣民终136号民事判决书。

(民电路四期)建设工程。合同第 12.4.1 项、第 15.3.1 项第 2 目载明,完工结算后,预留工程款的 5%作为质量保证金。后亚宏公司诉至法院,以“余留 5%作为工程的质保金”的约定违反《建设工程质量保证金管理办法》第 7 条的规定为由,要求确认该合同第 12.4.1 项、第 15.3.1 项第 2 目无效。

## 法院观点

江西省高级人民法院认为,《建设工程质量保证金管理办法》是部门规章,本案双方当事人自愿约定质量保证金为工程款的 5%,并非《合同法》第 52 条关于“违反法律、行政法规的强制性规定”的合同无效情形,而且合同约定质量保证金为工程款的 5%也没有损害国家、集体或者他人的利益,故亚宏公司该主张,不能成立。

## 裁判规则 122

**质量保证金的返还时间属于当事人意思自治范畴,约定的返还时间超过《建设工程质量保证金管理办法》规定最长时限的,应属有效。**

《建设工程质量保证金管理办法》第 2 条第 3 款规定:“缺陷责任期一般为 1 年,最长不超过 2 年,由发、承包双方在合同中约定。”但从实践的情况来看,在 2000 年颁布的《建设工程质量管理条例》① 确立了质量保修期之后,质量保证金就在施工合同中大行其道,且其返还期限多与质量保修期挂钩。在《建设工程质量保证金管理暂行办法》于 2005 年施行后,基于惯性的作用,以及建筑市场买方市场的特征,大量施工合同约定的质量保证金返还期限仍沿袭旧例,而未遵循《建设工程质量保证金管理办法》第 2 条第 3 款的规定,从而导致约定的质量保证金返还期限晚于《建设工程质量保证金管理办法》第 2 条第 3 款规定的 2 年最长期限。这类约定是否有效?

有观点认为,缺陷责任期是扣留工程质量保证金的期限,故工程质量保证金的

---

① 2000 年 1 月 30 日颁布,2017 年 10 月 7 日第一次修正,2019 年 4 月 23 日第二次修正。

返还期限不得超过最长2年的缺陷责任期。若约定的返还期限超过2年，则超出部分无效。① 最高人民法院在“杭州建工集团有限责任公司与安阳中广发汇成置业有限公司建设工程施工合同纠纷案”② 中即认为，“质量保证金作为工程款的一部分，预留最长不应超过2年”。也有观点认为，约定的质量保证金返还期限超出《建设工程质量保证金管理办法》规定最长时限的，应属有效。《河南省高级人民法院建设工程案件审判工作座谈会综述》（2022年9月14日）“议题四：有关工程质量责任和保修责任承担的问题”第4款规定，“工程质保金的返还是以工程缺陷责任期届满为支付条件，并不以工程保修期限届满为支付条件。当然，如果当事人约定质保期满退还质保金的，应当按照约定时间返还”。

需要明确的是，《建设工程质量保证金管理办法》第2条第1款规定：“本办法所称建设工程质量保证金（以下简称保证金）是指发包人与承包人在建设工程承包合同中约定，从应付的工程款中预留，用以保证承包人在缺陷责任期内对建设工程出现的缺陷进行维修的资金。”据此，发包人扣留质量保证金的期限即为缺陷责任期。换句话说，建设工程施工合同虽未采取“质量保证金”“缺陷责任期”的表述，但只要表明预留部分工程款作为履行维修义务的担保，预留的款项即应认定为质量保证金，约定预留的期限即应认定为缺陷责任期。重庆市高级人民法院在“江苏兴厦建设工程集团有限公司与聂广阔、重庆市远展房地产开发有限公司建设工程施工合同纠纷案”③ 中即认为，“双方约定的名称虽为‘保修金’，但其实质为质量保证金”。

质量保证金的本质是承包方履行维修义务的保证金，是依据承发包双方的约定，以货币作为标的物，通过转移货币占有而赋予发包人对所占有货币资金以优先受偿权，因而是一种典型的约定担保。其权利内容应取决于当事人约定。因此，《建设工程施工合同解释（一）》第17条第1款第1项规定，工程质量保证金返还期限取决于发承包双方的约定。据此，当事人约定的质量保证金返还期限，不同

① 参见最高人民法院民事审判第一庭编著：《最高人民法院新建设工程施工合同司法解释（一）理解与适用》，人民法院出版社2021年版，第175页。

② 典型案例392：杭州建工集团有限责任公司与安阳中广发汇成置业有限公司建设工程施工合同纠纷案，最高人民法院（2020）最高法民终1113号民事判决书。

③ 参考案例104：江苏兴厦建设工程集团有限公司与聂广阔、重庆市远展房地产开发有限公司建设工程施工合同纠纷案，重庆市高级人民法院（2019）渝民终398号民事判决书。

于《建设工程质量保证金管理办法》第2条第3款的规定，基于当事人意思自治原则，应当予以支持。此外，《建设工程质量保证金管理办法》并非法律、行政法规，根据《民法典》第153条第1款的规定，不能作为否定约定效力的依据。重庆市高级人民法院在“江苏兴厦建设工程集团有限公司与聂广阔、重庆市远展房地产开发有限公司建设工程施工合同纠纷案”① 中即认为，“《建设工程质量保证金管理办法》第2条第3款虽然规定缺陷责任期最长不超过2年，但当事人对质量保证金的返还作出特别约定的，应当遵循当事人的约定（保修期满2年，退还没有使用的保修金的70%，保修期满5年后退还剩余的保修金）”。除下述【典型案例122】外，在“福建省晓沃建设工程有限公司与贵州好旺佳房地产开发有限公司建设工程施工合同纠纷案”②、“中铁建工集团有限公司与西宁世纪佳和房地产开发有限公司建设工程施工合同纠纷案”③、“重庆市吉力建设集团有限公司与襄阳百洋房地产开发有限公司建设工程施工合同纠纷案”④ 中，发承包双方约定的扣留质量保证金的期限超过了《建设工程质量保证金管理办法》规定的最长时限，最高人民法院均予以支持。

还需要强调的是，发包人扣留质量保证金的期限系缺陷责任期，而非质量保修期。有观点认为，如果当事人约定的质量保证金返还期限短于质量保修期，将难以发挥质量保证金的作用，因此，应当依据质量保修期确定质量保证金的返还期限。这一观点将质量保证金的返还期限等同于质量保修期，不能成立。第一，《建设工程质量管理条例》仅规定了建设工程的最低保修期限，并未规定质量保证金的收取与返还。也就是说，质量保证金的返还期限与质量保修期并无必然联系。第二，根据《建设工程质量保证金管理办法》第2条第1款的规定，质量保证金返还期限即缺陷责任期。质量保修期本就不同于缺陷责任期，所以质量保证金返还期限有别于质量保修期。最高人民法院在“中国化学工程第四建设有限公司与山西潞

---

① 参考案例105：江苏兴厦建设工程集团有限公司与聂广阔、重庆市远展房地产开发有限公司建设工程施工合同纠纷案，重庆市高级人民法院（2019）渝民终398号民事判决书。

② 参考案例106：福建省晓沃建设工程有限公司与贵州好旺佳房地产开发有限公司建设工程施工合同纠纷案，最高人民法院（2019）最高法民终995号民事判决书。

③ 典型案例277：中铁建工集团有限公司与西宁世纪佳和房地产开发有限公司建设工程施工合同纠纷案，最高人民法院（2020）最高法民终158号民事判决书。

④ 参考案例107：重庆市吉力建设集团有限公司与襄阳百洋房地产开发有限公司建设工程施工合同纠纷案，最高人民法院（2018）最高法民终843号民事判决书。

安树脂有限责任公司建设工程施工合同纠纷案”① 中即认为，“以保修期的相关约定来确定质量保证金的缺陷责任期，缺少法律依据”。第三，质量保证金的返还并不意味着保修义务的免除。《建设工程施工合同解释（一）》第17条第2款规定：“发包人返还工程质量保证金后，不影响承包人根据合同约定或者法律规定履行工程保修义务。”

**典型案例122**

## 四川省第一建筑工程有限公司与昭通市泰斗房地产开发经营有限公司建设工程施工合同纠纷案②

### 基本案情

2013年1月23日、2015年5月28日，昭通市泰斗房地产开发经营有限公司（以下简称泰斗公司）和四川省第一建筑工程有限公司（以下简称一建公司）先后签订《建设工程施工合同》《泰平盛世荷苑项目补充协议》，约定：泰斗公司将泰平·盛世荷苑10-07某地块一标段地下室及二标段（1—5号楼）工程发包给一建公司；完工结算后预留工程结算总额的3%作为工程保修金，质量保证金在分部工程2年质量保证期满后退还，防水质量保证金在5年防水工程质保期满后退还。案涉工程于2015年5月22日完工，后双方因工程价款问题发生纠纷，一建公司诉至法院。

### 法院观点

针对一建公司要求返还的质量保证金，一审法院认为，因双方约定的2年保修期及5年保修期所涉工程的工程价款无法区分，目前防水工程仍处于保修期内，且一建公司仍有部分地下安装工程需待消防工程施工完毕后方可完成，故一建公司尚不符合要求泰斗公司返还工程保修金的条件。一建公司上诉称，合同约定防水保修

① 参考案例108：中国化学工程第四建设有限公司与山西潞安树脂有限责任公司建设工程施工合同纠纷案，最高人民法院（2019）最高法民终710号民事判决书。

② 典型案例122：四川省第一建筑工程有限公司与昭通市泰斗房地产开发经营有限公司建设工程施工合同纠纷案，最高人民法院（2019）最高法民终557号民事判决书。

金返还期限为5年，超过了法律规定的2年期限，其返还期限应为工程竣工验收之日起满2年。最高人民法院在二审中认为，双方当事人对于质量保证金的返还期限在《建设工程施工合同》中进行了明确约定，因本案工程尚有部分地下安装工程需待消防工程施工完毕后方可完成，且5年防水工程质量保证金的返还期限尚未届满，一审法院未予支持一建公司的质量保证金返还请求并无不当。一建公司主张，《建设工程质量保证金管理办法》第2条关于“缺陷责任期一般为1年，最长不超过2年，由发、承包双方在合同中约定”的规定，系法律关于质量保证金返还期限不得超过2年的强制性规定，没有依据，不予支持。

## 裁判规则123

**建设工程施工合同未约定质量保证金的返还期限或约定不明的，按照《建设工程质量保证金管理办法》规定的最长缺陷责任期（2年）确定。**

如果发承包双方仅约定了质量保证金的预留比例，未约定返还期限的，《建设工程施工合同解释（一）》第17条第1款第2项规定：“当事人未约定工程质量保证金返还期限的，自建设工程通过竣工验收之日起满二年。”第3项规定：“因发包人原因建设工程未按约定期限进行竣工验收的，自承包人提交工程竣工验收报告九十日后当事人约定的工程质量保证金返还期限届满；当事人未约定工程质量保证金返还期限的，自承包人提交工程竣工验收报告九十日后起满二年。”

根据第2项的规定，对建设工程施工合同约定的质量保证金返还时间：有约定的从约定；没有约定或约定不明的，鉴于“缺陷责任期是扣留工程质量保证金的期限。缺陷责任期满，发包人应当按照合同约定退还工程质量保证金”①，因此按照最长缺陷责任期——《建设工程质量保证金管理办法》第2条第3款规定缺陷责任期最长不超过2年——处理。第3项之所以规定“自承包人提交工程竣工验收报告九十日后起满二年”，其原因在于《建设工程质量保证金管理办法》第8条末句规定：“由于发包人原因导致工程无法按规定期限进行竣工验收的，在承包人提交

① 最高人民法院民事审判第一庭编著：《最高人民法院新建设工程施工合同司法解释（一）理解与适用》，人民法院出版社2021年版，第171页。

竣工验收报告 90 日后，工程自动进入缺陷责任期。”也就是说，在承包人提交竣工验收报告后，应给予发包人 90 日的完成竣工验收的合理期间。① 据此，建设工程施工合同未约定质量保证金的返还期限或约定不明的，自建设工程通过竣工验收之日起满 2 年返还，但如果发包人迟延验收的，则自承包人提交工程竣工验收报告 90 日后起满 2 年返还。

如果当事人约定“质保金在保修期满后返还”，由于《建设工程质量管理条例》第 40 条规定的建设工程最低保修期限分别为 5 年、两个采暖期与供冷期、2 年，地基基础与主体结构工程的保修期为合理使用年限，而质量保证金显然不应待建设工程“寿终正寝”后才返还，故这种约定应按约定不明处理。②

**典型案例 123**

## 中国五冶集团有限公司与西安华江环保科技股份有限公司等建设工程施工合同纠纷案③

### 基本案情

西安有色公司是榆钢公司“榆钢支持地震灾区恢复重建项目干熄焦分项”的 EPC 总承包人。2013 年 5 月 15 日，西安有色公司将该工程转包给西安华江环保科技股份有限公司（以下简称华江公司）。2013 年 7 月 6 日，华江公司与中国五冶集团有限公司（以下简称五冶公司）签订《榆钢支持地震灾区恢复重建项目干熄焦及余热发电工程建筑安装合同》，约定：五冶公司承接案涉工程的干熄焦本体、余热锅炉、汽轮发电、综合电气室、循环水泵房、冷却塔、除盐水站、迁车台、焦仓、环境地面除尘站等的土建施工、机械设备（制作）安装与调试、试车、试生产和功能考核直至竣工验收；合同总价款为（含税价）38, 244, 326 元；质量保证金为合同价款的 10%，待质保期满后无息支付。2015 年 10 月 9 日，工程竣工验收合格。其后，五冶公司诉至法院，要求华江公司支付工程款 24, 653, 529. 10 元。

---

① 参见谢勇：《建设工程施工合同案件裁判规则解析》，中国法制出版社 2020 年版，第 187 页。

② 参见李玉生主编：《建设工程施工合同案件审理指南》，人民法院出版社 2019 年版，第 222 页。

③ 典型案例 123：中国五冶集团有限公司与西安华江环保科技股份有限公司等建设工程施工合同纠纷案，最高人民法院（2021）最高法民终 750 号民事判决书。

## 法院观点

甘肃省高级人民法院认为，案涉合同约定质量保证金为合同总价的10%，但未约定质保期。根据《2018年建工解释》第8条第1款第2项的规定，当事人未约定工程质量保证金返还期限的，自建设工程通过竣工验收之日起满2年，承包人请求发包人返还工程质量保证金的，人民法院应予支持。榆钢公司于2015年11月18日组织竣工验收结束，榆钢公司亦认可该时间后就使用工程，以此时间计算已超过2年，故不应再扣减质量保证金。同时，不再扣减质量保证金，不影响五冶公司根据约定或法律规定履行工程的保修义务。①

### 裁判规则124

**自建设工程竣工验收合格之日起至质量保修期届满，无论是在质量保修期内新发生的质量问题，还是在施工环节就已存在但竣工验收时未发现的质量问题，承包人均应承担质量保证责任。**

进入质量保修期后，施工单位应当承担质量保修责任。“建设工程的质量保修是指对建设工程竣工验收后在保修期限和保修范围内出现的质量缺陷由施工方进行修复，使建设工程达到正常使用标准。”② 但如果建设工程竣工验收合格并交付使用后，发现的质量问题在进入质量保修期之前已经存在，表明竣工验收合格的结论错误，即施工单位本应承担竣工验收不合格的责任。此时应当如何确定工程质量责任的承担？

此外，应当明确竣工验收不合格责任与质量保修责任的区别。第一，就制度目的而言，“质量保修责任的性质属于瑕疵担保责任”③，准确地说，属于物的瑕疵担保责任。“建筑工程作为一种特殊的耐用消费品”，“有些质量问题在竣工验收时未被发现，而在使用过程中的一定期限内逐渐暴露出来的，施工企业则应当负责无偿

① 最高人民法院在二审中未涉及该问题。

② 李玉生主编：《建设工程施工合同案件审理指南》，人民法院出版社2019年版，第210页。

③ 冯小光：《建设工程施工合同纠纷案件法律适用的有关问题》，载最高人民法院民事审判第一庭编：《民事审判指导与参考》总第75辑，人民法院出版社2018年版。

修复”①。由此可见，质量保修制度针对的是在竣工验收后使用过程中暴露出来的质量问题，即质保期发生的“新问题”。“如果竣工验收不合格，则由施工单位进行整修后再行竣工验收，直至合格后交付。”② 可见竣工验收不合格的责任针对的是竣工验收时已存在的质量问题。第二，就责任承担方式而言，“保修”一词表明，质量保修责任的承担方式是修复。竣工验收不合格的责任，根据《民法典》第793条第2款的规定，也是修复。因此，就责任承担方式而言，二者并无区别。第三，就法律效果而言，如果适用质量保修责任，由于工程已经竣工验收合格，故在施工单位承担保修责任的同时，建设单位应当接受工程并支付工程款。如果认定工程质量不合格，则施工单位应当承担修复责任，而且建设单位有权拒绝支付工程款。这就导致在工程竣工验收合格并交付使用后，在施工单位追索工程款的诉讼中，建设单位普遍主张工程质量不合格（反正工程已经交付使用了），施工单位则普遍抗辩应当适用质量保修责任。

那么对于在竣工验收合格后的质量保修期内，发现的施工阶段存在的而竣工验收时未发现的质量问题——“老问题”，究竟应当如何确定责任承担？第一种思路认为，客观事实已经表明施工质量不合格，故应推翻质量合格的验收结论，要求承包人承担质量不合格的责任。“江苏南通二建集团有限公司与吴江恒森房地产开发有限公司建设工程施工合同纠纷案”③ 即采用这一思路。第二种思路认为，建设单位在竣工验收环节已经认可质量合格，故对质保期内发现的“老问题”应当交由质量保修制度解决。比较而言，第二种思路——对在竣工验收时本应发现而未发现的“老问题”也交由质量保修制度解决，更具合理性。

第一，对施工环节存在而在质保期内发现的“老问题”，要求施工单位承担质量不合格的责任，既违反“禁反言”规则，也导致竣工验收程序的虚置。如前所述，竣工验收合格的结论是建设、勘察、设计、施工、监理单位这几个民事主体的自我认定。建设单位既是房地产建设方面的专业机构，也是施工活动的全程监管者，还是竣工验收程序的组织者，更是建设成果的享有者。发包人在根据自身判断

① 卞耀武主编：《中华人民共和国建筑法释义》，法律出版社1998年版，第88页。

② 孟庆钧：《竣工工程的质量责任》，载《建筑经济》2004年第8期。

③ 参考案例109：《江苏南通二建集团有限公司与吴江恒森房地产开发有限公司建设工程施工合同纠纷案》，载《最高人民法院公报》2014年第8期。

并结合设计单位、监理单位的专业判断作出质量合格的认定后，又主张质量不合格，明显违反允诺禁反言的要求。此外，竣工验收的制度目的，在于通过质量确认程序解决产品是否符合交付条件的问题，如果允许建设单位在认定质量合格之后又主张质量不合格的，则竣工验收制度庶几无意义。

第二，站在体系化的角度，需要考虑其与《建设工程施工合同解释（一）》第14条相协调的问题。根据第14条的规定，发包人未经竣工验收擅自使用的，视为发包人认可工程质量，应当支付工程款，再无权主张使用部分质量不合格。工程在竣工验收合格后，下一环节也是发包人将工程投入使用并支付工程款。在此意义上，发包人未经竣工验收就将工程投入使用与经竣工验收合格后投入使用，其法律后果并无不同。而且，前者对质量的认可是强制性的拟制认可，后者对质量的认可是符合其自身意志的自愿认可。在前者再无权主张使用部分质量不合格的情况下，后者也应丧失主张质量不合格的权利。

第三，在工程竣工验收合格交付使用的情况下，适用质量保修责任，并未"优待"施工单位。如果适用质量不合格责任，则其会沦为建设单位拖延支付工程款的借口。如前所述，质量保修责任的承担方式是修复，质量不合格责任的承担方式也是修复。因此，无论是在质保期内发生的"新问题"，还是施工环节已存在而在质保期内发现的"老问题"，施工单位的义务完全相同——予以修复。但由于工程款的支付以工程质量合格为前提，① 故二者的区别在于修复之前发包人是否有权拒绝支付工程款。如果适用质量保修责任，虽然施工单位应当负责修复，但建设单位应当支付合同约定的工程款；如果适用质量不合格责任，则在施工单位修复完成之前，建设单位有权以质量不合格为由拒绝支付工程款。在发包人已经认可质量合格、多半已经将建设工程投入使用且预留质量保证金作为修复担保的情况下，质量不合格责任更多沦为发包人拖延支付工程款的借口。

第四，将质保期内发现的"老问题"交由质量保修制度解决，不会堵塞质量问题的解决路径或减低解决质量。无论通过质量保修制度解决，还是适用质量不合格责任，对施工单位的要求都是"修复"。在修复后，施工单位都仅保证其在质保期内质量合格（如在质保期内再次出现质量问题，则再次修复），二者并无区别。

---

① 《民法典》第799条第2句规定："验收合格的，发包人应当按照约定支付价款，并接收该建设工程。"

而且，站在施工技术的角度，由于施工行为结束在前，在质保期内发生的“新问题”出现在后，故所谓的“新问题”也只是施工环节未严格按照规范施工所埋下的隐患爆发出来而已，其与施工环节即已存在而在质保期内才发现的“老问题”并无本质区别，解决这些问题的施工技术也无区别。

第五，对质保期内发现的施工阶段所导致而在竣工验收时未发现的质量问题——“老问题”，要求承包人承担质量保修责任，符合质保期的制度目的。质保期制度在于保证建设工程质量在保修期内（而不仅仅是竣工验收时）持续地符合法定标准与约定标准。虽然建设单位在竣工验收时认为建设工程质量合格，进而接受建设工程并支付工程款，但建设工程在质保期内一旦不再符合法定标准或约定标准，建设单位则有权要求施工单位履行保修义务。这些“老问题”系施工单位未妥善履行施工义务所导致，虽然建设单位在竣工验收时未发现或有意视而不见，但要求施工单位补正自己未妥善履行施工义务的行为，并不违反“自己责任”原则。

**典型案例124**

## 玉茗建设集团有限责任公司与石柱土家族自治县豪轩房地产开发有限公司建设工程施工合同纠纷案①

### 基本案情

2014年1月18日，石柱土家族自治县豪轩房地产开发有限公司（以下简称豪轩公司）与玉茗建设集团有限责任公司（以下简称玉茗公司）签订《建设工程施工合同》，约定豪轩公司开发的天尧新世界项目由玉茗公司承建。在玉茗公司完成绝大部分施工内容后，双方协议解除了施工合同关系。后经其他施工单位续建，工程完工且竣工验收合格，大部分购房人装修入住。玉茗公司起诉要求支付工程款，豪轩公司反诉称，玉茗公司完成的构造柱质量不合格，应赔偿整改费用。经司

① 典型案例124：玉茗建设集团有限责任公司与石柱土家族自治县豪轩房地产开发有限公司建设工程施工合同纠纷案，重庆市高级人民法院（2018）渝民终615号民事判决书、最高人民法院（2019）最高法民申4838号民事裁定书。

法鉴定，构造柱的平面布置与施工质量均不满足设计图纸及强制性国家标准要求。①

## 法院观点

重庆市高级人民法院在二审中认为：一方面，构造柱的质量问题在竣工验收时已经存在，而豪轩公司在竣工验收环节认为工程质量合格，应视为豪轩公司对该质量问题予以接受，无权拒绝支付工程款；另一方面，构造柱的质量不符合要求，玉茗公司应当进行整改。故豪轩公司有权根据合同约定暂扣结算价 3%的质量保修金，待玉茗公司对构造柱整改后退还。在再审审查中，最高人民法院也认为，“二审法院在工程存在质量问题的情形下，参照合同约定，判决暂扣质保金并无不当”。

### 裁判规则 125

**发包人在建设工程未经竣工验收的情况下擅自使用的，承包人仍应承担质量保修责任。发包人擅自使用之日即为质量保证期起算之日。**

《建设工程施工合同解释（一）》第 14 条规定：“建设工程未经竣工验收，发包人擅自使用后，又以使用部分质量不符合约定为由主张权利的，人民法院不予支持；但是承包人应当在建设工程的合理使用寿命内对地基基础工程和主体结构质量承担民事责任。”有观点据此认为，工程未经竣工验收发包人擅自投入使用的，承包人无须承担质量保修责任。②“如果承包人对发包人擅自使用的建设工程部分仍应承担保修责任，则本条规定就失去了其意义。”③ 人民法院在“江苏邗建集团有

① 不符合《砌体结构设计规范》（GB50003-2011）、《砌体工程施工质量验收规范》（GB50203-2002）、《混凝土结构工程施工质量验收规范》（GB50204-2015）等强制性国家标准。

② 参见杨心忠等：《建设工程合同纠纷裁判思路》，法律出版社 2014 年版，第 324 页。

③ 最高人民法院民事审判第一庭编著：《最高人民法院新建设工程施工合同司法解释（一）理解与适用》，人民法院出版社 2021 年版，第 153 页。

限公司与青海璞润投资有限公司建设工程施工合同纠纷案”① 中即持这一立场。

《北京市高级人民法院关于审理建设工程施工合同纠纷案件若干疑难问题的解答》第28条第1款第1项规定：“建设工程已经竣工验收合格，或虽未经竣工验收，但发包人已实际使用，工程存在的质量问题一般应属于工程质量保修的范围，发包人以此为由要求拒付或减付工程款的，对其质量抗辩不予支持，但确因承包人原因导致工程的地基基础工程或主体结构质量不合格的除外；发包人反诉或另行起诉要求承包人承担保修责任或者赔偿修复费用等实际损失的，按建设工程保修的相关规定处理。”其所谓的“按建设工程保修的相关规定处理”，也就意味着承包人就质量问题承担的责任属于保修责任。《河南省高级人民法院建设工程案件审判工作座谈会综述》（2022年9月14日）“议题四：有关工程质量责任和保修责任承担的问题”第2款更是直接规定：“发包人擅自使用后在保修期内产生的质量问题，承包人仍应承担保修义务。”据此，发包人在建设工程未经竣工验收的情况下擅自使用的，视为发包人认为工程质量合格，因此发包人不得再主张工程质量不合格。但这并不意味着承包人豁免了所有的质量责任，承包人仍应对工程承担质量保证责任，包括质量保修期内的维修责任、缺陷责任期内预留质量保证金的责任，以及因质量问题造成损害的赔偿责任。

既然承包人承担的是保修责任，那么对承包人要求支付工程价款的请求，发包人就不得再以质量问题为由，拒绝支付工程款或要求减少工程价款。《福建省高级人民法院关于审理建设工程施工合同纠纷案件疑难问题的解答》（2007年11月22日）第10条第2款规定：“工程未经竣工验收，发包人擅自使用后，又以质量不符合约定为由请求减少支付工程价款的，不予支持。”这也就意味着，发包人擅自使用工程之日即相当于工程验收合格之日，也即质量保证期的起算之日。除下述【典型案例125】外，还可参见“浙江省东阳第三建筑工程有限公司与烟台经纬实业有限责任公司建设工程施工合同纠纷案”②、“中铁十六局集团有限公司与北海市

① 参考案例110：江苏邗建集团有限公司与青海璞润投资有限公司建设工程施工合同纠纷案，最高人民法院（2018）最高法民终1115号民事判决书。

② 参考案例111：浙江省东阳第三建筑工程有限公司与烟台经纬实业有限责任公司建设工程施工合同纠纷案，最高人民法院（2018）最高法民终920号民事判决书。

美凯龙置业有限公司建设工程施工合同纠纷案”①、“悦康药业集团上海制药有限公司与上海伟恒防水保温工程有限公司建设工程施工合同纠纷案”②。

**典型案例 125**

## 青海临峰房地产开发有限公司与浙江中业建设集团有限公司建设工程施工合同纠纷案③

### 基本案情

2011 年 5 月，青海临峰房地产开发有限公司（以下简称临峰公司）与浙江中业建设集团有限公司（以下简称中业公司）签订《补充协议》，约定临峰公司将其开发的香江花园商住楼总承包给中业公司施工，在工程全部完成具备竣工条件时付 80%工程款，余下工程款扣除 3%保修金外在工程竣工验收后一个月内支付完毕。2014 年 12 月 19 日，临峰公司在案涉工程未经竣工验收的情况下实际使用该工程。中业公司诉至法院，要求临峰公司支付拖欠的工程款 14, 818, 426. 59 元。二审法院认为，质量保证金 1, 589, 867. 70 元，根据约定应在质保期满后支付，故应在应付工程款中予以扣除。中业公司认为，临峰公司未经竣工验收即擅自使用房屋，中业公司的质量瑕疵返工义务已消灭，质量缺陷的修复责任应由临峰公司自行承担，质量保证金不应予以扣减。

### 法院观点

最高人民法院认为，根据《建设工程质量管理条例》第 32 条、第 40 条第 3 款、第 41 条的规定，施工方对建设工程应承担的质量责任，包括对工程施工中出现的质量问题及经验收不合格工程应承担的质量返修责任，以及对经验收合格的工

① 参考案例 112：中铁十六局集团有限公司与北海市美凯龙置业有限公司建设工程施工合同纠纷案，最高人民法院（2020）最高法民终 1156 号民事判决书。

② 参考案例 113：悦康药业集团上海制药有限公司与上海伟恒防水保温工程有限公司建设工程施工合同纠纷案，上海市第一中级人民法院（2014）沪一中民二终字第 1031 号民事判决书。

③ 典型案例 125：青海临峰房地产开发有限公司与浙江中业建设集团有限公司建设工程施工合同纠纷案，最高人民法院（2019）最高法民再 166 号民事判决书。

程在使用过程中出现的质量问题应承担的保修责任。临峰公司未经竣工验收擅自使用，只能推定工程质量合格，并不能免除承包人对案涉工程的质量保修义务。故原判在欠付工程款中扣除保证金的认定正确，中业公司主张不应当予以扣减的理由不能成立。

## 裁判规则126

**在建设工程竣工验收合格后，或虽未竣工验收但发包人擅自使用的，承包人对地基基础和主体结构工程承担质量保证责任。**

《建筑地基基础设计规范》（GB50007-2011）第2.1.1项规定，地基是支承基础的土体或岩体；第2.1.2项规定，基础是将结构所承受的各种作用传递到地基上的结构组成部分。《建筑工程建筑面积计算规范》（GB/T 50353-2013）第2.0.23项规定，主体结构工程是指接受、承担和传递建设工程所有上部荷载，维持上部结构整体性、稳定性和安全性的有机联系的构造。包括混凝土结构工程、砌体结构工程、钢结构工程等。“地基基础工程和主体结构工程共同构成建筑工程的骨骼，是维系建筑工程安全之所在。”① 正因如此，地基基础工程和主体结构工程受到立法的特别关注。《建筑法》第60条第1款规定：“建筑物在合理使用寿命内，必须确保地基基础工程和主体结构的质量。”《建设工程施工合同解释（一）》第14条规定：“建设工程未经竣工验收，发包人擅自使用后，又以使用部分质量不符合约定为由主张权利的，人民法院不予支持；但是承包人应当在建设工程的合理使用寿命内对地基基础工程和主体结构质量承担民事责任。”这也就意味着，“无论建筑物是否经过验收、发包人是否擅自使用，如果建筑物在合理使用寿命内地基基础工程和主体结构质量出现问题，承包人仍然要承担责任”②。有疑问的是，该责任究竟属于质量不合格的责任还是保修责任？如果是前者，则发包人有权拒绝支付工程款；如果是后者，则发包人应当支付工程款，质量问题通过扣留质量保证金或承包

---

① 王楷、于秋磊：《建设工程施工合同纠纷法律实务与工程专业知识解答》，法律出版社2021年版，第269页。

② 最高人民法院民事审判第一庭编著：《最高人民法院新建设工程施工合同司法解释（一）理解与适用》，人民法院出版社2021年版，第149、150页。

人履行保修义务解决。

就此问题，实务界普遍认为，“发包人已组织验收并在相关文件上签字确认验收合格，后又以工程质量存在瑕疵为由，拒绝支付或要求延期支付工程价款的，该主张不能成立。但确因承包人施工导致地基基础工程、工程主体结构质量不合格的，发包人仍可以拒绝支付或要求延期支付工程价款”①。其理由在于，“建筑物的地基基础工程和主体结构质量问题直接关系建筑物的安危，这两项工程是不允许存在质量隐患的，而一旦发现建筑物的地基基础工程和主体结构存在质量问题，也很难通过修复办法解决”②。发包人擅自使用未经验收合格的建设工程通常不会对地基基础工程和主体结构工程质量造成影响，导致这两项工程质量问题的责任比较容易划分，故工程质量责任风险不转移。浙江省高级人民法院③、北京市高级人民法院④、江苏省高级人民法院⑤、山东省高级人民法院⑥、河北省高级人民法院⑦、福

① 王勇：《建设工程施工合同纠纷实务解析》，法律出版社 2017 年版，第 153 页。还可参见李玉生主编：《建设工程施工合同案件审理指南》，人民法院出版社 2019 年版，第 196 页。

② 卞耀武主编：《中华人民共和国建筑法释义》，法律出版社 1998 年版，第 88 页。

③ 《浙江省高级人民法院民事审判第一庭关于审理建设工程施工合同纠纷案件若干疑难问题的解答》（浙法民一〔2012〕3 号）第 7 条规定：“发包人已组织验收并在相关文件上签字确认验收合格，后又以工程质量存在瑕疵为由，拒绝支付或要求延期支付工程价款的，该主张不能成立。但确因承包人施工导致地基基础工程、工程主体结构质量不合格的，发包人仍可以拒绝支付或要求延期支付工程价款。”

④ 《北京市高级人民法院关于审理建设工程施工合同纠纷案件若干疑难问题的解答》（京高法发〔2012〕245 号）第 28 条第 1 款第 1 项前段规定：“建设工程已经竣工验收合格，或虽未经竣工验收，但发包人已实际使用，工程存在的质量问题一般应属于工程质量保修的范围，发包人以此为由要求拒付或减付工程款的，对其质量抗辩不予支持，但确因承包人原因导致工程的地基基础工程或主体结构质量不合格的除外。”

⑤ 原《江苏省高级人民法院民一庭建设工程施工合同纠纷案件司法鉴定操作规程》（苏高法电〔2015〕802 号）第 39 条第 1 款规定：“建设工程经竣工验收合格，承包人要求发包人支付工程价款，发包人以工程质量提出抗辩并要求对工程进行质量鉴定的，人民法院不予准许，但涉及地基基础工程和主体结构质量的除外。”

⑥ 《山东省高级人民法院关于审理建设工程施工合同纠纷案件若干问题的解答》（2020 年 11 月 4 日）第 8 条规定：“建设工程经竣工验收合格后，承包人主张工程款，发包人以工程质量不合格主张付款条件不成就或者拒付工程款的，不予支持。建设工程未经竣工验收，发包人擅自使用的，发包人以工程质量不合格主张付款条件不成就或者拒付工程款的，不予支持，确因承包人原因导致工程的地基基础、主体结构质量不合格的除外。”

⑦ 《河北省高级人民法院建设工程施工合同案件审理指南》（冀高法〔2018〕44 号）第 41 条规定：“建设工程未经竣工验收或未经验收合格，发包人擅自使用后，承包人主张工程款的，发包人又以使用部分质量不合格主张付款条件不成就或者拒付工程款的，人民法院不予支持。但确因承包人原因导致建设工程的地基基础工程和主体结构存在质量问题的除外。”

建省高级人民法院①、湖南省高级人民法院②、重庆市高级人民法院与四川省高级人民法院③均持这一立场。

首先，如果发包人在擅自使用后依然可以提出质量不合格的异议，那么地基基础和主体结构工程何时进入质量保修期？由于承包人对地基基础和主体结构工程在建设工程的合理使用寿命内承担质量责任，这也就意味着发包人可以在建设工程的合理使用寿命内的任何时候提出质量异议，这会使地基基础和主体结构工程一直不进入质量保修期。这显然违背《建筑法》第62条第2款④、《建设工程质量管理条例》第40条第1款第1项规定的质量保修制度。

其次，从法律规范的用语来看，针对承包人就地基基础工程和主体结构的质量责任期间，《建设工程施工合同解释（一）》第14条规定的是“建设工程的合理使用寿命内”。《建设工程质量管理条例》第40条第1款第1项规定，在正常使用条件下，基础设施工程、房屋建筑的地基基础工程和主体结构工程的最低保修期限为设计文件规定的该工程的合理使用年限。站在体系解释的立场，应当认为，《建设工程施工合同解释（一）》第14条规定的质量责任实为质量保修责任。

再次，比较将地基基础与主体结构工程纳入质量保修范畴还是纳入质量不合格范畴的法律结果可知：在前一种情况下，发包人应当支付工程款，但承包人需对工

---

① 《福建省高级人民法院当前我省涉建工纠纷审判调研 问答·案例·白皮书》（2022年9月）第28条规定：“建设工程已经通过验收的，诉讼中当事人又申请鉴定的，不予支持，但有证据证明建设工程在合理使用寿命内地基基础工程和主体结构质量存在重大安全隐患的或因发生保修责任争议，需要通过鉴定确定责任范围的除外。”

② 《湖南省高级人民法院关于审理建设工程施工合同纠纷案件若干问题的解答》（湘高法〔2022〕102号）第18条规定：“《最高人民法院关于审理建设工程施工合同纠纷案件适用法律若干问题的解释（一）》第十四条明确了针对建筑地基基础工程和主体结构质量承包人应承担更重的瑕疵担保责任，故在诉讼中，承包人向发包人主张工程款，发包人以地基基础或主体结构存在严重质量问题抗辩不支付工程款，并要求进行质量鉴定的，发包人应提供初步证据予以证明。”

③ 《重庆市高级人民法院、四川省高级人民法院关于审理建设工程施工合同纠纷案件若干问题的解答》（渝高法〔2022〕156号）第4条中规定：“建设工程虽未竣工验收但发包人擅自使用后，发包人以建设工程质量不符合合同约定或者法律规定为由拒付工程价款或主张质量缺陷责任的，人民法院不予支持，但发包人有证据证明地基基础工程和主体结构工程存在重大质量问题的除外。”

④ 该款规定：“建筑工程的保修范围应当包括地基基础工程、主体结构工程、屋面防水工程和其他土建工程，以及电气管线、上下水管线的安装工程，供热、供冷系统工程等项目；保修的期限应当按照保证建筑物合理寿命年限内正常使用，维护使用者合法权益的原则确定。具体的保修范围和最低保修期限由国务院规定。”

程承担质量责任直到合理使用年限届满；在后一种情况下，承包人也需对工程承担质量责任直到合理使用年限届满，但发包人有权拒绝支付工程款。在这两种模式之下，承包人对工程质量的责任并无区别——通过返工、维修等方式保证工程在合理使用年限内质量合格，区别仅在于发包人是否有权拒绝支付工程款。但在发包人已经实际占有使用工程的情况下，仍有权拒绝支付工程款，权利义务关系失衡。

最后，在工程竣工验收合格的情况下，依然可能存在地基基础与主体结构工程的质量事实上不合格的情形，而且该不合格通常不是发包人的使用行为所导致。如果认为发包人在擅自使用后依然可以提出地基基础与主体结构工程质量不合格，沿袭同样的逻辑，也应允许发包人在竣工验收合格后提出质量不合格。但这显然违背竣工验收制度。

据此，《建设工程施工合同解释（一）》第14条规定的“合理使用寿命”属于质量保证期间。建设工程竣工验收合格后，或虽未竣工验收但发包人实际使用的，若地基基础和主体结构工程出现质量问题，则应当依照建筑工程保修的有关规定进行处理。① 如果修复难度大，通过赔偿制度解决即可。也就是说，建设工程经竣工验收合格，或发包人擅自使用建设工程的，承包人在建设工程的合理使用寿命内对地基基础工程和主体结构工程质量承担的民事责任，属于保修责任的范畴，发包人无权拒绝支付工程款。在下述【典型案例126】中，经竣工验收合格的工程，鉴定发现存在主体结构问题（二次结构构造柱未施工），针对承包人要求支付工程款的请求，法院仅扣除了未施工的构造柱工程款，其余部分仍判决发包人予以支付，并明确该质量问题由当事人另行解决。如在建设工程的合理使用寿命内地基基础工程和主体结构工程发生质量问题的，由承包人承担保修责任。无法修复的，承担相应赔偿责任。至于“合理使用寿命”的界定，目前国家还没有统一的规定，具体各类建设工程的合理使用年限，要根据建筑物的使用功能、所处的自然环境等因素，由有关技术部门作出判断。②

---

① 参见最高人民法院民事审判第一庭编著：《最高人民法院新建设工程施工合同司法解释（一）理解与适用》，人民法院出版社2021年版，第133页。

② 参见最高人民法院民事审判第一庭编著：《最高人民法院新建设工程施工合同司法解释（一）理解与适用》，人民法院出版社2021年版，第151页。

典型案例 126

## 浙江国泰建设集团有限公司、泰州开泰汽车城发展有限公司建设工程施工合同纠纷案[①]

### 基本案情

2012年5月9日，泰州开泰汽车城发展有限公司（以下简称开泰公司）与浙江国泰建设集团有限公司（以下简称国泰公司）签订《泰州“皇家花园”工程承发包框架协议》，约定开泰公司将其开发建设的江苏省泰州市“皇家花园”项目交国泰公司总承包。2012年7月5日，开泰公司通知国泰公司进行施工现场交接。2015年12月18日，皇家花园项目一期工程竣工验收合格。后国泰公司诉至法院，要求开泰公司支付工程款及利息。诉讼中鉴定发现，国泰公司未按设计文件和技术规范文件要求建造构造柱；构造柱属于二次结构，影响墙体的抗剪、抗弯能力。开泰公司认为，国泰公司未做二次构造柱影响建筑的结构安全性，存在巨大安全隐患。

### 法院观点

一审法院（江苏省高级人民法院）认为，案涉工程已施工完毕并经竣工验收合格，故当事人应当按照实际履行的合同结算工程价款。但案涉构造柱问题已经影响了墙体的抗剪、抗弯能力，对于其是否能够安全使用以及是否需要修复或重做的问题还需要通过质量鉴定另行解决，故该部分工程造价由双方根据建筑安全标准等相关规定另行协商或诉讼解决，在本案中不计入工程造价。据此，人民法院在总价款基础上扣除构造柱部分，判决开泰公司承担支付责任。在二审中，最高人民法院也认为，一审判决认为案涉构造柱问题已经影响了墙体的抗剪、抗弯能力，对于是否能够安全使用以及是否需要修复或重做的问题还需要通过质量鉴定另行解决，故认定该部分工程造价由双方另行协商或诉讼解决，在本案中不计入工程造价，应予

① 典型案例126：浙江国泰建设集团有限公司、泰州开泰汽车城发展有限公司建设工程施工合同纠纷案，最高人民法院（2019）最高法民终314号民事判决书。

维持。

**裁判规则127**

**承包人的保修责任，以恢复建设工程设计使用功能为目的。其承担保修责任的方式不应局限于维修，应根据恢复建设工程设计使用功能的目的，选择修理、返工、改建等保修措施。**

在实践中，一些工程在质量保修期内暴露出来的质量问题较为严重，需要返工重作才能修复。对于这类质量问题，承包人通常抗辩称，该工程已经通过竣工验收，其只应承担保修——仅限于维修——责任，不应进行返工。就此，应当如何确定承包人承担保修责任的方式？

《民法典》第801条针对竣工验收不合格的工程规定，承包人应当进行修理、返工或者改建。所谓修理，也即返修，《建筑工程施工质量验收统一标准》（GB50300-2013）第2.0.16项规定，是对施工质量不符合标准规定的部位采取的整修等措施；所谓返工，《建筑工程施工质量验收统一标准》（GB50300-2013）第2.0.17项规定，是对施工质量不符合标准规定的部位采取的更换、重新制作、重新施工等措施；所谓改建，是指将原有建筑物或构筑物局部拆除，再按质量要求重新施工的措施。承包人的保修责任，以恢复建设工程设计使用功能为目的，至于采取何种方式在所不问。换句话说，修理、改建或者返工，都属于承担保修责任的形式。在能够恢复建设工程设计使用功能的前提下，承包人就这些方式享有选择权。但如只能通过返工（重作）才能解决质量问题的，承包人应当返工。

在前述“江苏南通二建集团有限公司与吴江恒森房地产开发有限公司建设工程施工合同纠纷案”① 中，江苏省高级人民法院将重作视为有别于保修责任的一种责任形态——违约责任，就是未能认识到重作与修理、更换同属保修责任的承担方式之一。② 对保修期内发现的质量问题，承包人应当重作而未予重作，发包人委托他人重作的，依据质量保修制度，有权要求承包人赔偿重作费用，或直接从质量保

---

① 参考案例114：《江苏南通二建集团有限公司与吴江恒森房地产开发有限公司建设工程施工合同纠纷案》，载《最高人民法院公报》2014年第8期。

② 参见崔建远主编：《合同法》，法律出版社2021年版，第287页。

证金中扣除该笔费用。

除下述【典型案例127】外，在“江苏苏南建设集团有限公司与安庆新城悦盛房地产发展有限公司建设工程施工合同纠纷案”① 中，案涉桩基工程存在质量问题，鉴定单位出具的补桩设计不仅有补桩，而且还有新增桩、加盖的承台等，也得到法院的采信及支持。

**典型案例127**

## 福建九鼎建设集团有限公司与云南佳鸿宇合实业有限公司建设工程施工合同纠纷案②

### 基本案情

2015年1月15日，福建九鼎建设集团有限公司（以下简称福建九鼎）与云南佳鸿宇合实业有限公司（以下简称佳鸿宇合）签订《建设工程施工合同》，约定福建九鼎承建佳鸿宇合位于昆明市晋宁县的米钢结构厂房。2016年1月7日，福建九鼎完成了除三栋停工房屋外的其他十三栋房屋主体封顶工作，并经监理单位验收确认。2017年10月3日，福建九鼎致函佳鸿宇合，要求解除合同并支付已完工程价款。后福建九鼎起诉要求支付工程款，佳鸿宇合提起反诉，要求福建九鼎承担质量不合格的修复费用。经鉴定：案涉工程已完工程部分的防火、防腐料喷涂施工存在明显质量问题，但可以修复且修复后并不影响建筑物的使用；修复方式为返工，按市场价格进行计算返工费用为10,199,761元。

### 法院观点

一审法院（云南省高级人民法院）认为，《2004年建工解释》第11条规定：“因承包人的过错造成建设工程质量不符合约定，承包人拒绝修理、返工或者改建，发包人请求减少支付工程价款的，应予支持。”因此，人民法院对佳鸿宇合要

① 参考案例115：江苏苏南建设集团有限公司与安庆新城悦盛房地产发展有限公司建设工程施工合同纠纷案，最高人民法院（2019）最高法民终589号民事判决书。

② 典型案例127：福建九鼎建设集团有限公司与云南佳鸿宇合实业有限公司建设工程施工合同纠纷案，最高人民法院（2020）最高法民终337号民事判决书。

求从应付工程款中将鉴定确定的不合格部分工程的重作费用予以扣减的意见，予以支持。福建九鼎上诉认为，质量问题的修复费用远高于已完工程造价，由福建九鼎承担全部重作费用，有失公平。最高人民法院认为，已完工程造价鉴定之目的在于确定当时的工程价款，重作费用鉴定之目的在于确认当前修复质量不合格的工程所需费用，一审法院按照修复时的市场价确定返工费用，并从应付工程款中予以扣减，并无不当。

## 裁判规则128

**对质量保修期内发现的质量问题，发包人可以径行委托第三方维修，并要求承包人承担维修费用。但该费用以承包人自行修复所需的合理费用为限。**

《民法典》第801条前段规定："因施工人的原因致使建设工程质量不符合约定的，发包人有权请求施工人在合理期限内无偿修理或者返工、改建。"《建设工程施工合同解释（一）》第12条规定："因承包人的原因造成建设工程质量不符合约定，承包人拒绝修理、返工或者改建，发包人请求减少支付工程价款的，人民法院应予支持。"《房屋建筑工程质量保修办法》（中华人民共和国建设部令第80号）第12条规定："施工单位不按工程质量保修书约定保修的，建设单位可以另行委托其他单位保修，由原施工单位承担相应责任。"针对上述规定，在理解上一般认为，对承包人原因造成的施工质量问题，应当由承包人进行修复，只有在发包人提出修复的要求后，承包人拒绝的，发包人才可以要求承包人支付合理的修复费用。① 换言之，发包人委托第三人维修并要求承包人负担维修费用，以发包人通知承包人维修而承包人拒绝维修为前提条件。但在实务中，就应否严格执行"发包人通知承包人维修而承包人拒绝维修"这一前提条件，存在两种不同观点。

一种观点认为，应当严格要求承包人本人履行保修义务，只有承包人拒绝履行保修义务的，发包人才可以要求承包人承担保修费用。如发包人未通知承包人，自

① 参见最高人民法院民事审判第一庭编著：《最高人民法院建设工程施工合同司法解释的理解与适用》，人民法院出版社2004年版，第112页。

行委托第三人维修的，则无权要求承包人承担保修费用。四川省高级人民法院①、河北省高级人民法院②、重庆市高级人民法院③、福建省高级人民法院④均持这一观点。最高人民法院在“陕西省咸阳市建筑安装工程总公司与宁夏银峰房地产开发有限公司建设工程施工合同纠纷案”⑤、“黑龙江鸿基米兰房地产开发有限公司与江苏江中集团有限公司建设工程施工合同纠纷案”⑥ 中，也持这一观点。

另一种观点认为，对承包人原因造成的施工质量问题，即便发包人未通知承包人维修而直接委托第三人维修，之后仍有权要求承包人承担修复费用。《北京市高级人民法院关于审理建设工程施工合同纠纷案件若干疑难问题的解答》（京高法发〔2012〕245 号）第 30 条规定：“因承包人原因致使工程质量不符合合同约定，承包人拒绝修复、在合理期限内不能修复或者发包人有正当理由拒绝承包人修复，发包人另行委托他人修复后要求承包人承担合理修复费用的，应予支持。发包人未通知承包人或无正当理由拒绝由承包人修复，并另行委托他人修复的，承包人承担的修复费用以由其自行修复所需的合理费用为限。”《福建省高级人民法院关于审理

① 《四川省高级人民法院关于审理建设工程施工合同纠纷案件若干疑难问题的解答》（川高法民一〔2015〕3 号）第 31 条第 4 款中规定：“发包人未通知承包人或无正当理由拒绝由承包人修复而另请他人修复的，所发生的修复费用由发包人自行承担。”

② 《河北省高级人民法院建设工程施工合同案件审理指南》（冀高法〔2018〕44 号）第 39 条规定：“因承包人的过错造成建设工程质量不符合约定，发包人能够证明已经履行了通知义务，承包人拒绝修理、返工或者改建，发包人请求减付工程价款的，可以将发包人因修理、返工或重建而支付的费用在工程款中予以扣减。”

③ 《重庆市高级人民法院民一庭关于建设工程施工合同纠纷案件若干问题的解答》（2019 年 10 月）第 18 条第 1 款规定：“质量缺陷期内，发包人发现建设工程存在质量缺陷的，应当告知承包人履行质量缺陷修复义务。承包人拒绝修复的，发包人可以委托他人对工程质量缺陷进行修复，并从质量保证金中扣除修复费用。修复费用超出质量保证金金额的，发包人可以向承包人追偿。”第 2 款规定：“发包人在未告知承包人履行质量缺陷修复义务的情况下，自行委托他人对质量缺陷进行修复，并要求承包人承担修复费用或者要求在质量保证金中扣除修复费用的，人民法院不予支持，但合同另有约定的除外。”

④ 《福建省高级人民法院当前我省涉建工纠纷审判调研　问答·案例·白皮书》（2022 年 9 月）第 32 条规定：“如果承包人愿意修复，而发包人未通知承包人修复而直接诉请支付修复费用或者未通知承包人修复直接委托第三人修复并诉请支付所产生的修复费用，不予支持。在承包人拒绝修复，或者经承包人修复后建设工程质量仍不合格，或者承包人在合理期限内未进行修复的，发包人可以另行委托第三人进行修复，所产生的合理修复费用，发包人请求从应付工程款中予以扣除的，应予以支持。”

⑤ 典型案例 241：陕西省咸阳市建筑安装工程总公司与宁夏银峰房地产开发有限公司建设工程施工合同纠纷案，最高人民法院（2014）民一终字第 70 号民事判决书。

⑥ 参考案例 116：黑龙江鸿基米兰房地产开发有限公司与江苏江中集团有限公司建设工程施工合同纠纷案，最高人民法院（2019）最高法民终 1962 号民事判决书。

建设工程施工合同纠纷案件疑难问题的解答》(2007年11月22日)第11条规定:"因承包人的原因造成建设工程质量不合格的,承包人应当承担合理的修复费用。发包人无正当理由拒绝由承包人修复而另请他人修复的,因另请他人而增加的费用不应由承包人承担。"

比较而言,第二种观点更为合理。由于保修义务是行为义务,而行为往往难以直接强制履行,在发承包双方丧失信任、难以继续合作的情况下,要求承包人本人履行保修义务,往往效果不佳,还不如允许发包人委托第三人进行保修。除下述【典型案例128】外,在"江苏南通二建集团有限公司与吴江恒森房地产开发有限公司建设工程施工合同纠纷案"① 中,江苏南通二建集团有限公司(以下简称南通二建)承建的吴江恒森国际广场工程,在竣工验收后屋面渗漏,南通二建多次维修仍未解决。后在南通二建起诉主张工程款的诉讼中,吴江恒森房地产开发有限公司(以下简称恒森公司)反诉要求南通二建承担其向第三人支付的修复费用3,975,454元。法院即认为,"鉴于恒森公司几经局部维修仍不能彻底解决屋面渗漏,双方当事人亦失去信任的合作基础,为彻底解决双方矛盾,法院按照司法鉴定意见认定按全面设计方案修复,并判决由恒森公司自行委托第三方参照全面设计方案对屋面渗漏予以整改,南通二建承担与改建相应责任有事实和法律依据,亦属必要"。

但就发包人对外支付的维修费用应作严格审查——对外支付的保修费用是否过高,以免发包人借此加重承包人负担。在证明责任分配上可作如下区分:经通知承包人不履行保修义务,发包人自行或委托他人维修,承包人认为费用过高的,承包人承担证明责任;反之,发包人未通知承包人,径直自行或委托他人维修,承包人认为费用过高的,由发包人举证证明费用的合理性或费用的合理金额。

---

① 参考案例117:《江苏南通二建集团有限公司与吴江恒森房地产开发有限公司建设工程施工合同纠纷案》,载《最高人民法院公报》2014年第8期。

典型案例 128

## 青海方升建筑安装工程有限责任公司与青海隆豪置业有限公司建设工程施工合同纠纷案[①]

### 基本案情

2011 年 9 月 1 日，青海隆豪置业有限公司（以下简称隆豪公司）与青海方升建筑安装工程有限责任公司（以下简称方升公司）签订《建设工程施工合同》，约定方升公司承接隆豪公司开发的海南藏文化产业创意园商业广场工程。在施工合同解除、方升公司撤场之后，因方升公司的施工存在质量问题，隆豪公司委托第三人进行维修，并支付维修费 248,000 元。在方升公司要求支付工程款的诉讼中，隆豪公司反诉要求方升公司赔偿质量不合格造成的维修费损失 248,000 元。

### 法院观点

最高人民法院在二审中认为，根据甘肃土木工程科学研究院出具的鉴定意见书，隆豪公司主张的工程质量问题，主要是方升公司在施工中施工措施不到位或未按图纸施工造成的。在案涉工程通过验收的情况下，因合同解除方升公司已撤场，由方升公司进行维修已无可能。因此，对该部分维修费用 248,000 元应由方升公司向隆豪公司支付。

### 裁判规则 129

**建设工程在保修范围和保修期限内出现质量问题，承包人应当履行保修义务。但应甄别质量问题的原因，由导致质量问题的主体承担维修费用。**

《建设工程质量管理条例》第 41 条规定："建设工程在保修范围和保修期限内发生质量问题的，施工单位应当履行保修义务，并对造成的损失承担赔偿责任。"

① 典型案例 128：青海方升建筑安装工程有限责任公司与青海隆豪置业有限公司建设工程施工合同纠纷案，最高人民法院（2014）民一终字第 69 号民事判决书。

这是否意味着只要建设工程在保修范围和保修期限内出现质量问题，都应由承包人承担质量责任——包括维修及负担维修费用?

首先，承包人的保修责任受到保修范围的限制。《房屋建筑工程质量保修办法》第17条规定:“下列情况不属于本办法规定的保修范围:(一)因使用不当或者第三方造成的质量缺陷;(二)不可抗力造成的质量缺陷。”

其次，承包人作为建设工程的修建方，对建设工程的具体情况最为熟悉，所以由承包人进行保修是最为便捷、经济的选择。因此，建设工程在保修范围和保修期限内出现质量问题，承包人应当履行保修义务。

最后，承包人履行保修义务并不意味着承包人必然承担质量责任。《房屋建筑工程质量保修办法》第13条规定:“保修费用由质量缺陷的责任方承担。”这也就意味着，建设工程在办理竣工验收手续后，在规定的保修期限内，因勘察、设计、施工、材料等原因造成的质量缺陷，应当由施工承包单位负责维修、返工或更换，由责任单位负责赔偿损失。①《山东省高级人民法院2011年全省民事审判工作会议纪要》(鲁高法〔2011〕297号)第三部分“关于建设工程施工合同纠纷案件”第9条也提出，建设工程在保修范围和保修期限内发生质量缺陷的，施工单位应当履行保修义务，但施工单位承担保修责任与建设工程质量缺陷责任不是同一概念，施工单位负有保修责任并不意味着承担建设工程的质量缺陷责任。对于在建设工程保修期间出现的质量问题，虽由施工单位负责保修，但保修所发生的费用应当由造成质量缺陷的责任方负担。就此，可参见下述【典型案例129】。

详言之，保修义务及维修费用的承担可以按下述原则处理:(1)施工单位未按国家有关规范、标准和设计要求施工，造成的质量缺陷，由施工单位负责返修并承担经济责任;(2)由于设计方面的原因造成的质量缺陷，先由施工单位负责维修，其经济责任按有关规定通过建设单位向设计单位索赔;(3)因建筑材料、构配件和设备质量不合格引起的质量缺陷，先由施工单位负责维修，其属于施工单位采购的或经其验收同意的，由施工单位承担经济责任，属于建设单位采购的，由建设单位承担经济责任;(4)因建设单位(含监理单位)错误管理造成的质量缺陷，先由施工单位负责维修，其经济责任由建设单位承担，如属监理单位责任，则由建设单位向监理单位索赔;(5)因使用单位使用不当造成的损坏问题，先由施工单位负责维修，其经济责任由使用单位自行负责;(6)因地震、洪水、台风等

① 参见国务院法制办等编著:《建设工程质量管理条例释义》，中国城市出版社2000年版，第104页。

不可抗拒原因造成的损坏问题，先由施工单位负责维修，建设参与各方根据国家具体政策分担经济责任。[①] 上文所说的“经济责任”，既包括因工程质量造成的直接损失，即用于返修的费用，也包括间接损失，如给使用人或第三人造成的财产或非财产损失等。[②]

当然，通常情况下的工程质量责任，承包人都难辞其咎，因而要么是单独承担责任，要么是基于混合过错与其他主体共同承担责任。《建设工程施工合同解释（一）》第13条规定：“发包人具有下列情形之一，造成建设工程质量缺陷，应当承担过错责任：（一）提供的设计有缺陷；（二）提供或者指定购买的建筑材料、建筑构配件、设备不符合强制性标准；（三）直接指定分包人分包专业工程。承包人有过错的，也应当承担相应的过错责任。”在设计有缺陷的情况下，《建筑法》第54条第2款规定：“建筑设计单位和建筑施工企业对建设单位违反前款规定提出的降低工程质量的要求，应当予以拒绝。”承包人知道或者应当知道设计有缺陷，而没有及时提出意见和建议，反而继续施工的，应认定为有过错。在提供或者指定购买的建筑材料、建筑构配件、设备不符合强制性标准的情况下，《建筑法》第59条规定：“建筑施工企业必须按照工程设计要求、施工技术标准和合同的约定，对建筑材料、建筑构配件和设备进行检验，不合格的不得使用。”如果承包人未经检验就用于建设进而导致质量问题的，承包人也需承担相应的质量责任。[③]

**典型案例 129**

## 江西福平工程设备租赁有限公司与中铁九局集团有限公司建设工程合同纠纷案[④]

### 基本案情

2010年间，中铁九局集团有限公司（以下简称中铁九局）承建了丹大客专部

① 参见国务院法制办等编著：《建设工程质量管理条例释义》，中国城市出版社2000年版，第103、104页。还可参见孙镇平编著：《建设工程承包合同》，中国政法大学出版社1996年版，第96页。

② 参见最高人民法院民事审判第一庭编著：《最高人民法院建设工程施工合同司法解释的理解与适用》，人民法院出版社2004年版，第233页。

③ 参见卞耀武主编：《中华人民共和国建筑法释义》，法律出版社1998年版，第162页。

④ 典型案例129：江西福平工程设备租赁有限公司与中铁九局集团有限公司建设工程合同纠纷案，沈阳铁路运输中级法院（2021）辽71民终16号民事判决书。

分工程并成立了中铁九局前庄项目部。2012年4月，林传建分别以鑫康公司和江西福平工程设备租赁有限公司（以下简称福平公司）的名义与中铁九局司签订了《劳务分包合同》《机械设备租赁合同》。2015年6月23日，隧道工程基本完工，福平公司、鑫康公司与中铁九局进行了最终核算，并形成《统计表》。后福平公司诉至法院，要求中铁九局支付工程款、返还质量保证金。中铁九局辩称，《建设工程质量管理条例》第41条规定，建设工程在保修范围和保修期限内发生质量问题的，施工单位应当履行保修义务，并对造成的损失承担赔偿责任。福平公司施工部分存在包括裂缝、空洞、渗水等质量缺陷达157处，应当承担案涉建筑工程的保修费用。

## 法院观点

一审法院（沈阳铁路运输法院）认为，施工单位承担保修责任与建设工程质量缺陷责任不是同一概念，施工单位负有保修责任并不意味着承担建设工程的质量缺陷责任。对于在建设工程保修期间出现的质量问题，虽由施工单位负责保修，但保修所产生的费用应当由造成质量缺陷的责任方负担。责任方的范围是建设单位、勘察单位、设计单位、施工单位、监理单位，责任方应按具体情况进行综合分析判断，法律、法规依据是《建设工程质量管理条例》第3条、《房屋建筑工程质量保修办法》第4条。因此，在没分清责任的前提下，中铁九局不应直接将缺陷整治费强加给福平公司。在二审中，沈阳铁路运输中级法院也认为，案涉工程在投入使用后出现质量缺陷，应由作为施工单位的福平公司承担保修责任。但《建设工程质量管理条例》第3条规定："建设单位、勘察单位、设计单位、施工单位、工程监理单位依法对建设工程质量负责。"也就是说，不仅施工单位，还有多家单位均对建设工程的质量负有保证义务。中铁九局在无证据证明缺陷应归责于福平公司的情况下，无权要求福平公司承担保修费用。

## 裁判规则130

**在缺陷责任期（或质量保修期）内发现的质量问题，承包人应当维修完毕，该维修责任不因缺陷责任期（或质量保修期）届满而免责。**

建设工程在缺陷责任期内出现应归责于承包人的质量问题，承包人进行维修，但直至缺陷责任期届满尚未维修完毕的，承包人是否有权要求返还质量保证金？与之类似，建设工程在质量保修期内出现应归责于承包人的质量问题，承包人进行维修，但直至质量保修期满仍未维修完毕的，承包人是否有权以质量保修期届满为由主张不再承担质量保证责任？

一般认为，对缺陷责任期（或者质量保修期）内出现的质量问题，承包人进行维修的期间通常不影响缺陷责任期（或者质量保修期）的持续计算。但是，只要质量问题发生在缺陷责任期（或质量保修期）内，承包人就应当负责维修完毕。如果对缺陷责任期（或质量保修期）内发现的质量问题，允许承包人因缺陷责任期（或质量保修期）届满而免责，就会导致承包人故意拖延维修。还需要注意的是，《建设工程施工合同（示范文本）》（GF-2017-0201）第15.2.2项第1目载明："缺陷责任期内，由承包人原因造成的缺陷，承包人应负责维修，并承担鉴定及维修费用。如承包人不维修也不承担费用，发包人可按合同约定从保证金或银行保函中扣除，费用超出保证金额的，发包人可按合同约定向承包人进行索赔。承包人维修并承担相应费用后，不免除对工程的损失赔偿责任。发包人有权要求承包人延长缺陷责任期，并应在原缺陷责任期届满前发出延长通知。但缺陷责任期（含延长部分）最长不能超过24个月。"因此，如发包人要求承包人延长缺陷责任期的，则应根据维修所耗时间对缺陷责任期予以适度延长。

**典型案例130**

## 海天建设集团有限公司与云南建展房地产开发有限公司建设工程施工合同纠纷案①

### 基本案情

2010年6月29日，海天建设集团有限公司（以下简称海天公司）与云南建展房地产开发有限公司（以下简称建展公司）签订《建设工程施工合同》，约定：海

① 典型案例130：海天建设集团有限公司与云南建展房地产开发有限公司建设工程施工合同纠纷案，最高人民法院（2018）最高法民终659号民事判决书。

天公司承建溪畔丽景1号地块的建筑与安装工程；工程结算总价的3%作为质量保证金；电气管线、上下水管安装工程保修期为2年，有防水要求的卫生间、厨房、房间和外墙面的渗漏、屋面防水工程保修期为5年；在工程竣工验收合格后开始计算保修期，保修期满且无工程质量问题或者所产生的质量问题已得到妥善解决的，发包人应在14天内，将剩余保修金和利息返还承包人。合同签订后，海天公司进场施工。2013年9月20日，分户验收合格，建展公司于2013年12月交付业主使用。建展公司接收涉案房屋后，房屋的室内及公共部分出现漏水等情况，建展公司通知海天公司进行修复，海天公司并修复，建展公司遂委托案外人对部分漏水房屋进行了修复，并支付了修复费用。后海天公司与建展公司因工程款支付发生争议，诉至法院。海天公司主张，案涉工程质保期已届满，建展公司应返还质量保证金。

## 法院观点

最高人民法院认为，案涉工程质保期虽已届满，但尚需满足无工程质量问题或者所产生的质量问题已得到妥善解决的条件。现双方均认可案涉房屋出现了漏水等问题，并对出现问题的原因各执一词，建展公司与案外人就漏水问题签订了施工合同进行了部分修复，另有部分房屋质量问题尚未得到妥善解决。因此，海天公司现仅以工程质保期已届满为由主张返还质量保证金，不能得到支持。

## 裁判规则131

**发包人未按约支付工程款的，承包人有权拒绝履行保修义务。但嗣后发包人实际付款时，有权扣除相应的修复价款。**

在建设工程竣工验收或投入使用后，在保修范围与保修期限内出现质量问题，承包人可否以发包人未按约支付工程款为由，拒绝履行保修义务?

有观点认为，发包人未付款应通过违约责任解决，而承包人在质量保修期的保修义务是法定义务，不能以发包人未付款为由拒绝履行法定义务。

首先，承包人在质量保修期的保修义务确实是法定义务，但该法定义务建立在双方签订建设工程施工合同的基础之上。换言之，建设工程施工合同是该法定义务得以产生的前提。因此，评价该法定义务的应否履行，不能无视发承包双方在建设工程施工合同项下的权利义务关系。其次，这一问题的实质在于，承包人是否享有先履行抗辩权。从时间看，发包人未按约支付工程款在前，承包人的保修义务在后，满足先履行抗辩权享有的时间条件。从义务性质看，发包人支付工程款的义务是主合同义务，承包人的保修义务则应界定为从合同义务，二者貌似不具有对价关系。但是，保修义务最终仍体现为一定金钱的支出。在承包人前期金钱债权（工程款债权）尚未完全实现、发包人已构成履行迟延的情况下，强制要求承包人进行新的金钱投入（且承包人不一定是质量问题的最终责任主体），似与情理不合。最后，承包人拒绝履行维修义务，并不意味着该质量问题无法解决，因为发包人完全可以另行委托他人进行修复。据此，发包人未按约支付工程款的，承包人有权拒绝履行保修义务。当然，因承包人是保修责任主体，故发包人后来实际支付工程款时，有权在欠付的工程款总额中将相应的修复价款直接扣除。

在下述【典型案例 131】中，发包人在工程未完工的情况下，将后续工程发包给第三人施工，根据【裁判规则 114】，应当认定已完工程质量合格，承包人就工程质量承担的责任属于保修责任范畴。针对承包人要求支付工程款的请求，因承包人未修复工程质量缺陷，法院遂在已完工程的应付款基础上预留了 5%的修复费用。从结果来看，即为“发包人实际付款时，有权扣除相应的修复价款”。

**典型案例 131**

## 贵州省冶金建设公司与贵州鸭溪酒业有限公司等建设工程施工合同纠纷案①

### 基本案情

2012 年 5 月 18 日，贵州鸭溪酒业有限公司（以下简称鸭溪公司）与贵州省冶金建设公司（以下简称冶金公司）签订《施工承包合同》，约定冶金公司承建年产 5 万吨优质鸭溪窖酒技改扩建工程。2012 年 8 月 6 日，鸭溪公司下发《工程开工

① 典型案例 131：贵州省冶金建设公司与贵州鸭溪酒业有限公司等建设工程施工合同纠纷案，最高人民法院（2019）最高法民终 234 号民事判决书。

令》。在施工过程中，因鸭溪公司付款不及时多次停工。2013 年 11 月 7 日，鸭溪公司向冶金公司发出《解除合同通知书》，以冶金公司怠工、停工、聚众闹事等为由，要求解除合同，并将后续工程发包给第三人进行后续施工。后冶金公司诉至法院，要求鸭溪公司支付欠付的工程款。鸭溪公司辩称，工程质量不合格，无法修复，应当拆除重建。经委托鉴定，冶金公司所施工的部分工程存在质量问题，该问题从现行的施工技术和设计技术上可以弥补。

## 法院观点

一审法院（贵州省高级人民法院）认为，对于存在质量问题的工程，冶金公司作为施工方应当承担修复责任。参照《鉴定意见书》所给出的各项数据，法院酌情确定工程总造价的 5%，即 117, 260, 671. 59 元×5% = 5, 863, 044. 58 元作为修复费用予以扣除，待冶金公司将其施工的工程修复直至合格后，另行处理。最高人民法院在二审中也认为，从《鉴定意见书》看，工程质量问题主要存在于桩、柱、屋面板，并非所检测的部位全部不合格或者不符合要求，且从现行的施工技术和设计技术上可以弥补。因双方未就存在质量问题工程的修复费用申请鉴定，在这种情况下，一审法院认定冶金公司应对存在质量问题的工程承担修复责任，并酌情确定工程总造价的 5%作为修复费用予以扣除，并无不当。据此，鸭溪公司应该支付冶金公司的工程款金额为：工程总造价 117, 260, 671. 59 元，扣除双方均认可鸭溪公司已经支付给冶金公司的工程款 46, 689, 476 元，以及预留的修复费用 5, 863, 044. 58 元，即 64, 708, 162. 59 元。

## 裁判规则 132

**质量保修期届满后，无论是在质量保修期后新发生的质量问题，还是在竣工验收时本应发现而未发现的“老问题”，施工单位均无须承担质量责任。**

在质量保修期届满后，工程出现质量问题，且有证据证明该质量问题系未按规范施工（如偷工减料）所导致，如果在竣工验收时发现该问题就不应得出验收合格的结论，承包人应否承担责任？

有观点认为，质量保修期满免除的只是承包人的保修责任，但在质量保修期与缺陷责任期之外，还存在瑕疵担保责任的保证期。该期限是工程各部位的合理使用年限，即房屋建筑在正常设计、正常施工、正常使用和维护下所应达到的使用年限。因此，即使质量保修期届满，如承包人的施工不满足建筑规范要求的，承包人仍应承担质量责任。[①] 也有观点认为，如果质量缺陷在工程交付之前就已经存在，即使质量保修期已经届满，根据《民法典》第617条的规定，承包人仍应承担瑕疵担保责任，该瑕疵担保责任并不受保修期届满的影响。[②] 北京市高级人民法院在“北京捷宸阳光科技发展有限公司与中建二局第三建筑工程有限公司建设工程施工合同纠纷案”[③] 中就持这一观点。还有观点认为，对超过质量保修期出现的施工质量问题，承包人无履行保修义务的责任，应由产权人自行承担相应责任。除下述典型案例以外，最高人民法院在“西宁市交通建设开发有限公司等与西宁城通交通建设投资有限公司建设工程合同纠纷案”[④]、新疆维吾尔自治区高级人民法院在“克孜勒苏柯尔克孜自治州第一建筑安装工程有限责任公司喀什广泰分公司与新疆华福康利房地产开发有限责任公司建设工程施工合同纠纷案”[⑤]、重庆市第一中级人民法院在“重庆市利得尔实业有限公司与重庆市璧山县第三建筑工程有限公司建设工程施工合同纠纷案”[⑥] 中均持这一观点。

质量保修期是指工程各部分正常使用的期限。“在建设工程施工合同的场合，竣工验收结论为建设工程质量合格，排除了承包人的违约责任，但考虑到建设工程百年大计，事关人的生命安全，系发包人从事各项业务的物质基础之一，便设

---

① 参见高印立、赵怡红：《中国法下与建设工程质量相关的期间和责任概念辨析》，载陈福勇主编：《北京仲裁》第104辑，中国法制出版社2018年版。

② 参见周吉高、李文华：《保修期届满后发现质量问题，建设单位能否追究施工单位责任?》，载华律网2015年10月20日，http：//m. 66Law. cn/Lawyers/s270936a71871f-i4255. aspx。

③ 参考案例118：北京捷宸阳光科技发展有限公司与中建二局第三建筑工程有限公司建设工程施工合同纠纷案，北京市高级人民法院（2020）京民终405号民事裁定书。

④ 参考案例119：西宁市交通建设开发有限公司等与西宁城通交通建设投资有限公司建设工程合同纠纷案，最高人民法院（2017）最高法民终579号民事判决书。

⑤ 参考案例120：克孜勒苏柯尔克孜自治州第一建筑安装工程有限责任公司喀什广泰分公司与新疆华福康利房地产开发有限责任公司建设工程施工合同纠纷案，新疆维吾尔自治区高级人民法院（2019）新民终51号民事判决书。

⑥ 典型案例133：重庆市利得尔实业有限公司与重庆市璧山县第三建筑工程有限公司建设工程施工合同纠纷案，重庆市第一中级人民法院（2012）渝一中法民终字第01987号民事判决书。

质量保证期，加重承包人的负担，规定或约定承包人于此期间内对业已竣工验收的建设工程负有消除缺陷的义务。”① 就该义务的性质而言，“建设工程施工合同中施行质量保修制度，实际上强制要求相关当事人订立期限担保合同”②。也就是说，施工单位不仅要保证标的物在交付时没有质量问题，还要保证其在质量保修期内符合质量要求。双方签订的合同既为“期限担保合同”，也就意味着该项质量保证义务具有期限性的要求——期内负责、期满免责。因此，质量保证期届满后发生或发现质量问题的，即便该质量问题系施工环节所导致，承包人亦因质保期届满而免责，否则相当于延长质量保证期限。在后述“重庆市利得尔实业有限公司与重庆市璧山县第三建筑工程有限公司建设工程施工合同纠纷案”中，法院即认为，“虽然璧山三建司在利得尔大厦外墙饰面砖施工中存在施工质量不合格，但工程于 2004 年 12 月 30 日经竣工验收合格，至 2006 年 12 月 31 日保修期限届满。对超过质量保修期出现的施工质量问题，施工单位璧山三建司无履行保修义务的责任”。

“建筑产品是以高额投资取得的长期使用的特殊产品”③，其设计使用寿命即为合理使用年限。认定质量保修期届满，施工单位即无须承担质量责任，是否会“鼓励”施工单位在施工过程中偷工减料，进而影响建设工程在合理使用年限内的使用？首先，应当将建设工程的质量问题区分为安全性问题与功能性问题。对于决定建筑安全性的地基基础工程与主体结构工程，由于质量保修期等同于设计使用年限，所以质量保修期制度不影响建设工程在设计使用年限内的安全使用，施工单位不会因此在地基基础工程与主体结构工程上偷工减料。其次，建设工程的功能性质量问题（如漏水等）影响建筑物功能的充分发挥，会带来使用上的不便。基于充分发挥物的效用的考量，以及站在使用人的立场分析，建筑物使用功能正常的时间越长越好。若此，则应当在立法层面规定更长的质量保修期。事实上，1993 年颁布的《建设工程质量管理办法》（中华人民共和国建设部令第 29 号）④ 第 41 条规定的保修期限分别为：民用与公共建筑、一般工业建筑、构筑物的土建工程为 1

① 崔建远：《论检验期间》，载《现代法学》2018 年第 4 期。

② 秦静云：《论质量保证期》，载易继明主编：《私法》总第 27 卷，华中科技大学出版社 2017 年版。

③ 卞耀武主编：《中华人民共和国建筑法释义》，法律出版社 1998 年版，第 89 页。

④ 2001 年 10 月 26 日，中华人民共和国建设部令第 106 号予以废止。

年，其中屋面防水工程为 3 年；建筑物的电气管线、上下水管线安装工程为 6 个月；建筑物的供热及供冷为一个采暖期及供冷期；室外的上下水和小区道路等市政公用工程为 1 年。2000 年颁布的《建设工程质量管理条例》（中华人民共和国国务院令第 279 号）第 40 条对质量保修期进行了延长：地基基础工程和主体结构工程，为设计文件规定的该工程的合理使用年限；屋面防水工程，有防水要求的卫生间、房间和外墙面的防渗漏工程，为 5 年；供热与供冷系统，为两个采暖期、供冷期；电气管线、给排水管道、设备安装和装修工程，为 2 年。但需要指出的是，即便更长的质量保修期具备技术上的可行性，也必须考虑成本与收益相权衡的问题。更长的质量保修期必然意味着更严格的施工技术措施、更高的建设成本，这些高额的成本能否通过更长时间的功能正常得以回收？所以，虽然《建设工程质量管理条例》历经 2017 年的修正（中华人民共和国国务院令第 687 号）与 2019 年的修正（中华人民共和国国务院令第 714 号），但其对 2000 年确定的最低保修期限未再延长。再次，建设单位会对施工单位在功能性质量方面的“偷工减料”形成有效制约。建设工程竣工验收合格后将投入使用，如果建设单位系自用，则必然会在施工过程中加强对施工行为的监管，督促施工单位按规范施工。如果建设单位将房屋交付第三人使用，在交付时建设单位将面临第三人的验收或检验。所以有理由相信并期待发包人会在施工过程中加强对施工行为的监管，制止施工单位偷工减料的行为。最后，就地基基础工程与主体结构工程之外的其他部分，施工单位的施工行为会以其主观预判的质量保修期内不发生质量问题为前提。在此前提下，施工单位想方设法从工序上、材料上节约施工成本，不具有法律上的可归咎性。如确有证据证明施工单位的施工行为不符合规范要求，存在减少施工工序、使用劣质材料等偷工减料行为，以致质保期届满后出现质量问题的，可以根据《建筑法》第 74 条①的规定，由建设行政主管部门追究其行政责任，从而形成行政管理层面的制约。

---

① 该条规定：“建筑施工企业在施工中偷工减料的，使用不合格的建筑材料、建筑构配件和设备的，或者有其他不按照工程设计图纸或者施工技术标准施工的行为的，责令改正，处以罚款；情节严重的，责令停业整顿，降低资质等级或者吊销资质证书；造成建筑工程质量不符合规定的质量标准的，负责返工、修理，并赔偿因此造成的损失；构成犯罪的，依法追究刑事责任。”

典型案例 132

## 苏中市政工程有限公司与全椒奥莱祥能置业有限公司建设工程施工合同纠纷案①

### 基本案情

2012年3月18日，全椒奥莱祥能置业有限公司（以下简称奥莱祥能公司）与苏中市政工程有限公司（以下简称苏中市政公司）签订《建设工程施工合同》，约定由苏中市政公司承建同乐路、纬七路（滁全路—同乐路）施工图纸范围及双方确认的同乐路、纬七路工程量清单范围，包含土石方工程，道路工程，桥涵工程，雨污排水工程等。同日，双方签订《工程质量保修书》，约定该市政道路保修年限为1年。2013年12月18日，监理、设计及施工三家单位在《工程竣工验收报告》上签章确认工程竣工验收合格；2014年5月27日，奥莱祥能公司在该份《工程竣工验收报告》上签章确认。其后，苏中市政公司诉至法院，要求奥莱祥能公司给付工程款。奥莱祥能公司则以工程质量不合格为由提出反诉，要求苏中市政公司支付涵管疏通费用7.50万元，纬七路、同乐路维修费用18.50万元，同乐路、纬七路排水管道等结构性工程检测费81,456元，管道整改费769.21万元，道路零星维修费用22.60万元，合计8,259,556元。

### 法院观点

一审法院（安徽省高级人民法院）认为，双方签订的《工程质量保修书》明确约定，市政道路保修年限为1年，2014年5月27日，奥莱祥能公司在竣工验收报告上签章确认案涉工程竣工验收合格，故案涉工程保修期至2015年5月27日止。奥莱祥能公司主张的上述费用均发生在2015年5月27日之后，且未能举证证明上述费用系因苏中市政公司在保修期内应维修却拒绝维修而发生。据此，奥莱祥能公司的此项主张不能成立。在二审中，最高人民法院也认为，《工程质量保修

① 典型案例132：苏中市政工程有限公司与全椒奥莱祥能置业有限公司建设工程施工合同纠纷案，最高人民法院（2018）最高法民终1206号民事判决书。

书》约定："市政道路保修年限为壹年。"案涉工程于 2014 年 5 月 27 日竣工验收合格。奥莱祥能公司反诉请求苏中市政公司赔偿的因工程质量问题造成的涵管疏通费用、纬七路和同乐路维修费用及排水管道等结构性工程检测费、道路零星维修费用，系原审诉讼期间奥莱祥能公司单方委托发生的费用，没有证据证明上述费用实际发生在双方当事人约定的保修期以内。原审法院对奥莱祥能公司的该项主张不予支持并无不当。

## 裁判规则133

**质量保修期届满后，建设工程出现质量问题的，由产权人自行维修。如建筑物致人损害的，由产权人承担所有者责任。**

《民法典》第 802 条规定："因承包人的原因致使建设工程在合理使用期限内造成人身损害和财产损失的，承包人应当承担赔偿责任。"《建筑法》第 80 条规定："在建筑物的合理使用寿命内，因建筑工程质量不合格受到损害的，有权向责任者要求赔偿。"有观点认为，该规定表明，"建设工程质量保修期满，并不当然免除承包人的质量损害赔偿责任"，"超过保修期多年，建筑物在合理使用期内坍塌或建筑物件脱落造成第三方损害或损害危险的，如果与施工承包人的施工质量问题有关，承包人应承担相应的赔偿责任和支付消除危险的费用"①。换言之，保修期满，承包人不再就质量问题承担合同责任，但应承担侵权责任。②

上述规定指向的是侵权领域的质量责任，③ 就承包人而言，该责任的基础仍然是质量保证责任。④ 一方面，上述规定中的受损方既包括建设工程施工合同的发包人，也包括建设工程的最终用户，还包括因该建设工程而受到损害的其他人。⑤ 因此，其解决的是因建筑物质量问题造成的侵权赔偿责任，而非建设工程施工合同项

---

① 曹文衔、宿辉、曲笑飞：《民法典建设工程合同章条文释解与司法适用》，法律出版社 2021 年版，第 405—407 页。

② 参见王毓莹、史智军：《建设工程施工合同纠纷疑难问题和裁判规则解析》，法律出版社 2022 年版，第 284—286 页。

③ 参见国务院法制局农林城建司等编著：《〈中华人民共和国建筑法〉释义》，中国建筑工业出版社 1997 年版，第 165 页。

④ 参见黄薇主编：《中华人民共和国民法典释义》（中），法律出版社 2020 年版，第 1475 页。

⑤ 参见黄薇主编：《中华人民共和国民法典释义》（中），法律出版社 2020 年版，第 1476 页。

下的合同责任。当然，如果发包人受害的，则既可以依据建设工程施工合同提起合同之诉，也可以依据上述规定提起侵权之诉。另一方面，适用上述规定的前提是，损害发生在建设工程合理使用年限内。该合理使用年限即为承包人承担质量责任的责任期间。就此，应区分为两种情形：一是对建筑物的地基基础和主体结构工程，承包人承担质量责任的责任期间为建筑物的合理使用年限；二是对建筑物的其他部分，承包人承担质量责任的责任期间为该部分的合理使用年限，也即该部分的质量保证期。据此，承担建筑物在侵权领域的质量责任的期间，对承包人而言，与其对发包人承担的质量保证期相同，质量保修期届满后，承包人不再承担质量责任。如果建设工程出现质量问题的，应由产权人自行维修；如果建筑物致人损害的，应由产权人承担所有者责任。人民法院在下述【典型案例133】中即认为，质量保修期届满后的质量问题，应由全体业主自行负担。

**典型案例133**

## 重庆市利得尔实业有限公司与重庆市璧山县第三建筑工程有限公司建设工程施工合同纠纷案①

### 基本案情

2002年2月20日，重庆市利得尔实业有限公司（以下简称利得尔公司）与重庆市璧山县第三建筑工程有限公司（以下简称璧山三建司）签订《建设工程施工合同》及补充协议，约定由璧山三建司承建利得尔公司开发的沙坪坝区渝碚路电台村利得尔大厦工程，质量保修期从工程实际竣工之日起算。合同签订后，璧山三建司进场施工。2004年12月30日，该工程竣工验收合格。2005年1月26日，璧山三建司向利得尔公司发出《工程质量保修通知书》，承诺屋面防水工程、有防水要求的卫生间、房间和外墙面的防渗漏质量保修期为5年，装修工程质量保修期为2年。2006年12月26日，利得尔公司委托西典物业公司向璧山三建司寄发函件，称利得尔大厦5楼外墙有近2平方米面积大小的外墙砖松动，望速派人员前往

① 典型案例133：重庆市利得尔实业有限公司与重庆市璧山县第三建筑工程有限公司建设工程施工合同纠纷案，重庆市第一中级人民法院（2012）渝一中法民终字第01987号民事判决书。

修复处理。壁山三建司收到信函后，于2007年1月派人对利得尔大厦外墙砖进行了维修。此后，西典物业公司于2007年8月13日寄函给壁山三建司，反映窗台周围存在大量裂缝、空隙，要求壁山三建司进行维修；11月27日寄函给壁山三建司，反映裙楼4楼外墙裸露漏水，要求壁山三建司进行维修。利得尔公司于2008年4月16日、11月10日寄函给壁山三建司反映外墙砖凸出、脱落、临街挡水墙防水未处理好等问题，要求壁山三建司进行维修整改。壁山三建司收到函件后，认为其于2007年1月进行最后一次包修后，外墙砖保修期已过，不予维修。利得尔公司认为，利得尔大厦外墙饰面砖施工质量不满足规范要求，质量不合格，遂诉至法院，要求壁山三建司对利得尔大厦的外墙饰面砖因粘结强度低、外墙空鼓以及勾缝不密实等产生的质量瑕疵予以修复或重作，赔偿利得尔公司因质量瑕疵所造成的经济损失1,001,600元。在诉讼中经鉴定：利得尔大厦外墙饰面砖粘结强度不符合规范要求，粘结强度偏低，且部分外墙面砖空鼓是外墙砖脱落的主要原因；利得尔大厦外墙砖勾缝砂浆不饱满，是引起外墙面渗水的主要原因；利得尔大厦外墙饰面砖施工质量不满足规范要求，不合格；上述问题与工程质量保修期无关，不是后期使用过程中造成的，是当初施工时就存在不足造成的。

### 法院观点

一审法院与二审法院均认为，外墙贴砖应属装饰工程，其质量保修期为2年。本案诉争工程于2004年12月30日竣工验收合格，保修期2年应从此开始计算。2006年12月26日，利得尔公司在保修期内向璧山三建司发出保修通知，璧山三建司于2007年1月履行了保修义务后，外墙饰面砖的保修期限届满。此后，虽经司法鉴定外墙饰面砖施工质量不合格，但属超过质量保修期出现的施工质量问题，施工单位璧山三建司无履行保修义务责任。根据《物权法》第6条和《最高人民法院关于审理建筑物区分所有权纠纷案件适用法律若干问题的解释》（法释〔2009〕7号）第3条的规定，外墙属业主共有部分，保修期后产生的维修费用，可由业主协商或从大修基金中支付。

## 4.3 建设工程施工合同无效或被解除的质量责任

《民法典》第793条第1款规定："建设工程施工合同无效，但是建设工程经验收合格的，可以参照合同关于工程价款的约定折价补偿承包人。”那么，在施工合同无效或被解除的情况下，基于工程质量合格而获得工程款的承包人，是否依然应当承担质量保证责任？

**裁判规则134**

**建设工程施工合同无效，承包人在因工程质量合格获得工程价款的同时，应当承担质量保修期内的保修责任。**

如前所述，质量保证期包括缺陷责任期与质量保修期。在建设工程施工合同无效的情况下，如果承包人因工程质量合格获得了工程款或有权主张工程款的，是否应当承担质量保修期内的保修责任？

实务界普遍认为，在此情况下，承包人应当承担质量保修期内的保修责任。《浙江省高级人民法院民事审判第一庭关于审理建设工程施工合同纠纷案件若干疑难问题的解答》（浙法民一〔2012〕3号）第20条规定：“建设工程施工合同无效，不影响发包人按合同约定、承包人出具的质量保修书或法律法规的规定，请求承包人承担工程质量责任。”此外，北京市高级人民法院①、安徽省高级人民法院②、江苏省高级人民法院③均持这一观点。

上述观点的理由在于：一方面，承包人获得工程款或有权主张工程款的前提是工程质量合格。根据《建筑法》第62条的规定，对质量合格交付使用的工程，应当实行质量保修制度。另一方面，在施工合同有效的情况下，承包人因工程质量合格获得工程款的，应当承担相应的质量保证责任。如果承包人因施工合同无效而被豁免质量保证责任，就会导致当事人基于无效合同获得的利益超过有效合同。在下述【典型案例134】中，在建设工程施工合同无效的情况下，最高人民法院在判决

① 《北京市高级人民法院关于审理建设工程施工合同纠纷案件若干疑难问题的解答》（京高法发〔2012〕245号）第31条第3款中规定：“建设工程施工合同无效，但工程经竣工验收合格并交付发包人使用的，承包人应依据法律、行政法规的规定承担质量保修责任。”

② 《安徽省高级人民法院关于审理建设工程施工合同纠纷案件适用法律问题的指导意见》（2009年5月4日）第14条中规定：“建设工程施工合同无效，但工程经竣工验收合格并交付发包人使用的，承包人应承担相应的工程保修义务和责任。”

③ 参见李玉生主编：《建设工程施工合同案件审理指南》，人民法院出版社2019年版，第219页。

发包人返还已到期质量保证金的同时，明确承包人对于其已经完成的建设工程在合理使用期限内对地基基础工程和主体结构质量负有保修责任。

**典型案例 134**

## 万利建设有限公司与商丘华程房地产开发有限公司建设工程施工合同纠纷案①

### 基本案情

2016 年 12 月 23 日，商丘华程房地产开发有限公司（以下简称华程公司）与万利建设有限公司（以下简称万利公司）签订《施工总承包框架协议》，约定华程公司将尚锦华城项目工程发包给万利公司施工，工程结算总价款的 5%作为质量保证金，于 2 年保修期满支付质量保证金的 90%，剩余 10%作为 5 年防水工程的质量保证金，于 5 年保修期满结算。由于涉案项目按照当时的招投标制度必须进行招投标，2017 年 7 月，经招投标，华程公司与万利公司就尚锦华城一期工程签订《建设工程施工合同》；2018 年 5 月，华程公司就尚锦华城二期工程招投标，万利公司未参与投标，后郑州市第一建筑工程集团有限公司中标。万利公司遂于 2018 年 6 月 12 日全面停止施工，并诉至法院，要求解除《施工总承包框架协议》，华程公司支付工程款 3772 万元（含约定的质量保证金）及利息。

### 法院观点

最高人民法院认为，涉案项目属于必须进行招投标的项目，故华程公司与万利公司未经招投标程序签订的《施工总承包框架协议》应属无效。协议约定，扣留工程总价款的 5%作为质量保证金，2 年保修期满支付 90%，剩余 10%作为 5 年防水工程的质量保证金，于 5 年保修期满结算。建设工程质量保证金是用于保证承包人在缺陷责任期内对建设工程出现的缺陷进行维修的资金。本案中，《施工总承包框架协议》约定了质量保证金的提取比例以及支付办法，但鉴于该《施工总承包

① 典型案例 134：万利建设有限公司与商丘华程房地产开发有限公司建设工程施工合同纠纷案，最高人民法院（2020）最高法民终 774 号民事判决书。

框架协议》已被认定为无效不再履行，结合2年保修期已满，万利公司主要对主体进行了施工，后续工程由其他公司继续施工，故不应再提取质量保证金。但是，并不因此而免除万利公司对于其已经完成建设工程在合理使用期限内对地基基础工程和主体结构质量的保修责任。

## 裁判规则135

**建设工程施工合同因承包人缺乏相应施工资质而无效，对质量保修期内出现的质量问题应由有资质的第三人进行修复，承包人通过负担修复费用的方式承担质量保修责任。**

虽然无效建设工程施工合同的承包人仍应承担质量保修责任，但在合同因承包人不具备相应施工资质而无效的情形下，承包人承担质量保修责任的方式有所不同。

《建设工程质量管理条例》第41条规定："建设工程在保修范围和保修期限内发生质量问题的，施工单位应当履行保修义务，并对造成的损失承担赔偿责任。"《房屋建筑工程质量保修办法》（中华人民共和国建设部令第80号）第12条规定："施工单位不按工程质量保修书约定保修的，建设单位可以另行委托其他单位保修，由原施工单位承担相应责任。"据此，质量保修应由承包人本人负责实施，只有在承包人不履行保修义务的情况下，发包人才可以委托第三人维修。但在施工合同因承包人缺乏相应资质而无效的情况下，由承包人本人履行保修义务，则与立法对建筑资质的要求——无资质则不得施工——有所背离，故"不能再由承包人自己承担质量瑕疵的维修义务"①。

在此情形下，《江苏省高级人民法院建设工程施工合同案件审理指南（2011）》第五部分第8条明确，在建设工程施工合同被确认无效后，承包人仍应在《建设工程质量管理条例》第40条规定的最低保修期限内承担法定的保修责任。但如果施工合同是由于承包人没有相应资质而被确认无效的，则不能由承包人自己来承担质量瑕疵的维修义务。可由承包人自行委托具有相应资质的施工队

① 杨心忠等：《建设工程合同纠纷裁判思路》，法律出版社2014年版，第328页。

伍，来替代承包人承担质量瑕疵的维修义务，也可由发包人自行维修，修复的费用由承包人承担。该制度较为合理，可资参照。

典型案例 135

## 福建省东联房地产有限公司与福建地矿建设集团公司、周晓星建设工程施工合同纠纷案①

### 基本案情

2012 年 11 月 23 日，福建地矿建设集团公司（以下简称地矿集团公司）与福建省东联房地产有限公司（以下简称东联房地产公司）签订《建筑工程施工合同》，约定地矿集团公司以包工包料的方式承建东联房地产的福鼎市江滨名苑工程。2012 年 11 月 27 日，地矿集团公司与周晓星签订《施工作业（项目）经济责任书》，约定地矿集团公司承接的福鼎市江滨名苑工程由周晓星承担施工作业。2015 年 5 月 20 日，讼争工程通过竣工验收。后东联房地产公司诉至法院，要求地矿集团公司与周晓星连带赔偿工程质量问题修复费用。经鉴定，讼争工程顶板批构件的钢筋混凝土保护层厚度不合格，加固设计工程预算价款 3,724,644 元。周晓星辩称，施工范围的质量问题，应由地矿集团公司、周晓星自行维修，或东联房地产公司通知他们维修。

### 法院观点

就“东联房地产公司能否就工程质量问题修复费用直接主张损失赔偿”，宁德市中级人民法院认为，《合同法》第 107 条规定：“当事人一方不履行合同义务或者履行合同义务不符合约定的，应当承担继续履行、采取补救措施或者赔偿损失等违约责任。”讼争工程存在质量问题，东联房地产公司有权要求施工人采取补救措施或赔偿损失。在本案中，地矿集团公司将讼争工程非法转包给实际施工人周晓星，而周晓星作为无资质的实际施工人，无权要求由其自行修复，故东联房地产公

① 典型案例 135：福建省东联房地产有限公司与福建地矿建设集团公司、周晓星建设工程施工合同纠纷案，福建省高级人民法院（2020）闽民终 362 号民事判决书。

司有权就工程质量问题修复费用直接主张损失赔偿。对工程质量问题修复费用3,724,644元，根据《2004年建工解释》第25条、《建筑法》第67条，地矿集团公司、实际施工人周晓星应就讼争工程质量对东联房地产公司承担连带责任。福建省高级人民法院二审予以维持。

## 裁判规则136

**建设工程施工合同无效，但发包人因工程质量合格须参照合同约定支付工程款的，发包人有权要求参照合同约定比例预留质量保证金。**

建设工程施工合同无效，但因工程质量合格，发包人须参照合同约定支付工程款的，发包人是否有权参照合同约定比例预留质量保证金？

站在法律逻辑的角度分析，既然施工合同无效，则合同中关于预留质量保证金的约定也属无效。有观点据此认为，在施工合同无效的情况下，发包人无权要求预留合同约定的质量保证金，如建设工程在质量保证期间出现质量维修问题，发包人可依法另行主张权利。①

但实务界普遍认为，“建设工程施工合同无效时，合同中关于质保金扣留比例及返还时间的约定仍应参照适用”②。北京市高级人民法院③、安徽省高级人民法院④、河南省高级人民法院⑤、重庆市高级人民法院在“江苏兴厦建设工程集团有

① 参见肖峰、韩浩：《建设工程合同纠纷实务争议问题研究》，载最高人民法院民事审判第一庭编：《民事审判指导与参考》总第84辑，人民法院出版社2021年版。

② 李玉生主编：《建设工程施工合同案件审理指南》，人民法院出版社2019年版，第223页；杨心忠等：《建设工程合同纠纷裁判思路》，法律出版社2014年版，第170页。

③ 《北京市高级人民法院关于审理建设工程施工合同纠纷案件若干疑难问题的解答》（京高法发〔2012〕245号）第31条第3款规定：“建设工程施工合同无效，但工程经竣工验收合格并交付发包人使用的，承包人应依据法律、行政法规的规定承担质量保修责任。发包人要求参照合同约定扣留一定比例的工程款作为工程质量保修金的，应予支持。”

④ 《安徽省高级人民法院关于审理建设工程施工合同纠纷案件适用法律问题的指导意见》（2009年5月4日）第14条规定：“建设工程施工合同无效，但工程经竣工验收合格并交付发包人使用的，承包人应承担相应的工程保修义务和责任，发包人可参照合同约定扣留一定比例的工程款作为工程质量保修金。”

⑤ 《河南省高级人民法院建设工程案件审判工作座谈会综述》（2022年9月14日）“议题一：有关建设工程施工合同效力及合同条款适用的相关问题”中规定：“建设工程质量保证金具有担保性质，建设工程施工合同无效后并不免除承包人的工程质量缺陷责任，故施工合同中约定的质量保证金返还期限可以参照适用。”

限公司与聂广阔、重庆市远展房地产开发有限公司建设工程施工合同纠纷案”① 中，均持这一观点。在前述“万利建设有限公司与商丘华程房地产开发有限公司建设工程施工合同纠纷案”② 中，针对无效施工合同约定的质量保证金，最高人民法院虽认定发包人无权扣留，但理由是“2 年保修期已满”，换言之，在缺陷责任期内发包人仍有权扣留质量保证金。

发包人在合同约定期限届满之前预留质量保证金，即意味着发包人享有质量保证金的期限利益。“期限利益，不仅仅表现为该利益自身具有金钱价值，还表现为享有期限利益者避免自己负担更大风险，表现为容许自己有较为充裕的时间筹集资金等。”③ 如果施工合同有效，根据合同约定，发包人有权扣留质量保证金，因此，在竣工结算时承包人获得的利益是扣除质量保证金之后的工程款，只有待质量保证期限届满后承包人才可以要求退还质量保证金；如果施工合同无效，根据《民法典》第 793 条第 1 款的规定，应参照合同约定确定工程款。假如认定发包人无权扣留质量保证金，则承包人可以获得全额的工程款，这将使承包人基于无效合同获得的利益超过了有效合同。因此，站在利益衡量的角度，应当允许无效施工合同的发包人按照合同约定预留质量保证金。

需要指出的是，有观点认为，合同中预留质保金的条款属于“结算条款”，不因施工合同无效而无效。最高人民法院在“福建九鼎建设集团有限公司与云南佳鸿宇合实业有限公司建设工程施工合同纠纷案”④ 中持这一观点。但事实上，《民法典》第 567 条⑤所规定的结算条款主要包括银行汇票结算、商业汇票结算、银行本票结算、支票结算、汇兑、委托收款，⑥ 指向的是票据权利与货币之间的换

---

① 参考案例 121：江苏兴厦建设工程集团有限公司与聂广阔、重庆市远展房地产开发有限公司建设工程施工合同纠纷案，重庆市高级人民法院（2019）渝民终 398 号民事判决书。

② 典型案例 134：万利建设有限公司与商丘华程房地产开发有限公司建设工程施工合同纠纷案，最高人民法院（2020）最高法民终 774 号民事判决书。

③ 崔建远：《同时履行抗辩权：重构抑或自毁》（下），载最高人民法院民事审判第一庭编：《民事审判指导与参考》总第 49 辑，人民法院出版社 2012 年版。

④ 典型案例 127：福建九鼎建设集团有限公司与云南佳鸿宇合实业有限公司建设工程施工合同纠纷案，最高人民法院（2020）最高法民终 337 号民事判决书。

⑤ 该条规定：“合同的权利义务关系终止，不影响合同中结算和清理条款的效力。”

⑥ 参见黄薇主编：《中华人民共和国民法典释义》（中），法律出版社 2020 年版，第 1092、1093 页。

算，质量保证金条款显然不属于该条规定的结算条款。质量保证金本系工程价款的组成部分，发包人预留质量保证金相当于延后工程款的支付时间。因此，在施工合同无效的情况下，质量保证金条款也归于无效。但根据《民法典》第793条第1款的规定，关于质量保证金的条款应当参照适用。除下述【典型案例136】外，还可参见“南昌三建建设集团有限公司与江西百城房地产开发有限公司建设工程施工合同纠纷案”①。

典型案例136

## 周拥军与七冶博盛建筑安装工程有限责任公司建设工程施工合同纠纷案②

### 基本案情

2014年2月24日，七冶博盛建筑安装工程有限责任公司（以下简称七冶公司）与永丰公司签订《协议书》，约定七冶公司承建永丰公司开发的大方永丰财富中心及永丰奢香酒店工程。2014年6月18日，周拥军与七冶公司签订了《内部承包合同》，约定周拥军承接案涉工程，按照工程总价款的2%向七冶公司缴纳管理费用，质量保证金为结算总价的3%。案涉工程于2015年7月6日停工，已完工程质量合格。后周拥军起诉七冶公司要求支付工程款。

### 法院观点

贵州省高级人民法院在一审中认为，七冶公司与周拥军签订《内部承包合同》构成违法转包，应属无效合同。虽然《内部承包合同》无效，但已完工程质量合格，周拥军有权请求参照合同约定支付工程价款。周拥军所承包的工程结算款为64,403,602.77元，根据双方签订的《内部承包合同》，还应扣除结算款总价的3%作为质量保证金，即1,932,108.08元。周拥军上诉称，因《内部承包合同》无

① 典型案例238：南昌三建建设集团有限公司与江西百城房地产开发有限公司建设工程施工合同纠纷案，最高人民法院（2021）最高法民再297号民事判决书。

② 典型案例136：周拥军与七冶博盛建筑安装工程有限责任公司建设工程施工合同纠纷案，最高人民法院（2018）最高法民终587号民事判决书。

效，故合同关于质量保证金的约定亦无效，一审不应再据此预留质量保证金。最高人民法院在二审中认为，《内部承包合同》无效，但合同无效并不意味着实际施工人对所建工程就无须承担质量保修义务，故原审法院依照合同约定扣除结算款总价3%的费用作为质量保证金并无不当。

## 裁判规则137

**建设工程施工合同因故解除，承包人就已完工部分要求支付工程款的，应当按照合同约定比例预留质量保证金。该质量保证金对应的缺陷责任期从工程移交之日起算。**

在建设工程施工合同因故解除的情况下，承包人有权就已完工部分要求发包人支付工程款。与此同时，质量保修义务是施工单位的法定义务，不因合同解除而终止，故施工单位仍应对已施工部分承担保修责任。① 有疑问的是，对合同中约定的质量保证金条款应当如何处理？

就此问题，有三种观点：一是施工合同解除，则质量保证金条款一并解除，发包人无权要求按照或参照合同约定扣留质保金。安徽省高级人民法院②、最高人民法院在“浙江中成建工集团有限公司与天津万炬电子产业投资有限公司建设工程施工合同纠纷案”③ 及“江苏省华建建设股份有限公司与重庆栩宽房地产开发有限公司建设工程施工合同纠纷案”④ 中均认为，自施工合同解除之时，质量保证金条

① 参见李玉生主编：《建设工程施工合同案件审理指南》，人民法院出版社 2019 年版，第 218、219 页。《福建省高级人民法院当前我省涉建工纠纷审判调研　问答·案例·白皮书》（2022 年 9 月）第 33 条也规定：“承包人的保修义务是法定义务，即使合同中对此没有约定，承包人仍应承担。故建设工程施工合同的解除，不影响承包人承担保修义务。依据《最高人民法院关于审理建设工程施工合同纠纷案件适用法律问题的解释（一）》第九条、第十四条规定，承包人的保修义务应从已完工部分验收合格、确定质量合格或者交付使用之日起计算。”

② 《安徽省高级人民法院关于审理建设工程施工合同纠纷案件适用法律问题的指导意见（二）》（2013 年 12 月 23 日）第 14 条规定：“建设工程尚未竣工，合同终止履行的，已完工程质量合格，发包人主张按照合同约定扣留一定比例的工程价款作为质量保修金的，不予支持。”

③ 典型案例 346：浙江中成建工集团有限公司与天津万炬电子产业投资有限公司建设工程施工合同纠纷案，最高人民法院（2018）最高法民终 638 号民事判决书。

④ 参考案例 122：江苏省华建建设股份有限公司与重庆栩宽房地产开发有限公司建设工程施工合同纠纷案，最高人民法院（2020）最高法民终 132 号民事判决书。

款即应终止履行，发包人无权扣留质量保证金。二是合同中预留质量保证金的条款属于“结算、清理条款”，不因合同解除而失效。最高人民法院在“福建九鼎建设集团有限公司与云南佳鸿宇合实业有限公司建设工程施工合同纠纷案”[①] 中持这一观点。三是质量保证金在本质上属于工程价款，在施工合同解除的情况下，合同中约定的质量保证金条款应当参照适用。河北省高级人民法院[②]、最高人民法院在“中国城市建设控股集团吉林投资有限公司与中航长城大地建工集团有限公司建设工程施工合同纠纷案”[③] 中持这一观点。

如【裁判规则 136】所述，合同中预留质量保证金的条款并不属于“结算、清理条款”。因此，施工合同解除的，质量保证金条款一并解除。但基于下述理由，在施工合同解除的情况下，合同中约定的质量保证金条款应当参照适用。首先，质量保证金在本质上属于工程价款，根据《民法典》第 793 条第 1 款的规定，质量保证金条款也属于可以参照适用的条款。其次，《民法典》第 566 条第 3 款规定：“主合同解除后，担保人对债务人应当承担的民事责任仍应当承担担保责任，但是担保合同另有约定的除外。”质量保证金作为工程质量的担保，在施工合同解除的情况下，依然应当适用。最后，对于已完工的工程，承包人应承担包括质量保证金在内的质量保证责任。如果因为工程未完工，发包人就不能按照合同约定扣留一定比例的工程价款作为质量保证金，就会导致未完工程的承包人获得的利益大于已完工程的承包获得的利益（提前获得质量保证金），这显然对承包人履行合同义务构成反向激励。因此，对于未完工程，因“工程质保金是用以保证承包人在缺陷责任期内对建设工程出现的缺陷进行维修的资金，施工合同解除后，承包人的保修义务并未免除，故作为担保该义务履行的质保金仍应按照合同预留”[④]。

需要指出的是，解除施工合同无论是发包人原因还是承包人原因，合同一旦解除，工程相应转移占有。由于工程移交之后至竣工验收期间的施工行为与承包人无

---

① 典型案例 127：福建九鼎建设集团有限公司与云南佳鸿宇合实业有限公司建设工程施工合同纠纷案，最高人民法院（2020）最高法民终 337 号民事判决书。

② 《河北省高级人民法院建设工程施工合同案件审理指南》（冀高法〔2018〕44 号）第 42 条针对未完工程规定：“人民法院可在承包人已完工程价款中按合同约定比例暂扣质保金，暂扣质保金的时间最长不超过两年。”

③ 参考案例 123：中国城市建设控股集团吉林投资有限公司与中航长城大地建工集团有限公司建设工程施工合同纠纷案，最高人民法院（2019）最高法民终 340 号民事判决书。

④ 李玉生主编：《建设工程施工合同案件审理指南》，人民法院出版社 2019 年版，第 223 页。

关，此时已完工部分的缺陷责任期，如仍然自竣工验收之日起算，无异于要求承包人就他人（后续施工人）的行为承担责任，进而导致承包方的责任不当扩大。因此，在施工合同解除的情况下，质量保证金返还的时间应从工程移交之日起算。在“江西太平洋宇洪建设有限公司与理县文泰水电开发有限责任公司建设工程施工合同纠纷案”① 中，针对合同解除情形下的质量保证金退还问题，最高人民法院秉持的司法政策即为，在工程停工后，自停工之日起至起诉之日已超出约定的质量保证期限的，发包人应当返还质量保证金。

典型案例 137

## 杭州建工集团有限责任公司与大理汇宁房地产开发有限公司建设工程施工合同纠纷案②

### 基本案情

2014年4月12日，大理汇宁房地产开发有限公司（以下简称大理汇宁）与杭州建工集团有限责任公司（以下简称杭州建工）签订《建设工程施工合同》，约定杭州建工承建大理汇宁开发的汇宁豪品项目，质量保证金按工程结算总价的3%于工程竣工结算时一次性扣留，工程竣工验收后满1年、2年、3年后30天内分别退还50%、20%、30%。在施工过程中，因大理汇宁未按约支付工程款导致工程多次停工。2018年9月14日，案涉工程移交给大理汇宁，且大理汇宁已在杭州建工施工基础上进行了后续的施工。杭州建工诉至法院，要求解除《建设工程施工合同》，大理汇宁支付工程价款39,720,691.20元。

### 法院观点

一审法院（云南省高级人民法院）认为，案涉《建设工程施工合同》应予解除。虽然合同解除，但杭州建工作为施工人仍应对其施工工程承担保修责任，结合

① 典型案例211：江西太平洋宇洪建设有限公司与理县文泰水电开发有限责任公司建设工程施工合同纠纷案，最高人民法院（2020）最高法民终455号民事判决书。

② 典型案例137：杭州建工集团有限责任公司与大理汇宁房地产开发有限公司建设工程施工合同纠纷案，最高人民法院（2019）最高法民终940号民事判决书。

双方关于质量保证金的约定可知，案涉工程保修期自 2018 年 9 月 14 日即转移占有之日起算，应扣留工程结算总价 3%的质量保证金即 1,408,220.74 元，期满后杭州建工可依约要求返还。杭州建工上诉称，案涉工程由于大理汇宁拖欠工程款导致未能竣工验收，如扣除质量保证金，对杭州建工明显不公。最高人民法院认为，依照《建设工程施工合同》的约定，杭州建工应当按照案涉工程价款 3%的比例缴纳工程质量保证金。虽然案涉工程未完工，但杭州建工的保修义务并不因此免除。杭州建工称项目后续工程并非由其完成，工程何时竣工其无法控制，以竣工验收作为质量保证金退还条件将导致其实际难以取回工程质量保证金。针对这一问题，一审判决已明确将 2018 年 9 月 14 日即工程移交时间作为工程保修期的起算时间，大理汇宁应自此时起根据《建设合同施工合同》的约定于 3 年内分期退还。

## 4.4 建设工程质量责任的主体

建设工程领域存在总承包、转包、分包、挂靠等多种经营模式，导致同一工程涉及的施工主体往往有多个。在此情形下，有必要明确应当由哪些主体承担工程质量责任。需要说明的是，本部分讨论的质量责任，既包括施工过程中质量不合格的责任，也包括竣工验收或投入使用后的质量保证责任。

### 裁判规则 138

**施工单位仅对自身施工质量负责。施工单位有证据证明质量问题非因自身施工行为导致的，无须承担质量责任。**

《建设工程质量管理条例》第 3 条规定：“建设单位、勘察单位、设计单位、施工单位、工程监理单位依法对建设工程质量负责。”该规定表明，导致建设工程存在质量问题的原因是多方面的，既有可能是施工人的原因，也有可能是勘察、设计、监理乃至发包人的原因。[①] 基于“自己责任”原则，施工单位仅对施工质量负责。

首先，《建筑法》第 58 条第 1 款规定：“建筑施工企业对工程的施工质量负

① 参见最高人民法院民事审判第一庭编著：《最高人民法院新建设工程施工合同司法解释（一）理解与适用》，人民法院出版社 2021 年版，第 129 页。

责。”第56条第1句规定：“建筑工程的勘察、设计单位必须对其勘察、设计的质量负责。”《建设工程施工合同解释（一）》第13条第1款规定：“发包人具有下列情形之一，造成建设工程质量缺陷，应当承担过错责任：（一）提供的设计有缺陷；（二）提供或者指定购买的建筑材料、建筑构配件、设备不符合强制性标准；（三）直接指定分包人分包专业工程。”上述规定表明，施工单位、勘察单位、设计单位、发包人均系可能的工程质量责任主体，施工单位仅就施工质量负责。下述【典型案例138】即因质量问题系设计导致，人民法院驳回了总承包人要求专业分包人承担质量责任的请求。在“沈阳艺欣房产开发有限公司与花立新等建设工程施工合同纠纷案”① 中，因案涉混凝土系甲供材，法院也驳回了发包人要求承包人承担质量责任的请求。

其次，针对质量保修期的保修责任，《建设工程质量管理条例》第41条规定：“建设工程在保修范围和保修期限内发生质量问题的，施工单位应当履行保修义务，并对造成的损失承担赔偿责任。”据此，在质量保修期内，施工单位应当进行保修。但因施工单位仅就施工质量负责，故在质量问题与施工行为无关的情况下，施工单位有权要求导致质量问题的主体承担修复费用。

再次，“在建设工程施工合同关系中，承包人具有向发包人交付质量符合约定或者法律规定的建设工程的义务。承包人应当对其交付的建设工程质量合格承担举证责任”②。因此，“出现质量缺陷时一般原则上会推定承包人为工程质量的责任方”③。如果施工单位主张质量问题非因其自身施工行为所导致，应当由施工单位承担证明责任。原《江苏省高级人民法院民一庭建设工程施工合同纠纷案件司法鉴定操作规程》（苏高法电〔2015〕802号）第38条后段规定：“根据已有证据能够证明质量不符合合同约定，承包人主张并非施工原因导致但提交的证据不足以证明的，应当由承包人申请鉴定。”

最后，虽然施工单位仅对施工质量负责，但现行法要求施工单位对设计、材料

① 参考案例124：沈阳艺欣房产开发有限公司与花立新等建设工程施工合同纠纷案，辽宁省高级人民法院（2010）辽民一终字第101号民事判决书、最高人民法院（2012）民申字第641号民事裁定书。

② 谢勇：《建设工程施工合同案件裁判规则解析》，中国法制出版社2020年版，第181页。

③ 最高人民法院民事审判第一庭编著：《最高人民法院新建设工程施工合同司法解释（一）理解与适用》，人民法院出版社2021年版，第136页。

等进行查验，故在工程存在质量问题的情况下，施工单位多因存在过失，需参与质量责任的分担。在“重庆两江新区第一人民医院、重庆渝高科技产业（集团）股份有限公司与江西省荣翔建设有限公司建设工程施工合同纠纷案”[①] 中，涉案工程北部新区一院门诊综合大楼基坑边坡 BP3 段中部位置在施工过程中发生垮塌，经鉴定，复杂的地质条件以及施工单位未按照设计要求进行施工作业共同导致该次垮塌事故。法院最终酌情判定江西省荣翔建设有限公司对 BP3 段垮塌事故造成的损失承担 30%的责任。

**典型案例 138**

## 北京通联地基基础工程有限公司与辽宁五星建设集团有限公司建设工程施工合同纠纷案[②]

### 基本案情

2011 年，辽宁五星建设集团有限公司（以下简称五星建设公司）承接了葫芦岛市南票煤矿棚户区住宅楼的土建、装饰、采暖、给排水、电气施工等工程。2011 年 7 月 13 日，五星建设公司与北京通联地基基础工程有限公司（以下简称通联地基公司）签订《专业承包工程施工合同》，约定五星建设公司将前述工程的基础桩交由联地基公司施工。在施工过程中，通联地基公司提出，由于地质情况特殊，原设计方案无法保证工程质量。但五星建设公司既未对此作出回应，亦未提出设计修改方案。在此情况下，通联地基公司仍按原设计图纸施工。工程完工后，通联地基公司起诉要求支付工程款。经检测，部分桩基存在轻微缺陷或较重缺陷，需进行适当补强处理。

---

① 参考案例 125：重庆两江新区第一人民医院、重庆渝高科技产业（集团）股份有限公司与江西省荣翔建设有限公司建设工程施工合同纠纷案，重庆市高级人民法院（2016）渝民终 490 号民事判决书。

② 典型案例 138：北京通联地基基础工程有限公司与辽宁五星建设集团有限公司建设工程施工合同纠纷案，辽宁省高级人民法院（2015）辽民一终字第 00302 号民事判决书、最高人民法院（2018）最高法民申 2529 号民事裁定书。

## 法院观点

最高人民法院认为，该工程出现质量问题系复杂的地质环境下原设计方案无法保证工程质量所导致，五星建设公司提供的设计有缺陷，应承担过错责任。通联地基公司是按照建设单位、勘察单位、设计单位提供的设计方案进行施工的，不应承担责任；五星建设公司可依据其与建设单位、勘察单位、设计单位的合同关系另行主张权利。

### 裁判规则139

**建设工程实行工程总承包的，总承包单位应当在承包范围内对工程质量负责；实行联合体承包的，由联合承包的各方在承包范围内对工程质量承担连带责任。**

《建设工程质量管理条例》第26条第3款规定：“建设工程实行总承包的，总承包单位应当对全部建设工程质量负责；建设工程勘察、设计、施工、设备采购的一项或者多项实行总承包的，总承包单位应当对其承包的建设工程或者采购的设备的质量负责。”该款明确了工程总承包模式下的质量责任主体。

一方面，如前所述，工程总承包方式主要包括EPC模式和DB模式。在EPC模式之下，总承包的范围包括设计、采购与施工，故总承包人应就设计、材料与设备、施工承担质量责任。在下述【典型案例139】中，因承包方式为EPC模式，法院即判决承包人就设计缺陷、设备质量问题均承担责任；在DB模式之下，总承包的范围包括设计与施工，故总承包人应就设计、施工承担质量责任。另一方面，现行法允许由具有相应资质的设计单位和施工单位组成联合体进行工程总承包。《建筑法》第27条第1款规定：“大型建筑工程或者结构复杂的建筑工程，可以由两个以上的承包单位联合共同承包。共同承包的各方对承包合同的履行承担连带责任。”参照该规定可知，联合体承包的，应由联合承包的各方在承包范围内对工程质量承担连带责任。事实上，在工程总承包合同项下，除质量责任以外的其他责任，联合体各方也应连带承担。就此，可参见【裁判规则290】，还可参见“中国电建集团北京勘测设计研究院有限公司、中国水利水电第四工程局有限公司与丽江五郎河水电开发有限公司建设工程施工合同纠纷案”①。

典型案例 139

## 浦项建设（中国）有限公司与韩松电子材料有限公司建设工程合同纠纷案②

### 基本案情

2013年3月，浦项建设（中国）有限公司（以下简称浦项公司）与韩松电子材料有限公司（以下简称韩松公司）就韩松公司双氧水工厂的建设设计、设备/资材供应及施工事项签订《合同》，约定工程为Turn-Key Base工程，固定总价为2.9亿元。2013年9月25日，双方签订《设备供货合同》。2014年2月25日、2014年7月1日、2015年2月6日，双方先后签订三份建设工程施工合同。2013年11月19日，设计部门出具项目试运行前确认书。同日，监理单位认为项目已达到试生产条件。后浦项公司诉至法院，要求韩松公司支付拖欠的工程款17,202,843元。韩松公司提起反诉，要求浦项公司赔偿制氢厂、空气压缩机等维修费用。经查，在浦项公司公司主张的工程款中包括委托第三方实施的降噪工程费用105万元。

### 法院观点

陕西省高级人民法院认为，对于浦项公司公司主张的降噪工程费用105万元，依据《环境污染防治法》规定，降噪工程属于强制性执行项目，但在浦项公司的投标预算书中以及现有的图纸资料中均无此设计内容。2013年3月的建设工程施工合同对环境管理计划、工程转包、遵守中国法律及相关法规规定、施工图设计缺陷等情况责任约定明确，合同中亦明确即使韩松公司对设计审议结果判定合格，也不能免除浦项公司对其设计书的责任。案涉降噪工程款项系因案涉项目不符

---

① 参考案例126：中国电建集团北京勘测设计研究院有限公司、中国水利水电第四工程局有限公司与丽江五郎河水电开发有限公司建设工程施工合同纠纷案，云南省高级人民法院（2018）云民初168号民事判决书。

② 典型案例139：浦项建设（中国）有限公司与韩松电子材料有限公司建设工程合同纠纷案，陕西省高级人民法院（2020）陕民终551号民事判决书。

合环境噪声防治要求而由浦项公司委托第三方进行改造产生的工程款项。虽然浦项公司已实际完成施工内容并已向分包单位实际支付工程价款，但在韩松公司对此增项未予确认的情形下，按照合同约定，其作为设计缺陷，该工程费用应当由浦项公司自行承担。对于韩松公司主张的损失赔偿：因空气压缩机不符合约定质量要求，浦项公司应赔偿636,036元；因阀门泄漏造成的损失，浦项公司应赔偿10万元；因设备在质量保证期内出现瑕疵，经韩松公司通知，浦项公司未履行维修义务，浦项公司应承担韩松公司为维修设备支付的费用941,077元。

## 裁判规则140

**在发包人指定分包的情形下，分包人对分包范围内的工程承担施工质量责任。总承包人存在配合、管理过失的，应在过错范围内与分包人承担连带责任。发包人存在选任过失的，应在过错范围内分担质量责任。**

在签订建设工程施工合同后，发包人要求承包人将部分工程分包给其指定的分包人的，即构成指定分包，也称甲指分包。《建筑法》第58条第1款规定："建筑施工企业对工程的施工质量负责。"因此，分包人应对分包范围内的工程承担施工质量责任。有争议的是发包人、总承包人应否承担相应的质量责任。

有观点认为，分包人系发包人指定，相当于分包人直接与发包人形成建设工程施工合同关系，故就分包人完成的施工内容，应由分包人自行承担责任，总承包人无须承担质量责任。但在指定分包的情形下，总承包人仍然是以自己的名义与发包人指定的分包人签订分包合同，该分包合同的订立符合自愿原则；[①] 对分包人的施工行为，总承包人负有管理职责。因此，总承包人对分包范围内的工程完全不承担责任，于理不合。也有观点认为，在总承包模式之下，总承包人基于总包服务，有权收取总包服务费。"利之所得，损之所归"，收取了总包服务费的总承包人应当就分包工程与分包人承担连带质量责任。但是，总包服务费指向的行为多为配合、管理行为，而非实施行为，通常不会直接影响建筑质量，且总包服务费通常为分包

① 参见杨心忠等：《建设工程合同纠纷裁判思路》，法律出版社2014年版，第18页。

工程款的3%左右，在此情况下，要求总承包人就分包工程与分包人承担连带质量责任，未免责之过苛。

《建设工程施工合同解释（一）》第13条第1款第3项规定，发包人直接指定分包人分包专业工程，造成建设工程质量缺陷的，应当承担过错责任。第2款规定："承包人有过错的，也应当承担相应的过错责任。"据此，在指定分包的情形下，对分包人的施工质量问题，发包人与总承包人应当承担过错责任。就发包人而言，其过错主要体现为选任过错，即指定的分包人不具备相应资质；就承包人而言，其过错主要体现为配合不当、管理缺位。

还需解决的问题是，应当如何协调发包人、总承包人的过错责任与分包人的质量责任？首先，就分包范围的质量问题，发包人不存在选任过失，总承包人不存在配合、管理过失的，应由分包人单独承担质量责任。下述【典型案例140】即为适例。其次，就分包范围内的质量问题，发包人存在选任过失，总承包人不存在配合、管理过失的，应由发包人与分包人分担质量责任，总承包人不承担质量责任。再次，就分包范围的质量问题，发包人不存在选任过失，总承包人存在配合、管理过失的，应由分包人承担质量责任，总承包人承担与其过错相适应的连带责任。该连带责任的范围取决于总承包人的过错大小，并非就全部损失承担连带责任。最后，就分包范围的质量问题，发包人存在选任过失，总承包人也存在配合、管理过失的，发包人应自行负担与其过错相适应的质量责任，分包人应承担发包人自行负担部分以外的质量责任，总承包人应对分包人的质量责任在其过错范围内承担相应的连带责任。就此，可参见人民法院在"浙江华厦建设集团有限公司与合肥耀华房地产开发有限公司建设工程施工合同纠纷案"①中对甲指分包人导致工期延误的责任分配。

---

① 典型案例186：浙江华厦建设集团有限公司与合肥耀华房地产开发有限公司建设工程施工合同纠纷案，最高人民法院（2015）民一终字第104号民事判决书。

典型案例 140

## 上海明捷置业有限公司与武汉凌云建筑装饰工程有限公司、上海新马建设（集团）有限公司建设工程施工合同纠纷案①

### 基本案情

2007年12月，上海明捷置业有限公司（以下简称明捷公司）与上海新马建设（集团）有限公司（以下简称新马公司）签订《建设工程施工合同》，约定明捷公司将系争工程交新马公司总承包。2008年10月27日，新马公司与武汉凌云建筑装饰工程有限公司（以下简称凌云公司）签订《捷城国际广场D标段20号楼酒店外幕墙工程施工承包合同》，约定新马公司将20号楼酒店外幕墙工程分包给凌云公司施工。该专业分包人系明捷公司选定；在实际施工过程中，主要由凌云公司与明捷公司直接联系；新马公司参与的方式是收取管理费、处理工程款的走账以及在施工中完成辅助配合工作。凌云公司于2008年5月进场施工，2009年12月底完工。2010年2月22日，系争工程所在整体工程经相关质检部门验收备案。2010年5月，明捷公司开业后，发现系争工程外幕墙玻璃存在陆续脱胶发花等质量问题。因协商无果，明捷公司遂诉至法院，要求凌云公司承担捷城国际广场20号楼酒店外幕墙的重作费用，新马公司承担连带赔偿责任。经委托鉴定，玻璃幕墙工程部分夹层玻璃存在脱胶问题，夹层玻璃脱胶主要与幕墙夹层玻璃自身质量有关，对已脱胶玻璃予以更换的修复费用为9,465,642元。人民法院在诉讼中查明，系争工程所采用的玻璃，系凌云公司在投标和报价过程中，提供了三个品牌供明捷公司选择，明捷公司选定道森品牌后，由凌云公司自行采购，并与供货方签订合同。凌云公司认为，道森玻璃系明捷公司选定，新马公司系收取了管理费的总承包人，二者均应分担相应责任。

① 典型案例140：上海明捷置业有限公司与武汉凌云建筑装饰工程有限公司、上海新马建设（集团）有限公司建设工程施工合同纠纷案，上海市第二中级人民法院（2017）沪02民终8524号民事判决书。

## 法院观点

上海市第二中级人民法院认为：首先，凌云公司作为系争工程的专业分包单位，由明捷公司指定分包，是该工程的实际施工人，应就其施工的系争工程的质量问题承担相应责任。其次，凌云公司以包工包料的方式承接工程，负责施工材料的验收工作，其应对工程中所使用材料的质量负责。凌云公司在投标和报价过程中提供了三个品牌供明捷公司选择，故明捷公司无论作出何种选择，都应建立在施工单位所提供的产品质量符合相关标准的前提下，故凌云公司关于因明捷公司指定道森品牌而使凌云公司免责或明捷公司担责的主张，不能成立。最后，凌云公司承接系争工程系由明捷公司指定，并直接与明捷公司联络工程事宜，新马公司并未实际参与实际施工。考虑系争工程存在的质量问题并非新马公司在工程的管理或配合上存在瑕疵或过错所致，收取的费用也只是 1.5%的配合管理费，故明捷公司要求新马公司承担连带责任的请求不能得到法院支持。法院据此判决凌云公司向明捷公司支付修复费用 9,465,642 元。

## 裁判规则 141

**在平行发包的模式下，各承包人就各自承包范围分别承担质量责任。但收取总包服务费的总承包人未妥善履行总包职责的，应在其过失范围内与承包人承担连带责任。**

发包人将建设工程按工程部位或专业进行分解，在分解的基础上发包给不同的承包人施工的，即构成平行发包。在平行发包的模式下，各承包人之间的关系是平行的，分别对发包单位负责，也即各承包人应就各自承包范围分别向发包人承担质量责任。在“江苏恒信置业有限公司与江苏双楼建设集团有限公司建设工程施工合同纠纷案”[①] 中，在发包人平行发包的情况下，针对发包人诉请承包人承担的质量保修责任的主张，法院即将该责任限定在该承包人实际施工的范围内。

① 参考案例 127：江苏恒信置业有限公司与江苏双楼建设集团有限公司建设工程施工合同纠纷案，江苏省南京市中级人民法院（2016）苏 01 民终 8666 号民事裁定书、江苏省南京市浦口区人民法院（2017）苏 0111 民初 2112 号民事判决书。

但在施工过程中，不同承包人之间必然会产生交叉影响与协调配合的问题。如后述【裁判规则 207】所持观点，在合同没有约定的情况下，因发包人平行发包导致的交叉施工、施工协调等，总承包人有权要求发包人支付由此产生的费用，[①] 即总包服务费。在此基础上，发包人可否以收取了总包服务费为由，要求总承包人就质量问题承担连带责任？总包服务费主要包括三方面的费用：一是材料、工程设备等的保管费用，二是施工现场的管理协调费用，三是竣工资料汇总整理等服务费用。因此，应当审视总承包人在履行这三方面职责时有无过失，且该过失与质量问题有无因果关系。如无过失，或虽有过失但该过失与质量问题无因果关系的，总承包人无须承担责任。就此，可参见下述【典型案例 141】。如有过失且该过失与质量问题有因果关系的，总承包人应承担与其过失相适应（而非全部）的质量责任，并在该责任范围内与承包人连带担责。

**典型案例 141**

## 海盐县人民医院与中元建设集团股份有限公司建设工程施工合同纠纷案[②]

### 基本案情

2008 年 7 月 11 日，海盐县人民医院（以下简称海盐县医院）与中元建设集团股份有限公司（以下简称中元公司）签订《建设工程施工合同》，约定：海盐县医院将该院迁建工程门急诊病房大楼工程发包给中元公司施工；工程的质量目标为确保合格，争创鲁班奖；工程获得鲁班奖，业主另行奖励 200 万元；若未取得钱江杯奖项，则支付违约金 200 万元。案涉工程于 2008 年 9 月 6 日开工、2009 年 12 月主体结顶、2010 年 5 月中旬通过中间验收。后海盐县医院以工程未取得钱江杯奖项为由诉至法院，要求中元公司支付违约金 200 万元。中元公司辩称，海盐县医院未为其平行发包的空调、消防工程、钢结构工程、智能化弱电系统工程、幕墙工程等办理施工许可证，致使案涉工程无法申报优质工程的评审，故应由海盐县医院自行

① 参见李玉生主编：《建设工程施工合同案件审理指南》，人民法院出版社 2019 年版，第 15 页。

② 典型案例 141：海盐县人民医院与中元建设集团股份有限公司建设工程施工合同纠纷案，浙江省嘉兴市中级人民法院（2018）浙 04 民终 2851 号民事判决书。

承担相应责任。经查，2011 年 11 月 10 日，中元公司及海盐县医院分别与其他平行分包单位签订《总分包管理三方责任协议书》，约定中元公司的总包管理及与其他平行分包单位签订的总分包合同仅用于竣工验收，合同约定的质量责任、评杯责任、保修责任仍由各平行分包公司履行完成，海盐县医院担保并督促其履行合同条款。案涉工程参评钱江杯的前提条件是获得南湖杯优质结构工程奖，中元公司申报南湖杯优质结构工程时，因海盐县平行发包的工程未取得建设工程施工许可证，导致申报材料被退回。

## 法院观点

嘉兴市中级人民法院认为，海盐县医院以案涉工程未取得钱江杯奖项，按照双方建设工程施工合同关于“若未取得钱江杯奖项，则支付违约金 200 万元”的约定，主张中元公司承担该违约金。因工程获得南湖杯优质结构工程奖是参评钱江杯奖项的前提，中元公司已申报嘉兴市标准化工地、南湖杯优质结构工程，鉴于施工许可证是建设单位进行工程施工的合法凭证，施工手续合法应当是工程申报标化工地等工程奖项的前提条件，而海盐县医院对其平行发包的工程未取得施工许可证，故中元公司的申报评杯材料被退回。因此，海盐县医院对其关于案涉工程未取得钱江杯的责任在于中元公司的主张，未提供证据予以证明，应当承担不利的后果，法院应当驳回海盐县医院要求中元公司承担违约责任的诉讼请求。

## 裁判规则 142

**承包人将建设工程直接转包或肢解转包的，承包人与转承包人应当对工程施工质量承担连带责任。**

签订建设工程施工合同后，承包人将工程直接转包或肢解转包的，未实际参与施工的承包人应否承担工程质量责任？

有观点认为，“工程转包中的转包人对工程不承担责任”①。但《建筑法》第 67 条第 1 款规定：“承包单位将承包的工程转包的，或者违反本法规定进行分包

① 王勇：《建设工程施工合同纠纷实务解析》，法律出版社 2017 年版，第 76 页。

的，责令改正，没收违法所得，并处罚款，可以责令停业整顿，降低资质等级；情节严重的，吊销资质证书。”第2款规定：“承包单位有前款规定的违法行为的，对因转包工程或者违法分包的工程不符合规定的质量标准造成的损失，与接受转包或者分包的单位承担连带赔偿责任。”据此，在转包的情况下，承包人与转承包人应当对建设工程质量承担连带责任。①

**典型案例142**

## 北方华锦化学工业股份有限公司与大连市政设施修建有限公司、大连神沟非开挖施工有限公司建设工程施工合同纠纷案②

### 基本案情

2008年7月7日、11月25日，北方华锦化学工业股份有限公司（以下简称华锦公司）与大连市政设施修建有限公司（以下简称市政公司）先后签订《施工承包合同》《补充协议》，约定华锦公司将营口大清河南、北二支定向钻穿越二根工作管工程发包给市政公司施工。其后，市政公司将该工程转包给大连神沟非开挖施工有限公司（以下简称神沟公司）。工程完工后，经验收交付使用。2013年5月20日，华锦公司发现营口大清河南支地下穿越原油管线在河中部分油管浮出水面。神沟公司承认穿越工程后半程不符合设计要求，同意华锦公司对此事故自行或委托第三方改造施工。后华锦公司组织施工人员架设了临时石油管线，重新委托施工单位按照新的施工图另行施工穿越了一条新的地下石油管线，对大清河北支石油管线采取了加固措施。后因赔偿问题协商未果，华锦公司诉至法院，要求市政公司、神沟公司赔偿各项损失28,372,262元。市政公司辩称，华锦公司无权要求其承担连带

① 参见谢勇：《〈最高人民法院关于审理建设工程施工合同纠纷案件适用法律问题的解释（一）〉的理解与适用》，载最高人民法院民事审判第一庭编：《民事审判指导与参考》总第85辑，人民法院出版社2021年版。

② 典型案例142：北方华锦化学工业股份有限公司与大连市政设施修建有限公司、大连神沟非开挖施工有限公司建设工程施工合同纠纷案，辽宁省高级人民法院（2019）辽民终294号民事判决书、最高人民法院（2019）最高法民申5769号民事裁定书。

赔偿责任。

## 法院观点

最高人民法院认为，市政公司在中标后未按工程设计及施工要求完成施工，且未经发包方华锦公司同意，擅自将案涉工程转包给神沟公司施工，市政公司显然存在过错。事实上，亦因实际施工人神沟公司所施工的大清河南、北支石油管线埋深严重背离设计及规范要求，给华锦公司造成损失。根据《建筑法》第 67 条的规定，市政公司与神沟公司应当承担连带赔偿责任。

## 裁判规则143

**承包人承接工程后进行分包，无论是专业分包还是劳务分包，承包人与分包人均应就工程施工质量承担连带责任。**

工程分包分为专业工程分包与劳务作业分包。在专业分包的情况下，对专业分包人完成的工程部分，总承包人应当与专业分包人共同对发包人承担质量连带责任。有争议的是劳务作业分包。有观点认为，“劳务分包合同标的是劳务作业，技术含量低，与工程成果无关”，“劳务分包情形下，劳务分包人对总承包人或者分包人负责，不对发包人负责”①。如果劳务分包部分出现质量问题的，应按照合同相对性，由劳务分包人对总承包人承担责任、总承包人对发包人承担责任，劳务分包人无须与承包人对发包人承担连带责任。

从现行规范来看，《民法典》第 791 条第 2 款规定：“总承包人或者勘察、设计、施工承包人经发包人同意，可以将自己承包的部分工作交由第三人完成。第三人就其完成的工作成果与总承包人或者勘察、设计、施工承包人向发包人承担连带责任……”《建筑法》第 29 条第 2 款规定：“建筑工程总承包单位按照总承包合同的约定对建设单位负责；分包单位按照分包合同的约定对总承包单位负责。总承包单位和分包单位就分包工程对建设单位承担连带责任。”《建设工程施工合同解释（一）》第 15 条规定：“因建设工程质量发生争议的，发包人可以以总承包人、分

① 王勇：《建设工程施工合同纠纷实务解析》，法律出版社 2017 年版，第 78 页。

包人和实际施工人为共同被告提起诉讼。”上述规定并未区分专业分包与劳务分包，一律要求“总承包单位和分包单位就分包工程对建设单位承担连带责任”。因此，就劳务作业部分，劳务分包人应当与总承包人、专业分包承包人（在专业分包承包人分包劳务作业的情况下）共同对建设工程发包人负责。①

**典型案例 143**

## 鄂尔多斯市鑫聚源化工有限公司<br>与徐州中煤钢结构建设有限公司、<br>徐州宏源钢结构安装有限公司等建设工程施工合同纠纷案②

### 基本案情

2009年8月1日，经招投标，鄂尔多斯市鑫聚源化工有限公司（以下简称鑫聚源公司）与徐州中煤钢结构建设有限公司（以下简称中煤公司）签订《建设工程施工承包合同》，约定中煤公司承建扎萨克镇物流园区储煤棚网架结构工程。2010年3月20日，中煤公司与徐州宏源钢结构安装有限公司（以下简称宏源公司）签订《工程劳务分包合同书》，约定中煤公司将储煤棚网架结构工程劳务施工部分分包给宏源公司。2010年4月21日，中煤公司与宝冶公司签订《技术服务合同》，约定中煤公司委托宝冶公司对鑫聚源札萨克镇物流园区储煤棚网壳进行液压提升技术服务。2010年9月29日17时，钢结构网架在提升过程中发生坍塌。2011年3月25日，鄂尔多斯市人民政府作出的鄂府函〔2011〕50号《批复》认定：(1）宝冶公司对该起事故的发生负有直接管理责任；(2）鑫聚源公司在该起事故中负有主要管理责任；(3）中景公司在该起事故中未认真履行监理责任，负有监理不力的责任；(4）中煤公司在该起事故中负有施工组织管理不善的责任；(5）浙大建筑设计院对提升过程中的安全技术指导监控不力，在该起事故中负有技术指导责任；(6）宏源公司在该起事故中负有管理不力的责任；(7）管委会在该起事故

① 参见最高人民法院民事审判第一庭编著：《最高人民法院新建设工程施工合同司法解释（一）理解与适用》，人民法院出版社2021年版，第59、63页。

② 典型案例143：鄂尔多斯市鑫聚源化工有限公司与徐州中煤钢结构建设有限公司、徐州宏源钢结构安装有限公司等建设工程施工合同纠纷案，最高人民法院（2016）最高法民终267号民事判决书。

中负有管理责任；(8) 伊金霍洛旗有关行政主管部门在该起事故中负有管理责任。后鑫聚源公司诉至法院，要求中煤公司赔偿因其违约给鑫聚源公司造成的经济损失6000万元，宝冶公司、宏源公司承担连带赔偿责任。经审查认定，事故导致的损失为18,606,360元。

## 法院观点

最高人民法院认为，根据《批复》的内容可知，提升工程施工方案存在漏洞，是造成案涉事故的直接原因。首先，中煤公司作为该工程的施工单位，违反相关法律规定和合同约定，未尽到安全生产责任，已构成违约，应当承担相应民事责任。其次，在鑫聚源公司对案涉事故亦负有相应责任的情况下，应当就事故造成的经济损失予以分担。就鑫聚源公司与中煤公司之间的责任比例，酌定为各自承担50%。再次，根据《技术服务合同》的内容可知，宝冶公司负责编制该工程的液压同步提升方案并负责液压提升作业，故该合同性质应当认定为分包合同。《批复》载明，宝冶公司制定的提升施工方案存在漏洞是导致事故发生的直接原因。根据《建筑法》第29条第2款的规定，鑫聚源公司要求宝冶公司就未能保证安全生产导致发生事故造成的经济损失，与中煤公司承担连带赔偿责任的主张，具有事实和法律依据，人民法院应予支持。最后，案涉提升工程不属于宏源公司劳务分包合同的内容，故宏源公司不应与中煤公司承担连带赔偿责任。法院据此判决中煤公司赔偿鑫聚源公司经济损失9,303,180元，宝冶公司对该损失赔偿承担连带责任。

## 裁判规则144

**承包人将建设工程分包的，无论是违法分包还是合法分包，承包人与分包人均应就工程施工质量承担连带责任。**

《建筑法》第67条第1款规定："承包单位将承包的工程转包的，或者违反本法规定进行分包的，责令改正，没收违法所得，并处罚款，可以责令停业整顿，降低资质等级；情节严重的，吊销资质证书。"第2款规定："承包单位有前款规定的违法行为的，对因转包工程或者违法分包的工程不符合规定的质量标准造成的损失，与接受转包或者分包的单位承担连带赔偿责任。"据此，承包人将建设工程违法分包的，承包人与违法分包人应就工程质量承担连带责任。那么合法分包呢？

从现行规范来看，《建筑法》第55条规定："……总承包单位将建筑工程分包给其他单位的，应当对分包工程的质量与分包单位承担连带责任……""从文义看，该条规定未区分合法分包与违法分包。"[①] 尤为重要的是，《建筑法》第67条第1款规定："承包单位将承包的工程转包的，或者违反本法规定进行分包的，责令改正，没收违法所得，并处罚款，可以责令停业整顿，降低资质等级；情节严重的，吊销资质证书。"第2款规定："承包单位有前款规定的违法行为的，对因转包工程或者违法分包的工程不符合规定的质量标准造成的损失，与接受转包或者分包的单位承担连带赔偿责任。"因此，承包人将建设工程分包的，无论是违法分包还是合法分包，承包人与分包人均应就工程施工质量承担连带责任。

**典型案例 144**

## 北京通州房地产开发有限责任公司与北京华翔建筑工程有限公司等建设工程施工合同纠纷案[②]

### 基本案情

2011年7月1日，北京通州房地产开发有限责任公司（以下简称通房开公司）与北京华翔建筑工程有限公司（以下简称华翔公司）签订4份《建设工程施工合同》，约定华翔公司承建西上园小区（东区）二期相关楼栋及配套公建、配套设施等。2012年5月9日，就西上园小区东区（二期）相关楼栋的外墙保温、涂料施工，华翔公司与京信诚公司、富思特公司分别签订八份施工合同，约定京信诚公司负责提供青岛科瑞STP保温系统材料，富思特公司负责保温施工及涂料材料供应与施工。2012年12月17日至2013年3月19日，案涉楼栋的外墙保温、涂料施工工程陆续竣工验收合格。在使用过程中，各楼外立面均出现了不同程度的起鼓现象，部分墙面存在开裂、饰面层脱落等现象。后通房开公司诉至法院，要求华翔公

① 谢勇：《建设工程施工合同案件裁判规则解析》，中国法制出版社2020年版，第165页。

② 典型案例144：北京通州房地产开发有限责任公司与北京华翔建筑工程有限公司等建设工程施工合同纠纷案，北京市第三中级人民法院（2021）京03民终12794号民事判决书、北京市高级人民法院（2021）京民申7453号民事裁定书。

司支付维修费、鉴定费、村民取暖补偿费等，并要求富思特公司、京信诚公司承担连带赔偿责任。经鉴定，涉案工程存在质量问题，富思特公司的施工不符合规范要求，京信诚公司提供的保温材料与工程质量瑕疵之间具有因果关系。

## 法院观点

北京市第三中级人民法院（二审法院）与北京市高级人民法院（再审审查法院）均认为，通房开公司与华翔公司签订的《建设工程施工合同》及华翔公司、京信诚公司、富思特公司签订的施工合同，系各方当事人的真实意思表示，不违反法律、法规的强制性规定，合法有效。因建设工程质量发生争议的，发包人可以以总承包人、分包人和实际施工人为共同被告提起诉讼。首先，涉案工程存在质量问题，总承包方华翔公司应向发包方通房开公司承担赔偿责任。其次，富思特公司的施工存在不符合规范要求等问题，其作为实际施工方，应与总承包方华翔公司一同对案涉工程质量问题在其责任范围内承担连带责任。最后，京信诚公司作为材料供应商，其提供的保温材料与工程质量瑕疵之间具有因果关系，应在其责任范围内承担连带责任。法院据此判决华翔公司赔偿通房开公司维修费、司法鉴定费、居民取暖补偿费共计 14, 557, 850 元，京信诚公司在 10, 190, 495 元范围内承担连带责任，富思特公司在 4, 367, 355 元范围内承担连带责任。

## 裁判规则 145

**建设工程被多层转包、分包的，承包人、转承包人、分包人等所有环节的参与主体，均应就施工质量向发包人承担连带责任。**

在建设工程施工领域，层层转包、分包的情形大量存在。在这类情形下，应当如何确定施工质量责任的主体？

《建筑法》第 67 条第 1 款规定："承包单位将承包的工程转包的，或者违反本法规定进行分包的，责令改正，没收违法所得，并处罚款，可以责令停业整顿，降低资质等级；情节严重的，吊销资质证书。"第 2 款规定："承包单位有前款规定的违法行为的，对因转包工程或者违法分包的工程不符合规定的质量标准造成的损失，与接受转包或者分包的单位承担连带赔偿责任。"在此基础上，《建设工程施工合同解释（一）》第15条规定："因建设工程质量发生争议的，发包人可以以总承包人、分包人和实际施工人为共同被告提起诉讼。"按照该条规定，"总承包人、分包人、实际施工人均应对工程质量负责，出现质量问题时需承担连带责任"[①]。据此，建设工程多层转包、分包的，承包人、转承包人、分包人等所有环节的参与主体，均应就施工质量向发包人承担连带责任。

**典型案例 145**

## 广西长洲水电开发有限责任公司与广州市水电建设工程有限公司、甘肃古典建设集团有限公司、甘肃省永靖古典建筑工程总公司金源公司等建设工程施工合同纠纷案[②]

### 基本案情

2006年，广西长洲水电开发有限责任公司（以下简称长洲公司）将案涉工程发包给广州市水电建设工程有限公司（以下简称广州公司）。后广州公司以梧州项目经理部名义与甘肃古典建设集团有限公司（以下简称古典公司）、甘肃省永靖古典建筑工程总公司金源公司（以下简称金源公司）签订《工程施工劳务合同》《工程施工补充合同》，将工程转包给古典公司、金源公司。2008年3月，古典公司、金源公司将案涉南安、安平河两项工程移交给长洲公司。2008年西江流域发生特大洪水，案涉工程遭遇一定程度的毁损。经鉴定，工程存在混凝土强度不达标的问题，需进行除险加固。后长洲公司诉至法院，要求广州公司、梧州项目经理部、古典公司、金源公司连带承担除险加固的费用。古典公司、金源公司辩称，其不应对除险加固费承担连带清偿责任。

---

① 最高人民法院民事审判第一庭编著：《最高人民法院新建设工程施工合同司法解释（一）理解与适用》，人民法院出版社2021年版，第154页。

② 典型案例145：广西长洲水电开发有限责任公司与广州市水电建设工程有限公司、甘肃古典建设集团有限公司、甘肃省永靖古典建筑工程总公司金源公司等建设工程施工合同纠纷案，最高人民法院（2018）最高法民申2584号民事裁定书。

## 法院观点

最高人民法院认为：首先，鉴定意见表明，案涉工程因混凝土强度不合格，没有严格按照规范施工导致安全隐患。因此，案涉工程存在质量问题。其次，由于除险加固问题发生在案涉工程遭遇洪水之后，相关鉴定不能区分该问题是由于洪水造成的还是因施工质量不合格造成的。但工程质量存在问题必然导致工程抵抗洪水时存在安全隐患，是造成损失的不可推卸的原因之一。故酌定长洲公司对除险加固费承担60%的主要责任，广州公司、梧州项目经理部承担40%的次要责任。最后，《2004年建工解释》第25条规定："因建设工程质量发生争议的，发包人可以以总承包人、分包人和实际施工人为共同被告提起诉讼。"《建筑法》第67条规定："承包单位将承包的工程转包的，或者违反本法规定进行分包的，责令改正，没收违法所得，并处罚款，可以责令停业整顿，降低资质等级；情节严重的，吊销资质证书。承包单位有前款规定的违法行为的，对因转包工程或者违法分包的工程不符合规定的质量标准造成的损失，与接受转包或者分包的单位承担连带赔偿责任。"据此，实际施工人古典公司与金源公司对广州公司、梧州项目经理部所应承担的40%次要责任应负连带清偿责任。

## 裁判规则146

**承包人向发包人承担质量责任之后，有权向导致质量问题的实际施工人追偿。在追偿时，应根据承包人是否有过错，确定承包人应否参与质量责任的分担及分担比例。**

如前所述，在多层转包、分包的情形下，承包人、转承包人、分包人等所有环节的参与主体，应就施工质量向发包人承担连带责任。虽然《建设工程施工合同解释（一）》第15条规定，"因建设工程质量发生争议的，发包人可以以总承包人、分包人和实际施工人为共同被告提起诉讼"，但基于连带债务的基本规则，[①]

① 《民法典》第518条第1款规定："债权人为二人以上，部分或者全部债权人均可以请求债务人履行债务的，为连带债权；债务人为二人以上，债权人可以请求部分或者全部债务人履行全部债务的，为连带债务。"

发包人也可以仅以承包人为被告，要求承包人承担质量责任。若此，承包人在承担责任后就会发生向实际施工人追偿的问题。

实际施工人实际完成施工内容，就该部分工程对应的工程款，承包人虽会收取相应的费用（以管理费、转包费等名义），但绝大部分由实际施工人收取。因此，在质量责任的最终分配上，实际施工人理应承担大部分乃至全部责任。至于承包人应否参与质量责任的分担，则应考察承包人是否有过错。如果承包人合法分包，且无配合、管理过失的，则可向实际施工人全额追偿，自身无须分担质量责任；如果承包人违法转包或分包，或者虽系合法分包但存在配合、管理过失的，则应根据其自身过错分担相应质量责任，由此与实际施工人承担按份责任。

**典型案例 146**

## 中铁隧道股份有限公司与华邦建投集团股份有限公司、甘肃省公路航空旅游投资集团有限公司建设工程施工合同纠纷案①

### 基本案情

2007 年 10 月，经招投标，中铁隧道股份有限公司（以下简称中隧公司）中标甘肃省公路航空旅游投资集团有限公司（以下简称公航旅公司）建设的连霍国道主干线（GZ45）天定高速公路土建工程施工项目 TD3 合同段工程。2008 年 3 月 15 日，中隧公司和华邦建投集团股份有限公司（以下简称华邦公司）签订《联合施工合同》，约定华邦公司承建甘肃省天定高速 TD3 标段全部工程，中隧公司收取与业主结算工程款总额 4%的管理费。在施工过程中，多次检查均发现偷工减料现象。在完工后，案涉工程仅做了交工验收，未进行竣工验收，并于 2011 年 5 月 31 日正式通车运行。2011 年 6 月，甘肃省交通基建工程质量监督站对案涉工程进行质量检测，《试验检测报告》载明，混凝土厚度合格率部分段落低于 90%（低于 90%的评定为不合格）。中隧公司就案涉工程存在的质量缺陷等问题组织施工维修

① 典型案例 146：中铁隧道股份有限公司与华邦建投集团股份有限公司、甘肃省公路航空旅游投资集团有限公司建设工程施工合同纠纷案，最高人民法院（2022）最高法民终 291 号民事判决书。

后，诉至法院，要求华邦公司赔偿中隧公司已承担及将承担的维修费用。经法院委托鉴定，华邦公司施工部分对应的维修费用为136,766,912.39元。

## 法院观点

最高人民法院认为，在案涉工程出现质量问题时，中隧公司作为承包方，应依合同约定向业主方承担相应的违约责任。承包方在向业主方承担工程质量问题的违约责任后，还需与实际施工方在各自过错范围内分担因质量问题造成的损失。在建设工程转包情形下，转包人仍然负有对工程施工主体的选任以及工程施工现场的监督、管理职责。转包人自业主方处取得工程后，如果将工程转包给不具有相应施工资质的企业或个人进行施工，或者对实际施工方进行错误的指示造成质量问题，或者怠于履行施工现场的监督和管理职责出现质量问题的，应当认定具有一定的过错，因此应就其具体的过错情况，与实际从事施工活动的转承包人分担因质量问题造成的损失。在本案中，未见中隧公司针对发包方通报批评的问题采取必要的整改措施，也未见中隧公司及时履行施工现场监督管理职责，据此可以认定中隧公司对于华邦公司施工部分出现的质量问题具有一定的过错。结合工程后续维修的情况等因素并综合考量双方过错程度，法院酌定华邦公司承担其施工部分因质量问题产生的90%的维修费用（123,090,221.15元），中隧公司承担华邦公司施工部分因质量问题产生的10%的维修费用（13,676,691.24元）。

## 裁判规则147

**挂靠人与被挂靠人应当就工程质量承担连带责任。被挂靠人在对发包人承担质量责任之后向挂靠人追偿时，因其自身也应负担相应的质量责任，故不得向挂靠人全额追偿。**

《建设工程施工合同解释（一）》第7条规定："缺乏资质的单位或者个人借用有资质的建筑施工企业名义签订建设工程施工合同，发包人请求出借方与借用方对建设工程质量不合格等因出借资质造成的损失承担连带赔偿责任的，人民法院应予支持。"那么在挂靠人与被挂靠人之间，应当如何确定该质量责任的分配？

有观点认为，如发包人要求挂靠人与被挂靠人就工程质量承担连带责任，则必须证明建设工程质量不合格的损失是因借用资质所造成，二者存在因果关系。[①] 该观点貌似合理，实则无法成立。一方面，大量由挂靠人施工的工程质量合格，说明质量是否合格与挂靠行为没有因果关系。另一方面，《建筑法》第66条规定："建筑施工企业转让、出借资质证书或者以其他方式允许他人以本企业的名义承揽工程的，责令改正，没收违法所得，并处罚款，可以责令停业整顿，降低资质等级；情节严重的，吊销资质证书。对因该项承揽工程不符合规定的质量标准造成的损失，建筑施工企业与使用本企业名义的单位或者个人承担连带赔偿责任。"该条基于挂靠行为违法，直接要求挂靠人与被挂靠人就工程质量承担连带责任，并未要求建设工程质量不合格与借用资质之间存在因果关系。据此，对工程质量责任，挂靠人与被挂靠人应当承担连带责任，无须考察建设工程质量不合格与借用资质之间是否存在因果关系。

如前所述，基于连带债务的基本规则，发包人可能仅以被挂靠人为被告，要求其承担质量责任。被挂靠人承担责任之后则会向挂靠人主张追偿权。较多观点认为，挂靠人是事实上的承包人，被挂靠人仅是名义上的承包人，故被挂靠人有权向挂靠人全额追偿，自身无须承担终局的质量责任。[②]《北京市高级人民法院审理民商事案件若干问题的解答之五（试行）》（京高法发〔2007〕168号）第47条第3款规定："在被挂靠者对外承担责任的范围内，被挂靠者对挂靠者享有追偿权。"但是，挂靠行为本身是违法行为，挂靠行为构成挂靠人实际施工、进而引发质量问题的前提条件，且被挂靠人基于挂靠行为通常会收取一定金额的挂靠费。站在权责利相平衡的角度，被挂靠人也应负担一定比例的终局质量责任。若此，在被挂靠人与挂靠人之间则形成彼此分担质量责任的按份责任形态。当然，在责任比例上，挂靠人作为事实上的承包人，理应负担绝大部分的质量责任。

---

① 参见最高人民法院民事审判第一庭编著：《最高人民法院新建设工程施工合同司法解释（一）理解与适用》，人民法院出版社2021年版，第85页。

② 参见董建中、高玲：《建筑行业挂靠纠纷审理中存在的问题及解决对策》，载《法律适用》2007年第6期。

典型案例 147

## 江西省荣翔建设有限公司与罗清平合同纠纷案①

### 基本案情

2012年10月17日，江西省荣翔建设有限公司（以下简称荣翔公司）与罗清平签订《工程项目经济责任承包合同》，约定荣翔公司承建的“北部新区第一人民医院门诊综合大楼平基土石方工程”项目交由罗清平承包。同日，罗清平向荣翔公司出具《承诺书》，称施工中出现的一切工程质量、保修和施工中发生的安全事故及经济损失和相关责任，均由罗清平承担，罗清平按合同价款的1.5%向荣翔公司支付管理费。2012年10月31日，荣翔公司与发包人就“北部新区第一人民医院门诊综合大楼平基土石方工程”签订了《施工合同》。之后，该工程由罗清平实际施工建设。2013年2月3日，该工程发生基坑边坡滑塌的施工事故，发包方起诉要求荣翔公司赔偿。终审判决荣翔公司承担30%的赔偿责任，即3,311,927.90元。诉讼中，罗清平支付律师费6万元，荣翔公司承担鉴定费4.5万元。在该案执行程序中，荣翔公司被执行金额为3,386,666.75元。此外，2016年9月，因该项目发生工伤事故，荣翔公司被执行工伤赔偿款、诉讼费共计205,880元。后荣翔公司诉至法院，要求罗清平赔偿损失4,062,158.72元。

### 法院观点

一审法院（浮梁县人民法院）认为，罗清平向荣翔公司出具的《承诺书》虽然对外无效，但依据诚实信用原则，对双方仍应具有约束力，荣翔公司因该工程承担、垫付的合理损失，包括被执行扣划的3,386,666.75元、205,880元及鉴定费4.50万元，罗清平应予返还。据此判决，罗清平偿还荣翔公司代付款3,637,546.75元。罗清平上诉称，荣翔公司明知挂靠而允许挂靠，且系有偿出借资质，根据权利义务相一致的原则，荣翔公司应当承担相应的过错责任。景德镇市中级人民法院在二审中

① 典型案例147：江西省荣翔建设有限公司与罗清平合同纠纷案，江西省景德镇市中级人民法院（2019）赣02民终564号民事判决书。

认为：罗清平明知自身不具备施工资质、明知法律禁止挂靠，却仍借用荣翔公司资质承建工程，主观上存在过错，应当对工程中的损失承担直接责任；荣翔公司明知法律禁止出借资质，对承包合同的订立、履行均存在一定过错，对工程中的损失亦应承担一定责任。罗清平出具的《承诺书》不能免除荣翔公司因其过错而应承担的责任。否则，将助长建筑市场上出借资质的不良风气，有违社会公序良俗。案涉损失共计3,697,546.75元（荣翔公司实际支付3,637,546.75元+罗清平支付的律师费6万元），酌定双方的过错比例为8：2，即罗清平应承担损失的80%，即2,958,037.40元，荣翔公司应承担损失的20%，即739,509.35元。据此，荣翔公司可向罗清平追偿2,898,037.40元。

## 4.5 发包人对工程质量的异议

在实践中，针对承包人支付工程款的请求，发包人往往以工程存在质量问题为由，要求减少工程款或拒绝支付工程款，抑或要求承包人赔偿损失。如【裁判规则118】所述，建设工程竣工验收合格后，或虽未竣工验收但发包人实际使用的，即进入质量保证期，由承包人承担质量保证责任。发包人不得再以质量不合格为由，拒绝支付工程款或要求减少工程价款。除这一情形外，就发包人提出的工程质量问题，应当根据工程是否竣工验收合格或被发包人实际使用的事实，并结合发包人的主张究竟属于反诉还是抗辩的情况，分别处理。

### 裁判规则148

**承包人请求发包人支付工程价款，如建设工程既未竣工验收合格也未实际使用，发包人以存在质量问题为由主张不付或少付工程款的，按抗辩处理。**

对于既未竣工验收合格、发包人也未实际使用的工程，如承包人请求发包人支付工程价款，发包人以存在质量问题为由要求不付或少付工程款的，应当如何处理？

实务界普遍认为，承包人请求发包人支付工程价款，如果建设工程既未竣工验收合格也未被实际使用，发包人以存在质量问题为由主张不付或少付工程款的，对发包人的主张应当按抗辩处理，发包人无须提起反诉。广东省高级人民法院[1]、江苏省高级人民法院[2]、浙江省高级人民法院[3]、安徽省高级人民法院[4]、重庆市高级人民法院与四川省高级人民法院[5]均持这一观点。

上述观点的理由在于，在承包人请求给付工程欠款时，发包人提出工程有质量瑕疵，请求减少给付工程价款的数额，是因承包人未履行其义务——交付合格工程，而导致发包人提出拒绝履行支付约定工程款义务的抗辩。这一抗辩仅导致发包人不按合同约定的数额支付工程款，而未产生新的诉讼法律关系，也没有导致诉的增加。因此，其并未形成一个独立的诉。[6] 其实质是“发包人以建设工程质量不合格为由直接对抗承包人关于支付欠付工程款的诉讼请求”[7]，而非抵销或者吞并承包人的诉讼请求，[8] 故应纳入发包人抗辩的范畴。据此，对于既未竣工验收合格、发包人也未实际使用的工程，针对承包人支付工程款的请求，如果发包人以存在质

---

① 原《广东省高级人民法院关于审理建设工程施工合同纠纷案件若干问题的指导意见》(粤高法发〔2011〕37号)第1条第1款规定：“工程欠款纠纷案件中，发包人以建设工程质量不符合合同约定为由主张付款条件未成就的，可以作为抗辩处理。”

② 《江苏省高级人民法院建设工程案件审判指南（2012年）》第八部分“建设工程的质量”第1条第3款第2项规定：“发包人以质量不符合约定为由请求拒付或减付工程款，但没有提出承包人因质量不符合约定应当承担的违约金或赔偿金的，其请求不具备民事诉讼法‘诉’的全部条件，只是对承包人请求的一种对抗理由，根据《民事诉讼法》第108条的规定，这种情形下的诉求视为抗辩权的行使，发包人无须提起反诉，对发包人这一抗辩意见应当审查。发包人抗辩成立的，应当直接支持其意见。”

③ 《浙江省高级人民法院民事审判第一庭关于审理建设工程施工合同纠纷案件若干疑难问题的解答》(浙法民一〔2012〕3号)第9条中规定：“承包人诉请给付工程价款，发包人以工程质量不符合合同约定或国家强制性的质量规范标准为由，要求减少工程价款的，按抗辩处理。”

④ 《安徽省高级人民法院关于审理建设工程施工合同纠纷案件适用法律问题的指导意见（二）》(2013年12月23日)第6条第1款规定：“尚未竣工验收或使用的建设工程，承包人主张工程价款，发包人以工程质量不符合合同约定或者国家质量标准为由，主张减少工程价款或者扣除修复费用的，属于抗辩。”

⑤ 《重庆市高级人民法院、四川省高级人民法院关于审理建设工程施工合同纠纷案件若干问题的解答》(渝高法〔2022〕156号)第4条第2款第2项规定：“发包人根据《最高人民法院关于审理建设工程施工合同纠纷案件适用法律问题的解释（一）》第十二条之规定主张减少支付工程价款的，发包人能够举证证明应当减少的工程价款数额或者合理修复费用的，人民法院可以从工程价款中予以扣除。”

⑥ 参见孙延平：《发包人对工程质量缺陷有过错的应承担民事责任》，载最高人民法院民事审判第一庭编：《民事审判指导与参考》总第20集，法律出版社2005年版。

⑦ 谢勇：《建设工程施工合同案件裁判规则解析》，中国法制出版社2020年版，第181页。

⑧ 参见最高人民法院民事审判第一庭编著：《最高人民法院新建设工程施工合同司法解释（一）理解与适用》，人民法院出版社2021年版，第134页。

量问题为由主张不付或少付工程款的，或者以承包人在施工过程中存在偷工减料、未按图施工等情形要求减少工程价款的，又或者因承包人拒绝维修工程而另行委托他人修复后主张抵扣修复费用的（仅限竣工验收时发现的质量问题），均应当按抗辩处理。①

**典型案例 148**

## 孙某与某公司建设工程施工合同纠纷案②

### 基本案情

某公司承接了周口市交通路碧桂园工程项目。2021 年 5 月 18 日，该工程项目部负责人李带龙与孙某签订《涂料施工劳务合同》，约定孙某承接周口市交通路碧桂园项目工程 1—3 号楼、5—10 号楼设计范围内的所有涂料工程。在施工过程中，2022 年 6 月 11 日晚，某公司通过“周口项目施工群”向孙某发出工作联系函，告知孙某，“上述维修及交付节点早已在群内通报，你方维修工作面仍出现大量质量问题”，要求孙某增加人手，尽快完成维修工作。孙某回复称，“6 号楼仅剩 14 层没维修好，剩余的标准层已维修完成”。后孙某诉至法院，要求某公司支付工程欠款。某公司抗辩称，案涉项目未验收合格，且孙某拒绝提供维修服务，故孙某的诉讼请求不能成立。经查，案涉工程尚未进行竣工验收。孙某认为，已有人对案涉工程中的房屋进行了装修，即该工程已投入使用，但并未提供有效证据证明。

### 法院观点

周口市川汇区人民法院（一审法院）与周口市中级人民法院（二审法院）认为，承包人要求支付工程价款的，需以工程质量合格为前提。由于涉案工程尚未进行竣工验收，工程质量是否合格处于不确定状态，孙某认为案涉工程已投入使用，但未提供足够的证据予以证明，故孙某要求某公司支付工程价款缺乏法律依

① 参见最高人民法院民事审判第一庭编著：《最高人民法院新建设工程施工合同司法解释（一）理解与适用》，人民法院出版社 2021 年版，第 164、165 页。

② 典型案例 148：孙某与某公司建设工程施工合同纠纷案，河南省周口市中级人民法院（2023）豫 16 民终 528 号民事判决书。

据。某公司辩称，案涉工程未验收合格，且存在质量问题。从查明的情况看，孙某未按要求进行维修。据此，法院认定孙某的请求不能成立，应予驳回。孙某可在能够证明案涉工程竣工验收合格，或确已投入使用的情况下，另行提出主张。

## 裁判规则149

**承包人请求发包人支付工程价款，发包人以存在质量问题为由，要求承包人赔偿损失或支付违约金的，按反诉处理。但建设工程施工合同另有约定的除外。**

《建设工程施工合同解释（一）》第16条规定："发包人在承包人提起的建设工程施工合同纠纷案件中，以建设工程质量不符合合同约定或者法律规定为由，就承包人支付违约金或者赔偿修理、返工、改建的合理费用等损失提出反诉的，人民法院可以合并审理。"该规定将发包人要求"承包人支付违约金或者赔偿修理、返工、改建的合理费用"的主张纳入反诉的范畴。

与发包人要求少付或不付工程款不同，针对承包人请求发包人支付工程价款的诉请，发包人以存在质量问题为由，要求承包人赔偿损失或支付违约金的，其实质是"以承包人应承担的违约责任、赔偿责任抵顶建设工程价款"，"包含了承包人承担违约金责任及赔偿损失责任的诉讼请求"①，构成独立的诉，故发包人应当单独提起诉讼或提起反诉解决。② 如果发包人仅以抗辩的方式提出，而未另行起诉或提起反诉的，对发包人的这一主张应不予审查。③ 下述【典型案例149】即为适例。

针对承包人支付工程款的请求，除质量问题本身，发包人以建设工程质量瑕疵

---

① 谢勇：《建设工程施工合同案件裁判规则解析》，中国法制出版社2020年版，第181页。

② 《北京市高级人民法院关于审理建设工程施工合同纠纷案件若干疑难问题的解答》（京高法发〔2012〕245号）第28条第2项规定："工程尚未进行竣工验收且未交付使用，发包人以工程质量不符合合同约定为由要求拒付或减付工程款的，可以按抗辩处理；发包人要求承包人支付违约金或者赔偿修理、返工或改建的合理费用等损失的，应告知其提起反诉或另行起诉。"

③ 《江苏省高级人民法院建设工程案件审判指南（2012年）》第八部分"建设工程的质量"第1条第3款第1项规定："发包方以工程质量存在问题为由要求承包人支付违约金或赔偿金的，其诉求不仅明确而且具体，具备民事诉讼法'诉'的全部条件，属于独立的诉。发包人不提出反诉的，原则上不在本诉中审查。"

造成财产损失或人身损害为由，要求承包人承担赔偿责任的，也应提出反诉。[①] 此外，发包人以承包人逾期完工为由，要求承包人承担逾期完工责任的，也系独立的诉讼请求，应当通过反诉的方式解决。就此，可参见“南通新华建筑集团有限公司与遵化市天之润房地产开发有限公司建设工程施工合同纠纷案”[②]。

所谓建设工程施工合同另有约定的除外，即如双方在合同中明确约定可以直接将工程质量违约金或赔偿金从应付工程款中扣减，发包人据此提出扣减请求的，因双方已有明确约定，故该请求可以视为约定抵销权的行使，故发包人无须提起反诉。[③] 就此问题，详见下述【裁判规则 150】。

**典型案例 149**

## 新安县人民政府与中国水利水电第十一工程局建设工程施工合同纠纷案[④]

### 基本案情

1994 年至 1995 年 12 月 28 日，就新峪公路部分路段，中国水利水电第十一工程局（以下简称第十一工程局）与新安县公路指挥部先后签订《新峪路太北段改建工程施工承包合同书》《新安县许横公路工程改建承包合同书》等五份合同。在施工完成后，第十一工程局向新安县人民政府（以下简称新安县政府）追索工程款。新安县政府在一审中抗辩称，工程存在质量问题，一审法院（河南省高级人民法院）未予采信。新安县政府在上诉中再次提出，第十一工程局在施工中偷工减料，工程存在严重质量问题，新安县政府支出公路返修费用 2,947,577.31 元。另外由于第十一工程局不具备修建隧道及路面铺油的施工能力，没有相应的

① 参见孙延平：《发包人对工程质量缺陷有过错的应承担民事责任》，载最高人民法院民事审判第一庭编：《民事审判指导与参考》总第 20 集，法律出版社 2005 年版。

② 典型案例 309：南通新华建筑集团有限公司与遵化市天之润房地产开发有限公司建设工程施工合同纠纷案，最高人民法院（2019）最高法民终 3 号民事判决书。

③ 参见杨心忠等：《建设工程合同纠纷裁判思路》，法律出版社 2014 年版，第 446 页。

④ 典型案例 149：《新安县人民政府与中国水利水电第十一工程局建设工程施工合同纠纷案》，载最高人民法院民事审判第一庭编：《民事审判指导与参考》总第 29 集，法律出版社 2007 年版。

机器设备，新安县政府只得另请施工队施工，支付铺设沥青路面及隧道工程款5, 076, 699. 90 元。

### 法院观点

最高人民法院认为，“新安县政府上诉称第十一工程局施工的路段存在严重质量问题，其另行选择施工队伍对公路进行返修，支出返修费用 2, 947, 577. 31 元，另外又支付铺设沥青路面和修建隧道工程款 5, 076, 699. 90 元。由于新安县政府在一审时未就第十一工程局施工路段的工程质量问题提起反诉，二审不能予以合并审理”。

### 裁判规则150

**在承包人要求支付工程款的诉讼中，如建设工程施工合同约定，可以直接从应付工程款中扣减质量违约金或赔偿金，发包人据此主张直接扣减的，按抗辩处理，无须提起反诉。**

如前所述，在工程既未竣工验收合格、发包人也未投入使用的情况下，发包人以存在质量问题为由，要求承包人赔偿损失或支付违约金的，应当作为独立的诉处理。但如果双方在建设工程施工合同中明确约定，可以直接将工程质量违约金或赔偿金从应付工程款中扣除的，应当如何处理？

一般认为，如发承包双方在合同中明确约定，可以直接将工程质量违约金或赔偿金从应付工程款中扣减的，则发包人可以直接扣减为由提出抗辩，而无须提起反诉。① 建设工程施工合同约定，可以直接将工程质量违约金或赔偿金从应付工程款中扣减的，其实质是将承包人应承担的工程质量违约金或赔偿金与发包人的应付工程款进行抵销，也即约定抵销。对此，《九民会纪要》第 43 条第 1 句规定：“抵销权既可以通知的方式行使，也可以提出抗辩或者提起反诉的方式行使。”因抵销权属于形成权，权利人既可以在诉讼程序外以单方意思表示的方式行使，也可以通过提起诉讼或者申请仲裁的方式行使。所谓提起诉讼或者申请仲裁，也包括提出抵销

① 参见最高人民法院民事审判第一庭编著：《最高人民法院新建设工程施工合同司法解释（一）理解与适用》，人民法院出版社 2021 年版，第 167 页。

抗辩。[1] 据此，在抵销权成立的情况下，抵销权的行使，既可以通知的方式行使，也可以提起诉讼（包括反诉）或申请仲裁（包括反请求）的方式行使，还可以抗辩的方式行使。《江苏省高级人民法院建设工程案件审判指南（2012年）》第八部分“建设工程的质量”第1条第3款第3项即规定，如双方在合同中明确约定可以直接将工程质量违约金或赔偿金从应付工程款中扣减，发包人提出扣减请求的，因双方已有了明确的约定，故该请求可以视为抗辩，发包人无须提起反诉。就此，除下述【典型案例150】外，还可参见“安徽盛仁投资有限公司诉伟基建设集团有限公司等建设工程施工合同纠纷案”[2]。

**典型案例150**

## 陕西航天建设集团有限公司与韩城市城市投资（集团）有限公司等建设工程施工合同纠纷案[3]

### 基本案情

2015年8月18日、2016年11月24日，韩城市城市投资（集团）有限公司（以下简称韩城城投）与花椒产业公司签订《委托代建合同》，约定韩城城投委托花椒产业公司代建韩城花椒产业园区建设项目，但施工合同中的发包人责任仍由韩城城投直接承担。2016年4月25日、2017年6月27日、2018年1月11日、2018年12月10日，陕西航天建设集团有限公司（以下简称航天公司）与花椒产业公司就案涉工程先后签订四份建设工程施工合同，相关工程先后于2017年9月5日、2017年11月15日、2018年7月19日、2019年1月30日竣工验收合格。后航天公司诉至法院，要求韩城城投支付工程款59,786,504.88元，并承担逾期付款违约金。韩城城投抗辩称：（1）航天公司逾期完工，在应付工程款中应扣除逾期完工

---

① 参见最高人民法院民事审判第二庭编著：《〈全国法院民商事审判工作会议纪要〉理解与适用》，人民法院出版社2019年版，第297页。

② 参考案例128：安徽盛仁投资有限公司诉伟基建设集团有限公司等建设工程施工合同纠纷案，最高人民法院（2017）最高法民终518号民事判决书。

③ 典型案例150：陕西航天建设集团有限公司与韩城市城市投资（集团）有限公司等建设工程施工合同纠纷案，陕西省高级人民法院（2021）陕民终949号民事判决书。

违约金；(2) 航天公司提交的工程结算价超出最终审定造价，在应付工程款中应扣除审核成果费；(3) 航天公司长期不履行维修义务，韩城城投有权减少工程款项。经查，除2018年12月10日签订的施工合同之外，其他三份陕西省建设工程施工合同专用条款第21.3款均约定，如承包人最初报送监理单位的工程结算价超出发包人委托的造价咨询单位最终审定造价的5%（含5%）时，按超出部分造价的3.5%计取审核成果费，发包人在支付结算款时直接予以扣除。

### 法院观点

陕西省高级人民法院认为，反诉本质上是一种独立的诉，是当事人要求法院予以审判的请求，必须与本诉源于同一原因事实和同一法律关系，反诉的请求源于本诉。抗辩是一方当事人针对对方当事人的请求、事实、理由提出的有利于己方的事实、证据和理由，用以否定对方的主张，保护己方的合法权利。首先，双方当事人并未明确约定逾期竣工违约金可从工程价款中直接扣除，韩城城投公司要求航天公司赔偿工期延误损失，已构成独立之诉，应作为反诉提出。其次，案涉三份陕西省建设工程施工合同专用条款已明确约定，审核成果费在工程款中直接抵扣。据此，该部分费用的扣减属于韩城城投的抗辩，可在欠付工程款总额中直接予以扣除。最后，韩城城投主张航天公司承担维修义务，明显超过了航天公司的诉讼请求范围，并具有独立的给付请求内容，具备“诉”的全部条件，属于独立的诉，应当作为反诉处理，不能允许韩城城投以此为由拒付工程款。

## 裁判规则151

**承包人请求发包人返还质量保证金，发包人主张缺陷责任期内发生质量问题、质量保证金应予扣减的，按抗辩处理。但发包人主张扣减的金额大于质量保证金或主张的质量问题发生在缺陷责任期届满后的除外。**

《建设工程质量保证金管理办法》（建质〔2017〕138号）第9条第1款规定：“缺陷责任期内，由承包人原因造成的缺陷，承包人应负责维修，并承担鉴定及维修费用。如承包人不维修也不承担费用，发包人可按合同约定从保证金或银行保函中扣除，费用超出保证金额的，发包人可按合同约定向承包人进行索赔。承包人维修并承担相应费用后，不免除对工程的损失赔偿责任。”据此，承包人请求发包人返还质量保证金，发包人主张缺陷责任期内发生质量问题、质量保证金应予扣减的，按抗辩处理，无须提出反诉。

上述规则存在如下两种例外情形：第一种情形是发包人主张扣减的金额大于质量保证金。就此，前述《建设工程质量保证金管理办法》第 9 条第 1 款的规定是“发包人可按合同约定向承包人进行索赔”。既然是索赔，则超出了抗辩的范畴，应通过诉（另诉或反诉）的方式行使。第二种情形是发包人主张的质量问题发生在缺陷责任期届满后。缺陷责任期一旦届满，发包人即应退还质量保证金，此后（至质量保修期届满时）发生的质量问题，由质量保修制度解决。在此情形下，发包人要求扣减质量保证金，实为要求承包人承担赔偿责任，根据前述【裁判规则 149】，应当按照反诉处理。

**典型案例 151**

## 中铁建设集团有限公司与北京运达通汇文化产业有限公司建设工程施工合同纠纷案①

### 基本案情

2011 年 3 月，北京运达通汇文化产业有限公司（以下简称运达通汇公司）与中铁建设集团有限公司（以下简称中铁公司）签订《北京市朝阳区奥运村地区 5 号地住宅混合公建工程施工总承包框架协议》。2011 年 9 月 19 日，双方就朝阳区洼里 5 号地 1 号住宅楼等两项工程签订施工总承包合同。2013 年 8 月 25 日，双方就朝阳区奥运村 5 号地 6 号住宅楼等四项（住宅及配套、公建）工程签订施工总承包合同。2014 年 3 月 10 日，双方就朝阳区奥运村 5 号地 8 号住宅楼地上部分等三项（住宅及配套、公建）工程签订施工总承包合同。2014 年 8 月 13 日，双方签订《8 号、9 号、10 号住宅楼地上裙房部分（住宅及配套、公建）施工工程总承包合

① 典型案例 151：中铁建设集团有限公司与北京运达通汇文化产业有限公司建设工程施工合同纠纷案，北京市高级人民法院（2021）京民终 209 号民事判决书。

同》。2014年8月13日，双方签订《8号、9号、10号住宅楼地下部分（住宅及配套、公建）施工工程总承包合同》。2014年9月，双方签订《地下部分（住宅及配套、公建）施工工程总承包合同》。后案涉工程竣工验收合格并交付。中铁公司诉至法院，要求运达通汇公司支付工程欠款120,446,642.54元及相应利息。因涉案工程已过缺陷责任期，故中铁公司诉请的工程款中包含质量保证金。运达通汇公司辩称，中铁公司未完全履行缺陷责任期内的保修义务，不符合返还质量保证金的条件。

## 法院观点

北京市高级人民法院认为，对运达通汇公司已于缺陷责任期内提出，但中铁公司未尽维修责任的部分工程［PF（Y）-B1-11风机房等三台风机缺失、PF（Y）-B2-4风机低速不启动、部分机房未安装排水管道、机房墙体发霉等问题］，为了充分保障双方合法权益，督促承包方及时承担维修义务，应在运达通汇公司向中铁公司支付的质量保证金中暂扣500万元，待中铁公司承担相应的维修义务后再行返还。除以上质量问题外，对于运达通汇公司于竣工验收阶段及缺陷责任期内发现的问题，运达通汇公司未提交充分证据证明其在缺陷责任期内就工程质量问题向中铁公司进行过主张，或虽提出维修要求，但不能证明该质量问题应由中铁公司承担维修责任，运达通汇公司据此主张减付质量保证金，依据不足，人民法院不予支持。如运达通汇公司确有证据证明案涉工程存在其他质量问题，应由中铁公司承担保修责任或赔偿修复费用的，可另行解决。

# 5. 建设工程施工合同的造价结算规则

在建设工程施工合同纠纷中，价款结算纠纷是最常见也是争议最大的纠纷类型。从工程款的计价模式来看，主要分为工程定额计价与工程量清单计价。定额计价法的特点可以归纳为一个字——“套”，即套定额。工程造价从业人员根据工程图纸计算出工程量，然后套定额单价，求得直接费，再以直接费为基数，套用有关定额取费费率，计算各项费用、利润、税金，最终求得工程造价。目前，各省、自治区、直辖市的建设行政主管部门都会在建设信息网或造价信息网上公布相应的定额标准。工程定额在性质上属于国家指导价，不具有强制执行力。① 工程量清单计价方式，是在建设工程招投标中，招标人自行或委托具有资质的中介机构编制反映工程实体消耗和措施性消耗的工程量清单，并作为招标文件的一部分提供给投标人，由投标人依据工程量清单自主报价的计价方式。从工程款的价格形式来看，主要分为单价包干、总价包干与其他价格形式。其中，单价包干，又称单价闭口、半闭口价，是指合同当事人约定以工程量清单及其综合单价进行合同价格计算、调整和确认，在约定范围内合同单价不作调整。单价包干常见于实行工程量清单计价的工程、劳务分包工程等。总价包干，又称固定总价、全部闭口价、一口价、包死价，是指合同当事人约定以施工图、已标价工程量清单或预算书及有关条件进行合同价格计算、调整和确认，在约定范围内合同总价不作调整。总价包干常见于施工总承包工程或专业承包工程。其他价格形式，主要是指成本加酬金的计价方式，常用于紧急抢险、救灾以及施工技术特别复杂的工程。② 建设工程施工合同究竟采取何种价格形式，由当事人自由约定。但无论单价包干还是总价包干，都并非价格绝

---

① 参见李玉生主编：《建设工程施工合同案件审理指南》，人民法院出版社 2019 年版，第 115 页。

② 参见王勇：《建设工程施工合同纠纷实务解析》，法律出版社 2017 年版，第 138 页。

对固定、不得调整，而是对发生在包干范围内的事项与风险，价格不作调整，对于超出约定包干范围的事项与风险，价格仍应作相应调整。在此基础上，可以把工程造价结算分为发承包双方自行结算、审计结算（含行政审计与社会审计）、拟制结算、裁判结算、司法鉴定等情形。

## 5.1 建设工程造价的自行结算

根据《建设工程施工合同（示范文本）》第14.1款、第14.2款的规定：承包人应在工程竣工验收合格后28天内向发包人和监理人提交竣工结算申请单，并提交完整的结算资料；监理人应在收到竣工结算申请单后14天内完成核查并报送发包人。发包人应在收到监理人提交的经审核的竣工结算申请单后14天内完成审批，并由监理人向承包人签发经发包人签认的竣工付款证书。此即发承包双方之间自行结算的正常流程。

**裁判规则152**

**结算是法律行为，而非事实行为。对发承包双方已经达成的结算协议，应当按照法律行为的规则进行审查，而不能以与事实不符为由予以推翻。**

《建设工程施工合同解释（一）》第29条规定：“当事人在诉讼前已经对建设工程价款结算达成协议，诉讼中一方当事人申请对工程造价进行鉴定的，人民法院不予准许。”但在实践中，发承包双方达成结算协议后，承包人起诉要求支付工程款时，发包人常以结算与实际情况不符为由进行抗辩。就此，须先甄别结算的性质。

对结算的性质，存在事实行为与法律行为之争。有观点认为结算是事实行为，也即是认为结算是对已经完成的施工内容的事实确认、数学计算，是“不以表现内心的意思内容为必要，乃无关于心理的行为”①。也有观点认为，结算是法律行为，即认定“工程结算是结算双方当事人的合同行为”②，结算文件是当事人

① 王泽鉴：《民法总则》，中国政法大学出版社2001年版，第256页。

② 杨心忠等：《建设工程合同纠纷裁判思路》，法律出版社2014年版，第459页。

之间基于意思自治达成的合同。

甄别结算是事实行为还是法律行为的意义在于，如认为结算是法律行为，由于法律行为是指行为人企图发生一定私法上效果而表示其意思的行为，以意思表示为内涵，以法效意思为基础，① 故结算行为应符合法律关于意思表示的基本规则，并接受法律的效力评判，要推翻已经达成的结算，只能通过无效、可撤销等诉讼否认结算效力，之后才能重新结算。《河北省高级人民法院建设工程施工合同案件审理指南》（冀高法〔2018〕44号）第19条规定："建设工程施工过程中，发包人与承包人进行结算后，出具欠条确认欠付债务，原告依据欠条起诉，被告主张该欠条中确认数额并非实际的工程款数额，要求确认欠条无效的，一般不予支持。除非被告能够提供证据证明出具欠条时存在重大误解、欺诈、胁迫或显失公平等情形。"如认为结算是事实行为，由于结算仅仅是对事实的确认，如果有证据证明结算金额与事实不符的，可直接否定结算金额，并据实计算工程款。《山东省高级人民法院关于审理建筑工程承包合同纠纷案件若干问题的意见》（1998年10月30日）第31条后段规定："诉讼中，当事人一方对工程结算书有异议而又不能提供充分证据请求法院予以鉴定的，原则上不予支持。"即建立在结算行为是事实行为的基础上，认为当事人无须通过诉讼否定结算效力的，可以直接举证证明结算与事实不符，进而据实结算。

实务界普遍认为，结算是法律行为，对于已经达成的结算协议，只有通过无效、可撤销等诉讼否认结算效力之后才能重新结算，而不能以结算与事实不符为由直接否定结算。北京市高级人民法院②、四川省高级人民法院③、重庆市高级人民

---

① 参见龙卫球：《民法总论》，中国法制出版社2002年版，第422、447页。

② 《北京市高级人民法院关于审理建设工程施工合同纠纷案件若干疑难问题的解答》（京高法发〔2012〕245号）第7条第1款规定："当事人在诉讼前已就工程价款的结算达成协议，一方在诉讼中要求重新结算的，不予支持，但结算协议被法院或仲裁机构认定为无效或撤销的除外。"

③ 《四川省高级人民法院关于审理建设工程施工合同纠纷案件若干疑难问题的解答》（川高法民一〔2015〕3号）第22条规定："当事人在诉讼前已就工程价款的结算达成协议，一方在诉讼中要求重新结算的，不予支持，但结算协议被人民法院或仲裁机构认定为无效或撤销的除外。"

法院①、山东省高级人民法院②均持这一立场。此外，在“海南三正实业投资有限公司与长沙桐木建设股份有限公司建设工程施工合同纠纷案”③中，对双方签章且在税务部门备案的结算书，海南省高级人民法院未予采纳的理由是该份结算书并非当事人真实意思表示，而是基于税收方面的考虑。在“呼和浩特绕城公路建设开发有限责任公司与河北路桥集团有限公司建设工程施工合同纠纷案”④中，对双方当事人所达成的结算协议，最高人民法院认为，“双方已就应支付的工程款总价形成合意，这是双方真实意思的表示，且没有违反法律的禁止性规定，对双方均具有约束力”。上述裁判也都是将结算视为法律行为，进而适用法律行为的规则对结算进行审查。

需要注意的是：第一，如【裁判规则153】所述，结算协议是对既存债权债务进行清理达成的协议，建立在施工行为已经完结的基础之上。因此，对于发承包双方在施工过程中所作的阶段性确认，原则上不能视为结算，但签证除外。签证是施工过程中针对合同外事项的索赔所达成的补充协议，虽然签证签署于施工过程中，但其针对的索赔事项已经完结，故应将其纳入结算协议的范畴。第二，此处所讨论的结算，不限于工程造价的结算，当事人就工期索赔、质量索赔等事项达成的

---

① 《重庆市高级人民法院关于建设工程造价鉴定若干问题的解答》（渝高法〔2016〕260号）第2条规定：“当事人已经办理结算，形成结算文件，又申请通过鉴定方式确定建设工程造价的，人民法院不予准许。但有证据证明双方达成的结算文件无效、被依法撤销的除外。”《重庆市高级人民法院民一庭关于建设工程施工合同纠纷案件若干问题的解答》（2019年10月）第14条中规定：“承包人请求发包人支付工程价款，发包人主张双方达成的结算文件构成重大误解、显失公平的，人民法院应当向发包人释明，可以根据《中华人民共和国民法总则》第一百四十七条、第一百五十条之规定撤销结算文件。发包人在本案中请求撤销结算文件的，应当提起反诉。”

② 《山东省高级人民法院关于审理建设工程施工合同纠纷案件若干问题的解答》（2020年11月4日）第2条前段规定：“当事人诉前达成结算协议，经审查协议有效的，应当以结算协议作为结算工程价款的依据。对结算协议及其效力的认定应当重点审查是否为当事人真实意思表示。”

③ 参考案例129：海南三正实业投资有限公司与长沙桐木建设股份有限公司建设工程施工合同纠纷案，海南省高级人民法院（2015）琼环民终字第10号民事裁定书。该案判决后，海南三正实业投资有限公司申请再审，最高人民法院以（2016）最高法民申592号民事裁定书驳回了再审申请。关于该案的相关评论可参见刘利红：《建设工程施工合同案件工程款结算的依据》，载《人民司法（案例）》2016年第11期。

④ 典型案例168：《呼和浩特绕城公路建设开发有限责任公司与河北路桥集团有限公司建设工程施工合同纠纷案》，载最高人民法院民事审判第一庭编：《民事审判指导与参考》总第52辑，人民法院出版社2013年版。

结算，依然受这一规则的约束。[①] 第三，发承包双方在施工完成后的结算，既可能是工程款的结算，也可能是工程量的结算（在工程量的基础上，乘以价格条款，即可确定工程款金额），只要具有对已完工程结算确认的性质，均应适用这一规则。第四，《建设工程施工合同解释（一）》第29条虽规定的是“当事人在诉讼前已经对建设工程价款结算达成协议”，但在诉讼中达成的结算协议依然受这一规则的约束。[②] 第五，即便工程未竣工或尚未确认质量是否合格，一旦发包人同意与承包人签订工程价款结算协议，就可以推定发包人已经认可建设工程现状并愿意支付相应工程价款以结束与承包人之间的建设工程施工合同关系。这是发包人对自身权利的处分，应予尊重。[③] 第六，如【裁判规则66】所述，结算协议作为对既存债权债务进行清理达成的协议，其效力独立于建设工程施工合同，建设工程施工合同无效并不导致结算协议无效。

**典型案例152**

## 中国建筑第六工程局有限公司与沈阳溢利房地产开发有限公司建设工程施工合同纠纷案[④]

### 基本案情

2006年5月11日，沈阳溢利房地产开发有限公司（以下简称溢利公司）与中国建筑第六工程局有限公司（以下简称中建六局）签订《建设工程施工合同》，约定中建六局承建“金碧辉煌国际俱乐部”工程项目。合同签订后，中建六局进场施工。2008年12月底，中建六局结束施工，2009年3月底，中建六局将其施工的

① 参见最高人民法院民事审判第一庭编著：《最高人民法院新建设工程施工合同司法解释（一）理解与适用》，人民法院出版社2021年版，第297页。

② 参见最高人民法院民事审判第一庭编著：《最高人民法院新建设工程施工合同司法解释（一）理解与适用》，人民法院出版社2021年版，第294页。

③ 参见最高人民法院民事审判第一庭编著：《最高人民法院新建设工程施工合同司法解释（一）理解与适用》，人民法院出版社2021年版，第299页。

④ 典型案例152：中国建筑第六工程局有限公司与沈阳溢利房地产开发有限公司建设工程施工合同纠纷案，最高人民法院（2013）民一终字第168号民事判决书、最高人民法院（2014）民申字第382号民事裁定书。

案涉工程交付溢利公司。2010 年 12 月 21 日，双方签订《竣工结算确认书》，确认工程总造价为 12,015 万元。后中建六局诉至法院，要求溢利公司清偿拖欠的工程款。溢利公司辩称，《竣工结算确认书》确认的工程款包括在《建设工程施工合同》约定施工范围内但实际为溢利公司委托第三人施工完成的工程的价款，溢利公司对外已经支付的工程款 57,387,727.23 元、尚未支付的工程款 21,328,766.10 元，应予扣除。

## 法院观点

一审法院（辽宁省高级人民法院）认为，《竣工结算确认书》明确双方同意达成最终结算意见，工程总造价确认为 12,015 万元，上述总造价系本工程最终结算价款；《竣工结算确认书》合法有效，对双方当事人具有法律约束力。溢利公司认为，该款额包括在案涉《建设工程施工合同》约定的施工范围内但实际为溢利公司外委的施工项目的价款，双方结算的价款是中建六局实际应计取的其已完工程量的价款总额，人民法院不予支持。在二审中，最高人民法院也认为：《竣工结算确认书》中约定的内容是双方当事人真实意思的表示，且不违反法律的禁止性规定，应当认定《竣工结算确认书》有效；涉案《竣工结算确认书》是双方当事人对于案涉工程造价的最终确认，故溢利公司主张案涉工程《竣工结算确认书》中确认的工程价款包含其外委分包项目的价款，人民法院不予支持。

## 裁判规则 153

**结算协议是在施工完成后或不再继续施工的情况下，发承包双方对既往债权债务进行清理所达成的协议。发承包双方在施工合同中、施工过程中达成的工程款计价协议，不属于结算协议。**

如【裁判规则 66】所述，结算协议的效力独立于建设工程施工合同。就结算协议的内容而言，要么是确定工程款的金额，要么是明确工程款计价标准或计价方法，与建设工程施工合同中的计价条款并无本质区别。那么赋予结算协议以效力上的独立性，理据何在？

《民法典》第 567 条规定：“合同的权利义务关系终止，不影响合同中结算和清理条款的效力。”因此，有观点认为，结算协议属于结算条款范畴，因此其效力不受合同权利义务关系终止的影响、独立于施工合同。① 事实上，“结算协议与结算和清理条款是两个不同的概念”②。第一，全国人大常委会法工委明确指出，《民法典》第567条所称的结算条款主要有银行汇票结算、商业汇票结算、银行本票结算、支票结算、汇兑、委托收款。③ 也就是说，结算条款是指票据与货币之间的金额换算，并不包括工程款的金额或计价条款。第二，如最高人民法院在“朱华云与长春建工新吉润建设有限公司等建设工程施工合同纠纷案”④ 中所言，“‘合同的权利义务终止，不影响合同中结算和清理条款的效力’的规定，并不涵盖合同无效情形”。《民法典》第557条规定：“有下列情形之一的，债权债务终止：（一）债务已经履行；（二）债务相互抵销；（三）债务人依法将标的物提存；（四）债权人免除债务；（五）债权债务同归于一人；（六）法律规定或者当事人约定终止的其他情形。合同解除的，该合同的权利义务关系终止。”由此可知，《民法典》第567条所规定的“合同的权利义务关系终止”，是建立在合同有效的基础上的，合同因履行完毕（第557条第1款）或者解除（第557条第2款）导致权利义务消灭，但不影响合同中结算和清理条款的效力。也就是说，《民法典》第567条规定的结算条款与结算协议效力独立于施工合同，根本就是不同的问题。第三，根据《民法典》第567条“关于违约责任的违约金和定金的约定也可以被认为是结算和清理条款”⑤ 的规定。在合同无效的情况下，合同中的违约金条款当然归于无效，不能再予适用。只有在合同有效、进而违约金条款有效，但合同已履行完毕或解除的情况下，才能适用违约金条款。这进一步证明，《民法典》第567条规定的“合同的权利义务关系终止”，是建立在合同有效的基础上的，与结算协议效力独立于施工

---

① 参见《承发包双方签订的建设工程施工合同因违反招投标法规定而无效，合同履行过程中双方达成的结算工程价款补充协议是否必然无效？》，载杜万华主编、最高人民法院民事审判第一庭编：《民事审判指导与参考》总第70辑，人民法院出版社2017年版。

② 王楷、于秋磊：《建设工程施工合同纠纷法律实务与工程专业知识解答》，法律出版社2021年版，第95页。

③ 参见黄薇主编：《中华人民共和国民法典释义》（中），法律出版社2020年版，第1092、1093页。

④ 参考案例130：朱华云与长春建工新吉润建设有限公司等建设工程施工合同纠纷案，最高人民法院（2020）最高法民申331号民事裁定书。

⑤ 黄薇主编：《中华人民共和国民法典释义》（中），法律出版社2020年版，第245页。

合同无关。第四，如果认为应将工程计价条款视为结算条款，进而具有效力上的独立性，那么施工过程中达成的工程款的补充约定甚至施工合同中约定的计价条款，都构成结算条款，都具有效力上的独立性，那么《民法典》第 793 条第 1 款就没有存在的必要了，且构成规则错误。据此，结算协议不属于《民法典》第 567 条规定的结算条款，其效力上的独立性并非由《民法典》第 567 条赋予。

对于工程价款的确定，既可以是确定金额，也可以是明确计算方式。无论是在施工合同中，还是在施工过程中，抑或在施工完成后，发承包双方均可能签署这类约定。但发承包双方在施工合同中与施工过程中签署的这类约定，均不属于结算协议。只有施工完成后，发承包双方签署的确定工程价款（要么是固定金额，要么是计算方式）的约定，才构成结算协议。结算协议的效力之所以独立于施工合同，其原因就在于，结算协议是发承包双方对于既存债权债务关系进行清理达成的协议。[①] 其参照的法律依据是《民间借贷规定》第 14 条第 2 款。该条第 1 款规定："原告以借据、收据、欠条等债权凭证为依据提起民间借贷诉讼，被告依据基础法律关系提出抗辩或者反诉，并提供证据证明债权纠纷非民间借贷行为引起的，人民法院应当依据查明的案件事实，按照基础法律关系审理。"第 2 款规定："当事人通过调解、和解或者清算达成的债权债务协议，不适用前款规定。"详言之，虽然施工合同无效，但发承包双方在签订结算协议时，施工活动已经完结——要么履行完毕要么不再履行，此时发承包双方针对完工部分协商确定工程价款，仅涉及金额的确定，与违法的施工行为不再具有关联性。因此，结算协议的效力独立于施工合同。发承包双方在施工合同中约定的计价条款，以及在施工过程中（施工完结前）就工程价款签订的补充协议，都建立在施工合同继续履行的基础上，由于施工行为违法、施工合同无效，故施工合同中约定的计价条款、施工过程中就工程价款签订的补充协议，一并无效，不构成独立于施工合同的结算协议。

---

① 参见《承发包双方签订的建设工程施工合同因违反招投标法规定而无效，合同履行过程中双方达成的结算工程价款补充协议是否必然无效？》，载杜万华主编、最高人民法院民事审判第一庭编：《民事审判指导与参考》总第 70 辑，人民法院出版社 2017 年版。还可参见典型案例 182：普定县鑫臻酒店有限公司与黑龙江省建工集团有限责任公司建设工程合同纠纷案，最高人民法院（2016）最高法民终 106 号民事判决书。

典型案例153

## 湖北地金建设有限公司与青海汇都房地产开发有限公司建设工程施工合同纠纷案[①]

### 基本案情

2013年9月6日，青海汇都房地产开发有限公司（以下简称汇都公司）与湖北地金建设有限公司（以下简称地金公司）签订《意向协议书》，约定地金公司承建汇都公司投资建设的湟源县丹噶尔融汇商业广场工程。2014年4月初，汇都公司就前述工程进行公开招标。2014年4月25日，地金公司中标。2014年4月26日，双方签订《建设工程施工合同》。2017年8月2日、10月21日，双方就已完工程量先后形成《工程结算单》《合同外增加工程量清单》等数份文件。2018年1月17日，双方签订《移交说明》，确认案涉工程为未完工程，双方合意终止合同履行，地金公司将案涉1号楼A、B栋及部分商业施工工程及全部工程资料移交给汇都公司。同日，双方签订《工程款付款协议书》，明确了工程价款的具体金额及支付时间。后因汇都公司未按约履行，地金公司诉至法院，要求汇都公司履行《工程款付款协议书》约定的付款义务。汇都公司提起反诉，要求确认《意向协议书》无效、《工程款付款协议书》部分条款无效。

### 法院观点

一审、二审法院均认为，《意向协议书》与《建设工程施工合同》构成先定后招，应属无效。在此基础上，一审法院（青海省高级人民法院）认为，《工程款付款协议书》是双方对已完工程款、已付款、欠付款以及损失承担等问题所达成的“一揽子”结算协议，系双方对建设工程施工合同主要权利义务的最终清算，是双方当事人的真实意思表示，应予确认。最高人民法院在二审中也认为，就《工程款付款协议书》而言，其系双方在实际履行合同后也就是结算时的真实意思表

① 典型案例153：湖北地金建设有限公司与青海汇都房地产开发有限公司建设工程施工合同纠纷案，最高人民法院（2019）最高法民终1537号民事判决书。

示，双方均认可该协议书上各自签字盖章的真实性，且该协议书不违反法律、行政法规的强制性规定，应属有效。

## 裁判规则154

**结算的效力具有相对性，只对参与结算的主体具有约束力。未参与结算的施工人，无权要求参照其他环节的结算协议确定自身的权利义务。但约定实行背靠背结算的除外。**

甲把工程发包给乙，乙把工程转包给丙，甲与乙完成了结算，丙可否要求以甲与乙之间的结算为基础，扣除乙基于转包合同约定的管理费后，以此作为自己的结算金额？

上述问题的实质是结算的效力范围问题。实务界普遍认为，承包合同与转包合同（或分包合同）虽在施工层面有所牵连，但结算的效力具有相对性，只对参与结算的主体具有约束力。如最高人民法院第五巡回法庭即认为，承包合同与转包合同仅具有事实上的牵连关系而非法律上的牵连关系，分属于独立合同。在当事人双方无特殊约定的情形下，转包合同的结算不以承包合同的结算为前提。即便在发包人与承包人、承包人与实际施工人的不同诉讼中可能会出现工程价款差异，但此种差异乃是两个合同存在事实牵连关系的体现，不能作为其具有法律牵连关系的理由。①《重庆市高级人民法院民一庭关于建设工程施工合同纠纷案件若干问题的解答》（2019年10月）第9条规定："实际施工人以转包人、分包人、出借资质的建筑施工企业名义向发包人报送工程结算资料的行为，实系代转包人、分包人、出借资质的建筑施工企业与发包人进行结算的行为，而非实际施工人与转包人、分包人、出借资质的建筑施工企业之间的结算行为。实际施工人以转包人、分包人、出借资质的建筑施工企业在结算资料上签字或者盖章为由主张以结算资料载明的工程造价作为其与转包人、分包人、出借资质的建筑施工企业的结算依据的，人民法院不予支持。"该解答也建立在结算效力具有相对性的基础之上。

站在合同相对性的立场，承包合同与转包合同（或分包合同）在性质上属于

---

① 参见李少平主编：《最高人民法院第五巡回法庭法官会议纪要》，人民法院出版社2021年版，第12页。

相互独立的不同合同，这些不同合同项下的工程款应当分别结算。依据不同合同达成的结算，在效力具有相对性，只对参与结算的主体具有约束力。[①] 非该合同当事人的其他施工人，无权要求参照依据该合同达成的结算协议确定自身的权利义务。质言之：发包人与承包人之间的结算只能约束发包人与承包人，不能对抗转承包人、分承包人；承包人与转承包人、分承包人的结算，只能约束承包人与转承包人、分承包人，不能对抗发包人。

但是，如承包人与分包人约定，根据发包人与承包人达成的结算，扣除一定比例的管理费后，确定承包人与分包人之间的结算金额，即构成“背靠背”结算。在此情形下，发包人对承包人达成的结算即具有了涉他性。就此问题，可参见【裁判规则 164】。

**典型案例 154**

## 黄建军、四川金兴建设集团有限责任公司与中国水利水电第八工程局有限公司、中国长江三峡集团公司建设工程施工合同纠纷案[②]

### 基本案情

2012 年 7 月 13 日，黄建军借用四川金兴建设集团有限责任公司（以下简称金兴公司）名义，与中国水利水电第八工程局有限公司（以下简称水电八局）签订《四川省会东至河门口公路工程施工 I 标段路基分包合同》，约定金兴公司承建四川省会东至河门口公路工程第一标段工程，计价方式为固定单价。在施工途中，黄建军因故退出施工，剩余工程由水电八局另行组织施工单位承建完毕。后黄建军以实际施工人身份起诉水电八局，要求支付工程款。在诉讼中，一审法院（四川省高级人民法院）多次释明，黄建军应就其实施的工程量申请司法鉴定。黄建军表示，水电八局已经与业主结算确认总工程量，水电八局也已与后续施工队结算确认了后续工程量，总工程量减去后续工程量，即为黄建军实施的工程量，故对其诉请

① 参见徐宽宝：《〈民法典〉实施后建设工程合同案件审理思路探析》，载最高人民法院民事审判第一庭编：《民事审判指导与参考》总第 83 辑，人民法院出版社 2021 年版。

② 典型案例 154：黄建军、四川金兴建设集团有限责任公司与中国水利水电第八工程局有限公司、中国长江三峡集团公司建设工程施工合同纠纷案，最高人民法院（2019）最高法民终 843 号民事判决书。

的工程款不申请鉴定。

## 法院观点

一审法院认为，黄建军完成的工程造价，应经鉴定确定，但经法院释明，黄建军拒绝申请鉴定，应承担举证不能的法律后果。据此，判决驳回了黄建军的诉讼请求。黄建军提起上诉，称案涉工程只有黄建军和后续施工队两家进行施工，将总工程量扣减后续施工队的工程量即能算出黄建军应得的工程量，再乘以合同约定的固定单价，即可得出已付工程款的金额。但最高人民法院在二审中认为，“黄建军主张其为案涉工程的实际施工人，但未提交证据证明其具体完工的工程量，反而主张将总工程量扣除后续工程量来推定自身的工程量，以免除自身应承担举证责任的上诉请求不能成立，本院不予支持”。

## 裁判规则155

**结算是发承包双方之间债权债务关系的全面清算。结算时未予确认的损失不得另行索赔，但另有约定的除外。**

结算，即结账清算，其范围包括增加、减少、变更等全部已完工程。除非另有约定，否则发承包双方均不得主张在结算款的基础上增加或减少工程价款。有疑问的是，对施工过程中的损失，如承包人的停窝工损失或发包人的逾期竣工损失，结算协议未作约定的，是视为权利人已经放弃该项权利，还是认为权利人可以另行主张？

广东省高级人民法院认为，权利人可以另行主张索赔的权利。《广东省高级人民法院关于审理建设工程施工合同纠纷案件若干问题的意见》（粤高法发〔2006〕37号）第4条前段规定：“没有证据证明当事人已同意不计算结算前的违约金和垫资款利息，一方当事人在结算完毕后再主张结算前的违约金和垫资款利息的，可予支持。”北京市高级人民法院①、江苏省高级人民法院②、陕西省高

① 《北京市高级人民法院关于审理建设工程施工合同纠纷案件若干疑难问题的解答》（京高法发〔2012〕245号）第24条第2款规定：“结算协议生效后，承包人以因发包人原因导致工程延期为由，要求赔偿停工、窝工等损失的，不予支持，但结算协议另有约定的除外。”

② 参见李玉生主编：《建设工程施工合同案件审理指南》，人民法院出版社2019年版，第137页。

级人民法院[1]则认为，结算时未予确认的损失，视为权利人已经放弃索赔的权利。最高人民法院在“中天建设集团有限公司与新疆温商房地产开发有限公司建设工程施工合同纠纷案”[2]、“青海海宏房地产有限责任公司与浙江横店建筑工程有限公司建设工程施工合同纠纷案”[3] 中也持这一观点。

该问题取决于对结算范围的界定。《建设工程施工合同（示范文本）》（GF-2017-0201）第19.5款[4]“提出索赔的期限”载明：“承包人按第14.2款〔竣工结算审核〕约定接收竣工付款证书后，应被视为已无权再提出在工程接收证书颁发前所发生的任何索赔。承包人按第14.4款〔最终结清〕提交的最终结清申请单中，只限于提出工程接收证书颁发后发生的索赔。提出索赔的期限自接受最终结清证书时终止。”据此，《建设工程施工合同（示范文本）》（GF-2017-0201）中的竣工结算是“大结算”，包括工程造价、违约金、赔偿金等全部合同履行相关工作事项的总结算。[5]《建设工程工程量清单计价规范》（GB50500-2013）第9.13.6项也规定：“发承包双方在按合同约定办理了竣工结算后，应被认为承包人已无权再提出竣工结算前所发生的任何索赔。承包人在提交的最终结清申请中，只限于提出竣工结算后的索赔，提出索赔的期限应自发承包双方最终结清时终止。”据此，工程结算指的是发包人与承包人就工程建设项目的工程造价、其他应付款（含保证金、索赔款、奖励款等）及相应的已付款、应扣款，还有质保金、付款计划等各方面内容进行协商，据以确定最终欠付金额及后续履行的过程。结算协议系当事人对债权债务关系的最终清算，发包人或承包人在结算协议中对该部分权利未作保留

① 《陕西省高级人民法院关于审理建设工程施工合同纠纷案件若干问题的解答》（陕高法〔2020〕113号）第5条第1款规定：“结算协议生效后，承包人依据协议要求支付工程款，发包人以因承包人原因导致工程存在质量问题或逾期竣工为由，要求拒付、减付工程款或赔偿损失的，不予支持，但结算协议另有约定的除外。”第2款规定：“结算协议生效后，承包人以因发包人原因导致工程延期为由，要求赔偿停工、窝工等损失的，不予支持，但结算协议另有约定的除外。”

② 典型案例280、295：中天建设集团有限公司与新疆温商房地产开发有限公司建设工程施工合同纠纷案，最高人民法院（2014）民一终字第4号民事判决书。

③ 典型案例283：青海海宏房地产有限责任公司与浙江横店建筑工程有限公司建设工程施工合同纠纷案，最高人民法院（2017）最高法民终671号民事判决书。

④ 《建设工程施工合同（示范文本）》（GF-2013-0201）第19.5款与此相同。

⑤ 参见本书编委会编著：《建设工程施工合同（示范文本）GF-2017-0201使用指南（2017版）》，中国建筑工业出版社2018年版，第224页。

的，应当认为其已放弃该部分权利，不得再行主张。①

当然，发承包双方在结算时明确约定损失问题另行解决或另行索赔的除外。此外，由于质量保证责任本就是竣工验收之后的责任，所以结算不影响质量保证责任的承担。《北京市高级人民法院关于审理建设工程施工合同纠纷案件若干疑难问题的解答》（京高法发〔2012〕245 号）第 24 条第 1 款后段规定：“当事人签订结算协议不影响承包人依据约定或法律、行政法规规定承担质量保修责任。”

**典型案例 155**

## 海南金盛建筑工程有限公司与五指山兆通房地产开发有限公司建设工程施工合同纠纷案②

### 基本案情

2011 年 5 月 17 日，五指山兆通房地产开发有限公司（以下简称兆通公司）与海南金盛建筑工程有限公司（以下简称金盛公司）签订《建设工程施工合同》，约定兆通公司将翡翠经典 1—4 号楼项目工程发包给金盛公司总承包施工。合同签订后，金盛公司进场施工。2013 年 11 月 15 日，涉案工程通过竣工验收。2014 年 3 月 4 日，双方签订桩基工程的工程结算书，确认桩基工程款为 2,013,327 元。2014 年 3 月 14 日，双方签订工程结算书对 1—4 号楼项目工程变更、签证、未做项目、面积差补款、签证运土方、安装签证等进行综合结算，结算款为 37,297,323.32 元，并注明“2、3、4 号楼阳台面积待定”。后金盛公司诉至法院，要求兆通公司支付工程款 12,518,597.52 元及利息。兆通公司提起反诉，要求金盛公司赔偿逾期竣工违约金 3,641,519.64 元、工期延误违约金 2,985,720 元、未移交竣工验收资料违约金 100 万元、桩基工程延误违约金 1,540,159.16 元。

### 法院观点

最高人民法院认为，建设工程施工合同当事人在进行工程竣工结算时，应当依

① 参见潘军锋：《建设工程价款结算审判疑难问题研究》，载《法律适用》2019 年第 5 期；周利明：《解构与重塑：建设工程合同纠纷审判思维与方法》，法律出版社 2019 年版，第 293、294 页。

② 典型案例 155：海南金盛建筑工程有限公司与五指山兆通房地产开发有限公司建设工程施工合同纠纷案，最高人民法院（2017）最高法民再 97 号民事判决书。

照合同约定就对方当事人履行合同是否符合约定进行审核并提出相应索赔。索赔事项及金额，应在结算时一并核定处理。因此，除在结算时因存有争议而声明保留的项目外，在竣工结算报告中经各方审核确认后的结算意见，属于合同各方进行工程价款结算的最终依据。一方当事人在进行结算时没有提出相关索赔主张或声明保留，完成工程价款结算后又以对方之前存在违约行为为由提出索赔主张的，人民法院依法不予支持。由此，在案涉合同未就工程价款在结算时保留违约索赔权利作出专门规定的情况下，兆通公司一审反诉主张金盛公司逾期竣工、工期延误以及未移交竣工验收资料等的，不应得到支持。

## 裁判规则156

**经承包人同意，实际施工人以承包人名义与发包人达成的结算，仅对发包人与承包人具有约束力，不得作为实际施工人与承包人之间的结算依据。但实际施工人与承包人约定实行“背靠背”结算的除外。**

在承包人将工程转包的情况下，因施工资料由转承包人掌握，故在施工完成后，常由转承包人以承包人名义编制结算资料，在承包人签字盖章后，转承包人直接向发包人报送结算资料，并最终与发包人达成结算协议。在承包人将工程分包的情况下，这一情形也时有发生，即分包人以承包人名义就分包工程部分与发包人单独达成结算协议。在此情形下，应当如何界定该结算协议的约束力？转承包人（或分包人）可否据此向承包人主张工程款？

在征得承包人同意的情况下，实际施工人以承包人名义从事的法律行为——与发包人结算，应当属于代理的范畴。《民法典》第162条规定：“代理人在代理权限内，以被代理人名义实施的民事法律行为，对被代理人发生效力。”据此，在实际施工人与发包人达成结算协议的情况下，该结算协议对承包人（被代理人）与发包人（合同相对人）具有约束力。同时，《民法典》第465条第2款规定：“依法成立的合同，仅对当事人具有法律约束力，但是法律另有规定的除外。”实际施工人在结算中的身份是承包人的代理人，并非结算协议的当事人。实际施工人与承包人之间是转包（或分包）合同关系，而“承包合同与转包合同仅具有事实上的牵连关系而非法律上的牵连关系，分属于独立合同”[①]。因此，实际施工人不得以该结算协议作为转包（或分包）合同的结算依据。

还需明确如下问题：一是在实际施工人与承包人约定实行“背靠背”结算的情形下，实际施工人与承包人之间的结算本就应以承包人与发包人的结算为准，故实际施工人以承包人名义与发包人达成的结算，对发包人、承包人与实际施工人均具有约束力；二是实际施工人未经承包人同意擅自以承包人名义与发包人达成结算的，其行为构成无权代理，不应适用本规则，而应适用【裁判规则 158】。

**典型案例 156**

## 王卫红与深圳市方大建科集团有限公司、中国电信股份有限公司重庆分公司建设工程施工合同纠纷案[②]

### 基本案情

2006 年 1 月 26 日，中国电信股份有限公司重庆分公司（以下简称电信重庆分公司）就案涉工程向深圳市方大建科集团有限公司（以下简称方大公司）发出中标通知书。3 月 24 日，方大公司（甲方）与王卫红（乙方）签订《工程项目经营管理承包合同》，约定甲方将重庆市电信综合大楼外装饰工程以工程经营管理负责制的方式承包给乙方，乙方按本工程结算总金额的 2.5%向甲方上缴工程利润。2006 年 4 月 6 日，电信重庆分公司与方大公司签订《施工合同》，约定方大公司承修“重庆市电信有限公司综合大楼外装饰工程”，方大公司项目经理为陈晖，工程款以审定结算款为准。2006 年 11 月 12 日，工程开工。2009 年 6 月 15 日，工程竣工。后王卫红诉至法院，要求方大公司支付工程款 1523 万元及相应利息。诉讼中，王卫红举示了一份编制日期为 2009 年 10 月 8 日的《结算书》。《结算书》载明，施工（编制）单位为方大公司，监理单位为重庆市联盛建设咨询有限公司，建设单位为电信重庆分公司，工程造价为 62, 173, 888. 19 元。王卫红与陈晖在

① 李少平主编：《最高人民法院第五巡回法庭法官会议纪要》，人民法院出版社 2021 年版，第 12 页。

② 典型案例 156：王卫红与深圳市方大建科集团有限公司、中国电信股份有限公司重庆分公司建设工程施工合同纠纷案，重庆市高级人民法院（2014）渝高法民终字第 00322 号民事判决书。

《结算书》中施工单位“负责人”一栏及其后的明细表上签字。王卫红主张，《结算书》系其与方大公司就案涉工程的有效结算依据，据此，王卫红应收工程价款为62,173,888.19元。方大公司辩称：陈晖签字的《结算书》对方大公司无约束力，不能作为双方的结算依据；《结算书》仅是方大公司向电信重庆分公司报审的工程价款，应以电信重庆分公司最后审定的结算款5600余万元为准。

## 法院观点

一审法院（重庆市第一中级人民法院）认为，基于陈晖的身份，其在《结算书》上的签字行为足以代表方大公司。据此，陈晖签署的《结算书》表明方大公司对该结算金额的确认，应当按照《结算书》确定的62,173,888.19元作为双方结算的依据。但重庆市高级人民法院在二审中认为，从《结算书》形式来看，应是王卫红作为实际施工人以承包人名义向发包人报送的工程结算资料。依据合同相对性原则，发包人（电信重庆分公司）和承包人（方大公司）之间的合同关系与承包人和实际施工人（王卫红）之间的合同关系是两个不同的法律关系，发包人和承包人之间的结算以及承包人与实际施工人之间的结算应当按照各自的合同约定或者实际情况依法进行。因此，前述《结算书》确定的62,173,888.19元的数额不能作为方大公司与王卫红之间的结算依据；同理，电信重庆分公司与方大公司之间审定的结算价格也不能作为方大公司与王卫红之间的结算依据。

## 裁判规则157

**承包人为办理结算将实际施工人编制的结算资料以自己的名义报送发包人的，不能视为承包人同意按实际施工人报送的金额与实际施工人结算。**

在承包人将工程转包的情况下，转承包人向承包人报送结算资料后，承包人以自己名义将该结算资料报送发包人的，可否视为承包人对转承包人报送价格的认可？这一情形在承包人将工程分包的情况下也会发生，只不过承包人提交给发包人的结算资料中，除分包人编制的分包工程结算资料外，还包括分包工程以外其他工程的结算资料。

在此情形下，承包人报送给发包人的结算资料虽系实际施工人编制，但承包人以自己的名义报送给发包人，即表明其真实意思是办理自身与发包人之间的结算。因承包人报送的对象是发包人（结算协议的受要约人），该意思表示仅对发包人有效，故不能得出承包人同意以结算资料载明的工程造价与实际施工人结算的结论。即便承包人与发包人达成结算协议，基于合同的相对性，该结算协议也只能约束承包人与发包人，与实际施工人无关。据此，“承包人在收到实际施工人的结算资料后转交以发包人的行为，不构成对工程价款的认可”①。

**典型案例 157**

## 大茂建设集团有限公司与中国建筑第四工程局有限公司等建设工程施工合同纠纷案②

### 基本案情

安顺市体育中心项目的投资单位是安顺投资有限公司，项目管理单位和发包单位是荣盛公司，总承包单位是中国建筑第四工程局有限公司（以下简称中建四公司），跟踪审计单位是蜀通公司。2014 年 5 月 20 日，中建四公司与大茂建设集团有限公司（以下简称大茂公司）签订《安顺市体育中心项目体育场场地部分分包合同》，约定由大茂公司分包体育场（馆）场地部分（看台以下）工程内的体育工艺专业工程，造价根据业主、业主委托的第三方审计部门或政府审计部门的最终审计结果计算。2016 年 8 月 25 日，案涉工程完成竣工验收。2018 年 5 月 7 日大茂公司制作《工程结算书》，报审金额为 181, 645, 931. 44 元，中建四公司加盖项目部资料专用章；之后大茂公司又制作了《安顺体育中心项目体建部分补报结算书》，补报金额为 6, 889, 572. 07 元，中建四公司加盖项目部资料专用章，以上两项共计 161, 441, 029. 94 元。另中建四公司也向蜀通公司报送了审计资料，其中涉及大茂公

① 李少平主编：《最高人民法院第五巡回法庭法官会议纪要》，人民法院出版社 2021 年版，第 11 页。

② 典型案例 157：大茂建设集团有限公司与中国建筑第四工程局有限公司等建设工程施工合同纠纷案，贵州省高级人民法院（2020）黔民终 465 号民事判决书、最高人民法院（2021）最高法民再 82 号民事裁定书。

司完成的工程总结算款为161,992,195.71元。后大茂公司诉至法院，要求中建四公司支付工程款。中建四公司抗辩称，蜀通公司尚未审定工程造价。在诉讼中，经向蜀通公司核实，因中建四公司提交的审计资料不全，导致蜀通公司一直未完成整个工程的审计。

## 法院观点

一审法院（安顺市中级人民法院）与二审法院（贵州省高级人民法院）均认为，本案因审计资料不全导致蜀通公司无法完成对整个工程的审计，进而造成荣盛公司、中建四公司、大茂公司之间无法结算。但中建四公司向蜀通公司提交的审计资料中涉及大茂公司完成的工程总结算款（161,992,195.71元）比大茂公司报送给中建四公司的结算资料中的工程总结算款（161,441,029.94元）还高，说明中建四公司对该数额是认可的。因此，应当以中建四公司自行报送审计的大茂公司完成的工程结算价款作为结算依据。但最高人民法院在再审中认为，在蜀通公司尚未对案涉工程作出审计结论，且在双方当事人对案涉工程量和总结算价存在争议的情况下，一审判决依据中建四公司向蜀通公司提交的审计资料中涉及大茂公司完成的工程总结算款确定案涉工程总结算价，显属不当。现蜀通公司于2020年10月14日出具了《报告书》，因中建四公司与大茂公司均不认可《报告书》，故应在《报告书》基础上通过补充审计、当事人协商或司法鉴定等合法的方式确定案涉工程的总结算价。最高人民法院据此裁定，撤销原一审、二审判决，发回安顺市中级人民法院重审。

## 裁判规则158

**实际施工人以自己的名义或者擅自以承包人的名义与发包人达成的结算协议，因实际施工人不具有与发包人直接结算的权限，故该结算协议应属无效。但挂靠人与发包人达成的结算协议除外。**

在承包人将工程转包（或分包）的情况下，转承包人（或分包人）以自己名义与发包人达成结算协议的，应当如何评价该结算协议的约束力？转承包人（或分包人）擅自以承包人名义与发包人达成结算协议的，又当如何？

在转承包人（或分包人）以自己的名义与发包人达成结算协议的情形下，有观点认为，根据《建设工程施工合同解释（一）》第43条的规定，实际施工人有权直接向发包人主张工程价款，因此，二者达成的结算协议是双方处分自己权利的民事行为，具有合同的法律效力。[①] 问题在于，承包与转包（或分包）系两个不同的建设工程合同关系，作为转承包人（或分包人）的实际施工人无权越过承包人直接与发包人进行结算，故该结算协议对承包人不具有约束力。[②]《福建省高级人民法院当前我省涉建工纠纷审判调研　问答·案例·白皮书》（2022年9月）第22条规定："发包人直接与实际施工人结算工程价款的，对承包人不发生效力。"此外，转承包人（或分包人）与发包人之间并无建设工程施工合同关系，也就缺乏结算的对象，因此，该结算协议对实际施工人与发包人也不具有约束力。虽然实际施工人可以直接向发包人主张工程价款，但主张的是其与承包人之间的工程价款，该价款应当依据实际施工人与承包人之间的合同确定，而不能由实际施工人与发包人擅自确定。

在转承包人（或分包人）未经承包人同意擅自以承包人名义与发包人达成结算的情形下，其行为构成无权代理。根据《民法典》第171条第1款[③]的规定，对承包人不发生效力，发包人与承包人应当另行结算。下述【典型案例158】即为适例。

需要说明的是，在挂靠情形下，挂靠人是事实上的承包人，但常以被挂靠人的名义行事，故挂靠人以被挂靠人名义与发包人达成的结算协议，虽对被挂靠人不具有约束力，但直接约束挂靠人与发包人。就此可参见【裁判规则435】。

---

① 参见杨心忠等：《建设工程合同纠纷裁判思路》，法律出版社2014年版，第29、30、177、178页。

② 参见李玉生主编：《建设工程施工合同案件审理指南》，人民法院出版社2019年版，第85页。

③ 该款规定："行为人没有代理权、超越代理权或者代理权终止后，仍然实施代理行为，未经被代理人追认的，对被代理人不发生效力。"

**典型案例 158**

## 金鸿涛与青岛海沃置业有限公司、金德龙建设工程分包合同纠纷案[①]

### 基本案情

2009年9月16日，金德龙以永新国际广场Ⅱ标段施工项目部及负责人名义，向青岛海沃置业有限公司（以下简称海沃公司）承诺，称按照相应条件（包括施工范围、施工进度、结算依据、赔偿惩罚等）承建永新国际广场Ⅱ标段工程。但双方没有签订书面建设工程施工合同。2009年10月12日，金德龙与黄伟签订《青岛永新国际广场工程劳务分包协议书》。2010年4月30日，海沃公司与黄伟签订《付款协议》，明确：金德龙尚欠黄伟工程款815万元，黄伟因工程停工遭受的各种损失为585万元，合计1400万元；海沃公司自本协议签订后3日内从应支付给金德龙的工程款中直接拨付1400万元给黄伟。嗣后，海沃公司向黄伟支付了1400万元。2010年春节后，实际施工人金鸿涛停止施工后诉至法院，要求金德龙支付工程款、赔偿损失，海沃公司在未支付工程款的范围内对金德龙的应付款项承担共同支付责任。在诉讼中，双方就海沃公司向黄伟支付的1400万元应否认定为其向金德龙支付的工程款（进而扣减海沃公司对金鸿涛的支付责任）发生争议。海沃公司认为，其向黄伟支付的1400万元应当全部视为海沃公司向金德龙支付的工程款，金德龙仅认可其中6,799,198.3元是海沃公司已付工程款。

### 法院观点

最高人民法院认为，由于黄伟与海沃公司之间不存在直接合同关系，也无证据证明金德龙已授权黄伟与海沃公司直接结算工程款，因此，海沃公司与黄伟的结算行为对金德龙没有拘束力，该1400万元中除金德龙认可的6,799,198.3元外，不能视为海沃公司已付给金德龙的工程款。海沃公司关于其向黄伟支付的1400万元

① 典型案例158：金鸿涛与青岛海沃置业有限公司、金德龙建设工程分包合同纠纷案，浙江省高级人民法院（2015）浙民终字第10号民事判决书、最高人民法院（2016）最高法民申1123号民事裁定书。

应当全部视为海沃公司向金德龙支付的工程款的申请再审理由不能成立。

## 裁判规则 159

**结算协议无效的，不能参照结算协议的约定确定工程价款。**

《民法典》第793条第1款规定，“建设工程施工合同无效，但是建设工程经验收合格的，可以参照合同关于工程价款的约定折价补偿承包人”。结算协议作为源自建设工程施工合同的协议，在无效的情况下，可否参照其关于工程价款的约定折价补偿承包人？

有观点认为，“无效的建设工程价款结算协议没有法律约束力，但并不一定等于结算协议内容均不是当事人真实意思表示。在结算协议不损害他人合法权益的情形下，只要当事人关于工程价款结算达成了真实意思表示，应当认为可以类推适用《民法典》第793条的规定，参照结算协议约定，计算工程价款”①。

该观点明显不能成立。如【裁判规则66】所述，结算协议虽源于建设工程施工合同，但系独立协议，其效力独立于建设工程施工合同。因此，如果结算协议无效，显系基于自身原因而无效。根据《民法典》第143条的规定，民事法律行为的效力要件包括行为人具有相应的民事行为能力，意思表示真实，不违反法律、行政法规的强制性规定，不违背公序良俗。对于结算协议无效的，除意思表示不真实这一要件以外，其他要件的情况分别为：首先，结算协议当事人不具备相应的民事行为能力，② 也即欠缺结算能力，在此情形下仍参照结算协议，显然违背了民事行为能力制度旨在保护能力不足行为人利益的目的。其次，结算协议违反法律、行政法规的强制性规定，最常见的情形就是违背有效的中标合同达成结算协议。在此情形下，仍参照该结算协议，显然违背法律、行政法规的强制性规定的规范目的。就此，可参见【裁判规则327】。最后，结算协议的内容仅涉及已完工程的价款确定，不会涉及公序良俗。据此，在结算协议无效的情况下，不应参照结算协议的约定确定工程价款。除下述【典型案例159】外，还可参见“毛世武与安徽富煌钢构

---

① 最高人民法院民事审判第一庭编著：《最高人民法院新建设工程施工合同司法解释（一）理解与适用》，人民法院出版社2021年版，第300页。

② 这种情形在实践中几乎不可能发生。

股份有限公司建设工程施工合同纠纷案”[1]、“海南宝丰劳务有限公司与大庆建筑安装集团有限责任公司建设工程分包合同纠纷案”[2]。

此外，《民法典》第147条至第151条还规定了因重大误解、欺诈、胁迫、显失公平导致民事法律行为可撤销。因上述情形均涉及意思表示不自由或不真实，[3]故如存在上述情形，一方行使撤销权导致结算协议无效的，也不能再参照结算协议。

**典型案例159**

## 重庆强博建筑劳务有限公司与重庆第六建设有限责任公司建设工程施工合同纠纷案[4]

### 基本案情

2013年9月27日，重庆强博建筑劳务有限公司（以下简称强博公司）与重庆第六建设有限责任公司（以下简称六建公司）签订《劳务分包合同书》，约定六建公司将希望·国际城一期一批次1号、2号、3号、5号、6号楼工程劳务、周材及机具等以大包干形式承包给强博公司，外墙保温、抹灰、贴砖单价为28元/平方米（标准层贴砖另计）。合同第12.1.5项载明，乙方（强博公司）明确知道，甲方（六建公司）任何工作人员（包括但不限于施管人员、项目经理、处长等）在任何时候以甲方或甲方相关项目部名义向乙方出具欠据、收据、承诺及其他任何经济法律文书等，必须经甲方分管、主管负责人审核确认，并在5日内到甲方加盖公章方为有效。否则，由此产生一切后果由乙方自行承担。在合同签订后，强博公司进行

---

① 参考案例131：毛世武与安徽富煌钢构股份有限公司建设工程施工合同纠纷案，安徽省高级人民法院（2017）皖民终97号民事判决书、最高人民法院（2017）最高法民申4328号民事裁定书。

② 参考案例132：海南宝丰劳务有限公司与大庆建筑安装集团有限责任公司建设工程分包合同纠纷案，海南省高级人民法院（2020）琼民申919号民事裁定书。

③ 除重大误解、欺诈、胁迫以外，《民法典》第151条针对显失公平规定：“一方利用对方处于危困状态、缺乏判断能力等情形，致使民事法律行为成立时显失公平的，受损害方有权请求人民法院或者仲裁机构予以撤销。”其中“利用对方处于危困状态、缺乏判断能力等”，也就意味着对方的意思表示不自由或不真实。

④ 典型案例159：重庆强博建筑劳务有限公司与重庆第六建设有限责任公司建设工程施工合同纠纷案，贵州省高级人民法院（2020）黔民终150号民事判决书。

了施工。2015 年 12 月 30 日，涉案工程竣工验收合格并交付业主使用。工程完工后，肖彬、刘明银、陈汉洋、周刚代表六建公司习水项目部签字确认了《总结算情况表》。该表载明，已确认的工程结算款汇总金额为 50, 401, 487 元，该表中 1 号、2 号和 6 号楼外墙贴砖按单价 32 元/平方米计算。后强博公司诉至法院，要求将《总结算情况表》作为工程结算依据。六建公司认为，签署该表的四人不能代表六建公司进行结算，且该表没有加盖六建公司的公章，不能作为有效结算依据。在诉讼中，双方均认可强博公司已完工面积为 125, 100 平方米。

## 法院观点

贵州省高级人民法院认为,《劳务分包合同书》第 12. 1. 5 项已明确约定欠据、收据、承诺及其他任何经济法律文书等的签署程序。《总结算情况表》涉及工程款结算这一关系当事人切身利益的重大事项，更应该符合《劳务分包合同书》规定的形式要件；在该总结算表“六建习水项目部结算人签字”处签名的人员，并非六建公司明确授权代表该公司进行工程款结算的人员，也无六建公司盖章，故根据该结算总表不能认定双方就涉案工程劳务费的结算金额达成了合意。《总结算情况表》因不符合《劳务分包合同书》第 12. 1. 5 项规定的形式要件，涉及结算单价、结算总金额的内容不具有法律效力，仍应依据《劳务分包合同书》约定的 28 元/平方米的价格对外墙贴砖的价格进行计算。(17, 150. 4 平方米+14, 974 平方米+17, 150. 38 平方米) ×28 元/平方米=1, 379, 693. 84 元。

## 裁判规则 160

**发承包双方在施工过程中对工程价款所作阶段性确认，仅具有预结算性质，在最终结算时可以进行变更、调整。但该阶段性确认系过程结算、分段结算、签证等不可变更的结算除外。**

在施工过程中，发承包双方往往会根据施工进度对已完工部分进行阶段性确认。在办理最终结算时，一方可否要求对这些阶段性确认予以变更、调整？

发承包双方在施工过程中对工程价款所作阶段性确认，仅具有预结算性质，其目的是为最终结算形成证据、固定事实。双方在进行阶段性确认时：一是考虑尽快进入、推动后续施工，二是考虑维持彼此在后续施工过程中的良好关系，三是考虑反正还有最终结算，所以在通常情况下，发承包双方对阶段性确认一般不会过于计较，由此形成的阶段性确认，也就是“求大同、存小异”的成果。因此，阶段性确认的成果可以作为最终结算的证据，但不能将阶段性确认直接视为最终结算。

但存在下述例外：一是过程结算。《财政部、住房城乡建设部关于完善建设工程价款结算有关办法的通知》（财建〔2022〕183号）第2条规定，“当年开工、当年不能竣工的新开工项目可以推行过程结算。发承包双方通过合同约定，将施工过程按时间或进度节点划分施工周期，对周期内已完成且无争议的工程量（含变更、签证、索赔等）进行价款计算、确认和支付，支付金额不得超出已完工部分对应的批复（预）算。经双方确认的过程结算文件作为竣工结算文件的组成部分，竣工后原则上不再重复审核”。二是基于工程特性实施的分期结算。如公路工程多实行分期结算，每一期的结算均为该期工程的最终结算，后一期结算会加上前一期结算金额，最后一期的结算金额即为工程的总结算金额。就此，可参见下述【典型案例160】。三是签证。签证作为施工合同的补充合同，一经签订，除非被宣告无效或被撤销，否则应当作为最终的结算依据。就此，可参见【裁判规则210】。四是发承包双方在进行阶段性确认时，明确表示该阶段性确认不可变更的，则阶段性确认应作为最终的结算依据。

**典型案例160**

## 北京市政路桥股份有限公司与湖北洪利高速公路有限公司建设工程施工合同纠纷案[①]

### 基本案情

2012年8月8日，北京市政路桥股份有限公司（以下简称北京路桥公司）与湖北洪利高速公路有限公司（以下简称洪利高速公司）签订《合同协议书》，约定北京路桥公司承建湖北省武汉至监利高速公路洪湖至监利段项目（第一标段）工

① 典型案例160：北京市政路桥股份有限公司与湖北洪利高速公路有限公司建设工程施工合同纠纷案，最高人民法院（2019）最高法民终1584号民事判决书。

程，中标价格为 2, 636, 648, 152 元。在施工过程中，北京路桥公司根据施工进度先后报送了二十六期《完成工程支付月报表》（2012 年 12 月 20 日至 2016 年 10 月 25 日），并取得了相应的支付证书。后因洪利高速公司丧失案涉工程特许经营权，导致《合同协议书》解除。北京路桥公司遂诉至法院，要求洪利高速公司就已完工程支付工程款。在诉讼中（2018 年 8 月），洪利高速公司委托深圳市欣广拓工程造价咨询有限公司对已完工程进行核算，核算金额为 117, 294. 85 万元。洪利高速公司主张，应以该核算金额为准或通过司法鉴定确定已完工程价款。

## 法院观点

一审法院（湖北省高级人民法院）未准许洪利高速公司的鉴定申请，而是直接以北京路桥公司在 2016 年 10 月支付证书中记载的截至本期末的完成金额 1, 598, 723, 347 元作为认定洪利高速公司应付案涉工程款的总金额。在二审中，最高人民法院也认为，北京路桥公司提交的共计二十六期《完成工程支付月报表》中，所附的每一期支付证书均记载了累计完成工程量比例、本期完成金额、至上期末累计完成金额、至本期末完成金额，承包人项目经理、总监理工程师、业主单位计划部负责人、分管合同副总经理、分管工程副总经理、总经理均签名，监理人翔飞公司盖章。在所附每期《完成情况汇总表》中，均列举了项目明细清单与累计完成比例、本期完成金额、至上期末完成金额、至本期末完成金额，承包人项目经理、总监理工程师、业主工程部负责人、计划部负责人签字，监理人翔飞公司盖章。在所附《合同工程月度完成情况表》中载明了项目明细、数量与单价、累计完成比例、本期完成金额、至上期末完成金额、至本期末完成金额，承包人项目经理、总监办计量工程师、业主计划部经办人、计划部负责人签字，监理人翔飞公司盖章。所附每期《开工预付款计算表》载明了至上期末累计支付金额、本期支付金额、至本期末累计支付金额；《开工预付款扣回计算表》载明了本期末累计完成金额、至上期末累计扣回款金额、本期扣回款金额、至本期末累计扣回款金额；所附《材料、设备预付款计算表》载明至上期末累计支付金额、本期支付金额、至本期末累计支付金额；所附《奖、罚金计算表》载明至上期末累计支付金额、本期支付金额、至本期末累计支付金额；上述计算表均由承包人计量员、总监办计量工程师、业主计划部经办人、计划部负责人签名，监理人翔飞公司盖章。上述单据均由发包人、承包人、监理人三方签章确认。因此，一审判决依据案涉支付证书等单据认定案涉工程价款，未对案涉工程价款进行鉴定，并无不当。

### 裁判规则161

**发承包双方为达成结算而实施的工程价款审核或要求审核，系从属于债权债务的确认行为，并不构成独立的权利或义务。**

要达成结算，势必需要发承包双方对工程价款进行审核确认。如《建设工程施工合同（示范文本）》（GF-2017-0201）第14.2款所载：承包人报送竣工结算申请单后，监理人或发包人有异议的，有权要求承包人进行修正和提供补充资料；发包人签认竣工付款证书后，承包人有权在7日内提出异议，并要求按照合同约定的方式和程序进行复核。对结算过程中就工程价款进行审核或者要求对方进行审核的行为，应当如何定性？

在“重庆恒基控股有限公司与重庆强发实业集团有限公司、中太建设集团股份有限公司建设工程施工合同纠纷案”[①] 中，针对承包人中太建设集团股份有限公司将工程款债权转让给第三人重庆恒基控股有限公司的行为，一审法院认为，“工程结算既是合同权利，又是合同义务”。因此，根据《合同法》第88条[②]的规定，转让未经结算的工程款债权，应经对方同意。二审法院也认为，结算必然涉及建设工程施工合同双方的权利义务，故转让未经结算的工程款债权具有合同权利义务转让的属性。从该案例可知，在承包人本人与发包人结算的情况下，结算是权利还是义务，对此并无影响。但承包人在工程款债权未结算的情况下即予以转让的，结算是权利还是义务，则涉及是否需要发包人同意的问题，进而影响转让行为的效力。

事实上，无论是结算，还是为达成结算而实施的工程价款审核或要求审核，仅是确定工程价款的一种方式和手段，其本身并不具有利益性，故其既非独立的权利，也非独立的义务，而是债权债务的内容之一，属于债权或债务的组成部分。就

---

① 参考案例133：重庆恒基控股有限公司与重庆强发实业集团有限公司、中太建设集团股份有限公司建设工程施工合同纠纷案，重庆市高级人民法院（2020）渝民终484号民事判决书。

② 该条（现《民法典》第555条）规定：“当事人一方经对方同意，可以将自己在合同中的权利和义务一并转让给第三人。”

发包人而言，该行为属于给付准备行为;[①] 就承包人而言，该行为属于主张权利的基础行为。对于需要结算的债权：债权人有权要求债务人配合并依法达成结算，进而明确债权的金额以便履行；债务人有义务配合债权人开展结算工作，并依法达成结算结果，进而明确债务的金额以便履行。在结算中，债权人与债务人根据施工的具体情况进行计算并协商，以确定最终金额。这一行为并不符合“一方要求对方履行、对方应当履行”这一权利的基本特征。因此，综观现行法律及法学论著，在债权之外并无“结算权”一说，在债务之外亦无“结算义务”一说。就结算行为而言，其仅为债权或债务履行中的一环，该行为的目的系确认债权债务金额。如债权人与债务人无法就结算达成一致的，可由法院通过司法鉴定等强制结算的方式对债权债务金额进行确定。在下述【典型案例 161】中，在施工尚未完结、更未结算的情况下，承包人以《债权转移通知书》的方式将工程款债权转让给第三人，最高人民法院并未认为结算是独立的权利或义务，而是直接将结算视为债权的内容之一，在债权受让人要求支付工程款的情况下，直接通过鉴定确定工程款后，判决债务人承担支付责任。

**典型案例 161**

## 陕西西岳山庄有限公司与中建三局建发工程有限公司、中建三局第三建设工程有限责任公司建设工程施工合同纠纷案[②]

### 基本案情

2001 年 11 月 30 日，陕西西岳山庄有限公司（以下简称西岳山庄）与中建三局第三建设工程有限责任公司（以下简称中建三局三公司）签订《建设工程施工合同》，约定由中建三局三公司承建西岳山庄开发的华山假日酒店工程。在施工过程中的 2004 年 4 月 14 日，中建三局三公司向西岳山庄发出《债权转移通知书》，称将对西岳山庄所享有的工程款债权转让给中建三局建发工程有限公司（以

---

① 参见杨心忠等：《建设工程合同纠纷裁判思路》，法律出版社 2014 年版，第 212 页。

② 典型案例 161：陕西西岳山庄有限公司与中建三局建发工程有限公司、中建三局第三建设工程有限责任公司建设工程施工合同纠纷案，最高人民法院（2007）民一终字第 10 号民事判决书。《最高人民法院公报》2007 年第 12 期。

下简称建发公司)。2005年10月10日，中建三局三公司向西岳山庄发出《关于解除合同的通知》。其后，西岳山庄既未与中建三局三公司达成结算，也未与建发公司达成结算，建发公司径行起诉，要求其支付工程款。西岳山庄抗辩称，债权转让时案涉工程项目根本不具备结算条件，故债权依法不得转让。在诉讼中，经委托鉴定，已完工程造价为24,992,875.13元。

## 法院观点

最高人民法院认为，中建三局三公司履行了部分合同义务，取得了向西岳山庄请求支付相应工程款的权利。在转让行为发生时，三公司的此项债权已经形成，债权数额后被本案鉴定结论所确认。西岳山庄接到中建三局三公司的《债权转移通知书》后，并未对此提出异议，法律、法规亦不禁止建设工程施工合同项下的债权转让，债权转让无须征得债务人同意。最高人民法院确认案涉债权转让合法有效，建发公司因此受让取得中建三局三公司对西岳山庄的债权及从权利。

## 裁判规则162

**建设工程施工合同约定以特定政府文件作为结算依据，该政府文件在合同履行过程中失效或变更的，不影响约定的效力，仍然应当将该政府文件作为结算依据。**

建设工程施工合同可约定，某些项目（如人工费单价）按照相关政府文件进行结算。如果在合同签订后、工程结算前，政府文件发生变化，如出台新文件变更旧文件，或原文件被撤销、失效的，应当如何确定结算依据？

一般认为，“合同当事人自愿将含有结算标准和依据的地方政府文件内容转化为合同内容，如文件内容不违反法律、行政法规的强制性规定，不能因文件被撤销、失效而否定合同相关条款的效力”①。原《广东省高级人民法院关于审理建设工程施工合同纠纷案件若干问题的指导意见》(粤高法发〔2011〕37号）第4条前

① 最高人民法院民一庭：《作为合同结算依据的地方政府文件被撤销，当事人请求据实结算的，应如何处理》，载最高人民法院民事审判第一庭编：《民事审判指导与参考》总第36集，法律出版社2009年版。

段规定："建设工程施工合同约定以政府相关文件的规定作为结算标准和依据，不能因该文件被修改、撤销或失效而否定合同相关条款的效力。当事人主张按合同约定结算工程价款的，应予支持。"《山东省高级人民法院2011年全省民事审判工作会议纪要》（鲁高法〔2011〕297号）第三部分"关于建设工程施工合同纠纷案件"第10条也规定："当事人双方在建设工程施工合同中约定以地方人民政府的文件作为工程价款的结算标准和依据的，该政府文件已经构成合同的内容，该约定并不违反法律、行政法规的强制性规定，应当依法认定约定有效。在建设工程施工合同履行中，如果合同所依据的政府文件被撤销或者失效，但该政府文件已经转化为合同约定，仍应按照政府文件的规定作为结算工程价款的依据。当地人民政府出台新的文件对原文件的规定进行调整和修改的，除当事人另有约定外，仍应以原政府文件的规定作为结算工程价款的依据。"

在实践中，最常见的情形是建设工程施工合同援引作为结算依据的定额文件被更新。"山东日建建设集团有限公司与日照君泰房地产（集团）有限公司建设工程施工合同纠纷案"① 即是如此。在此类情形中，政府文件之所以成为结算依据，并非基于其规范性文件的效力，而是基于当事人的约定。也就是说，当事人通过自由约定，将含有结算标准和依据的政府文件转化为施工合同的内容，这与当事人自行约定结算标准并无不同。不能因约定的结算标准——原政府文件——被调整、修改、撤销或失效，而否定当事人已经将该文件转化为合同约定内容的合法性，也不能因此认定该合同条款无效，② 故仍应按照原政府文件进行结算。

**典型案例162**

## 乙公司与甲公司建设工程施工合同纠纷案③

### 基本案情

1995年4月至1996年9月，甲公司与乙公司分别签订七份《建设工程施工合

① 参考案例134：山东日建建设集团有限公司与日照君泰房地产（集团）有限公司建设工程施工合同纠纷案，山东省日照市中级人民法院（2012）日民一初字第23号民事判决书。

② 参见《广东省高级人民法院关于2009年度广东省法院民事审判工作若干具体问题分析的报告》，载最高人民法院民事审判第一庭编：《民事审判指导与参考》总第41集，法律出版社2010年版。

③ 典型案例162：《乙公司与甲公司建设工程施工合同纠纷案》，载最高人民法院民事审判第一庭编：《民事审判指导与参考》总第36集，法律出版社2009年版。

同》和一份《电梯及电扶梯安装工程协议书》，约定乙公司承建宏达商业中心的相关工程项目，执行三资按政府（94）建1号文件。2000年7月4日，讼争工程验收合格。后因双方最终未能就结算问题达成一致，乙公司诉至法院，要求甲公司支付工程欠款1亿元及相应利息。甲公司认为，地方政府建设委员会颁发的（94）建1号文已于2000年被明令废止，不能作为结算依据。经查，市建委造价处（94）建1号文为讼争工程所在地建设委员会于1994年颁布实施，主要内容是对建筑市场上的外资和内资建设项目收费实行双轨制，适用不同的定额标准取费，该文件于2000年被政府废止。

## 法院观点

最高人民法院认为，政府（94）建1号文件在该案中是作为工程结算的一种价格标准存在的，合同当事人对是否采用此文件作为工程结算依据均有决定权。也就是说，双方是否接受该文件约束的意思表示是自由的。根据合同法的自愿原则，双方当事人将行政主管部门制定的文件的内容作为工程款结算标准的，该约定有效。不能因文件被撤销、失效，而否定已被当事人转化为合同内容的相关规定的合法性，不能因此认定施工合同中以政府文件相关内容作为工程结算标准的合同条款无效。

## 裁判规则163

**发承包双方在建设工程施工合同中约定，在工程量清单计价基础上总价包干，承包人对工程量清单的漏项、错项等承担风险责任的，承包人仅就合理范围内的误差承担责任，超出合理范围的误差应当据实结算。**

当前，工程招标普遍采用工程量清单计价的方式。工程量清单计价是指在建设工程投标时，招标人依据工程施工图纸，按现行的工程量计算规则，为投标人提供工程量项目和技术措施项目的数量清单，供投标单位逐项填写单价，并计算出总价，再通过评标，最后确定合同价。

由于建设项目涉及的内容十分繁杂，招标人提供的工程量清单往往存在漏项、错项。对此，《建设工程工程量清单计价规范》（GB50500-2013）第2.0.2项对“招标工程类清单”的定义是“招标人依据国家标准、招标文件、设计文件以及施工现场实际情况编制的，随招标文件发布供投标人报价的工程量清单，包括其说明和表格”。第4.1.2项规定：“招标工程量清单必须作为招标文件的组成部分，其准确性和完整性应由招标人负责。”第8.2.2项规定：“施工中进行工程计量，当发现招标工程量清单中出现缺项、工程量偏差，或因工程变更引起工程量增减时，应按承包人在履行合同义务中完成的工程量计算。”据此，因工程量清单系招标人编制，招标人对清单的准确性和完整性负责，“如果施工合同没有约定工程量清单的漏项、错项的责任承担，应由发包人承担工程量清单漏项、错项的责任”①，也就是应当据实结算工程价款。

有疑问的是，如果招标文件或施工合同约定，“发包人提供的工程量清单仅供承包人参考，工程量清单存在漏项、错项的，由承包人承担相应责任”，或者“若承包人投标时未及时对发包人编制的工程量清单提出异议，则工程量清单的错漏风险等均由承包人承担”，应当如何处理？就此，存在三种观点：第一种观点认为，《建设工程工程量清单计价规范》（GB50500-2013）只是住建部发布的国家标准，并非法律、行政法规，故发承包人之间的上述约定虽与《建设工程工程量清单计价规范》（GB50500-2013）第4.1.2项相悖，但依然具有约束力。吉林省高级人民法院在“中国建筑工程总公司与中国南方航空股份有限公司吉林分公司建设工程施工合同纠纷案”② 中持这一观点。第二种观点认为，《建设工程工程量清单计价规范》（GB50500-2013）是住建部根据《标准化法》的授权制定的强制性国家标准，如发承包人之间的上述约定与《建设工程工程量清单计价规范》（GB50500-2013）第4.1.2项相悖，即构成违反强制性规定，应被认定为无效。③江苏省高级人民法院在“扬州开发区建筑安装工程有限公司与扬州鑫泰房屋开发

---

① 秦旺：《建设工程造价结算前沿问题研究》，载《法律适用》2017年第5期。

② 参考案例135：中国建筑工程总公司与中国南方航空股份有限公司吉林分公司建设工程施工合同纠纷案，吉林省高级人民法院（2015）吉民申字第137号民事裁定书。

③ 参见郭威：《“招标工程量清单的准确性和完整性由招标人负责”评价之我见》，载微信公众号“建设工程造价法律合作联盟”2021年3月2日，https://mp.weixin.qq.com/s/-ghf62m92d-Kmh91LFAUQA。

有限公司建设工程施工合同纠纷案”① 中持这一观点。第三种观点持折中的立场。在“广州市第二建筑工程有限公司与黄冈中学广州学校建设工程施工合同纠纷案”② 中，按照招标人的工程量清单，广州市第二建筑工程有限公司（以下简称广州二建）投标报价为48,188,906.10元。双方在《建设工程施工合同》中约定，合同总价为48,188,906.10元，实行总价包干，该承包总价不因承包人在投标时计算的工程量漏项、多算或漏算和工程项目套取价格的高、低而增减或调整，即属于锁定的总包干价。在施工完成后，因招标的工程量清单与施工图对比漏量漏项严重（一审认定漏量漏项超过35%，二审认定漏量漏项达到56.55%），双方发生争议，广州二建诉至法院。广东省高级人民法院认为，发包人未履行其作为招标人编制工程量清单的审慎义务，将超过合理范围之外的漏量漏项责任全部归由承包人承担，不仅有违《建设工程工程量清单计价规范》（GB50500-2013）的规定，也有违诚信原则。承包人作为专业的建筑公司，对于超过合理范围之外的漏量漏项未能发现和指出，不仅与其专业建筑公司的能力水平不符，也有违诚信原则。因此，对工程量清单漏量漏项的差价26,299,900.32元，应由发包人与承包人各负担50%。

在工程量清单错项、漏项或漏量的情况下，承包人已经完成全部施工，工作成果由发包人享有，如果对因错项、漏项等增加的工程款，由发包人与承包人各承担50%，也就意味着发包人就获得的错项、漏项部分工作成果仅支付了50%的对价，这样的结果并不公平。而且工程量清单系发包人提供，其提供了错项、漏项的清单，反而可以少支付工程款，于理不合。一方面，《建设工程工程量清单计价规范》（GB50500-2013）第6.1.4项规定：“投标人必须按招标工程量清单填报价格。项目编码、项目名称、项目特征、计量单位、工程量必须与招标工程量清单一致。”并且，该条是强制性条文。另一方面，《建设工程工程量清单计价规范》（GB50500-2013）第8.3.1项规定：“采用工程量清单方式招标形成的总价合同，其工程量应按照本规范第8.2节的规定计算。”第8.2节“单价合同的计量”所辖第8.2.2项规定：“施工中进行工程计量，当发现招标工程量清单中出现缺项、

① 参考案例136：扬州开发区建筑安装工程有限公司与扬州鑫泰房屋开发有限公司建设工程施工合同纠纷案，江苏省高级人民法院（2016）苏民终1151号民事判决书。

② 参考案例137：广州市第二建筑工程有限公司与黄冈中学广州学校建设工程施工合同纠纷案，广东省高级人民法院（2015）粤高法民终字第12号民事判决书。

工程量偏差，或因工程变更引起工程量增减时，应按承包人在履行合同义务中完成的工程量计算。”第9.4.2项规定：“承包人应按照发包人提供的设计图纸实施合同工程，若在合同履行期间出现设计图纸（含设计变更）与招标工程量清单任一项目的特征描述不符，且该变化引起该项目工程造价增减变化的，应按实际施工的项目特征，按本规范第9.3节相关条款的规定重新确定相应工程量清单项目的综合单价，并调整合同价款。”因此，更为合理的解决思路应当是，对工程量清单中合理范围内的误差，根据约定由承包人承担，对超出合理范围的误差，宜视为已经超出承包人订立合同时的可预见范围，应当据实结算。但是，在工程总承包模式之下，因总承包人负责工程设计，故如存在清单错项、漏项或漏量的，应由总承包人自行负责。

至于如何判断“合理范围的误差”，可参考《建设工程造价咨询成果文件质量标准》（中价协〔2012〕011号）的规定。其第7.3.3项规定：“相同口径下，在同一招标项目中，工程量清单中项目特征描述错误的子目数量占工程量清单全部子目数量的比例应小于3%。”第7.3.4项规定：“相同口径下，在同一招标项目中，因工程量清单错误造成该招标项目招标控制价的综合误差率应小于5%。”在此基础上，还应如下述【典型案例163】一样，综合考虑各方过错，分配清单错项、漏项、漏量导致的工程造价误差。至于清单错项、漏项、漏量部分的结算标准，“若在工程量清单中既未列明，双方施工中又未协商，在工程变更结算中，应依造价工程师参考类似工程定价方法确定的工程变更单价，按实际完成变更工程量确定变更工程结算价值”①。

**典型案例163**

## 金义祥与株洲银泰房地产开发有限公司建设工程施工合同纠纷案②

### 基本案情

2010年3月24日，根据株洲银泰房地产开发有限公司（以下简称银泰公司）

---

① 杨心忠等：《建设工程合同纠纷裁判思路》，法律出版社2014年版，第172页。

② 典型案例163：金义祥与株洲银泰房地产开发有限公司建设工程施工合同纠纷案，最高人民法院（2019）最高法民终379号民事判决书。

的委托，求实项目管理有限公司发放招标文件，对案涉项目进行招标。《投标须知》第12.5条载明：投标人对招标人提供的工程量清单应根据招标资料及设计图纸认真计算复核，如果少算、多算或漏算，应于投标截止日2天前以书面形式向招标代理公司提出，否则视同对招标人提供的工程量清单无异议。3月27日，东欣公司以156,245,967.55元为投标报价发出投标函。4月7日，银泰公司与东欣公司签订《建设工程施工合同》，约定东欣公司承包株洲银泰财富广场工程，合同价款为156,245,967.55元（包括16,245,967.55元的分包工程款）。2010年4月16日，东欣公司与金义祥签订《经济责任承包合同》，约定金义祥对株洲银泰财富广场工程实行整体经济责任承包，并按审计部门审定结算造价的0.5%上交管理费。后在施工未完成的情况下，金义祥以实际施工人身份起诉要求对方支付工程款。在诉讼中经鉴定，银泰公司提供的工程量清单与施工图纸之间差额巨大，达54,800,877.12元，已完成部分差距达35,885,509.09元。

## 法院观点

一审法院（湖南省高级人民法院）认为，上述差距已经超出了工程量编制正常误差范围。如果完全按照合同约定计价，则实质上免除了发包方对工程量清单准确性和完整性负责的法定义务，也不符合诚实信用原则与公平原则。因此，人民法院酌情确定已完工部分差额35,885,509.09元中的20%属于清单工程量与图纸不符的合理误差，该部分按照合同约定由东欣公司承担责任，对于其他部分，银泰公司应向东欣公司支付工程款。金义祥在上诉时提出，根据《建设工程造价咨询成果文件质量标准》，招标清单与图纸不符的合理误差应为3%。最高人民法院认为，3%系在承包人无复核义务亦无其他过错的情况下，发包人的合理误差。在本案中，招投标文件和案涉《建设工程施工合同》均明确，承包人对工程量清单有根据招标资料及设计图纸计算复核的义务，且在招标前未就其准确性和完整性提出异议的，工程量不予调整。一方面，银泰公司在招标过程中没有发放工程图纸。另一方面，东欣公司、金义祥作为承包人和实际施工人在负有核对工程量清单与图纸一致性义务的情况下，未就图纸发放问题提出异议，也未与银泰公司协商。银泰公司实际发放图纸后，也未就工程量清单与图纸之间的差异进行核对，亦应承担相应责任。综合考虑，金义祥就工程量清单与图纸差额部分已实际付出成本与劳动，银泰公司作为案涉工程的实际使用者与收益方，依公平原则，应就大部分款项承担支付义务。故最高人民法院对一审法院酌定已完工部分差额 35, 885, 509. 09 元中的 80%，即 28, 708, 407. 27 元属银泰公司应当支付工程款的处理意见，予以认可。

## 裁判规则 164

**“背靠背”结算条款不违反法律、行政法规的强制性规定的，应属有效。但承包人怠于与发包人结算的，不得以“背靠背”结算约定为由拒绝与实际施工人结算。**

在转包、分包等合同中，普遍存在“背靠背”结算的约定。所谓“背靠背”结算，是指承包人与转承包人（或分包人）约定，对转包合同或分包合同的工程款结算，以承包人与发包人的结算结果作为结算依据。[①] 如“于中海与重庆英特建筑装饰设计工程有限公司、重庆市人民政府外事侨务办公室等建设工程施工合同纠纷案”[②] 中，重庆英特建筑装饰设计工程有限公司（以下简称英特公司）承接市侨办的涉外商务区 A 区内部精装修工程后，将部分工程分包给于中海，分包合同约定，于中海的结算金额为在英特公司与业主方结算造价基础上扣除 1. 5%的管理费后的金额。该结算方式即为典型的“背靠背”结算。

“背靠背”结算实为承包人控制结算风险的手段。如最高人民法院第五巡回法庭指出，因承包合同与转包合同仅具有事实上的牵连关系而非法律上的牵连关系，分属于独立合同，所以在发包人与承包人、承包人与实际施工人的不同诉讼中可能会出现工程价款差异。[③]在此背景下，承包人为避免收入（从发包人处获得的工程款）大于支出（支付给实际施工人的工程款），从而提出“背靠背”结算的要求，符合市场交易的基本逻辑，具有合理性。因此，只要该约定是双方真实意思表示，则在双方之间具有约束力，在结算时应予适用。《安徽省高级人民法院关于审理建设工程施工合同纠纷案件适用法律问题的指导意见》（2009 年 5 月 4 日）第 13

① 参见潘军锋：《建设工程价款结算审判疑难问题研究》，载《法律适用》2019 年第 5 期。

② 参考案例 138：于中海与重庆英特建筑装饰设计工程有限公司、重庆市人民政府外事侨务办公室等建设工程施工合同纠纷案，重庆市第一中级人民法院（2018）渝 01 民终 6903 号民事判决书。

③ 参见李少平主编：《最高人民法院第五巡回法庭法官会议纪要》，人民法院出版社 2021 年版，第 12 页。

条前段规定："非法转包、违法分包建设工程，实际施工人与承包人约定以承包人与发包人之间的结算价款作为双方结算依据的，应按该约定确定实际施工人应得的工程价款。"

"背靠背"结算虽体现为结算金额的牵连关系，但因后一环节（承包人与实际施工人之间）的结算须以前一环节（发包人与承包人之间）的结算为基础，故前一环节的结算事实上构成后一环节的结算条件。因此，承包人具备与发包人结算的条件而怠于结算的，参照《民法典》第159条①的规定，应当认定承包人与实际施工人之间的结算条件已经成就，承包人应当与实际施工人直接结算。在此情形下，由于后一环节的结算以前一环节的结算为基础，通常是在前一环节结算金额的基础上扣除一定比例的费用，即为后一环节的结算金额，所以承包人与实际施工人之间通常不会约定具体的计价标准。因此，承包人与实际施工人之间的结算，可以且只能参照发包人与承包人之间的合同确定相应工程价款。②《安徽省高级人民法院关于审理建设工程施工合同纠纷案件适用法律问题的指导意见（二）》（2013年12月23日）第11条规定："非法转包、违法分包建设工程，实际施工人与承包人约定以发包人与承包人的结算结果作为结算依据，承包人与发包人尚未结算，实际施工人向承包人主张工程价款的，分别下列情形处理：（一）承包人与发包人未结算尚在合理期限内的，驳回实际施工人的诉讼请求；（二）承包人已经开始与发包人结算、申请仲裁或者诉至人民法院的，中止审理；（三）承包人怠于向发包人主张工程价款，实际施工人主张参照发包人与承包人签订的建设工程施工合同确定工程价款的，应予支持。"就此，除下述【典型案例164】外，还可参见"枣庄高新区建筑工程公司与河北省安装工程有限公司、山东东阳能源有限公司建设工程施工合同纠纷案"③。

---

① 该条规定："附条件的民事法律行为，当事人为自己的利益不正当地阻止条件成就的，视为条件已经成就；不正当地促成条件成就的，视为条件不成就。"

② 参见潘军锋：《建设工程价款结算审判疑难问题研究》，载《法律适用》2019年第5期。

③ 参考案例139：枣庄高新区建筑工程公司与河北省安装工程有限公司、山东东阳能源有限公司建设工程施工合同纠纷案，山东省高级人民法院（2017）鲁民终1896号民事判决书。

典型案例 164

## 安徽飞跃路桥工程有限公司与中国建筑第五工程局有限公司、芜湖市重点工程建设管理局等建设工程施工合同纠纷案①

### 基本案情

2009 年 7 月 10 日，芜湖市重点工程建设管理局（以下简称芜湖市重点局）与中国建筑第五工程局有限公司（以下简称中建五局）签订《建设工程施工合同》，约定芜湖市重点局将芜湖市三环路新建道路工程发包给中建五局施工。2009 年 11 月 10 日，经芜湖市重点局同意，安徽飞跃路桥工程有限公司（以下简称飞跃路桥公司）与中建五局签订《工程项目承包合同》，约定由飞跃路桥公司承包芜湖市三环路新建道路工程排水部分全部施工内容，合同标的价为 55, 423, 610. 92 元，最终竣工决算按合同标的价、设计变更和现场签证及业主审计的价款为准，中建五局按工程决算总价收取 3%的管理费（不含税金），余款为飞跃路桥公司承包工程施工的全部费用。2011 年 7 月 1 日，案涉工程竣工通车并交付使用。2013 年 1 月 9 日，对中建五局报送的包括飞跃路桥公司施工完成部分在内的案涉工程决算书，监理单位审核并签字、盖章确认。2013 年 6 月 25 日，中建五局再次向芜湖重点局报送工程决算书。2014 年 11 月 24 日，飞跃路桥公司诉至法院，要求中建五局支付拖欠的工程款及利息。中建五局辩称，中建五局一直积极地向芜湖重点局主张办理工程款结算手续，在芜湖重点局与中建五局结算完毕前，飞跃路桥公司要求中建五局支付工程款的条件不成就。经查，2016 年 6 月 22 日，中建五局就涉案总包工程以芜湖市重点局为被告诉至法院，中建五局在该案中对上述争议造价均向芜湖市重点局进行了主张。② 经鉴定，飞跃路桥公司的工程总价款为 56, 707, 031. 68 元。

### 法院观点

安徽省高级人民法院认为，案涉工程于 2011 年 7 月 1 日即竣工验收合格，合

---

① 典型案例 164：安徽飞跃路桥工程有限公司与中国建筑第五工程局有限公司、芜湖市重点工程建设管理局等建设工程施工合同纠纷案，安徽省高级人民法院（2019）皖民终 566 号民事判决书。

② 参见安徽省芜湖市中级人民法院（2016）皖 02 民初 90 号民事判决书。

同约定的保修期1年也已届满，飞跃路桥公司于2013年1月9日前即将工程决算书提交给了中建五局，依据权利义务对等原则及诚实信用原则，中建五局负有积极向业主主张工程款之义务，以确保其与飞跃路桥公司之间的合同得以履行。作为总包方，中建五局在2016年6月15日起诉之前，一直未与业主就承包工程进行结算，且未能提出正当理由。鉴于中建五局在合理期限内怠于向业主主张工程款，故中建五局再以此作为拒付剩余工程款的抗辩理由不能。飞跃路桥公司的工程总价款为56,707,031.68元，中建五局已付4676万元，尚欠9,947,031.68元应予支付。

## 裁判规则165

**“背靠背”结算条款因建设工程施工合同无效而归于无效的，仍应参照“背靠背”结算条款确定工程价款。**

如前所述，“背靠背”结算条款常见于转包合同、分包合同。根据《建设工程施工合同解释（一）》第1条第2款的规定，在转包合同、违法分包合同无效时，合同约定的“背靠背”结算条款也应归于无效。在此情形下，“背靠背”结算条款应否参照适用？

《民法典》第793条第1款规定：“建设工程施工合同无效，但是建设工程经验收合格的，可以参照合同关于工程价款的约定折价补偿承包人。”“背靠背”结算条款可以归入“关于工程价款的约定”的范畴。因此，因建设工程施工合同无效导致合同中“背靠背”结算条款相应无效的，在结算时可以参照“背靠背”结算条款确定工程价款。① 而且如前所述，在约定“背靠背”结算的情形下，通常在前一环节结算金额的基础上扣除一定比例的费用，即为后一环节的结算金额，所以承包人与实际施工人之间不会约定具体的计价标准。因此，承包人与实际施工人之间的结算，也只能参照发包人与承包人之间的合同确定工程价款。至于承包人基于转包、违法分包获取的利益（约定扣除的一定比例的费用），则应按照第6.6节讨论的“违法所得”规则进行处理。在下述【典型案例165】中，因案涉工程系单价包干工程，故确定工程量即可确定工程款。分包合同约定工程量实行背靠背结

① 参见李玉生主编：《建设工程施工合同案件审理指南》，人民法院出版社2019年版，第83页。

算，法院在认定分包合同无效的基础上，对工程量的确定，依然采信的是分发包人与其上家结算确认的工程量。此外，还可参见“袁树忠与山东三箭劳务管理有限公司、山东三箭建设工程股份有限公司建设工程施工合同纠纷案”①。

**典型案例 165**

## 山东沃特海湾工程有限公司烟台分公司与上海锦畅疏浚工程有限公司等航道、港口疏浚合同纠纷案②

### 基本案情

中交公司从烟台港公司承接了烟台港西港区顺岸码头前沿停泊水域、港池疏浚加深工程及西港区10万吨级支线航道工程后，与山东沃特海湾工程有限公司烟台分公司（以下简称沃特烟台公司）签订《支线航道工程分包合同》，约定沃特烟台公司对中交公司承包的港池、航道疏浚工程进行部分分包，综合单价为18.1元/立方米，工程量根据浚前图和设计图纸计算。2012年1月8日、2月18日、2月25日，沃特烟台公司、光大公司、上海锦畅疏浚工程有限公司（以下简称锦畅公司）先后签订《航道疏浚工程分包合同》《烟航道疏浚工程协议书》《航道疏浚工程三方协议》《航道疏浚工程补充协议》，约定沃特烟台公司将烟台西港区一期工程部分港池航道疏浚工程分包给锦畅公司，工程总价=业主与沃特烟台公司确认的结算工程量×本工程综合单价，合同单价为14.8元/立方米。2012年1月12日，锦畅公司旗下的“泰锋”轮进场施工，2012年5月完工退场。2012年3月30日至4月30日，“富元7”轮受沃特烟台公司委托，也进行了涉案工程的施工，锦畅公司认可“富元7”轮完成的工程量为243,301.10立方米。2019年6月19日，中交公司与沃特烟台公司进行结算，确认工程量为1,038,890.70立方米。后沃特烟台公司以该结算为据诉至法院，要求锦畅公司返还多支付的工程款3,087,333.21元。锦畅公司辩称，中交公司与沃特烟台公司结算的工程量与事实不符，不能作为定

① 参考案例140：袁树忠与山东三箭劳务管理有限公司、山东三箭建设工程股份有限公司建设工程施工合同纠纷案，山东省济南市中级人民法院（2019）鲁01民终10948号民事判决书。

② 典型案例165：山东沃特海湾工程有限公司烟台分公司与上海锦畅疏浚工程有限公司等航道、港口疏浚合同纠纷案，山东省高级人民法院（2021）鲁民终225号民事判决书。

案依据。

## 法院观点

一审法院（青岛海事法院）与二审法院（山东省高级人民法院）认为，沃特烟台公司将其从中交公司分包的烟台港西港区顺岸码头前沿停泊水域、港池疏浚加深及10万吨级支线航道工程再分包给锦畅公司，根据《建设工程质量管理条例》第78条、《2004年建工解释》第4条第1款的规定，案涉《航道疏浚工程三方协议》《航道疏浚工程补充协议》属于无效合同。但工程量应当参照合同内容确定。根据《航道疏浚工程分包合同》《航道疏浚工程三方协议》，沃特烟台公司与锦畅公司之间的合同工程量的确定，应以业主——中交公司——与沃特烟台公司确认的工程量为依据。沃特烟台公司将其与上家中交公司的合同内容纳入其与锦畅公司的合同中，以便使其在上下两份背靠背合同中的权利义务相一致，符合其合同目的，也符合常理。中交公司与沃特烟台公司确认双方合同结算的工程量为1,038,890.70立方米，故涉案工程的工程量为1,038,890.70立方米。因“富元7”轮参与完成了243,301.10立方米，故锦畅公司与沃特烟台公司之间工程量为795,589.60立方米（1,038,890.70立方米-243,301.10立方米）。据此，沃特烟台公司应当向锦畅公司支付的工程款为11,774,726.08元（795,589.60立方米×14.80元）。

**裁判规则166**

**承包人与实际施工人约定“背靠背”结算的，承包人在与发包人结算时，应当按照双方合同约定的计价标准结算。如实际施工人有证据证明承包人与发包人达成的结算明显违背合同约定的，该结算对实际施工人不具有约束力。**

在约定“背靠背”结算的情形下，虽然承包合同与转包（或分包）合同分属于独立合同，但承包合同的结算金额事实上决定了转包（或分包）合同的结算金额。基于承包合同与转包（或分包）合同在结算金额上的决定与被决定的关系，对承包人在承包合同项下的结算行为应当有所限制。

由于承包合同的结算金额事实上决定了转包（或分包）合同的结算金额，如果承包人在与发包人结算时，降低承包合同约定的计价标准或者放弃某些计价项目，就会损害实际施工人的利益。因此，承包人与发包人应当按照承包合同约定的计价标准结算。如果实际施工人举证证明承包人与发包人达成的结算明显违背合同约定的，该结算对实际施工人不具有约束力，实际施工人有权要求按照承包合同及相关签证重新结算。《安徽省高级人民法院关于审理建设工程施工合同纠纷案件适用法律问题的指导意见》（2009 年 5 月 4 日）第 13 条规定："非法转包、违法分包建设工程，实际施工人与承包人约定以承包人与发包人之间的结算价款作为双方结算依据的，应按该约定确定实际施工人应得的工程价款；实际施工人举证证明承包人与发包人之间的结算结果损害其合法权益的，人民法院可根据实际施工人的申请，依据承包人与发包人之间的合同及相关签证确定实际施工人应得的工程价款。"在前述"于中海与重庆英特建筑装饰设计工程有限公司、重庆市人民政府外事侨务办公室等建设工程施工合同纠纷案"[①] 中，实际施工人于中海即认为，重庆英特建筑装饰设计工程有限公司（以下简称英特公司）与业主方达成的《结算审核报告》，未遵循英特公司与业主方签订的《装修合同》约定的计价标准，导致计算金额过低，损害了于中海的利益，进而主张英特公司与业主方达成的《结算审核报告》对于中海不具有约束力。

**典型案例 166**

## 浙江明远建设有限公司与陈水焕建设工程分包合同纠纷案[②]

### 基本案情

2003 年 4 月 15 日，浙江明远建设有限公司（以下简称明远公司）与陈水焕签订《工程内部承包协议》，约定明远公司将嘉运桥桥梁工程及长纤桥上部结构工程发包给陈水焕，陈水焕在承包期内上交的管理费为该工程总决算价的 10%，明远公

---

① 参考案例 141：于中海与重庆英特建筑装饰设计工程有限公司、重庆市人民政府外事侨务办公室等建设工程施工合同纠纷案，重庆市第一中级人民法院（2018）渝 01 民终 6903 号民事判决书。

② 典型案例 166：浙江明远建设有限公司与陈水焕建设工程分包合同纠纷案，浙江省嘉兴市中级人民法院（2013）浙嘉民再字第 1 号民事判决书。

司与业主签订的施工合同条款是陈水焕应遵守的准则。2003 年 4 月 16 日，明远公司与建投公司签订《建设工程施工合同》，约定明远公司承建嘉兴市中环路西北段拓宽道路、桥梁、排水工程五标段的全部工程，合同价款按招标文件执行。招标文件第 3. 10 款规定，“工程价款的支付与结算，原则上按浙江省财政厅颁发的《浙江省建设工程价款结算暂行办法》”“工程竣工后发包方委托审核部门对工程结算款进行审核，并按审定的价格进行结算”。在实际施工过程中，陈水焕只承建了嘉运桥工程。2007 年 3 月，经嘉兴市审计局、财政局委托，广厦公司出具《关于中环西、北路改造工程五标段工程竣工结算的审核报告》，确认中环路西北段五标道路工程结算总价款为 43, 253, 497 元，其中嘉运桥桥梁工程结算价为 12, 223, 498. 45 元。明远公司认为，其已支付给陈水焕工程款 12, 957, 265. 16 元，遂诉至法院，要求陈水焕返还 1, 956, 116. 55 元。在诉讼中，一审法院委托进行了司法鉴定。2011 年 5 月 25 日，禾城公司出具《工程造价鉴定报告书（征询稿）》，认定嘉运桥工程造价为 13, 729, 066 元；2011 年 7 月 18 日，禾城公司正式出具《工程造价鉴定报告书》，认定嘉运桥工程成本造价为 17, 015, 300 元。

## 法院观点

嘉兴市中级人民法院认为，明远公司与陈水焕之间的《工程内部承包协议》虽然未明文约定工程价款的结算方式，但协议载明，明远公司与业主签订的施工合同条款是陈水焕遵守的准则，是实施及相制约的前提。城投公司与明远公司签订的《建设工程施工合同》约定，合同价款按招标文件执行。《施工招标文件》第 3. 10 款约定了“工程价款的支付与结算”，即按照《浙江省建设工程价款结算暂行办法》……工程竣工后发包方委托审核部门对工程结算款进行审核，并按审定的价格进行结算。根据《浙江省建设工程价款结算暂行办法》第 4 条、第 5 条的规定，案涉工程应以财政审计报告作为结算依据。明远公司与陈水焕虽然间接地约定了嘉运桥工程的结算应以财政委托的审核报告为准，但广厦公司的审核报告并不能作为本案双方之间的结算依据。一方面，陈水焕作为嘉运桥工程的主要施工人，未参与决算报告的编制以及广厦公司对工程造价的审核，且始终对广厦公司的审核报告不予认可；另一方面，从审核报告的内容看，该报告存在明显的少算和计算不合理的现象。如对桥面混凝土铺装的商品砼，实际购入的价格为 444, 863 元，但审核的价格却是173,600元，加上72,323元补差，也少算了198,940元。根据禾城公司的两个审计结论，嘉运桥的工程造价都大于明远公司主张的支付给陈水焕的工程款数额——12,957,265.16元。据此，明远公司认为其多支付了陈水焕工程款，不能成立。

### 裁判规则167

**在发承包双方达成结算协议之后，双方之间的法律关系仍然是建设工程施工合同关系，仍然应当遵循建设工程施工合同纠纷的裁判规则。**

实践中，发承包双方在结算后，有时会签订名为“结算书”“结算协议”等的相对规范的文书，有时也会根据结算金额，直接由发包人向承包人出具欠条，或签订还款协议等。如果承包人以欠条、还款协议为依据提起诉讼，应当如何界定双方之间法律关系的性质？是已经转化为单纯的债务纠纷，还是仍然是建设工程施工合同纠纷？

讨论结算之后发承包双方之间法律关系的性质，主要涉及纠纷的管辖、发包人的抗辩、承包人的优先受偿权。首先，一般债务纠纷与建设工程施工合同纠纷的管辖规则不同。其次，一般债务纠纷与建设工程施工合同纠纷中债务人的抗辩事由不同。如果是单纯的债务纠纷，债务人（发包人）只能提出与债务履行相关的抗辩，如履行期限尚未届满、诉讼时效已经届满等，但不能提出质量抗辩。如果是建设工程施工合同纠纷，由于质量合格是支付工程款的条件，故发包人可以提出质量抗辩，还可以主张预留相应比例的质量保证金等。最后，一般债务纠纷的债权人不享有优先受偿权，而建设工程施工合同的承包人享有优先受偿权。

有观点认为，当事人在诉前已就工程价款达成结算协议，如仅就款项支付存在争议，不涉及建设工程的具体情况，则应视为发承包双方之间法律关系已由建设工程施工合同关系转化为一般债权债务关系，进而应适用一般债务的处理规则。[①] 北京市第一中级人民法院在“北京国电龙高科环境工程技术有限公司与山东四方安

① 参见潘军锋：《建设工程价款结算审判疑难问题研究》，载《法律适用》2019年第5期。

装工程有限公司等建设工程施工合同纠纷案”①、重庆市高级人民法院在“冷宣伯与刘勇劳务合同纠纷案”② 中即持这一立场。但绝大多数法院认为，结算之后发承包双方之间的法律关系仍然是建设工程施工合同关系。原《广东省高级人民法院关于审理建设工程施工合同纠纷案件若干问题的指导意见》（粤高法发〔2011〕37号）第1条第1款规定：“工程欠款纠纷案件中，发包人以建设工程质量不符合合同约定为由主张付款条件未成就的，可以作为抗辩处理。”其之所以规定质量不符合合同约定构成抗辩，显然建立在结算之后发承包双方之间的法律关系仍然是建设工程施工合同关系的基础之上。除下述【典型案例167】外，还可参见“河南省内黄县建筑安装工程公司二公司清算小组与太原市公安局建设工程施工合同纠纷案”③。

值得注意的是，《民间借贷规定》第14条第1款规定：“原告以借据、收据、欠条等债权凭证为依据提起民间借贷诉讼，被告依据基础法律关系提出抗辩或者反诉，并提供证据证明债权纠纷非民间借贷行为引起的，人民法院应当依据查明的案件事实，按照基础法律关系审理。”第2款规定：“当事人通过调解、和解或者清算达成的债权债务协议，不适用前款规定。”对第2款所称的“清算”，最高人民法院民一庭认为，“主要是针对当事人之间依据合同形成的权利义务关系的清算，如双方当事人之间签订了建设工程施工合同，在合同履行中止或者完毕后，当事人之间就债权债务进行清理，确定双方各自的债权债务”④。若此，结算之后，发承包双方之间的法律关系就转型为一般债权债务关系。但问题在于，结算协议是以建设工程施工合同为基础而达成，“二者具有紧密的延续关系”⑤，结算协议的处理往往无法避开施工合同的后续义务，无法将二者完全割裂，尤其是承包人在

---

① 参考案例142：北京国电龙高科环境工程技术有限公司与山东四方安装工程有限公司等建设工程施工合同纠纷案，北京市第一中级人民法院（2018）京01民终9399号民事判决书。

② 参考案例143：冷宣伯与刘勇劳务合同纠纷案，重庆市高级人民法院（2018）渝民辖80号民事裁定书。

③ 参考案例144：河南省内黄县建筑安装工程公司二公司清算小组与太原市公安局建设工程施工合同纠纷案，最高人民法院（2019）最高法民再128号民事判决书。

④ 最高人民法院民事审判第一庭编著：《最高人民法院新民间借贷司法解释理解与适用》，人民法院出版社2021年版，第246页。

⑤ 王毓莹、史智军：《建设工程施工合同纠纷疑难问题和裁判规则解析》，法律出版社2022年版，第55页。

施工合同项下的质量保证责任。因此，虽然发承包双方在达成结算协议后，可能会以欠条、还款协议、债务确认书等形式明确债务金额，承包人也可能主张其系基于结算协议所确定的债务关系而提起债务清偿诉讼。但发承包双方之间的法律关系并不因此转化为债务纠纷，而仍然是建设工程施工合同纠纷，人民法院在审判时也应遵循建设工程施工合同纠纷的处理规则。①

典型案例 167

## 北京国电中兴电力建设工程有限公司与河南青建置业有限公司、河南九嘉置业有限公司建设工程合同纠纷案②

### 基本案情

北京国电中兴电力建设工程有限公司（以下简称国电公司）诉称，2015 年 7 月 29 日，其与河南青建置业有限公司（以下简称青建公司）就案涉工程签订《建设施工合同》。2016 年 4 月 1 日，其与青建公司（债务人）、河南九嘉置业有限公司（以下简称九嘉公司）（担保人）签订三方《还款协议书》，确认剩余工程款为 6, 670, 718 元，并明确了还款等事项。后其因《还款协议书》仅得到部分履行，故诉至上街区法院，要求青建公司、九嘉公司支付剩余工程款 4, 270, 718. 93 元。上街区法院认为：国电公司依据三方《还款协议书》提起本案诉讼，故本案争议的法律关系应为国电公司与青建公司形成的债权债务关系、国电公司与九嘉公司形成的担保法律关系；国电公司与青建公司之间的建设工程合同仅为本案诉争三方协议的背景合同，不宜认定为国电公司提起本案诉讼的请求权基础；本案应按照三方《还款协议书》确定管辖，而不应按照建设工程施工合同纠纷的专属管辖规定确

① 参见仲伟珩：《建设工程经竣工验收合格后，实际施工人与发包人所签订的建设工程价款结算协议，人民法院可予保护——黑龙江省东阳房地产开发有限公司与郑延利建设工程施工合同纠纷案》，载最高人民法院民事审判第一庭编：《民事审判指导与参考》总第 49 辑，人民法院出版社 2012 年版。

② 典型案例 167：北京国电中兴电力建设工程有限公司与河南青建置业有限公司、河南九嘉置业有限公司建设工程合同纠纷案，最高人民法院（2020）最高法民辖 72 号民事裁定书。

定。据此裁定，本案移送北京市房山区人民法院处理。房山区人民法院就管辖问题逐级层报至北京市高级人民法院。北京市高级人民法院认为，本案原告因被告未支付工程款而诉至法院，基础法律关系仍是建设工程施工合同纠纷，不因《还款协议书》的签订而改变合同性质，故应按照不动产纠纷确定管辖法院。该法院经与河南省高级人民法院协商未果，报请最高人民法院指定管辖。

### 法院观点

最高人民法院认为，国电公司与青建公司签订《建设施工合同》，约定了工程内容、质量标准、合同总价款及付款方式等建设工程合同内容，二者之间成立建设工程合同关系。在此基础上，《还款协议书》则围绕工程款支付，进一步明确了已付和未付工程款金额，确定了分期付款的具体时间与金额以及九嘉公司的担保义务。两份协议是围绕案涉项目施工、工程款支付等产生的系列协议，应整体看待。从上述协议内容看，本案争议的基础合同有建设工程合同，也有三方签订的《还款协议书》。国电公司基于上述合同及还款协议书起诉青建公司、九嘉公司，请求给付工程款、违约金等，该争议仍属于建设工程合同纠纷。根据《民事诉讼法解释》第28条的规定，应按照不动产纠纷确定管辖，即专属管辖。案涉工程位于河南省郑州市上街区，属上街区法院管辖范围，该院对本案有管辖权。

## 5.2 建设工程造价的审计结算

建设工程的造价结算，可能通过审计确定。根据审计主体的不同，可将审计分为行政审计、社会审计、（发包人）内部审计。所谓行政审计，《审计法》第23条规定："审计机关对政府投资和以政府投资为主的建设项目的预算执行情况和决算，对其他关系国家利益和公共利益的重大公共工程项目的资金管理使用和建设运营情况，进行审计监督。"当建设工程是政府投资或以政府投资为主时，施工结束后，审计机关将对工程价款进行审计并出具审计结论。所谓社会审计，《建设工程施工合同解释（一）》第30条规定："当事人在诉讼前共同委托有关机构、人员对建设工程造价出具咨询意见，诉讼中一方当事人不认可该咨询意见申请鉴定的，人民法院应予准许，但双方当事人明确表示受该咨询意见约束的除外。"该条所称的"有关机构、人员对建设工程造价出具咨询意见"，即建设工程价款的社会审计，也称民间审计。所谓内部审计，是指对承包人提交的工程竣工结算报告，发包人通过自身的内设机构对竣工结算报告进行审查、评价。

## 裁判规则168

**行政审计属行政监督行为。承包人不是该行政监督行为的相对人，故行政审计结论不能约束承包人。但发承包双方明确约定以行政审计结论作为工程价款结算依据的除外。**

对于依法应当进行行政审计的建设工程，行政审计结论对承包人是否具有约束力？在何种情况下应当按照行政审计结论确定工程价款？

有观点认为，只要是依法应当进行行政审计的建设工程，就应当以行政审计结论作为工程价款结算的依据。如《四川省高级人民法院关于审理涉及招投标建设工程合同纠纷案件的有关问题的意见》（2010年6月22日）第6条第1款规定："依照《中华人民共和国审计法》第三十二条规定必须接受审计监督的国家建设项目的工程，通过审计查验完成的工程量的，经审计确认的有关工程量的签证记录可以作为反映客观事实的证据，具有证明力，人民法院应当采信，作为双方工程价款结算的依据。"就此问题，2001年4月2日，《最高人民法院关于建设工程承包合同案件中双方当事人已确认的工程决算价款与审计部门审计的工程决算价款不一致时如何适用法律问题的电话答复意见》（〔2001〕民一他字第2号）指出："审计是国家对建设单位的一种行政监督，不影响建设单位与承建单位的合同效力。建设工程承包合同案件应以当事人的约定作为法院判决的依据。只有在合同明确约定以审计结论作为结算依据或者合同约定不明确、合同约定无效的情况下，才能将审计结论作为判决的依据。"据此，可以明确如下三个问题：

第一，依法应当接受行政审计的建设工程，建设工程施工合同未约定以审计结论作为结算依据的，既不影响合同效力，也不影响合同中约定的结算条款的效力。对国家财政投资项目实施政府投资审计，目的在于检查建设单位有无违法违纪行为，督促建设单位提高资金利用效率。其性质属于行政监督，其出具的审计结论属于行政认定，不能将其效力延伸到民事领域。在当事人未作特别约定的情况下，"如果允许依照审计结论来改变双方当事人的约定，无异于破坏了当事人双方对于合同的预先安排和对于合同的预期”①，且导致“财政部门有权决定工程结算金额，改变民事合同约定内容”②。在此情形下，应当直接按照合同约定计价标准确定工程款。原《江苏省高级人民法院关于审理建设工程施工合同纠纷案件若干问题的意见》（苏高法审委〔2008〕26号）第13条规定：“由国家财政投资的建设工程，当事人未在合同中约定以国家财政部门或国家审计部门的审核、审计结果作为工程价款结算依据的，承包人要求按照合同约定结算工程价款的，人民法院应予支持。”就此，可参考“中国华西企业有限公司、深圳市华西安装工程有限公司与深圳市格诺投资集团有限公司、镇雄县人民政府建设工程施工合同纠纷案”③。

第二，即使依照法律规定，案涉工程必须经国家审计机关审计，也只有在发承包双方明确约定以审计结论作为结算依据的情况下，才能按照行政审计结论确定工程价款。《四川省高级人民法院关于审理建设工程施工合同纠纷案件若干疑难问题的解答》（川高法民一〔2015〕3号）第17条第1款规定：“政府投资的建设工程施工合同结算纠纷，发包人主张以政府审计部门审计结果作为工程造价结算依据的原则上不予支持，但当事人在合同中有明确约定的除外。”

第三，“若当事人约定以行政审计结论作为工程款结算依据的，已经转化为民事合同中双方当事人约定的一部分，是双方当事人对于自己权利的处分，当事人双方应当受到合同约束。此时，审计结论应当作为计算工程款的依据”④。在此情形下，审计结论之所以能够作为价款结算的依据，并非缘于行政审计行为的行政效力，而是源于当事人的意思自治。建设工程合同双方的一致意思表示即为以行政审计结论作为确定价款的一种方式，以该结论中的金额作为工程价款的结算依据，是意思自治原则在工程价款结算中的具体体现。对于发承包双方之间的工程价款结算

① 王毓莹：《审计部门对建设资金的审计不影响建设单位与承建单位的合同效力及履行——呼和浩特绕城公路建设开发有限责任公司与河北路桥集团有限公司建设工程施工合同纠纷案》，载最高人民法院民事审判第一庭编：《民事审判指导与参考》总第52辑，人民法院出版社2013年版。

② 最高人民法院民一庭：《财政评审中心作出的审核结论原则上不能作为工程结算依据》，载最高人民法院民事审判第一庭编：《民事审判指导与参考》总第34集，法律出版社2008年版。

③ 参考案例145：中国华西企业有限公司、深圳市华西安装工程有限公司与深圳市格诺投资集团有限公司、镇雄县人民政府建设工程施工合同纠纷案，最高人民法院（2019）最高法民终385号民事判决书。

④ 王毓莹：《审计部门对建设资金的审计不影响建设单位与承建单位的合同效力及履行——呼和浩特绕城公路建设开发有限责任公司与河北路桥集团有限公司建设工程施工合同纠纷案》，载最高人民法院民事审判第一庭编：《民事审判指导与参考》总第52辑，人民法院出版社2013年版。

而言，行政审计结论与社会机构的审价报告、鉴定机构的意见没有实质差异，都是双方平等协商选择的结算方式。基于相同的理由，在实践中，与发包人约定以行政审计结论为准的承包人，为控制自身商业风险，在对工程进行转包或分包时，往往在转包或分包合同中约定，转包或分包工程款也以行政审计结论为准，如“刘有田与新疆三星建设工程有限公司哈密分公司、新疆三星建工集团有限公司建设工程施工合同纠纷案”①。就此，基于对当事人意思自治的尊重，亦应予以准许。

需要指出的是，2015 年 5 月，针对多个地方性法规规定，政府投资和以政府投资为主的建设项目，须以审计结果作为建设工程竣工结算依据，② 中国建筑业协会向全国人大常委会法工委寄送了《关于申请对规定“以审计结果作为建设工程竣工结算依据”的地方性法规进行立法审查的函》。2017 年 6 月 5 日，《全国人民代表大会常务委员会法制工作委员会法规备案审查室关于对地方性法规中以审计结果作为政府投资建设项目竣工结算依据有关规定提出的审查建议的复函》（法工备函〔2017〕22 号）。该复函指出，“我们研究认为，地方性法规中直接以审计结果作为竣工结算依据和应当在招标文件中载明或者在合同中约定以审计结果作为竣工结算依据的规定，限制了民事权利，超越了地方立法权限，应当予以纠正”。目前，有关地方人大常委会正在对地方性法规中的相关规定进行清理、纠正。③ 但需要注意的是，该复函只是禁止地方性法规规定以审计结果作为竣工结算依据，基于意思自治的基本原则，并不能禁止发承包双方在合同中约定以行政审计结论作为结算工程价款的依据。2020 年 7 月 5 日颁布的《保障中小企业款项支付条例》第 27 条第 2 款规定：“国有大型企业没有合同约定或者法律、行政法规依据，要求以审计机关的审计结果作为结算依据的，由其主管部门责令改正；拒不改正的，对直接

① 参考案例 146：刘有田与新疆三星建设工程有限公司哈密分公司、新疆三星建工集团有限公司建设工程施工合同纠纷案，最高人民法院（2016）最高法民申 1125 号民事裁定书。

② 如《上海市审计条例》（2012 年 9 月 26 日）第 14 条第 3 款规定：“政府投资和以政府投资为主的建设项目，按照国家和本市规定应当经审计机关审计的，建设单位或者代建单位应当在招标文件以及与施工单位签订的合同中明确以审计结果作为工程竣工结算的依据。审计机关的审计涉及工程价款的，以招标投标文件和合同关于工程价款及调整的约定作为审计的基础。”

③ 前述《上海市审计条例》在 2017 年 11 月 23 日进行修订，将原第 14 条第 3 款规定的“建设单位或者代建单位应当在招标文件以及与施工单位签订的合同中明确以审计结果作为工程竣工结算的依据”修改为“建设单位或者代建单位可以在招标文件以及与施工单位签订的合同中明确以审计结果作为工程竣工结算的依据”。

负责的主管人员和其他直接责任人员依法给予处分。”这也从反面认可了发承包双方在建设工程施工合同中约定以行政审计结论作为结算工程价款的依据的合法性。

**典型案例 168**

## 呼和浩特绕城公路建设开发有限责任公司与河北路桥集团有限公司建设工程施工合同纠纷案[①]

### 基本案情

2002 年 10 月 16 日，呼和浩特绕城公路建设开发有限责任公司（以下简称绕城公路公司）与河北路桥集团有限公司（以下简称河北路桥公司）签订《建设工程施工合同》，约定河北路桥公司承建呼和浩特市绕城路工程第 19 标段路面与第 17、18 标段和第 21、22 标段路基，合同价款为 67, 874, 420 元。2008 年 10 月 21 日，双方签订《呼和浩特市绕城南路路面工程十九标完成工程量汇总表》第 20 标段确认 19 标工程量价款为 66, 153, 024 元，20 标工程量价款为 3, 030, 726 元，3 标工程量价款为 34, 051, 384 元，变更工程量价款为 2, 008, 154 元，总计 105, 243, 288 元。因该工程用款来源于国家开发银行发放的政策性扶持落后省份的贷款，故呼和浩特市审计局进行了审计，初审值为 79, 384, 873 元。后河北路桥公司提起诉讼，要求按照《呼和浩特市绕城南路路面工程十九标完成工程量汇总表》支付工程欠款。绕城公路公司答辩称，案涉工程是自治区、呼和浩特市二级政府“十一五”计划的重点工程，工程用款是国家开发银行开放的政策性扶持落后省份的贷款。根据贷款方的政策以及国家重点项目需经政府指定审计部门进行审计的要求，工程款应以审计部门的审计金额为准。

### 法院观点

一审法院（内蒙古自治区高级人民法院）认为，河北路桥公司与绕城公路公司签订的《建设工程施工合同》并未约定工程款的确认需以审计机关的审计结论

① 典型案例 168：《审计部门对建设资金的审计不影响建设单位与承建单位的合同效力及履行——呼和浩特绕城公路建设开发有限责任公司与河北路桥集团有限公司建设工程施工合同纠纷案》，载最高人民法院民事审判第一庭编：《民事审判指导与参考》总第 52 辑，人民法院出版社 2013 年版。

为准，因此，绕城公路公司主张以呼和浩特市审计局的审计初审值来确认工程总价款，没有合同依据。审计机关对国家建设项目的决算审计，是国家对建设单位的一种行政监督，呼和浩特市审计局对工程造价的初审值不能作为工程价款的结算依据。二审法院（最高人民法院）也认为，105, 243, 288 元工程价款是在河北路桥公司申报工程量之后，经绕城公路公司审核之后确认的价款，说明双方已就应支付的工程款总价形成合意，这是双方的真实意思表示，且没有违反法律的禁止性规定，对双方均具有约束力。审计部门对建设资金的审计是国家对建设单位基本建设资金的监督管理，不影响建设单位与承建单位的合同效力及履行。据此，应按双方决算所确认的金额确定工程价款。

## 裁判规则 169

**将行政审计结论作为确定工程价款的依据，以建设工程施工合同就此有明确约定为前提。包括约定明确的行政审计主体、明确的以行政审计结论作为确定工程价款依据的意思表示。该约定必须明确具体，不能解释推定。**

如前所述，在建设工程施工合同约定以行政审计结论作为结算依据的情况下，可以将行政审计结论作为确定工程款的依据。但当事人对以行政审计作为确定工程价款依据的约定，必须明确具体，不能通过解释的方式进行推定。具体包括以下两个方面：

一是必须约定明确的行政审计主体。不能因案涉工程属于依法应当行政审计的工程，且合同约定了应当进行审计，就推定合同约定的审计为行政审计。在“广东省建筑工程机械施工有限公司与滨海县交通运输局建设工程施工合同纠纷案”①中，合同约定“最终决算以审计部门审计结论为准”。施工完成后，广东省建筑工程机械施工有限公司（以下简称广建公司）起诉要求支付工程款。滨海县交通运输局（以下简称滨海交通局）辩称，约定的审计工作还没有结束，涉案工程暂不具备结算条件。江苏省高级人民法院认为，案涉工程属于政府投资项目，当事人在

① 参考案例 147：广东省建筑工程机械施工有限公司与滨海县交通运输局建设工程施工合同纠纷案，最高人民法院（2014）民一终字第 317 号民事裁定书。

相关合同中以行政审计作为确定民事法律关系依据的约定具体明确。滨海县审计局已接收了滨海交通局关于涉案工程造价的审计材料，案涉工程正在审计当中。广建公司在审计结论尚未明确时，提起本案之诉，起诉条件尚未成就。法院据此裁定驳回了广建公司的起诉。但在二审中，最高人民法院认为，“双方在合同中并未明确约定审计机关，因此不能以滨海县审计局的审计结论尚未作出为理由，驳回原告起诉”。最高人民法院据此撤销江苏省高级人民法院的一审裁定，指令由江苏省高级人民法院继续审理。在“惟邦营造建筑设计（北京）有限公司与贵州省梵净山投资控股集团有限公司等建设工程合同纠纷案”① 中，针对合同约定的“本工程结算造价最终以审计部门审核结果为准”，法院也认为，对约定的审计部门有两种解释，可以理解为社会审计部门和政府审计部门。

二是必须有以行政审计结论作为确定工程价款依据的明确意思表示。“发、承包方双方在合同中仅约定‘工程结算价款由行政机关依法审计’，表明双方就工程结算价款的计算方式约定为由行政机关进行审计，但并不等于形成该合意时已经同意接受审计结论的约束。”② 除下述【典型案例 169】外，在“珠海机场集团公司与珠海万里路企业有限公司建设工程施工合同纠纷案”③ 中，2011 年 6 月的会议纪要载明，由珠海机场集团公司（以下简称机场公司）与珠海万里路企业有限公司（以下简称万里路公司）提出双方确认的结算报告交市财政局审核。2014 年 1 月的会议纪要内容载明各方同意以永道公司（中介审计机构）出具的结算审批表的全部内容为基础，由市发改局报市财政局及工程结算小组成员单位依法依规对机场老爷仔山钻爆清运工程进行审定。机场公司据此认为，永道公司（中介审计机构）作出的结算审批表应由市财政局与工程结算小组最终审定，并以此作为支付依据。但最高人民法院认为，工程价款的确定和支付涉及的是合同双方的民事法律关系，应当以双方的意思为准。只有双方明确以相关部门的审核结果作为工程款结算

① 参考案例 148：惟邦营造建筑设计（北京）有限公司与贵州省梵净山投资控股集团有限公司等建设工程合同纠纷案，最高人民法院（2021）最高法民终 1312 号民事判决书。

② 史琦、管辉寰：《再议行政审计与工程价款结算——以“明确约定”情形下承包方的“异议”为视角》，载北大法宝 2020 年 3 月 26 日，https：//www. pkulaw. com/lawfirmarticles/09a2d78abba1abac78bbd299a601f923bdfb. html。

③ 参考案例 149：珠海机场集团公司与珠海万里路企业有限公司建设工程施工合同纠纷案，最高人民法院（2016）最高法民申 1198 号民事裁定书。

依据的，机场公司的理由才能成立。但从会议纪要的内容并不能推导出机场公司与万里路公司有以相关部门的审定结果作为本案工程结算依据的合意，故机场公司的理由不能成立。

**典型案例 169**

## 重庆建工集团股份有限公司与中铁十九局集团有限公司建设工程合同纠纷案[①]

### 基本案情

2003 年 8 月 22 日，金凯公司将金山大道西延段道路工程发包给重庆建工集团股份有限公司（以下简称重庆建工集团）承建。2003 年 11 月 17 日，经金凯公司同意，重庆建工集团与中铁十九局集团有限公司（以下简称中铁十九局）签订《单项工程项目承包合同》，约定中铁十九局分包金山大道西延段岚峰隧道工程，合同价暂定为 8000 万元（最终结算价以业主审计为准）。该合同第 6.2 款明确，工程竣工经综合验收合格，结算经审计部门审核确定后，扣除工程保修金，剩余工程尾款的支付，双方另行签订补充协议明确。完工后，双方结算确认分包工程结算金额为 102, 393, 794 元。后经重庆市审计局审计，岚峰隧道工程审定金额为 94, 878, 931. 76 元。重庆建工集团遂提起诉讼，称根据审计结论，分包结算金额应为 94, 878, 931. 76 元，重庆建工集团已付 98, 120, 156. 63 元，中铁十九局应返还多支付的工程款 3, 241, 224. 87 元。

### 法院观点

一审法院（重庆市第一中级人民法院）认为，虽然审计是国家对建设单位的一种行政监督，其本身并不影响民事主体之间的合同效力，但是本案双方当事人“最终结算价以业主审计为准”的约定，实际上就是将有审计权限的审计机关对业主单位的审计结果作为双方结算的最终依据。据此判令中铁十九局返还多支付的工

---

① 典型案例 169：重庆建工集团股份有限公司与中铁十九局集团有限公司建设工程合同纠纷案，最高人民法院（2012）民提字第 205 号民事判决书。载《最高人民法院公报》2014 年第 4 期。

程款。二审法院（重庆市高级人民法院）认为，“审计”一词本身有其特定的含义，在解释时，应当结合案涉工程的实际情况，以及双方当事人作此约定的真实目的进行分析。一方面，案涉工程系政府投资的重点工程，应当受到国家的审计监督，对此，本案双方当事人是明知的。双方当事人在合同中约定以独立于双方之外的第三方审计作为结算依据，充分表明其知晓该种审计是严格的、重要的，并将影响双方以及业主最终结算结果的行为。基于此，对合同中约定的“审计”应当限缩解释为法定审计，而非广义的审核。另一方面，从审计的主体资格上讲，案涉工程的业主并非审计部门或审计机关，不具备审计主体资格，不能成为审计主体，因此，案涉工程的审计主体应当遵循审计的法定主体。并据此认定，一审法院按照重庆市审计局的审计结果计算出双方的最终结算价，并无不当。但最高人民法院在再审中认为，分包合同中对合同最终结算价约定以业主审计为准，系因该合同属于分包合同，其工程量与工程款的最终确定，需依赖合同之外的第三人即业主的最终确认。该结果须经业主认可，不应解释为须在业主接受国家审计机关审计后，依据审计结果进行结算。在民事合同中，当事人对以行政审计作为确定民事法律关系依据的约定，应当具体明确，而不能通过解释推定的方式，认为合同签订时，当事人已经同意接受国家机关的审计行为对民事法律关系的介入。因此，不应以国家审计机关的审计结论作为结算依据。

## 裁判规则170

**建设工程施工合同未约定以行政审计结论作为确定工程价款的依据，承包人因案涉工程须经行政审计而配合审计、向审计机关提交竣工结算文件等，不能视为承包人自愿接受审计结论的约束。**

对于依法应当接受行政审计的建设工程，虽然建设工程施工合同未约定以行政审计结论作为确定工程价款的依据，完工后审计机关依然会依职权进行审计。在审计过程中，承包人向行政审计机关提交材料、配合审计机关进行现场勘查、向审计机关提交竣工结算文件等，可否推定承包人自愿接受行政审计结论的约束?

一般认为，不能因承包人配合行政机关的监督检查，如向行政审计机关提交材料、配合审计现场勘查，就推定或视为承包人认可以审计结论作为结算价款。① 一方面，《审计法》第37条第1款规定："审计机关进行审计时，有权就审计事项的有关问题向有关单位和个人进行调查，并取得有关证明材料。有关单位和个人应当支持、协助审计机关工作，如实向审计机关反映情况，提供有关证明材料。"因此，对于依法应当接受行政审计的建设工程，承包人向行政审计机关提交材料、配合审计机关进行现场勘查、向审计机关提交竣工结算文件等，应属履行《审计法》规定的公法义务的行为。另一方面，如前所述，以行政审计结论作为确定工程价款的依据，要求双方在建设工程施工合同中约定明确的行政审计主体、明确的以行政审计结论作为确定工程价款依据的意思表示。承包人仅有向行政审计机关提交材料、配合审计机关进行现场勘查、向审计机关提交竣工结算文件等行为，而无接受行政审计结论约束的意思表示，不能得出承包人自愿接受审计结论约束的结论。

**典型案例 170**

## 山东黄河工程集团有限公司与淄博市周村区人民政府建设工程施工合同纠纷案②

### 基本案情

2006年4月29日，周村区政府与山东黄河工程集团有限公司（以下简称黄河工程公司）签订《协议书》，约定周村区东部新区姜萌路道路建设项目由黄河工程公司实行总承包，工程价款的认定由周村区人民政府（以下简称周村区政府）与山东黄河工程局共同委托的中介评估机构评估并经周村区审计局审计后确定。2006年12月22日，案涉工程竣工验收并交付使用。后双方因工程款结算与支付问题产生纠纷，黄河工程公司诉至法院，要求对方支付工程款。在诉讼中，黄河工程公司申请对工程造价进行鉴定。经法院委托鉴定，工程造价为64,216,740.93元。一审

① 参见史琦、管辉寰：《再议行政审计与工程价款结算——以"明确约定"情形下承包方的"异议"为视角》，载北大法宝2020年3月26日，https://www.pkulaw.com/lawfirmarticles/09a2d78abba1abac78bbd299a601f923bdfb.html。

② 典型案例170：山东黄河工程集团有限公司与淄博市周村区人民政府建设工程施工合同纠纷案，最高人民法院（2014）民一终字第89号民事判决书。

法院（山东省高级人民法院）据此认定工程款。周村区政府在上诉时称：《协议书》约定工程价款经周村区审计局审计后确定；在合同履行过程中，黄河工程公司分别于2007年8月、2008年5月和2008年7月三次向周村区审计局提交工程结算书；在审计期间，黄河工程公司与建设单位、监理单位、审计组共同签署《姜萌路工程审计现场实测约定书》，配合工程价格审计；审计报告认定的工程款为4368万元。周村区政府认为，一审法院无视审计结果，启动工程价格司法鉴定，明显不当。

## 法院观点

最高人民法院认为，《协议书》约定的工程价款结算方式为“双方共同委托中介评估机构评估并经周村区政府审计局审计后确定”。在合同履行过程中，双方并未委托中介评估机构对案涉工程造价进行评估。周村区审计局的审计，并非依照《协议书》约定对案涉工程造价数额进行确认，而是依照行政职权及上级指令，对案涉工程结算情况进行行政审计，黄河工程公司报送的工程决算书，属于审计内容。《姜萌路工程审计现场实测约定书》的内容表明，周村区审计局为进行审计，要求黄河工程公司对工程现场实测进行配合。依照上述证据，不能推断出黄河工程公司与周村区政府协商一致，将协议约定的结算方式变更为由周村区审计局对案涉工程进行结算。周村区政府认为黄河工程公司向周村区审计局提交工程结算书，该公司在《姜萌路工程审计现场实测约定书》上签字，表明双方对案涉工程以审计机关审计结论作为结算依据形成合意，缺乏事实依据，人民法院不予支持。

## 裁判规则171

**建设工程施工合同约定以行政审计结论作为确定工程价款的依据，但其后发承包人自行达成最终结算的，应视为双方合意变更结算方式，按照双方结算的金额确定工程价款。但发包人为送审而签署结算意见的除外。**

发承包双方在建设工程施工合同中约定以行政审计结论作为确定工程价款的依据，但发承包双方自行达成了最终的结算，即双方在自行结算时，达成以双方的结算金额作为确定工程价款依据的合意，应当如何处理？

建设工程施工合同中的行政审计条款，实质上属于工程造价结算条款，其意义在于确定工程造价。如果发承包双方在工程完工后，正式办理了结算并形成工程结算文件，如签署工程造价定案表、书面结算协议等，应当视为双方用行为变更了合同约定的工程造价的确定方式。合同中的行政审计条款因此而失效，应当按照双方结算的金额确定工程价款。《重庆市高级人民法院民一庭关于建设工程施工合同纠纷案件若干问题的解答》（2019 年 10 月）第 12 条规定："建设工程施工合同约定工程造价以审计意见为准，在审计意见未作出的情形下，双方当事人又共同委托中介机构出具了鉴定意见的，如有充分证据证明双方当事人同意以共同委托的中介机构出具的鉴定意见来确定工程造价，或一方委托中介机构出具鉴定意见另一方予以追认的，可以视为双方当事人变更了关于工程造价确定方式的约定，但当事人有充分证据证明上述结算行为无效的除外。"河北省高级人民法院也持类似观点。① 至于建设工程施工合同系经招投标程序而签订的情形下，这种变更是否构成黑白合同的问题，请参见【裁判规则 311】。

在建设工程施工合同约定行政审计条款的情况下，上述情形较少发生。实务中更常见的是，在施工完成后，承包人编制人结算报告报送发包人，发包人在结算报告上签署同意的意见。对此，能否视为双方已办理最终结算，合同约定的行政审计条款已失效？在建设工程应经行政审计的情况下，承包人报送的结算书，首先应由发包人进行审核，然后再提交审计机关进行审计。因此，发包人在承包人报送的结算书上签署同意的意见或者加盖印章的行为，仅属于完成行政审计的步骤之一，工程造价尚需审计机关进行审计后才能确定。不应将发包人为送审而签署结算意见的行为视为双方合意变更结算方式，审计条款不因之而失效。下述【典型案例 171】即为适例。

① 参见《河北省高级人民法院建设工程施工合同案件审理指南》（冀高法〔2018〕44 号）第 22 条规定："在双方当事人已经通过结算协议确认了工程结算价款并已基本履行完毕的情况下，国家审计机关作出的审计结论或财政评审意见，不影响双方结算协议的效力。"

典型案例 171

## 太平洋建设集团有限公司与沈阳雪松经济开发区管理委员会建设工程施工合同纠纷案①

### 基本案情

2010年8月14日，沈阳雪松经济开发区管理委员会（以下简称雪松管委会）（甲方）与太平洋建设集团有限公司（以下简称太平洋公司）（乙方）签订了两份《合同书》，约定太平洋公司承建哈大客专西三路、哈大客专西二路、哈大客专西一路、哈大客专东一路、沈营公路东一路、沈营公路东二路、苏桃公路北二路、苏桃公路北二路（东段）排水、苏黑公路东线路、苏桃公路南二路、苏桃公路排水（各条路含排水工程），以及红椿路、青榆路、金桔路道路、排水工程。甲、乙双方同意在各单项工程验收合格后，由乙方编制工程决算书报甲方，甲方委托具有法定审核资质的社会中介机构或区审计局进行工程造价决算审核。甲方应在收到承包方编制的工程决算书后两个月内出审计结果。2014年10月20日，案涉工程验收并交付使用。2015年5月15日，双方签订两份《竣工结算书》，载明合同内工程造价为64,217,933.12元，合同外工程造价为44,023,570.03元。2020年5月11日，沈阳市苏家屯区财政事务服务中心出具《关于浑河商务城2010年基础设施建设项目结算审核情况说明》，称案涉工程于2015年9月初次报审，因报审资料不完善、施工单位代表不能对审核过程中出现的问题进行确认，导致无法出具审核报告。后太平洋公司诉至法院，要求雪松管委会按照两份《竣工结算书》支付工程款。雪松管委会辩称，合同约定结算以行政审计为准，因审计结论尚未作出，故目前不具备付款条件。诉讼中，沈阳市苏家屯区财政事务服务中心于2020年11月11日向雪松管委会出具《审核结论反馈意见书》，称案涉工程审定总造价为49,301,256.69元。

---

① 典型案例171：太平洋建设集团有限公司与沈阳雪松经济开发区管理委员会建设工程施工合同纠纷案，辽宁省沈阳市中级人民法院（2020）辽01民初149号民事判决书、最高人民法院（2021）最高法民申6126号民事裁定书。

## 法院观点

一审法院（沈阳市中级人民法院）与二审法院（辽宁省高级人民法院）认为，根据合同约定，本案需要通过审计方式确定太平洋公司施工造价。但《审核结论反馈意见书》并非最终正式结论，且无相应计算依据及明细支撑，故不能将其作为确定施工造价的依据。遂向太平洋公司释明，应申请司法鉴定以确认其施工造价。但太平洋公司拒不申请鉴定，并表示愿意承担相关诉讼风险。一审、二审法院遂以举证不能为由，驳回了太平洋公司的诉请。太平洋公司以雪松管委会已盖章确认《竣工结算书》为由，向最高人民法院申请再审。最高人民法院认为，案涉工程造价应委托社会中介机构或审计局审核后确定，此系双方自愿达成的合意。雪松管委会在《竣工结算书》上加盖印章，系其履行案涉《合同书》约定的报送审计资料义务的行为，不能据此认定其已认可《竣工结算书》载明的造价数额即为案涉工程造价。比较两份《竣工结算书》确定的工程造价与《审核结论反馈意见书》确定的工程造价可知，二者数额差异巨大，难以确定。原审法院综合本案情况，认为案涉工程造价应当通过司法鉴定予以确定，符合案件实际和合同约定，并无不当。一审、二审法院在审理中均向太平洋公司释明本案应对工程造价进行鉴定，但太平洋公司均拒绝提出鉴定申请，应当承担举证不能的不利后果。

## 裁判规则172

**建设工程施工合同约定以行政审计结论作为确定工程价款的依据，但承包人有证据证明行政审计结论确有错误的，应根据合同约定的计价方法另行确定工程价款。**

实践中，最常见的审计结论错误是违反合同约定的计价方法。详言之，虽然合同约定以行政审计结论为准，但行政审计应遵循合同约定的计价方法，否则即可认定行政审计结论错误。在“四川省苍溪县弘立建筑安装工程有限公司与四川阆茂置业有限公司等建设工程施工合同纠纷案”[①] 中，最高人民法院就明确提出，案涉

① 参考案例150：四川省苍溪县弘立建筑安装工程有限公司与四川阆茂置业有限公司等建设工程施工合同纠纷案，最高人民法院（2019）最高法民申6183号民事裁定书。

合同约定，“四川省建设工程工程量清单计价定额”（2009）及相关配套文件是确定工程价款的依据，由政府审计部门审核确定工程总价是由专业第三方机构审核工程价款的真实性，审计部门亦应按照约定的计价方式取费。据统计，在约定了行政审计条款的建设工程施工合同纠纷案件中，当事人因对审计结论不服提起异议的案件占比高达55.79%。[①] 在此情形下，对承包人的异议如何处理?

有观点认为，由于审计是行政管理措施，具有行政效力，故即使有证据证明审计结论存在错漏，“应向有关部门申请复议，但不能径行采取提起民事诉讼的方式改变审核结果”[②]。在“重庆两江新区水土高新技术产业园建设投资有限公司与重庆渝康建设（集团）有限公司建设工程施工合同纠纷案”[③] 中，合同约定工程价款以审计结论为准。在施工结束后，承包人送审金额为8,817,5716元，发包人初审金额为77,811,827.38元，审计局的最终审定金额为6969.63万元。承包人提出该审计报告不完整、缺乏证据支持，要求对工程价款进行司法鉴定。法院即认为，审计机关作出审计结论依据的是其独有的法律规则和程序设计，民事审判中不宜对未经依法撤销或变更的审计结论作出直接或间接的否定。根据《审计法》等相关法律、法规的规定，当事人若对审计结论不认可，具有合法的救济渠道。重庆市高级人民法院在“重庆长寿林业投资有限公司与浙江凯胜园林市政建设有限公司建设工程施工合同纠纷案”[④] 中也认为，“凯胜园林公司认为《审计报告》存在错误或瑕疵，应申请行政复议或提起行政诉讼，而非通过民事诉讼程序中对《审计报告》进行审查”。还有折中的观点认为，对行政审计的漏项，可通过司法鉴定予以补

---

① 参见胡倩文：《审计结论在建设工程结算中的裁判路径——基于2013-2017年626件终审裁判文书的分析》，载《法制与社会》2019年第2期。

② 最高人民法院民一庭：《财政评审中心作出的审核结论原则上不能作为工程结算依据》，载最高人民法院民事审判第一庭编：《民事审判指导与参考》总第34集，法律出版社2008年版。

③ 参考案例151：重庆两江新区水土高新技术产业园建设投资有限公司与重庆渝康建设（集团）有限公司建设工程施工合同纠纷案，重庆市第一中级人民法院（2018）渝01民终3978号案民事判决书。

④ 参考案例152：重庆长寿林业投资有限公司与浙江凯胜园林市政建设有限公司建设工程施工合同纠纷案，重庆市高级人民法院（2015）渝高法民终字第00313号民事判决书。

充，但对行政审计的错项或错量，只能由审计机关自行纠正。[①]

上述观点可细分为两类：一是当事人有（且应选择）行政法上的救济路径；二是行政审计结论具有行政法上的效力，民事审判无权予以否定。这两类观点均不能成立。就行政法上的救济路径而言，《审计法》第53条第1款规定："被审计单位对审计机关作出的有关财务收支的审计决定不服的，可以依法申请行政复议或者提起行政诉讼。"但被审计单位是发包人，而非承包人。即便根据《行政复议法》第2条[②]、《行政诉讼法》第25条第1款[③]的规定，承包人以与行政行为有利害关系为由，申请行政复议或者提起行政诉讼，也因行政复议或者行政诉讼主要审查行政行为的权限与程序问题，难以解决审计结论的错漏。就行政审计结论具有行政法上的效力而言，需要明确的是，行政审计结论系由审计机关依据法定程序与法定权限作出，故不是民事法律行为，其作为审计机构按照审计规则得出的审计结论，也不是发承包双方的真实意思表示，所以对行政审计结论不应适用前述"结算行为是民事法律行为"的审查规则。其一，行政审计结论具有行政法上的效力。但其效力具有相对性，仅对该行为的相对人——被审计单位——具有行政法上的效力，而不能约束非相对人的承包人。其二，如前所述，行政审计结论之所以可以作为确定工程价款的依据，系源于当事人之间的约定，而非其具有行政法上的效力。反过来看，行政审计结论是否具有行政法上的效力，并非其可以或不能作为结算依据的理由。质言之，行政审计结论固然具有行政法上的效力，但其在建设工程施工合同纠纷中，只具有证明工程价款的效力。既然行政审计结论只具有证明工程价款的效力，如有证据证明行政审计结论确有错误的，则应根据合同约定以司法鉴定的

---

① 《重庆市高级人民法院民一庭关于建设工程施工合同纠纷案件若干问题的解答》（2019年10月）第13条第1款规定："建设工程施工合同约定工程造价以审计意见为准，但当事人有证据证明审计单位的审计意见存在漏项的，人民法院可以依据当事人的申请函告审计单位在合理期间内就漏项部分出具补充审计意见。审计单位未在合理期间内出具审计意见又未能作出合理说明的，人民法院可以依据当事人的申请就漏项部分进行建设工程造价鉴定。"第2款规定："建设工程施工合同约定工程造价以审计意见为准，当事人以审计单位出具的审计意见存在错误为由申请进行建设工程造价鉴定的，人民法院不予准许。人民法院可以函告审计单位对审计意见进行核查。审计单位经核查认为审计意见确有错误，并重新出具审计意见或者出具补充审计意见予以纠正的，人民法院应当予以采信。"

② 该条规定："公民、法人或者其他组织认为具体行政行为侵犯其合法权益，向行政机关提出行政复议申请，行政机关受理行政复议申请、作出行政复议决定，适用本法。"

③ 该款规定："行政行为的相对人以及其他与行政行为有利害关系的公民、法人或者其他组织，有权提起诉讼。"

方式确定工程价款。《八民会纪要（民事部分）》（征求意见稿）第49条第2款即曾规定："合同约定以审计机关出具的审计意见作为工程价款结算依据的，应当遵循当事人缔约本意，将合同约定的工程价款结算依据确定为真实有效的审计结论。承包人提供证据证明审计机关的审计意见具有不真实、不客观情形，人民法院可以准许当事人补充鉴定、重新质证或者补充质证等方法纠正审计意见存在的缺陷。上述方法不能解决的，应当准许当事人申请对工程造价进行鉴定。"①

"在审核审计结果与工程实际情况或者合同约定不符的情形下，比如，审计结果存在漏项的，或者采用了与合同不符的计价依据的，应当允许当事人就不符部分另行通过司法鉴定确定造价，但申请鉴定的一方当事人应当举证证明不符情形的存在。"② 首先，从行政审计的现状来看，审计部门绩效考核的主要依据是工程款的审减额，这直接诱导审计人员以审减为目的进行审计，进而使实践中的行政审计结论与真实造价往往存在较大程度的偏离。其次，合同约定"以审计结论为准"，并不能推定承包方有"预先放弃对结算金额提出异议的权利"的意思表示。最后，站在意思表示的角度，合同虽约定"以行政审计结论为准"，但当事人的合理预期是审计结论是客观的、中立的、真实的。故如有证据证明行政审计结论存在实质错误、偏离客观中立性，也就丧失了采信行政审计结论的理据。《福建省高级人民法院当前我省涉建工纠纷审判调研　问答·案例·白皮书》（2022年9月）第26条第2款规定："当事人有证据证明财政评审结论具有不真实、不客观的情形违反法律规定或合同约定的，应对财政评审结论进行实质审查。"《湖南省高级人民法院关于审理建设工程施工合同纠纷案件若干问题的解答》（湘高法〔2022〕102号）第13条第1款也规定："当事人约定以行政审计、财政评审作为工程款结算依据的，按约定处理。当事人有证据证明审计结论不真实、客观，法院可以准许当事人补充鉴定、重新鉴定或者补充质证等方法对争议事实做出认定。"就此，除下述【典型案例172】外，还可参见"重庆市铜梁区公安局与重庆豪美实业（集团）有

① 正式颁布的《八民会纪要》取消了该款规定。

② 最高人民法院民事审判第一庭编著：《最高人民法院新建设工程施工合同司法解释（一）理解与适用》，人民法院出版社2021年版，第344页。

限公司建设工程施工合同纠纷案”[①]。

此外，还需注意两个方面的问题：一是行政审计结论作为建设工程施工合同纠纷中的意见证据，不可避免地存在大量的主观判断。这些主观判断只要不违背合同约定的计价标准、工程造价规范，即应予以尊重。只有在行政审计违反合同约定的计价标准、计算依据、存在明显的漏项、错项等情形下，才能认定行政审计结论确有错误。二是关于审计结论是否错误的证明责任。有观点认为，应当由发包人证明审减金额具有合理性。最高人民法院在“刘永福与白城市第一职业高中建设工程施工合同纠纷案”[②]中即持这一观点。也有观点认为应由承包人证明审减金额不具有合理性。安徽省高级人民法院在“安徽省公路桥梁工程有限公司与安徽新中侨基建投资有限公司建设工程施工合同纠纷案”[③]中持这一观点。在合同约定以行政审计结论作为确定工程价款的依据的情形下，承包人认为行政审计结论错误的，应当由承包人承担证明责任。在后述“中铁二十二局集团第四工程有限公司与安徽瑞讯交通开发有限公司等建设工程施工合同纠纷案”[④]中，安徽瑞讯交通开发有限公司（以下简称瑞讯公司）与中铁二十二局集团第四工程有限公司（以下简称中铁公司）签订的《协议书》约定，对双方共同核定的工程量，安徽省国资委委托的审计事务所基于充足的理由可予以合理核减，双方一致同意以审计单位最终认定的数额为准。后审计单位对中铁公司报送的结算金额予以大幅核减，中铁公司在诉讼中对审计结果提出异议。最高人民法院认为：“尽管中铁公司认为其对审计结果提出了异议，但其并未提供证据证明审计单位的核减错误，且直到本院审理本案期间，中铁公司仍然未提供证据证明审计单位的审计核减结果错误，故一审法院针对案涉工程中已完工未计量部分的工程款，按照审计单位的核减结果进行结算，符合

① 参考案例153：重庆市铜梁区公安局与重庆豪美实业（集团）有限公司建设工程施工合同纠纷案，重庆市铜梁区人民法院（2017）渝0151民初1664号民事判决书、重庆市第一中级人民法院（2018）渝01民终1950号民事判决书。

② 参考案例154：刘永福与白城市第一职业高中建设工程施工合同纠纷案，最高人民法院（2012）民申字第1596号民事裁定书。

③ 参考案例155：安徽省公路桥梁工程有限公司与安徽新中侨基建投资有限公司建设工程施工合同纠纷案，安徽省高级人民法院（2018）皖民终253号民事判决书。

④ 典型案例88：中铁二十二局集团第四工程有限公司与安徽瑞讯交通开发有限公司等建设工程施工合同纠纷案，最高人民法院（2014）民一终字第56号民事判决书。《最高人民法院公报》2016年第4期。

瑞讯公司与中铁公司的约定，理据充分。”

**典型案例 172**

## 重庆勇创实业有限公司<br>与重庆市同兴工业园区开发建设有限公司合同纠纷案[①]

### 基本案情

重庆勇创实业有限公司（以下简称勇创公司）与重庆市同兴工业园区开发建设有限公司（以下简称同兴公司）签订《重庆市同兴工业园区 B 标准分区横三路一期、纵五路一期、平场土石方一期建设项目 BT 融资建设管理协议》，约定勇创公司承建案涉项目，计价标准执行 1999 年颁发的《重庆市建设工程费用定额》，勇创公司在每个项目的投入资金数额以工程竣工合格后，经法定审计部门审计的金额为准。在工程完工后，重庆市北碚区审计局以 2008 年《重庆市建设工程费用定额》为依据，作出碚审建报（2015）42 号、碚审建报（2015）46 号、碚审建报（2015）50 号审计报告。勇创公司诉至法院，要求支付合同价款。

### 法院观点

一审法院（重庆市高级人民法院）直接采用重庆市北碚区审计局作出的碚审建报（2015）42 号、碚审建报（2015）46 号、碚审建报（2015）50 号审计报告确定勇创公司的投资金额。勇创公司不服，上诉至最高人民法院。最高人民法院认为，虽然合同约定勇创公司的投资金额以经法定审计部门审计的金额为准，但重庆市北碚区审计局作出的三个审计报告均是以 2008 年《重庆市建设工程费用定额》为依据，与勇创公司与同兴公司在协议中约定的计价标准不符，在勇创公司对此不予认可的情形下，不能作为确定勇创公司投资金额的依据。当事人可申请审计部门按照协议约定另行审计，或者委托工程造价咨询机构按照协议约定予以造价鉴

① 典型案例 172：重庆勇创实业有限公司与重庆市同兴工业园区开发建设有限公司合同纠纷案，最高人民法院（2016）最高法民终 269 号民事裁定书。

定，以确定投资金额。人民法院据此裁定，撤销原判、发回重审。①

## 裁判规则 173

**建设工程施工合同约定以行政审计结论作为确定工程价款的依据，但行政审计结论对报审金额无故审减，发包人或审计机关无法作出合理说明的，应根据合同约定的计价方法重新结算。**

实践中，针对行政审计结论的异议，除审计结论错误外，还有审减金额、审减理由不明确。由于只是审减金额、审减理由不明确，故无法认定审计结论错误。对此，应当如何处理？

有观点认为，在审减金额、审减理由不明确的情况下，承包人要推翻行政审计结论，则应当证明该审计结论错误。在前述“重庆两江新区水土高新技术产业园建设投资有限公司与重庆渝康建设（集团）有限公司建设工程施工合同纠纷案”②中，审计报告对审减的1421.18万元缺乏详细说明。在法院函询的情况下，审计局依然回复“内容完整、附件齐全”。在该案再审审查中，重庆市高级人民法院以“渝康公司虽主张《审计报告》的审计金额错误，但却未能提交充分证据推翻《审计报告》，应承担举证不能的不利后果”为由，驳回了重庆渝康建设（集团）有限公司（以下简称渝康公司）的再审申请。

在前述案件中，渝康公司陷入死循环：审计机关不明确审减金额的构成、不告知审减理由，渝康公司无法得知审减了哪些项目及具体金额，也就无法证明审计结论错在哪里，从而无法推翻审计结论。由于审计结论由审计机关作出，该审计是对被审计单位（而非承包人）的审计，发包人主张应当按照审计结论确定工程价款

---

① 从网上查询的文书——最高人民法院（2021）最高法民申7592号民事裁定书——来看，最终该案以1999年颁发的《重庆市建设工程费用定额》自2008年4月1日起停止使用为由，还是将碚审建报（2015）42号、碚审建报（2015）46号、碚审建报（2015）50号审计报告作为了结算依据。但如【裁判规则162】所述，“建设工程施工合同约定以特定政府文件作为结算依据，该政府文件在合同履行过程中失效或变更的，不影响约定的效力，仍然应当将该政府文件作为结算依据”。故该裁判理由与裁判结论值得商榷。

② 参考案例156：重庆两江新区水土高新技术产业园建设投资有限公司与重庆渝康建设（集团）有限公司建设工程施工合同纠纷案，重庆市高级人民法院（2019）渝民申403号民事裁定书。

的，在审结结论不明确的情况下，就应承担合理说明义务。如发包人或审计机关无法证明审减金额合理性的，则应根据合同约定的计价标准，以司法鉴定的方式确定工程价款。

典型案例 173

## 徐品龙与贵州大学等建设工程施工合同纠纷案[①]

### 基本案情

2010 年 10 月 8 日，贵州大学与广厦公司签订《建设工程施工合同》，约定由广厦公司承建贵州大学花溪校园扩建工程第三标段工程。2011 年 1 月 6 日，广厦公司贵州分公司与徐品龙签订《企业内部工程项目承包合同》，约定将案涉工程转包给徐品龙施工。2011 年 12 月 19 日，案涉工程竣工。徐品龙报送的结算金额为 150, 559, 678. 24 元，贵州大学委托鹏业咨询公司进行审计，初步审计金额为 119, 008, 807. 83 元。徐品龙回复称："本人不同意此审计结果，此审计结果与实际情况差距大，与事实不符。"2015 年 10 月 20 日，鹏业咨询公司出具《审核报告》，审定金额为 120, 490, 331. 22 元。徐品龙诉至法院，认为工程造价应为 150, 559, 678. 24 元，并申请对工程造价进行司法鉴定。

### 法院观点

一审法院（贵州省高级人民法院）认为，案涉工程系使用国有资金的工程，有严格的结算程序，本案的结算及审计程序合法，应当采信鹏业咨询公司的《审核报告》，对徐品龙的司法鉴定申请不予准许。徐品龙提起上诉。最高人民法院认为，"本院审理过程中，徐品龙就《贵州大学花溪校区扩建工程第三标段结算审核报告》所审减的八笔分项工程款共计 30, 069, 347. 02 元提出异议。贵州大学、广厦公司贵州分公司对审减理由未能作出合理解释。经本院通知鹏业云通公司出庭接受质询，亦未能就全部审减项目和金额作出合理说明。本案发回重审后，一审法

---

① 典型案例 173：徐品龙与贵州大学等建设工程施工合同纠纷案，贵州省高级人民法院（2017）黔民初 130 号民事判决书、最高人民法院（2019）最高法民终 1578 号民事裁定书。

院理应依法查明徐品龙未实际参与广厦公司与贵州大学的结算是否系因其自身原因所致以及徐品龙实际应得的工程款金额”。最高人民法院据此裁定：撤销原判，发回重审。

## 裁判规则 174

**建设工程施工合同约定以行政审计结论作为结算工程价款的依据，但非因承包人原因久审不决的，可以通过司法鉴定等方式确定工程价款。**

《政府投资项目审计规定》（审投发〔2010〕173号）第9条规定：“审计机关对列入年度审计计划的竣工决算审计项目，一般应当在审计通知书确定的审计实施日起3个月内出具审计报告。确需延长审计期限时，应当报经审计计划下达机关批准。”但在实践中，启动审计需要发包方上报材料，审计过程中涉及相关主体的相互配合，时效常常无法保证，不乏竣工验收三四年后仍未审计完毕的情况。承包人在此情形下起诉要求支付工程款的，发包人常以工程价款未确定、支付条件不成就为由进行抗辩。

对约定以行政审计结论作为结算工程价款依据的建设工程，应当甄别审计机关久审不决的原因：一是承包人原因导致久审不决的。承包人不配合审计导致审计机关不能及时审结的，应由承包人承担久审不决的不利后果，即认定工程价款未确定、支付条件不成就。《重庆市高级人民法院、四川省高级人民法院关于审理建设工程施工合同纠纷案件若干问题的解答》（渝高法〔2022〕156号）第5条第2款规定：“建设工程施工合同约定工程造价以审计意见为准，但审计单位未能出具审计意见的……（一）因承包人原因导致未能及时进行审计的，如承包人未按照约定报送审计所需的竣工结算资料等，承包人请求以申请司法鉴定的方式确定工程造价的，人民法院不予支持……”二是非承包人原因导致久审不决的。包括发包人迟迟不提起审计申请、不配合审计工作，审计机构迟迟不出具审计结论等。因发包人、审计机关导致的久审不决，不应归咎于承包人，继续等待审计结果对承包人而言有失公允。[①]在此情形下，应当允许通过司法鉴定的方式确定工程造价，解决当

① 参见肖峰、韩浩：《建设工程价款结算及其优先受偿权的若干实务问题》，载《人民司法》2021年第22期。

事人的纠纷。[①] 广东省高级人民法院[②]、河北省高级人民法院[③]、江苏省高级人民法院[④]、山东省高级人民法院[⑤]、福建省高级人民法院[⑥]、湖南省高级人民法院[⑦]、重庆市高级人民法院与四川省高级人民法院[⑧]均持这一立场。除下述【典型案例

---

① 参见秦旺：《建设工程造价结算前沿问题研究》，载《法律适用》2017年第5期；最高人民法院民事审判第一庭编著：《最高人民法院新建设工程施工合同司法解释（一）理解与适用》，人民法院出版社2021年版，第344页。

② 原《广东省高级人民法院关于审理建设工程合同纠纷案件疑难问题的解答》（粤高法〔2017〕151号）第11条规定："当事人约定以财政、审计等部门的审核、审计结果作为工程款结算依据的，按照约定处理。如果财政、审计等部门明确表示无法进行审核、审计或者无正当理由长期未出具审核、审计结论，经当事人申请，且符合具备进行司法鉴定条件的，人民法院可以通过司法鉴定方式确定工程价款。"

③ 《河北省高级人民法院建设工程施工合同案件审理指南》（冀高法〔2018〕44号）第21条规定："审计机关严重超出合同约定的期限未作出审计结论，发包人以此为由拒付工程款的，发包人无法举证证明审计机关具有正当理由不能出具审计结论的，当事人申请对工程造价予以司法鉴定，人民法院应予支持。"

④ 原《江苏省高级人民法院关于审理建设工程施工合同纠纷案件若干问题的解答》（2018年6月26日）第10条规定："当事人约定以行政审计、财政评审作为工程款结算依据的，按照约定处理。但行政审计、财政评审部门明确表示无法进行审计或者无正当理由长期未出具审计结论，当事人申请进行司法鉴定的，可以准许。"

⑤ 《山东省高级人民法院关于审理建设工程施工合同纠纷案件若干问题的解答》（2020年11月4日）第3条规定："政府投资和以政府投资为主的建设项目，合同约定以行政审计、财政评审作为工程款结算依据的，按照约定处理；但发包人故意迟延提交审计或妨碍审计条件成就，以及行政审计、财政评审部门明确表示无法进行审计或无正当理由超出合同约定的审计期限三个月，仍未作出审计结论、评审意见的，当事人申请对工程造价进行司法鉴定，应当准许。"

⑥ 《福建省高级人民法院当前我省涉建工纠纷审判调研 问答·案例·白皮书》（2022年9月）第26条第1款规定："在承包人或实际施工人提交完整结算文件后，发包人在一年内未提交财政评审部门的，视为各方当事人无法以财政评审完成建设工程价款结算，可以同意当事人的司法鉴定申请。在合理期限届满后，财政评审部门无正当理由仍未出具财政评审结论的，支持当事人的司法鉴定申请。"

⑦ 《湖南省高级人民法院关于审理建设工程施工合同纠纷案件若干问题的解答》（湘高法〔2022〕102号）第13条第2款规定："行政审计或财政评审部门明确表示无法进行审计，或在约定期限及合理期限内无正当理由未出具审计结论，当事人就工程价款结算无法达成一致申请司法审计鉴定的，应予准许。"

⑧ 《重庆市高级人民法院、四川省高级人民法院关于审理建设工程施工合同纠纷案件若干问题的解答》（渝高法〔2022〕156号）第5条第2款规定："建设工程施工合同约定工程造价以审计意见为准，但审计单位未能出具审计意见的，人民法院应当对审计单位未能出具审计意见的原因进行审查，区分不同情形分别作出处理：（一）因承包人原因导致未能及时进行审计的，如承包人未按照约定报送审计所需的竣工结算资料等，承包人请求以申请司法鉴定的方式确定工程造价的，人民法院不予支持；（二）因发包人原因导致未能及时进行审计的，如发包人收到承包人报送的竣工结算资料后未及时提交审计或者未提交完整的审计资料等，可视为发包人不正当地阻止条件成就，承包人请求以申请司法鉴定的方式确定工程造价的，人民法院予以支持；（三）因审计单位原因未及时出具审计意见的，人民法院可以函告审计单位在合理期间内出具审计意见。审计单位未在合理期间内出具审计意见又未能作出合理说明的，承包人请求以申请司法鉴定的方式确定工程造价的，人民法院予以支持。"

174】外，在“沈阳北方建设股份有限公司与盘锦辽东湾新区管理委员会等建设工程施工合同纠纷案”① 中，合同约定以行政审计结论为准，但审计机构历时两年多仍未出具结算审核结果，一审法院遂根据承包人的申请委托鉴定机构对案涉工程造价进行司法鉴定，并据此确定工程款。最高人民法院在二审中也认为，为解决工程款久拖不决的问题，对案涉工程造价委托司法鉴定符合本案实际，并无不当。

需要指出的是，《四川省高级人民法院关于审理建设工程施工合同纠纷案件若干疑难问题的解答》（川高法民一〔2015〕3 号）第 17 条第 2 款规定：“当事人在合同中明确约定工程价款以政府审计部门审付结果作为结算依据，并约定了审计时间，在合同约定的审计时间内非因承包人原因未作出审计结论，或虽未约定审计时间，经承包人催告，发包人未在合理期限内送变政府审计部门审计的，承包人主张按照双方签章确认的送审结算价结算工程价款的，可予支持。”也就是说，非承包人原因导致久审不决的，以发承包双方签认的结算金额为准。但如【裁判规则 171】所述，发包人在此情形下签署的结算意见，系为送审而签认，并无达成最终结算的意思表示，故直接以双方签认的结算金额为准，构成对发包人真实意思的明显僭越，不具有合理性，仍应以司法鉴定结论为准。

**典型案例 174**

## 湖南紫都城镇建设开发有限公司与湖南业达建设有限公司、浏阳市官渡镇人民政府建设工程施工合同纠纷案②

### 基本案情

2013 年 4 月 9 日，浏阳市官渡镇人民政府（以下简称官渡镇政府）与湖南紫都城镇建设开发有限公司（以下简称紫都公司）签订《浏阳市官渡镇开发和官渡大道建设项目投资框架协议》，约定紫都公司全额垫资修建官渡大道，通过取得项目内的土地开发权支付紫都公司基础设施建设费用，工程最终造价及支付以财政、

① 典型案例 175：沈阳北方建设股份有限公司与盘锦辽东湾新区管理委员会等建设工程施工合同纠纷案，最高人民法院（2018）最高法民终 258 号民事判决书。

② 典型案例 174：湖南紫都城镇建设开发有限公司与湖南业达建设有限公司、浏阳市官渡镇人民政府建设工程施工合同纠纷案，最高人民法院（2019）最高法民再 56 号民事判决书。

审计部门最后审计结果为结算依据。2014年1月1日，紫都公司与湖南业达建设有限公司（以下简称业达公司）签订《道路工程施工承包合同》，约定业达公司承建官渡大道及育才路道路工程，工程最终造价及支付以财政、审计部门最后审计结果为最终结算依据。合同签订后，业达公司组织施工。2014年11月19日，官渡大道一期工程正式通车。后业达公司起诉要求支付工程款。在诉讼中，根据业达公司的申请，法院委托司法鉴定，鉴定结论为工程总造价为29,165,873.04元。紫都公司认为，涉案工程未依约定经过财政、审计部门的审计，不能将《鉴定报告》作为结算依据。

## 法院观点

一审法院（湖南省长沙市中级人民法院）认为，虽然紫都公司与业达公司约定以财政、审计部门最后审计结果作为最终结算依据，但在上述道路工程已使用近2年的情况下，紫都公司尚未向相关财政，审计部门提交工程建设资料，启动财政、审计部门审计，根据《合同法》第45条之规定，应以《鉴定报告》作为认定涉案工程造价的依据。在二审中，湖南省高级人民法院也认为，在工程完成之后，紫都公司并未按合同约定对涉案工程进行财政审计，也没有提供充分证据证明未按约定进行审计系业达公司的原因。另外，对案涉工程的工程价款依约定进行审计和进行鉴定均为确定工程价款的方式。故一审法院依法委托鉴定并以鉴定结论作为工程结算依据并无不当。在再审中，最高人民法院也认为，《道路工程施工承包合同》虽约定工程最终造价以财政、审计部门最后审计结果为最终结算依据，但在上述道路工程已使用近2年的情况下，紫都公司尚未向相关财政、审计部门提交工程建设资料，启动财政、审计部门审计，在本案审理过程中也无法提供审计结果，故一审法院根据业达公司的申请，依法委托鉴定，该鉴定报告可以作为认定涉案工程造价的依据。

## 裁判规则175

**因审计机关久审不决而启动司法鉴定后，审计机关在鉴定意见作出前作出行政审计结论的，因司法鉴定程序已经依法启动，应当等待并以司法鉴定意见作为确定工程价款的依据。**

实践中，审计机关虽长期处于审而不决的状态，然而一旦承包人诉至法院、法院依承包人的申请启动司法鉴定程序，审计机关往往会快速地作出审计结论。对此，应当如何处理？

如果审计机关在鉴定意见作出后出具行政审计结论的，显然应当以鉴定意见为准。有疑义的情形是，审计机关在启动司法鉴定程序后、鉴定意见作出前出具行政审计结论。应当认为，审计机关久审不决，构成启动司法鉴定的前提条件。一旦启动司法鉴定程序，也就意味着“以行政审计结论作为结算工程价款的依据”这一约定不再适用。既然工程价款不再以行政审计结论为准，是否作出行政审计结论，对工程价款的确定就不再具有任何意义。因此，如果在司法鉴定过程中审计机关出具审计意见的，由于人民法院已经启动司法鉴定程序，则应当继续进行司法鉴定，并以司法鉴定意见作为结算依据。[①] 在前述“山东黄河工程集团有限公司与淄博市周村区人民政府建设工程施工合同纠纷案”[②] 中，在法院委托进行司法鉴定后，审计机关作出了审计结论，法院即未采信审计结论，而是按照鉴定意见作出裁判。

**典型案例 175**

## 沈阳北方建设股份有限公司<br>与盘锦辽东湾新区管理委员会等建设工程施工合同纠纷案[③]

### 基本案情

2011 年 4 月 12 日，盘锦辽东湾新区管理委员会（以下简称辽东湾管委会）与沈阳北方建设股份有限公司（以下简称北方建设公司）签订《投资建设合作框架协议》，约定双方合作建设中国医科大学附属盛京医院辽东湾分院工程。2011 年 10 月 27 日，辽东湾分院与北方建设公司签订《施工合同》，约定北方建设公司承建

---

① 参见肖峰、韩浩：《建设工程合同纠纷实务争议问题研究》，载最高人民法院民事审判第一庭编：《民事审判指导与参考》总第 84 辑，人民法院出版社 2021 年版；李玉生主编：《建设工程施工合同案件审理指南》，人民法院出版社 2019 年版，第 129 页。

② 典型案例 170：山东黄河工程集团有限公司与淄博市周村区人民政府建设工程施工合同纠纷案，最高人民法院（2014）民一终字第 89 号民事判决书。

③ 典型案例 175：沈阳北方建设股份有限公司与盘锦辽东湾新区管理委员会等建设工程施工合同纠纷案，最高人民法院（2018）最高法民终 258 号民事判决书。

中国医科大学附属盛京医院辽东湾分院工程，合同总价款暂定675,802,694.57元，最终结算按发包人委托的中介造价机构及上级审计部门实际审核的结果为准。在合同签订后，北方建设公司即开始组织工程施工。2013年11月，案涉工程竣工。在上述工程实际使用后，北方建设公司向辽东湾管委会移交了工程结算报告及相关附随资料，辽东湾管委会审核后将相关结算资料移交盘锦市审计局。2014年7月18日，盘锦市审计局委托中成建正咨询公司对案涉工程进行结算审核。2016年7月28日，在中成建正咨询公司对案涉工程造价进行结算审核期间，北方建设公司因与辽东湾管委会、辽东湾分院在材料、设备价格、人工费调整、审核期限过长等问题上发生争议，遂向一审法院提起诉讼，要求辽东湾管委会、辽东湾分院共同给付拖欠的工程款、逾期付款的利息损失等。2016年8月29日，中成建正咨询公司向盘锦市审计局出具结算审核报告，认定案涉工程结算审定值为551,457,673元。在一审证据交换期间（2016年9月27日），辽东湾管委会将该结算审核报告作为诉讼证据提交给法院和其他当事人。2016年11月2日，经北方建设公司申请，一审法院委托博兴咨询公司就案涉工程造价进行司法鉴定。2017年7月8日，博兴咨询公司出具《工程造价鉴定意见书》，认定工程总造价为621,621,442元。辽东湾管委会认为，根据《施工合同》的约定，最终结算按发包人委托中介机构及上级审计部门核算为准，故鉴定机构出具的鉴定意见不能作为认定本案工程造价的证据使用。

## 法院观点

一审法院（辽宁省高级人民法院）按照鉴定意见确定了工程价款。在二审中，最高人民法院认为，双方在《施工合同》中约定“最终结算按照发包人委托的中介机构及上级审计部门实际审核的结果为准”，案涉工程于2013年年底至2014年年初陆续竣工并交付使用后，双方亦按照上述约定对工程价款进行结算，北方建设公司向辽东湾管委会移交了工程结算报告及相关附随资料，辽东湾管委会审核后将相关结算资料移交盘锦市审计局，盘锦市审计局于2014年7月18日委托中成建正咨询公司对案涉工程进行结算审核。但从2014年7月18日起至本案提起诉讼时，审计机构历时两年多仍未出具结算审核结果，辽东湾管委会在本案一审期间提交的相关报告，仍未经上级审计部门审核确认，这导致北方建设公司的工程款数额迟迟不能得到确认。由于审计部门的审计结果不是确定工程价款的唯一方式，工程价款可以通过司法鉴定的方式予以确定，为解决工程款久拖不决的问题，一审法院根据北方建设公司的申请，委托鉴定机构对案涉工程造价进行司法鉴定，符合本案实际，亦不违反法律规定，并无不当。

## 裁判规则 176

**建设工程施工合同约定，以行政审计结论为基数下浮一定比例作为工程价款，后因行政审计结论未作出或未被采信而委托司法鉴定，对鉴定所认定的工程价款是否应作相应比例的下浮，取决于鉴定采用的计价标准与合同约定的标准是否相同。**

建设工程施工合同约定，以行政审计结论为基数下浮一定比例作为工程价款，后行政审计结论未作出或未被采信，另行委托司法鉴定的，对鉴定所认定的工程价款是否应作相应比例的下浮？

有观点认为，合同约定在行政审计结论基础上下浮，现通过司法鉴定确定工程价款，因确定工程价款的主体不同，也就不再产生参照约定下浮比例的问题。在“西安海晟船舶重工实业有限公司与中铁九局集团有限公司等建设工程合同纠纷案”① 中，法院即持这一观点。

同一建设工程中，“下浮率多少与取费标准高低直接相关。一般来说，取费标准越高，下浮率就越高”②。因此，这一问题的解决，取决于鉴定采用的计价标准与合同约定的计价标准是否相同。一方面，如司法鉴定未采取合同约定计价标准，由于合同约定的下浮比例建立在合同约定的计价标准基础上，则鉴定得出的工程价款不应再参照合同约定下浮比例进行下浮。在“福建九鼎建设集团有限公司与云南佳鸿宇合实业有限公司建设工程施工合同纠纷案”③ 中，合同约定，以单栋

---

① 参考案例 157：西安海晟船舶重工实业有限公司与中铁九局集团有限公司等建设工程合同纠纷案，四川省资阳市中级人民法院（2018）川 20 民初 109 号民事判决书、最高人民法院（2021）最高法民申 6249 号民事裁定书。

② 杨心忠等：《建设工程合同纠纷裁判思路》，法律出版社 2014 年版，第 360 页。

③ 典型案例 127：福建九鼎建设集团有限公司与云南佳鸿宇合实业有限公司建设工程施工合同纠纷案，最高人民法院（2020）最高法民终 337 号民事判决书。

包干价 6, 279, 953. 08 元下浮 5%作为单栋结算价（共 16 栋），后在施工未完成的情况下解除施工合同。鉴定机构按照建设工程综合定额计算，认定已完工程造价为 53, 927, 399. 38 元。在此基础上，一审法院（云南省高级人民法院）按照合同约定对造价总额进行了 5%的下浮，认定为 51, 231, 029. 41 元。但最高人民法院在二审中认为，施工合同结算条款采用包干价格，双方达成下浮合意的前提条件为“在此总价”，即包干的价格基础上。本案通过司法鉴定确定工程价款，改变了下浮合意的前提条件，故工程总造价不应再下浮 5%。另外，如司法鉴定采取与合同约定相同的计价标准，此时虽然认定工程价款的主体不同，但因二者执行的价格标准相同，故理论上二者认定的工程价款金额应当基本一致。在此情形下，对鉴定得出的工程价款参照合同约定下浮比例进行下浮，符合当事人的真实意思与合同预期。在“远海建工（集团）有限公司与重庆黄水旅游投资有限公司建设工程施工合同纠纷案”① 中：中标通知书载明，合同价为财政审定的造价下浮 15. 41%；同时《公开招标文件》明确，工程计价及结算原则为重庆市 2008 年计价定额及相关配套文件。因该工程并无财政审定造价，故其委托鉴定单位按照重庆市 2008 年计价定额及相关配套文件进行造价鉴定。鉴定意见作出后，法院即以鉴定金额为基数下浮 15. 41%，作为承包人的应得工程款。

**典型案例 176**

## 四川省欣旺建筑劳务开发有限公司<br>与中铁九局集团有限公司成都分公司、<br>中国中铁股份有限公司等建设工程施工合同纠纷案②

### 基本案情

2013 年 12 月，天府投资集团作为甲方，中国中铁股份有限公司（以下简称中

① 参考案例 158：远海建工（集团）有限公司与重庆黄水旅游投资有限公司建设工程施工合同纠纷案，重庆市第四中级人民法院（2021）渝 04 民终 1807 号民事判决书。

② 典型案例 176：四川省欣旺建筑劳务开发有限公司与中铁九局集团有限公司成都分公司、中国中铁股份有限公司等建设工程施工合同纠纷案，四川省高级人民法院（2020）川民终 1409 号民事判决书、最高人民法院（2021）最高法民申 3690 号民事裁定书。

铁股份)、中铁二局作为乙方，签订《天府大道三期项目融资建设合同》，约定乙方作为天府大道三期项目的融资建设人，合同预算价执行的计价规范为《建设工程工程量清单计算规范》（GB50500-2013），合同预算价执行的计价定额规范为2009年《四川省建设工程工程量清单计价定额》及配套文件，合同预算价的材料基准期价格为成都市建设工程造价管理站编制的《工程造价信息》，2013年第12期信息价中没有的材料，报成都市政府投资项目评审中心审核确定。2013年12月10日，中铁九局集团有限公司成都分公司（以下简称中铁九局成都分公司）与四川省欣旺建筑劳务开发有限公司（以下简称欣旺劳务）签订《施工框架协议》，约定欣旺劳务承接天府大道南延线三期3标工程内K26+170段路基土石方工程，价格以业主及政府投资项目评审中心评审的最终价格为准，再按照不同专业下浮一定比例后作为施工决算价格，下浮比例为路基基底处理项目下浮28%、其他专业综合项目下浮25.5%。2014年4月1日，中铁九局成都分公司与欣旺劳务签订《桥梁工程施工专业分包合同》，约定：欣旺劳务承接天府大道南延线三期三标工程；价格以业主及政府投资项目评审中心评审的最终价格为准，再下浮一定比例后作为施工决算价格；若2014年7月30日前完工，下浮比例为16%；如未在上述约定工期完成，下浮比例为18%。2015年6月19日，中铁九局成都分公司与欣旺劳务签订《补充协议》，约定将《施工框架协议》与《桥梁工程施工专业分包合同》约定的下浮比例调整为8%。后案涉工程实际通车并投入使用，但未办理竣工验收。欣旺劳务诉至法院，要求中铁九局成都分公司支付工程款及相应利息。中铁九局成都分公司辩称，案涉工程造价应以审计金额为基准、支付工程款的期限尚未届至。经法院走访天府投资集团工程审计部门，审计结果尚未作出（截至二审判决时，审计结果仍未作出）。根据欣旺劳务的申请，法院委托德维公司依据《建设工程工程量清单计价规范》（GB50500-2013）、2009年《四川省建设工程工程量清单计价定额》，以及评审中心评审的材料价格对工程造价进行鉴定，鉴定金额为81,467,001元（未下浮8%）①。欣旺劳务认为，案涉工程已进行造价鉴定，应当据实结算，不应再按照《补充协议》下浮8%。

① 一审法院与二审法院对鉴定意见的采信有所不同，此处为二审法院采信的意见。

## 法院观点

一审法院（成都市中级人民法院）认为，距案涉工程竣工已经超过5年，相关审计工作迄今尚未完成，欣旺劳务有权通过诉讼方式主张工程价款。《补充协议》中对于工程价款下浮比例的约定符合双方真实意思表示，在确定应得价款时应予以参照，即工程造价应以鉴定金额为基础下浮8%。二审法院（四川省高级人民法院）认为，《补充协议》中对于工程价款下浮比例的约定符合双方真实意思表示，在确定应得价款时应予以参照，故一审法院认定案涉工程的工程造价按照下浮比例8%计取符合合同约定，应予维持。最高人民法院在再审中也认为，《补充协议》中关于工程价款下浮比例的约定是双方当事人真实的意思表示，一审判决认定案涉工程以工程造价下浮8%符合合同约定，二审判决予以维持并无不当。

### 裁判规则177

**建设工程施工合同约定以行政审计结论作为确定工程价款的依据，但合同被认定为无效或被撤销的，应当参照合同约定计价标准折价补偿，而不应根据行政审计结论确定工程价款。**

建设工程施工合同约定以行政审计结论作为确定工程价款的依据，但建设工程施工合同被认定为无效或者被撤销的，应否适用或参照适用该约定？

根据前述《最高人民法院关于建设工程承包合同案件中双方当事人已确认的工程决算价款与审计部门审计的工程决算价款不一致时如何适用法律问题的电话答复意见》（〔2001〕民一他字第2号），在合同约定无效的情况下，可以将行政审计结论作为判决的依据。因此，较多观点主张，建设工程施工合同被认定为无效或者被撤销的，应当适用或参照适用合同中行政审计的约定。具体理由有三：一是行政审计的约定属于“解决争议方法的条款”，根据《民法典》第507条的规定，建设工程施工合同无效，不影响该争议解决条款的效力。二是行政审计的约定属于结算条款，根据《民法典》第567条的规定，建设工程施工合同无效，不影响该结算条款的效力。三是行政审计的约定属于工程价款的约定，根据《民法典》第793条第1款的规定，建设工程施工合同无效的，应当参照适用该约定。人民法院在

"盐城市市政建设集团有限公司与上海建设机场道路工程有限公司建设工程施工合同纠纷案"[①]、"重庆两江新区水土高新技术产业园建设投资有限公司与河南万绿园林股份有限公司成都分公司建设工程施工合同纠纷案"[②] 中均持这一立场。

上述三个理由均不能成立。首先，《民法典》第 507 条[③]规定的"解决争议方法的条款"，包括以下条款：一是仲裁条款；二是选择受诉法院的条款；三是选择检验、鉴定机构的条款，即"当事人可以在合同中约定，若对标的物质量或技术的品种发生争议，在提交仲裁或诉讼前，应当将标的物送交双方认可的机构或科研单位检验或鉴定。这种解决争议方法的约定出于双方自愿，不涉及合同的实体权利和义务，应当承认其效力"[④]。行政审计的约定既非仲裁条款、诉讼管辖条款，也非选择检验、鉴定机构的条款，不属于"解决争议方法的条款"。其次，《民法典》第 567 条[⑤]所称的结算条款主要有银行汇票结算、商业汇票结算、银行本票结算、支票结算、汇兑、委托收款。[⑥] 因此，行政审计的约定不属于该条规定的结算条款。最后，《民法典》第 793 条第 1 款[⑦]所称的"合同关于工程价款的约定"，解决的是"折价的标准"，即参照合同中约定的工程款计价标准。[⑧] 行政审计条款并不设定计价标准，而是明确审价主体即由审计机关确定工程价款，故不属于"工程价款的约定"。据此，在建设工程施工合同无效或被撤销的情况下，合同中关于行政审计的约定，既不能根据《民法典》第 507 条、第 567 条的规定认定为有效进而

---

① 典型案例 56：盐城市市政建设集团有限公司与上海建设机场道路工程有限公司建设工程施工合同纠纷案，江苏省高级人民法院（2014）苏民终字第 253 号民事判决书、最高人民法院（2015）民申字第 3311 号民事裁定书。

② 参考案例 159：重庆两江新区水土高新技术产业园建设投资有限公司与河南万绿园林股份有限公司成都分公司建设工程施工合同纠纷案，重庆市第一中级人民法院（2017）渝 01 民终 5550 号民事判决书。

③ 该条规定："合同不生效、无效、被撤销或者终止的，不影响合同中有关解决争议方法的条款的效力。"

④ 黄薇主编：《中华人民共和国民法典释义》（中），法律出版社 2020 年版，第 971、972 页。

⑤ 该条规定："合同的权利义务关系终止，不影响合同中结算和清理条款的效力。"

⑥ 参见黄薇主编：《中华人民共和国民法典释义》（中），法律出版社 2020 年版，第 1092、1093 页。

⑦ 该款规定："建设工程施工合同无效，但是建设工程经验收合格的，可以参照合同关于工程价款的约定折价补偿承包人。"

⑧ 参见黄薇主编：《中华人民共和国民法典释义》（中），法律出版社 2020 年版，第 1461、1462 页。

直接适用，也不能参照适用《民法典》第793条第1款。在此情形下，应当参照合同约定的计价标准，通过当事人自行结算或鉴定确定工程价款。当然，承包人自愿接受审计结论的除外。就此，可参见“肖春佑与临泉县人民政府等建设工程施工合同纠纷案”①。

典型案例177

## 邹有华与云南云投生态环境科技股份有限公司建设工程施工合同纠纷案②

### 基本案情

2008年7月5日，云南云投生态环境科技股份有限公司（以下简称云投公司）与邹有华签订《建设工程施工内部承揽合同》，约定云投公司将其总承包的丰水湖公园建设项目（第一期）工程中的水系通道与广场通道的土建工程等分包给邹有华，合同总价款按丰城市审计局审计的结算款计算。后邹有华完成了分包的工程。2015年2月13日，丰城市审计局委托江西华赣工程造价咨询公司进行结算审计，计划在2015年5月底前完成结算审计。在审计过程中，邹有华因对部分已经审计的结算结果不予认可，故提起了本案诉讼。在诉讼中，经一审法院委托，江西精信工程造价咨询有限公司对涉案工程进行了造价鉴定，鉴定结论表明，邹有华施工的工程造价为14,341,255.82元。

### 法院观点

一审法院（宜春市中级人民法院）认为，邹有华与云投公司签订的内部承揽合同实际为建设工程分包合同，因邹有华并不具有承包建设工程施工的主体资格，故该合同属无效合同。现由于邹有华承包建设的工程早已竣工投入使用多

① 参考案例160：肖春佑与临泉县人民政府等建设工程施工合同纠纷案，最高人民法院（2019）最高法民申1218号民事裁定书。

② 典型案例177：邹有华与云南云投生态环境科技股份有限公司建设工程施工合同纠纷案，江西省高级人民法院（2018）赣民终649号民事判决书、最高人民法院（2019）最高法民申2709号民事裁定书。

年，工程业主方也已经认可整个丰水湖公司工程竣工验收合格，故根据《2004 年建工解释》第 2 条的规定，应按照双方当事人签订的上述建设施工合同的约定结算工程款，其具体金额应以司法鉴定机构依据云投公司与邹有华签订的合同所作出的鉴定意见为依据。二审法院（江西省高级人民法院）与再审审查法院（最高人民法院）也认为，邹有华与云投公司之间的《建筑工程施工内部承揽合同》因违反法律强制性规定而无效。根据《2004 年建工解释》第 2 条的规定，应当参照合同约定支付工程价款。一审法院依据鉴定意见认定本案的工程价款并无不当。

## 裁判规则 178

**建设工程施工合同对工程价款约定不明确的，如发承包双方无法就此达成补充协议，应通过司法鉴定按照市场价或定额价确定工程价款，不能适用行政审计结论。**

如前所述，《最高人民法院关于建设工程承包合同案件中双方当事人已确认的工程决算价款与审计部门审计的工程决算价款不一致时如何适用法律问题的电话答复意见》（〔2001〕民一他字第 2 号）提出，在合同约定不明确的情况下，可以将行政审计结论作为判决的依据。最高人民法院民一庭在评析“呼和浩特绕城公路建设开发有限责任公司与河北路桥集团有限公司建设工程施工合同纠纷案”时，就持这一观点。①

该意见所谓的“施工合同约定不明确”，应当是指价格条款约定不明确，否则直接按照合同约定的价格条款确定即可，无须委诸行政审计结论。但是，在合同价格条款约定不明确的情况下，将行政审计结论作为确定工程价款的依据，存在两方面的问题：一是由于合同没有明确的价格条款，行政审计也就缺乏确定工程款的标准与依据。即使得出审计结论，也不是按照当事人的约定进行的审计。二是在价格条款约定不明的情况下，将行政审计结论作为确定工程价款的依据，无异于由行政机关直接确定民事权利义务。正因如此，《全国民事审判工作会议纪要》（法办

① 参见王毓莹：《审计部门对建设资金的审计不影响建设单位与承建单位的合同效力及履行——呼和浩特绕城公路建设开发有限责任公司与河北路桥集团有限公司建设工程施工合同纠纷案》，载最高人民法院民事审判第一庭编：《民事审判指导与参考》总第 52 辑，人民法院出版社 2013 年版。

〔2011〕442号）第四部分第1条第3款规定："依法有效的建设工程施工合同，双方当事人均应依约履行。除合同另有约定，当事人请求以审计机关作出的审计报告、财政评审机构作出的评审结论作为工程价款结算依据的，一般不予支持。"除此以外，未要求在合同约定不明确时将行政审计结论作为确定工程价款的依据。实践中，建设工程施工合同未明确约定工程价款的情形较为少见，更多的是合同对施工过程中发生的工程范围变化、停窝工等未作约定。在此情形下，无论是合同范围内工程还是合同范围外工程，只要发承包双方未约定以行政审结论作为结算依据，均不能根据行政审计结论确定工程价款。下述【典型案例178】即属此类情形。

根据《民法典》第510条①、第511条②第2项的规定：在价格条款约定不明确的情况下，应由当事人进行协议补充；如不能达成补充协议的，应按照合同有关条款或者交易习惯确定；仍无法确定的，则应按照订立合同时履行地的市场价格确定；依法应当执行政府定价或者政府指导价的，按照规定执行。此外，《建设工程施工合同解释（一）》第19条第2款规定："因设计变更导致建设工程的工程量或者质量标准发生变化，当事人对该部分工程价款不能协商一致的，可以参照签订建设工程施工合同时当地建设行政主管部门发布的计价方法或者计价标准结算工程价款。"据此，当施工合同中的价格条款不明确，且发承包双方无法通过订立补充协议予以确定的，应参照签订合同时的定额价或市场价确定工程价款，而非将行政审计结论作为确定工程价款的依据。但需要注意的是，因建设工程施工合同履行周期较长，人工、材料价格发生波动在所难免。在参照签订合同时的定额价或市场价确定工程价款时，可以参照《建设工程施工合同（示范文本）》（GF-2017-0201）

① 该条规定："合同生效后，当事人就质量、价款或者报酬、履行地点等内容没有约定或者约定不明确的，可以协议补充；不能达成补充协议的，按照合同相关条款或者交易习惯确定。"

② 该条规定："当事人就有关合同内容约定不明确，依据前条规定仍不能确定的，适用下列规定：（一）质量要求不明确的，按照强制性国家标准履行；没有强制性国家标准的，按照推荐性国家标准履行；没有推荐性国家标准的，按照行业标准履行；没有国家标准、行业标准的，按照通常标准或者符合合同目的的特定标准履行。（二）价款或者报酬不明确的，按照订立合同时履行地的市场价格履行；依法应当执行政府定价或者政府指导价的，依照规定履行。（三）履行地点不明确，给付货币的，在接受货币一方所在地履行；交付不动产的，在不动产所在地履行；其他标的，在履行义务一方所在地履行。（四）履行期限不明确的，债务人可以随时履行，债权人也可以随时请求履行，但是应当给对方必要的准备时间。（五）履行方式不明确的，按照有利于实现合同目的的方式履行。（六）履行费用的负担不明确的，由履行义务一方负担；因债权人原因增加的履行费用，由债权人负担。"

中的价格调整条款，将履行期间的价格偏差在发承包双方之间进行合理分配。①

典型案例 178

## 太平洋建设集团有限公司与淮南市重点工程建设管理局建设工程施工合同纠纷案②

### 基本案情

2011 年 4 月 7 日，经招投标，淮南市重点工程建设管理局（以下简称淮南市重点局）与太平洋建设集团有限公司（以下简称太平洋公司）签订《建设工程施工合同》，约定太平洋公司承建京福高铁淮南东站站前广场及公园建设工程。2011 年 5 月 18 日，案涉工程正式开工。2012 年 10 月 16 日，主体工程完工并投入使用。2014 年 8 月 29 日，淮南市审计局针对案涉工程施工图纸范围内工程作出《京福高铁淮南东站站前广场项目竣工决算的审计报告》（以下简称《审计报告》）。《审计报告》所附汇总表载明，审定金额为 421, 674, 176. 30 元。后太平洋公司诉至法院，要求淮南市重点局支付工程款、赔偿停窝工损失等。在一审中，淮南市重点局申请对案涉图纸范围内工程造价进行鉴定，太平洋公司申请对变更签证工程、钢材调差款及窝工、停工损失进行鉴定。经国华公司鉴定，已完图纸工程造价为 397, 087, 466 元、图纸外工程造价为 84, 948, 923 元，停工损失为 3, 958, 296 元。

### 法院观点

一审法院（安徽省高级人民法院）认定，对于停工损失 3, 958, 296 元，淮南市重点局应予赔偿，案涉工程造价为 482, 036, 389 元（397, 087, 466 元+84, 948, 923 元），淮南市重点局已付工程款为 339, 782, 398 元，欠付 163, 914, 271. 07 元。据此判决，淮南市重点局向太平洋公司支付工程款 163, 914, 271. 07 元、停工损失 3, 958, 296 元。太平洋公司在上诉时称，淮南市重点局的审计汇总表对双方具有约

---

① 参见曹文衔、宿辉、曲笑飞：《民法典建设工程合同章条文释解与司法适用》，法律出版社 2021 年版，第 332、333 页。

② 典型案例 178：太平洋建设集团有限公司与淮南市重点工程建设管理局建设工程施工合同纠纷案，最高人民法院（2019）最高法民终 1588 号民事判决书。

束力，应按该审计汇总表所确定的421,674,176.30元作为案涉工程图纸范围内工程造价数额的定案依据。最高人民法院在二审中认为，审计是国家对建设单位的一种行政监督，以审计机关作出的审计报告作为工程价款结算依据，应当以双方合同有明确约定为前提。本案中，《建设工程施工合同》并未明确约定以审计报告作为工程价款结算依据。因此太平洋公司主张以《审计报告》审计的421,674,167.30元作为案涉工程施工图纸范围内的造价，依据不足，不予支持。

## 裁判规则179

**财政投资评审属于预算管理范畴的行政行为。对财政投资评审结论，可以准用行政审计的相关规则。**

财政部《财政投资评审管理规定》（财建〔2009〕648号）第2条第1款规定："财政投资评审是财政职能的重要组成部分，财政部门通过对财政性资金投资项目预（概）算和竣工决（结）算进行评价与审查，对财政性资金投资项目资金使用情况，以及其他财政专项资金使用情况进行专项核查及追踪问效，是财政资金规范、安全、有效运行的基本保证。"当前，财政投资评审的法律依据主要是《财政投资评审管理规定》《基本建设项目竣工财务决算管理暂行办法》等。

财政投资评审与行政审计都是对经济活动的监督，两者的作用都是维护国家财政经济秩序、提高财政资金使用效益、促进廉政建设、保障国民经济和社会健康发展。二者的区别在于：财政投资评审以《预算法》为依据，立足于预算管理，评审结论是预算编制、执行和决算的依据；行政审计以《审计法》为依据，立足于审计监督，审计机关在法定职权范围内作出的审计决定，被审计单位应当执行。①此外，财政投资评审也属于行政审计监督的对象，② 需接受行政审计的再监督。

2008年5月16日，针对福建省高级人民法院的请示，《最高人民法院关于人民法院在审理建设工程施工合同纠纷案件中如何认定财政评审中心出具的审核结论问题的答复》（〔2008〕民一他字第4号）指出："财政部门对财政投资的评定审核是国家对建设单位基本建设资金的监督管理，不影响建设单位与承建单位的合同效

① 《审计法》第51条第1款。

② 参见李和森：《财政投资评审的重新定位》，载《山东社会科学》2009年第4期。

力及履行。但是，建设合同中明确约定以财政投资审核结论作为结算依据的，审核结论应当作为结算的依据。”《全国民事审判工作会议纪要》（法办〔2011〕442号）第四部分“关于建设工程合同纠纷案件”第1条“关于工程价款结算问题”第4款规定：“依法有效的建设工程施工合同，双方当事人均应依约履行。除合同另有约定，当事人请求以审计机关作出的审计报告、财政评审机构作出的评审结论作为工程价款结算依据的，一般不予支持。”据此，对财政投资评审结论，可以准用前述行政审计的相关裁判规则。《重庆市高级人民法院、四川省高级人民法院关于审理建设工程施工合同纠纷案件若干问题的解答》（渝高法〔2022〕156号）即将二者并作同一规定。① 除下述【典型案例179】外，还可参见“市政中心与安佳舜公司建设工程施工合同纠纷案”②。

**典型案例179**

## 福建省九龙建设集团有限公司与闽侯县人民政府甘蔗街道办事处建设工程施工合同纠纷案③

### 基本案情

因闽侯县旧城改造安置房工程7标段建设工程项目需要，闽侯县人民政府甘蔗街道办事处（以下简称甘蔗街道办）于2011年5月20日发出《福建省房屋建筑和市政基础设施工程招标文件》，其中关于合同价款约定“本工程为固定总价合同（桩基部分为固定单价合同）”。福建省九龙建设集团有限公司（以下简称九龙建设公司）中标后，于2012年1月6日与甘蔗街道办签订《建设工程施工合同》，约定合同价款为181,750,378元，合同价款采用固定总价合同（桩基部分为按实际计

① 《重庆市高级人民法院、四川省高级人民法院关于审理建设工程施工合同纠纷案件若干问题的解答》（渝高法〔2022〕156号）第5条第1款规定：“建设工程施工合同未约定工程造价以审计单位的审计意见或者财政评审机构作出的评审结论为准，当事人请求以审计单位作出的审计意见、财政评审机构作出的评审结论作为确定工程造价依据的，人民法院不予支持。”

② 参考案例161：市政中心与安佳舜公司建设工程施工合同纠纷案，福建省高级人民法院发布建设工程施工合同纠纷十大典型案例之九，【法宝引证码】CLI. C. 431445928。

③ 典型案例179：福建省九龙建设集团有限公司与闽侯县人民政府甘蔗街道办事处建设工程施工合同纠纷案，福建省高级人民法院（2020）闽民再332号民事判决书。

算）方式确定。2012年1月3日，九龙建设公司开工。2014年4月28日，案涉工程通过竣工验收。2015年1月24日，闽侯县政府投资项目审计服务中心对本案工程结算进行审核，并作出《项目审核说明》，载明审核结论为181,598,088元。后九龙建设公司诉至法院，要求甘蔗街道办支付工程款。甘蔗街道办辩称，应按审计服务中心对本案最终审计确定工程价款。

## 法院观点

福建省高级人民法院认为，案涉《福建省房屋建筑和市政基础设施工程招标文件》系甘蔗街道办将讼争工程以招投标方式向施工方发出的邀约，九龙建设公司与甘蔗街道办签订的《建设工程施工合同》则是中标后双方达成的合意，合法有效，双方均应按约履行。根据《最高人民法院关于人民法院在审理建设工程施工合同纠纷案件中如何认定财政评审中心出具的审核结论问题的答复》的规定，财政部门对财政投资的评定审核是国家对建设单位基本建设资金的监督管理，不影响建设单位与承建单位订立的合同的效力及履行。但是建设合同中明确约定以财政投资的审核结论作为结算依据的，审核结论应当作为结算依据。本案讼争工程虽经闽侯县政府投资项目审计服务中心结算审核，但案涉招标文件专用合同条款第17.3.3项约定的“有权机关”并未明确指向闽侯县政府投资项目审计服务中心，甘蔗街道办根据该条约定主张应依照闽侯县政府投资项目审计服务中心的审核结论作为本案桩基工程部分的依据，不能成立。案涉工程的桩基部分，根据合同约定应按实际计算的方式确定工程款。

**裁判规则180**

**发承包双方就工程价款结算合意选择社会审计的，除双方明确表示受审计结论约束以外，该审计结论只能作为供参考的咨询意见，不能作为结算工程价款的依据。**

既往的司法实践普遍认为，“双方当事人在诉前共同委托建设工程造价中介机构作出了咨询意见，经质证后，人民法院认为该咨询意见客观、真实、鉴定程序合法的，应当予以采信。一方当事人在诉讼中请求进行司法鉴定的，人民法院一般不予准许"①。其理由在于，当事人同意将有争议的问题交给第三方，该行为本身表明当事人愿意接受咨询意见的拘束，否则共同委托咨询将毫无意义。②《四川省高级人民法院关于审理涉及招投标建设工程合同纠纷案件的有关问题的意见》(2010年6月22日) 第5条规定："合同中约定了以第三方审价或者审计确定的造价作为付款依据的，人民法院在诉讼中应当促使双方当事人履行合同，委托第三方对工程款结算的情况进行审价或审计，并以第三方确定的造价作为判决支付工程款的依据。"最高人民法院在"中国建筑第八工程局与山东世界贸易中心建设工程施工合同纠纷案"③ 中也持这一观点。

但是，《2018年建工解释》第13条规定："当事人在诉讼前共同委托有关机构、人员对建设工程造价出具咨询意见，诉讼中一方当事人不认可该咨询意见申请鉴定的，人民法院应予准许，但双方当事人明确表示受该咨询意见约束的除外。"《建设工程施工合同解释（一）》第30条沿袭了这一规定。据此，即便发承包双方合意由国家审计机关以外的第三方工程造价咨询机构确定工程造价，除非双方明确表示受审计结论约束，否则该审计结论只能作为供参考的咨询意见，不能作为结算工程价款的依据。其理由在于，《建设工程价款结算暂行办法》(财建〔2004〕369号) 第18条规定，"工程造价咨询机构接受发包人或承包人委托，编审工程竣工结算，应按合同约定和实际履约事项认真办理，出具的竣工结算报告经发、承包双方签字后生效。当事人一方对报告有异议的，可对工程结算中有异议部分，向有关部门申请咨询后协商处理，若不能达成一致的，双方可按合同约定的争议或纠纷解决程序办理"。据此，无论是单方委托还是双方协商委托专业机构就结算工程造价出具的咨询意见，都只是帮助当事人作出决策的专业咨询意见，该意见通常只是帮助当事人就专门性问题进行判断的参考，如果一方当事人向法院主张按第三方审计意见确定工程造价，对方当事人不认可的，该意见只能作为提交咨询意见一方当

① 《重庆市高级人民法院关于建设工程造价鉴定若干问题的解答》(渝高法〔2016〕260号) 第8条第1款前段。

② 参见肖峰、严慧勇、徐宽宝：《〈关于审理建设工程施工合同纠纷案件适用法律问题的解释（二）〉解读与探索》，载《法律适用》2019年第7期。

③ 典型案例185：中国建筑第八工程局与山东世界贸易中心建设工程施工合同纠纷案，最高人民法院（2003）民一终字第77号民事判决书。

事人的陈述。[①] 质言之，“共同委托不等于共同接受”，发承包双方就工程价款结算合意选择社会审计，“双方当事人只是就共同委托有关机构、人员出具咨询意见这一事项本身达成了一致，但并不等于双方当事人订约时已经同意接受将来的工作成果——咨询意见的约束”[②]。因此，该审计结论只能作为供参考的咨询意见。当然，如果在共同委托社会审计时，“双方当事人明确表示受该咨询意见约束”，基于该意思表示的约束力，该审计结论应当作为结算工程价款的依据。就此，可参考“正太集团有限公司与陕西延长石油房地产开发有限公司建设工程施工合同纠纷案”[③]。

还需指出：第一，《建设工程施工合同解释（一）》第30条的表述是“在诉讼前”共同委托，但基于相同的理由，无论是当事人在诉讼前抑或诉讼中委托工程造价咨询机构等有关机构或者人员出具造价咨询意见，都属于《建设工程施工合同解释（一）》第30条的规范对象。[④] 第二，如果合同约定对工程价款委托社会审计，但未约定具体审计机构的，应由当事人共同选定审计机构。实践中，一方当事人单方委托社会审计机构，另一方明确表示同意、配合社会审计机构提供审核所需相关资料、在审核报告上签署意见的，均可以认定为“共同委托”。《重庆市高级人民法院、四川省高级人民法院关于审理建设工程施工合同纠纷案件若干问题的解答》（渝高法〔2022〕156号）第7条第1款规定：“建设工程施工合同约定工程造价以第三方的咨询意见为准，但未约定具体单位的，双方当事人共同委托第三方对结算资料进行审核，并明确表示受咨询意见约束的，可依据咨询意见确定工程造价。”第三，由于社会审计结论只是作为供参考的咨询意见，故“当事人只需表示不接受该咨询意见即可，不需要当事人另行举证证明该咨询意见存在瑕疵”[⑤]。

---

① 参见谢勇：《建设工程施工合同案件裁判规则解析》，中国法制出版社2020年版，第209、210、214、215页。

② 最高人民法院民事审判第一庭编著：《最高人民法院新建设工程施工合同司法解释（一）理解与适用》，人民法院出版社2021年版，第307页。

③ 参考案例162：正太集团有限公司与陕西延长石油房地产开发有限公司建设工程施工合同纠纷案，陕西省高级人民法院（2020）陕民终88号民事判决书。

④ 参见最高人民法院民事审判第一庭编著：《最高人民法院新建设工程施工合同司法解释（一）理解与适用》，人民法院出版社2021年版，第305页。

⑤ 最高人民法院民事审判第一庭编著：《最高人民法院新建设工程施工合同司法解释（一）理解与适用》，人民法院出版社2021年版，第312页。

第四，既然社会审计的选择系基于当事人合意，那么在达成社会审计的合意之后，如果要解除对审计机构的委托，或者不再进行社会审计的，也需要发承包双方达成合意。

**典型案例 180**

## 河南宏弘建筑工程有限公司与河南澳鸿置业有限公司等建设工程施工合同纠纷案①

### 基本案情

案涉工程（原阳聚龙社区）有三个施工单位，即河南宏弘建筑工程有限公司（以下简称宏弘公司）、华风公司、华通公司。2015 年 4 月 27 日，华风公司、华通公司与河南澳鸿置业有限公司（以下简称澳鸿公司）签署三方协议，确认华风公司、华通公司已完工程价款分别约为 1480 万元、500 万元。2016 年 1 月，宏弘公司停工。2017 年 12 月 28 日，宏弘公司与澳鸿公司签订解除协议，且双方共同委托中阳公司就案涉工程价款出具咨询意见。后宏弘公司诉至法院，要求澳鸿公司支付工程款。在诉讼中，根据澳鸿公司的申请，法院委托众惠公司对已完工程造价进行鉴定，进而根据“已完工程造价-1480 万元-500 万元”确定了宏弘公司的应得工程款。宏弘公司向最高人民法院申请再审，称双方已经共同委托中阳公司对案涉工程进行造价鉴定，故应以该公司出具的鉴定意见为准。

### 法院观点

最高人民法院认为，《2018 年建工解释》第 13 条规定：“当事人在诉讼前共同委托有关机构、人员对建设工程造价出具咨询意见，诉讼中一方当事人不认可该咨询意见申请鉴定的，人民法院应予准许，但双方当事人明确表示受该咨询意见约束的除外。”原审法院查明，在本案诉讼之前，宏弘公司与澳鸿公司虽然共同委托中阳公司就案涉工程价款出具咨询意见，但宏弘公司与澳鸿公司均未明确表示受该咨

① 典型案例 180：河南宏弘建筑工程有限公司与河南澳鸿置业有限公司等建设工程施工合同纠纷案，最高人民法院（2021）最高法民申 6154 号民事裁定书。

询意见约束，一审庭审中双方亦均不认可该咨询意见。新乡县人民法院准许澳鸿公司提出的鉴定申请，不违反法律规定。宏弘公司以不同鉴定意见之间存在较大差距为由，主张原审法院采信众惠公司鉴定意见认定工程造价不妥，缺乏相应的事实和法律依据。

## 裁判规则181

**按照社会审计结论确定工程价款的，发承包双方受社会审计意见约束的意思表示必须明确具体，不能进行解释推定。**

如前所述，发承包双方就工程价款结算合意选择社会审计，如果双方明确表示受审计结论约束的，则该审计结论可以作为结算工程价款的依据。对“双方当事人明确表示受该咨询意见约束”这一要件应当如何把握？

参照前述关于行政审计结论的裁判规则可知，如按照社会审计结论确定工程价款的，发承包双方就“按照社会审计机构出具的咨询意见确定工程价款”达成的合意必须明确具体，不能进行解释推定。在“西和县文体广电和旅游局与甘肃第七建设集团股份有限公司建设工程施工合同纠纷案”[①] 中，针对发包人委托审价机构对已完工程价款核定和未完工程进行审核并作出的审核报告，法院在双方当事人及监理公司均对该审核报告予以认可、双方当事人以该审核报告为基础签订了《复工协议》、承包人按照《复工协议》进行了履行的基础上，才认可将审核报告作为结算依据。

前述【裁判规则180】提出，当事人共同选定审计机构，或者单方委托社会审计机构，但另一方表示同意、配合社会审计机构提供审核所需相关资料、在审核报告上签署意见的，均可以认定为“共同委托”。但因“共同委托不等于共同接受”，故上述情形均不能视为“明确表示受该咨询意见约束”。在共同委托的基础上，还需当事人明确表示同意以社会审计结论作为确定工程价款的依据，才能按照社会审计结论确定工程价款。《陕西省高级人民法院关于审理建设工程施工合同纠纷案件若干问题的解答》（陕高法〔2020〕113号）第4条规定：“当事人仅以在

① 参考案例163：西和县文体广电和旅游局与甘肃第七建设集团股份有限公司建设工程施工合同纠纷案，甘肃省高级人民法院（2019）甘民终128号民事判决书。

诉讼前共同与咨询机构签订工程造价咨询合同或者接收工程造价报告为由，主张将造价报告作为结算依据的，不予支持。当事人对工程造价进行结算，应当共同确认形成结算文件。”就此，除下述【典型案例 181】外，还可参见“河南宏弘建筑工程有限公司与河南澳鸿置业有限公司等建设工程施工合同纠纷案”①。

典型案例 181

## 陕西华宇实业有限公司<br>与天水锻压机床（集团）有限公司委托代建合同纠纷案②

### 基本案情

天水锻压机床（集团）有限公司（以下简称锻压机床公司）与陕西华宇实业有限公司（以下简称华宇公司）签订《合同》，约定锻压机床公司委托华宇公司建造680套住房，代建管理费按照建造成本价的一定比例计算。工程建成后，因就建造成本发生争议，双方遂共同与中维造价咨询公司签订《建设工程造价咨询合同》，委托对案涉项目建造成本进行审核。中维造价咨询公司出具甘中维造咨字（2017）137号《工程总成本审核书》后，锻压机床公司、华宇公司在该审核书所附的《工程总成本审定签署表》上予以签章。后华宇公司诉至法院，要求锻压机床公司按照《工程总成本审核书》支付相应款项。在一审中，锻压机床公司对《工程总成本审核书》不予认可，并申请对工程总成本进行鉴定。

### 法院观点

甘肃省高级人民法院（一审法院）认为，双方在诉讼前已委托第三方进行造价审定，根据《2018年建工解释》第12条的规定，对锻压机床公司的鉴定申请不予准许，并根据《工程总成本审核书》认定了案涉工程价款。但最高人民法院在二审中认为，当事人共同委托工程造价咨询机构出具的工程造价咨询意见与诉讼中

① 典型案例 180：河南宏弘建筑工程有限公司与河南澳鸿置业有限公司等建设工程施工合同纠纷案，最高人民法院（2021）最高法民申6154号民事裁定书。

② 典型案例 181：陕西华宇实业有限公司与天水锻压机床（集团）有限公司委托代建合同纠纷案，最高人民法院（2022）最高法民终747号之一民事裁定书。

委托鉴定机构出具的鉴定意见性质不同。咨询意见本质上是咨询机构作为受托人按照咨询合同约定向委托人交付的工作成果；鉴定意见是在诉讼活动中，鉴定人运用科学技术或专业知识对双方争议中涉及的专门性问题进行鉴别、判断后所出具的专业性意见。故咨询意见与鉴定意见不能互相替代，不能以有咨询意见为由，剥夺当事人申请鉴定的权利。《2018 年建工解释》第 13 条规定："当事人在诉讼前共同委托有关机构、人员对建设工程造价出具咨询意见，诉讼中一方当事人不认可该咨询意见申请鉴定的，人民法院应予准许，但双方当事人明确表示受该咨询意见约束的除外。"锻压机床公司、华宇公司作为委托人共同与中维造价咨询公司于诉前签订《建设工程造价咨询合同》，表明锻压机床公司、华宇公司就共同委托造价机构出具咨询意见的问题达成一致，但该事实并不意味着双方在订约时已同意接受将来的造价咨询意见的约束，特别是在该合同明确表述为"咨询合同"的情况下更应作出这一解释。中维造价咨询公司出具审核报告后，锻压机床公司、华宇公司虽在该报告所附《工程总成本审定签署表》上签章，但该签章实质系双方对造价机构交付的工作成果的确认，在无其他证据证明双方具有以此报告作为结算依据之合意的情况下，该签章行为不能得出双方同意以审核报告作为工程总成本结算的依据，故本案不符合解释第 13 条规定的但书情形。据此，锻压机床公司与华宇公司除共同委托造价咨询外，并未就案涉工程价款结算达成协议，锻压机床公司就工程造价进行鉴定的申请应予准许。最高人民法院据此裁定，撤销一审判决、发回重审。

## 裁判规则 182

**发承包双方约定，对工程价款进行社会审计的，基于意思自治的基本原则，社会审计无须遵循司法鉴定的程序性要求。**

在诉讼中，因工程价款难以确定的，法院会基于一方当事人的申请启动司法鉴定。司法鉴定受《全国人民代表大会常务委员会关于司法鉴定管理问题的决定》（2015 年 4 月 24 日）、《司法鉴定程序通则》（中华人民共和国司法部令第 132 号）等规范性文件的约束，有严格的程序规范，包括鉴定单位与鉴定人员必须具备相应资质，必须遵循相应的程序性要求等。但就工程价款进行社会审计，系基于当事人的约定而进行，遵循私法领域"法无禁止即可为"的原则，故社会审计无须遵循司法鉴定的程序性要求。

一是发承包双方有权委托其认为适合进行造价审计的任何主体，包括个人。有观点认为，如果咨询机构不具备工程造价资质，根据《工程造价咨询企业管理办法》(根据中华人民共和国住房和城乡建设部令第 50 号修正）第 36 条①的规定，其出具的工程造价成果文件无效，不能作为结算依据或咨询依据。在“黑龙江四海园建筑工程有限公司与哈尔滨市第五医院建设工程施工合同纠纷案”②中，承包人哈尔滨市第五医院即持这一观点。事实上，在私法领域，基于当事人意思自治的原则，“当事人委托的专业机构或者专业人员不需要具备相应的资质，只要当事人相信其专业能力即可”③，即使该主体事实上不具备造价审计方面的专业知识，或者缺乏相应的专业人员，均无不可。

二是司法鉴定要求鉴定人员必须具备相应专业技术职称、必须出庭接受当事人质询、鉴定报告的签名盖章必须规范等。基于当事人意思自治而启动社会审计，则无须遵循这些严格的程序性要求。在“连云港市远通房地产开发有限公司与江苏南通二建集团有限公司建设工程施工合同纠纷案”④中，最高人民法院即提出，“德晖公司对案涉工程造价进行审核并出具审计报告，系基于远通公司与南通二建的共同委托，并非一审法院委托，不属于司法鉴定，故远通公司关于德晖公司出具审计报告未进行现场勘验，违反司法鉴定程序规范的上诉理由，不能成立”。

---

① 该条规定：“未取得工程造价咨询企业资质从事工程造价咨询活动或者超越资质等级承接工程造价咨询业务的，出具的工程造价成果文件无效，由县级以上地方人民政府住房城乡建设主管部门或者有关专业部门给予警告，责令限期改正，并处以 1 万元以上 3 万元以下的罚款。”

② 参考案例 164：黑龙江四海园建筑工程有限公司与哈尔滨市第五医院建设工程施工合同纠纷案，最高人民法院（2015）民一终字第 94 号民事判决书。但最高人民法院认为，共赢公司虽然超越有关行政规章限定的乙级资质承揽工程的业务范围，但由于该公司出具的《审核报告》源于哈尔滨市第五医院自行委托且又经过该院和黑龙江四海园建筑工程有限公司共同签章确认，应当视为双方当事人对工程款的结算价格已经协商一致，应当将该报告中的核定金额作为工程款结算的依据。

③ 谢勇：《建设工程施工合同案件裁判规则解析》，中国法制出版社 2020 年版，第 211 页。

④ 参考案例 165：连云港市远通房地产开发有限公司与江苏南通二建集团有限公司建设工程施工合同纠纷案，最高人民法院（2017）最高法民终 20 号民事判决书。

**典型案例182**

## 普定县鑫臻房地产开发有限责任公司与黑龙江省建工集团有限责任公司、普定县鑫臻酒店有限公司建设工程合同纠纷案①

### 基本案情

2011年10月20日，普定县鑫臻房地产开发有限责任公司（以下简称鑫臻房开公司）与黑龙江省建工集团有限责任公司（以下简称黑龙江建工集团）签订《建筑工程承包合同》，约定由黑龙江建工集团承建鑫臻房开公司开发的"鑫臻酒店·鑫臻苑"项目。在施工过程中，双方发生争议，在当地政府主持下，双方于2013年12月24日达成《纠纷处理协议》，约定针对双方存在分歧的工程造价问题，由普定县住建局牵头，请县审计部门寻找至少三家有相应资质的单位，以抽签的方式确定一家作为审计单位后，立即组织对"鑫臻苑"住宅项目的工程造价进行审计，并以审计结果作为工程结算的法定依据。在签订协议后，双方共同委托三力公司对项目的工程量和工程造价进行审计。三力公司出具的《修正结算报告》确定工程造价为76,723,698.08元。鑫臻房开公司在诉讼中提出，三力公司出具《修正结算报告》的行为存在若干程序性瑕疵，审计结论不具有法律效力，不能作为认定案件事实的依据。

### 法院观点

（1）针对鑫臻房开公司主张的结算编制与审核均由三力公司完成，不符合中国建设工程造价管理协会标准规定的问题，最高人民法院认为，中国建设工程造价管理协会制定的《建设项目工程结算编审规程》，不属于强制性法律规范，是否违反该规程，不能作为认定《修正结算报告》是否可以作为结算依据的法律依据。而且根据该规程第1.0.5项的规定，"工程造价咨询单位和专业人员不得接受同一

① 典型案例182：普定县鑫臻房地产开发有限责任公司与黑龙江省建工集团有限责任公司、普定县鑫臻酒店有限公司建设工程合同纠纷案，最高人民法院（2016）民终字第106号民事判决书。

项目工程结算编制与结算审查的委托”，此系为了确保工程结算编制与结算审查的相对独立性。本案不存在三力公司进行案涉工程结算编制的同时或嗣后又进行该工程结算审查的情形，三力公司系受双方当事人共同委托，就案涉工程结算价款出具《修正结算报告》，以作为双方结算依据，不属于上述编审规程所禁止的情形。(2) 就鑫臻房开公司主张《修正结算报告》上没有编制人、复核人签字的问题，最高人民法院认为，根据《工程造价咨询企业管理办法》第22条的规定，工程造价咨询企业从事工程造价咨询业务，应当按照有关规定的要求出具工程造价成果文件。工程造价成果文件应当由工程造价咨询企业加盖有企业名称、资质等级及证书编号的执业印章，并由执行咨询业务的注册造价工程师签字、加盖执业印章。因此，《修正结算报告》在签章上确实存在一定瑕疵，但并不能因此直接得出否定其作为证据的证明力的结论。仅因上述签字盖章瑕疵，不足以推翻《修正结算报告》的结论，不能因此全面否定该报告的内容。(3) 虽然在结算初步成果作出后，鑫臻房开公司提出的异议未经全部核对，但在本案一审过程中，一审法院通知三力公司到庭，并向鑫臻房开公司释明，可以将其针对《修正结算报告》的异议提出，由三力公司接受质询并进行补充修正，但鑫臻房开公司明确表示不认可该报告、不愿意逐项核对、拒绝对该结算报告进行补充修正。据此，最高人民法院认定，一审法院将《修正结算报告》作为双方结算依据并无不当。

## 裁判规则183

**发承包双方虽明确表示受社会审计意见的约束，但有证据证明社会审计结论确有错误的，应当否定社会审计结论，由发承包双方另行结算或进行司法鉴定。**

发承包双方虽明确表示受社会审计意见的约束，但该意思表示显然是建立在社会审计结论公允、合理的基础之上。如果有证据证明社会审计结论确有错误的，参照前述【裁判规则172】，理应否定社会审计结论，由发承包双方另行结算或通过司法鉴定确定工程价款。

在实践中，还存在“名为社会审计实为行政审计”的情形。《保障中小企业款项支付条例》第11条规定，机关、事业单位和国有大型企业不得强制要求以审计机关的审计结果作为结算依据。发包人为规避上述规定，在招标文件中要求“工程结算价款由发包方委托社会机构审价”，实际上是交由审计机关通过公开采购的方式委托社会机构进行核算，并最终由审计机关予以确认，从而达到以社会审计的名义实施行政审计的目的。事实上，无论是社会审计还是行政审计，其实质都是由第三方按照发承包双方约定的计价标准确定工程价款。因此，对二者应当坚持相同的裁判规则：发承包双方必须有明确的接受第三方审计结论的意思表示；有证据证明第三方审计结论确有错误的，应当予以推翻，进而另行结算。

**典型案例 183**

## 高笔荣与福建闽江源旅游集团有限公司等建设工程施工合同纠纷案[①]

### 基本案情

2011 年 7 月 10 日，福建闽江源旅游集团有限公司（以下简称闽江源旅游公司）与先洋公司签订《生态监测中心工程施工合同》，约定先洋公司以 2,072,877 元的合同总价承建“建宁县自然保护区生态监测中心”工程项目。同年 8 月 15 日，先洋公司与高笔荣签订《施工承包协议书》，将案涉工程以 207 万元转包给高笔荣。2012 年 12 月 30 日，案涉工程办理了竣工验收手续。2019 年 1 月 3 日，高笔荣诉至法院，要求闽江源旅游公司给付工程款。3 月 4 日，高笔荣与闽江源旅游公司协商确定，案涉建设工程造价由明审公司进行结算审核。2020 年 6 月 1 日，明审公司于作出初步审核意见：对 1—5 号楼原工程包干价核减 220,167 元；对二次搬运费用因施工方不能提供相关有效证明资料暂时无法审核，遂对二次搬运费用予以核减。对此，闽江源旅游公司没有异议。高笔荣对 1—5 号楼原工程包干价核减中的劳保费及核减二次搬运费用提出异议，并申请司法鉴定。

### 法院观点

一审法院（建宁县人民法院）认为，明审公司系根据诉争建设工程送审资料

① 典型案例 183：高笔荣与福建闽江源旅游集团有限公司等建设工程施工合同纠纷案，福建省三明市中级人民法院（2022）闽 04 民终 756 号民事判决书。

及相关计价文件对送审价为3,885,571元的案涉工程造价进行审核，审定案涉工程造价金额为2,647,779元。明审公司作为专业的造价审核机构，按照工程的实际情况，出具了初步的审核意见，且闽江源旅游公司也同意评审公司审定的结论，该审核意见具有一定的法律效力，可作为本案的参考。但在二审中，三明市中级人民法院认为，涉案工程价款在一审诉讼中经高笔荣同意由闽江源旅游公司委托明审公司进行结算审核，闽江源旅游公司认可明审公司出具的《工程审核书》，高笔荣对该《工程审核书》中核减的工程造价220,167元和二次搬运费用808,575元有异议。经审查，《工程审核书》的审核造价包含了涉案工程1—5号楼的包干价和签证工程价款等约定的相关附属工程造价并分别进行了核减。《工程审核书》对包干价的核减系对建设工程固定合同总价的变更，缺乏事实和法律依据，案涉工程1—5号楼的包干价应参照《生态监测中心工程施工合同》约定的固定合同总价2,072,877元确定。

## 裁判规则184

**发承包双方就工程价款结算合意选择社会审计，无论双方是否明确表示受社会审计结论的约束，审计结论作出后，均应由否认社会审计结论的一方承担申请鉴定的责任。**

站在证明责任分配的角度，承包人起诉要求支付工程款，如工程价款未结算的，应由承包人承担工程价款具体金额的证明责任，如果需要通过司法鉴定确认的，则应由承包人申请鉴定（并预交鉴定费）。但如果案涉工程已经有社会审计结论的，则证明责任的分配——应当由谁申请鉴定——有所不同。

对社会审计结论不服，包括约定受约束的社会审计结论与未约定受约束的社会审计结论。如果发承包双方就工程价款结算合意选择社会审计，且明确表示受社会审计意见约束的，在此情形下，除非否认社会审计结论的一方证明社会审计结论确有错误，否则即应采信社会审计结论。因此，应由否认社会审计结论的一方承担申请鉴定——证明社会审计结论确有错误——的责任。如果发承包双方就工程价款结算合意选择社会审计，但并未明确表示受社会审计意见约束的，否认社会审计结论的一方只需表示不接受该咨询意见即可，无须举证证明该咨询意见存在错误。但是，社会审计机构由双方共同选择，社会审计结论是受双方共同委托而作出，其对确认工程价款具有参考意义。因此，在审计结论作出后，应当认为接受审计结论一方已经完成了工程价款的证明责任，故应由否认社会审计结论的一方承担否定社会审计结论的证明责任，即应由否认社会审计结论的一方承担申请鉴定的责任。在下述【典型案例184】中，发包人否定社会审计结论，但未申请鉴定，法院即判决由其承担举证不能的不利后果——以社会审计结论作为结算依据。

**典型案例184**

## 海南震东实业有限公司与海南和贵投资有限公司等建设工程施工合同纠纷案①

### 基本案情

2010年3月25日，海南和贵投资有限公司（以下简称和贵公司）与长沙建工签订《建设工程施工合同》，约定长沙建工承建和贵花园工程。合同签订后，因长沙建工无法垫资施工，经长沙建工同意，和贵公司于2010年4月13日将上述工程发包给海南震东实业有限公司（以下简称震东公司）垫资施工。在施工过程中，震东公司大都以长沙建工的名义出现，长沙建工也派员与和贵公司进行洽商，和贵公司支付的工程进度款，均汇入长沙建工账户，后由长沙建工再转付给震东公司。2014年10月31日，和贵花园工程竣工验收完毕。2014年9月29日，和贵公司与长沙建工共同委托华诚博远公司对工程造价进行审核。2016年8月11日，华诚博远公司出具《和贵花园（一期）工程工程结算书》，确认案涉工程的总造价为65,614,847.35元。震东公司与长沙建工均予以确认，但和贵公司未在该结算书上签字盖章。后震东公司按照《和贵花园（一期）工程工程结算书》起诉要求支付工程。和贵公司辩称，该造价审核并非司法委托，而是双方当事人自行委托，不能作为确认工程价款的依据。

### 法院观点

一审法院按照《和贵花园（一期）工程工程结算书》确认工程价款后，和贵

① 典型案例184：海南震东实业有限公司与海南和贵投资有限公司等建设工程施工合同纠纷案，海南省第一中级人民法院（2019）琼96民终782号民事判决书。

公司提起上诉。海南省第一中级人民法院认为，《2018 年建工解释》第 13 条①规定："当事人在诉讼前共同委托有关机构、人员对建设工程造价出具咨询意见，诉讼中一方当事人不认可该咨询意见申请鉴定的，人民法院应予准许，但双方当事人明确表示受该咨询意见约束的除外。"震东公司在一审中提交的结算书，是诉讼前和贵公司与长沙建工共同委托第三方进行造价审核确定的造价数额，尽管和贵公司并未在该结算书上盖章或签字确认、不予认可该造价审核意见，但和贵公司在一审中并未申请对造价进行重新鉴定。故一审法院以该造价结算书作为认定震东公司对案涉工程承包施工的实际造价并无不当。

## 裁判规则 185

**发包人单方委托第三人实施的审计，属于发包人进行的内部审核。发包人对该审计结论未对外确认的，不能作为发包人对工程造价的结算意见。但发包人授权第三人与承包人结算的除外。**

收到承包人报送的结算报告后，发包人交由自身内设机构审核的，属于发包人的内部审计程序，该审计结论不具有对外效力，承包人不得据此主张工程价款。有疑义的是，发包人单方委托第三方出具的工程造价意见，是否可以视为发包人对工程造价的结算意见？

发包人单方委托第三方出具的工程造价意见，该"咨询意见本质上是作为受托人的咨询机构按约定向作为委托人的当事人交付的工作成果"②。第三方受发包人委托、对发包人负责，其作出的工程造价意见，仅是供发包人参考、决策的咨询意见。因此，发包人委托第三方出具工程造价意见，属于发包人内部审核流程的一个环节，该意见不具有对外效力。该意见在发包人以自己名义对外发布之前，不代表发包人的结算意见。但是，如果发包人委托第三方代表自己与承包人进行结算的，就应当适用代理规则，根据《民法典》第 162 条③的规定，第三方作出的结算

---

① 现《建设工程施工合同解释（一）》第 30 条。

② 最高人民法院民事审判第一庭编著：《最高人民法院新建设工程施工合同司法解释（一）理解与适用》，人民法院出版社 2021 年版，第 302 页。

③ 该条规定："代理人在代理权限内，以被代理人名义实施的民事法律行为，对被代理人发生效力。"

意见对发包人具有约束力。下述【典型案例185】即为适例。

**典型案例 185**

## 中国建筑第八工程局与山东世界贸易中心建设工程施工合同纠纷案①

### 基本案情

1993年2月22日，中国建筑第八工程局（以下简称中建八局）与山东世界贸易中心（以下简称世贸中心）签订《建设工程施工合同》，约定中建八局承建世贸中心大厦工程。2000年12月，主楼工程和东部裙房工程进行了综合验收。1996年4月25日，世贸中心与山东商业建设总公司（双方均为山东省商业集团下属的法人单位）签订《关于〈山东世界贸易中心一期工程〉预、决算审核工作的协议》，约定双方共同组成世贸中心一期工程预决算审核小组，对施工单位编报的工程预决算进行复核，与施工单位面对面核对，直至双方达成一致。2001年2月6日，世贸中心与山东省商业集团建设监理中心签订《工程结算审核协议》，约定世贸中心委托监理中心对中建八局编报的工程价值进行审核。监理中心编制《工程审核结算书》并加盖了印章后，交中建八局，中建八局在《工程审核结算书》上盖章对审定金额予以确认。后中建八局按《工程审核结算书》起诉要求世贸中心支付工程款。世贸中心辩称：监理中心的审核只针对集团内部，属于内部审核，不具有对外效力；案涉工程款的数额应当委托社会审计或司法鉴定机构予以确定。

### 法院观点

最高人民法院经审理认为，从《关于〈山东世界贸易中心一期工程〉预、决算审核工作的协议》与《工程结算审核协议》的约定与履行来看，监理中心实际上承继了世贸中心委托山东商业建设总公司进行的工程款审核工作。监理中心按照世贸中心的委托及授权，协助世贸中心审核中建八局提交的工程决算书，其并非作

---

① 典型案例185：中国建筑第八工程局与山东世界贸易中心建设工程施工合同纠纷案，最高人民法院（2003）民一终字第77号民事判决书。

为专业鉴定单位独立进行工程款结算的审计工作。监理中心按照世贸中心的委托，将双方的审核结果形成《工程审核决算书》，并提交中建八局，中建八局在《工程审核决算书》上签字认可，《工程审核决算书》即对世贸中心与中建八局产生法律约束力。监理中心出具的《工程审核决算书》具有作为本案认定工程款证据的法律效力，世贸中心主张本案应委托社会审计机构或由二审法院委托专业中介机构进行审计的申请，理由不成立，人民法院不予准许。

## 5.3 建设工程造价的拟制结算

实践中，承包人提交竣工结算报告后，发包人迟迟不予审核的情形并不鲜见。发包人拖延审核导致工程价款无法确定，承包人也就无法主张工程款。为避免发包人恶意拖延结算，《建设工程施工合同解释（一）》第21条规定："当事人约定，发包人收到竣工结算文件后，在约定期限内不予答复，视为认可竣工结算文件的，按照约定处理。承包人请求按照竣工结算文件结算工程价款的，人民法院应予支持。"此即通常所谓的"逾期答复视为认可规则"，又称为"拟制结算规则""默示结算规则"。该条款源于FIDIC示范文本，其目的在于敦促发包人及时履行结算审核义务。因该条的法律后果较为严重——直接按照承包人报送的竣工结算文件结算工程价款，实务界普遍主张，在适用时应坚持严格、审慎的原则。[①]

**裁判规则186**

**逾期答复视为认可规则的理论基础是沉默推定。根据沉默推定的要求，只有建设工程施工合同明确约定了"逾期答复视为认可"这一法律后果，才能适用逾期答复视为认可规则。**

对承包人报送的结算报告，发包人未作答复，也就意味着发包人保持沉默。《民法典》第140条第2款规定："沉默只有在有法律规定、当事人约定或者符合当事人之间的交易习惯时，才可以视为意思表示。"也就是说，对发包人的沉默，只有在发承包双方有专门约定的情况下，才可以推定其作出了同意的意思表

① 参见李玉生主编：《建设工程施工合同案件审理指南》，人民法院出版社2019年版，第128页。

示。因此，《建设工程施工合同解释（一）》第21条规定的“逾期答复视为认可”，以“当事人约定”为前提。对这一前提，在理解上应把握如下三个要素：

第一，“逾期答复视为认可”必须由双方共同约定。如承包人在合同没有约定的情况下单方发函称，发包人收到竣工结算文件后在一定期限内不予答复将视为认可竣工结算文件的，不能适用逾期答复视为认可规则。在“精细建筑公司诉大发房地产公司建设工程施工合同纠纷案”① 中，承包人精细建筑公司向大发房地产公司（以下简称大发公司）发出紧急催款函，称“自收到本函之日起28天内，就我司报送的工程竣工结算文件向我司出具书面意见；如到期未出具书面意见，视为认可我司报送的结算文件内容，按报送文件结算”。大发公司签收了上述函件。法院认为，“发包人未在催款函记载的回复期间内答复承包人，意味着催款函发生法律效力”。但是，承包人的发函属于单方意思表示，发包人没有答复，虽也属于沉默，但因承包人无权单方为发包人设定义务，故缺乏沉默推定的合同依据。

第二，约定必须明确“逾期答复视为认可”的法律后果——“在约定期限内不予答复，视为认可承包人报送的竣工结算文件”。如果当事人仅约定发包人应在一定期限内答复，没有约定逾期答复视为认可的法律后果，应视为不存在《建设工程施工合同解释（一）》第21条适用的前提。福建省高级人民法院②、浙江省高级人民法院③、安徽省高级人民法院④、河北省高级人民法院⑤、北京市高级人

---

① 参考案例166：《精细建筑公司诉大发房地产公司建设工程施工合同纠纷案》，载最高人民法院民事审判第一庭编：《民事审判指导与参考》总第34集，法律出版社2008年版。

② 《福建省高级人民法院关于审理建设工程施工合同纠纷案件疑难问题的解答》（2007年11月22日）第14条中规定：“当事人约定发包人收到竣工结算文件后一定期限内应予答复，但未明确约定不答复即视为认可竣工结算文件的，若发包人未在约定的期限内答复，承包人提交的竣工结算文件不能作为工程造价的结算依据。”

③ 《浙江省高级人民法院民事审判第一庭关于审理建设工程施工合同纠纷案件若干疑难问题的解答》（浙法民一〔2012〕3号）第14条第2款规定：“建设工程施工合同虽约定发包人应在承包人提交竣工结算文件后一定期限内予以答复，但未约定逾期不答复则视为认可竣工结算文件的，承包人不能请求按照竣工结算文件确定工程价款。”

④ 《安徽省高级人民法院关于审理建设工程施工合同纠纷案件适用法律问题的指导意见》（2009年5月4日）第10条规定：“建设工程施工合同约定发包人应在承包人提交结算文件后一定期限内予以答复，但未约定逾期不答复视为认可竣工结算文件的，承包人请求按结算文件确定工程价款的，不予支持。”

⑤ 《河北省高级人民法院建设工程施工合同案件审理指南》（冀高法〔2018〕44号）第10条中规定：“当事人在合同中只约定了发包人收到竣工结算文件后，应在约定的期限内予以答复，但未明确约定逾期不答复视为认可竣工结算文件的，不能适用《最高人民法院建设工程案件司法解释》第20条的规定。”

民法院①、四川省高级人民法院②、河南省高级人民法院③均持这一立场。但自合同约定的审核期限届满之日起，应当起算工程款利息。《陕西省高级人民法院关于审理建设工程施工合同纠纷案件若干问题的解答》（陕高法〔2020〕113号）第9条第2款即规定："合同条款对发包人竣工结算审核有时间约定的，若发包人逾期未审核的，审核期满次日为工程价款利息起算时间；在专用条款对审核时间未约定或约定不明时，可适用通用条款的约定。"

第三，"逾期答复视为认可"的约定，"既可以体现在施工合同中，也可以在履约甚至结算阶段作出"④。

**典型案例 186**

## 长沙桐木建设股份有限公司与海南三正实业投资有限公司建设工程合同纠纷案⑤

### 基本案情

2006年12月5日，长沙桐木建设股份有限公司（以下简称桐木公司）与海南

① 《北京市高级人民法院关于审理建设工程施工合同纠纷案件若干疑难问题的解答》（京高法发〔2012〕245号）第14条第1款规定："建设工程施工合同约定发包人应在收到承包人提交的竣工结算文件后一定期限内予以答复，但未明确约定逾期不答复即视为认可竣工结算文件，承包人依据《解释》第二十条的规定要求按照竣工结算文件结算工程价款的，不予支持。"

② 《四川省高级人民法院关于审理建设工程施工合同纠纷案件若干疑难问题的解答》（川高法民一〔2015〕3号）第18条第1款中规定："没有明确约定逾期未答复则视为认可竣工结算文件的，承包人请求按照竣工结算文件确定工程价款的，不予支持。"

③ 《河南省高级人民法院建设工程案件审判工作座谈会纪要》（2022年9月14日）"议题三：工程价款认定的相关问题"第3款规定："工程价款结算中的默示条款，不仅包括发包人收到竣工结算文件后在约定期限内不予答复的默示行为，还必须包括默示行为的法律后果，即发包人在约定期限内逾期不结算的，视为认可竣工结算文件的明确意思表示。双方当事人没有约定默示行为后果的，即没有明确约定'视为认可承包人提交的结算文件的'，发包人逾期不予答复的仅构成违约，不能适用该解释规定。"

④ 最高人民法院民一庭：《应当按照施工合同约定内容、方式结算工程价款》，载最高人民法院民事审判第一庭编：《民事审判指导与参考》总第34集，法律出版社2008年版。

⑤ 典型案例186：长沙桐木建设股份有限公司与海南三正实业投资有限公司建设工程合同纠纷案，海南省高级人民法院（2015）琼环民终字第10号民事裁定书、最高人民法院（2016）最高法民申592号民事裁定书。

三正实业投资有限公司（以下简称三正公司）签订《执信·海天怡心园工程施工合同》，约定桐木公司承建执信·海天怡心园工程a栋、b栋、c栋工程。合同专用条款“竣工验收与结算”载明，“发包人收到竣工报告及完整的结算资料后3个月内完成结算审核工作或提出修改意见，承包人对发包人审核结果若有异议时，可由双方相关人员核对，经双方核对确认的结果才能作为支付结算款依据，逾期视同发包人认可承包人所报结算”。2009年7月20日，桐木公司将结算金额为43,658,110.40元的《建筑工程结算书》送达三正公司。2011年1月6日，桐木公司致函三正公司，要求三正公司在2011年1月20日前对《建筑工程结算书》进行确认。2011年3月11日，桐木公司诉至法院，要求三正公司按照《建筑工程结算书》支付工程款。

## 法院观点

海南省高级人民法院认为，根据合同关于竣工验收与结算的约定，案涉工程应由桐木公司出具结算报告，三正公司在收到竣工报告及完整的结算资料后的三个月内完成结算审核工作或提出修改意见，逾期视为三正公司认可桐木公司所报结算。在本案中，三正公司没有书面证据证实其在约定期限内对4365万元结算书提出修改意见并送达给桐木公司，故应视为三正公司认可桐木公司所报结算，4365万元结算书应作为支付结算款依据。最高人民法院在再审审查中也认为，根据《2004年建工解释》第20条的规定，综合三正公司对桐木公司提交的《建筑工程结算书》未作出回复的事实，再结合双方关于“发包人收到竣工报告及完整的结算资料后3个月内完成结算审核工作或提出修改意见”的合同约定，应视为三正公司已经认可桐木公司于2009年7月8日制作并于同月20日报送的《建筑工程结算书》及相关附件。

## 裁判规则187

**建设工程施工合同约定，发包人逾期答复承包人报送的结算报告则视为认可结算金额，但未明确答复期限的，不能适用逾期答复视为认可规则。**

建设工程施工合同约定，发包人逾期答复承包人报送的结算报告则视为认可结算金额，但未明确发包人答复期限的，能否适用“逾期答复视为认可”规则？

就此问题，存在两种对立的观点：一种观点认为，对发包人的答复期限必须有明确约定，否则不能适用“逾期答复视为认可”规则。《福建省高级人民法院关于审理建设工程施工合同纠纷案件疑难问题的解答》（2007 年 11 月 22 日）第 14 条后段即规定：“当事人未约定发包人的答复期限的，不应推定其答复期限。”北京市第一中级人民法院也持这一观点。[①] 另一种观点认为，建设工程施工合同约定“逾期答复视为认可”，但未约定答复期限的，可由法院确定合理的答复期限。至于该期限，有观点主张，最长不应超过 60 日。[②] 四川省高级人民法院、[③] 浙江省高级人民法院[④]持这一观点。也有观点主张，“根据《建筑工程施工发包与承包计价管理办法》第 18 条的规定，如果没有约定答复期的，则一律适用 28 天的期限”[⑤]。还有观点主张，参照《建设工程价款结算暂行办法》（财建〔2004〕369 号）的规定，应按照不同结算金额确定不同的审核期限。

逾期答复视为认可规则以发包人“逾期”答复为条件。因此，合同明确约定发包人的答复期限，构成了该规则的适用前提。[⑥] 首先，没有约定答复期限，也就缺乏判断“逾期”的时间标准，根本无从认定是否构成“逾期”，也就谈不上适用

① 北京市第一中级人民法院《对民事审判中部分执法不统一问题的规范意见》（2011 年）第三部分“建设工程施工合同案件中的问题”第 9 条第 1 款规定：“该条适用的前提条件，必须是当事人将‘收到竣工结算文件后，在约定期限内不予答复，视为认可竣工结算文件’的意思表示明确订入合同条款或者另外达成协议，同时对具体的答复期限也必须有明确的约定，否则不能适用‘不答复视为认可’这一规定。”

② 参见周利明：《解构与重塑：建设工程合同纠纷审判思维与方法》，法律出版社 2019 年版，第 254 页。

③ 《四川省高级人民法院关于审理建设工程施工合同纠纷案件若干疑难问题的解答》（川高法民一〔2015〕3 号）第 18 条第 3 款规定：“当事人在建设工程施工合同专用条款或另行签订的协议中明确约定发包人应在承包人提交竣工结算文件后未答复则视为认可竣工结算文件，但未约定答复期限，经承包人催告后，发包人仍不予答复的，人民法院可根据实际情况确定合理的答复期限，但答复期限不应超过 60 日。”

④ 《浙江省高级人民法院民事审判第一庭关于审理建设工程施工合同纠纷案件若干疑难问题的解答》（浙法民一〔2012〕3 号）第 14 条第 3 款规定：“建设工程施工合同约定发包人在承包人提交竣工结算文件后未答复则视为认可竣工结算文件，但未约定答复期限，且经承包人催告后，发包人仍不予答复的，人民法院可根据实际情况确定合理的答复期限，但答复期限不应超过 60 天。”

⑤ 参见王勇：《建设工程施工合同纠纷实务解析》，法律出版社 2017 年版，第 161 页；杨心忠等：《建设工程合同纠纷裁判思路》，法律出版社 2014 年版，第 206 页。

⑥ 参见最高人民法院民事审判第一庭编著：《最高人民法院新建设工程施工合同司法解释（一）理解与适用》，人民法院出版社 2021 年版，第 217 页。

逾期答复视为认可规则。其次，虽然可以根据《建筑工程施工发包与承包计价管理办法》《建设工程施工合同（示范文本）》拟制答复期限，但逾期答复视为认可规则本就建立在拟制的基础之上——沉默推定，在此基础上进一步拟制答复期限，似与应当审慎适用逾期答复视为认可规则的理念不合。最后，法律应当满足预期性的要求，即“人们按照法律规定判断自己将要做的行为是否合法，预测其违法行为违法的程度以及在法律上相应需承担的责任”①。在拟制答复期限时，由于缺乏明文规定，既有拟制答复期限最长不超过60天的，也有一律视为28天的，还有按照不同结算金额确定不同审核期限的。在此情形下，发包人根本无法预期。据此，逾期答复视为认可的“约定一定要有发包人具体的审价期限以及不予答复的后果是逾期不结算视为认可结算”②，如果没有约定明确的答复期限的，不能适用逾期答复视为认可规则。

**典型案例 187**

## 昌都市卡若区城关镇达瓦村诚信农牧民建筑施工队与昌都龙者高新材料股份有限公司建设工程施工合同纠纷案③

### 基本案情

2017年11月10日，昌都市卡若区城关镇达瓦村诚信农牧民建筑施工队（以下简称农牧民施工队）与昌都龙者高新材料股份有限公司（以下简称龙者公司）签订《附属工程承包合同》，约定：农牧民施工队承建昌都龙者新型节能环保材料厂附属工程；工程执行西藏建筑工程预算定额（XZJZDE-2011）及相关取费标准、材料调价信息以及当地政府配套文件，如遇定额缺项可借用西藏20××系列配套定额或西藏造价站认可的或新发布的定额；农牧民施工队在工程竣工验收合格，递交竣工报告和预决算书后，办理工程竣工结算，结算金额经龙者公司审核完后扣除5%的质

① 谢晖：《论法律预期性》，载《浙江社会科学》2022年第8期。

② 刘利红：《建设工程施工合同案件工程款结算的依据》，载《人民司法（案例）》2016年第11期。

③ 典型案例187：昌都市卡若区城关镇达瓦村诚信农牧民建筑施工队与昌都龙者高新材料股份有限公司建设工程施工合同纠纷案，西藏自治区高级人民法院（2020）藏民终53号民事判决书、最高人民法院（2021）最高法民申2702号民事裁定书。

量保证金，剩余所有款项在15个工作日内一次性支付到农牧民施工队指定的账号中。2018年4月29日，农牧民施工队向龙者公司报送了《建设工程造价预（结）算书》。《建设工程造价预（结）算书》载明，农牧民施工队在龙者公司提供的施工设计图纸、龙者公司工地负责人签证的《现场收方确认单》及受托人昌都市蓝色数码测绘有限公司的测量结论的基础上，根据《附属工程承包合同》的约定，计算出案涉工程的工程造价最终为10,327,525.00元。后因龙者公司未对《建设工程造价预（结）算书》进行审定，农牧民施工队诉至法院，要求龙者公司支付工程款。

## 法院观点

西藏自治区高级人民法院（二审法院）认为，案涉合同合法有效，农牧民施工队完成了合同义务，而龙者公司对工程价款未予审定或者确认。《建设工程价款结算暂行办法》第14条第3款规定："单项工程竣工后，承包人应在提交竣工验收报告的同时，向发包人递交竣工结算报告及完整的结算资料，发包人应按以下规定时限进行核对（审查）并提出审查意见……500万—2000万元从接到竣工结算报告和完整的竣工结算资料之日起30天……建设项目竣工总结算在最后一个单项工程竣工结算审查确认后15天内汇总，送发包人后30天内审查完成。"第16条第1款规定："发包人收到竣工结算报告及完整的结算资料后，在本办法规定或合同约定期限内，对结算报告及资料没有提出意见，则视同认可。"在本案中，因龙者公司作为发包人未在该规定时限内对农牧民施工队提交《建设工程造价预（结）算书》进行审查，故应视为其认可该结算文件。但最高人民法院在再审审查中认为，《2004年建工解释》第20条规定："当事人约定，发包人收到竣工结算文件后，在约定期限内不予答复，视为认可竣工结算文件的，按照约定处理。承包人请求按照竣工结算文件结算工程价款的，应予支持。"在本案中，双方当事人在《工程承包合同》中未对发包人收到竣工结算文件后应予答复的期限作出约定。因此，原审判决关于龙者公司逾期未对农牧民施工队提交的结算书作出答复，视为其认可了该结算书的认定不当。①

---

① 但因龙者公司在一审、二审法院指定的举证期限内，均没有提出相反证据，也未申请鉴定，且案涉工程的部分工程已被拆除，客观上已不具备重新确定工程造价的基础，故最高人民法院依然采信了《建设工程造价预（结）算书》。

## 裁判规则188

**在建设工程施工合同无效的情形下，合同中“逾期答复视为认可”的约定相应无效，不能适用或参照适用“逾期答复视为认可”的约定。**

建设工程施工合同约定了“逾期答复视为认可”，但合同无效的，还能否适用或参照适用“逾期答复视为认可”规则？

就此问题，存在三种观点：一是“逾期答复视为认可”的约定属于结算条款，不受合同效力的影响。[①]故在建设工程施工合同无效的情况下，应当适用“逾期答复视为认可”的约定。原《江苏省高级人民法院关于审理建设工程施工合同纠纷案件若干问题的解答》（2018年6月26日）第9条第3款针对“《2004年建工解释》第20条[②]规定的按照竣工结算文件结算工程价款，审判实践中如何适用”这一问题即提出，“建设工程施工合同无效的，不影响该条款约定的效力”[③]。二是建设工程施工合同无效，但工程竣工验收合格的，可以参照合同约定支付工程价款，而“逾期答复视为认可”的约定属于工程价款条款的组成部分，故承包人可以主张参照该规则确定工程价款。[④] 三是建设工程施工合同无效，则“逾期答复视为认可”的约定也无效，不能再适用“逾期答复视为认可”规则。[⑤]

如前所述，《民法典》第567条[⑥]规定的结算条款，是指银行汇票结算、商业

① 参见潘军锋：《建设工程价款结算审判疑难问题研究》，载《法律适用》2019年第5期。

② 现《建设工程施工合同解释（一）》第21条。

③ 在此之前的《江苏省高级人民法院建设工程施工合同案件审理指南》（2010年）第五部分“建设工程施工合同无效的处理中应注意的问题”第6条则规定，当合同无效时，当事人不能要求按照竣工结算文件结算工程价款。

④ 参见王炜：《检视与解构：建设工程案件中“逾期答复视为认可”规则的适用——建设工程司法解释（一）第20条解读》，载《审判研究》2020年第6期。

⑤ 参见周利明：《解构与重塑：建设工程合同纠纷审判思维与方法》，法律出版社2019年版，第168页。还可参见杨心忠等：《建设工程合同纠纷裁判思路》，法律出版社2014年版，第189、190页。

⑥ 该条规定：“合同的权利义务关系终止，不影响合同中结算和清理条款的效力。”

汇票结算、银行本票结算、支票结算、汇兑、委托收款。[①] 逾期答复视为认可的约定显然不属于该条规定的结算条款。此外，针对合同无效但质量合格的情形，《民法典》第793条第1款规定："……可以参照合同关于工程价款的约定折价补偿承包人。"《建设工程施工合同解释（一）》第6条第2款进一步扩展了可参照适用的合同内容，包括关于质量标准、建设工期、工程价款支付时间等的约定。但上述可参照适用的内容均为关于实体权利义务的约定，而"逾期答复视为认可"本身并非实体权利义务，而是确定实体权利义务的方法，不属于可参照适用的范畴。据此，建设工程施工合同无效的，则"逾期答复视为认可"的约定相应归于无效，该约定也不属于可参照适用的范畴，承包人不能要求适用或参照适用"逾期答复视为认可"的约定。

**典型案例188**

## 张俊成与陕西大华实业集团有限公司等建设工程施工合同纠纷案[②]

### 基本案情

2009年8月10日，圣元公司与张俊成签订《内部单项承包经营合同》，约定对于"君临汉江"二期工程，张俊成除向圣元公司缴纳管理费及税费外，由张俊成自主经营、风险自担、盈亏自负。2009年11月18日，陕西大华实业集团有限公司（以下简称大华公司）与华山公司就"君临汉江"二期工程1号、4号楼签订建设工程施工合同，与圣元公司就"君临汉江"二期工程2号、3号、5—8号楼签订建设工程施工合同。两份合同的专用条款第51条第3项均载明："工程竣工决算书送达之日起30个工作日内不进行结算定案，就默认报送价为结算价。"2010年2月24日，该工程进行招标；1号、4号楼华山公司中标，另外6栋楼圣元公司中

① 参见黄薇主编：《中华人民共和国民法典释义》（中），法律出版社2020年版，第1092、1093页。

② 典型案例188：张俊成与陕西大华实业集团有限公司等建设工程施工合同纠纷案，陕西省高级人民法院（2013）陕民一终字第00093号民事判决书、最高人民法院（2017）最高法民申426号民事裁定书。

标；中标建筑面积、价款与前述两份建设工程施工合同约定的建筑面积、价款一致。2009 年 9 月 23 日，该工程动工修建，2011 年 9 月 20 日竣工并投入使用。2012 年 1 月 20 日，张俊成分别以华山公司与圣元公司名义向大华公司递交了决算书。其中，1 号、4 号楼的工程造价为 32, 293, 342. 00 元，2 号、3 号、5—8 号楼的工程造价为 66, 993, 181. 00 元。在庭审中，大华公司不认可华山公司和圣元公司提交的决算报告。经委托鉴定，案涉工程造价为 84, 776, 084. 07 元。张俊成认为，大华公司收到决算资料后未按约定在 30 个工作日内进行“结算定案”，故应以张俊成的决算报告为结算依据。

## 法院观点

二审法院（陕西省高级人民法院）认为，大华公司与华山公司、圣元公司分别签订建设工程施工合同的时间不仅早于中标结果公开的时间，而且两份合同约定的总价款与中标价完全一致，该事实表明，招标人大华公司与投标人华山公司、圣元公司之间存在串通投标的行为，故该两份建设工程施工合同无效。根据《2004 年建工解释》第 2 条的规定，本案应在两份建设工程施工合同约定的基础上对工程总造价进行鉴定，从而认定欠付工程款的数额。据此，该数额为工程造价 84, 776, 084. 07 元-大华公司已付 66, 760, 230. 00 元 = 18, 015, 854. 07 元。最高人民法院在再审审查中认为，本案建设施工合同业经原审判决确认无效，张俊成对此不持异议。合同被确认无效的，除法律特别规定外，合同中约定的具体条款即不具有法律约束力。张俊成主张适用的案涉合同专用条款第 51 条第 3 项不存在有效的理由，亦属无效。该条并非有关工程价款的直接约定，不具备适用《2004 年建工解释》第 2 条规定的前提条件；适用《2004 年建工解释》第 20 条规定，应以当事人进行过有效约定为要件，因系争合同无效，该规定亦无适用之余地。因此，原审法院依大华公司申请对本案所涉工程造价进行鉴定，并以此鉴定报告为据作出判决，适用法律并无不当。张俊成主张以工程决算书为结算依据确定欠付涉案工程款，该理由不能成立。

## 裁判规则189

**《建设工程价款结算暂行办法》与《建筑工程施工发包与承包计价管理办法》中虽有逾期答复视为认可的规定，但因其属于部门规章，不能作为建设工程造价结算中适用“逾期答复视为认可”规则的依据。**

《建设工程价款结算暂行办法》（财建〔2004〕369号）第16条第1款规定：“发包人在收到竣工结算报告及完整的结算资料后，在本办法规定或合同约定期限内，对结算报告及资料没有提出意见，则视同认可。”《建筑工程施工发包与承包计价管理办法》（中华人民共和国住房和城乡建设部令第16号）第18条第1款第2项[①]也规定，发包人逾期未答复的，竣工结算文件视为已被认可。在建设工程施工合同未约定“逾期答复视为认可”的情况下，可否以《建设工程价款结算暂行办法》第16条第1款或《建筑工程施工发包与承包计价管理办法》第18条第1款第2项作为适用“逾期答复视为认可”规则的依据？

广东省高级人民法院[②]、北京市高级人民法院[③]均认为，上述规定不能作为适用逾期答复视为认可规则的依据。从法律层级来看，《建设工程价款结算暂行办

---

① 该项规定：“国有资金投资建筑工程的发包方，应当委托具有相应资质的工程造价咨询企业对竣工结算文件进行审核，并在收到竣工结算文件后的约定期限内向承包方提出由工程造价咨询企业出具的竣工结算文件审核意见；逾期未答复的，按照合同约定处理，合同没有约定的，竣工结算文件视为已被认可。”该款第3项规定：“非国有资金投资的建筑工程发包方，应当在收到竣工结算文件后的约定期限内予以答复，逾期未答复的，按照合同约定处理，合同没有约定的，竣工结算文件视为已被认可；发包方对竣工结算文件有异议的，应当在答复期内向承包方提出，并可以在提出异议之日起的约定期限内与承包方协商；发包方在协商期内未与承包方协商或者经协商未能与承包方达成协议的，应当委托工程造价咨询企业进行竣工结算审核，并在协商期满后的约定期限内向承包方提出由工程造价咨询企业出具的竣工结算文件审核意见。”

② 原《广东省高级人民法院关于审理建设工程施工合同纠纷案件若干问题的指导意见》（粤高法发〔2011〕37号）第9条规定：“建设工程施工合同明确约定发包人收到竣工结算文件后，在约定期限内不予答复，视为认可竣工结算文件的，按照约定处理。建设工程施工合同没有约定或者约定不明，承包人请求参照建设部《建设工程施工发包与承包计价管理办法》第十六条的规定，或者依据建设部制定的建设工程施工合同格式文本（1999年版）通用条款第33条第3款的约定处理的，不予支持。”

③ 《北京市高级人民法院关于审理建设工程施工合同纠纷案件若干疑难问题的解答》（京高法发〔2012〕245号）第14条第2款规定：“建设工程施工合同对此未作明确约定，承包人仅以原建设部《建筑工程施工发包与承包计价管理办法》第十六条的规定，或者《建设工程施工合同（示范文本）》（GF-1999-0201）通用条款第33.3条的约定为依据，要求按照竣工结算文件结算工程价款的，不予支持。”

法》与《建筑工程施工发包与承包计价管理办法》属于部门规章。《立法法》第91条第2款规定："部门规章规定的事项应当属于执行法律或者国务院的行政法规、决定、命令的事项。没有法律或者国务院的行政法规、决定、命令的依据，部门规章不得设定减损公民、法人和其他组织权利或者增加其义务的规范，不得增加本部门的权力或者减少本部门的法定职责。"由于并无可作为适用"逾期答复视为认可"规则依据的法律或者国务院的行政法规、决定、命令，故前述两个"办法"只是规章，不宜作为人民法院审理有关建设工程施工合同纠纷案件的依据。[①] 据此，对承包人提交的竣工结算文件，发包人逾期未作答复的，不能以《建设工程价款结算暂行办法》第16条第1款或《建筑工程施工发包与承包计价管理办法》第18条第1款第2项为据，视为发包人认可竣工结算文件。

**典型案例189**

## 四川省泸州市第三建筑工程公司与四川鑫锐投资有限公司建设工程施工合同纠纷案[②]

### 基本案情

2011年5月31日，四川鑫锐投资有限公司（以下简称鑫锐公司）与四川省泸州市第三建筑工程公司（以下简称泸州三建司）签订《建设工程施工合同》，约定泸州三建司承建鑫锐公司发包的宜宾江北农产品批发市场工程，合同价款为3698万元，增减工程按《四川09清单计价定额》计价模式编制，各项规定收费标准按下限记取，最终以总价下浮13%计入决算。2011年5月25日，工程开工。2012年7月2日，工程竣工验收，同年7月8日工程交付使用。因双方对工程款的支付发生争议，泸州三建司诉至法院，要求鑫锐公司支付拖欠的工程款。对于包干价3698万元以外的增加工程，泸州三建司认为，依据《建筑工程施工发包与承包计

① 参见吴晓芳：《〈关于发包人收到承包人竣工结算文件后，在约定期限内不予答复，是否视为认可竣工结算文件的复函〉的解读》，载最高人民法院民事审判第一庭编：《民事审判指导与参考》总第28集，法律出版社2007年版。

② 典型案例189：四川省泸州市第三建筑工程公司与四川鑫锐投资有限公司建设工程施工合同纠纷案，四川省高级人民法院（2017）川民终1004号民事判决书、最高人民法院（2018）最高法民申3158号民事裁定书。

价管理办法》第18条规定，鑫锐公司于2012年10月10日收到增加工程部分《竣工结算书》，应在2012年11月7日前给予确认或提出修改意见，鑫锐公司未作回复，应视为其认可增加工程部分结算价款为9,368,873.84元。在诉讼中，鑫锐公司自认增加工程价款为720万元；经鉴定，该部分工程价款为4,324,684.00元。

## 法院观点

针对增加工程部分价款应如何确定，四川省高级人民法院认为，根据《2004年建工解释》第20条的规定，双方就“发包人收到竣工结算文件后，在约定期限内不予答复，视为认可竣工结算文件”未作特别约定。因此，泸州三建司认为“依据《建筑工程施工发包与承包计价管理办法》第18条规定，鑫锐公司未在2012年11月7日前给予回复，视为认可增加工程部分结算价款9,368,873.84元”的理由不能成立。对于该增加工程部分价款，鑫锐公司审核的金额高于鉴定金额，应以鑫锐公司审核自认金额720万元作为增加工程部分价款。最高人民法院在再审审查中也认为，《建筑工程施工发包与承包计价管理办法》属部门规章，根据《2004年建工解释》第20条的规定，适用《建筑工程施工发包与承包计价管理办法》相关规定的前提是双方当事人有明确约定。故二审法院未予支持泸州三建司该项主张，并无不妥。

## 裁判规则190

**《建设工程工程量清单计价规范》（GB50500-2013）中虽有逾期答复视为认可的规定，但因其属于国家标准，故不能作为建设工程价款结算中适用“逾期答复视为认可”规则的依据。**

《建设工程工程量清单计价规范》（GB50500-2013）针对结算款与质量保证金均规定了“逾期答复视为认可”规则。一是结算款。第11.3.4项规定：“发包人在收到承包人竣工结算文件后的28天内，不核对竣工结算或未提出核对意见的，应视为承包人提交的竣工结算文件已被发包人认可，竣工结算办理完毕。”①

① 与之相应，该规范第11.3.5项规定：“承包人在收到发包人提出的核实意见后的28天内，不确认也未提出异议的，应视为发包人提出的核实意见已被承包人认可，竣工结算办理完毕。”

二是缺陷责任期届满后的质量保证金返还。该规范第11.6.1项提出，缺陷责任期终止后，承包人应按照合同约定向发包人提交最终结清支付申请；第11.6.2项要求，发包人应在收到最终结清支付申请后的14天内予以核实，并应向承包人签发最终结清支付证书。第11.6.4项更是规定："发包人未在约定的时间内核实，又未提出具体意见的，应视为承包人提交的最终结清支付申请已被发包人认可。"在实践中，有当事人依据《建设工程工程量清单计价规范》请求适用"逾期答复视为认可"规则。

住建部《关于发布国家标准〈建设工程工程量清单计价规范〉的公告》（第1567号）载明，《建设工程工程量清单计价规范》属于国家标准。根据《民法典》第511条第1项的规定，只有质量要求不明确的，才应按照强制性国家标准、推荐性国家标准、行业标准等履行。工程价款的确定显然不属于质量标准，没有适用该标准的余地。而且，按照住建部第1567号公告，前述第11.3.4项、第11.6.1项、第11.6.2项、第11.6.4项也不属于强制性条文，对发承包双方没有法律强制力。据此，《建设工程工程量清单计价规范》不能作为建设工程价款结算中适用"逾期答复视为认可"规则的依据。在下述【典型案例190】中，二审法院以《建设工程工程量清单计价规范》为据，认为应当适用"逾期答复视为认可"规则；而湖南省高级人民法院在再审中，虽然依然采用了"逾期答复视为认可规则"，但理由是当事人在《补充协议》中约定了相关内容，而非基于《建设工程工程量清单计价规范》的规定，从而间接否定了将《建设工程工程量清单计价规范》作为适用"逾期答复视为认可"规则的依据。

**典型案例190**

## 湖南长兴建筑工程有限公司与临湘市瑞海房地产开发有限责任公司建设工程施工合同纠纷案①

### 基本案情

2013年3月6日，经招投标，临湘市瑞海房地产开发有限责任公司（以下简

① 典型案例190：湖南长兴建筑工程有限公司与临湘市瑞海房地产开发有限责任公司建设工程施工合同纠纷案，湖南省高级人民法院（2018）湘民再364号民事判决书。

称瑞海公司）与湖南长兴建筑工程有限公司（以下简称长兴公司）签订《湖南省建设工程施工合同》，约定长兴公司承建临湘市名流花园二期工程（二标段）。合同签订后，长兴公司进场施工。2013 年 7 月 28 日，瑞海公司与长兴公司签订《补充协议》，约定发包人自接到承包人完整的结算报告之日起 30 天内审计完毕，逾期未审计完则视为发包人认可。2015 年 5 月 22 日，案涉工程竣工验收合格。2015 年 8 月 18 日，长兴公司制作结算书，确认工程造价为 15,497,394 元。8 月 21 日，监理单位在工程结算报审单上签署：同意办理工程结算。8 月 24 日，长兴公司向瑞海公司送达了工程结算报审单及结算书。后长兴公司诉至法院，要求瑞海公司按照结算书支付工程款。瑞海公司则申请对工程造价进行司法鉴定。

## 法院观点

二审法院（岳阳市中级人民法院）认为，《建设工程工程量清单计价规范》作为建设工程行业国家标准，可视为行业交易习惯，作为双方争议内容的参考。根据该标准第 11.3.2 项[①]的规定，长兴公司向瑞海公司提供了结算书，若瑞海公司在约定的期间内对结算书存在异议，应向长兴公司提出核实意见，但瑞海公司未提出核实意见，根据《2004 年建工解释》第 20 条的规定，应视为瑞海公司对长兴公司的结算书予以认可。湖南省高级人民法院在再审中则认为，《补充协议》约定："发包人自接到承包人完整的结算报告日起 30 天内审计完毕，逾期未审计完则视为发包人认可。"长兴公司将结算报告提交给瑞海公司后，瑞海公司并未在约定期限内审计完毕，根据上述约定，即视为其认可《结算书》。瑞海公司签收《结算书》后未提出任何异议，根据《2004 年建工解释》第 20 条的规定，应当认定为其以默示的方式对《结算书》进行了认可。据此，《结算书》虽系单方发送，但其作为结算依据并无不妥，应予支持。

① 该项规定："发包人应在收到承包人提交的竣工结算文件后的 28 天内核对。发包人经核实，认为承包人应进一步补充资料和修改结算文件，应在上述时限内向承包人提出核实意见，承包人在收到核实意见后 28 天内应按照发包人提出的合理要求补充资料，修改竣工结算文件，并应再次提交给发包人复核后批准。"

## 裁判规则191

**《建设工程施工合同（示范文本）》通用条款第14.2条虽载明“逾期答复视为认可”，但其作为示范文本的通用条款，未经当事人专门协商，不能在建设工程价款结算时适用。**

我国从1991年起便开始制定建设工程施工合同的示范文本。截至目前，已有《建设工程施工合同（示范文本）》（GF-91-0201）、《建设工程施工合同（示范文本）》（GF-1999-0201）、《建设工程施工合同（示范文本）》（GF-2013-0201）与《建设工程施工合同（示范文本）》（GF-2017-0201）四个版本。现行版本是《建设工程施工合同（示范文本）》（GF-2017-0201）。示范文本分为三个部分：一是协议书，主要对合同的概况进行列明；二是通用合同条款；三是专用合同条款。就通用合同条款与专用合同条款的关系而言，在通用合同条款与专用合同条款发生冲突时，应以专用合同条款为准。有疑问的是，就“逾期答复视为认可”，专用合同条款未作约定，而通用合同条款有约定的，可否适用通用合同条款？

首先需要明确的是，《建设工程施工合同（示范文本）》（GF-1999-0201）通用条款第33.3款不能作为适用“逾期答复视为认可”规则的依据。该款载明：“发包人收到竣工结算报告及结算资料后28天内无正当理由不支付工程竣工结算价款，从第29天起向承包人按同期银行贷款利率支付拖欠工程价款的利息，并承担违约责任。”从该款的文义来看，“当事人只约定发包方若不按期审核应承担违约责任，即从第29天起承担拖欠工程款利息的责任，并未明确将产生‘视为认可竣工结算文件’的后果”①。因此，该款因不具备“逾期答复视为认可”的意思，不能成为适用逾期答复视为认可规则的合同依据。河北省高级人民法院②、浙江省高

---

① 夏正芳：《建设工程案件审判实务中的有关问题》，载最高人民法院民事审判第一庭编：《民事审判指导与参考》总第35集，法律出版社2009年版。

② 《河北省高级人民法院建设工程施工合同案件审理指南》（冀高法〔2018〕44号）第10条后段规定：“承包人仅依据建设部制定的建设施工合同格式文书通用条款33.3条‘发包人收到竣工结算报告及结算资料后28天内无正当理由不支付工程结算价款的，从29天起按承包人同期向银行贷款利率支付拖欠工程价款的利息，并承担约责任’的约定请求发包人按照竣工结算文件结算工程价款的，人民法院不予支持。”

级人民法院①、广东省高级人民法院②、北京市高级人民法院③均持这一观点。2006年4月25日,《最高人民法院关于发包人收到承包人竣工结算文件后，在约定期限内不予答复，是否视为认可竣工结算文件的复函》(〔2005〕民一他字第23号)明确:“适用该司法解释第二十条的前提条件是当事人之间约定了发包人收到竣工结算文件后，在约定期限内不予答复，则视为认可竣工结算文件。承包人提交的竣工结算文件可以作为工程款结算的依据。建设部制定的建设工程施工合同格式文本中的通用条款第33条第3款的规定，不能简单地推论出，双方当事人具有发包人收到竣工结算文件一定期限内不予答复，则视为认可承包人提交的竣工结算文件的一致意思表示，承包人提交的竣工结算文件不能作为工程款结算的依据。”④就此，可参见“江西圳业房地产开发有限公司与江西省国利建筑工程有限公司建设工程施工合同纠纷案”⑤。但需要指出的是，虽然不能依据《建设工程施工合同(示范文本)》(GF-1999-0201)通用条款第33.3款推定发包人认可承包人报送的竣工结算文件，但并不意味着该款约定没有意义。发包人违反该款约定，须承担违约责任，即从承包人向发包人提交竣工结算报告第29天起，向承包人按同期银行贷款利率支付拖欠工程价款的利息。

当前,《建设工程施工合同(示范文本)》已经由GF-1999-0201先后升级为

---

① 《浙江省高级人民法院民事审判第一庭关于审理建设工程施工合同纠纷案件若干疑难问题的解答》(浙法民一〔2012〕3号)第14条第4款规定:“建设工程施工合同中对此未明确约定，承包人不能仅以《建设工程施工合同(示范文本)》(GF-1999-0201)通用条款33.2条为依据，要求按照竣工结算文件结算工程价款。”

② 原《广东省高级人民法院关于审理建设工程施工合同纠纷案件若干问题的指导意见》(粤高法发〔2011〕37号)第9条规定:“建设工程施工合同明确约定发包人收到竣工结算文件后，在约定期限内不予答复，视为认可竣工结算文件的，按照约定处理。建设工程施工合同没有约定或者约定不明，承包人请求参照建设部《建设工程施工发包与承包计价管理办法》第十六条的规定，或者依据建设部制定的建设工程施工合同格式文本(1999年版)通用条款第33条第3款的约定处理的，不予支持。”

③ 《北京市高级人民法院关于审理建设工程施工合同纠纷案件若干疑难问题的解答》(京高法发〔2012〕245号)第14条第2款规定:“建设工程施工合同对此未作明确约定，承包人仅以原建设部《建筑工程施工发包与承包计价管理办法》第十六条的规定，或者《建设工程施工合同(示范文本)》(GF-1999-0201)通用条款第33.3条的约定为依据，要求按照竣工结算文件结算工程价款的，不予支持。”

④ 该复函中提到的司法解释第20条指《2004年建工解释》第20条，现《建设工程施工合同解释(一)》第21条。

⑤ 参考案例167:江西圳业房地产开发有限公司与江西省国利建筑工程有限公司建设工程施工合同纠纷案，最高人民法院(2006)民一终字第52号民事判决书。

GF-2013-0201、GF-2017-0201。《建设工程施工合同（示范文本）》（GF-2013-0201）与《建设工程施工合同（示范文本）》（GF-2017-0201）第二部分——“通用合同条款”第14.2款（竣工结算审核）第1项第2段相同，均载明，“发包人在收到承包人提交竣工结算申请书后28天内未完成审批且未提出异议的，视为发包人认可承包人提交的竣工结算申请单，并自发包人收到承包人提交的竣工结算申请单后第29天起视为已签发竣工付款证书”。从该条的文义来看，这两个示范文本已经载明“逾期答复视为认可”的法律后果。那么是否可以这两个版本的《建设工程施工合同（示范文本）》中的第14.2款的内容为依据，适用“逾期答复视为认可”规则？

肯定的观点认为，“通用条款也是为当事人提供选择适用，一旦当事人选择适用该通用条款，通用条款即成为合同内容的一部分，当然对当事人产生拘束力”。“如果当事人排斥该条款的效力，完全可以在专用条款中另行约定以排除该条款的适用，其没有作出相反约定，则意味着当事人想让该条款发生拘束力。”① 换言之，可以将这两个版本的《建设工程施工合同（示范文本）》中的第14.2款作为适用“逾期答复视为认可”规则的依据。山东省高级人民法院持这一观点。② 否定的观点认为，在实践中，承包人提交的竣工结算文件一般会超过甚至大幅超过实际工程造价，按承包人提交的竣工结算文件结算易造成利益失衡，故对此应坚持严格适用的原则，必须由专用条款明确约定。③ 示范文本中的通用合同条款，并非当事人之间的特别约定，故不能作为适用“逾期答复视为认可”规则的依据。江苏省

① 王炜：《检视与解构：建设工程案件中“逾期答复视为认可”规则的适用——建设工程司法解释（一）第20条解读》，载《审判研究》2020年第6期。

② 山东省高级人民法院在《2008年全省民事审判工作会议纪要》中提出，“通用合同条款既是国家为加强建筑行业的行政管理而制定的规范，也是建筑行业中众多交易习惯的总结和体现，是建设工程施工合同必不可少的条件”。此外，在“歌山建设公司诉青岛百仕公司建设工程施工合同纠纷案”中，山东省高级人民法院根据合同通用条款中的“逾期答复视为认可”的约定支持了歌山建设公司主张的工程价款。

③ 参见潘军锋：《建设工程价款结算审判疑难问题研究》，载《法律适用》2019年第5期。还可参见李玉生主编：《建设工程施工合同案件审理指南》，人民法院出版社2019年版，第128页。

高级人民法院[①]、四川省高级人民法院[②]、河南省高级人民法院[③]均持这一观点。

就此问题，可以参考最高人民法院民一庭解读《关于发包人收到承包人竣工结算文件后，在约定期限内不予答复，是否视为认可竣工结算文件的复函》的思路。吴晓芳法官认为："从该条的规定可以看出，视为发包人认可竣工结算文件的前提条件是当事人之间的约定，既然当事人在有关专用条款中没有进行特别约定的，则不能适用该条规定。"[④] 冯小光法官认为，支持承包人主张按其报价结算工程款，"应当是在建设部颁布的施工合同范本中，以特别约定（如手书条款）的形式，添加发包人拖延审价将以承包人报价作为结算依据的内容"[⑤]。根据这一思路，通用条款中的约定不足以构成适用"逾期答复视为认可"规则的依据。

首先，示范文本编号中的"GF"意指"国家合同范本"。也就是说，示范文本系国家推荐、指导当事人使用的合同文本。从通用合同条款的内容来看，是起草机构对实践中建设工程施工合同常用条款的总结，集中体现了现行法律法规对工程建设的有关要求，有些条款体现了建筑行业的交易习惯。但通用合同条款本身的属性仍属于"示范性条款"，是推荐当事人使用的、供当事人选择使用的条款。其目的

---

① 原《江苏省高级人民法院关于审理建设工程施工合同纠纷案件若干问题的解答》（2018 年 6 月 26 日）第 9 条第 1 款针对"《建设工程司法解释》第 20 条规定的按照竣工结算文件结算工程价款，审判实践中如何适用"这一问题提出，"建设工程施工合同专用条款中明确约定发包人收到竣工结算文件后，在合同约定的期限内不予答复视为认可竣工结算文件，当事人要求按照竣工结算文件进行工程价款结算的，应予支持。建设工程施工合同专用条款中未明确约定，当事人要求按照竣工结算文件进行工程价款结算的，不予支持"。

② 《四川省高级人民法院关于审理建设工程施工合同纠纷案件若干疑难问题的解答》（川高法民一〔2015〕3 号）第 18 条第 2 款规定："当事人在建设工程施工合同专用条款中未明确约定发包人应在收到承包人提交竣工结算文件后一定期限内予以答复，也未另行签订协议约定，承包人仅以原建设部《建筑工程施工发包与承包计价管理办法》第十六条的规定，或者《建设工程施工合同（示范文本）》通用条款约定为依据，诉请依照《建工司法解释》第二十条的规定按照竣工结算文件结算工程价款的，不予支持。"

③ 《河南省高级人民法院建设工程案件审判工作座谈会综述》（2022 年 9 月 14 日）"议题三：工程价款认定的相关问题"第 3 款规定："默示条款不包括住建部示范合同文本中在'通用条款'部分的约定。"

④ 吴晓芳：《〈关于发包人收到承包人竣工结算文件后，在约定期限内不予答复，是否视为认可竣工结算文件的复函〉的解读》，载最高人民法院民事审判第一庭编：《民事审判指导与参考》总第 28 集，法律出版社 2007 年版。

⑤ 冯小光：《回顾与展望——写在〈最高人民法院关于审理建设工程施工合同纠纷案件适用法律问题的解释〉颁布实施三周年之际》，载最高人民法院民事审判第一庭编：《民事审判指导与参考》总第 33 集，法律出版社 2008 年版。

是“提高施工合同签订的规范性和效率，本身对当事人并不具有约束力”①。其次，虽然双方基于合同文本的选择，将通用合同条款纳入建设工程施工合同的范畴，但通用合同条款本身未经发包人和承包人充分协商。②再次，站在体系解释的角度分析，《建设工程施工合同解释（一）》第10条并未严格遵循通用合同条款第19.1款的索赔程序，第22条并未严格遵循通用合同条款第1.5款确定的合同文件解释先后顺序。似可推导出如下结论：对发承包双方权利义务有重大影响的事项，因通用条款未经充分协商，不宜作为确定双方权利义务关系的依据。通用条款中的逾期答复视为认可条款，涉及当事人重大权利义务关系，也就不宜直接适用。最后，“从实践来看，承包人提交的结算价款往往偏高，不符合实际情况。因此，此类条款对双方当事人利益影响巨大，应当经过双方当事人充分协商一致。如果当事人只是在建设工程施工合同的通用条款中做此类约定，则不宜直接适用，只有在当事人在专用条款部分作出约定或者另行专门作出约定的情况下才能适用”③。当然，如发承包双方在专用条款中约定，发包人逾期结算的适用合同的通用条款，则可按照通用条款的约定适用逾期结算视为认可规则。

**典型案例191**

## 江苏南通二建集团有限公司与大庆油田房地产开发有限责任公司等建设工程施工合同纠纷案④

### 基本案情

2011年5月至7月，经招标投标程序，大庆油田房地产开发有限责任公司（以下简称房开公司）将城市乡村区块开发项目创业城工程中部分工程分成五部分，与江苏南通二建集团有限公司（以下简称南通二建）签订了五份建设工程施

① 李玉生主编：《建设工程施工合同案件审理指南》，人民法院出版社2019年版，第128页。

② 参见谢勇：《建设工程施工合同案件裁判规则解析》，中国法制出版社2020年版，第150—152页。

③ 最高人民法院民事审判第一庭编著：《最高人民法院新建设工程施工合同司法解释（一）理解与适用》，人民法院出版社2021年版，第215页。

④ 典型案例191：江苏南通二建集团有限公司与大庆油田房地产开发有限责任公司等建设工程施工合同纠纷案，最高人民法院（2021）最高法民终706号民事判决书。

工合同。该合同是黑龙江省住房和城乡建设厅制定的格式合同。其中：专用条款第64.1款约定，结算的程序和时限按通用条款第64.2款至第64.7款规定办理；通用条款第64.1款约定，双方应按黑龙江省计价办法规定的时限办理竣工结算（《黑龙江省建设工程造价计价管理办法》第36条规定，审核工程竣工结算的时限为50天）；通用条款第64.2款约定，承包人应在提交竣工报告的同时，向造价工程师递交由承包人签署的竣工结算报告，并附上完整的结算资料；第64.3款约定，造价工程师在收到承包人按第64.2款的规定递交的报告和资料后，应按照第64.1款规定的时限进行核实，并向承包人提出核实意见，同时抄报发包人。承包人在收到核实意见后的14天内按造价工程师提出的合理要求补充资料，修改竣工结算报告，并再次递交竣工结算报告和结算资料。承包人在收到核实意见后的14天内，不确认也未提出异议的，视为已经认可造价工程师提出的核实意见，竣工结算办理完毕。2013年7月30日、8月、10月、12月，案涉工程陆续完成竣工验收。南通二建将案涉工程分为三十个单项结算并报审，报审总额为467,770,579.36元，房开公司委托第三方审定金额为358,398,377.82元。后南通二建向法院起诉，主张根据《建设工程施工合同》通用条款第64.1款的内容及《黑龙江省建设工程造价计价管理办法》的规定，房开公司未在50天内审核其单方提交的竣工结算文件时，即视为房开公司认可该文件内容，应以此认定双方结算金额。

## 法院观点

最高人民法院在二审中认为，南通二建起诉主张的合同依据为案涉建设工程施工合同格式文本中的通用条款。根据《最高人民法院关于如何理解和适用〈最高人民法院关于审理建设工程施工合同纠纷案件适用法律问题的解释〉第二十条的复函》的内容，人民法院不能简单地以该格式文本的约定推定双方已就如发包人对竣工结算文件逾期不答复即视为认可的结算方式达成了合意。据此，房开公司对南通二建提交的竣工结算文件未作出答复，不能视为其认可该结算文件。南通二建提交的竣工结算文件不能作为案涉工程款的结算依据。

## 裁判规则192

**建设工程施工合同约定“逾期答复视为认可”，但承包人报送发包人的结算报告不完整、不符合规范要求的，不应起算发包人的审核答复期。**

发包人只有在收到承包人提交的结算文件后，才产生及时审核的义务。因此，在建设工程施工合同约定“逾期答复视为认可”的情形下，只有承包人依法提交了符合规范要求的结算报告，才能起算发包人的审核答复期。

承包人提交的结算文件，应当满足如下要求：第一，在承包人提交结算报告时，建设工程应当已经竣工验收或者发包人已经投入使用。如果建设工程未竣工验收合格，发包人也未擅自使用的，则工程不具备结算条件，即使承包人向发包人提交了结算报告，也不应适用“逾期答复视为认可”规则。第二，承包人向发包人提交的结算报告应当是书面的。如果承包人仅仅是口头告知发包人有关结算报告的内容，则不产生将结算报告作为结算依据的法律后果。第三，承包人提交的结算资料应基本完整。如果承包人提交的结算文件不完整，导致发包人无法审核的，不能视为承包人已经依法提交结算报告。第四，承包人提交的结算文件，必须要依法送达发包人。签收结算文件的主体应当具有相应权限，如发包人的法定代表人、负责人，或者负有收发责任和义务的部门，如办公室、收发室、值班室等。需要注意的是，承包人向发包人送达结算文件，不适用留置送达的方式。[①] 留置送达，是因受送达人不愿意接受诉讼文书，而由送达人依法将诉讼文件留在收件人住处的一种送达方式，属于强制送达。发承包双方作为平等的民事主体，彼此之间不应适用留置送达的方式。“承包人主张系发包人不接收结算文件的，应当提供视频、照片、拒收回执单等证据，经发包人质证后，由人民法院综合认定。”[②]

但需要注意的是，建设工程结算所涉资料繁多，承包人难以一次性提交完整。如承包人提交的竣工结算资料不完整的，发包人应在约定的审核期限内告知承包

---

① 参见王勇：《建设工程施工合同纠纷实务解析》，法律出版社 2017 年版，第 161 页。

② 最高人民法院民事审判第一庭编著：《最高人民法院新建设工程施工合同司法解释（一）理解与适用》，人民法院出版社 2021 年版，第 218 页。

人。如发包人未告知承包人补充相应资料的，视为其在约定的期限内未予答复。①

典型案例 192

## 江苏省金陵建工集团有限公司 与沛县汉之源商贸有限公司等建设工程施工合同纠纷案②

### 基本案情

2007年7月12日，江苏省金陵建工集团有限公司（以下简称金陵建工集团）（乙方）与沛县汉之源商贸有限公司（以下简称汉之源公司）（甲方）签订《建设工程施工合同》，约定乙方承建甲方开发的沛县汉源宾馆，甲方对乙方的工程结算，在工程竣工三个月内由沛县审计局审核，审核期限为90日，从乙方将决算报送甲方之日起计算，逾期视为甲方认可乙方报送的决算。该审计结果按照本合同约定的计价原则的规定下浮6%后作为本工程最终结算总价。截至2008年5月12日，案涉工程1—8号楼通过了分部分项验收，4号、8号楼部分装修工程未能施工。2008年7月至10月，金陵建工集团陆续将案涉工程资料报送汉之源公司。在案涉工程交付及报送工程资料前后，汉之源公司因工程质量问题与金陵建工集团形成多份往来函件。2009年1月13日，汉之源公司、金陵建工集团形成《会议纪要》，该纪要载明金陵建工集团应将全部工程量计算书（含钢筋分析工程量）、电子文本、2008年4月1日以前及以后完成的工程量及计算说明提供给汉之源公司。后金陵建工集团向法院提起诉讼，称从2008年7月1日至9月24日，已向汉之源公司报送工程决算书，决算总价款为243,937,990.58元。因汉之源公司在2008年12月21日前未就工程决算审计与其联系，也未提出异议，故工程总造价应以其提交的决算价为准；沛县审计局未及时审核应视为发包方阻止结算条件成就，应当认定双方约定的结算条件已成就。在诉讼中，因沛县审计局不愿出具审核报告，汉之源公司申请对工程价款进行鉴定。

---

① 参见王勇：《建设工程施工合同纠纷实务解析》，法律出版社2017年版，第162页。

② 典型案例192：江苏省金陵建工集团有限公司与沛县汉之源商贸有限公司等建设工程施工合同纠纷案，最高人民法院（2016）最高法民终687号民事判决书。

## 法院观点

一审法院（江苏省高级人民法院）认为，2009年1月13日的《会议纪要》表明，金陵建工集团报送的决算资料并不齐全，并且对于工程存在的质量问题，双方一直在磋商如何整改。故汉之源公司在90天内对工程造价未审核完毕理由正当，金陵建工集团关于应以其提交的送审价确定案涉工程造价的主张，没有事实和合同依据，人民法院不予支持。因当事人对案涉工程造价无法达成一致意见，故应通过司法鉴定确定案涉工程造价。在二审中，最高人民法院也认为，在金陵建工集团将工程资料报送后，出现过报送资料不齐全、工程质量尚需整改等问题，双方也一直在就上述影响工程结算的有关问题进行磋商。因此，汉之源公司未在金陵建工集团决算报送后90天内完成审核存在正当理由。金陵建工集团主张应以其送审的决算价243,937,990.58元作为最终工程结算价款的理由不能成立。因双方当事人对工程造价如何确定存在争议，故一审法院依汉之源公司申请，通过委托司法鉴定以确定案涉工程造价，并依鉴定意见认定本案工程结算价款并无不当。

## 裁判规则193

**建设工程施工合同约定逾期答复视为认可，承包人逾期提交结算报告的，发包人的审核答复期相应顺延。发包人在顺延后构成逾期答复的，可以适用“逾期答复视为认可”规则。**

建设工程施工合同在约定逾期答复视为认可的同时，约定了承包人提交竣工结算文件期限的，如承包人逾期提交竣工结算文件的，是否影响逾期答复视为认可规则的适用？

原《广东省高级人民法院关于审理建设工程合同纠纷案件疑难问题的解答》（粤高法〔2017〕151号）第8条第1款针对“《建设工程司法解释》第20条规定的按照竣工结算文件结算工程价款，审判实践中应如何具体适用”这一问题提出，“建设工程施工合同约定，发包人收到竣工结算文件后，在约定期限内不予答复，视为认可竣工结算文件的，按照约定处理。即使承包人未在合同约定的期限内提交竣工结算文件，发包人收到竣工结算文件后亦应在合同约定的期限内答复，逾期未答复的，承包人请求按照竣工结算文件结算工程价款的，应予支持”。

承包人提交竣工结算文件的期限与发包人审核的期限，是相互独立的时间阶段。承包人逾期提交竣工结算文件，影响的是承包人自己取得工程款及其主张逾期付款损失的起点；“逾期答复视为认可”所指的“逾期”，针对的是发包人，而非承包人。即便承包人逾期提交竣工结算文件，发包人自实际收到之日起即可开始审核，承包人的逾期提交，不会影响发包人在之后的审核进度。因此，“发包人以承包人未在约定期限内提交竣工结算报告为由，主张其亦无须在合同约定期限内履行审核义务的，不应支持”[①]。承包人逾期提交竣工结算文件的，只需顺延发包人的审核期限即可。如顺延之后，发包人依然构成逾期答复的，应当适用逾期答复视为认可规则。

**典型案例 193**

## 浙江元力建设有限公司与淮南市荣胜昕安房地产开发有限公司建设工程施工合同纠纷案[②]

### 基本案情

2013年3月30日、10月30日，淮南市荣胜昕安房地产开发有限公司（以下简称昕安公司）与浙江元力建设有限公司（以下简称元力公司）签订《建设工程施工合同》《补充协议》，约定由元力公司承建位于淮南市田家庵区人民路与国庆路交会处的“万国广场一期3号、4号商住楼”工程。2015年8月5日，双方签订《淮南市万国广场一期3号、4号商住楼工程已完工程量确认书》。2015年8月6日，双方签订《终止协议》，约定终止《建设工程施工合同》《补充协议》。该终止协议第3条“结算及付款”约定：自本协议签订之日起7天内元力公司向昕安公司提交已完工程的结算报告，昕安公司出具收单，即日起所有工程余款利息按月息2分计算；昕安公司在收到结算报告80天内完成审核（若昕安公司在此期限内没有完成审核，视为认可元力公司结算报告的所有内容）。2015年8月20日，元力公

① 秦旺：《建设工程造价结算前沿问题研究》，载《法律适用》2017年第5期。

② 典型案例193：浙江元力建设有限公司与淮南市荣胜昕安房地产开发有限公司建设工程施工合同纠纷案，最高人民法院（2018）最高法民终902号民事判决书。

司向昕安公司提交《工程决算移交单》，载明案涉工程总造价158,648,060元。2015年11月9日，昕安公司回函元力公司，称经审核确认，万国广场项目工程完成工程量总价为1.1亿元。后元力公司诉至法院，要求昕安公司按照158,648,060元的结算价支付工程欠款及相应利息。元力公司认为，昕安公司未在约定的80天内完成审核，根据双方约定及法律规定，应视为昕安公司认可元力公司提交的决算书。

## 法院观点

安徽省高级人民法院（一审法院）认为，根据双方约定及《2004年建工解释》第20条的规定，应视为昕安公司认可元力公司提交的结算报告。据此，案涉工程造价为158,648,060元。昕安公司上诉称，依据《终止协议》第3条的约定，元力公司应当自协议签订之日起7天内向昕安公司提交结算报告，昕安公司应在收到结算报告的80天内完成审核。《终止协议》签订于2015年8月6日，元力公司提交工程决算书是在2015年8月20日，超过了约定的7天时间。元力公司违反协议约定在先，昕安公司依法享有履行抗辩权。最高人民法院在二审中认为，案涉《终止协议》第3条“结算及付款”约定，昕安公司应在收到结算报告80天之内完成审核，若昕安公司在此期限内没有完成审核，视为其认可元力公司结算报告的所有内容。元力公司于2015年8月19日向昕安公司提交《工程决算移交单》。昕安公司于2015年8月20日在该移交单的接收人处签字并盖章，并于2015年11月9日向元力公司回函。昕安公司回函元力公司的日期已超过双方约定的80天期限。《2004年建工解释》第20条规定：“当事人约定，发包人收到竣工结算文件后，在约定期限内不予答复，视为认可竣工结算文件的，按照约定处理。承包人请求按照竣工结算文件结算工程价款的，应予支持。”原审法院以昕安公司未在约定期限内予以答复为由，将元力公司提交的工程决算书作为案涉工程价款的结算依据，并无不当。

## 裁判规则194

**建设工程施工合同约定逾期答复视为认可，对承包人提交的结算报告，发包人只需提出实质性异议，即便该异议不成立，也足以阻却逾期答复视为认可规则的适用。**

根据逾期答复视为认可规则：发包人应在约定的审核答复期内就承包人提交的竣工结算报告作出答复；如发包人不认同承包人提交的结算报告，应在审核答复期内提出异议。对发包人在审核答复期内提出的异议应否设置相应的限制条件？

首先需要明确的是，如《深圳市中级人民法院关于建设工程合同若干问题的指导意见》（2010 年 3 月 9 日）第 18 条后段所规定："发包人的答复应是针对竣工结算文件的内容，与竣工结算文件内容无关的答复视为没有答复。"除此之外，发包人对承包人提交的竣工结算报告提出异议，理论上有三种形式：一是发包人仅笼统地表示对结算报告有异议，但既无具体的指向（如报告某一部分的工程量或计价标准），也无具体的理由、证据。二是发包人在表示对结算报告有异议的同时，明确了具体的异议内容。但经审查，该异议不能成立。三是发包人在表示对结算报告有异议的同时，明确了具体的异议内容。经审查，该异议可以成立或部分成立。

对第一种形式的异议，"如发包人给承包人反馈意见'我方不同意'即视为提出异议，将明显导致权利滥用可能的大大增加"[①]，发包人根本无须审核承包人提交的结算报告即可提出这一异议，有违"逾期答复视为认可"规则推进结算效率的制度目的。第三种形式的异议显然可以阻止"逾期答复视为认可"规则的适用。争议集中在第二种形式的异议。对第二种形式的异议：一种观点认为，只要发包人在约定期限内提出附理由的异议即可，即使其异议不具合理性，也可以排除"逾期答复视为认可"规则的适用。另一种观点认为，发包人应当本着诚信原则对竣工结算文件进行审核，如有异议，不但应当在约定期限内提出异议，而且其所提出的异议理由也应当具有合理性。

逾期答复视为认可规则的设置目的，是推进结算效率。如果双方对工程价款无争议，则结算完成。如有争议，则应进行协商或共同委托造价咨询，仍达不成一致的，承包人可以提起诉讼或申请仲裁。换言之，通过发包人是否提出异议、提出什么异议，承包人可以据此判断双方对工程价款是否存在争议、存在多大争议，进而及时确定结算问题的解决途径——继续协商还是寻求司法救济。据此，只要发包人在约定期限内提出了实质性异议，如资料不齐、工程量核定有误、金额计算有误

① 周利明：《解构与重塑：建设工程合同纠纷审判思维与方法》，法律出版社 2019 年版，第 258 页。

等，则表明发包人已经作出了答复，“即使其提出的异议不具有合理性，也可以免于承担本条所规定的不利后果”①。

**典型案例 194**

## 甘长军等与株洲市立翁置业有限责任公司等建设工程施工合同纠纷案②

### 基本案情

江海公司与株洲市立翁置业有限责任公司（以下简称立翁公司）合作开发环球国际商贸中心项目。2007年10月12日，江海公司与芙蓉公司签订《建设工程施工合同》，约定江海公司将环球国际商贸中心项目交给芙蓉公司施工。10月14日，芙蓉公司委托其下属公司福祥公司与甘长军签订《施工承包合同》，约定甘长军以自负盈亏的方式承包该工程。2008年6月5日，工程开工。2009年6月10日，立翁公司与芙蓉公司就案涉工程重新签订《建设工程施工合同》。第22条约定，“工程竣工验收合格后以竣工验收单确定的日期为准一个月内，承包方向发包方递交全套竣工结算资料，发包方自收到全部结算资料之日起三个月内审核完毕，否则视同发包方认可”。2011年9月28日，甘长军通过芙蓉公司向立翁公司送达《环球国际商贸中心结算书送审一览表》，载明工程款决算金额为76,455,361.51元。2012年3月21日，立翁公司作出结算审核书，核定工程造价为50,762,505元。甘长军诉至法院，要求按照其送审的结算金额确定工程价款，并由立翁公司、罗双全承担支付责任。在诉讼中，应立翁公司申请，法院委托精算堂公司对案涉工程进行造价鉴定。

### 法院观点

湖南省高级人民法院在二审中认为，《2004年建工解释》第20条规定：“当事

① 最高人民法院民事审判第一庭编著：《最高人民法院新建设工程施工合同司法解释（一）理解与适用》，人民法院出版社2021年版，第219页。

② 典型案例194：甘长军等与株洲市立翁置业有限责任公司等建设工程施工合同纠纷案，湖南省高级人民法院（2014）湘高法民再终字第226号民事判决书。

人约定，发包人收到竣工结算文件后，在约定期限内不予答复，视为认可竣工结算文件的，按照约定处理。承包人请求按照竣工结算文件结算工程价款的，应予支持。”适用该条需具备以下要件，即双方有约定且发包人在约定期限内对结算文件不予答复。从本案看，甘长军于2011年9月28日通过芙蓉公司向立翁公司出具了工程结算书，立翁公司于2011年11月21日向芙蓉公司出具《工作联系函》，提出对方提交的竣工验收资料不完全、未提交工程量计算式等问题，并在函中明确表示因缺少上述资料无法对结算进行审计的意见。立翁公司以《工作联系函》的形式回复了甘长军，不属于法律规定的“不予回复”。故甘长军提交的工程结算书不能直接作为认定本案工程款的依据。在本院审理过程中，精算堂公司作出的《鉴定报告》程序合法，应当以鉴定报告确定的相关内容作为定案依据。①

## 裁判规则195

**建设工程施工合同约定逾期答复视为认可，发包人构成逾期答复后，双方又就部分工程达成结算合意的，就达成结算部分不应再适用逾期答复视为认可规则，但未达成结算合意的部分除外。**

发包人迟延审核的行为已经满足“逾期答复视为认可”规则的适用条件，但双方在此之后又进行了结算，并就结算达成合意或部分合意，承包人是否还有权要求适用“逾期答复视为认可”规则？

举例来说，如果“甲公司（发包人）与乙公司（承包人）签订《施工合同》约定，‘发包人收到承包人递交的竣工结算报告及完整的结算资料后，应在60日内进行核实，给予确认或提出修改意见。如发包人在上述期限内对结算报告及资料没有提出意见，则视同认可’。工程完工后，乙公司向甲公司提交《工程结算书》。甲公司未能提交证据证明在60日内提出异议，但是此后甲公司委托第三方对部分工程进行审核，甲乙双方确认了该部分工程造价，对其余工程造价虽经协商，却不能达成一致意见。乙公司诉至法院请求按照报送的《工程结算书》确定工程造价，乙公司的请求应否支持？”针对这一情形，最高人民法院民一庭认为：“虽然

① 湖南省高级人民法院在再审中，基于对部分款项的认定不同，改变了二审判决。但仍系以《鉴定报告》作为认定工程造价的基础，并未以承包人报送的结算报告为准。

甲公司未能举证证明其在《施工合同》约定时间内对乙公司报送的《工程结算书》予以答复，但是乙公司并未及时主张按照竣工结算报告计算工程价款，双方进行了实质性的审价并确认了部分工程款，不符合《施工合同》约定的‘如发包人在上述期限内对结算报告及资料没有提出意见，则视同认可’的合同适用条件，也不符合《2004 年建工解释》第 20 条规定适用条件。”① 也就是说，虽然发包人迟延结算的行为已经满足“逾期答复视为认可”规则的适用条件，但双方在此之后又进行了结算，并就结算达成合意或就部分结算达成合意，也就丧失了适用“逾期答复视为认可”规则的基础，不得再要求适用“逾期答复视为认可”规则。

最高人民法院民一庭的观点原则上可资赞同，但应进一步细分。具体来说，发包人迟延审核的行为已经满足“逾期答复视为认可”规则的适用条件，但双方在此之后又进行了结算：如果就全部结算达成合意的，则承包人已经以其行为表明放弃主张适用“逾期答复视为认可”规则的权利，应当以双方之间的结算作为确定工程价款的依据；如果仅就部分结算达成合意的，就达成合意的部分，应当以双方之间的结算作为确定工程价款的依据，就未达成结算合意的部分，承包人仍然有权要求适用“逾期答复视为认可”规则。

**典型案例 195**

## 江苏省苏中建设集团股份有限公司<br>与包头市恒源房地产开发有限责任公司<br>建设工程施工合同纠纷案②

### 基本案情

2011 年 6 月 1 日，包头市恒源房地产开发有限责任公司（以下简称恒源公司）与江苏省苏中建设集团股份有限公司（以下简称苏中公司）签订《建设工程施工

① 《发包人未在约定时间对承包人报送的竣工结算文件提出异议，但是双方对部分工程造价进行了确认，能否按照竣工结算文件结算工程价款》，载杜万华主编、最高人民法院民事审判第一庭编：《民事审判指导与参考》总第 67 辑，人民法院出版社 2017 年版。

② 典型案例 195：江苏省苏中建设集团股份有限公司与包头市恒源房地产开发有限责任公司建设工程施工合同纠纷案，最高人民法院（2018）最高法民终 620 号民事判决书。

合同》，约定苏中公司承建恒源公司开发的“银河游泳馆改造项目（恒源时代中心）”工程。合同第四部分“双方承认的附加条款”第5.1.2项载明，“承包人向发包人提交预算书后，发包人在30个工作日通知承包人，经双方在60个工作日内核审后的合同价款，作为工程最终造价，如发包人原因不能在约定时间内审计完毕，视为认同承包人送审造价”。合同签订后，苏中公司按约开始施工，后工程竣工验收合格并投入使用。2015年9月29日，恒源公司签收了苏中公司报送的工程竣工报审资料（结算书）。2016年10月11日，双方签订《苏中建设恒源银座项目部抵顶恒源银座公寓协议》，约定工程暂定结算造价为230,269,932.85元，截至2016年10月10日已付211,441,449.20元。2017年9月20日，双方签署《银河游泳馆改造项目（恒源时代中心）工程造价结（决）算汇总表》，确认结算总造价为283,995,124元。后苏中公司诉至法院，要求恒源公司给付工程款。

**法院观点**

最高人民法院认为，《建设工程施工合同》第5.1.2项约定：“承包人向发包人提交预算书后，发包人在30个工作日通知承包人，经双方在60个工作日内核审后的合同价款，作为工程最终造价，如发包人原因不能在约定时间内审计完毕，视为认同承包人送审造价。”恒源公司于2015年9月29日收到苏中公司报送的竣工报审资料（结算书），但其未按约在60天内核审合同价款。此时已经满足《2004年建工解释》第20条规定的“逾期答复视为认可”规则的适用条件。但此后，因对结算价款存在争议，双方一直在就此事宜进行协商，直至2017年9月21日，双方才形成了《银河游泳馆改造项目（恒源时代中心）工程造价结（决）算汇总表》，对最终结算总造价及欠付工程款的数额达成了一致。虽然当事人在合同中对发包人收到竣工结算文件后在约定期限内不予答复的后果进行了约定，但当事人此后的行为表明其对该约定实际上进行了变更。因此，恒源公司的工程欠款应以《银河游泳馆改造项目（恒源时代中心）工程造价结（决）算汇总表》的记载为准。

## 5.4 建设工程造价的裁判结算

在发承包双方无法自行达成结算，也不能通过审计确定工程价款，亦不满足逾期答复视为认可规则的情况下，只能通过司法途径（诉讼或仲裁）确定工程价款。需要指出的是，本部分内容只解决工程价款的结算标准问题，不涉及因合同无效、被解除导致的损失问题。

## 裁判规则196

**建设工程施工合同约定实行固定价包干，但工程未完工的，可以通过“比例法”求得约定计价标准，再按照约定计价标准确定已完工部分的工程价款。**

建设工程施工合同约定采取总价包干，在未完工的情况下合同即被解除或终止履行的，如何确定已完工部分的工程价款？建设工程施工合同约定采取单价包干，工程未完工，且单价针对的工序未全部完成的，如何确定已完工部分的工程价款？

在既往的司法实践中，较多案件以《2004年建工解释》第16条第2款（现《建设工程施工合同解释（一）》第19条第2款）[①]为据，按照定额价进行鉴定。在具体操作上，有两种模式：一是就已完工部分直接按定额价鉴定并据此确定工程价款；二是就未完工部分按定额价鉴定，并按照“合同约定的固定总价-按定额计算的未完工程款”确定已完工程造价。由于定额价普遍高于合同价，如果直接按照定额价计算已完工部分的工程价款，会导致承包人获得的工程款高于合同约定标准，甚至出现工程未完工，而承包人应获得的工程款超过全部完工的情形；如果采取“合同约定的固定总价-按定额计算的未完工程款”的计算方式，则实际完成部分的工程款会受到挤压，可能诱使发包人在履行过程中恶意解除合同，以达到少支付工程款的目的。

当前，针对总价包干的未完工程，实务界普遍主张采取“比例法”确定已完工程价款。“比例法”分为价款比例法、工程量比例法与工期比例法。（1）价款比例法。该方法通常以定额价为参照依据，核心在于确定合同价与定额价之间的比

① 该款规定：“因设计变更导致建设工程的工程量或者质量标准发生变化，当事人对该部分工程价款不能协商一致的，可以参照签订建设工程施工合同时当地建设行政主管部门发布的计价方法或者计价标准结算工程价款。”

例，通常是“由鉴定机构在相应同一取费标准（一般用定额价）下分别计算出已完工工程部分的价款和整个合同约定工程的总价款，两者对比计算出相应系数，再用合同约定的固定价乘以该系数”①。其计算公式为：“（约定之合同总价÷定额之合同总价）×定额之已完工价”或者“（定额之已完工价÷定额之合同总价）×约定之合同总价”。广东省高级人民法院②、北京市高级人民法院③、江苏省高级人民法院④、河北省高级人民法院⑤、重庆市高级人民法院与四川省高级人民法院⑥均支持这一裁判思路。(2）工程量比例法。该方法先确定实际完成的工程量与合同约定

---

① 最高人民法院民事审判第一庭编著：《最高人民法院新建设工程施工合同司法解释（一）理解与适用》，人民法院出版社 2021 年版，第 340 页。

② 《广东省高级人民法院关于审理建设工程施工合同纠纷案件若干问题的意见》（粤高法发〔2006〕37 号）第 1 条规定：“当事人约定工程款实行固定价，而实际施工的工程量比约定的工程范围有所增减的，可在确认固定价的基础上，参照合同约定对增减部分进行结算，再根据结算结果相应增减总价款。不应撇开合同约定，对整个工程造价进行重新结算。”

③ 《北京市高级人民法院关于审理建设工程施工合同纠纷案件若干疑难问题的解答》（京高法发〔2012〕245 号）第 13 条第 1 款规定：“建设工程施工合同约定工程价款实行固定总价结算，承包人未完成工程施工，其要求发包人支付工程款，经审查承包人已施工的工程质量合格的，可以采用‘按比例折算’的方式，即由鉴定机构在相应同一取费标准下分别计算出已完工程部分的价款和整个合同约定工程的总价款，两者对比计算出相应系数，再用合同约定的固定价乘以该系数确定发包人应付的工程款。”

④ 原《江苏省高级人民法院关于审理建设工程施工合同纠纷案件若干问题的解答》（2018 年 6 月 26 日）第 8 条中规定：“建设工程施工合同约定工程价款实行固定总价结算，承包人未完成工程施工，其要求发包人支付工程款，发包人同意并主张参照合同约定支付的，可以采用‘按比例折算’的方式，即由鉴定机构在相应同一取费标准下计算出已完工程部分的价款占整个合同约定工程的总价款的比例，确定发包人应付的工程款。”

⑤ 《河北省高级人民法院建设工程施工合同案件审理指南》（冀高法〔2018〕44 号）第 12 条规定：“建设工程施工合同约定工程款实行固定价，如建设工程尚未完工，当事人对已完工程造价产生争议的，可将争议部分的工程造价委托鉴定，但应以合同约定的固定价为基础，根据已完工工程占合同约定施工范围的比例计算工程款。即由鉴定机构在同一取费标准下分别计算出已完工程部分的价款和整个合同约定工程的总价款，两者对比计算出相应系数，再用合同约定的固定价乘以该系数，确定工程价款。当事人一方主张以定额标准作为造价鉴定依据的，人民法院不予支持。”

⑥ 《重庆市高级人民法院、四川省高级人民法院关于审理建设工程施工合同纠纷案件若干问题的解答》（渝高法〔2022〕156 号）第 15 条规定：“建设工程施工合同约定工程价款实行固定总价结算，在未全部完成施工即终止履行，已施工部分工程质量合格，承包人要求发包人支付工程价款的，可以采用‘价款比例法’的方式，由鉴定机构根据工程所在地的建设工程定额及相关配套文件确定已完工程占整个工程的比例，再用合同约定的固定总价乘以该比例确定发包人应付的工程价款（已完工部分工程价款 $=$ 固定总价 $\times\frac{\text{已完工部分定额价}}{\text{定额总价}}$）。”

的工程量之间的比例，再以合同约定的总价乘以该比例，从而确定已完部分工程价款。[①] 山东省高级人民法院[②]、广东省高级人民法院[③]支持这一裁判思路。就此，还可参考“四川东嘉建筑工程有限公司与四川省犍为凤生纸业有限责任公司建设工程施工合同纠纷案”[④]。(3) 工期比例法。该方法以已完施工工期与全部应完施工工期的比值作为计价系数，再以该系数乘以合同约定总价进行计价。最高人民法院在“青海方升建筑安装工程有限责任公司与青海隆豪置业有限公司建设工程施工合同纠纷案”[⑤] 中称，这种方法与建设工程中发包人与承包人多以单位时间内完成工程量考核进度的交易习惯相符，并在二审判决书中对这一方法进行了论述，但并未采取这一方法。实践中，尚未发现采用这一方法的案例。

对于未完工的单价包干合同，在完工的情况下，直接以单价乘以工程量，即可得出工程总价。但是，“在未完工的情形下，因各个部分的成本不同，如地下基础的成本一般要高于地上部分，主体工程的建设成本一般要高于装修工程等，无法采取直接测量面积再乘以单价的方式确定工程款”[⑥]。在此情形下，也可采取比例法确定已完工部分的工程价款。在“重庆展峰建筑劳务有限公司与重庆伟太建筑工

---

① 参见最高人民法院民事审判第一庭编著：《最高人民法院新建设工程施工合同司法解释（一）理解与适用》，人民法院出版社 2021 年版，第 289 页。

② 山东省高级人民法院《2011 年全省民事审判工作会议纪要》（鲁高法〔2011〕297 号）第三部分“关于建设工程施工合同纠纷案件”第 3 条规定：“对固定价格合同未履行完毕情形下的工程价款结算，如果建设工程施工合同约定按固定总价结算，则按照实际施工部分的工程量占全部的工程量的比例，再按照合同约定的固定价格计算出已完部分工程价款。”《山东省高级人民法院关于审理建设工程施工合同纠纷案件若干问题的解答》（2020 年 11 月 4 日）第 4 条第 1 款第 3 项中规定：“工程尚未完工的，合同约定固定总价，承包人要求支付工程款的，对于能够确定已完工工程占合同约定施工范围比例的工程，应以合同约定的固定价为基础按比例折算。”

③ 原《广东省高级人民法院关于审理建设工程施工合同纠纷案件若干问题的指导意见》（粤高法发〔2011〕37 号）第 5 条规定：“建设工程施工合同约定工程款实行固定价，如建设工程尚未完工，当事人对已完工工程造价产生争议的，可将争议部分的工程造价委托鉴定，但应以建设工程施工合同约定的固定价为基础，根据已完工工程占合同约定施工范围的比例计算工程款。当事人一方主张以定额标准作为造价鉴定依据的，不予支持。”

④ 参考案例 168：四川东嘉建筑工程有限公司与四川省犍为凤生纸业有限责任公司建设工程施工合同纠纷案，最高人民法院（2014）民申字第 532 号民事裁定书。

⑤ 典型案例 128：青海方升建筑安装工程有限责任公司与青海隆豪置业有限公司建设工程施工合同纠纷案，最高人民法院（2014）民一终字第 69 号民事判决书。

⑥ 于蒙：《约定了平方米均价的未完工程如何进行结算——唐山凤辉房地产开发有限公司与赤峰建设建筑（集团）有限责任公司建设工程施工合同纠纷案》，载杜万华主编、最高人民法院民事审判第一庭编：《民事审判指导与参考》总第 67 辑，人民法院出版社 2017 年版。

程有限公司建设工程分包合同纠纷案”① 中，案涉合同约定，工程主体部分包干单价为325元/平方米、基础部分包干单价为610元/立方米。在施工过程中，合同因故解除。法院即认为，该未完工程造价单纯适用定额或合同约定包干价计算都有失偏颇。最终，按照重庆现行08定额及配套文件对劳务价格进行测算，将测算价格与合同包干劳务价格进行对比，测算出下浮比例，再对已实施部分工程量按重庆现行08定额及配套文件以及测算的下浮比例计算工程造价。此外，还可参见“唐山凤辉房地产开发有限公司与赤峰建设建筑（集团）有限责任公司建设工程施工合同纠纷案”②。

比例法的合理性在于：一方面，在工程未完工的情况下，已完工部分属于合同约定范畴，理应按照合同约定的计价标准计算工程款；另一方面，如不采取比例法，则只能按定额价或市场价进行鉴定，由此得出的价格标准必然偏离（通常高于）合同约定标准，要么诱使发包人中途解约，要么诱使承包人中途解约。因此，采取比例法，可以防止当事人通过恶意解约获取利益。作为国家标准的《建设工程造价鉴定规范》（GB/T 51262-2017）第5.1.2项规定：“鉴定人应根据合同约定的计价原则和方法进行鉴定。如因证据所限，无法采用合同约定的计价原则和方法的，应按照与合同约定相近的原则，选择施工图算或工程量清单计价方法或概算、估算的方法进行鉴定。”可以看出，其目的也在于此。

但需要注意的是：第一，如【裁判规则209】所述，工程措施费的支出与工程进度呈正相关关系，但并非同比关系，通常超前于工程进度。故在按照比例法确定已完工部分的工程价款时，需对超前于工程进度的工程措施费予以特别考量。第二，工程量比例法的适用范围有所限制。工程量比例法应仅适用于分部分项较为单一的工程项目，如挖方填方工程、混凝土码头等。对于有多个分部分项的工程，则未完工程通常会出现不同的分部分项工程量，此时就无法折算出一个较为准确的完工比例。在“青海方升建筑安装工程有限责任公司与青海隆豪置业有限公司建设

① 参考案例169：重庆展峰建筑劳务有限公司与重庆伟太建筑工程有限公司建设工程分包合同纠纷案，重庆市高级人民法院（2015）渝高法民终字第00116号民事判决书。

② 典型案例320：唐山凤辉房地产开发有限公司与赤峰建设建筑（集团）有限责任公司建设工程施工合同纠纷案，最高人民法院（2015）民一终字第309号民事判决书。

工程施工合同纠纷案”[①] 中，青海方升建筑安装工程有限责任公司的承包范围包括工程地下部分、结构施工和安装装修三个阶段。我国当前建筑市场行业普遍存在地下部分和结构施工薄利或者亏本的现实，这是由于钢筋、水泥、混凝土等主要建筑材料价格相对较高且大多包死，施工风险和难度较高，承包人需配以技术、安全措施费用才能保质保量完成；而安装、装修施工是在结构工程已完工之后进行，风险和成本相对较低，因此，安装、装修工程大多可以获取相对较高的利润。这三项工程就不具有可比较性，不能适用工程量比例法。第三，价款比例法主要适用于只有合同总价而没有组成明细的施工合同。因为每一个分部分项工程的工程量不同、单价不同，以及每个子目造价占整个工程项目的比例不同，如果直接适用价款比例法折算，就相当于把整个项目的分部分项工程造价直接进行了平均，由此导致投标报价在结算时失去意义，在承包人采用不平衡报价时偏差更大。

**典型案例 196**

## 贵州瑞和建设集团有限公司、石阡县信德房地产开发有限责任公司建设工程施工合同纠纷案[②]

### 基本案情

2014年6月1日，石阡县信德房地产开发有限责任公司（以下简称信德公司）与贵州瑞和建设集团有限公司（以下简称瑞和公司）签订《3、4、5号楼建设工程施工合同》，约定瑞和公司承建石阡·泉城别苑3、4、5号楼、广场及泉城别苑项目增加部分，建筑面积造价为1580元/平方米。签约后，瑞和公司进场施工。2016年2月1日，瑞和公司停工后，信德公司将该部分未完工工程发包给案外人继续施工。后瑞和公司诉至法院，要求信德公司支付工程款。

① 典型案例128：青海方升建筑安装工程有限责任公司与青海隆豪置业有限公司建设工程施工合同纠纷案，最高人民法院（2014）民一终字第69号民事判决书。

② 典型案例196：贵州瑞和建设集团有限公司、石阡县信德房地产开发有限责任公司建设工程施工合同纠纷案，最高人民法院（2020）最高法民终117号民事判决书、最高人民法院（2021）最高法民申4477号民事裁定书。

## 法院观点

在一审中，法院委托鉴定机构对已完工部分进行鉴定。其鉴定方法为：第一步，以固定单价（1580元/平方米）乘以双方约定的面积（根据施工图纸计算）计算出约定的工程总造价；第二步，通过造价鉴定计算出瑞和公司完成的部分占整个工程的比例，造价采用贵州省04定额，材料价格采用当地同期造价信息，工程量根据施工图计算；第三步，用计算出的比例乘以约定的工程总价款，由此确定瑞和公司已完工程的价款。贵州省高级人民法院在一审中、最高人民法院在二审中，均采纳了该鉴定意见。瑞和公司申请再审称，原审判决对3、4、5号楼及广场部分、泉城别苑项目增加部分，按照贵州04定额及其工程造价计算工程价款，定性错误。最高人民法院在再审审查指出，"该鉴定方法符合本案实际，实质上即为按照双方约定的固定单价计算的工程款。信德公司申请再审称原判决按照定额计算工程价款定性错误，该主张是对原判决的错误解读，理由不能成立"。

### 裁判规则197

**建设工程施工合同范围外的增加工程，发承包双方未明确计价标准的，参照合同法"多交标的物"规则，可参照合同约定计价标准结算。但增加工程的性质、内容明显有别于合同内工程的除外。**

在施工过程中，甲方追加发包导致工程量增加的情形时有发生。从合同约束范围来看，新增工程超出了合同约定范围，合同约定的价格标准也就不能当然地适用于新增部分。若此，应当如何确定增加部分的计价标准？

对新增工程的价款结算，有观点主张，参照《建设工程施工合同解释（一）》第19条第2款①的规定，应按定额价或市场价进行鉴定。《山东省高级人民法院关于审理建筑工程承包合同纠纷案件若干问题的意见》（1998年10月30日）第36条前段规定："对合同约定的一次包死的建筑工程，如合同有效，应严格按合同约

---

① 该款规定："因设计变更导致建设工程的工程量或者质量标准发生变化，当事人对该部分工程价款不能协商一致的，可以参照签订建设工程施工合同时当地建设行政主管部门发布的计价方法或者计价标准结算工程价款。"

定处理。但对合同履行中因设计变更而增加的工程价款，双方有补充约定的，按约定处理，没有补充约定的，应按照当地现行的定额标准，据实结算。”重庆市高级人民法院①、江苏省高级人民法院②也持这一观点。在“浙江宏成建设集团有限公司与陕西广厦投资发展集团有限公司建设工程施工合同纠纷案”③ 中，一审、二审法院均认为，合同约定的包干价 33,986.28 万元下浮 5%的计价标准不适用于变更工程。也有观点主张，对合同外增加工程，如双方未明确计价标准，原则上应当按照合同约定的计价标准进行结算。只有在合同约定计价标准无法适用的情况下，才应按定额价或市场价进行鉴定。山东省高级人民法院在 2020 年转变立场，在《山东省高级人民法院关于审理建设工程施工合同纠纷案件若干问题的解答》（2020 年 11 月 4 日）第 4 条第 1 款第 2 项针对“合同约定按照固定总价结算，当事人主张施工范围增减的情形”规定：“合同没有约定的，可以参照合同约定标准对工程量增减部分予以单独结算，无法参照约定标准结算的，可以参照施工地建设行政主管部门发布的计价方法或者计价标准结算。”河北省高级人民法院④、广东省高级人民法院⑤也持这一立场。

需要明确的是，对争议工程是否属于合同范围外的增加工程，需根据合同约定

---

① 《重庆市高级人民法院关于建设工程造价鉴定若干问题的解答》（渝高法〔2016〕260 号）第 11 条第 2 款第 2 项中规定：“工程量清单外的新增工程，合同有约定的从其约定，未作约定的，参照工程所在地的建设工程定额及相关配套文件计价。”

② 原《江苏省高级人民法院关于审理建设工程施工合同纠纷案件若干问题的意见》（苏高法审委〔2008〕26 号）第 9 条第 2 款规定：“建设工程施工合同约定工程价款实行固定价结算的，因设计变更导致工程量变化或质量标准变化，当事人要求对工程量增加或减少部分按实结算的，人民法院应予支持，当事人另有约定的除外。”所谓“据实结算”，即依据政府部门发布的定额计价标准，根据实际完成的工程量计算工程造价。

③ 参考案例 170：浙江宏成建设集团有限公司与陕西广厦投资发展集团有限公司建设工程施工合同纠纷案，最高人民法院（2020）最高法民终 849 号民事判决书。

④ 《河北省高级人民法院建设工程施工合同案件审理指南》（冀高法〔2018〕44 号）第 11 条中规定：“合同约定固定价款的，因发包人原因导致工程变更的，承包人能够证明工程变更增加的工程量不属于合同约定包干价范围之内的，有约定的，按约定结算工程价款，没有约定的，可以参照合同约定标准对工程量增减部分予以单独结算，无法参照约定标准结算可以参照施工地建设行政主管部门发布的计价方法或者计价标准结算。”

⑤ 《广东省高级人民法院关于审理建设工程施工合同纠纷案件若干问题的意见》（粤高法发〔2006〕37 号）第 1 条规定：“当事人约定工程款实行固定价，而实际施工的工程量比约定的工程范围有所增减的，可在确认固定价的基础上，参照合同约定对增减部分进行结算，再根据结算结果相应增减总价款。不应撇开合同约定，对整个工程造价进行重新结算。”

的施工范围、施工图纸审慎判断。在“中航长江建设工程有限公司与杭州欧陆企业管理有限公司建设工程施工合同纠纷案”[①] 中，案涉幕墙和铝合金门窗工程进行招标时，幕墙工程仅有设计单位提供的方案图，施工单位需对方案图进行深化设计，并结合工程现状，才能确定报价。后中航长江建设工程有限公司（以下简称中航公司）以320万元的包干总价中标。在施工完成后，中航公司认为，其投标价格中的工程量与施工图中的工程量发生较大变化（鉴定得出的工程款为446万元），要求中航公司按照实际发生的工程量支付工程款。法院认为：中航公司主张的工程量系其在投标报价时未做深化设计造成，应作为中航公司在投标报价时的漏项，由中航公司自行承担因工程量增加而不能计算费用的损失；而且无论中航公司有无进行深化设计，其在明知欧陆公司招标范围，并在与欧陆公司签订的合同中明确承包总价为施工图工程内容的全部费用的情况下，并未提交有效的证据证明就案涉工程存在经欧陆公司认可的设计变更或工程量增减的联系单，应当认为案涉工程应按照双方约定的承包总价320万元结算。换言之，工程范围并未发生变化，只是工程量的计算有所不同，故法院认为不构成新增工程。还需要指出的是，施工总承包合同据以确定承包范围的依据是图纸，而工程总承包合同则有所不同，其确定承包范围的依据是“发包人要求”，而非图纸。[②]

在确定争议工程确系新增工程的基础上，超范围工程与未完工程如同“一币之两面”，既然对于未完工程应当通过比例法等方法，按照约定计价标准结算，那么对于超范围工程，“除非工程量变更增加的部分在合同中没有对应的类型”[③]，否则也应执行合同约定的计价标准。如果计价标准无法简单套用，则可通过比例法确定价格标准。一方面，在超范围施工的情况下，既然当事人自愿签订的合同中约定的计价标准（通常）低于定额标准，则可以推知，低于定额标准的该合同标准是承包人可以接受的计价标准，也是发包人愿意承担的计价标准。因此，参照合同标准确定超范围部分工程款，符合当事人的心理预期，且能够更好地平衡双方之间的

---

① 参考案例171：中航长江建设工程有限公司与杭州欧陆企业管理有限公司建设工程施工合同纠纷案，杭州市中级人民法院（2015）浙杭民终字第2271号民事判决书。

② 参见曹文衔、宿辉、曲笑飞：《民法典建设工程合同章条文释解与司法适用》，法律出版社2021年版，第52页。

③ 徐宽宝：《〈民法典〉实施后建设工程合同案件审理思路探析》，载最高人民法院民事审判第一庭编：《民事审判指导与参考》总第83辑，人民法院出版社2021年版。

利益关系。另一方面，《民法典》第629条规定："出卖人多交标的物的，买受人可以接收或者拒绝接收多交的部分。买受人接收多交部分的，按照合同的价格支付价款；买受人拒绝接收多交部分的，应当及时通知出卖人。"第734条第1款规定："租赁期限届满，承租人继续使用租赁物，出租人没有提出异议的，原租赁合同继续有效，但是租赁期限为不定期。"从以上两条规定来看，对于实际履行行为超越合同约定范围的，合同法均规定按原合同约定计价方式确定对价。本着"类似问题类似处理"的原则，对施工合同中的超范围履行问题，可以参照上述规定处理。在下述【典型案例197】中，对施工中增加的工程项目，法院虽因工程量无法确定而未支持该部分工程款，但明确提出，该部分工程款应当参照合同约定计价标准进行计价。

还需要注意的是，如果新增工程与原合同范围内的项目相比，性质和内容不相同，则合同约定计价标准不再具有可参照性。[①] 在此情形下，前述《山东省高级人民法院关于审理建设工程施工合同纠纷案件若干问题的解答》（2020年11月4日）第4条第1款第2项、《河北省高级人民法院建设工程施工合同案件审理指南》（冀高法〔2018〕44号）第11条前段均规定，可以参照施工地建设行政主管部门发布的计价方法或者计价标准结算。当然，也可就新增工程按市场价通过鉴定确定。

**典型案例197**

## 冷犁等与重庆市合川城市建设投资（集团）有限公司、四川永存建筑工程有限公司建设工程施工合同纠纷案[②]

### 基本案情

2011年9月7日，四川永存建筑工程有限公司（以下简称永存建筑公司）与冷犁等三人签订《项目管理目标责任书》，约定永存建筑公司与建设单位就重庆市合川区涪江二桥景观工程BT项目建设工程签订了《BT合同》，该项目由冷犁等三人实施，永存建筑公司按工程项目结算造价的0.5%收取管理费。2011年10月24

① 参见杨心忠等：《建设工程合同纠纷裁判思路》，法律出版社2014年版，第173页。

② 典型案例197：冷犁等与重庆市合川城市建设投资（集团）有限公司、四川永存建筑工程有限公司建设工程施工合同纠纷案，最高人民法院（2021）最高法民终983号民事判决书。

日，重庆市合川城市建设投资（集团）有限公司（以下简称合川城投公司）与永存建筑公司签订《BT合同》，约定由永存建筑公司采用BT方式投资、建设重庆市合川区高速公路涪江二桥景观工程；合同价款由甲控费用（1350万元）、建筑安装工程费（12,150万元）等费用组成，合计13,500万元；该计价系按重庆市2008年《重庆市市政工程计价定额》《重庆市安装工程计价定额》《重庆市仿古建筑及园林工程计价定额》《重庆市建设工程费用定额》《砼及砂浆配合比表、施工机械台班定额》等相关定额文件进行编制；合同的回购价款为合川区审计局审定的决算金额。2012年5月，案涉工程竣工。后冷犁等三人诉至法院，要求合川城投公司支付回购款及相应利息。在一审中，合川区审计局于2018年1月29日出具的《审计报告》载明，花岗石栏杆、机制青石栏杆、0号桥墩顶升费无核价资料，公厕无施工图、竣工图及费用计算依据，故因资料不齐形成甩项金额162.68万元。冷犁等三人认为，现有证据能够证明花岗石栏杆、机制青石栏杆工程款、0号桥墩顶升费、公厕项目费用三部分总计162.68万元。

## 法院观点

针对争议的公厕项目，最高人民法院认为，公厕项目由于属于施工中增加的项目，合同没有约定计价原则，应当参照《BT合同》的约定进行计价。但冷犁等三人没有举示关于公厕项目实际工程量的证据，亦未申请通过司法鉴定的方式进行确定，从而导致该部分工程款无法计算，故公厕项目的费用不应计入建筑安装工程费。

### 裁判规则198

**在建设工程施工合同履行过程中，因设计变更、施工现场与设计不符等原因导致施工内容与合同约定不符的，应参照合同约定的计价标准进行结算。但变更部分的性质、内容明显有别于原合同内容的除外。**

在建设工程施工合同履行过程中，因设计变更、施工现场与设计不符等原因导致实际施工内容与合同约定内容不一致，其样态相对复杂。既包括前述【裁判规则 196】所讨论的在合同内部分施工内容被取消，也包括前述【裁判规则 197】所讨论的在合同约定施工范围外有新增工程，还包括虽在合同约定施工范围内但工作内容发生变化。前述多种样态杂糅在一起，应当如何结算工程价款？

就此问题，《重庆市高级人民法院、四川省高级人民法院关于审理建设工程施工合同纠纷案件若干问题的解答》（渝高法〔2022〕156 号）第 13 条第 2 款规定："因设计变更导致建设工程的工程量或者质量标准发生变化，当事人请求对工程价款予以调整的，如果合同对工程价款调整的计算方法有约定的，依照其约定；没有约定或者约定不明的，由当事人协商解决，不能协商一致的，可以参照合同约定标准对变更部分予以结算，无法参照合同约定结算可以参照工程所在地建设行政主管部门发布的计价方法或者计价标准结算；涉及新材料、新工艺等在建设行政主管部门发布的计价方法或者计价标准中没有规定的项目，可根据市场行情据实结算。"原《江苏省高级人民法院民一庭建设工程施工合同纠纷案件司法鉴定操作规程》（苏高法电〔2015〕802 号）第 32 条规定："建设工程施工合同约定工程价款按照固定总价结算，合同履行过程中建设工程发生重大变更导致难以区分合同内工程量与变更部分工程量，一方当事人申请对建设工程全部造价进行鉴定的，人民法院可以准许，但鉴定结论应当计入固定总价体现的下浮水平。"陕西省高级人民法院的规定与之类似。① 也就是说，变更部分原则上也应参照合同约定计价标准。

在此情形下，根据变更、增减工程的性质、标准，可以适用原合同约定的计价标准结算工程款，且不会导致当事人之间利益失衡的，原则上仍应参照合同约定结算工程价款。② 在因变更、增减工程的性质、标准不宜适用原合同约定的计价标准，或者原合同约定的计价标准无法适用的情况下，才应考虑以定额价或市场价结算工程款。首先，在此情形下，最简单的方法是对实际施工内容全部按照定额价或

① 《陕西省高级人民法院关于审理建设工程施工合同纠纷案件若干问题的解答》（陕高法〔2020〕113 号）第 2 条中规定："合同约定固定价款的，因发包人原因导致工程变更的，承包人能够证明工程变更增加的工程量不属于合同约定包干价范围之内的，有约定的，按约定结算工程价款；没有约定的，可以参照合同约定标准对工程量增减部分予以单独结算。"

② 参见《工程变更导致工程量发生重大变化，当事人对于该部分工程款结算达不成一致的，是否应当参照签订原合同时建设行政主管部门发布的工程定额标准或工程量清单计价方法结算工程款》，载最高人民法院民事审判第一庭编：《民事审判指导与参考》总第 58 辑，人民法院出版社 2014 年版；最高人民法院民事审判第一庭编著：《最高人民法院新建设工程施工合同司法解释（一）理解与适用》，人民法院出版社 2021 年版，第 198 页。

者市场价进行鉴定。但是，在合同约定范围内且施工内容未发生变化的部分，理应执行合同约定的计价标准。如【裁判规则 197】所述，合同范围外的新增工程也应执行合同约定的计价标准。若此，则仅需考虑虽在合同约定施工范围内但工作内容发生变化的部分。其次，对合同范围内的变更问题，可参考《建设工程工程量清单计价规范》（GB50500-2013）的规定。根据其第 9. 3. 1 项[①]的规定，对工程变更导致的工程量变化，仍应执行合同约定的价格标准。只有在合同中没有与变更工程相适应的价格标准时，才应参照定额价或市场价确定。至于确定合同约定的计价标准的方法，在合同约定的计价标准无法直接采用的情况下，可以采取比例法等方式求得合同约定的计价标准。最后，本属合同约定范围内但未施工部分、超出合同约定范围的新增部分、本属合同约定范围内但施工内容发生变化部分，并非泾渭分明。在实践中，由于建设工程是一个整体，这三者往往交织在一起难以区分。如合同约定范围内的栏杆工程，本为铝合金栏杆，后因设计变更，导致原定范围内的部分栏杆取消，在原定范围外增加了部分栏杆，且由铝合金栏杆变更为不锈钢栏杆。在此情形下，基于现实考量，执行同一结算标准——合同约定计价标准，也更为适宜。

需要指出的是，参照《建设工程工程量清单计价规范》（GB50500-2013）第 9. 3. 1 项的规定并如后述，如果合同约定计价标准对变更工程合同不具有可参照性的，则应按后述【裁判规则 199】处理。

---

① 该项规定："工程变更引起已标价工程量清单项目或其工程数量发生变化时，应按照下列规定调整：1. 已标价工程量清单中有适用于变更工程项目的，应采用该项目的单价；但当工程变更导致该清单项目的工程数量发生变化，且工程量偏差超过 15%时，该项目单价的调整应按照本规范第 9. 6. 2 条的规定调整。2. 已标价工程量清单中没有适用、但有类似于变更工程项目的，可在合理范围内参照类似项目的单价。3. 已标价工程量清单中没有适用也没有类似于变更工程项目的，由承包人根据变更工程资料、计量规则和计价办法、工程造价管理机构发布的信息价格和承包人报价浮动率提出变更工程项目的单价，报发包人确认后调整。承包人报价浮动率可按下列公式计算：招标工程：承包人报价浮动率 L=（1-中标价/招标控制价）×100%；非招标工程：承包人报价浮动率 L=（1-报价/施工图预算）×100%。4. 已标价工程量清单中没有适用也没有类似于变更工程项目，且工程造价管理机构发布的信息价格缺价的，由承包人根据变更工程资料、计量规则、计价办法和通过市场调查等取得有合法依据的市场价格提出变更工程项目的单价，报发包人确认后调整。"此外，第 9. 6. 2 条规定："对于任一招标工程量清单项目，如果因本条规定的工程量偏差和第 9. 3 条规定的工程变更等原因导致工程量偏差超过 15%，调整的原则为：当工程量增加 15%以上时，其增加部分的工程量的综合单价应予调低；当工程量减少 15%以上时，减少后剩余部分的工程量的综合单价应予调高。"

**典型案例198**

## 甘肃中利投资服务集团有限责任公司与甘肃一安建设科技集团有限公司建设工程施工合同纠纷案①

### 基本案情

2013年9月15日，甘肃中利投资服务集团有限责任公司（以下简称中利公司）与甘肃一安建设科技集团有限公司（以下简称一安公司）签订《建设工程施工合同》，约定一安公司承接会宁县中利市场二层钢结构架设改造工程。工程总面积为12,096平方米，每平方米造价为480元，总价款为7,015,680元。2015年2月22日，案涉工地的钢结构、门、玻璃受损，后一安公司撤离案涉工地。中利公司将后续工程发包他人，并诉至法院，要求解除《建设工程施工合同》，一安公司支付违约金并赔偿经济损失。一安公司提起反诉，要求中利公司支付工程欠款、赔偿违约损失。在诉讼中，根据一安公司的申请，法院委托信诺公司就涉案工程造价进行鉴定。信诺公司的鉴定意见书载明，案涉工程的政府指导价为8,344,176.26元，故合同价的优惠比例为15.92%（1-7,015,680.00÷8,344,176.26×100%）。一安公司认为，双方在合同履行中变更了施工范围，属于事实上的设计变更。根据《2004年建工解释》第16条第2款之规定，已完工工程应依据政府定额标准进行结算。

### 法院观点

甘肃省高级人民法院（二审法院）认为，《建设工程施工合同》是双方当事人真实意思表示，不违反法律法规强制性规定，系合法有效，对双方当事人具有法律约束力。该合同约定工程价款为7,015,680元，总面积为12,096平方米，每平方米造价为480元。因双方只约定了工程总量和总造价，没有工程预算书，没有约定计算工程造价的依据，鉴定机构按照施工图纸、工程量以及工程定额等资料，以同

---

① 典型案例198：甘肃中利投资服务集团有限责任公司与甘肃一安建设科技集团有限公司建设工程施工合同纠纷案，甘肃省高级人民法院（2019）甘民终350号民事判决书、最高人民法院（2020）最高法民申714号民事裁定书。

等工程量相应的政府指导价为依据，经对比，合同约定价格比同等工程量的政府指导价下浮 15.92%，故按照此比例确定已完工工程量的造价，符合双方当事人的约定。一安公司主张案涉工程造价按照鉴定意见所载政府指导价确定，没有合同依据和法律依据，人民法院不予支持。最高人民法院在再审审查中也认为，《建设工程施工合同》合法有效，对双方当事人具有法律约束力。该合同约定工程价款为 7,015,680 元，总面积为 12,096 平方米，每平方米造价为 480 元。在双方只约定了工程总量和总造价，没有工程预算书，没有约定计算工程造价依据的情况下，鉴定机构按照施工图纸、工程量以及工程定额等资料，以同等工程量相应的政府指导价为依据，确定合同约定价格比同等工程量的政府指导价下浮 15.92%。二审法院认定以此比例作为优惠系数确定已完工工程量的造价，符合双方当事人的约定，该认定并无不当。

## 裁判规则 199

**变更或增加工程与合同内工程显著有别、承包人实行不平衡报价而工程未完工或合同约定计价标准不具有合理性的，不应适用合同约定计价标准。**

建设工程施工合同约定的计价标准体现了发承包双方的真实意思，应当尽可能按照合同约定计价标准进行结算。但在实践中，也存在合同约定计价标准不具有合理性的情形：

第一，对于新增工程或变更工程，虽然可以通过比例法求得合同约定的计价标准，但新增或变更工程的性质、标准不宜适用原合同约定的计价标准的，则不应强行适用原合同约定的计价标准。① 如原合同约定的施工内容为土建工程，而新增工程为园林工程，二者在性质上判然有别，合同约定的计价标准不再具有参照价值。就此，可参见“武汉第四建设集团有限公司与武汉市后湖发展区物业有限公司建

① 参见最高人民法院民事审判第一庭编著：《建设工程施工合同司法解释的理解与适用》，人民法院出版社 2004 年版，第 150 页。

设工程施工合同纠纷案”①、“庄浪县宏达建筑安装工程有限责任公司与静宁县建筑集团房地产开发有限责任公司等建设工程施工合同纠纷案”②。

第二，承包人实行不平衡报价而工程未完工。安徽省高级人民法院在“余永与周辉、安徽庐江县环宇建设工程有限责任公司建设工程施工合同纠纷案”③中称，“所谓不平衡报价，即工程项目的投标总价确定后，根据招标文件的付款条件，在不抬高总价以免影响中标（商务得分）的前提下，合理调整投标文件中子项目的报价，目的是在保证中标概率的同时，更早地取得工程进度款，更多地结算工程总价款。如早付款的项目或今后可能会增加工程量的项目，单价可以提高；反之，单价则可降低”。在承包人通过不平衡报价中标而工程未完工的情况下，就已完工部分参照报价标准不具有合理性，可以参照定额标准和市场报价情况据实结算。④ 原《江苏省高级人民法院关于审理建设工程施工合同纠纷案件若干问题的解答》（2018 年 6 月 26 日）第 8 条后段规定：“因不平衡报价导致按照当事人合同约定的固定价结算将对承包人利益明显失衡的，可以参照定额标准和市场报价情况据实结算。”就此，可以参考“青海方升建筑安装工程有限责任公司与青海隆豪置业有限公司建设工程施工合同纠纷案”。⑤

第三，合同约定的计价标准本身不具有合理性。最典型的是就“三边工程”（边勘察、边设计、边施工）约定固定总价的情形。在施工内容都不明确的情况下约定的固定总价，显然只能作为暂估价，不能作为结算依据。下述【典型案例 199】即为适例。此外，在“海擎重工机械有限公司与江苏中兴建设有限公司、中

① 参考案例 172：武汉第四建设集团有限公司与武汉市后湖发展区物业有限公司建设工程施工合同纠纷案，最高人民法院（2018）最高法民再 166 号民事判决书。

② 参考案例 173：庄浪县宏达建筑安装工程有限责任公司与静宁县建筑集团房地产开发有限责任公司等建设工程施工合同纠纷案，最高人民法院（2021）最高法民再 178 号民事判决书。

③ 参考案例 174：余永与周辉、安徽庐江县环宇建设工程有限责任公司建设工程施工合同纠纷案，安徽省高级人民法院（2018）皖民申 1374 号民事裁定书。

④ 参见潘军锋：《建设工程价款结算审判疑难问题研究》，载《法律适用》2019 年第 5 期。

⑤ 典型案例 128：青海方升建筑安装工程有限责任公司与青海隆豪置业有限公司建设工程施工合同纠纷案，最高人民法院（2014）民一终字第 69 号民事判决。《最高人民法院公报》2015 年第 12 期，第 11—25 页。

国建设银行股份有限公司泰兴支行建设工程施工合同纠纷案”① 中，由于工程施工中的措施费数额较大，仅按施工图鉴定工程造价难以准确测算实际完成工程量占全部工程量的比例，法院也未通过比例法确定合同的计价标准，而是委托鉴定单位直接按定额价进行鉴定。

典型案例 199

## 广东省韶关市第二建筑工程公司 与韶关市坪石发电厂有限公司建设工程施工合同纠纷案②

### 基本案情

2006 年 12 月 9 日，韶关市坪石发电厂有限公司（以下简称坪石电厂）（甲方）与广东省韶关市第二建筑工程公司（以下简称韶关二建公司）（乙方）签订《土建工程施工合同》，约定乙方承担坪石电厂三期扩建工程 2×300MW 循环流化床机组项目及配套工程项目土建工程的施工、竣工与保修任务。工程采用总价承包，合同总价为 20,495 万元，该价格为乙方承包范围内包死价，不调整。在合同签订时，坪石电厂出具了一份《广东坪石发电厂（B 厂）三期扩建工程厂区总平面布置图》，而具体的施工图纸自 2007 年 5 月起至 2009 年 11 月止，由坪石电厂陆续向韶关二建公司提交。后工程竣工验收合格，交付坪石电厂使用。在施工过程中，坪石电厂已支付工程款 309,591,707.48 元。韶关二建公司认为，对方还欠付 89,584,746 元，遂提起诉讼。坪石电厂称，涉案合同约定的结算方式为总价承包，已付款金额远超合同约定的固定总承包价，遂反诉要求韶关二建公司返还超出总包价部分的已付工程款。

### 法院观点

最高人民法院认为，双方当事人于 2006 年 12 月 9 日签订施工合同时，仅有一

① 典型案例 317：海擎重工机械有限公司与江苏中兴建设有限公司、中国建设银行股份有限公司泰兴支行建设工程施工合同纠纷案，最高人民法院（2012）民提字第 20 号民事判决书。《最高人民法院公报》2015 年第 6 期，第 28—46 页。

② 典型案例 199：广东省韶关市第二建筑工程公司与韶关市坪石发电厂有限公司建设工程施工合同纠纷案，最高人民法院（2016）最高法民再 135 号民事判决书。

份简略的总平面布置图可资参考，对具体的施工范围以及相对准确的工程量等与工程价款的厘定有密切关系的基本事实并未确定，而具体的施工图纸在合同签订后方由坪石电厂向韶关二建公司陆续提交。因此，即便韶关二建公司作为专业建设施工单位具有相当的施工经验和市场风险判断能力，对于案涉大型基础建设施工工程而言，也不可能基于一份简略的总平面布置图而对工程量和造价作出相对准确的评估。另外，随着陆续提供的详细施工图纸所确定的实际的施工范围会逐步超出合同签订时预估的施工范围，那么这种以协商不足的固定价款来对应不断增加的工程量的交易方式对施工方而言是极不公平的。在此基础上，最高人民法院认为，坪石电厂与韶关二建公司在合同履行过程中根据实际情况以及陆续提交的施工图纸所确定的施工量，来重新议定工程承包总价格、变更原有固定价的工程价款确定方式，既有相应事实依据又合乎常理。最高人民法院据此认定，坪石电厂实际支付的工程款309, 591, 707. 48元，属于坪石电厂与韶关二建公司在合同履行过程中根据实际情况的据实结算，双方应互不找补工程款。

## 裁判规则200

**建设工程无法适用约定计价标准的，可参照合同签订时当地市场价确定工程造价。既无法适用约定价格标准，又缺乏可资参照的市场价的，可参照定额价确定工程价款。**

建设工程的计价标准，除合同约定价外，还有定额价与市场价。《民法典》第511条第2项规定：价款或者报酬不明确的，按照订立合同时履行地的市场价格履行；依法应当执行政府定价或者政府指导价的，依照规定履行。据此，在无法适用约定计价标准时，应当按照市场价或定额价进行结算。

所谓市场价，即市场实际价格，是随市场供需而变化的受品牌、时间、地区影响的市场个别价格，往往通过询价的方式确定。[①] 所谓定额价，是依据当地建设行政主管部门发布的计价定额、费用定额等文件，根据实际完成的工程量计算得出的工程价款。在具体计算时，建设工程价格信息（也称市场信息价、信息价），即政

① 参见王楷、于秋磊：《建设工程施工合同纠纷法律实务与工程专业知识解答》，法律出版社2021年版，第142页。

府造价主管部门根据各类典型工程材料用量和社会供货量，通过市场调研经加权平均计算得出的社会平均价，一般作为定额的配套文件。《建设工程施工合同解释（一）》第19条第2款规定："因设计变更导致建设工程的工程量或者质量标准发生变化，当事人对该部分工程价款不能协商一致的，可以参照签订建设工程施工合同时当地建设行政主管部门发布的计价方法或者计价标准结算工程价款。"《建设工程造价鉴定规范》（GB/T 51262-2017）第5.3.3项也规定："鉴定项目合同对计价依据、计价方法约定不明的，鉴定人应厘清合同履行的事实，如是按合同履行的，应向委托人提出按其进行鉴定；如没有履行，鉴定人可向委托人提出'参照鉴定项目所在地同时期适用的计价依据、计价方法和签约时的市场价格信息进行鉴定'的建议，鉴定人应按照委托人的决定进行鉴定。"

实务界普遍主张，在不适用合同约定的计价标准的情况下，应参照定额标准确定工程价款。① 但"定额标准往往跟不上市场价格的变化"②，而市场价更接近建筑工程的实际造价成本。因此，在定额价与市场价之间，参照定额标准确定工程价款，是不得已的选择。首先，定额标准是各地建设主管部门根据本地建筑市场建筑成本的平均值确定的，是完成一定计量单位产品的人工、材料、机械和资金消费的规定额度，是政府指导价，属于任意性规范而非强制性规范。在当事人之间没有作出以定额价作为工程价款的约定时，一般不宜以定额价确定工程价款。其次，在制定工程定额标准过程中，"政府有关部门确定各种价格和管理费、基本利润率，完全没有考虑企业的技术专长、劳动生产力水平、材料采购渠道和管理能力，这种计

---

① 如《北京市高级人民法院关于审理建设工程施工合同纠纷案件若干疑难问题的解答》（京高法发〔2012〕245号）第11条第1款规定："建设工程施工合同约定工程价款实行固定总价结算，在实际履行过程中，因工程发生设计变更等原因导致实际工程量增减，当事人要求对工程价款予以调整的，应当严格掌握，合同对工程价款调整有约定的，依照其约定；没有约定或约定不明的，可以参照合同约定标准对工程量增减部分予以单独结算，无法参照约定标准结算的，可以参照施工地建设行政主管部门发布的计价方法或者计价标准结算。"《重庆市高级人民法院、四川省高级人民法院关于审理建设工程施工合同纠纷案件若干问题的解答》（渝高法〔2022〕156号）第13条第2款规定："因设计变更导致建设工程的工程量或者质量标准发生变化，当事人请求对工程价款予以调整的，如果合同对工程价款调整的计算方法有约定的，依照其约定；没有约定或者约定不明的，由当事人协商解决，不能协商一致的，可以参照合同约定标准对变更部分予以结算，无法参照合同约定结算可以参照工程所在地建设行政主管部门发布的计价方法或者计价标准结算；涉及新材料、新工艺等在建设行政主管部门发布的计价方法或者计价标准中没有规定的项目，可根据市场行情据实结算。"

② 杨心忠等：《建设工程合同纠纷裁判思路》，法律出版社2014年版，第228页。

价模式不能及时反映市场价格的变化，更不能反映企业的施工、技术、管理水平”①。因此，以定额为基础确定工程造价与建筑市场的实际情况偏离较大，按照定额鉴定得出的工程价通常明显高于市场价，导致当事人之间利益不平衡。因此，在市场价与定额价之间，应当首先选择市场价。下述【典型案例 200】即为适例。但在实践中，市场价需要通过逐一询价的方式确定，程序烦琐，且受人为因素干扰较大，故较少采用这一计价方法。

还需要注意的是，无论是参照市场价还是定额价，参照的时点应当是签订合同时，而非发生争议时。因为“从合同签订时，双方的权利义务以及预期利益和风险均已明确，双方对各自的利益均存在可期性，司法应当保证这种可预期的利益”②。参照的地点应当是建设工程所在地。

**典型案例 200**

## 齐河环盾钢结构有限公司与济南永君物资有限责任公司建设工程施工合同纠纷案③

### 基本案情

2003 年 11 月 1 日，齐河环盾钢结构有限公司（以下简称环盾公司）冒用“第九冶金建筑公司第五分公司”的名义，使用虚假公章与永君公司签订了三份建设工程施工合同。三份合同在甲方（发包方）栏加盖公章的均是永君公司，签名的委托代理人均是刘泽洪；在乙方（承包方）栏加盖的公章均是“第九冶金建筑公司第五分公司合同专用章”，签名的委托代理人均是石忠义；三份合同的工程价款分别为 452 万元、988 万元、1186 万元。工程完工后，环盾公司起诉要求支付工程款。因三份合同价款分配没有规律且无法辨别真伪，不能确认当事人对合同价款的

① 最高人民法院民事审判第一庭编著：《最高人民法院建设工程施工合同司法解释的理解与适用》，人民法院出版社 2004 年版，第 148、149 页。

② 最高人民法院民事审判第一庭编著：《最高人民法院新建设工程施工合同司法解释（一）理解与适用》，人民法院出版社 2021 年版，第 195 页。

③ 典型案例 200：齐河环盾钢结构有限公司与济南永君物资有限责任公司建设工程施工合同纠纷案，最高人民法院（2011）民提字第 104 号民事判决书。

真实意思表示，只能通过鉴定确定工程价款。对于鉴定应当采取的计价标准，环盾公司主张采取定额价（15,772,204.01 元），永君公司主张采取市场价（11,355,354 元）。

## 法院观点

最高人民法院认为，本案不应以定额价作为工程价款结算依据。第一，建设工程定额标准是各地建设主管部门根据本地建筑市场建筑成本的平均值确定的，是完成一定计量单位产品的人工、材料、机械和资金消费的规定额度，属于政府指导价范畴。相关规范属于任意性规范而非强制性规范。在当事人之间没有作出以定额价作为工程价款的约定时，一般不宜以定额价确定工程价款。第二，以定额为基础确定工程造价没有考虑企业的技术专长、劳动生产力水平、材料采购渠道和管理能力，这种计价模式不能反映企业的施工、技术和管理水平。第三，本案所涉钢结构工程与传统建筑工程相比属于较新型建设工程，工程定额与传统建筑工程定额相比还不够完备，按照钢结构工程造价鉴定的惯例，以市场价鉴定更接近造价成本，更有利于保护当事人的利益。第四，根据《合同法》第 62 条第 2 项的规定，当事人就合同价款或者报酬约定不明确，依照《合同法》第 61 条的规定仍不能确定的，按照订立合同时履行地的市场价格履行，依法应当执行政府定价或者政府指导价的，按照规定履行。本案所涉工程不属于政府定价项目，因此，以市场价作为工程价款结算依据不仅更符合法律规定，而且对双方当事人更公平。

## 裁判规则 201

**通过招投标程序签订的建设工程施工合同，承包人的中标价系不闭合报价的，应当以中标通知书载明的中标价格为准。根据中标通知书仍无法确定的，则以各单项金额的合价与中标总价中的价低者为准。**

所谓不闭合报价，是指投标文件各单项合计金额不等于投标总价。[①] 如果发包人在评标阶段发现投标报价存在不闭合情形的，应当要求投标人予以澄清或修正；

① 参见王楷、于秋磊：《建设工程施工合同纠纷法律实务与工程专业知识解答》，法律出版社 2021 年版，第 144 页。

如未能及时修正的，则应按废标处理。① 如果在评标阶段未发现投标报价不闭合，在结算时应当如何处理？

就此问题，异见纷呈。第一种观点认为，应当区分合同约定的计价方式，如果是单价合同，则应以单价为准，如果是总价合同，则应以总价为准。第二种观点认为，应以投标总价为准，投标总价与各单项之和的价差为总价优惠。② 第三种观点认为，“不闭合价的风险应由价格编制一方承担”③。换言之，应以价低者为准。《四川省房屋建筑及市政工程工程量清单招标投标报价评审办法》（川建发〔2009〕60号）第15条规定：若修正后的总价高于中标价，以中标价为准；若修正后的总价低于中标价，则以修正后的各项价格和费用为准。第四种观点认为，应根据招投标文件、签约环境、不闭合的程度大小、交易习惯（可参照建设工程施工合同示范文本、清单计价规范、当地及行政主管部门的规范性文件）等，综合判断当事人的真实意思表示，综合衡量各方利益，作出妥善处理。④

首先，需要明确的是，各单项金额的合价与中标总价不一致的，既可能是计算错误，也可能是有意的不一致。但在计价软件全面普及的背景之下，计算错误的可能性几乎不存在。⑤ 如果有证据证明确实存在计算错误且价差较大的，应当通过《民法典》第147条⑥规定的重大误解规则解决。其次，在招投标程序中，如果单项金额的合价不同于投标总价的，则意味着投标人发出了两个不同的要约，中标人就任一要约作出承诺，均足以导致建设工程施工合同成立。因此，投标人的单项金额合价不同于投标总价的，应当根据中标通知书载明的金额为准。最后，各单项金

---

① 《中华人民共和国标准施工招标文件》（2007年版）第3章第3.1.3项规定：“投标报价有算术错误的，评标委员会按以下原则对投标报价进行修正，修正的价格经投标人书面确认后具有约束力。投标人不接受修正价格的，其投标作废标处理。”

② 参见王楷、于秋磊：《建设工程施工合同纠纷法律实务与工程专业知识解答》，法律出版社2021年版，第144页。

③ 常设中国建设工程法律论坛第八工作组：《中国建设工程施工合同法律全书：词条释义与实务指引》，法律出版社2019年版，第320页。

④ 参见王楷、于秋磊：《建设工程施工合同纠纷法律实务与工程专业知识解答》，法律出版社2021年版，第144页。

⑤ 参见常设中国建设工程法律论坛第八工作组：《中国建设工程施工合同法律全书：词条释义与实务指引》，法律出版社2019年版，第320页。

⑥ 该条规定：“基于重大误解实施的民事法律行为，行为人有权请求人民法院或者仲裁机构予以撤销。”

额的合价与中标总价不一致，既可能是各单项金额的合价大于中标总价，也可能是各单项金额的合价小于中标总价（这种情形极为罕见）。如果根据中标通知书仍无法确定结算标准，《建设工程工程量清单计价规范》（GB50500-2013）第6.2.8项规定："投标总价应当与分部分项工程费、措施项目费、其他项目和规费、税金的合计金额一致。"据此，单项金额的合价与中标总价不一致的，应由投标人承担相应的不利益，即以各单项金额的合价与中标总价中的价低者为准。

典型案例 201

## 赵国强与青海三榆房地产集团有限公司等建设工程施工合同纠纷案①

### 基本案情

2013年3月1日，青海三榆房地产集团有限公司（以下简称三榆公司）、西宁城宏建设工程招标有限责任公司发出《西城天街建设项目一期建设工程施工投标邀请书》，载明"本次招标项目划分为二个标段。其中，二标段为公寓式办公楼及商业，57,263.60平方米，框剪结构"。2013年3月18日，广汇公司提交《投标报价书》，载明西城天街建设项目一期建设工程（二标段），建筑面积为54,750.84平方米，实际预算造价合计94,705,033.84元，投标报价9470万元。2013年3月25日，三榆公司、新百公司向广汇公司发出《中标通知书》，载明西城天街项目一期建设工程二标建筑面积约为57,253.60平方米，中标价为9470万元。2013年3月，三榆公司与广汇公司签订《建设工程施工合同》，约定"合同价款1720元/平方米"。其"专用条款"第23.2款载明，"本合同价款采用中标价方式确定""采用固定价格合同"。2016年12月1日，案涉工程竣工验收合格。2017年9月13日，广汇公司将工程款债权转让给赵国强，并于2017年9月18日通知三榆公司、新百公司。2018年1月，赵国强将三榆公司、新百公司诉至法院，要求按照1720元/平方米的包干单价进行结算。

① 典型案例201：赵国强与青海三榆房地产集团有限公司等建设工程施工合同纠纷案，最高人民法院（2019）最高法民终80号民事判决书。

## 法院观点

一审法院（青海省高级人民法院）认为，三榆公司、新百公司与广汇公司签订的《建设工程施工合同》中存在不同的计价方式，即固定单价（1720 元/平方米）、固定价（中标价）。广汇公司的《投标报价书》中案涉工程的建筑面积为 54,750.84 平方米，而《投标邀请书》与《中标通知书》中案涉工程的建筑面积均为 57,253.60 平方米，广汇公司作为投标人，其应认真审查《投标邀请书》中所涉及的内容，特别是对面积等实质性内容应重点审查。投标价款高低对投标公司是否中标起决定性作用，广汇公司以 54,750.84 平方米计算出的总价款 9470 万元中标，而三榆公司、新百公司是因广汇公司以面积 57,253.6 平方米计算出的总价款 9470 万元选择广汇公司中标，广汇公司的《投标报价书》与《投标邀请书》、《中标通知书》中面积不一致导致的结果应由广汇公司承担。故案涉工程的合同价款应确定为 9470 万元。在二审中，最高人民法院也认为，一审法院结合上述《投标报价书》《中标通知书》等证据，认定案涉工程合同价款为 9470 万元，适用法律正确。赵国强关于应以案涉《建设工程施工合同》中约定的“合同价款 1720 元/平方米”计算工程造价的理由不能成立。

## 裁判规则202

**建设工程施工合同约定的材料、人工价格，属发承包双方意思自治范畴的事项，不因与政府定价不符而无效，也不因政府定价变化而作相应调整。**

《建设工程造价鉴定规范（条文说明）》（GB/T 51262-2017）第 5.6.2 项前段称，“目前，我国仍有一些原材料价格按照《中华人民共和国价格法》的规定实行政府定价或者政府指导价，如水、电、燃油等”。如果建设工程施工合同约定的价格条款与政府定价不符，或原本按政府定价约定的价格条款因政府定价调整而不再相符，应当如何结算？

《建设工程造价鉴定规范》（GB/T 51262-2017）第 5.6.2 项第 2 目规定：“合同中约定物价波动不予调整的，仍应对实行政府定价或政府指导价的材料按《中华人民共和国合同法》的相关规定进行鉴定。”结合《建设工程造价鉴定规范（条文说明）》第5.6.2项可知，其所称的“《中华人民共和国合同法》的相关规定”，乃指《合同法》第63条，也即现《民法典》第513条。该条规定：“执行政府定价或者政府指导价的，在合同约定的交付期限内政府价格调整时，按照交付时的价格计价。逾期交付标的物的，遇价格上涨时，按照原价格执行；价格下降时，按照新价格执行。逾期提取标的物或者逾期付款的，遇价格上涨时，按照新价格执行；价格下降时，按照原价格执行。”

这一问题与后述非竞争性费用类似。政府定价确定的是被定价商品（或服务）的交易价格，约束的是该特定交易的相对方。在下述【典型案例202】中，政府对人工费的定价，约束的就是建筑行业的劳动者与用人单位（也即承包人）。建设工程施工合同约束的是发包人与承包人，因此，政府就人工费的定价对发包人与承包人并不具有约束力。建设工程施工合同约定的相应价格条款低于或者政府定价的，应属有效。

**典型案例202**

## 刘月祥、娄智华与徐建祥、鹰潭世纪华劲实业有限公司等建设工程施工合同纠纷案①

### 基本案情

2013年9月17日，刘月祥、娄智华、罗斌华与鹰潭世纪华劲实业有限公司（以下简称世纪华劲公司）的股东徐建祥签订《龙腾滨江项目一标工程施工承包合同》，约定：徐建祥将龙腾滨江项目一标工程发包给刘月祥等三人承建；结算按2004年《江西省建筑工程消耗量定额及统一基价表》、2004年《江西省装饰装修工程消耗量定额及统一基价表》，取费按《江西省建筑安装工程费用定额》（2004年）规定采取二类取费，总价下浮6%计算；人工费调整，按《江西省住房和城乡建设厅关于调整建筑、装饰、安装、市政、市政设施养护维修、房修、仿古建筑和

① 典型案例202：刘月祥、娄智华与徐建祥、鹰潭世纪华劲实业有限公司等建设工程施工合同纠纷案，江西省高级人民法院（2020）赣民终187号民事判决书。

绿化工程定额综合工日单价的通知》（赣建价〔2011〕8号）执行。2018年2月7日，案涉工程竣工验收合格。后刘月祥、娄智华诉至法院，要求世纪华劲公司、徐建祥支付工程款。针对合同约定的人工费调整，刘月祥等人认为，《江西省住房和城乡建设厅关于调整建筑、装饰等工程定额综合工日单价的通知》（赣建价〔2013〕5号）要求：（1）本通知适用于本省范围内执行现行定额的建设工程；（2）2013年9月1日及以后签订施工合同的工程，必须执行本通知规定。因案涉合同为定额计价合同且签订于2013年9月1日后，根据《合同法》第63条的规定，应按赣建价〔2013〕5号文对人工费进行调整。世纪华劲公司、徐建祥辩称，按赣建价〔2011〕8号文计算人工费，是双方自愿协商和接受的结果，且不违反法律规定。经查，按照两个文件分别计算人工费，价差为3,380,108.67元。

## 法院观点

江西省高级人民法院认为：首先，诉争合同虽约定按定额计价，但双方明确约定了人工费调整的依据，并非执行政府定价。其次，虽然赣建价〔2013〕5号文规定2013年9月1日及以后签订施工合同的工程必须执行该通知，但该通知的性质为计价文件，而非法律、行政法规，仅适用于当事人在合同中没有约定的情形。最后，《龙腾滨江项目一标工程施工承包合同》是双方的真实意思表示，不违反法律、行政法规的效力性强制性规定，合法有效。因合同明确约定了人工费调差按赣建价〔2011〕8号文执行，根据《2004年建工解释》第16条第1款①的规定，应当按该约定执行。

## 裁判规则203

**在建设工程施工合同履行过程中，材料、人工的市场价格发生波动，合同对调价幅度未约定或约定不明的，可参照行业规范调整价差。但根据合同约定不应调差的除外。**

① 该款（现《建设工程施工合同解释（一）》第19条第1款）规定："当事人对建设工程的计价标准或者计价方法有约定的，按照约定结算工程价款。"

从工程价款中的直接成本来看，一般情况下，材料费占比为60%至70%，人工费成本占比为30%左右。[①] 因此，人工费与材料（含工程设备）费是工程价款中最重要的组成部分。建设工程施工合同履行期较长，人工、材料的市场价格难免有所波动，尤其材料价格时常大起大落。在结算时，对价格波动导致的价差应当如何处理？

首先，《建设工程施工合同解释（一）》第19条第1款规定："当事人对建设工程的计价标准或者计价方法有约定的，按照约定结算工程价款。"据此，合同履行过程中因材料、人工的市场价格发生波动导致的价差，按照约定处理。其次，合同对调价幅度约定不明的，《建设工程造价鉴定规范》（GB/T 51262-2017）第5.6.2项第1目中段规定："合同中约定了物价波动可以调整，但没有约定风险范围和幅度的，应提请委托人决定，按现行国家标准计价规范的相关规定进行鉴定。"此外，合同约定的调差幅度前后不一的，也属约定不明。下述【典型案例203】即是如此。再次，合同对调价幅度未作约定的，《安徽省高级人民法院关于审理建设工程施工合同纠纷案件适用法律问题的指导意见（二）》（2013年12月23日）第15条第1款规定："建设工程施工合同履行过程中，人工、材料、机械费用出现波动，合同有约定的，按照约定处理；合同无约定，当事人又不能协商一致的，参照建设行政主管部门的规定或者行业规范处理。"所谓行业规范，当指《建设工程工程量清单计价规范》（GB50500-2013）。其第9.8.2项规定，"承包人采购材料和工程设备的，应在合同中约定主要材料、工程设备价格变化的范围或幅度；当没有约定，且材料、工程设备单价变化超过5%时，超过部分的价格应按照本规范附录A的方法计算调整材料、工程设备费"。最后，《重庆市高级人民法院、四川省高级人民法院关于审理建设工程施工合同纠纷案件若干问题的解答》（渝高法〔2022〕156号）第14条第3款规定："固定价合同中约定承包人承担无限风险、所有风险或者类似未明确风险内容和风险范围的条款，对双方没有约束力。"该类约定也可视为约定不明。符合上述情形之一的，可以参照行业规范调整价差。

需要特别强调的是，如果发承包双方已经明确价格标准（包括在合同中提前约定价格标准、施工过程中确认价格标准），或约定实行总价包干、单价包干

① 参见冯小光：《建设工程施工合同纠纷案件法律适用的有关问题》，载最高人民法院民事审判第一庭编：《民事审判指导与参考》总第75辑，人民法院出版社2018年版。

的，则意味着该价格是不可调整的。在此情形下的人工、材料价格波动的调差，应适用【裁判规则 205】。

**典型案例 203**

## 洛阳住总宇泰房地产开发有限公司与洛阳市丰李建筑工程有限公司建设工程施工合同纠纷案[①]

### 基本案情

2013 年 11 月 30 日，洛阳住总宇泰房地产开发有限公司（以下简称宇泰公司）与洛阳市丰李建筑工程有限公司（以下简称丰李公司）签订《鼎城南地块一期Ⅰ标段施工合同》，约定丰李公司承建宇泰公司开发的鼎城南地块一期Ⅰ标段工程。合同第 7 条第 5 款第 4 项载明，“钢筋、商品砼材料价差：高层工程（含楼间车库）……价差浮动幅度超过±5%（不含 5%），调整超过部分的差价及相应的税金；商品砼浮动幅度在±5%以内（不含 5%）的不再调整；钢筋超过±5%（不含 5%）按造价信息全部调整”。2017 年 6 月 22 日，案涉工程竣工验收合格。后宇泰公司诉至法院，要求丰李公司赔付违约金及经济损失 5968 万元；丰李公提出反诉，要求宇泰公司支付尚欠的工程款 48, 391, 694. 68 元。在诉讼中，针对钢筋的价格调差，丰李公司认为价格浮动在±5%范围内的不应调整，宇泰公司认为价格浮动超过±5%时应全部调整。经计算，根据丰李公司的主张，钢材调差款为 1, 157, 307. 19 元。

### 法院观点

一审法院（河南省洛阳市中级人民法院）认为，合同第 7 条第 5 款第 4 项既约定“价差浮动幅度超过±5%（不含 5%），调整超过部分的差价及相应的税金”，又约定“钢筋超过±5%（不含 5%）按造价信息全部调整”，合同此处约定前后内容不一致，应视为双方同意对钢筋价差进行调整但对于调整的幅度约定不明。结合工程建设领域对材料价格变化范围外进行调差的惯常做法，同时参照《工程量清单

① 典型案例 203：洛阳住总宇泰房地产开发有限公司与洛阳市丰李建筑工程有限公司建设工程施工合同纠纷案，河南省高级人民法院（2020）豫民终 1044 号民事判决书。

计价规范》（GB50500-2013）第 9.7.3 项的规定，应仅对超过部分的价格予以调整。在二审中，河南省高级人民法院也认为，结合合同第 7 条第 5 款第 4 项具体内容看，双方关于钢筋价差调整的幅度约定不明，一审结合建设工程领域惯常做法，参照《工程量清单计价规范》第 9.7.3 项的规定，将相应钢筋调差款确定为 1,157,307.19 元并无不当。

## 裁判规则204

**建设工程施工合同约定，合同价款不因履行过程中材料、设备、人工价格波动而作调整，但波动幅度达到情势变更程度的，应当就超出市场风险范畴部分的差价予以调整。**

如前所述，建设工程的施工周期较长，在施工过程中主要建筑材料价格异常变动、工程设备价格大幅涨跌、人力成本大幅波动的情形并不鲜见。即便建设工程施工合同约定，合同价款不因履行过程中材料、设备、人工价格波动而作调整，也并不意味着在此情形下合同价款一律不得调整。

《民法典》第 533 条第 1 款规定："合同成立后，合同的基础条件发生了当事人在订立合同时无法预见的、不属于商业风险的重大变化，继续履行合同对于当事人一方明显不公平的，受不利影响的当事人可以与对方重新协商；在合理期限内协商不成的，当事人可以请求人民法院或者仲裁机构变更或者解除合同。"据此，即便建设工程施工合同约定，合同价款不因履行过程中材料、设备、人工价格波动而作调整，但如波动幅度达到情势变更程度的，仍应当进行调整。难点在于确定情势变更的判断标准。在"中兴通讯股份有限公司诉中国建筑第五工程局有限公司建设工程施工合同纠纷案"① 中，法院认为，"从调差金额和工程造价金额的比重来看，工料机调差金额 12,216,135.43 元占案涉已完工工程造价金额 104,690,847.33 元的比重为 10.4%，尚未造成当事人之间利益明显失衡的程度"。在"浙江土木建设有限公司与义乌市市场开发服务中心建设工程施工合同纠纷案"② 中，法院则认

① 参考案例 175：中兴通讯股份有限公司诉中国建筑第五工程局有限公司建设工程施工合同纠纷案，广东省高级人民法院（2016）粤民再 331 号民事判决书。

② 参考案例 176：浙江土木建设有限公司与义乌市市场开发服务中心建设工程施工合同纠纷案，浙江省义乌市人民法院（2012）金义民初字第 592 号民事判决书。

为，“建筑行业的惯例，一般订立合同时将建筑材料等的上涨下跌风险约定为5%，该5%原告应当能够预见，无论是否被告违约，均由原告自负比较合理”。在“重庆建工集团股份有限公司与重庆市荣昌区荣新环保产业发展有限公司建设工程施工合同纠纷案”① 中，法院则主张以是否超过市场价峰值为判断标准。

这一争议的实质在于商业风险与情势变更的区分。《民法典合同编通则解释》第32条第1款规定：“合同成立后，因政策调整或者市场供求关系异常变动等原因导致价格发生当事人在订立合同时无法预见的、不属于商业风险的涨跌，继续履行合同对于当事人一方明显不公平的，人民法院应当认定合同的基础条件发生了民法典第五百三十三条第一款规定的‘重大变化’。但是，合同涉及市场属性活跃、长期以来价格波动较大的大宗商品以及股票、期货等风险投资型金融产品的除外。”《最高人民法院关于当前形势下审理民商事合同纠纷案件若干问题的指导意见》（法发〔2009〕40号）第3条提出：“人民法院要合理区分情势变更与商业风险。商业风险属于从事商业活动的固有风险，诸如尚未达到异常变动程度的供求关系变化、价格涨跌等。情势变更是当事人在缔约时无法预见的非市场系统固有的风险。人民法院在判断某种重大客观变化是否属于情势变更时，应当注意衡量风险类型是否属于社会一般观念上的事先无法预见、风险程度是否远远超出正常人的合理预期、风险是否可以防范和控制、交易性质是否属于通常的‘高风险高收益’范围等因素，并结合市场的具体情况，在个案中识别情势变更和商业风险。”质言之，“商业风险导致的结果是合同能够继续履行，但一方据此获得的利润减少或产生非重大性的亏损；而情势变更产生的后果则是合同赖以履行的基础发生动摇，导致合同继续履行对一方当事人明显不公或者合同目的不能实现”②。因此，签约后建筑材料价格变动、工程设备价格涨跌、人力成本波动，通常属于商业风险，根据风险自担的规则，应当按照原合同约定执行，不能变更合同约定价格条款，只有建筑材料价格异常变动、工程设备价格大幅涨跌、人力成本大幅波动，仍执行原合同条件将导致发承包双方权利义务显著失衡的，才可以进行调整，而且调整的范围仅限于超出商业风险的部分。

① 典型案例60：重庆建工集团股份有限公司与重庆市荣昌区荣新环保产业发展有限公司建设工程施工合同纠纷案，重庆市高级人民法院（2019）渝民终492号民事判决书、最高人民法院（2019）最高法民申5829号民事裁定书。

② 杨心忠等：《建设工程合同纠纷裁判思路》，法律出版社2014年版，第174页。

对于是否构成情势变更，实践中有两种裁判路径。一是借鉴行政标准。实践中，一旦建筑材料价格变动、工程设备价格涨跌、人力成本波动达到“异常”或“大幅”的程度，建设行政主管部门通常会发布相应调价文件，明确调整范围与幅度。较多法院主张参照建设行政主管部门发布的相应调价文件。[①]《北京市高级人民法院关于审理建设工程施工合同纠纷案件若干疑难问题的解答》（京高法发〔2012〕245号）第12条第1款即规定：“建设工程施工合同约定工程价款实行固定价结算，在实际履行过程中，钢材、木材、水泥、混凝土等对工程造价影响较大的主要建筑材料价格发生重大变化，超出了正常市场风险的范围，合同对建材价格变动风险负担有约定的，原则上依照其约定处理；没有约定或约定不明，该当事人要求调整工程价款的，可在市场风险范围和幅度之外酌情予以支持；具体数额可以委托鉴定机构参照施工地建设行政主管部门关于处理建材差价问题的意见予以确定。”当前，各地建设行政主管部门采取的标准较多在5%左右。二是认为建设行政主管部门发布的调价文件不足为据，只有签约后建筑材料价格变动、工程设备价格涨跌、人力成本波动导致权利义务显著失衡的，才应准许调整。[②] 前述“中兴通讯股份有限公司诉中国建筑第五工程局有限公司建设工程施工合同纠纷案”[③] 即为适例。若此，根据《最高人民法院关于正确适用〈中华人民共和国合同法〉若干问题的解释（二）服务党和国家的工作大局的通知》（法〔2009〕165号）要求，只有“继续履行合同对于一方当事人明显不公平或者不能实现合同目的”，才构成“异常变动”。而且，“确需在个案中适用的，应当由高级人民法院审核。必要时应提请最高人民法院审核”。

基于下述理由，借鉴行政标准更为合理。首先，一般认为，对价差调整应作两方面的限制：一是调整的范围仅限于超出商业风险部分。如认定商业风险的上限为±5%的，则波动幅度在±5%以内的，不作调整，其价差由承包人承担或受益。若波动幅度超出±5%的，仅调整超出部分的价差。二是调整的对象限定于主要材料，即用量较大、占工程造价比例较高的材料。若此，价差调整就被限制在较小的

① 参见杨心忠等：《建设工程合同纠纷裁判思路》，法律出版社2014年版，第185页。

② 参见李后龙、俞灌南等：《建设工程招投标纠纷案件审判疑难问题研究》，载《法律适用》2017年第7期。

③ 参考案例177：中兴通讯股份有限公司诉中国建筑第五工程局有限公司建设工程施工合同纠纷案，广东省高级人民法院（2016）粤民再331号民事判决书。

范围内。其次，建筑业本就属于微利行业，[①] 设定过高的价差幅度，不符合行业实际情况。再次，相较于司法机关而言，建设行政主管部门把握市场动向更为及时、掌握价格波动更为精准，其因应市场变化发布的调价文件显然比司法机关的主观判断更为权威。最后，在实务中，“继续履行合同对于当事人一方明显不公平”需要相对明确的判断标准，否则就会流于司法的恣意，而建设行政主管部门发布的调价文件正好可以构成明确的判断标准。

**典型案例 204**

## 长沙白马桥建筑有限公司与郴州市裕兴房地产开发有限责任公司建设工程施工合同纠纷案[②]

### 基本案情

2005 年 12 月 22 日、2006 年 2 月 18 日、3 月 30 日、3 月 31 日，长沙白马桥建筑有限公司（以下简称白马桥公司）与郴州市裕兴房地产开发有限责任公司（以下简称裕兴公司）先后签订四份《建筑安装工程施工承包合同》，约定：对裕兴公司开发的兴旺花园，白马桥公司按照 8 号楼 435. 18 元/平方米单价包干，9 号楼 450. 18 元/平方米单价包干，6 号楼 453 元/平方米单价包干，4 号楼 458 元/平方米单价包干；工程按总造价包干后，除基础超深及设计变更项目外，无论是市场因素还是其他原因引起的材料和人工费的变化，不再增加造价，不计点工；合同工期为六个月。4 号楼、8 号楼于 2006 年 3 月 20 日开工，6 号楼、9 号楼于 2006 年 3 月 10 日开工；9 号楼于 2011 年 8 月 25 日竣工验收，4 号楼、6 号楼于 2011 年 10 月 18 日竣工验收，8 号楼于 2011 年 11 月 17 日通过竣工验收。履行过程中，原材料价格、人工费和机械费与签约时相比有较大幅度的上涨。后白马桥公司诉至法院，要求按

① 中国建筑业协会发布的《2021 年建筑业发展统计分析》报告显示，建筑业产值利润率（利润总额与总产值之比）自 2014 年达到最高值 3. 63%后，总体呈下降趋势。2021 年，建筑业产值利润率为 2. 92%，跌破 3%，为近十年最低。参见黄太阳：《建筑施工企业利润率跌破 3%！该怎么活下去?》，载搜狐网 2022 年 11 月 8 日，https：//www. sohu. com/a/603704792_ 121123906。

② 典型案例 204：长沙白马桥建筑有限公司与郴州市裕兴房地产开发有限责任公司建设工程施工合同纠纷案，湖南省高级人民法院（2015）湘高法民一终字第 68 号民事判决书。

照2006年的消耗量标准确定工程结算价款。

## 法院观点

湖南省高级人民法院认为，根据本案的实际情况，白马桥公司可依据《最高人民法院关于适用〈中华人民共和国合同法〉若干问题的解释（二）》第26条规定，请求法院适用情势变更原则对双方约定的工程价款结算条款予以适当调整。首先，本案引起情势变更的事由发生在合同成立以后、全面履行之前。双方签订各栋楼的施工合同在2005年年底和2006年年初，各栋楼的竣工日期均为六个月，但是本案工期延期长达五年半。双方签订合同是基于对当时建筑材料价格、人工工资水平和施工进度的判断，工期延长五年多，在此期间建筑市场的原材料价格、人工工资水平均有较大幅度的上涨。其次，引起情势变更原因不能归责于白马桥公司。本案工期不合理延长的主要原因是当地村民持续阻止施工及2006年夏天郴州市区持续降雨引起的施工场地挡土墙未能及时修复，上述原因不能归责于白马桥公司。最后，合同赖以成立的环境发生重大变化，按照原合同履行对白马桥公司显失公平。合同工期由约定的六个月延长五年多，原材料价格、人工费和机械费与签约时相比均有较大幅度的上涨，基于此，双方签订的施工承包合同赖以成立的环境发生了当事人预料不到的重大变化，若继续按照原合同约定的固定价款结算对白马桥公司明显不利。除4号楼双方已经达成结算以外，6号楼、8号楼、9号楼在约定工期内完成的工程量为总工程量的40%，在约定工期外完成的工程量为60%。对工期内完成的工程量应当根据双方约定的固定价款结算不予变更，对工期外完成的60%的工程量则按照2006年消耗量标准予以调整。

## 裁判规则205

**建设工程施工合同约定按照固定价结算，虽未明确材料、人工的市场价格波动不影响造价结算，但基于固定价的“闭口价”属性，应当认为合同约定不作调整。但价格波动达到情势变更程度的，仍应依法调整。**

如前所述，固定价合同分为固定总价与固定单价。其中，固定单价，又称单价闭口、半闭口价，是指合同当事人约定以工程量清单及其综合单价进行合同价格计算、调整和确认，在约定范围内合同单价不作调整。固定总价，又称（全）闭口价、一口价、包死价、“一脚踢”，是指合同当事人约定以施工图、已标价工程量清单或预算书及有关条件进行合同价格计算、调整和确认，在约定范围内合同总价不作调整。如果建设工程施工合同约定按照固定价结算，即便没有明确材料、人工的市场价格波动不影响造价结算，基于固定价的“闭口价”属性，也应当认定，发承包双方的真实意思是不因材料、人工的市场价格波动而调整约定的固定价。

有观点认为，在固定价合同中，工程价格在一开始就以整体和终局性的方式予以确定，合同履行中的意外风险推定由承包人承担。因此，即便物价剧烈波动，也不得调整。① 该观点明显违背情势变更规则的适用要求。根据情势变更原则，如合同成立后合同的基础条件发生重大变化，导致继续履行合同对一方当事人明显不公平的，即可以变更合同约定的交易条件。而且，情势变更规则属于强制性规范，当事人不得约定排除。《民法典合同编通则解释》第32条第4款规定：“当事人事先约定排除民法典第五百三十三条适用的，人民法院应当认定该约定无效。”因此，固定价合同作为闭口价合同，在施工过程中材料、人工价格波动的，通常情况下仍应按照包干总价进行结算。下述【典型案例205】即为适例。但是，如果材料、人工价格波动达到情势变更程度的，则应适用【裁判规则204】，调整合同价款。江苏省高级人民法院②、北京市高级人民法院③、四川省高级人民法院④均持

① 参见石佳友：《〈民法典〉建设工程合同修订的争议问题》，载《社会科学辑刊》2020年第6期。

② 原《江苏省高级人民法院关于审理建设工程施工合同纠纷案件若干问题的意见》（苏高法审委〔2008〕26号）第9条第1款规定：“建设工程施工合同约定工程价款实行固定价结算的，一方当事人要求按定额结算工程价款的，人民法院不予支持，但合同履行过程中原材料价格发生重大变化的除外。”

③ 《北京市高级人民法院关于审理建设工程施工合同纠纷案件若干疑难问题的解答》（京高法发〔2012〕245号）第12条第1款规定：“建设工程施工合同约定工程价款实行固定价结算，在实际履行过程中，钢材、木材、水泥、混凝土等对工程造价影响较大的主要建筑材料价格发生重大变化，超出了正常市场风险的范围，合同对建材价格变动风险负担有约定的，原则上依照其约定处理；没有约定或约定不明，该当事人要求调整工程价款的，可在市场风险范围和幅度之外酌情予以支持；具体数额可以委托鉴定机构参照施工地建设行政主管部门关于处理建材差价问题的意见予以确定。”

④ 《四川省高级人民法院关于审理建设工程施工合同纠纷案件若干疑难问题的解答》（川高法民一〔2015〕3号）第24条第1款规定：“约定工程价款实行固定总价结算的施工合同履行过程中，主要建筑材料价格发生重大变化，超出了正常市场风险范围，合同对建材价格变动风险负担有约定的，依照其约定处理；没有约定或约定不明的，当事人要求调整工程价款，如不调整显失公平的，可在市场风险范围和幅度之外酌情予以支持，具体数额可以委托鉴定机构参照工程所在地建设行政主管部门关于处理建材差价问题的意见予以确定。”

这一立场。

**典型案例205**

## 殷毅高与灌南县老来乐公寓建设工程合同纠纷案①

### 基本案情

2007年8月22日，殷毅高以擎泰公司名义与灌南县老来乐公寓（以下简称老来乐公寓）签订《建房协议书》（以下简称第一份协议），约定擎泰公司承建老来乐公寓一期工程，即1号楼、2号楼、5号楼，工程款为590元/平方米。2008年7月10日，殷毅高又以新丰公司名义与老来乐公寓签订《协议书》（以下简称第二份协议），约定1号楼、2号楼、5号楼按590元/平方米计算工程款。1号楼于2008年6月主体完工，建筑面积为2151平方米；2号楼于2008年10月主体完工，建筑面积为1675.9平方米；5号楼于2008年9月主体完工，建筑面积为2677.2平方米。2009年11月3日，新丰公司出具书面证明称涉讼工程系殷毅高个人行为，新丰公司不承担责任、不主张权利。后殷毅高诉至法院，要求老来乐公寓支付工程款。殷毅高认为，施工期间建材价格大幅上涨，应由老来乐公寓承担施工期间建材价格大幅上涨的风险，故申请对工程造价按照需要直接投入的人工、材料、机械、设备及机械拆卸安装等项目措施的费用进行鉴定。经委托鉴定，工程造价为5,987,305.71元。老来乐公寓辩称，双方对工程款已约定固定价款，应按合同约定的价款予以支付。

### 法院观点

灌南县人民法院（一审法院）认为，根据鉴定，殷毅高所做工程需要直接投入人工、材料、机械、设备及机械拆卸安装等项目措施的费用为5,987,305.71元，与双方约定的固定价3,837,419元相比，差额巨大。即使考虑建筑安装市场让利及部分因老来乐公寓过错导致工程延期等因素，仅按双方原约定的590元/平方

① 典型案例205：殷毅高与灌南县老来乐公寓建设工程合同纠纷案，江苏省连云港市中级人民法院（2013）连民终字第1369号民事判决书。

米的价款结算工程款也显失公平，故对殷毅高主张给付工程款的数额，在原约定固定价格的基础上，应依照上述差额进行调整。老来乐公寓上诉认为，双方对工程款已约定固定价款，即便本案应适用情势变更原则，根据《最高人民法院关于正确适用〈中华人民共和国合同法〉若干问题的解释（二）服务党和国家的工作大局的通知》的规定，也应当由高级人民法院审核，必要时报请最高人民法院审核。一审法院没有报请省高级人民法院、最高人民法院审核，程序违法。在二审中，连云港市中级人民法院认为：双方在第一份协议中明确约定按照590元/平方米计算工程款，该约定是双方真实意思表示，基于诚信原则，双方应当按照该约定计算工程款；第二份协议系经灌南县民政局领导主持调解下达成，是双方充分协商的结果，应为双方真实意思表示。在该协议中，双方仍约定1号楼、2号楼、5号楼按照590元/平方米计算工程款。此时1号楼已经竣工，2号楼、5号楼临近竣工，建筑材料价格上涨已趋于平稳，即殷毅高对建筑材料价格的变化应属明知，不存在其无法预知建筑材料价格变化的情形。据此，老来乐公寓与殷毅高在承建本案工程伊始，明确约定固定单价为590元/平方米，在施工过程中又多次约定仍按固定单价590元/平方米结算工程款，在殷毅高未能举证证明系老来乐公寓原因导致工程延期的情形下，应由殷毅高承担建材价格大幅上涨的商业风险，即应按双方当事人合意的590元/平方米的固定单价结算工程款。

## 裁判规则206

**在建设工程施工合同履行过程中发生工期延误的：材料、人工的市场价格上涨的，由工期延误责任方承担延误期间的上涨损失；价格下跌的，由对方获得延误期间的下跌利益。**

在建设工程施工合同履行过程中，因一方当事违约导致工期延误，在工期延误期间材料、人工的市场价格上涨或下跌的，应根据工期延误的原因分配上涨导致的损失或下跌获得的利益。

《民法典》第513条规定："执行政府定价或者政府指导价的，在合同约定的交付期限内政府价格调整时，按照交付时的价格计价。逾期交付标的物的，遇价格上涨时，按照原价格执行；价格下降时，按照新价格执行。逾期提取标的物或者逾期付款的，遇价格上涨时，按照新价格执行；价格下降时，按照原价格执行。”也就是说，违约方负担价格上涨的损失、守约方获得价格下跌的利益。由于在工期延误的场合，区分的是承包人原因与非承包人原因，故亦应按此分配价格上涨的损失与价格下跌的利益。《建设工程工程量清单计价规范》（GB50500-2013）第9.2.2条规定，“因承包人原因导致工期延误的，按本规范第9.2.1条规定的调整时间，在合同工程原定竣工时间之后，合同价款调增的不予调整，合同价款调减的予以调整”①。第9.8.3条规定，“发生合同工程工期延误的，应按照下列规定确定合同履行期的价格调整：1. 因非承包人原因导致工期延误的，计划进度日期后续工程的价格，应采用计划进度日期与实际进度日期两者的较高者。2. 因承包人原因导致工期延误的，计划进度日期后续工程的价格，应采用计划进度日期与实际进度日期两者的较低者”。质言之，因承包人原因造成工期延误的，延误期间发生的人工、材料价格上涨价差由承包人承担，延误期间发生的人工、材料价格下降价差由发包人受益；非因承包人原因造成工期延误的，延误期间发生的人工、材料价格上涨价差由发包人承担，延误期间发生的人工、材料价格下降价差由承包人受益。北京市高级人民法院②、安徽省高级人民法院③、重庆市高级人民法院与四川省高级人民法院④均持这一立场。

---

① 该规范第9.2.1条规定：“招标工程以投标截止日前28天、非招标工程以合同签订前28天为基准日，其后因国家的法律、法规、规章和政策发生变化引起工程造价增减变化的，发承包双方应按照省级或行业建设主管部门或其授权的工程造价管理机构据此发布的规定调整合同价款。”

② 《北京市高级人民法院关于审理建设工程施工合同纠纷案件若干疑难问题的解答》（京高法发〔2012〕245号）第12条第2款规定：“因一方当事人原因导致工期延误或建筑材料供应时间延误的，在此期间的建材差价部分工程款，由过错方予以承担。”

③ 《安徽省高级人民法院关于审理建设工程施工合同纠纷案件适用法律问题的指导意见（二）》（2013年12月23日）第15条第1款规定：“建设工程施工合同履行过程中，人工、材料、机械费用出现波动，合同有约定的，按照约定处理；合同无约定，当事人又不能协商一致的，参照建设行政主管部门的规定或者行业规范处理。”第2款规定：“因工期延误导致上述费用增加造成损失的，由导致工期延误的一方承担；双方对工期延误均有过错的，应当各自承担相应的责任。”

④ 《重庆市高级人民法院、四川省高级人民法院关于审理建设工程施工合同纠纷案件若干问题的解答》（渝高法〔2022〕156号）第14条第2款规定：“因承包人原因致使工期或建筑材料供应时间延误导致的建材价格变化风险由承包人承担，承包人要求调整工程价款的，人民法院不予支持。”

**典型案例 206**

## 天津滨海名苑投资有限公司与大庆建筑安装集团有限责任公司建设工程施工合同纠纷案[①]

### 基本案情

2011年5月23日，天津滨海名苑投资有限公司（以下简称名苑公司）与大庆建筑安装集团有限责任公司（以下简称大庆公司）签订《建设工程施工合同》，约定：大庆公司承建滨海旅游区畅园（蓝领公寓）工程；开工前提供图纸三套，发包人负责办理规划许可证、开工验线合格证、施工许可证、立项批复等相关文件，不影响正常施工；开工后7天内，由发包人组织设计、勘察、监理、施工等单位进行图纸会审及设计交底；如果由于发包人原因或经发包人书面认可的其他特殊原因造成工期拖延，其工期相应顺延，费用不增加。2011年5月9日，大庆建筑公司应滨海名苑公司通知进场施工。在实际施工过程中，有十六次图纸设计变更和七十三项签证洽商变更，期间有数次停工。工程完工后，大庆建筑公司诉至法院，要求名苑公司支付工程款、人工费与材料费调整差价款、窝工损失。名苑公司辩称，虽然在施工过程中存在图纸变更，但滨海名苑公司并未要求大庆建筑公司停工等待图纸，大庆建筑公司也没有按照合同约定在图纸变更后向滨海名苑公司提出相应的工期顺延要求，故不应赔偿人工费与材料费调整差价款、窝工损失。经鉴定，因工期延误导致支出人工费、材料费调整差价款16,923,364元，窝工损失费11,777,776元。

### 法院观点

最高人民法院认为，在建设工程施工合同中，确保工程按期完工是发包方和承包方共同的合同义务。根据合同约定，发包人应当在开工前提供图纸并在开工后7天内，由发包人组织设计、勘查、监理、施工等单位进行图纸会审及设计交接，而从实际履行情况看，在开工许可证下发之前，尤其是新图纸下发前，工期延误的原

① 典型案例206：天津滨海名苑投资有限公司与大庆建筑安装集团有限责任公司建设工程施工合同纠纷案，最高人民法院（2019）最高法民终126号民事判决书。

因在于滨海名苑公司重新下发图纸。在开工许可证下发之后，在实际施工过程中，工期延误的主要原因是滨海名苑公司存在多次图纸设计变更和签证洽商变更的情形。滨海名苑公司的上述行为导致工程施工不能正常进行。大庆建筑公司申请对人工费、材料费调整差价款、窝工损失进行鉴定，鉴定机构结合大庆建筑公司进场施工日期、大庆建筑公司签收最终完整图纸的日期以及《建设工程施工许可证》实际下发的日期，依照天津市工程取费标准，计算人工费、材料费调整差价款以及窝工损失费等，符合实际，滨海名苑公司应予赔偿。

## 裁判规则207

**总承包人在自身承包范围之外提供材料与设备保管、施工现场管理、竣工资料汇总整理等服务的，有权要求发包人在合同价款之外另行支付相应的总包服务费。**

《建设工程工程量清单计价规范》（GB50500-2013）第2.0.21项针对“总包服务费”规定：“总承包人为配合协调发包人进行的专业工程发包，对发包人自行采购材料、工程设备等进行保管以及施工现场管理、竣工资料汇总整理等服务所需的费用。”据此，总包服务费是施工总承包模式下发包人对总承包人提供的配合、协调服务而支付的对价，主要包括三方面的费用：一是材料、工程设备等的保管费用，二是施工现场的管理协调费用，三是竣工资料汇总整理等服务费用。实践中，关于总包服务费的争议主要在以下几个方面：

第一，总包服务费与总包管理费、总包配合费等费用的关系。除总包服务费外，实践中常见（总包）管理费、（总包）配合费、材料保管费等提法，应当如何界定这些费用之间的关系？应当认为，总包服务费涵括了总承包人向发包人提供的除自身工作之外的所有服务的费用，包括材料、工程设备等的保管费用、交叉施工时施工现场的管理协调费用、发包单位对总承包人施工设施（如脚手架、垂直运输机械等）的合理使用费用、竣工资料汇总整理等服务费用。在后述“刘德皇与河南晖祥房地产开发有限公司、林州市建筑工程有限公司建设工程施工合同纠纷案”①

① 典型案例207：刘德皇与河南晖祥房地产开发有限公司、林州市建筑工程有限公司建设工程施工合同纠纷案，河南省高级人民法院（2015）豫法民一终字第82号民事判决书、最高人民法院（2017）最高法民申2933号民事裁定书。

中，最高人民法院即认为，总承包管理费一般是指，发包人在将部分工程分包时，分包工程与主体工程发生交叉施工，或虽不发生交叉施工，但要求总承包单位履行现场协调、竣工资料整理等总包责任，此时发包人应向总承包单位支付的一定数额的管理费。所谓配合费一般也发生于发包人将部分工程分包时，分包人的施工条件如脚手架搭建、垂直运输等，往往需要总承包人配合才能满足，此时发包人需向总承包人支付一定数额的配合费。

第二，总承包合同未约定总包服务费的，总承包人是否有权要求发包人支付总包服务费？这类争议集中在发包人进行平行发包的情形。平行发包可区分为两个层次：一是《民法典》第 791 条第 1 款规定的 DBB（Design-Bid-Build）模式，即发包人分别与勘察人、设计人、施工人订立勘察、设计、施工承包合同；二是发包人将勘察、设计或施工中的某一项，按工程部位或专业进一步分解，在分解的基础上发包给不同的承包人。第二层次的平行发包，单位工程构成肢解发包与平行发包的分界线。与肢解发包“将一个单位工程分解成若干部分发包给不同的承包人”相比，平行发包的最小单位是单位工程，故平行发包是合法的。各单位之间的关系是平行的，分别对发包单位负责。在发包人进行第二个层次的平行发包的情况下，必然会产生交叉影响与协调配合的问题。一般认为，在合同没有约定的情况下，因发包人另行发包导致交叉施工、施工协调等，总承包人有权要求发包人支付由此发生的费用。[①] 在下述【典型案例 207】中，总承包合同虽然就发包人另行发包工程约定了承包人收取配合费的标准，但在施工过程中，发包人实际分包的工程要多于合同所列分包项目，针对承包人要求支付总包服务费的请求，法院即认为，虽然合同对发包人超合同范围分包工程部分未约定总包服务费，但因发包人向案外人分包的工程多于建设工程施工合同所列分包工程，故应另行计取总承包服务费。

第三，总包服务费的支付主体。有观点认为，在平行发包的情况下，分包人实际享有总承包人提供的施工现场协调与管理、竣工资料汇总整理等服务，故应由分包人支付总包服务费。在后述“中科盛博建设集团有限公司与浙江裕丰律师事务所建设工程施工合同纠纷案”[②] 中，浙江省高级人民法院在二审中即提出，“工程

① 参见李玉生主编：《建设工程施工合同案件审理指南》，人民法院出版社 2019 年版，第 15 页。

② 参考案例 178：中科盛博建设集团有限公司与浙江裕丰律师事务所建设工程施工合同纠纷案，浙江省高级人民法院（2018）浙民终 134 号民事判决书、最高人民法院（2018）最高法民申 5644 号民事裁定书。

施工市场存在由分包单位直接支付给总包单位配合费的情形”。但总承包人之所以提供总包管理与服务，系基于与发包人之间的总承包合同，在其与分包人无特别约定的情况下，根据合同相对性，总包服务费应由发包人承担。

第四，总包服务费是否属于工程造价？这一性质区分涉及总包服务费的利息起算时间、总包服务费是否属于优先受偿权的担保范围。在前述“中科盛博建设集团有限公司与浙江裕丰律师事务所建设工程施工合同纠纷案”① 中，浙江省高级人民法院认为，“配合费（即配套费）是总包单位为配合分包单位所发生的现场管理费用，如使用脚手架、电梯、水、电等相关费用，并非是总包单位实际施工中发生的费用，因此，严格意义上来讲配合费并非属工程造价款”。最高人民法院在再审审查中也认为，“原审判决认定，严格意义上来讲配合费并非属工程造价款，工程欠款计息的基数中应扣除配合费，并无不当”。但是，定额造价中的间接费，尤其是利润，也非直接用于施工活动的费用，但根据《建设工程施工合同解释（一）》第 40 条第 1 款的规定，依然属于工程造价的组成部分。尤为重要的是，总包单位在配合分包单位过程中，无论是允许分包单位使用脚手架、电梯等设施，还是对分包单位的施工部分进行竣工资料汇总整理，都要实际发生相关费用或者实际投入相应的人力、物力，因而应当属于总包单位在实际施工中发生的费用。如含山县人民法院在“江苏华江建设集团有限公司与安徽银利置业有限公司建设工程施工合同纠纷案”② 一审判决中所言，“结合总包服务费的性质及包含取费内容，华江公司作为总承包方在实际施工中需要为发包方提供配合、协调工作而进行材料和设备管理服务、施工现场管理、竣工资料汇总整理等所需支出的费用，该费用应为实际发生的费用”。据此，应当认定，总包服务费属于总承包人工程造价的组成部分。

---

① 参考案例 179：中科盛博建设集团有限公司与浙江裕丰律师事务所建设工程施工合同纠纷案，浙江省高级人民法院（2018）浙民终 134 号民事判决书、最高人民法院（2018）最高法民申 5644 号民事裁定书。

② 参考案例 180：江苏华江建设集团有限公司与安徽银利置业有限公司建设工程施工合同纠纷案，安徽省马鞍山市中级人民法院（2017）皖 05 民终 662 号民事判决书。

典型案例207

## 刘德皇与河南晖祥房地产开发有限公司、林州市建筑工程有限公司建设工程施工合同纠纷案[①]

### 基本案情

2008年11月5日，林州市建筑工程有限公司（以下简称林州公司）与河南晖祥房地产开发有限公司（以下简称晖祥公司）签订建设工程施工合同，约定林州公司承建晖祥公司的晖祥名邸工程A栋、B栋高层商住楼（17.5层）、6号五层办公楼。凡晖祥公司直接发包项目不计入预算，施工中的配合费（包括水电费、塔吊使用费、补洞人工费及水泥砂等材料费）按以下计取：（1）防盗门配合费按洞口尺寸4.80元/平方米；（2）塑钢配合费按洞口尺寸4.80元/平方米；（3）水电暖工程林州公司取相应工程造价的6%，不再另计配合费、管理费及其他费用；（4）电梯不计配合费，通风及消防工程配合费林州公司取480,000元；（5）凡晖祥公司直接发包项目林州公司所取配合费不再让利，也不参与取费。2008年11月7日，林州公司与刘德皇签订内部工程目标管理责任书，将上述工程转包给刘德皇。后刘德皇组织人员进场施工。在施工过程中，晖祥公司实际分包的工程要多于合同所列分包项目。施工完成后，刘德皇诉至法院，对晖祥公司分包的工程，除合同约定的配合费以外，还要求按照分包工程款（17,865,952.58元）的3%支付总包服务费。晖祥公司主张，该费用不应重复计取。

### 法院观点

二审法院（河南省高级人民法院）认为，业主将部分专业工程单独发包给其他承包人，与主体发生交叉施工，或虽不发生交叉施工，但要求主体施工单位履行总包责任（现场协调、竣工资料整理等），业主应向总包单位支付总承包管理费。配合费是总包单位为配合分配单位所发生的现场管理费用，配合费与总承包管理费

① 典型案例207：刘德皇与河南晖祥房地产开发有限公司、林州市建筑工程有限公司建设工程施工合同纠纷案，河南省高级人民法院（2015）豫法民一终字第82号民事判决书、最高人民法院（2017）最高法民申2933号民事裁定书。

在概念外延上一致。建设工程施工合同虽约定了部分分包工程的配合费计取比例，但晖祥公司向案外人分包的工程多于建设工程施工合同所列分包工程，故应另行计取总承包管理费。在已经计取部分分包工程的配合费，另一部分工程系因刘德皇不继续施工而由晖祥公司被动分包的情况下，酌定总承包管理费为357,319.05元。在再审审查中，最高人民法院也认为，总承包管理费一般是指，发包人在将部分工程分包时，分包工程与主体工程发生交叉施工，或虽不发生交叉施工，但要求总承包单位履行现场协调、竣工资料整理等总包责任，此时发包人应向总承包单位支付一定数额的总承包管理费。所谓配合费一般也是发生于发包人在将部分工程分包时，分包人的施工条件如脚手架安装、垂直运输等往往需要总承包人配合才能满足，此时发包人需向总承包人支付一定数额的配合费。从适用情形以及用途来看，二者并无实质性区别，能否同时计取应当具体案件具体分析。在本案中，《建设工程施工合同》虽然约定了配合费，但只涉及部分分包工程，晖祥公司实际分包的工程要多于合同所列分包项目，故原判决认定晖祥公司还应支付刘德皇一定数额的总承包管理费，符合本案实际，并无不当。

## 裁判规则208

**建设工程价款中的安全文明施工费、工程规费、税金等非竞争性费用是否计取以及计取比例，由发承包双方自行约定。无约定的，按照规定计取或者调整。**

《建设工程工程量清单计价规范》第3.1.5项规定，措施项目中的安全文明施工费必须按国家或省级、行业建设主管部门的规定计算，不得作为竞争性费用。第3.1.6项规定，规费和税金必须按国家或省级、行业建设主管部门的规定计算，不得作为竞争性费用。如果建设工程施工合同约定，承包人不收取安全文明施工费、工程规费或税金，或约定收取的比例低于规定比例的，是否有效？

否定的观点认为，不可竞争费用不得约定减让。在“南阳教育建筑工程有限公司与河南省宇信房地产开发有限公司建设工程施工合同纠纷案”① 中，针对合同

① 参考案例181：南阳教育建筑工程有限公司与河南省宇信房地产开发有限公司建设工程施工合同纠纷案，河南省方城县人民法院（2020）豫1322民再14号民事判决书。

约定的安全文明费、规费优惠让利部分，法院认为，安全文明施工费、规费及税金属不可竞争费用。对于不可竞争费用在双方结算时优惠让利违背《建设工程工程量清单计价规范》的规定，也显失公平，故对约定的安全文明费、规费优惠让利部分，发包人应当支付给承包人。在“广西建工集团第二安装建设有限公司与湖北福人木业有限公司均建设工程施工合同纠纷案”[①] 中，针对合同约定的安全文明施工费、规费下浮比例，湖北省高级人民法院也认为，“因安全文明施工费、规费以及劳保费均属于关系社会公众安全和公共利益的不可竞争性费用，根据法律及相关政策规定必须强制、足额缴纳，不允许扣减”。肯定的观点则认为，约定减让不可竞争费用的，属于当事人意思自治范畴，应予尊重。《河南省高级人民法院建设工程案件审判工作座谈会综述》（2022 年 9 月 14 日）“议题三：工程价款认定的相关问题”第 2 款即规定：“当事人在确定工程价款时，可以约定其中的个别组价费用项目不计取，如约定社保费、安全文明施工费等不计取，规费按照某一年度标准计取等。该类约定属于当事人对工程价款的约定，也可以视为承包人对发包人的让利，对双方当事人具有约束力。”

首先，《建设工程工程量清单计价规范》虽规定安全文明施工费、工程规费、税金不得作为竞争性费用，但其作为国家标准，不足以否定发承包双方之间约定的效力。其次，根据《民法典合同编通则解释》第 16 条第 1 款第 2 项的规定，合同违反法律、行政法规的强制性规定，但强制性规定旨在维护政府的税收、土地出让金等国家利益或者其他民事主体的合法利益而非合同当事人的民事权益，认定合同有效不会影响该规范目的的实现，人民法院可以依据《民法典》第 153 条第 1 款关于“该强制性规定不导致该民事法律行为无效的除外”的规定认定该合同不因违反强制性规定无效。据此，建设工程价款中的安全文明施工费、工程规费、税金等非竞争性费用是否计取以及计取比例，可由发承包双方自行约定。再次，《民法典》第 465 条第 2 款规定：“依法成立的合同，仅对当事人具有法律约束力，但是法律另有规定的除外。”因此，建设工程施工合同约定，就安全文明费、规费等非竞争性费用让利的，仅在发承包双方之间具有约束力。承包人虽无权向发包人收取约定让利部分的安全文明施工费、工程规费、税金，但仍应依法向相关国家机关缴

① 参考案例 182：广西建工集团第二安装建设有限公司与湖北福人木业有限公司建设工程施工合同纠纷案，湖北省高级人民法院（2017）鄂民终 1840 号民事判决书。

纳安全文明施工费、工程规费、税金。据此，建设工程施工合同约定就非竞争性费用让利的，不会影响社会公众利益。最后，建设工程施工合同约定就安全文明施工费、工程规费、税金等让利，而承包人仍须向相关国家机关缴纳上述费用的，最终减损的是承包人利益。其实质是以规费、税金减免之名行工程价款折让之实，并没有对国家、集体和第三人造成损害。故双方签订的非竞争性费用让利条款，应属有效。当然，如果建设工程施工合同就安全文明施工费、工程规费、税金等非竞争性费用没有约定或约定不明的，则应按照规定计取；如果在建设工程施工合同履行过程中，工程规费、税金等非竞争性费用发生变化的，则应当据实调整。

**典型案例 208**

## 刘锡春与吉安市城市建设投资开发公司建设工程施工合同纠纷案[①]

### 基本案情

2010 年 10 月，吉安市城市建设投资开发公司（以下简称吉安城投公司）与华丰公司签订《建设工程施工合同》，约定由华丰公司承建吉安市城南中心区拆迁安置房的 15 号楼、16 号楼的土建、水电安装及装饰装修工程，合同价款为 50, 922, 298. 55 元，该价格为固定价，包含工程施工机械设备、劳务、材料、管理、成品保护、安全、自检、利润、税金和政策性规定应计取的各项费用（任何政策性调整因素都不予考虑）。2011 年 5 月 20 日，华丰公司与刘锡春签订《工程施工内部承包合同》，约定上述工程由刘锡春采取包工包料的总承包方式承建，并根据招标文件的要求承担合同的全部施工任务，盈亏自负。华丰公司对工程不负任何责任，且可提取工程总造价 1. 5%的项目管理费。合同签订后，刘锡春组织人员、机械设备进场施工。工程完工并验收合格后，因结算分歧，刘锡春提起诉讼，称根据《建设工程工程量清单计价规范》的规定，安全文明施工费、规费和税金必须按国家或省级、行业建设主管部门的规定计算，不得纳入竞争性价格范畴，更不能当作

① 典型案例 208：刘锡春与吉安市城市建设投资开发公司建设工程施工合同纠纷案，江西省高级人民法院（2021）赣民终 70 号民事判决书。

固定价一成不变，据此要求调整15号楼的人工费、两楼的规费、税金等，请求改判增加工程价款约100万元（以鉴定为准）。

## 法院观点

江西省高级人民法院认为，《建设工程工程量清单计价规范》是由住建部制定的行政规章，无论从该规范整体的性质还是具体到强制性条文，均属于管理性强制性规定，并非法律法规的效力性强制性规定，不能替代当事人双方的合意。吉安城投公司与华丰公司在《建设工程施工合同》中约定，“采用固定价格合同，合同价款中包含的风险范围：工程施工机械设备、劳务、材料、管理、成品保护、安全、自检、利润、税金和政策性规定应计取的各项费用（任何政策性调整因素都不予考虑）”。上述约定系双方当事人的真实意思表示和对自身权利处分达成的合意，亦为当事人在签订合同时自愿承担的风险，未违反法律、行政法规的强制性规定，合法有效。故刘锡春的该主张不应得到支持。

## 裁判规则209

**工程措施费的支出与工程进度呈正相关关系，但并非同比关系。在工程未完工的情况下，应结合工程进度与措施费的实际支出时间综合判定措施费的金额，不能直接按照完工比例分摊。**

工程措施费，是指为完成工程项目施工，发生于该工程施工前和施工过程中的非工程实体项目费用，由技术措施费和组织措施费组成。施工技术措施费主要包括施工排水、降水费，混凝土、钢筋混凝土模板及支架费，脚手架费，大型机械设备进出场及安拆费，其他施工技术措施费；组织措施费主要包括环境保护费、临时设施费、安全施工费、文明施工费、夜间施工费、缩短工期增加费、二次搬运费、已完工程及设备保护费、其他施工组织措施费。工程措施费通常按照工程造价的一定比例计算。那么在建设工程施工合同未履行完毕的情况下，应当如何确定工程措施费？

有观点认为，工程措施费的支出与工程进度是同比关系，进而主张在施工合同未履行完毕的情况下，工程措施费应按完工比例分摊。① 该观点有违工程措施费的

① 参见陈中林：《从一案例析未完建设工程的结算》，载《人民司法》2008年第21期。

“非工程实体项目费用” 这一特征。以组织措施费中的临时设施费为例，临时设施费是为完成工程施工和管理而搭设的生活和生产用的临时建筑物、构筑物和其他临时设施所需费用。一个工程所需的临时设施，通常在工程开工时一次性建成。由此导致的临时设施费，在施工过程中随工程量的逐步增加而摊销到相应工程量中，施工完成，临时设施费也相应摊销完毕。① 但在施工合同中途解除的情况下，由于承包人只能就已完成部分获得工程款，原本应摊销到未完成部分的临时设施费，则无处安放。

工程措施费作为非工程实体项目费用：有的发生在施工前，如前述临时设施费；有的随施工进度逐步投入但超前于施工进度，如技术措施费中的脚手架费（搭设好脚手架后才能进行施工）。因此，工程措施费的支出与工程进度呈正相关关系，但并非同比关系，而是超前于施工进度。这就导致工程措施费无法从已完工程量中全部体现出来，也就不应根据已完工程量进行直接折算，而应针对具体措施费的支出时间结合工程进度予以综合判定。仍以临时设施费为例，由于其系开工时一次性支出，在施工合同中途解除的情况下，如该临时设施对后续施工单位具有利用价值的，则“已完工程量分摊的临时建筑设施的费用由承包人承担；未完工程量分摊的临时建筑设施的费用由发包人承担”②。

**典型案例 209**

## 宁夏天山海世界黄河明珠旅游文化有限公司与合肥达美建筑装饰工程有限责任公司建设工程施工合同纠纷案③

### 基本案情

2018 年 5 月 12 日，宁夏天山海世界黄河明珠旅游文化有限公司（以下简称天山海公司）与合肥达美建筑装饰工程有限责任公司（以下简称合肥达美公司）签

① 参见杨心忠等：《建设工程合同纠纷裁判思路》，法律出版社 2014 年版，第 247、248 页。

② 杨心忠等：《建设工程合同纠纷裁判思路》，法律出版社 2014 年版，第 245 页。

③ 典型案例 209：宁夏天山海世界黄河明珠旅游文化有限公司与合肥达美建筑装饰工程有限责任公司建设工程施工合同纠纷案，宁夏回族自治区高级人民法院（2021）宁民终 683 号民事判决书。

订《钢结构施工工程合同》，约定天山海公司将银川天山海世界中庭、2号康养中心、6号冰雪乐园钢结构工程发包给合肥达美公司以包工包料的形式施工。2018年8月，合肥达美公司完成案涉中庭钢结构、网架的全部施工，采光板也基本完成，2号康养中心和6号冰雪乐园仅部分施工。后案涉工程停工。2019年5月22日，天山海公司向合肥达美公司发出《解除合同通知函》。2020年9月，天山海公司诉至法院，要求解除《钢结构施工工程合同》，合肥达美公司返还超付的工程款8,888,412.61元、支付违约金2,665,543.68元。合肥达美公司提出反诉，要求继续履行《钢结构施工工程合同》，天山海公司支付工程款200万元、赔偿损失400万元。在诉讼中经鉴定，案涉工程按照施工蓝图计算，设计总造价为88,034,363.42元，其中已施工部分造价为27,471,487.21元，占总造价的31%，未施工部分造价为60,562,876.21元，占总造价的69%；结合工程实际情况，临时设施费及其中用于办公、工器具使用所产生的企业管理费，共计225,686元（含企业管理费35,968元），是为整个项目一次性投入使用的。

## 法院观点

宁夏回族自治区高级人民法院（二审法院）认为，鉴定机构按照施工蓝图计算出本案工程设计总造价为88,034,363.42元，合肥达美公司已施工部分造价占总造价的31%，未施工部分造价占总造价的69%，合肥达美公司就临时设施实际产生费用225,686元。已施工部分造价已包含企业管理费及措施项目费等一切费用；未施工部分占总造价的69%，按实际产生费用中的企业管理费35,968元的69%计算，金额为24,817.92元，另外189,718元的69%为130,905.42元，对该两笔费用（24,817.92元+130,905.42元）应予支持。因临时设施费及其中用于办公、工器具使用所产生的企业管理费是为整个项目的一次性投入，对合肥达美公司未施工部分的临时设施费，应按其未施工部分占设计总造价的比例69%予以支持，而已施工部分对应的临时设施费已包含在工程造价中，故不再重复计算。

## 裁判规则210

**签证属于发承包人之间达成的补充协议。签证确认的工程款或工程量，应直接作为结算的依据。**

《建设工程施工合同解释（一）》第20条规定："当事人对工程量有争议的，按照施工过程中形成的签证等书面文件确认。承包人能够证明发包人同意其施工，但未能提供签证文件证明工程量发生的，可以按照当事人提供的其他证据确认实际发生的工程量。"该条所规定的"签证"，也称"工程签证""现场签证"，是"合同价款之外的费用补偿、工期顺延以及因各种原因造成的损失赔偿等形成的签认证明"①。

《建设工程造价鉴定规范（条文说明）》（GB/T 51262-2017）第5.9款指出，"由于施工生产的特殊性，在施工过程中往往会出现一些与工程合同约定不一致或未约定的事项，这时就需要发承包双方用书面形式记录下来"。这里的书面形式，即指签证。工程签证主要分为两种类型：一是现场经济签证，主要针对七类事项。（1）零星用工，即施工现场发生的与主体工程施工无关的用工，如定额费用以外的搬运、拆除用工等；（2）零星工程；（3）临时设施增补项目；（4）隐蔽工程；（5）窝工，非施工单位原因停工造成的人员、机械经济损失，如停水、停电，业主材料不足或不及时，设计图纸修改等；（6）议价材料价格认价单，结算资料汇编规定允许计取议价价差的材料，需要在施工前确定材料价格；（7）其他需要签证的事项。二是工期签证，主要包括停水、停电，非施工单位原因停工造成的工期拖延。

签证是在施工过程中出现与合同约定的情况、条件不符的事件时，针对施工图纸及设计变更所确定的工程内容以外、施工图预算或预算定额取费中未包含而施工过程中确须发生费用的施工内容所作确认。因此，"从法律意义上讲是原施工合同的补充合同"②，可以直接作为工程结算（包括工程量与工程价款）的依据。③《建设工程价款结算暂行办法》（财建〔2004〕369号）第15条后段即规定："凡由发、承包双方授权的现场代表签字的现场签证以及发、承包双方协商确定的索赔等费用，应在工程竣工结算中如实办理，不得因发、承包双方现场代表的中途变更改

---

① 最高人民法院民事审判第一庭编著：《最高人民法院新建设工程施工合同司法解释（一）理解与适用》，人民法院出版社2021年版，第111页；《福建省高级人民法院当前我省涉建工纠纷审判调研问答·案例·白皮书》（2022年9月）第23条。

② 王楷、于秋磊：《建设工程施工合同纠纷法律实务与工程专业知识解答》，法律出版社2021年版，第161页。

③ 参见李玉生主编：《建设工程施工合同案件审理指南》，人民法院出版社2019年版，第59、60页。

变其有效性。”当然，如果签证仅对变更的事实予以确定，但未对变更的费用予以定量确认，则在结算工程款时须按合同约定的变更估价和价格调整方法确定变更所涉及的费用。①

需要指出的是，签证有别于施工过程中形成的收方（单）。收方是对实际完成的工作量或施工方式的确认，土石方工程、隐蔽工程、设计变更、施工方式等事项均需要收方。(1) 对土石方工程和隐蔽工程来说，收方是对根据施工图无法计算或施工图和实际有出入，需通过现场核实来对实际发生工程量进行确认；(2) 对设计变更来说，收方是对完工界面的确认，即确认需返工的已完部分的工程量；(3) 从零星收方来说，收方是对可以单独计算的合同内外的零星工程量或者额外发生的人工、材料、机械台班的确认；(4) 从施工方式来说，收方的对象一般为非常规的施工方式和施工工艺，是对额外增加的人工、材料、机械以及施工措施的确认。签证与收方（单）的区别在于：第一，从起到的作用来看，收方（单）确认的是现场实施情况，是签证单的佐证及附件，一般不作为经济依据单独使用，而签证可以作为经济依据使用，确定的是费用；第二，从形式上看，收方（单）由参建各方签字即可，签证则需建设单位指定负责人签字审批并盖章才有效；第三，从内容来看，收方（单）仅确定工程量，签证是对事项和费用的确定；第四，收方（单）一般要配合签证使用（实践中也存在不规范的情况），签证的事项不一定需要收方单。据此，签证记载事项原则上应另行计费；收方（单）原则上不计费，但有证据证明在合同范围外且有合理施工理由的除外。

**典型案例 210**

## 中建新疆安装工程有限公司与新疆锦贸鑫能源有限公司等建设工程施工合同纠纷案②

### 基本案情

2014年6月23日，新疆锦贸鑫能源有限公司（以下简称锦贸鑫公司）与中建

① 参见常设中国建设工程法律论坛第五工作组：《建设工程施工合同纠纷证据指引理解与适用》，法律出版社2018年版，第131页。

② 典型案例210：中建新疆安装工程有限公司与新疆锦贸鑫能源有限公司等建设工程施工合同纠纷案，最高人民法院（2022）最高法民终212号民事判决书。

新疆安装工程有限公司（以下简称中建公司）签订施工合同，约定锦贸鑫公司将100万吨/年沥青及资源化综合利用项目一期工程发包给中建公司承建。合同签订后，中建公司开始施工。2016年11月工程停工后中建公司再未复工。后中建公司诉至法院，要求解除施工合同，锦贸鑫公司支付工程款。2018年7月16日，中建公司申请对已施工全部工程造价及停工、窝工损失进行鉴定。2021年1月12日，新德旺公司作出的《工程造价鉴定意见书》载明：确定性鉴定意见造价为97,832,672.72元，供选择性意见造价为23,272,966.99元。在供选择性意见造价中，工程联络单确认的工程造价为13,477,223.18元，中建公司认为，工程联络单应作为双方结算依据；锦贸鑫公司认为，根据现场勘查结果，该签证工程并未实施，因此相关签证工程不应计费。

## 法院观点

一审法院（新疆维吾尔自治区高级人民法院生产建设兵团分院）认为，按照鉴定意见及鉴定人答复，涉及13,477,223.18元费用的工程联络单中均有锦贸鑫公司的签字、盖章。锦贸鑫公司在2018年8月2日的质证意见中认可工程联络单的真实性，应予以确认。锦贸鑫公司在之后的质证及庭审中否认上述工程联络单的真实性，但没有提供足以反驳的证据，故应计入工程造价。最高人民法院在二审中也认为，关于签证计费问题，一审认定的签证费用13,477,223.18元均有锦贸鑫公司签字盖章，且锦贸鑫公司在2018年8月2日的质证意见中认可工程联络单的真实性，虽然锦贸鑫公司在其后的诉讼活动中否认其真实性，但未能提供足够反证推翻先前诉讼活动中已经认可的事实，因此一审法院认可该签证费用并无不当。

## 裁判规则211

**监理单位作为施工活动的受托监督主体，其签署确认的文件可以作为确认争议事实的证据，但不能直接作为结算依据。**

《建筑法》第30条第1款规定：“国家推行建筑工程监理制度。”《建设工程监理范围和规模标准规定》（中华人民共和国建设部令〔第86号〕）第2条规定：

"下列建设工程必须实行监理：（一）国家重点建设工程；（二）大中型公用事业工程；（三）成片开发建设的住宅小区工程；（四）利用外国政府或者国际组织贷款、援助资金的工程；（五）国家规定必须实行监理的其他工程。"在施工过程中，监理单位的工作人员会在大量的施工文件上签署意见。实践中的争议在于，对监理单位签署认可的工程量或工程款，应当如何对待？

《建筑法》第32条第1款规定："建筑工程监理应当依照法律、行政法规及有关的技术标准、设计文件和建筑工程承包合同，对承包单位在施工质量、建设工期和建设资金使用等方面，代表建设单位实施监督。"据此，监理单位只是受发包方委托对工程质量、进度等进行监督的部门。① 从行为性质上看，监理人员所从事的能够产生法律效力的行为必须系监理行为，这也是由工程监理的独立性所决定的。监理单位虽系受建设单位委托从事监理工作，但其不能替代建设单位进行建设工程的决策，尤其是"监理人无权代理发包人行使对施工合同缔结、变更、终止，以及放弃合同权利等合同重大事项决策权"②。因此，"监理工程师对施工单位提报的工程量签证或报表，只有审核权而无最终确认权"③。不能因监理人员在承包单位报送的结算文件上签字，就认定该结算行为对建设单位发生法律效力，因为结算行为显然超过了监理行为的界限。换言之，"监理对技术签证的签认属于其职权范畴，应为有效；但对经济签证的签认没有明确授权，应当认定为无效"④。

当然，监理工程师签认的工程量或工程款，虽不发生签证（结算）的效力，但在证据形式上属于书证，具备民事诉讼法意义上的证据效力。⑤ 至于该证据的证明力，需结合监理人员的职务判断。监理人员应当在其法定职权范围内开展工作，否则便构成越权，应当按照越权规则处理。对于不同职位的监理人员所享有的

---

① 参见杨心忠等：《建设工程合同纠纷裁判思路》，法律出版社2014年版，第166页。

② 曹文衔、宿辉、曲笑飞：《民法典建设工程合同章条文释解与司法适用》，法律出版社2021年版，第225页。

③ 王楷、于秋磊：《建设工程施工合同纠纷法律实务与工程专业知识解答》，法律出版社2021年版，第166页。

④ 最高人民法院民事审判第一庭编著：《最高人民法院新建设工程施工合同司法解释（一）理解与适用》，人民法院出版社2021年版，第203页。

⑤ 参见《经建设单位聘用的监理工程师签认的工程量月报表，原则上不能直接作为工程结算依据》，载最高人民法院民事审判第一庭编：《民事审判指导与参考》总第34集，法律出版社2008年版。

职责范围应当根据工程监理合同以及相关的授权文件确定，如果仅对监理人员进行了职务任命而未明确授权范围的，可以参照《建设工程监理规范》（GB/T 50319-2013）所确定的监理人员的职责范围确定。《北京市高级人民法院关于审理建设工程施工合同纠纷案件若干疑难问题的解答》（京高法发〔2012〕245 号）第 10 条针对“工程监理人员在签证文件上签字确认的效力如何认定”这一问题提出，“工程监理人员在监理过程中签字确认的签证文件，涉及工程量、工期及工程质量等事实的，原则上对发包人具有约束力，涉及工程价款洽商变更等经济决策的，原则上对发包人不具有约束力，但施工合同对监理人员的授权另有约定的除外”。在下述【典型案例 211】中，对监理单位签字认可的工期延误，法院即将其作为认定工期延误这一事实的证据，但对监理单位签字认可的补偿标准，并未采纳，而是通过司法鉴定按合同价标准予以计算。

**典型案例 211**

## 江西太平洋宇洪建设有限公司与理县文泰水电开发有限责任公司建设工程施工合同纠纷案①

### 基本案情

2010 年 3 月 28 日，理县文泰水电开发有限责任公司（以下简称文泰公司）与江西太平洋宇洪建设有限公司（以下简称宇洪公司）签订《工程承包合同》，约定文泰公司将理县珊瑚沟水电站总体工程发包给宇洪公司承建。在合同履行过程中，因文泰公司未按合同约定做好土地征用、拆迁及落实施工用电接口、用水点、施工道路需用场地等工作，造成宇洪公司长时间停工和大量窝工。宇洪公司申请延长工期十八个月，并申请十八个月人工误工补偿、机械闲置补偿、管理费补偿。2012 年 10 月、11 月，监理工程师张以中在该两份报告单上签字“同意以上给承包人的补偿”。后宇洪公司向法院提起诉讼，要求解除《工程承包合同》，文泰公司

① 典型案例 211：江西太平洋宇洪建设有限公司与理县文泰水电开发有限责任公司建设工程施工合同纠纷案，最高人民法院（2020）最高法民终 455 号民事判决书。

支付工程款并赔偿损失。其中，就工期延误导致的人工误工补偿、机械闲置补偿、管理费补偿，按照监理签证确认的补偿标准计算，截至2013年4月19日为19,893,025.60元，2013年4月19日至9月3日，该费用为3,123,616元。在一审中，法院委托天成公司对案涉工程造价进行鉴定。鉴定意见为：工期延误导致的人工误工补偿、机械闲置补偿、管理费补偿合计9,485,055.40元。

## 法院观点

一审法院（四川省高级人民法院）认为，宇洪公司申请延长工期十八个月，并申请补偿十八个月人工误工补偿、机械闲置补偿、管理费补偿，监理张以中在该两份报告单上签字“同意以上给承包人的补偿”，虽然没有业主代表签字，但因监理系文泰公司聘请，监理作出的认可应视为业主的意思表示，故对宇洪公司请求文泰公司支付工期延误而增加的人工误工补偿、机械闲置补偿、管理费补偿共计9,485,055.40元，人民法院予以认定。二审中，最高人民法院也认为，因工期延误造成宇洪公司人工误工费、机械闲置费和管理费等损失。宇洪公司申请延长工期十八个月及人工误工、机械闲置、管理费等损失补偿，并提交了相应报告单，监理在该报告单上进行了签证确认，可以作为计算工期延误损失的依据。一审法院根据鉴定意见确认宇洪公司因工期延误产生的人工误工、机械闲置、管理费等损失共计9,485,055.40元，并无不当。

## 裁判规则212

**承包人承接工程后进行转包或违法分包的，即使工程质量合格，基于“任何人不得从其不法行为中获利”的法理，发包人有权根据转承包人、分包人的结算或资质情况，酌情减少工程款。**

当前，转包、违法分包等行为在建筑市场屡禁不止。承包人将承接的工程转包、违法分包给他人施工，在施工完成后：一方面，其对发包人主张，应按照（或参照）合同约定支付工程款；另一方面，对转包、分包合同约定的管理费或合同价差，早在向实际施工人转付发包人支付的款项时已经实际收取。在《民法典》

取消收缴违法所得的情况下，[①] 对承包人通过转包或违法分包行为坐收管理费渔利的行为，如何进行规制？

在既往的司法实践中，在承包人将承接的工程转包、违法分包给他人的情况下，就承包人向发包人提出的工程款支付请求，法院普遍不考虑承包人的转包、违法分包等行为，一律按照承包人与发包人之间的合同约定确定工程价款。这种利益分配模式，实际上助长了承包人将承接的工程进行转包、违法分包。有观点主张，应“对所有的违法分包给予高额罚款，使罚款的数额和概率足以使其分包行为无法获利”[②]。但罚款属于行政处罚的范畴，且罚款的金额受到行政法规的严格限制，[③] 难以实现遏制承包人转包、违法分包的目的。

更为合理的选择是，承包人没有实际履行施工合同约定的义务，要求按照合同约定结算工程款缺乏事实依据；建设工程由实际施工人建设完成，故应按照实际施工人的资质等级进行工程款的结算。[④]《湖南省高级人民法院关于审理建设工程施工合同纠纷案件若干问题的解答》（湘高法〔2022〕102 号）第 12 条即规定：“建设工程施工合同均无效情形中，承包合同高于转包、违法分包合同的工程款差额的性质属非法利益，转包、违法分包人与实际施工人按转包、违法分包合同结算后又以承包合同向发包人主张支付工程款，发包人对超出部分的工程款提出不予支付抗辩的，人民法院应综合合同履行情况、施工工程内容及行业惯例等情形予以调整，一般不宜超过差额部分工程款的 8%（包含税金、管理费在内）。但发包人明

---

① 在民事收缴制度被取消之前，法院可以通过收缴两份合同的价差，剥夺承包人的违法获益。在“中国建筑第一局（集团）有限公司与英协（河南）房地产有限公司建设工程施工合同纠纷案”中，中国建筑第一局（集团）有限公司（以下简称中建一局）与英协（河南）房地产有限公司（以下简称英协公司）签订的施工合同，约定工程款为固定价款 3390.88 万元。中建一局将工程转包给方圆公司，并向方圆公司支付工程款 25,301,640.50 元。后中建一局起诉英协公司，要求其按合同约定支付工程款。河南省高级人民法院与最高人民法院均认为，中建一局将涉案工程以低价转包，行为违法，不能得到超出方圆公司得到的工程款 25,301,640.50 元。英协公司支付给中建一局的工程款数额为 26,175,576 元，中建一局已经取得的英协公司超付的 873,935.50 元，系其因非法转包取得的非法所得，应予以收缴。参见河南省高级人民法院（2011）豫法民三终字第 0066-1 号民事决定书、最高人民法院（2012）民一复字第 1 号民事决定书。

② 谢勇、郭培培：《论实际施工人的民法保护》，载《法律适用》2021 年第 6 期。

③ 在前述“中国建筑第一局（集团）有限公司与英协（河南）房地产有限公司建设工程施工合同纠纷案”中，郑州市建设委员对中建一局转包工程一事，仅仅进行了通报。

④ 参见杨心忠等：《建设工程合同纠纷裁判思路》，法律出版社 2014 年版，第 8 页。

知且认可的，该抗辩不能成立。”下述【典型案例212】中，该案承办人在评析该案时即提出：虽然南通四建是建设工程的实际施工人，但与新疆新世纪成功房地产开发有限公司（以下简称成功公司）并无施工合同关系；青岛建设集团公司（以下简称青建集团）违法转包，人民法院以实际施工人的资质据实结算工程款，这样处理既惩罚了青建集团的违约行为，又使青建集团不能够从中获利。① 如果发承包双方在建设工程施工合同中约定的工程价款与资质等级无法直接关联，或实际施工人无资质的，可以参照承包人与实际施工人之间的结算金额进行结算。在“司玉杰与李柏刚、黑龙江昊诚集团房地产开发有限责任公司等建设工程施工合同纠纷案”② 中，最高人民法院也认为，“案涉工程项目由无建筑资质的实际施工人司玉杰组织施工，不能按照有资质企业组织施工标准计取企业管理费，原审法院将依据定额确定的企业管理费计入应付工程款不当，企业管理费应予酌减。本院在鉴定结论的基础上对达连河商业区工程款企业管理费扣减30%”。这一结算的金额与发承包双方在建设工程施工合同中约定的金额的差额，相当于承包人就转包、违法分包行为承担的民事责任。这种利益分配模式，剥夺了承包人就转包、违法分包所获得的利益，承包人也就丧失了转包、违法分包、出借资质的利益驱动。③

**典型案例212**

## 新疆新世纪成功房地产开发有限公司<br>与青岛建设集团公司等建设工程施工合同纠纷案④

### 基本案情

2000年8月28日，成功公司与青建集团签订《建设工程施工合同》和《补充

① 参见孙延平：《对承包方转包建设工程的认定与处理——新疆新世纪成功房地产开发有限公司与青岛建设集团公司、中国建设银行青岛分行、南通四建集团有限公司建设工程施工合同纠纷上诉案》，载最高人民法院民事审判第一庭编：《民事审判指导与参考》总第34集，法律出版社2008年版。

② 参考案例183：司玉杰与李柏刚、黑龙江昊诚集团房地产开发有限责任公司等建设工程施工合同纠纷案，最高人民法院（2017）最高法民再247号民事判决书。

③ 参见谢勇：《建设工程施工合同案件裁判规则解析》，中国法制出版社2020年版，第80页。

④ 典型案例212：新疆新世纪成功房地产开发有限公司与青岛建设集团公司等建设工程施工合同纠纷案，最高人民法院（2006）民一终字第42号民事判决书。

条款》，约定青建集团承建成功广场综合楼工程，工程暂估价款为5800万元。2000年9月18日，青建集团与南通四建签订《建设工程施工合同》《补充条款》，约定将成功广场综合楼工程转包给南通四建施工，工程价款暂估为4500万元。2000年9月20日，南通四建开工建设。2002年9月14日，成功公司接收工程并开业。后双方发生纠纷诉至法院。针对结算标准：成功公司认为，应依照实际施工人南通四建三级资质据实结算；青建集团认为，应依照成功公司与青建集团签订的合同进行结算。在诉讼中经鉴定，根据成功公司与青建集团之间的合同约定：按青建集团全民一级资质取费标准计算，工程总价为117,327,734.93元；按南通四建集体三级资质取费标准计算，工程总造价为104,724,957.78元。

**法院观点**

最高人民法院在二审中认为，青建集团与成功公司签订的建设工程施工合同虽为有效合同，但青建集团在签订合同后，即将建设工程进行了转包，其转包行为严重违反了国家法律强制性规定及双方当事人的合同约定。对此，青建集团依据双方合同约定结算工程款的请求，不应得到支持。双方当事人争议的建设工程是由具有三级资质的建设单位完成的，成功公司与青建集团应以建设工程实际施工人的资质据实结算工程款。

## 5.5 无效建设工程施工合同的参照结算

“在建设工程施工合同纠纷案件审理中，由于建筑市场违法违规行为的普遍，建设工程施工合同被认定无效占有很大比例。”[①] 对于无效合同，《民法典》第157条前段规定：“民事法律行为无效、被撤销或者确定不发生效力后，行为人因该行为取得的财产，应当予以返还；不能返还或者没有必要返还的，应当折价补偿。”由于“建设工程的施工过程，就是承包人将劳务及建筑材料物化到建设工程的过程。基于这一特殊性，合同无效，发包人取得的财产形式上是承包人建设的工程，实际上是承包人对工程建设投入的劳务及建筑材料（一般是工程款），故而无

① 关丽：《就同一建设工程分别签订的多份施工合同均被认定无效后，应当参照双方当事人达成合意并实际履行的合同结算工程价款——汕头市建安（集团）公司与北京秦浪屿工艺品有限公司建设工程施工合同纠纷上诉案》，载最高人民法院民事审判第一庭编：《民事审判指导与参考》总第55辑，人民法院出版社2014年版。

法适用无效恢复原状的返还规则，只能折价赔偿"①。针对折价补偿的标准，《民法典》第793条第1款规定："建设工程施工合同无效，但是建设工程经验收合格的，可以参照合同关于工程价款的约定折价补偿承包人。"从而确立了无效施工合同工程款结算的基本规则。

**裁判规则213**

**建设工程施工合同无效，但已完工程质量合格的，一般应当参照合同关于工程价款的约定就已完工部分进行折价补偿。当事人就合同无效的过错，不影响折价补偿款的确定。**

《民法典》第793条第1款规定，"并非是将无效合同进行'有效处理'，而是因为合同无效后的返还不能所被迫采取的替代措施"②。也就是说，应参照合同关于工程价款的约定折价补偿。就该款规定的适用，需注意以下问题：

第一，无效施工合同"参照合同关于工程价款的约定折价补偿"，有一个前提——工程质量合格。至于确定质量是否合格的方式，请参见本书第4.1节。如果工程质量不合格，根据《民法典》第793条第2款第2项的规定，承包人无权请求参照合同关于工程价款的约定折价补偿，原则上应由承包人自行承担施工费用。"但是，如果发包人对建设工程验收不合格存在过错的，也应当承担责任。这一责任的承担应当在认定发包人过错程度的基础上作出判断，对于其承担责任的多少，由法官依据案件的实际情况及法律规定予以判决。"③

第二，之所以"参照合同关于工程价款的约定折价补偿"，其原因在于，"目前我国建筑市场属于发包人市场，发包人在签订合同时往往把工程款压得很低，常常低于当年适用的工程定额标准和政府公布的市场价格信息标准，如果合同无效按照上述两种标准（工程定额或市场价格信息）折价补偿，就可能诱使承包人恶意

---

① 最高人民法院民事审判第一庭编著：《最高人民法院建设工程施工合同司法解释的理解与适用》，人民法院出版社2004年版，第33页。

② 石佳友：《〈民法典〉建设工程合同修订的争议问题》，载《社会科学辑刊》2020年第6辑。

③ 关丽：《折价补偿原则在建设工程施工合同无效时的适用》，载最高人民法院民事审判第一庭编：《民事审判指导与参考》总第21集，法律出版社2005年版。

主张合同无效，以达到获取高于合同约定工程款的目的，这与无效合同处理原则及制定司法解释以期达到规范建筑市场、促进建筑业的发展提供法律保障的初衷相悖”①。在此背景下，由于当事人在合同中确定价款的约定最能真实反映当事人对工程实际价值达成的合意，因此，参照当事人之间的合同约定进行折价无疑最能体现处理的公正性。

第三，有观点认为，《民法典》第793条第1款并未限定承包人只能请求参照建设工程施工合同的约定折价补偿，根据法无禁止即自由的民事基本原则，承包人在起诉时可以选择请求参照建设工程施工合同的约定支付工程价款，也可以申请人民法院委托鉴定机构对工程价款进行鉴定。但一旦选定后，就不应反悔。② 该观点有违《民法典》第793条第1款“确保双方均不能从无效合同中获得超出合同有效时的利益”③ 的制度目的。如最高人民法院民一庭2022年第22次法官会议纪要所载，“《民法典》第七百九十三条第一款虽然使用了‘可以参照’的表述，但如果工程建设未发生大规模设计改变，或者合同中有关工程价款的约定不存在严重违背当事人真实意思表示等情况，人民法院在具体裁判中，不宜任意将‘可以参照’理解为可以参照、也可以不参照”④。换言之，在施工合同无效、已完工程质量合格的情形下，“无论承包人请求依据何标准支付工程价款，发包人同意并主张参照合同约定支付的，一般就应当参照合同约定支付工程价款”⑤。

第四，对工程质量合格的无效施工合同，一般应参照合同关于工程价款的约定确定折价补偿款。但该规则存在如下例外：一是因中标价低于成本价导致施工合同无效的，不能参照合同关于工程价款的约定折价补偿；⑥ 二是因建设工程不合法导

---

① 最高人民法院民事审判第一庭编著：《最高人民法院建设工程施工合同司法解释的理解与适用》，人民法院出版社2004年版，第37、38页。

② 参见谢勇：《建设工程施工合同无效的主要类型及法律后果》，载最高人民法院民事审判第一庭编：《民事审判指导与参考》总第83辑，人民法院出版社2021年版。

③ 黄薇主编：《中华人民共和国民法典释义》（中），法律出版社2020年版，第1462页。

④ 最高人民法院民事审判第一庭编：《民事审判指导与参考》总第90辑，人民法院出版社2022年版，第254页。

⑤ 最高人民法院民一庭：《建设工程施工合同无效、工程尚未竣工且未经验收，承包人请求支付工程价款，发包人同意并主张参照合同约定支付的，一般应当参照合同约定支付工程价款》，载最高人民法院民事审判第一庭编：《民事审判指导与参考》总第59辑，人民法院出版社2015年版。

⑥ 参见【裁判规则214】。

致施工合同无效的，不能参照合同关于工程价款的约定折价补偿；① 三是施工合同约定总价包干但工程未完工的，须借助“比例法”探寻合同价格标准。②

第五，虽然《民法典》第793条第1款的表述是“建设工程经验收合格”，而未完工程通常未经验收，但该规则也适用于未完工程。《安徽省高级人民法院关于审理建设工程施工合同纠纷案件适用法律问题的指导意见》（2009年5月4日）第12条规定：“建设工程施工合同终止履行，工程未完工但质量合格的，应参照合同约定确定工程价款。”

第六，尤为重要的是，根据《民法典》第157条③的规定，无效合同的法律后果包括财产返还与损失赔偿，即在相互返还的基础上还有其他损失的，按过错进行赔偿。第793条第1款的规定属于返还的范畴——用折价补偿的方式达到返还的目的，与损失赔偿无关，故当事人就合同无效的过错，不影响参照合同关于工程价款的约定折价补偿。

**典型案例213**

## 卢国义与营口华强玻璃有限公司建设工程施工合同纠纷案④

### 基本案情

2013年9月5日，卢国义借用天德通（辽宁）建筑工程有限公司的名义承建营口华强玻璃有限公司（以下简称华强公司）1号车间工程，双方签订的《建设工程施工合同》约定合同价款为固定总价1360万元。卢国义中途退出施工后，双方因结算事宜协商未果，卢国义诉至法院。在诉讼中，经鉴定，按照2008年定额结算，案涉工程价款为24,729,591.55元，已完工程价款为17,681,285.97元；与定额价相比，合同价下浮比例为54.99%。卢国义主张按2008年定额结算工程价

---

① 参见【裁判规则215】。

② 参见【裁判规则196】。

③ 该条规定：“民事法律行为无效、被撤销或者确定不发生效力后，行为人因该行为取得的财产，应当予以返还；不能返还或者没有必要返还的，应当折价补偿。有过错的一方应当赔偿对方由此所受到的损失；各方都有过错的，应当各自承担相应的责任。法律另有规定的，依照其规定。”

④ 典型案例213：卢国义与营口华强玻璃有限公司建设工程施工合同纠纷案，辽宁省高级人民法院（2018）辽民终646号民事判决书、最高人民法院（2020）最高法民申2229号民事裁定书。

款，即 17,681,285.97 元。

## 法院观点

辽宁省高级人民法院认为，涉案合同因卢国义不具备施工资质而无效，但合同关于工程价款结算的约定应是双方真实意思表示，根据《2004 年建工解释》第 2 条的规定，应参照双方合同约定的结算方式确定工程款。据此，已完工程造价为 9,723,795.43 元［13,600,000.00 元 ×（17,681,285.97 元 ÷ 24,729,591.55 元）× 100%］。卢国义在向最高人民法院申请再审时称，按无效施工合同约定确定工程造价，相当于要求其对施工合同无效承担全部过错责任，缺乏事实依据和法律依据。最高人民法院认为，尽管双方对案涉建设工程施工合同无效均有过错，但双方的过错并不影响本案参照合同约定确定工程价款，一审、二审判决在确定案涉工程价款时也没有以卢国义的过错扣减其应得工程价款。卢国义在再审申请中主张二审判决认定其对合同无效承担过错责任，与事实不符。

## 裁判规则214

**因中标价低于成本价导致建设工程施工合同无效的，基于价格条款的违法性，不能参照合同关于工程价款的约定进行折价补偿。**

如前所述，《民法典》第 793 条第 1 款规定，建设工程施工合同无效，但是建设工程经验收合格的，可以参照合同关于工程价款的约定折价补偿承包人。但在建设工程施工合同因中标价低于成本价而被认定为无效的情况下，是否还应参照合同关于工程价款的约定进行折价补偿？

江苏省高级人民法院认为，在此情形下，基于不能让违法行为获得比合法行为更多的利益的原则，故仍应参照合同约定支付工程价款。[1] 原《江苏省高级人民法院关于审理建设工程施工合同纠纷案件若干问题的意见》（苏高法审委〔2008〕26 号）第 7 条规定："经过招标投标订立的建设工程施工合同，工程虽经验收合格，但因合同约定的工程价款低于成本价而导致合同无效，发包人要求参照合同约

① 参见李玉生主编：《建设工程施工合同案件审理指南》，人民法院出版社 2019 年版，第 96 页。

定的价款结算的，人民法院应予支持。”江苏省盐城市中级人民法院在“盐城金润置业有限公司与江苏大洋建设工程有限公司建设工程施工合同纠纷案”① 中也持这一立场。广东省高级人民法院在“莫志华、深圳市东深工程有限公司与东莞市长富广场房地产开发有限公司建设工程施工合同纠纷案”② 中则认为，“除非合同无效的原因归于价格条款违反法律、行政法规的强制性规定，否则无效的施工合同仍应按照合同约定确定工程造价”。换言之，因价格条款违法导致合同无效的，则不应参照合同关于工程价款的约定进行折价补偿。

在建设工程施工合同因“中标价低于成本价”而无效的情况下，如果再参照合同关于工程价款的约定进行折价补偿，显然在法律逻辑上自相矛盾——既认定价格条款违法又参照价格条款计算，导致“中标价低于成本价的施工合同无效”的规范目的落空。因此，因中标价低于成本价导致施工合同无效的，不能参照合同约定付款。在此情形下，如【裁判规则 50】所述，“经过招投标程序确定的中标价是否低于成本价，应当根据中标人完成该项工程所需个别成本进行判断，并由中标人承担其个别成本的证明责任”。也就是说，应当按照中标人举证证明的成本价进行结算。

**典型案例 214**

## 抚顺豪拓建筑安装工程有限公司<br>与抚顺艺豪房地产开发有限公司建设工程施工合同纠纷案③

### 基本案情

2010 年 4 月 16 日，抚顺艺豪房地产开发有限公司（以下简称艺豪公司）与抚顺豪拓建筑安装工程有限公司（以下简称豪拓公司）签订《法雅庄园二期住宅楼施工总承包工程施工合同》（以下简称 416 合同），约定豪拓公司承建法雅庄园二

① 参考案例 184：盐城金润置业有限公司与江苏大洋建设工程有限公司建设工程施工合同纠纷案，江苏省盐城市中级人民法院（2013）盐民终字第 1237 号民事判决书。

② 参考案例 185：莫志华、深圳市东深工程有限公司与东莞市长富广场房地产开发有限公司建设工程施工合同纠纷案，最高人民法院（2011）民提字第 235 号民事判决书。

③ 典型案例 214：抚顺豪拓建筑安装工程有限公司与抚顺艺豪房地产开发有限公司建设工程施工合同纠纷案，辽宁省高级人民法院（2013）辽民一终字第 00270 号民事裁定书。

期10—13号楼，合同价款待定。2010年7月23日，经招投标程序，艺豪公司与豪拓公司签订《建设工程施工合同》（以下简称723合同），约定豪拓公司承建法雅庄园二期10—13号楼，合同价款为10,914,546元。2012年7月，豪拓公司在工程施工未完成的情况下诉至法院，要求艺豪公司给付工程款1212万元（以自行计算的工程造价22,172,597元为基础）。在诉讼中经鉴定，案涉工程造价为19,753,454.25元，723合同确定的10,914,546元，低于该工程的成本价。

## 法院观点

一审法院（抚顺市中级人民法院）认为，723合同因约定的价款明显低于建设成本，根据《招标投标法》的规定，应属无效。723合同明确约定工程价款系固定价款，该价款是豪拓公司投标价，由双方自愿确定。现豪拓公司主张按自行结算价款或按照评估鉴定价款结算工程款，与《2004年建工解释》第2条、第22条①的规定不符，不能得到支持。豪拓公司上诉称一审判决认定723合同因约定的固定价格明显低于建设成本价而无效，又认为应按723合同约定的固定价款结算，在法律上自相矛盾。辽宁省高级人民法院认为：从公平、等价有偿的原则衡量，建设工程的工程款结算价，不能低于工程成本价；对《2004年建工解释》第22条的适用条件，应理解为当事人约定的固定价格与鉴定结论中的工程造价（或者施工方自己计算的工程造价），都是在工程成本价之上。本案的情况是当事人约定的固定价格明显低于成本价。本着公平、等价有偿原则，从维护和平衡双方当事人利益的角度出发，本案不应以损害一方当事人利益的固定价格作为结算依据，而应采用较为公平的鉴定结论作为结算依据。人民法院据此裁定，撤销一审判决，发回重审。

## 裁判规则215

**因未取得建设工程规划审批手续导致建设工程施工合同无效的，因标的物违法，不能参照合同关于工程价款的约定进行折价补偿。由此导致的损失，由双方按照过错进行分担。**

---

① 该条与《建设工程施工合同解释（一）》第28条内容相同，规定：“当事人约定按照固定价结算工程价款，一方当事人请求对建设工程造价进行鉴定的，人民法院不予支持。”

如【裁判规则62】所述，建设工程施工合同因未取得建设工程规划许可证而无效，围绕合同的损失赔偿等争议，虽与违法建筑有牵连，但对于违法建筑本身，不适用行政处理前置原则。如承包人起诉要求支付工程价款的，是否也应参照合同关于工程价款的约定进行折价补偿？

《江苏省高级人民法院建设工程施工合同案件审理指南》（2010年）第五部分第7条第3款规定："因违法建筑或'三无'工程严重违反了《土地管理法》、《城乡规划法》，这样的建设工程无论工程质量是否合格，都不作为支付工程价款的依据，均应立即拆除和返还所支付的工程款……"但其后，原《江苏省高级人民法院民一庭建设工程施工合同纠纷案件司法鉴定操作规程》（苏高法电〔2015〕802号）第31条第2款则规定："对于发包人未领取建设用地规划许可证、建设工程规划许可证、国有土地使用权证的'三无工程'，经竣工验收合格，应当参照合同约定的结算方法进行鉴定。"

《城乡规划法》第64条规定："未取得建设工程规划许可证或者未按照建设工程规划许可证的规定进行建设的，由县级以上地方人民政府城乡规划主管部门责令停止建设；尚可采取改正措施消除对规划实施的影响的，限期改正，处建设工程造价百分之五以上百分之十以下的罚款；无法采取改正措施消除影响的，限期拆除，不能拆除的，没收实物或者违法收入，可以并处建设工程造价百分之十以下的罚款。"因此，未取得建设工程规划许可证的建设工程，即使质量合格，也属于违法建筑。由于施工合同的标的物违法，合同无效，无论工程质量是否合格，均不能参照合同约定支付工程价款，而应立即拆除建成物，返还已经支付的工程款。对于由此导致的损失，则按照双方过错进行分担。在下述【典型案例215】中，法院基于发包人已现实使用建设工程，判决发包人向承包人全额支付工程造价，但其裁判逻辑是："当事人之间约定修建未取得建设工程规划许可的建筑属于无效合同，因该建筑在法律层面不具有可利用性，不能适用《2004年建工解释》第2条所确立的折价补偿规则，应适用缔约过失规则对施工人的利益予以赔偿。"①

但需要指出的是，在认定建设工程为违法建筑时应当慎重。由于"对于'三

① 徐文波、黄承军：《四川恒升钢构公司诉四川国际标榜学院建设工程施工合同纠纷案——施工人因修建违法建筑请求给付工程款，不适用建设工程司法解释第二条的规定》，载杜万华主编、最高人民法院民事审判第一庭编：《民事审判指导与参考》总第69辑，人民法院出版社2017年版。

无工程’的认定及处理本身属于政府职权处理的范畴，法院审理时可以给当地政府主管部门发函，要求在一定期限内明确是否属于违法建筑以及是否拆除”①。如行政机关已经将其认定为违法建筑并责令拆除或已经实际拆除的，对承包人的投入应当按过错赔偿；如行政机关明确可以补办合法手续、没有作出违法建筑认定或没有责令拆除的，可以参照合同约定结算工程价款。②

**典型案例 215**

## 四川恒升钢构工程有限公司与四川国际标榜职业学院建设工程施工合同纠纷案③

### 基本案情

2005 年 6 月 25 日，在案涉工程未取得建设工程规划许可证的情况下，四川国际标榜职业学院（以下简称国际标榜学院）与四川恒升钢构工程有限公司（以下简称恒升公司）签订《建筑工程施工合同》，约定由恒升公司承建“四川国际标榜职业学院扩建工程”。合同签订后，恒升公司组织人员进行施工，施工期间国际标榜学院向恒升公司给付工程款 141 万元。2005 年 9 月 1 日，案涉工程由国际标榜学院进行实际使用。2012 年 1 月 17 日，恒升钢构公司诉至法院，请求判令国际标榜学院支付工程款及资金利息损失。在诉讼中，经鉴定，工程造价为 1,516,580 元。

### 法院观点

成都市中级人民法院认为，建设工程的规划许可管理涉及城乡可持续发展，相关法律规范属于效力性强制性规定，在案涉工程未取得建设工程规划许可证的情况下，国际标榜学院与恒升公司签订《建筑工程施工合同》约定实施相关建设行为，该合同因内容违法而无效。案涉工程至法庭辩论终结时仍未完善相关规划手续，其利用价值在法律层面受限，案涉工程的建造成本及利润（合同约定的工程

① 潘军锋：《建设工程价款结算审判疑难问题研究》，载《法律适用》2019 年第 5 期。

② 参见李玉生主编：《建设工程施工合同案件审理指南》，人民法院出版社 2019 年版，第 108 页。

③ 典型案例 215：四川恒升钢构工程有限公司与四川国际标榜职业学院建设工程施工合同纠纷案，四川省成都市中级人民法院（2014）成民终字第 5178 号民事判决书。

款）均属于损失范畴，因国际标榜学院未依照《城乡规划法》第40条第1款的规定申请办理建设工程规划许可证，恒升公司主张其应给付工程款（承担损失），人民法院予以支持。根据鉴定结论可知，恒升公司所完成工程造价为1,516,580元，扣除已支付的141万元，国际标榜学院还应给付106,580元。

## 裁判规则216

**建设工程施工合同约定的奖励款，实为工程价款的组成部分。建设工程施工合同无效，但工程质量合格，承包人在请求参照合同约定折价补偿时，有权要求参照合同约定支付奖励款。**

建设工程施工合同约定，如承包人提前完工的，发包人给予相应的工期奖励款。应当如何界定这类款项的性质？

甄别合同约定的奖励款的性质，涉及两个方面的问题：一是该笔款项应否纳入参照合同约定折价补偿的范围，二是该笔款项是否受工程价款优先受偿权的保障。就此问题，最高人民法院的立场有所摇摆。在2010年发布的一则指导性案例中，针对合同约定的工期奖励金100万元，最高人民法院民一庭认为，无效施工合同约定的奖励金条款属于无效条款，且奖励款不属于《2004年建工解释》第2条规定的工程价款范畴。因此，承包人无权请求参照合同约定支付工程奖励款。① 在“道隧集团工程有限公司与博尔塔拉蒙古自治州五台工业园区建设工程施工合同纠纷案”② 与“中天建设集团有限公司与汪美荣等建设工程施工合同纠纷案”③中，针对合同约定的按期完工奖励，最高人民法院也认为，案涉合同为无效合同，自始没有法律约束力，有关奖励的约定亦非结算和清理条款，故不应得到支持。但在下述【典型案例216】中，最高人民法院又认为，工程奖励款和赶工费的

---

① 参见最高人民法院民一庭：《实际施工人请求支付无效建设工程施工合同约定的工程进度奖励金的，人民法院不予支持》，载最高人民法院民事审判第一庭编：《民事审判指导与参考》总第43集，法律出版社2011年版。

② 参考案例186：道隧集团工程有限公司与博尔塔拉蒙古自治州五台工业园区建设工程施工合同纠纷案，最高人民法院（2020）最高法民终475号民事判决书。

③ 参考案例187：中天建设集团有限公司与汪美荣等建设工程施工合同纠纷案，最高人民法院（2019）最高法民终750号民事判决书。

约定，属于当事人对施工过程中劳务报酬的约定，属于工程价款的组成部分。

所谓奖励，是指上级对下级、组织对个人的荣誉或财物激励。在建设工程施工合同中，发包人与承包人作为平等民事主体，彼此之间并无管理或隶属关系，也就缺乏奖励的基础，因此，“奖励款”并非真正意义上的“奖励”。作为平等民事主体之间的施工合同所约定的款项，要么是合同对价，要么是违约金。“奖励款”显然不属于违约金。这类奖励往往建立在承包人辛勤劳动和科学管理的基础上。[①] 取得这些“额外的”价款，通常需要承包人支付额外的施工成本，如增加人工费、机械台班，采取额外的施工措施，乃至消耗更多材料。因此，施工合同约定的奖励款，实为合同对价款——针对承包人的额外付出给予的奖励，属于工程款的组成部分。在建设工程施工合同无效的情况下，承包人有权要求发包人参照合同约定进行支付。

**典型案例 216**

## 汕头市建安（集团）公司与北京秦浪屿工艺品有限公司建设工程施工合同纠纷上诉案[②]

### 基本案情

2007年3月1日，汕头公司第十工程公司、北京秦浪屿工艺品有限公司（以下简称秦浪屿公司）、中泰国际投资有限公司签订《工程保证金使用约定》，约定汕头市建安（集团）公司（以下简称汕头公司）提供工程保证金3000万元，用于秦浪屿公司投资“北京八达岭景区西部交通枢纽配套服务设施”项目的施工认证银行验资。2007年4月19日，经招投标程序，秦浪屿公司与汕头公司签订《建设工程施工合同》，约定秦浪屿公司将八达岭景区西部停车场综合服务设施的土建、装饰、电气、暖通、消防、给排水等工程发包给汕头公司施工，合同价款为79,150,668元。2007年6月6日，双方签订《工程总承包补充协议》，约定本工程

① 参见杨心忠等：《建设工程合同纠纷裁判思路》，法律出版社2014年版，第188页。

② 典型案例216：《参照双方当事人达成合意并实际履行的合同结算工程价款——汕头市建安（集团）公司与北京秦浪屿工艺品有限公司建设工程施工合同纠纷上诉案》，载最高人民法院民事审判第一庭编：《民事审判指导与参考》总第55辑，人民法院出版社2014年版。

采用包工包料、包质量、包安全的总承包方式，工程总承包造价为1.85亿元。2007年9月14日，双方签订《工程总承包补充协议（二）》，约定在约定竣工日期2008年6月30日的基础上，每提前1天奖励50万元，每拖延1天支付违约金50万元。2008年3月28日，双方签订《工程总承包补充协议（三）》，约定若汕头公司按《工程总承包补充协议（二）》的约定，按时完成工程施工，按时通过工程竣工验收并交付，秦浪屿公司承诺另付汕头公司赶工费2000万元。2008年6月27日，工程竣工。2008年7月3日，工程经竣工验收合格。后汕头公司诉至法院，要求秦浪屿公司给付工程款。

## 法院观点

最高人民法院认为，《建设工程施工合同》因先定后招、中标价低于成本价而无效，《工程总承包补充协议》《工程总承包补充协议（二）》《工程总承包补充协议（三）》因背离中标合同实质性内容而无效。《工程总承包补充协议（二）》《工程总承包补充协议（三）》虽然无效，但上述协议中有关工程奖励费和赶工费的约定，属于当事人对施工过程中劳务报酬的约定，依照《2004年建工解释》第2条的规定，双方当事人可以参照合同约定进行结算。且因本案工程奖励费、赶工费属于工程价款的组成部分，故应纳入汕头公司优先受偿权的范围。

## 裁判规则217

**建设工程施工合同无效，但发承包双方另行约定了高于合格标准的质量标准，或者约定参与相关建筑奖项的评选的，在参照合同约定确定工程价款时，应当根据承包人实际完成的工程质量或获奖情况确定对应的工程价款。**

本【裁判规则217】讨论的问题，有两种表现形式：一是发承包双方确定了合格标准的工程款，并约定达到超合格标准的质量标准或获得相关建筑奖项，则增加相应工程款；二是约定达到超合格标准的质量标准或获得相关建筑奖项的工程款，并约定如未实现的，则减少相应工程款。如建设工程施工合同被认定为无效的，应当如何确定工程价款？

有观点认为，根据《民法典》第793条第1款的规定，虽然合同无效，但只要工程验收合格的，就应参照合同约定付款。因此，如合同约定未达到高于合格标准的质量标准则扣减工程款的，不应执行该约定。在“冯湾鹏、恩平市第一建筑工程有限公司建设工程施工合同纠纷案”[①] 中，合同约定的工程款对应的质量标准为“按国家规范验收标准达到优良标准”，后案涉工程经竣工验收合格但未被认定为优良工程。法院即认为：涉案合同无效，故合同约定的质量优良条款对双方当事人也不具备法律约束力，发包人不得以未达到优良标准为由拒付工程款；涉案工程已经竣工并通过验收，根据《2004年建工解释》第2条的规定，应当参照合同约定支付工程价款。最终，法院直接参照合同约定的优良标准对应的工程款确定工程造价，没有扣减优良标准与合格标准之间的差价。在“长沙市市政工程有限责任公司与湖南省株洲市醴陵市人民政府建设工程施工合同纠纷案”[②] 中，案涉合同约定，如工程获得省级优质工程奖励的，应按工程总造价的0.5%支付奖励款。最高人民法院也认为，因案涉合同属无效合同，当事人关于优质工程奖励款的约定亦属无效，故长沙市市政工程有限责任公司关于优质工程奖励款的请求不应得到支持。

事实上，因工程质量标准对应相应的工程款，故发承包双方就此达成的约定属于工程价款范畴，在建设工程施工合同无效的情况下，仍应参照其进行结算。[③]《民法典》第793条第1款规定的“工程价款的约定”并非孤立的存在，工程价款的确定主要取决于工程规模、建设工期、工程质量。换言之，工程质量与工程价款在一定范围内是决定与被决定的关系。首先，如果发承包双方仅约定了高于合格标准的质量标准，或参与相关建筑奖项的评选且获奖，并在此基础上确定了工程价款，则双方对工程质量的要求及其对应的工程价款都是明知且达成一致的。不同质量的工程对应不同金额的价款，符合“质价相符”的交易规律。即使建设工程施工合同无效，如承包人未达到合同约定的高于合格标准的质量标准，或参与相关建

① 参考案例188：冯湾鹏、恩平市第一建筑工程有限公司建设工程施工合同纠纷案，广东省江门市中级人民法院（2017）粤07民终1742号民事判决书。

② 参考案例189：长沙市市政工程有限责任公司与湖南省株洲市醴陵市人民政府建设工程施工合同纠纷案，最高人民法院（2019）最高法民终1459号民事判决书。

③ 参见徐忆：《建设工程质量等级标准相关法律问题初探》，载微信公众号“律行天下”2020年9月3日，https：//mp. weixin. qq. com/s/iQwjclgA8-KPWOiwY7K0kQ。

筑奖项的评选而未获奖，也应扣减合同约定的质量标准与“合格标准”之间的价差。其次，如果施工合同约定，未达到高于合格标准的质量标准，或参与相关建筑奖项的评选而未获奖，承包人需支付违约金的，应将该违约金视为合同约定的质量标准与合格标准之间的价差，在确定工程价款时参照适用。最后，如果发承包双方确定了合格标准的工程款，并约定达到超合格标准的质量标准或获得相关建筑奖项，则增加相应工程款，则应根据承包人实际完成的工程质量确定相应的工程价款。在下述【典型案例217】中，案涉工程部分达到约定奖励标准，法院即就达到部分增加了相应工程款。在“上海住总集团建设发展有限公司与镇江龙山豪苑置业有限公司建设工程施工合同纠纷案”[①] 中，针对合同约定的“工程质量优良等级的按2%计取、优质等级的按3%计取按质论价费”，法院则认为，涉案工程并未被评定为优良或者优质等级，故该部分费用应予扣减。

在前述基础上需说明的是：首先，《民法典》第793条第1款规定的“参照合同关于工程价款的约定”，仅适用于合同约定的质量标准为“合格”的情形。在合同约定的质量标准有别于合格标准的情形下，应当对比约定的质量标准与实际完成的质量标准，确定相应的工程价款。其次，如【裁判规则100】所述，质量合格是最基本的质量标准，如合同约定的质量标准低于合格标准的，则该约定无效。最后，如【裁判规则98】所述，如发承包双方另行约定的质量标准因缺乏评价方法导致无法确定的，则只能按照合格标准认定工程质量，并在此基础上按照合同约定支付工程价款。

**典型案例217**

## 中国华西企业有限公司<br>与赣州铭欣实业有限公司建设工程施工合同纠纷案[②]

### 基本案情

2010年7月15日，中国华西企业有限公司（以下简称华西公司）与赣州铭欣

① 参考案例190：上海住总集团建设发展有限公司与镇江龙山豪苑置业有限公司建设工程施工合同纠纷案，江苏省高级人民法院（2014）苏民终字第00392号民事判决书。

② 典型案例217：中国华西企业有限公司与赣州铭欣实业有限公司建设工程施工合同纠纷案，最高人民法院（2020）最高法民终8号民事判决书。

实业有限公司（以下简称铭欣公司）签订《协议书》，约定华西公司承建铭欣公司开发的赣州铭欣华府小区建设工程项目，建筑工程以“直接工程费+技术措施费”为计算基础，综合费率按21%包干计取（如果单位工程被评为市优工程，发包人按被评为市优工程的单位工程价款奖励承包人1%的综合费率）。2013年6月25日，案涉工程地下室及1—18号楼竣工验收。2012年2月16日，5号、6号楼获得赣州市城乡规划建设局评比的优良结构工程奖。后华西公司诉至法院，要求铭欣公司支付工程款，其中包含市优质工程奖的奖励费。铭欣公司辩称，其不满足合同约定的奖励条件。法院在诉讼中查明：铭欣公司于2010年9月21日就案涉工程项目出具《招标文件》，华西公司于2010年9月28日投标；2010年9月30日铭欣公司向华西公司出具《中标通知书》；按5号、6号楼的造价计算，奖励费为66,917元。

## 法院观点

一审法院（江西省高级人民法院）认为，《协议书》签订在招投标之前，构成先定后招，应属无效。因工程已竣工验收，根据《2004年建工解释》第2条的规定，华西公司有权要求铭欣公司支付案涉工程价款。5号、6号楼获优良结构工程奖，按照5号、6号楼工程款的比例计算，奖励费为66,917元，应计入工程造价，由铭欣公司支付。二审中，最高人民法院也认为，《协议书》约定“如果单位工程获得市优工程”，赣州市目前有“赣州市建筑结构示范工程”（2016年以前为“赣州市建筑结构优良工程”）和“赣州市优质建设工程”两个工程质量奖项的评选。《协议书》仅表述为单位工程被评为市优工程，并未就“市优工程”作出明确具体的指示，华西公司施工建设的5号、6号楼获赣州市优良结构工程奖，与合同约定的奖励条件并不相悖，亦实现了约定奖励费用以鼓励承包人提升建设质量的初衷。因此，一审法院按照5号、6号楼工程款的比例计算，得出奖励费为66,917元，有相应事实依据，亦符合建筑工程行业内对单位工程的通常理解，应予维持。

## 裁判规则218

**建设工程施工合同无效，但因工程质量合格而参照合同关于工程价款的约定进行折价补偿的，合同中除违约金条款以外其他关于权利义务的约定，均可作为确定损失的参照依据。**

如前所述，损失属于结算的范畴。从类型看，建设工程施工合同履行过程中的损失，主要包括承包人的停窝工损失、发包人因迟延竣工遭受的损失、因工期延长导致的施工成本增加损失、工程质量虽合格但不符合约定的损失等。在建设工程施工合同无效的情况下，应当如何确定损失的范围与责任的承担？

有观点认为，建设工程施工合同无效的，可参照适用的仅限于“合同关于工程价款的约定”①，即合同中有关建设工程造价计算的“技术条款”，而不包括工程款的支付条件、进度安排、付款方式等。② 福建省高级人民法院③、陕西省高级人民法院④持这一观点。在“浙江宏成建设集团有限公司与陕西广厦投资发展集团有限公司建设工程施工合同纠纷案”⑤ 中，最高人民法院也认为，承包协议无效的，付款节点的约定亦归于无效。也有观点认为，除违约条款不应参照以外，对于付款时间、工程款支付进度、工程质量、下浮率、工期等约定，因与工程结算直接关联，可以参照适用。⑥ 江苏省高级人民法院⑦、重庆市高级人民法

---

① 参见徐宽宝：《〈民法典〉实施后建设工程合同案件审理思路探析》，载最高人民法院民事审判第一庭编：《民事审判指导与参考》总第83辑，人民法院出版社2021年版；肖峰、韩浩：《建设工程合同纠纷实务争议问题研究》，载最高人民法院民事审判第一庭编：《民事审判指导与参考》总第84辑，人民法院出版社2021年版。

② 参见最高人民法院民事审判第一庭编著：《最高人民法院新建设工程施工合同司法解释（一）理解与适用》，人民法院出版社2021年版，第74页；周利明：《解构与重塑：建设工程合同纠纷审判思维与方法》，法律出版社2019年版，第167页。

③ 《福建省高级人民法院当前我省涉建工纠纷审判调研　问答·案例·白皮书》（2022年9月）第13条规定：除《民法典》第793条第1款、《建设工程施工合同解释（一）》第6条第2款外，当事人主张参照合同约定的建设工程价款支付条件、违约金等确定支付条件、计算违约金的，没有法律依据，不予支持。

④ 《陕西省高级人民法院关于审理建设工程施工合同纠纷案件若干问题的解答》（陕高法〔2020〕113号）第1条规定：“建设工程施工合同无效，建设工程经验收合格的，承包人和发包人均可主张参照合同关于工程价款的约定折价补偿承包人。合同中关于工程价款计价方法、计价标准等与工程价款数额有关的约定可以作为折价补偿的依据。”

⑤ 参考案例191：浙江宏成建设集团有限公司与陕西广厦投资发展集团有限公司建设工程施工合同纠纷案，最高人民法院（2020）最高法民终849号民事判决书。

⑥ 参见李玉生主编：《建设工程施工合同案件审理指南》，人民法院出版社2019年版，第53、105页。

⑦ 原《江苏省高级人民法院关于审理建设工程施工合同纠纷案件若干问题的解答》（2018年6月26日）第5条规定：“建设工程施工合同无效，建设工程经竣工验收合格的，当事人主张工程价款或确定合同无效的损失时请求将合同约定的工程价款、付款时间、工程款支付进度、下浮率、工程质量、工期等事项作为考量因素的，应予支持。”

院①、河南省高级人民法院②、湖南省高级人民法院③均持这一立场。

引发上述分歧的根源在于《民法典》第793条第1款。该款规定：“建设工程施工合同无效，但是建设工程经验收合格的，可以参照合同关于工程价款的约定折价补偿承包人。”对“合同关于工程价款的约定”的范围应当如何界定？首先，如前所述，质量、工期“是合同所约定的工程价款的对价，如果允许承包人请求参照合同约定支付工程价款，而不允许发包人参照合同关于工期、质量等约定请求承包人承担损失赔偿责任，会导致双方当事人利益失衡”④。《建设工程施工合同解释（一）》第6条规定：“建设工程施工合同无效，一方当事人请求对方赔偿损失的，应当就对方过错、损失大小、过错与损失之间的因果关系承担举证责任。损失大小无法确定，一方当事人请求参照合同约定的质量标准、建设工期、工程价款支付时间等内容确定损失大小的，人民法院可以结合双方过错程度、过错与损失之间的因果关系等因素作出裁判。”其理由即在于，“建设工程施工合同纠纷有其特殊性，在合同无效的情况下，关于工期延误、质量达不到约定标准等造成的损失只能参照合同约定确定，否则将无法计算损失，最终导致当事人请求赔偿损失的权利落空”⑤。因此，虽然合同无效，但工期仍应参照合同约定确定。虽然合同无效，承包人仍应当承担质量保修期内的保修责任，发包人仍有权参照合同约定预留质量保证金。“在实际损失难以确定的情况下，当事人可以请求参照合同约定的质量标准、建设工期、工程价款的支付时间等内容确定损失大小。”⑥其次，就工程价款而

① 《重庆市高级人民法院民一庭关于建设工程施工合同纠纷案件若干问题的解答》（2019年10月）第15条规定：“建设工程施工合同无效，且承包人有权请求参照合同约定支付工程价款的，合同中关于工程价款的付款条件、付款时间、付款方式等约定可以参照适用。”

② 《河南省高级人民法院建设工程案件审判工作座谈会综述》（2022年9月14日）“议题一：有关建设工程施工合同效力及合同条款适用的相关问题”第3款规定：“在施工合同无效的情况下，合同中关于工程价款、付款时间、质量标准、建设工期等内容仍可以参照适用。”

③ 《湖南省高级人民法院关于审理建设工程施工合同纠纷案件若干问题的解答》（湘高法〔2022〕102号）第10条规定：“建设工程施工合同无效，但该建设工程经竣工验收合格，当事人无法举证证明实际损失的情况下，可参照合同关于质量、工期、进度款支付等索赔条款的约定计算损失。”

④ 最高人民法院民事审判第一庭编著：《最高人民法院新建设工程施工合同司法解释（一）理解与适用》，人民法院出版社2021年版，第70页。

⑤ 最高人民法院民事审判第一庭编著：《最高人民法院新建设工程施工合同司法解释（一）理解与适用》，人民法院出版社2021年版，第70页。

⑥ 程新文、刘敏、谢勇：《〈关于审理建设工程施工合同纠纷案件适用法律问题的解释（二）〉的理解与适用》，载《人民司法》2019年第4期。

言，除合同约定的计价标准外，“付款时间、工程款支付进度、下浮率等事项本身即为工程价款的各个方面”①。在仅参照价格标准，不参照付款时间、支付比例的情况下，发包人迟延付款（符合《建设工程施工合同解释（一）》第27条规定情形的除外）无须负担任何责任，将助长发包人恶意追求合同无效的后果。在“沈惠根与吉林市瀚星房地产开发有限公司、华升建设集团有限公司建设工程施工合同纠纷案”② 中，吉林省高级人民法院即认为，虽然施工合同无效，但双方关于“瀚星公司按审计结论付款至95%时，双方互不追究责任”的约定应参照适用。最后，除工程价款之外的其他费用，虽不属于工程价款，但同为金钱债务，也应参照发承包双方的约定执行。除下述【典型案例218】外，在“戴荣忠与六枝特区金海大酒店有限公司建设工程施工合同纠纷案”③ 中，最高人民法院认为，虽然建设工程施工合同无效，但合同中关于承包人采购材料应由发包人支付采保费和管理费的约定，可参照执行。在“四川省第四建筑有限公司等与宁夏宝丰集团有限公司等建设工程施工合同纠纷案”④ 中，虽然案涉合同无效，但对《工程延期报审表》确认的“因汇丰祥公司原因造成的工期延误，汇丰祥公司给予顺延工期，但不再承担四建公司的停、窝工损失”，最高人民法院也予以了参照执行。

据此，虽然建设工程施工合同无效，但在因工程质量合格而参照合同关于工程价款的约定进行折价补偿的情况下，合同中除违约金条款以外的其他约定，均可作为确定损失的参照依据。但须明确的是，合同的这些约定仅仅是作为确定损失的参照依据，即根据该约定确定损失的范围、损失的大小。至于损失的分配，根据后述【裁判规则219】，应按照发承包双方的过错在二者之间进行分担。

---

① 潘军锋：《建设工程价款结算审判疑难问题研究》，载《法律适用》2019年第5期。

② 典型案例236：沈惠根与吉林市瀚星房地产开发有限公司、华升建设集团有限公司建设工程施工合同纠纷案，最高人民法院（2019）最高法民终1602号民事判决书。

③ 参考案例192：戴荣忠与六枝特区金海大酒店有限公司建设工程施工合同纠纷案，最高人民法院（2020）最高法民终429号民事判决书。

④ 参考案例193：四川省第四建筑有限公司等与宁夏宝丰集团有限公司等建设工程施工合同纠纷案，最高人民法院（2020）最高法民终1145号民事判决书。

典型案例 218

## 江苏省建设集团有限公司与大庆嘉丽房地产开发有限公司建设工程施工合同纠纷案①

### 基本案情

2012 年 6 月 15 日，大庆嘉丽房地产开发有限公司（以下简称嘉丽开发公司）与江苏省建设集团有限公司（以下简称江苏建设公司）就案涉工程签订《工程总承包意向书》。2013 年 5 月 1 日，江苏建设公司进场施工。2013 年 8 月 21 日，江苏建设公司中标案涉工程。2013 年 8 月 21 日，双方就案涉工程签订《工程施工合同》。合同中特别约定，“如江苏建设公司报送造价金额超过审减额 5%的部分由江苏建设公司承担该部分审计费”。2016 年 8 月 31 日，案涉工程实际投入使用。后江苏建设公司诉至法院，要求确认《工程施工合同》无效、嘉丽开发公司支付剩余工程款。2016 年 12 月 1 日，针对江苏建设公司工程报审金额 162, 875, 655. 42 元，嘉丽开发公司委托府正公司进行审计，审定金额为 132, 716, 459. 65 元。嘉丽开发公司据此提起反诉，称府正公司按核减额 3%收取咨询服务费，共计 1, 320, 924. 78 元。依照《工程施工合同》的约定，江苏建设公司应承担审减额超过送审金额 5%部分的审计费，共计 660, 462 元。

### 法院观点

一审法院（黑龙江省高级人民法院）认为，《工程施工合同》因违反招标投标法而无效。府正公司核减金额 30, 159, 195. 77 元，与合同约定的误差 8, 143, 782. 77 元（162, 875, 655. 42 元×5%）相比，差额为 22, 015, 413 元，该部分对应的审计费为 660, 462 元（22, 015, 413 元×3%）。施工单位对一些模棱两可的签证全部计价，或按上限取费、高价计算材料，向建设单位或审计单位提交高额的预（结）算书供其审核，已成为建筑行业结算的惯例，以便于削减审减率。故法院酌情认定

① 典型案例 218：江苏省建设集团有限公司与大庆嘉丽房地产开发有限公司建设工程施工合同纠纷案，最高人民法院（2020）最高法民终 398 号民事判决书。

应由江苏建设公司承担其中的30万元，以平衡双方当事人的利益。但最高人民法院在二审中认为，江苏建设公司与嘉丽开发公司已约定“如江苏建设公司报送造价金额超过审减额5%的部分由江苏建设公司承担该部分审计费”。在本案中，差额22,015,413元对应的审计费660,462元，在双方当事人已有明确约定的情况下，应尊重当事人的意思自治，不宜在无确定依据的情况下自由裁量。一审法院未按照合同约定确定审计费负担缺乏事实依据和法律依据，二审法院予以纠正。超出审减额的部分审计费660,462元应全额计算。

## 裁判规则219

**建设工程施工合同无效，对参照合同约定确定的损失，既不应参照适用约定的违约金条款，通常也不应由违反者承担全部赔偿责任，而应按照发承包双方的过错进行合理分担。**

如前所述，虽然建设工程施工合同无效，但仍应参照合同约定的付款比例、付款时间、建设工期、质量标准等确定迟延付款损失、停窝工损失、迟延竣工损失等各类损失，由违反约定一方的承担相应的赔偿责任。如发包人未按合同约定时间支付工程款的，承包人仍有权请求参照合同约定的付款时间赔偿相应资金损失。但在界定该赔偿责任时，需注意两方面的问题：

一方面，如果合同约定了违约金条款，可否直接适用或参照适用？有观点认为，“从平衡合同双方当事人的利益角度出发，在施工合同无效且当事人双方在合同中对损失赔偿标准有明确约定的情况下，并基于无效施工合同参照合同约定支付工程价款的处理规则，在司法实践中原则上也可以参照合同约定来确定赔偿损失的数额”。[①] 在“杭州建工集团有限责任公司与阜阳巨川房地产开发有限公司建设工程施工合同纠纷案”[②] 中，最高人民法院在认定案涉合同无效的基础上，即按照合同约定的逾期竣工违约金确定承包人的逾期竣工责任。但如【裁判规则248】所

---

① 参见汪军：《关于民法典第七百九十三条的理解与适用》，载最高人民法院民事审判第一庭编：《民事审判指导与参考》总第81辑，人民法院出版社2021年版；王楷、于秋磊：《建设工程施工合同纠纷法律实务与工程专业知识解答》，法律出版社2021年版，第264、265页。

② 参考案例194：杭州建工集团有限责任公司与阜阳巨川房地产开发有限公司建设工程施工合同纠纷案，最高人民法院（2019）最高法民终523号民事判决书。

述，建设工程施工合同无效的，违约金条款一并无效，不能再直接适用或参照适用。在此情形下，应当参照合同约定，据实确定实际的损失范围。山东省高级人民法院即主张：合同有效的，应当按照合同约定承担违约责任；合同无效的，由主张权利一方举证证明实际损失。① 在“山西昊晖房地产开发有限公司与南通市常青建筑安装工程有限公司建设工程施工合同纠纷案”② 中，山西昊晖房地产开发有限公司（以下简称昊晖公司）根据施工合同约定要求南通市常青建筑安装工程有限公司（以下简称常青公司）支付逾期竣工违约金 477 万元，最高人民法院认为，因案涉合同无效，合同中约定的违约条款亦无效，昊晖公司提供的证据只能证明实际发生的逾期交房违约损失为 1, 412, 886 元，故常青公司应赔偿昊晖公司的损失为 1, 412, 886 元。此外，在“江苏南通六建建设集团有限公司与山西嘉和泰房地产开发有限公司建设工程施工合同纠纷案”③ 中，一审法院认为，涉案合同虽然无效，但违约金条款属于清算条款，故直接按照约定判决南通六建承担延期竣工违约金 1630 万元。但最高人民法院在二审中认为，“涉案建设工程施工合同无效，因此，嘉和泰公司基于合同有效主张南通六建承担违约责任、赔偿损失没有依据。一审认定南通六建承担违约金 1630 万元错误，应予纠正”。

另一方面，对无效建设工程施工合同，虽然可以参照合同约定的建设工期、工程质量、价款支付时间等确定损失，但该损失赔偿责任有别于有效合同。首先，无效合同不存在履行利益的问题。因此，应将损失限定为实际损失，而不包括履行利益。其次，通常情况下，“提出主张索赔的一方应当承担举证责任”④，而不能直接按照约定的违约金计算。《建设工程施工合同解释（一）》第 6 条第 1 款即规定：“建设工程施工合同无效，一方当事人请求对方赔偿损失的，应当就对方过错、损

---

① 《山东省高级人民法院关于审理建设工程施工合同纠纷案件若干问题的解答》（2020 年 11 月 4 日）第 11 条规定：“建设工程施工合同有效，因承包人原因导致工期延误，承包人应当按照合同约定承担违约责任；承包人请求对违约金予以调整的，应根据合同约定，综合考虑承包人的过错，履行合同预期利益、发包人实际损失等，确定违约金的数额。建设工程施工合同无效，因承包人原因导致工期延误，发包人主张赔偿损失的，由发包人举证证明因工期延误导致的实际损失。”

② 参考案例 195：山西昊晖房地产开发有限公司与南通市常青建筑安装工程有限公司建设工程施工合同纠纷案，最高人民法院（2019）最高法民申 5009 号民事裁定书。

③ 参考案例 196：江苏南通六建建设集团有限公司与山西嘉和泰房地产开发有限公司建设工程施工合同纠纷案，最高人民法院（2014）民一终字第 72 号民事判决书。

④ 最高人民法院民事审判第一庭编著：《最高人民法院新建设工程施工合同司法解释（一）理解与适用》，人民法院出版社 2021 年版，第 71 页。

失大小、过错与损失之间的因果关系承担举证责任。”最后，根据《民法典》第157条的规定，“对于因无效合同造成的损失，应当由造成合同无效的过错方承担”①。建设工程施工合同的无效，通常源于发承包双方的过错，单方过错的情形较为罕见。因此，在损失确定后，除单方过错的情形以外，应当根据发承包双方的过错，由二者进行分担。下述【典型案例219】即对发包人迟延付款导致承包人损失的责任进行了分担。

**典型案例219**

## 北京城乡一建设工程有限责任公司与郑州东业冠达房地产开发有限公司建设工程施工合同纠纷案②

### 基本案情

2011年4月19日，郑州东业冠达房地产开发有限公司（以下简称冠达公司）（甲方）与北京城乡一建设工程有限责任公司（以下简称城乡一建公司）（乙方）签订《建设工程施工合同》，约定由城乡一建公司承建富士康蓝领配套公寓工程。工程款（进度款）支付的方式和时间为：地下室部分，甲方分批付给乙方500万元作为施工费用，完工付工程量的80%；标准层按进度每月支付工程量的65%，工程完工付到工程量的90%；工程验收决算付到工程量的95%，5%作为质保金；每月25日乙方向甲方提供进度款计划表，次月5日前按约定支付进度款。2011年7月，城乡一建公司进场施工。2013年4月20日，因冠达公司发函解除合同，城乡一建公司撤场。后城乡一建公司诉至法院，要求冠达公司支付工程款，并赔偿因拖延付款导致城乡一建公司无法正常支付案外人钢材款和劳务费的利息损失29,302,693.99元。经查：城乡一建公司因案涉工程拖欠福盛天公司钢材款，扣除钢材款本金后还被判决执行垫资补偿金及利息20,446,836.99元；城乡一建公司因案涉工程拖欠何平力劳务报酬，扣除劳务报酬款本金后还被判决执行利息110万

① 最高人民法院民事审判第一庭编著：《最高人民法院新建设工程施工合同司法解释（一）理解与适用》，人民法院出版社2021年版，第78页。

② 典型案例219：北京城乡一建设工程有限责任公司与郑州东业冠达房地产开发有限公司建设工程施工合同纠纷案，最高人民法院（2021）最高法民终417号民事判决书。

元；案涉工程造价为138,039,561.50元，至城乡一建公司撤场时，冠达公司欠付18,934,934.25元。

## 法院观点

一审法院（河南省高级人民法院）认为，案涉工程应招标而未招标，故《建设工程施工合同》无效。冠达公司作为案涉工程的发包人不及时支付工程款，是导致城乡一建公司赔偿福盛天公司钢材款损失、何平力劳务报酬的原因之一。根据双方的过错程度，酌定冠达公司承担该损失60%的责任。在二审中，最高人民法院也认为，冠达公司与城乡一建公司之间的《建设工程施工合同》无效，冠达公司作为案涉工程的发包人不及时支付工程款，是导致城乡一建公司赔偿福盛天公司钢材款损失、赔偿何平力利息等损失的原因之一。一审判决根据双方的过错程度酌定冠达公司承担赔偿福盛天公司、何平力损失60%的责任，并无不当。

## 裁判规则220

**因当事人就同一建设工程订立的数份合同均无效而参照最后签订的合同结算，源于最后签订的合同是当事人最后真实合意的推定。如当事人的履行行为与最后签订的合同不一致的，不应参照最后签订的合同结算。**

《建设工程施工合同解释（一）》第24条规定："当事人就同一建设工程订立的数份建设工程施工合同均无效，但建设工程质量合格，一方当事人请求参照实际履行的合同关于工程价款的约定折价补偿承包人的，人民法院应予支持。实际履行的合同难以确定，当事人请求参照最后签订的合同结算建设工程价款的，人民法院应予支持。"之所以规定"实际履行的合同难以确定的，参照最后签订的合同结算建设工程价款"，其原因在于，"以当事人最后签订的合同，作为当事人签订合同的最新意思表示，并以此推定其实际履行的合同应是符合其最新意思表示的合同"①。

① 最高人民法院民事审判第一庭编著：《最高人民法院建设工程施工合同司法解释（二）理解与适用》，人民法院出版社2019年版，第262页。

需要明确的是，在当事人就同一建设工程订立的数份合同均有效的情况下，基于“在后法律行为变更在前法律行为”规则，也应按照最后签订的合同确定发承包双方之间的权利义务。

在当事人就同一建设工程订立的数份合同均无效的情况下，由于《民法典》第793条第1款规定，“建设工程施工合同无效，但是建设工程经验收合格的，可以参照合同关于工程价款的约定折价补偿承包人”，就需要确定以哪一份合同作为参照依据。站在理论的角度，“要以该合同是否为当事人达成的真实合意为判断标准，该合意可以通过缔约双方在合同中体现的真实意思表示，并结合双方对合同的履行事实予以判断”①。包括施工范围是按哪份合同执行、工期是按哪份合同执行、预付款与进度款比例是按哪份合同确定、结算时采用的是哪份合同的计价方式等。但实践中，还存在实际履行的合同无法查明的情形。在此情形下，只能根据“在后意思表示推翻在前意思表示”规则，推定最后签订的合同为当事人真实合意并被实际履行。

还需说明如下问题：首先，因实际履行的合同难以确定进而参照最后签订的合同结算工程价款，建立在推定最后签订的合同是当事人最后真实意思表示的基础之上。既然是推定，就可以反证推翻。因此，如有证据证明最后签订的合同并非实际履行的合同的，则不应再参照最后签订的合同结算工程价款。② 就此，可参见下述【裁判规则221】。其次，《建设工程施工合同解释（一）》第24条确立的规则，既适用于发包人与承包人之间，也适用于承包人与转承包人、分包人之间。③ 再次，第24条所称“同一建设工程”，强调的是建设工程具有同一性。在理解上应当认为，只要不涉及位置、主体、框架等基础部分的根本性变化，即便该建设工程发生了个别规划指标等的变化，仍可视为“同一建设工程”。④ 最后，第24条所称的“数份建设工程施工合同”包括中标合同。⑤ 在中标合同也无效的情况下，其

---

① 杨心忠等：《建设工程合同纠纷裁判思路》，法律出版社2014年版，第228页。

② 参见潘军锋：《建设工程价款结算审判疑难问题研究》，载《法律适用》2019年第5期。

③ 参见最高人民法院民事审判第一庭编著：《最高人民法院新建设工程施工合同司法解释（一）理解与适用》，人民法院出版社2021年版，第245页。

④ 参见最高人民法院民事审判第一庭编著：《最高人民法院新建设工程施工合同司法解释（一）理解与适用》，人民法院出版社2021年版，第246页。

⑤ 参见最高人民法院民事审判第一庭编著：《最高人民法院新建设工程施工合同司法解释（一）理解与适用》，人民法院出版社2021年版，第247页。

并不具有优先适用的效力，而应参照实际履行的合同关于工程价款的约定折价补偿；如实际履行的合同难以确定的，则参照最后签订的合同结算建设工程价款。

**典型案例 220**

## 陕西宝陵建设（集团）有限责任公司与陕西聚泉节能建筑开发有限公司建设工程施工合同纠纷案①

### 基本案情

2007 年 8 月 6 日，陕西聚泉节能建筑开发有限公司（以下简称聚泉公司）与陕西宝陵建设（集团）有限责任公司（以下简称宝陵公司）签订《施工合同》（6 号合同），约定聚泉公司将聚泉小区 1 号、2 号、5 号楼发包给宝陵公司施工。同日，双方还签订了《建设工程施工协议》（6 号协议），该协议除约定总造价下浮 8%以外，其余与 6 号合同相同。2007 年 9 月 8 日，宝陵公司向聚泉公司出具《承诺书》，称如果其在本次工程量清单招标中中标，自愿在总造价基础上下浮 8%作为最终结算价。2007 年 9 月 20 日，聚泉公司与宝陵公司签订《陕西省建设工程施工合同》（备案合同）。同日，双方签订《备忘录》，对工程计价，除约定下浮比例为 8%外，与 6 号合同相同。此后，双方又先后签订了 8 号合同、10 号合同，约定的计价方式不尽一致。2007 年 10 月 21 日，聚泉公司与宝陵公司签订《补充协议》，就双方签订的备案合同中的有关条款作如下修改和补充：在总造价基础上下浮 8%作为最终结算价，本补充协议是双方竣工决算的唯一依据。2009 年 11 月 27 日，涉案工程竣工验收。2011 年 4 月 1 日，宝陵公司诉至法院，要求聚泉公司支付工程款。

### 法院观点

由于案涉工程属于依法必须招投标的工程，宝陵公司在招投标之前进场施工并签订合同（6 号合同与 6 号协议），备案合同签订后又签订多份合同（8 号合同、

---

① 典型案例 220：陕西宝陵建设（集团）有限责任公司与陕西聚泉节能建筑开发有限公司建设工程施工合同纠纷案，陕西省高级人民法院（2018）陕民终 972 号民事判决书、最高人民法院（2020）最高法民申 2649 号民事裁定书。

10号合同、《补充协议》），故6号合同、6号协议、《承诺书》、备案合同、8号合同、10号合同、《补充协议》均被认定为无效。在此基础上，二审法院（陕西省高级人民法院）认为，在这些合同均无效的情况下，应以实际履行的合同为准。案涉合同有多份，条款不尽一致，但《补充协议》是最后一份协议，应当视为双方最终达成的结算意见，应以该协议作为确定工程价款的依据。最高人民法院在再审审查中也认为，宝陵公司与聚泉公司签订的《补充协议》是双方当事人签订的最后一份协议，且在协议中明确约定该协议是双方竣工结算的唯一依据，故应认定《补充协议》是双方实际履行的合同。

### 裁判规则221

**当事人就同一建设工程订立的数份合同均无效，且当事人的履行行为与数份合同均有所不同的，应酌情分配数份合同之间的价差，或参照市场价、定额价确定工程价款。**

根据《建设工程施工合同解释（一）》第24条第2款的规定，在当事人就同一建设工程订立的数份建设工程施工合同均无效的情况下，可以推定最后签订的合同是当事人实际履行的合同，进而按照该合同结算工程价款。但如当事人的履行行为与数份合同均不一致的，应当如何确定结算依据？

在“洛阳向阳房地产置业有限公司与洛阳五建建筑工程有限责任公司、河南军安建工集团有限公司建设工程施工合同纠纷案”① 中：发承包双方订立的“6.12合同”与“6.25合同”两个合同，均因未经招投标而无效；两个合同除对工程质量约定一致以外，对工程价款、施工范围、付款方式、工程期限等合同实质性内容的约定均不一致。从工程施工进度、工程款支付等实际履行情况看，因双方均未按照两份合同的约定严格履行，难以确定双方实际履行的是哪份合同。最高人民法院认为，鉴于“6.25合同”系在“6.12合同”之后签订，且“6.25合同”是在行政主管部门备案的合同，根据《建设工程施工合同解释（一）》第21条第2款的规定，应以“6.25合同”作为案涉工程款的计算依据。但是，适用第21条第2款

① 参考案例197：洛阳向阳房地产置业有限公司与洛阳五建建筑工程有限责任公司、河南军安建工集团有限公司建设工程施工合同纠纷案，最高人民法院（2013）民申字第1791号民事裁定书。

的前提是，推定最后签订的合同是当事人实际履行的合同。在当事人的履行行为与数份合同——包括最后签订的合同——均不一致的情况下，这一推定不能成立，也就不应再适用第21条第2款。

数份合同在既非有效合同，也非实际履行的合同时，不能直接作为参照适用的依据。在此情形下：一种方案是根据当事人过错酌情分配数份施工合同之间的差价。《河北省高级人民法院建设工程施工合同案件审理指南》（冀高法〔2018〕44号）第7条第2款即规定："无法确定当事人真实意思并实际履行的合同的，可以结合缔约过错、已完工程质量、利益平衡等因素合理分配当事人之间数份合同的差价确定工程价款。"就此，可参见下述【典型案例221】。另一种方案是参照市场价或定额价结算工程价款。《四川省高级人民法院关于审理建设工程施工合同纠纷案件若干疑难问题的解答》（川高法民一〔2015〕3号）第20条即规定："当事人就同一建设工程订立的数份施工合同均被认定无效，但工程经竣工验收合格，当事人请求按照合同约定结算工程款，应当参照当事人实际履行的合同结算工程价款。不能确定实际履行合同的，可以参照签订建设工程施工合同时当地建设行政主管部门发布的计价方法或者计价标准结算工程价款。"

**典型案例221**

## 江苏省第一建筑安装集团股份有限公司与唐山市昌隆房地产开发有限公司建设工程施工合同纠纷案[①]

### 基本案情

2009年9月28日，江苏省第一建筑安装集团股份有限公司（以下简称江苏一建）、唐山市昌隆房地产开发有限公司（以下简称昌隆公司）、设计单位及监理单位对案涉工程结构和电气施工图纸进行了四方会审。在招投标之前，江苏一建已经完成了案涉工程部分楼栋的定位测量、基础放线、基础垫层等施工内容。2009年12月1日，经招投标，昌隆公司就其开发的金色和园住宅工程向江苏一建发出

① 典型案例221：江苏省第一建筑安装集团股份有限公司与唐山市昌隆房地产开发有限公司建设工程施工合同纠纷案，最高人民法院（2017）最高法民终175号民事判决书。载《最高人民法院公报》2018年第6期。

《中标通知书》。2009年12月8日，双方签订《建设工程施工合同》，约定由江苏一建承建金色和园住宅工程，该合同于2009年12月30日在唐山市建设局进行了备案。2009年12月28日，双方当事人签订《补充协议》，对备案合同中约定的工程价款等内容进行了变更。2011年11月30日，案涉工程竣工验收合格。后江苏一建诉至法院，要求昌隆公司支付工程款。经鉴定：按照《建设工程施工合同》（固定总价合同）计算，工程款为117,323,856.47元；按照《补充协议》（可调价合同）计算，工程款为150,465,810.58元。

### 法院观点

最高人民法院认为，案涉工程属于强制招投标工程，《建设工程施工合同》因先定后招而无效，《补充协议》因未招投标而无效。在此情况下，首先应确定体现当事人真实合意及实际履行的合同。就签订时间而言，两份合同签署时间仅仅相隔20天。就施工范围而言，实际施工范围与两份合同约定并非完全一致。就履行行为而言，两份合同内容比如甲方分包、材料认质认价等在合同履行过程中均有所体现。因此，无法判断实际履行的合同。在无法确定双方当事人真实合意及实际履行的合同时，应当结合缔约过错、已完工程质量、利益平衡等因素，根据《合同法》第58条[①]的规定，由各方当事人按过错程度分担因合同无效造成的损失。也就是说，将无法确定真实合意及实际履行的两份合同之间的差价（150,465,810.58元-117,323,856.47元=33,141,954.11元）作为损失，基于昌隆公司作为依法组织进行招投标的发包方、江苏一建作为对于招标投标法等法律相关规定也应熟知的具有特级资质的专业施工单位的过错，由昌隆公司与江苏一建按6∶4的比例分担损失。

## 5.6 建设工程造价的司法鉴定

建设工程造价无法通过自行结算、审计结算、拟制结算或参照结算规则予以确

① 该条规定："合同无效或者被撤销后，因该合同取得的财产，应当予以返还；不能返还或者没有必要返还的，应当折价补偿。有过错的一方应当赔偿对方因此所受到的损失，双方都有过错的，应当各自承担相应的责任。"该条被《民法典》第157条所吸收后规定为："民事法律行为无效、被撤销或者确定不发生效力后，行为人因该行为取得的财产，应当予以返还；不能返还或者没有必要返还的，应当折价补偿。有过错的一方应当赔偿对方由此所受到的损失；各方都有过错的，应当各自承担相应的责任。法律另有规定的，依照其规定。"

定时，通常只能委诸司法鉴定。《建设工程施工合同解释（一）》用了6个条文（第29—34条）对鉴定进行规范，可见司法鉴定在建设工程案件审理中的地位十分重要。可以说，对很多建设工程合同案件而言，打官司就是“打司法鉴定”。①

## 裁判规则222

**司法鉴定是确定工程价款的最后途径。只有穷尽现有规则仍无法确定工程价款的，才应进行司法鉴定。**

建设工程造价鉴定所涉事项复杂，鉴定过程争议大、耗时长。济南市中级人民法院的统计显示，近半数建设工程施工合同案件鉴定耗时在三至六个月之间，更有近20%—30%的案件需要六个月以上的鉴定时间。② 因此实务界普遍主张，应对司法鉴定严格控制。③《民事诉讼法解释》第121条第1款规定：“当事人申请鉴定，可以在举证期限届满前提出。申请鉴定的事项与待证事实无关联，或者对证明待证事实无意义的，人民法院不予准许。”原《江苏省高级人民法院民一庭建设工程施工合同纠纷案件司法鉴定操作规程》（苏高法电〔2015〕802号）第27条第2款也规定：“当事人申请工程造价鉴定，人民法院经审查具有下列情形之一的，不予准许：(1）双方当事人就工程款数额已协商一致达成协议；(2）合同约定按固定总价结算的合同内部分；(3）当事人诉前已经共同选定鉴定机构对建设工程造价作出鉴定意见，且无充分证据推翻的；(4）发包人未对承包人提交的结算资料提出异议，符合《建设工程司法解释》第二十条规定的；(5）人民法院根据双方提交的结算材料可以直接认定工程款数额的。”④

如存在下列情形之一的，不应准许当事人的鉴定申请：第一，《建设工程施工合同解释（一）》第21条规定：“当事人约定，发包人收到竣工结算文件后，在

① 参见江苏省高级人民法院民一庭课题组：《建设工程司法鉴定疑难问题研究》，载《法律适用》2016年第4期。

② 参见刘延杰、曹磊：《建设工程施工合同纠纷案件司法鉴定的突出问题与对策——以济南中院审理的案件为分析样本》，载杜万华主编、最高人民法院民事审判第一庭编：《民事审判指导与参考》总第62辑，人民法院出版社2015年版。

③ 参见江苏省高级人民法院民一庭课题组：《建设工程司法鉴定疑难问题研究》，载《法律适用》2016年第4期。

④ 该款第3项规定与《建设工程施工合同解释（一）》第30条规定不符，应予摒弃。

约定期限内不予答复，视为认可竣工结算文件的，按照约定处理。承包人请求按照竣工结算文件结算工程价款的，人民法院应予支持。”据此，符合该条规定的拟制结算规则，承包人请求按照竣工结算文件结算工程价款的，不应再就工程价款进行司法鉴定。第二，《建设工程施工合同解释（一）》第28条规定：“当事人约定按照固定价结算工程价款，一方当事人请求对建设工程造价进行鉴定的，人民法院不予支持。”固定价分为固定总价与固定单价。其中，固定总价合同“性质属于合同总价在合同约定的风险范围内不可调整的价格”①，“如果没有发生合同修改或者变更等情况导致工程量发生变化时，就应该按照合同约定的包干总价结算工程款。如果一方当事人提出对工程造价进行鉴定的申请，按照工程造价进行结算的，不管是基于什么样的理由，都不应予以支持”②。至于固定单价合同，在可以确定工程量的情况下，单价乘以工程量即可得出工程款，故无须鉴定。当然，如工程量无法确定、因设计变更导致工程量发生变化等，则会面临工程款的鉴定问题。第三，《建设工程施工合同解释（一）》第29条规定：“当事人在诉讼前已经对建设工程价款结算达成协议，诉讼中一方当事人申请对工程造价进行鉴定的，人民法院不予准许。”据此，当事人已经达成有效结算协议的，不应进行鉴定。当然，结算协议无效或被撤销的除外。第四，《建设工程施工合同解释（一）》第30条规定：“当事人在诉讼前共同委托有关机构、人员对建设工程造价出具咨询意见，诉讼中一方当事人不认可该咨询意见申请鉴定的，人民法院应予准许，但双方当事人明确表示受该咨询意见约束的除外。”据此，发承包双方委托社会审计，并明确以社会审计结论为准的，不应进行鉴定。此外，双方约定以行政审计结论为准且存在合法有效的行政审计结论的，也不应进行鉴定。

---

① 张雅芬：《合同变更条件的认定与鉴定原则在民事审判实践中的具体运用——包头市第二建筑工程有限责任公司与内蒙古拉布大林国家粮食储备库、内蒙古自治区粮食局及内蒙古自治区发展和改革委员会建设工程合同纠纷上诉案》，载最高人民法院民事审判第一庭编：《民事审判指导与参考》总第28集，法律出版社2007年版。

② 最高人民法院民事审判第一庭编著：《最高人民法院建设工程施工合同司法解释的理解与适用》，人民法院出版社2004年版，第196页。

**典型案例 222**

## 包头市第二建筑工程有限责任公司与内蒙古拉布大林国家粮食储备库等建设工程施工合同纠纷案[①]

### 基本案情

2001 年 9 月，包头市第二建筑工程有限责任公司（以下简称包头二建）以 9,256,592 元的固定总报价取得“呼盟拉布大林粮食储备库建设项目”中标资格。2001 年 9 月 17 日，包头二建与内蒙古拉布大林国家粮食储备库（以下简称拉布大林储备库）签订《建设工程施工合同》，约定：包头二建承建拉布大林储备库建设项目；合同价款为固定价 9,256,592 元，经建库办批准的工程变更可以调整合同价款。2003 年 9 月 18 日，案涉工程通过了竣工验收。在施工中，对于增加的工程量，双方根据包头二建所作预算书进行了结算；对于合同约定的项目之外另行发包给包头二建的部分工程，双方也进行了结算。前述三部分工程款合计 9,801,450 元。完工后，包头二建提起诉讼，称该工程招标概算与预算费用相差悬殊，工程总价应为 16,029,192 元，并申请对涉案工程总造价进行鉴定。一审法院（内蒙古自治区高级人民法院）以《2004 年建工解释》第 22 条[②]为据，认定合同固定价未变更，未予准许。包头二建上诉至最高人民法院。

### 法院观点

最高人民法院认为，固定价款是合同总价或单价在合同约定的风险范围内不可调整的价格。双方当事人通过合同约定了工程价款的确定形式为固定价格，表明双方对建设工程的风险是预知的，并考虑到了合同履行过程中可能引起价格变动的诸多因素，应当尊重当事人的意思自治。因此，在包头二建未能举证证明该项目已获批准变更或双方协商一致变更《施工合同》的情况下，《施工合同》约定的固定价

① 典型案例 222：包头市第二建筑工程有限责任公司与内蒙古拉布大林国家粮食储备库等建设工程施工合同纠纷案，最高人民法院（2006）民一终字第 54 号民事判决书。

② 该条（现《建设工程施工合同解释（一）》第 28 条）规定：“当事人约定按照固定价结算工程价款，一方当事人请求对建设工程造价进行鉴定的，人民法院不予支持。”

应属有效。包头二建申请对其承包的土建工程造价进行鉴定，依据不足，一审判决驳回包头二建申请鉴定工程造价的请求正确，应予维持。

## 裁判规则223

**必须通过司法鉴定确定工程造价、工程质量、工期顺延等相关事宜的，应当坚持最小限度原则，将鉴定范围控制在确需鉴定解决的争议范围内。**

虽然应当严格限制司法鉴定的适用，但在下列情形，往往不得不委托鉴定：第一，在清单计价或单价包干合同中，如果发承包双方对已完工程量无法达成一致，也难以在庭审中查明的，则需要通过鉴定确定工程量，进而确定工程价款。第二，在施工过程中，发生设计变更、进度计划变更、施工条件变更、工程质量变更，以及发包方提出“新增工程”的，① 这些变更导致原合同约定条件发生变化。如果发承包双方不能就变更后的工程价款协商一致，往往只能委托鉴定。第三，除工程价款以外，工期延误、质量不合格等问题，因涉及法律之外的专业知识，也往往需要通过司法鉴定进行认定。

《建设工程施工合同解释（一）》第31条规定：“当事人对部分案件事实有争议的，仅对有争议的事实进行鉴定，但争议事实范围不能确定，或者双方当事人请求对全部事实鉴定的除外。”该条规定表明，即便不得不鉴定，也要坚持“非必要，不全部鉴定”，“应根据案件实际需要尽量缩小鉴定范围”②，“对部分事实进行鉴定即可查明事实的，不应对全部事实进行鉴定”③。

在下述【典型案例223】中，当事人申请的鉴定事项包括已完工程造价、停窝工损失、工期逾期导致的租金损失、质量问题。因双方就已完工程造价、停窝工损失无法达成一致意见，根据案涉证据也无法直接认定，故法院委托了司法鉴定；工期逾期导致的租金损失，因属于履行利益的范畴，而履行利益不属于无效合同的损

① 参见邱元拔主编：《工程造价概论》，经济科学出版社2002年版，第355页。

② 最高人民法院民事审判第一庭编著：《最高人民法院新建设工程施工合同司法解释（一）理解与适用》，人民法院出版社2021年版，第321、318页。

③ 最高人民法院民事审判第一庭编著：《最高人民法院新建设工程施工合同司法解释（一）理解与适用》，人民法院出版社2021年版，第327页。

失范畴，法院未同意鉴定申请；质量问题超出了当事人诉请的范围，法院也未同意鉴定申请。

**典型案例 223**

## 海天建设集团有限公司与陕西铠达投资（集团）有限责任公司建设工程施工合同纠纷案[①]

### 基本案情

2012 年 1 月 12 日，陕西铠达投资（集团）有限责任公司（以下简称铠达公司）与海天建设集团有限公司（以下简称海天公司）签订《建设工程施工合同》，约定海天公司承建西安纺织城客运站有限公司综合服务楼工程。2012 年 12 月 12 日，案涉工程开工。2015 年 7 月 14 日，双方签订《纺织城客运站综合服务中心（含招商楼）工程计价相关事实确认书》，确认对未完项目海天公司不再施工也不计价。后海天公司诉至法院，要求铠达公司支付工程款、逾期付款违约金、退还工程质量保修金、赔偿停窝工损失。铠达公司提起反诉，要求海天公司赔偿工期损失 2000 万元，提交全套竣工图纸，移交全部工程资料，配合办理竣工验收、归档、备案、消防验收、房屋产权等所有手续。在诉讼中，双方均申请对工程造价进行鉴定，海天公司还申请对停窝工损失进行鉴定。一审法院委托建华公司对海天公司已完成的工程量进行造价鉴定及对停、窝工损失进行鉴定。鉴定意见为：（1）工程造价为 89, 377, 200. 59 元，（2）停窝工损失资料不完善无法鉴定。2018 年 9 月 19 日，铠达公司申请对案涉工程的租金损失进行鉴定。2022 年 1 月 28 日，铠达公司申请对案涉工程的质量进行鉴定。对铠达公司的后两项鉴定申请，一审法院未予准许。

### 法院观点

一审法院（陕西省高级人民法院）认为，案涉工程至本案起诉时没有取得建设工程规划许可，依据《2018 年建工解释》第 2 条第 1 款的规定，案涉施工合同应为无效。铠达公司在申请租金损失鉴定时，其主张的损失为房屋按期建成交付后

---

① 典型案例 223：海天建设集团有限公司与陕西铠达投资（集团）有限责任公司建设工程施工合同纠纷案，最高人民法院（2022）最高法民终 359 号民事判决书。

其将房屋出租后所能获取的收益。一方面，铠达公司将建成房屋对外出租所能取得的收益作为其损失，其实质主张的是可得利益损失，而在合同无效情形下可以主张的损失赔偿范围不应包含可得利益损失；另一方面，租金收入存在商业经营风险，该风险的存在也使损失不能确定化。故对铠达公司的租金损失鉴定申请，不予准许。铠达公司在上诉时认为，一审法院不予准许其在一审期间提出的工程质量鉴定申请错误。最高人民法院认为，海天公司一审起诉请求铠达公司支付尚欠的工程价款并赔偿损失。铠达公司提起反诉，请求海天公司赔偿逾期交房的损失并移交工程资料、配合办理相关手续等。从铠达公司反诉请求看，并无以建设工程质量不符合合同约定或者法律规定为由，请求海天公司赔偿修理、返工、改建的合理费用等损失的反诉请求。铠达公司在一审中申请的工程质量鉴定，与其所主张的反诉请求并无必然联系。因此，一审法院未予准许铠达公司的工程质量鉴定申请并无不当。

## 裁判规则224

**应当通过司法鉴定确定工程造价的，因承包人是主张权利一方，故一般应由承包人承担申请鉴定的责任。但承包人已提交结算文件而发包人迟延答复的除外。**

在需要通过司法鉴定确定工程价款的情况下，就涉及应当由谁承担申请鉴定（包括预交鉴定费用）的责任。

《建设工程施工合同解释（一）》第32条第1款规定：“当事人对工程造价、质量、修复费用等专门性问题有争议，人民法院认为需要鉴定的，应当向负有举证责任的当事人释明。当事人经释明未申请鉴定，虽申请鉴定但未支付鉴定费用或者拒不提供相关材料的，应当承担举证不能的法律后果。”换言之，申请鉴定属于举证责任的承担方式之一。一方面，承包人作为主张工程款债权一方，根据《民事诉讼法解释》第91条[①]第1项的规定，一般应当由承包人承担申请鉴定的责任。另一方面，如果承包人向发包人提交了结算文件，而发包人在合同约定期限内不进

① 该条规定：“人民法院应当依照下列原则确定举证证明责任的承担，但法律另有规定的除外：（一）主张法律关系存在的当事人，应当对产生该法律关系的基本事实承担举证证明责任；（二）主张法律关系变更、消灭或者权利受到妨害的当事人，应当对该法律关系变更、消灭或者权利受到妨害的基本事实承担举证证明责任。”

行答复，导致承包人不得不通过诉讼或仲裁的方式主张权利的，则申请工程造价鉴定的义务应由发包人承担。[①] 但这一情形以不适用“逾期答复视为认可规则”为前提。如果应当适用“逾期答复视为认可规则”，则应直接以承包人报送的结算资料作为确定工程价款的依据，而无须通过鉴定确定工程价款。

**典型案例 224**

## 唐龙刚、万正军与湖南建工集团有限公司宁夏分公司建设工程分包合同纠纷案[②]

### 基本案情

2014 年 4 月 8 日，隆港劳务公司与湖南建工集团有限公司宁夏分公司（以下简称湖南建工）签订《建筑劳务承包合同》，约定隆港劳务公司承包湖南建工承建的吴忠市中阿国际电子商贸城二期（一标段）工程的劳务工程。在施工过程中，因建设方要求湖南建工退场，致《建筑劳务承包合同》约定的施工内容未施工完毕，对隆港劳务公司已施工部分的工程量亦未进行核对。因隆港劳务公司于 2016 年 3 月 7 日注销，股东唐龙刚、万正军向法院提起诉讼，要求湖南建工支付工程款。经唐龙刚、万正军申请，一审法院委托华恒信工程咨询有限公司对已完工程量及工程造价进行司法鉴定，确定涉案工程的已完工程劳务费为 14, 107, 596 元。在法院判决湖南建工向唐龙刚、万正军支付劳务费、违约金等后，唐龙刚、万正军就其在一审中交纳的 10 万元鉴定费的负担问题向最高人民法院申请再审。

### 法院观点

最高人民法院认为，《国务院诉讼费用交纳办法》第 12 条规定，诉讼过程中因鉴定发生的依法应当由当事人负担的费用，人民法院根据“谁主张，谁负担”的原则，决定由当事人直接支付给有关机构或者单位，人民法院不得代收代付。唐龙刚、万正军在一审中申请的鉴定以案涉工程实际产生的劳务费为内容，系属唐龙

---

① 参见杨心忠等：《建设工程合同纠纷裁判思路》，法律出版社 2014 年版，第 352 页。

② 典型案例 224：唐龙刚、万正军与湖南建工集团有限公司宁夏分公司建设工程分包合同纠纷案，宁夏回族自治区高级人民法院（2019）宁民终 409 号民事判决书、最高人民法院（2020）最高法民申 5354 号民事裁定书。

刚、万正军的主张范围，其应承担该主张的举证责任，负担该鉴定相关费用。[①]

## 裁判规则225

**需通过司法鉴定确定工程价款的，负举证责任的当事人在一审中未提出鉴定申请，在二审中申请鉴定的，人民法院应予准许。但至审判监督程序才申请鉴定的，不应准许。**

《建设工程施工合同解释（一）》第32条第2款规定："一审诉讼中负有举证责任的当事人未申请鉴定，虽申请鉴定但未支付鉴定费用或者拒不提供相关材料，二审诉讼中申请鉴定，人民法院认为确有必要的，应当依照民事诉讼法第一百七十条第一款第三项的规定处理。"该条规定中的《民事诉讼法》第170条第1款第3项的内容，在《民事诉讼法》于2021年12月24日第四次修正后，被规定在第177条第1款第3项。根据该项规定，第二审人民法院对上诉案件经审理认为原判决认定基本事实不清的，可以裁定撤销原判决，发回原审人民法院重审，或者查清事实后改判。在此基础上，需明确如下问题：

首先，在二审中同意当事人的鉴定申请，以需要通过鉴定解决争议问题为前提，即《建设工程施工合同解释（一）》第32条第2款所称"人民法院认为确有必要"。

其次，申请鉴定属于当事人举证责任的范畴。负有申请鉴定责任的当事人在一审不提出申请，至二审再提出申请，即构成逾期举证。针对逾期举证，《民事诉讼法》第68条第2款后段规定："当事人逾期提供证据的，人民法院应当责令其说明理由；拒不说明理由或者理由不成立的，人民法院根据不同情形可以不予采纳该证据，或者采纳该证据但予以训诫、罚款。"在需通过司法鉴定确定工程价款的情况下，"鉴于工程鉴定的重要性，人民法院应当对是否确有必要进行鉴定予以审查，而不能以其一审时未申请鉴定为由一概不予准许"[②]。

---

① 需要说明的是，最高人民法院最终认为，"二审法院未让双方当事人分担鉴定费用，并无不当"。该案所确定的证明责任分配——应由承包人承担申请鉴定的责任——是合理的。但在鉴定费的最终负担主体上，根据判决结果在当事人之间进行合理分担，也许更为允当。

② 最高人民法院民事审判第一庭编著：《最高人民法院新建设工程施工合同司法解释（一）理解与适用》，人民法院出版社2021年版，第330页。

再次，对二审中申请鉴定的，原《江苏省高级人民法院民一庭建设工程施工合同纠纷案件司法鉴定操作规程》（苏高法电〔2015〕802号）第2条第2款规定："当事人在一审中经人民法院释明后未提出鉴定申请，在二审中对同一事项申请鉴定，鉴定对案件处理有实质性影响的，一般应当要求当事人按鉴定费标准交纳保证金，并将案件发回原审法院委托鉴定。案件发回后当事人在重审中又不申请鉴定的，人民法院可以根据案件审理的需要依职权委托鉴定，鉴定费从保证金中扣除。"《民事诉讼法》第177条第1款第3项则规定了两种处理路径：一是发回重审，二是查清事实后改判。"因为二审如果自行委托鉴定并依据鉴定意见作出裁判，涉及当事人的审级利益，相当于对于鉴定意见的质证未经过两审程序，故只有在双方当事人都愿意放弃审级利益并同意二审法院直接委托鉴定的情形下，二审法院才可直接委托鉴定"①，并在通过鉴定查清事实的基础上予以改判，否则只能发回重审，由一审法院委托鉴定。

最后，有权申请鉴定的当事人在一审、二审程序中均未申请鉴定，在审判监督程序中提出申请的，应当如何处理？就此，《民事诉讼法解释》第397条规定："审查再审申请期间，再审申请人申请人民法院委托鉴定、勘验的，人民法院不予准许。"因此，当事人在一审、二审期间均未申请鉴定，未完成举证，在再审审查期间又提出鉴定申请的，人民法院应不予准许。②

**典型案例225**

## 曾凡刚与江西大筑城房地产开发有限公司等建设工程施工合同纠纷案③

### 基本案情

2015年8月10日，江西大筑城房地产开发有限公司（以下简称大筑城公司）

---

① 最高人民法院民事审判第一庭编著：《最高人民法院新建设工程施工合同司法解释（一）理解与适用》，人民法院出版社2021年版，第331页。

② 参见最高人民法院民事审判第一庭编著：《最高人民法院新建设工程施工合同司法解释（一）理解与适用》，人民法院出版社2021年版，第332页。

③ 典型案例225：曾凡刚与江西大筑城房地产开发有限公司等建设工程施工合同纠纷案，江西省九江市中级人民法院（2020）赣04民初62号民事裁定书、江西省高级人民法院（2020）赣民终999号民事裁定书。

将瑞昌龙翔国际住宅楼项目二期一标段工程发包给昌南公司。2017 年 3 月 22 日，昌南公司与曾凡刚签订《项目施工内部经济承包合同》，约定昌南公司将前述工程转包给曾凡刚。合同签订后，曾凡刚进场施工。2019 年 9 月 27 日，案涉工程竣工。因对工程价款结算未达成一致意见，曾凡刚诉至法院，要求大筑城公司按照合同约定在欠付工程款范围内向其支付工程款。针对工程造价，曾凡刚认为，昌南公司提交的《瑞昌市建筑工程竣工结算备案表》载明，结算价为 1.4 亿元，足以证明案涉工程的结算价。一审法院（九江市中级人民法院）认为：仅凭该备案表而无其他结算书佐证，难以认定案涉工程已实质性办理了竣工结算；遂向曾凡刚释明，该备案表不能证明案涉工程已办理了竣工结算，曾凡刚应举证证明工程价款，否则应承担举证不能的后果。曾凡刚认为，本案无须鉴定，也不申请鉴定。

## 法院观点

一审法院（九江市中级人民法院）认为，《瑞昌市建筑工程竣工结算备案表》不能证明案涉工程已实质性办理了竣工结算，经释明，曾凡刚仍不申请工程价款鉴定，应承担举证不能的后果。人民法院据此判决驳回了曾凡刚的诉请。曾凡刚提起上诉，并在二审中提出鉴定申请。二审法院（江西省高级人民法院）认为，虽然曾凡刚经一审法院依法释明后，未就案涉工程款申请鉴定，应承担举证不能的法律后果，但曾凡刚在本案二审诉讼中申请对案涉工程款进行鉴定。本案因不进行鉴定，无法确定案涉工程款数额，故根据《2018 年建工解释》第 14 条第 2 款①、《民事诉讼法》第 170 条第 1 款第 3 项②的规定，二审法院裁定撤销一审判决，发回一审法院重审。

① 现《建设工程施工合同解释（一）》第 32 条第 2 款。

② 现《民事诉讼法》第 177 条第 1 款第 3 项。

# 6. 工程造价款外其他款项的确定规则

建设工程施工合同所涉款项，除本书第5章“建设工程施工合同的造价结算规则”所讨论的造价款外，还有预付款、进度款、垫资款、投标保证金、履约保证金、质量保证金、违约金或损害赔偿款、相关款项的利息等。其中，质量保证金在本书第4章“建设工程施工合同的质量责任规则”部分已作讨论，此处不再赘述。

## 6.1 工程进度款

从工程款的支付时间来看，除工程竣工结算款外，工程价款还包括工程预付款、工程进度款。预付款是发包人在开工前预支给承包人的启动资金，用于材料、工程设备、施工设备的采购及修建临时工程、组织施工队伍进场等。预付款支付后，在工程进度款中分批次扣回。① 进度款按合同约定的周期（按月或者按照工程形象进度），对承包人已完工程量进行一定比例（通常不低于工程价款的60%，不高于工程价款的90%）的工程款支付。② 实践中，预付款较少引发争议，争议主要集中在进度款。

**裁判规则226**

**发包人欠付工程进度款，但建设工程施工合同无效或者工程已经具备结算条件的，对欠付款应通过结算程序一并解决，不得仅要求支付进度款。**

① 参见《建设工程价款结算暂行办法》（财建〔2004〕369号）第12条。

② 参见《建设工程价款结算暂行办法》（财建〔2004〕369号）第13条。

在建设工程施工合同无效或者工程已经具备结算条件的情况下，承包人可否以发包人欠付工程进度款为由，仅要求发包人支付进度款，而不要求结算或支付结算款？

站在权利自由行使的立场，虽然建设工程施工合同无效或者工程已经具备结算条件，但如发包人欠付工程进度款，承包人有权不行使结算款支付请求权，而仅要求发包人支付进度款。但是，进度款作为施工过程中的阶段性付款，因其错误、遗漏或重复可以在下期进度款结算或最终的竣工结算中得到修正，故发承包双方在确认其金额时相对随意，导致其与实际工程进度相比，时常存在“超付”或“欠付”的情况，有时误差较大。如果在建设工程施工合同无效或者工程已经具备结算条件的情况下，仍允许承包人仅要求支付进度款，则会导致该施工合同纠纷须经多次诉讼才能得到彻底解决，即“一个纠纷在司法程序中反复进退”①，有违“纠纷一次除净”原则。在“山西子轩创意空间装饰设计工程有限公司与晋城市夏坤房地产开发有限公司装饰装修合同纠纷案”② 中，法院在认定施工合同无效且发包人已经实际使用工程的情况下，判决支持了承包人关于中期进度款的请求。但在该案之后，就工程款的最终确定，先后引发了多次诉讼。③“江苏邗建集团有限公司与青海璞润投资有限公司建设工程施工合同纠纷案”也是如此，在承包人中途退场、案涉工程由第三人接手的情况下，在法院支持承包人要求支付进度款的请求后，④承包人再次起诉要求支付结算款。⑤ 因此，建设工程施工合同无效（不应继续履行）或者工程已经具备结算条件的，按照“纠纷一次除净”原则的要求，应“尽

---

① 黄海龙、潘玮璘：《“尽可能一次性解决纠纷”理念的基本内涵与实践要求》，载《中国应用法学》2022 年第 5 期。

② 参考案例 198：山西子轩创意空间装饰设计工程有限公司与晋城市夏坤房地产开发有限公司装饰装修合同纠纷案，山西省晋城市中级人民法院（2020）晋 05 民终 97 号民事判决书。

③ 包括山西省泽州县人民法院（2020）晋 0525 民初 861 号案一审、山西省晋城市中级人民法院（2021）晋 05 民终 951 号案发回重审、山西省泽州县人民法院（2021）晋 0525 民初 1936 号案第二次一审、山西省晋城市中级人民法院（2022）晋 05 民终 397 号案二审。

④ 参考案例 199：江苏邗建集团有限公司与青海璞润投资有限公司建设工程施工合同纠纷案，最高人民法院（2017）最高法民终 578 号民事判决书。

⑤ 参考案例 200：江苏邗建集团有限公司与青海璞润投资有限公司建设工程施工合同纠纷案，最高人民法院（2018）最高法民终 1115 号民事判决书。

可能依法‘一揽子’解决案件相关联的问题”①。《福建省高级人民法院当前我省涉建工纠纷审判调研 问答·案例·白皮书》（2022年9月）第27条第1款后段即规定：“建设工程已具备结算条件的，应当组织竣工结算。承包人仅提出工程进度款及利息请求的，不予支持。”质言之，对欠付款应通过结算程序一并解决，承包人不得单独要求支付进度款。

典型案例226

## 德方建设有限公司与晋城市博大伟业房地产开发有限公司等建设工程施工合同纠纷案②

### 基本案情

2017年6月25日，郭占文借用德方建设有限公司（以下简称德方公司）（乙方）的名义与晋城市博大伟业房地产开发有限公司（以下简称博大伟业公司）（甲方）签订《建设工程施工合同》约定，乙方承建甲方的阳城县北留镇玉屏书苑项目工程；一层至二层甲方支付乙方工程造价的80%（每平方米1520元的80%），以后每上两层甲方支付乙方工程造价的80%（每平方米1230元的80%），主体完成，甲方支付乙方工程总造价的80%，验收完成，甲方一次性支付乙方工程总造价的97%，余下的3%一年后付清。后因博大伟业公司未按合同支付工程款，德方公司施工完一至六层工程后（阁楼工程未施工）即撤出工地，并向法院提起诉讼，就已完工部分要求支付工程款。一审法院在认定案涉《建设工程施工合同》因挂靠而无效的基础上，就已完工程部分，参照合同约定计价标准计算全部价款为6,156,769.28元，判决博大伟业公司予以支付。博大伟业公司提起上诉称，根据合同约定，应当按照固定平方米单价的80%乘以完成的每层平方米数计算工程款，而不应计算总价款。

① 黄海龙、潘玮璘：《“尽可能一次性解决纠纷”理念的基本内涵与实践要求》，载《中国应用法学》2022年第5期。

② 典型案例226：德方建设有限公司与晋城市博大伟业房地产开发有限公司等建设工程施工合同纠纷案，山西省阳城县人民法院（2022）晋0522民初324号民事判决书、山西省晋城市中级人民法院（2022）晋05民终968号民事裁定书。

## 法院观点

晋城市中级人民法院在二审中认为，依据《建设工程价款结算暂行办法》第3条，工程价款结算包括工程预付款、工程进度款、工程竣工价款的结算。而工程进度款是施工过程中按月或者按进度形象节点支付的工程款，并不等同于已完工程部分的实际产值。从本案合同约定的付款方式来看，主体完成之前，博大伟业公司需在每层完工时，按照约定的固定平方米单价的80%支付工程款，该工程款应为工程进度款。博大伟业公司主张按照合同约定的固定平方米单价的80%乘以其完成的每层平方米数计算工程款，该主张实系认为德方公司应当主张工程进度款。但本案中，德方公司认可其未完工撤场，而后续工程已经由第三方完工，且双方之间的施工合同为无效合同，故合同无法继续履行，德方公司施工的部分应当按照实际完成的工程量进行结算，博大伟业公司仍然主张按照形象节点支付工程进度款缺少依据。

## 裁判规则227

**进度款系根据施工进度对工程款的大致估算，与已完工部分的实际造价并不严格相符。不能以进度款累加所得基数根据合同约定的进度款支付比例确定结算款。**

建设工程施工合同约定，进度款按承包人实际完成产值的80%支付，竣工结算后支付至97%，余款3%作为质量保证金。工程竣工后，承包人可否按照“进度款÷80%=结算款”这一计算公式主张工程结算款？

进度款显著有别于结算款。进度款是对当期施工进度的部分结算、中间结算，结算款是对已竣工工程的整体结算、最终结算。进度款的结算即便存在错漏，也可以在后期进度款结算和竣工结算中进行修正；而竣工结算一旦完成，则很难再修正。正是由于进度款结算和竣工结算的上述区别，发承包双方在确认进度款时，在计量方面往往尺度较为宽松，只求大致相当，由此导致进度款与当期完工部分的实际造价并不严格相符，普遍存在“超付”或“欠付”的情形；而在最终的竣工结算时，发承包双方往往严格把控、锱铢必较、力求精准。因此，除非案情决定只能根据进度款推算结算款，否则不能以进度款的金额作为确定结算款的依据。

**典型案例 227**

## 西安雨润农产品全球采购有限公司<br>与江苏省建工集团有限公司建设工程施工合同纠纷案①

### 基本案情

2012 年 8 月 25 日，西安雨润农产品全球采购有限公司（以下简称雨润公司）与江苏省建工集团有限公司（以下简称建工公司）签订《工程施工承包合同》约定，雨润公司将西安雨润农产品全球采购中心一期办公楼中央空调系统（包括机房设备安装）、通风排烟、系统安装调试等工程发包给建工公司施工；合同价款为固定综合单价，暂定总价为 9,543,079.58 元。合同签订后，建工公司于 2012 年 9 月进场施工，但建工公司在工程未施工完毕的情况下即停止施工。后雨润公司诉至法院，要求解除《工程施工承包合同》，建工公司返还超付的工程款 184.6 万元。建工公司辩称，应根据呈批报告、工程款支付证书等所载工程进度款累加结果认定工程总造价。经查，建工公司向雨润公司递交的 2013 年 12 月进度款支付表载明，建工公司累计完成工程产值 6,979,407.77 元。经按合同约定计价标准鉴定，已完工程价款为 3,197,896.97 元，雨润公司已付款 4,879,664.46 元，另建工公司施工导致电梯损坏应付维修费 2 万元。

### 法院观点

西安市中级人民法院认为，2013 年 12 月进度款支付表载明累计完成工程产值 6,979,407.77 元。因该款项系进度款，并不是结算款，故建工公司以该工程量总价作为确定实际施工工程量依据的主张依据不足，不能成立。经查，雨润公司已付款 4,879,664.46 元，已完工程价款为 3,197,896.97 元，建工公司施工导致电梯损坏应付维修费 2 万元。据此判定，建工公司应当返还雨润公司超付工程款

---

① 典型案例 227：西安雨润农产品全球采购有限公司与江苏省建工集团有限公司建设工程施工合同纠纷案，陕西省西安市中级人民法院（2017）陕 01 民终 3356 号民事判决书。

1,701,767.49 元（已付款 4,879,664.46 元-已完工程价款 3,197,896.97 元+电梯损坏维修费 2 万元）。

## 6.2 工程垫资款

《建设工程施工合同解释（一）》第 25 条分三款对垫资款进行了规范。第 1 款规定："当事人对垫资和垫资利息有约定，承包人请求按照约定返还垫资及其利息的，人民法院应予支持，但是约定的利息计算标准高于垫资时的同类贷款利率或者同期贷款市场报价利率的部分除外。"第 2 款规定："当事人对垫资没有约定的，按照工程欠款处理。"第 3 款规定："当事人对垫资利息没有约定，承包人请求支付利息的，人民法院不予支持。"实践中，围绕垫资款的争议主要包括如下问题。

**裁判规则 228**

**由承包人垫资修建工程的约定，属于建设工程施工合同对工程款支付的特别约定，而非独立的民间借贷合同。**

根据《建设工程价款结算暂行办法》（财建〔2004〕369 号）的规定，建设工程价款中预付款、进度款、结算款应分别支付。即发包人付款在前、承包人施工在后，施工所需资金由发包人先行支付。而所谓垫资，是指承包人在签订建设工程施工合同后，不要求发包人先支付（部分）工程款，而是利用自有资金先行施工，待工程施工到一定阶段或者工程全部完工后，再由发包人支付承包人垫付的工程款。[①] 因此，垫资与现行法规定的工程款支付方式不符。那么应当如何界定垫资约定的法律性质？

有观点认为，本应由发包人预先支付的工程款却由承包人进行垫付，相当于承包人把自己的钱出借给发包人、发包人到期归还，故垫资约定在性质上相当于民间借贷合同。也有观点认为，垫资约定是关于工程款支付时间的特别约定——由先支付后施工改为先施工后支付，属于建设工程施工合同之组成部分。

---

① 参见最高人民法院民事审判第一庭编著：《最高人民法院新建设工程施工合同司法解释（一）理解与适用》，人民法院出版社 2021 年版，第 259 页。

这两种不同观点导致如下法律后果的差异：一方面，在建设工程施工合同无效的情况下，如垫资约定相当于民间借贷合同，则其效力不受建设工程施工合同无效的影响；如垫资约定属于建设工程施工合同之组成部分，则随同建设工程施工合同无效而一并无效。[①] 下述【典型案例 228】即为适例。另一方面，如垫资约定相当于民间借贷合同，则发包人最终所为给付属于返还借款，该款项不受建设工程价款优先受偿权的保障；如垫资约定属于工程款支付时间的特别约定，则发包人最终所为给付属于工程款，应受建设工程价款优先受偿权的保障。

从《建设工程施工合同解释（一）》第 25 条的规定来看，“垫资既不同于企业间资金拆借，又不同于一般工程欠款”[②]。首先，垫资的法律效果与民间借贷确有相似之处，如未约定利息，则均无利息。[③] 且从先付款后施工的正常付款流程来看，承包人为发包人垫付工程款与借贷亦有类似之处。“但就合同的目的而言，双方的根本合意还是完成某一特定的工程，本质还是建设工程合同，将其简单理解为借贷合同未免有些牵强。”[④] 即承包人之所以垫资施工，是以履行建设工程施工合同为目的的，故应将垫资视为建设工程施工合同的组成部分，不宜认定为单纯的借款行为。[⑤] 其次，《民间借贷规定》第 25 条设定的利息上限为“一年期贷款市场报价利率四倍”，而《建设工程施工合同解释（一）》第 25 条第 1 款将垫资利息限定为“同期贷款市场报价利率”。如将垫资定性为民间借贷，则会引发法律适用上的体系冲突。最后，如【裁判规则 229】所述，垫资也有别于工程欠款。[⑥] 据此，无论发承包双方是在建设工程施工合同中通过专有条款约定垫资，还是在建设工程施工合同之外另行约定垫资，均宜将垫资约定认定为建设工程施工合同的组成部分，即关于工程款支付时间与方式的特别约定。

---

① 参见最高人民法院民事审判第一庭编著：《最高人民法院建设工程施工合同司法解释的理解与适用》，人民法院出版社 2004 年版，第 72 页。

② 最高人民法院民事审判第一庭编著：《最高人民法院新建设工程施工合同司法解释（一）理解与适用》，人民法院出版社 2021 年版。

③ 《民间借贷规定》第 24 条第 1 款与《建设工程施工合同解释（一）》第 25 条第 3 款。

④ 杨心忠等：《建设工程合同纠纷裁判思路》，法律出版社 2014 年版，第 101 页。

⑤ 参见最高人民法院民事审判第一庭编著：《最高人民法院新建设工程施工合同司法解释（一）理解与适用》，人民法院出版社 2021 年版，第 262 页。

⑥ 参见杨心忠等：《建设工程合同纠纷裁判思路》，法律出版社 2014 年版，第 101 页。

**典型案例 228**

## 重庆覃家岗建设（集团）有限公司与南部县美好家园房地产开发有限公司建设工程施工合同纠纷案[①]

### 基本案情

2011 年 4 月 20 日，南部县美好家园房地产开发有限公司（以下简称美好家园公司）与重庆覃家岗建设（集团）有限公司（以下简称覃家岗公司）签订《工程承包合同》约定，美好家园公司将“四川省南充市南部县体育场（馆）工程”发包给覃家岗公司承包修建；本工程履约保证金 2000 万元经发包人双控后转化为承包人工程垫资款；承包人每月 25 日上报当月完成工程进度值，发包人于次月 5 日前全额支付工程款，该工程款先从承包人的工程垫资款中支付，承包人的工程垫资款支付完以后的工程进度款均由发包人按时支付，承包人的工程垫资款在施工期间不予退还，其退还方式按竣工结算相关条款办理。合同签订后，覃家岗公司缴纳了履约保证金 2000 万元。2014 年 1 月 17 日，南部县商贸体育文化园区体育场、步行街及下穿道工程竣工验收合格。后覃家岗公司诉至法院，要求美好家园公司支付工程欠款及相应利息。诉讼中，双方针对美好家园公司在 2011 年 5 月 30 日至 2011 年 7 月 16 日支付的 5 笔合计 2000 万元款项的性质发生争议。覃家岗公司认为，该 5 笔款项是返还的履约保证金；美好家园公司认为，该 5 笔款项是支付的工程款。

### 法院观点

四川省高级人民法院认为，案涉南部县体育场（馆）建设工程政府预算投资金额 1.2 亿元，属于必须进行招标投标的工程，但本案双方当事人均未提供证据证明案涉工程进行过招标投标。根据《招标投标法》第 3 条及《2004 年建工解释》第 1 条的规定，《工程承包合同》无效。该 2000 万元是覃家岗公司缴纳的保证金且

① 典型案例 228：重庆覃家岗建设（集团）有限公司与南部县美好家园房地产开发有限公司建设工程施工合同纠纷案，最高人民法院（2021）最高法民终 613 号民事判决书。

进入覃家岗公司与美好家园公司的双控账户，双方明确约定该 2000 万元不退还，转为工程垫资款并在结算后予以退还。因案涉合同为无效合同，根据《合同法》第 58 条的规定，美好家园公司基于合同约定收取覃家岗公司的保证金没有依据，其后关于该 2000 万元转为工程垫资款的约定亦无效。据此，该 2000 万元不应作为美好家园公司支付的工程款，而是向覃家岗公司返还的履约保证金。①

## 裁判规则 229

**对垫资款的认定，以明确约定垫资或从合同约定付款比例中能够推定垫资为前提。否则承包人实际垫资修建的，应认定为发包人欠付工程款，进而根据欠付金额计算工程款利息。**

发包人未按建设工程施工合同约定支付预付款或进度款，承包人为推进工程建设，进行了垫资修建。在此情形下，对发包人欠付的款项应当按照工程欠款还是按照垫资款处理?

区分工程欠款与垫资款的意义在于，如认定为垫资款，由于双方没有垫资的约定，也就不可能有垫资利息的约定，根据《建设工程施工合同解释（一）》第 25 条第 3 款的规定，承包人无权要求支付该笔款项的利息；如认定为工程欠款，即使没有约定欠付工程款的利息，根据《建设工程施工合同解释（一）》第 26 条的规定，发包人也应当支付利息。②

《建设工程施工合同解释（一）》第 25 条第 2 款规定：“当事人对垫资没有约定的，按照工程欠款处理。”该规定表明，垫资不同于工程欠款。③ 对垫资的认定，以发承包双方存在垫资的约定为前提。这类约定既可以在建设工程施工合同中通过专有条款作出，也可以在建设工程施工合同之外另行单独作出。虽有实际垫资的行为，但没有约定垫资的，对实际发生的垫资应认定为工程欠款。

---

① 二审中，因一审判决确定的工程款利息计算有误，且美好家园公司于一审判决作出后又支付了 498,000 元工程款，最高人民法院进行了相应改判，但未改变一审判决对 2000 万元款项性质的认定。

② 参见最高人民法院民事审判第一庭编著：《最高人民法院新建设工程施工合同司法解释（一）理解与适用》，人民法院出版社 2021 年版，第 258、271 页。

③ 参见最高人民法院民事审判第一庭编著：《最高人民法院新建设工程施工合同司法解释（一）理解与适用》，人民法院出版社 2021 年版，第 258 页。

需特别强调的是，实践中，大量建设工程施工合同约定的进度款比例不足以覆盖承包人的施工成本，这就导致即便发包人按照合同约定付款，承包人仍处于一定程度的垫资修建状态。就此应当认为，从合同约定的付款比例可以推定发包人支付的进度款不足以覆盖施工成本的部分，属于合同约定承包人垫资的范围。即发包人按约支付的进度款不足以覆盖施工成本的部分，应认定为垫资款，而非工程欠款；除非合同就此有特别约定，否则承包人不得就该部分款项要求发包人支付利息。

**典型案例 229**

## 中天建设集团有限公司与西安城苑房地产实业有限公司建设工程施工合同纠纷案[①]

### 基本案情

2012 年 12 月 6 日，中天建设集团有限公司（以下简称中天公司）与西安城苑房地产实业有限公司（以下简称城苑公司）签订《建设工程施工合同》约定，中天公司承建航天星苑经济适用房小区 1—3 号楼。2015 年 9 月 30 日，双方签订《补充协议》约定，以房抵债后城苑公司尚欠中天公司工程款 4710 万元，自 2016 年 1 月 1 日起按月息 1.7%计取资金占用费（利息）。2017 年 9 月 4 日，工程验收合格。后中天公司诉至法院，要求城苑公司支付工程款 114,032,164.22 元及相应资金占用费，其中一笔资金占用费为以工程欠款 4710 万元为基数，自 2016 年 1 月 1 日至 2017 年 9 月 11 日，按照月息 1.7%计算，为 16,307,590 元。城苑公司认为，根据《2004 年建工解释》第 6 条的规定，月息 1.7%中高于中国人民银行发布的同期同类贷款利率的部分无效。

### 法院观点

陕西省高级人民法院认为，《2004 年建工解释》第 6 条是关于垫资利息计算标

① 典型案例 229：中天建设集团有限公司与西安城苑房地产实业有限公司建设工程施工合同纠纷案，最高人民法院（2020）最高法民终 846 号民事判决书。

准的规定，而本案中天公司主张的资金占用费并非垫资利息，而是城苑公司应付而未付的工程进度款的资金占用利息。垫资是承包人自愿承担资金利息，而支付欠付工程进度款的利息则是发包人的违约责任。本案中，因城苑公司无法按约支付工程进度款，造成工程停工。双方签订的《补充协议》对于停工前下欠工程款及停工损失赔偿数额进行了中间结算，明确了除以房产抵销的停窝工损失等款项外下欠工程款数额为4710万元，并约定了利息计算标准及起算时间，城苑公司应当依照双方合同约定承担欠付工程款的资金占用利息。中天公司所主张的欠付工程款利息不属于适用《2004年建工解释》第6条关于垫资利息的情形。根据《2004年建工解释》第17条的规定，本案应当按照双方约定的月息1.7%计算资金占用的利息。二审中，最高人民法院也认为，中天公司起诉主张按照约定的下欠工程进度款的计息标准计算工程竣工结算款的利息，该计算标准并未超出双方约定的违约金的计算标准，一审法院予以支持，并无不当。

## 裁判规则230

**建设工程施工合同约定承包人垫资的，无论是政府投资项目还是民间投资项目，均应认定该垫资约定有效。**

《关于严禁政府投资项目使用带资承包方式进行建设的通知》（建市〔2006〕6号）规定："政府投资项目一律不得以建筑业企业带资承包的方式进行建设，不得将建筑业企业带资承包作为招投标条件；严禁将此类内容写入工程承包合同及补充条款，同时要对政府投资项目实行告知性合同备案制度。"《政府投资条例》第22条第2款规定："政府投资项目不得由施工单位垫资建设。"据此，政府投资项目中约定承包方垫资修建的，该垫资约定是否有效？

从时间线来看，2004年10月25日发布的《2004年建工解释》第6条确立了垫资条款按有效处理的原则。[①] 其后，原建设部等四部委于2006年1月4日发布《关于严禁政府投资项目使用带资承包方式进行建设的通知》，国务院于2019年4月14日发布《政府投资条例》，均禁止政府投资项目中约定承包方垫资修建。再

① 参见最高人民法院民事审判第一庭编著：《最高人民法院建设工程施工合同司法解释的理解与适用》，人民法院出版社2004年版，第61页。

后，最高人民法院于2020年12月29日发布《建设工程施工合同解释（一）》，依然认为垫资条款应按有效处理，[①] 且并未区分政府投资项目与民间投资项目。据此，站在裁判的立场，无论是政府投资项目还是民间投资项目，其关于承包人垫资修建的约定都属于有效约定。在理解上可以认为，“《关于严禁政府投资项目使用带资承包方式进行建设的通知》属于部门规范性文件，不能以该通知为依据认定垫资条款无效”[②]。至于《政府投资条例》第22条第2款，“这一规定可以理解为管理性强制性规定，不属于效力性强制性规定，不宜据此认定垫资施工合同无效”[③]。就此，除下述【典型案例230】外，还可参见“大连水利建筑工程有限公司与大连市旅顺口区农业农村局建设工程施工合同纠纷案”[④]。

**典型案例230**

## 河北昌悦房地产开发有限公司与廊坊市凯创房地产开发有限公司房地产开发经营合同纠纷案[⑤]

### 基本案情

受廊坊市人民政府委托，廊坊市凯创房地产开发有限公司（以下简称凯创公司）组织实施光明片区北昌回迁安置小区建设。经招投标，2010年8月18日、2010年8月26日、2012年8月20日，凯创公司（甲方）与河北昌悦房地产开发有限公司（以下简称昌悦公司）（乙方）分别就2号、7号、8号地块，3号、4号地块，5号、6号、9号地块签订三份《回购合同》约定，乙方负责光明片区北昌回迁安置小区整体建设；乙方应在项目竣工验收后15日内向评审部门报送完整评审资料，由评审部门确认成本价格和回购价格；甲方在收到最终评审确认的价格后

① 参见最高人民法院民事审判第一庭编著：《最高人民法院新建设工程施工合同司法解释（一）理解与适用》，人民法院出版社2021年版，第258页。

② 王勇：《建设工程施工合同纠纷实务解析》，法律出版社2017年版，第58页。

③ 谢勇：《建设工程施工合同案件裁判规则解析》，中国法制出版社2020年版，第71页。

④ 参考案例201：大连水利建筑工程有限公司与大连市旅顺口区农业农村局建设工程施工合同纠纷案，辽宁省大连市中级人民法院（2022）辽02民终4615号民事判决书。

⑤ 典型案例230：河北昌悦房地产开发有限公司与廊坊市凯创房地产开发有限公司房地产开发经营合同纠纷案，河北省高级人民法院（2019）冀民初18号民事判决书。

15日内按照该评审结果一次性向乙方支付95%的回购价款（成本和利润），5%的余款作为质量保证金。涉案项目最终没有竣工验收，而是由廊坊市政府作为问题楼盘在2019年视为验收。后昌悦公司诉至法院，要求凯创公司支付案涉项目的财务费用、管理费用等。

**法院观点**

河北省高级人民法院认为，三份《回购合同》约定，昌悦公司负责光明片区北昌回迁安置小区建设项目的投资及工程施工，工程竣工移交后，昌悦公司再从回购方即凯创公司处获取工程款，故三份回购合同实际上是由昌悦公司垫资施工的建设工程施工合同。三份《回购合同》系双方当事人的真实意思表示，内容不违反国家法律、行政法规的强制性规定，合法有效。

## 6.3 投标保证金、履约保证金

投标保证金是指投标人按照招标文件的要求向招标人提供的、以一定金额表示的投标责任担保。投标保证金的目的是避免因投标人在投标有效期内随意撤回、撤销投标，或中标后不提交履约保证金和签署合同等行为给招标人造成损失。《工程建设项目施工招标投标办法》第37条第1款第2句规定："投标保证金除现金外，可以是银行出具的银行保函、保兑支票、银行汇票或现金支票。"履约保证金是由承包人缴纳工程造价一定比例（通常为5%—10%）的金额给发包人，作为承包人按约履行的担保——主要保证工期和质量符合合同的约定。如承包人按约履行，则由发包人按施工进度分批次退还承包人；如承包人违约，则发包人可直接从履约保证金中扣减相应金额赔偿损失。

**裁判规则231**

**招投标程序所要求的投标保证金属于竞标合同的范畴，与建设工程施工合同无关。**

《招标投标法实施条例》第26条第1款规定："招标人在招标文件中要求投标人提交投标保证金的，投标保证金不得超过招标项目估算价的2%。投标保证金有效期应当与投标有效期一致。”在投标人缴纳投标保证金的情况下，如招标人终止招标，应当退还投标保证金及银行同期存款利息；① 如投标人在投标截止时间前撤回投标，招标人应无息退还投标保证金；② 招投标程序结束，招标人应当向中标人和未中标的投标人退还投标保证金及银行同期存款利息；③ 中标人不依法签约或不提交履约保证金的，发包人有权没收投标保证金。④ 如【裁判规则45】所述，建设工程施工合同关系自中标通知书发出之日起成立。换言之，在中标通知书发出之前或竞标人未中标的，招标人与竞标人之间并不存在建设工程施工合同关系。若此，招标人收取投标保证金或竞标人要求退还投标保证金，其债权依据何在？

虽然招标投标程序的目的在于签订建设工程施工合同，但招投标程序本身系独立的程序，招标人与竞标人就彼此参与招投标程序的权利义务关系成立竞标合同。投标保证金所担保的对象并非招投标程序所指向的建设工程施工合同，而是竞标合同，“目的在于保证投标人确有投标之诚意，为招标活动的顺利进行提供担保”⑤。在此意义上，招标公告既构成建设工程施工合同的要约邀请，又构成竞标合同的要约；竞标者的投标，既构成建设工程施工合同的要约，又构成竞标合同的承诺。虽然在中标通知书发出之前或竞标人未中标的，招标人与竞标人之间并不存在建设工程施工合同关系，但竞标合同已经成立，进而构成招标人收取投标保证金或竞标人要求退还投标保证金的合同依据。在“天津日滕飞管业有限公司与中国移动通信

① 《招标投标法实施条例》第31条规定：“招标人终止招标的，应当及时发布公告，或者以书面形式通知被邀请的或者已经获取资格预审文件、招标文件的潜在投标人。已经发售资格预审文件、招标文件或者已经收取投标保证金的，招标人应当及时退还所收取的资格预审文件、招标文件的费用，以及所收取的投标保证金及银行同期存款利息。”

② 《招标投标法实施条例》第35条第1款规定：“投标人撤回已提交的投标文件，应当在投标截止时间前书面通知招标人。招标人已收取投标保证金的，应当自收到投标人书面撤回通知之日起5日内退还。”

③ 《招标投标法实施条例》第57条第2款规定：“招标人最迟应当在书面合同签订后5日内向中标人和未中标的投标人退还投标保证金及银行同期存款利息。”

④ 《招标投标法实施条例》第74条规定：“中标人无正当理由不与招标人订立合同，在签订合同时向招标人提出附加条件，或者不按照招标文件要求提交履约保证金的，取消其中标资格，投标保证金不予退还。对依法必须进行招标的项目的中标人，由有关行政监督部门责令改正，可以处中标项目金额10‰以下的罚款。”

⑤ 参考案例202：益民公司诉河南省周口市政府等行政行为违法案，最高人民法院（2004）行终字第6号行政判决书。

集团北京有限公司招标投标买卖合同纠纷案”① 中，投标人提供虚假的环境管理体系认证资质，导致投标保证金被招标人没收，投标人起诉要求返还。北京市高级人民法院即认为，“本案系招标投标合同纠纷”，而未认定为招标投标程序所意欲订立的买卖合同纠纷。

既然招投标程序所要求的投标保证金属于竞标合同的范畴，与建设工程施工合同无关，也就无须遵循建设工程施工合同纠纷的特定规则，如专属管辖规则，下述【典型案例 231】即为适例。

**典型案例 231**

## 金埔园林股份有限公司与江苏报本置业管理有限公司建设工程合同纠纷案②

### 基本案情

金埔园林股份有限公司（以下简称金埔公司）诉称，2016 年年底，江苏报本置业管理有限公司（以下简称报本公司）向其发出邀请函，邀请其投标案涉泰州市高港区白马庙项目。金埔公司按报本公司要求汇入 28 万元投标保证金，双方于 2017 年 1 月 9 日签订《建设工程施工合同》，但报本公司以种种理由拖延开工。后经了解，报本公司实为空壳公司，多家施工单位被其邀标并均中标，在收取各方投标保证金后，报本公司相关人员不知去向。金埔公司多次要求报本公司返还投标保证金未果，故诉至江苏省扬州市广陵区人民法院，要求报本公司返还 28 万元投标保证金及利息。

### 法院观点

广陵区人民法院认为，建设工程施工合同纠纷案件应按照不动产纠纷确定管辖，即由工程所在地的人民法院管辖。因涉案工程位于江苏省泰州市高港区，遂裁

① 参考案例 203：天津日滕飞管业有限公司与中国移动通信集团北京有限公司招标投标买卖合同纠纷案，北京市高级人民法院（2016）京民申 1908 号民事裁定书。

② 典型案例 231：金埔园林股份有限公司与江苏报本置业管理有限公司建设工程合同纠纷案，江苏省高级人民法院（2019）苏民辖 19 号民事裁定书。

定将案件移送泰州市高港区人民法院管辖。2018 年 11 月 23 日，高港区人民法院认为金埔公司诉请的投标保证金返还事项不属建设工程施工合同范畴，不应按照不动产纠纷确定管辖，本案不属于该院管辖，报请江苏省高级人民法院指定管辖。江苏省高级人民法院认为，金埔公司诉讼请求为返还投标保证金，该诉请不属于建设工程施工合同纠纷范畴，不应适用不动产专属管辖，应当按照《民事诉讼法》第 23 条、第 35 条及《民事诉讼法解释》第 18 条确定受诉法院。本案被告住所地位于江苏省扬州市广陵区，且广陵区人民法院最先受理了本案，故本案应由广陵区人民法院管辖。

## 裁判规则 232

**投标保证金、履约保证金的缴纳金额或比例属于当事人意思自治范畴，发承包双方约定缴纳的投标保证金、履约保证金超出规定限额的，不能据此认定该约定无效。**

现行法规定了投标保证金与履约保证金的上限。《招标投标法实施条例》第 26 条第 1 款规定："招标人在招标文件中要求投标人提交投标保证金的，投标保证金不得超过招标项目估算价的 2%。投标保证金有效期应当与投标有效期一致。"第 58 条规定："招标文件要求中标人提交履约保证金的，中标人应当按照招标文件的要求提交。履约保证金不得超过中标合同金额的 10%。"《工程建设项目施工招标投标办法》第 37 条第 2 款规定："投标保证金不得超过项目估算价的百分之二，但最高不得超过八十万元人民币。投标保证金有效期应当与投标有效期一致。"对于突破投标保证金与履约保证金上限的行为，《招标投标法实施条例》第 66 条规定："招标人超过本条例规定的比例收取投标保证金、履约保证金或者不按照规定退还投标保证金及银行同期存款利息的，由有关行政监督部门责令改正，可以处 5 万元以下的罚款；给他人造成损失的，依法承担赔偿责任。"如果约定的投标保证金、履约保证金超过上述限额，其约定是否有效？

有观点认为，前述规定属强行性规定，因此，约定的投标保证金、履约保证金超过限额部分无效。"佛山市顺德区大良街道办事处与佛山市顺德区盛晖置业有限公司合同纠纷案”[①] 与“珠海市斗门区乾务镇人民政府与广州航千盛建筑工程有限公司建设工程施工合同纠纷案”[②] 均持这一观点。

与现行法就质量保证金所作限额规定相同，上述规定宜定性为管理性规范，而非效力性规范。如果约定的投标保证金、履约保证金超过上述规定限额，可由有关部门进行行政处罚，但不影响该约定的效力。在“泰安鑫杰机械有限公司与山东寿光巨能电气有限公司招标投标买卖合同纠纷案”[③] 中，招标项目估价在 15 万元左右，泰安森杰机械有限公司（以下简称鑫杰公司）的中标价是 13.8 万元，根据上述规定投标保证金不得超过 3000 元，但山东寿光巨能电气有限公司收取了投标保证金 2 万元。鑫杰公司要求返还超出限额部分（2 万元−15 万元×2%）。法院即认为，本案系企业间为买卖设备而进行的招投标，虽然《招标投标法实施条例》对于投标保证金的数额作出了限制，但该规定系管理性规定，并非效力性规定。且法律对于招投标双方自愿达成的投标保证金数额并未作出禁止性规定，本案投标保证金系鑫杰公司自愿缴纳，因此鑫杰公司以此要求返还超出比例部分无法律依据，不予支持。在下述【典型案例 232】中，合同约定的履约保证金达工程总造价的 15%，陕西省高级人民法院认定该约定有效。在“贵州省沙子哨监狱与贵阳市公共资源交易中心、湖北冶金建设有限公司合同纠纷案”[④] 中，对沙子哨监狱在招投标活动中确定的投标保证金 240 万元——远超《工程建设项目施工招标投标办法》第 37 条第 2 款规定的 80 万元限额，贵州省高级人民法院也认为，“240 万元保证金的约定合法、有效”。

---

① 参考案例 204：佛山市顺德区大良街道办事处与佛山市顺德区盛晖置业有限公司合同纠纷案，广东省佛山市中级人民法院（2021）粤 06 民终 13866 号民事判决书。

② 参考案例 205：珠海市斗门区乾务镇人民政府与广州航千盛建筑工程有限公司建设工程施工合同纠纷案，广东省珠海市中级人民法院（2021）粤 04 民终 2404 号民事判决书。

③ 参考案例 206：泰安鑫杰机械有限公司与山东寿光巨能电气有限公司招标投标买卖合同纠纷案，山东省泰安市中级人民法院（2020）鲁 09 民终 3217 号民事判决书。

④ 参考案例 207：贵州省沙子哨监狱与贵阳市公共资源交易中心、湖北冶金建设有限公司合同纠纷案，贵州省高级人民法院（2016）黔民申 303 号民事裁定书。

**典型案例 232**

## 中铁十七局集团有限公司<br>与山西阳光实业集团有限公司合同纠纷案①

### 基本案情

2015 年 8 月 31 日，山西阳光实业集团有限公司（以下简称阳光实业集团）与中铁十七局集团有限公司（以下简称中铁十七局）签订《战略合作协议书》约定，阳光实业集团积极推进新阳光城房地产项目，确保中铁十七局承建其中 100 万平方米以上的工程项目；中铁十七局须在 2015 年 9 月中旬前支付阳光实业集团 3 亿元履约保证金。同日，阳光房地产公司与中铁十七局签订《建设工程施工协议》约定，工程为新阳光城项目中的 100 万平方米；履约保证金为工程总造价的 15%（3 亿元整）。同日，阳光实业集团与中铁十七局签订《抵押借款合同》约定，中铁十七局出借 3 亿元给阳光实业集团，借款人自愿将其所有的北京市东城区××胡同房产及 19 个地下车位抵押给出借人。2015 年 8 月 31 日、9 月 29 日、2016 年 1 月 5 日，中铁十七局先后支付 1 亿元、1.64 亿元、3600 万元，合计 3 亿元。后因太原市政府决定收储该项目用地，建设无法继续，阳光实业集团陆续退还了 3 亿元。但中铁十七局认为还有 3485.5 万元利息尚未支付，故诉至法院。

### 法院观点

山西省高级人民法院认为，中铁十七局与阳光实业集团签订的《战略合作协议》系双方当事人的真实意思表示，对其合同效力应予确认。《建设工程施工协议》与《战略合作协议》的合同目的一致，系合作协议项下的具体安排，该协议应系双方真实意思表示，且不违反相关法律规定，应为有效。根据双方一致认可的《战略合作协议》的内容，双方在该协议中对推进新阳光城项目的方式进行了明确约定，且将 3 亿元资金的用途明确表述为履约保证金，实际上就是在工程项目开发

① 典型案例 232：中铁十七局集团有限公司与山西阳光实业集团有限公司合同纠纷案，山西省高级人民法院（2020）晋民终 419 号民事判决书。

前由他方进行垫资，待施工合同条件成就时进行合作，条件不成就即应依约返还垫付资金，该约定应属有效。

## 6.4 利息

建设工程价款往往金额巨大，相应的利息也就不容小觑。《建设工程施工合同解释（一）》第25条至第27条集中对工程款利息进行了规范。

**裁判规则233**

**工程款利息在性质上属于法定孳息，附随于工程款本金。因此，对工程款利息应当适用孳息随原物规则，而不适用按过错分担规则。**

工程款利息究竟属于孳息还是损失？区分二者的意义在于，在建设工程施工合同无效的情况下，如果利息属于孳息，其作为由原物所衍生之物，应当适用返还规则，由负有支付本金义务的一方将孳息（利息）全额返还给对方，无须考虑当事人的过错问题；[①] 如果利息属于损失，根据《民法典》第157条[②]后段的规定，应根据当事人过错由发承包双方进行分担。

实务中，上述两种观点各有其拥趸。在“中国建筑第六工程局有限公司与沈阳溢利房地产开发有限公司建设工程施工合同纠纷案”[③] 中，辽宁省高级人民法院认为，“利息为欠款的法定孳息”，欠款方应自应付之日起承担利息。与之相反，在“中国科学院植物研究所等与华纺房地产开发公司等合资、合作开发房地

---

① 参见谢勇：《建设工程施工合同案件裁判规则解析》，中国法制出版社2020年版，第289页。

② 该条规定：“民事法律行为无效、被撤销或者确定不发生效力后，行为人因该行为取得的财产，应当予以返还；不能返还或者没有必要返还的，应当折价补偿。有过错的一方应当赔偿对方由此所受到的损失；各方都有过错的，应当各自承担相应的责任。法律另有规定的，依照其规定。”

③ 典型案例152：中国建筑第六工程局有限公司与沈阳溢利房地产开发有限公司建设工程施工合同纠纷案，最高人民法院（2013）民一终字第168号民事判决书、最高人民法院（2014）民中字第382号民事裁定书。

产合同纠纷案”① 中，针对争议的补偿款利息，北京市高级人民法院则将利息作为损失，以资金占用费的名义按照当事人的过错进行了分配。

《民法典》第 157 条将无效合同的法律后果区分为两个层次：首先是相互返还（包括原物返还与折价补偿），返还的范围以取得财产为限，不考虑过错；其次是损失赔偿，即在相互返还的基础上还有其他损失的，根据过错进行分配。根据《民法典》第 157 条的规定，返还与损失赔偿是彼此独立的。纵观最高人民法院的司法解释，均认定利息属于孳息，进而将其纳入返还的范畴，而非适用按过错分配的规则。首先，原《最高人民法院关于审理商品房买卖合同纠纷案件适用法律若干问题的解释》（法释〔2003〕7 号）第 8 条②规定“返还已付购房款及利息”，明确将利息纳入返还的范畴。其理由是，“从物权法理论对物的分类看，购房款本金应为原物，利息为孳息——依据法律直接规定所得的法定孳息。法定孳息随原物转移，在买卖合同解除后，出卖人返还购房款时，其已无权占有法定孳息，孳息自应随原物返还给所有权人”③。其次，《2004 年建工解释》第 17 条、第 18 条针对工程款利息的规定，也建立在利息是法定孳息的基础上。④ 最后，针对《建设工程施工合同解释（一）》第 26 条、第 27 条，最高人民法院的有关法官明确提出，“发包人支付欠付工程款利息的性质是法定孳息”，“应当自工程欠款发生时起算”⑤。从案件裁判来看，在“四川省泸州市第十建筑工程有限公司与湖北鑫汇置业发展有限公司建设工程施工合同纠纷案”⑥ 中，最高人民法院认定，“发包人应当向承包

---

① 参考案例 208：中国科学院植物研究所等与华纺房地产开发公司等合资、合作开发房地产合同纠纷案，载最高人民法院民事审判第一庭编：《民事审判指导与参考》总第 44 集，法律出版社 2011 年版。

② 2020 年 12 月 29 日，《最高人民法院关于修改〈最高人民法院关于在民事审判工作中适用《中华人民共和国工会法》若干问题的解释〉等二十七件民事类司法解释的决定》（法释〔2020〕17 号）对原《最高人民法院关于审理商品房买卖合同纠纷案件适用法律若干问题的解释》（法释〔2003〕7 号）予以修正，第 8 条被删除。

③ 最高人民法院民事审判第一庭编著：《最高人民法院关于审理商品房买卖合同纠纷案件司法解释的理解与适用》，人民法院出版社 2003 年版，第 107 页。

④ 参见最高人民法院民事审判第一庭编著：《最高人民法院建设工程施工合同司法解释的理解与适用》，人民法院出版社 2004 年版，第 155、162 页。

⑤ 最高人民法院民事审判第一庭编著：《最高人民法院新建设工程施工合同司法解释（一）理解与适用》，人民法院出版社 2021 年版，第 268、275 页。

⑥ 参考案例 209：四川省泸州市第十建筑工程有限公司与湖北鑫汇置业发展有限公司建设工程施工合同纠纷案，最高人民法院（2019）最高法民终 895 号民事判决书。

人支付的欠付工程款利息的性质，应当认定为法定孳息，而不是一种违约赔偿责任方式”。在“大庆凯明风电塔筒制造有限公司与华锐风电科技（集团）股份有限公司买卖合同纠纷案”①中，最高人民法院在二审中认为，“利息是本金的孳息”。在“中国银行股份有限公司太原鼓楼支行与山西安业建设发展有限公司等委托代建合同纠纷案”②中，最高人民法院认为，“3354.196万元建房款占用期间的利息属于法定孳息，安业集团公司应予退还”，“一审判决认定中行鼓楼支行应承担利息损失的50%不当，本院予以纠正”。

据此，利息属于法定孳息，在合同无效的情况下，应当纳入《民法典》第157条所规定的返还范畴，由负本金返还责任的一方在返还本金时一并将利息全额返还给对方，而不应根据双方过错进行分担。而且利息的法定孳息属性并不局限于建设工程施工合同领域，只要涉及本金与利息的关系，均应按照这一规则处理。③

**典型案例233**

## 北京天润建设有限公司与承德京顺诚房地产开发有限公司建设工程施工合同纠纷案④

### 基本案情

2009年12月29日，承德京顺诚房地产开发有限公司（以下简称京顺诚公司）与北京天润建设有限公司（以下简称天润公司）签订《建设工程施工合同》约定，天润公司承建承德市东园林危陋房改造富顺诚小区工程；京顺诚公司应在竣工

---

① 参考案例210：大庆凯明风电塔筒制造有限公司与华锐风电科技（集团）股份有限公司买卖合同纠纷案，最高人民法院（2013）民一终字第181号民事判决书。《最高人民法院公报》2015年第11期（总第229期），第26—38页。

② 参考案例211：中国银行股份有限公司太原鼓楼支行与山西安业建设发展有限公司等委托代建合同纠纷案，最高人民法院（2021）最高法民终805号民事判决书。

③ 参见王丹：《合作开发房地产合同中，不负有出资建设义务的一方，实际完成案涉项目建设的，不应认定为违约——北京市京门房地产开发公司与北京地汇春科贸有限责任公司、北京迎宾房地产开发有限责任公司合资、合作开发房地产合同纠纷上诉案》，载最高人民法院民事审判第一庭编：《民事审判指导与参考》总第53辑，人民法院出版社2013年版。

④ 典型案例233：北京天润建设有限公司与承德京顺诚房地产开发有限公司建设工程施工合同纠纷案，最高人民法院（2019）最高法民终2019号民事判决书。

结算完成后7日内付至工程竣工结算价款的95%，无正当理由不支付工程竣工结算价款，从第8天起按同期银行贷款利率支付拖欠工程价款的利息。2014年1月，案涉工程交付京顺诚公司投入使用。后因工程款支付发生争议，天润公司诉至法院，要求京顺诚公司支付工程款，并主张自2018年3月31日起按照中国人民银行同期同类贷款利率计算逾期付款利息。

## 法院观点

一审法院（河北省高级人民法院）认为，案涉工程属于必须招投标的项目，《建设工程施工合同》的签订未经过招投标程序，应当认定为无效。案涉工程已经竣工验收并交付入住，故承包人有权按照约定主张工程价款。至于工程款利息问题，因其属于法定孳息，故即使合同无效也不影响利息给付。天润公司主张自2018年3月31日起按照中国人民银行同期同类贷款利率计息，并未违反双方约定，应予支持。一审判决后，京顺诚公司提起上诉称，因无效合同产生的损失应由双方各自承担，京顺诚公司不应支付工程款利息。最高人民法院在二审中认为，《建设工程施工合同》因未经招投标程序而无效。工程价款利息是法定孳息，发包人因占用工程价款实际受益，应向承包人支付利息。京顺诚公司主张工程款利息应作为天润公司的损失由其自行承担，缺乏依据。建设工程施工合同无效的，承包人仍有权主张欠付工程价款利息，原判决判令京顺诚公司支付相应的利息，并无不当。

## 裁判规则234

**建设工程施工合同就逾期付款约定的利息计算标准是对法定孳息的约定赔偿，属于约定的违约金条款，应当适用违约金的司法审查、调整规则。**

《建设工程施工合同解释（一）》第26条第1句规定：“当事人对欠付工程价款利息计付标准有约定的，按照约定处理。”如建设工程施工合同约定了欠付工程款的利息计算标准，当事人是否有权以过低或过高为由要求调整？如果允许进行司法调整，这与其法定孳息的属性是否相冲突？

有观点认为，“利息属法定孳息，而不是违约金”①，故不应适用违约金的司法审查、调整规则。但绝大多数判决认为，建设工程施工合同约定的欠付工程款利息计算标准，属于违约金条款，应当适用违约金的司法审查、调整规则。除下述【典型案例 234】外，在“福建省二建建设集团有限公司与广西金桂浆纸业有限公司建设工程施工合同纠纷案”② 中，《补充协议（二）》第二项约定，若发包方逾期付款，每拖欠一个日历天，应按照拖欠款金额的千分之一的标准支付违约金，上限为拖欠款金额的 10%。广西金桂浆纸业有限公司以金额过高（43, 696, 661. 31 元）为由请求调整，一审法院未予调整。二审中，最高人民法院也认为，“一审法院认为工程进度款逾期违约金未过分高于损失，不予调减，符合本案实际情况，亦较为公允，本院予以认可”。

与自然孳息不同，法定孳息具有拟制的属性，故其范围不是完全客观的。人为约定法定孳息（利息）的计算方法，解决的是法定孳息（利息）的返还问题，运用的工具是违约金制度。质言之，建设工程施工合同就逾期付款约定利息计算标准，是用违约金解决利息的返还问题。合同约定的“逾期利息虽然含有利息的字样，但因其以债务人拒绝还本付息、迟延还本付息为成立要件，故均非利息的范畴，而属于违约责任的系列。根据中国法及理论关于违约金的概念，应将逾期利息界定为违约金”③。在前述“福建省二建建设集团有限公司与广西金桂浆纸业有限公司建设工程施工合同纠纷案”④ 中，针对逾期付款的利息，当事人直接约定为违约金。《建设工程施工合同（示范文本）》（GF-2017-0201）第 14. 4. 2 项第 2 目载明：“除专用合同条款另有约定外，发包人应在颁发最终结清证书后 7 天内完成支付。发包人逾期支付的，按照中国人民银行发布的同期同类贷款基准利率支付违约金；逾期支付超过 56 天的，按照中国人民银行发布的同期同类贷款基准利率的两倍支付违约金。”也是将逾期付款利息直接称为违约金。一方面，《民法典》第

① 最高人民法院民事审判第一庭编著：《最高人民法院新建设工程施工合同司法解释（一）理解与适用》，人民法院出版社 2021 年版，第 269 页。

② 参考案例 212：福建省二建建设集团有限公司与广西金桂浆纸业有限公司建设工程施工合同纠纷案，最高人民法院（2019）最高法民终 754 号民事判决书。

③ 崔建远：《论利息之债》，载《中州学刊》2022 年第 1 期。

④ 参考案例 213：福建省二建建设集团有限公司与广西金桂浆纸业有限公司建设工程施工合同纠纷案，最高人民法院（2019）最高法民终 754 号民事判决书。

585条第1款规定："当事人可以约定一方违约时应当根据违约情况向对方支付一定数额的违约金，也可以约定因违约产生的损失赔偿额的计算方法。"因此，约定的损失计算方式属于违约金范畴。广义上说，发包人应当支付工程款而未支付，导致承包人因未获得工程款进而无法取得工程款的利息，也构成承包人的损失。在发包人应付而未付工程款的情况下，针对承包人应当获得而未获得的资金使用利益，合同约定的利息计算标准，也就满足违约金的条件——因违约产生的损失赔偿额的计算方法。据此，"逾期利息在法律性质上讲是违约金"①。另一方面，利息、租金等法定孳息的确定，并无客观标准，取决于当事人的约定。在本金应付而未付的情况下，约定的利息标准就相当于法定孳息的折价补偿标准。如约定标准明显高于或低于通常的孳息标准，应当允许司法调整。

据此，建设工程施工合同就逾期付款约定的利息计算标准，属于约定的违约金条款，应当适用违约金的司法审查、调整规则。一是约定的利息标准必须符合法律规定。实践中，通常参照《民间借贷规定》第25条确立的借贷利率上限确定约定利息标准的上限。最高人民法院在"中铁十六局集团有限公司与北海市美凯龙置业有限公司等建设工程施工合同纠纷案"② 中即认为，"合同约定年利率10%的资金占用费计算标准，并未超过合同签订时一年期贷款市场报价利率的四倍，应予支持"。二是根据《民法典》第585条第2款的规定，约定的利息计算标准过高或过低的，经当事人申请，可以进行司法调整。下述【典型案例234】即为适例。

典型案例234

## 北京中关村开发建设股份有限公司与湖南潭衡高速公路开发有限公司建设工程施工合同纠纷案③

### 基本案情

2007年1月15日，湖南潭衡高速公路开发有限公司（以下简称潭衡公司）与

① 最高人民法院民事审判第一庭编著：《最高人民法院新建设工程施工合同司法解释（一）理解与适用》，人民法院出版社2021年版，第278页。

② 参考案例214：中铁十六局集团有限公司与北海市美凯龙置业有限公司等建设工程施工合同纠纷案，最高人民法院（2020）最高法民终1156号民事判决书。

③ 典型案例234：北京中关村开发建设股份有限公司与湖南潭衡高速公路开发有限公司建设工程施工合同纠纷案，最高人民法院（2019）最高法民终1401号民事判决书。

北京中关村开发建设股份有限公司（以下简称中关村公司）签订了《湖南省湘潭至衡阳西线高速公路土建工程施工潭衡高速公路合同文本（土建工程施工第二十七合同段）》，作为合同组成部分的《合同专用条款数据表》第 60.15 条载明，“未付款额的利率：每天 0.08‰”。案涉工程于 2011 年 10 月 15 日完工后，中关村公司向潭衡公司申报结算，潭衡公司未在合理时间内进行结算审核。中关村公司诉至法院，要求潭衡公司支付工程款、逾期付款违约金及利息，利息按合同签订时的商业银行短期贷款年利率 6.12%计算，自 2011 年 10 月 15 日湘潭至衡阳西线高速公路正式通车之日起计算至付清之日止。

## 法院观点

一审法院（湖南省高级人民法院）认为，合同约定的未付款利率为每日 0.08‰。潭衡公司欠付工程款 5,119,173.83 元，故应自 2011 年 10 月 15 日起至给付之日按每天 0.08‰计付利息。中关村公司上诉称，尽管合同约定了未付款利率为每天 0.08‰，但是该约定的利率显然低于因潭衡公司违约而给中关村公司造成的损失，潭衡公司应按涉案合同签订时的商业银行短期贷款年利率 6.12%计算利息。最高人民法院认为，虽然案涉施工合同约定，未付款利率为每天 0.08‰，但从实际考量看，合同约定的利率每天 0.08‰，折合年利率为 2.88%，尚不足同期同类贷款年利率 6.12%的一半，确实过低。现中关村公司主张合同约定每天 0.08‰的标准过低，要求法院对利率调高，按照银行同期贷款年利率 6.12%计息，符合法律规定，应予支持。

## 裁判规则235

**建设工程施工合同无效，合同约定的逾期付款利息计算标准一并无效。不能参照合同约定的利息标准确定欠付工程款利息，而应按照同期贷款市场报价利率或同期同类存款基准利率确定。**

既然建设工程施工合同就逾期付款约定的利息计算标准属于违约金条款，那么在建设工程施工合同无效的情况下，合同约定的利息计算标准相应无效。在此情形下，承包人依然有权要求发包人支付工程款利息。在前述“北京天润建设有限公司与承德京顺诚房地产开发有限公司建设工程施工合同纠纷案”[①] 中，最高人民法院即认为，“建设工程施工合同无效的，承包人仍有权主张欠付工程价款利息”。需要讨论的是，在建设工程施工合同无效的情况下，约定的利息标准可否参照适用?

少数观点认为，虽然建设工程施工合同无效，但在工程款本金可以参照合同约定折价补偿的情况下，利息也应参照合同约定。[②]《最高人民法院关于大型企业与中小企业约定以第三方支付款项为付款前提条款效力问题的批复》（法释〔2024〕11 号）也持这一立场。该批复第 2 条前段规定：“在认定合同约定条款无效后，人民法院应当根据案件具体情况，结合行业规范、双方交易习惯等，合理确定大型企业的付款期限及相应的违约责任。双方对欠付款项利息计付标准有约定的，按约定处理；约定违法或者没有约定的，按照全国银行间同业拆借中心公布的一年期贷款市场报价利率计息。”

但绝大多数法院认为，建设工程施工合同无效，则合同就逾期付款约定的利息计算标准作为违约金条款相应无效，既不能直接适用也不能参照适用，而应改采法定利息标准——同期贷款市场报价利率或同期同类存款基准利率。《北京市高级人民法院关于审理建设工程施工合同纠纷案件若干疑难问题的解答》（京高法发〔2012〕245 号）第 17 条前段即规定：“建设工程施工合同无效，但工程经竣工验收合格，当事人任何一方依据《解释》[③] 第二条的规定要求参照合同约定支付工程折价补偿款的，应予支持。承包人要求发包人按中国人民银行同期贷款利率[④]支付欠付工程款利息的，应予支持。”福建省高级人民法院[⑤]、湖南省高级人民法院[⑥]的

① 典型案例 233：北京天润建设有限公司与承德京顺诚房地产开发有限公司建设工程施工合同纠纷案，最高人民法院（2019）最高法民终 2019 号民事判决书。

② 参见李玉生主编：《建设工程施工合同案件审理指南》，人民法院出版社 2019 年版，第 138 页。

③ 指《2004 年建工解释》。

④ 2019 年 8 月 20 日之后，中国人民银行同期贷款利率改为贷款市场报价利率。见《民间借贷规定》第 25 条第 2 款。

⑤ 《福建省高级人民法院当前我省涉建工纠纷审判调研　问答 · 案例 · 白皮书》（2022 年 9 月）第 25 条规定：“建设工程施工合同无效的，以同期同类贷款利率或者同期贷款市场报价利率计息。”

⑥ 《湖南省高级人民法院关于审理建设工程施工合同纠纷案件若干问题的解答》（湘高法〔2022〕102 号）第 17 条规定：“建设工程施工合同无效，因欠付工程款产生的损失一般应认定为资金占用损失，资金占用费应以全国银行间同业拆借中心公布的贷款市场报价利率为计算依据，但当事人能够证明其资金占用损失高于全国银行间同业拆借中心公布的贷款市场报价利率的，可以结合过错程度、过错与损失之间的因果关系等因素予以适当调整。”

指导意见与此类似。最高人民法院在“苏中市政工程有限公司与全椒奥莱祥能置业有限公司建设工程施工合同纠纷案”① “戴荣忠与六枝特区金海大酒店有限公司建设工程施工合同纠纷案”② “吴道全与重庆市丰都县第一建筑工程公司等建设工程施工合同纠纷案”③ “陕西秦安建设工程有限公司与华亭中驰房地产开发有限公司建设工程施工合同纠纷案”④ 中均持这一立场。《合同编通则解释》第 25 条第 1 款更是直接规定：“合同不成立、无效、被撤销或者确定不发生效力，有权请求返还价款或者报酬的当事人一方请求对方支付资金占用费的，人民法院应当在当事人请求的范围内按照中国人民银行授权全国银行间同业拆借中心公布的一年期贷款市场报价利率（LPR）计算。但是，占用资金的当事人对于合同不成立、无效、被撤销或者确定不发生效力没有过错的，应当以中国人民银行公布的同期同类存款基准利率计算。”

如【裁判规则 234】所述，建设工程施工合同就逾期付款约定的利息属于约定的违约金条款。在建设工程施工合同无效的情况下，合同约定的逾期付款利息计算标准作为违约金条款一并无效，承包人无权要求执行合同约定的利息计算标准。在此情形下，鉴于利息的法定孳息属性，应当按照法定标准计算利息，且不应再按过错进行分担。一方面，建设工程施工合同无效，关于逾期付款利息计算标准的约定相应无效，不能作为利息的计算依据。另一方面，虽然《民法典》第 793 条第 1 款规定：“建设工程施工合同无效，但是建设工程经验收合格的，可以参照合同关于工程价款的约定折价补偿承包人。”但《建筑安装工程费用项目组成》（建标〔2013〕44 号）并未将利息纳入工程价款的范畴。相反，《建设工程施工合同解释（一）》第 40 条在规定工程价款属于优先受偿权的范围时，明确将“逾期支付建设工程价款的利息”排除在外。换言之，利息虽然是法定孳息，但相对于本金（工程价款）而言是独立款项，故不属于《民法典》第 793 条第 1 款规定的参照适

① 典型案例 132：苏中市政工程有限公司与全椒奥莱祥能置业有限公司建设工程施工合同纠纷案，最高人民法院（2018）最高法民终 1206 号民事判决书。

② 参考案例 215：戴荣忠与六枝特区金海大酒店有限公司建设工程施工合同纠纷案，最高人民法院（2020）最高法民终 429 号民事判决书。

③ 典型案例 240：吴道全与重庆市丰都县第一建筑工程公司等建设工程施工合同纠纷案，最高人民法院（2019）最高法民再 258 号民事判决书。

④ 参考案例 216：陕西秦安建设工程有限公司与华亭中驰房地产开发有限公司建设工程施工合同纠纷案，最高人民法院（2016）最高法民终 794 号民事判决书。

用的范围。因此，在建设工程施工合同无效的情况下，只能适用法定利率标准（贷款市场报价利率或同期同类存款基准利率）计算利息。但在适用法定利率标准的前提下，应根据发包人是否有过错，选择不同的利率标准：发包人有过错的，采贷款市场报价利率；发包人无过错的，采同期同类存款基准利率。在此基础上，不再按过错进行分担。

**典型案例 235**

## 甘肃第一建设集团有限责任公司与靖远昌泰源房地产有限公司建设工程施工合同纠纷案①

### 基本案情

2014年1月5日，靖远昌泰源房地产有限公司（以下简称昌泰源公司）与甘肃第一建设集团有限责任公司（以下简称甘肃一建）签订《BT框架协议》约定，昌泰源公司开发的昌泰华源项目由甘肃一建采取BT模式承建。2014年8月9日，昌泰源公司对案涉工程进行公开招投标。9月3日，甘肃一建以298,980,103.84元中标，双方签订《建设工程施工合同》约定，甘肃一建承建靖远昌泰华源住宅小区建设项目，合同价为298,980,103.84元，延期支付的工程款承包人按工程款的10%计取利息。2016年3月29日，双方签订《补充协议》约定，延期支付的工程款，在2年之内支付的，承包人按年利率5%计取利息，2年之后支付的，按年利率10%计取利息。甘肃一建于《建设工程施工合同》签订前已进场施工，并已完成大部分工程内容，2017年6月后再未施工。工程于2018年8月13日由昌泰源公司、甘肃一建、设计单位和监理单位进行了单位（子单位）验收，但没有进行最终竣工验收。甘肃一建主张2017年6月已经交付工程，昌泰源公司在庭审中认可2017年8月实际交付。甘肃一建诉至法院，要求昌泰源公司支付工程欠款，并自2018年10月1日起至实际付清之日止按年利率10%计息。

① 典型案例235：甘肃第一建设集团有限责任公司与靖远昌泰源房地产有限公司建设工程施工合同纠纷案，最高人民法院（2022）最高法民终118号民事判决书。

## 法院观点

双方签订的《建设工程施工合同》及《补充协议》因构成“先定后招”而归于无效。在此基础上，一审法院（甘肃省高级人民法院）认为，由于《建设工程施工合同》及《补充协议》无效，故对于逾期支付工程款利息的约定也无效，对于欠付工程款的利息应按照银行同期贷款利率计算。一审判决后，甘肃一建上诉认为，逾期支付工程款的利息应按照约定的年利率10%计算；昌泰源公司上诉认为，《建设工程施工合同》无效，有关逾期支付工程款利息的约定自然也无效，当事人因此受到的损失，应按双方过错大小分担。最高人民法院认为，因《建设工程施工合同》及《补充协议》无效，对于逾期支付工程款利息的约定自然无效，一审法院认定欠付工程款利息按照银行同期贷款利率标准计算并无不当，甘肃一建要求按合同约定的年利率10%计算的主张，不能成立；逾期支付工程款的利息属于法定孳息，在《建设工程施工合同》无效的情况下，发包人也应将利息随应付工程款一并支付给承包人，不适用过错赔偿责任原则。因此昌泰源公司要求按双方过错大小分担损失的主张，也不能成立。

## 裁判规则236

**建设工程施工合同有效，但对逾期支付工程款的利息标准未作约定或约定不明的，基于利息的法定孳息属性，应当按照同期贷款市场报价利率确定利息标准。**

建设工程施工合同虽然有效，但没有约定逾期付款利息标准或约定不明的，发包人应否支付利息？如应支付，应当如何确定利息标准？

首先，工程款利息作为法定孳息，附随于工程款本金。因此，即便建设工程施工合同没有约定逾期付款利息，发包人也应自应当支付工程款之日起一并负担工程款的利息。

其次，在建设工程施工合同没有约定逾期付款利息的情况下，发包人虽然自应当支付工程款之日起应一并负担工程款的利息，但这是基于利息的法定孳息属性，即利息属于《民法典》第157条所规定的返还范畴，而非损失赔偿范畴。在

“云南云建建筑工程有限公司与云南华豫房地产开发有限责任公司等建设工程施工合同纠纷案”① 中，当事人未约定迟延付款的利息标准，云南云建建筑工程有限公司（以下简称云建公司）起诉要求支付逾期付款违约金（以应付工程款为本金，自应付工程款之日起至全部工程款支付完毕之日止按中国人民银行一年期贷款利率4.75%计算）。云南省玉溪市中级人民法院与最高人民法院均认为，云建公司主张的逾期付款违约金，实为逾期付款利息，该主张符合法律规定，应予支持。②

最后，对逾期支付工程款的利息标准未作约定或约定不明的，有两个利息标准可资参照。一是一年期贷款市场报价利率基础上加计30%—50%。《民法典》第646条规定：“法律对其他有偿合同有规定的，依照其规定；没有规定的，参照适用买卖合同的有关规定。”而《买卖合同解释》第18条第4款规定：“买卖合同没有约定逾期付款违约金或者该违约金的计算方法，出卖人以买受人违约为由主张赔偿逾期付款损失，违约行为发生在2019年8月19日之前的，人民法院可以中国人民银行同期同类人民币贷款基准利率为基础，参照逾期罚息利率标准计算；违约行为发生在2019年8月20日之后的，人民法院可以违约行为发生时中国人民银行授权全国银行间同业拆借中心公布的一年期贷款市场报价利率（LPR）标准为基础，加计30%—50%计算逾期付款损失。”二是同期贷款市场报价利率。《建设工程施工合同解释（一）》第26条规定：“当事人对欠付工程价款利息计付标准有约定的，按照约定处理。没有约定的，按照同期同类贷款利率或者同期贷款市场报价利率计息。”两个司法解释规定的利息标准并不相同。因《建设工程施工合同解释（一）》是针对建设工程施工合同纠纷的专门解释，所以实务界普遍执行《建设工程施工合同解释（一）》第26条规定的利息标准——同期贷款市场报价利率。就此，除下述【典型案例236】外，还可参见“重庆建工集团股份有限公司与

① 参考案例217：云南云建建筑工程有限公司与云南华豫房地产开发有限责任公司等建设工程施工合同纠纷案，云南省高级人民法院（2019）云民终130号民事判决书、最高人民法院（2019）最高法民申6377号民事裁定书。

② 二审中，云南省高级人民法院认为，云建公司在一审中明确主张的是逾期付款违约金，在云南华豫房地产开发有限责任公司存在违约行为的情况下，应当由云南华豫房地产开发有限责任公司承担违约责任，支付相应的违约金，一审法院将其变更为利息不当，应予纠正。但最高人民法院在再审审查中指出，云建公司主张对尚欠工程款自2017年2月10日起按一年期银行贷款利率即年利率4.75%计算逾期付款违约金，实为逾期付款利息，一审判决对此进行了明确并予以支持并无不当。二审判决在判决主文中将工程款利息表述为违约金不当，但不足以导致本案再审。

中铁十九局集团有限公司建设工程合同纠纷案”①。

典型案例 236

## 沈惠根与吉林市瀚星房地产开发有限公司等建设工程施工合同纠纷案②

### 基本案情

2011年8月12日，吉林市瀚星房地产开发有限公司（以下简称瀚星公司）与华升公司签订《建设施工协议书》约定，华升公司承建瀚星公司开发的吉林市紫光绅苑三期小区1—4号楼及会所工程。2011年8月15日，华升公司与沈惠根签订《建设工程项目责任考核协议书》约定，华升公司将案涉工程转包给沈惠根。2013年9月8日，瀚星公司与华升公司签订《复工补充协议书》约定，如瀚星公司未按时间节点支付工程价款，利息按月息二分计算。2016年8月3日，瀚星公司、华升公司、沈惠根签署《会议纪要》明确，由于瀚星公司和华升公司各自提出的决算价不同，故以二者的平均价为基数，即刻按此基数的88%支付工程价款；审计结果作出后，对双方均具有法律效力，瀚星公司以审计结果为基数付款至95%，多退少补；此前双方签署的全部合同解除，互不追究责任。后沈惠根诉至法院，要求瀚星公司支付工程结算款51,160,626.39元，并按月利率2%的标准支付利息。

### 法院观点

一审法院（吉林省高级人民法院）认为，经计算，瀚星公司和华升公司提出的决算价平均值的88%为115,325,747.24元。瀚星公司应给付华升公司工程价款115,325,747.24元，而瀚星公司实际给付工程价款89,218,630.61元，差额26,207,126.63元于2016年9月18日给付，故瀚星公司应给付华升公司差额

① 典型案例169：重庆建工集团股份有限公司与中铁十九局集团有限公司建设工程合同纠纷案，最高人民法院（2012）民提字第205号民事判决书。《最高人民法院公报》2014年第4期，第35—43页。

② 典型案例236：沈惠根与吉林市瀚星房地产开发有限公司等建设工程施工合同纠纷案，最高人民法院（2019）最高法民终1602号民事判决书。

26,207,126.63元自2016年8月26日起至9月17日止的利息。由于双方在2016年8月3日的《会议纪要》中并未约定逾期付款的利息标准，根据《2004年建工解释》第17条的规定，逾期付款期间的利息标准应按照中国人民银行发布的同期同类贷款利率计算。沈惠根上诉称，《复工补充协议书》约定了月利率2%，应按该约定执行。最高人民法院认为，《复工补充协议书》虽约定“未按时间节点支付工程价款，利息按月息二分计算”，但该协议签订于2013年9月8日。而2016年8月3日的《会议纪要》对工程价款的支付重新进行了约定，实际上变更了《复工补充协议书》关于付款时间节点及付款利息的约定。但《会议纪要》并未约定逾期付款利息，故沈惠根主张应按《复工补充协议书》约定的时间节点计算瀚星公司逾期付款额及逾期付款利息的主张，缺乏事实依据。一审法院认定，瀚星公司对其逾期付款应按同期同类银行贷款利率向沈惠根给付利息，并无不当。

## 裁判规则237

**对《保障中小企业款项支付条例》第15条规定的利息计算标准，应当从主体、范围、条件和时间等方面严格限定。**

根据《建设工程施工合同解释（一）》第26条的规定，对欠付工程款的利息计算标准，有约定的从约定，无约定的按同期同类贷款利率或者同期贷款市场报价利率计算。但《保障中小企业款项支付条例》第15条规定：“机关、事业单位和大型企业迟延支付中小企业款项的，应当支付逾期利息。双方对逾期利息的利率有约定的，约定利率不得低于合同订立时1年期贷款市场报价利率；未作约定的，按照每日利率万分之五支付逾期利息。”二者规定的利息计算标准有所不同，应当如何确定？

有观点认为，司法解释属于对法律的解释，与法律具有同等效力。而《保障中小企业款项支付条例》属于行政法规，故应当优先适用司法解释的规定。① 但根据《立法法》第53条②的规定，与法律有同等效力的解释仅限于全国人大常委会

① 参考案例218：寻甸宏盛种业有限公司与威宁彝族回族苗族自治县农业农村局买卖合同纠纷案，贵州省威宁彝族回族苗族自治县人民法院（2021）黔0526民初6910号民事判决书。

② 该条规定：“全国人民代表大会常务委员会的法律解释同法律具有同等效力。”

的法律解释，并不包括司法解释。此外，只有全国人大常委会才有权撤销同宪法和法律相抵触的行政法规，[①] 最高人民法院认为行政法规同宪法或者法律相抵触的，应向全国人大常委会书面提出进行审查的要求，而不能通过司法解释予以变更。[②]

《保障中小企业款项支付条例》是现行有效的行政法规，根据“有法必依”的要求，必须得到遵守。《陕西省高级人民法院关于审理建设工程施工合同纠纷案件若干问题的解答》（陕高法〔2020〕113 号）第 7 条第 2 款即规定：“发包人是机关、事业单位和大型企业的，承包人是中小企业的，对逾期利息的约定利率低于《保障中小企业款项支付条例》规定的，按照《保障中小企业款项支付条例》规定的约定逾期利息的最低利率计算；对逾期利息没有约定的，按照《保障中小企业款项支付条例》规定的，每日利率万分之五计算。”但一方面，从适用的主体看，应当适用《保障中小企业款项支付条例》的发包人仅为机关、事业单位和大型企业，除此之外的发包人则应适用《建设工程施工合同解释（一）》，这也就意味着机关、事业单位和大型企业与其他企业的法律责任有所不同。另一方面，《保障中小企业款项支付条例》第 15 条规定，“未作约定的，按照每日利率万分之五支付逾期利息”。若此，在未约定利息标准的情况下，年利率高达 18.25%，这比《民间借贷规定》限定的当前民间借贷的最高利率（贷款市场报价利率的四倍）还高，更是远超建筑行业的平均利润（2%—3%）。

鉴于上述理由，应当从如下四个方面严格限定《保障中小企业款项支付条例》第 15 条的适用范围：一是主体限定。《保障中小企业款项支付条例》第 2 条规定：“机关、事业单位和大型企业采购货物、工程、服务支付中小企业款项，应当遵守本条例。”因此，发包人应限定为机关、事业单位和大型企业，承包人应限定为中小企业。至于界定的标准，《保障中小企业款项支付条例》第 3 条第 1 款规定：“本条例所称中小企业，是指在中华人民共和国境内依法设立，依据国务院批准的

---

① 《立法法》第 108 条第 2 项中规定：“全国人民代表大会常务委员会有权撤销同宪法和法律相抵触的行政法规。”

② 《立法法》第 110 条第 1 款规定：“国务院、中央军事委员会、国家监察委员会、最高人民法院、最高人民检察院和各省、自治区、直辖市的人民代表大会常务委员会认为行政法规、地方性法规、自治条例和单行条例同宪法或者法律相抵触，或者存在合宪性、合法性问题的，可以向全国人民代表大会常务委员会书面提出进行审查的要求，由全国人民代表大会有关的专门委员会和常务委员会工作机构进行审查、提出意见。”

中小企业划分标准确定的中型企业、小型企业和微型企业；所称大型企业，是指中小企业以外的企业。”具体的划分标准可参见国家统计局2017年12月28日发布的《统计上大中小微型企业划分办法（2017）》。二是范围限定。《保障中小企业款项支付条例》第15条规定的利息标准，仅适用于该条例第2条规定的“采购货物、工程、服务”领域。三是条件限定。《保障中小企业款项支付条例》第3条第2款规定：“中小企业、大型企业依合同订立时的企业规模类型确定。中小企业与机关、事业单位、大型企业订立合同时，应当主动告知其属于中小企业。”承包人未告知的，则应举证证明发包人在订立合同时知道或者应当知道。四是时间限定。《保障中小企业款项支付条例》于2020年7月5日颁布，自2020年9月1日起施行。对于颁布前订立的建设工程施工合同，发包人在签约时对适用该条例需要承担的责任不具有可预见性，根据法不溯及既往原则，不能适用该条例的规定。就此，除下述【典型案例237】外，还可参见“河南玺鑫房地产开发有限公司与息县粮食和物质储备局委托合同纠纷案”① “合肥巷子深贸易有限公司与安徽省路桥工程集团有限责任公司建设工程施工合同纠纷案”②。

**典型案例237**

## 宁夏鑫吉海医疗工程有限公司<br>与吴起县人民医院建设工程施工合同纠纷案③

### 基本案情

2013年8月26日，经招投标，宁夏鑫吉海医疗工程有限公司（以下简称鑫吉海医疗公司）与吴起县人民医院签订《吴起县人民医院病房楼净化装饰工程合同书》约定，由鑫吉海医疗公司承接吴起县人民医院病房楼净化装饰工程。2013年8

① 参考案例219：河南玺鑫房地产开发有限公司与息县粮食和物质储备局委托合同纠纷案，河南省信阳市中级人民法院（2020）豫15民终5051号民事判决书、河南省高级人民法院（2021）豫民申1921号民事裁定书。

② 参考案例220：合肥巷子深贸易有限公司与安徽省路桥工程集团有限责任公司建设工程施工合同纠纷案，安徽省淮南市中级人民法院（2021）皖04民终155号民事判决书。

③ 典型案例237：宁夏鑫吉海医疗工程有限公司与吴起县人民医院建设工程施工合同纠纷案，陕西省高级人民法院（2021）陕民终809号民事判决书。

月工程开工，2013 年 10 月完工。2015 年 1 月 26 日，案涉工程通过竣工验收。后鑫吉海医疗公司诉至法院，要求吴起县人民医院支付拖欠的工程款 1000 万元，并要求支付以拖欠的工程款为基数，自 2014 年 7 月 1 日起算，按照每日万分之五的利率计算的逾期利息。

## 法院观点

延安市中级人民法院认为，案涉工程于 2015 年 1 月 26 日通过竣工验收，故欠付工程款利息应从 2015 年 1 月 26 日起计算为宜。鑫吉海医疗公司主张欠付工程款利息应以《保障中小企业款项支付条例》第 15 条规定的每日万分之五的标准计算。但《保障中小企业款项支付条例》自 2020 年 9 月 1 日起施行，案涉工程于 2015 年 1 月 26 日通过竣工验收。故鑫吉海医疗公司请求依据《保障中小企业款项支付条例》支付利息的诉讼请求，不予支持。二审中，因吴起县人民医院系分阶段还款，陕西省高级人民法院将工程款利息改判为分阶段计算。但采纳的利息标准依然是中国人民银行同期同类贷款利率（2019 年 8 月 20 日前）、全国银行间同业拆借中心公布的贷款市场报价利率（2019 年 8 月 20 日后）。

## 裁判规则 238

**基于利息的法定孳息属性，工程款利息的起算时间为应该支付工程款之日，而非工程款支付条件实际成就之日。**

《建设工程施工合同解释（一）》第 27 条规定："利息从应付工程价款之日开始计付。当事人对付款时间没有约定或者约定不明的，下列时间视为应付款时间：（一）建设工程已实际交付的，为交付之日；（二）建设工程没有交付的，为提交竣工结算文件之日；（三）建设工程未交付，工程价款也未结算的，为当事人起诉之日。"如果合同约定的应该支付工程款之日届至，而发承包双方因未达成结算导致支付条件实际未成就，应否起算工程款利息？

《建设工程施工合同解释（一）》第 27 条规范的对象是工程款利息，基于利息的法定孳息属性，要求"从应付工程价款之日开始计付"，即站在应然层面，以应该支付工程款的时点作为利息的起算时点。举例来说，建设工程施工合同约定，工程竣工验收合格后28天内完成结算，结算完成后28天内支付工程款。但在实际履行合同过程中，双方在工程竣工验收合格后720天才完成结算。站在应然层面，发包人应当在工程竣工验收合格后56天内支付工程款，故工程款利息从工程竣工验收合格后57天起算；站在实然层面，工程款金额在工程竣工验收合格后720天才确定，但这并不影响工程款利息从工程竣工验收合格后57天起算。在下述【典型案例238】中，完工后发承包双方未能达成结算，故支付条件未实际成就，但对工程款（分为进度款与结算款）的利息，法院则判决从约定应当支付的时间起算。

**典型案例238**

## 南昌三建建设集团有限公司与江西百城房地产开发有限公司建设工程施工合同纠纷案①

### 基本案情

2013年6月6日，南昌三建建设集团有限公司（以下简称南昌三建）与江西百城房地产开发有限公司（以下简称百城公司）签订《百联首府建设工程施工合同补充合同》约定，南昌三建承建百联首府1—6号楼住宅小区及地下室工程；各单体工程竣工验收一周内（2015年10月5日），进度款付至工程已完每项单体工程总造价的80%；工程竣工验收且承包人提交完整的竣工资料后三个月内办理完工程决算，工程决算后一周内（2017年1月18日）付至已完每项单体工程决算总造价的95%，余5%作为质量保证金。2015年9月28日，案涉工程竣工验收合格。2015年12月24日，百城公司向南昌三建出具《承诺函》称，双方从书面正式交接完整资料之日起90个日历天内完成工程结算审核初稿，120个日历天内完成最终结算审核；如未能按时审结，发包方应承担未付工程款的利息，按月息1.5%支付给承包人。后因双方未能按时完成结算审核，南昌三建诉至法院，要求百城公司支付工程款及利息。经鉴定，案涉工程结算价款为92,324,698.96元。

---

① 典型案例238：南昌三建建设集团有限公司与江西百城房地产开发有限公司建设工程施工合同纠纷案，最高人民法院（2021）最高法民再297号民事判决书。

## 法院观点

最高人民法院认为：（1）合同约定，“各单体工程竣工验收一周内付至工程已完每项单体工程总造价的80%”，截至2015年10月5日，百城公司应付款73,859,759.17元（92,324,698.96×80%），已付款62,517,733元，欠付款11,342,026.17元。又根据《承诺函》，2015年12月25日至2017年1月18日为双方最终结算期间。因此，对总结算价款的欠付部分，即进度款11,342,026.17元，自2015年10月6日至2017年1月18日，百城公司应当按月利率1.5%支付利息2,671,047.16元。（2）合同约定，“工程决算后一周内付至已完每项单体工程决算总造价的95%”。据此计算，百城公司截至2017年1月18日欠款21,839,842.33元，并于2017年5月26日支付72,666,662.65元。因此，2017年1月19日至5月26日，百城公司应当以欠款21,839,842.33元为基数，按月利率1.5%支付利息1,241,021.91元；2017年5月27日至10月5日，应当以17,811,542.33元为基数按月利率1.5%支付利息1,175,561.79元。

## 裁判规则239

**工程款金额不明确，不影响工程款利息的起算。工程款利息起算时间应按照如下顺序确定：约定付款之日、工程交付或使用之日、提交竣工结算文件之日、承包人起诉之日。**

有观点认为，工程款数额不明构成起算利息的障碍，换言之，工程款利息的起算以工程款金额明确为前提。在“宁夏西科绿电电力工程有限公司与中国能源建设集团西北电力建设工程有限公司建设工程施工合同纠纷案”① 中，法院即认为，“因工程交付后双方仍就案涉工程签订增补合同且双方就合同外增加工程造价未明确约定计价方式亦未进行结算，案涉工程价款总额不明。在此情况下，二审判决以司法鉴定确定工程价款总额之日作为西北电力公司应付剩余工程款之日开始计算利息，并无不当”。

---

① 参考案例221：宁夏西科绿电电力工程有限公司与中国能源建设集团西北电力建设工程有限公司建设工程施工合同纠纷案，最高人民法院（2020）最高法民申721号民事裁定书。

工程款金额不明确，的确构成发包人履行支付义务的障碍——不知道应该支付多少。但这是工程款支付条件实际成就与否的问题。如【裁判规则 238】所述，利息的起算时间是站在应然层面考虑的，以应该支付工程款的时间作为起算时点，工程款支付条件是否实际成就，不应影响工程款利息的起算。首先，发包人本应支付工程款而未支付，则自本应支付工程款之日起计算利息，符合利息的孳息属性。① 故不论应付款的金额是否确定，以及为什么不确定，均应从应付款之日起计付利息。其次，利息自本应支付工程款之日起算，只是在发承包双方发生纠纷之后，根据纠纷中确定（如通过鉴定）的工程款本金向前回溯计算利息。工程款金额不明确，虽构成发包人履行支付义务的障碍，但不影响利息的回溯计算。最后，如认为工程款利息的起算以工程款金额明确为前提，实际是在变相激励发包人拖延结算：达不成结算，则工程价款不明确，工程价款不明确，不仅无法支付本金，还无须支付利息。这显然缺乏合理性。据此，工程款金额不明不构成利息起算的障碍。在下述【典型案例 239】中，发承包双方未能就结算达成一致意见，诉讼中法院通过司法鉴定才确定了工程价款，但判决的利息起算时间（2015 年 5 月 16 日）即在承包人起诉（2015 年 8 月 31 日）之前。需指出的是，如后述【裁判规则 251】所言，在当事人双方未就工程款结算达成一致意见的情况下，应付剩余工程款数额不明，发包人有权以其应履行的义务不明为由拒绝履行，该行为不构成违约，虽应支付利息，但不应承担逾期付款的违约责任。②

《建设工程施工合同解释（一）》第 27 条规定："利息从应付工程价款之日开始计付。当事人对付款时间没有约定或者约定不明的，下列时间视为应付款时间：（一）建设工程已实际交付的，为交付之日；（二）建设工程没有交付的，为提交竣工结算文件之日；（三）建设工程未交付，工程价款也未结算的，为当事人起诉之日。"从而将工程款利息的起算时间确定为：当事人约定的付款之日、工程实际交付之日、提交竣工结算文件之日、当事人起诉之日。且这四个时间点存在先后顺

---

① 参见最高人民法院民事审判第一庭编著：《最高人民法院新建设工程施工合同司法解释（一）理解与适用》，人民法院出版社 2021 年版，第 275 页。

② 参见肖峰：《工程款结算金额不明时，承包人不能以超过约定给付期限为由主张逾期违约金——山东万鑫建设有限公司与园城实业集团有限公司、海阳市天创投资开发有限公司、山东置城集团有限公司建设工程施工合同纠纷上诉案》，载最高人民法院民事审判第一庭编：《民事审判指导与参考》总第 49 辑，人民法院出版社 2012 年版。

序，只有前一时间点无法确定或条件不满足时，才能采用后一时间点。在下述【典型案例239】中，一审法院置顺位在前的当事人约定付款之日于不顾，以工程实际交付之日作为利息的起算时间点，最高人民法院在二审中即改采合同约定付款之日。此外，在“广元市川越建筑劳务有限公司与中国水利水电第八工程局有限公司等建设工程施工合同纠纷案”①中，法院认为，就欠付工程款的利息，根据《2004年建工解释》第18条②的规定，利息从应付工程价款之日计付。由于广元市川越建筑劳务有限公司与中国水利水电第八工程局对结算款的付款时间没有约定，欠付工程款的付款时间为建设工程实际交付之日。也遵循了前述时间点的先后顺序。至于以当事人起诉之日作为利息起算时间的，可参见“四川省巨龙劳务分包有限公司新疆分公司与中海天原投资发展有限公司建设工程施工合同纠纷案”③。

**典型案例239**

## 北京建工集团有限责任公司<br>与廊坊市君正房地产开发有限公司建设工程施工合同纠纷案④

### 基本案情

2012年5月17日，北京建工集团有限责任公司（以下简称建工集团）与廊坊市君正房地产开发有限公司（以下简称君正公司）签订《施工总承包合同补充协议》约定，建工集团对君正花园小区一期工程进行施工总承包；计价方式参照河北省08定额；结算资料必须符合甲方（君正公司）审核要求，甲方收到完整的竣工结算资料后60日内审核完毕，双方签订结算协议书；已付工程款依据双方最终确认的合同价多退少补。2012年7月9日，双方签订《会议纪要》确定君正花园小区一期样板区工程结算总价为4010万元。2014年10月15日，案涉工程经验收

① 典型案例274：广元市川越建筑劳务有限公司与中国水利水电第八工程局有限公司等建设工程施工合同纠纷案，最高人民法院（2020）最高法民终912号民事判决书。

② 现《建设工程施工合同解释（一）》第27条，内容有修改。

③ 参考案例222：四川省巨龙劳务分包有限公司新疆分公司与中海天原投资发展有限公司建设工程施工合同纠纷案，最高人民法院（2020）最高法民终347号民事判决书。

④ 典型案例239：北京建工集团有限责任公司与廊坊市君正房地产开发有限公司建设工程施工合同纠纷案，最高人民法院（2019）最高法民终1501号民事判决书。

合格并交付使用。2015年5月16日，建工集团向君正公司送交了结算文件。2015年8月31日，建工集团诉至法院，请求判令君正公司：（1）支付已结算的样板区工程欠款11,989,473.55元，并自2012年7月10日起按同期银行贷款利率支付利息；（2）支付未结算的一期工程欠款120,192,969.57元，并自2015年5月16日起按同期银行贷款利率支付利息。君正公司辩称，《会议纪要》仅确定了样板区工程的结算款，且明确该价款与工程结算款一起支付，未明确于《会议纪要》签订之日支付；工程结算至今仍未进行，且建工集团未提交竣工资料，故未达到支付工程款的条件。诉讼中经鉴定，除一期样板区工程外，建工集团已完工程价款为296,019,093.92元。

## 法院观点

一审法院（河北省高级人民法院）认为，根据鉴定所确定的工程造价，君正公司欠付建工集团工程款数额为91,018,586.68元。诉争工程于2014年10月15日经验收合格并实际交付使用，故君正公司应自2014年10月16日起按中国人民银行同期同类贷款利率支付欠付工程款利息。一审判决后，当事人提起上诉。针对利息起算日，最高人民法院认为，原判决以验收日期作为欠付工程款的利息起算日期有失妥当。建工集团起诉时，要求以2015年5月16日（君正公司收到结算文件的日期）作为利息起算日期。该主张与2012年5月17日建工集团、君正公司签订的《施工总承包合同补充协议》的有关约定相符。[①] 因此，君正公司应当自2015年5月16日起支付欠付工程价款的利息。

## 裁判规则240

**建设工程施工合同无效的，基于《民法典》第793条第1款规定的折价补偿规则，仍应以发承包双方约定的付款时间作为工程款利息的起算时间，但不应适用合同约定的利息计算标准。**

《建设工程施工合同解释（一）》第27条第1句规定："利息从应付工程价款之日开始计付。"但如建设工程施工合同无效，则合同关于工程款支付时间的约定

① 严格来说，按照《施工总承包合同补充协议》的约定，在建工集团提交结算文件的日期后应再加上60天的审核期，而非直接采用建工集团提交结算文件的日期。

一并归于无效，此时应当如何确定工程款利息的起算时间？

《民法典》第793条第1款规定："建设工程施工合同无效，但是建设工程经验收合格的，可以参照合同关于工程价款的约定折价补偿承包人。"对此处所称的"合同关于工程价款的约定"，一般认为，既包括合同约定的价格标准，也包括合同约定的工程价款支付时间。此外，《建设工程施工合同解释（一）》第6条①也将无效合同约定的工程价款支付时间纳入参照的范围。换句话说，"承包人向发包人请求支付的拖欠工程价款的利息在性质上属于法定孳息，与工程价款具有附随性，与合同效力无关，与是否支付工程款有关"②。因此，虽然建设工程施工合同无效，但仍应以发承包双方约定的付款时间作为工程款利息的起算时间。但需要注意的是，如【裁判规则234】所言，合同就逾期付款约定的利息计算标准，属于约定的违约金条款，合同无效的，合同中的逾期付款利息计算标准一并无效，应当按照同期贷款市场报价利率确定工程款利息，不能参照合同约定的利息标准。在下述【典型案例240】中，法院在认定建设工程施工合同无效的基础上，一方面仍将合同约定的付款时间作为利息起算时间，另一方面则否定了合同约定的利息标准，改采同期贷款利率与同期贷款市场报价利率。

需要说明的是，从建设工程施工合同的约定来看，当事人约定的付款之日通常需要进行推算。在"河南天河建设工程有限公司与河南聚尔溢实业有限公司建设工程施工合同纠纷案"③中，最高人民法院的推算逻辑如下："根据双方签订的《建设工程施工合同》专用条款14.1条、14.2条约定，天河公司应在工程验收合格后28天内向聚尔溢公司和监理人提交工程结算清单，聚尔溢公司审批竣工付款申请单的期限为60天，聚尔溢公司应在签发付款证书后28天内完成竣工付款。由此可见，在严格按照合同约定期限履行条件下，聚尔溢公司应在工程竣工验收合格后116天内完成付款。本案中，天河公司于2016年9月27日向聚尔溢公司邮寄了

---

① 该条第1款规定："建设工程施工合同无效，一方当事人请求对方赔偿损失的，应当就对方过错、损失大小、过错与损失之间的因果关系承担举证责任。"第2款规定："损失大小无法确定，一方当事人请求参照合同约定的质量标准、建设工期、工程价款支付时间等内容确定损失大小的，人民法院可以结合双方过错程度、过错与损失之间的因果关系等因素作出裁判。"

② 汪军：《关于民法典第七百九十三条的理解与适用》，载最高人民法院民事审判第一庭编：《民事审判指导与参考》总第81辑，人民法院出版社2021年版。

③ 参考案例223：河南天河建设工程有限公司与河南聚尔溢实业有限公司建设工程施工合同纠纷案，最高人民法院（2019）最高法民申5682号民事裁定书。

工程结算清单及工程结算资料，该行为表明天河公司已在合同约定的28天内积极履行提交工程结算清单的义务，此种情形下，二审判决认定自2016年8月30日案涉工程竣工验收合格后116天，即2016年12月24日起计算工程结算款利息，并无不当。”对于这类可以通过推算确定约定付款时间的，应按推算结果确定，而不能认定为付款时间约定不明。

**典型案例240**

## 吴道全与重庆市丰都县第一建筑工程公司等建设工程施工合同纠纷案[①]

### 基本案情

2015年8月1日，福佑公司、福瑞公司与重庆市丰都县第一建筑工程公司（以下简称丰都一建）签订《建设工程总承包合同》约定，丰都一建承接丰都县文化创意园–国际魔幻电影5D情景剧文化主体公园改造建设工程。2015年8月25日，丰都一建与吴道全签订《建设工程内部承包合同》，将案涉工程转包给吴道全。合同约定，首次支付工程款的时间为基础开工后两个月，应于结算月次月的5日前通过银行转账支付；发包人未按约定时间支付工程款，应当按照中国农业银行同期贷款利率的四倍计算工程欠款利息。2015年8月29日，案涉工程开工。2015年11月14日，工程停工。2016年7月21日，本案处于诉讼过程中，吴道全将案涉工程移交给业主。吴道全诉至法院，要求丰都一建支付工程款，并按中国农业银行同期贷款利率的四倍计算工程欠款利息。经鉴定，已完工程造价为6,534,181.04元。

### 法院观点

最高人民法院认为，《建设工程内部承包合同》约定，首次支付工程款的时间为基础开工后两个月，应于结算月次月的5日前通过银行转账支付。案涉工程的开工时间系2015年8月29日，丰都一建首次支付工程款的时间应为2015年10月29

① 典型案例240：吴道全与重庆市丰都县第一建筑工程公司等建设工程施工合同纠纷案，最高人民法院（2019）最高法民再258号民事判决书。

日，最迟应于2015年11月5日支付。但丰都一建并未按约支付工程款，故应从2015年11月6日起支付欠付工程款利息。吴道全主张应按四倍利率计算欠付工程款利息，但《建设工程内部承包合同》因其不具备相应建筑工程施工资质而无效，该合同中关于如发包方违约应按照中国农业银行同期贷款利率的四倍计算利息支付给吴道全的约定亦无效。根据《2004年建工解释》第17条①的规定，应当按照中国人民银行同期同类贷款利率计付工程款利息，自2019年8月20日起以全国银行间同业拆借中心公布的贷款市场报价利率作为利息计算标准。

## 裁判规则241

**作为工程款利息起算点的“工程实际交付之日”，可以根据竣工验收合格之日、发包人擅自使用之日进行判定。发包人仅使用部分工程的，则计算利息时也仅应及于使用部分。**

根据《建设工程施工合同解释（一）》第27条第1项的规定，当事人对付款时间没有约定或约定不明的，工程款利息从工程实际交付之日起计算。其理由在于，“当建设工程已经交付时，对讼争建设工程实际控制的已经由承包人转变为发包人，发包人有权依据法律规定对建设工程行使占有、使用、收益的权利。在这种情况下，发包人已经受益，应当支付承包人工程款，但其仍然欠付承包人工程价款，从此时开始发包人应当向承包人支付欠付的工程款利息”②。

对该项规定的“工程实际交付之日”，应根据证据情况灵活认定。首先，在有交接手续证明的情况下，应按照交接手续载明的日期认定实际交付之日。实践中，竣工验收合格后，建设工程即由承包人转交发包人占有，故通常以竣工验收合格之日作为实际交付之日。其次，因占有构成使用的前提，故在工程未经竣工验收的情况下发包人擅自使用的，可以以发包人擅自使用之日作为“工程实际交付之日”，也即工程款利息的起算之日。换言之，“对于双方当事人没有明确的交付行为，亦缺乏明确的交接手续的情形，应当以涉案工程实际投入使用之时，拟制为交

---

① 现《建设工程施工合同解释（一）》第26条，内容有修改。

② 最高人民法院民事审判第一庭编著：《最高人民法院新建设工程施工合同司法解释（一）理解与适用》，人民法院出版社2021年版，第280页。

付之日”①。就此，可参考“罗杰与五矿二十三冶建设集团有限公司等建设工程施工合同纠纷案”②。最后，发包人只对部分工程擅自使用的，则该部分工程对应的工程款应当开始计息。换言之，计算利息时仅及于使用部分。就此，可参考下述【典型案例241】。

**典型案例241**

## 陕西省咸阳市建筑安装工程总公司与宁夏银峰房地产开发有限公司建设工程施工合同纠纷案③

### 基本案情

2008年6月26日，经招投标程序，宁夏银峰房地产开发有限公司（以下简称银峰公司）与陕西省咸阳市建筑安装工程总公司（以下简称咸阳公司）签订《建设工程施工合同》约定，咸阳公司承建金峰国际商业、住宅、酒店综合项目工程；竣工结算经由（有）资质的审价核定后30天内若不能如约支付，除5%的保修金外的余款，从第31天起按同期银行贷款利率支付拖欠工程款的利息。2008年7月8日，案涉工程开工。2010年5月1日，案涉工程的住宅部分经竣工验收合格并交付使用；同时，部分商网工程被银峰公司擅自使用。2011年7月5日，因与银峰公司就案涉工程竣工验收、结算等事宜无法达成一致，咸阳公司诉至法院，要求银峰公司支付拖欠的工程款，并自2010年4月30日起按人民银行基准贷款利率计付利息。

### 法院观点

一审法院认为，双方当事人因竣工验收与结算纠纷成讼，故双方约定“竣工

① 王毓莹：《双方当事人对于工程没有明确的交接手续，可以工程实际投入使用时间作为计算欠付工程款的起息点——罗杰与五矿二十三冶建设集团有限公司、中铝国际工程股份有限公司建设工程施工合同纠纷案》，载杜万华主编、最高人民法院民事审判第一庭编：《民事审判指导与参考》总第63辑，人民法院出版社2016年版。

② 参考案例224：罗杰与五矿二十三冶建设集团有限公司等建设工程施工合同纠纷案，最高人民法院（2014）民一终字第54号民事判决书。

③ 典型案例241：陕西省咸阳市建筑安装工程总公司与宁夏银峰房地产开发有限公司建设工程施工合同纠纷案，最高人民法院（2014）民一终字第70号民事判决书。

结算经由（有）资质的审价核定后30天内若不能如约支付”中的审价核定日无法确定，提交竣工结算文件的前提也不存在。因此，欠付工程款的利息虽能依据约定的同期银行贷款利率计付，但无法依前述约定的起始时间计算，也不能依提交竣工结算文件之日计算。同时，由于案涉工程未进行整体竣工验收，虽住宅部分于2010年5月1日交付使用且部分商网工程也被擅自使用，但不能据此认定案涉工程已全部实际交付。因此，欠付工程款的利息应自2011年7月5日（咸阳公司起诉之日）起算。但最高人民法院在二审中认为，咸阳公司已在2010年5月1日将其施工的全部住宅交付给银峰公司使用且部分商网工程也被银峰公司擅自使用，故根据《2004年建工解释》第18条①之规定，上述住宅和商网工程的欠付工程款的利息应自2010年5月1日开始计算。由于咸阳公司不能举证证明交付使用的住宅和商网工程的欠付工程款具体金额，故在综合银峰公司擅自使用案涉工程、确有拖欠工程款的情形等因素的基础上，酌定50%欠付工程款的利息自2010年5月1日起算，剩余50%欠付工程款的利息则自2011年7月5日起算。

**裁判规则242**

**作为工程款利息起算点的“提交竣工结算文件之日”，以工程满足结算条件、承包人依法提交完整的结算文件为前提。**

根据《建设工程施工合同解释（一）》第27条第2项的规定，当事人对付款时间没有约定或约定不明，且建设工程没有交付的，工程款利息从提交竣工结算文件之日起计算。

首先需要指出的是，《建设工程施工合同解释（一）》第27条第2项系照搬《2004年建工解释》第18条第2项，即以提交竣工结算文件之日作为工程款利息起算时点。《2004年建工解释》颁布后，较多法院对第18条第2项的规定持反对意见，认为在当事人对付款时间没有约定或约定不明、建设工程没有交付、承包人提交了竣工结算文件的情况下，应将合同约定的发包人审核承包人提交的工程竣工结算报告期

① 现《建设工程施工合同解释（一）》第27条，内容有修改。

限届满之日作为计算欠付工程款利息的起算时点。江苏省高级人民法院①、深圳市中级人民法院②、广东省高级人民法院③、北京市高级人民法院④均持这一观点。但最高人民法院在制定《建设工程施工合同解释（一）》时坚持认为，“以承包人提交竣工结算文件的时间作为工程价款结算的时间，有利于督促发包人行使权利，尽快审核工程竣工结算报告，及时支付工程价款”⑤，故仍沿袭了《2004 年建工解释》第 18 条第 2 项，规定为“提交竣工结算文件之日”，而非审核期限届满之日。

适用《建设工程施工合同解释（一）》第 27 条第 2 项，需满足三个前提：一是工程满足结算的条件。在工程完工的情况下，首先应当进行竣工验收，竣工验收合格后才应进行结算；在工程未完工的情况下，要么施工合同无效，要么施工合同被解除，才满足结算条件；发包人未经竣工验收擅自使用的，自使用之日满足结算条件。如承包人在不满足结算条件的情况下提交结算报告，不应适用第 27 条第 2 项。二是承包人提交的结算文件应基本完整。实践中，对承包人提交的结算文件，发包人常提出资料不完整的抗辩。原《广东省高级人民法院关于审理建设工程合同纠纷案件疑难问题的解答》（粤高法〔2017〕151 号）第 8 条第 2 款规定：“承包人提交的竣工结算文件不符合合同约定或法律规定的条件，发包人逾期未予回复，承包人主张按照竣工结算文件结算工程价款的，不予支持，但可从逾期答复

① 原《江苏省高级人民法院关于审理建设工程施工合同纠纷案件若干问题的解答》（苏高法审委〔2008〕26 号）第 15 条规定：“发包人应及时审查承包人提交的工程竣工结算文件。发包人在合同约定的审核结算期限届满后，又以承包人提交的竣工结算文件不完整为由拒绝结算，承包人要求从合同约定的审核结算期限届满之日起计算工程价款利息的，人民法院应予支持。”

② 《深圳市中级人民法院关于建设工程合同若干问题的指导意见》（2010 年 3 月 9 日）第 27 条规定：“当事人约定工程价款以工程结算完毕作为支付条件，发包人拖延工程结算，合同对拖延结算有约定的，按照约定处理；没有约定的，按照中国人民银行同期同类贷款利率自拖延之日起计息。”

③ 原《广东省高级人民法院关于审理建设工程施工合同纠纷案件若干问题的指导意见》（粤高法发〔2011〕37 号）第 10 条规定：“发包人在合同约定的审核结算期限届满后，以承包人提交的竣工结算文件不完整为由拒绝结算，承包人请求从合同约定的审核结算期限届满之次日起计算工程款利息的，应予支持，但建设工程施工合同另有约定的除外。”

④ 《北京市高级人民法院关于审理建设工程施工合同纠纷案件若干疑难问题的解答》（京高法发〔2012〕245 号）第 35 条规定：“发包人在施工合同约定的审核结算期限内无正当理由拒绝结算或故意拖延结算，在审核期限届满后也未支付工程款，承包人要求发包人从合同约定的审核结算期限届满的次日起计算欠付工程款利息的，可予支持，但合同另有约定的除外。”

⑤ 最高人民法院民事审判第一庭编著：《最高人民法院新建设工程施工合同司法解释（一）理解与适用》，人民法院出版社 2021 年版，第 281 页。

之日起计付应付工程款的利息，合同另有约定的除外。”但是，在工程未交付使用的情况下，发包人并未获得工程的使用利益，而承包人提交的结算文件不完整导致发包人无法完成审核，仍要求从提交竣工结算文件之日或审核期限届满之日起算利息，相当于要求发包人就承包人的不当行为——提交结算文件不完整——承担责任，显然缺乏合理性。因此，如有证据证明承包人提交的竣工结算文件不完整导致无法结算，且发包人及时提出，则不应起算利息。三是发包人未及时审核。《陕西省高级人民法院关于审理建设工程施工合同纠纷案件若干问题的解答》（陕高法〔2020〕113号）第11条第1款即规定：“当事人对付款时间没有约定或者约定不明的，建设工程验收合格但没有交付的，承包人提交结算文件之日，视为工程价款利息起算时间。但发包人在合同约定的审核期限内提出异议的或者合同没有约定审核期限的发包人在合理期限内提出异议的除外。”

**典型案例 242**

## 辽宁华鑫市政建设工程有限公司与沈阳经济技术开发区开发集团有限公司等建设工程施工合同纠纷案[①]

### 基本案情

2011年10月19日，案涉项目公开招标。10月23日，沈阳经济技术开发区开发集团有限公司（以下简称开发集团）与辽宁华鑫市政建设工程有限公司（以下简称华鑫公司）签订BT合同约定，案涉工程为开发区“S. U”滨河景观带建设工程“S”段工程，由华鑫公司采用投资建设-回购模式（BT方式）进行建设。10月26日，华鑫公司开工建设。11月1日，招标代理人作出《评定标报告》。12月8日，建设单位发出《中标通知书》。开发区“S. U”滨河景观带建设工程“S”段工程竣工验收报告显示，案涉工程于2013年8月31日竣工验收。2018年1月，沈阳经济技术开发区审计局委托公信公司对华鑫公司施工的案涉工程的工程量进行了审核，公信公司出具了工程量审核报告。2018年7月12日，公园管理处出具的《关于推进西峡谷工程决算调度会议纪要》（〔2018〕第2次）记载：开发区

① 典型案例242：辽宁华鑫市政建设工程有限公司与沈阳经济技术开发区开发集团有限公司等建设工程施工合同纠纷案，最高人民法院（2022）最高法民终245号民事判决书。

“S. U”景观带建设工程（S段）自2011年10月进场施工，2014年8月竣工，该工程于2016年11月正式进入验收审计。建设单位、施工单位及设计单位有关人员参加了该会议。后华鑫公司诉至法院，要求开发集团支付工程款及相应利息。二审中，华鑫公司主张，利息应自2013年9月1日（竣工验收次日）起计算。开发集团辩称，案涉工程实际竣工验收时间为2018年8月，且因华鑫公司迟延交付竣工验收材料，导致审计无法进行，故不应向华鑫公司支付逾期付款的利息。

## 法院观点

最高人民法院认为，案涉合同因先定后招而无效，但华鑫公司实际承建了案涉工程且已竣工，故开发集团应支付相应工程款及利息。对利息起算时间，《2004年建工解释》第18条规定：“利息从应付工程价款之日计付。当事人对付款时间没有约定或者约定不明的，下列时间视为应付款时间：(一）建设工程已实际交付的，为交付之日；(二）建设工程没有交付的，为提交竣工结算文件之日；(三）建设工程未交付，工程价款也未结算的，为当事人起诉之日。”对案涉工程是否实际交付，双方当事人存在较大争议。开发集团主张案涉项目所有单项工程均已逐项移交，华鑫公司主张案涉项目工程整体均未交付。因双方当事人至今未办理工程整体移交手续，综合现有证据，尚无法认定案涉工程已实际交付完毕，亦无法确定华鑫公司提交竣工结算文件的准确日期。根据公园管理处《关于推进西峡谷工程决算调度会议纪要》（〔2018〕第2次）的记载，案涉工程于2016年11月正式进入验收审计。因华鑫公司提交竣工结算文件是案涉工程进入验收审计的前提，故此时华鑫公司应已提交竣工结算文件。故此，最高人民法院酌定案涉工程正式进入验收审计的日期为提交竣工结算文件的日期。开发集团应自2016年11月1日起向华鑫公司支付剩余工程款及利息。

## 裁判规则243

**发承包双方仅约定垫资期间未约定垫资利息的，视为无利息。但垫资期满发包人迟延支付垫资款的，自垫资期满之日起垫资款转为工程欠款，发包人应按工程欠款的利息标准计付利息。**

针对垫资款的利息，《建设工程施工合同解释（一）》第25条第1款规定："当事人对垫资和垫资利息有约定，承包人请求按照约定返还垫资及其利息的，人民法院应予支持，但是约定的利息计算标准高于垫资时的同类贷款利率或者同期贷款市场报价利率的部分除外。"第3款规定："当事人对垫资利息没有约定，承包人请求支付利息的，人民法院不予支持。"

首先，发承包双方对垫资款利息有约定的，从约定，但约定标准不得超过同期贷款市场报价利率。根据《建设工程施工合同解释（一）》第25条的规定，约定的垫资款利息，在2019年8月20日之前不能超过同期贷款利率，在2019年8月20日之后不能超过贷款市场报价利率，否则超过部分应当认定为无效。在"淄博市周村区人民政府与山东黄河工程集团有限公司建设工程施工合同纠纷案"①中，淄博市周村区人民政府（以下简称周村区政府）与山东黄河工程集团有限公司（以下简称山东黄河工程局）就周村区东部新区道路项目建设签订《协议书》约定，周村区东部新区姜萌路道路建设项目由山东黄河工程局实行总承包，工程建设费4160万元由山东黄河工程局垫支，周村区政府支付10%的年利息。最高人民法院在二审中就认为："双方约定垫资款10%的年利息，不符合司法解释规定的垫资款利息标准。"进而根据周村区政府的主张，将利率调整为中国人民银行发布的同期同类贷款利率。

其次，如【裁判规则229】所述，垫资款的认定，以明确约定垫资或从合同约定付款比例能够推定垫资为前提。在明确约定垫资或从合同约定付款比例能够推定垫资的情况下，未约定利息的，应视为承包人自愿无偿垫资，故不得要求支付利息。

最后，虽然《建设工程施工合同解释（一）》第25条第3款规定："当事人对垫资利息没有约定，承包人请求支付利息的，人民法院不予支持。"但是，该规则仅适用于双方约定的垫资期间。例如，发承包双方约定，承包人应垫资修建至主体结构第10层，且未约定垫资利息，但施工至主体结构第10层后，发包人一直不付款。此时，由于约定的垫资期间已经届满，承包人不再负有垫资的义务，发包人未付款的行为即构成欠付工程款，应当适用工程欠款的利息计算规则，故自约定的

① 参考案例225：淄博市周村区人民政府与山东黄河工程集团有限公司建设工程施工合同纠纷案，最高人民法院（2014）民一终字第89号民事判决书。

垫资期间届满之日起，承包人有权要求发包人计付利息。至于利息标准，如合同约定了工程欠款利息标准，则按照合同约定执行，且该利息标准不受垫资款利息标准①的约束；合同没有约定工程欠款利息标准的，按照《建设工程施工合同解释（一）》第26条的规定，应为同期贷款市场报价利率。

**典型案例243**

## 湖南恒泰建筑安装工程有限公司与临澧荣兴房地产开发有限公司建设工程施工合同纠纷案②

### 基本案情

2018年4月27日，万盛公司（甲方）与湖南恒泰建筑安装工程有限公司（以下简称恒泰公司）（乙方）签订《凯旋华府建设项目施工合同》约定，乙方包工包料承建凯旋华府的1栋层高17层、地下1层，2栋层高11层、地下1层除消防、电梯外所有主体及其他附属工程；乙方从破桩开始全额垫资至1栋第8层、2栋第5层，甲方支付已完工程量75%的工程款，以后甲方每月支付项目已完工程量75%的工程款；工程全部完工由政府相关部门验收合格并出具验收证明后，结清工程合同价款的80%，工程结算完成付至工程合同价款的97%，余款3%作为质保金三年内结清。2018年10月，恒泰公司进场施工。2019年10月5日，临澧荣兴房地产开发有限公司（以下简称荣兴公司）与恒泰公司签订协议约定，发包人由万盛公司变更为荣兴公司。2020年6月8日，双方签订《凯旋华府建设项目施工合同》，合同约定的主要内容与万盛公司和恒泰公司于2018年4月27日签订的合同基本一致。施工过程中，因承包方资金紧张，发包方项目负责人胡太山又因涉嫌其他经济犯罪被羁押，该项目工程建设停止，成为烂尾楼。2021年10月13日，恒泰公司向荣兴公司发出《解除合同通知书》。后恒泰公司诉至法院，要求解除2020年6月8日签订的《凯旋华府建设项目施工合同》，荣兴公司支付工程款

---

① 根据《建设工程施工合同解释（一）》第25条第1款的规定，垫资款利息不得高于垫资时的同类贷款利率或者同期贷款市场报价利率。

② 典型案例243：湖南恒泰建筑安装工程有限公司与临澧荣兴房地产开发有限公司建设工程施工合同纠纷案，湖南省常德市中级人民法院（2022）湘07民终1942号民事判决书。

16,065,530.69元，并自2021年1月1日起按同期贷款市场报价利率支付利息。经查，截至诉前，该项目工程1栋完工5层，2栋完工3层，地下室基本完工。

## 法院观点

临澧县人民法院（一审法院）认为，《民法典》第806条第3款规定，“合同解除后，已经完成的建设工程质量合格的，发包人应当按照约定支付相应的工程价款”。具体到本案，发包方就已完工程的质量未提出异议，据此，恒泰公司要求支付已完工程款的诉请应予支持，具体金额以司法鉴定意见为准，即16,065,530.69元。《建设工程施工合同解释（一）》第25条第3款规定：“当事人对垫资利息没有约定，承包人请求支付利息的，人民法院不予支持。”本案双方对垫资利息没有约定，现恒泰公司主张垫付工程款利息，不予支持。因恒泰公司承建的案涉工程未交付，起诉前双方对工程价款亦未结算，根据该司法解释第26条、第27条第3项的规定，荣兴公司应自恒泰公司起诉之日（2021年11月11日）按同期贷款市场报价利率支付所欠工程款利息。常德市中级人民法院二审予以维持。

## 裁判规则244

**履约保证金系承包人按约履行合同义务的金钱担保。发承包双方仅约定履约保证金的退还时间未约定利息的，视为无利息，但发包人迟延退还的除外。**

《招标投标法》第46条第2款规定：“招标文件要求中标人提交履约保证金的，中标人应当提交。”履约保证金是承包人向发包人提供的、以一定金额表示的履行担保。如承包人工期迟延、施工存在质量问题等，发包人可直接在履约保证金中扣减相应赔偿款；如承包人依约履行合同义务，保证金之担保目的即告消灭，发包人应当返还履约保证金。在返还履约保证金的同时，发包人应否就其占有履约保证金的期间向承包人支付利息？

站在理论的角度，履约保证金作为金钱质押担保，应当适用质押的相关规则。如前所述，利息属于其对应本金的法定孳息。《民法典》第430条第1款规定：“质权人有权收取质押财产的孳息，但是合同另有约定的除外。”据此，发包人占有履约保证金期间，有权取得履约保证金的利息。但是，“质权人依法收取孳息时，并不当然取得所有权，而是取得对孳息的质权，孳息成为质权的标的”①。在发包人应当返还履约保证金时，也即质权消灭时，作为质权标的的利息理应随履约保证金一并返还。因此，发承包双方未约定发包人占有履约保证金期间不支付利息的，发包人在返还履约保证金的时候应当支付利息。

但实务界普遍秉持的裁判思路是：发包人按约占有履约保证金期间，双方约定了利息的，按约定执行。就此，可参见“合肥建工集团有限公司与池州金牌盛典文化产业投资有限公司建设工程施工合同纠纷案”②。双方未约定利息的，视为无利息，发包人仅需返还履约保证金本金。当然，发包人迟延退还履约保证金的，无论是否约定利息，均应自迟延之日起计付利息。就此，除下述【典型案例244】外，还可参考“中色十二冶金建设有限公司与安徽万特投资发展有限公司建设工程施工合同纠纷案”③、“中国五冶集团有限公司与西安华江环保科技股份有限公司等建设工程施工合同纠纷案”④。

**典型案例244**

## 江苏卧牛山保温防水技术有限公司与宁夏润恒农产品市场有限公司等建设工程施工合同纠纷案⑤

### 基本案情

2014年5月19日，江苏润恒农产品有限公司（以下简称润恒公司）与江苏卧牛山保温防水技术有限公司（以下简称卧牛山公司）签订《A冷库合同》约定，润恒公司将银川润恒城一期冷库A聚氨酯发泡保温工程发包给卧牛山公司进

① 黄薇主编：《中华人民共和国民法典合同编释义》，法律出版社2020年版，第830页。

② 参考案例226：合肥建工集团有限公司与池州金牌盛典文化产业投资有限公司建设工程施工合同纠纷案，安徽省高级人民法院（2017）皖民终198号民事判决书。

③ 参考案例227：中色十二冶金建设有限公司与安徽万特投资发展有限公司建设工程施工合同纠纷案，最高人民法院（2019）最高法民终108号民事判决书。

④ 典型案例123：中国五冶集团有限公司与西安华江环保科技股份有限公司等建设工程施工合同纠纷案，最高人民法院（2021）最高法民终750号民事判决书。

⑤ 典型案例244：江苏卧牛山保温防水技术有限公司与宁夏润恒农产品市场有限公司等建设工程施工合同纠纷案，最高人民法院（2018）最高法民终906号民事判决书。

行施工；工程造价按固定全费用单价结算，暂定价为1087.4万元；卧牛山公司应于合同签订后3日内向宁夏润恒公司交纳20万元履约保证金，工程完工后返还履约保证金20万元。2014年6月30日，卧牛山公司向润恒公司转账汇款交纳了20万元履约保证金。合同签订后，卧牛山公司对案涉工程进行了施工并交付宁夏润恒公司实际使用。2016年3月19日，双方签订《结算审核表》确认，案涉工程总价为29,638,918.21元。后卧牛山公司诉至法院，要求宁夏润恒公司支付工程款21,638,918.21元及逾期付款利息、返还保证金20万元及利息。

## 法院观点

一审法院（宁夏回族自治区高级人民法院）认为，润恒公司对A冷库工程已实际使用，卧牛山公司要求润恒公司返还该履约保证金20万元的诉求成立，予以支持；当事人虽未约定返还履约保证金利息，但依据公平原则，润恒公司应按照中国人民银行发布的同期同类贷款利率计付资金占用期间的利息；利息应当自签订《结算审核表》的2016年3月19日起算。二审中，最高人民法院也认为，返还履行保证金的条件已成就，一审判决恒润公司向卧牛山公司返还履约保证金20万元及利息，并无不当，应予维持。

## 裁判规则245

**自结算完成之日起，欠付的工程预付款、进度款即转为结算款，故预付款、进度款的利息计算至结算款应付之日即应截止。**

从支付时间来看，建设工程价款有预付款、进度款与结算款之分，但三者之间并非彼此独立、互不牵连的关系。由于预付款与进度款最终要并入结算款之中，因此在计算预付款、进度款的利息时，需考虑其与结算款之间的吸收关系，进而在计算时间上作出区分。质言之，预付款、进度款的利息计算至结算款应付之日即应截止。在结算款应付之日前，发包人欠付预付款、进度款的，应当计付相应利息；至结算款应付之日，发包人欠付的预付款、进度款被纳入结算款，进而作为结算款计付利息，原预付款、进度款不应再计算利息。以结算款应付之日为分界线，既可以避免利息的重复计算，又可以避免利息计算时间的断档。除下述【典型案例245】

外，还可参见“南昌三建建设集团有限公司与江西百城房地产开发有限公司建设工程施工合同纠纷案”①。

典型案例 245

## 中铁十八局集团建筑安装工程有限公司与石嘴山市文化旅游广电局建设工程施工合同纠纷案②

### 基本案情

2011 年 6 月 22 日，石嘴山市文化旅游广电局（以下简称石嘴山市文旅广局）与中铁十八局集团建筑安装工程有限公司（以下简称中铁十八局建安公司）签订《建设工程施工合同》约定，中铁十八局建安公司承建五千年华夏馆工程；每月 25 日承包人提交上月 24 日至本月 24 日的工程进度款申请，监理人和发包人应在十日内完成审核并支付，进度款支付比例为已完工程量的 75%。2012 年 11 月 3 日，工程停工且未再复工。2015 年 7 月 10 日，双方签署了《工程结算审核确认单》。后中铁十八局建安公司提起诉讼，其主张的利息分为起诉前利息和起诉后利息两部分。起诉前利息自 2013 年 1 月 4 日起至 2018 年 5 月 4 日止。其理由为，中铁十八局建安公司于 2012 年 12 月 24 日上报进度款，加十天审核时间，利息从 2013 年 1 月 4 日起计算，至 2018 年 5 月 4 日止。起诉（2018 年 5 月 5 日）后的利息，以欠付工程款为基数，按中国人民银行同期贷款利率支付至本息还清之日止。石嘴山市文旅广局则主张，进度款利息计算止于 2015 年 7 月 10 日，即双方签署《工程结算审核确认单》之日。

### 法院观点

最高人民法院在二审中认为，案涉工程自 2012 年 11 月 3 日停工后未再复工，亦未再付款，双方于 2015 年 7 月 10 日的结算虽未包含停工损失和劳保费

① 典型案例 238：南昌三建建设集团有限公司与江西百城房地产开发有限公司建设工程施工合同纠纷案，最高人民法院（2021）最高法民再 297 号民事判决书。

② 典型案例 245：中铁十八局集团建筑安装工程有限公司与石嘴山市文化旅游广电局建设工程施工合同纠纷案，最高人民法院（2020）最高法民终 188 号民事判决书。

用，但可视为双方对已完工程价款的最终结算，自该日起计算欠付工程款利息而非进度款利息，更为合理。最高人民法院据此判决，进度款利息自2013年1月4日起计算至2015年7月10日止；工程款（结算款）利息自2015年7月10日起计算至实际支付之日。

## 裁判规则246

**建设工程施工合同履行过程中的停窝工损失、迟延竣工损失等损失赔偿款，在判决赔付前不应计算利息，但当事人另有约定或迟延履行赔偿协议的除外。**

在建设工程施工合同履行过程中，发包人迟延支付进度款导致承包人的停窝工损失、承包人工期迟延导致发包人的损失等，该赔偿款应否计算利息？从何时起算利息？

就此问题，存在四种观点。第一种观点主张，赔偿款应从违约行为结束之日起计算利息。[①] 第二种观点主张，应自主张权利之日——起诉之日——起算利息。[②] 第三种观点主张，参照《建设工程施工合同解释（一）》第27条的规定，自应当支付工程款之日起算利息。在“湖南建工集团有限公司与石柱土家族自治县城市建设综合开发有限公司等建设工程施工合同纠纷案”[③] 中，一审法院（重庆市第四中级人民法院）持这一观点。第四种观点主张，赔偿款应自结算完成之日起算利息。在后述“大连渤海建筑工程总公司与大连金世纪房屋开发有限公司等建设工

① 在后述参考案例“福建省九建建筑工程有限公司与广西东兴市宏达房地产开发有限公司建设工程施工合同纠纷案”中，[最高人民法院（2019）最高法民申3284号民事裁定书]，福建省九建建筑工程有限公司在再审申请中持这一主张。

② 在典型案例246“中城投集团第六工程局有限公司与盘水市恒远房地产开发有限公司建设工程施工合同纠纷案”中，[最高人民法院（2019）最高法民终1980号民事判决书]，中城投集团第六工程局有限公司在上诉中持这一主张。

③ 参考案例228：湖南建工集团有限公司与石柱土家族自治县城市建设综合开发有限公司等建设工程施工合同纠纷案，重庆市第四中级人民法院（2020）渝04民初46号民事判决书、重庆市高级人民法院（2021）渝民终168号民事调解书。

程施工合同纠纷案"[①]中，最高人民法院认为，停工损失费属于"因发包人违约所造成的损失"，本不应计息，但双方在2002年12月1日的《协议书》中就明确了赔偿金额，发包人至今未支付，恶意违约的主观故意明显；仅判决发包人支付停工损失费本金，与合同中由发包人赔偿损失扩大部分的约定不符，且难以弥补因发包人恶意违约给承包人造成的巨大经济损失。最高人民法院最终判决，从结算之日——2005年5月18日——起计算赔偿款利息。

赔偿款有别于工程价款。赔偿款"有无利息，首先取决于当事人的约定；其次取决于法律的规定"[②]。如果发承包双方未就损失赔偿达成一致意见，也就不会有关于赔偿款利息的约定，而现行法律中也无赔偿款应计算利息的规定，故在判决赔付前不应计算利息。最高人民法院在"福建省九建建筑工程有限公司与广西东兴市宏达房地产开发有限公司建设工程施工合同纠纷案"[③]中即认为，在双方无约定的情况下，就施工期间的停工损失费和其他材料损失费计算利息，无事实和法律依据。"太平洋建设集团有限公司与淮南市重点工程建设管理局建设工程施工合同纠纷案"[④]也是如此。

如果发承包双方已经达成赔偿协议，则赔偿金额已经确定，应否从达成赔偿协议之日起计算利息？就此，应区分两种情形：一是赔偿协议未明确约定支付时间的，因不存在应付而未付的问题，也不应计算利息。在"江西省水电工程局与上饶市恒昌实业有限公司等建设工程施工合同纠纷案"[⑤]中，法院认为，"在施工期间，江西省水电工程局以工程联系单的形式向恒昌公司主张停工损失费1,159,652.45元，恒昌公司以书面方式同意支付1,020,000元，应视为双方对停工损失费达成的合意，故对于停工损失数额应认定为1,020,000元，恒昌公司应赔偿

---

① 参考案例229：大连渤海建筑工程总公司与大连金世纪房屋开发有限公司等建设工程施工合同纠纷案，最高人民法院（2007）民一终字第39号民事判决书。《最高人民法院公报》2008年第11期，第14—31页。

② 崔建远：《论利息之债》，载《中州学刊》2022年第1期。

③ 参考案例230：福建省九建建筑工程有限公司与广西东兴市宏达房地产开发有限公司建设工程施工合同纠纷案，最高人民法院（2019）最高法民申3284号民事裁定书。

④ 典型案例178：太平洋建设集团有限公司与淮南市重点工程建设管理局建设工程施工合同纠纷案，最高人民法院（2019）最高法民终1588号民事判决书。

⑤ 参考案例231：江西省水电工程局与上饶市恒昌实业有限公司等建设工程施工合同纠纷案，江西省高级人民法院（2014）赣民一终字第86号民事判决书。

给江西省水电工程局。由于双方并未约定停工损失费支付的日期，也未约定如不支付停工损失费应按何种利率计算发生的利息，故江西省水电工程局要求恒昌公司支付停工损失费的利息617,959.97元无事实及法律依据，不予支持。”“重庆亘阳房地产开发有限公司与重庆伟太建筑工程集团有限公司建设工程施工合同纠纷案”①亦持相同立场。二是赔偿协议明确了支付期限，发包人（或承包人）迟延履行的，构成应付而未付，参照《民法典》第676条②的规定，已满足法定的利息起算条件，应自迟延之日起计算利息。

综上所述，首先，建设工程施工合同履行过程中的停窝工损失、迟延竣工损失等损失赔偿款，在判决赔付前不应计算利息。当然，如当事人未及时履行判决的赔付义务，则应按照《民事诉讼法》第260条③的规定，承担迟延履行金。其次，如赔偿协议或施工合同就赔偿款利息有约定，应当按照约定处理。最后，当事人达成的赔偿协议虽未约定利息但约定了赔付时间，赔偿义务人迟延履行的，应自迟延之日起计付利息。

**典型案例246**

## 中城投集团第六工程局有限公司与盘水市恒远房地产开发有限公司建设工程施工合同纠纷案④

### 基本案情

2012年12月8日，中城投集团第六工程局有限公司（以下简称中城投公司）与六盘水市恒远房地产开发有限公司（以下简称恒远公司）签订两份施工合同约

① 参考案例232：重庆亘阳房地产开发有限公司与重庆伟太建筑工程集团有限公司建设工程施工合同纠纷案，重庆市高级人民法院（2017）渝民终274号民事判决书。

② 该条规定：“借款人未按照约定的期限返还借款的，应当按照约定或者国家有关规定支付逾期利息。”

③ 该条规定：“被执行人未按判决、裁定和其他法律文书指定的期间履行给付金钱义务的，应当加倍支付迟延履行期间的债务利息。被执行人未按判决、裁定和其他法律文书指定的期间履行其他义务的，应当支付迟延履行金。”

④ 典型案例246：中城投集团第六工程局有限公司与盘水市恒远房地产开发有限公司建设工程施工合同纠纷案，最高人民法院（2019）最高法民终1980号民事判决书。

定，由中城投公司承建六盘水帝都新城二期工程（一标段、二标段、三标段、四标段）。中城投公司于2012年11月13日进场，并于2012年12月20日开始施工。2015年1月15日，中城投公司与恒远公司签订《解除合同》。2015年2月5日，双方签署《帝都新城二期工程项目结算汇总表》确认，停工损失1400万元、提前撤场损失450万元、逾期付款利息1850万元，合计3700万元。后中城投公司诉至法院，要求恒远公司支付停工损失、提前撤场损失、逾期付款利息，以及该三项费用的逾期付款利息。

## 法院观点

一审法院（贵州省高级人民法院）认为，恒远公司应向中城投公司支付3700万元的损失。关于该款项的利息，因该3700万元已包含逾期付款利息，且具体停工损失数额难以认定，因此对中城投公司提出的按月息2%计付利息的主张不予支持。中城投公司上诉称，根据《合同法》第62条第4项①之规定，中城投公司可以随时要求恒远公司支付停工损失、提前撤场损失、逾期付款利息。在中城投公司要求恒远公司履行支付义务后，恒远公司逾期不支付，恒远公司应当从中城投公司提交起诉状之日即2016年1月18日起计付资金占用损失。最高人民法院在二审中认为，中城投公司在主张停工损失1400万元、提前撤场损失450万元、逾期付款利息1850万元的基础上，还要主张停工损失、提前撤场损失及逾期付款利息的资金占用费，既无合同约定，也无法律依据，中城投公司主张按照《最高人民法院关于审理买卖合同纠纷案件适用法律问题的解释》第24条第4款②规定的逾期付款利息的计算方法来计算损失与逾期付款利息的资金占用费的观点不能成立，原审不予支持资金占用费并无不当，予以维持。

## 裁判规则247

**建设工程施工合同履行过程中，承包人或发包人为对方对外代付款项，没有约定利息的，应视为无利息。**

① 现《民法典》第511条第4项，内容有修改。

② 现《买卖合同解释》第18条第4款，内容有修改。

在建设工程施工合同履行过程中，发包人代承包人对外支付款项（向实际施工人付款、向材料商付款、支付工人工资等）的情况时有发生，承包人因发包人资金紧张而代其对外付款的情况也偶有发生。对于这类代对方对外支付的款项，如果约定了利息或约定无利息，应当按照约定执行。有疑问的是，如果未作约定，可否要求计算利息？

在建设工程施工合同履行过程中，承包人基于发包人的要求对外付款，应认定为发包人对承包人的借款，承包人直接支付给第三人属于向第三人履行，借款人依然是发包人。[①]《民法典》第680条第2款规定："借款合同对支付利息没有约定的，视为没有利息。"据此，承包人代发包人对外付款，没有约定利息的，应视为无利息。下述【典型案例247】即为适例。

在建设工程施工合同履行过程中，发包人代承包人对外支付款项可以分为两种情况：一是该款应当纳入工程款。如【裁判规则257】所述，发包人向实际施工人的付款、根据政府机关要求向农民工支付的工资，均应视为发包人向承包人支付的工程款。发包人作为工程款支付义务主体，显然无权要求承包人就此支付利息。二是该款不应纳入工程款。如发包人代承包人对外支付的款项不应纳入工程款，则与承包人向发包人借款无异。根据前述《民法典》第680条第2款的规定，没有约定利息的，应视为无利息。

**典型案例247**

## 四川省巨龙劳务分包有限公司新疆分公司与中海天原投资发展有限公司建设工程施工合同纠纷案[②]

### 基本案情

中海天原投资发展有限公司（以下简称中海公司）系案涉工程建设方。2013年12月3日，中海公司与岩土喀什分院签订《建设工程勘察合同》约定，由岩土

---

① 《民法典》第522条第1款规定："当事人约定由债务人向第三人履行债务，债务人未向第三人履行债务或者履行债务不符合约定的，应当向债权人承担违约责任。"

② 典型案例247：四川省巨龙劳务分包有限公司新疆分公司与中海天原投资发展有限公司建设工程施工合同纠纷案，最高人民法院（2020）最高法民终347号民事判决书。

喀什分院施工建设案涉工程项目基坑支护及地基工程项目的岩土工程。2014 年 10 月 16 日，四川省巨龙劳务分包有限公司新疆分公司（以下简称巨龙新疆分公司）代理人孙吉光与中海公司签订《协议书》约定，双方经过协商就喀什特区金融港·京新银座广场项目达成以下协议：（1）施工合同及工程承包范围。本项目施工合同延续与中铁十一局商定合同条款……施工过程中，巨龙新疆分公司代中海公司向岩土喀什分院支付了 150 万元工程款。后在工程未完工的情况下，巨龙新疆分公司起诉要求中海公司支付工程款及利息、代付的 150 万元及利息。经鉴定，巨龙新疆分公司施工部分工程造价 44, 856, 286. 01 元。

**法院观点**

最高人民法院认为，中海公司应向巨龙新疆分公司支付的工程款为 47, 238, 316. 01 元，因案涉工程为未完工工程，双方对于已施工部分没有进行结算，应当以工程款 47, 238, 316. 01 元为基数，从起诉之日即 2017 年 6 月 19 日起计算工程款利息；双方对工程款的利息标准没有约定，故应按照中国人民银行同期同类贷款利率计算；中海公司应向巨龙新疆分公司支付的代付款为 150 万元，但巨龙新疆分公司代付的 150 万元系因代付行为而产生，双方没有约定利息，巨龙新疆分公司主张该款项利息无事实和法律依据，不予支持。

## 6.5 违约金

《民法典》第 585 条分三款确立了合同违约金的基本规则。在建设工程施工合同纠纷中，除本书第 3 章第 3 节所讨论的工期违约金外，适用违约金规则时应注意以下问题。

**裁判规则 248**

**违约金条款属于《民法典》第 567 条规定的清理条款。建设工程施工合同因故解除的，不影响违约金条款的效力。但建设工程施工合同无效的，违约金条款一并无效。**

如【裁判规则 295】所述，建设工程施工合同虽然履行期较长，但在性质上属于一时性合同。一时性合同的解除以溯及既往为原则，即一时性合同被解除的，其效力自始归于消灭，也即自始无效。[①] 若此，在建设工程施工合同被解除的情况下，还能否适用合同中的违约金条款？

《民法典》第557条第2款规定："合同解除的，该合同的权利义务关系终止。"第567条规定："合同的权利义务关系终止，不影响合同中结算和清理条款的效力。"据此，合同解除的，不影响合同中结算和清理条款的效力。《民法典》第566条第2款规定："合同因违约解除的，解除权人可以请求违约方承担违约责任，但是当事人另有约定的除外。"该条之所以规定合同因违约而解除的情况下合同中的违约责任条款继续有效，其理由在于，"这些条款在性质上属于'合同中结算和清理条款'"[②]。更准确地说，违约金条款属于"对债权债务进行清点、估价和处理"[③] 的清理条款，故其效力不应受到合同解除的影响。[④]《九民会纪要》第49条第1款即规定："合同解除时，一方依据合同中有关违约金、约定损害赔偿的计算方法、定金责任等违约责任条款的约定，请求另一方承担违约责任的，人民法院依法予以支持。"就此，可参见"中国建筑一局（集团）有限公司与无锡远东置业有限公司建设工程施工合同纠纷案"[⑤]。

但需要注意的是，有判决认为，违约金条款属于清理条款，不因建设工程施工合同无效而无效。在"曾凡刚与江西大筑城房地产开发有限公司等建设工程施工合同纠纷案"[⑥] 中，最高人民法院即认为，虽然案涉《施工合同》无效，但合同中"施工人报送的竣工结算价经最终核减超过5%时超出部分的10%应作为罚金从结算总价中扣除"的约定属于合同结算条款，原审判决根据双方履行合同情况，将上述款项作为罚金予以扣除，不违反法律规定。如【裁判规则153】所述，《民法典》第567条[⑦]所规定的"合同的权利义务关系终止"，是建立在合同有效的基础

---

① 参见崔建远主编：《合同法》，法律出版社2021年版，第24页。

② 黄薇主编：《中华人民共和国民法典释义》（中），法律出版社2020年版，第1091页。

③ 黄薇主编：《中华人民共和国民法典释义》（中），法律出版社2020年版，第1093页。

④ 参见李玉生主编：《建设工程施工合同案件审理指南》，人民法院出版社2019年版，第270页。

⑤ 参考案例233：中国建筑一局（集团）有限公司与无锡远东置业有限公司建设工程施工合同纠纷案，最高人民法院（2022）最高法民终63号民事判决书。

⑥ 典型案例225：曾凡刚与江西大筑城房地产开发有限公司等建设工程施工合同纠纷案，最高人民法院（2020）最高法民申3989号民事裁定书。

⑦ 该条规定："合同的权利义务关系终止，不影响合同中结算和清理条款的效力。"

上，因履行完毕（第557条第1款）或者合同解除（第557条第2款）不再履行导致的权利义务消灭，进而认定不影响合同中结算和清理条款的效力。“合同的权利义务关系终止”，并不涵盖合同无效的情形。换言之，合同无效的，作为清理条款的违约金条款一并无效，既不能直接适用也不能参照适用。

**典型案例248**

## 安徽鸿路钢结构（集团）股份有限公司与中铁科工集团有限公司建设工程施工合同纠纷案[①]

### 基本案情

2010年12月20日，安徽鸿路钢结构（集团）股份有限公司（以下简称鸿路公司）与中铁科工集团有限公司（以下简称科工公司）签订《建筑钢结构工程合同》约定，科工公司将其承接的宜昌联邦超高压电缆车间钢结构工程52轴伸缩缝处——101轴的制作和安装及彩板围护安装工程发包给鸿路公司施工；若发包人未按合同约定支付工程款，每延期一天按应付工程款月息3%赔偿承包方的损失。2011年1月18日，鸿路公司进场施工。2011年4月8日，鸿路公司与科工公司签订《建筑钢结构工程合同》约定，科工公司将其承接的宜昌联邦超高压电缆机械制造厂房工程发包给鸿路公司施工；若发包人未按合同约定支付工程款，每延期一天按应付工程款月息3%赔偿承包方的损失。2011年4月15日，鸿路公司进场施工。2013年3月29日，鸿路公司与科工公司就案涉的两个工程竣工资料进行移交。后鸿路公司诉至法院，要求科工公司支付工程款11,768,364.68元及工程款利息损失（合同约定的利息为每月3%，鸿路公司部分放弃，按月利率2%主张）。经查，案涉两个工程系宜昌联邦电缆有限公司发包给科工公司，科工公司转包给鸿路公司。

### 法院观点

湖南省高级人民法院认为，案涉两份《建筑钢结构工程合同》性质为建设工

---

① 典型案例248：安徽鸿路钢结构（集团）股份有限公司与中铁科工集团有限公司建设工程施工合同纠纷案，湖北省高级人民法院（2018）鄂民终1256号民事判决书。

程施工合同。根据《2004 年建工解释》第 4 条的规定，双方就该转包行为签订的两份《建筑钢结构工程合同》无效。现鸿路公司承建的工程已于 2013 年交付使用，应视为工程质量符合合同约定，鸿路公司有权请求科工公司参照合同约定支付工程价款。因合同无效，合同中相关违约责任条款一并无效，鸿路公司主张按月利率 2%计算利息损失无其他证据证明，应按人民银行同期一年期贷款基准利率计算。

## 裁判规则249

**建设工程施工合同中约定的“罚款”，在性质上属于违约金条款，应当适用违约金的司法审查、调整规则。**

实践中，建设工程施工合同常约定，如承包人工期迟延、转包或违法分包、发生质量事故等，发包人有权对承包人处以罚款。对这类“罚款”约定，应当如何定性、处理？

少数观点认为，罚款是专属于行政法的概念，平等的民事主体之间一方对另外一方不存在罚款的权力，因此合同中约定的罚款条款应认定为无效。① 但绝大多数法院认为，这类约定名为罚款实为违约金条款，应当适用违约金的司法审查、调整规则。江苏省高级人民法院②、北京市高级人民法院③、浙江省高级人民法院④、

① 参见李玉生主编：《建设工程施工合同案件审理指南》，人民法院出版社 2019 年版，第 267 页。

② 原《江苏省高级人民法院关于审理建设工程施工合同纠纷案件若干问题的意见》（苏高法审委〔2008〕26 号）第 27 条规定：“建设工程施工合同约定发包人可以因工期、质量、转包或违法分包等情形对承包人处以罚款的，该约定应当视为当事人在合同中约定的违约金条款，当事人要求按照《中华人民共和国合同法》第一百一十四条的规定予以调整的，人民法院应予支持。”

③ 《北京市高级人民法院关于审理建设工程施工合同纠纷案件若干疑难问题的解答》（京高法发〔2012〕245 号）第 37 条规定：“建设工程施工合同约定承包人存在工期迟延、质量缺陷、转包或违法分包等违约行为，发包人可对承包人处以罚款的，该约定可以视为当事人在合同中约定的违约金条款，应依据《中华人民共和国合同法》第一百一十四条的规定予以处理。”

④ 《浙江省高级人民法院民事审判第一庭关于审理建设工程施工合同纠纷案件若干疑难问题的解答》（浙法民一〔2012〕3 号）第 19 条规定：“建设工程施工合同关于工期和质量等奖惩办法的约定，应当视为违约金条款。当事人请求按照《中华人民共和国合同法》第一百一十四条第二款，以及最高人民法院《关于适用〈中华人民共和国合同法〉若干问题的解释（二）》第二十七条、第二十八条、第二十九条的规定调整的，可予支持。”

河北省高级人民法院①、山东省高级人民法院②、陕西省高级人民法院③、湖南省高级人民法院④均持这一立场。

站在文义解释的角度，所谓罚款，是指管理者对被管理者（如上级对下级、组织对个人）的经济惩罚。在建设工程施工合同中，发包人与承包人作为平等的民事主体，彼此之间并无管理或隶属关系，也就缺乏罚款的基础。因此，不能望文生义地解释合同中约定的“罚款”。如【裁判规则 216】针对建设工程施工合同中约定的“奖励款”所提出的，平等民事主体之间的建设工程施工合同所约定的款项，要么是对价款，要么是违约责任。“罚款”显然不属于对价款，只能归于违约责任的范畴，即发包人针对承包人特定违约行为要求承包人承担违约责任的条款。因此，应当将建设工程施工合同约定的“罚款”认定为违约金条款。既然是违约金条款，如果约定的“罚款”金额“低于造成的损失”或者“过分高于造成的损失”，理应适用《民法典》第 585 条第 2 款的调整规则。

---

① 《河北省高级人民法院建设工程施工合同案件审理指南》（冀高法〔2018〕44 号）第 45 条规定：“建设工程施工合同中约定发包人可因工期、工程质量转包或违法分包等情形对承包人处以‘罚款’的，该约定应视为双方对违约责任的约定，罚款具有违约金的性质。经承包人确认的罚款数额，发包人主张从工程款中扣减的，人民法院应予支持。当事人要求对罚款的数额进行调整的，人民法院可按照《合同法》第一百一十四条的规定予以处理。”

② 《山东省高级人民法院关于审理建设工程施工合同纠纷案件若干问题的解答》（2020 年 11 月 4 日）第 13 条规定：“建设工程施工合同约定对承包人的违约行为罚款的，应按照具体约定内容，对罚款的性质作出区分：（1）建设工程施工合同约定承包人存在工期迟延、工程质量缺陷或未达到合同约定的工程质量标准、转包或违法分包等违约行为，发包人可对承包人罚款的，该约定可以视为当事人在合同中约定的违约金条款。（2）建设工程施工合同约定对承包人实施除履行合同义务之外的行为进行罚款的，不予支持。”

③ 《陕西省高级人民法院关于审理建设工程施工合同纠纷案件若干问题的解答》（陕高法〔2020〕113 号）第 6 条规定：“建设工程施工合同约定承包人存在工期迟延、质量缺陷或者未达到合同约定的工程质量标准、转包或违法分包等违约行为，发包人可对承包人处以罚款的，该约定可以视为当事人在合同中约定的违约金条款。”

④ 《湖南省高级人民法院关于审理建设工程施工合同纠纷案件若干问题的解答》（湘高法〔2022〕102 号）第 27 条规定：“建设工程施工合同约定发包人对承包人的违约行为处以罚款的，应定性为违约金条款，当事人申请调整的，根据民法典第五百八十五条规定予以处理。”

典型案例 249

## 河南七建工程集团有限公司与洛阳龙门旅游集团有限公司建设工程施工合同纠纷案[1]

### 基本案情

2014 年 9 月，河南七建工程集团有限公司（以下简称河南七建）与洛阳龙门旅游集团有限公司（以下简称龙门旅游集团）签订《建设工程施工合同》约定，河南七建承建龙门景区前区地下车库和售票厅工程。合同专用条款第 14.2 款载明，若施工单位高估冒算、虚报工程结算价款，经审计后虚报的工程结算价款予以扣减，施工单位除应承担高估冒算部分审计费用外，还应向发包人缴纳高估冒算部分 5%的罚款。施工完成后，河南七建提交了结算报告。2018 年 6 月 14 日，经洛阳敬业工程造价咨询有限公司审核，上述工程项目审定总金额为 44,549,585.37 元。河南七建起诉要求支付工程款，龙门旅游集团提出，与审定金额相比，河南七建高估冒算 8,796,844 元，应相应扣减 5%。

### 法院观点

一审法院（洛龙区人民法院）认为，《建设工程施工合同》专用条款第 14.2 款约定，施工单位高估冒算的，应向发包人缴纳高估冒算部分 5%的罚款。该约定为龙门旅游集团设定了罚款权。根据《行政处罚法》第 8 条和第 14 条[2]的规定，罚款属于行政处罚的一种，仅规范性文件可设定行政处罚。河南七建、龙门旅游集团属于民事主体，本案合同属于民事合同，而非规范性文件，其为龙门旅游集团设定罚款权违反法律法规的强制性规定，故合同中专用条款第 14.2 款应属无效。但二审中，河南省洛阳市中级人民法院认为，合同中对“高估冒算罚款”的约定是双方的私法行为，并非行政处罚性质，应定性为约定惩罚性违约金。双方所签订的包括该条款在内的建设工程施工合同为有效合同。从双方签字认可的工程结算审

---

① 典型案例 249：河南七建工程集团有限公司与洛阳龙门旅游集团有限公司建设工程施工合同纠纷案，河南省洛阳市中级人民法院（2019）豫 03 民终 2042 号民事判决书。

② 现《行政处罚法》第 9 条和第 16 条。

定表看，河南七建确有高估冒算行为，应承担一定的惩罚性违约责任。但鉴于《合同法》规定的违约金性质是以补偿性为主、以惩罚性为辅，加之高估冒算会有认识分歧成分，故双方约定的惩罚性违约金的比例过高，应予调减。根据公平原则和本案实际情况调减为1%为宜。以此比例计算，河南七建应承担惩罚性违约金87,968.44元。

**裁判规则250**

**建设工程施工合同约定的违约金过分高于造成的损失的，法院或仲裁庭不得依职权酌减，但应向违约方释明是否申请酌减。违约方仅提出免责抗辩的，应就如免责不成立是否申请减责予以释明。**

《民法典》第585条第2款规定："约定的违约金低于造成的损失的，人民法院或者仲裁机构可以根据当事人的请求予以增加；约定的违约金过分高于造成的损失的，人民法院或者仲裁机构可以根据当事人的请求予以适当减少。"据此，对违约金进行司法调整（增加或减少），以违约方请求调整为前提，不能依职权主动调整。①

首先需要明确"过分高于"的判断标准。《民法典》第584条规定："当事人一方不履行合同义务或者履行合同义务不符合约定，造成对方损失的，损失赔偿额应当相当于因违约所造成的损失，包括合同履行后可以获得的利益；但是，不得超过违约一方订立合同时预见到或者应当预见到的因违约可能造成的损失。"该条明确了判断的基准。在此基础上，《民法典合同编通则解释》第65条第2款规定："约定的违约金超过造成损失的百分之三十的，人民法院一般可以认定为过分高于造成的损失。"据此，违约金超过损失的30%的，构成"过分高于"。还需要注意的是，"违约金过高或过低的判断标准应结合行业利润率确定。建设工程行业的利润率一般在3%左右，实践中，在计算或调整违约金数额时，要考虑建筑业是微利

① 参见黄薇主编：《中华人民共和国民法典释义》（中），法律出版社2020年版，第1132、1133页。

行业的特点，尽量避免承包人承担过高违约金导致‘倒贴钱’现象发生”[①]。

一般认为，如约定的违约金确实过分高于造成的损失，但违约方未请求调整，为避免讼累，法院或仲裁庭应向违约方释明，可以申请调减违约金。[②]有疑问的是，如违约方以合同不成立、合同无效、不构成违约等为由进行抗辩，也就意味着其认为完全不应支付违约金，也就不会提出调减违约金的申请。对这类情形，应当如何处理？

在“武汉建工第三建筑有限公司与武汉天恒置业有限责任公司建筑安装工程施工合同纠纷案”[③]中，案涉工程竣工后，武汉天恒置业有限责任公司（以下简称天恒公司）诉称，武汉建工第三建筑有限公司（以下简称武建三公司）迟延交房，按约应承担违约金5280万元。武建三公司辩称，迟延竣工的责任在天恒公司，其不应承担违约责任。一审法院（湖北省高级人民法院）认定，武建三公司构成迟延交房，应承担违约责任；对于合同约定的违约金标准，由于武建三公司既没有向法院申请变更或撤销，也没有请求法院酌情予以减少，故应按合同约定计算违约金。该案最终确定的违约金达29,621,836.22元，一度被评为“国内最高工期延误违约金案”[④]。该案二审承办人在评析该案时建议，如果合议庭认为合同约定的违约金的确过分高于造成的损失，应行使释明权，明确告知违约方须承担违约责任；如果经合议庭释明后，违约方始终坚持自己没有违约、不应承担违约责任，基于实质正义的要求，法院也可以主动降低违约金。[⑤]该观点所主张的释明可资赞同，但法院主动降低违约金的主张则涉嫌司法对当事人意思自治的僭越。

《民法典合同编通则解释》第66条第1款规定：“当事人一方请求对方支付违约金，对方以合同不成立、无效、被撤销、确定不发生效力、不构成违约或者非违

---

① 程新文：《关于当前民事审判工作中的若干具体问题（2015年12月24日）》，载杜万华主编、最高人民法院民事审判第一庭编：《民事审判指导与参考》总第64辑，人民法院出版社2016年版。

② 参见黄薇主编：《中华人民共和国民法典释义》（中），法律出版社2020年版，第1133页。

③ 参考案例234：武汉建工第三建筑有限公司与武汉天恒置业有限责任公司建筑安装工程施工合同纠纷案，最高人民法院（2004）民一终字第112号民事判决书。

④ 《从国内最高工期延误违约金案谈新版建设工程施工合同给开发企业……》，载东城范文网，http：//www.bjdcfy.com/qita/gcgqywspfb/2017-11/1061994.html。

⑤ 参见杨永清：《如何认定合同约定的违约金是否过高——武汉建工第三建筑有限公司与武汉天恒置业有限责任公司建筑安装工程施工合同纠纷上诉案》，载最高人民法院民事审判第一庭编：《民事审判指导与参考》总第30集，法律出版社2007年版。

约方不存在损失等为由抗辩，未主张调整过高的违约金的，人民法院应当就若不支持该抗辩，当事人是否请求调整违约金进行释明。第一审人民法院认为抗辩成立且未予释明，第二审人民法院认为应当判决支付违约金的，可以直接释明，并根据当事人的请求，在当事人就是否应当调整违约金充分举证、质证、辩论后，依法判决适当减少违约金。”据此，在约定的违约金过分高于造成的损失的情况下，如果违约方未请求调整，应向违约方释明可以申请调整；如果违约方以合同不成立、合同无效、不构成违约为由进行抗辩，应当向违约方释明，若不支持这些免责抗辩，是否需要申请调减违约金；如果释明后违约方仍然不请求酌减违约金，基于意思自治的要求，不应依职权进行调整。下述【典型案例250】即为适例。

**典型案例250**

## 北京天鸿利交通设施工程有限公司<br>与南阳市公安局交通管理支队建设工程施工合同纠纷案①

### 基本案情

2012年5月17日，经招投标，南阳市公安局交通管理支队（以下简称交管支队）与北京天鸿利交通设施工程有限公司（以下简称交通公司）签订《标志牌政府采购合同》约定，交通公司承接南阳市城区道路交通标志牌供货及安装工程，总价款1,682,840元；施工工期自2012年5月20日起到2012年7月13日止；交通公司未能按合同约定的时间完工的，从逾期之日起每日按合同总价的2‰向交管支队支付违约金。2013年1月10日，交通公司仍在对未完工部分继续施工，至2014年3月6日，交管支队将余下未安装的6套F杆标示以及292块标示标牌入库保存。后交管支队以交通公司工期违约为由诉至法院，要求交通公司支付违约金200万元。交通公司辩称，由于道路名称有变更，道路标牌无法制作，故未能按合同约定的时间安装标牌，责任不在交通公司，交通公司不应承担违约责任。

① 典型案例250：北京天鸿利交通设施工程有限公司与南阳市公安局交通管理支队建设工程施工合同纠纷案，河南省南阳市中级人民法院（2019）豫13民终4975号民事判决书、河南省高级人民法院（2019）豫民申8760号民事裁定书。

## 法院观点

南阳市中级人民法院认为，合同中约定的完工日期为2012年7月13日，而交通公司在2012年8月初才安装道路标牌，明显违约。根据合同约定，交通公司应从逾期之日起每日按合同总价的2‰支付违约金。考虑到交通公司逾期安装并未造成太大损失，若从逾期之日起每日按合同总价的2‰计算违约金过于严厉，酌定交通公司支付6万元违约金为宜。交管支队申请再审称，无论违约金约定得过高或过低，人民法院酌情增加或者减少都是以当事人的请求为前提，而非依职权。南阳市中级人民法院不经当事人请求，主动将违约金从200万元大幅度地酌减至6万元，缺乏法律依据。河南省高级人民法院认为，交通公司未在约定的施工期限内完工，构成违约。根据约定，应从逾期之日起每日按合同总价的2‰支付违约金。虽然交通公司抗辩不构成违约，但二审法院在未就若不支持免责抗辩是否主张调整违约金进行释明的情况下，未经当事人申请，依职权酌定违约金数额，适用法律确有错误。据此裁定，指令河南省南阳市中级人民法院再审本案。

## 裁判规则251

**与工程款利息自工程款应支付之日起计算不同，迟延付款违约金作为对迟延付款违约行为的救济，应自工程款支付条件实际成就之日起计算，但发包人故意拖延结算的除外。**

建设工程施工合同履行过程中，发包人最常见的违约行为就是欠付工程款。在发包人欠付工程款的情况下，《建设工程施工合同解释（一）》第27条规定，利息从应付工程价款之日开始计付。有疑问的是，如建设工程施工合同约定了应付款之日——“发包人应在竣工验收合格后58天内付清除质保金以外的工程款，逾期付款的，按照日万分之一的标准计算违约金”，后约定的应付款之日届至，但发承包双方尚未完成结算。承包人是否有权要求发包人自竣工验收合格后第59天起按照日万分之一的标准承担逾期付款的违约金？

利息作为孳息，与发包人占有建筑物从而获得收益具有对应关系，故无论工程款金额是否确定，利息均应自工程款应付之日起算。但是，逾期付款违约金指向的是发包人逾期付款的违约行为，而发包人实际付款以工程款金额确定为前提，否则发包人因工程款总额不明而无法履行给付义务。① 因此，在当事人双方未就工程款结算达成一致意见的情况下，应付剩余工程款数额不明，发包人有权以其应履行的义务不明为由拒绝履行，该行为不构成违约，不应承担逾期付款的违约责任，② 也就不应承担逾期付款违约金。在“惠生工程（中国）有限公司与中国石油四川石化有限责任公司建设工程施工合同纠纷案”③ 中，案涉工程包括概算内包干工程（包干价 22,459.34 万元）与概算外增加工程（最终审计价为 3,927,344.86 元）；案涉合同约定，以经审计的工程结算额为最终合同金额。后合同约定的付款期届满，但概算外增加工程的审计结论尚未作出，原审法院以最终的审计金额（22,459.34 万元+3,927,344.86 元）为基数，从合同约定的付款期届满的次日起计算违约金。但最高人民法院在再审审查中认为，根据合同约定，计算基数应为经审计的工程款 228,520,744.86 元。但合同概算外增加金额 3,730,977.62 元在约定付款时并未确定，对其也一并从该时间节点起计算违约金，存在一定瑕疵。质言之，利息作为本金的孳息，遵循随本金规则，自本金应付之日起即应计算利息；与之不同，违约金以违约行为的实际发生为条件，而发包人在应付款金额明确之前未为支付，不构成违约，也就不应承担违约责任。④

此外，还需注意以下两方面的问题：一方面，自工程款应支付之日至工程款支付条件实际成就之日，发包人虽无须承担逾期付款违约金，但基于利息的法定孳息属性，应支付欠付款项的法定利息。在下述【典型案例 251】中，因工程款金额未明确，法院未支持承包人关于延期付款违约金的请求，但从应付之日起即计算了工

① 肖峰：《工程款结算金额不明时，承包人不能以超过约定给付期限为由主张逾期违约金——山东万鑫建设有限公司与园城实业集团有限公司、海阳市天创投资开发有限公司、山东置城集团有限公司建设工程施工合同纠纷上诉案》，载最高人民法院民事审判第一庭编：《民事审判指导与参考》总第 49 辑，人民法院出版社 2012 年版。

② 肖峰：《工程款结算金额不明时，承包人不能以超过约定给付期限为由主张逾期违约金——山东万鑫建设有限公司与园城实业集团有限公司、海阳市天创投资开发有限公司、山东置城集团有限公司建设工程施工合同纠纷上诉案》，载最高人民法院民事审判第一庭编：《民事审判指导与参考》总第 49 辑，人民法院出版社 2012 年版。

③ 参考案例 235：惠生工程（中国）有限公司与中国石油四川石化有限责任公司建设工程施工合同纠纷案，四川省高级人民法院（2018）川民终 46 号民事判决书、最高人民法院（2019）最高法民申 762 号民事裁定书。

④ 参见崔建远：《论利息之债》，载《中州学刊》2022 年第 1 期。

程款利息。另一方面，《民法典》第159条规定："附条件的民事法律行为，当事人为自己的利益不正当地阻止条件成就的，视为条件已经成就；不正当地促成条件成就的，视为条件不成就。"因此，发包人故意拖延结算，在审核期限届满后无正当理由不确认工程款金额的，应当承担违约责任——根据最终确定的工程价款自审核期届满之日起计付逾期付款违约金。

**典型案例251**

## 山东万鑫建设有限公司与园城实业集团有限公司等建设工程施工合同纠纷案[①]

### 基本案情

2002年9月25日、2003年5月22日，园城实业集团有限公司（以下简称园城公司）与山东万鑫建设有限公司（以下简称万鑫公司）先后签订《建设工程施工合同》与《补充协议》约定，万鑫公司承建新世界花园9、11、12、15、16号楼与新世界花园31、32号楼，合同价款采用可调价格。施工完毕后，万鑫公司诉至法院，请求园城公司支付工程款。一审中的2005年12月7日，园城公司、天创公司等作为甲方、万鑫公司作为乙方签订《协议书》约定：本协议书签订当日，甲方付给乙方500万元工程款。对于结算及付款时间：（1）对乙方承建工程进行决算，并于100日（2005年9月20日至12月30日）内形成一审决算定案。一审决算完成后一个月内，由国家认可的审计机构进行二审，并最终以二审定案数额作为支付所欠工程款的依据。（2）2006年1月10日前，甲方再付给乙方500万元工程款，其余欠款在2006年3月28日前付50%，在2006年5月30日前付清。（3）甲方不按期付款的，按逾期付款数额的日万分之五向乙方支付违约金。《协议书》签订后，园城公司按约支付了1000万元工程款，当事人申请中止审理。后因双方对剩余工程款未形成一审和二审决算，《协议书》未能最终履行，法院恢复审理。经鉴定，讼争工程的总造价为77,435,420.03元。万鑫公司增加诉讼请求，要求园城

---

① 典型案例251：山东万鑫建设有限公司与园城实业集团有限公司等建设工程施工合同纠纷案，【法宝引证码】CLI. C. 1339054。

公司按工程总欠款金额的日万分之五支付违约金，从2006年8月28日（恢复审理之日）起计算至付清时止。

## 法院观点

一审法院（山东省高级人民法院）认为，讼争工程的总造价为77,435,420.03元，园城公司已付55,894,798.55元，故尚欠工程款21,540,621.48元。对于上述欠款，园城公司应当从应付工程款之日——2006年5月30日——起支付利息。根据2005年12月7日的《协议书》，讼争工程款项在园城公司支付1000万元后，应当进行两次审计，并最终以二审定案数额作为支付所欠工程款的依据。因此，园城公司承担不按期付款违约责任的前提，应是双方决算清楚或存在可归责于园城公司的原因致使讼争工程无法进行决算的情形。《协议书》签订后，园城公司按约支付了1000万元工程款，但双方对剩余工程款未形成一审和二审决算，而未完成决算的原因是双方对于工程决算相关问题的认识不一致，并非一方故意拖延决算或存在可归责于一方的原因。因此，法院对万鑫公司要求园城公司承担违约责任的主张不予支持。二审中，最高人民法院认为，《协议书》虽约定在2006年5月30日前付清工程款，但并未约定工程款的具体数额，该具体数额取决于二审定案认定。在2006年5月30日前，双方未就二审定案数额达成一致。相应地，园城公司应向万鑫公司支付的工程款数额也无法确定。二审定案数额未能达成一致，系双方争议较大所致，园城公司并未故意拖延决算。在应付剩余工程款数额不明的情形下，园城公司有权以其应履行的义务不明为由拒绝履行《协议书》约定之义务，该拒绝履行行为不构成违约，园城公司不应承担逾期付款违约金。但工程款利息仍应自2006年5月30日起计算至付清之日止，按照中国人民银行同期同类贷款利率计算。

### 裁判规则252

**迟延付款违约金具有填补承包人利息损失的功能。承包人既主张迟延付款违约金又主张工程款利息的，应将二者结合起来综合判断。**

建设工程施工合同约定了逾期付款违约金，在发包人逾期付款的情况下，承包人既可以根据合同约定主张违约金，又可以根据《建设工程施工合同解释（一）》

第26条的规定请求支付利息。就此，应当如何协调利息与逾期付款违约金的关系？

需要明确的是，如【裁判规则234】所述，建设工程施工合同就逾期付款约定的利息计算标准，属于约定的违约金条款。因此，建设工程施工合同只约定逾期付款违约金或只约定逾期付款利息计算标准的，属于本裁判规则讨论的典型形态；建设工程施工合同既约定逾期付款违约金又约定逾期付款利息计算标准的，构成双重违约金，应当将二者之和作为违约金，作整体考量；建设工程施工合同既未约定逾期付款违约金又未约定逾期付款利息计算标准的，则因无违约金条款，不存在违约金的适用问题，仅需考虑承包人的利息损失，不属于本裁判规则讨论的范围。

有观点认为，承包人不能同时主张欠付工程款利息和延迟付款违约金，二者只能择一主张。浙江省高级人民法院持这一观点。[①] 在“刘垚与长治市文秘培训中心建设工程施工合同纠纷案”[②] 中，最高人民法院也认为，承包人因发包人未支付工程款，同时主张逾期付款违约金和利息，属重复计算，二审判决仅支持其逾期付款违约金的诉讼请求，并无不当。也有观点认为，工程款利息是法定孳息，违约金是一方因其违约行为给对方造成损失的赔偿，二者性质不同，可以同时主张。在“中铁十五局集团有限公司与内蒙古太西煤集团股份有限公司等建设工程施工合同纠纷案”[③] 中，一审法院（甘肃省高级人民法院）即认为，工程款利息是法定孳息，违约金是一方因其违约行为给对方造成损失的赔偿，二者性质不同，中铁十五局集团有限公司对下欠工程款利息的诉讼请求与迟延付款违约金的诉讼请求不构成重复主张。一审法院据此判决，就欠付工程款，金阿铁路公司除按日0.02%的标准支付逾期付款违约金外，还应按照同期同类贷款利率支付利息。[④] 最高人民法院在“浙江宏成建设集团有限公司与宁夏瑞泰房地产开发有限公司建设工程施工合同纠

---

① 《浙江省高级人民法院民事审判第一庭关于审理建设工程施工合同纠纷案件若干疑难问题的解答》（浙法民一〔2012〕3号）第21条规定：“承包人不能按照建设工程施工合同的约定，既请求发包人承担逾期支付工程款的违约金，又同时请求支付相应利息。”

② 参考案例236：刘垚与长治市文秘培训中心建设工程施工合同纠纷案，最高人民法院（2019）最高法民再403号民事判决书。

③ 参考案例237：中铁十五局集团有限公司与内蒙古太西煤集团股份有限公司建设工程施工合同纠纷案，最高人民法院（2019）最高法民终65号民事判决书。

④ 一审判决后，仅中铁十五局集团有限公司提起上诉，二被告未上诉，故最高人民法院在二审中未涉及这一问题。

纷案"[①] 中也持这一观点。但多数观点认为，承包人可以同时主张逾期付款违约金与欠付款项利息，但应以承包人的损失为基数，对二者之和适用违约金的审查规则——审查其是否低于或过分高于承包人的损失，进而对其进行相应调整。广东省高级人民法院[②]、北京市高级人民法院[③]、安徽省高级人民法院[④]、山东省高级人民法院[⑤]均持这一观点。

首先，如最高人民法院在"黑龙江省庆达水利水电工程有限公司与大庆油田牡丹江新能源有限责任公司建设工程施工合同纠纷案"[⑥] 中所言，"逾期支付工程价款的利息在本质上属于法定孳息，并不需要当事人约定"。而逾期付款违约金以合同约定为依据。因此，承包人有权同时主张利息与违约金。其次，利息虽然属于法定孳息，但解决的是承包人应得而未得、导致本应取得的金钱占有与流动利益迟

---

① 参考案例238：浙江宏成建设集团有限公司与宁夏瑞泰房地产开发有限公司建设工程施工合同纠纷案，最高人民法院（2020）最高法民终1310号民事判决书。

② 《广东省高级人民法院全省民事审判工作会议纪要》（粤高法〔2012〕240号）第30条规定："建设工程施工合同同时约定迟延付款的利息和违约金的，可以同时适用，但两者之和不得过分高于迟延付款的损失，过分高于的认定标准，按照最高人民法院《关于适用〈中华人民共和国合同法〉若干问题的解释（二）》第二十九条的规定把握。"

③ 《北京市高级人民法院关于审理建设工程施工合同纠纷案件若干疑难问题的解答》（京高法发〔2012〕245号）第36条规定："建设工程施工合同明确约定发包人逾期支付工程款，承包人可以同时主张逾期付款违约金和利息的，依照其约定，发包人主张合同约定的违约金和利息之和过分高于实际损失请求予以适当减少的，按照《最高人民法院关于适用〈中华人民共和国合同法〉若干问题的解释（二）》第二十九条的规定处理；没有约定或约定不明的，对承包人的主张，一般不应同时支持，但承包人有证据证明合同约定的违约金或利息单独不足以弥补其实际损失的除外。"

④ 《安徽省高级人民法院关于审理建设工程施工合同纠纷案件适用法律问题的指导意见（二）》（2013年12月23日）第16条第1款规定："当事人同时主张违约金和利息的，可予支持。"第2款规定："当事人主张的总额在中国人民银行公布的同期同类贷款利率或贷款基础利率4倍范围内的，应当综合违约行为的情节、程度，给守约方造成损失的大小等因素进行确定。"第3款规定："当事人主张的总额超出中国人民银行公布的同期同类贷款利率或贷款基础利率4倍范围的，应当举证证明实际损失的数额，人民法院按照《最高人民法院关于适用〈中华人民共和国合同法〉若干问题的解释（二）》第二十九条的规定处理。"

⑤ 《山东省高级人民法院关于审理建设工程施工合同纠纷案件若干问题的解答》（2020年11月4日）第14条规定："建设工程施工合同对发包人逾期支付工程款既约定了违约金，又约定了逾期付款利息，承包人同时主张逾期付款违约金和利息的，应予支持。但发包人主张合同约定的违约金和利息之和过分高于实际损失，请求予以适当减少的，应当以实际损失为基础，兼顾合同的履行情况、当事人的过错程度以及预期利益等综合因素，根据公平原则和诚实信用原则予以确定。"

⑥ 参考案例239：黑龙江省庆达水利水电工程有限公司与大庆油田牡丹江新能源有限责任公司建设工程施工合同纠纷案，最高人民法院（2017）最高法民再333号民事判决书。

延实现的问题，其故仍可归于损失的范畴。而我国法律中的违约金以补偿性为主、惩罚性为辅。因此，逾期付款违约金本就具有填补承包人利息损失的功能，且其具有随时间推移不断累积的特征，与按日计算的利息并无实质区别。二者指向的都是承包人因未能及时占有资金所遭受的损失。因此，不应将迟延付款违约金与迟延付款利息割裂开来，而应对二者作综合考量。就此问题，还可参考《民间借贷规定》第29条，该条规定："出借人与借款人既约定了逾期利率，又约定了违约金或者其他费用，出借人可以选择主张逾期利息、违约金或者其他费用，也可以一并主张，但是总计超过合同成立时一年期贷款市场报价利率四倍的部分，人民法院不予支持。"最后，由于违约金在填补损失的同时还兼具一定的惩罚性，所以在综合考量迟延付款违约金与迟延付款利息时，最终确定的金额应当具有以补偿实际损失为主、惩罚违约当事人为辅的双重属性。据此，承包人有权同时主张利息与违约金。如二者之和仍低于承包人损失，承包人有权要求增加；如二者之和高于承包人损失的130%，发包人有权要求酌减。

除下述【典型案例252】外，在"海天建设集团有限公司与西安华峰置业有限公司等建设工程施工合同纠纷案"① 中，就欠付的工程款，海天建设集团有限公司既要求按同期同类贷款利率计算利息，又要求按照合同约定的每日1‰计算违约金。最高人民法院认为，考虑到逾期付款违约金具有惩罚性，在一定程度上也具有填补损失的作用，现已按照利率保护上限（每年24%）计算了违约金，故可不再计算利息。在前述"黑龙江省庆达水利水电工程有限公司与大庆油田牡丹江新能源有限责任公司建设工程施工合同纠纷案"② 中，最高人民法院认为，按同期贷款利息计算，日利息为8491.03元，合同约定的违约金为每日1000元，违约金与实际损失的比值为11.78%（1000元÷8491.03元），并未超过30%。据此，最高人民法院在支持利息的基础之上又支持了合同约定的违约金。虽然前案仅支持了部分违约金，后案对违约金与利息同时支持，但均是将违约金与利息之和与承包人的损失相比较，适用违约金的司法审查规则，判断二者之和是否低于或过分高于实际损失，进而得出结论。

---

① 典型案例119：海天建设集团有限公司与西安华峰置业有限公司等建设工程施工合同纠纷案，最高人民法院（2021）最高法民终340号民事判决书。

② 参考案例240：黑龙江省庆达水利水电工程有限公司与大庆油田牡丹江新能源有限责任公司建设工程施工合同纠纷案，最高人民法院（2017）最高法民再333号民事判决书。

**典型案例 252**

## 广西建工集团第一建筑工程有限责任公司与青海恒平房地产开发有限公司建设工程施工合同纠纷案[①]

### 基本案情

2013 年 7 月 1 日，青海恒平房地产开发有限公司（以下简称恒平公司）与广西建工集团第一建筑工程有限责任公司（以下简称广西一建）签订《建设工程施工合同》约定，广西一建承建恒平公司开发的青海应录集团职工住宅楼项目；恒平公司不按合同约定支付工程款（进度款）的，每天按延付金额的3‰向承包人支付违约金；结算审定并经双方确认之日起 60 天内，恒平公司支付至总工程结算款的 97%，预留结算总造价的 3% 为质量保证金。2017 年 3 月 29 日，恒平公司与广西一建签订《建设工程施工合同（结算文本）之附件》确认，总工程款为 100, 641, 180. 74 元。后广西一建诉至法院，要求恒平公司支付欠付的工程款，并以欠款本金为基数，自 2017 年 5 月 29 日起按银行同期同类贷款利率计算利息、按每日 1‰计算逾期付款违约金。

### 法院观点

一审法院（青海省高级人民法院）认为，案涉工程于 2017 年 3 月 22 日实际使用，故广西一建主张自 2017 年 5 月 29 日起计算利息，符合法律规定。广西一建主张以欠款金额为基数按日千分之一计算违约金，过分高于造成的损失，应予调整。恒平公司迟延付款，造成广西一建资金被占用期间的利息损失应视为广西一建的实际损失。因违约金除具有补偿性之外兼具惩罚性，结合双方合同履行情况、预期利益等，恒平公司应在应付利息损失的基础上上浮 30% 支付广西一建违约金，即以 24, 710, 677. 52 元（认定的欠款金额）为基数，自 2017 年 5 月 29 日起按中国人民银行发布的同期同类贷款利率上浮 30% 支付违约金。因该违约金的计算已涵盖利

① 典型案例 252：广西建工集团第一建筑工程有限责任公司与青海恒平房地产开发有限公司建设工程施工合同纠纷案，最高人民法院（2019）最高法民终 1365 号民事判决书。

息，故对广西一建有关利息的主张不再重复支持。广西一建上诉称，工程款利息是法定孳息，与违约金性质不同，二者可同时主张。最高人民法院认为，违约金以补偿性为原则，以惩罚性为补充，主要用于弥补守约方因违约方的违约行为造成的损失，同时兼具一定的惩罚作用，以守约方的实际损失为标准，可以对过高或过低的违约金予以适当调整。本案中，双方当事人就迟延支付工程款的违约金计算方式进行了约定，即以迟延支付工程款的数额为基数按照每日3‰的标准支付违约金。而恒平公司迟延支付工程款给广西一建造成的损失主要为资金占用期间的利息损失。虽然广西一建一审起诉时主张按照每日1‰的标准计算违约金，但仍高于其实际损失。一审法院结合双方合同履行情况、预期利益等，确定恒平公司在利息损失的基础上上浮30%支付广西一建违约金，该违约金的计算方式足以弥补广西一建的利息损失，亦兼具一定的惩罚性质，属于法律规定范围内的合理调整。前述违约金的计算方式已涵盖利息损失，故一审法院未予支持广西一建要求恒平公司另行支付利息损失的请求并无不当。

## 6.6 违法所得

转包、违法分包、挂靠、签订“黑白合同”等，都属于现行法禁止的违法行为。实践中，承包合同与转包合同之间的价差、承包合同与违法分包合同在分包范围内的价差、被挂靠人出借资质的费用、“黑合同”与“白合同”之间的价差，通常被冠以管理费之名,[①] 但也不乏“挂靠费”、“协调费”、“分包费”[②]、“收益费”[③] 甚至“利润”之类的名目。究其实质，这些费用都是建立在转包、违法分包等违法行为基础上的非法利益。如何处理这些不法利益，是一个棘手的问题。对承包合同与转包合同之间的价差、承包合同与违法分包合同在分包范围内的价差、被挂靠人出借资质的费用，如果参照合同约定支付，则意味着转包人、违法分包人、被挂靠人基于违法行为（转包、违法分包、挂靠）反而获得了利益；如果不予支付，则原定支付义务方（转承包人、违法分承包人、挂靠人）的违法成本得以豁

① 之所以通常冠以管理费之名，是因为工程价款中的间接费包含管理费（分为企业管理费与现场管理费），即管理费本身是合法的费用，故借管理费之名以混淆视听。

② 谢勇：《建设工程施工合同案件裁判规则解析》，中国法制出版社2020年版，第26页。

③ 参考案例241：黄建国与河南东方建设集团发展有限公司、河南亚星置业集团有限公司建设工程施工合同纠纷案，最高人民法院（2020）最高法民终576号民事判决书。

免。对“白合同”与“黑合同”的价差，当“白合同”的工程款大于“黑合同”时，将“白合同”作为结算依据，则承包人最终获得的工程款大于双方当事人的真实约定，反之，则发包人支付的工程款小于双方当事人的真实约定。无论选择哪一份合同，均有一方当事人通过违法签订黑白合同获得利益。就此问题，目前实务界的主流意见是，采取类似于自然债务的处理规则。

## 裁判规则253

**《民法典》已经取消了收缴违法所得的民事强制措施。基于公权力法无授权即禁止的属性，对挂靠费、管理费、“白合同”与“黑合同”的价差等违法所得，不能在民事诉讼中进行收缴。**

如前所述，承包合同与转包合同之间的价差、承包合同与违法分包合同在分包范围内的价差、被挂靠人出借资质的费用、“黑合同”与“白合同”之间的价差，属于不法利益。对于不法利益，依据原《民法通则》第134条第3款、原《最高人民法院关于贯彻执行〈中华人民共和国民法通则〉若干问题的意见（试行）》［法（办）发〔1988〕6号］第163条第1款的规定，可以进行收缴。《2004年建工解释》第4条据此规定：“承包人非法转包、违法分包建设工程或者没有资质的实际施工人借用有资质的建筑施工企业名义与他人签订建设工程施工合同的行为无效。人民法院可以根据民法通则第一百三十四条规定，收缴当事人已经取得的非法所得。”实务中不乏据此实施收缴的案例。

但2017年的《民法总则》第179条在规定“承担民事责任的方式”时，取消了原《民法通则》第134条第3款的规定，《民法典》第179条亦未再规定收缴非法所得。也就是说，“没收违法所得的民事责任承担方式已丧失法律依据”①。人民法院进行收缴，属于公法行为，应遵循“法无授权即禁止”的要求。在现行法未规定人民法院有权收缴非法所得的情况下，在民事诉讼中，人民法院无权对非法所得进行收缴。

当然，对转包、违法分包、挂靠、签订“黑白合同”这类违法行为，政府主

① 最高人民法院民事审判第一庭编著：《最高人民法院新建设工程施工合同司法解释（一）理解与适用》，人民法院出版社2021年版，第16页。

管部门有权通过行政行为进行处罚。因此，法院可考虑参考《民法典合同编通则解释》第24条第3款[①]、住建部《建筑工程施工发包与承包违法行为认定查处管理办法》第14条的规定，将违法线索移交行政机关并建议由行政机关将管理费予以收缴，[②] 以平衡、修复民事法律关系，防止无效合同的当事人获得额外利益。[③] 在"广东省深圳市福田区南天一花园业主委员会与深圳市城市建设开发（集团）公司等房屋侵权纠纷案"[④] 中，针对深圳市城市建设开发（集团）公司出租违法建筑获取的收益，一审法院（深圳市中级人民法院）就认为，该收益属于违法所得，应由政府主管部门进行处理，但民事案件不做处理。

**典型案例253**

## 游婷婷、游昌华等与云南路桥股份有限公司、河南省豫南高速投资有限公司建设工程施工合同纠纷案[⑤]

### 基本案情

2005年1月31日，经招投标中标后，云南路桥股份有限公司（以下简称云南路桥公司）与河南省豫南高速投资有限公司（以下简称豫南高速公司）签订《合同协议书》约定，云南路桥公司承建阿荣旗至深圳高速公路新县段工程第4合同段3.428km土建工程，总价款12,576万元。该合同签订前，云南路桥公司于2005年1月22日向豫南高速公司出具承诺书称："我公司自愿同意在《阿荣旗至深圳高速公路新县段土建工程施工合同（no.4）》确定价格的基础上让利25%返还给贵公司。"2006年5月19日，云南路桥公司第四项目部与游克福签订《工程承包合同

① 该款前段规定："合同不成立、无效、被撤销或者确定不发生效力，当事人的行为涉嫌违法且未经处理，可能导致一方或者双方通过违法行为获得不当利益的，人民法院应当向有关行政管理部门提出司法建议。"

② 参见李玉生主编：《建设工程施工合同案件审理指南》，人民法院出版社2019年版，第109页。

③ 参见肖峰、韩浩：《建设工程合同纠纷实务争议问题研究》，载最高人民法院民事审判第一庭编：《民事审判指导与参考》总第84辑，人民法院出版社2021年版。

④ 参考案例242：广东省深圳市福田区南天一花园业主委员会与深圳市城市建设开发（集团）公司等房屋侵权纠纷案，最高人民法院（2013）民提字第94号民事判决书。

⑤ 典型案例253：游婷婷、游昌华等与云南路桥股份有限公司、河南省豫南高速投资有限公司建设工程施工合同纠纷案，最高人民法院（2014）民申字第365号民事裁定书。

书》约定，由游克福承建戴嘴2号隧道工程，第四项目部向游克福提取第四项目部与业主合同总价75%中的10%作为管理费上交云南路桥公司，余款支付给游克福。2007年2月，游克福退出施工。2008年11月17日，云南路桥公司第四项目部与游克福签订《工程结算》，确认依据云南路桥公司与豫南高速公司之间约定的工程量清单和单价计算，戴嘴2号隧道施工队工程总造价为26,691,080元；该结算金额并不是实际应付的金额，实际支付金额由财务按结算对照合同中的约定进行确定。后游婷婷起诉要求支付工程款。豫南高速公司在庭审中确认，已收到云南路桥公司按合同总价款25%计算的目标管理费。

## 法院观点

最高人民法院认为，云南路桥公司向豫南高速公司让利25%，在此基础上，游克福应上交的管理费为云南路桥公司与豫南高速公司合同总价75%中的10%。据此，云南路桥公司与游克福的承包合同价款为云南路桥公司与豫南高速公司合同总价的67.5%。云南路桥公司在签订建设工程施工合同前出具承诺书，表示在合同确定价格的基础上让利25%，该行为违反《招标投标法》《建筑法》的规定。豫南高速公司通过返利方式从工程款中收取高额费用，以及工程层层转包，将预算的工程价款扣留，极易导致实际施工单位不执行工程建设强制性标准等行为，造成工程质量隐患，从而难以保证工程安全，还会为腐败等不正之风和违法违纪行为的产生提供条件。对此，河南省高级人民法院已向河南省交通运输厅发出豫高法建（2013）03号司法建议书，建议河南省交通运输厅对案件中反映出来的违法行为加大执法监督和处罚力度，消除因工程款被层层截留所导致的工程质量隐患，保证工程质量和安全。故本案中涉及的豫南高速公司收取返利的违法问题应由相关部门依法处理。

## 裁判规则254

**基于转包、违法分包、出借资质而约定的违法所得，已经实际收取的，基于净手原则，实际施工人不得要求返还。**

在转包、违法分包、出借资质的情况下，对承包合同与转包合同之间的价差、承包合同与违法分包合同在分包范围内的价差、被挂靠人出借资质的费用，已经实际收取的，实际施工人可否要求返还？

《重庆市高级人民法院、四川省高级人民法院关于审理建设工程施工合同纠纷案件若干问题的解答》第6条第1款规定："转包人、违法分包人、出借资质的建筑施工企业已经收取了管理费，实际施工人以建设工程施工合同无效为由请求返还的，人民法院不予支持。"安徽省高级人民法院民四庭也主张，对已经支付的挂靠费，挂靠人不得要求返还。①这一观点的理论基础是净手原则，即"任何人不得从自己的违法行为中获利"，"主张权利者不得有不洁净之手"②。根据约定，实际施工人应当承担承包合同与转包合同之间的价差、承包合同与违法分包合同在分包范围内的价差、被挂靠人出借资质的费用。而实际施工人主张返还该笔费用的理由是合同无效，如果支持实际施工人的诉请，则实际施工人作为无效合同的缔结者，从其违法行为（缔结无效合同）中获取了利益，有违净手原则的要求。因此，对承包合同与转包合同之间的价差、承包合同与违法分包合同在分包范围内的价差、被挂靠人出借资质的费用，已经实际收取的，实际施工人不得要求返还。

实践中，工程款支付通常遵循如下顺序：发包人→转包人（违法分包人、被挂靠人）→实际施工人。即转包人（违法分包人、被挂靠人）收到发包人支付的工程款后，扣除合同约定比例的费用，再将剩余工程款支付给实际施工人。这种模式就导致一旦发包人完成付款，转包人（违法分包人、被挂靠人）就实际取得违法所得，实际施工人无权再主张该笔费用。《重庆市高级人民法院、四川省高级人民法院关于审理建设工程施工合同纠纷案件若干问题的解答》（渝高法〔2022〕156号）第6条第3款即规定："实际施工人请求转包人、违法分包人、出借资质的建筑施工企业支付的工程款中包含管理费的，对于管理费部分不予支持。"

① 参见安徽省高级人民法院民四庭：《关于房地产发改案件的调研报告》，载最高人民法院民事审判第一庭编：《民事审判指导与参考》总第58辑，人民法院出版社2014年版。

② 参见徐国栋：《从研究〈民法典〉中的净手规定开始——运用罗马法和比较法材料建构我国的净手原则》，载《中国政法大学学报》2022年第3期。

**典型案例 254**

## 拉萨市华宇建设有限责任公司与冯勇建设工程施工合同纠纷案[①]

### 基本案情

2013 年 9 月，中铁七局三公司承接了西藏昌都地区交通运输局公路建设项目管理中心的西藏自治区省道 303 线洛隆至边坝公路改建工程。2013 年 9 月 14 日，拉萨市华宇建设有限责任公司（以下简称华宇公司）与佘龙签订《工程承包合同》约定，华宇公司将案涉工程转包给佘龙，华宇公司按照工程总造价的 17% 收取管理费（2735.6 万元）。2013 年 10 月 29 日，中铁七局三公司与华宇公司签订《施工协议书》约定，案涉工程由双方合作建设。因冯勇与佘龙系合伙关系，华宇公司与佘龙签订的《工程承包合同》实际由冯勇履行。在向华宇公司支付 1000 万元管理费后，2013 年 9 月，冯勇管理的施工队入场施工，2015 年 7 月，冯勇退场。后华宇公司起诉，要求冯勇与佘龙返还多支付的工程款、垫付的农民工工资并赔偿损失。

### 法院观点

一审法院（西藏自治区高级人民法院）在认定《工程承包合同》因构成违法转包而无效的基础上，判决冯勇返还多领取的工程费 17,261,642.71 元。冯勇提起上诉称，原审判决认定《工程承包合同》无效，则华宇公司收取的 1000 万元管理费应予返还，在此基础上可从冯勇应当返还的工程款中予以扣减。最高人民法院在二审中认为，案涉《工程承包合同》无效系因违反法律、法规的强制性规定，但管理费系双方关于工程项目建设资格的对价，并在《工程承包合同》中进行了明确。冯勇实际参与了施工，并与华宇公司进行了结算，该管理费的支付既非给付错误，也无权利侵害，并非冯勇遭受的损失，尚难认定符合不当得利的构成要件。故对冯勇关于返还和抵扣管理费的上诉请求，不予支持。

---

① 典型案例 254：拉萨市华宇建设有限责任公司与冯勇建设工程施工合同纠纷案，最高人民法院（2019）最高法民终 1752 号民事判决书。

## 裁判规则255

**基于转包、违法分包、出借资质而约定的违法所得，尚未实际收取的，基于净手原则，不得要求参照合同约定或参照实际提供的管理进行收取。**

在转包、违法分包、出借资质的情况下，对承包合同与转包合同之间的价差、承包合同与违法分包合同在分包范围内的价差、被挂靠人出借资质的费用，尚未实际收取的，承包人或被挂靠人可否要求实际施工人参照约定进行支付？

就此问题存在三种处理模式：第一种处理模式是，如果承包人（或被挂靠人）实际参与了案涉工程的施工管理，则实际施工人应参照合同约定标准支付费用。最高人民法院第二巡回法庭明确支持这一观点。其2020年第7次法官会议纪要提出，“如该‘管理费’属于工程价款的组成部分，而转包方也实际参与了施工组织管理协调，可参照合同约定处理；对于转包方纯粹通过转包牟利，未实际参与施工组织管理协调，合同无效后主张‘管理费’的，应不予支持”①。最高人民法院在“重庆市基础工程有限公司与新疆生产建设兵团建设工程（集团）有限责任公司建设工程施工合同纠纷案”②、“周拥军与七冶博盛建筑安装工程有限责任公司建设工程施工合同纠纷案”③ 中持这一观点。广东省高级人民法院④、福建省高级人民法

---

① 该则纪要全文为：“建设工程施工合同因非法转包、违法分包或挂靠行为无效时，对于该合同中约定的由转包方收取‘管理费’的处理，应结合个案情形根据合同目的等具体判断：如该‘管理费’属于工程价款的组成部分，而转包方也实际参与了施工组织管理协调的，可参照合同约定处理；对于转包方纯粹通过转包牟利，未实际参与施工组织管理协调，合同无效后主张‘管理费’的，应不予支持；合同当事人以作为合同价款的‘管理费’应予收缴为由主张调整工程价款的，不予支持；基于合同的相对性，非合同当事人不能以转包方与转承包方之间有关‘管理费’的约定主张调整应支付的工程款。”

② 参考案例243：重庆市基础工程有限公司与新疆生产建设兵团建设工程（集团）有限责任公司建设工程施工合同纠纷案，最高人民法院（2020）最高法民终860号民事判决书。

③ 典型案例136：周拥军与七冶博盛建筑安装工程有限责任公司建设工程施工合同纠纷案，最高人民法院（2018）最高法民终587号民事判决书。

④ 原《广东省高级人民法院关于审理建设工程合同纠纷案件疑难问题的解答》（粤高法〔2017〕151号）第26条规定：“违法分包、转包工程合同或者挂靠合同中约定管理费，如果分包人、转包人或被挂靠人在工程施工过程中履行了管理义务，其主张参照合同约定收取劳务费用的，可予支持；实际施工人有证据证明合同约定的管理费过高的，可依法予以调整。”

院①的观点与此类似。第二种处理模式是，对承包人（或被挂靠人）的这一请求全部予以驳回。安徽省高级人民法院②、江苏省高级人民法院③、重庆市高级人民法院与四川省高级人民法院④持这一观点。最高人民法院在“黄建国与河南东方建设集团发展有限公司建设工程施工合同纠纷案”⑤ 中持这一立场。《最高人民法院民事审判第一庭2021年第21次专业法官会议纪要》⑥ 也认为，“此类管理费属于违法收益，不受司法保护。因此，合同无效，承包人或者出借资质的建筑企业请求实际施工人按照合同约定支付管理费的，不予支持”⑦。第三种处理模式是，根据转包人（违法分包人、被挂靠人）实际提供的管理、协助，在合同约定的计价标准

---

① 《福建省高级人民法院当前我省涉建工纠纷审判调研　问答·案例·白皮书》（2022年9月）第12条中段规定：“如该‘管理费’属于工程价款的组成部分，承包人举证证明其实际参与了施工组织管理协调的，可参照合同约定处理；对于承包人纯粹通过转包牟利，未实际参与施工组织管理协调，合同无效后主张‘管理费’的，应不予支持。”

② 参见安徽省高级人民法院民四庭：《关于房地产发改案件的调研报告》，载最高人民法院民事审判第一庭编：《民事审判指导与参考》总第58辑，人民法院出版社2014年版。

③ 原《江苏省高级人民法院关于审理建设工程施工合同纠纷案件若干问题的解答》（2018年6月26日）第6条规定：“出借资质的一方或者转包人要求按照合同约定支付管理费的，根据《建设工程司法解释》第4条的规定，不予支持。”

④ 《重庆市高级人民法院、四川省高级人民法院关于审理建设工程施工合同纠纷案件若干问题的解答》（渝高法〔2022〕156号）第6条第2款规定：“未实际参与施工、组织管理协调的转包人、违法分包人、出借资质的建筑施工企业请求实际施工人按照无效建设工程施工合同约定支付管理费，人民法院不予支持。”

⑤ 参考案例244：黄建国与河南东方建设集团发展有限公司建设工程施工合同纠纷案，最高人民法院（2020）最高法民终576号民事判决书、（2021）最高法民申3897号民事裁定书。

⑥ 最高人民法院民事审判第一庭编：《民事审判指导与参考》总第87辑，人民法院出版社2022年版，第166页。

⑦ 该则纪要全文为：“转包合同、违法分包合同及借用资质合同均违反法律的强制性规定，属于无效合同。前述合同关于实际施工人向承包人或者出借资质的企业支付管理费的约定，应为无效。实践中，有的承包人、出借资质的企业会派出财务人员等个别工作人员从发包人处收取工程款，并向实际施工人支付工程款，但不实际参与工程施工，既不投入资金，也不承担风险。实际施工人自行组织施工，自负盈亏，自担风险。承包人、出借资质的企业只收取一定比例的管理费。该管理费实质上并非承包人、出借资质的企业对建设工程施工进行管理的对价，而是一种通过转包、违法分包和出借资质违法套取利益的行为。此类管理费属于违法收益，不受司法保护。因此，合同无效，承包人或者出借资质的建筑企业请求实际施工人按照合同约定支付管理费的，不予支持。”

以下酌情支持。湖南省高级人民法院持这一立场。[①] 最高人民法院在“徐步升与重庆一建建设集团有限公司青海分公司等建设工程施工合同纠纷案”[②] 中，将约定的管理费 4, 279, 592. 93 元（总造价的 2%）调整为 3, 094, 000 元；在“湖北工程建设总承包有限公司与上海联众建筑装潢安装工程有限公司建设工程合同纠纷案”[③] 中，将约定的结算总额 13%的管理费调整为审定总价的 9%；在“江苏省第一建筑安装集团股份有限公司与孙炎等建设工程施工合同纠纷案”[④] 中，将管理费由约定的 8%调整为 4%；在“葛向华与海天建设集团有限公司建设工程分包合同纠纷案”[⑤] 中，将管理费由约定的 5, 989, 223. 17 元调整为 300 万元；在“王保贞与江俊鹏等建设工程施工合同纠纷案”[⑥] 中，将合同约定的工程造价 7%的管理费降低至 2%。

第一种模式——参照合同约定标准支付——显然不具有合理性。《民法典》第 793 条第 1 款规定可以参照的是“合同关于工程价款的约定”，在转包、违法分包、出借资质的情况下，转包人、违法分包人、被挂靠人并未参与该部分工程的实际施工，约定收取的该笔费用不属于工程价款的范畴，而是转包、违法分包、出借资质行为衍生的违法利益，因而不应参照合同约定标准支付。

第二种模式——根据实际提供的管理、协助酌定相应费用——认为，转包人、违法分包人、被挂靠人基于管理、协助行为对工程建设投入了相应的人力、物力，该投入已物化到建设工程之中，故管理费实际包含了转包人、违法分包人、被

---

① 《湖南省高级人民法院关于审理建设工程施工合同纠纷案件若干问题的解答》（湘高法〔2022〕102 号）第 11 条规定：“建设工程施工合同无效，合同约定的管理费原则上不予支持。当事人主张的，法院可以根据合同系借用资质或转包、违法分包等不同类型，结合出借资质人、转包人、违法分包人是否履行管理职责因素予以适当支持，一般不宜超过总工程款的 3%。”

② 参考案例 245：徐步升与重庆一建建设集团有限公司青海分公司等建设工程施工合同纠纷案，最高人民法院（2020）最高法民终 242 号民事判决书。

③ 参考案例 246：湖北工程建设总承包有限公司与上海联众建筑装潢安装工程有限公司建设工程合同纠纷案，最高人民法院（2018）最高法民再 317 号民事判决书。

④ 参考案例 247：江苏省第一建筑安装集团股份有限公司与孙炎等建设工程施工合同纠纷案，最高人民法院（2019）最高法民终 1779 号民事判决书。

⑤ 参考案例 248：葛向华与海天建设集团有限公司建设工程分包合同纠纷案，最高人民法院（2020）最高法民终 1165 号民事判决书。

⑥ 参考案例 249：王保贞与江俊鹏等建设工程施工合同纠纷案，最高人民法院（2020）最高法民终 79 号民事判决书。

挂靠人对工程项目的实际投入，不再仅仅是转包、违法分包或挂靠资质所得。基于公平、等价有偿原则，实际施工人理应支付相应对价。[①] 该模式采纳者众。但从结果看，这种模式“必将催生另一种‘乱象’——‘表演式管理’，即被挂靠人、转包人为了获取管理费，制造‘作秀式’的管理数据和证据，从而进一步加剧建筑市场的乱象”[②]，此其一。其二，由于转包、违法分包、借用资质是违法行为，为掩人耳目，施工过程中实际施工人通常以转包人、违法分包人、被挂靠人的名义对外。站在证据的角度，很难区分哪些行为是转包人、违法分包人、被挂靠人本人实施的，哪些行为是实际施工人以转包人、违法分包人、被挂靠人的名义实施的。其三，转包、违法分包、借用资质是违法行为，即便转包人、违法分包人、被挂靠人实施了管理、协助行为，也是建立在违法行为的基础之上，且以违法行为为前提。因此，如果基于转包人、违法分包人、被挂靠人的实际管理、协助行为而酌情支持相应费用，实质依然是支持了违法利益。

据此，基于净手原则，基于转包、违法分包、出借资质而约定的违法所得，尚未实际收取的，既不得要求参照合同约定收取，也不得参照实际提供的管理收取。当然，如果实际施工人自愿给付，则不受净手原则的限制。在“逯淑梅与江苏盛谐建设集团有限公司、大庆油田房地产开发有限责任公司建设工程施工合同纠纷案”[③] 中，江苏盛谐建设集团有限公司（以下简称盛谐公司）把承接的工程转包给逯淑梅，双方在《拨款协议书》中约定，盛谐公司按工程款总额的1%收取管理费。后双方发生纠纷，逯淑梅向盛谐公司主张工程款，盛谐公司要求扣除约定的管理费（工程总造价为274,587,276.32元）。最高人民法院即认为，“首先，本案中盛谐公司与逯淑梅转包行为无效，双方基于无效行为产生的‘管理费’并不属于人民法院应予强制判决的款项；其次，逯淑梅自愿参照约定的1%标准给付款项，处分自身权益，应以其最终自愿认可数额（786,630元）为准”。

---

① 参见杨心忠等：《建设工程合同纠纷裁判思路》，法律出版社2014年版，第137页。

② 王毓莹、史智军：《建设工程施工合同纠纷疑难问题和裁判规则解析》，法律出版社2022年版，第318页。

③ 典型案例69、406：逯淑梅与江苏盛谐建设集团有限公司、大庆油田房地产开发有限责任公司建设工程施工合同纠纷案，最高人民法院（2020）最高法民终1008号民事判决书。

**典型案例 255**

## 胡水根与广州富利建筑安装工程有限公司建设工程施工合同纠纷案①

### 基本案情

2011年2月7日，保利公司与广州富利建筑安装工程有限公司（以下简称富利公司）签订《建设工程施工合同》约定，富利公司对南昌保利东湾国际花园项目二期建筑安装工程Ⅰ标段进行总承包，合同暂定价为42,831,895元（暂定造价不含分包项目，不含保利公司供材料，含3%富利公司总包管理费、2%保利公司分包配合费）。合同签订后，富利公司将工程转交给胡水根施工，该工程于2011年7月26日正式开工建设，2013年12月28日上述工程全部通过竣工验收并交付使用。按照工程进度，保利公司向富利公司支付工程款，富利公司扣除管理费后，将工程款全部支付给胡水根。2013年12月30日，胡水根和富利公司补签分包协议书，胡水根承诺无任何附加条件全部承担总承包合同中乙方（富利公司）的全部权利和义务。后胡水根诉至法院，要求富利公司支付工程款2500万元及其利息。富利公司辩称，结合《建设工程施工合同》的约定与胡水根的承诺，富利公司作为总包单位有权收取3%的管理费。

### 法院观点

富利公司将承建的工程违法转包给胡水根垫资施工，双方之间的建设工程施工合同无效。在此基础上，江西省高级人民法院认为，富利公司作为有资质的建筑施工企业为牟取非法的管理费，明知受让人胡水根无相应建筑施工资质仍然违法转包，故对富利公司主张非法管理费的请求不予支持。最高人民法院也认为，富利公司作为有资质的建筑施工企业，在明知胡水根无相应建筑施工资质的情形下仍向其

① 典型案例255：胡水根与广州富利建筑安装工程有限公司建设工程施工合同纠纷案，最高人民法院（2017）最高法民再395号民事判决书。

违法转包，存在明显过错；且富利公司不能举证证明其实际参与了工程建设的相关管理，胡水根作为案涉工程的实际施工人，其实际承担了工程项目的管理工作。因此，富利公司就管理费的主张不应得到支持。

# 7. 建设工程施工合同的履行、转让与解除规则

本章主要讨论如下内容：(1) 建设工程施工合同所涉义务群。包括发包人的主合同义务——支付价款，承包人的主合同义务——交付合格的建设工程，承包人的从合同义务——开具工程款发票与交付工程施工资料，发包人的协作义务。(2) 承包人工程款债权诉讼时效的起算时间，该起算时间也决定了工程价款优先受偿权行使期间的起算时间。(3) 发包人或承包人为复数主体的情形下，相应责任主体的界定。(4) 承包人转让工程款债权应当遵循的规则。(5) 建设工程施工合同可得解除的情形、解除的法律后果。

## 7.1 发包人支付工程款的义务

《民法典》第788条第1款规定："建设工程合同是承包人进行工程建设，发包人支付价款的合同。"第799条第1款规定："建设工程竣工后，发包人应当根据施工图纸及说明书、国家颁发的施工验收规范和质量检验标准及时进行验收。验收合格的，发包人应当按照约定支付价款，并接收该建设工程。"据此，发包人在建设工程施工合同项下的主合同义务是支付工程款。

**裁判规则256**

**建设工程施工合同履行过程中，发包人支付给承包人的款项应推定为工程款，但有证据证明系其他款项的除外。**

建设工程施工合同履行过程中，发包人向承包人付款时没有注明款项性质，双方就工程款支付发生纠纷后，发包人主张已付款项系工程款，承包人主张是借款或

其他性质款项的，应当如何处理？

一般认为，在建设工程施工合同履行过程中，发包人向承包人支付的款项，无论有无注明款项性质，一般应推定为工程款。《湖南省高级人民法院关于审理建设工程施工合同纠纷案件若干问题的解答》（湘高法〔2022〕102 号）第 14 条即规定："建设工程施工合同履行过程中，当事人出具借条预支工程进度款，发包人或承包人在结算工程价款过程中主张抵扣借款本金及利息的，应当一并处理。"下述【典型案例 256】即为适例。当然，如果发承包双方之间确实存在多宗金钱债务，比如双方之间还存在借款关系，且有证据证明发包人的付款是清偿其他债务，或者符合《民法典》第 560 条①规定的债务清偿抵充顺序规则，则可推翻该推定。

**典型案例 256**

## 西安市临潼区建筑工程公司与陕西恒升房地产开发有限公司建设工程施工合同纠纷案②

### 基本案情

2003 年 3 月 10 日，西安市临潼区建筑工程公司（以下简称临潼公司）进入陕西恒升房地产开发有限公司（以下简称恒升公司）开发的恒升大厦综合楼工程工地进行施工。2003 年 9 月 10 日，双方签订《建设工程施工合同》约定，临潼公司承建恒升大厦综合楼项目的土建、安装、设备及装饰、装修和配套设施等工程。2005 年 2 月 2 日，恒升大厦综合楼地基与基础分部工程、主体（1—10 层）分部工程经竣工验收合格；11—24 层主体工程已完工但未进行竣工验收。后临潼公司诉至

① 该条第 1 款规定："债务人对同一债权人负担的数项债务种类相同，债务人的给付不足以清偿全部债务的，除当事人另有约定外，由债务人在清偿时指定其履行的债务。"第 2 款规定："债务人未作指定的，应当优先履行已经到期的债务；数项债务均到期的，优先履行对债权人缺乏担保或者担保最少的债务；均无担保或者担保相等的，优先履行债务人负担较重的债务；负担相同的，按照债务到期的先后顺序履行；到期时间相同的，按照债务比例履行。"

② 典型案例 256：西安市临潼区建筑工程公司与陕西恒升房地产开发有限公司建设工程施工合同纠纷案，最高人民法院（2007）民一终字第 74 号民事判决书。《最高人民法院公报》2008 年第 8 期，第 26—34 页。

法院，要求恒升公司支付拖欠的工程款。一审判决认定，恒升公司已付工程款数额为10,532,342.4元。对一审判决认定的已付款金额，临潼公司上诉称，其中一笔2,773,932.4元是归还其借款480万元，应从恒升公司的已付工程款中予以扣除。

## 法院观点

最高人民法院在二审中认为，临潼公司的诉讼请求是要求判令恒升公司支付拖欠的工程款及利息，赔偿停、窝工损失。支付工程款与归还借款是两个不同的法律关系，临潼公司主张将借款从恒升公司已付工程款中直接扣除，缺乏相应的法律依据，不予支持，临潼公司主张的借款问题应另行解决。

## 裁判规则257

**建设工程施工合同履行过程中，发包人直接向实际施工人支付的工程款应纳入发包人对承包人的已付款范畴，但合同明确排除这种支付方式或支付金额超出承包人工程款的部分除外。**

建设工程施工合同履行过程中，发包人直接向实际施工人支付工程款的情形屡见不鲜。在承包人向发包人主张工程款债权时，发包人常主张将支付给实际施工人的款项认定为已付款，承包人则主张该款项与己方无关。就此问题，应当如何处理？

有观点认为，根据合同相对性，在承包人向发包人主张工程款时，发包人请求抵扣已向实际施工人等支付的款项，原则上不应支持，但当事人另有约定，生效判决、仲裁裁决予以确认或发包人有证据证明其有正当理由向实际施工人支付的除外。[①] 广东省高级人民法院即持这一观点。[②]也有观点认为，对于发包人直接向实际施工人支付的款项，除非有证据证明发包人支付的不属于工程款，或者发包人支付

① 参见李玉生主编：《建设工程施工合同案件审理指南》，人民法院出版社2019年版，第85页。

② 原《广东省高级人民法院关于审理建设工程合同纠纷案件疑难问题的解答》（粤高法〔2017〕151号）第28条规定："承包人请求发包人支付工程款，发包人主张对其已向实际施工人支付的工程款进行抵扣的，不予支持，但合同另有约定、承包人予以授权、生效裁决予以确定或者发包人有证据证明其有正当理由向实际施工人支付工程款的除外。"

工程款存在重大过失，发包人所付的工程款都应当从应付工程款中予以扣除。[①] 江苏省高级人民法院[②]、重庆市高级人民法院[③]持这一观点。

立足于建设工程施工合同的实际履行状况、现行法对实际施工人的特别保护规则，应将发包人在建设工程施工合同履行过程中直接向实际施工人支付的工程款视为发包人对承包人的已付款。首先，《民法典》第524条确立了第三人清偿规则。该条第1款规定："债务人不履行债务，第三人对履行该债务具有合法利益的，第三人有权向债权人代为履行；但是，根据债务性质、按照当事人约定或者依照法律规定只能由债务人履行的除外。"第2款规定："债权人接受第三人履行后，其对债务人的债权转让给第三人，但是债务人和第三人另有约定的除外。"《建设工程施工合同解释（一）》第43条允许实际施工人越过承包人直接向发包人主张工程款，故就实际施工人的工程款债权，发包人有向实际施工人付款的义务与法律依据。其次，实际施工人未能及时获得工程款，必然影响施工进度、工程质量，进而有损发包人利益。因此，发包人为使工程顺利推进或者保障农民工利益，直接向实际施工人支付工程款的行为具有合理性，应当将发包人向实际施工人支付的工程款视为对承包人的已付款。[④] 最后，虽然发包人向实际施工人付款不符合合同相对性的要求，但因承包人对实际施工人有付款义务，故发包人向实际施工人付款的行为，可视为发包人代承包人清偿债务，发包人因此对承包人享有替代履行后的求偿权。在承包人追索工程款的诉讼中，发包人可以主张抵销。从法律效果上看，上述法律关系与将发包人向实际施工人支付的工程款视为发包人对承包人的已付款并无区别。

---

① 参见谢勇：《建设工程施工合同案件裁判规则解析》，中国法制出版社2020年版，第115、116页。

② 原《江苏省高级人民法院关于审理建设工程施工合同纠纷案件若干问题的意见》（苏高法审委〔2008〕26号）第14条规定："承包人根据建设工程施工合同要求发包人支付工程款，发包人要求对已经向实际施工人支付的部分进行抵扣的，人民法院应予支持，但承包人有证据证明发包人与实际施工人恶意串通的除外。"

③《重庆市高级人民法院民一庭关于建设工程施工合同纠纷中的法律适用问题解答（一）》（2015年）第13条规定："发包人向承包人任命或承认的讼争工程项目负责人或者项目经理支付工程价款的，应当视为发包人对承包人的直接付款行为。"

④ 参见李玉生主编：《建设工程施工合同案件审理指南》，人民法院出版社2019年版，第85页；潘军锋：《建设工程价款结算审判疑难问题研究》，载《法律适用》2019年第5期。

但以下两种情形应予排除：一是建设工程施工合同明确约定，发包人只能将工程款支付给承包人，如支付给实际施工人，不视为对承包人的付款。基于对当事人意思自治的尊重，发包人在此情形下对实际施工人的付款不能视为对承包人的付款。当然，如生效判决、仲裁裁决或行政主管机关要求发包人向实际施工人、材料商、农民工付款，则仍应视为对承包人的付款。二是发包人支付给实际施工人的金额超出承包人工程款金额的，则超出部分不能视为对承包人的付款，发包人应向实际施工人要求返还。否则，即意味着要求承包人就发包人的不当行为（超额支付）承担责任。

**典型案例 257**

## 福建融港侨装饰设计工程有限公司与新疆天山实业发展有限公司建筑装饰工程施工合同纠纷案①

### 基本案情

2005 年 7 月 25 日，福建融港侨装饰设计工程有限公司（以下简称融港侨公司）与新疆天山实业发展有限公司（以下简称天山实业公司）签订《建设工程施工合同》约定，融港侨公司承包天山实业公司的天山大酒店装修工程。2010 年 2 月 2 日，融港侨公司将工程交付给天山实业公司使用。2010 年 1 月 26 日，双方签署《建设工程造价审核确认书》，明确工程造价为 5080 万元。2011 年 5 月 26 日，融港侨公司诉至法院，要求天山实业公司支付工程欠款 44, 066, 605. 42 元及相应利息。诉讼中，双方有争议的已付工程款为 5, 867, 909. 7 元。其中，天山实业公司在 2008 年 4 月 15 日、2009 年 6 月 25 日共计向元亨消防公司支付消防工程款 30 万元；2008 年 10 月 16 日、27 日，2009 年 6 月 5 日、26 日，分四次向英派机电公司付空调款 71. 8 万元。融港侨公司对付款的真实性无异议，但以没有融港侨公司的收据及未得到其授权为由不认可该付款。

① 典型案例 257：福建融港侨装饰设计工程有限公司与新疆天山实业发展有限公司建筑装饰工程施工合同纠纷案，最高人民法院（2013）民一终字第 12 号民事判决书。

## 法院观点

最高人民法院认为，30万元、71.8万元两笔款项是天山实业公司向元亨消防公司、英派机电公司支付的。融港侨公司作为总包单位，消防工程款和空调工程款应当包含在其工程总造价中，元亨消防公司、英派机电公司对此部分进行施工，天山实业公司向元亨消防公司、英派机电公司支付的消防工程款和空调工程款101.8万元应当视为对融港侨公司支付工程款。

## 裁判规则258

**建设工程施工合同履行过程中，发包人代承包人向第三人清偿债务的，不应视为发包人对承包人的已付款，但该代偿行为系受承包人、实际施工人指示或基于法律文书、行政机关要求的除外。**

建设工程施工合同履行过程中，发包人代承包人向第三人清偿债务，如代承包人对外支付材料款、农民工工资或偿还借款，发包人可否要求将该款项作为已付款在工程欠付款中予以扣减？

上述代偿行为有别于发包人向实际施工人的付款。基于《建设工程施工合同解释（一）》第43条的规定，实际施工人有权直接向发包人追索工程款。因此，发包人向实际施工人的付款满足《民法典》第524条第1款所要求的“对履行该债务具有合法利益”，进而根据第524条第2款的规定，可以向承包人追偿。对于承包人对其他债权人所负债务，发包人对履行该债务不具有合法利益，因此发包人代承包人向第三人清偿债务的，不应视为发包人对承包人的已付款。

但需注意以下例外情形：一是该代偿行为系受承包人、实际施工人指示或得到追认的，则应视为对承包人的已付款。在后述“西安市临潼区建筑工程公司与陕西恒升房地产开发有限公司建设工程施工合同纠纷案”① 中，施工过程中，发包人恒升公司向案外人致圣公司付款580万元，并主张在对承包人临潼公司的应付款中

① 典型案例256：西安市临潼区建筑工程公司与陕西恒升房地产开发有限公司建设工程施工合同纠纷案，最高人民法院（2007）民一终字第74号民事判决书。《最高人民法院公报》2008年第8期，第26—34页。

予以扣除，因临潼公司认可了340万元，法院即认定该340万元构成已付款。在下述【典型案例258】中，对发包人按实际施工人指示对他人的付款，法院也纳入了对承包人的已付款范畴。此外，还可参见“海天建设集团有限公司与甘肃金鸿盛房地产开发有限公司建设工程施工合同纠纷案”①。二是该代偿行为系基于法律文书、行政机关要求的，也应视为对承包人的已付款。

**典型案例258**

## 重庆伟太建筑工程集团有限公司与贵州金石园合朋房地产开发有限公司等建设工程施工合同纠纷案②

### 基本案情

2011年10月15日，贵州金石园合朋房地产开发有限公司（以下简称金石园公司）与重庆伟太建筑工程集团有限公司（以下简称伟太公司）签订《建设工程施工合同》约定，伟太公司承建金石清水城1号楼工程，胡永忠在伟太公司委托代理人一栏签字。2011年10月18日，伟太公司与胡永忠签订《工程项目内部责任承包协议书》约定，伟太公司将金石清水城1号楼工程承包给胡永忠，胡永忠按工程总造价的7%向伟太公司缴纳管理费及税收。2014年12月2日，金石园公司与伟太公司就案涉工程签订《补充协议》，胡永忠、李书贵在伟太公司代表人处签字。2015年5月28日，伟太公司向金石园公司移交了1号楼1—5单元中445套房屋的钥匙。2016年8月1日，伟太公司向金石园公司送达《收款账户通知函》，要求金石园公司自收到该函之日起，将所有工程款及其他相关款项支付至指定账户。后双方就结算发生争议，伟太公司诉至法院，要求金石园公司支付工程款54,793,629.34元。诉讼中，金石园公司主张，应李书贵要求支付的八笔款项（共计11,495,561元）应视为已付款。伟太公司则认为，该款均是李书贵用于归还借款和个人生活，并非用于工程施工，且发生在送达《收款账户通知函》之后，不能抵扣工程款。

① 参考案例250：海天建设集团有限公司与甘肃金鸿盛房地产开发有限公司建设工程施工合同纠纷案，最高人民法院（2020）最高法民终162号民事判决书。

② 典型案例258：重庆伟太建筑工程集团有限公司与贵州金石园合朋房地产开发有限公司等建设工程施工合同纠纷案，最高人民法院（2020）最高法民终452号民事判决书。

## 法院观点

最高人民法院认为，胡永忠、李书贵共同投资、共同管理经营案涉工程项目，双方之间构成个人合伙。胡永忠、李书贵作为实际施工人借用伟太公司资质，故案涉《建设工程施工合同》《补充协议》应属无效。但伟太公司是合同约定的承包人，在合同履行过程中，部分工程款系金石园公司向伟太公司支付，且实际施工人胡永忠亦表示同意由伟太公司主张工程款相关权利，故伟太公司有权要求金石园公司支付案涉工程的价款。针对争议的八笔款项：（1）金石园公司支付汪维的640万元。胡永忠、李书贵认可向汪维借款的真实性，金石园公司已实际向汪维支付了640万元，且金石园公司将款项支付到汪维账户系受李书贵的委托，故应认定该640万元为金石园公司已付工程款。（2）金石园公司支付陈勇、罗毅的3,699,441元。胡永忠、李书贵对向陈勇、罗毅借款的事实不持异议，金石园公司受李书贵委托已实际向陈勇、罗毅支付3,696,441元，应认定该款为已付工程款。（3）李书贵个人分六次收取的1,399,120元。一则案涉工程是由胡永忠挂靠伟太公司实际施工，胡永忠与李书贵系合伙关系，该二人向金石园公司支取的涉及工程的款项可以认定为金石园公司已付工程款；二则在施工合同履行过程中，金石园公司也实际向胡永忠、李书贵支付工程款，对于部分工程款伟太公司予以认可；三则上述款项均有相应的付款凭证及李书贵出具的借条或收条为据，且均明确为工程款，故均应认定为金石园公司已付工程款。

## 裁判规则259

**建设工程施工合同约定的“背靠背付款”条款，属于附条件的风险转移条款。该约定不违反法律、行政法规的强制性规定，应属有效。但《最高人民法院关于大型企业与中小企业约定以第三方支付款项为付款前提条款效力问题的批复》第1条规定的情形除外。**

在挂靠、转包、分包等情形下，承包人对实际施工人的付款，常约定以发包人付款为前提。以分包为例，总承包人为避免因发包人迟延付款导致其对分包人迟延付款，遂与分包人约定，将发包人付款作为其向分包人付款的前提条件，待发包人付款后，总承包人才向分包人付款；如发包人迟延付款，总承包人无须向分包人承担逾期付款的违约责任。这类约定通常被称为“背靠背付款”（Pay When Paid）条款，又称“业主支付前提条款”“传导条款”。

针对“背靠背付款”条款的性质，有两种观点。一种观点认为，“背靠背付款”条款属于附期限的法律行为，即以承包人从发包人处获得工程款的时间为承包人对实际施工人付款的始期。另一种观点认为，“背靠背付款”条款属于附条件法律行为，即以承包人从发包人处获得工程款为承包人对实际施工人付款之生效条件。① 在约定“背靠背付款”条款时，承包人从发包人处获得工程款属于尚未发生的事实，而无论是法律行为的附期限还是附条件，均指向将来的客观事实。故“背靠背付款”条款究竟属于附期限法律行为还是附条件法律行为，确易混淆。但比较法律行为的附期限与附条件对将来之客观事实的要求，前者指向“将来客观确定到来之事实”，后者指向“将来客观上不确定之事实”②。而发包人将来是否向承包人付款，显然属于“将来客观上不确定之事实”，故建设工程施工合同约定的“背靠背付款”条款，应属附条件的法律行为。

针对“背靠背付款”条款的效力，有判决认为，“背靠背付款”条款突破了合同的相对性，宜认定其无效。③ 也有判决认为，“背靠背付款”条款明显违背公平原则，应属无效。④ 还有判决认为，“双方当事人虽约定付款应以业主向承包人付款为前提，但该条款的约定并非一个明确的支付价款的期限，也即双方对付款时间的约定不明”⑤。但多数观点认为，“背靠背付款”条款是对承包人的付款义务设定了条件，基于当事人意思自治，应当认可“背靠背付款”条款的效力。⑥《北京市

① 参见杨心忠等：《建设工程合同纠纷裁判思路》，法律出版社 2014 年版，第 17 页。

② 梁慧星：《民法总论》，法律出版社 2021 年版，第 193、198 页。

③ 参考案例 251：湖北新农垦建设工程有限公司与湖北省崇阳县宏远脚手架安装有限公司承揽合同纠纷案，湖北省咸宁市中级人民法院（2014）鄂咸宁中民三终字第 138 号民事判决书。

④ 参考案例 252：北京东方信联无线通信有限公司与天津讯广科技有限公司建设工程合同纠纷案，北京市第一中级人民法院（2014）一中民终字第 01260 号民事判决书。

⑤ 参考案例 253：李树源与山东鲁潍地质勘查院建设工程施工合同纠纷案，山东省潍坊市中级人民法院（2016）鲁 07 民终 2145 号民事判决书。

⑥ 参考案例 254：重庆市智翔铺道技术工程有限公司与山东省路桥集团有限公司建设工程施工合同纠纷案，山东省济南市中级人民法院（2014）济民五终字第 182 号民事判决书；陕西建工安装集团有限公司与赵宇鹏建设工程施工合同纠纷案，河南省三门峡市中级人民法院（2014）三民终字第 199 号民事判决书；长城融资担保有限公司浙江分公司与中铁建工集团有限公司等建设工程施工合同纠纷案，北京市房山区人民法院（2014）房民初字第 06694 号民事判决书。还可参见秦旺：《建设工程造价结算前沿问题研究》，载《法律适用》2017 年第 5 期。

高级人民法院关于审理建设工程施工合同纠纷案件若干疑难问题的解答》（京高法发〔2012〕245号）第22条前段即规定："分包合同中约定待总包人与发包人进行结算且发包人支付工程款后，总包人再向分包人支付工程款的，该约定有效。""背靠背付款"条款的实质在于承包人与实际施工人共同承担发包人迟延或拒绝付款的风险。"上流有水，下流才有水"，双方约定承包人收到工程款后再行向实际施工人付款，就双方权利义务而言，具有合理性。[①] 因此，只要是该意思表示没有其他无效事由，"背靠背付款"条款应属有效。

需要注意的是，2024年8月27日，最高人民法院发布了《关于大型企业与中小企业约定以第三方支付款项为付款前提条款效力问题的批复》（法释〔2024〕11号）。该批复第1条规定："大型企业在建设工程施工、采购货物或者服务过程中，与中小企业约定以收到第三方向其支付的款项为付款前提的，因其内容违反《保障中小企业款项支付条例》第六条、第八条的规定，人民法院应当根据民法典第一百五十三条第一款的规定，认定该约定条款无效。"据此，如"背靠背付款"条款的主体符合该条规定——付款人是大型企业、收款人是中小企业，则应认定"背靠背付款"条款无效。

**典型案例259**

## 武船重型工程股份有限公司与上海城建市政工程（集团）有限公司建设工程分包合同纠纷案[②]

### 基本案情

2012年11月，上海城建市政工程（集团）有限公司（以下简称上海城建公司）作为承包人，与发包人江西晟和建设发展有限公司签订了《南昌朝阳大桥工程施工总承包合同》。2013年4月30日，上海城建公司与武船重型工程股份有限公司（以下简称武船重工公司）签订《建设工程专业分包合同》约定，上海城建公司将南昌朝阳大桥通航孔桥主梁、人非通道桥、观景平台的钢结构工程分包给武船重工公司承建；上海城建公司在收到发包人工程款后，才支付武船重工公司工程

---

① 参见李玉生主编：《建设工程施工合同案件审理指南》，人民法院出版社2019年版，第83页。

② 典型案例259：武船重型工程股份有限公司与上海城建市政工程（集团）有限公司建设工程分包合同纠纷案，江西省高级人民法院（2020）赣民终958号民事判决书。

款。合同签订后，武船重工公司按约组织了施工。2016 年 2 月 3 日，南昌朝阳大桥项目竣工验收合格。武船重工公司与上海城建公司从 2019 年 7 月 31 日开始办理工程结算。后因对案涉工程余款付款条件是否成就和欠付工程款是否应支付利息产生分歧，武船重工公司诉至法院，要求上海城建公司立即支付工程款及逾期付款利息。上海城建公司抗辩称，合同约定的付款条件尚未成就。武船重工公司认为，分包合同中对工程款支付的约定无效，案涉工程剩余工程款的支付条件已具备。

## 法院观点

江西省高级人民法院认为，在建设工程分包合同中，承包人与分包人在合同中约定“按照业主支付进度付款”“以收到建设单位工程款为向分包人支付工程款的前提”等条款，是指将建设单位向承包方支付工程款作为承包方向分包方支付工程款之条件。该条款通常又称“背靠背付款”条款，系分包合同当事人之间对工程款附条件支付的有效约定，形式上属于附条件的合同条款，对合同各方当事人均具有约束力。本案中，分包合同已经明确业主拨款作为工程款支付条件，武船重工公司作为长期从事建设工程领域的企业对于合同中约定的“背靠背付款”条款十分熟悉，武船重工公司可以根据自身风险承受能力对合同价款支付风险负担作出理性判断，有权选择是否接受该条款，其签约行为就是接受风险的真实意思表示。因此，分包合同中关于合同价款支付条件的约定，是双方的真实意思表示，不违反法律、行政法规的强制性规定，应认定为合法有效。①

## 裁判规则260

**“背靠背付款”条款需明确约定前手付款构成向后手付款的前提条件。如建设工程施工合同仅约定前手付款后向后手付款，不应认定为“背靠背付款”条款。**

---

① 该案法院最终以“上海城建公司未能提供证据证明在工程项目结算金额已经确定的情况下，其采取积极的、必要的措施向发包人主张工程款的事实”为由，认定上海城建公司在工程价款审定后怠于主张工程款的行为阻碍了给付武船重工公司工程款条件的成就，视为条件已成就，判决上海城建公司支付工程款。

“背靠背付款”条款将发包人对承包人付款与承包人对实际施工人付款联系起来，并在支付时间上形成先后顺序，从而限制实际施工人工程款请求权的行使。如分包合同约定“待业主单位支付工程款后，总承包人再按合同约定比例向分包人支付进度款”，“总承包人支付的工程款按总承包人与业主单位签订的施工主合同同期同比例扣回”等，是否构成“背靠背付款”条款？

根据合同相对性，实际施工人对承包人的工程款请求权本不应受发包人对承包人付款的影响。但“背靠背付款”条款对实际施工人的工程款请求权设置了限定条件——发包人向承包人付款，从而把承包人不能从发包人处及时获得工程款的风险转移给实际施工人。因此，“背靠背付款”条款作为附条件的法律行为，其风险转移的意思表示必须明确具体，须明确清晰地表达“若发包人不付款，则承包人有权不向实际施工人付款”的意思表示。如后述“沈阳祺越市政工程有限公司与中国建筑一局（集团）有限公司建设工程施工合同纠纷案”① 中，《分包合同》约定，“若因建设单位（发包人）不能按时支付给承包人工程款而导致承包人未按照合同约定时间向分包人支付工程款时，不视为承包人违约”。如果只是约定前手付款后向后手付款，则仅涉及履行顺序，未明确前手付款构成向后手付款的前提条件，不应认定为“背靠背付款”条款。在下述【典型案例 260】中，分包合同约定“涉及相关结算按华丰公司与业主单位签订的合同条款和结算依据为准”，并未明确前手付款构成向后手付款的前提条件，法院即未将该条款认定为“背靠背付款”条款。

**典型案例 260**

## 曙光控股集团有限公司宁波分公司<br>与华丰建设股份有限公司建设工程施工合同纠纷案②

### 基本案情

2005 年 7 月 26 日，华丰股份有限公司（以下简称华丰公司）与曙光控股集团

① 典型案例 261：沈阳祺越市政工程有限公司与中国建筑一局（集团）有限公司建设工程施工合同纠纷案，最高人民法院（2020）最高法民终 106 号民事判决书。

② 典型案例 260：曙光控股集团有限公司宁波分公司与华丰建设股份有限公司建设工程施工合同纠纷案，浙江省高级人民法院（2008）浙民一终字第 192 号民事判决书。

有限公司（以下简称曙光公司）签订《鄞州工商商贸大楼桩基工程分包合同》约定，华丰公司将其总承包的鄞州工商商贸大楼工程的桩基工程分包给曙光公司施工；涉及相关结算按华丰公司与业主单位签订的合同条款和结算依据为准。工程竣工后，双方因工程结算发生纠纷，曙光公司诉至法院，要求华丰公司支付工程款7,691,619元，并赔偿工程款利息损失。华丰公司抗辩称，对工程款的支付期限，分包合同约定以总包合同为准，根据总包合同，工程款支付时间未届至，故本案工程价款的支付条件未成就。

### 法院观点

浙江省高级人民法院认为，曙光公司所承建的案涉桩基工程业已通过竣工验收并已实际交付，双方当事人理应就工程造价进行结算并支付工程价款。虽然分包合同对工程款支付时间没有作出明确约定，但依据《合同法》之相关规定，合同双方对付款时间没有明确约定或者约定不明的，施工方有权在工程竣工验收后的合理期限内要求支付工程价款。因此，曙光公司要求对工程款进行结算并支付工程款符合法律规定，华丰公司提出的“案涉工程价款支付条件尚未成就”的主张有违公平原则，不予采纳。

## 裁判规则261

**建设工程施工合同约定了有效的“背靠背付款”条款，但承包人不能证明支付条件未成就、其未怠于向发包人主张权利的，不得以“背靠背付款”条款对抗实际施工人的工程款请求权。**

建设工程施工合同约定了有效的“背靠背付款”条款，如承包人怠于向发包人主张工程款，则会影响实际施工人对承包人工程款债权的行使。在此情形下，对承包人援引“背靠背付款”条款对抗实际施工人工程款请求权的抗辩，应当施加一定限制。

《北京市高级人民法院关于审理建设工程施工合同纠纷案件若干疑难问题的解答》（京高法发〔2012〕245号）第22条规定：“分包合同中约定待总包人与发包人进行结算且发包人支付工程款后，总包人再向分包人支付工程款的，该约定有效。因总包人拖延结算或怠于行使其到期债权致使分包人不能及时取得工程款，分包人要求总包人支付欠付工程款的，应予支持。总包人对于其与发包人之间的结算情况以及发包人支付工程款的事实负有举证责任。”在前述“陕西建工安装集团有限公司与赵宇鹏建设工程施工合同纠纷案”① 中，法院在认定“背靠背付款”条款有效的情况下也认为，“赵宇鹏完成的工程，业主方已在 2008 年 11 月审批认定，2008 年 12 月 16 日已经业主验收合格，此时陕西建工集团设备安装有限公司已可要求业主支付相应的工程款，但陕西建工安装集团有限公司称截至目前业主仍未结算、付款，且未提交证据证实已积极向业主主张了权利，故可以认定其怠于行使权利，其关于支付工程款条件尚未成就的上诉主张不能成立”。

梳理上述观点，可从如下两个方面对承包人援引“背靠背付款”条款的抗辩施加限制：一方面，如果承包人主张发包人实际付款晚于其与发包人的合同约定时间，则承包人应当对其与发包人之间的结算和付款等事实承担证明责任。② 如果承包人不能提供证据或提供的证据不足以证明其主张，应当视为付款条件已成就。另一方面，如果存在承包人拖延结算、在合理期限内未能结算、怠于向发包人主张工程款，或承包人和发包人另行约定推迟付款等情形，可以推定承包人恶意促成付款条件不成就，根据《民法典》第 159 条③的规定，视为付款条件已成就，承包人应当向实际施工人支付工程款。

**典型案例 261**

## 沈阳祺越市政工程有限公司与中国建筑一局（集团）有限公司建设工程施工合同纠纷案④

### 基本案情

2013 年 9 月 14 日，中国建筑一局（集团）有限公司（以下简称中建一局）与

---

① 参考案例 255：陕西建工安装集团有限公司与赵宇鹏建设工程施工合同纠纷案，河南省三门峡市中级人民法院（2014）三民终字第 199 号民事判决书。

② 参见杨心忠等：《建设工程合同纠纷裁判思路》，法律出版社 2014 年版，第 17 页。

③ 该条规定：“附条件的民事法律行为，当事人为自己的利益不正当地阻止条件成就的，视为条件已成就；不正当地促成条件成就的，视为条件不成就。”

④ 典型案例 261：沈阳祺越市政工程有限公司与中国建筑一局（集团）有限公司建设工程施工合同纠纷案，最高人民法院（2020）最高法民终 106 号民事判决书。

大东建设签订《施工总承包合同》约定，中建一局对宝马新工厂建设工程进行施工总承包。其后，中建一局与沈阳祺越市政工程有限公司（以下简称祺越公司）签订《分包合同》约定，祺越公司的分包内容为回填白灰土，总量约82.28万立方米；单价为最终发包人委托的审计单位审计核定的条目及价格下浮7%；若因建设单位（发包人）不能按时支付给承包人工程款而导致承包人未按照合同约定时间向分包人支付工程款时，不视为承包人违约。2014年12月16日，祺越公司承建的工程经竣工验收后投入使用。大东建设依据工程进度审核造价为121,828,599元，并向中建一局支付了审核款的40%，即48,731,439.6元。中建一局于2014年1月29日扣除相关费用后向祺越公司汇款4000万元。后祺越公司诉至法院，要求中建一局退还履约保证金、赔偿利息损失，支付拖欠的工程款并承担违约金。中建一局抗辩称，根据双方约定，在大东建设未支付工程款的情况下中建一局不负有付款义务。

## 法院观点

最高人民法院认为，对合同约定的“背靠背付款”条件是否已经成就，中建一局认为，双方约定了在大东建设未支付工程款的情况下中建一局不负有付款义务。但是，中建一局的该项抗辩事由应以其正常履行协助验收、协助结算、协助催款等义务为前提。作为大东建设工程款的催收义务人，中建一局并未提供有效证据证明其在盖章确认案涉工程竣工后至本案诉讼前，已积极履行以上义务，对大东建设予以催告验收、审计、结算、收款等。相反，中建一局主观怠于履行职责、拒绝祺越公司要求，始终未积极向大东建设主张权利，该情形属于《合同法》第45条第2款①规定的附条件的合同中当事人为自己的利益不正当地阻止条件成就视为条件已成就的情形，故中建一局关于“背靠背付款”条件未成就、中建一局不负有支付义务的主张，理据不足。

---

① 该款（现《民法典》第159条）规定：“附条件的民事法律行为，当事人为自己的利益不正当地阻止条件成就的，视为条件已经成就；不正当地促成条件成就的，视为条件不成就。”

## 裁判规则262

**“背靠背付款”条件确定不能成就时，因约定的支付条件丧失履行基础，承包人不得再以“背靠背付款”为由对抗实际施工人的工程款请求权。**

在约定“背靠背付款”条款的情况下，如发包人破产或承包人向发包人追索工程款因执行不能被终结执行，即约定的“背靠背付款”条件已经确定不能成就，实际施工人可否要求承包人支付工程款？

附条件的法律行为要求所附条件是一种将来的或然事实，该事实未来可能发生，也可能不发生，具有或然性。也就是说，在约定“背靠背付款”条款的情况下，付款条件可能成就，也可能不成就。《民法典》第158条中段规定：“附生效条件的民事法律行为，自条件成就时生效。”条件不成就的，法律行为也就不生效。既然法律行为不生效，实际施工人也就无权要求承包人支付工程款。而且如前所述，“背靠背付款”条款的实质是风险转移——将发包人不支付或不能支付工程款的风险由承包人转移给实际施工人。因此，在“背靠背付款”条款有效的情况下，如付款条件确定不能成就，实际施工人无权要求承包人支付工程款。

但实务界普遍认为，“背靠背付款”条款仅是对承包人履行给付义务附加了条件，使承包人享有期限利益，其有权暂时拒绝向实际施工人支付价款，但其负有的付款义务并不因此消灭，也即实际施工人享有的工程款债权不因此消灭。在“背靠背付款”条款所附条件确定不成就时，“背靠背付款”条款不发生效力，即承包人享有的期限利益消灭。此时，实际施工人有权要求承包人支付工程款。就此，除下述【典型案例262】外，还可参见“十一冶建设集团有限责任公司与中国电建集团湖北工程有限公司等建设工程施工合同纠纷案”①、“上海赛迪建设工程有限公司与上海宝冶集团有限公司建设工程施工合同纠纷案”②。

---

① 参考案例256：十一冶建设集团有限责任公司与中国电建集团湖北工程有限公司等建设工程施工合同纠纷案，新疆维吾尔自治区高级人民法院（2020）新民终45号民事判决书、最高人民法院（2021）最高法民申4924号民事裁定书。

② 参考案例257：上海赛迪建设工程有限公司与上海宝冶集团有限公司建设工程施工合同纠纷案，山东省青岛市中级人民法院（2019）鲁02民终8059号民事判决书。

典型案例262

## 甘肃省安装建设集团有限公司与中国电力工程顾问集团华东电力设计院有限公司、金塔万晟光电有限公司建设工程施工合同纠纷案①

### 基本案情

2012年12月，金塔万晟光电有限公司（以下简称金塔万晟公司）与中国电力工程顾问集团华东电力设计院有限公司（以下简称华东设计院）签订《总承包合同》约定，华东设计院对甘肃金塔万晟光电100MW光伏电站工程进行EPC总承包。2013年9月，华东设计院与甘肃省安装建设集团有限公司（以下简称甘肃安装公司）签订《基础和组件支架安装施工合同》约定，甘肃安装公司就光伏电站基础和组件支架安装进行施工，合同总价暂定为7500万元；金塔万晟公司全部支付工程款后，华东设计院再向甘肃安装公司支付工程款。后华东设计院与甘肃安装公司又分别签订了《土建施工合同》《电气一次、二次和系统二次安装施工合同》，合同总价均为2300万元。2015年1月，甘肃安装公司完成了光伏电站57.6MW光伏项目工程量及部分配套工程。2015年3月28日，案涉工程并网发电并投入使用。其后，剩余42.4MW的光伏项目由金塔万晟公司自行组织完成。2020年7月26日，应华东设计院申请，酒泉市中级人民法院裁定金塔万晟公司进行破产重整。甘肃安装公司诉至法院，要求华东设计院支付工程款4640万元并承担延迟付款期间利息。华东设计院抗辩称，合同约定了“背靠背付款”条款，金塔万晟公司未向其支付工程款，付款条件未成就；根据金塔万晟公司的破产重整计划，华东设计院蒙受了近1.6亿元的损失，再要求华东设计院向甘肃安装公司承担其本不应该承担的付款责任，显失公平。审理中查明，甘肃安装公司已完工程造价为107,766,674.74元，已付7300万元，尚欠34,766,674.74元。

① 典型案例262：甘肃省安装建设集团有限公司与中国电力工程顾问集团华东电力设计院有限公司、金塔万晟光电有限公司建设工程施工合同纠纷案，最高人民法院（2021）最高法民终662号民事判决书、最高人民法院（2021）最高法民申6592号民事裁定书。

## 法院观点

甘肃省高级人民法院认为，从合同约定来看，《基础和组件支架安装施工合同》确实有业主方全部支付工程款后再向甘肃安装公司支付工程款的约定，但该约定因合同履行情况发生变更已不可能履行。首先，案涉项目为 100MW，甘肃安装公司完成了其中 57.6MW 的安装，未完工程已由业主自行完成，未完工程量在本案诉讼中进行了核减，该条款约定的“支付所有总承包款 7500 万元”的前提不能实现。其次，金塔万晟公司在本案诉讼中已被华东设计院申请破产，案涉工程款尚未被申报债权，金塔万晟公司不可能在本案处理过程中支付华东设计院工程款，合同约定的前提条件不能实现。最后，案涉工程已交付使用，且已过保修期，华东设计院应当按照合同“验收款、质保金”的约定支付工程款。此外，根据《2004 年建工解释》第 17 条、第 18 条的规定，华东设计院应自 2015 年 4 月 1 日起支付应付工程款的利息。最高人民法院在二审中也认为，三份合同中，只有《基础和组件支架安装施工合同》有由业主方全部支付工程款后，华东设计院再向甘肃安装公司支付工程款的约定。在案涉各方均已确认甘肃安装公司完成了 57.6MW 安装的情形下，鉴于支付 7500 万元的前提条件，即完成 100MW 光伏电站工程的条件已经发生变化，各方当事人均未对这一变化及时达成相关付款协议。因此，“背靠背付款”条款不再具备履行条件。根据合同相对性原则，华东设计院理应依据其与甘肃安装公司签订的三份合同向甘肃安装公司承担给付工程款的义务。华东设计院作为商事主体，应合理预期经营风险，对自己的经营行为负责。华东设计院以蒙受损失为由拒付甘肃安装公司工程款的主张不能成立。在再审审查中，针对原判确定的自 2015 年 4 月 1 日起计付工程款利息的内容，最高人民法院也认为，约定的前提因合同履行发生变更已不可能实现，本案应从 2015 年 4 月 1 日起计付工程款利息。

## 裁判规则263

**建设工程施工合同无效，合同中关于“背靠背付款”的约定亦归于无效，但其作为付款条件，可以参照适用。**

如果承包人与实际施工人之间的合同无效，如构成转包或违法分包，则合同中约定的“背靠背付款”条款相应无效，不具有约束力。有疑问的是，《民法典》第793条第1款规定：“建设工程施工合同无效，但是建设工程经验收合格的，可以参照合同关于工程价款的约定折价补偿承包人。”那么无效的“背靠背付款”条款应否参照适用？

有观点认为，如建设工程施工合同无效，“背靠背付款”条款自然无效，实际施工人施工的工程经竣工验收合格的，应视为追索工程款的条件已经成就。[①] 最高人民法院在“黄国盛、林心勇与江西通威公路建设集团有限公司、泉州泉三高速公路有限责任公司建设工程分包合同纠纷案”[②] 中即持这一观点。也有观点认为，在建设工程施工合同无效的情况下，“背靠背付款”条款作为约定的付款条件，应当参照适用。重庆市高级人民法院持这一观点。[③] 在后述“宁夏钰隆工程有限公司与安徽三建工程有限公司、宁夏蓝天房地产开发有限责任公司建设工程施工合同纠纷案”[④] 中，宁夏钰隆工程有限公司向安徽三建工程有限公司作出书面承诺，在宁夏蓝天房地产开发有限责任公司不支付工程款的情况下，安徽三建工程有限公司不需要承担付款责任。最高人民法院也认为，“虽然案涉相关合同因为违反法律强制性规定而无效，但并不影响因为实际施工的行为在各方当事人之间形成了民事法律关系，也不影响实际施工人在此民事法律关系中依法享有的民事权利。如果权利人自愿放弃对债务人的权利，同样是有效的”。此外，还可参见“陕西煜塬建筑工程有限公司与西北建设有限公司建设工程施工合同纠纷案”[⑤]。

回答这一问题取决于对《民法典》第793条第1款规定的“合同关于工程价款的约定”的解释。站在审慎的立场，“背靠背付款”条款约定的是付款条件，并

---

① 参见王楷、于秋磊：《建设工程施工合同纠纷法律实务与工程专业知识解答》，法律出版社2021年版，第232页；福建省高级人民法院发布建设工程施工合同纠纷十大典型案例之三：郭福发与林安公司、张益荣、协胜公司建设工程施工合同纠纷案。

② 参考案例258：黄国盛、林心勇与江西通威公路建设集团有限公司、泉州泉三高速公路有限责任公司建设工程分包合同纠纷案，最高人民法院（2013）民一终字第93号民事判决书。

③ 《重庆市高级人民法院民一庭关于建设工程施工合同纠纷案件若干问题的解答》（2019年10月）第15条规定：“建设工程施工合同无效，且承包人有权请求参照合同约定支付工程价款的，合同中关于工程价款的付款条件、付款时间、付款方式等约定可以参照适用。”

④ 典型案例339：宁夏钰隆工程有限公司与安徽三建工程有限公司、宁夏蓝天房地产开发有限责任公司建设工程施工合同纠纷案，最高人民法院（2019）最高法民申6085号民事裁定书。

⑤ 参考案例259：陕西煜塬建筑工程有限公司与西北建设有限公司建设工程施工合同纠纷案，最高人民法院（2020）最高法民申2954号民事裁定书。

非严格意义上的价格计算问题，不应参照适用；站在宽松的立场，付款条件虽不涉及价格计算，但决定价款应否支付、何时支付，应视为价格条款的组成部分，在合同无效的情况下，仍可参照适用。一方面，《建设工程施工合同解释（一）》第6条第2款扩大了无效合同的可参照范围。该款针对无效合同的损失赔偿问题规定："损失大小无法确定，一方当事人请求参照合同约定的质量标准、建设工期、工程价款支付时间等内容确定损失大小的，人民法院可以结合双方过错程度、过错与损失之间的因果关系等因素作出裁判。"据此，虽然建设工程施工合同无效，但合同中关于质量标准、建设工期、工程价款支付时间等的内容，仍具参照意义。因此，虽然"背靠背付款"条款无效，但其作为决定工程价款支付时间的条款，根据该司法解释第6条第2款的规定，可以参照适用。另一方面，站在利益衡量的角度，鉴于"分包人不能因合同无效而获得比合同有效更大的利益，因此应参照双方约定的业主支付前提条款结算"①。就此，可参见下述【典型案例263】。

**典型案例263**

## 吴付宁与浙江亚厦装饰股份有限公司等建设工程分包合同纠纷案②

### 基本案情

2013年5月13日，巴月庄公司与亚厦西南分公司签订《巴月庄万商会馆项目施工合同协议书》及补充协议约定，巴月庄公司将巴月庄万商会馆肖家湾酒店室内装饰工程发包给亚厦西南分公司。2013年7月12日，吴付宁与亚厦西南分公司签订《装饰装修工程内部考核责任书》约定，亚厦西南分公司将前述工程转包给吴付宁；工程款收取到位后，亚厦西南分公司再拨付工程款给吴付宁。合同签订后，吴付宁代表亚厦西南分公司进场施工，且施工的装饰工程已达到验收标准。后亚厦西南分公司与巴月庄公司解除了双方之间签订的合同及补充协议，重庆市第一

① 秦旺：《建设工程造价结算前沿问题研究》，载《法律适用》2017年第5期。

② 典型案例263：吴付宁与浙江亚厦装饰股份有限公司等建设工程分包合同纠纷案，重庆市第一中级人民法院（2017）渝01民终7375号民事判决书、重庆市高级人民法院（2018）渝民申1769号民事裁定书。

中级人民法院判决巴月庄公司向亚厦西南分公司支付工程款6,220,304.18元，但巴月庄公司尚未实际支付。后吴付宁起诉亚厦西南分公司，要求支付工程款。

## 法院观点

该案中，各方当事人均认可吴付宁与亚厦西南分公司签订的《装饰装修工程内部考核责任书》系转包合同，应为无效。针对合同中约定的“背靠背付款”条件，二审法院（重庆市第一中级人民法院）认为，在合同有效的情况下，付款条件及风险承担的约定尚对双方当事人产生约束力，不能因合同无效而否定当事人签订合同时对预期收益及风险的判断，从而导致当事人因无效合同比有效合同获得更多的利益。故应认定双方合同中对付款条件及风险承担的约定对双方具有约束力，吴付宁在亚厦西南分公司未获支付的情况下要求亚厦西南分公司支付工程款，缺乏事实基础，不予支持。再审审查中，重庆市高级人民法院认为，双方约定亚厦西南分公司从业主方巴月庄公司收取工程款后，再拨付工程款给吴付宁。虽然《装饰装修工程内部考核责任书》无效，但其中关于工程款及付款条件的约定系双方当事人的真实意思表示，且双方在协商的过程中，对工程款及付款条件的约定是进行综合考虑和权衡后的结果。故只有参照双方有关工程款及付款条件等的所有约定，才能实现公平公正。且不能因合同无效而否定当事人签订合同时对预期收益的判断，从而导致当事人因无效合同比有效合同获得更多的利益。现无证据证明亚厦西南分公司已经收到巴月庄公司的工程款，故亚厦西南分公司支付吴付宁工程款的条件尚未成就。

## 裁判规则264

**发包人以商业承兑汇票支付工程款，后该商业承兑汇票未能实际兑付的，根据请求权竞合规则，承包人可以就票据追索权与工程款债权择一行使，但承包人已背书转让票据的除外。**

建设工程施工合同履行过程中，发包人以商业承兑汇票支付工程款的情形并不鲜见。有疑问的是，如果发包人开具或背书转让的商业承兑汇票未能实际兑付，承包人是否还有权主张工程款债权？

就此问题，存在三种观点：第一种观点认为，债权人取得票据，债务人即履行了付款义务，原债权债务关系即告消灭，双方之间仅存票据法律关系。安徽省高级人民法院在“安徽三建工程有限公司与东至县汉唐置业有限公司建设工程施工合同纠纷案”① 中持这一观点。据此，如承兑汇票未能实际兑付，承包人只能行使票据追索权，不能行使工程款债权。第二种观点认为，持票人应当先行使票据追索权，如最终未能实现权利，才能主张合同债权，否则将会对票据流通形成一定的阻碍，有违创设票据制度的初衷。河北省沧州市中级人民法院在“榆缆线缆集团股份有限公司与河间市万洋线缆材料有限公司买卖合同纠纷案”② 中持这一观点。第三种观点认为，持票人接受汇票并不等同于合同之债已得清偿，票据追索权及合同债权并存，持票人可就两项权利择一主张，当其中一项权利得以全部实现时，另一项权利才真正得以消灭。

比较而言，第三种观点更具合理性。首先，基于票据的无因性，通常情况下，票据关系独立于票据原因关系，票据关系一经形成就与票据原因关系相分离。但票据的无因性也有例外。《最高人民法院关于审理票据纠纷案件若干问题的规定》（法释〔2020〕18号修正）第9条即规定：“票据债务人依照票据法第十三条的规定，对与其有直接债权债务关系的持票人提出抗辩，人民法院合并审理票据关系和基础关系的，持票人应当提供相应的证据证明已经履行了约定义务。”其次，票据本身不是货币，只是支付和结算的工具，是一种债权凭证。开具或背书转让承兑汇票，并不代表债务已经清偿。承包人接受发包人开具或背书转让的承兑汇票后，向付款人提示付款被拒付的，则工程款债权并未实际得到清偿，双方在建设工程施工合同项下的权利义务并未消灭，承包人在享有票据权利的同时还享有工程款债权。《票据法》第18条即规定：“持票人因超过票据权利时效或者因票据记载事项欠缺而丧失票据权利的，仍享有民事权利，可以请求出票人或者承兑人返还其

---

① 参考案例260：安徽三建工程有限公司与东至县汉唐置业有限公司建设工程施工合同纠纷案，安徽省高级人民法院（2021）皖民终269号民事判决书。后安徽三建工程有限公司申请再审，最高人民法院作出（2021）最高法民申6965号民事裁定书认为，商业汇票的出具只是一种支付方式，在商业汇票没有得到承兑的情形下，安徽三建工程有限公司有权要求继续履行工程款支付义务，并据此指令安徽省高级人民法院对该案进行再审。

② 参考案例261：榆缆线缆集团股份有限公司与河间市万洋线缆材料有限公司买卖合同纠纷案，河北省沧州市中级人民法院（2020）冀09民终4293号民事判决书。

与未支付的票据金额相当的利益。”最高人民法院在“中建三局第一建设工程有限责任公司与澳中财富（合肥）投资置业有限公司、安徽文峰置业有限公司执行复议案”① 中亦认为，“债务人用商业承兑汇票来履行执行依据确定的债务，虽然开具并向债权人交付了商业承兑汇票，但因汇票付款账户资金不足、被冻结等不能兑付的，不能认定实际履行了债务，债权人可以请求对债务人继续强制执行”。最后，《民法典》第 186 条②规定了请求权竞合规则。在承兑汇票未获全部兑付的情况下，就未兑付部分，发生票据请求权与工程款债权请求权的竞合，根据请求权竞合规则，承包人有权择一行使。如最高人民法院在下述【典型案例 264】中所言，《票据法》第 61 条③规定，“可以对背书人、出票人以及汇票的其他债务人行使追索权”，票据追索权是使持票人享有向背书人、出票人以及汇票的其他债务人行使追索权的权利，而非限制持票人只能通过票据追索权主张权利，该条规定并不排斥持票人依据基础法律关系或原因行为主张权利。据此，在发包人与承包人之间，在商业承兑汇票未能实际兑付的情况下，因同时符合建设工程施工合同关系的法律规范及票据追索权的法律规范，承包人产生了两个不同的请求权，这两个请求权虽在构成要件、诉讼时效、证明责任等方面存在差别，但实质上，承包人只享有一个付款请求权。根据请求权竞合规则，承包人可以自由选择主张合同债权或票据追索权。

需要指出的是，承包人收到发包人开具或转让的承兑汇票后，为流转资金，可能贴现给银行变现，也可能背书转让给分包商或大宗材料供应商；而分包商通常也会继续背书转让给下游供应商，这样不断背书转让。在承包人已经背书转让票据的情况下，承包人的工程款债权通过处分票据权利得以实现，也就不再享有工程款债权。如票据最终无法得到兑付，承包人可能因票据追索权承担责任。承包人因票据

---

① 参考案例 262：中建三局第一建设工程有限责任公司与澳中财富（合肥）投资置业有限公司、安徽文峰置业有限公司执行复议案，最高人民法院（2017）最高法执复 68 号执行裁定书，指导案例 117 号。

② 该条规定：“因当事人一方的违约行为，损害对方人身权益、财产权益的，受损害方有权选择请求其承担违约责任或者侵权责任。”

③ 该条第 1 款规定：“汇票到期被拒绝付款的，持票人可以对背书人、出票人以及汇票的其他债务人行使追索权。”第 2 款规定：“汇票到期日前，有下列情形之一的，持票人也可以行使追索权：（一）汇票被拒绝承兑的；（二）承兑人或者付款人死亡、逃匿的；（三）承兑人或者付款人被依法宣告破产的或者因违法被责令终止业务活动的。”

追索权承担责任之后，再向发包人主张权利的，该再追偿权系基于票据而产生，也即该权利在性质上属于票据权利，其权利基础就不再是建设工程施工合同项下的工程款债权，而是票据权利受损的索赔权，故此时承包人只能主张票据追索权，不能主张工程款债权。

**典型案例 264**

## 山河建设集团有限公司与湖北宏信房地产开发有限公司建设工程施工合同纠纷案①

### 基本案情

2014 年 3 月 17 日，湖北宏信房地产开发有限公司（以下简称宏信公司）与山河建设集团有限公司（以下简称山河集团）签订《建设工程施工承包协议书》约定，山河集团承建宏信公司开发的武穴东方商贸城地块项目。5 月 1 日，山河集团进场施工。施工过程中，宏信公司用 13 张商业承兑汇票支付工程款 9500 万元，但山河公司承兑时被银行拒绝付款。山河集团遂以建设工程施工合同为案由诉至法院，要求宏信公司支付包含该 9500 万元在内的工程款。

### 法院观点

一审法院（湖北省高级人民法院）认为，商业承兑汇票作为一种支付手段，票据权利人可以以商业承兑汇票作为准货币清偿债务。在宏信公司将上述 9500 万元商业承兑汇票合法背书转让给山河集团后，山河集团作为持票人即享有票据权利。山河集团主张宏信公司背书转让的商业承兑汇票未得到兑付，应向出票人及背书人宏信公司依法主张票据权利，而不能视为此笔工程款未支付。但二审中，最高人民法院认为，宏信公司向山河集团背书转让 13 张商业承兑汇票，目的在于支付工程款，属于一种清偿债务的方式。在案证据显示，案涉 13 张商业承兑汇票系因余额不足而被银行拒绝承兑，即未实际产生偿付 9500 万元工程款的效

① 典型案例 264：山河建设集团有限公司与湖北宏信房地产开发有限公司建设工程施工合同纠纷案，最高人民法院（2019）最高法民终 1341 号民事判决书。

力，山河集团有权要求宏信公司继续履行支付该9500万元工程款的义务。本案中，山河集团提起的是建设工程施工合同纠纷诉讼，山河集团与宏信公司是建设工程施工合同的相对方，宏信公司负有向山河集团支付工程款的义务。背书转让汇票只是支付工程款的一种手段，山河集团已经提交证据证明案涉13张商业承兑汇票无法承兑，且明确要求在本案中向宏信公司继续主张被拒绝承兑的汇票对应数额工程款的给付义务。此种情形下，应当尊重债权人根据基础法律关系主张权利的选择。

## 裁判规则265

**发承包双方就工程款支付签订的以房抵债协议属于诺成性协议，自双方意思表示达成一致时成立，不以房屋权属变更为成立要件。**

实践中，发包人常以建成的房屋抵偿承包人的工程款。对发承包双方签订的以房抵债协议，以往的司法实践认为，“以物抵债就是代物清偿”①，“这种清偿行为的本质属性具有实践性法律行为特征，只有在履行了物权转移手续后才能成立”②。也就是说，以物抵债协议属于实践性合同。在“成都市国土资源局武侯分局与招商（蛇口）成都房地产开发有限责任公司等债权人代位权纠纷案”③中，针对案涉《债权债务清算协议书》约定的以物抵债条款，《最高人民法院公报》的裁判摘要中指出，“债务人与次债务人约定以代物清偿方式清偿债务的，因代物清偿协议系实践性合同，故若次债务人未实际履行代物清偿协议，则次债务人与债务人之间的原金钱债务并未消灭，债权人仍有权代位行使债务人的债权”。此外，《八民会纪要（民事部分）》第17条规定：“当事人在债务清偿期届满后达成以房抵债协议并已经办理了产权转移手续，一方要求确认以房抵债协议无效或者变更、撤销，经审查不属于合同法第五十二条、第五十四条规定情形的，对其主张不予支持。”该

---

① 崔军：《代物清偿的基本规则及实务应用》，载《法律适用》2006年第7期。

② 海南省高级人民法院审判监督第一庭：《再审中关于以物抵债问题的调研报告》，载景汉朝等主编、最高人民法院审判监督庭编：《审判监督指导》总第56辑，人民法院出版社2017年版。

③ 参考案例263：成都市国土资源局武侯分局与招商（蛇口）成都房地产开发有限责任公司、成都港招实业开发有限责任公司、海南民丰科技实业开发总公司债权人代位权纠纷案，最高人民法院（2011）民提字第210号民事判决书。《最高人民法院公报》2012年第6期，第19—28页。

条规定的“并已经办理了产权转移手续”也被解读为以房抵债协议是实践性合同。

但《民法典》第490条第1款前段规定：“当事人采用合同书形式订立合同的，自当事人均签名、盖章或者按指印时合同成立。”由此可知，我国法律明确将诺成性合同作为合同的通常形态。“即在我国合同法中，在法律没有特别规定的情况下，都为诺成合同。”① 而我国现行法律并无以房抵债协议是要物协议的规定。因此，“从法律适用的角度看，认定以物抵债协议系实践合同，依据不足”②。在当事人无特别约定的情况下，以物抵债协议应当属于诺成性合同。《八民会纪要（民事部分）》第17条“只是从正面明确对完成产权变更手续的‘以房抵债’协议，当事人没有正当理由不能主张无效或可变更可撤销，但不能因此得出‘以房抵债’协议没有完成产权变更手续即不发生效力的结论”③。近期，最高人民法院对以物抵债协议的性质，也明确改采诺成性合同的观点。在下述【典型案例265】中，最高人民法院认为，以物抵债协议属于诺成性合同而非实践性合同，只要当事人意思表示达成一致，合同即成立生效，不以标的物的交付或产权转移为生效要件。《最高人民法院民二庭第4次法官会议纪要》也认为，“就以物抵债协议而言，在我国法律没有规定代物清偿制度，而当事人对合同成立又无特别约定的情况下，应当认为其系诺成合同，自双方意思表示一致时成立，不以债权人受领抵债物为合同成立要件”④。《九民会纪要》第44条第1款更是明确规定：“当事人在债务履行期限届满后达成以物抵债协议，抵债物尚未交付债权人，债权人请求债务人交付的，人民法院要着重审查以物抵债协议是否存在恶意损害第三人合法权益等情形，避免虚假诉讼的发生。经审查，不存在以上情况，且无其他无效事由的，人民法院依法予以支持。”

---

① 王利明：《合同法研究》第1卷，中国人民大学出版社2015年版，第29页。

② 姜强：《预告登记制度：实务、规范及其周边（下）——以2015年高级法院及最高人民法院的裁判为线索》，载杜万华主编、最高人民法院民事审判第一庭编：《民事审判指导与参考》总第65辑，人民法院出版社2016年版。

③ 王丹：《房地产纠纷案件审理中的疑难问题》，载杜万华主编、最高人民法院民事审判第一庭编：《民事审判指导与参考》总第68辑，人民法院出版社2017年版。

④ 贺小荣主编：《最高人民法院民事审判第二庭法官会议纪要——追寻裁判背后的法理》，人民法院出版社2018年版，第3页。

典型案例 265

## 内蒙古兴华房地产有限责任公司与通州建总集团有限公司建设工程施工合同纠纷案①

### 基本案情

通州建总集团有限公司（以下简称通州建总）承建了内蒙古兴华房地产有限责任公司（以下简称兴华公司）开发的呼和浩特市供水大厦工程。施工完毕后，案涉工程没有进行竣工验收，兴华公司于2010年年底投入使用。2012年1月13日，兴华公司与通州建总签订《房屋抵顶工程款协议书》，就通州建总承揽施工的供水大厦工程，协商用该楼盘A座9层房屋抵顶工程款一事达成协议如下：“抵顶房屋位置：呼和浩特市新华东街以南/丰州路以西路口转角处，财富大厦A座9层……双方抵顶房屋协议价为7500元/平方米，计1095万元……”后因兴华公司拖欠工程款，通州建总诉至法院。一审法院（内蒙古自治区高级人民法院）在确认已付工程款时，未将1095万元抵债款认定为已付工程款。兴华公司提起上诉。通州建总答辩称，《房屋抵顶工程款协议书》并未履行，相关房屋不可能抵顶已付工程款。二审中，兴华公司认可供水大厦A座9层尚未办理房屋所有权首次登记及任何转移登记。

### 法院观点

最高人民法院在二审中认为，以物抵债系债务清偿的方式之一，是当事人之间对于如何清偿债务作出的安排，故对以物抵债协议的效力、履行等的认定，应以尊重当事人的意思自治为基本原则。一般而言，除当事人明确约定外，当事人于债务清偿期届满后签订的以物抵债协议，并不以债权人现实地受领抵债物或取得抵债物所有权、使用权等财产权利为成立或生效要件。只要双方当事人的意思表示真实，合同内容不违反法律、行政法规的强制性规定，合同即为有效。

① 典型案例 265：内蒙古兴华房地产有限责任公司与通州建总集团有限公司建设工程施工合同纠纷案，最高人民法院（2016）最高法民终字第484号民事判决书。《最高人民法院公报》2017年第9期，第26—36页。

## 裁判规则266

**发承包双方就工程款债务签订以房抵债协议，如未明确约定为债之更改，应当认定为新债清偿，发包人应当履行以房抵债协议。但如发包人逾期未履行，则承包人可以就工程款债务与以房抵债协议择一行使请求权。**

所谓新债清偿，又称新债抵旧、间接清偿、旧债新偿或间接给付，是指债务人为清偿旧债务，而与债权人成立负担新债务的合同。新债清偿合同以负担新债务为履行旧债务的方法，因此新债清偿合同成立，旧债务并不因此而直接消灭，新债务与旧债务同时并存。[①]

第一，学界与实务界均普遍认为，就尚未履行的债务，双方当事人签订以房抵债协议，如果就两个债务之间的关系没有约定或约定不明确，应认定为新债清偿。[②] 因为“这种认定方法，对债权人最为有利，也最合乎一般交易实情”[③]。如果以房抵债协议采用“抵偿”“抵顶”“抵”等语义较为模糊的词语，原则上不宜解释得出“消灭旧债”的结论。“例如，工程款债权债务的当事人之间签订了房屋抵顶工程款协议书，除非明确约定因此而消灭相应金额的工程款债务，否则，该协议在性质上就应认定为新债清偿协议，即旧债务与新债务并存。”[④] 如最高人民法院在前述“内蒙古兴华房地产有限责任公司与通州建总集团有限公司建设工程施工

---

① 参见崔建远：《以物抵债的理论与实践》，载《河北法学》2012年第3期。

② 参见房绍坤：《论新债清偿》，载《广东社会科学》2014年第5期；司伟：《债务清偿期届满后的以物抵债纠纷裁判若干疑难问题思考》，载《法律适用》2017年第17期。但北京市高级人民法院持不同观点。《北京市高级人民法院关于审理房屋买卖合同纠纷案件若干疑难问题的会议纪要》（京高法发〔2014〕489号）第25条第2款规定：“当事人在民间借贷债务履行期限届满后签订合同约定以房抵债，性质上属于债务履行方式的变更，贷款人要求继续履行合同办理房屋过户登记手续的，应予支持。借款人认为抵债价格明显过低，显失公平的，可以参照本纪要第24条第2款规定处理。”

③ 郑玉波：《民法债编总论》，中国政法大学出版社2004年版，第486页。

④ 司伟：《债务清偿期届满后的以物抵债纠纷裁判若干疑难问题思考》，载《法律适用》2017年第17期。

合同纠纷案"[1] 中所言，"当事人于债务清偿期届满后达成的以物抵债协议，可能构成债的更改，即成立新债务，同时消灭旧债务；亦可能属于新债清偿，即成立新债务，与旧债务并存。基于保护债权的理念，债的更改一般需有当事人明确消灭旧债的合意，否则，当事人于债务清偿期届满后达成的以物抵债协议，性质一般应为新债清偿"。认定为新债清偿，"则新旧两债之间不失同一性，从属于原债的担保仍然有效"[2]。

第二，"新债清偿成立后，新债务与旧债务处于一种并存或竞合关系"[3]。那么应当如何确定如下两个有关债务履行的问题？一是债务人的履行选择问题。有观点认为，债务人不具有选择权，应当履行新债务——以房抵债协议。也有观点认为，鉴于以房抵债合同通常对债务人更为有利，应当允许债务人选择履行新债务（以房抵债协议）还是旧债务。[4] 二是债权人的履行选择问题，也就是如果债务人不履行债务，债权人应当请求强制履行哪一个协议。就此问题，也存在争议。有观点认为，债权人可以择一行使请求权。也有观点认为，为避免债务人因债权人择一行使请求权而同时准备新、旧债务的内容，债权人只能先行使新债务的请求权，如果新债务届期不能履行，则债权人有权且应当要求债务人履行旧债务。[5]

就此问题，一方面，虽然就新债清偿而言，新债务不履行则旧债务不消灭，但达成以房抵债协议后，"由于新债清偿是以他种给付代替原定给付"[6]，当事人（主要是债权人）的预期已然转变为以房抵债，如果允许债务人随时反悔选择履行旧债务，将导致债权人处于不安定状态。如果债权人基于新债权进行二次交易——将房屋转售他人，则债权人还将面临第三人的违约之诉。因此，在以房抵债协议构成新债清偿的情况下，除非债权人同意，否则债务人应当履行新债务——以房抵债协

---

① 典型案例265：内蒙古兴华房地产有限责任公司与通州建总集团有限公司建设工程施工合同纠纷案，最高人民法院（2016）民终字第484号民事判决书。《最高人民法院公报》2017年第9期，第26—36页。

② 贺小荣主编：《最高人民法院民事审判第二庭法官会议纪要——追寻裁判背后的法理》，人民法院出版社2018年版，第11页。

③ 房绍坤：《论新债清偿》，载《广东社会科学》2014年第5期。

④ 参见司伟：《债务清偿期届满后的以物抵债纠纷裁判若干疑难问题思考》，载《法律适用》2017年第17期。

⑤ 参见房绍坤：《论新债清偿》，载《广东社会科学》2014年第5期。

⑥ 房绍坤：《论新债清偿》，载《广东社会科学》2014年第5期。

议。另一方面，在债务人构成违约的情况下，也就意味着债务人未准备新债务的内容，且旧债务依然存续。因此，所谓“债务人因债权人择一行使请求权而同时准备新、旧债务的内容”根本就不成立。而且在强制执行的背景下，所谓“新债务届期不能履行”的说法也不能成立，即使房屋未能建成或已转售他人，也可通过折价的方式要求债务人承担违约责任，从而取得与实际履行相同的效果。至于判决后的权益实现，则属于执行范畴，与债权人应当行使何种请求权无关。据此，在债务人违约的情况下，“基于保护债权的理念”①，基于新债清偿使得“债权人是在原债权继续存在的情况下，又获得了另外一种求偿的可能性”②，应当允许债权人择一行使请求权。也就是说，达成以房抵债协议后债务人未履行，“债权人请求债务人履行以房抵债约定的，应予支持”③。《九民会纪要》第44条第1款即规定：“当事人在债务履行期限届满后达成以物抵债协议，抵债物尚未交付债权人，债权人请求债务人交付的，人民法院要着重审查以物抵债协议是否存在恶意损害第三人合法权益等情形，避免虚假诉讼的发生。经审查，不存在以上情况，且无其他无效事由的，人民法院依法予以支持。”但是，“债权人也有权请求债务人履行旧债务，而且，该请求权的行使，不以以物抵债协议被解除为前提”④。下述【典型案例266】中，在双方签订以房抵债协议的情形下，法院就认定以房抵债协议构成新债清偿，债权人有权选择债务履行。

第三，在以房抵债协议构成新债清偿的情况下，其对旧债务的诉讼时效产生何种效力？就此，多数观点认为，以房抵债协议成立后，旧债务的诉讼时效即告中止，待新债务不履行时，旧债务的诉讼时效继续计算。⑤

---

① 司伟：《债务清偿期届满后的以物抵债纠纷裁判若干疑难问题思考》，载《法律适用》2017年第17期。

② 杜景林、卢谌：《德国民法典评注：总则·债法·物权》，法律出版社2011年版，第181页。

③ 杨临萍：《关于当前商事审判工作中的若干具体问题（2015年12月24日）》，载杜万华主编、最高人民法院民事审判第一庭编：《民事审判指导与参考》总第64辑，人民法院出版社2016年版。

④ 司伟：《债务清偿期届满后的以物抵债协议的性质与履行——内蒙古兴华房地产有限责任公司与通州建总集团有限公司建设工程施工合同纠纷案》，载杜万华主编、最高人民法院民事审判第一庭编：《民事审判指导与参考》总第70辑，人民法院出版社2017年版。

⑤ 参见房绍坤：《论新债清偿》，载《广东社会科学》2014年第5期；司伟：《债务清偿期届满后的以物抵债纠纷裁判若干疑难问题思考》，载《法律适用》2017年第17期。

典型案例 266

## 张金升、沧州盛德房地产开发有限公司企业借贷纠纷案①

### 基本案情

2013 年 2 月 4 日，穆永查作为甲方，沧州盛德房地产开发有限公司（以下简称盛德公司）作为乙方，张金升、闫冲、张俊玲作为丙方，签订《保证担保借款合同》约定，盛德公司向穆永查借款 1200 万元，张金升、闫冲、张俊玲提供连带责任担保。合同签订后，穆永查向盛德公司提供借款 1200 万元。至合同履行期限届满，盛德公司只向穆永查支付了利息 782, 800 元。2013 年 9 月 2 日，穆永查向一审法院提起本案诉讼，请求判令盛德公司偿还借款本息 13, 983, 260 元，张金升、闫冲、张俊玲承担连带责任。诉讼中，王连荣（穆永查的代理人）与盛德公司、张金升、闫冲签订《债权抵顶协议书》约定，欠款本息 1255 万元，以张金升名下的位于南皮镇交通迎宾家园的门市楼（面积 970 平方米）抵顶 520 万元，以盛德公司所有的黄骅港银港小区五号楼综合楼（面积 860 平方米）抵顶 300 万元，以盛德公司开发的阳光大厦小区项目地下车库 69 个车位抵顶 400 万元，闫冲以其在黄骅港口的住房作价 35 万元抵顶本案债务（在此之前的 9 月 9 日，穆永查与闫冲已经办理了黄骅港口住房的过户手续）。

### 法院观点

针对《债权抵顶协议书》，二审法院（河北省高级人民法院）认为，穆永查起诉后又与盛德公司、张金升、闫冲签订《债权抵顶协议书》，同意由盛德公司、张金升、闫冲偿还其全部借款本息，应视为对《保证担保借款合同》约定的权利义务进行了重新确认，系对其自身权利的合法处分。至此，张俊玲、李文通不再承担《保证担保借款合同》中约定的保证责任。但最高人民法院在再审中认为，《债权抵顶协议书》作为本案当事人间清偿债务的安排，应当自成立时生效；《债权抵顶

① 典型案例 266：张金升、沧州盛德房地产开发有限公司企业借贷纠纷案，最高人民法院（2016）最高法民再 294 号民事判决书。

协议书》属于以物抵债合同，其实际履行之前，原债权债务关系并不消灭；本案的新债清偿约定只是改变了原有债务的履行方式，增加了债权实现的途径与可能。设立新债虽是为了消灭旧债，但在协议未实际履行、旧债未消灭的情况下，原有债务的从属保证亦不应免除，保证人仍应当承担保证责任。

## 裁判规则267

**发承包双方就工程款债务签订以房抵债协议后，发包人与承包人指定的第三人在以房抵债协议基础上签订房屋买卖合同的，构成债权转移，承包人不再享有以房抵债协议项下权利。**

实践中，当事人就债务清偿签订以房抵债协议后，基于减少中间环节的交易税费等原因，债权人常常指定第三人代为受偿，即由债务人与债权人指定的第三人签订商品房买卖合同。在债务人与第三人签订商品房买卖合同后，债权人与债务人可否协议解除以房抵债协议，或者说解除协议是否有效？如果债权人与债务人协议解除以房抵债协议，第三人还能否诉请履行？

债权人指定第三人与债务人签订商品房买卖合同，有两种解释路径：第一种思路是，在商品房买卖合同项下并无真实的付款行为，故商品房买卖合同不构成独立的交易，而是以房抵债协议的履行方式（只不过是向第三人履行而已）。也就是说，商品房买卖合同并非法律行为，而是事实行为——债务清偿方式，本身不构成独立的请求权基础，如债权人与债务人协议解除以房抵债协议，第三人不得诉请履行。第二种思路是，债权人指定第三人作为签约主体，构成债权转移，债权转移之后（签订商品房买卖合同之后）债权人丧失债权，其与债务人签订的解除协议无效，故第三人可以诉请履行。

就实质而言，第二种思路——认定为债权转移——更加合理。第一，签订商品房买卖合同，必然涉及商业交涉、谈判，必然有相应的意思表示，将这一行为解释为履行行为、事实行为，难免牵强。第二，由于商品房买卖合同的签约主体是第三人，在债务人违约的情况下，如果认定为向第三人履行，根据《民法典》第522条第1款的规定，只能由债权人提起诉讼，此时债权人对房屋交付与办理产权登记并无直接利益，缺乏起诉的动力。如果认定为债权转移进而由第三人直接提起诉讼，则相对简单易行。第三，实践中的以房抵债往往牵涉多方当事人，如果认定为向第三人履行，则债权人在商品房买卖合同实际履行完毕前，仍享有债权，随时可以与债务人协议解除以房抵债合同，那么一系列抵债行为的效力都处于不稳定状态，这显然不利于交易安全。

典型案例 267

## 黄璞与重庆市丰沛房地产开发有限公司房屋买卖合同纠纷案①

### 基本案情

2017 年 1 月 18 日，禾唐公司（债权人）与重庆市丰沛房地产开发有限公司（以下简称丰沛公司）（债务人）签订《商品房抵款协议》，约定丰沛公司用其开发的 8 套房屋抵偿禾唐公司的相应工程款，禾唐公司可以指定第三人签订商品房买卖合同。1 月 25 日，禾唐公司出具《指定购房人确认书》，指定黄璞为签约主体。同日，丰沛公司向黄璞出具房款的相应收据（黄璞并未实际付款，其购房款系通过一系列抵债行为予以确认），并就房屋进行了合同备案登记。2 月 24 日，禾唐公司与丰沛公司签订《解除抵房协议书》。2017 年 9 月 6 日，黄璞提起诉讼，要求履行商品房买卖合同。诉讼中，第三人张抛贫称，案涉房屋系禾唐公司抵偿给庆华公司，庆华公司抵偿给张抛贫，张抛贫又抵偿给李伟，李伟再抵偿给黄璞。

### 法院观点

二审法院（重庆市第一中级人民法院）认为，“黄璞基于购买涉案房屋的意愿，对外支付了相应购房款项，无论该款项经由何人收取，最终通过禾唐公司出具《指定购房人确认书》的形式明确购房人为黄璞，并通过丰沛公司出具收据的形式确认出卖人已经收取相应购房款项。据此，即使黄璞与丰沛公司之间未签订书面的商品房买卖合同，黄璞仍然已经实际履行了购房人的主要义务，即支付购房款，丰沛公司也通过出具收据的方式明确表示接受了购房人支付购房款的行为，且双方还

① 典型案例 267：黄璞与重庆市丰沛房地产开发有限公司房屋买卖合同纠纷案，重庆市第一中级人民法院（2018）渝 01 民终 2299 号民事判决书、重庆市高级人民法院（2018）渝民申 1707 号民事裁定书。

完成了涉案房屋的备案登记。黄璞的对外债权，通过禾唐公司的指定行为以及丰沛公司出具的收据，转化为购房款”。并据此确认双方成立商品房买卖合同关系，判决支持了黄璞的请求。

## 7.2　工程款债权的诉讼时效与优先受偿权的起算时间

就承包人工程款债权的诉讼时效，除《民法典》第一编第九章“诉讼时效”、《最高人民法院关于审理民事案件适用诉讼时效制度若干问题的规定》之外，《建设工程施工合同解释（一）》有三个条文对其有所涉及。其中，第 17 条规定了工程质量保证金的返还期限；第 27 条规定了工程款利息的起算时间；第 41 条规定了优先受偿权的行使期限自发包人应当给付建设工程价款之日起算。如【裁判规则 379】所言，优先受偿权行使期限的起算时间应与工程款债权诉讼时效的首次起算时间保持一致。换言之，确定了工程款债权诉讼时效的首次起算时间，也就确定了优先受偿权行使期限的起算时间。

**裁判规则 268**

**工程款债权的诉讼时效、优先受偿权的行使期间自约定应付款之次日起算。没有约定或约定不明的，按《建设工程施工合同解释（一）》第 27 条规定的工程款利息起算时间确定。**

《建设工程施工合同解释（一）》第 27 条规定：“利息从应付工程价款之日开始计付。当事人对付款时间没有约定或者约定不明的，下列时间视为应付款时间：（一）建设工程已实际交付的，为交付之日；（二）建设工程没有交付的，为提交竣工结算文件之日；（三）建设工程未交付，工程价款也未结算的，为当事人起诉之日。”该条规定的工程款利息起算时间，可否作为工程款债权诉讼时效的起算时间？

有观点认为，该条规定实际上是对发包人应付工程款时间的推定，主要解决利息计算问题，而利息计算的期限利益在承包人一方，因此对承包人作有利——时间向前——推定。[①] 该条“是针对发包人恶意拖延工程竣工验收时间，以期达到拖延

① 参见谢勇：《建设工程施工合同案件裁判规则解析》，中国法制出版社 2020 年版，第 263 页。

支付工程价款的违法目的而作出的惩罚性规定"[①]，故仅适用于确定工程款利息的起算时间，而不应将该条规定的利息起算时间作为工程款债权诉讼时效的起算时间。但更多的观点认为，既然该规定"利息从应付工程价款之日开始计付"，而工程款债权诉讼时效从应付未付之日起计算，故该条规定的时间点可作为工程款债权诉讼时效的起算点。福建省高级人民法院[②]、重庆市高级人民法院和四川省高级人民法院[③]均持这一观点。

基于利息的法定孳息属性，《建设工程施工合同解释（一）》第 27 条规定的工程款利息起算时间，也构成工程款债权诉讼时效的起算时间。首先，《民法典》第 188 条第 2 款第 1 句规定："诉讼时效期间自权利人知道或者应当知道权利受到损害以及义务人之日起计算。"发包人应当支付工程款而未为支付，使承包人工程款债权受到损害。因此，自发包人应付而未付之次日，即应起算工程款债权的诉讼时效。基于此，《建设工程施工合同解释（一）》第 27 条规定的"应付款时间"，理应构成工程款债权诉讼时效的起算时间。其次，工程款利息属于法定孳息，遵循随主物原则。换言之，利息起算之日即为应当支付工程款本金之日。既为应当支付工程款本金之日，显然应当起算工程款债权的诉讼时效。最后，主张《建设工程施工合同解释（一）》第 27 条规定的利息起算时间不构成工程款债权诉讼时效的起算时间，更多的是担心工程款结算周期较长，以致在结算过程中诉讼时效届满，不利于承包人权利的保护。但事实上，工程款债权诉讼时效起算后，发

---

① 杨心忠等：《建设工程合同纠纷裁判思路》，法律出版社 2014 年版，第 286 页。

② 《福建省高级人民法院当前我省涉建工纠纷审判调研 问答·案例·白皮书》（2022 年 9 月）第 18 条第 1 款规定："建设工程价款优先受偿权的起算点从'应当给付建设工程价款之日'起计算。建设工程施工合同对付款时间有明确约定的，按合同约定确定。合同解除，发包人和承包人就合同解除后工程价款的支付另行达成协议的，为该协议约定的应支付建设工程价款之日。"第 2 款规定："当事人对付款时间没有约定或者约定不明的，下列时间视为应付款时间：1. 建设工程实际交付的，为交付之日；建设工程未交付的，为提交竣工结算文件之日；建设工程未交付，建设工程价款也未结算，人民法院及仲裁机构确认发包人欠付承包人工程价款的，为承包人起诉之日。2. 质保金作为工程价款一部分，其优先受偿权起算点为质保金应予返还之日。"

③ 《重庆市高级人民法院、四川省高级人民法院关于审理建设工程施工合同纠纷案件若干问题的解答》（渝高法〔2022〕156 号）第 16 条规定："建设工程施工合同的承包人行使建设工程价款优先受偿权的期限自发包人应当给付建设工程价款之日起计算，当事人对付款时间没有约定或者约定不明，承包人请求依照《最高人民法院关于审理建设工程施工合同纠纷案件适用法律问题的解释（一）》第二十七条规定确定应付工程款时间，人民法院予以支持。"

承包双方在诉讼时效期间内进行结算或要求结算的，根据《民法典》第 195 条①第 1 项、第 2 项的规定，该结算行为导致诉讼时效中断进而可重新起算。因此，承包人的工程款债权不会因结算周期长而受到不利影响。当然，由于工程价款优先受偿权的行使期间起算时间与工程款债权诉讼时效的首次起算时间相同，但该行使期间不因工程款债权诉讼时效的中断而中断，故结算周期较长会影响承包人工程价款优先受偿权的存续。

《民法典》第 511 条第 4 项规定，履行期限不明确的，债务人可以随时履行，债权人也可以随时要求履行，但是应当给对方必要的准备时间。《最高人民法院关于审理民事案件适用诉讼时效制度若干问题的规定》第 4 条规定："未约定履行期限的合同，依照民法典第五百一十条、第五百一十一条的规定，可以确定履行期限的，诉讼时效期间从履行期限届满之日起计算；不能确定履行期限的，诉讼时效期间从债权人要求债务人履行义务的宽限期届满之日起计算，但债务人在债权人第一次向其主张权利之时明确表示不履行义务的，诉讼时效期间从债务人明确表示不履行义务之日起计算。"若此，在未约定工程款支付时间或支付时间约定不明的情形下，如工程已交付或已提交结算文件，上述规则与《建设工程施工合同解释（一）》第 27 条存在冲突。针对这一问题，在"湖北省工业建筑总承包集团第三建筑工程公司与北京大成房地产开发有限责任公司等建设工程施工合同纠纷案"②、"孙铁与盘锦兴通房地产开发有限公司等建设工程施工合同纠纷案"③中，最高人民法院均以债权人可以随时要求履行为由，认定工程款债权诉讼时效应自起诉之日起算。但相对于《民法典》第 511 条第 4 项、《最高人民法院关于审理民事案件适用诉讼时效制度若干问题的规定》第 4 条而言，《建设工程施工合同解释（一）》第 27 条属于针对建设工程施工合同纠纷的特别规则，理应优先适用。且以应付未付工程款为由起算工程款利息，却又认定工程款债权诉讼时效未起算，显然存在逻

① 该条规定："有下列情形之一的，诉讼时效中断，从中断、有关程序终结时起，诉讼时效期间重新计算：（一）权利人向义务人提出履行请求；（二）义务人同意履行义务；（三）权利人提起诉讼或者申请仲裁；（四）与提起诉讼或者申请仲裁具有同等效力的其他情形。"

② 参考案例 264：湖北省工业建筑总承包集团第三建筑工程公司与北京大成房地产开发有限责任公司等建设工程施工合同纠纷案，最高人民法院（2013）民申字第 1114 号民事裁定书。

③ 参考案例 265：孙铁与盘锦兴通房地产开发有限公司等建设工程施工合同纠纷案，辽宁省高级人民法院（2016）辽民终 110 号民事判决书、最高人民法院（2016）最高法民申 3043 号民事裁定书。

辑冲突。因此，在此情形下，应当适用《建设工程施工合同解释（一）》第 27 条的规定。

综上所述，根据《建设工程施工合同解释（一）》第 27 条的规定，工程款债权诉讼时效、优先受偿权行使期间的起算时点为：当事人约定的付款之日（就此，可参见“唐宗华与桂林金穗投资有限公司破产债权确认纠纷案”①）、工程实际交付之日（下述【典型案例 268】）、提交竣工结算文件之日、当事人起诉之日。

**典型案例 268**

## 广西建工集团第一建筑工程有限责任公司与青海恒平房地产开发有限公司建设工程施工合同纠纷案②

### 基本案情

2013 年 7 月 1 日，青海恒平房地产开发有限公司（以下简称恒平公司）与广西建工集团第一建筑工程有限责任公司（以下简称广西一建）签订《建设工程施工合同》约定，广西一建承建恒平公司开发的青海应录集团职工住宅楼；结算审定并经双方确认之日起 60 天内，工程款支付至总工程结算款的 97%，预留结算总造价的 3% 为质量保证金。2013 年 8 月 5 日案涉工程开工，2014 年 9 月 15 日完成基础分部质量验收，2016 年 4 月 15 日通过主体分部质量验收。自 2017 年 3 月 22 日开始，案涉工程部分商铺已被商户作为经营场所使用。2017 年 11 月 17 日，广西一建诉至法院，要求恒平公司支付工程欠款 45, 873, 838. 15 元及相应利息，并主张就案涉工程享有优先受偿权。

### 法院观点

一审法院（青海省高级人民法院）认为，案涉工程的应付款时间为 2017 年 3 月 22 日，广西一建应在 2017 年 9 月 22 日前主张建设工程价款的优先受偿权，而

① 参考案例 266：唐宗华与桂林金穗投资有限公司破产债权确认纠纷案，广西壮族自治区高级人民法院（2019）桂民终 771 号民事判决书、最高人民法院（2020）最高法民申 3302 号民事裁定书。

② 典型案例 268：广西建工第一建筑工程集团有限公司与青海恒平房地产开发有限公司建设工程施工合同纠纷案，最高人民法院（2019）最高法民终 1365 号民事判决书。

其于2017年11月17日诉至法院，已超过法律规定的行使权利的期限，故对其该项诉求不予支持。二审中，最高人民法院也认为结合《2018年建工解释》第22条①与《2004年建工解释》第18条②，案涉工程商铺于2017年3月22日已有商户开始使用，故应以此日期作为恒平公司应付款之日；广西一建于2017年11月14日主张工程款，已超过建设工程价款优先受偿权行使期限。

## 裁判规则269

**建设工程施工合同被解除或终止履行的，工程款债权的诉讼时效、优先受偿权的行使期间自合同解除或终止履行之日起算。**

如前所述，工程款债权的诉讼时效自约定的付款期限届满之日起算。但建设工程施工合同被解除或终止履行的，如【裁判规则301】所述，合同关于竣工验收合格后支付结算款的约定不再适用。在此情形下，工程款债权的诉讼时效、优先受偿权的行使期间应当自何时起算？

《全国民事审判工作会议纪要》（法办〔2011〕442号）第四部分“关于建设工程合同纠纷案件”第（二）条规定：“承包人请求行使优先受偿权的期限，自建设工程实际竣工之日起计算；如果建设工程合同由于发包人的原因解除或终止履行，承包人行使建设工程价款优先受偿权的期限自合同解除或终止履行之日起计算。”其理由在于，“施工合同约定工程尾款待验收通过后支付，则工程款请求权为附条件的请求权，诉讼时效期间应从所附条件成就之日起算，如施工合同被解除或被确认为无效，导致工程未完工，则所附条件已经不可能成就，因此，在当事人知道或者应当知道所附条件不可能成就时，即知道或者应当知道其这种未来的期待权已经受到侵害，就应当主张自己的权利”③。最高人民法院在“上海弘韬建设发

① 该条规定：“承包人行使建设工程价款优先受偿权的期限为六个月，自发包人应当给付建设工程价款之日起算。”

② 现《建设工程施工合同解释（一）》第27条，内容有修改。

③ 《施工合同约定工程尾款待验收通过后支付，如工程验收客观上无法进行，施工人请求支付该尾款，诉讼时效期间应当如何计算》，载最高人民法院民事审判第一庭编：《民事审判指导与参考》总第49辑，人民法院出版社2012年版。

展有限公司与洛阳新银泰百货有限公司等装饰装修合同纠纷案”① 中认定的工程款债权诉讼时效的起算时间即是合同解除之日。

就优先受偿权的行使期间而言，有观点认为，优先受偿权“除斥期间应自工程价款确定之日起计算方为合理可行”②。但多数观点主张，优先受偿权的行使期间应自合同解除或终止履行之日起算。广东省高级人民法院③、河北省高级人民法院④均持这一观点。一方面，《建设工程施工合同解释（一）》第41条规定，优先受偿权的行使期间“自发包人应当给付建设工程价款之日起算”。第27条规定，“利息从应付工程价款之日开始计付”。从文字表述来看，二者并无差异。因此，优先受偿权行使期间的起算时间应当与工程款债权诉讼时效的起算时间保持一致。另一方面，承包人对未完工程主张优先受偿权的，以解除建设工程施工合同为前提。根据《民法典》的规定，自合同解除之日，承包人就可以要求发包人支付工程款，即工程款债权成立，相应地，优先受偿权产生。故优先受偿权的行使期间应自合同解除或终止履行之日起算。除下述【典型案例269】外，第73号指导案例——“通州建总集团有限公司与安徽天宇化工有限公司别除权纠纷案”⑤ 中法院也认为，“因发包人的原因，合同解除或终止履行时已经超出合同约定的竣工日期

① 参考案例267：上海弘韬建设发展有限公司与洛阳新银泰百货有限公司等装饰装修合同纠纷案，最高人民法院（2016）最高法民申618号民事裁定书。

② 王建东：《评〈合同法〉第286条》，载《中国法学》2003年第2期。

③ 原《广东省高级人民法院关于审理建设工程合同纠纷案件疑难问题的解答》（粤高法〔2017〕151号）第16条规定：“建设工程承包人行使优先受偿权的期限为六个月，具体起算点按照以下方式确定：(1) 工程已竣工的，自建设工程竣工之日或者建设工程合同约定的竣工之日起算，上述日期不一致的，以在后日期作为起算点，但合同约定的付款期限尚未届满的，以合同约定的付款期限届满之日作为起算点；(2) 工程尚未竣工而合同解除、终止履行的，以合同实际解除、终止之日作为起算点；(3) 发包人主张以《建设工程司法解释》第十四条第（二）、（三）项作为承包人行使优先受偿权起算点的，不予支持。”

④ 《河北省高级人民法院建设工程施工合同案件审理指南》（冀高法〔2018〕44号）第35条规定：“建设工程承包人行使优先受偿权的期限为六个月，具体起算时间按照以下方式确定：(1) 工程已竣工的，自建设工程竣工之日或者建设工程合同约定的竣工之日起算，上述日期不一致的，以在后日期作为起算点，但合同约定的付款期限尚未届满的，以合同约定的付款期限届满之日作为起算点；(2) 工程尚未竣工而合同解除、终止履行的，以合同实际解除、终止之日作为起算点；(3) 发包人主张以《最高人民法院建设工程案件司法解释》第十四条第（二）、（三）项作为承包人行使优先受偿权起算点的，不予支持。”

⑤ 典型案例389：通州建总集团有限公司与安徽天宇化工有限公司别除权纠纷案，安徽省高级人民法院（2014）皖民一终字第00054号民事判决书。指导案例73号。

的，承包人行使优先受偿权的期限自合同解除之日起计算”。

**典型案例 269**

## 陕西西岳山庄有限公司与中建三局建发工程有限公司、中建三局第三建设工程有限责任公司建设工程施工合同纠纷案[①]

### 基本案情

2001 年 11 月 30 日，陕西西岳山庄有限公司（以下简称西岳山庄）与中建三局第三建设工程有限责任公司（以下简称中建三局三公司）签订《建设工程施工合同》约定，中建三局三公司承建华山假日酒店工程，工程开、竣工日期为 2001 年 12 月 26 日、2002 年 10 月 31 日。2002 年 7 月 30 日，一、二区基础分部工程验收合格。2003 年 3 月 11 日，三区基础分部工程验收合格。2003 年 3 月 17 日，西岳山庄与中建三局三公司安装分公司签订了安装工程补充协议。2003 年 4 月 11 日，主体分部工程验收合格。2004 年 4 月 14 日，中建三局三公司将工程款债权转让给中建三局建发工程有限公司（以下简称建发公司）。2005 年 10 月 10 日，中建三局三公司向西岳山庄发出《关于解除合同的通知》。后建发公司提起诉讼，请求判令西岳山庄支付拖欠的工程款，并确认建发公司就其所承接的债权对案涉工程依法享有优先受偿权。西岳山庄抗辩称，建发公司已超过行使优先受偿权的期限。

### 法院观点

最高人民法院认为，建设工程款具有优先受偿性质，建发公司基于受让债权取得此项权利。鉴于该项建设工程尚未全部竣工，《建设工程施工合同》因西岳山庄拖欠工程款等原因而迟延履行，建发公司优先受偿权的行使期限应从 2005 年 10 月 10 日解除合同时起算。此前建发公司已提起诉讼，故不应认定其优先受偿权的行使期限已超过 6 个月。

① 典型案例 269：陕西西岳山庄有限公司与中建三局建发工程有限公司、中建三局第三建设工程有限责任公司建设工程施工合同纠纷案，最高人民法院（2007）民一终字第 10 号民事判决书。《最高人民法院公报》2007 年第 12 期，第 32—40 页。

**裁判规则 270**

**建设工程施工合同被确认无效或者被撤销，但工程已完工的，工程款债权的诉讼时效、优先受偿权的行使期间自合同约定的付款之日起算。**

通常情况下，工程款债权的诉讼时效自约定的付款期限届满之日起算。但建设工程施工合同被确认无效、被撤销的，则合同约定的付款期限不再具有约束力。在此情形下，工程款债权的诉讼时效应当自何时起算？

《民法典》第793条第1款规定："建设工程施工合同无效，但是建设工程经验收合格的，可以参照合同关于工程价款的约定折价补偿承包人。"如【裁判规则218】所述，合同约定的工程款支付时间属于该款规定的"关于工程价款的约定"的范畴，因此，应当参照适用。除下述【典型案例270】外，在"北京首钢建设集团有限公司与通化市诚信房地产开发有限责任公司建设工程施工合同纠纷案"①中，最高人民法院也认为，建设工程施工合同被确认无效后，应当参照合同约定请求折价补偿该工程价款。折价补偿款项的支付时间，也应以合同约定的工程款支付时间为参照依据。既然合同约定的工程款支付时间应当参照适用，则工程款债权的诉讼时效、优先受偿权的行使期间也应自合同约定的付款之日起算。

**典型案例 270**

## 深圳市艺美博园林景观工程有限公司与西充县百科有机种养殖有限公司建设工程施工合同纠纷案②

### 基本案情

2011年4月20日，深圳市艺美博园林景观工程有限公司（以下简称艺美博公

① 典型案例381：北京首钢建设集团有限公司与通化市诚信房地产开发有限责任公司建设工程施工合同纠纷案，最高人民法院（2020）最高法民终1192号民事判决书。

② 典型案例270：深圳市艺美博园林景观工程有限公司与西充县百科有机种养殖有限公司建设工程施工合同纠纷案，四川省南充市中级人民法院（2017）川13民终1685号民事判决书、四川省高级人民法院（2018）川民再91号民事判决书。

司）与西充县百科有机种养殖有限公司（以下简称百科公司）签订承包合同约定，艺美博公司承接百科公司的大棚安装工程；工程总价款为170万元；合同签订后5个工作日内预付合同总额20%，计34万元；材料进场后7个工作日支付合同总额的30%，计51万元；主骨架安装完毕后3个工作日内支付合同总额的30%，计51万元；工程完工验收合格后支付合同总额的17%，计28.9万元；预留总金额的3%（5.1万元）作为质保金，若无质量问题，质保金在十二个月后一次付清。2012年10月28日，艺美博公司交付了该工程。因百科公司仅支付了98万元工程款，艺美博公司诉至法院，要求百科公司支付工程欠款72万元，并从2012年10月28日起按同期银行贷款利率承担逾期付款利息损失。

## 法院观点

南充市中级人民法院与四川省高级人民法院认为，因艺美博公司缺乏建筑资质，其与百科公司签订的《安装工程施工承包合同》违反了法律、法规的强制性规定，应属无效。根据法律规定，建设工程施工合同无效，但建设工程经竣工验收合格，承包人请求支付工程价款的，应予支持。百科公司与艺美博公司约定的工程总价款为170万元，艺美博公司按约履行了合同义务，且在工程完工后将相关资料移交给了百科公司，百科公司亦应当按约支付工程价款。百科公司于2011年共计支付工程款98万元，尚欠艺美博公司72万元。2012年10月28日为案涉工程竣工时间，亦为合同约定的付款时间，本案工程欠款的债权请求权诉讼时效应当从2012年10月28日开始计算。据此判决，百科公司支付工程款720,000元，并以669,000元为本金从2012年10月28日起、以51,000元为本金从2013年10月28日起按中国人民银行发布的同期同类贷款利率计算利息，款清息止。

## 裁判规则271

**工程价款未确定的，不构成承包人行使工程款债权的障碍，不影响工程款债权诉讼时效、优先受偿权行使期间的起算。**

在建设工程已完工或合同终止履行的情形下，发承包双方就工程款决算未能达成一致，或者承包人提出结算书后发包人迟迟不予审核，导致工程价款未确定的，是否影响工程款债权诉讼时效、优先受偿权行使期间的起算？

较多观点主张，工程价款未确定，则承包人难以提出具体的权利请求，故不应起算工程款债权的诉讼时效与优先受偿权的行使期间。① 法院在“福建省二建建设集团有限公司与广西金桂浆纸业有限公司建设工程施工合同纠纷案”②、“海天建设集团有限公司与泰来家美房地产开发有限公司建设工程施工合同纠纷案”③、“东方建设集团有限公司与江苏多米诺塑胶制造有限公司等建设工程施工合同纠纷案”④、“江苏省苏中建设集团股份有限公司与包头市恒源房地产开发有限责任公司建设工程施工合同纠纷案”⑤、“孙铁与盘锦兴通房地产开发有限公司等建设工程施工合同纠纷案”⑥、“中铁十九局集团有限公司与瑞云云计算研发建设有限公司建设工程价款优先受偿权纠纷案”⑦、“南通华荣建设集团有限公司与天津市新城建筑工程有限公司建设工程施工合同纠纷案”⑧、“国诚集团有限公司与四川嘉佳茧丝绸有限公司建设工程施工合同纠纷案”⑨、“杭州建工集团有限责任公司与大理汇宁房地产开发有限公司建设工程施工合同纠纷案”⑩、“八冶建设集团有限公司与民和玉龙房地产

---

① 参见邬砚：《建设工程合同纠纷：254 个裁判规则深度解析》，法律出版社 2019 年版，第 354—358 页。

② 参考案例 268：福建省二建建设集团有限公司与广西金桂浆纸业有限公司建设工程施工合同纠纷案，最高人民法院（2019）最高法民终 754 号民事判决书。

③ 参考案例 269：海天建设集团有限公司与泰来家美房地产开发有限公司建设工程施工合同纠纷案，最高人民法院（2019）最高法民终 564 号民事判决书。

④ 参考案例 270：东方建设集团有限公司与江苏多米诺塑胶制造有限公司等建设工程施工合同纠纷案，最高人民法院（2017）最高法民申 356 号民事裁定书。

⑤ 典型案例 37、195：江苏省苏中建设集团股份有限公司与包头市恒源房地产开发有限责任公司建设工程施工合同纠纷案，最高人民法院（2018）最高法民终 620 号民事判决书。

⑥ 参考案例 271：孙铁与盘锦兴通房地产开发有限公司等建设工程施工合同纠纷案，辽宁省高级人民法院（2016）辽民终 110 号民事判决书。

⑦ 典型案例 353：中铁十九局集团有限公司与瑞云云计算研发建设有限公司建设工程价款优先受偿权纠纷案，北京市高级人民法院（2019）京民终 158 号民事判决书。

⑧ 参考案例 272：南通华荣建设集团有限公司与天津市新城建筑工程有限公司建设工程施工合同纠纷案，河北省高级人民法院（2019）冀民终 616 号民事判决书。

⑨ 参考案例 273：国诚集团有限公司与四川嘉佳茧丝绸有限公司建设工程施工合同纠纷案，四川省高级人民法院（2019）川民终 184 号民事判决书。

⑩ 典型案例 137：杭州建工集团有限责任公司与大理汇宁房地产开发有限公司建设工程施工合同纠纷案，云南省高级人民法院（2017）云民初 169 号民事判决书。

开发有限公司建设工程施工合同纠纷案”① 中均持这一观点。也有观点认为，满足合同约定或法律规定的付款条件后，承包人就可以行使工程款债权与优先受偿权，工程款金额确定并非承包人主张工程款债权的前提条件。

工程价款金额确定之日与应当支付工程价款之日存在本质区别。实践中，大量的建设工程施工合同纠纷案件都是承包人在未达成结算的情形下起诉要求支付工程款。因此，工程价款未确定，并不构成承包人主张工程款债权的障碍。在具体操作上，由于工程款金额不明，承包人在起诉或申请仲裁时估算一个大致金额，并注明最终以鉴定金额为准即可。就此问题，还可参照同为债权的侵权赔偿请求权，赔偿金额不明，既不构成权利人行使索赔权的障碍，也不影响侵权赔偿请求权诉讼时效的起算。

**典型案例 271**

## 重庆建工工业有限公司与重庆通耀交通装备有限公司建设工程施工合同纠纷案②

### 基本案情

2012 年 10 月 9 日，重庆建工工业有限公司（以下简称建工公司）与重庆通耀交通装备有限公司（以下简称通耀公司）签订《施工合同》约定，通耀公司将重庆通耀铸钢项目一期工程交由建工公司施工。2013 年 12 月 30 日，该工程竣工。2014 年 8 月 27 日，建工公司与通耀公司召开通耀铸锻项目一期工程结算工作会确定，2014 年 9 月 4 日后双方立即组织工程结算，10 月 20 日前双方协商解决结算争议问题；从工程结算完、报告数据出来之日起，通耀公司在 2015 年 1 月 31 日前支付结算总价 95%，并承担结算完毕后至支付之日止剩余工程款的年息 10%。2015 年 9 月 24 日，通耀公司被法院裁定进入破产重整程序。2016 年 1 月 29 日，建工公司向通耀公司的破产重整管理人申报债权 55,470,547 元。2016 年 7 月 22 日，建工

① 参考案例 274：八冶建设集团有限公司与民和玉龙房地产开发有限公司建设工程施工合同纠纷案，青海省高级人民法院（2016）青民初 76 号民事判决书。

② 典型案例 271：重庆建工工业有限公司与重庆通耀交通装备有限公司建设工程施工合同纠纷案，最高人民法院（2022）最高法民再 114 号民事判决书。

公司向管理人发函，要求确认其对案涉工程享有优先受偿权，但未获回应。2018年4月8日，法院批准了通耀公司的重整计划。2018年4月11日，建工公司再次向管理人申报工程价款优先受偿权。2018年10月8日，建工公司诉至法院称，其于2016年7月22日向管理人发函要求确认对案涉工程享有优先受偿权，并未超过18个月的除斥期间，优先受偿权应当得到确认。

### 法院观点

最高人民法院认为，根据2014年8月27日通耀铸锻项目一期工程结算工作会的会议纪要，“从工程结算完、报告数据出来之日起，甲方在2015年1月31日前支付结算总价95%，并承担结算完毕后至支付之日止剩余工程款的年息10%”。其中，“从工程结算完、报告数据出来之日起”的约定系对应付款时间的宽限，而非支付工程款的条件，即此约定系留给通耀公司核定工程价款的合理期间，但该合理期间最迟不能超过2015年1月31日。由此足以认定2015年1月31日为双方明确约定的应付工程款的时间，该时间即为案涉工程优先受偿权行使期间的起算点，不以工程款结算为前提。通耀公司应当支付工程款的时间最晚为2015年1月31日，建工公司应当在六个月内即2015年7月31日前向通耀公司主张优先受偿权，但其直到2018年10月8日才提起诉讼。因此，建工公司的优先受偿权因期限届满而归于消灭。

## 裁判规则272

**工程进度款或约定分期支付的结算款，在性质上属于“同一债务分期履行”，工程款债权诉讼时效、优先受偿权行使期间自最后一期工程款应付之日起算，但质量保证金除外。**

工程款分为预付款、进度款与结算款。其中，进度款根据施工进度分次支付，结算款也可能约定分期支付，且通常会扣留一定比例的质量保证金。应当如何确定不同款项的诉讼时效？

首先，《民法典》第189条规定：“当事人约定同一债务分期履行的，诉讼时效期间自最后一期履行期限届满之日起计算。”据此，如发承包双方就结算款约定分期支付，则工程款债权的诉讼时效自最后一期债务履行期限届满之日起计算。至于工程价款优先受偿权的行使期间，如最高人民法院在“重庆项胜建筑装饰工程有限公司与重庆斯努特啤酒有限责任公司建设工程施工合同纠纷案”① 中所言，“工程价款虽可以约定分期给付，但在本质上仍是同一债务，因此，对于行使建设工程价款优先受偿权的起算时间也应从整体性上进行把握，不应分段起算。同时，如果对每一期的工程款都单独起算行使期限，承包人需要频繁主张权利，可能就会针对于同一工程价款优先权发生多个纠纷，也会造成司法资源的浪费。因此，在当事人约定分期支付工程款的情况下，工程价款优先受偿权的行使期限应当从最后一期工程款应付之日起算”。

其次，质量保证金虽然属于工程款的组成部分，但其作为承包人在缺陷责任期内履行保修义务的金钱担保，兼具保证金的性质。与进度款、结算款相比，质量保证金在支付条件（缺陷责任期内未发生质量问题或承包人妥善履行了保修义务）与支付时间（缺陷责任期届满）上均有显著区别。因此，承包人请求发包人返还质量保证金的诉讼时效，应根据《建设工程施工合同解释（一）》第 17 条第 1 款②的规定单独计算。《深圳市中级人民法院关于建设工程合同若干问题的指导意见》（2010 年 3 月 9 日修订）第 37 条即规定：“建设工程的工程款诉讼时效以合同约定最后一期工程款的支付期限为起算时间，工程质量保修款的诉讼时效以保修款返还日起算。”

最后，施工过程中，进度款根据施工进度分次支付。但在工程完工后，欠付的进度款的诉讼时效是从最后一期进度款的应付时间起算，还是从结算款的应付时间起算？“因工程价款属于同一债务，具有整体性，进度款分期支付属于该债务的分期履行，诉讼时效期间自最后一期工程款即结算款履行期限届满之日起计算。”③

① 参考案例 275：重庆项胜建筑装饰工程有限公司与重庆斯努特啤酒有限责任公司建设工程施工合同纠纷案，最高人民法院（2021）最高法民申 4949 号民事裁定书。

② 该款规定：“有下列情形之一，承包人请求发包人返还工程质量保证金的，人民法院应予支持：（一）当事人约定的工程质量保证金返还期限届满；（二）当事人未约定工程质量保证金返还期限的，自建设工程通过竣工验收之日起满二年；（三）因发包人原因建设工程未按约定期限进行竣工验收的，自承包人提交工程竣工验收报告九十日后当事人约定的工程质量保证金返还期限届满；当事人未约定工程质量保证金返还期限的，自承包人提交工程竣工验收报告九十日后起满二年。”

③ 王楷、于秋磊：《建设工程施工合同纠纷法律实务与工程专业知识解答》，法律出版社 2021 年版，第 30 页。

典型案例 272

## 成都大鼎置业有限公司与成都市第四建筑工程公司建设工程施工合同纠纷案[①]

### 基本案情

2009 年 12 月，成都大鼎置业有限公司（以下简称大鼎公司）与成都市第四建筑工程公司（以下简称四建公司）签订《建设工程施工合同》约定，四建公司承建大鼎 MAX 项目工程；从主体钢筋混凝土工程建至 6 层起，工程进度款每月支付一次，按经大鼎公司审核的当月完成的工程量的 75%支付。2010 年 12 月 16 日，双方签订《补充协议》，就 2010 年 11 月至 2011 年 2 月每月进度款的支付时间、具体金额及违约金计算标准进行了细化约定。2013 年，工程竣工验收合格。后四建公司起诉要求大鼎公司支付工程款，并以大鼎公司迟延支付进度款为由，要求大鼎公司支付相应的违约金 4605 万元。大鼎公司辩称，部分逾期付款违约金已过诉讼时效。

### 法院观点

最高人民法院在二审中认为，《最高人民法院关于审理民事案件适用诉讼时效制度若干问题的规定》第 5 条[②]规定，当事人约定同一债务分期履行的，诉讼时效期间从最后一期履行期限届满之日起计算。工程进度款系分期支付，大鼎公司以部分逾期付款违约金超过诉讼时效作为抗辩理由，不予采纳。[③]

---

① 典型案例 272：成都大鼎置业有限公司与成都市第四建筑工程公司建设工程施工合同纠纷案，最高人民法院（2016）最高法民终 476 号民事判决书。

② 现《民法典》第 189 条，内容有修改。

③ 但因四建公司自身有逾期施工的行为，应自担相应损失，故最高人民法院对四建公司要求大鼎公司支付逾期支付工程进度款违约金的请求，最终未予支持。

## 裁判规则273

**在建设工程施工合同约定的结算期内未完成结算的，不应起算工程款债权的诉讼时效、优先受偿权的行使期间，但符合《建设工程施工合同解释（一）》第27条规定情形的除外。**

根据《建设工程施工合同（示范文本）》（GF-2017-0201）第14.1款、第14.2款，工程竣工结算主要包括如下流程：（1）承包人应在工程竣工验收合格后28天内向发包人和监理人提交竣工结算申请单；（2）监理人应在收到竣工结算申请单后14天内完成核查并报送发包人；（3）发包人应在收到监理人提交的经审核的竣工结算申请单后14天内完成审批，并由监理人向承包人签发经发包人签认的竣工付款证书；（4）发包人应在签发竣工付款证书后的14天内，完成对承包人的竣工付款。[①] 如果发承包双方在结算期内未完成结算，应否起算工程款债权的诉讼时效，进而起算优先受偿权的行使期间？

如果发承包双方超过合同约定的结算期间仍未能确定工程价款，不应起算工程款债权的诉讼时效与优先受偿权的行使期间。首先，达成结算不等于应当立即付款。超过结算期间未完成结算，违反的是结算义务，并非付款义务，以此作为支付工程价款的诉讼时效起算点，存在逻辑错误。其次，在工程价款的结算过程中，由于发承包双方利益的对立性、结算本身的复杂性，超出约定的结算期间仍然未能确定工程价款的纠纷比比皆是。因此，以结算期间届满之日作为诉讼时效起算点，不符合建筑市场的现状。最后，如果以约定的结算期间届满之日作为诉讼时效的起算点，一方面会导致大量施工合同的发包人有意拖延结算，另一方面也会导致承包人动辄提起诉讼——避免因结算期间届满进而导致诉讼时效届满，从而产生事与愿违的结果。就此，除下述【典型案例273】外，还可参见“湖南省第六工程有限公司与株洲市汇亚房地产开发有限公司建设工程施工合同纠纷案”[②]。

所谓“符合《建设工程施工合同解释（一）》第27条规定情形的除外”，包

① 《建设工程施工合同（示范文本）》（GF-2013-0201）第14.1条、第14.2条与此相同。

② 参考案例276：湖南省第六工程有限公司与株洲市汇亚房地产开发有限公司建设工程施工合同纠纷案，最高人民法院（2013）民一终字第68号民事判决书。

含多种情形。如发承包双方就付款时间约定不明，在约定的结算期内也未达成结算，但建设工程已交付，则根据《建设工程施工合同解释（一）》第27条第1项的规定，应当起算工程款债权的诉讼时效与优先受偿权的行使期间；又或者合同约定，结算期满即应支付工程价款，即结算期届满之日即为应付款之日，则应自结算期届满之日起算工程款债权的诉讼时效与优先受偿权的行使期间。就此，可参见“重庆天纬渝盛建设（集团）有限公司与曾果重庆市欧枫投资有限公司等建设工程施工合同纠纷案”①。

**典型案例273**

## 浙江建隆船务有限公司与烟台洪瑞港航工程有限责任公司等航道、港口疏浚合同纠纷案②

### 基本案情

2010年10月5日，烟台洪瑞港航工程有限责任公司（以下简称洪瑞港航公司）与浙江建隆船务有限公司（以下简称建隆船务公司）签订《疏浚工程合同》约定，由建隆船务公司“建隆工8”轮进行挖泥疏浚作业；工程验收达到质量标准，并办理完成工程结算，一个月内一次性付清剩余的工程款。2011年6月8日，双方签署《建隆工8中间结算单》，共同确认施工量为225,504.1立方米，价款2,548,196.33元。该结算单上还记载“后期403扫浅待定”“建隆工8给752运泥1驳”，即洪瑞港航公司的“永航浚403”轮为案涉疏浚工程进行后期扫浅作业，建隆船务公司“建隆工8”轮为另外的疏浚船舶“链斗752”运泥1驳船。2013年7月17日，建隆船务公司诉至法院，要求洪瑞港航公司支付工程款。洪瑞港航公司抗辩称，根据《建隆工8中间结算单》，建隆船务公司债权的诉讼时效于2013年7月8日已经届满。

---

① 参考案例277：重庆天纬渝盛建设（集团）有限公司与曾果重庆市欧枫投资有限公司等建设工程施工合同纠纷案，重庆市高级人民法院（2019）渝民终371号民事判决书。

② 典型案例273：浙江建隆船务有限公司与烟台洪瑞港航工程有限责任公司等航道、港口疏浚合同纠纷案，天津市高级人民法院（2014）津高民四终字第24号民事判决书、最高人民法院（2014）民申字第2054号民事裁定书。

### 法院观点

天津市高级人民法院（二审法院）与最高人民法院（再审审查法院）均认为，虽然《疏浚工程合同》约定“工程验收达到质量标准，并办理完成工程结算，一个月内一次性付清剩余的工程款”，但《建隆工8中间结算单》主要是对建隆船务公司完成的工程量及洪瑞港航公司支付加油款的金额进行确认，后期扫浅问题属于待定事项。《建隆工8中间结算单》并非洪瑞港航公司主张的案涉工程的最终完工结算单，双方对建隆船务公司的工程款项没有明确约定支付期间。洪瑞港航公司依据该结算单签署日期确定本案诉讼时效起算时间缺乏依据，不予支持。

## 7.3 承包人交付建设工程的义务

《民法典》第788条第1款规定：“建设工程合同是承包人进行工程建设，发包人支付价款的合同。”第799条第1款规定：“建设工程竣工后，发包人应当根据施工图纸及说明书、国家颁发的施工验收规范和质量检验标准及时进行验收。验收合格的，发包人应当按照约定支付价款，并接收该建设工程。”据此，交付合格的建设工程，是承包人的主合同义务。

**裁判规则274**

**在建工程交付前因不可抗力毁损或灭失的，发包人仍应就建成部分支付相应工程款，并负担由此增加的修复费用，但施工质量问题、承包人履行迟延导致的损失除外。**

在建设工程施工合同履行过程中，承包人已经建成的部分在交付之前因不可抗力毁损灭失的，应当如何确定损失分担规则？

在“陕西田园绿化工程有限公司与西北有色工程限责任公司、渭南市国土资源局建设工程施工合同纠纷案”[①]中，陕西省高级人民法院认为，“在建设施工合同中，工程竣工验收之前的意外毁损、灭失的风险应由承包方负担，验收之后应由

① 参考案例278：陕西田园绿化工程有限公司与西北有色工程限责任公司、渭南市国土资源局建设工程施工合同纠纷案，陕西省高级人民法院（2017）陕民终980号民事判决书。

发包方承担”。也有观点认为，不可抗力造成建筑物灭失，如建设工程施工合同有效，则免除承包人向发包人交付建设工程的义务，但不能免除发包人向承包人支付工程款的义务；如建设工程施工合同无效，则双方义务均得以免除。[①] 也即根据合同效力的不同确定不同的损失分配规则。

《民法典》第590条第1款第1句规定：“当事人一方因不可抗力不能履行合同的，根据不可抗力的影响，部分或者全部免除责任，但是法律另有规定的除外。”站在承包人的角度，在建工程在交付前因不可抗力而灭失的，承包人不再负担交付建设工程的义务；因不可抗力而毁损的，承包人亦不应就该毁损承担责任。站在发包人的角度，发包人的工程款给付义务属于金钱债务，金钱之债不存在履行不能的问题，故发包人不能以不可抗力主张工程款债务的免除。据此，在建工程在交付前因不可抗力而毁损的，发包人需支付由此增加的修复费用，就此，可参见“四川建设集团有限公司与成都祥宇置业有限公司建设工程施工合同纠纷案”[②]；在建工程在交付前因不可抗力而灭失的，发包人仍需就建成部分支付相应工程款。《建设工程施工合同（示范文本）》（GF-2017-0201）通用条款第17.3.1项即规定：“不可抗力引起的后果及造成的损失由合同当事人按照法律规定及合同约定各自承担。不可抗力发生前已完成的工程应当按照合同约定进行计量支付。”

对在建工程以外的其他损失，《建设工程施工合同（示范文本）》（GF-2017-0201）通用条款第17.3.2项规定：“不可抗力导致的人员伤亡、财产损失、费用增加和（或）工期延误等后果，由合同当事人按以下原则承担：（1）永久工程、已运至施工现场的材料和工程设备的损坏，以及因工程损坏造成的第三人人员伤亡和财产损失由发包人承担；（2）承包人施工设备的损坏由承包人承担；（3）发包人和承包人承担各自人员伤亡和财产的损失；（4）因不可抗力影响承包人履行合同约定的义务，已经引起或将引起工期延误的，应当顺延工期，由此导致承包人停工的费用损失由发包人和承包人合理分担，停工期间必须支付的工人工资由发包人承担；（5）因不可抗力引起或将引起工期延误，发包人要求赶工的，由此增加的赶工费用由发包人承担；（6）承包人在停工期间按照发包人要求照管、清理和修复

---

① 参见杨心忠等：《建设工程合同纠纷裁判思路》，法律出版社2014年版，第199—202页。

② 参考案例279：四川建设集团有限公司与成都祥宇置业有限公司建设工程施工合同纠纷案，四川省高级人民法院（2018）川民终1162号民事判决书。

工程的费用由发包人承担。”

需要注意的是，前述规则系建立在合同正常履行的前提下。《民法典》第590条第2款规定：“当事人迟延履行后发生不可抗力的，不免除其违约责任。”据此，承包人在迟延履行期间遭遇不可抗力的，应自担损失。此外，因承包人施工质量问题导致的损失或损失的扩大，亦应由承包人自行承担责任。在下述【典型案例274】中，C15混凝土护坡因水毁垮塌，法院对质量合格部分予以计价，质量不合格部分则未予计价；因水毁产生的2012年与2013年两次恢复水毁工程的费用，以及恢复工程导致工期顺延进而因河砂、碎石价格上涨产生的费用，法院则以不可抗力是主因、工期延误是次因为由，对上述损失和费用按照9∶1的比例在发承包双方之间进行了分担。

**典型案例274**

## 广元市川越建筑劳务有限公司与中国水利水电第八工程局有限公司等建设工程施工合同纠纷案①

### 基本案情

2011年4月，案涉工程代建方将案涉工程发包给中国水利水电第八工程局有限公司（以下简称水利水电八局）承建。2012年5月12日，水利水电八局与广元市川越建筑劳务有限公司（以下简称川越公司）签订《复建工程施工分包合同》约定，由川越公司承包嘉陵江亭子口水利枢纽库区广元市元坝区宝红路、虎七路1段、虎陈路、昭化镇天雄村路公路路基、路面及附属设施的实施、完成及缺陷修复的所有项目。2015年1月9日，案涉工程经检测达到完工移交条件。后川越公司诉至法院，要求水利水电八局支付工程款及利息。诉讼中查明，因施工过程中遭遇水毁事件，产生如下损失或费用：（1）C15混凝土护坡因水毁垮塌；（2）2012年与2013年两次恢复水毁工程的费用；（3）恢复水毁工程导致工期延长进而因河砂、碎石价格上涨产生的费用。

① 典型案例274：广元市川越建筑劳务有限公司与中国水利水电第八工程局有限公司等建设工程施工合同纠纷案，最高人民法院（2020）最高法民终912号民事判决书。

## 法院观点

针对水毁事件导致的损失或费用，一审法院（四川省高级人民法院）认为，C15混凝土护坡因水毁垮塌属实。但部分护坡施工厚度达不到设计要求，属于施工质量问题，川越公司应当承担修复责任，在修复前不予计价。对符合设计要求的部分予以计价。根据护坡开裂和垮塌的占比，认定计价69,696.80元；2012年水毁恢复工程价款151,831元，2013年水毁恢复工程价款1,984,159元，河砂、碎石补差金额482,117元，合计2,618,107元。上述损失或费用主要是该次极端天气状况所致，承包人工期延误所致的比例很小。因此，应由水利水电八局承担2,356,296.30元（90%）。二审中，最高人民法院也认为，C15混凝土护坡因水毁垮塌，其中施工厚度达不到设计要求的452立方米属于施工质量问题，在川越公司修复前不予计价，符合设计要求的部分应予计价。因此，一审根据护坡开裂和垮塌的比例确定的计价并无不当。2012年水毁恢复工程价款151,831元、2013年水毁恢复工程价款1,984,159元，以及恢复水毁工程导致工期顺延进而在工期延长期间因材料价格上涨产生的损失，应由各方合理分担，一审判决确定的各方承担的部分并无不当。

## 裁判规则275

**发包人拖延结算或欠付工程款的，承包人不得以此为由拒绝交付建设工程，但建设工程施工合同另有约定的除外。**

实务界普遍认为，建设工程施工合同终止履行或工程完工后，承包人不得以发包人拖延结算、拖欠工程款为由，继续占有工程、拒绝撤场。① 广东省高级人民法院②、

① 参见王勇：《建设工程施工合同纠纷实务解析》，法律出版社2017年版，第387页；杨心忠等：《建设工程合同纠纷裁判思路》，法律出版社2014年版，第454页。至于认为“发包人未支付工程款，承包人可拒绝交付工程”的观点，可参见曹文衔、宿辉、曲笑飞：《民法典建设工程合同章条文释解与司法适用》，法律出版社2021年版，前言第5、6页。

② 原《广东省高级人民法院关于审理建设工程合同纠纷案件的暂行规定》（粤高法发〔2000〕31号）第30条中规定：“承包人因发包人未按约定支付工程款而拒绝交付工程，致使发包人无法对竣工的工程行使占有、使用和处分权利而发生的损失，由承包人承担。”

北京市高级人民法院[①]、福建省高级人民法院[②]均持这一观点。

首先，从建设工程施工合同的通常履行顺序看，完工后先进行竣工验收，竣工验收合格即由发包人接收工程，之后发承包双方进行结算，达成结算后发包人付款。因此，承包人交付工程在前，发包人结算、付款在后。承包人以发包人拖延结算或欠付工程款为由拒绝交付建设工程，不符合合同的通常履行顺序。其次，如福建省高级人民法院的指导意见所言，发包人拖延结算或欠付工程款的，法律已经赋予承包人建设工程价款优先受偿权这一特殊救济途径，而且该权利具有最终实现承包人工程款债权的功能。[③] 在此背景下，为避免迟延交付导致的损失扩大——如发包人对购房人的迟延交付，承包人不得以此为由拒绝交付工程。最后，如果发承包双方明确约定，承包人在发包人支付工程款前有权拒绝交付工程，通常应尊重当事人的意思自治，但应考虑比例原则。《北京市高级人民法院关于审理建设工程施工合同纠纷案件若干疑难问题的解答》第38条第2款即规定："承包人依据合同约定拒绝交付工程，但其拒绝交付工程的价值明显超出发包人欠付的工程款，或者欠付工程款的数额不大，而部分工程不交付会严重影响整个工程使用的，对发包人因此所受的实际损失，应由当事人根据过错程度予以分担。"

在下述【典型案例275】中，二审法院在认定施工合同有效的前提下，基于合同中承包人在发包人付款后交付工程的约定，认定承包人有权拒绝交付工程；再审中，最高人民法院认定合同无效，则"承包人在发包人付款后交付工程"的约定也归于无效，进而认定承包人占据案涉工程没有法律依据与合同依据。

---

① 《北京市高级人民法院关于审理建设工程施工合同纠纷案件若干疑难问题的解答》（京高法发〔2012〕245号）第38条第1款规定："工程竣工验收合格后，承包人以发包人拖延结算或欠付工程款为由拒绝交付工程的，一般不予支持，但施工合同另有明确约定的除外。"

② 《福建省高级人民法院当前我省涉建工纠纷审判调研 问答·案例·白皮书》（2022年9月）第36条第1款规定："承包人以发包人拖延结算或欠付工程价款为由拒绝交付工程的，不予支持。发包人拒付工程价款，承包人可以通过主张建设工程价款优先受偿权实现权利，而不能采取扣押等方式拒绝交付建设工程。"

③ 参见李玉生主编：《建设工程施工合同案件审理指南》，人民法院出版社2019年版，第269页。

典型案例 275

## 湖南湘源建设工程有限公司
## 与湖南千足珍珠有限公司建设工程施工合同纠纷案①

### 基本案情

2007 年 7 月 17 日，湖南千足珍珠有限公司（以下简称千足珍珠公司）与湖南湘源建设工程有限公司（以下简称湘源公司）签订《建设工程施工合同》约定，湘源公司承建常德珍珠城加工观光厂房的土建、水电安装、装饰工程按图纸内的全部内容（室内涂料、消防不在内）；合同价款 6,864,000 元；承包人收到竣工结算价款后 14 天内将竣工工程交付发包人。2011 年 6 月 1 日，案涉工程竣工验收合格。后双方因工程款结算发生争议，湘源公司派人看守并控制诉争工程，未交付给千足珍珠公司。千足珍珠公司诉至法院，要求湘源公司交付案涉工程，并赔偿不及时交付工程造成的损失 200 万元。

### 法院观点

湖南省高级人民法院（二审法院）认为，千足珍珠公司虽主张湘源公司应赔偿未及时交付工程造成的损失，但双方因结算问题一直未达成一致，湘源公司在结算之前不予交付工程的行为不属违约，故对千足珍珠公司的该项主张不予支持。最高人民法院在再审中认为，在本案讼争工程项目启动招投标程序前，双方已就以后应当通过招投标程序确定的施工范围、工期、结算方式等实质性内容进行谈判并作出具体约定，根据《招标投标法》第 43 条、第 55 条以及《2004 年建工解释》第 1 条，《建设工程施工合同》应属无效。二审法院认定合同有效，属适用法律不当，应予纠正。案涉工程虽于 2011 年 6 月 1 日竣工验收合格，但工程并未交付发包方，湘源公司占据案涉工程没有法律依据与合同依据，应将案涉工程交付给千足珍珠公司。

---

① 典型案例 275：湖南湘源建设工程有限公司与湖南千足珍珠有限公司建设工程施工合同纠纷案，最高人民法院（2016）最高法民再 123 号民事判决书。

## 7.4 承包人开具工程款发票的义务

《税收征收管理法》第21条第2款规定："单位、个人在购销商品、提供或者接受经营服务以及从事其他经营活动中，应当按照规定开具、使用、取得发票。"因此，在建设工程施工合同履行过程中，就发包人支付的预付款、进度款与结算款等，承包人有开具发票的义务。

**裁判规则276**

**无论是工程款增值税专用发票还是普通发票，均不足以证明票载款项已经实际支付，但合同约定或者发承包双方之间习惯以普通发票作为付款凭证的除外。**

实践中，对承包人支付工程款的请求，发包人往往以持有承包人开具的发票为据，主张其已经支付了相应的工程款。

当前，建筑业实行的是增值税。《增值税暂行条例》第1条规定："在中华人民共和国境内销售货物或者加工、修理修配劳务（以下简称劳务），销售服务、无形资产、不动产以及进口货物的单位和个人，为增值税的纳税人，应当依照本条例缴纳增值税。"增值税发票分为增值税专用发票（以下简称专票）与普通发票（以下简称普票）。对于专票，《增值税暂行条例》第9条规定："纳税人购进货物、劳务、服务、无形资产、不动产，取得的增值税扣税凭证不符合法律、行政法规或者国务院税务主管部门有关规定的，其进项税额不得从销项税额中抵扣。"从而将专票定性为"扣税凭证"。对于普票，《发票管理办法》第3条规定："本办法所称发票，是指在购销商品、提供或者接受服务以及从事其他经营活动中，开具、收取的收付款凭证。"从而将普票定性为"收付款凭证"。

就专票而言，《买卖合同解释》第5条第1款规定："出卖人仅以增值税专用发票及税款抵扣资料证明其已履行交付标的物义务，买受人不认可的，出卖人应当提供其他证据证明交付标的物的事实。"其原因在于，专票"本身并不是付款凭证，增值税专用发票开具只表示买卖双方商品成交，而不能证明买受人已经付清所有货款"①。因此，在建设工程施工合同纠纷中，即使发包人持有承包人开具的专票，也不能证明相应款项已经实际支付。就普票而言，《买卖合同解释》第5条第2款规定："合同约定或者当事人之间习惯以普通发票作为付款凭证，买受人以普通发票证明已经履行付款义务的，人民法院应予支持，但有相反证据足以推翻的除外。"其理由在于，虽然普票作为收付款凭证，对收付款行为具有一定的证明效力，但普票并不等于付款依据，其开具与是否实际付款并无直接关系。② 因此，即使发包人持有承包人开具的普票，也不能证明发包人已经支付了该笔款项。当然，在合同约定或者当事人之间习惯以普票作为付款凭证的情况下，普票具有款项已经实际支付的证明效力。

典型案例276

## 大连昊源建筑工程有限公司与大连康达房屋开发有限公司建设工程合同纠纷案③

### 基本案情

1994年10月20日，大连昊源建筑工程有限公司（以下简称昊源公司）与大连康达房屋开发有限公司（以下简称康达公司）签订《建设工程施工合同》约定，昊源公司为康达公司建造中山区晴明街1号、2号住宅楼。两工程分别于1994年11月1日、1995年3月1日开工。1995年12月28日，经大连市建筑工程质量监督站认证该工程合格。后昊源公司诉至法院，要求康达公司支付工程欠款。诉讼中经委托审计，康达公司应给付昊源公司工程款总计2,360,539.16元，已付1,647,447.66元，尚欠713,091.50元。另查明，昊源公司曾于1995年6月15日、7月13日、10月18日，1996年11月12日出具多张总计金额为2,183,753元的工程款发票。康达公司据此辩称，已经付清了全部工程款。

① 最高人民法院民事审判第二庭编著：《最高人民法院关于买卖合同司法解释理解与适用》，人民法院出版社2012年版，第146页。

② 参见最高人民法院民事审判第二庭编著：《最高人民法院关于买卖合同司法解释理解与适用》，人民法院出版社2012年版，第152页。

③ 典型案例276：大连昊源建筑工程有限公司与大连康达房屋开发有限公司建设工程合同纠纷案，最高人民法院（2013）民提字第46号民事判决书。

## 法院观点

辽宁省高级人民法院在二审中认为，昊源公司出具了2,183,753元的工程款发票。付款出票是合法程序，而且收款发票是收取价款的有效凭证，故康达公司的欠付款金额应为176,807.16元。但最高人民法院在再审中认为，昊源公司的建筑施工活动已经完成，根据施工合同向康达公司主张给付剩余工程款，而康达公司主张工程款已全部给付完毕，双方已结算清楚。《最高人民法院关于民事诉讼证据的若干规定》（法释〔2001〕33号）第5条第2款规定："对合同是否履行发生争议的，由负有履行义务的当事人承担举证责任。"康达公司主张其已经履行了付款义务，应当负有对该主张举证加以证明的责任。发票具有结算功能，但在不是现金交易的情况下仅持有发票并不能作为付款已完成的依据。发票持有人应该提供支付款项的支票存根、转账记录、银行对账单等对付款事实加以证明。因此，康达公司仅以持有发票而主张已付清工程款依据不足。

## 裁判规则277

**支付工程款是建设工程施工合同的主合同义务，开具工程款发票是从合同义务，二者不具有对价关系，发包人不能以承包人未开具发票为由拒绝支付工程款，但另有约定的除外。**

在承包人请求发包人支付工程款时，发包人常以承包人未开具发票为由拒绝支付工程款。应当如何评价发包人的该项抗辩权？

有观点认为，出卖人拒开发票，则买受人不能下账，造成违反财务制度的后果，在此情形下，买受人有权行使同时履行抗辩权或先履行抗辩权，拒付相应的货款。[①] 但绝大多数观点认为，支付工程款是建设工程施工合同的主合同义务，与开具工程款发票不具有对价关系，故发包人不能以承包人未开具发票为由，拒绝支付

① 参见崔建远：《同时履行抗辩权：重构抑或自毁》（下），载最高人民法院民事审判第一庭编：《民事审判指导与参考》总第49辑，人民法院出版社2012年版。

工程款。四川省高级人民法院[①]、河北省高级人民法院[②]、江苏省高级人民法院[③]、山东省高级人民法院[④]、湖南省高级人民法院[⑤]均持这一观点。除下述【典型案例277】外，最高人民法院在“重庆市凌志装饰设计工程有限公司与贵州恒鑫硕泰置业有限公司建设工程施工合同纠纷案”[⑥] 中也持这一观点。

首先需要明确承包人开具发票义务的性质。较多观点认为，承包人开具发票的义务是附随义务。[⑦] 最高人民法院在前述“重庆市凌志装饰设计工程有限公司与贵州恒鑫硕泰置业有限公司建设工程施工合同纠纷案”[⑧] 中也认为，“提供发票属于合同约定的附随义务”。合同义务主要分为主合同义务、从合同义务与附随义务。一般认为，所谓从合同义务，是指不具有独立意义、仅具有补充主合同义务功能的义务，其目的在于确保债权人的利益能够获得最大满足，如《民法典》第599条[⑨] 规定的交付单证和资料义务。所谓附随义务，是指给付义务以外的其他义务。如

---

① 《四川省高级人民法院关于审理建设工程施工合同纠纷案件若干疑难问题的解答》（川高法民一〔2015〕3号）第29条中规定：“发包人以承包人未开具发票，未移交工程竣工资资料为由拒付工程款的，不予支持。但建设工程施工合同另有约定的除外。”

② 《河北省高级人民法院建设工程施工合同案件审理指南》（冀高法〔2018〕44号）第54条中规定：“支付工程款义务和开具发票义务是两种不同性质的义务，不具有对等关系。发包人以承包人违反约定未开具发票为抗辩理由拒付工程款的，人民法院不予支持。”

③ 原《江苏省高级人民法院关于审理建设工程施工合同纠纷案件若干问题的解答》（2018年6月26日）第13条规定：“发包人以承包人未开具发票为由拒绝支付工程款的，不予支持，当事人另有明确约定的除外。”

④ 《山东省高级人民法院关于审理建设工程施工合同纠纷案件若干问题的解答》（2020年11月4日）第10条中规定：“支付工程款义务和开具发票义务是两种不同性质的义务，不具有对等关系。发包人以承包人违反约定未开具发票为抗辩理由拒付工程款的，一般不予支持。”

⑤ 《湖南省高级人民法院关于审理建设工程施工合同纠纷案件若干问题的解答》（湘高法〔2022〕102号）第16条第1款规定：“发包人以承包人未开具发票为由拒绝支付工程款的，人民法院不予支持。当事人另有明确约定的除外。”

⑥ 参考案例280：重庆市凌志装饰设计工程有限公司与贵州恒鑫硕泰置业有限公司建设工程施工合同纠纷案，最高人民法院（2020）最高法民终449号民事判决书。

⑦ 参见杨心忠等：《建设工程合同纠纷裁判思路》，法律出版社2014年版，第213页；杜万华主编：《〈第八次全国法院民事商事审判工作会议（民事部分）纪要〉理解与适用》，人民法院出版社2017年版，第517页。

⑧ 参考案例281：重庆市凌志装饰设计工程有限公司与贵州恒鑫硕泰置业有限公司建设工程施工合同纠纷案，最高人民法院（2020）最高法民终449号民事判决书。

⑨ 该条规定：“出卖人应当按照约定或者交易习惯向买受人交付提取标的物单证以外的有关单证和资料。”

《民法典》第509条第2款规定："当事人应当遵循诚信原则，根据合同的性质、目的和交易习惯履行通知、协助、保密等义务。"其主要目的是保护当事人的固有利益不受损害，通常情况下相对人不能基于附随义务形成独立的给付请求权。① 比较而言，将承包人开具发票的义务界定为从合同义务更为适宜。

根据双务合同的基本理论，合同抗辩权的行使范围仅限于对价义务。也就是说，原告请求被告履行付款义务，被告据以抗辩的理由——原告未履行某一义务——须与原告诉请的义务构成对价关系，此时被告的抗辩权才能成立。如果义务之间不构成对价关系的，则履行抗辩权不能成立。《民法典合同编通则解释》第31条第1款前段规定："当事人互负债务，一方以对方没有履行非主要债务为由拒绝履行自己的主要债务的，人民法院不予支持。"建设工程施工合同系双务合同，在该合同中，承包人的主合同义务是完成并交付合同约定的建设工程，发包人的主合同义务是按约定支付工程款，这两个义务构成对价义务。② 这也就意味着，承包人开具发票与发包人支付工程款不具有对价关系，因此，通常情况下，发包人不得以承包人未开具发票为由拒付工程款。当然，如果建设工程施工合同明确约定，承包人未开具发票则发包人有权拒绝付款，则应尊重当事人的意思自治。就此，可参见下述【裁判规则278】。

**典型案例277**

## 中铁建工集团有限公司与西宁世纪佳和房地产开发有限公司建设工程施工合同纠纷案③

### 基本案情

2012年8月11日，中铁建工集团有限公司（以下简称中铁建工集团）与西宁

① 参见崔建远主编：《合同法》，法律出版社2021年版，第55—57页；谭启平主编：《中国民法学》，法律出版社2021年版，第415、416页。

② 参见《建设施工合同的发包方能否以承包方以未开具发票作为拒绝支付工程款的先履行抗辩的事由》，载最高人民法院民事审判第一庭编：《民事审判指导与参考》总第58辑，人民法院出版社2014年版。

③ 典型案例277：中铁建工集团有限公司与西宁世纪佳和房地产开发有限公司建设工程施工合同纠纷案，最高人民法院（2020）最高法民终158号民事判决书。

世纪佳和房地产开发有限公司（以下简称世纪佳和公司）签订《建设工程施工合同》约定，中铁建工集团承建世纪佳和公司开发的水井巷商务片区改造一期工程；在发包人按合同支付工程款的同时，承包人必须提供与本合同形式和内容相一致的符合税务部门要求的发票。施工完成后，中铁建工集团起诉要求世纪佳和公司支付欠付的工程款。世纪佳和公司以中铁建工集团未及时开具发票为由进行抗辩。

## 法院观点

一审法院（青海省高级人民法院）认为，案涉合同仅约定承包人应在发包人支付工程款的同时提供相一致的税务发票，并未约定中铁建工集团不开具发票则世纪佳和公司有权拒绝支付工程款。支付工程款与开具发票是两种不同性质的义务，前者是合同的主要义务，后者并非合同的主要义务，二者不具有对等关系，故世纪佳和公司以中铁建工集团未及时开具发票作为拒绝支付工程款的抗辩理由不能成立。二审中，最高人民法院也认为，开具工程款发票系中铁建工集团在本案合同中的附随义务，与世纪佳和公司支付工程款的主要义务相比，二者不具有对等关系，而且开具工程款发票亦非双方当事人约定的支付工程款的前提条件。因此，一审法院认定世纪佳和公司以中铁建工集团未及时开具发票作为拒绝支付工程款的抗辩理由不能成立，并无不当。

### 裁判规则278

**建设工程施工合同明确约定，发包人支付工程款以承包人开具相应发票为前提条件的，基于主观等值的要求，应当认为支付工程款与开具发票构成对价关系。承包人未开具发票的，发包人有权拒绝支付工程款。**

如前所述，因支付工程款与开具工程款发票不具有对价关系，故发包人不能以承包人未开具发票为由拒绝支付工程款。但如果建设工程施工合同明确约定，以承包人开具发票作为发包人支付工程款的前提条件，应当如何处理？

实务界普遍认为，如果建设工程施工合同明确约定，发包人支付工程款以承包人开具相应发票为前提条件，则发包人可以以承包人未开具发票为由拒绝支付工程款。四川省高级人民法院①、河北省高级人民法院②、江苏省高级人民法院③、山东省高级人民法院④、湖南省高级人民法院⑤均在其指导意见中通过但书规则、例外规则支持这一观点。《民法典合同编通则解释》第31条第1款规定："当事人互负债务，一方以对方没有履行非主要债务为由拒绝履行自己的主要债务的，人民法院不予支持。但是，对方不履行非主要债务致使不能实现合同目的或者当事人另有约定的除外。"其所谓的"当事人另有约定的除外"，也表明，在建设工程施工合同明确约定发包人支付工程款以承包人开具相应发票为前提的情形下，发包人可以以承包人未开具发票为由拒绝支付工程款。

其理由在于，在发承包双方没有特别约定的情况下，支付工程款与开具工程款发票不具有对价关系；但如建设工程施工合同明确约定，发包人支付工程款以承包人开具相应发票为前提条件，根据主观等值的要求，则应当认定支付工程款与开具发票构成对价关系。在"江苏苏南建设集团有限公司与安徽同鑫置业有限公司建设工程施工合同纠纷案"⑥中，安徽同鑫置业有限公司（以下简称同鑫公司）与江苏苏南建设集团有限公司（以下简称苏南公司）约定，"承包人在向发包人领取任何工程款项时，都应提供税务机关监制或认可的有效发票，未提供发票，发包人有权拒付相关款项"。后双方因工程款支付发生争议，苏南公司诉至法院，要求同鑫公司支付工程款及逾期付款利息。同鑫公司抗辩称，由于苏南公司欠同鑫公司

---

① 《四川省高级人民法院关于审理建设工程施工合同纠纷案件若干疑难问题的解答》（川高法民一〔2015〕3号）第29条中规定："发包人以承包人未开具发票，未移交工程竣工资资料为由拒付工程款的，不予支持。但建设工程施工合同另有约定的除外。"

② 《河北省高级人民法院建设工程施工合同案件审理指南》（冀高法〔2018〕44号）第54条中规定："支付工程款义务和开具发票义务是两种不同性质的义务，不具有对等关系。发包人以承包人违反约定未开具发票为抗辩理由拒付工程款的，人民法院不予支持。"

③ 原《江苏省高级人民法院关于审理建设工程施工合同纠纷案件若干问题的解答》（2018年6月26日）第13条规定："发包人以承包人未开具发票为由拒绝支付工程款的，不予支持，当事人另有明确约定的除外。"

④ 《山东省高级人民法院关于审理建设工程施工合同纠纷案件若干问题的解答》（2020年11月4日）第10条规定："支付工程款义务和开具发票义务是两种不同性质的义务，不具有对等关系。发包人以承包人违反约定未开具发票为抗辩理由拒付工程款的，一般不予支持；双方明确约定以承包人开具发票作为支付工程款条件的，可以明确承包人具有向发包人开具发票的义务。"

⑤ 《湖南省高级人民法院关于审理建设工程施工合同纠纷案件若干问题的解答》（湘高法〔2022〕102号）第16条第1款规定："发包人以承包人未开具发票为由拒绝支付工程款的，人民法院不予支持。当事人另有明确约定的除外。"

⑥ 参考案例282：江苏苏南建设集团有限公司与安徽同鑫置业有限公司建设工程施工合同纠纷案，最高人民法院（2017）最高法民终552号民事判决书。

25, 767, 951 元工程款发票，同鑫公司有权不支付工程款，也无须支付工程款利息。最高人民法院即认为，通常情况下，发包方不能以承包方未提供发票为由拒绝给付工程款，但因“对价关系不强调客观上等值，只要当事人主观上认为等值即可”①，如果发承包双方明确约定，承包人不开具发票，发包人可以拒绝支付工程款，则可视为当事人认为开具发票与付款具有对价关系，该约定并不违反法律规定，应当予以支持。

当然，如建设工程施工合同明确约定，发包人支付工程款以承包人开具相应发票为前提条件，而承包人在未开具发票的情形下起诉要求发包人付款，更为经济、合理的解决方案是判决“先票后款”，且付款以开票为前提。在“南通四建集团有限公司与上海嘉春装饰设计工程有限公司、上海嘉谐房地产开发有限公司建设工程施工合同纠纷案”② 中，合同约定，“按本分包合同条件须支付予分包单位的任何款项，在付款前分包单位须于到期付款日 7 日前提交国内完税发票后，有关款项才予以按时支付，否则付款日顺延”。上海嘉春装饰设计工程有限公司（以下简称嘉春公司）在未向南通四建集团有限公司（以下简称南通四建）开具发票的情况下即主张工程款。法院遂判决，南通四建应支付嘉春公司工程款 2, 646, 122. 58 元，南通四建应在收到嘉春公司等额工程款发票后 7 日内支付该款项，逾期支付的，应按照同期全国银行间同业拆借中心公布的贷款市场报价利率计算利息。

**典型案例 278**

## 铜陵有色金属集团铜冠建筑安装股份有限公司与江西自立环保科技有限公司建设工程施工合同纠纷案③

### 基本案情

2012 年，江西自立环保科技有限公司（以下简称自立公司）与铜陵有色金属

---

① 崔建远：《同时履行抗辩权：重构抑或自毁（下）》，载最高人民法院民事审判第一庭编：《民事审判指导与参考》总第 49 辑，人民法院出版社 2012 年版。

② 参考案例 283：南通四建集团有限公司与上海嘉春装饰设计工程有限公司、上海嘉谐房地产开发有限公司建设工程施工合同纠纷案，上海市第二中级人民法院（2020）沪 02 民终 4054 号民事判决书。该案被评为全国法院系统 2021 年度优秀案例。

③ 典型案例 278：铜陵有色金属集团铜冠建筑安装股份有限公司与江西自立环保科技有限公司建设工程施工合同纠纷案，江西省高级人民法院（2019）赣民终 386 号民事判决书、最高人民法院（2020）最高法民申 210 号民事裁定书。

集团铜冠建筑安装股份有限公司（以下简称铜冠公司）签订《建设工程施工合同》约定，自立公司将该公司二期工程（Ⅱ标）发包给铜冠公司；在发包人支付款项前，承包人必须开具同等数额的正规税务发票，否则发包人有权拒绝支付。合同签订后，铜冠公司开始施工。2014年3月，案涉工程完工。后铜冠公司向法院提起诉讼，要求自立公司支付工程款14,499,977.8元及逾期付款的利息。自立公司抗辩称，铜冠公司未依约履行开票义务，自立公司有权拒绝继续支付工程款，且不应支付逾期利息。经查，从2012年12月31日至2015年2月28日，自立公司共支付铜冠公司工程款31,814,449元，铜冠公司仅开具了1000万元的发票。

## 法院观点

最高人民法院在再审审查中认为，因付款义务与交付发票义务不是对待给付，自立公司不得以铜冠公司未交付发票为由拒绝履行其付款义务，但双方另有约定的除外。《建设工程施工合同》约定，铜冠公司在收取每期工程款时应开具相应额度的正式发票；自立公司支付工程结算款前，铜冠公司必须开具同等数额的正规税务发票，否则自立公司有权拒绝支付。自立公司已累计支付进度款3000余万元，但铜冠公司仅交付1000万元的发票，违反合同约定；且自立公司在支付结算款前，铜冠公司应先交付发票。在此情形下，自立公司拒绝支付工程款不构成违约。

## 裁判规则279

**建设工程施工合同约定“先票后款”，但未明确发包人支付工程款以承包人开具相应发票为前提条件的，该履行顺序的约定不足以认定支付工程款与开具发票构成对价关系。但在判决发包人支付工程款的同时，应要求承包人开具相应发票。**

如前所述，建设工程施工合同明确约定以承包人开具发票作为发包人支付工程款的前提条件的，可以认定发包人支付工程款与承包人开具相应发票构成主观等值的对价关系。那么发承包双方约定“先开具发票后支付工程款”，是否足以认定构成主观等值的对价关系？

就此问题，存在较大争议。一种观点认为，发承包双方约定了“先开具发票后支付工程款”的先后履行顺序，从当事人的文义能够推知先后履行顺序即构成先履行抗辩，至于后果系履行顺序约定的当然之义。[①] 法院在“重庆利贵摩托车配件制造有限公司与重庆第六建设有限责任公司建设工程施工合同纠纷案”[②] 中即持这一观点。另一种观点认为，不仅要约定先后履行顺序，还应明确违反约定的后果——“承包人不开具发票发包人有权拒付工程款”，才能认定构成主观等值的对价关系。

一方面，依据抗辩权的基本原理，抗辩权的发生限于对价义务的违反。也就是说，只有对等关系的义务才存在先履行抗辩权的适用条件，如果不是对等关系的义务，就不能适用先履行抗辩权。[③] 在建设工程施工合同中，支付工程款义务与开具发票义务是两种不同性质的义务，前者是主合同义务，后者是从合同义务，不具有对等关系。在仅约定“先票后款”的情形下，发包人以承包人未开具发票为由拒绝支付工程款，则构成以从合同义务未履行抗辩主合同义务的履行，不应得到支持。因此，除非当事人明确约定“一方不及时开具发票，另一方有权拒绝支付工程价款”[④]，否则开具发票与支付工程款不构成主观等值的对价关系。另一方面，先履行抗辩权是主张对方违约在前的抗辩，因此，先履行抗辩权也是守约方的违约救济权。在约定“先票后款”的情形下，承包人未履行开票义务而要求发包人支付工程款的，虽发包人不存在先履行抗辩权，但承包人应当纠正自身未开票的违约行为——补开相应发票。就此，可参考《河南省高级人民法院建设工程案件审判工作座谈会综述》（2022 年 9 月 14 日）“议题五：工程施工中的表见代理、工程价款优先受偿权、发票等方面问题”第 4 款的规定：“虽然施工合同中约定承包人先开具发票、发包人后付款，发包人可以据此主张先履行抗辩，不承担开具发票前的因未支付工程价款而产生的违约责任。但发包人支付工程价款是主要合同义

---

① 参见潘军锋：《建设工程价款结算审判疑难问题研究》，载《法律适用》2019 年第 5 期。

② 参考案例 284：重庆利贵摩托车配件制造有限公司与重庆第六建设有限责任公司建设工程施工合同纠纷案，重庆市第五中级人民法院（2019）渝 05 民终 6440 号民事判决书。

③ 参见杨心忠等：《建设工程合同纠纷裁判思路》，法律出版社 2014 年版，第 199 页。

④《建设施工合同的发包方能否以承包方以未开具发票作为拒绝支付工程款的先履行抗辩的事由》，载最高人民法院民事审判第一庭编：《民事审判指导与参考》总第 58 辑，人民法院出版社 2014 年版。

务，在诉讼阶段再以此为由抗辩不支付工程价款缺乏正当性。人民法院应向发包人释明提出由承包人开具发票的诉讼请求，在案件中一并处理。若经释明，发包人仍不请求承包人开具发票而坚持抗辩不支付工程价款的，不予支持。但因实际施工人不能开具发票给发包人造成损失的，应当向发包人释明提出损失赔偿的诉讼请求，在案件中一并处理。”下述【典型案例279】也体现了这一思路。

**典型案例279**

## 江苏苏兴建设工程有限公司与海南华地置业有限公司建设工程施工合同纠纷案①

### 基本案情

2013年1月，海南华地置业有限公司（以下简称华地公司）与江苏苏兴建设工程有限公司（以下简称苏兴公司）签订《建设工程施工合同》及《补充协议》约定，华地公司将华地永发·栖岸一期工程发包给苏兴公司承包施工；华地公司付款前，苏兴公司应当开具发票。2017年1月21日，案涉工程经竣工验收合格。苏兴公司诉至法院，要求华地公司支付工程款104,989,716.86元并赔偿利息损失。华地公司抗辩称，苏兴公司未按照约定提供相应发票，不符合付款的条件，华地公司有权延期付款且不应承担相应责任。经查，截至2018年5月28日，华地公司已经支付工程款145,722,103元；截至2018年6月，苏兴公司已向华地公司开具了金额为1.45亿元的发票。

### 法院观点

最高人民法院认为，一方面，截至2018年5月28日，华地公司欠付苏兴公司工程款为4,084,693.96元。2018年2月7日，双方签署《竣工结算审核汇总对比表》，该日即为双方完成结算审核的时间，应以此作为应付工程款之日，自次日开始计算欠付工程款的利息。另一方面，根据相关法律规定，开具工程款发票是建筑

① 典型案例279：江苏苏兴建设工程有限公司与海南华地置业有限公司建设工程施工合同纠纷案，最高人民法院（2019）最高法民终381号民事判决书。

施工企业的法定义务，苏兴公司应依法承担开具工程款发票的义务。双方签订的《补充协议》约定，每次付款前，苏兴公司应当先开具发票；《建设工程施工合同》约定，支付工程款（进度款）前苏兴公司应提供真实有效的发票。因此，苏兴公司应向华地公司开具相应金额的工程款发票。截至2018年6月，苏兴公司已向华地公司开具了金额为1.45亿元的工程款发票，华地公司已经支付工程款145,722,103元。因此，苏兴公司还应向华地公司开具722,103元的工程款发票。法院据此判决：（1）华地公司向苏兴公司支付工程款4,084,693.96元，并自2018年2月8日起计算利息；（2）苏兴公司应向华地公司开具722,103元的工程款发票。

## 裁判规则280

**承包人在收取工程款的同时，负有开具相应金额发票的法定义务。即使合同未约定承包人有开具发票的义务，发包人也有权通过民事诉讼要求承包人开具发票。**

如前所述，发包人不能以承包人未开发票为由拒绝支付工程款。那么在合同未约定承包人有开具发票义务的情形下，履行了相应付款义务的发包人可否请求承包人开具发票？

否定的观点认为，开具发票是公法（税法）上的义务，不属于私法调整范围，故当事人不得在民事诉讼中提出该项请求。在“上海锦浩建筑安装工程有限公司与昆山纯高投资开发有限公司建设工程施工合同纠纷案”① 中，针对承包人上海锦浩建筑安装工程有限公司（以下简称锦浩公司）要求支付工程款的诉请，发包人昆山纯高投资开发有限公司（以下简称昆山纯高公司）提起反诉，要求锦浩公司提交建筑业统一发票。一审法院（江苏省高级人民法院）认为：“双方合同中没有约定锦浩公司要提供建筑业统一发票，故开具发票不是锦浩公司的合同义务，但昆山纯高公司支付工程款后，锦浩公司应开具发票，这是税法上锦浩公司的义务，上述问题属于行政法律关系问题，一审法院不予理涉。”最高人民法院在二审中也认为，“关于是否交付工程款发票，双方当事人在合同中并未有明确的约

① 参考案例285：上海锦浩建筑安装工程有限公司与昆山纯高投资开发有限公司建设工程施工合同纠纷案，最高人民法院（2015）民一终字第86号民事判决书。

定，交付发票是税法上的义务，而非双方合同中约定的义务。昆山纯高公司依据合同主张锦浩公司交付发票缺乏依据，其主张本院不予支持”①。肯定的观点认为，根据税收法律制度，承包人收到工程款后有开具相应金额发票的义务。因此，发包人在付款时有权要求承包人开具发票。河北省高级人民法院②、湖南省高级人民法院③持这一观点。此外，在“华太建设集团有限公司与浙江福得尔电器有限公司建设工程施工合同纠纷案”④中，浙江福得尔电器有限公司（发包人）在反诉中提出，华太建设集团有限公司（承包人）应开具工程税务发票，一审法院（台州市中级人民法院）、二审法院（浙江省高级人民法院）、再审审查法院（最高人民法院）均予以支持。

首先需要明确的是，如建设工程施工合同约定承包人有开具发票的义务，则发包人依据合同有权要求承包人开具发票。在“青海临峰房地产开发有限公司与浙江中业建设集团有限公司建设工程施工合同纠纷案”⑤中，最高人民法院即认为，“本案中，开具发票、交付竣工资料等均属合同约定内容，属于民事合同义务范围”；“合同文本中所约定的‘开具发票’含义并非指由税务机关开具发票，而是指在给付工程款时需由承包方向发包人给付税务机关开具的发票”；“该给付义务属承包方应当履行的合同义务。对于接受发票的一方当事人来说，是否可以取得发票将影响其民事权益，因此当事人之间就一方自主申请开具发票与另一方取得发票的关系，属于民事法律关系范畴，人民法院应当依法审理”。并据此判决，浙江中业建设集团有限公司于工程款给付后十五日内向青海临峰房地产开发有限公司移

---

① 有意思的是，前述中天建设集团有限公司与新疆温商房地产开发有限公司建设工程施工合同纠纷案的判决时间为2015年5月13日，上海锦浩建筑安装工程有限公司与昆山纯高投资开发有限公司建设工程施工合同纠纷案的判决时间为2015年6月9日。两案判决时间相隔不足一个月，而裁判意见截然相反。

② 《河北省高级人民法院建设工程施工合同案件审理指南》（冀高法〔2018〕44号）第54条中规定：“发包人提起反诉请求主张承包人开具发票的，人民法院应予支持。”

③ 《湖南省高级人民法院关于审理建设工程施工合同纠纷案件若干问题的解答》（湘高法〔2022〕102号）第16条第2款规定：“承包人起诉要求发包人支付工程款，发包人以要求承包人开具发票为由提起反诉的，人民法院可以一并审理。”

④ 参考案例286：华太建设集团有限公司与浙江福得尔电器有限公司建设工程施工合同纠纷案，载最高人民法院民事审判第一庭编：《民事审判指导与参考》总第47辑，人民法院出版社2011年版。

⑤ 典型案例125：青海临峰房地产开发有限公司与浙江中业建设集团有限公司建设工程施工合同纠纷案，最高人民法院（2019）最高法民再166号民事判决书。

交税务机关开具的建安税务专用发票。前述“铜陵有色金属集团铜冠建筑安装股份有限公司与江西自立环保科技有限公司建设工程施工合同纠纷案”① 中，法院也基于合同约定，判决铜冠公司就未开具发票的工程款补开发票。

在建设工程施工合同未约定承包人开具发票义务的情形下，也应当允许发包人在民事诉讼中请求承包人开具相应发票。《八民会纪要（民事部分）》第 34 条规定：“承包人不履行配合工程档案备案、开具发票等协作义务的，人民法院视违约情节，可以依据合同法第六十条、第一百零七条规定，判令承包人限期履行、赔偿损失等。”《民法典合同编通则解释》第 26 条前段规定：“当事人一方未根据法律规定或者合同约定履行开具发票、提供证明文件等非主要债务，对方请求继续履行该债务并赔偿因怠于履行该债务造成的损失的，人民法院依法予以支持”。其理由在于，开具发票既是公法（税法）上的义务，同时也是收款人对付款人的私法义务，不能因公法上承包人对税务机关的义务（因开具发票而缴纳税款），而排斥私法上发包人对承包人的权利。站在私法的角度，《民法典》第 599 条规定：“出卖人应当按照约定或者交易习惯向买受人交付提取标的物单证以外的有关单证和资料。”该条规定的单证和资料，即包括普通发票、增值税专用发票。② 由于付款方与收款方属于平等的民事主体，因此，收款方向付款方开具发票的义务也构成私法上的义务。虽然该义务属于从给付义务，③ 但“从给付义务是可以请求履行的”④。因此，即使建设工程施工合同没有约定开具发票的义务，发包人也有权在民事诉讼中要求承包人开具相应发票。除下述【典型案例 280】外，在“福建宏盛建设集团有限公司与陕西女皇实业有限公司建设工程施工合同纠纷案”⑤ 中，一审法院（陕西省高级人民法院）也认为，“就收到的工程款开具发票属于企业的法定义务，因此，宏盛公司收到工程款的同时应当按照国家规定开具等额增值税发票”。并在判

① 典型案例 278：铜陵有色金属集团铜冠建筑安装股份有限公司与江西自立环保科技有限公司建设工程施工合同纠纷案，江西省高级人民法院（2019）赣民终 386 号民事判决书、最高人民法院（2020）最高法民申 210 号民事裁定书。

② 参见黄薇主编：《中华人民共和国民法典合同编释义》，法律出版社 2020 年版，第 328 页。

③ 参见崔建远主编：《合同法》，法律出版社 2021 年版，第 288 页。

④ 韩世远：《合同法总论》，法律出版社 2011 年版，第 247 页；王泽鉴：《债法原理》，中国政法大学出版社 2002 年版，第 40、41 页。

⑤ 典型案例 114：福建宏盛建设集团有限公司与陕西女皇实业有限公司建设工程施工合同纠纷案，最高人民法院（2019）最高法民终 63 号民事判决书。

决主文中明确，“宏盛公司向女皇公司就收到的工程款开具等额增值税专用发票”。二审中，最高人民法院予以维持。

**典型案例 280**

## 中天建设集团有限公司与新疆温商房地产开发有限公司建设工程施工合同纠纷案[①]

### 基本案情

2007 年 6 月 21 日至 2008 年 8 月 5 日，中天建设集团有限公司（以下简称中天公司）与新疆温商房地产开发有限公司（以下简称温商公司）签订多份施工合同约定，中天公司承建温商公司开发的盛世嘉业国际商贸城地王鞋都（A 幢）、地王大酒店（B 幢）、地王佳座（D 幢）工程。2009 年 4 月 30 日，双方签订《协议书》约定，对施工合同予以终止并解除。后双方因结算发生争议，中天公司诉至法院，要求温商公司支付工程款。温商公司提起反诉，要求中天公司履行本工程的发票出具义务。经鉴定，已完工程造价为 301,220,327.22 元，温商公司已付金额为 239,648,104.84 元，中天公司开具的发票金额为 7500 万元。

### 法院观点

一审法院（新疆维吾尔自治区高级人民法院）认为，案涉两份《建设工程施工合同》和《协议书》中均没有中天公司开具发票的约定，故中天公司此种合同附随义务的产生是基于我国税法的相关规定，不属于民事审判解决的平等主体之间的权利义务关系，依法不予审查，温商公司应当另行解决。但最高人民法院在二审中认为，就收取的工程款开具工程款发票是承包方税法上的义务，无论是否在合同中明确约定，要求承包方收到工程款后开具相应数额的工程款发票都是发包方的合同权利。因此，温商公司要求中天公司收取工程款后开具相应数额的工程款发票的请求应予支持，一审判决认为该请求不属于民事审判解决的范围并不予审查，属适

① 典型案例 280：中天建设集团有限公司与新疆温商房地产开发有限公司建设工程施工合同纠纷案，最高人民法院（2014）民一终字第 4 号民事判决书。

用法律错误，予以纠正。

## 裁判规则281

**承包人收到工程款后未开具发票的，发包人在不要求承包人开具发票的前提下，有权请求承包人赔偿相应税款损失或在应付款中抵扣税款。**

在发包人支付工程款后，承包人迟迟不开具发票的，发包人可否在不要求承包人实际履行开具发票义务的前提下，直接要求承包人赔偿相应税款损失？

在“重庆市佳海建筑工程有限公司与重庆交通建设（集团）有限责任公司等建设工程施工合同纠纷案”[①]中，针对重庆交通建设（集团）有限责任公司（以下简称重庆交建公司）要求抵扣税款4,500,902.28元的请求，最高人民法院认为，即使重庆市佳海建筑工程有限公司（以下简称佳海公司）需要缴纳税款，在双方未约定代扣代缴的情况下，也应是佳海公司自行向相关税务机关缴纳。重庆交建公司主张抵扣税款，无事实和法律依据。但在“济南润华投资置业有限公司与济南市公共交通总公司等土地使用权转让合同纠纷案”[②]中，济南润华投资置业有限公司（以下简称润华公司）与济南市公共交通总公司（以下简称公交公司）签订《转让协议》约定，润华公司将一宗工业出让土地转让给公交公司。在润华公司自行负担税费将该宗土地过户至公交公司名下后，公交公司一直不支付土地转让款。润华公司遂起诉要求解除《转让协议》，并要求公交公司赔偿其已经支出的土地使用权转让契税。一审法院（山东省高级人民法院）与二审法院（最高人民法院）均对润华公司要求赔偿契税损失的请求予以支持。该案的裁判思路——承担了应由受让人负担的税款的转让人有权要求受让人赔偿——表明，在承包人未开具发票的情况下，发包人可以请求承包人赔偿相应税款损失。

《增值税暂行条例》第8条第1款规定：“纳税人购进货物、劳务、服务、无

① 参考案例287：重庆市佳海建筑工程有限公司与重庆交通建设（集团）有限责任公司等建设工程施工合同纠纷案，最高人民法院（2018）最高法民终494号民事判决书。

② 参考案例288：济南润华投资置业有限公司与济南市公共交通总公司等土地使用权转让合同纠纷案，最高人民法院（2008）民一终字第3号民事判决书。

形资产、不动产支付或者负担的增值税额，为进项税额。”第4条规定，“应纳税额=当期销项税额-当期进项税额”。据此，承包人开具发票的增值税税额将会成为发包人以后缴纳增值税的“进项”抵扣数额。如果承包人未开具发票，将导致发包人利益受损。因此，《八民会纪要（民事部分）》第34条规定：“承包人不履行配合工程档案备案、开具发票等协作义务的，人民法院视违约情节，可以依据合同法第六十条、第一百零七条规定，判令承包人限期履行、赔偿损失等。”《民法典合同编通则解释》第26条前段规定：“当事人一方未根据法律规定或者合同约定履行开具发票、提供证明文件等非主要债务，对方请求继续履行该债务并赔偿因怠于履行该债务造成的损失的，人民法院依法予以支持”。其中的“赔偿损失”，在承包人未开具发票的情况下，可以理解为税款损失。换言之，承包人收到工程款后未开具发票的，发包人在不要求承包人开具发票的前提下，有权请求承包人赔偿相应税款损失或在应付款中抵扣税款。

但需要注意的是，要求承包人赔偿相应税款损失或在应付款中直接抵扣税款，是承包人不履行开具发票义务时发包人的救济措施，因此，二者之间是择一而非并行的关系。发包人要求承包人开具发票的，则不得再要求承包人赔偿相应税款损失或在应付款中直接抵扣税款，反之亦然。下述【典型案例281】即为适例。

**典型案例281**

## 中兴建设有限公司与江苏润扬交通工程集团有限公司等建设工程施工合同纠纷案[①]

### 基本案情

2008年11月26日，经招投标，江苏润扬交通工程集团有限公司（以下简称润扬公司）中标获得四川省石坝（黔川界）至纳溪公路工程项目C6标段土建工程承包权。2008年12月3日，润扬公司与中兴建设有限公司（以下简称中兴公司）签订《合同协议书》约定，润扬公司将C6标段工程的一半转包给中兴公司施工。

① 典型案例281：中兴建设有限公司与江苏润扬交通工程集团有限公司等建设工程施工合同纠纷案，最高人民法院（2017）最高法民再168号民事判决书。

2010年3月30日，因资金困难、施工进度缓慢，润扬公司与中兴公司签订了《终止协议书》。2010年8月1日，中兴公司向润扬公司出具函件载明："我方应纳税的金额为3718万元。在双方终止合作协议前，我方的工程计量款中已由业主代扣代缴营业税、城市建设税和教育费附加及地方教育附加825,785.13元，可由此数得出我们已经完成多少工程额的营业税、城市建设税和教育费附加缴纳及地方教育附加的缴纳，剩余的为没有完成纳税的工程额部分，可以根据税率计算出来，在贵司支付给我司的决算款中扣除。"其后，中兴公司诉至法院，要求润扬公司支付工程欠款4,916,420.85元。润扬公司提起反诉，要求中兴公司交付其完工工程价款相应金额的发票。

## 法院观点

二审法院（四川省高级人民法院）认为，一方面，向润扬公司开具发票是中兴公司的附随义务，故润扬公司要求中兴公司向其提供已收工程款相应金额发票的请求，应予支持；另一方面，中兴公司在2010年8月1日的函件中自认，尚有3718万元工程款未缴纳营业税、城市维护建设税、教育费附加。经计算，中兴公司完成的工程量应缴纳的税额为1,171,170元，该税款应在工程款中予以扣除。二审法院据此判决，润扬公司应支付中兴公司工程款3,745,250.85元（4,916,420.85元-1,171,170元）；中兴公司应在其收到全部工程款之日起十日内向润扬公司提供相应金额的发票。二审判决后，中兴公司申请再审称：（1）开具发票属税务部门行政管理范畴，不属于法院的裁判范围；（2）征收税款是税务部门的行政管理权，法院强行扣减税款是以审判权代行行政管理权；（3）既判令从润扬公司下欠的款项中扣减税款，又判令中兴公司向其提供相应金额发票，是给中兴公司双倍负担。最高人民法院在再审中认为，一方面，当事人之间关于税款是否扣除（或应否提供相应完税凭证）的争议，直接关系到润扬公司实际支付中兴公司的工程款数额。经计算，中兴公司该部分工程款的应纳税额（四类征税科目）为1,171,170元，应从润扬公司欠付款项中予以抵扣。另一方面，诉争的1,171,170元税款，或由中兴公司自行缴纳后提供相应发票，或由业主代扣代缴后从税务机关开具发票。二审法院判决将1,171,170元税款在润扬公司欠付款项中予以抵扣，同时又判令中兴公司向润扬公司提供该部分金额对应的发票，相当于让中兴公司承担双重税负，属适用法律错误。因此，对该1,171,170元的纳税发票，润扬公司应向业主收取，而不应再要求中兴公司提供。

## 7.5 承包人提交工程文件的义务

工程文件是真实记录各种地下地上建筑物、构筑物等情况的技术文件，是对工程进行交工验收、维护、改建、扩建的依据，是重要的技术档案。根据《市政基础设施工程施工技术文件管理规定》（建城〔2002〕221号）、《建设工程文件归档规范》（GB/T 50328-2014）的规定，工程竣工后，承包人应当编制、完善竣工图等工程文件。工程文件通过建设工程档案验收后，才能办理竣工验收备案，进而才能办理建筑物的权属证书。实践中，当发承包双方就竣工验收、价款结算或支付发生争议时，承包人常常拒绝提交工程文件，以此作为与发包人谈判、博弈的砝码。

**裁判规则282**

**支付工程款是主合同义务，提交工程文件是从合同义务，二者不具有对价关系，发包人不得以承包人未提交工程文件为由拒绝支付工程款，但建设工程施工合同另有约定的除外。**

首先需要明确的是，承包人提交工程文件义务的性质。有观点认为，承包人拒绝提交工程文件，将导致发包人无法完成竣工验收备案、难以合法使用工程、难以进行物权登记等严重后果。① 因此，承包人交付工程文件是合同的主要义务之一，与发包人的付款义务形成对价义务。② 也有观点认为，承包人提交工程文件的义务属于附随义务。最高人民法院在“青海方升建筑安装工程有限责任公司与青海隆豪置业有限公司建设工程施工合同纠纷案”③ 中即持这一观点。

主合同义务是决定合同性质的义务。《民法典》第788条第1款规定：“建设

---

① 参见曹文衔、宿辉、曲笑飞：《民法典建设工程合同章条文释解与司法适用》，法律出版社2021年版，第337页。

② 参见王楷、于秋磊：《建设工程施工合同纠纷法律实务与工程专业知识解答》，法律出版社2021年版，第192页。

③ 典型案例128：青海方升建筑安装工程有限责任公司与青海隆豪置业有限公司建设工程施工合同纠纷案，最高人民法院（2014）民一终字第69号民事判决书。

工程合同是承包人进行工程建设，发包人支付价款的合同。”据此，建设工程施工合同的主合同义务是工程建设与价款支付，并不包括提交工程文件。又如前所述，附随义务是指给付义务以外的其他义务，通常情况下相对人不能基于附随义务形成独立的给付请求权。[①] 而无论是在“浙江昆仑建设集团股份有限公司与安徽文越投资置业有限公司等建设工程施工合同纠纷案”[②] 中，还是在“甘肃伊发房地产开发有限公司与陇西县威远建筑安装有限责任公司建设工程施工合同纠纷案”[③] 中，发包人诉请承包人提交工程施工资料（进而配合竣工验收），均得到法院的支持。因此，不宜将提交工程文件界定为附随义务。比较而言，将提交工程文件的义务界定为从合同义务——不具有独立意义、仅具有补充主给付义务功能、目的在于确保债权人的利益能够获得最大满足的义务——更为妥当。

有观点主张，承包人未提交工程文件的，发包人虽有支付工程款的义务，但有权在承包人移交全部工程文件之前少付相应的工程款。[④] 但是，既然承包人提交工程文件的义务属于从给付义务，则与工程款支付不具有对价关系。根据《民法典合同编通则解释》第 31 条第 1 款的规定，承包人未提交工程文件不能作为发包人拒付工程款的抗辩事由。北京市高级人民法院[⑤]、四川省高级人民法院[⑥]均持这一观点。

当然，与承包人开具发票的义务相同，如双方明确约定，承包人不提交工程文件则发包人可以拒绝支付工程款，则可视为当事人认为提交工程文件与付款具有对价关系，该约定并不违反法律规定，应当予以支持。在“重庆凯富建设安装有限

---

① 参见崔建远主编：《合同法》，法律出版社 2021 年版，第 55—57 页；谭启平主编：《中国民法学》，法律出版社 2021 年版，第 415、416 页。

② 参考案例 289：浙江昆仑建设集团股份有限公司与安徽文越投资置业有限公司等建设工程施工合同纠纷案，最高人民法院（2015）民一终字第 269 号民事判决书。

③ 参考案例 290：甘肃伊发房地产开发有限公司与陇西县威远建筑安装有限责任公司建设工程施工合同纠纷案，最高人民法院（2020）最高法民申 690 号民事裁定书。

④ 参见谢勇：《建设工程施工合同案件裁判规则解析》，中国法制出版社 2020 年版，第 291 页。

⑤ 《北京市高级人民法院关于审理建设工程施工合同纠纷案件若干疑难问题的解答》（京高法发〔2012〕245 号）第 23 条第 2 款规定：“发包人以承包人未移交工程竣工资料为由拒绝支付工程款的，不予支持，但合同另有约定的除外。”

⑥ 《四川省高级人民法院关于审理建设工程施工合同纠纷案件若干疑难问题的解答》（川高法民一〔2015〕3 号）第 29 条中规定：“发包人以承包人未开具发票，未移交工程竣工资资料为由拒付工程款的，不予支持。但建设工程施工合同另有约定的除外。”

公司与重庆宗桂机械制造有限公司建设工程施工合同纠纷案”① 中，施工合同约定，重庆凯富建设安装有限公司（以下简称凯富公司）施工完毕后应按国家规定组织竣工验收，并将一套完整的验收合格和报建资料在验收合格后30日内交予重庆宗桂机械制造有限公司（以下简称宗桂公司），否则宗桂公司有权拒绝支付工程款。后凯富公司在未提交建设工程竣工资料的情况下，起诉要求宗桂公司支付工程尾款。法院即认为凯富公司未先履行合同义务，宗桂公司有先履行抗辩权，凯富公司要求支付剩余工程款的诉讼请求不应得到支持。但需注意的是，如合同仅约定先交资料后付款，未明确约定以交付工程文件作为付款条件，尚不足以认定支付工程款与提交资料构成对价关系。就此，可参见“兴龙公司与恒大公司建设工程施工合同纠纷案”②。只有明确约定以交付工程文件作为付款条件的，发包人才可以以承包人未交付资料为由对抗承包人的工程款请求权。

**典型案例 282**

## 浙江省东阳第三建筑工程有限公司<br>与青海泰阳房地产开发有限公司建设工程施工合同纠纷案③

### 基本案情

2008年2月1日，青海泰阳房地产开发有限公司（以下简称青海泰阳公司）与浙江省东阳第三建筑工程有限公司（以下简称东阳三建公司）签订《建设工程施工合同》约定，东阳三建公司承建青海泰阳公司开发的位于西宁市青海泰阳国际商贸中心的工程。施工完成后，案涉工程于2012年9月15日交付业主使用。东阳三建公司起诉要求青海泰阳公司支付工程款，青海泰阳公司认为因东阳三建公司未交付竣工资料，故工程款支付条件尚不成就。

① 参考案例291：重庆凯富建设安装有限公司与重庆宗桂机械制造有限公司建设工程施工合同纠纷案，重庆市第二中级人民法院（2018）渝02民终2312号民事判决书、重庆市高级人民法院（2019）渝民申383号民事裁定书。

② 参考案例292：兴龙公司与恒大公司建设工程施工合同纠纷案，福建省高级人民法院发布建设工程施工合同纠纷十大典型案例之十，【法宝引证码】CLI. C. 431445929。

③ 典型案例282：浙江省东阳第三建筑工程有限公司与青海泰阳房地产开发有限公司建设工程施工合同纠纷案，最高人民法院（2019）最高法民终1622号民事判决书。

## 法院观点

最高人民法院在二审中认为，建设工程通常按照施工、提交竣工验收报告、经过竣工验收合格、提交竣工结算资料、完成竣工结算、工程交付使用的流程进行。但案涉工程已于2012年9月15日先行交付使用，即东阳三建公司已经履行了施工合同约定的主要义务，青海泰阳公司以东阳三建公司未履行交付竣工资料的次要义务抗辩其应履行的支付工程款的主要义务，与权利义务对等的公平原则不符，不具有合理性。

## 裁判规则283

**支付工程款与提交工程文件不具有对价关系，承包人不得以发包人欠付工程款为由拒绝提交工程文件。**

如前所述，发包人不得以承包人未提交工程文件为由拒绝支付工程款。那么承包人能否以发包人欠付工程款为由拒绝提交工程文件？

在“江苏省第一建筑安装集团股份有限公司与唐山市昌隆房地产开发有限公司建设工程施工合同纠纷案”① 中，唐山市昌隆房地产开发有限公司（以下简称昌隆公司）主张因江苏省第一建筑安装集团股份有限公司（以下简称江苏一建）迟延交付施工资料致其损失，江苏一建则称这是因昌隆公司欠付工程款而行使抗辩权的结果。河北省高级人民法院认为，支付工程款是发包人的主要合同义务，在昌隆公司未足额支付工程款的情况下，江苏一建行使抗辩权符合《合同法》第67条② 关于后履行抗辩权的规定，不构成违约，故对昌隆公司的该项反诉请求不予支持。但多数观点认为，承包人不得以发包人未付款为由拒绝提交工程文件。原《广东省高级人民法院关于审理建设工程合同纠纷案件的暂行规定》（粤高法发〔2000〕31号）第30条前段即规定：“建设工程竣工验收合格后，承包人有先将工程及相关的资料交付给对方的义务。”除下述【典型案例283】外，最高人民法院在“青

---

① 典型案例221：江苏省第一建筑安装集团股份有限公司与唐山市昌隆房地产开发有限公司建设工程施工合同纠纷案，最高人民法院（2017）最高法民终175号民事判决书。

② 现《民法典》第526条。

海方升建筑安装工程有限责任公司与青海隆豪置业有限公司建设工程施工合同纠纷案”① 中也认为：“尽管隆豪公司单方违约解除合同，但就已完工程的施工资料和全部工程图纸，方升公司有义务交付和退还，不应因发包人拒付工程款而免除。”

站在履行顺序的角度，在建设工程施工合同正常履行的情形下，如原《广东省高级人民法院关于审理建设工程合同纠纷案件的暂行规定》第30条所言，承包人有先将工程文件交付给发包人的义务。站在对价义务的角度，支付工程款与提交工程文件不具有对价关系，既然发包人不得以承包人未提交工程文件为由拒绝支付工程款，那么承包人也不得以发包人欠付工程款为由拒绝提交工程文件。站在利益衡量的角度，在工程质量合格的前提下，承包人不提交工程文件，则发包人既无法取得建筑物的权属证书，也无法实现对建筑物的合法使用，还可能衍生出因迟延办证对购房人的赔偿等。换言之，拒绝提交工程文件既存在资源浪费，还会产生次生损害。因此，承包人不得以发包人欠付工程款为由拒绝提交工程文件。

实务中，针对发包人“你不交资料我不付款”与承包人“你不付款我不交资料”的僵持局面，可以考虑“同时履行判决”。就此，可参见下述【典型案例283】中最高人民法院的判决主文。

**典型案例283**

## 青海海宏房地产有限责任公司<br>与浙江横店建筑工程有限公司建设工程施工合同纠纷案②

### 基本案情

2008年8月29日、2009年2月26日，浙江横店建筑工程有限公司（以下简称横店公司）与青海海宏房地产有限责任公司（以下简称海宏公司）签订两份《建设工程施工合同》约定，横店公司承建海宏公司开发的壹号公寓G04地块与G02地块。合同通用条款第32.1款约定，工程具备竣工验收条件，承包人按国家

① 典型案例128：青海方升建筑安装工程有限责任公司与青海隆豪置业有限公司建设工程施工合同纠纷案，最高人民法院（2014）民一终字第69号民事判决书。

② 典型案例283：青海海宏房地产有限责任公司与浙江横店建筑工程有限公司建设工程施工合同纠纷案，最高人民法院（2017）最高法民终671号民事判决书。

工程竣工验收有关规定，向发包人提供完整竣工资料及竣工验收报告；第 33. 1 款约定，工程竣工验收报告经发包人认可后 28 天内，承包人向发包人递交竣工结算报告及完整的结算资料，双方按照协议书约定的合同价款即专用条款约定的合同价款调整内容，进行工程竣工结算。完工后，横店公司起诉要求海宏公司支付工程款；海宏公司反诉要求横店公司移交案涉工程的全部竣工技术资料、图纸等备案资料；横店公司辩称，海宏公司未支付工程款，致竣工资料备案表格中无法填写“工程款已清”，进而不能交付备案资料。

## 法院观点

一审法院（青海省高级人民法院）认为，根据合同约定，待海宏公司支付工程款后，横店公司应向海宏公司提供全部施工资料。据此判决：（1）海宏公司于判决生效后十日内向横店公司支付工程欠款 49, 360, 260. 21 元；（2）横店公司于判决生效并在海宏公司履行判决第一项后十日内向海宏公司提供一套案涉工程完整的竣工图、竣工技术资料和竣工备案资料。海宏公司上诉称，合同约定横店公司先提交完整的竣工资料及竣工验收报告，海宏公司才组织竣工验收。横店公司未提交资料，不符合结算程序，属于违约行为。最高人民法院在二审中认为，合同通用条款第 32. 1 款、第 33. 1 款虽约定工程竣工验收时承包人应提供完整的竣工资料、竣工验收报告等，但并未约定交付上述资料须以完全给付工程款为前提或条件，故给付工程款与交付工程竣工资料等并无先后顺序，属于双方均应积极履行的义务。一审判决海宏公司履行付款义务后再由横店公司交付相关竣工资料，于法无据，应予纠正。据此改判如下：（1）海宏公司于判决生效后十五日内向横店公司支付工程欠款 24, 488, 221. 05 元；（2）横店公司于判决生效后十五日内向海宏公司移交案涉工程竣工资料、图纸并配合办理竣工资料的备案手续。

## 裁判规则 284

**承包人应当按照规范要求提交完整的工程文件，不得以发包人自身持有部分资料为由，拒绝提供该部分资料。**

《建设工程文件归档规范》（GB/T 50328-2014）第 2. 0. 2 项规定，建设工程文件是在工程建设过程中形成的各种形式的信息记录，包括工程准备阶段文件、监理文件、工程文件、竣工图和竣工验收文件，简称为工程文件。发包人要求提交完整的施工资料的，承包人可否以发包人自身持有部分资料为由，拒绝提供该部分资料？

在“重庆建工第三建设有限责任公司与重庆融华房地产有限公司建设工程施工合同纠纷案”① 中，重庆建工第三建设有限责任公司（以下简称建工三建公司）承接了重庆融华房地产有限公司（以下简称融华房地产公司）代建的西流沱片区（融汇半岛）市政道路和二塘至西流沱滨江路融汇半岛段。后工程完工并实际投入使用，但案涉工程的水利工程和市政工程均未进行竣工验收。建工三建公司起诉要求融华房地产公司支付工程款，融华房地产公司反诉要求建工三建公司移交施工资料，并配合办理竣工验收手续。一审中，融华房地产公司向法院提交了建工三建公司应当提交的工程资料清单。但一审、二审法院均认为，向发包人提供竣工验收资料、结算资料系承包人的法定义务，但发包人仍应对承包人应当提供的具体验收资料、结算资料负有举证责任。融华房地产公司在一审中虽提交了资料清单，但资料清单上载明的部分资料为融华房地产公司自己持有，且其未进一步举证证明资料清单上载明的资料均系进行竣工验收、结算所必需，且由建工三建公司实际持有。故对融华房地产公司要求移交竣工验收、结算资料的请求，不予支持。

前述判决有两个问题值得思考：一是如何界定竣工验收所需完整资料？就此，《建设工程文件归档规范》（GB/T 50328-2014）将建设工程分为建筑工程、道路工程、桥梁工程、地下管线工程四个类别，分别对归档范围进行了规定。此外，地方行政主管机关也有相应规定，如《重庆市建设工程档案编制验收标准》（DBJ50-129-2011）。对建设工程所需工程文件，按照相应规定即可确定，无须也不应要求当事人举证证明。二是发包人就其已经掌握的工程文件还有无权利要求承包人提交？应当认为，提交完整的工程文件是承包人的法定义务，发包人已经掌握相应工程文件，不足以免除承包人的该项义务，除非发包人已经掌握的工程文件源于承包人之前的提交行为。下述【典型案例 284】即为适例。当然，发包人在承包人未提交的情况下已经掌握相应工程文件的，虽有权要求承包人履行提交义务，但不得以缺少该部分工程文件导致遭受损失为由要求承包人承担赔偿责任。

① 参考案例 293：重庆建工第三建设有限责任公司与重庆融华房地产有限公司建设工程施工合同纠纷案，重庆市高级人民法院（2019）渝民终 792 号民事判决书。

典型案例 284

## 青海海宏房地产开发有限责任公司与湖北新南洋建设工程有限公司建设工程施工合同纠纷案①

### 基本案情

2013年1月3日，青海海宏房地产开发有限责任公司（以下简称海宏公司）与湖北新南洋建设工程有限公司（以下简称新南洋公司）签订《建设工程施工合同》约定，新南洋公司承建海湖新区壹号公寓D-6、D-10号住宅楼施工工程。2015年12月25日，海宏公司发出公告，通知业主2015年12月28日开始办理交验房手续。后因结算发生争议，新南洋公司起诉海宏公司要求支付工程款。海宏公司提起反诉，要求新南洋公司移交一套完整的竣工备案资料和竣工图纸及全部技术资料。诉讼中，海宏公司申请工程造价鉴定，在鉴定工作完成并已作出鉴定结论后，新南洋公司撤回了本诉。针对海宏公司提出的反诉请求，新南洋公司辩称，施工图纸早已交给了海宏公司，鉴定时施工图纸就是由海宏公司提交的，并且在鉴定后鉴定单位也将施工图纸退还给了海宏公司。

### 法院观点

最高人民法院认为，新南洋公司主张其已经将施工图纸交付给海宏公司，但其没有证据予以证明，海宏公司也否认收到了施工图纸，故新南洋公司仍负有向海宏公司交付施工图纸的义务。据此，新南洋公司应当向海宏公司移交一套完整的竣工备案资料、施工图纸及全部技术资料。

## 裁判规则 285

**建设工程施工合同中途解除或因无效而未履行完毕的，承包人应当就已完工程提交相关工程文件，并在工程竣工验收时予以协助、配合。**

---

① 典型案例284：青海海宏房地产开发有限责任公司与湖北新南洋建设工程有限公司建设工程施工合同纠纷案，最高人民法院（2019）最高法民终356号民事判决书。

《建设工程文件归档规范》（GB/T 50328-2014）对建设工程文件的要求，主要指向工程完工后的档案整理、归档、验收、移交等。如果建设工程施工合同中途解除或因无效而未履行完毕，此时工程尚未完工，承包人应否负担提交工程文件并配合嗣后竣工验收的义务？

在工程未完工的情况下，就已经施工的部分，工程资料由承包人掌握。承包人在请求发包人支付工程款的同时，除负担保证已完工程质量合格的责任外，还应提交相应工程资料，以便工程完工后的竣工验收、档案验收。除下述【典型案例285】外，在“福建宏盛建设集团有限公司与陕西女皇实业有限公司建设工程施工合同纠纷案”① 中，福建宏盛建设集团有限公司（以下简称宏盛公司）被陕西女皇实业有限公司（以下简称女皇公司）赶出工地后，起诉要求女皇公司就已完工程支付工程款，女皇公司要求宏盛公司交付已施工部分的工程技术资料。一审法院（陕西省高级人民法院）即认为，“宏盛公司在从事建筑活动中形成的施工技术资料理应随同已完工程交付发包人女皇公司。宏盛公司虽然主张被女皇公司赶出工地，但即使驱赶事实存在，也无法证实施工资料已经灭失或被女皇公司占有，因此，宏盛公司应当向女皇公司交付其所施工部分的工程技术资料”。并在判决主文第三项明确，“宏盛公司于本判决生效后十五日内向女皇公司交付其所完成工程部分形成的施工资料”。此外，工程最终竣工验收时，虽然发包人不能再追究承包人工程质量不合格的责任，但因验收涉及对承包人施工部分的质量确认，故承包人也应予以配合。如最高人民法院在“浙江昆仑建设集团股份有限公司与安徽文越投资置业有限公司等建设工程施工合同纠纷案”② 中所言，“昆仑公司作为案涉工程的施工单位，应当履行协助义务，根据相关法律法规的规定和建设行政主管部门的要求，配合文越公司完成竣工综合验收及竣工验收备案的相关手续”。在“江苏邗建集团有限公司与青海璞润投资有限公司建设工程施工合同纠纷案”③ 中，在承包人中途退场、案涉工程由第三人接手的情况下，最高人民法院也认为，江苏邗建集

① 典型案例114：福建宏盛建设集团有限公司与陕西女皇实业有限公司建设工程施工合同纠纷案，最高人民法院（2019）最高法民终63号民事判决书。

② 参考案例294：浙江昆仑建设集团股份有限公司与安徽文越投资置业有限公司等建设工程施工合同纠纷案，最高人民法院（2015）民一终字第269号民事判决书。

③ 参考案例295：江苏邗建集团有限公司与青海璞润投资有限公司建设工程施工合同纠纷案，最高人民法院（2018）最高法民终1115号民事判决书。

团有限公司作为案涉工程的承包方在其退场时有义务将其所施工部分的施工资料交付青海璞润投资有限公司，并在后续工程完工时配合办理竣工验收及备案手续。

**典型案例 285**

## 陕西航天建设集团有限公司与甘肃昊鑫市场开发有限公司建设工程施工合同纠纷案①

### 基本案情

2011 年 4 月 3 日，陕西航天建设集团有限公司（以下简称航建公司）与甘肃昊鑫市场开发有限公司（以下简称昊鑫公司）签订《建设工程施工合同》约定，由航建公司承建昊鑫公司开发的庆阳 CBD 商务中心二期工程。2011 年 9 月 16 日，双方又就案涉工程签订了《补充协议》。2011 年 10 月 13 日，经履行招标程序，昊鑫公司确定航建公司中标，随后双方签订《建设工程施工协议》。三份合同均约定，航建公司应无条件配合工程竣工验收。合同履行过程中，昊鑫公司对部分工程进行了甩项。2015 年 7 月 31 日，因航建公司未按照约定时间竣工，双方经协商移交了 1/3 的建设标的。后双方就结算、付款等问题发生争议诉至法院。昊鑫公司要求航建公司提供完整的竣工验收资料及竣工验收报告，并协助昊鑫公司办理竣工验收。

### 法院观点

案涉工程属于必须招投标的工程，《建设工程施工合同》与《补充协议》的签订未经招投标程序，应属无效；《建设工程施工协议》构成先定后招，亦属无效。在此基础上，一审法院（甘肃省高级人民法院）认为，因双方签署的施工协议对施工方交付完整的竣工验收资料及配合发包方办理竣工验收都有明确的约定，这也是施工方航建公司必须履行的合同附随义务，昊鑫公司要求航建公司移交工程资料、竣工验收报告及协助办理竣工验收的请求，应予支持。二审中，最高人民法院

① 典型案例 285：陕西航天建设集团有限公司与甘肃昊鑫市场开发有限公司建设工程施工合同纠纷案，最高人民法院（2020）最高法民终 496 号民事判决书。

也认为，双方对施工方交付完整的竣工验收资料及配合发包方办理竣工验收有明确的约定，移交案涉工程完整的工程竣工资料并协助竣工验收是施工方航建公司必须履行的合同义务。一审法院判决航建公司在判决生效后十五日内移交案涉工程完整的工程竣工资料并协助竣工验收，并无不当。

## 7.6 发包人的协助义务

在建设工程施工合同项下，承包人要顺利完成施工，需要发包人提供多种必要的协助。如发包人不履行或迟延履行协助义务，应当根据其怠于履行义务导致的不同后果，确定不同的法律责任。

**裁判规则286**

**发包人不履行或迟延履行协助义务的，由此导致的不利后果由发包人自行承担；导致承包人损失的，发包人还应承担赔偿责任；导致承包人无法施工的，承包人有权解除合同。**

发包人的协助义务主要包括如下类型：一是对隐蔽工程及时进行检查的义务。《民法典》第798条规定："隐蔽工程在隐蔽以前，承包人应当通知发包人检查。发包人没有及时检查的，承包人可以顺延工程日期，并有权请求赔偿停工、窝工等损失。"二是按约提供场地、技术材料的义务。《民法典》第803条规定："发包人未按照约定的时间和要求提供原材料、设备、场地、资金、技术资料的，承包人可以顺延工程日期，并有权请求赔偿停工、窝工等损失。"其中，提供符合进场施工条件的场地、工程相关技术资料的义务，一般认为属于协助义务。三是协调施工现场秩序的义务。"就一项工程，如果涉及发包人委托的数个承包人之间的合作，则应当由发包人制订工期计划，以此来规制和管理不同承包人之间的工作进展和相互交叉。"[①] 即如发包人平行发包导致的界面施工，则发包人有对整个工程的施工进行统一管理和协调的义务，避免发生施工冲突。"如果发包人违反上述义务而出现

① 黄喆：《论建设工程合同发包人的协力义务——以德国民法解释论为借鉴》，载《比较法研究》2014年第5期。

界面施工冲突，属于违约行为，应承担违约责任，承包人可请求增加工程造价。”① 四是及时组织竣工验收的义务。《民法典》第 799 条第 1 款前段规定：“建设工程竣工后，发包人应当根据施工图纸及说明书、国家颁发的施工验收规范和质量检验标准及时进行验收。”五是及时进行结算的义务。《建设工程施工合同（示范文本）》（GF－2017－0201）第 14.2 款第 1 项载明：“除专用合同条款另有约定外，监理人应在收到竣工结算申请单后 14 天内完成核查并报送发包人。发包人应在收到监理人提交的经审核的竣工结算申请单后 14 天内完成审批，并由监理人向承包人签发经发包人签认的竣工付款证书。监理人或发包人对竣工结算申请单有异议的，有权要求承包人进行修正和提供补充资料，承包人应提交修正后的竣工结算申请单。”六是及时接收工程的义务。《民法典》第 799 条第 1 款后段规定：“验收合格的，发包人应当按照约定支付价款，并接收该建设工程。”当然，严格来说，发包人及时接收工程的义务属于不真正义务，承包人不得请求履行，发包人违反这一义务也不发生损害赔偿责任，而仅仅是遭受权利减损或丧失的不利益。②

发包人不履行前述协助义务的，由于这些义务属于附随义务或不真正义务，所以在通常情况下，承包人不能请求强制履行。此时应根据发包人不履行或怠于履行义务导致的不同后果，确定不同的法律责任：一是发包人不履行协助义务导致工期延长的，根据《民法典》第 798 条、第 803 条，承包人可以请求顺延工期，并要求赔偿停工、窝工等损失。二是发包人不及时进行结算的，《建设工程施工合同解释（一）》第 21 条专门规定了“逾期答复视为认可规则”。三是发包人不履行协助义务导致合同履行受阻的，承包人可以解除合同。《民法典》第 806 条第 2 款规定：“发包人提供的主要建筑材料、建筑构配件和设备不符合强制性标准或者不履行协助义务，致使承包人无法施工，经催告后在合理期限内仍未履行相应义务的，承包人可以解除合同。”下述【典型案例 286】即为适例。此外，发包人存在其他不履行协助义务的行为导致承包人受损的，如发包人不及时接收工程导致承包人雇人看守而支付劳动报酬，或发包人不妥善协调施工现场秩序导致承包人施工成本增加，则承包人可以请求发包人赔偿。

① 秦旺：《建设工程造价结算前沿问题研究》，载《法律适用》2017 年第 5 期。

② 参见崔建远：《合同法总论》（上卷），中国人民大学出版社 2011 年版，第 243 页。

**典型案例 286**

## 中国华西企业股份有限公司与成都胜业房地产开发有限公司建设工程施工合同纠纷案①

### 基本案情

2014 年 1 月 22 日，成都胜业房地产开发有限公司（以下简称胜业公司）与中国华西企业股份有限公司（以下简称华西公司）签订《“胜业·望园”工程施工合同》约定，华西公司承建“胜业·望园”的土建工程、钢结构工程、土石方工程、地基处理、隆水工程、建筑装饰工程，以及强弱电、水电安装、消防、通风、电梯、空调、绿化、小区管网道路、总坪等全部工程（主体工程不能转让和分包；土方工程由发包人指定分包，承包人收取 3%的管理费；由发包人指定分包的其他工程，承包人收取 1.5%的管理费）。2014 年 3 月初，华西公司进场施工。2014 年 11 月 3 日，胜业公司向华西公司出具《开工令》。施工中，案涉地基工程、土方工程、护壁地基处理工程是胜业公司直接发包，不在华西公司施工范围内。2015 年 2 月 2 日，案涉工程所在地建设行政主管部门要求华西公司停工，后该工程一直处于停工状态。后华西公司诉至法院，要求解除《“胜业·望园”工程施工合同》，胜业公司支付已完工程价款。胜业公司辩称，其并未违约，案涉建设工程施工合同不应被解除。

### 法院观点

最高人民法院认为，《2004 年建工解释》第 9 条规定，发包人不履行合同约定的协助义务，致使承包人无法施工，且在催告的合理期限内仍未履行相应义务，承包人请求解除建设工程施工合同的，应予支持。根据胜业公司 2014 年 9 月 15 日发出的《总控进度计划》，华西公司应于 2014 年 11 月 15 日进行主楼部分（A-F 轴）的施工工作。但胜业公司直接发包的施工单位未按时完成前期施工，未向华西公司

① 典型案例 286：中国华西企业股份有限公司与成都胜业房地产开发有限公司建设工程施工合同纠纷案，最高人民法院（2020）最高法民再 12 号民事判决书。

移交主楼工作面，致使华西公司无法进行主楼（A-F轴）地下室部分的施工工作。根据司法解释的规定，华西公司有权请求解除案涉建设工程施工合同。

## 7.7 建设工程施工合同关联主体的责任界定

关联主体的责任界定包括如下两个方面的问题：一方面，就发包方而言，在合作开发房地产或委托代建的情形下，未参与签订建设工程施工合同的合作方或委托方应否承担建设工程施工合同项下的工程款支付责任？另一方面，就承包方而言，多个承包人组成联合体共同承包建设工程，未参与签订对外合同（包括建设工程施工合同、对下游的转包或分包合同、对外的材料采购合同等）的联合体一方应否就对外合同承担责任？

### 裁判规则287

**在合作开发房地产的情形下，合作一方以自己名义与承包人签订建设工程施工合同的，基于合作开发的合伙属性，应由合作各方对承包人连带承担工程款支付责任。**

根据《国有土地使用权合同解释》第12条①的规定，房地产开发可以采取多个主体共同投资、共享利润、共担风险的合作开发方式。在合作开发的过程中，如合作各方共同组建有独立法人资格的项目公司，以项目公司名义对外签订合同，自应由项目公司独立承担责任。如合作各方未组建项目公司，则只能以各自名义对外签订合同。在此情况下，合作一方以自己名义对外签订建设工程施工合同，应当如何确定支付工程款的责任主体？

一种观点认为，根据合同的相对性，应由签订施工合同的一方单独对承包人承担工程款支付责任。重庆市高级人民法院持这一观点。② 另一种观点认为，“如果

① 该条规定：“本解释所称的合作开发房地产合同，是指当事人订立的以提供出让土地使用权、资金等作为共同投资，共享利润、共担风险合作开发房地产为基本内容的合同。”

② 《重庆市高级人民法院民一庭关于建设工程施工合同纠纷案件若干问题的解答》（2019年10月）第2条规定：“建设工程系当事人通过合资、合作方式联合开发的，与承包人签订建设工程施工合同的当事人为发包人，未在建设工程施工合同中显名的当事人不应认定为发包人。承包人向未显名的当事人主张合同权利的，人民法院不予支持，但法律另有规定的除外。”

合同重在双方约定出资，即一方出土地使用权，另一方出资金，双方在项目完成后，共同出售，共同分享利益，则此类项目合作开发合同就是合伙合同”①。换言之，合作各方之间构成合伙或合伙型联营，应由合作各方共同对承包人承担工程款支付责任。江苏省高级人民法院②、广东省高级人民法院③、北京市高级人民法院④持这一观点。最高人民法院则无论在司法裁判层面还是规则制定层面，都表现出相当纠结的心态。在司法裁判层面，在“大连渤海建筑工程总公司与大连金世纪房屋开发有限公司等建设工程施工合同纠纷案”⑤中，最高人民法院坚持合同的相对性。但在“江力公司与海特公司合作开发房地产合同纠纷案”⑥中，最高人民法院则认为，“基于项目融资所产生的负债亦非合作开发房地产的单方负债，应属于项目负债，由合作开发方对外承担连带责任”⑦。在规则制定层面，制定《2018年建工解释》时，最高人民法院在向社会发布的征求意见稿中针对“合作开发房地产合同各方对工程款债务清偿责任的承担”提出了两种意见。第一种意见是，“合作开发房地产合同一方作为发包人与承包人订立建设工程施工合同，承包人请求合作开发房地产合同的其他合作方对建设工程施工合同债务承担连带责任

---

① 贺小荣：《合作开发房地产合同的效力认定及补正原则》，载最高人民法院民事审判第一庭编：《民事审判指导与参考》总第22集，法律出版社2005年版。

② 原《江苏省高级人民法院关于审理建设工程施工合同纠纷案件若干问题的意见》（苏高法审委〔2008〕26号）第24条规定：“合作开发房地产合同中的一方当事人作为发包人与承包人签订建设工程施工合同，承包人要求合作各方当事人对欠付的工程款承担连带责任的，人民法院应予支持。”

③ 原《广东省高级人民法院关于审理建设工程施工合同纠纷案件若干问题的指导意见》（粤高法发〔2011〕37号）第12条第1款规定：“合作开发房地产合同一方当事人作为发包人与承包人签订建设工程施工合同，承包人请求合作开发房地产合同的其他当事人对施工合同债务承担连带责任的，应予支持。”

④ 《北京市高级人民法院关于审理建设工程施工合同纠纷案件若干疑难问题的解答》（京高法发〔2012〕245号）第39条第1款规定：“两个以上的法人、其他组织或个人合作开发房地产项目，其中合作一方以自己名义与承包人签订建设工程施工合同，承包人要求其他合作方对欠付工程款承担连带责任的，应予支持。”

⑤ 参考案例296：大连渤海建筑工程总公司与大连金世纪房屋开发有限公司、大连宝玉房地产开发有限公司、大连宝玉集团有限公司建设工程施工合同纠纷案，最高人民法院（2007）民一终字第39号民事判决书。载《最高人民法院公报》2008年第11期，第14—31页。

⑥ 参考案例297：江力公司与海特公司合作开发房地产合同纠纷案，载最高人民法院民事审判第一庭编：《民事审判指导与参考》总第52辑，人民法院出版社2013年版。

⑦ 最高人民法院民一庭：《以合作开发项目国有土地使用权抵押所取得的贷款的归属》，载最高人民法院民事审判第一庭编：《民事审判指导与参考》总第52辑，人民法院出版社2013年版。

的，人民法院应予支持”。第二种意见是，“合作开发房地产合同一方作为发包人与承包人订立建设工程施工合同，承包人请求合作开发房地产合同的其他合作方对建设工程施工合同债务承担连带责任的，人民法院不予支持”。但在最终的定稿中，针对这一问题的规定被取消了。

在《民法典》施行前，要求合作各方共同对承包人承担工程款支付责任，通常基于两方面的理由：一是构成合伙，二是构成合伙型联营。由于《城市房地产管理法》对房地产开发实行准入制度，[①] 故合作各方中至少有一方是房地产开发企业。[②] 而《民法通则》规定的合伙仅限于自然人之间，[③] 故由于主体方面的原因，合作各方不可能构成《民法通则》规定的合伙。对合伙型联营，《民法通则》第 52 条规定：“企业之间或者企业、事业单位之间联营，共同经营、不具备法人条件的，由联营各方按照出资比例或者协议的约定，以各自所有的或者经营管理的财产承担民事责任。依照法律的规定或者协议的约定负连带责任的，承担连带责任。”故如合作各方中有一方是自然人，则不构成合伙型联营。即便构成合伙型联营，如合作开发合同未约定承担连带责任，合作各方之间也不成立连带责任。据此，在《民法通则》时代，要求合作各方对承包人承担连带责任，法律依据不足。

但是，《民法典》第 967 条规定：“合伙合同是两个以上合伙人为了共同的事业目的，订立的共享利益、共担风险的协议。”而“作为合伙合同主体的合伙人，可以是自然人、法人或者非法人组织”[④]。若此，共同投资、共享利润、共担风险的合作开发房地产合同应属合伙合同的范畴。对合伙债务的承担，《民法典》第 973 条规定：“合伙人对合伙债务承担连带责任。清偿合伙债务超过自己应当承担份额的合伙人，有权向其他合伙人追偿。”该条规定的合伙债务，非指合伙人债

---

① 《城市房地产管理法》第 30 条第 1 款规定：“房地产开发企业是以营利为目的，从事房地产开发和经营的企业。设立房地产开发企业，应当具备下列条件：（一）有自己的名称和组织机构；（二）有固定的经营场所；（三）有符合国务院规定的注册资本；（四）有足够的专业技术人员；（五）法律、行政法规规定的其他条件。”第 65 条规定：“违反本法第三十条的规定，未取得营业执照擅自从事房地产开发业务的，由县级以上人民政府工商行政管理部门责令停止房地产开发业务活动，没收违法所得，可以并处罚款。”

② 《国有土地使用权合同解释》第 13 条第 1 款规定：“合作开发房地产合同的当事人一方具备房地产开发经营资质的，应当认定合同有效。”

③ 《民法通则》第二章“公民（自然人）”第五节“个人合伙”。

④ 黄薇主编：《中华人民共和国民法典释义》（中），法律出版社 2020 年版，第 1749、1750 页。

务，而是指合伙事业经营过程中所产生的应当由合伙承担的债务；合伙人对合伙债务承担的连带责任，全体合伙人以自己的所有财产向债权人承担连带责任，即对外责任。[①] 据此，在合作开发房地产的情况下，合作一方以自己名义与承包人签订建设工程施工合同的，在《民法典》时代，基于合作开发的合伙属性，应由合作各方对承包人连带承担工程款支付责任。就此，除下述【典型案例 287】外，还可参见“曹令元、阳祝青与广州市白云区龙归街南岭村第二经济合作社、王世雄等建设工程施工合同纠纷案”[②]。

**典型案例 287**

## 阳召清与谢和平、俞越华等建设工程施工合同纠纷案[③]

### 基本案情

2020 年 11 月 1 日，李雪锋、李雪云（甲方）与谢和平、俞越华（乙方）签订《合作建设工程规划许可证建房协议》约定，甲方将新丰县丰城街道第六村民小组坝下段土地 $240m^2$、宅基地 $360m^2$ 永久性给乙方使用和建设，乙方建成八层半住宅楼一栋，建成后房屋的一层、六层、顶楼半层，分给甲方永久性使用。2020 年 11 月 20 日，谢和平为发包方、阳召清为承包方，双方签订《建筑承包合同》约定，由阳召清承建案涉工程。合同签订后，阳召清进场施工，建起一栋九层半建筑物（后约定加建一层）。2020 年 12 月 8 日，谢和平、俞越华、刘冬平、谢春林签订《合作协议》，就案涉项目合作建房股东分配合作出资约定如下：(1) 俞越华固定出资 20 万元；(2) 按投影面积楼面 1030 元/$m^2$ 计算房屋造价，由谢和平、谢春林、刘冬平三位股东平均出资；(3) 房屋建成卖房款按出资的成本股东本金分配后，再按 1/4 的利润分配四个合作股东。后阳召清诉至法院，要求谢和平、俞越

① 参见黄薇主编：《中华人民共和国民法典释义》（中），法律出版社 2020 年版，第 1763、1764 页；崔建远主编：《合同法》，法律出版社 2021 年版，第 483 页；谭启平主编：《中国民法学》，法律出版社 2021 年版，第 620 页。

② 参考案例 298：曹令元、阳祝青与广州市白云区龙归街南岭村第二经济合作社、王世雄等建设工程施工合同纠纷案，广东省广州市中级人民法院（2021）粤 01 民终 19828 号民事判决书。

③ 典型案例 287：阳召清与谢和平、俞越华等建设工程施工合同纠纷案，广东省韶关市中级人民法院（2022）粤 02 民终 2019 号民事判决书。

华、李雪锋、李雪云、刘冬平、谢春林对工程欠款以及逾期利息承担连带清偿责任。俞越华辩称，本案系建设工程施工合同纠纷，俞越华不是合同的相对方，不是本案适格主体。

## 法院观点

韶关市中级人民法院认为，《民法典》第973条规定："合伙人对合伙债务承担连带责任。清偿合伙债务超过自己应当承担份额的合伙人，有权向其他合伙人追偿。"根据《合作建设工程规划许可证建房协议》的约定，李雪锋、李雪云与谢和平、俞越华之间不符合《民法典》第967条规定的合伙合同共享利益、共担风险的特征，故李雪锋、李雪云不应承担工程款的付款义务。虽然俞越华未在《建筑承包合同》上签名，但根据俞越华、谢和平等人签订的《合作协议》，俞越华作为合伙人之一，根据《民法典》第973条的规定，应对合伙债务承担连带责任。

## 裁判规则288

**在委托代建的情况下，委托代建合同与建设工程施工合同分属不同的法律关系。建设工程施工合同的承包人只能向代建人行使工程款请求权，无权要求委托人支付工程款。**

所谓委托代建，参照《公路建设项目代建管理办法》（交通运输部2015年第3号令）第2条第2款①的规定，是指受建设项目的项目法人委托，由专业化的项目管理单位承担项目建设管理及相关工作的建设管理模式。在委托代建的情形下，建设工程施工合同涉及建设方（委托人）、代建方（受托人）、承包人，应当如何确定工程款的支付主体？

就此问题，存在多种观点。第一种观点认为，应当区分政府项目强制委托代建与其他项目自主委托代建。对于前者，项目代建人实际上成为了建设项目的项目法

① 该款规定："本办法所称代建，是指受公路建设项目的项目法人（以下简称'项目法人'）委托，由专业化的项目管理单位（以下简称'代建单位'）承担项目建设管理及相关工作的建设管理模式。"

人，应独立对外承担法律责任；对于后者，应适用隐名代理的规则。① 广东省高级人民法院持这一观点。② 第二种观点认为，委托人与代建人应对建设工程施工合同的履行承担连带责任。③ 深圳市中级人民法院持这一观点。④ 第三种观点认为，委托代建合同与建设工程施工合同分属不同的法律关系，原则上承包人只能向代建人行使工程款请求权。福建省高级人民法院持这一观点。⑤

前述第一种观点主张区分项目性质（实为资本性质——国家资本与民间资本）适用不同裁判规则，显然违反了平等保护的法律原则。第二种观点主张的连带责任，则有违《民法典》第 178 条第 3 款⑥的规定。从代建制度的具体内容来看，委托人提出代建要求、承担建设成本、支付代建管理费用，但并不介入建设环节；代建人以自己名义全权处理建设事宜，对前期筹划、勘察、设计、招投标、施工、监理等项目全过程进行运作和管理，并按照委托人确定的工期和设计要求完成建设任务，直至项目竣工验收并交付项目业主。因此，“代建单位实际成为了该建设项目的项目法人”⑦，“处于发包人的地位”⑧。如最高人民法院在“重庆市圣奇建设

---

① 参见秦旺：《建设工程造价结算前沿问题研究》，载《法律适用》2017 年第 5 期；王毓莹、史智军：《建设工程施工合同纠纷疑难问题和裁判规则解析》，法律出版社 2022 年版，第 39、40 页。

② 原《广东省高级人民法院关于审理建设工程合同纠纷案件疑难问题的解答》（粤高法〔2017〕151 号）第 12 条规定：“对于非经营性政府投资项目根据法律强制实行委托代建，代建单位作为项目建设法人，全权负责项目建设的组织管理、招投标和工程款支付义务的，其属于发包人。承包人依据《合同法》有关委托合同的规定主张委托人承担责任的，不予支持。对于其他委托代建工程建设项目，依据《合同法》有关委托合同的规定处理。”

③ 参见杨心忠等：《建设工程合同纠纷裁判思路》，法律出版社 2014 年版，第 28 页。但该书第 104 页又提出，应由代建单位独立承担与施工人之间的债权、债务。

④ 《深圳市中级人民法院关于审理建设工程施工合同纠纷案件的指导意见》（2010 年 3 月 9 日）第 4 条第 2 款规定：“工程代建合同的委托人与受托人共同对建设工程合同的履行承担连带责任，但建设工程合同明确约定仅由受托人、委托人或发包人承担合同约定义务的除外。”

⑤ 《福建省高级人民法院当前我省涉建工纠纷审判调研 问答·案例·白皮书》（2022 年 9 月）第 10 条规定：“委托代建是委托方与受托方之间的委托合同关系。受托方与承包人是建设工程施工合同关系。一般情况下承包人无权向委托人主张建设工程价款，同样，委托人无权向承包人主张修复或赔偿其损失。但有证据证明符合《中华人民共和国民法典》第九百二十五条规定的情形的，承包人有权向委托人主张建设工程价款，委托人有权向承包人主张修复或赔偿其损失。”

⑥ 该款规定：“连带责任，由法律规定或者当事人约定。”

⑦ 最高人民法院民一庭：《建筑物所有人依据合同约定对建筑工程总承包人应付工程款不承担责任的，应予支持》，载最高人民法院民事审判第一庭编：《民事审判指导与参考》总第 49 辑，人民法院出版社 2012 年版。

⑧ 李玉生主编：《建设工程施工合同案件审理指南》，人民法院出版社 2019 年版，第 31 页。

(集团)有限公司与贵州山城生态移民发展有限公司建设工程施工合同纠纷案”[①]中所认定的,“黔西县人民政府与山城公司委托代建法律关系与山城公司、圣奇公司建设工程施工合同法律关系,并非同一法律关系”。根据合同相对性原则,在建设工程施工合同纠纷案件中,不应追加建设方(委托人)为当事人,更不应判令建设方(委托人)对代建人的工程欠款承担连带责任。与此相应,建设方(委托人)与代建人就委托代建合同发生的纠纷,也不应追加承包人为当事人。就此,除下述【典型案例 288】外,还可参考“重庆石船建设开发有限公司与刘松、重庆渝西半岛实业有限公司等建设工程施工合同纠纷案”[②]。

需注意的是,在委托代建的情形下,委托人常因参与建设工程施工合同的履行而构成债的加入。如委托人的行为符合《民法典》[③] 第 552 条的规定进而构成债的加入,则委托人应与代建人承担连带责任。就此,可参见“联建建设工程有限公司与深圳华昱投资开发(集团)有限公司等建设工程施工合同纠纷案”[④]。

**典型案例 288**

## 湖北东升建设有限公司与武汉市硚口区劳动就业管理局等建设工程施工合同纠纷案[⑤]

### 基本案情

2009 年 7 月 21 日,武汉市硚口区劳动就业管理局(以下简称硚口劳动就业

① 参考案例 299:重庆市圣奇建设(集团)有限公司与贵州山城生态移民发展有限公司建设工程施工合同纠纷案,最高人民法院(2016)最高法民终 675 号民事判决书。

② 参考案例 300:重庆石船建设开发有限公司与刘松、重庆渝西半岛实业有限公司等建设工程施工合同纠纷案,重庆市高级人民法院(2016)渝民终 654 号民事判决书。

③ 该条规定:“第三人与债务人约定加入债务并通知债权人,或者第三人向债权人表示愿意加入债务,债权人未在合理期限内明确拒绝的,债权人可以请求第三人在其愿意承担的债务范围内和债务人承担连带债务。”

④ 参考案例 301:联建建设工程有限公司与深圳华昱投资开发(集团)有限公司等建设工程施工合同纠纷案,广东省高级人民法院(2014)粤高法民终字第 18 号民事判决书。

⑤ 典型案例 288:湖北东升建设有限公司与武汉市硚口区劳动就业管理局等建设工程施工合同纠纷案,湖北省高级人民法院(2017)鄂民终 388 号民事判决书、最高人民法院(2018)最高法民申 4499 号民事裁定书。

局）与治历公司签订《委托代建协议书》约定，硚口劳动就业局将硚口区建设大道142号土地交付给治历公司垫资代建“硚口区人力资源市场及下岗失业人员实训基地项目”。2011年7月28日，治历公司与湖北东升建设有限公司（以下简称东升公司）签署《补充合同》约定，案涉项目由建设单位硚口劳动就业局委托给治历公司代建，由治历公司发包给东升公司总承包垫资施工。2012年12月6日，案涉项目通过竣工验收并完成移交。后东升公司诉至法院，要求硚口劳动就业局支付工程欠款10,260万元。

## 法院观点

一审法院（武汉市中级人民法院）认为，国家推行代建制的目的是使代建单位作为项目建设期法人，全权负责建设全过程的组织管理，控制项目投资规模、风险。根据代建合同对代建单位治历公司职责的约定，其实际为建设项目的项目法人，应独立承担法律责任。东升公司依据《合同法》关于委托合同的规定，认为其作为承包人与代建单位治历公司签订的《施工合同》应该直接约束硚口劳动就业局，与代建合同中治历公司作为项目法人的约定不符。根据合同相对性原则，本案承担支付工程款及利息责任的主体应是治历公司。二审法院（湖北省高级人民法院）认为，硚口劳动就业局与治历公司的委托代建关系、东升公司与治历公司的建设工程施工合同关系，是两个独立的法律关系，东升公司与硚口劳动就业局并未形成建设工程施工合同法律关系。故东升公司仅能向治历公司主张工程款，其向硚口劳动就业局主张工程款，缺乏事实和法律依据。最高人民法院在再审审查中也认为，东升公司与治历公司具有建设工程施工合同关系，硚口劳动就业局与治历公司之间系委托代建法律关系，而非建设工程施工合同关系，该合同并不能直接约束硚口劳动就业局和东升公司。东升公司应当按照合同相对性原则向治历公司主张权利，而无权要求硚口劳动就业局承担责任。

## 裁判规则289

**多个承包人组成联合体共同承包建设工程的，基于联合承包的合伙属性，无论是否参与签订建设工程施工合同，联合体各方均应向发包人承担连带责任。**

多个承包人组成联合体共同承建工程，主要分为两种类型：一是两个以上的承包人组成联合体共同承接某一建设工程的施工，二是设计单位和施工单位组成联合体进行工程总承包。

根据现行法律规定，这两种类型的联合体共同承包，联合体各方均应向发包人承担连带责任。对联合体的施工总承包，《建筑法》第27条第1款规定："大型建筑工程或者结构复杂的建筑工程，可以由两个以上的承包单位联合共同承包。共同承包的各方对承包合同的履行承担连带责任。"《招标投标法》第31条第1款规定："两个以上法人或者其他组织可以组成一个联合体，以一个投标人的身份共同投标。"第3款规定："联合体各方应当签订共同投标协议，明确约定各方拟承担的工作和责任，并将共同投标协议连同投标文件一并提交招标人。联合体中标的，联合体各方应当共同与招标人签订合同，就中标项目向招标人承担连带责任。"对联合体的工程总承包，《房屋建筑和市政基础设施项目工程总承包管理办法》第10条第1款规定："工程总承包单位应当同时具有与工程规模相适应的工程设计资质和施工资质，或者由具有相应资质的设计单位和施工单位组成联合体。工程总承包单位应当具有相应的项目管理体系和项目管理能力、财务和风险承担能力，以及与发包工程相类似的设计、施工或者工程总承包业绩。"第2款规定："设计单位和施工单位组成联合体的，应当根据项目的特点和复杂程度，合理确定牵头单位，并在联合体协议中明确联合体成员单位的责任和权利。联合体各方应当共同与建设单位签订工程总承包合同，就工程总承包项目承担连带责任。"

需明确的是，前述《招标投标法》第31条第3款要求"联合体中标的，联合体各方应当共同与招标人签订合同"，《房屋建筑和市政基础设施项目工程总承包管理办法》第10条第2款也要求"联合体各方应当共同与建设单位签订工程总承包合同"。多个承包人虽约定联合承包，但部分承包人未参与（与发包人的）合同签订的，根据前述《民法典》第967条、第973条的规定，因联合承包构成合伙关系，故未参与合同签订的主体也需向发包人承担合同责任。

典型案例 289

## 成都和乐门业有限公司与贵州省冶金建设公司、德昌铁合金（集团）有限责任公司等建设工程合同纠纷案[①]

### 基本案情

2011年1月23日，华硅公司、贵州省冶金建设公司（以下简称贵冶公司）与川冶设计院签订《联合体协议书》约定，华硅公司为德昌铁合金（集团）有限责任公司（以下简称德铁公司）搬迁项目总承包联合体牵头人；联合体各成员单位内部的职责分工如下：华硅公司总体负责项目的合同签订、工程实施、工程管理及投产试生产等所有总承包工作，川冶设计院负责项目的施工图设计及现场技术服务工作，贵冶公司负责项目的建筑、结构施工及机电设备安装调试工作。2011年1月25日，华硅公司与德铁公司签订《总承包合同》约定，设计、施工及施工管理方采用联合体的方式投标，工程采用设计、采购、施工（EPC）/交钥匙工程总承包方式。2011年4月8日、5月3日，华硅公司先后与航舰钢构签订两份《分包合同》。此两份合同履行过程中，和乐门业承接了航舰钢构的全部权利义务。案涉工程于2012年8月投入使用。后和乐门业诉至法院，要求华硅公司、贵冶公司、川冶设计院、德铁公司连带支付工程欠款与违约金。

### 法院观点

四川省高级人民法院认为，华硅公司、贵冶公司、川冶设计院三方签订的《联合体协议书》合法有效。但华硅公司、贵冶公司、川冶设计院组成的联合体属于不具有案涉工程项目联合投标资格的联合体，本案招投标行为也不符合《招标投标法》的规定，故本案联合体的投标、中标行为当属无效。虽然投标、中标行为无效，但华硅公司通过招投标程序与德铁公司签订《总承包合同》，是代表联合体进行投标、缔约的行为，是联合体的共同意思表示。因此，尽管本案投标、中标行

① 典型案例289：成都和乐门业有限公司与贵州省冶金建设公司、德昌铁合金（集团）有限责任公司等建设工程合同纠纷案，四川省高级人民法院（2018）川民终579号民事判决书。

为无效，由华硅公司单方与招标人德铁公司签订的《总承包合同》无效，但依据《联合体协议书》的约定，《总承包合同》的承包方应当是华硅公司、川冶设计院、贵冶公司三方当事人，故《总承包合同》无效的法律后果应当由华硅公司、川冶设计院、贵冶公司三方承担。据此，华硅公司、川冶设计院、贵冶公司作为联合体的组成单位，按照《联合体协议书》的约定，应当就《总承包合同》无效的后果对外承担连带责任。

## 裁判规则290

**多个承包人组成联合体共同承包建设工程，部分承包人以自己名义与第三人签订分包合同、采购合同等，基于联合承包的合伙属性，联合体各方均应向第三人承担连带责任。**

多个承包人组成联合体共同承包建设工程，联合体成员之一单独对外签订分包合同、采购合同的，联合体的其他成员是否应当承担连带责任？

有观点认为，根据合同相对性原则，多个承包人组成联合体共同承包建设工程，部分承包人以自己名义与第三人签订分包合同、采购合同等，应由签订合同的承包人单独对第三人承担责任。“四川恒彩建筑装饰工程有限公司与四川俏世钢结构有限公司等建设工程施工合同纠纷案”①、“大悟县振源电力设备有限公司与合肥未来计算机技术开发有限公司等建设工程施工合同纠纷案”② 均持这一观点。也有观点认为，联合体一方对外签订合同，其目的在于推进工程建设，最终由联合体各方共同受益，基于权利与义务相一致的原则，联合体各方应承担连带责任。就此，可参见“杨达成等与河北佳源交通设施有限公司等建设工程施工合同纠纷案”③、“江苏天宇建设集团有限公司与中城投集团第六工程局有限公司等建设工程

---

① 参考案例302：四川恒彩建筑装饰工程有限公司与四川俏世钢结构有限公司等建设工程施工合同纠纷案，重庆市第一中级人民法院（2018）渝01民终670号民事判决书、重庆市高级人民法院（2018）渝民申1412号民事裁定书。

② 参考案例303：大悟县振源电力设备有限公司与合肥未来计算机技术开发有限公司等建设工程施工合同纠纷案，湖北省孝感市中级人民法院（2016）鄂09民终1114号民事判决书。

③ 参考案例304：杨达成等与河北佳源交通设施有限公司等建设工程施工合同纠纷案，最高人民法院（2022）最高法民申482号民事裁定书。

施工合同纠纷案"①、"四川省第七建筑工程公司与中南建设集团有限公司建设工程施工合同纠纷案"②。

这一问题与前述【裁判规则289】涉及的问题相同。在多个承包人组成联合体的情形下，各承包人之间构成共享利润、共担风险的合伙关系。如部分承包人以自己名义与第三人签订分包合同、采购合同，根据《民法典》第973条的规定，联合体各方均应向第三人承担连带责任。

**典型案例290**

## 唐勇等与四川省冶金设计研究院等建设工程施工合同纠纷案③

### 基本案情

2011年1月23日，华硅公司、四川省冶金设计研究院（以下简称川冶设计院）、贵冶公司签订《联合体协议书》约定，三方自愿组成德铁公司环保技改搬迁项目总承包联合体，共同参加德铁公司环保技改搬迁一期工程标段施工投标。2011年1月25日，经招投标，德铁公司与华硅公司签订《总承包合同》约定，案涉工程由华硅公司进行设计、采购、施工（EPC）/交钥匙工程总承包。2011年3月10日，华硅公司与唐勇、王善池签订《土建工程施工承包合同》约定，唐勇、王善池承包案涉工程的办公室及食堂车间办公室，围墙、大门、道路、地面硬化、循环水池、所有钢结构厂房地面基础、厕所、浴室、电炉二层楼现浇板、设备基础、沉淀池、水泵房。2011年11月，工程完工。2012年8月29日，唐勇、王善池与华硅公司签署《竣工结算确认书》。后唐勇、王善池诉至法院，要求贵冶公司、川冶设计院、华硅公司立即按《竣工结算确认书》确认的金额支付唐勇、王善池工程欠

① 参考案例305：江苏天宇建设集团有限公司与中城投集团第六工程局有限公司等建设工程施工合同纠纷案，江苏省高级人民法院（2018）苏民申6189号民事裁定书。

② 参考案例306：四川省第七建筑工程公司与中南建设集团有限公司建设工程施工合同纠纷案，四川省成都市中级人民法院（2018）川01民终6323号民事判决书。

③ 典型案例290：唐勇等与四川省冶金设计研究院等建设工程施工合同纠纷案，四川省高级人民法院（2015）川民终字第664号民事判决书、最高人民法院（2018）最高法民申2076号民事裁定书。

款 3,124,937 元。

**法院观点**

二审法院（四川省高级人民法院）认为，基于《联合体协议书》的约定，华硅公司与唐勇、王善池签订案涉工程施工合同，其代表的仍然是由华硅公司、川冶设计院、贵冶公司所组成的联合体，合同对贵冶公司、川冶设计院具有约束力，其法律后果理应由联合体承担，即由联合体成员华硅公司、川冶设计院、贵冶公司对唐勇、王善池共同承担工程款支付责任。最高人民法院在再审审查中也认为，华硅公司在工程建设过程中与唐勇、王善池签订《土建工程施工承包合同》等行为，均系其履行协议的行为，也是其根据协议约定代表联合体实施的行为，故《土建工程施工承包合同》应当约束川冶设计院和贵冶公司。虽然华硅公司与唐勇、王善池签订的《土建工程施工承包合同》无效，但不影响川冶设计院和贵冶公司依据《联合体协议书》就联合体的对外行为承担责任。

## 7.8 工程款债权的转让

《民法典》第 545 条第 1 款规定："债权人可以将债权的全部或者部分转让给第三人，但是有下列情形之一的除外：（一）根据债权性质不得转让；（二）按照当事人约定不得转让；（三）依照法律规定不得转让。"就承包人转让其在建设工程施工合同项下的工程款债权，需注意以下内容。

**裁判规则 291**

**工程款（包括质量保证金）债权属于可以对外转让的债权，但依法应当存入农民工工资专用账户的款项除外。**

工程款债权是否属于《民法典》第 545 条第 1 款但书规定的不得转让的债权？

总体而言，工程款债权不属于"根据债权性质不得转让"的债权。根据其性质不得转让的债权，主要限于具有人身属性的债权。《最高人民法院关于适用〈中华人民共和国合同法〉若干问题的解释（一）》（法释〔1999〕19 号，已废止）第 12 条规定："合同法第七十三条第一款规定的专属于债务人自身的债权，是指基于扶养关系、抚养关系、赡养关系、继承关系产生的给付请求权和劳动报酬、退休金、养老金、抚恤金、安置费、人寿保险、人身伤害赔偿请求权等权利。”工程款债权显然不属于该类债权。此外，并无法律规定工程款债权不得转让。因此，工程款债权属于可转让的债权。

对于工程款中的质量保证金，其作为承包人履行保修义务的金钱担保，在缺陷责任期届满后承包人有权要求发包人退还。因此，承包人在缺陷责任期届满后转让质量保证金债权的，因质量保证金给付条件已经成就，显然可以转让。承包人在缺陷责任期内转让质量保证金债权的，《民法典》第548条规定：“债务人接到债权转让通知后，债务人对让与人的抗辩，可以向受让人主张。”也即给付条件尚未成就、因未及时履行保修义务应扣减相应质量保证金等抗辩，发包人均可向受让人主张，故承包人在缺陷责任期内转让质量保证金债权，无损于发包人利益，也应予以准许。

但需注意的是，承包人的工程款中包含了人工费用。《保障农民工工资支付条例》第26条第1款规定：“施工总承包单位应当按照有关规定开设农民工工资专用账户，专项用于支付该工程建设项目农民工工资。”第29条第1款规定：“建设单位应当按照合同约定及时拨付工程款，并将人工费用及时足额拨付至农民工工资专用账户，加强对施工总承包单位按时足额支付农民工工资的监督。”第29条第2款规定：“因建设单位未按照合同约定及时拨付工程款导致农民工工资拖欠的，建设单位应当以未结清的工程款为限先行垫付被拖欠的农民工工资。”因此，依法应当由发包人直接支付到农民工工资专用账户的款项，属于“依照法律规定不得转让”的款项。

**典型案例291**

## 海南全通汇建筑工程有限公司<br>与海口国宾馆开发有限公司建设工程施工合同纠纷案[①]

### 基本案情

**2011年5月19日，经招投标，海口国宾馆开发有限公司（以下简称国宾馆公**

① 典型案例291：海南全通汇建筑工程有限公司与海口国宾馆开发有限公司建设工程施工合同纠纷案，海南省高级人民法院（2018）琼民终630号民事判决书。

司）与中建八局签订《通风空调施工合同》约定，中建八局承接海口香格里拉国宾馆通风空调设备及安装工程。2012 年 9 月 12 日，双方签订《海口国宾馆通风空调工程供货及安装施工合同补充协议》，就新增施工内容进行了补充约定。2012 年 9 月 30 日，案涉工程经竣工验收合格。2016 年 7 月 29 日，中建八局将案涉项目中对国宾馆公司享有的债权转让给海南全通汇建筑工程有限公司（以下简称全通汇公司），同时向国宾馆公司发出了《债权转让通知书及工程维修义务履行的通知》。2016 年 11 月 15 日，国宾馆公司签收了该通知书。后全通汇公司诉至法院，要求国宾馆公司支付工程款与违约金。国宾馆公司辩称，本案系建设工程施工合同引起的纠纷，对合同履行主体有特定的资质要求，因全通汇公司不是建设工程施工合同的缔约主体及履行主体，其无权与国宾馆公司进行结算。因此，本案债权债务不具有可转让性，全通汇公司不具备本案诉讼主体资格。

### 法院观点

海南省高级人民法院认为，因建设工程涉及人民群众的生命安全和国家重大财产安全，故法律对建设工程合同的承包人有特别资质要求。但本案不是建设工程合同施工权利义务的转让，而是建设工程合同施工完毕并结算后的工程款债权转让，法律对债权转让法律关系中受让人的资质并无特别规定。本案所涉工程已于 2012 年 9 月 30 日经竣工验收合格；中建八局于 2016 年 7 月 29 日将本案所涉工程款债权转让给全通汇公司，同时向国宾馆公司发出了书面通知；国宾馆公司签收该通知书后，全通汇公司即具有本案原告主体资格。据此，国宾馆公司关于全通汇公司不具备本案诉讼主体资格的理由，不能成立。

## 裁判规则 292

**无论建设工程施工合同是否有效，承包人均可将工程款债权对外转让。**

建设工程施工合同无效，但工程质量合格的，根据《民法典》第 793 条的规定，承包人的权利是“参照合同关于工程价款的约定折价补偿”，那么该权利可否对外转让？

虽然建设工程施工合同无效，但根据《民法典》第793条第1款的规定，承包人享有“参照合同关于工程价款的约定折价补偿”的权利，该权利属于债权的范畴。而《民法典》第545条第1款规定“债权人可以将债权的全部或者部分转让给第三人”，表明该规则适用于所有的债权，而不仅是有效合同项下的债权。因此，在建设工程施工合同无效的情况下，承包人有权获得折价补偿，该债权无论是不当得利之债还是合同之债，均属于可转让的债权。换言之，建设工程施工合同无效不影响工程款债权的转让。除下述【典型案例292】外，还可参见“安阳建工（集团）有限责任公司与安阳县锦正小额贷款有限责任公司等债权转让合同纠纷案”①。

**典型案例292**

## 刘凤与山东邹平宏泰玄武岩石料有限公司、邹平龙恒工程有限公司债权转让合同纠纷案②

### 基本案情

2020年11月，邹平龙恒工程有限公司（以下简称龙恒公司）与山东邹平宏泰玄武岩石料有限公司（以下简称宏泰公司）约定，龙恒公司承建宏泰公司的料场钢结构防尘工程，但双方未签订施工合同。其后，龙恒公司开始施工。2021年1月13日，明集镇乡村规划建设监督管理办公室以该料场钢结构防尘工程违反《城乡规划法》为由，责令停建，致工程停工。2021年11月1日，龙恒公司与刘凤签订《债权转让协议》约定，龙恒公司将宏泰公司拖欠的案涉工程款债权转让给刘凤，并于2021年11月8日将债权转让通知邮寄送达宏泰公司，宏泰公司于2021年11月9日签收。后刘凤诉至法院，要求宏泰公司支付工程款及利息。宏泰公司辩称，其与龙恒公司之间的建设工程施工合同无效，在损失数额不明的情况下，该债权无法进行转让。经查，案涉工程没有取得规划许可、建设许可等相关手续。

---

① 参考案例307：安阳建工（集团）有限责任公司与安阳县锦正小额贷款有限责任公司等债权转让合同纠纷案，最高人民法院（2017）最高法民再160号民事判决书。

② 典型案例292：刘凤与山东邹平宏泰玄武岩石料有限公司、邹平龙恒工程有限公司债权转让合同纠纷案，山东省滨州市中级人民法院（2023）鲁16民终46号民事判决书。

## 法院观点

宏泰公司与龙恒公司虽未签订书面建设工程施工合同，但龙恒公司实际施工了部分工程，双方之间成立事实上的建设工程施工合同关系。案涉工程因未办理相关行政审批手续，被相关部门责令停建。宏泰公司作为工程的发包方，对该工程的停建负有直接责任，相应的工程价款应参照合同约定的价款进行确定。龙恒公司因承建了部分工程而对宏泰公司享有到期债权，刘凤所受让的案涉债权在进行债权转让时已经通知宏泰公司，且该债权并不属于法律禁止转让的债权，故案涉债权转让合同合法有效。

### 裁判规则293

**工程款债权的转让不以该债权金额已经确定为前提，工程未完工、已完工未结算的，承包人均可以转让工程款债权。**

工程未完工、已完工未结算的，则工程款的金额尚未确定。在此情形下，承包人可否转让工程款债权？

有观点认为，工程款金额未确定，即债权不确定，故不得转让。也有观点认为，工程款金额须经结算确定，而结算既是权利又是义务，故转让未确定金额的工程款债权，应视为权利义务的概括转让。《福建省高级人民法院当前我省涉建工纠纷审判调研　问答·案例·白皮书》（2022 年 9 月）第 11 条规定："承包人与发包人未经结算，承包人在合同中有权利也有义务，承包人转让建设工程施工合同项下的工程款，系概括转让，必须经合同相对方同意。否则，转让对发包人不发生效力。"

首先，私法领域应遵循"法不禁止即可为"的理念，而现行法律规范并未禁止金额不确定的工程款债权的转让，故"未确定工程款金额的债权不得转让"的观点不能成立。其次，如【裁判规则 161】所述，发承包双方为达成结算而实施的工程价款审核或要求审核，系从属于债权债务的确认行为，并非独立的权利或义务。因此，"转让未确定金额的工程款债权应视为权利义务的概括转让"的观点也不能成立。最后，转让未确定金额的工程款债权，在转让后可以通过结算确定金额，在诉讼中也可以通过鉴定的方式确定具体金额。据此，工程款债权未确定金额不影响工程款债权转让协议的效力。在下述【典型案例293】中，债权转让时，已完工程价款、已付款均未确定。山东省高级人民法院与最高人民法院均认为，该债权转让行为有效，并在诉讼中通过鉴定确定已完工程价款，通过法院审查确定已付款。在前述“刘凤与山东邹平宏泰玄武岩石料有限公司、邹平龙恒工程有限公司债权转让合同纠纷案”① 中，工程款债权转让时工程尚未结算，法院也认为债权转让有效。

**典型案例293**

## 林峰与青岛首尔大酒店有限公司、青岛恒源达建设工程有限公司建设工程施工合同纠纷案②

### 基本案情

2006年10月1日，青岛首尔大酒店有限公司（以下简称首尔大酒店）与青岛恒源达建设工程有限公司（以下简称恒源达公司）签订《建设工程施工合同》约定，恒源达公司承建青岛首尔大酒店工程；工程内容为土建、给水、排水、电；合同价款为固定价1150万元，设计变更、追加工程时可进行调整；工程隔断、穿电线及给排水工程安装完毕后，支付总工程价款的90%。2011年3月4日，恒源达公司将其承建的青岛首尔大酒店工程的全部债权转让给林峰。2011年3月10日，该债权转让通知送达首尔大酒店。后林峰诉至法院，以首尔大酒店没有按约支付工程款为由，要求首尔大酒店支付工程进度款至总价款的90%，并支付违约金880万元。经查，案涉工程为地上七层、地下一层，主体已封顶，隔断、穿电线及给排水工程大部分已经完工。诉讼中，因首尔大酒店对案涉设计变更、追加部分工程量有异议，经委托司法鉴定，该部分造价为3，344，690.36元；对已付款，林峰自认收到380万元，首尔大酒店称其付款总额为698万元。

---

① 典型案例292：刘凤与山东邹平宏泰玄武岩石料有限公司、邹平龙恒工程有限公司债权转让合同纠纷案，山东省滨州市中级人民法院（2023）鲁16民终46号民事判决书。

② 典型案例293：林峰与青岛首尔大酒店有限公司、青岛恒源达建设工程有限公司建设工程施工合同纠纷案，最高人民法院（2019）最高法民再113号民事判决书。

## 法院观点

山东省高级人民法院认为，案涉工程的承包人是恒源达公司，其是工程欠款的债权人。后恒源达公司将工程欠款债权转让给林峰，并书面通知首尔大酒店。恒源达公司与林峰签订的工程欠款债权转让协议有效，林峰依法取得了案涉工程的工程欠款债权，首尔大酒店应承担向林峰履行债务的义务。首尔大酒店应向林峰支付合同内90%的进度款1035万元，按照90%计算的设计变更、追加工程部分款项2,859,953.85元，合计13,209,953.85元。经审查，林峰账户共计收款13笔、合计金额5,144,360元，首尔大酒店已向林峰支付工程款5,144,360元，尚欠8,065,593.85元。最高人民法院在再审中也认为，恒源达公司与林峰履行了债权让与的通知义务，自通知到达首尔大酒店时，债权的转让行为生效。林峰作为债权人，有权根据相关约定向首尔大酒店主张案涉工程款；原审根据合同约定及鉴定意见，认定首尔大酒店应向林峰支付的工程款数额为13,209,953.85元，符合本案实际情况；原审根据银行查询的付款凭证来认定首尔大酒店已付工程款的数额，而非根据林峰自认的数额认定，最终认定首尔大酒店已支付工程款5,144,360元，并无不当。

## 裁判规则294

**承包人在未清偿对外负债的情况下转让工程款债权，对该债权转让行为的效力，应根据是否构成恶意串通、无偿或不合理的低价、合理价格等，分别认定为无效、可撤销或有效。**

实践中，一些承包人债务缠身，如以自己名义主张工程款，则到手的工程款面临债权人的追索。尤其是对外债务已进入强制执行程序的，债权人可依据《民事诉讼法解释》第499条第1款规定的“执行被执行人对他人的到期债权”制度，直接要求发包人支付工程款。承包人在此情形下转让工程款债权的，应当如何处理？

就此问题，应当区分不同情形分别处理。首先，《民法典》第154条规定：“行为人与相对人恶意串通，损害他人合法权益的民事法律行为无效。”据此，承包人在未清偿对外负债的情况下，无正当理由转让工程款债权，害及该在外债权实现，且受让人明知的，则应根据该规定认定债权转让行为无效。就此，可参见“青海信瑞资产运营管理有限责任公司与张春奎等债权转让合同纠纷案”①。其次，《民法典》第538条规定：“债务人以放弃其债权、放弃债权担保、无偿转让财产等方式无偿处分财产权益，或者恶意延长其到期债权的履行期限，影响债权人的债权实现的，债权人可以请求人民法院撤销债务人的行为。”第539条规定：“债务人以明显不合理的低价转让财产、以明显不合理的高价受让他人财产或者为他人的债务提供担保，影响债权人的债权实现，债务人的相对人知道或者应当知道该情形的，债权人可以请求人民法院撤销债务人的行为。”据此，承包人在未清偿对外负债的情况下，无偿或以不合理的低价转让工程款债权，影响该在外债权实现的，债权人有权要求撤销债权转让行为。最后，承包人在未清偿对外负债的情况下，以合理价格转让工程款债权的，也就意味着承包人的责任财产并未因债权转让行为而有所贬损，其债权人的利益未受不利影响，故该债权转让行为应属有效。

**典型案例294**

## 宜兴市明阳农村小额贷款有限公司与无锡市中建钢构有限公司等建设工程施工合同纠纷案②

### 基本案情

2010年11月24日，无锡市中建钢构有限公司（以下简称中建公司）与无锡钢构公司签订《钢结构施工工程施工承包合同》约定，由无锡钢构公司承包二重集团（镇江）重型装备厂有限责任公司位于江苏省镇江市丹徒区的成套装备厂房上部钢结构制作、安装工程。完工后，2014年7月25日，无锡钢构公司（甲方）与宜兴市明阳农村小额贷款有限公司（以下简称明阳公司）（乙方）签订《债权转让协议》约定，截至本协议签署之日，甲方拖欠乙方借款本金12,351万元；甲方

① 参考案例308：青海信瑞资产运营管理有限责任公司与张春奎等债权转让合同纠纷案，最高人民法院（2020）最高法民终327号民事判决书。

② 典型案例294：宜兴市明阳农村小额贷款有限公司与无锡市中建钢构有限公司等建设工程施工合同纠纷案，最高人民法院（2018）最高法民终564号民事判决书。

向乙方转让对中建公司拥有的部分债权（镇江二重成套厂房钢结构工程欠付的工程款本金96,853,554.67元、违约金和利息1490万元），以此来抵偿甲方所欠乙方的到期债务。其后，无锡钢构公司向中建公司出具了《债权转让通知书》。中建公司收到债权转让通知后回函表示，对债权转让不予认可。明阳公司诉至法院，要求中建公司支付工程款96,853,554.67元及利息、违约金1490万元。中建公司辩称，无锡钢构公司有大量对外借款未归还，且自认连诉讼费用都无力缴纳，却将大笔债权转让出去，显然是为了逃避义务，损害他人合法权益，债权转让后又如何履行保修义务？因此，应当认定《债权转让协议》无效。

### 法院观点

最高人民法院认为，首先，无锡钢构公司因其作为案涉工程的施工方而享有工程款债权。《债权转让协议》约定，无锡钢构公司将其对中建公司享有的案涉工程款及利息、违约金债权转让给明阳公司；该约定不违反法律、行政法规的强制性规定，不存在《合同法》第79条所规定的根据合同性质、按照当事人约定、依照法律规定等三种不得转让债权的情形，合法有效；而且无锡钢构公司对债权转让已通过书面方式通知中建公司，故该债权转让依法生效。其次，无锡钢构公司转让了对中建公司享有的案涉工程款及利息、违约金债权，该行为并不导致无锡钢构公司对中建公司保修义务的免除。因此，无锡钢构公司转让债权不构成逃避保修义务从而损害中建公司权益。再次，根据无锡钢构公司与明阳公司提交的借款的汇款凭证、利息交付凭证、社保缴纳记录等证据，可以认定无锡钢构公司通过第三人向明阳公司借款的事实。最后，中建公司提出，《债权转让协议》的签订实质上意味着天福公司逃避了对中建公司所负的7666万元本金及相应利息的债务。因无锡钢构公司与天福公司均系独立公司法人，中建公司现提交的证据并不能充分证明无锡钢构公司的债权转让会导致天福公司资产减少并损害中建公司对天福公司行使债权，故对该主张不予支持。

## 7.9 建设工程施工合同的解除

建设工程施工合同的解除分为意定解除与法定解除。意定解除又分为约定解除[①]与协议解除[②]，二者均取决于当事人的约定。法定解除又分为一般法定解除与特别法定解除。一般法定解除的情形有二：一是《民法典》第563条第1款。该款规定："有下列情形之一的，当事人可以解除合同：（一）因不可抗力致使不能实现合同目的；（二）在履行期限届满前，当事人一方明确表示或者以自己的行为表明不履行主要债务；（三）当事人一方迟延履行主要债务，经催告后在合理期限内仍未履行；（四）当事人一方迟延履行债务或者有其他违约行为致使不能实现合同目的；（五）法律规定的其他情形。"二是《民法典》第533条[③]规定的情势变更导致的合同解除。就此，可参见"中国电力工程顾问集团中南电力设计院有限公司与艾博特（厦门）设备工程有限公司等建设工程合同纠纷案"[④]。特别法定解除的情形即《民法典》第806条。该条第1款规定："承包人将建设工程转包、违法分包的，发包人可以解除合同。"第2款规定："发包人提供的主要建筑材料、建筑构配件和设备不符合强制性标准或者不履行协助义务，致使承包人无法施工，经催告后在合理期限内仍未履行相应义务的，承包人可以解除合同。"

## 裁判规则295

**建设工程施工合同虽然履行期限较长，但其作为交付工作成果的合同，属于一时性合同，而非继续性合同，不应适用继续性合同的解除规则。**

根据时间因素是否对合同给付义务的内容及范围发生影响，可将合同分为一时性合同与继续性合同。[⑤] 一时性合同，也称即时性合同，是指一次给付便使合同内

---

① 《民法典》第562条第2款规定："当事人可以约定一方解除合同的事由。解除合同的事由发生时，解除权人可以解除合同。"

② 《民法典》第562条第1款规定："当事人协商一致，可以解除合同。"

③ 该条第1款规定："合同成立后，合同的基础条件发生了当事人在订立合同时无法预见的、不属于商业风险的重大变化，继续履行合同对于当事人一方明显不公平的，受不利影响的当事人可以与对方重新协商；在合理期限内协商不成的，当事人可以请求人民法院或者仲裁机构变更或者解除合同。"第2款规定："人民法院或者仲裁机构应当结合案件的实际情况，根据公平原则变更或者解除合同。"

④ 参考案例309：中国电力工程顾问集团中南电力设计院有限公司与艾博特（厦门）设备工程有限公司等建设工程合同纠纷案，最高人民法院（2018）最高法民终105号民事判决书。

⑤ 参见韩世远：《合同法总论》，法律出版社2011年版，第62页。

容实现的合同。买卖、赠与、承揽等合同均属此类。一时性合同的总给付自始确定，时间因素对给付的内容和范围并无影响。继续性合同，是指合同内容非一次给付即可完结，时间因素在合同履行上居于重要地位，总给付的内容取决于应为给付的时间长短的合同。雇佣合同、合伙合同、租赁合同、保管合同等，均属于继续性合同。[①] 区分二者的意义主要在于：一是解除权产生的事由不尽相同。例如《民法典》第563条第2款[②]规定的解除权即仅适用于继续性合同，而不适用于一时性合同。二是合同消灭是否溯及既往不同。[③] 一般而言，一时性合同的解除溯及既往，而继续性合同的解除向将来发生效力，既往的履行不受影响。那么建设工程施工合同属于一时性合同还是继续性合同？

较多观点认为，建设工程施工合同的履行需要双方在一定的时间内持续完成，而非一次性完成，故属于继续性合同。[④] “河北建设集团股份有限公司与天津国华信达实业股份有限公司等建设工程施工合同纠纷案”[⑤] 的一审法院（天津市高级人民法院）、“中天建设集团有限公司与新疆温商房地产开发有限公司建设工程施工合同纠纷案”[⑥] 的一审法院（新疆维吾尔自治区高级人民法院）、“江苏省建工集团有限公司与常州现代世博科技有限公司等建设工程施工合同纠纷案”[⑦] 的二审法院（江苏省高级人民法院）均持这一观点。

建设工程施工合同虽然履行期限较长，但其权利义务的确定取决于工作成果而非履行时间，故在性质上应属一时性合同，而非继续性合同。首先，《民法典》第808条规定：“本章[⑧]没有规定的，适用承揽合同的有关规定。”由此可见，建设工

---

① 参见崔建远主编：《合同法》，法律出版社2021年版，第23页。

② 该款规定：“以持续履行的债务为内容的不定期合同，当事人可以随时解除合同，但是应当在合理期限之前通知对方。”

③ 参见谭启平主编：《中国民法学》，法律出版社2021年版，第436页。

④ 参见杨心忠等：《建设工程合同纠纷裁判思路》，法律出版社2014年版，第168页；李玉生主编：《建设工程施工合同案件审理指南》，人民法院出版社2019年版，第244、245页。

⑤ 参考案例310：河北建设集团股份有限公司与天津国华信达实业股份有限公司等建设工程施工合同纠纷案，最高人民法院（2017）最高法民终936号民事判决书。

⑥ 典型案例280：中天建设集团有限公司与新疆温商房地产开发有限公司建设工程施工合同纠纷案，最高人民法院（2014）民一终字第4号民事判决书。

⑦ 参考案例311：江苏省建工集团有限公司与常州现代世博科技有限公司等建设工程施工合同纠纷案，江苏省高级人民法院（2016）苏民终1123号民事判决书。

⑧ 即《民法典》第三编第二分编第十八章建设工程合同。

程合同脱胎于承揽合同，是承揽合同的一种特殊类型。[①] 如前所述，承揽合同属于一时性合同。因此，站在体系解释的角度，建设工程施工合同应当属于一时性合同，而非继续性合同。其次，《民法典》第 799 条第 1 款后段规定，建设工程竣工“验收合格的，发包人应当按照约定支付价款，并接收该建设工程”。由此可见，在建设工程施工合同中，承包人的合同义务是交付工作成果——合格的建设工程，发包人支付对价源于其获得了合格的建设工程。因此，建设工程施工合同系交付工作成果、支付相应对价的双务合同，而无论是交付工作成果还是支付对价，均属于一时性的行为，故建设工程施工合同应属一时性合同。在“辽宁强大铝业工程股份有限公司与双鸭山市体育局等建设工程施工合同纠纷案”[②] 中，最高人民法院即着眼于此。最后，在继续性合同中，时间长短与对价多少呈正相关关系，如租赁合同，租赁时间越长则租赁费越高。建设工程施工合同虽然履行期较长，但工程款的多少取决于工程量的大小，而非履行时间的长短，履行时间与工程款并无直接联系。事实上，承揽合同在很多场合履行期也较长，但其仍属于一时性合同。综上所述，建设工程施工合同应当属于一时性合同，而非继续性合同。

在合同解除上，继续性合同与一时性合同的区别有二：一是解除条件不同。因继续性合同双方当事人之间的依存关系远比一时性合同强，故继续性合同的解除条件比一时性合同宽松。二是解除效力不同。一时性合同的请求权系整体发生，故其解除是溯及既往的解除；继续性合同的解除通常不向过去发生效力，而是自解除之时效力向将来归于消灭。在下述【典型案例 295】中，一审法院认为建设工程施工合同属于继续性合同，故适用了继续性合同的解除规则——向后解除；但二审中，最高人民法院则适用了一时性合同的解除规则——溯及既往地解除。

---

① 参见崔建远主编：《合同法》，法律出版社 2021 年版，第 382 页。

② 参考案例 312：辽宁强大铝业工程股份有限公司与双鸭山市体育局等建设工程施工合同纠纷案，最高人民法院（2017）最高法民申 3660 号民事裁定书。

**典型案例295**

## 中天建设集团有限公司与新疆温商房地产开发有限公司建设工程施工合同纠纷案①

### 基本案情

2007年9月4日，中天建设集团有限公司（以下简称中天公司）与新疆温商房地产开发有限公司（以下简称温商公司）签订《建设工程施工合同》约定，中天公司承建温商公司开发的盛世嘉业国际商贸城地王大酒店（B幢）和地王佳座（D幢）。2008年1月28日，双方又签订《建设工程施工合同》约定，中天公司承建盛世嘉业国际商贸城地王鞋都（A幢）。2009年4月30日，双方签订《协议书》约定，对两份《建设工程施工合同》予以终止并解除，温商公司不追究中天公司的工期责任，双方就解除合同后的结算事宜达成一致意见。2009年8月25日，中天公司诉至法院，要求温商公司支付工程款、违约金和利息168,439,264元。温商公司辩称，双方已经合意解除了《建设工程施工合同》，并以《协议书》重新约定了工程款的支付时间，中天公司无权依据《建设工程施工合同》主张工程进度款并要求支付利息。

### 法院观点

一审法院（新疆维吾尔自治区高级人民法院）认为，2009年4月30日的《协议书》解除了《建设工程施工合同》，此种解除对于建设工程施工合同这类继续性合同而言，除非当事人有特殊约定，否则只能是向后解除，即解除不具有溯及既往的效力。换言之，2009年4月30日前当事人的行为仍然要受这两份《建设工程施工合同》的约束。但最高人民法院在二审中认为，2009年4月30日的《协议书》是双方当事人关于《建设工程施工合同》的解除以及解除后相关事项的约定。《协议书》已经替代了《建设工程施工合同》的相关约定，成为规范双方当事人权利

---

① 典型案例295：中天建设集团有限公司与新疆温商房地产开发有限公司建设工程施工合同纠纷案、最高人民法院（2014）民一终字第4号民事判决书。

义务的最终协议。《协议书》签订的目的及意义是解除之前双方签订的《建设工程施工合同》及其补充协议，并就解除后双方的权利义务作出重新约定。因此，在《协议书》无明确约定时，应当认定《建设工程施工合同》及其补充协议都已被解除，其内容不再约束双方当事人。

## 裁判规则296

**建设工程施工合同虽然属于承揽合同的一种，但基于其自身特性，发包人不享有任意解除权。只有符合法定或约定情形，才能解除合同。**

《民法典》合同编典型合同分编第18章“建设工程合同”第808条规定：“本章没有规定的，适用承揽合同的有关规定。”而合同编典型合同分编第17章“承揽合同”第787条规定：“定作人在承揽人完成工作前可以随时解除合同，造成承揽人损失的，应当赔偿损失。”即承揽合同的定作人享有任意解除权。若据此推论，则建设工程合同的发包人也应当享有任意解除权。[①]

针对建设工程施工合同的法定解除，《2004年建工解释》第8条规定：“承包人具有下列情形之一，发包人请求解除建设工程施工合同的，应予支持：（一）明确表示或者以行为表明不履行合同主要义务的；（二）合同约定的期限内没有完工，且在发包人催告的合理期限内仍未完工的；（三）已经完成的建设工程质量不合格，并拒绝修复的；（四）将承包的建设工程非法转包、违法分包的。”第9条规定：“发包人具有下列情形之一，致使承包人无法施工，且在催告的合理期限内仍未履行相应义务，承包人请求解除建设工程施工合同的，应予支持：（一）未按约定支付工程价款的；（二）提供的主要建筑材料、建筑构配件和设备不符合强制性标准的；（三）不履行合同约定的协助义务的。”其中，《2004年建工解释》第8条第1项、第2项、第3项，第9条第1项被《民法典》第563条第1款第2项、第3项所吸收；《2004年建工解释》第8条第4项、第9条第2项与第3项分别被《民法典》第806条第1款、第2款所继承。因此，《建设工程施工合同解释（一）》

① 参见黄喆：《建设工程合同法定解除权的教义学框架》，载《南京社会科学》2012年第4期。

未就此问题再作规定。

实务界普遍认为，建设工程施工合同的法定解除仅限于法律明文规定的几种情形，发包人不享有任意解除权。[①] “建设工程施工合同通常情况下不应轻易解除”[②]，对合同的解除应当严格遵守《2004年建工解释》第8—10条的规定，发包人不能随意解除建设工程施工合同。[③]《福建省高级人民法院关于审理建设工程施工合同纠纷案件疑难问题的解答》（2007年11月22日）第9问答中，针对“根据《合同法》第二百八十七条，建设工程合同一章没有规定的，适用承揽合同的有关规定，而《合同法》第二百六十八条规定，定作人可以随时解除承揽合同。建设工程施工合同的发包人能否据此行使任意解除权”这一问题，回答称发包人行使解除权必须符合《2004年建工解释》第8条的规定，不宜任意扩大解除权的行使。原《广东省高级人民法院关于审理建设工程合同纠纷案件疑难问题的解答》（粤高法〔2017〕151号）第4条规定：“发包人或承包人行使建设工程合同的解除权应符合《2004年建工解释》第八条和第九条的规定，其以《合同法》第二百六十八条和第二百八十七条规定为依据主张随时解除施工合同的，不予支持，合同另有约定的除外。”

其原因在于，建设工程施工合同虽然属于承揽合同的一种，但其作为特殊的承揽合同，有自身特性。“对承包人而言，如解除建设工程施工合同，承包人在材料供应商处定做的专供讼争工程的建筑材料则面临退货、承担违约金的后果，中途退场对承包人经营损失很大。对发包人而言，解除合同后，续建的施工单位对解除前的工程如何衔接是一个难题，此外工期延误、支出增大等问题也是不可避免的。”[④] 正因如此，《民法典》中除第563条规定的一般法定解除权以外，建设工程合同章第806条对双方的合同解除权均作出了严格限制。其中，根据第806条第1款的规定，发包人的解除权仅限于“承包人将建设工程转包、违法分包”的情形；根据

---

① 参见《发包人是否享有任意解除建设工程施工合同的权利?》，载最高人民法院民事审判第一庭编：《民事审判指导与参考》总第87辑，人民法院出版社2022年版。

② 汪军：《建设工程施工合同的解除——关于民法典第八百零六条的理解与适用》，载最高人民法院民事审判第一庭编：《民事审判指导与参考》总第82辑，人民法院出版社2021年版。

③ 参见冯小光：《回顾与展望——写在〈最高人民法院关于审理建设工程施工合同纠纷案件适用法律问题的解释〉颁布实施三周年之际》，载最高人民法院民事审判第一庭编：《民事审判指导与参考》总第33集，法律出版社2008年版。

④ 杨心忠等：《建设工程合同纠纷裁判思路》，法律出版社2014年版，第391页。

第 806 条第 2 款的规定，承包人的解除权仅限于“发包人提供的主要建筑材料、建筑构配件和设备不符合强制性标准或者不履行协助义务，致使承包人无法施工，经催告后在合理期限内仍未履行相应义务”的情形。因此，建设工程施工合同的发包人不享有任意解除权。而且无论是发包人还是承包人，行使合同解除权时，都必须严格符合法定或约定的情形。

**典型案例 296**

## 杨大川与成都凡瑞贸易有限公司等装饰装修合同纠纷案①

### 基本案情

2017 年 11 月 20 日，杨大川与德商达公司签订《四川省商品房买卖合同（预售）》，购买了位于德商御府天骄（13 栋）的房屋一套。同日，杨大川与成都凡瑞贸易有限公司（以下简称凡瑞公司）签订《房屋改造协议》约定，凡瑞公司对案涉房屋进行改造，改造内容包括砌体拆除、楼板搭建、窗户安装等，改造费用 77 万元。杨大川在合同签订当日按照约定支付了改造款。2019 年 3 月 17 日，杨大川向凡瑞公司邮寄送达《解除“房屋改造协议”通知书》称，依据《合同法》相关规定，依法解除房屋改造协议。后杨大川诉至法院，要求确认《房屋改造协议》于 2019 年 3 月 17 日解除，凡瑞公司退还改造费 77 万元。杨大川认为，装饰装修合同是特殊的承揽合同，其作为定作人可以随时解除该合同。

### 法院观点

四川省高级人民法院认为，由于装饰装修合同涉及对建筑物的改建、扩建等内容，故属于建设工程施工合同。《合同法》和《民事案件案由规定》将建设工程合同从一般的承揽合同中独立出来。正是基于建设工程合同的特点，其应适用《合同法》中关于建设工程合同的相关规定，而非直接适用承揽合同的相关规定。根据法律规定，一般承揽合同和建设工程合同的解除条件不同，一般承揽合同的定作

① 典型案例 296：杨大川与成都凡瑞贸易有限公司等装饰装修合同纠纷案，四川省成都市中级人民法院（2020）川 01 民终 13208 号民事判决书、四川省高级人民法院（2021）川民申 2484 号民事裁定书。

人享有任意解除权，可以随时解除合同；而在建设工程合同中，除具备双方约定或者法定的解除条件，否则是不允许行使任意解除权随意解除合同的。装饰装修合同作为建设工程合同的一种类型，同样也不适用可随时解除的规定。因此，杨大川主张其在本案中享有承揽合同定作人的任意解除权，无法律依据，不应得到支持。

## 裁判规则297

**建设工程施工合同履行过程中，发包人不得以承包人的施工进度滞后于施工进度计划为由要求解除合同，但合同另有约定或根据现有施工进度承包人明显不能按期完工的除外。**

如前所述，《2004年建工解释》第8条第2项规定，承包人在合同约定的期限内没有完工，且在发包人催告的合理期限内仍未完工的，发包人有权解除建设工程施工合同。虽然《建设工程施工合同解释（一）》没有类似规定，但《民法典》第563条第1款第3项规定，当事人一方迟延履行主要债务，经催告后在合理期限内仍未履行的，对方当事人可以解除合同。据此，承包人在合同约定的期限内没有完工，且在发包人催告的合理期限内仍未完工的，发包人有权解除建设工程施工合同。那么在合同履行过程中，发包人能否以承包人的施工进度滞后于施工进度计划为由要求解除合同?

有观点认为，承包人是否构成《民法典》第563条第1款第3项规定的迟延履行，主要应以承包人编制、发包人批准的施工进度计划为参照标准。若此，发包人有权以承包人的施工进度滞后于施工进度计划为由要求解除合同。

《2004年建工解释》第8条第2项规定的“合同约定的期限内没有完工”，指向的逾期是“完工”逾期，而非进度逾期。且如前述，建设工程施工合同虽然属于一时性合同，但履行期较长，承包人在某一施工节点的迟延往往可以通过后续的赶工予以弥补。因此，只有承包人在约定的竣工日期未完工的，才构成履行迟延。① 故发包人不得仅因承包人的施工进度滞后于施工进度计划，就要求解除合

① 参见杨心忠等:《建设工程合同纠纷裁判思路》，法律出版社2014年版，第393页。

同。但是如果施工合同中约定了节点工期，并明确如承包人不能按照节点工期完成相应工程进度，发包人有权解除合同，则发包人有权以进度逾期为由解除合同。就此，可参见下述【典型案例297】。此外，如根据现有施工进度承包人明显不能按期完工，发包人也可以以《民法典》第563条第1款第2项规定的预期违约为据，要求解除合同。

**典型案例297**

## 西安世融房地产开发有限公司与南通海洲建设集团有限公司建设工程合同纠纷案①

### 基本案情

2012年8月23日，西安世融房地产开发有限公司（以下简称世融公司）与南通海洲建设集团有限公司（以下简称海洲公司）签订《建设工程施工总承包合同》约定，海洲公司承建世融·嘉轩（郭家村）一期工程。2013年10月24日，双方签订《建设工程施工总承包合同》约定，海洲公司承建世融·嘉轩二期工程。其中，二标段的11号、12号、14号、15号、16号、18号、20号楼和地下车库的竣工验收交付时间为2016年6月30日。该合同的附件2——海洲公司《承诺书》——载明，“确保工程进度按双方确定的施工节点计划完成，如工期滞后时间超过3个月，海洲公司无条件在10日内退场”。2015年7月24日，双方签订《世融嘉轩住宅小区（郭家村城中村改造）二期（15号、16号、18号、20号楼及地下车库二）施工合同》约定，合同工期总日历天数462天，开工日期2015年7月27日，竣工日期2016年10月30日。2017年7月26日，双方签订《世融嘉轩二期建设工程施工总承包补充协议一》约定，16号、18号楼及地下车库的开工日期为2017年10月1日，竣工验收交付日期为2019年7月23日。2019年5月20日，海洲公司向监理单位提交了世融嘉轩小区16号、18号楼及地下车库的《施工进度计划报审表》。该表载明，16号、18号楼及地下车库总进度计划的工期为650个工作

① 典型案例297：西安世融房地产开发有限公司与南通海洲建设集团有限公司建设工程合同纠纷案，陕西省高级人民法院（2021）陕民终616号民事判决书。

日，开始时间为2018年10月10日，完成时间为2020年7月20日。施工过程中，世融公司与监理单位多次发函提出，工程实际进度严重滞后，要求海洲公司采取抢工措施。2020年2月28日，世融公司向海洲公司发出《解除通知书》，主张解除前述合同中与“世融嘉轩16号、18号楼及地下车库工程”有关的内容和合同条款。其后，世融公司诉至法院，要求确认解除行为的效力。经查，上述四份合同中，除16号、18号楼及地下车库工程外，其余的工程已全部竣工交付使用。海洲公司辩称，在约定竣工时间（2020年3月）到来之前，世融公司不享有解除权，故其解除合同通知不能产生解除合同的效力。

## 法院观点

陕西省高级人民法院认为，合同约定的解除条件成就时，守约方以此为由请求解除合同的，人民法院应当审查违约方的违约程度是否显著轻微，是否影响守约方合同目的的实现，根据诚实信用原则，确定合同应否解除。根据世融公司提交的经过批准的《施工进度计划报审表》，可以认定双方对于施工节点有明确的约定。同时，世融公司提交的多份函件、通知等证据可以证明施工过程中海洲公司存在延误工期的情形，案涉工程中存在多项工程超过双方约定的施工计划3个月。尤其是截至2020年1月31日，海洲公司未对16号楼主体结构和二次结构进行施工，分别逾期3个月25天和3个月。虽然16号楼工期仅123个工作日，根据双方补充协议，16号楼面积仅占该工程总面积的6%［1903平方米÷（1903平方米+29579平方米）］，但工期是建设工程施工合同的重要内容，工程的如期竣工有赖于施工单位的施工进度。海洲公司的工期已明显逾期超过3个月，影响世融公司如期竣工这一合同目的的实现，已达到合同约定的解除条件。此种情况下，世融公司书面通知海洲公司解除合同，既符合合同约定，也符合法律有关合同约定解除的规定。因此，案涉合同及合同相关内容于2020年2月29日解除。

## 裁判规则298

**建设工程施工合同签订后，发包人未取得建设工程施工许可证，经催告仍未在合理期限内取得的，承包人有权要求解除合同。**

《民法典》第806条第2款规定："发包人提供的主要建筑材料、建筑构配件和设备不符合强制性标准或者不履行协助义务，致使承包人无法施工，经催告后在合理期限内仍未履行相应义务的，承包人可以解除合同。"那么发包人未取得建设工程施工许可证的，承包人是否有权解除合同？

有观点认为，根据《建筑法》第7条第1款①的规定，申办施工许可证的义务主体是发包人。对未取得施工许可证擅自施工的，根据《建设单位项目负责人质量安全责任八项规定（试行）》② 所附《建设单位项目负责人质量安全违法违规行为行政处罚规定》第5条第2款③的规定，受处罚的也是发包人，而非承包人。因此，承包人无权以发包人未取得建设工程施工许可证为由解除合同。

虽然申办施工许可证的义务主体是发包人，但发包人未取得施工许可证的，对承包人有重大影响。首先，《建筑工程施工许可管理办法》第3条第1款规定："本办法规定应当申请领取施工许可证的建筑工程未取得施工许可证的，一律不得开工。"据此，发包人未取得施工许可证的，承包人依法不得开工。其次，《建筑法》第64条规定："违反本法规定，未取得施工许可证或者开工报告未经批准擅自施工的，责令改正，对不符合开工条件的责令停止施工，可以处以罚款。"因此，承包人违法开工的，会随时面临被责令停工的风险。最后，《建筑工程施工许可管理办法》第12条规定："对于未取得施工许可证或者为规避办理施工许可证将工程项目分解后擅自施工的，由有管辖权的发证机关责令停止施工，限期改正，对建设单位处工程合同价款1%以上2%以下罚款；对施工单位处3万元以下罚款。"也即承包人在发包人未取得施工许可证的情况下擅自开工的，还会遭受行政处罚。据此，应当取得施工许可证的建设工程未取得施工许可证的，承包人面临法律上（但非事实上）的履行不能。鉴于应由发包人申办施工许可证，故承包人应催告发包人，如催告后发包人仍未取得施工许可证，承包人有权解除合同。

---

① 该款规定："建筑工程开工前，建设单位应当按照国家有关规定向工程所在地县级以上人民政府建设行政主管部门申请领取施工许可证；但是，国务院建设行政主管部门确定的限额以下的小型工程除外。"

② 《建设单位项目负责人质量安全责任八项规定（试行）》，由《住房城乡建设部关于印发〈建设单位项目负责人质量安全责任八项规定（试行）〉等四个规定的通知》（建市〔2015〕35号）印发。

③ 该款规定："未取得施工许可证擅自施工的，按照《中华人民共和国建筑法》第六十四条、《建设工程质量管理条例》第五十七条规定对建设单位实施行政处罚；按照《建设工程质量管理条例》第七十三条规定对建设单位项目负责人实施行政处罚。"

典型案例 298

## 重庆市绿鹏种植发展有限公司与重庆市渝西建筑工程有限公司建设工程施工合同纠纷案[①]

### 基本案情

2008 年 4 月 7 日，重庆市绿鹏种植发展有限公司（以下简称绿鹏公司）（甲方）与重庆市渝西建筑工程有限公司（以下简称渝西公司）（乙方）签订了《建设工程施工合同》约定，甲方将案涉工程发包给乙方施工；甲方需要在乙方进场前使施工场地具备施工条件，完成施工场地与公共道路的通道开通，在乙方进场后 15 个工作日内办理完施工所需证件、批件。2008 年 8 月，渝西公司进场施工。2009 年 2 月 27 日，渝西公司向绿鹏公司发函称，自动工建设以来，从未看到绿鹏公司关于案涉项目的合法手续以及建设施工许可证，要求绿鹏公司尽快提供合法的施工手续。2009 年 7 月 18 日，渝西公司向绿鹏公司发函，表明绿鹏公司尚未办理案涉工程的建设工程施工许可证及相关的建筑手续，导致案涉工程无法进行施工及材料的检测、质检工作和正常施工，要求绿鹏公司尽快处理。后渝西公司撤场，并以绿鹏公司根本违约为由诉至法院，要求解除施工合同。

### 法院观点

法院认为，案涉工程造价暂定 1800 万元，属于依法应办理施工许可证的工程项目。绿鹏公司作为建设单位，负有在开工前取得施工许可证的法定义务。而在渝西公司两次催告后，绿鹏公司仍未取得案涉工程的施工许可证，属于根本违约。渝西公司与绿鹏公司签订建设工程施工合同，是为了通过合法的施工行为，取得相应施工建设利润。在案涉工程未取得施工许可证的情况下，渝西公司有理由认为该项目不能按期结算并取得竣工验收，即不能实现合同目的。渝西公司据此要求解除合同，符合法律规定。

---

① 典型案例 298：重庆市绿鹏种植发展有限公司与重庆市渝西建筑工程有限公司建设工程施工合同纠纷案，重庆市第一中级人民法院（2018）渝 01 民终 2962 号民事判决书、重庆市高级人民法院（2018）渝民申 2289 号民事裁定书。

## 裁判规则299

**发包人迟延支付进度款严重影响承包人继续施工，且在催告后的合理期限内仍未补足价款的，承包人有权要求解除合同。**

《2004年建工解释》第9条第1项规定，发包人未按约定支付工程价款，致使承包人无法施工，且在催告的合理期限内仍未履行相应义务的，承包人有权解除建设工程施工合同。《建设工程施工合同解释（一）》虽无类似规定，但《民法典》第563条第1款第3项规定，当事人一方迟延履行主要债务，经催告后在合理期限内仍未履行的，对方当事人有权解除合同。据此，《2004年建工解释》第9条第1项所确立的规则依然成立。有疑问的是，《2004年建工解释》第9条所要求的“致使承包人无法施工”应当如何把握？

制定《2004年建工解释》时，最高人民法院曾考虑过借鉴原《合同法》第167条第1款[①]规定的“未支付到期价款的金额达到全部价款的五分之一”这一标准。但鉴于建设工程施工合同与分期付款买卖合同性质有别，且该标准过于简单不一定符合案件的具体情况，故最终规定为“致使承包人无法施工”。[②] 在理解上应当认为，首先，建设工程价款分为预付款、进度款与结算款。应当支付结算款时，工程已经竣工，不存在解除的问题。故只有发包人拖欠预付款或进度款时，才涉及合同解除的问题。其次，在发包人欠付工程款的情况下，承包人只能垫资修建。然而建筑业既是资金密集型行业，也是微利行业，[③] 工期的压力又进一步加剧资金需求的时限性。因此，对所谓的“致使承包人无法施工”，不应要求过于苛刻。只要拖欠款项严重影响承包人继续施工，就应当允许承包人解除合同。最后，按照

---

① 该款规定：“分期付款的买受人未支付到期价款的金额达到全部价款的五分之一的，出卖人可以要求买受人支付全部价款或者解除合同。”《民法典》第634条第1款也规定：“分期付款的买受人未支付到期价款的数额达到全部价款的五分之一，经催告后在合理期限内仍未支付到期价款的，出卖人可以请求买受人支付全部价款或者解除合同。”

② 参见最高人民法院民事审判第一庭编著：《最高人民法院建设工程施工合同司法解释的理解与适用》，人民法院出版社2004年版，第98、99页。

③ 中国建筑业协会发布的《2021年建筑业发展统计分析》报告显示，建筑业产值利润率（利润总额与总产值之比）自2014年达到最高值3.63%后，总体呈下降趋势。2021年，建筑业产值利润率为2.92%，跌破3%，为近10年最低。

《民法典》第563条第1款第3项的规定，承包人在解除合同前应当先行催告。

典型案例299

## 四川省第一建筑工程有限公司与云南万都房地产开发有限公司建设工程施工合同纠纷案①

### 基本案情

2013年11月5日，四川省第一建筑工程有限公司（以下简称四川一建）与云南万都房地产开发有限公司（以下简称万都公司）签订《建设工程施工合同》与《建设工程施工补充协议》约定，四川一建承建万都公司开发的万都国际广场项目；合同价款采用固定综合单价；合同工期总日历天数为480天；工程进度款按工程形象进度分阶段支付；在本工程实施过程中，发包人若遇到资金暂时调度困难或其他情况，承包人愿意协助发包人解决相关问题，承包人承诺不采取任何法律措施干扰发包人的工程进度、房屋销售及入户验收（如停工、怠工等）。2014年3月11日，案涉工程开工。2015年3月19日，四川一建向万都公司发出《行使不安抗辩权的告知函》，要求万都公司按约定全面履行工程款支付义务。2015年4月8日，四川一建向万都公司发出《关于解除万都国际广场项目相关合同的函》。2015年4月21日，万都公司发出《回复函》称，我公司虽未按工程节点足额支付工程款，但我公司愿意严格按照双方签订的合同条款执行。后四川一建诉至法院，要求万都公司支付工程款。万都公司辩称，四川一建以万都公司延付工程进度款为由单方解除合同，构成根本违约。

### 法院观点

最高人民法院认为，在案涉工程约定竣工日2015年7月4日前，四川一建于2015年3月19日向万都公司发出《行使不安抗辩权的告知函》，要求万都公司按约定足额支付工程进度款。万都公司回函认可其未足额支付工程进度款的行为，但

① 典型案例299：四川省第一建筑工程有限公司与云南万都房地产开发有限公司建设工程施工合同纠纷案，最高人民法院（2019）最高法民终1134号民事判决书。

要求四川一建尽快复工。2015 年 4 月 8 日，四川一建向万都公司发出解除合同函，万都公司于 2015 年 4 月 15 日收到该函。案涉施工合同履行过程中，万都公司未在合理期限内向四川一建履行足额支付工程进度款的义务，且多次未按约定时间审定工程量，构成违约。在这种情况下，四川一建有权依法解除合同，由此所致损失由万都公司自行承担。

## 裁判规则300

**发包人擅自解除建设工程施工合同、缩减工程范围，或承包人因发包人违约而解除建设工程施工合同的，承包人有权要求发包人赔偿未施工部分的履行利益。**

《民法典》第 566 条第 2 款规定："合同因违约解除的，解除权人可以请求违约方承担违约责任，但是当事人另有约定的除外。"据此，发包人擅自解除建设工程施工合同或承包人因发包人违约而解除建设工程施工合同的，发包人应承担违约责任；发包人擅自缩减工程范围的，相当于合同的部分解除，也应承担违约责任。

合同解除与违约损害赔偿是并行的违约救济措施。因此，合同因违约解除后，损失赔偿额应依据《民法典》第 584 条确定。① 该条规定："当事人一方不履行合同义务或者履行合同义务不符合约定，造成对方损失的，损失赔偿额应当相当于因违约所造成的损失，包括合同履行后可以获得的利益；但是，不得超过违约一方订立合同时预见到或者应当预见到的因违约可能造成的损失。"据此，在建设工程施工合同因违约而解除的情况下，损害赔偿的范围包括履行利益（也称期待利益、可得利益）。原《广东省高级人民法院关于审理建设工程合同纠纷案件的暂行规定》（粤高法〔2000〕31 号）第 22 条即规定："发包人与承包人签订建设工程合同后又毁约的，应赔偿承包人由此而造成的损失，该损失应当包括承包人履行合同后可以获得的利益。"

履行利益 = 约定价款 - 施工成本。如【裁判规则 50】中所讨论的，承包人的个别成本难以确定，因此也就难以确定履行利益。在"重庆正阳新材料有限公司与

① 参见黄薇主编：《中华人民共和国民法典释义》（中），法律出版社 2020 年版，第 1091 页。

四川电力建设二公司建设工程施工合同纠纷案”① 中，针对四川电力建设二公司（以下简称电建二公司）主张的合同未施工部分的预期利润损失，法院即认为，“若电建二公司有预期利润损失，正阳新材料公司应当予以赔偿”。但“因合同约定的工程价款系按相关定额计算造价后再下浮19%，无法就工程预期利润有无作出一个准确的评估或者判断”，故对电建二公司关于预期利润的主张不予支持。实践中，除合同约定了明确的利润额外，对承包人的履行利益宜通过司法鉴定确定。就此，《建设工程造价鉴定规范》（GB/T 51262-2017）提供了相应的鉴定规范，可资参照。② 下述【典型案例300】中的履行利益损失，也是通过鉴定的方式确定的。

**典型案例300**

## 中国核工业华兴建设有限公司与天成润华集团有限公司建设工程施工合同纠纷案③

### 基本案情

2004年6月16日，经招投标程序，天成润华集团有限公司（以下简称天成公司）与中国核工业华兴建设有限公司（以下简称华兴公司）签订《建设工程施工合同》约定，华兴公司承包天成国贸中心（曼哈顿广场）工程，合同价款约1.47

① 参考案例313：重庆正阳新材料有限公司与四川电力建设二公司建设工程施工合同纠纷案，重庆市高级人民法院（2015）渝高法民终字第00173号民事判决书。正文中的引文系一审法院（重庆市第四中级人民法院）所持观点，二审未涉及这一问题。

② 《建设工程造价鉴定规范》（GB/T 51262-2017）第5.8.5项规定：“因发包人原因，发包人删减了合同中的某项工作或工程项目，承包人提出应由发包人给予合理的费用及预期利润，委托人认定该事实成立的，鉴定人进行鉴定时，其费用可按相关工程企业管理费的一定比例计算，预期利润可按相关工程项目报价中的利润的一定比例或工程所在地统计部门发布的建筑企业统计年报的利润率计算。”第5.10.6项第3目针对单价合同解除后的利润损失规定：“未完工程量与约定的单价计算后按工程所在地统计部门发布的建筑企业统计年报的利润率计算利润。”针对总价合同解除后的利润损失，第5.10.7项第2目规定：“委托人认定承包人违约导致合同解除的，鉴定人可参照工程所在地同时期适用的计价依据计算出未完工程价款，再用合同约定的总价款减去未完工程价款计算。”第3目规定：“委托人认定发包人违约导致合同解除的，承包人请求按照工程所在地同时期适用的计价依据计算已完工程价款，鉴定人可采用这一方式鉴定，供委托人判断使用。”

③ 典型案例300：中国核工业华兴建设有限公司与天成润华集团有限公司建设工程施工合同纠纷案，最高人民法院（2012）民一终字第41号民事判决书。

亿元。合同履行过程中的2008年5月22日，天成公司将案涉工程的1-7轴部分发包给第三方苏中集团施工。后华兴公司提起诉讼，就实际施工部分要求天成公司支付工程款，就另行发包给苏中集团施工部分主张可得利益损失。一审中，经委托鉴定，天成国贸中心1-7轴主楼工程可得利益金额约为5,492,779.52元。

## 法院观点

一审法院（江苏省高级人民法院）认为，天成公司将案涉工程的1-7轴部分发包给第三方苏中集团，构成违约，损害了华兴公司履行合同可以获取的利益。对华兴公司可得利益损失的确定，一方面，天成公司在签订案涉合同时应当预见到自己的违约行为会造成华兴公司履行合同的利益损失。另一方面，因案涉工程是边设计、边施工、边办手续的工程，合同履行中工程面积因不断变更设计而不断增加，增加的面积有部分已超出天成公司签约时可预见的范围。因此，根据鉴定的可得利益损失金额及本案的实际情况，一审法院酌定华兴公司在1-7轴的可得利益损失为3,844,945.66元（相当于鉴定金额的70%），由天成公司赔偿。二审中，最高人民法院认为，一审法院判决天成公司赔偿华兴公司可得利益损失并无不当，应予维持。

## 裁判规则301

**建设工程施工合同解除的，竣工验收合格后支付结算款的约定不再适用，应按已完工程造价确定结算款，但质量保证金除外。**

建设工程施工合同普遍约定，在施工过程中，按照施工完成工程量的一定比例支付进度款，竣工验收并结算后，在扣留质量保证金的基础上支付工程尾款。那么在合同解除的情形下，应当如何确定发包人的应付款？

在“重庆江科建设工程有限公司与重庆大博金房地产开发有限公司建设工程施工合同纠纷案”① 中，施工合同约定，“按审定的进度款支付80%，整体项目工程竣工验收合格后支付至该预算总价的85%”。后因重庆大博金房地产开发有限公司（以下简称大博金公司）未按约支付工程进度款，重庆江科建设工程有限公司

① 参考案例314：重庆江科建设工程有限公司与重庆大博金房地产开发有限公司建设工程施工合同纠纷案，重庆市高级人民法院（2017）渝民终327号民事判决书。

(以下简称江科公司)起诉要求解除合同，并要求大博金公司支付其完成工程的全部工程款。重庆市第四中级人民法院认为，江科公司完成工程进度达到合同约定的“按审定完成量的80%支付工程进度款”的条件，对此范围内的工程款支付请求予以支持；对超出部分的工程款支付请求，根据合同约定并结合工程尚未竣工验收之事实，不予支持，可等付款条件成就后另行解决。

就此问题，《民法典》第806条第3款前段规定，“合同解除后，已经完成的建设工程质量合格的，发包人应当按照约定支付相应的工程价款”。在理解上应当认为，建设工程施工合同约定工程尾款待验收通过后支付，则工程款请求权为附条件的请求权，如合同被解除，导致工程未完工，则所附条件已经不可能成就。① 如果仍坚持竣工验收合格后才支付结算款，也就意味着如工程交由第三人进行后续施工，则承包人该部分款项的债权能否实现、何时实现，取决于第三人的履行行为；如工程最终未能竣工验收合格（如成为烂尾楼），则承包人丧失该部分款项的请求权。这一思路显然不具有合理性。在此情形下，由于约定的付款条件（在发包人与承包人之间）不可能成就，故该约定不再适用，应按已完工程造价确定结算款。前述“重庆江科建设工程有限公司与重庆大博金房地产开发有限公司建设工程施工合同纠纷案”② 的二审法院即认为，应视为双方约定的结算条件已经成就，对江科公司要求按双方约定结算全部工程价款的请求，应予支持。

**典型案例301**

## 江苏南通二建集团有限公司与东营市万方置业有限公司建设工程施工合同纠纷案③

### 基本案情

2013年12月28日，东营市万方置业有限公司（以下简称万方公司）与江苏

---

① 参见最高人民法院民一庭：《施工合同约定工程尾款待验收通过后支付，如工程验收客观上无法进行，施工人请求支付该尾款，诉讼时效期间应当如何计算》，载最高人民法院民事审判第一庭编：《民事审判指导与参考》总第49辑，人民法院出版社2012年版。

② 参考案例315：重庆江科建设工程有限公司与重庆大博金房地产开发有限公司建设工程施工合同纠纷案，重庆市高级人民法院（2017）渝民终327号民事判决书。

③ 典型案例301：江苏南通二建集团有限公司与东营市万方置业有限公司建设工程施工合同纠纷案，最高人民法院（2020）最高法民终738号民事判决书。

南通二建集团有限公司（以下简称南通二建）签订《建设工程施工合同》约定，万方公司将万方绿营广场工程发包给南通二建施工；钢筋砼主体封顶并经质监部门验收合格之日起10日内按完成工程量的75%支付工程款；以后每月按完成工程量的75%支付工程款；竣工验收合格之日起10日内按完成工程量的80%支付工程款；待工程竣工并达到本合同约定的工程质量标准，工程结算报告、城市建设档案馆资料备案手续完成后一个月内付到95%；余5%为质保金。合同签订后，南通二建进场施工。2017年6月6日、7月12日、9月11日，写字楼、酒店、科研楼工程主体结构分别完成验收。此后南通二建没有再施工，案涉工程还有二次砌筑、零星甩尾项目等未完成。南通二建诉至法院，要求解除《建设工程施工合同》，并要求万方公司支付已完工程的全部工程款。万方公司抗辩称，南通二建未按照施工合同约定完成施工任务，无权主张全部工程款；即便案涉工程已经达到付款节点，南通二建也仅有权主张已完工程工程款的70%。

## 法院观点

最高人民法院认为，案涉工程因万方公司欠付工程款而停止施工超过56天，已经符合施工合同约定的解除条件，双方不能就继续履行达成协议，南通二建请求法院判令解除合同，应予支持。案涉施工合同解除后，尚未履行的终止履行，万方公司应对南通二建已经施工的工程支付全部工程款，南通二建依据法律规定对工程质量承担保修责任。万方公司主张仅应支付70%的工程款，依据不足，不予支持。

# 8. 建设工程“黑白合同”裁判规则

2003年10月27日，时任全国人大常委会副委员长李铁映在《全国人大常委会执法检查组关于检查〈中华人民共和国建筑法〉实施情况的报告》中提出了“黑白合同”这一概念。报告指出：“各地反映，建设单位与投标单位或招标代理机构串通，搞虚假招标，明招暗定，签订‘黑白合同’的问题相当突出。所谓‘黑合同’，就是建设单位在工程招投标过程中，除了公开签订的合同外，又私下与中标单位签订合同，强迫中标单位垫资带资承包、压低工程款等。‘黑合同’违反了《招标投标法》《合同法》和建筑法的有关规定，极易造成建筑工程质量隐患，既损害施工方的利益，最终也损害建设方的利益。在检查中，检查组了解到这个问题不仅相当普遍，而且难以查处。”针对这一问题，《2004年建工解释》第21条①进行了规制。但建设工程领域“黑白合同”的数量并未因此而减少，最高人民法院二审审结的施工合同纠纷案件中，存在“黑白合同”的案件也一度达到一半以上。②《2018年建工解释》通过第1条、第9条、第10条、第11条对“黑白合同”裁判规则予以进一步完善，实现了裁判规则的体系化。这些条文分别被《建设工程施工合同解释（一）》第2条、第22条、第23条、第24条所继受。

## 8.1 “黑合同”与“白合同”的甄别规则

实践中，一般将经过招投标程序签订的中标合同称为“白合同”（也称“阳合

---

① 该条规定：“当事人就同一建设工程另行订立的建设工程施工合同与经过备案的中标合同实质性内容不一致的，应当以备案的中标合同作为结算工程价款的根据。”

② 参见方乐坤：《建设工程领域“黑白合同”规则实证研究——解释论的视角》，载《现代法学》2020年第5期。

同”），而另行订立的施工合同，由于拿不上桌面、不能公开，则被称为“黑合同”（也称“阴合同”）。一方面，《民法典》第543条规定：“当事人协商一致，可以变更合同。”因此，变更合同是法律赋予合同当事人的一项基本权利。“合同变更权的行使存在于所有合同的履行过程中，中标合同的履行当然也不例外。”① “在变更后的合同内容不违反法律、行政法规的强制性规定，不损害社会公共利益，不有违社会公德的情况下，发生合同变更的法律效果。”② 另一方面，若允许当事人任意变更经招投标所确定的合同内容，无疑将导致招投标程序的虚置，构成对其他未中标投标人合法权益的侵犯。换言之，在这个问题上，既要保证当事人的合同变更权不受限制和排挤，又要防止当事人通过签订“黑白合同”规避《招标投标法》的规定。据此，甄别“黑白合同”，关键在于划定合同变更行为与规避招投标行为的界限。《建设工程施工合同解释（一）》第2条第1款所划定的界限就是“合同实质性内容不一致”。

### 裁判规则302

**“白合同”是指经过招投标程序签订的合法有效的中标合同。备案合同未经招投标的、中标合同无效的，不构成“白合同”。**

比较《2004年建工解释》第21条与《建设工程施工合同解释（一）》第2条第1款，二者对“白合同”的表述有所区别。前者是“经过备案的中标合同”，后者为“中标合同”。表述演变的背后是相关政策的调整。

原《房屋建筑和市政基础设施工程施工招标投标管理办法》（建设部2001年

---

① 王毓莹：《当事人就同一建设工程另行订立的建设工程施工合同与经过备案的中标合同实质性内容不一致的，应当以备案的中标合同作为结算工程价款的根据——浙江宝业建设集团有限公司与天津老板娘水产食品物流有限公司、浙江老板娘食品集团有限公司建设工程施工合同纠纷案》，载最高人民法院民事审判第一庭编：《民事审判指导与参考》总第57辑，人民法院出版社2014年版。

② 崔建远：《合同法总论》（中卷），中国人民大学出版社2012年版，第524页。

第89号令)[①] 第47条第1款后段规定:“订立书面合同后7日内,中标人应当将合同送县级以上工程所在地的建设行政主管部门备案。”原《房屋建筑和市政基础设施工程施工分包管理办法》(建设部2004年第124号令)[②] 第10条第2款规定:“分包工程发包人应当在订立分包合同后7个工作日内,将合同送工程所在地县级以上地方人民政府建设行政主管部门备案。分包合同发生重大变更的,分包工程发包人应当自变更后7个工作日内,将变更协议送原备案机关备案。”考虑到合同备案是建设行政主管部门行之有效的监管措施,[③]《2004年建工解释》第21条对中标合同提出了“备案”的限定。2011年6月24日,《住建部关于进一步加强建筑市场监管工作的意见》(建市〔2011〕86号)第(八)条更是将备案的要求扩及至所有的建设工程施工合同,该条规定:“推行合同备案制度。合同双方要按照有关规定,将合同报项目所在地建设主管部门备案。工程项目的规模标准、使用功能、结构形式、基础处理等方面发生重大变更的,合同双方要及时签订变更协议并报送原备案机关备案。在解决合同争议时,应当以备案合同为依据。”由于招投标与合同备案分属不同的程序,故在中标合同与备案合同之间,可以形成三种组合:一是中标合同已备案,二是备案合同未经招投标,三是中标合同未备案。此外,还需考虑中标合同的效力问题。

首先,第一种情形中已备案的中标合同显然属于《2004年建工解释》第21条规定的“白合同”。其次,实务界普遍认为,未经招投标的备案合同(包括备案合同系未经招投标直接签订的合同、备案的合同不是真正的中标合同)虽然满足“备案”的要求,但不属于“中标合同”,故不应认定为“白合同”。江苏省高级人

---

① 2001年6月1日,建设部2001年第89号令发布《房屋建筑和市政基础设施工程施工招标投标管理办法》;2018年9月28日,《房屋建筑和市政基础设施工程施工招标投标管理办法》被住建设2018年第43号令《住房城乡建设部关于修改〈房屋建筑和市政基础设施工程施工招标投标管理办法〉的决定》第一次修正;2019年3月13日,被住建设2019年第47号令《住房和城乡建设部关于修改部分部门规章的决定》第二次修正。

② 2004年2月3日,建设部2004年第124号令发布《房屋建筑和市政基础设施工程施工分包管理办法》;2014年8月27日,《房屋建筑和市政基础设施工程施工分包管理办法》被住建部2014年第19号令《住房和城乡建设部关于修改〈房屋建筑和市政基础设施工程施工分包管理办法〉的决定》第一次修正;2019年3月13日,被住建部2019年第47号令《住房和城乡建设部关于修改部分部门规章的决定》第二次修正。

③ 参见冯小光:《〈关于审理建设工程施工合同纠纷案件适用法律问题的解释〉的理解与适用》,载最高人民法院民事审判第一庭编:《民事审判指导与参考》总第20集,法律出版社2005年版。

民法院①、山东省高级人民法院②、河北省高级人民法院③均持这一观点。最高人民法院在“南京市江宁区谷里建筑工程公司与南京乾豪贸易实业有限公司建设工程施工合同纠纷案”④、“刘岗与内蒙古自治区新巴尔虎左旗人民政府建设工程施工合同纠纷案”⑤ 中也认为，如备案合同系未经招投标直接签订的合同，不构成“白合同”。再次，2018 年 5 月 14 日，国务院办公厅发布《关于开展工程建设项目审批制度改革试点的通知》(国办发〔2018〕33 号)，该通知第（八）条要求，“取消施工合同备案”。为落实这一要求，2018 年 9 月 28 日，住建部发布《关于修改〈房屋建筑和市政基础设施工程施工招标投标管理办法〉的决定》(住建部 2018 年第 43 号令)，删除了原《房屋建筑和市政基础设施工程施工招标投标管理办法》第 47 条第 1 款关于合同备案的规定。2019 年 3 月 13 日，《住房和城乡建设部关于修改部分部门规章的决定》(住建部 2019 年第 47 号令）删除了原《房屋建筑和市政基础设施工程施工分包管理办法》第 10 条第 2 款。2019 年 3 月 18 日，住建部发布《关于修改有关文件的通知》(建法规〔2019〕3 号)，将前述《关于进一步加强建筑市场监管工作的意见》第（八）条删除。据此，建设行政主管部门不再对合同进行备案。但需注意的是，《政府采购法》仍要求对包含建设工程合同在内的政府采购合同备案，其第 47 条规定：“政府采购项目的采购合同自签订之日起七个工作日内，采购人应当将合同副本报同级政府采购监督管理部门和有关部门备案。”在理解上应当认为，“黑白合同”规则的目的在于维护招投标公开、公平、

① 《江苏省高级人民法院建设工程施工合同案件审理指南（2010 年）》提出，非属强制招投标范围的工程，施工合同备案与否不影响合同效力，不存在“黑白合同”的问题。当事人签订的合同尽管与备案的合同有实质性内容的不同，但并非不能作为结算的依据。

② 《山东省高级人民法院关于印发全省民事审判工作会议纪要的通知》(鲁高法〔2011〕297 号）第三部分“关于建设工程施工合同纠纷案件”第 2 条第 2 款规定：“建设单位直接发包的工程，即建设工程无需招标的，但当事人双方自愿将签订的建设工程施工合同到建设行政主管部门备案的，此后又签订与备案合同实质性内容不一致的合同，此种情形不适用‘黑白合同’的认定规则。”

③ 《河北省高级人民法院建设工程施工合同案件审理指南》(冀高法〔2018〕44 号）第 9 条规定：“法律、行政法规未规定必须进行招投标的建设工程，实际上也未经过招投标，当事人根据当地行政主管部门的要求，对双方签订的建设工程施工合同进行备案后另行签订实质性内容不同的合同，应当以当事人实际履行的合同作为工程价款的结算根据。”

④ 参考案例 316：南京市江宁区谷里建筑工程公司与南京乾豪贸易实业有限公司建设工程施工合同纠纷案，最高人民法院（2010）民申字第 1281 号民事裁定书。

⑤ 参考案例 317：刘岗与内蒙古自治区新巴尔虎左旗人民政府建设工程施工合同纠纷案，最高人民法院（2016）最高法民申 697 号民事裁定书。

公正的原则，实现“国家对强制招标项目这些民事活动的干预和监督”①。并不意味着中标合同必须经行政监督部门批准或备案才能生效，未备案不影响中标合同的效力。② 也就是说，即使依法经过招投标程序的中标合同未经备案，也构成“白合同”。正因如此，《建设工程施工合同解释（一）》第2条第1款、第23条在对“黑白合同”进行规制时，就直接使用了“中标合同”的表述，取消了“备案的”这一限定词。最后，如本书第2章第4节所述，中标合同可能因多种原因而无效。从《建设工程施工合同解释（一）》第2条第1款、第23条的文义看，“黑白合同”规则并未排除无效的中标合同。但如【裁判规则323】所述，无效的中标合同不能作为结算工程价款的依据。因此，无效的中标合同不构成“白合同”。就此，可参见下述【典型案例302】。

综上所述，“黑白合同”裁判规则所指向的“白合同”，是指经过招投标程序签订的合法有效的中标合同。中标合同未备案，依然属于“白合同”；未经招投标程序直接签订的用于备案的合同、虽经招投标程序签订但中标无效的合同，则不构成“白合同”。

**典型案例302**

## 江苏苏兴建设工程有限公司与湖北国新置业有限公司建设工程施工合同纠案③

### 基本案情

2011年3月21日，湖北国新置业有限公司（以下简称国新公司）与江苏苏兴

---

① 最高人民法院民事审判第一庭编著：《最高人民法院建设工程施工合同司法解释的理解与适用》，人民法院出版社2004年版，第182页。

② 参见最高人民法院民事审判第一庭编著：《最高人民法院建设工程施工合同司法解释的理解与适用》，人民法院出版社2004年版，第195页；《〈最高人民法院关于审理建设工程施工合同纠纷案件适用法律问题的解释〉第二十一条规定的“备案的中标合同”应当如何理解》，载最高人民法院民事审判第一庭编：《民事审判指导与参考》总第56辑，人民法院出版社2014年版。

③ 典型案例302：江苏苏兴建设工程有限公司与湖北国新置业有限公司建设工程施工合同纠案，湖北省高级人民法院（2017）鄂民终305号民事判决书、最高人民法院（2018）最高法民申4527号民事裁定书。

建设工程有限公司（以下简称苏兴公司）签订《薇湖水岸三期工程总承包合同》约定，苏兴公司承建薇湖水岸三期33号、36号楼，合同价为47,837,405.15元固定总价包干。2011年4月13日，苏兴公司向国新公司出具《承诺函》称，苏兴公司与国新公司签订的薇湖水岸三期《湖北省建设工程施工合同》仅用于备案，不作为工程结算依据；该工程结算还是以《薇湖水岸三期工程总承包合同》为准。2011年6月16日，国新公司向苏兴公司发出中标通知书。2011年6月30日，国新公司与苏兴公司签订《湖北省建设工程施工合同》约定，苏兴公司承建薇湖水岸三期33号、36号楼，合同价为58,805,220元固定总价包干。2011年8月17日，双方签订《补充协议》，对《薇湖水岸三期工程总承包合同》进行了补充约定。2013年1月22日，案涉工程经竣工验收合格。后苏兴公司诉至法院，要求国新公司支付工程款39,800,295元。苏兴公司认为，根据《2004年建工解释》第21条，另行签订的合同与中标合同存在实质性内容不一致的时候，应以备案的中标合同作为结算依据，适用该条规定不需要以备案的中标合同有效为前提。因此，案涉工程合同内工程价款应以《湖北省建设工程施工合同》为准，即58,805,220元。

## 法院观点

最高人民法院认为，本案案涉工程为商品住宅，属于必须招投标的项目。因国新公司与苏兴公司的招投标构成串通投标，双方签订并经备案的《湖北省建设工程施工合同》和未经招投标程序签订的《薇湖水岸三期工程总承包合同》均属于无效合同。根据《2004年建工解释》第2条，在两份合同均无效的情况下，应当以双方实际履行的合同作为结算工程款的依据。《薇湖水岸三期工程总承包合同》是双方实际履行的合同，可作为双方结算工程款的依据。《2004年建工解释》第21条的适用前提是备案的中标合同系有效合同，而本案中备案的中标合同《湖北省建设工程施工合同》属于无效合同，因此，该合同不能作为结算工程款的依据。

## 裁判规则303

**对中标合同的实质性内容，应从是否影响其他竞标人中标、是否对合同当事人实体权利义务关系有较大影响进行甄别，不应局限于工程范围、建设工期、工程质量与工程价款。**

《建设工程施工合同解释（一）》第2条第1款将"黑合同"与"白合同"的区分标准设定为"实质性内容不一致"。换言之，在中标合同实质性内容之外变更合同约定的，不构成"黑白合同"。问题在于，《民法典》第795条规定："施工合同的内容一般包括工程范围、建设工期、中间交工工程的开工和竣工时间、工程质量、工程造价、技术资料交付时间、材料和设备供应责任、拨款和结算、竣工验收、质量保修范围和质量保证期、相互协作等条款。"这些条款中，哪些条款属于"实质性内容"？

《建设工程施工合同解释（一）》第2条第1款列举的实质性内容包括工程范围、建设工期、工程质量、工程价款。其中，工程范围并不仅指建筑物或者构筑物的结构与面积等，更主要是指是否包括土建、设备安装、装饰装修等。① 工程期限是指建设工程施工合同约定的工程完工并交付验收的时间。② 工程质量是指建设工程施工合同约定的工程具体条件，也是该工程区别于其他同类工程的具体特征。工程价款是指发包人按照合同约定应当支付给承包人的为其施工建设的对价。③ "建设工程中事关当事人权利义务的核心条款是工程结算"④，而这四项内容都会影响工程结算，故理应构成合同的"实质性内容"。例如，发包方与承包人在中标合同中对质量的要求是合格，之后双方又约定，如工程未拿到鲁班奖，则不退还履约保证金。该约定赋予承包方的义务高于中标合同约定的义务，要么构成对工程质量标准的改变，要么构成对工程价款的改变，应当认定为对中标合同"实质性内容"的变更。⑤

① 参见最高人民法院民事审判第一庭编著：《最高人民法院新建设工程施工合同司法解释（一）理解与适用》，人民法院出版社2021年版，第32页。关于工程范围系中标合同实质性内容应以中标合同约定为准的案例，可参见河南建总国际工程有限公司与郑州金程置业有限公司建设工程施工合同纠纷案，最高人民法院（2020）最高法民申4278号民事裁定书。

② 关于工期系中标合同实质性内容应以中标合同约定为准的案例，可参见威海市望海房地产开发有限责任公司与浙江广扬建设集团有限公司建设工程施工合同纠纷案，最高人民法院（2018）最高法民再115号民事判决书。

③ 关于工程价款系中标合同实质性内容应以中标合同约定为准的案例，可参见新疆晨光建筑安装工程有限公司与新疆生产建设兵团第七师一二九团等建设工程施工合同纠纷案，最高人民法院（2017）最高法民申5199号民事裁定书。

④ 《如何认定备案合同与未备案合同的内容发生实质性变化》，载最高人民法院民事审判第一庭编：《民事审判指导与参考》总第53辑，人民法院出版社2013年版。

⑤ 参见《发包方与施工方另行约定工程未达到鲁班奖、不予退还履约保证金的条款无效》，载最高人民法院民事审判第一庭编：《民事审判指导与参考》总第50辑，人民法院出版社2012年版。

通常情况下，在涉嫌构成“黑白合同”的两个合同中，不一致的地方应该是在工程范围、工程价款、工程质量或工程期限等方面，而不是一般的合同内容变更或者其他条款的修改。[①] 但并非只有工程范围、工程价款、工程质量或工程期限的变更才构成实质性变更。如最高人民法院在“浙江城建建设集团有限公司与淦龙集团有限公司建设工程施工合同纠纷案”[②] 中所言，关于“合同实质性内容”的理解，应从是否影响其他竞标人中标以及是否对投标人与中标人的权利义务产生较大影响进行考量。就此，可从如下两个方面进行甄别：一方面，判断这些改变是否足以影响其他竞标人中标或者以何种条件中标。凡是排除其他竞标人中标的可能或者提高其他竞标人中标条件的内容，无论是否属于工程范围、工程价款、工程质量或者工程期限，都构成实质性内容。下述【典型案例 303】中，中标后签订的施工合同约定的违约责任与招投标条件中的违约责任不一致，但因其“不属于可能限制或排除其他竞标人参与竞争的实质性条款”，故法院认定不构成实质性变更。另一方面，判断这些改变是否对招标人与中标人的权利义务有较大影响。[③] 例如【裁判规则 313】所述，即便是对中标合同约定的工程范围、工程价款、工程质量或工程期限等方面的变更，如果变更的程度显著轻微，对发承包双方的权利义务影响不大，也不应认定为实质性变更。

**典型案例 303**

## 中国建筑第二工程局有限公司与上海天安金谷科技园企业发展有限公司建设工程施工合同纠纷案[④]

### 基本案情

**2017 年 12 月，上海天安金谷科技园企业发展有限公司（以下简称天安金谷公**

---

① 参见最高人民法院民事审判第一庭编著：《最高人民法院建设工程施工合同司法解释的理解与适用》，人民法院出版社 2004 年版，第 182 页。

② 参考案例 318：浙江城建建设集团有限公司与淦龙集团有限公司建设工程施工合同纠纷案，最高人民法院（2020）最高法民申 7095 号民事裁定书。

③ 参见最高人民法院民事审判第一庭编著：《最高人民法院新建设工程施工合同司法解释理解与适用》，人民法院出版社 2021 年版，第 29 页。

④ 典型案例 303：中国建筑第二工程局有限公司与上海天安金谷科技园企业发展有限公司建设工程施工合同纠纷案，上海市高级人民法院（2020）沪民终 595 号民事判决书、最高人民法院（2021）最高法民申 5098 号民事裁定书。

司）就“松江天安金谷新建项目”进行招标。招标文件中专用合同条款第16.1.1项约定：“发包人违约的其他情形：工程中途停建、缓建或者由于发包人错误造成的返工，应采取措施弥补或减少损失。同时，赔偿承包人由此造成的停工、窝工、返工、倒运、人员和机械设备调遣、材料和构件积压等相关损失，工期顺延。因发包人原因导致工程工期顺延过程中遇到材料、人工价格上涨的，发包人应支付该差价等。”后中国建筑第二工程局有限公司（以下简称中建二局）中标。12月21日，双方签订《建设工程总承包施工合同》。合同专用合同条款第16.1.1项约定：“发包人违约的其他情形：因发包人原因导致工程中途停建、缓建或者暂停施工的，工期相应顺延，承包人应采取措施减少损失。但承包人放弃就费用及损失提出任何补偿或索赔。”第16.2.3项在招标文件专用合同条款第16.2.3项的基础上，增加了“承包人不得以任何理由停工、怠工、取闹，否则视为违约，并向发包人支付本合同总价的5%作为违约金。经发包方书面催告后，承包人仍未改正的，发包人有权解除合同……”以及承包人不得将工程转包、违法分包或变相联名转包，若违反此约定视作根本性违约等约定。2018年1月3日，工程开工。2019年9月28日，天安金谷公司向中建二局发函，要求解除《建设工程总承包施工合同》。2019年9月30日，中建二局签收该函件。后天安金谷公司诉至法院，要求确认《建设工程总承包施工合同》于2019年9月30日解除。中建二局辩称，《建设工程总承包施工合同》的违约责任条款背离了招标文件的实质性内容，应属无效。

## 法院观点

最高人民法院认为，建设工程施工合同应以招投标文件为依据，但合同当事人可以根据具体情况，通过平等协商的方式，在合同中对招投标文件予以细化。中建二局通过施工合同约定放弃了因发包人原因造成工期顺延情况下承包人就相关费用及损失向发包人提出补偿或索赔的权利，同意增加因承包人违约而解除合同的情形，属于对自身民事权利的处分。上述违约责任条款不属于可能限制或排除其他竞标人参与竞争的实质性条款，是双方就招标文件中有关违约责任的约定的细化与完善，不违反法律、行政法规的强制性规定，中建二局以此为由主张案涉施工合同无效，于法无据，不应支持。

## 裁判规则304

**发承包双方在中标合同之外另行签订合同约定或承包人单方承诺高价回购、援建、让利、捐赠等，变相降低或提高工程价款的，一般应认定为"黑合同"。**

为规避现行法对"黑白合同"的规制，发承包双方通过签订补充协议等方式，约定由承包人在中标价基础上进行一定的返点、让利，是目前建筑行业中普遍存在的一种现象。[①] 为此，《建设工程施工合同解释（一）》第2条第2款规定："招标人和中标人在中标合同之外就明显高于市场价格购买承建房产、无偿建设住房配套设施、让利、向建设单位捐赠财物等另行签订合同，变相降低工程价款，一方当事人以该合同背离中标合同实质性内容为由请求确认无效的，人民法院应予支持。"

所谓高价回购，通常是指中标人以明显偏离市场行情的价格购买自己承建的房产。当然，如中标人对招标人的其他房产以明显偏离市场行情的价格购买，也构成变相的高价回购。援建分为低价建设与无偿建设，是指中标人对中标合同范围之外的配套设施等工程，无偿建设（也称捐建）或以明显低于市场行情的价格建设。所谓让利，既包括降低中标合同约定的计价标准，也包括直接降低工程价款的总额。

在中标合同之外，另行签订合同约定高价回购、援建、让利、捐赠，实质上变相降低了工程价款，而工程价款属于"黑白合同"规则所限定的"合同实质性内容"，该另行订立的合同自然无效。[②] 此外，如果中标人单方承诺高价回购、援建、让利、捐赠，一旦招标人根据中标人的承诺主张权利，即意味着对该承诺的接受，也就意味着双方意思表示达成一致进而形成合意，[③] 故也应受到《建设工程施

---

① 参见刘银春：《关于施工合同中的让利条款是否附条件问题的正确解读——沈阳三色空调净化工程有限公司与沈阳五爱天地实业有限公司建设工程施工合同纠纷案》，载最高人民法院民事审判第一庭编：《民事审判指导与参考》总第41集，法律出版社2010年版。

② 参见肖峰等：《〈关于审理建设工程施工合同纠纷案件适用法律问题的解释（二）〉解读与探索》，载《法律适用》2019年第7期。

③ 参见杨心忠等：《建设工程合同纠纷裁判思路》，法律出版社2014年版，第84页。

工合同解释（一）》第2条第2款的约束。在最高人民法院民一庭发布的一则指导性案例中，甲公司通过公开招投标，中标了奥林花园一期工程，随即依据招投标文件与乙公司订立《建设工程施工合同》，合同约定价款为4500万元。履行过程中，甲公司向乙公司出具《承诺书》称，对工程款让利20%。最高人民法院即认为，虽然承包人出具让利承诺书的行为是单方民事行为，但发包人对此予以接受并认可，便形成了合意，双方意思表示一致，从而符合了合同成立的要件。该承诺书记载的内容因与中标的建设工程施工合同不一致而成为“黑合同”。①

关于此内容，还需说明三个问题：第一，由于招投标的竞价机制，中标价通常属于竞标价中的低价，故中标之后通过让利等方式降低工程价款，通常未侵害其他竞标人平等参与竞争的权利。但这种方式显然违反《招标投标法》第46条的规定，且难免因价低导致质次，进而危及工程质量，故不应认可这种变更的效力。第二，《建设工程施工合同解释（一）》第2条第2款的规定是“变相降低工程价款”，有观点据此认为，“按照反对解释（或称‘反面解释’）和目的解释的原理，‘黑合同’约定的工程价款高于‘白合同’时，发包人主张确认‘黑合同’无效按‘白合同’结算工程价款的，则不予以支持”②。但这显然违背“黑白合同”裁判规则的本意。“理论上，当事人另行签订的协议中工程价款可能与中标合同相比有所增加。在此种情形下，如果发包人请求按照中标合同确定双方权利义务，人民法院同样应当支持。”③ 第三，根据【裁判规则313】，如通过让利、援建等方式导致的变更程度显著轻微，如援建工程体量极小，由于对当事人权利义务关系影响不大，基于维护合同效力的理念，不宜将该变更的内容认定为“黑合同”。因此，对另行约定高价回购、援建、让利、捐赠等变相降低或提高工程价款的，“一般”而非“一律”认定为“黑合同”。

---

① 最高人民法院民一庭：《建设工程施工合同纠纷案件中让利承诺书效力的认定》，载最高人民法院民事审判第一庭编：《民事审判指导与参考》总第38集，法律出版社2009年版。

② 方乐坤：《建设工程领域“黑白合同”规则实证研究——解释论的视角》，载《现代法学》2020年第5期。

③ 最高人民法院民事审判第一庭编著：《最高人民法院新建设工程施工合同司法解释（一）理解与适用》，人民法院出版社2021年版，第34页。

典型案例 304

## 山东鸿顺集团有限公司与济宁森泰房地产开发有限公司建设工程施工合同纠纷案[①]

### 基本案情

2009 年 12 月 14 日，济宁市招标投标中心确定山东鸿顺集团有限公司（以下简称鸿顺公司）为济宁森泰房地产开发有限公司（以下简称森泰公司）润景园小区御城组团（商业公寓楼）工程的中标人。2009 年 12 月 30 日，鸿顺公司与森泰公司签订《建设工程施工合同》约定，鸿顺公司承建森泰公司发包的润景园小区御城组团酒店式公寓楼；合同价款暂定 18,982,700 元，具体以实际审定时双方认可的结算价为准。2009 年 12 月 14 日，双方签订《补充协议》约定，针对润景园小区御城组团酒店式公寓楼工程款，承包方以工程结算价税前总额 8%让利发包方，税金由发包方代扣代缴；本协议与《建设工程施工合同》文本不符时，以协议条款为准。2011 年 1 月 15 日，双方又签订《济宁润景园小区、酒店式公寓工程施工合同变更补充协议》约定，就案涉工程新增加楼层，工程税务前造价让利 4%。2011 年 12 月 26 日，案涉工程验收合格。后鸿顺公司起诉要求森泰公司支付工程款，森泰公司辩称，两份补充协议均依附《建设工程施工合同》而签订，是双方真实意思表示，应当按照补充协议约定的让利进行结算。经鉴定，让利后工程造价为 22,780,619.30 元，其中让利金额为 1,427,921.23 元。

### 法院观点

二审法院（山东省高级人民法院）认为，双方于 2009 年 12 月 30 日签订的《建设工程施工合同》为中标合同，双方签订的两份补充协议分别约定让利 8%与让利 4%。工程价款属于影响当事人基本权利义务的实质性内容，双方在补充协议中对工程价款做了 12%的让利，应当认定为是对中标合同的实质性内容做了重大

① 典型案例 304：山东鸿顺集团有限公司与济宁森泰房地产开发有限公司建设工程施工合同纠纷案，山东省高级人民法院（2015）鲁民一终字第 172 号民事判决书、最高人民法院（2015）民申字第 3575 号民事裁定书。

改变，而非一般的合同内容变更或其他条款的修改。根据《2004 年建工解释》第 21 条的规定，本案应当以 2009 年 12 月 30 日的中标合同作为结算工程价款的依据。最高人民法院在再审审查中也认为，原审判决依据《2004 年建工解释》第 21 条的规定，以备案的中标合同作为结算工程价款的依据，未计算让利条款约定的部分，并无不当。

## 裁判规则 305

**发承包双方另行签订合同变更中标合同约定的工程款支付时间、支付方式、支付条件等，对工程款期限利益影响较大的，应当认定构成“黑合同”。**

例如，中标合同约定，开工前支付 10%的预付款，进度款根据工程完成形象进度的 75%支付，竣工结算工程款支付至 97%，余款 3%作为质量保证金。其后，双方另行签订合同约定，中标人垫资修建到主体结构十五层时开始支付进度款，计价方式不变。这类变更中标合同付款期限的约定，是否构成“黑合同”？

有观点认为，作为中标合同实质性内容的工程价款，主要是指建设工程价款的数额或者用以确定建设工程价款数额的计价标准和计价方法，不包括建设工程价款的支付时间、支付方式、支付条件等。[①] 最高人民法院在“华丰建设股份有限公司与上海百协中闻置地发展有限公司建设工程施工合同纠纷案”[②] 中即认为，“有关工程预付款及工程进度款之约定，不属对合同的实质性变更”。也有观点认为，作为中标合同实质性内容的工程价款，不仅包括计价标准或计价方法，还包括支付时间、支付条件等。在后述“江苏南通二建集团有限公司与天津国储置业有限公司建设工程施工合同纠纷案”[③] 中，中标合同约定，工程款支付方式为预付款加进度付款，其后签订的《总包补充协议》则改为承包人全垫资施工。最高人民法院则认为，《总包补充协议》与中标合同相比，工程款支付方式由预付款加进度付款改

① 参见谢勇：《建设工程施工合同案件裁判规则解析》，中国法制出版社 2020 年版，第 135 页。

② 参考案例 319：华丰建设股份有限公司与上海百协中闻置地发展有限公司建设工程施工合同纠纷案，最高人民法院（2014）民申字第 504 号民事裁定书。

③ 典型案例 325：江苏南通二建集团有限公司与天津国储置业有限公司建设工程施工合同纠纷案，最高人民法院（2019）最高法民终 1093 号民事判决书。

为承包人全垫资施工。因款项支付方式系工程价款的重要内容，故应认定《总包补充协议》构成对中标合同的实质性变更。此外，在“新疆晨光建筑安装工程有限公司与新疆生产建设兵团第七师一二九团等建设工程施工合同纠纷案”①、“广东十六冶建设有限公司与中十冶集团有限公司等建设工程施工合同纠纷案”② 中，最高人民法院也持相同观点。

建筑行业虽属于轻资产行业，但却是资金密集型行业，资金需求量大、周转速度慢。工程价款的支付时间、支付方式、支付条件等，与资金的期限利益息息相关。在下述【典型案例 305】中，中标合同原本约定“预付款+进度款”，后又变更为中标人垫资修建到主体结构十五层。站在中标人的角度，由原来的基本不负担资金成本，变为应筹集施工至主体结构十五层前的所有费用，并承担由此产生的银行利息等资金成本；站在招标人的角度，根据变更后的约定，施工单位先行垫资，而在主体结构完工后支付的工程款一般是从预售、销售房款中支取，③ 其由原来的筹集建设资金、承担资金成本的局面中解脱出来，既无资金压力，也不负担资金成本。由于建设工程所需资金体量大，由此衍生的资金期限利益也相对较大。故对工程价款支付时点的变更，通常会对双方当事人权利义务产生较大影响，应视为对合同实质性内容的变更。此外，发包人通过转移债务、以将来收益抵顶、以房屋或者项目抵顶、债权转股权等方式支付工程价款，如对承包人的权利有重大影响，都可能构成实质性变更。④

---

① 参考案例 320：新疆晨光建筑安装工程有限公司与新疆生产建设兵团第七师一二九团等建设工程施工合同纠纷案，最高人民法院（2018）最高法民申 859 号民事裁定书。

② 参考案例 321：广东十六冶建设有限公司与中十冶集团有限公司等建设工程施工合同纠纷案，最高人民法院（2021）最高法民申 4127 号民事裁定书。

③ 参见最高人民法院民事审判第一庭编著：《最高人民法院建设工程施工合同司法解释的理解与适用》，人民法院出版社 2004 年版，第 67 页。

④ 参见最高人民法院民事审判第一庭编著：《最高人民法院新建设工程施工合同司法解释（一）理解与适用》，人民法院出版社 2021 年版，第 34 页。

**典型案例305**

# 江苏省苏中建设集团股份有限公司与中国房地产开发集团哈尔滨有限公司建设工程施工合同纠纷案①

## 基本案情

2013年10月31日，江苏省苏中建设集团股份有限公司（以下简称苏中集团）中标案涉第三标段工程。2013年11月1日，苏中集团中标案涉第四标段工程。2013年11月1日，中国房地产开发集团哈尔滨有限公司（以下简称中房集团）（甲方）与苏中集团（乙方）签订三标段《施工合同》约定，合同价款暂定148,874,850元，甲方于开工前5日内支付合同价款的25%作为预付款；每月25日乙方申报当月的形象进度，甲方于次月5日前完成形象进度审核及工程进度款拨付工作，拨付额度为形象进度的75%；达到竣工验收条件时，拨付至累计完成产值的85%，竣工结算完成后15日内支付工程造价5%的质量保证金以外的所有款项。同日，双方签订四标段《施工合同》约定，工程价款为1,764,600.28元，付款方式与三标段《施工合同》一致。2013年11月26日，双方针对三标段与四标段另行签订《施工协议》约定，主体结构十五层以下暂不付款，工程进度达到十五层，其进度结算经中房集团审核后扣除±0.00以下部分的工程款、按进度结算比例扣除中房集团代缴、垫付的费用及质量保证金外一次性支付苏中集团；工程进度款在主体平口后，按月进度结算额扣除部分费用支付75%；工程竣工付款达到工程造价的85%，结算经中房集团审定后扣除相关费用一次性支付给苏中集团。后在案涉工程存在少部分甩项工程未完工的情况下，苏中集团以三标段和四标段《施工合同》为据，起诉要求中房集团支付工程款。中房集团辩称，应当按照2013年11月26日签订的《施工协议》结算。

① 典型案例305：江苏省苏中建设集团股份有限公司与中国房地产开发集团哈尔滨有限公司建设工程施工合同纠纷案，最高人民法院（2017）最高法民终437号民事判决书。

## 法院观点

最高人民法院认为，相较于经招投标签订的三标段和四标段《施工合同》而言，2013年11月26日签订的《施工协议》系针对案涉同一工程项目另行签订的协议。《施工协议》将付款方式改为“主体结构十五层以下暂不付款”，亦即主体结构十五层以下由承包人垫资施工，改变了《施工合同》关于发包人支付预付款和进度款的约定，明显加重了承包人的义务，对苏中集团的利益影响较大。因此，应当认定《施工协议》属于与中标合同实质性内容矛盾的“黑合同”，违反《招标投标法》第46条第1款的强制性规定，应认定为无效。

**裁判规则306**

**发承包双方另行签订合同变更中标合同约定的工程款计价方式的，应通过比较两种计算结果的差异程度，判断是否构成“黑合同”。**

如前所述，工程价款属于中标合同的实质性内容。在签订中标合同后，发承包双方另行签订合同，变更中标合同约定的工程款计价方式的，是否必然构成“黑合同”？

工程款计价方式的变化必然导致工程款金额的变化，而且通常差异较大，这种情形显然构成“黑合同”。在“献县鸿基房地产开发有限公司与河北易兴建筑安装工程有限公司、肖顺洪建设工程施工合同纠纷案”① 中，《施工合同》（中标合同）约定，工程价款为固定总价34,602,007.08元，其后双方又签订《补充协议》与《施工协议》约定，工程价款为单价包干1290元/平方米。最高人民法院径直认定，《施工合同》签订后，双方又签订了《补充协议》和《施工协议》，就工程价款的计算方式和支付方式对《施工合同》的实质性内容进行了变更，违反了《招标投标法》第46条的规定，应当认定为无效。但实践中，也不排除计价方式变化引发的工程款金额差异较小的情形。对这类情形，应坚持实质判断而非形式判断。

---

① 参考案例322：献县鸿基房地产开发有限公司与河北易兴建筑安装工程有限公司、肖顺洪建设工程施工合同纠纷案，最高人民法院（2016）最高法民再352号民事判决书。

详言之，可比较两种计价方式导致的结果的差异，如差异较大，应认定构成“黑合同”；如差异较小，则不宜否定变更计价方式的约定的效力。在“四川尚高建设有限公司与北川羌族自治县城乡规划建设和住房保障局建设工程施工合同纠纷案”①中，最高人民法院即认为，“对实质性变更的判断，一方面需要把握变更的内容，另一方面也需要把握变更的量化程度。《建设工程施工合同》约定合同价款采用固定综合单价方式确定，确实属于变更《比选文件》确定的固定总价方式的情形，但本案事实表明，按照两种方式得出的案涉工程款差额仅为11万余元，没有达到法律所禁止的‘实质性变更’的严重程度，也不会导致合同当事人之间权利义务关系的显失平衡，故不应认定《建设工程施工合同》构成对《比选文件》的实质性变更”。至于差异较大与差异较小的界限，可参见【裁判规则313】。

**典型案例306**

## 星华公司与荣盛公司建设工程施工合同纠纷案②

### 基本案情

2009年6月1日，星华公司通过招标代理机构向荣盛公司发出《中标通知书》，该通知书载明，荣盛公司中标星华苑小区1号楼工程，总承包价款为5600万元。2009年6月6日，星华公司与荣盛公司签订《施工合同》约定，荣盛公司承建星华苑小区1号楼工程，合同价为固定价5600万元，地下室按每平方米800元结算。2009年6月18日，双方签订《补充协议》约定，承包价格按建筑面积1500元/平方米计算，地下夹层单独计算，价格为800元/平方米。2009年6月21日，荣盛公司进场施工。2010年8月30日，案涉工程竣工验收合格。后荣盛公司提起诉讼，要求星华公司根据《施工合同》的约定给付工程欠款及相应利息。经查，按照《补充协议》约定的固定单价计算，工程总价款为5518万元。

① 参考案例323：四川尚高建设有限公司与北川羌族自治县城乡规划建设和住房保障局建设工程施工合同纠纷案，最高人民法院（2014）民申字第842号民事裁定书。

② 典型案例306：《星华公司与荣盛公司建设工程施工合同纠纷案》，载最高人民法院民事审判第一庭编：《民事审判指导与参考》总第58辑，人民法院出版社2014年版。

## 法院观点

一审法院认为，当事人在中标合同之外又签订了《补充协议》，且《补充协议》将工程价款的计价方法由固定总价变更为固定单价，明显是对结算工程款的标准进行了重大变更。根据《2004 年建工解释》第 21 条的规定，应以《施工合同》约定的 5600 万元作为结算依据。星华公司不服一审判决，提起上诉。最高人民法院认为，《补充协议》虽然对《施工合同》在计价方式及是否根据工程项目的增减调整工程价款上做了变更，但两者之间价款差额仅为约 1.46%。基于建设工程施工过程的复杂性，这一差异应属合理范围，不构成对荣盛公司利益的重大影响，故不构成实质性变更。因此，应当按照《补充协议》的约定结算工程款。

## 裁判规则 307

**发承包双方经招投标程序签订中标合同之后，承包人与发包人签订协议或承诺放弃建设工程价款优先受偿权的，构成“黑合同”，但承包人不得以弃权行为无效对抗善意第三人。**

发承包双方经招投标程序签订中标合同之后，承包人与发包人签订协议或承诺放弃建设工程价款优先受偿权的，是否构成“黑合同”？一方面，建设工程价款优先受偿权属于法定权利，承包人中标之后，基于工程款债权自动享有该优先受偿权。又因为优先受偿权为承包人的工程款债权提供了有力的保障，故承包人在中标之后放弃优先受偿权的，构成对中标合同的实质性变更，应当认定弃权行为构成“黑合同”。在中标合同有效的情况下，承包人放弃建设工程价款优先受偿权的协议或承诺不具有约束力。另一方面，实践中，承包人放弃优先受偿权的行为通常针对银行等发包人的债权人作出。在银行等发包人的债权人构成善意第三人的情况下，基于对善意第三人合理信赖的保护，承包人不得以弃权行为无效为由对抗善意第三人。下述【典型案例 307】即为适例。

**典型案例307**

# 利辛县信宜达融资担保有限公司与安徽水安建设集团股份有限公司、利辛县龙腾置业有限公司第三人撤销之诉案①

## 基本案情

2011年10月27日，利辛县龙腾置业有限公司（以下简称龙腾置业公司）就安徽·金龙国际商贸港C、D区一期工程进行招标，安徽水安建设集团股份有限公司（以下简称水安建设公司）中标。2012年12月7日，龙腾置业公司就安徽·金龙国际商贸港C区二期工程施工项目进行招标，水安建设公司中标。工程完工后，水安建设公司诉至法院。2020年12月22日，安徽省高级人民法院作出终审判决：(1) 龙腾置业公司支付水安建设公司工程款48,733,386元及利息；(2) 水安建设公司在龙腾置业公司欠付工程款范围内就案涉工程（安徽·金龙国际商贸港C、D区）的拍卖或变卖价款享有优先受偿权。利辛县信宜达融资担保有限公司（以下简称信宜达担保公司）提起第三人撤销之诉，要求撤销“水安建设公司在龙腾置业公司欠付工程款范围内就案涉工程（安徽·金龙国际商贸港C、D区）的拍卖或变卖价款享有优先受偿权”这一判项；确认信宜达担保公司对安徽·金龙国际商贸港D区10号楼3—5层共计108套房产的拍卖或变卖价款享有优先受偿权。经查，2016年1月28日，信宜达担保公司、国盛管理公司、龙腾置业公司签订《在建工程抵押担保合同》约定，国盛管理公司向安徽利辛农村商业银行股份有限公司申请一年期流动资金贷款2900万元，由信宜达担保公司为其贷款提供担保，龙腾置业公司自愿将其正在开发建设的金龙国际商贸港D区10号楼中的108套房产抵押给信宜达担保公司。同日，水安建设公司向信宜达担保公司出具《在建工程抵押建筑商声明书》称，在信宜达担保公司为国盛管理公司提供担保的全部债权清偿前，放弃因工程资金结算产生的对所承建建筑物变现价值的优先受偿权，并无条件配合信宜达担保公司依法行使抵押权。2017年6月7日，信宜达担保

① 典型案例307：利辛县信宜达融资担保有限公司与安徽水安建设集团股份有限公司、利辛县龙腾置业有限公司第三人撤销之诉案，最高人民法院（2022）最高法民终233号民事判决书。

公司因与国盛管理公司、龙腾置业公司、薛旭、李洪章、姚灵君发生追偿权纠纷，诉至法院。经调解达成如下协议：（1）国盛管理公司偿还信宜达担保公司代偿款32,556,191.26元及其利息；（2）龙腾置业公司对上述欠款承担连带清偿责任。该调解书进入执行程序后，信宜达担保公司依据其抵押权提出前述主张。水安建设公司辩称，其放弃建设工程价款优先受偿权的条件不成就，且该弃权行为损害建筑工人利益，应属无效。

## 法院观点

最高人民法院认为，水安建设公司向信宜达担保公司承诺放弃建设工程价款优先受偿权，目的在于使信宜达担保公司为案涉项目建设贷款提供担保，以保障项目建设获得必要的资金支持，而这对水安建设公司自身以及建筑工人均是有利的。从后果上看，水安建设公司的放弃行为也不会损害建筑工人利益。综合考虑《在建工程抵押建筑商声明书》出具的背景及目的，根据目的解释、诚信解释原则，可以认定水安建设公司就案涉10号楼已经为信宜达担保公司设定抵押的108套房产放弃了优先受偿权，以保障信宜达担保公司抵押权的实现，应认定该放弃行为有效，水安建设公司对案涉108套房产的工程款债权不应比信宜达担保公司的抵押权优先受到清偿。

## 裁判规则308

**发承包双方另行签订合同变更中标合同约定的违约责任，对双方权利义务有较大影响的，构成“黑合同”。**

对中标合同约定的违约责任，发承包双方另行签订合同予以变更的，是否构成“黑合同”？

有观点认为，“违约责任的认定与工程价款的结算可以看作两个不同范畴解决的问题，可将之作为非属于实质性内容的变更，应不影响合同的效力”①。在“上

① 夏正芳：《建设工程案件审判实务中的有关问题》，载最高人民法院民事审判第一庭编：《民事审判指导与参考》总第35集，法律出版社2009年版。参见李玉生主编：《建设工程施工合同案件审理指南》，人民法院出版社2019年版，第103页。

海天安金谷科技园企业发展有限公司与中国建筑第二工程局有限公司建设工程施工合同纠纷案”① 中，招标文件中的专用合同条款约定，对发包人原因导致的停建、缓建、返工，发包人应赔偿承包人由此造成的停工、窝工等相关损失。之后签订的施工合同专用合同条款改为“承包人不得以任何理由停工、怠工、取闹，否则视为违约，并向发包人支付本合同总价的5%作为违约金”。中标人以施工合同背离招标文件的实质性内容为由，主张该条款无效。最高人民法院在再审审查中认为，上述违约条款不属于可能限制或排除其他竞标人参与竞争的实质性条款，是双方就招标文件中有关违约责任约定的细化与完善，不违反法律、行政法规的强制性规定。但在“新乡市宇华房地产开发有限公司与安阳建工（集团）有限责任公司建设工程施工合同纠纷案”② 中，最高人民法院又认为，违约条款属实质性条款，对违约责任的变更，构成对中标合同实质性内容的变更。

对于发承包双方另行签订合同变更中标合同约定的违约责任的情况，其法律后果不应一概而论，而应当结合案情具体分析，甄别变更约定对发承包双方权利义务的影响程度。如果影响较大，应认定为“黑合同”，反之则否。例言之，在一方当事人已经构成违约，根据中标合同本应承担较重的违约责任的情况下，双方再另行签订合同减轻违约责任的，显然构成“黑合同”，应当适用“黑白合同”的裁判规则。

**典型案例308**

## 重庆建工第七建筑工程有限责任公司青海分公司与都兰县水利局建设工程施工合同纠纷案③

### 基本案情

2012年8月，都兰县水利局委托国信招标公司就都兰县察汗乌苏河河道治理

① 参考案例324：上海天安金谷科技园企业发展有限公司与中国建筑第二工程局有限公司建设工程施工合同纠纷案，最高人民法院（2021）最高法民申5098号民事裁定书。

② 参考案例325：新乡市宇华房地产开发有限公司与安阳建工（集团）有限责任公司建设工程施工合同纠纷案，最高人民法院（2018）最高法民申1235号民事裁定书。

③ 典型案例308：重庆建工第七建筑工程有限责任公司青海分公司与都兰县水利局建设工程施工合同纠纷案，最高人民法院（2019）最高法民终1905号民事判决书。

工程BT建设项目公开招标。《招标文件》载明，招标人不能按期支付回购款并且超过15日宽限期，乙方（承包人）有权就未付款额按与招标人确定的10%收取延误期间的资金占用成本。11月6日，重庆建工第七建筑工程有限责任公司青海分公司（以下简称重庆七建）中标。11月10日，都兰县水利局与重庆七建签订《建设工程施工合同》约定，如果甲方（发包人）应支付的合同款延误支付，每拖延一天，按未付款额的10%收取延误期间的资金占用成本。2013年8月23日，案涉工程竣工验收合格，因都兰县水利局未足额支付工程款，重庆七建诉至法院，要求都兰县水利局支付拖欠的工程款，并按照《建设工程施工合同》的约定支付延期付款违约金（经计算为1,734,610,346元，重庆七建诉请支付6700万元）。都兰县水利局辩称，《建设工程施工合同》与招投标文件内容实质上不一致，应属无效合同，应当按照招投标文件确定延期付款违约金（经计算为1,104,845.46元）。

### 法院观点

最高人民法院认为，《建设工程施工合同》是否有效，应当视该合同的内容是否与双方招投标文件载明的内容一致，是否进行了实质变更而定。而实质变更应当根据案涉工程的建设工期、工程价款、违约责任等实质性内容加以认定。关于延期付款违约金，《建设工程施工合同》并不是对《投标文件》的具体和细化，而是在实质上对内容进行了变更和修改，违反了《招标投标法》第46条关于招标人和中标人不得再行订立背离合同实质性内容的其他协议的规定，应属无效。因此，应当按照《招标文件》的约定，计算都兰县水利局应当支付的违约金。

### 裁判规则309

**发承包双方另行签订合同，对中标合同未约定事项进行补充约定，或对中标合同已约定事项进行细化约定的，不构成“黑合同”。**

工程建设周期长，涉及事项繁杂，中标合同不可能面面俱到，难免会有所疏漏，也就时常面临对中标合同未约定事项进行补充约定或者对中标合同已约定事项进行细化约定的问题。

施工过程中出现中标合同未作约定的事项，应当允许当事人进行补充约定。例如当地政府实施管道改造导致工地停水无法施工，对停工期间的损失及工期顺延问题，应当允许当事人进行协商。由于中标合同就此未作约定，补充约定也就不存在与中标合同不一致的问题，因而不构成“黑合同”。在“江苏邗建集团有限公司与青海璞润投资有限公司建设工程施工合同纠纷案”① 中，发承包双方经邀请招标程序签订《建设工程施工合同》约定，案涉工程实行91,452,265元总价包干。履行过程中，因招标人未按约支付工程进度款及退还履约保证金，双方签订《补充协议》约定，在钢材和商砼建材商确认供货后次日退还中标人履约保证金150万元，再于2014年9月25日退还中标人履约保证金150万元；如招标人未在约定的期限内支付工程进度款、工程竣工结算款和退还保证金，应支付违约金；违约金以实际欠款金额为基数，每逾期一日，按逾期金额的1‰计算。法院在认定《建设工程施工合同》系经招投标程序签订的有效合同的基础上进一步认为，《补充协议》是在施工过程中因招标人未如期支付工程进度款及退还履约保证金，引起农民工索要工资报酬进而双方补充签订的合同，是双方当事人的真实意思表示，不违反法律法规的禁止性规定，合法有效。

中标合同已约定事项不够明确具体，双方另行签订合同予以细化、补充，只要不与中标合同构成实质性冲突，也应认定属于合理变更。在“吉林省惠德建工集团有限公司与长岭县太平川镇城镇居民安全用水服务中心建设工程施工合同纠纷案”② 中，中标合同约定，“设计变更、技术签证按照实际发生计量，采用吉林省现行计价定额组价后，并入工程结算书，材料价格按市场实际价格调整”。其后，双方签订《补充协议》约定，“1. 本工程结算方式为施工图预算加签证，工程施工期间材料价格波动超过投标报价的±5%，超过部分按实际市场价格调整。2. 投标文件中已标价工程量清单未包含的工程量，按实际发生计量后，按吉林省现行计价定额组价后并入工程竣工结算书”。法院即认为，《补充协议》是在中标合同之后形成的工程款支付协议，未对《建设工程施工合同》进行实质性变更，不违反法律、行政法规的强制性规定，《补充协议》有效。

① 参考案例326：江苏邗建集团有限公司与青海璞润投资有限公司建设工程施工合同纠纷案，最高人民法院（2017）最高法民终578号民事判决书。

② 参考案例327：吉林省惠德建工集团有限公司与长岭县太平川镇城镇居民安全用水服务中心建设工程施工合同纠纷案，吉林省高级人民法院（2021）吉民终423号民事判决书。

典型案例 309

## 南通新华建筑集团有限公司与遵化市天之润房地产开发有限公司建设工程施工合同纠纷案①

### 基本案情

2008年1月，经招投标，南通新华建筑集团有限公司（以下简称新华公司）与遵华市天之润房地产开发有限公司（以下简称天之润公司）就遵化市天之润北台城中村改造三期工程签订《建设工程施工合同》约定，合同价款采用可调价方式计算，调整方法为根据图纸、设计变更、洽商按2003年河北省工程预算定额和相关配套文件及唐山市政策性文件执行，材料按唐山市信息价及甲方确认的市场价计取；合同签订后一周内，发包人向承包人预付合同价款5%的预付款，发包人按每月施工进度拨付已完工程量80%的工程款，竣工验收合格后付至结算总价的95%，余5%两年保修期满后一次付清。2008年1月28日，双方签订《补充协议》约定，工程结算执行2003年《河北省建筑工程预算综合基价》《全国统一建筑装饰装修工程消耗量定额河北省综合基价》《全国统一安装工程预算定额河北省综合基价》及相应的取费标准。其中，材料价格执行施工当期唐山造价信息中的遵化价格，人工费按唐山市建设局〔2007〕148号通知进行调整，相关取费执行县市级标准。设计变更及洽商程序为：(1) 对于设计变更、工程洽商，经甲方（天之润公司）确认后的工程量和工程造价，在结算时不予变动直接作为最终结算依据。(2) 对于涉及工程预算、结算及价款的所有工程洽商等文件，都由甲方所指定的人员签字；其他技术洽商，由甲方专业工程师及项目经理签字后，甲方予以认可。案涉工程交付使用后，因双方对结算价款不能协商一致，新华公司提起诉讼，请求天之润公司支付拖欠的工程款及利息。

### 法院观点

针对《补充协议》的效力，一审法院（河北省高级人民法院）认为，新华公

① 典型案例309：南通新华建筑集团有限公司与遵化市天之润房地产开发有限公司建设工程施工合同纠纷案，最高人民法院（2019）最高法民终3号民事判决书。

司与天之润公司签订《建设工程施工合同》后，又签订《补充协议》，在中标合同约定的基础上，对工程结算方式、付款方式、洽商变更等进行了具体的细化和补充；两份合同从合同内容上看并不存在实质性变更，均是双方真实意思表示，且不违反法律法规的强制性规定，均为合法有效。二审中，最高人民法院也认为，天之润公司和新华公司于2008年1月28日签订《补充协议》，对工程结算方式、付款方式、洽商变更等进行了细化和补充。《补充协议》对中标合同未进行实质性变更，系双方真实意思表示，双方应按合同约定全面履行各自义务，行使各自权利。

### 裁判规则310

**发承包双方另行签订合同变更中标合同约定的纠纷解决方式的，因纠纷解决方式不属于中标合同的实质性内容，故不构成“黑合同”。**

建设工程施工合同纠纷的解决方式有二：一是诉讼，二是仲裁。如中标合同约定的纠纷解决方式是诉讼，而后双方将纠纷解决方式变更为仲裁，是否构成“黑合同”？

在“中国对外建设有限公司与鞍山华创德隆房产开发有限公司建设工程施工合同纠纷案”[①] 中，最高人民法院提出，工程范围、价款、质量、管辖争议条款等均是合同的实质性内容，故中标合同与非中标合同约定的管辖条款不一致时，应当按照中标合同确定案件的管辖。但在“聊城市龙豪建筑安装工程有限公司与聊城恒萃房地产开发有限公司建设工程施工合同纠纷案”[②] 中，最高人民法院又认可了《建设工程施工承包协议书》约定的与中标合同不一致的仲裁管辖的效力。

诉讼与仲裁作为不同的纠纷解决方式，不仅在程序方面存在差异，在实体法的适用方面也有所不同。在程序方面，诉讼实行两审终审，且有审判监督程序作为特殊救济程序，而仲裁实行一裁终局；对建设工程施工合同纠纷，诉讼实行专属管辖

---

① 参考案例328：中国对外建设有限公司与鞍山华创德隆房产开发有限公司建设工程施工合同纠纷案，最高人民法院（2014）民一终字第00067号民事裁定书。

② 参考案例329：聊城市龙豪建筑安装工程有限公司与聊城恒萃房地产开发有限公司建设工程施工合同纠纷案，山东省高级人民法院（2014）鲁民辖终字第421号民事裁定书、最高人民法院（2015）民申字第547号民事裁定书、最高人民法院（2015）民提字第147号民事裁定书。

规则，仲裁则基于当事人自愿订立的仲裁协议确定；诉讼的法官由受诉法院安排，而仲裁当事人有权选择仲裁员；诉讼以公开为原则，而仲裁不公开开庭、不公开文书。尤其是在实体法方面，对最高人民法院颁布的现行有效的司法解释，如《建设工程施工合同解释（一）》，各级人民法院必须遵照执行；而仲裁对最高人民法院颁布的司法解释仅是参照适用。

虽然诉讼与仲裁存在程序法与实体法方面的差异，但站在理论的角度，只要是公正的仲裁庭，其对纠纷作出的裁决理应是公正合理的，裁决对双方实体权利义务的安排与诉讼结果是大致相当的。因此，“对于纠纷解决方式来说，是当事人针对可能产生的利益矛盾而预先选择的解决方式，尽管在中标合同中已经约定了特定的纠纷解决方式，但是当事人在补充合同中变更纠纷解决方式的，不应视为变更中标合同实质性内容，而应视为当事人所享有的变更合同的权利，人民法院应承认这种变更纠纷解决方式约定的效力”①。

**典型案例 310**

## 山西华秦信息技术有限公司与上海宝冶集团有限公司建设工程合同纠纷案②

### 基本案情

案涉工程——太钢不锈钢工业园10MWp屋顶光伏发电EPC总承包工程——属于国家金太阳示范工程，依法必须招标。山西华秦信息技术有限公司（以下简称华秦公司）发布的招标文件载明，争议由太原仲裁委员会仲裁解决。后经公开招投标，选定上海宝冶集团有限公司（以下简称宝冶集团）为案涉工程的总承包单位。双方根据招投标文件内容签订了《EPC总承包合同》，但《EPC总承包合同》约定的争议解决方式为向项目所在地人民法院起诉。后双方就合同履行发生争议，宝冶集团诉至法院。华秦公司辩称，《EPC总承包合同》对工程争议解决方式

① 《当事人另行签订的建设工程施工合同补充合同中关于纠纷解决方式的变更约定是否有效》，载最高人民法院民事审判第一庭编：《民事审判指导与参考》总第51辑，人民法院出版社2013年版。

② 典型案例310：山西华秦信息技术有限公司与上海宝冶集团有限公司建设工程合同纠纷案，山西省高级人民法院（2016）晋民辖终87号民事裁定书。

的变更属于实质性变更，应属无效。

## 法院观点

山西省高级人民法院认为，虽然《招标投标法实施条例》第57条规定，合同的标的、价款、质量、履行期限等主要条款应当与招标文件和中标人的投标文件的内容一致，招标人和中标人不得再行订立背离合同实质性内容的其他协议。但该争议解决方式的变更，属双方协商一致基础上达成的新的管辖协议，并不违反法律法规的相关规定，亦不属于再行订立背离合同实质性内容的其他协议。因此，应当依据《EPC总承包合同》中管辖条款确定本案的管辖权。

### 裁判规则311

**发承包双方另行签订合同变更中标合同约定的行政审计条款的，因仅涉及定价主体的变化，而不涉及实体权利义务关系，故不构成“黑合同”。**

如果中标合同未约定以行政审计结论作为结算工程价款的依据，其后双方补充约定以行政审计结论为准，是否构成“黑合同”？

在“海南亿兴城建投资有限公司与中城建第六工程局集团有限公司建设工程施工合同纠纷案”① 中，《退场协议》约定，工程尾款按政府确认的经审计的决算金额为准，但其后双方自行结算并达成《工程结算审查书》。海南仲裁委员会以《工程结算审查书》作为结算依据。海南亿兴城建投资有限公司申请撤销仲裁裁决，海口市中级人民法院认为，案涉工程为市政道路工程，最终结算工程款由政府财政拨付，在双方约定工程款以政府确认的经审计的决算金额为准的情形下，采信双方自行达成的《结算审定签署表》，损害了社会公共利益，并据此裁定撤销仲裁

---

① 参考案例330：海南亿兴城建投资有限公司与中城建第六工程局集团有限公司建设工程施工合同纠纷案，海南省海口市中级人民法院（2015）海中法仲字第10号民事裁定书。

裁决。但河北省高级人民法院①、重庆市高级人民法院②则认为，对约定的行政审计条款可以变更为自行结算。在前述“重庆建工集团股份有限公司与中铁十九局集团有限公司建设工程合同纠纷案”③ 中，最高人民法院也认为，“即使西恒公司的审核报告与双方当事人签订分包合同时约定的业主审计存在差异，但根据《合同法》第77条第1款④的规定，双方当事人签订结算协议并实际履行的行为，亦可视为对分包合同约定的原结算方式的变更，该变更对双方当事人具有法律拘束力”。

这一问题与纠纷由诉讼解决还是仲裁解决类似。无论是中标合同约定工程价款应当进行审计，而发承包双方在合同履行过程中变更为无须行政审计，还是相反——由无须审计变更为需要审计，均仅涉及计价主体的变化——由发承包双方自行结算或者审计机关代为结算，并未变更工程款的计价方式与计价标准。从理论上看，也就没有变更工程价款这一合同的实质性内容，所以不构成“黑合同”，该变更应属有效。下述【典型案例311】中，因中标合同约定的行政审计短期内无法完成，发承包双方达成通过鉴定确定工程价款的合意，法院即予以了认可。

**典型案例311**

## 江苏中南建筑产业集团有限责任公司与江苏镇江安装集团有限公司建设工程施工合同纠纷案⑤

### 基本案情

江苏中南建筑产业集团有限责任公司（以下简称中南建筑公司）系盐城市某

① 《河北省高级人民法院建设工程施工合同案件审理指南》（冀高法〔2018〕44号）第22条规定：“在双方当事人已经通过结算协议确认了工程结算价款并已基本履行完毕的情况下，国家审计机关作出的审计结论或财政评审意见，不影响双方结算协议的效力。”

② 《重庆市高级人民法院民一庭关于建设工程施工合同纠纷案件若干问题的解答》（2019年10月）第12条规定：“建设工程施工合同约定工程造价以审计意见为准，在审计意见未作出的情形下，双方当事人又共同委托中介机构出具了鉴定意见的，如有充分证据证明双方当事人同意以共同委托的中介机构出具的鉴定意见来确定工程造价，或一方委托中介机构出具鉴定意见另一方予以追认的，可以视为双方当事人变更了关于工程造价确定方式的约定，但当事人有充分证据证明上述结算行为无效的除外。”

③ 典型案例169：《重庆建工集团股份有限公司与中铁十九局集团有限公司建设工程合同纠纷案》，载《最高人民法院公报》2014年第4期。

④ 该款（现《民法典》第543条）规定：“当事人协商一致，可以变更合同。”

⑤ 典型案例311：江苏中南建筑产业集团有限责任公司与江苏镇江安装集团有限公司建设工程施工合同纠纷案，江苏省高级人民法院（2016）苏民终1205号民事判决。

医院建设工程的总承包人。2012年9月9日，经招投标，中南建筑公司向江苏镇江安装集团有限公司（以下简称镇江安装公司）发出中标通知书，确定镇江安装公司为盐城市某医院20KV变电所配电安装（分包）工程的中标人。后镇江安装公司开始施工。2013年1月5日，中南建筑公司（甲方）与镇江安装公司（乙方）就案涉工程补签《建设工程施工专业分包合同》约定，合同总价款暂定为29,048,337.68元，“结算价=按照城南指挥部最终的审定结算总价”，“工程施工结束并经通电验收合格后，发包人付至合同工程款的70%，余款待本工程的政府审计结束扣留质保金后六个月内一次性结清”。2014年8月26日，镇江安装公司施工的分包工程通过了竣工验收。后镇江安装公司起诉要求中南建筑公司支付工程款。

### 法院观点

因合同约定案涉工程总价款须经政府审计确定，经盐城市中级人民法院（一审法院）向盐城建信造价工程师事务所了解，案涉工程因属于盐城市城南新区整体工程的一部分，审计仍需近一年的时间。因双方对案涉工程总价款争议较大，经法院释明，双方同意对案涉工程总价款进行司法鉴定。后经镇江安装公司申请，法院委托盐城市建业工程咨询有限公司对案涉工程造价进行鉴定，结论为案涉工程总造价为29,995,171.44元。法院认为，《建设工程施工专业分包合同》是双方的真实意思表示，合法有效。双方对案涉工程总造价存有争议，因合同中约定案涉工程价款经审计确定，但经调查相关审计部门，审计结论出具时间仍无法确定。在此情况下，经法院释明，双方同意启动司法鉴定程序对案涉工程造价进行鉴定。故盐城市建业工程咨询有限公司的鉴定结论应作为确定案涉工程总价款的依据。

### 裁判规则312

**中标合同签订后，非基于法律规定或中标合同约定事由，不得解除中标合同。无正当理由协商解除中标合同的，该解除协议构成“黑合同”。**

根据“黑白合同”规则，招标人和中标人不得再行订立背离合同实质性内容的其他协议。如发承包双方签订中标合同之后协议解除中标合同，是否应受“黑白合同”规则的约束？

《民法典》第562条第1款规定：“当事人协商一致，可以解除合同。”因此，协商解除合同是合同当事人的一项权利。但是，《政府采购法》第50条规定：“政府采购合同的双方当事人不得擅自变更、中止或者终止合同。政府采购合同继续履行将损害国家利益和社会公共利益的，双方当事人应当变更、中止或者终止合同。有过错的一方应当承担赔偿责任，双方都有过错的，各自承担相应的责任。”其理由在于，合同解除属于合同变更的极端形态。连中标合同的变更都受到严格限制——不得违背中标合同的实质性内容，举轻以明重，解除中标合同——包含实质性内容在内的合同权利义务关系全面终止——更应受到严格限制。据此，无正当理由不得解除中标合同。

基于下述两方面的理由，可以解除中标合同：一是行使法律规定的解除权。《民法典》第563条规定了一般法定解除、第533条规定了情势变更、第806条针对建设工程施工合同规定了特别法定解除。中标合同履行中存在符合上述规定之一的情况，可以依法解除。在“石河子市公安消防支队与新疆金方正科技有限公司建设工程施工合同纠纷案”①中，法院解除中标合同的依据是《合同法》第94条②（现《民法典》第563条第1款）。二是行使合同约定的解除权。《民法典》第562条第2款规定：“当事人可以约定一方解除合同的事由。解除合同的事由发生时，解除权人可以解除合同。”在此情形下，因解除合同的事由本就源于中标合同的约定，故不构成对中标合同的背离。除上述两种情形外，招标人与中标人协商解除中标合同的，该解除协议构成“黑合同”。当然，在发承包双方基于合意解除中标合同的情况下，对合同解除的后果通常已约定妥善的解决方案，故通常不会诉诸司法，所以实践中这类案件较为罕见。

---

① 参考案例331：石河子市公安消防支队与新疆金方正科技有限公司建设工程施工合同纠纷案，新疆维吾尔自治区石河子市人民法院（2018）兵9001民初2030号民事判决书。

② 现《民法典》第563条第1款，内容有修改。

典型案例 312

## 平潭县闽剧团与平潭县第五建筑工程公司建设工程施工合同案[①]

### 基本案情

2004年12月30日，经过招投标，平潭县闽剧团（以下简称闽剧团）与平潭县第五建筑工程公司（以下简称平潭五建）签订《建设工程施工合同》约定，平潭五建承建“闽剧团综合楼”工程，工程价款688,773元。2005年4月10日，案涉工程开工。2005年6月，因闽剧团未按合同约定支付工程预付款和进度款，平潭五建停工。2006年4月12日，双方又签订了《闽剧团综合楼工程恢复施工协议书》约定，平潭五建于2006年5月1日前恢复施工。协议签订后，平潭五建未恢复施工，且于2006年4月28日向闽剧团发出《解除合同通知书》。后闽剧团诉至法院，要求解除《建设工程施工合同》《闽剧团综合楼工程恢复施工协议书》。庭审中，平潭五建同意解除案涉合同。

### 法院观点

平潭县人民法院经审理认为，《建设工程施工合同》是经过政府的招投标程序而签订。根据《政府采购法》第2条[②]的规定，该工程系政府依法采购的工程项目。《政府采购法》第50条规定：“政府采购合同的双方当事人不得擅自变更、中止或者终止合同。政府采购合同继续履行将损害国家利益和社会公共利益的，双方当事人应当变更、中止或者终止合同。有过错的一方应当承担赔偿责任，双方都有过错的，各自承担相应的责任。”据此，双方对案涉工程合同不得擅自解除。本案原告提出解除经招投标程序签订的《建设工程施工合同》及其补充协议，虽被告

---

① 典型案例312：平潭县闽剧团与平潭县第五建筑工程公司建设工程施工合同案，福建省平潭县人民法院（2006）岚法民初字第631号民事裁定书。

② 该条第2款规定：“本法所称政府采购，是指各级国家机关、事业单位和团体组织，使用财政性资金采购依法制定的集中采购目录以内的或者采购限额标准以上的货物、工程和服务的行为。”第6款规定：“本法所称工程，是指建设工程，包括建筑物和构筑物的新建、改建、扩建、装修、拆除、修缮等。”

在庭审中也要求解除该合同，但依上述法律规定，原告、被告双方的主张不应得到支持。①

## 8.2 对“白合同”实质性内容的合法变更

“黑白合同”规则所依托的法条是《招标投标法》第46条第1款，② 该款规定：“招标人和中标人应当自中标通知书发出之日起三十日内，按照招标文件和中标人的投标文件订立书面合同。招标人和中标人不得再行订立背离合同实质性内容的其他协议。”但这并不意味着在任何情况下，双方均不得另行订立背离中标合同实质性内容的其他协议。如构成《民法典》第533条规定的情势变更，或者符合《建设工程施工合同解释（一）》第23条但书规定，抑或属于下述情形之一，应当允许对中标合同的实质性内容进行变更。

**裁判规则313**

**发承包双方对中标合同实质性内容进行变更，但变更程度显著轻微的，属于合理变更的范畴，不构成“黑合同”。**

虽然《招标投标法》第46条第1款禁止对中标合同实质性内容进行变更，但建设工程工序多、周期长，中标合同难以事前作出周密的安排，根据施工过程中的具体情况适度变更在所难免。在此背景下，“即使是核心条款，也应给予当事人根据实际情况作细微调整的权利”③。

与中标合同相比，只有合同变更对当事人的基本权利义务产生较大影响的，才应适用“黑白合同”规则。④ 如果不一致的程度较为轻微，如只是工程价款稍有调整、工期略有变化，并未导致双方当事人利益明显变化的，则应属于受法律保护的

① 但需指出的是，该裁定书所提出的“原、被告双方都不具有提出解除该合同的诉讼主体资格”的观点，以及最终采取的裁定驳回起诉的处理方式，均值得斟酌。

② 参见最高人民法院民事审判第一庭编著：《最高人民法院新建设工程施工合同司法解释（一）理解与适用》，人民法院出版社2021年版，第28、29页。

③ 《广东省高级人民法院关于2009年度广东省法院民事审判工作若干具体问题分析的报告》，载最高人民法院民事审判第一庭编：《民事审判指导与参考》总第41集，法律出版社2010年版。

④ 参考案例332：浙江宝业建设集团有限公司与天津老板娘水产食品物流有限公司等建设工程施工合同纠纷案，最高人民法院（2013）民一终字第67号民事判决书。

正常变更。[①] 难点在于如何划定二者之间的界限。江苏省高级人民法院民一庭曾主张，以合同履行中的变化是否超过中标合同的1/3为据，1/3以内属于正常范围，超过1/3则认定为黑合同；[②] 后又主张将该标准调整为1/5。[③] 有学者梳理了最高人民法院受理的一系列涉“黑白合同”的再审审查案件，认为最高人民法院的相关裁判也未形成相对明晰的标准。最高人民法院认定构成“实质性内容不一致”的“黑合同”，与中标合同相比，工程价款下浮比例分别为2%、5%、12%。对于依据“黑合同”鉴定得出的工程价款少于“白合同”400多万元的情形，也认为构成“实质性内容不一致”。此外，对于后签的补充合同将中标合同约定的工期由380天改为300天的情形，也认定在工期上构成“实质性内容不一致”。而在中标通知书载明工程价款下浮比例6.6%，其后签订的《承诺书》约定下浮比例10%—11%的情况下，却认定不构成实质性变更；对于依据补充协议鉴定得出（或约定）的工程价款分别多出中标合同800多万元、46万元的情形，也认为属于正常的合同变更。[④]

事实上，不宜将合理变更的幅度予以机械地量化。“实质性内容”是与个案的具体情况相关联的，如100万元的工程另行订立的合同约定的价款比中标合同少20万元，就应当认定为“黑合同”；2000万元的工程少200万元，也不一定应认定为“黑合同”。[⑤] 站在规则的层面，只能确定“合同实质性内容的变更不能导致当事人利益的明显变化”这一原则，至于界限的把握，只能在坚持法律规定、国家

---

① 参见最高人民法院民一庭：《如何理解〈最高人民法院关于审理建设工程施工合同纠纷案件适用法律问题的解释〉第二十一条所称的“实质性内容不一致”》，载最高人民法院民事审判第一庭编：《民事审判指导与参考》总第58辑，人民法院出版社2014年版。

② 参见夏正芳：《建设工程案件审判实务中的有关问题》，载最高人民法院民事审判第一庭编：《民事审判指导与参考》总第35集，法律出版社2009年版。

③ 参见李后龙等：《建设工程招投标纠纷案件审判疑难问题研究》，载《法律适用》2017年第7期。

④ 参见方乐坤：《建设工程领域“黑白合同”规则实证研究——解释论的视角》，载《现代法学》2020年第5期。

⑤ 参见冯小光：《回顾与展望——写在〈最高人民法院关于审理建设工程施工合同纠纷案件适用法律问题的解释〉颁布实施三周年之际》，载最高人民法院民事审判第一庭编：《民事审判指导与参考》总第33集，法律出版社2008年版。

标准、行业标准等底限幅度的前提之下，交由法官在个案中自由裁量。① 当然，鉴于建筑行业是微利行业，如果变化的幅度明显超过承包人的利润率，则宜认定为“黑合同”，进而否定变更行为的效力。

**典型案例 313**

## 河南金建建设有限公司与河南通畅置业有限公司建设工程施工合同纠纷案②

### 基本案情

2011 年 11 月 10 日，河南通畅置业有限公司（以下简称通畅公司）开发的义马观澜国际城 5 号、6 号楼及地下车库工程经过招标，由河南金建建设有限公司（以下简称金建公司）中标。2011 年 11 月 15 日，通畅公司与金建公司签订《施工合同》约定，金建公司承建观澜国际城 5 号、6 号楼及地下车库工程；合同工期为 660 天；工程质量标准为合格；合同价款为 113, 594, 269 元。2012 年 2 月 28 日，金建公司委托其洛阳分公司代为承受《施工合同》项下的全部权利义务，并授权其签订任何补充协议及约定与之相关的一切事务，通畅公司予以接受。2012 年 3 月 1 日，通畅公司与金建公司洛阳分公司签订《补充协议》约定，开工日期为 2012 年 3 月 11 日，竣工日期为 2013 年 12 月 30 日；合同价款为：5 号、6 号楼每平方米 1390 元，地下车库每平方米 2050 元（正负零以上工程按每平方米 1390 元执行），价格一次包定。2014 年 1 月 2 日，案涉工程经竣工验收合格。后金建公司诉至法院，要求通畅公司支付拖欠的工程款、退还履约保证金。

### 法院观点

河南省高级人民法院认为，在订立中标合同之后，如当事人情况或者市场条件

① 参见最高人民法院民事审判第一庭编著：《最高人民法院建设工程施工合同司法解释的理解与适用》，人民法院出版社 2004 年版，第 182 页。还可参见李玉生主编：《建设工程施工合同案件审理指南》，人民法院出版社 2019 年版，第 103 页。

② 典型案例 313：河南金建建设有限公司与河南通畅置业有限公司建设工程施工合同纠纷案，河南省高级人民法院（2019）豫民终 1512 号民事判决书。

发生变化，应当允许当事人对中标合同予以非实质性变更或调整。根据双方招投标文件，金建公司中标条件与其投标内容一致，中标价为113,592,469元。金建公司中标后签订的《施工合同》与招投标文件、中标文件的工程范围、建设工期、工程质量、工程价款等实质性内容一致。经金建公司授权，洛阳分公司与通畅公司签订的《补充协议》对工程范围、建设工期、质量标准均未改变；《补充协议》虽与《施工合同》约定的合同价款计算方式不同，未载明合同总价，而是约定了合同单价，但按照该单价与金建公司投标工程面积计算，合同总价比中标价仅减少不足50万元，不存在明显高于或低于市场价格、变相降低工程价款等背离中标合同的实质性内容的情况，不构成对中标合同工程价款的实质性变更。综合双方招投标过程以及《施工合同》《补充协议》的签订过程及履行情况，案涉三份合同均系各方当事人的真实意思表示，不违反法律法规的强制性规定，均合法有效。

### 裁判规则314

**中标合同约定实行总价包干，但实际工程量与招标工程量不一致、施工过程中发生其他签证费用的，可以对中标合同约定的工程价款作相应变更。**

招标工程量通常根据施工图计算确定，在此基础上进行招投标并签订中标合同。如果实际完成的工程量与招标工程量不一致，可否变更实行总价包干的中标合同约定的价格条款？施工过程中，因招标人调整施工措施或停水、停电导致停窝工损失等发生签证费用的，可否纳入结算范围进而调整中标合同约定的包干总价？

实践中，建设工程的实际工程量与招标工程量普遍存在差异。在此情形下，如最高人民法院在“湖南湘源建设工程有限公司与湖南千足珍珠有限公司建设工程施工合同纠纷案”① 中所言，中标合同所约定的工程价款只是施工图纸中部分工程量的固定价格，未包含投标报价之外施工图纸中的其他工程量的工程价款。因此，应以经过计量的实际完成的工程量为计价依据，对实际工程量与图纸工程量不符所导致的价差，应当据实结算。

① 典型案例275：湖南湘源建设工程有限公司与湖南千足珍珠有限公司建设工程施工合同纠纷案，最高人民法院（2016）最高法民再123号民事判决书。

如前所述，签证属于发承包双方达成的补充协议。但根据“黑白合同”规则，双方不得对中标合同进行实质性变更。若此，还能否根据签证调整中标合同约定的工程价款？《建设工程造价鉴定规范（条文说明）》（GB/T 51262-2017）第5.9款指出，签证是对施工过程中出现的与工程合同约定不一致或未约定事项的书面确认。《建设工程工程量清单计价规范》（GB 50500-2013）第2.0.24项明确，签证是发包人现场代表与承包人现场代表就施工过程中涉及的责任事件所作的签认证明。换言之，签证针对的是施工合同的未约定事项，根据【裁判规则309】，签证不构成“黑合同”。据此，施工过程中，发包人变更施工措施或其他事由导致费用增加，承包人就此取得签证的，应对中标合同约定的工程价款进行相应变更。在“巴州嘉鸿房地产开发有限公司与石家庄市项目建设服务中心等建设工程施工合同纠纷案”① 中，签订中标合同后，因政府要求赶工期，双方通过补充协议约定改采一次性模板的方法，由此增加造价1087万元，且承包人取得了发包人的签证。法院即认为，该变更导致的费用增加，符合施工实际要求，属于对中标合同的合理变更。

需要明确的是，本裁判规则讨论的实际工程量与约定工程量不一致，其原因应限定为设计图纸与施工现场的差异或工程量清单漏项等，而不包括施工过程中工程范围的增减。工程范围增减导致实际工程量与约定工程量不一致的，请参见【裁判规则315】。

**典型案例314**

## 湖北楚雄建筑工程有限公司与湖北汽车工业学院建设工程施工合同纠纷案②

### 基本案情

湖北汽车工业学院（以下简称汽车学院）就案涉工程依法进行公开招标，因

① 参考案例333：巴州嘉鸿房地产开发有限公司与石家庄市项目建设服务中心等建设工程施工合同纠纷案，最高人民法院（2021）最高法民申1020号民事裁定书。

② 典型案例314：湖北楚雄建筑工程有限公司与湖北汽车工业学院建设工程施工合同纠纷案，最高人民法院（2017）最高法民申1006号民事裁定书。

第一中标人放弃中标，汽车学院依次与第二中标人、第三中标人洽谈，① 最终与作为第三中标人的湖北楚雄建筑工程有限公司（以下简称楚雄公司）洽谈成功，并签订《建设工程施工合同》约定，楚雄公司以626.99万元的包干总价承接案涉工程。施工过程中，因倒土场变化导致运距延长，双方于2010年10月20日签订《土石方外运补充协议书》约定，将14.5万方一标段剩余土石方价格从21.04元增加到26元。完工后，楚雄公司将汽车学院诉至法院，要求支付工程款。汽车学院辩称，《土石方外运补充协议书》违反“招标人和中标人不得再行订立背离合同实质性内容的其他协议”的强制性规定，应属无效，不应计取该部分价款。

## 法院观点

最高人民法院认为，对于经过招投标的合同，原则上以中标合同作为结算工程价款的依据，但在这一原则下，双方在履行合同过程中根据实际施工情况协商对中标合同的部分内容进行修改，属于正常的合同变更情形。本案中，从双方提交的施工文件看，施工中双方曾对倒土场和运距的变化进行过协商，楚雄公司与汽车学院根据实际情况对一标段剩余土石方价格进行变更属于正常的合同变更，并不构成对中标合同内容的实质性变更，应为合法有效。汽车公司主张因剩余土石方价格变更增加工程款属违法无效的情形不能成立。

## 裁判规则315

**因施工过程中工程量增加或减少，相应调整中标合同约定的工程价款的，属于合理变更的范畴，但工程范围变更幅度超过中标合同10%的除外。**

在中标之后的施工过程中，工程量增加或者减少，亦属常见。在此情形下，可否对中标合同约定的工程价款进行协商变更？

---

① 《招标投标法实施条例》第55条规定：“国有资金占控股或者主导地位的依法必须进行招标的项目，招标人应当确定排名第一的中标候选人为中标人。排名第一的中标候选人放弃中标、因不可抗力不能履行合同、不按照招标文件要求提交履约保证金，或者被查实存在影响中标结果的违法行为等情形，不符合中标条件的，招标人可以按照评标委员会提出的中标候选人名单排序依次确定其他中标候选人为中标人，也可以重新招标。”

施工过程中的工程量增加或减少，首先属于工程范围的变更，进而导致工程量变更，从而影响工程价款的计算。一般认为，参照《招标投标法实施条例》第9条第1款[①]第4项的规定，施工过程中增加或者减少工程量，无须重新招投标，直接根据增减情况签订补充协议即可。原《广东省高级人民法院关于审理建设工程施工合同纠纷案件若干问题的指导意见》（粤高法发〔2011〕37号）第2条后段即规定："建设工程施工过程中，当事人以补充协议等形式约定的正常的工程量增减、设计变更等，一般不认定为'实质性内容不一致'。"还可参见下述【典型案例315】。

但需注意的是，《政府采购法》第49条规定："政府采购合同履行中，采购人需追加与合同标的相同的货物、工程或者服务的，在不改变合同其他条款的前提下，可以与供应商协商签订补充合同，但所有补充合同的采购金额不得超过原合同采购金额的百分之十。"《政府采购法实施条例》第67条第5项进一步规定，政府采购合同履行中追加与合同标的相同的货物、工程或者服务的采购金额超过原合同采购金额10%的，由财政部门责令限期改正，给予警告，对直接负责的主管人员和其他直接责任人员依法给予处分，并予以通报。据此，中标之后增加或者减少工程量，应当审视变更的幅度，如果变更的幅度在10%以内，发承包双方可以直接通过签订补充协议等方式进行变更；如果变更幅度超过10%，则应重新或另行招投标，否则即构成"黑合同"。

**典型案例315**

## 贵州鑫前（集团）建设工程有限公司与筠连县城市投资有限责任公司建设工程施工合同纠纷案[②]

### 基本案情

2010年9月21日，贵州鑫前（集团）建设工程有限公司（以下简称贵州鑫前

① 该款规定："除招标投标法第六十六条规定的可以不进行招标的特殊情况外，有下列情形之一的，可以不进行招标：（一）需要采用不可替代的专利或者专有技术；（二）采购人依法能够自行建设、生产或者提供；（三）已通过招标方式选定的特许经营项目投资人依法能够自行建设、生产或者提供；（四）需要向原中标人采购工程、货物或者服务，否则将影响施工或者功能配套要求；（五）国家规定的其他特殊情形。"

② 典型案例315：贵州鑫前（集团）建设工程有限公司与筠连县城市投资有限责任公司建设工程施工合同纠纷案，四川省高级人民法院（2018）川民终1020号民事判决书。

公司）中标筠连县城北 S206 省道拓宽改造（B 区）工程，发包方为筠连县城市投资有限责任公司（以下简称筠连城投公司）。2010 年 10 月 28 日，双方签订《B 区建设工程施工合同》约定，合同价款采用固定单价。2013 年 4 月 9 日，双方签订《补充协议》约定：在筠连县城北 S206 省道拓宽改造（B 区）工程建设过程中频繁遇到溶洞、溶沟、溶槽，地勘单位提供的地勘报告探点不能完整满足现场实际施工的需要。因实际地质构造条件复杂，造成施工单位已完成的人工挖孔桩报废，无法正常施工。为了加快工程施工进度，尽快完成该项目，现人工挖孔桩变更为机械冲孔灌注桩。经双方协商，按原设计图完成的人工挖孔桩以发包人、监理、承包人现场确认的实际工程量为依据，按投标清单基价计算；因基础设计变更，本工程所有项目按业主提供的施工文件、施工图和设计变更文件计量，并按 2009 年《四川省建设工程工程量清单计价定额》和现行的相关文件计算费率；机械冲孔灌注桩由发包人、监理、承包人现场按实收方签字认可的冲孔深度乘以孔径按立方米计算。《补充协议》未报送相关部门进行审核备案。2015 年 5 月 5 日，案涉工程经验收合格。后双方就结算产生分歧，贵州鑫前公司诉至法院，要求按照《补充协议》结算工程款。筠连城投公司辩称，《补充协议》的变价不仅未经批准，而且是对全部工程量计价方式进行修改，根据《2004 年建工解释》第 21 条，应属无效。

## 法院观点

四川省高级人民法院认为，案涉工程在施工过程中遇到溶洞、溶沟、溶槽，地勘报告探点不能完整满足现场实际施工的需要，因实际地质构造条件复杂，造成施工单位已完成的人工挖孔桩报废，无法正常施工，为加快工程施工进度，案涉项目人工挖孔桩变更为机械冲孔灌注桩。筠连城投公司与贵州鑫前公司结合施工实际，协商签订《补充协议》，系双方当事人真实的意思表示，内容不违反法律、行政法规的强制性规定，合法有效。合同的变更是法律赋予合同双方当事人的一项基本权利，是指在合同成立后尚未履行或者尚未完全履行时，双方当事人就合同的内容进行修改或者补充的行为。如果在合同实际履行过程中存在设计变更导致工程量增加等影响中标合同实际履行的情况，承包人与发包人经协商对中标合同的内容进行了修改，属于正常的合同变更，不属于《2004 年建工解释》第 21 条规定的“黑白合同”。据此，《补充协议》系对施工合同的合法变更，应属有效。

## 裁判规则316

**中标后，客观情况发生招标投标时难以预见的重大变化的，无论是强制招标投标还是自愿招标投标，均可根据客观情况的变化变更中标合同的实质性内容。**

《建设工程施工合同解释（一）》第23条规定："发包人将依法不属于必须招标的建设工程进行招标后，与承包人另行订立的建设工程施工合同背离中标合同的实质性内容，当事人请求以中标合同作为结算建设工程价款依据的，人民法院应予支持，但发包人与承包人因客观情况发生了在招标投标时难以预见的变化而另行订立建设工程施工合同的除外。"据此，自愿招标投标的工程项目中标后，"发包人、承包人因客观情况发生了在招标投标时难以预见的变化而另行订立合同的属例外情形，可以按照另行订立的合同结算工程价款"①。在此基础上，需要讨论两个问题：一是应当如何界定"客观情况发生了在招标投标时难以预见的变化"。二是《建设工程施工合同解释（一）》第23条规定的但书规则是否仅适用于自愿招标投标的工程项目。

针对"客观情况发生了在招标投标时难以预见的变化"的界定，第一，"客观情况变化应发生在招标投标之后。如果客观情况在招标投标之前就已经存在，当事人应当预见到其招标投标行为的后果，不能以此为由另行订立实质性内容与中标合同不一致的建设工程施工合同"②。第二，客观情况的变化必须是当事人在招标投标时难以预见的情况，而非当事人能够预见或应当预见的正常商业风险。就此，有观点认为，应将客观情况变化界定为"情势变更与正常商业风险的中间地带"③。但更多观点认为，该客观情况主要指向情事变更。④ 第三，客观情况的变化必须达

① 最高人民法院民事审判第一庭编著：《最高人民法院新建设工程施工合同司法解释（一）理解与适用》，人民法院出版社2021年版，第237页。

② 程新文、刘敏、谢勇：《〈关于审理建设工程施工合同纠纷案件适用法律问题的解释（二）〉的理解与适用》，载《人民司法》2019年第4期。

③ 谢勇：《建设工程施工合同案件裁判规则解析》，中国法制出版社2020年版，第143页。

④ 参见最高人民法院民事审判第一庭编著：《最高人民法院新建设工程施工合同司法解释（一）理解与适用》，人民法院出版社2021年版，第238页；石佳友：《〈民法典〉建设工程合同修订的争议问题》，载《社会科学辑刊》2020年第6期。

到改变了当事人订立合同的基础的程度，即变化后的客观情况会直接导致当事人重新决定是否订立合同或者变更合同对价。如果不允许当事人另行订立合同，会导致当事人利益严重失衡。[①] 一般认为，该条所规定的“客观情况发生了在招标投标时难以预见的变化”主要包括如下情形：一是招标投标后建设工程的主要原材料、工程设备价格的变化超出了正常的市场价格涨跌幅度；二是招标投标后人工单价发生了重大变化；三是建设工程的规划、设计发生了重大变化；四是其他客观情况发生了重大变化。[②] 就此，可参考广东省建设工程标准定额站于 2022 年 1 月 10 日作出的《关于珠海市 G105 国道辅道排水系统第一标段工程计价争议的复函》（粤标定复函〔2022〕5 号）。该复函称，“本项目在招标时未提供地质勘察文件，且因沿线部分构筑物未按计划拆改，导致部分管沟土方由放坡开挖变更为钢板桩支护开挖，与招标阶段约定的包干条件和承包人应该承受的风险范围产生偏离，可按合同约定调整合同价格”。

关于《建设工程施工合同解释（一）》第 23 条但书规则的适用范围，有观点认为，该但书规则主要适用于自愿招标投标工程。[③] 湖南省高级人民法院则主张，无论强制招标投标工程还是自愿招标投标工程，该但书规则应一体适用。[④] 首先，从该但书规则的本意来看，“原则上发包人、承包人不得另行订立背离中标合同实质性内容的协议，但是建设工程是一项具有高度复杂性、长期协调性的工作，合同履行过程中不可避免地要对工程建设的方案、细节进行或多或少的调整，无论是必须招标的工程项目，还是非必须招标的工程项目，在工程变更方面都不会例外”[⑤]。其次，禁止对中标合同进行实质性变更，目的在于防止当事人规避法律，以确保合同的订立真正做到公开、公正、公平，保护社会公益及相关第三人

---

① 参见程新文等：《〈关于审理建设工程施工合同纠纷案件适用法律问题的解释（二）〉的理解与适用》，载《人民司法》2019 年第 4 期。

② 参见最高人民法院民事审判第一庭编著：《最高人民法院新建设工程施工合同司法解释（一）理解与适用》，人民法院出版社 2021 年版，第 239—241 页。

③ 参见谢勇：《建设工程施工合同案件裁判规则解析》，中国法制出版社 2020 年版，第 138—145 页。

④ 《湖南省高级人民法院关于审理建设工程施工合同纠纷案件若干问题的解答》（湘高法〔2022〕102 号）第 7 条第 3 款规定：“招标人与中标人另行签订的建设工程施工合同约定的实质性内容与中标合同不一致的，应以中标合同作为结算依据。但因客观情况发生了招投标时难以预见的变化而另订施工合同的除外。”

⑤ 最高人民法院民事审判第一庭编著：《最高人民法院建设工程施工合同司法解释（二）理解与适用》，人民法院出版社 2019 年版，第 214 页。

利益（主要是其他竞标人）。但如合同成立后的客观情况与招标投标时相比较发生了根本性变化，即招标投标时所依据的条件已不具备，当时所体现的社会公共利益、第三人的合法权益也发生了根本性变化，且当事人主观上亦无规避法律的故意，理应允许当事人依法变更中标合同的实质性内容。反过来看，订约时所依据的客观情况发生了根本性的变化，导致当事人之间利益分配显著失衡的，如仍坚持执行中标合同，其实质就是维持不公平的交换关系，反而违背了公平原则的基本精神。因此，应当“对该条文但书部分所包含的情形作扩张性解释，以使其能够涵盖更多的同类合理裁判”①。最后，从法律依据看，《全国民事审判工作会议纪要》（法办〔2011〕442 号）第四部分“关于建设工程施工合同纠纷案件”第 1 条“关于工程价款结算问题”第 3 款规定：“协议变更合同是法律赋予合同当事人的一项基本权利。建设工程开工后，因设计变更、建设工程规划指标调整等客观原因，发包人与承包人通过补充协议、会谈纪要、往来函件、签证等洽商记录形式变更工期、工程价款、工程项目性质的，不应认定为变更中标合同的实质性内容。”该规定并未区分强制招标投标工程和自愿招标投标工程。据此，签订中标合同后，如果客观情况发生了在招标投标时难以预见的重大变化，无论是强制招标投标工程还是自愿招投标工程，当事人均可根据实际变化重新商定合同条件，进而变更中标合同的实质性内容。

**典型案例 316**

## 中铁二局集团有限公司与惠元（厦门）房地产发展有限公司等建设工程施工合同纠纷案②

### 基本案情

2010 年 10 月 25 日，中铁二局建设有限公司（以下简称中铁建设公司）通过招投标程序中标和谐天下一区、二区工程。2010 年 11 月 1 日，中铁建设公司与惠

① 方乐坤：《建设工程领域“黑白合同”规则实证研究——解释论的视角》，载《现代法学》2020 年第 5 期。

② 典型案例 316：中铁二局集团有限公司与惠元（厦门）房地产发展有限公司等建设工程施工合同纠纷案，最高人民法院（2022）最高法民申 262 号民事裁定书。

元（厦门）房地产发展有限公司（以下简称惠元公司）签订《建设工程施工合同》约定，中铁建设公司承建案涉工程。次日，双方签订《补充协议》，约定了承包范围、开工日期、合同价款等。2014 年 6 月 30 日，双方签订《补充协议书》，就停窝工等损失及后续施工事宜达成协议。2014 年 12 月 1 日、30 日，双方分别签订《补充合同二》《补充合同三》，就新增的户型改造工程的范围、合同包干价等达成协议。2016 年 5 月 31 日，双方签订《补充合同四》，对未施工部分工程造价的确定方式进行明确，并对工期、工程款支付及违约责任进行约定、变更。2017 年 8 月 14 日，双方签订《补充合同五》，对《补充合同四》中尚需补充和明确的事项进行约定。2017 年 10 月 13 日、12 月 8 日，双方签订《补充合同六》《补充合同七》，分别对《补充合同五》中未明确的工程造价等事宜进行约定。2019 年 3 月 31 日，双方签订《补充合同八》，确认截至该协议签订之日各阶段工程款、增加工程价款及违约金数额等。2020 年 1 月 20 日，案涉工程经竣工验收合格。2020 年 3 月 3 日，双方签订《结算协议》确认，工程总造价为 895, 945, 984. 57 元。后中铁建设公司诉至法院，要求惠元公司按照《结算协议》支付工程价款。惠元公司抗辩称，补充合同对《建设工程施工合同》的实质性内容进行变更，二者系“黑白合同”关系，建立在补充合同基础上的《结算协议》不能作为结算依据。

## 法院观点

最高人民法院认为，补充合同、补充协议、结算协议与《建设工程施工合同》之间不属于“黑白合同”关系。在建设工程施工合同的履行过程中，无论该工程是否属于依法必须招标的工程，发包人与承包人可以根据客观情况的变化对工程款的数额及支付节点、停窝工损失、工期等通过补充协议的方式进行新的适当约定。本案中，发包人与承包人根据案涉工程施工情况发生的变化先后签订了一系列补充协议、补充合同，如 2014 年 6 月 30 日的《补充协议书》系双方对停窝工等损失及后续施工事宜达成协议，《补充合同二》至《补充合同八》及《结算协议》系双方对新增加的户型改造工程、已完工工程内容和结算价款、未施工部分工程造价的确定方式、工期、工程款支付、违约责任、竣工、工程结算等具体事宜进行的补充约定。上述约定均是双方在施工合同履行过程中因客观情况发生变化所作的真实意思表示，未对招标投标时其他竞标人能否中标或以何种条件中标产生影响。上述协议的签订未违背招标投标制度导致发包人与承包人之间的权利义务失衡，与《建设工程施工合同》不构成“黑白合同”关系。

## 裁判规则317

**实际地质情况与中标条件不符的，属于客观情况发生了招标投标时难以预见的变化，可以根据实际地质情况变更中标合同的实质性内容。**

在招标投标之前，招标人应委托勘察单位对案涉工程的地质情况进行勘察，并将勘察报告作为招标依据，竞标人据此确定投标方案。因此，地勘报告构成签订中标合同的前提与基础。签订中标合同后，如果发现实际地质情况与前期地质勘察不一致，严重影响当事人之间利益格局，应当视为“客观情况发生了在招标投标时难以预见的变化”。在此情况下，根据前述【裁判规则316】，应当允许招标人与中标人根据实际地质情况与前期地质勘察的差异，重新商定合同条件，进而变更中标合同的实质性内容。福建省高级人民法院①、杭州市中级人民法院②均持这一观点。

下述【典型案例317】虽然处理的是实际地质情况与投标地质情况不一致所导致的质量损失分担纠纷，但最高人民法院明确指出，当施工中发现实际地质情况与投标地质情况不一致时，“建设单位与施工单位应秉承诚实信用原则，重新进行协商，共同商定可行的开挖方案及合同价款”。即在此情况下，可以根据实际地质情况变更中标合同的实质性内容。

---

① 《福建省高级人民法院关于审理建设工程施工合同纠纷案件疑难问题的解答》（2007年11月22日）第19条规定：“建设工程施工合同履行过程中，因设计变更或者遇特殊地质情况等客观原因导致工程量增减，当事人协商一致对中标合同的内容进行修改，属于正常行使合同变更权，修改后的合同可以作为结算工程价款的依据。”

② 根据《杭州市中级人民法院民一庭关于审理建设工程及房屋相关纠纷案件若干实务问题的解答》（2010年11月1日）第8条的规定，在建设工程合同履行过程当中，因设计变更或者遇特殊地质情况等客观原因导致工程量增减，当事人协商一致对中标合同的内容进行修改的，该项变更行为属于正常行使合同变更权，修改后的合同可以作为结算过程价款的依据。

典型案例 317

## 海擎重工机械有限公司与江苏中兴建设有限公司等建设工程施工合同纠纷案①

### 基本案情

2007 年 12 月 1 日，海擎重工机械有限公司（以下简称海擎公司）就重型钢结构厂房基础工程发出招标邀请。因海擎公司未提供岩土工程详细勘察报告与审核的施工图纸，江苏中兴建设有限公司（以下简称中兴公司）投标时提交的土方开挖方案系按通常地质条件编制，该方案载明，“土坡坡度不大于安全坡度（1∶1.5）”。12 月 15 日，双方签订《建设工程施工合同》约定，中兴公司承建案涉工程；工程价款为 1330 万元总价包干，一次包死风险自负。12 月 16 日，海擎公司向中兴公司递交岩土勘察报告和现场总平面图各一份。12 月 20 日，中兴公司进场施工。中兴公司在施工过程中发现，案涉工程地质特殊，如按投标方案开挖，则不能满足基坑安全要求。2008 年 3 月 28 日，中兴公司拟定基坑支护方案并请专家予以论证，结论是要增加 1000 多万元工程造价。中兴公司据此建议修改方案、增加费用，但海擎公司以“工程造价为不变价”为由不予认可。中兴公司按原方案冒险施工，导致桩基出现质量问题。后海擎公司诉至法院，要求解除合同，并要求中兴公司承担违约责任。诉讼中经鉴定，案涉工程的地基承台坐落在海淤层上，其基坑开挖时的放坡系数根据计算应约为 1∶7。

### 法院观点

最高人民法院在再审中认为，案涉工程所处地区地质条件较为特殊，中兴公司在签订合同后才收到建设单位提供的岩土勘察报告，因此中兴公司在投标时乃至签订合同时客观上难以对当地特殊的地质情况做出准确判断。在发现地质情况特殊后，建设单位与施工单位应秉承诚实信用原则，重新进行协商，共同商定可行的开

① 典型案例 317：海擎重工机械有限公司与江苏中兴建设有限公司等建设工程施工合同纠纷案，最高人民法院（2012）民提字第 20 号民事判决书。《最高人民法院公报》2015 年第 6 期，第 28—46 页。

挖方案及合同价款。本案中，中兴公司提出有关方案，而海擎公司强调工程造价为不变价。中兴公司发现特殊地质情况后，应当与海擎公司就地质情况所带来的问题进行协商，协商不成可采取停止施工的止损措施。据此，海擎公司对本案工程质量问题的发生应承担主要责任（70%），中兴公司应承担次要责任（30%）。

## 裁判规则318

**中标后设计变更或规划调整的，属于客观情况发生了招投标时难以预见的变化，可以根据变更或调整的情况变更中标合同的实质性内容，但变更或调整导致丧失招标基础的除外。**

如【裁判规则316】所述，签订中标合同后，发生设计变更、规划调整，进而导致施工内容变化的，发承包双方有权根据施工内容变化情况对中标合同进行变更；即使变更后的合同与中标合同在范围、价款、工期等方面存在差异，也属于合法的合同变更，不构成《2004年建工解释》第21条所称的“实质性不一致”。[①]四川省高级人民法院[②]、浙江省高级人民法院[③]、河南省高级人民法院[④]均持这一

---

① 参见王勇：《建设工程施工合同纠纷实务解析》，法律出版社2017年版，第25页；最高人民法院民一庭：《如何理解〈最高人民法院关于审理建设工程施工合同纠纷案件适用法律问题的解释〉第二十一条所称的“实质性内容不一致”》，载最高人民法院民事审判第一庭编：《民事审判指导与参考》总第58辑，人民法院出版社2014年版。

② 《四川省高级人民法院关于审理涉及招投标建设工程合同纠纷案件的有关问题的意见》（2010年6月22日）第3条规定：“合同实际履行过程中因设计变更导致工程量（价）增加的，且履行了约定的或规定的报批、审查程序，承包人与发包人就中标合同的内容协商作了修订和补充的，人民法院可以按照《最高人民法院关于审理建设工程施工合同纠纷案件适用法律问题的解释》第十六条第一款的规定，以当事人实际履行的合同作为结算工程价款的依据；当事人对发生变化部分的工程价款不能协商一致的，可以按照《最高人民法院关于审理建设工程施工合同纠纷案件适用法律问题的解释》第十六条第二款的规定，参照建设行政主管部门发布的计价方法或者计价标准结算工程价款。”

③ 《浙江省高级人民法院民事审判第一庭关于审理建设工程施工合同纠纷案件若干疑难问题的解答》（浙法民一〔2012〕3号）第15条后段规定：“对施工过程中，因设计变更、建设工程规划指标调整等客观原因，承、发包双方以补充协议、会谈纪要、往来函件、签证等洽商记录形式，变更工期、工程价款、工程项目性质的书面文件，不应认定为《中华人民共和国招标投标法》第46条规定的‘招标人和中标人再行订立背离合同实质性内容的其他协议’。”

④ 《河南省高级人民法院建设工程案件审判工作座谈会综述》（2022年9月14日）“议题一：有关建设工程施工合同效力及合同条款适用的相关问题”第3款末段规定：“当事人只要不是为了故意规避招投标法律，就设计变更而另行订立的协议不属于背离中标合同的实质性内容再行订立的协议。”

观点。《全国民事审判工作会议纪要》（法办〔2011〕442号）第四部分“关于建设工程合同纠纷案件”第1条“关于工程价款结算问题”第3款也规定：“协议变更合同是法律赋予合同当事人的一项基本权利。建设工程开工后，因设计变更、建设工程规划指标调整等客观原因，发包人与承包人通过补充协议、会议纪要、来往函件、签证等洽商记录形式变更工期、工程价款、工程项目性质的，不应认定为变更中标合同的实质性内容。”

但需注意的是，“如果建设工程由于规划变更已经完全变更，变更后的建设工程与中标合同约定的建设工程不具有同一性，招标人与中标人变更中标合同的基础已不存在，只能重新签订建设工程施工合同。如果变更后的工程属于必须招标的工程，则招标人应当重新招标”①。

典型案例318

## 长春建设集团股份有限公司与吉林修正健康股份有限公司等建设工程施工合同纠纷案②

### 基本案情

2006年8月14日，长春建设集团股份有限公司（以下简称长建公司）中标梅花鹿集团的鹿产品加工车间工程项目，工程建筑面积3022.6平方米。2006年9月9日，双方依据《中标通知书》签订《建设工程施工合同》约定，长建公司承建梅花鹿加工工程的厂房、办公楼及配套工程，合同价款暂定350万元，根据施工图纸计算工程量，工程直接费用套用2006年吉林省预算及费用定额。2007年6月22日，因国家不再对案涉项目进行投资，梅花鹿集团与长建公司签订《建设工程施工合同的补充条款》，将上述工程的计价标准变更为吉林省建设厅颁布的2000年版计价定额。2007年11月1日，上述工程的建设单位由梅花鹿集团变更为吉林修正健康股份有限公司（以下简称修正公司），工程范围亦由3022.6平方米增加至27,259.3平方米。2009年5月7日，修正公司与长建公司签订《建设工程施工合

① 谢勇：《建设工程施工合同案件裁判规则解析》，中国法制出版社2020年版，第145页。

② 典型案例318：长春建设集团股份有限公司与吉林修正健康股份有限公司等建设工程施工合同纠纷案，最高人民法院（2017）最高法民申1557号民事裁定书。

同》约定，长建公司继续承建修正公司的锅炉房、变电所及给水站，计价方式为套用2000年吉林省预算取费定额。施工完成后，长建公司诉请修正公司支付工程款。

## 法院观点

再审审查中，最高人民法院将案涉工程的结算依据区分为两个部分：一是2006年9月9日合同约定的3022.6平方米。梅花鹿集团与长建公司经过自愿招投标对上述2006年9月9日合同进行了备案，故该部分工程量应依中标合同约定的定额计算工程价款，而不能适用《建设工程施工合同的补充条款》。二是2007年6月22日补充协议中超出3022.6平方米的部分（27,259.3平方米-3022.6平方米）。案涉建设工程在实际施工过程中存在设计变更导致工程量增加等影响中标合同实际履行的情况，承包方与发包方经协商对工程增量部分的取费标准等内容进行约定，是当事人真实意思表示，属于合理、正常的合同变更，不违反法律、行政法规的强制性规定，可以以双方实际履行的合同作为增量工程的结算依据。

## 裁判规则319

**中标后材料、人工价格波动的，可以参照行业规范调整价差。中标合同实行总价包干或约定不做调整，但波动幅度达到情势变更程度的，应就超出市场风险部分的差价予以调整。**

建设工程施工周期长，施工过程中必然面临材料（含工程设备）、人工价格波动的问题。如果中标合同既非总价包干合同，也未约定合同价款不因履行过程中材料、人工价格波动而作调整，则参照行业规范调整相应价差，并不违反中标合同的约定，不涉及“黑白合同”的问题。如果中标合同是总价包干合同，或中标合同约定合同价款不因履行过程中材料、设备、人工价格波动而作调整，那么签约后材料价格涨跌、人力成本波动通常属于市场风险，根据风险自担的规则，应当执行中标合同的约定，不能变更合同约定的价格条款。但如材料、人工价格波动幅度达到情势变更的程度，根据《民法典》第533条第1款[①]的规定，应当就超出市场风险

① 该款规定：“合同成立后，合同的基础条件发生了当事人在订立合同时无法预见的、不属于商业风险的重大变化，继续履行合同对于当事人一方明显不公平的，受不利影响的当事人可以与对方重新协商；在合理期限内协商不成的，当事人可以请求人民法院或者仲裁机构变更或者解除合同。”

部分的差价予以调整。在此情形下对价差的调整，属于依法（《民法典》第533条第1款）调整的范畴，也不涉及“黑白合同”的问题。至于情势变更的判断标准，可参见【裁判规则204】。但需注意的是，在此情形下的价差调整，仅应调整超出市场风险范畴的部分。

**典型案例319**

## 江苏鑫源烟草薄片有限公司与江苏辰宇建设工程有限公司建设工程施工合同纠纷案①

### 基本案情

2016年，江苏鑫源烟草薄片有限公司（以下简称鑫源公司）就再造梗丝验证生产线配套工程建设项目生产工房钢格栅工程对外招标。2016年8月29日，江苏辰宇建设工程有限公司（以下简称辰宇公司）以1,414,378.71元的价格中标。2016年9月22日，双方签订《建设工程施工合同》约定，合同价为1,414,378.71元；合同价中包括了施工期间的政策性调整、建材市场风险、合同责任、人工单价、施工质量及安全的风险等，市场价格波动不予调整合同价格。签约后，辰宇公司向鑫源公司交纳了履约保证金142,000元。2017年3月19日，辰宇公司致函鑫源公司称，钢材市场价格较签订合同时上涨了2倍多，要求将合同价格调整为2,957,394.99元，否则解除合同。3月21日，辰宇公司向鑫源公司发函称，因钢材市场价格发生较大变动，无法履行合同，通知鑫源公司解除合同并要求其退还保证金。因辰宇公司未履行上述合同，鑫源公司就案涉工程再次招标，2017年5月25日，涿州蓝天网架有限公司以3,105,698.34元的价格中标。2017年8月31日，鑫源公司诉至法院，要求解除《建设工程施工合同》，并要求辰宇公司赔偿两次招标的价格差1,691,319.63元。辰宇公司辩称，签约后钢材价格暴涨超出一倍，远远超出正常人的合理预期，辰宇公司不应承担该损失。经查，钢材价格在案涉工程造价中占比超过70%；《淮安工程造价管理》杂志载明，案涉合同所需材料

① 典型案例319：江苏鑫源烟草薄片有限公司与江苏辰宇建设工程有限公司建设工程施工合同纠纷案，江苏省高级人民法院（2020）苏民再8号民事判决书。

I25-45 工字钢指导价（含税价）为：2016 年 8 月 3130 元/吨、9 月 3030 元/吨、10 月 3230 元/吨、11 月 3610 元/吨、12 月 4000 元/吨、2017 年 1 月 3960 元/吨、2 月 4310 元/吨、3 月 4240 元/吨。

### 法院观点

江苏省高级人民法院认为，《建设工程施工合同》约定采用固定价格的计价方法，该约定合法有效。在正常的市场价格波动风险下，建筑材料价格变化不应调整合同价格。但是，从中标时的 2016 年 8 月至开工时的 2017 年 4 月，钢材价格从 3130 元/吨大幅上涨至 4240 元/吨，涨幅达 35%以上。而案涉工程系钢结构工程，钢材价格占工程造价的比例在 70%以上。建筑行业系微利行业，承包人利润有限。上述钢材价格的变化已显然超出市场价格的正常波动，在这种情况下如苛求承包人按照原固定价格履行合同，极有可能导致承包人的亏损，其后果与承包人低于成本中标并无差别。在工程主要材料价格大幅上涨的情形下，双方本应依照公平和诚实信用的原则充分协商，以期达成补充协议，共同分担非正常市场风险。然而辰宇公司未尽力进行沟通协商，于 2017 年 3 月 21 日即向鑫源公司发函解除合同，其行为构成违约，应承担相应的违约责任。鑫源公司要求辰宇公司赔偿其先后两次招标的合同差价，但鑫源公司重新招标的合同与案涉合同的差价系建材价格剧烈变动的非正常风险导致的，并非辰宇公司违约行为直接造成的损失，且超出了辰宇公司在订立合同时的合理预见范围，故该主张不能成立。在合同总标的仅为 141 万余元的情况下，根据公平原则和诚实信用原则，综合考量本案合同解除的原因、辰宇公司的具体违约情形和过错、损失后果、合同中关于履约保证金的约定，酌定辰宇公司向鑫源公司赔偿损失 142, 000 元（用辰宇公司已经支付的履约保证金予以冲抵）。

## 裁判规则 320

**基于合理理由对“白合同”实质性内容进行变更的，发承包双方可以自行协商变更，或者诉请法院、仲裁机构予以裁判变更。**

基于合理理由对“白合同”实质性内容进行变更的，有无相应程序性要求？

有观点认为，在符合条件的情况下，固然可以变更中标合同的实质性内容，但将变更后的合同进行备案登记是程序要件。如果未到有关部门备案，不产生变更中标合同的效力，变更的内容就不能成为结算的依据。① 最高人民法院在早期的司法实践中也持这一观点。② 在“洛阳市技改建安工程有限公司与洛阳宝安房地产开发有限公司建设工程施工合同纠纷案”③ 中，最高人民法院明确提出，“当事人签订中标合同后，经双方协商一致，可以变更合同内容，但应当及时到有关部门备案，如果未到有关部门备案，就不能成为结算的依据”。但多数观点认为，如果在合同实际履行过程中存在设计变更导致工程量增加等影响中标合同实际履行的情况，承包人与发包人经协商对中标合同的内容进行了修改，属于正常的合同变更情形，可以以当事人实际履行的合同作为结算工程价款的依据。④ 如果当事人不能协商一致，也可以诉请法院直接变更。福建省高级人民法院⑤、四川省高级人民法院⑥、安徽省高级人民法院⑦均不要求将变更后的合同进行备案登记。

---

① 参见王勇:《建设工程施工合同纠纷实务解析》，法律出版社 2017 年版，第 35 页。参见杨心忠等:《建设工程合同纠纷裁判思路》，法律出版社 2014 年版，第 79 页。

② 参见张雅芬:《合同变更条件的认定与鉴定原则在民事审判实践中的具体运用——包头市第二建筑工程有限责任公司与内蒙古拉布大林国家粮食储备库、内蒙古自治区粮食局及内蒙古自治区发展和改革委员会建设工程合同纠纷上诉案》，载最高人民法院民事审判第一庭编:《民事审判指导与参考》总第 28 集，法律出版社 2007 年版;《最高人民法院副院长就建设工程司法解释答记者问》，载最高人民法院民事审判第一庭编:《民事审判指导与参考》总第 20 集，法律出版社 2005 年版。

③ 参考案例 334：洛阳市技改建安工程有限公司与洛阳宝安房地产开发有限公司建设工程施工合同纠纷案，最高人民法院（2012）民申字第 1539 号民事裁定书。

④ 参见程新文:《招投标建设工程“阴阳合同”结算问题的处理原则》，载最高人民法院民事审判第一庭编:《民事审判指导与参考》总第 20 集，法律出版社 2005 年版。

⑤ 《福建省高级人民法院关于审理建设工程施工合同纠纷案件疑难问题的解答》（2007 年 11 月 22 日）第 19 条规定:“建设工程施工合同履行过程中，因设计变更或者遇特殊地质情况等客观原因导致工程量增减，当事人协商一致对中标合同的内容进行修改，属于正常行使合同变更权，修改后的合同可以作为结算工程价款的依据。”

⑥ 《四川省高级人民法院关于审理建设工程施工合同纠纷案件若干疑难问题的解答》（川高法民一〔2015〕3 号）第 9 条第 3 款规定:“建设工程施工合同履行过程中，因设计变更、建设工程规划调整等非双方当事人原因，且无需重新进行招投标并备案的，当事人通过签订补充协议、会谈纪要等形式对工程价款、计价方式、工程期限、工程质量标准等合同内容进行合理变更或补充的，不应认定为与经过备案的中标合同‘实质性内容不一致’，当事人主张以该变更或补充内容结算工程价款的，应予支持。”

⑦ 《安徽省高级人民法院关于审理建设工程施工合同纠纷案件适用法律问题的指导意见（二）》（2013 年 12 月 23 日）第 9 条规定:“经过招投标的建设工程，当事人对工程量变化部分的工程价款如何确定没有约定，且不能协商一致的，参照建设行政主管部门的规定或者行业规范处理。”

一方面，如前所述，根据《国务院办公厅关于开展工程建设项目审批制度改革试点的通知》（国办发〔2018〕33号）、住建部《住房城乡建设部关于修改〈房屋建筑和市政基础设施工程施工招标投标管理办法〉的决定》（住建部2018年第43号令）、《住房和城乡建设部关于修改部分部门规章的决定》（住建部2019年第47号令）、《住房城乡建设部关于修改有关文件的通知》（建法规〔2019〕3号），建设行政主管部门不再对建设工程合同进行备案。在此背景下，即使发承包双方想将变更后的合同进行备案，也无从备案。另一方面，《政府采购法》第47条仍要求对包含建设工程合同在内的政府采购合同进行备案。据此推论，经招投标签订的政府采购合同发生变更的，应将变更后的合同提交备案。但如“辽宁立洲科技有限公司与鞍山市立山区公园管理处建设工程施工合同纠纷案”① 中的裁判观点所言，案涉工程作为政府采购项目，在合同履行过程中即使存在没有向监督管理部门办理合同变更备案的情况，亦是由于发包人未依法履行相关义务所致，不能据此否定双方已经达成的变更协议。据此，基于合理理由对“白合同”实质性内容进行变更的，发承包双方可以自行协商变更，变更协议备案与否不影响协议的效力。下述【典型案例320】即为适例。当然，如发承包双方无法就变更达成一致，则可诉请法院、仲裁机构予以裁判变更。

**典型案例320**

## 唐山凤辉房地产开发有限公司与赤峰建设建筑（集团）有限责任公司建设工程施工合同纠纷案②

### 基本案情

2007年12月18日，唐山凤辉房地产开发有限公司（以下简称凤辉公司）和赤峰建设建筑（集团）有限责任公司（以下简称赤峰公司）经招投标签订《建设工程施工合同》约定，赤峰公司承建案涉工程，价款套用2003年《河北省建设工

① 参考案例335：辽宁立洲科技有限公司与鞍山市立山区公园管理处建设工程施工合同纠纷案，辽宁省鞍山市中级人民法院（2018）辽03民终3304号民事判决书。

② 典型案例320：唐山凤辉房地产开发有限公司与赤峰建设建筑（集团）有限责任公司建设工程施工合同纠纷案，最高人民法院（2015）民一终字第309号民事判决书。

程计价依据》计价。2007年12月下旬，赤峰公司进场施工。在施工过程中，因拆迁户堵门、材料供应、农民工劳务费等问题，工程发生了多次停工。2010年7月10日，为解决工程多次停工给赤峰公司造成损失的问题，双方签订《补充协议书》将原定计价方式变为固定单价的方式。《补充协议书》签订后未予备案。后赤峰公司诉至法院，要求凤辉公司按照《补充协议书》支付工程款。凤辉公司辩称，《建设工程施工合同》属于经招投标并备案的“白合同”，而《补充协议书》属于未在有关部门备案的“黑合同”，应当以《建设工程施工合同》作为确定工程价款的依据。

### 法院观点

一审法院（河北省高级人民法院）认为，《2004年建工解释》第21条是针对招标过程前后当事人为规避法律既签订一份（中标）备案合同，又签订一份非备案合同的情形，其特点是在签订备案合同与非备案合同时有关工程的情况是相同的。而在施工开始两年后，才出现了工程多次停工及其他情况，为解决相应的问题，双方签订《补充协议书》对工程价款结算方式进行了调整，是当事人正当行使合同变更权的体现，不属于《2004年建工解释》第21条所规定的情形。二审中，最高人民法院也认为，《2004年建工解释》第21条的规定针对的是当事人在中标合同之外另行签订建设工程施工合同，以架空中标合同、规避中标行为和行政部门监管的情形；而《补充协议书》是双方在履行《建设工程施工合同》过程中，为了解决工程多次停工给赤峰公司造成损失的问题而签订的。因此，《补充协议书》属于双方当事人在合同履行过程中经协商一致的合同变更，不应适用《2004年建工解释》第21条。

## 8.3 “黑白合同”裁判规则的约束范围

“黑白合同”为法律所明令禁止，但是，“随着人民政府规范整顿建筑市场的力度加大，‘黑白合同’数量不仅没有减少，而且呈发展蔓延趋势。目前，最高人民法院二审审结的施工合同纠纷案件中，有一半以上的案件存在‘黑白合同’。可以想见，地方法院审理的施工合同纠纷案件也肯定存在大量的‘黑白合同’”[①]。

① 冯小光：《回顾与展望——写在〈最高人民法院关于审理建设工程施工合同纠纷案件适用法律问题的解释〉颁布实施三周年之际》，载最高人民法院民事审判第一庭编：《民事审判指导与参考》总第33集，法律出版社2008年版。

面对广泛存在的“黑白合同”，实务界在“黑白合同”规则的适用上存在泛化的倾向，有必要予以澄清。①

## 裁判规则321

**发承包双方另行签订合同变更中标合同约定的工程项目性质的，应以违反建设工程规划审批手续为由认定变更行为无效，无须也不应适用“黑白合同”裁判规则。**

《八民会纪要（民事部分）》第31条规定：“招标人和中标人另行签订改变工期、工程价款、工程项目性质等影响中标结果实质性内容的协议，导致合同双方当事人就实质性内容享有的权利义务发生较大变化的，应认定为变更中标合同实质性内容。”据此，工程项目性质属于中标合同的实质性内容，改变工程项目性质应认定为实质性变更。② 但其后颁布的《2018年建工解释》第1条第1款、《建设工程施工合同解释（一）》第2条第1款列举的中标合同实质性内容并未包括工程项目性质。

《八民会纪要（民事部分）》第31条规定的工程项目性质“主要包括工程质量及工程用途等”③。其中，工程质量显然属于中标合同的实质性内容，《建设工程施工合同解释（一）》第2条第1款已经予以明文列举。至于工程用途，按建筑物的用途可以将建筑物分为民用建筑、工业建筑和农业建筑。此外，还可将工程项目性质理解为建设性质，若此，则可将其分为新建、扩建、改建、迁建、恢复。因此，在《建设工程施工合同解释（一）》第2条第1款已经明文列举工程质量的情况下，《八民会纪要（民事部分）》第31条所规范的是另行签订的合同与中标合同在工程用途或建设性质方面的不一致。

如前所述，建设用地规划许可证通常包括下列内容：(1) 地块的位置、使用性质、用地范围、退让道路红线；(2) 土地使用强度，主要包括客积率、建筑密

---

① 当然，随着《必须招标的工程项目规定》《必须招标的基础设施和公用事业项目范围规定》对强制招投标范围的大幅限缩，有理由期待并相信，“黑白合同”裁判规则的适用频率将持续降低。

② 参见李玉生主编：《建设工程施工合同案件审理指南》，人民法院出版社2019年版，第103页。

③ 杜万华主编：《〈第八次全国法院民事商事审判工作会议（民事部分）纪要〉理解与适用》，人民法院出版社2017年版，第481页。

度和建筑高度；(3) 核定绿地、市政设施与公共服务设施的配置、交通出入口方位、日照间距、机动车停放车位、车库和物业服务用房等要求；(4) 房地产开发项目中的保障性住房建设要求；(5) 法律、法规、规章规定的其他事项和有关规范、标准的强制性内容。① 建设工程规划许可证通常包括下列内容：(1) 许可证编号；(2) 发证机关名称和发证日期；(3) 用地单位；(4) 用地项目名称、位置、宗地号以及子项目名称、建筑性质、栋数、层数、结构类型；(5) 计容积率面积及各分类面积；(6) 附件，包括总平面图、各层建筑平面图、各向立面图和剖面图。因此，无论是工程用途还是建设性质，都属于建设工程规划审批手续的记载事项。《建设工程施工合同解释（一）》第3条第1款规定：“当事人以发包人未取得建设工程规划许可证等规划审批手续为由，请求确认建设工程施工合同无效的，人民法院应予支持，但发包人在起诉前取得建设工程规划许可证等规划审批手续的除外。”据此，无论是另行签订的合同还是中标合同，如约定的工程用途、建设性质与建设工程规划审批手续不一致，应直接根据《建设工程施工合同解释（一）》第3条第1款的规定认定为无效，无须也不应适用“黑白合同”裁判规则。下述【典型案例321】即为适例。

**典型案例321**

## 江苏山南建设工程有限公司与来安县七彩谷农业开发有限公司等建设工程施工合同纠纷案②

### 基本案情

2017年，经来安县水口镇农业招商，来安县七彩谷农业开发有限公司（以下简称七彩谷公司）承接七彩谷生态园项目建设。2017年1月14日，来安县水口镇人民政府出具《关于七彩谷生态园项目入驻证明的函》称：“七彩谷生态园是水口镇2017年农业招商项目，用地性质为流转农业用地。建设主要内容为：种植区设施建设10亩，水产养殖区设施建设10亩，蔬菜、水果、花卉、水产品等种养面积

① 《陕西省城乡规划条例》（2009年3月26日发布）第36条。

② 典型案例321：江苏山南建设工程有限公司与来安县七彩谷农业开发有限公司等建设工程施工合同纠纷案，安徽省来安县人民法院（2020）皖1122民初4957号民事判决书。

900亩。”2020年10月21日，苏商公司向江苏山南建设工程有限公司（以下简称山南公司）出具《建设工程中标通知书》称，山南公司中标来安县七彩谷生态园（玫瑰小镇）一期项目。2020年10月29日，山南公司与七彩谷公司签订《建设工程施工合同》约定，山南公司承建来安县七彩谷生态园（玫瑰小镇）一期项目，工程内容包括道路、大门、广场、停车场、土建、地面以下管线、排水及相关工程承包内容。2020年10月30日，山南公司向七彩谷公司支付履约保证金100万元、向苏商公司支付招标代理费20万元。后山南公司诉至法院，以项目建设未经相关主管部门的规划和审批为由，要求七彩谷公司退还履约保证金100万元、苏商公司退还招标代理费20万元。七彩谷公司辩称，山南公司提供的图纸并非双方最终确定的正式施工图纸，并另行提交了一份项目总平面图，主张案涉项目用地为农业用地，已取得合法合规的手续，不必再办理建设用地审批手续。

## 法院观点

来安县人民法院认为，2018年4月11日，来安县七彩谷生态园（玫瑰小镇）一期项目在来安县发改委进行项目备案。依据《国土资源部、农业部关于进一步支持设施农业健康发展的通知》，非农建设占用设施农用地的，应依法办理农用地转用审批手续。七彩谷公司流转的水口镇甲埂村土地属于农业用地，七彩谷公司与山南公司在合同中约定的施工内容以及山南公司提交的施工图设计内容均属于农用地转用范围，应当依法办理审批手续。七彩谷公司未办理农用地转用审批手续、未取得建设工程规划许可证等规划审批手续，违反法律的强制性规定——《2018年建工解释》第2条，故七彩谷公司与山南公司签订的《建设工程施工合同》属无效合同。

## 裁判规则322

**本不属于强制招投标范围的建设工程，发包人自愿进行招投标的，因《招标投标法》适用于所有的招投标活动，故应受“黑白合同”规则的约束。**

根据建设工程是否必须招投标，可将其分为自愿招投标工程与强制招投标工程。《建设工程施工合同解释（一）》第23条规定：“发包人将依法不属于必须招标的建设工程进行招标后，与承包人另行订立的建设工程施工合同背离中标合同的实质性内容，当事人请求以中标合同作为结算建设工程价款依据的，人民法院应予支持，但发包人与承包人因客观情况发生了在招标投标时难以预见的变化而另行订立建设工程施工合同的除外。”从而将自愿招投标工程也纳入了“黑白合同”裁判规则的适用范围。

《建设工程施工合同解释（一）》第23条之所以将自愿招投标工程也纳入了“黑白合同”裁判规则的适用范围，主要原因在于，《招标投标法》第2条规定：“在中华人民共和国境内进行招标投标活动，适用本法。”第46条第1款规定：“招标人和中标人应当自中标通知书发出之日起三十日内，按照招标文件和中标人的投标文件订立书面合同。招标人和中标人不得再行订立背离合同实质性内容的其他协议。”从上述规定来看，并未区分强制性招投标项目或者非强制性招投标项目。① 此外，“因《招标投标法》所保护的不仅是当事人自身的利益，其更是对社会招投标市场的规范，事关不特定投标人利益的保护，涉及市场竞争秩序的维护，因此，只要是根据《招标投标法》进行的招投标并因此签订的合同都受该法约束”②。据此，无论是自愿招投标还是强制招投标，均应适用“黑白合同”裁判规则。除下述【典型案例322】外，还可参见“广东怡福建设工程有限公司与江门市汎港凯旋房地产开发有限公司建设工程施工合同纠纷案”③。

---

① 参见最高人民法院民事审判第一庭编著：《最高人民法院新建设工程施工合同司法解释（一）理解与适用》，人民法院出版社2021年版，第235、236页。

② 夏正芳：《建设工程案件审判实务中的有关问题》，载最高人民法院民事审判第一庭编：《民事审判指导与参考》总第35集，法律出版社2009年版。

③ 参考案例336：广东怡福建设工程有限公司与江门市汎港凯旋房地产开发有限公司建设工程施工合同纠纷案，广东省高级人民法院（2020）粤民申459号民事裁定书。

典型案例 322

## 西安市高陵区建筑工程公司与陕西中孚房地产开发有限责任公司建设工程施工合同纠纷案[①]

### 基本案情

2010年12月9日，西安市高陵区建筑工程公司（以下简称高陵公司）（乙方）与陕西中孚房地产开发有限责任公司（以下简称中孚公司）（甲方）签订《凤凰现代城工程承包商务合同》约定，甲方同意将凤凰现代城相关标段工程发包给乙方；工程决算全部以招标中标价为基础，扣除甲供设备材料费用，乙方再给甲方8%的优惠。2010年1月4日，经招投标程序，高陵公司中标案涉工程。2011年2月，双方签订《建设工程施工合同》约定，高陵公司承建凤凰现代城5号、15号楼，合同总价9,937,733.14元。2011年3月24日，高陵公司进场施工。2017年8月9日，案涉工程经竣工验收合格。后高陵公司诉至法院，要求中孚公司支付工程款4,879,521.85元及延期付款利息。

### 法院观点

陕西省高级人民法院认为，根据《2018年建工解释》第9条的规定，并非必须招投标的项目一旦选择了招投标方式，就必须遵守《招标投标法》及相关法规的要求，依法合规地开展各项活动。案涉项目虽然现在不属于必须进行招投标的项目，但是双方按照《招标投标法》及其实施条例、《工程建设项目招标范围和规模标准规定》对案涉项目进行了招投标。依照《招标投标法》第43条的规定，在确定中标人前，招标人不得与投标人就投标价格、投标方案等实质性内容进行谈判。高陵公司中标前，双方签订《凤凰现代城工程承包商务合同》，该合同载明，中孚公司同意将案涉工程相关标段发包给高陵公司。合同约定工程决算全部以中标价为基础，扣除甲供设备材料费用，高陵公司再给中孚公司8%的优惠。从上述协议内

① 典型案例322：西安市高陵区建筑工程公司与陕西中孚房地产开发有限责任公司建设工程施工合同纠纷案，陕西省高级人民法院（2021）陕民终98号民事判决书。

容来看，双方对施工合同的价款已经进行了明确的协商，已经明确约定对合同价款以中标价为基础进行决算，对价格进行优惠，是对投标价格进行实质性谈判。在招投标后，双方又签订了用于备案的施工合同，双方的行为属于明招暗定，虚假招标，其行为违反了法律、行政法规的强制性规定。故《凤凰现代城工程承包商务合同》与《建设工程施工合同》均属无效。

## 裁判规则323

**“黑白合同”裁判规则的适用，以中标合同有效为前提。如中标合同无效，则应当以其他的有效合同或实际履行的合同作为结算依据。**

《2004年建工解释》第21条规定：“当事人就同一建设工程另行订立的建设工程施工合同与经过备案的中标合同实质性内容不一致的，应当以备案的中标合同作为结算工程价款的根据。”最高人民法院认为，该条“并不涉及哪一份合同的效力，而是明确了以哪一份合同作为结算工程价款的依据”①。换言之，“俗称的‘白合同’，应仅就其具备反映中标结果以及备案的形式外观而成立；这里应不涉及合同效力评价层面上的问题，‘白合同’未必一定为有效合同，违法招投标导致建设工程施工合同无效的情况下亦会产生‘黑白合同’”②。若此，只要另行签订的合同与中标合同的实质性内容不一致，无论中标合同是否有效，均应以中标合同作为结算工程价款的依据。《2018年建工解释》第1条第1款与《建设工程施工合同解释（一）》第2条第1款在对《2004年建工解释》第21条予以完善时，也未要求中标合同有效。因此，站在文义解释的角度，无论作为中标合同的“白合同”是否有效，均具有优先适用的效力。

但实务界普遍认为，“黑白合同”裁判规则的适用以中标合同有效为前提，无

---

① 最高人民法院民事审判第一庭编著：《最高人民法院建设工程施工合同司法解释的理解与适用》，人民法院出版社2004年版，第195页。

② 方乐坤：《建设工程领域“黑白合同”规则实证研究——解释论的视角》，载《现代法学》2020年第5期。

效的中标合同不能作为结算依据。安徽省高级人民法院①、广东省高级人民法院②、北京市高级人民法院③、浙江省高级人民法院④、四川省高级人民法院⑤、江苏省高级人民法院⑥、湖南省高级人民法院⑦均持这一立场。最高人民法院在“莫志华与东莞市长富广场房地产开发有限公司、深圳市东深工程有限公司建设工程施工合同纠纷案”⑧、“郑皓颖与吉林市金晟房地产开发有限公司建设工程施工合同纠纷案”⑨、“盖州市暖泉建筑工程有限责任公司与营口熊岳三友建材市场有限公司建设工程合同纠纷案”⑩、“汕头市建安（集团）公司与北京秦浪屿工艺品有限公司建设

---

① 《安徽省高级人民法院关于审理建设工程施工合同纠纷案件适用法律问题的指导意见（二）》（2013年12月23日）第8条规定：“当事人就同一建设工程订立的数份施工合同均被认定无效，应当参照当事人实际履行的合同结算工程价款。”

② 原《广东省高级人民法院关于审理建设工程施工合同纠纷案件若干问题的指导意见》（粤高法发〔2011〕37号）第3条规定：“经过招投标程序订立的建设工程施工合同与当事人另行订立的‘实质性内容不一致’的建设工程施工合同都被认定为无效的，参照当事人实际履行的合同结算工程价款。”

③ 《北京市高级人民法院关于审理建设工程施工合同纠纷案件若干疑难问题的解答》（京高法发〔2012〕245号）第15条第3款规定：“备案的中标合同与当事人实际履行的施工合同均因违反法律、行政法规的强制性规定被认定为无效的，可以参照当事人实际履行的合同结算工程价款。”

④ 《浙江省高级人民法院民事审判第一庭关于审理建设工程施工合同纠纷案件若干疑难问题的解答》（浙法民一〔2012〕3号）第16条第2款规定：“当事人违法进行招投标，当事人又另行订立建设工程施工合同的，不论中标合同是否经过备案登记，两份合同均为无效；应当按照最高人民法院《关于审理建设工程施工合同纠纷案件适用法律问题的解释》第二条的规定，将符合双方当事人的真实意思，并在施工中具体履行的那份合同，作为工程价款的结算依据。”

⑤ 《四川省高级人民法院关于审理建设工程施工合同纠纷案件若干疑难问题的解答》（川高法民一〔2015〕3号）第21条第3款规定：“备案的中标合同与当事人实际履行的建设工程施工合同均因违反法律，行政法规的强制性规定被认定为无效的，应参照当事人实际履行的合同结算工程价款。”

⑥ 原《江苏省高级人民法院民一庭建设工程施工合同纠纷案件司法鉴定操作规程》（苏高法电〔2015〕802号）第28条第2款规定：“当事人违法进行招投标订立中标合同后，又另行订立施工合同，不论中标合同是否经过备案，均应以符合双方当事人的真实意思并在施工中实际履行的施工合同作为工程造价鉴定的依据。”

⑦ 《湖南省高级人民法院关于审理建设工程施工合同纠纷案件若干问题的解答》（湘高法〔2022〕102号）第7条第2款规定：“中标合同与其他合同均无效的，以实际履行的合同作为结算依据。无法区分实际履行的合同的，以后签订的合同作为结算依据。”

⑧ 参考案例337：莫志华与东莞市长富广场房地产开发有限公司、深圳市东深工程有限公司建设工程施工合同纠纷案，最高人民法院（2011）民提字第235号民事判决书。

⑨ 参考案例338：郑皓颖与吉林市金晟房地产开发有限公司建设工程施工合同纠纷案，最高人民法院（2019）最高法民终1455号民事判决书。

⑩ 参考案例339：盖州市暖泉建筑工程有限责任公司与营口熊岳三友建材市场有限公司建设工程合同纠纷案，最高人民法院（2013）民申字第2405号民事裁定书。

工程施工合同纠纷案”① 中，也持这一立场。

中标合同并不具有当然的优先于“黑合同”的效力。② 一方面，《建设工程施工合同解释（一）》第24条第1款规定：“当事人就同一建设工程订立的数份建设工程施工合同均无效，但建设工程质量合格，一方当事人请求参照实际履行的合同关于工程价款的约定折价补偿承包人的，人民法院应予支持。”若此，如果认为无论中标合同是否有效均应以中标合同作为结算工程价款的依据，则会与《建设工程施工合同解释（一）》第24条第1款冲突。且在中标合同无效但存在其他有效合同的情况下（下述【典型案例323】即属此类情形），就会出现无效合同优先于有效合同的滑稽局面。另一方面，“黑合同无效系以白合同为参照，但当白合同亦无效时，以其为参照对黑合同予以评价已无意义”③。换言之，“黑白合同”裁判规则的适用，以中标合同有效为前提。中标合同无效，但存在其他有效合同的，则应以其他有效合同作为结算依据；如果合同均无效，则应按照《建设工程施工合同解释（一）》第24条第1款的规定，以实际履行的合同作为结算依据，以尊重民商事交易意思自治原则；④ 如果无法确定应该适用的合同，可以通过鉴定据实结算工程价款。⑤

---

① 典型案例216：汕头市建安（集团）公司与北京秦浪屿工艺品有限公司建设工程施工合同纠纷案，最高人民法院（2011）民一终字第62号民事判决书。

② 参见杨心忠等：《建设工程合同纠纷裁判思路》，法律出版社2014年版，第118页。

③ 《广东省高级人民法院关于2009年度广东省法院民事审判工作若干具体问题分析的报告》，载最高人民法院民事审判第一庭编：《民事审判指导与参考》总第41集，法律出版社2010年版。

④ 参见于蒙：《同一建设工程存在“黑白合同”的情形下，在判断工程价款结算根据时，是否需要考虑“白合同”的效力》，载最高人民法院民事审判第一庭编：《民事审判指导与参考》总第77辑，人民法院出版社2019年版；《〈最高人民法院关于审理建设工程施工合同纠纷案件适用法律问题的解释〉第二十一条规定“当事人就同一建设工程另行订立的建设工程施工合同与经过备案的中标合同实质性内容不一致的，应当以备案的中标合同作为结算工程价款的依据”，该条的适用是否以中标合同有效为前提?》，载最高人民法院民事审判第一庭编：《民事审判指导与参考》总第80辑，人民法院出版社2020年版；肖峰等：《〈关于审理建设工程施工合同纠纷案件适用法律问题的解释（二）〉解读与探索》，载《法律适用》2019年第7期。

⑤ 参见最高人民法院民事审判第一庭编著：《最高人民法院新建设工程施工合同司法解释（一）理解与适用》，人民法院出版社2021年版，第36页。

**典型案例 323**

## 湖北省建工第五建设有限公司与宜昌江枫置业有限公司建设工程施工合同纠纷案①

### 基本案情

2012 年 4 月 28 日，宜昌江枫置业有限公司（以下简称江枫公司）与湖北省建工第五建设有限公司（以下简称省建五公司）签订《湖北省建设工程施工合同》（以下简称“4.28 合同”）约定，江枫公司将其长河湾二期某楼及综合地下室工程发包给省建五公司，合同价款暂定为 12,000 万元。9 月 20 日，江枫公司委托湖北中元工程咨询有限公司就案涉工程发布《施工投标邀请书》，省建五公司参与投标并中标。2012 年 10 月 18 日，依据中标结果，江枫公司与省建五公司签订《建设工程施工合同》（以下简称“10.18 合同”）约定，合同价款为 101,028,114.2 元；后该合同于 2012 年 10 月 29 日在住房和城乡建设局进行了备案。2012 年 10 月 25 日，江枫公司与省建五公司共同签署《承诺书》约定，“10.18 合同”仅用作工程备案，不作为结算依据。2015 年 9 月 14 日，案涉工程竣工。省建五公司诉至法院，要求江枫公司支付工程款。江枫公司认为，因“10.18 合同”系中标合同，根据《2004 年建工解释》第 21 条的规定，在“4.28 合同”与中标备案的“10.18 合同”实质性内容不一致的情况下，应以“10.18 合同”为依据结算工程造价。

### 法院观点

湖北省高级人民法院在二审中认为，由于长河湾二期项目系使用民间资金建设，无须进行招投标，故“4.28 合同”有效。《承诺书》约定，双方签订的“10.18 合同”仅用作工程备案，不作为结算依据。故“10.18 合同”并非江枫公司与省建五公司的真实意思表示，系以合法形式掩盖其规避《招标投标法》有关规定的非法目的，应为无效。《2018 年建工解释》第 11 条第 1 款规定：“当事人就

① 典型案例 323：湖北省建工第五建设有限公司与宜昌江枫置业有限公司建设工程施工合同纠纷案，湖北省高级人民法院（2019）鄂民终 642 号民事判决书。

同一建设工程订立的数份建设工程施工合同均无效，但建设工程质量合格，一方当事人请求参照实际履行的合同结算建设工程价款的，人民法院应予支持。”该条规定中所指的数份建设工程施工合同当然包括备案的中标合同。结合《2004年建工解释》第21条和《2018年建工解释》第11条的规定，在备案的中标合同有效的情况下，应适用《2004年建工解释》第21条的规定；在备案的中标合同无效的情况下，应适用《2018年建工解释》第11条的规定。本案中，双方当事人签订的中标备案的“10.18合同”无效，而“4.28合同”有效，自无适用“10.18合同”结算工程造价的基础。“4.28合同”不仅是当事人实际履行的合同，而且是有效合同，在案涉建设工程质量经验收合格的情况下，应按照有效的“4.28合同”结算建设工程造价。

## 裁判规则324

**“黑合同”与“白合同”的签订顺序影响“白合同”的效力，也就相应地影响“黑白合同”裁判规则的适用。**

审视“黑白合同”的规则设计，“从《招标投标法》的有关规定来看，对于两份合同性质的认定，没有将合同签订时间作为一个标准”①。换句话说，“黑合同”与“白合同”在时间上的先后顺序，不影响对“黑白合同”性质的认定。但一方面，如【裁判规则323】所述，“黑白合同”裁判规则的适用，以中标合同有效为前提；另一方面，如后所述，“黑合同”与“白合同”在时间上的先后顺序不同，对“白合同”的效力有影响。因此，“黑合同”与“白合同”的签订顺序影响“白合同”的效力，也就相应地影响“黑白合同”裁判规则的适用。

如果“白合同”在前“黑合同”在后，或者“黑白合同”在同一天签订，又或者难以确定二者签订的先后顺序；在招投标不存在其他无效事由的情况下，“白合同”属合法有效的合同，“黑合同”则因与“白合同”实质性内容不一致而无效，应当将“白合同”作为结算工程价款的依据。

如果“黑合同”在前“白合同”在后，则意味着招标人与投标人在招标之前

---

① 最高人民法院民事审判第一庭编著：《最高人民法院建设工程施工合同司法解释的理解与适用》，人民法院出版社2004年版，第192页。

进行了实质性谈判，根据《招标投标法》第43条禁止“先定后招”的规定，中标无效，也即“白合同”属于无效合同。[①] 在此基础上，对“黑合同”效力的评价，应区分项目是强制招投标还是自愿招投标。如果是强制招投标，则“黑合同”应经招投标而未经招投标，也属无效，应当将实际履行的合同作为结算依据。就此，可参见“宏大建设集团有限公司与灵宝市城东产业园管委会、灵宝市人民政府建设工程施工合同纠纷案”[②]。如果是自愿招投标，则如【裁判规则52】所述，“黑合同”系有效合同，应将“黑合同”作为结算依据。下述【典型案例324】即为适例。

**典型案例324**

## 甘肃省第五建设集团有限责任公司与甘肃西脉新材料科技股份有限公司建设工程施工合同纠纷案[③]

### 基本案情

2013年，甘肃省第五建设集团有限责任公司（以下简称甘肃五建）与甘肃西脉新材料科技股份有限公司（以下简称西脉公司）就西脉家园4号、5号楼工程签订《协议书》一份、就西脉家园6号楼工程签订《协议书》一份。两份《协议书》签订后，甘肃五建进场施工。2014年9月15日、11月27日，就西脉家园4号、5号、6号楼工程形成《中标通知书》两份，招标人为西脉公司、中标人为甘肃五建。2014年10月11日，双方签订《建设工程施工合同》约定，甘肃五建承建西脉家园5号、6号楼；12月3日，双方签订《建设工程施工合同》约定，甘肃五建承建西脉家园4号楼。两份《建设工程施工合同》均向建设行政主管部门进行了备案。2018年6月25日，因工程迟迟不能竣工，西脉公司向甘肃五建发出关于解

① 参见王勇：《对建筑工程领域黑白合同的裁判思路》，载《人民司法（应用）》2016年第7期。

② 参考案例340：宏大建设集团有限公司与灵宝市城东产业园管委会、灵宝市人民政府建设工程施工合同纠纷案，河南省高级人民法院（2021）豫民终1009号民事判决书。

③ 典型案例324：甘肃省第五建设集团有限责任公司与甘肃西脉新材料科技股份有限公司建设工程施工合同纠纷案，甘肃省高级人民法院（2021）甘民终512号民事判决书。

除西脉家园4号、5号楼《建设工程施工合同》及相关协议的通知书。后甘肃五建诉至法院，要求西脉公司支付工程款。就工程款的结算依据，甘肃五建认为，通过招投标方式签订的两份《建设工程施工合同》为合法有效的合同，应当据此确定工程总造价。西脉公司认为，《协议书》签订在前，《建设工程施工合同》签订在后，两份合同违反《招标投标法》禁止“未招先定”的规定，均属无效，应以双方实际履行的《协议书》作为结算依据。

## 法院观点

甘肃省高级人民法院认为，两份《协议书》签订后，甘肃五建就案涉工程进行施工。案涉工程属于经济适用房，但经济适用房并不属于必须进行招投标的工程项目，且该两份《协议书》也不存在其他无效情形，故上述两份《协议书》应属有效。双方又于2014年10月11日就西脉家园5号、6号楼签订《建设工程施工合同》一份、2014年12月3日就西脉家园4号楼签订《建设工程施工合同》一份。该两份《建设工程施工合同》是甘肃五建与西脉公司以招投标方式签订的，案涉工程5号楼开工时间为2014年3月20日，4号楼开工时间为2014年7月1日，在西脉公司与甘肃五建签订《建设工程施工合同》时案涉工程已经开始施工。双方通过招投标签订的《建设工程施工合同》属于“未招先定”，违反了《招标投标法》的效力性强制性规定，应属无效。据此，两份《建设工程施工合同》为无效合同，两份《协议书》为有效合同，故甘肃五建和西脉公司均应按照《协议书》约定的内容履行义务。

## 裁判规则325

**“黑白合同”裁判规则的适用，以“白合同”的相关约定得到实际履行为前提。“白合同”未获履行的部分、超“白合同”范围履行的部分，不能以“白合同”作为结算工程价款的依据。**

《建设工程施工合同解释（一）》第2条第1款规定：“招标人和中标人另行签订的建设工程施工合同约定的工程范围、建设工期、工程质量、工程价款等实质性内容，与中标合同不一致，一方当事人请求按照中标合同确定权利义务的，人民法院应予支持。”但由于“黑合同”才是双方当事人真实意思的记载，所以实际履行的往往是“黑合同”。如果实际履行的工程范围、工程质量、工程期限与“白合同”不一致，是否仍应按照“白合同”确定权利义务？

原《江苏省高级人民法院关于审理建设工程施工合同纠纷案件若干问题的意见》（苏高法审委〔2008〕26号）第11条第1款前段规定，“法律、行政法规规定必须要经过招标投标的建设工程，当事人实际履行的建设工程施工合同与备案的中标合同实质性内容不一致的，应当以备案的中标合同作为工程价款的结算根据”。但在此情况下，仍以“白合同”作为结算工程价款的依据，往往有失公允。

实践中最常见的情形是，“黑合同”与“白合同”约定的工程范围不一致。在中标人完成了“黑合同”约定的工程范围的情况下，按照“白合同”进行结算，显然不具有合理性。又如“黑合同”与“白合同”约定的工程范围、工程质量相同，但“黑合同”约定的工期更短、工程价款更高，中标人按照“黑合同”约定的短工期完成了施工。此时按照“白合同”约定的低价款进行结算，既意味着对中标人为赶工所做相应付出的否定，也意味着招标人获取了短工期的高对价与长工期的低对价之间的差额利益。再如“黑合同”与“白合同”约定的工程范围、工程期限相同，但“白合同”约定的质量标准为合格、工程价款更低，“黑合同”约定的质量标准更高、工程价款也更高。如中标人完成的工程达到“黑合同”约定的高标准，仍按“白合同”约定的低价款确定工程款，也有违公平原则。在此情形下应当认定，“白合同”虽然有效但未得到实际履行，不能作为结算依据；“黑合同”虽然无效但系实际履行的合同，应当参照“黑合同”的约定折价补偿。据此，在“黑合同”与“白合同”约定的工程范围、工程期限、工程质量等均相同，只是工程价款不同的情况下，可以将“白合同”作为结算工程价款的依据。但如“黑合同”与“白合同”约定的工程范围、工程期限或工程质量有所不同，而承包人按照“黑合同”的约定进行了履行，则应根据实际履行的合同确定工程价款。

此外，如果在“白合同”之外还有其他履行行为，则“白合同”范围内的部分，适用“白合同”的约定；“白合同”范围外的部分，则按照实际履行的合同进行结算。在“茂名建筑集团第一有限公司与化州市机关事务管理局等建设工程合同纠纷案”①，中标合同之外的增加工程超过中标合同的10%，中标价为

---

① 参考案例341：茂名建筑集团第一有限公司与化州市机关事务管理局等建设工程合同纠纷案，广东省茂名市中级人民法院（2021）粤09民终1515号民事判决书。

8, 255, 006. 48 元，增加后总价为 19, 452, 991. 9 元，增加部分未经招投标。法院依据《政府采购法》第 49 条的规定，认定增加部分无效。同时，依据《2004 年建工解释》第 2 条的规定，对中标合同外增加部分的工程款予以支持。

**典型案例 325**

## 江苏南通二建集团有限公司与天津国储置业有限公司建设工程施工合同纠纷案①

### 基本案情

2015 年 4 月 15 日，经招投标，天津国储置业有限公司（以下简称置业公司）与江苏南通二建集团有限公司（以下简称南通二建）签订《建设工程施工合同》约定，合同价款为 135, 505, 850 元总价包干；开工前 15 日内预付中标价格的 10%作为工程预付款；施工中，每月按已完工程量的 70%进行付款，工程量全部完成且竣工验收合格后，支付至合同价的 80%；工程竣工结算后，拨付工程结算总造价 95%的工程款，扣留 5%作为维修款。2016 年 1 月 18 日，双方签订《总包补充协议》约定，承包人进行全垫资施工，在工程按合同约定的期限竣工并验收合格的前提下，施工至项目竣工验收合格且完成竣工备案后 10 个月内，发包人应向承包人付清全部工程款。工程完工并经竣工验收合格后，2018 年 2 月 7 日，双方签订《借款协议》约定，置业公司向南通二建发放借款 1000 万元，借款期限自 2018 年 2 月 7 日起至 2018 年 5 月 7 日止，按照年利率 4. 5%计算资金占用费。当日，置业公司给付南通二建 1000 万元。2018 年 8 月 17 日，置业公司（甲方）与南通二建（乙方）签订《支付协议》约定：双方确定该项目的结算金额为 13, 200 万元；甲方根据《借款协议》汇入乙方账户的 1000 万元转成甲方已付工程款；甲方于 2018 年 8 月 20 日前以现金形式向乙方支付工程款 4000 万元；甲方自 2018 年 9 月开始每 3 个月支付 1000 万元，且于 2018 年 12 月 30 日前付清余款，乙方不予计算甲方的延期付款利息。后南通二建诉至法院，要求支付工程款。

---

① 典型案例 325：江苏南通二建集团有限公司与天津国储置业有限公司建设工程施工合同纠纷案，最高人民法院（2019）最高法民终 1093 号民事判决书。

## 法院观点

最高人民法院认为，《总包补充协议》与中标的《建设工程施工合同》相比，工程款支付方式由预付款加进度付款改为承包人全垫资施工。而款项支付方式系关于工程价款的重要内容，因此，应认定《总包补充协议》构成对中标合同的实质性变更，应属无效。但是，从合同实际履行情况来看，在案涉工程竣工验收前，置业公司未支付任何预付款和工程进度款。即便2018年2月7日南通二建向置业公司借款1000万元并自愿按照年利率4.5%支付资金占用费时，其亦未提出抵扣前期预付款和进度款的主张。由此可见，双方并未实际履行《建设工程施工合同》的约定。2018年8月17日双方签订《支付协议》，该协议是《建设工程施工合同》履行完毕后对所有工程款数额的最终结算，并详细约定了工程款的具体支付时间。因此，虽然中标的《建设工程施工合同》约定了工程预付款和进度款的支付事宜，但双方并未实际履行，而且工程结算的《支付协议》中又对工程款支付作出了新的约定，应视为对《建设工程施工合同》工程款支付方式的约定的变更。双方的权利义务关系应根据变更后的合同内容确定。

## 裁判规则326

**有效且得到实际履行的“白合同”不仅可以作为结算工程价款的依据，其效力范围还及于合同的其他实质性内容，但不能约束合同实质性内容以外的其他事项。**

针对“黑白合同”的法律后果，相关条文的表述不尽一致。《建设工程施工合同解释（一）》第2条第1款的规定是“按照中标合同确定权利义务”，而第23条则规定为“以中标合同作为结算建设工程价款依据”。“按照中标合同确定权利义务”显然比“以中标合同作为结算建设工程价款依据”的涵摄范围要广。

有观点认为，《建设工程施工合同解释（一）》第2条第1款适用于强制招投标工程，即强制招投标工程应当全面“按照中标合同确定权利义务”；第23条适用于自愿招投标工程，即自愿招投标工程仅“以中标合同作为结算建设工程价款根据”，其余事项则应执行“黑合同”的约定。也有观点主张，为了不使“黑白合同”规则的效力范围过分扩张，宜对第2条第1款中的“按照中标合同确定权利义务”作限缩性解释，以使该条文重新回归到仅约束有关工程价款结算事项的范围以内。①

事实上，无论是《2004年建工解释》第21条，还是《建设工程施工合同解释（一）》第2条第1款（《2018年建工解释》第1条第1款）、第23条（《2018年建工解释》第9条），其规范目的都是相同的——应当按照“白合同”确定合同的实质性内容。《2004年建工解释》认为，“不将合同的全部内容变化作为区分‘黑白合同’或者‘阴阳合同’的界限”②，仅应限定“中标合同不应再进行实质性内容变更”③。《2018年建工解释》认为，“‘黑合同’必须是对中标合同的实质性背离。如果‘黑合同’的内容与‘白合同’不一致并未构成对‘白合同’实质性内容的违反或背离，属于合同变更，是合同自由原则的体现”④。《建设工程施工合同解释（一）》认为，“黑合同必须是对中标合同的实质性背离”⑤。据上所述，“黑白合同”裁判规则的着眼点一直是“黑合同”与“白合同”在实质性内容上是否一致的问题。如果实质性内容不一致，则构成“黑白合同”，应当执行“白合同”约定的条件；如果仅是非实质性内容不一致，则属于正当的合同变更，不应适用“黑白合同”规则。在下述【典型案例326】中，因施工合同约定的工期与招投标确定的工期不一致，法院即根据“黑白合同”规则判定以招投标确定的工期为准。

据此，站在文义解释的角度，无论是“作为结算建设工程价款依据”，还是“按照中标合同确定权利义务”，表述都不够严谨。“作为结算建设工程价款依据”涵摄范围过窄，当“黑合同”与“白合同”在工程期限、工程范围等工程价款以外的其他实质性内容存在不一致时，无法规制；“按照中标合同确定权利义务”涵

---

① 参见方乐坤：《建设工程领域“黑白合同”规则实证研究——解释论的视角》，载《现代法学》2020年第5期。

② 最高人民法院民事审判第一庭编著：《最高人民法院建设工程施工合同司法解释的理解与适用》，人民法院出版社2004年版，第193页。

③ 最高人民法院民事审判第一庭编著：《最高人民法院建设工程施工合同司法解释的理解与适用》，人民法院出版社2004年版，第195页。

④ 最高人民法院民事审判第一庭编著：《最高人民法院建设工程施工合同司法解释（二）理解与适用》，人民法院出版社2019年版，第54页。

⑤ 最高人民法院民事审判第一庭编著：《最高人民法院新建设工程施工合同司法解释（一）理解与适用》，人民法院出版社2021年版，第37页。

摄范围过宽，将实质性内容以外的事项一并纳入了“黑白合同”裁判规则的适用范围。质言之，“白合同”的效力范围为合同的实质性内容。当然，通常情况下，发承包双方的争议集中于工程款结算，且工程范围、工期、质量、价款、违约责任等，在结算中最终都体现为价款，所以从结果看，“白合同”事实上更多发挥着“结算建设工程价款依据”这一作用。

**典型案例 326**

## 龙元建设集团股份有限公司与天津君悦房地产开发有限公司等建设工程施工合同纠纷案①

### 基本案情

2012 年 11 月，天津君悦房地产开发有限公司（以下简称君悦公司）制作的君悦花苑（一期工程）招标文件载明，本工程总工期为自 2012 年 12 月 26 日起至 2015 年 10 月 15 日止，共计 1024 天。2012 年 12 月 20 日，龙元建设集团股份有限公司（以下简称龙元公司）向君悦公司发出投标文件（一期工程）。其中投标函第 1 条载明，投标报价为 316, 363, 219 元；工期为 2012 年 12 月 26 日至 2015 年 10 月 15 日，共计 1024 天。2012 年 12 月 25 日，君悦公司向龙元公司发出中标通知书（一期工程）载明，龙元公司中标价格为 316, 363, 219 元，中标工期为 2012 年 12 月 26 日至 2015 年 10 月 15 日。2013 年 5 月 13 日，君悦公司与龙元公司签订《建设工程施工合同》约定，工程内容为君悦花苑一期总承包工程；投资额 3.16 亿元；开工日期 2012 年 12 月 26 日，竣工日期 2014 年 10 月 15 日，合同工期总日历天数 900 天。2013 年 8 月 1 日，君悦花苑一期工程取得建筑工程施工许可证，其上载明，合同约定的开工日期为 2012 年 12 月 26 日。2015 年 10 月 15 日，君悦公司、龙元公司以及勘察单位、设计单位和监理单位在《天津市建设工程竣工验收备案表》（一期工程）上签章，建设工程主管部门于 2016 年 4 月 21 日在上述备案表上加盖竣工验收备案章。后龙元公司诉至法院，要求君悦公司支付工程欠款及利息。

---

① 典型案例 326：龙元建设集团股份有限公司与天津君悦房地产开发有限公司等建设工程施工合同纠纷案，天津市高级人民法院（2018）津民初 74 号民事判决书。一审判决后，龙元建设集团股份有限公司提起上诉，后又撤回了上诉［最高人民法院（2021）最高法民终 794 号民事裁定书］。

君悦公司提出反诉，要求龙元公司支付君悦花苑一期项目逾期竣工违约金14,995,616.58元。

## 法院观点

天津市高级人民法院认为，《2018年建工解释》第1条第1款规定：“招标人和中标人另行签订的建设工程施工合同约定的工程范围、建设工期、工程质量、工程价款等实质性内容，与中标合同不一致，一方当事人请求按照中标合同确定权利义务的，人民法院应予支持。”根据《一期备案合同》的约定，一期工程的“开工日期2012年12月26日，竣工日期2014年10月15日，合同工期总日历天数900天”。而一期工程的招投标文件、中标通知书载明2013年1月14日开工，2015年10月15日竣工。经计算，《一期备案合同》约定的开竣工时间与合同总工期不能对应，且与招投标文件、中标通知书中载明的工期不一致。《一期备案合同》关于竣工日期的约定改变了招投标文件关于竣工日期的约定，故应以招投标文件和中标通知书中载明的工期即2015年10月15日为准。经查，一期工程于2015年10月15日竣工验收。因此，龙元公司按约定工期完成一期工程施工，君悦公司主张一期工程逾期竣工不能成立。

## 裁判规则327

**应当按照“白合同”结算的，背离“白合同”达成的结算协议即使是当事人的真实意思表示，也不能作为结算工程价款的依据，但承包人按照价格更低的“黑合同”主张权利的除外。**

如前所述，有效且得到实际履行的“白合同”应当作为结算工程价款的依据。又如【裁判规则66】所述，结算协议的效力独立于建设工程施工合同，建设工程施工合同无效并不导致结算协议无效。若此，在“白合同”有效而“黑合同”无效的情况下，对当事人依据“黑合同”达成的结算协议应当如何评价？

江苏省高级人民法院认为，结算是双方对工程款债权债务的清理，体现的是当事人对工程价款的真实意思表示，如不存在欺诈、胁迫等撤销事由，应当认可结算行为的效力，将其作为支付工程价款的依据。① 最高人民法院也曾提出，《2004年建工解释》第21条“只适用于双方当事人因‘黑合同’‘白合同’发生结算争议时以哪一份合同为结算依据，适用于双方当事人就工程结算未达成一致且未结算完毕的情形。如果双方当事人已经就结算形成确认书并且签章，尤其是结算完毕的情形下，就没有适用司法解释的余地。在结算完毕的情况下，承包人如无证据证明结算协议或者结算行为存在胁迫等情形而要求依司法解释推翻结算协议则有违诚信原则”②。

但是，“黑白合同”裁判规则最主要的目的，就在于“维护建筑市场与招标投标管理秩序，保护其他投标人公平竞争权益、杜绝规避招投标的违法行为。故为了遏制‘低价中标、高价结算’的顽疾，对于‘白合同’即中标合同之后变更实质性内容的‘黑合同’的效力应当予以否定，进而也不能参照该‘黑合同’进行结算”③。《建设工程价款结算暂行办法》（财建〔2004〕369号）第22条规定：“发包人与中标的承包人不按照招标文件和中标的承包人的投标文件订立合同的，或者发包人、中标的承包人背离合同实质性内容另行订立协议，造成工程价款结算纠纷的，另行订立的协议无效，由建设行政主管部门责令改正，并按《中华人民共和国招标投标法》第五十九条进行处罚。”在此背景下，认可背离“白合同”达成的结算协议，显然与“黑白合同”裁判规则的规范目的背道而驰。因此，应将“黑白合同”规则视为特别规则，“结算协议的效力独立于施工合同”属于一般规则，根据“特别规则优先于一般规则”的法律适用要求，进而适用“黑白合同”规则。在下述【典型案例327】中，法院对基于“黑合同”达成的《工程结算单》即未予采信，而是按照“白合同”约定的计价标准进行鉴定确定工程价款。

但须说明的是，【裁判规则327】的适用以“应当按照‘白合同’结算”——“白合同”有效且得到实际履行——为前提。如“白合同”本身不足以作为结算依据，也就缺乏排除当事人自行达成的结算协议的依据。在此情形下，当事人按照无

① 参见李后龙等：《建设工程招投标纠纷案件审判疑难问题研究》，载《法律适用》2017年第7期。

② 最高人民法院民事审判第一庭编著：《最高人民法院建设工程施工合同司法解释（二）理解与适用》，人民法院出版社2019年版，第54页。

③ 肖峰、韩浩：《建设工程价款结算及其优先受偿权的若干实务问题》，载《人民司法》2021年第22期。

效的“白合同”达成的结算协议也罢，按照“黑合同”达成的结算协议也罢，只要是当事人的真实意思表示，均可作为结算依据。当事人按照无效的“白合同”达成的结算协议作为结算依据的案例，可参见“中国新兴建设开发有限责任公司与海上嘉年华（青岛）置业有限公司建设工程施工合同纠纷案”①。至于“但承包人按照价格更低的‘黑合同’主张权利的除外”，请参见【裁判规则 328】。

**典型案例 327**

## 天津宇昊建设工程集团有限公司与望奎县森淼房地产开发有限公司建设工程施工合同纠纷案②

### 基本案情

2013 年 5 月 21 日，天津宇昊建设工程集团有限公司（以下简称宇昊建筑公司）项目负责人杨德保与望奎县森淼房地产开发有限公司（以下简称森淼开发公司）项目负责人李铁民就望奎县宏基大厦工程签订《施工合同》（以下简称 521 合同）约定，本工程执行工程平方米包干单价为 2200 元/平方米（包括消防，费用从中扣除 76 元/平方米，以施工图纸面积为准）。2013 年 6 月 11 日，宇昊建筑公司中标望奎县宏基大厦项目。2013 年 6 月 12 日，宇昊建筑公司与森淼开发公司签订《施工合同》（以下简称 612 合同）约定，合同价款为 37, 202, 838. 72 元。合同签订后，宇昊建筑公司派杨德保作为项目负责人组织施工。2015 年 7 月 4 日，案涉工程施工至主体工程十六层半停工。2015 年 7 月 18 日，宇昊建筑公司向森淼开发公司出具《工程结算单》称，已完成地下一层至夹层共八层、七至十六层共十层，工程款共计 13, 939, 697 元。后宇昊建筑公司诉至法院，要求森淼开发公司支付工程款。诉讼中，依据 612 合同鉴定，望奎县宏基大厦主体已完成的十六层半工程造价为 13, 572, 096. 78 元。

---

① 典型案例 330：中国新兴建设开发有限责任公司与海上嘉年华（青岛）置业有限公司建设工程施工合同纠纷案，最高人民法院（2018）最高法民终 556 号民事判决书。

② 典型案例 327：天津宇昊建设工程集团有限公司与望奎县森淼房地产开发有限公司建设工程施工合同纠纷案，黑龙江省高级人民法院（2019）黑民终 281 号民事判决书。

## 法院观点

黑龙江省高级人民法院认为，本案中，双方当事人分别签订两份施工合同，其中612合同已经过招投标并进行备案，521合同未进行招投标，且与612合同的工程价款、结算标准、工期等实质性内容不一致。依据《建设工程施工合同解释（一）》第23条，应当认定612合同有效，并将612合同作为双方当事人的结算依据。

## 裁判规则328

**“黑白合同”裁判规则属于强制性规定，应根据有效的中标合同确定工程价款，但承包人按照价格更低的“黑合同”主张权利的除外。**

如前所述，应当按照“白合同”结算的，背离“白合同”达成的结算协议，即使是当事人的真实意思表示，也不能作为结算工程价款的依据。但中标人按照“黑合同”主张工程价款，且经计算“黑合同”的价款低于“白合同”的，应当如何处理？

原《广东省高级人民法院关于审理建设工程合同纠纷案件疑难问题的解答》（粤高法〔2017〕151号）第7条规定：“发包人经过合法招投标程序与承包人签订的中标合同，即使没有在建设主管部门备案，亦应作为结算工程价款的依据。双方当事人在诉讼中均主张不按照合法的中标合同进行工程价款结算的，不予支持。”该规定立足于“黑白合同”裁判规则属于强制性规定，故不允许发承包双方背离有效的“白合同”另行结算。

在依法应当按照“白合同”结算的情况下，对“黑合同”约定的价格条款不应一概而论，而应区别对待。首先，如果“黑合同”约定的价格高于“白合同”，而承包人起诉要求执行“黑合同”约定的价格，由于“黑合同”不能作为结算工程价款的依据，故应按照“白合同”确定工程价款。就此，可参见下述【典型案例328】。其次，“白合同”的价格通常高于“黑合同”，但在“司法实践中，承包人往往只是按照‘黑合同’起诉支付拖欠工程款”①。对此，应当视为承包人对自身权利的放弃——放弃“黑合同”与“白合同”之间的价差，予以准许，而不应机械地认为应当以“白合同”作为结算依据，从而得出“判超所请”的裁判结论。最后，无论“黑合同”价高还是“白合同”价高，如果承包人起诉请求“白合同”约定的价款，则应当予以支持。

**典型案例 328**

## 黑龙江农垦博然建筑工程有限公司与黑龙江农垦博然房地产开发有限公司建设工程施工合同纠纷案②

### 基本案情

2015 年 7 月 21 日，黑龙江恒益建设项目管理有限公司就案涉工程向黑龙江农垦博然建筑工程有限公司（以下简称博然建筑公司）出具《中标通知书》载明，建筑面积 23, 794. 7 平方米，中标价为 25, 644, 695. 58 元，安全文明施工费 831, 123. 28 元。2015 年 7 月 22 日，博然建筑公司与黑龙江农垦博然房地产开发有限公司（以下简称博然开发公司）签订《施工合同》约定，合同采用可调固定总价，其工程价款、安全文明施工费数额均与中标通知书相同。2015 年 8 月 10 日、9 月 10 日，双方先后签订两份《补充协议》约定，将原合同固定总价变更为可调价。2016 年 12 月 20 日，经博然建筑公司委托，振之业咨询公司出具《工程结算编制书》，认定按《补充协议》计算工程总造价为 41, 247, 516. 39 元。同日，博然建筑公司与博然开发公司签订《工程结算单》确认，工程款结算价为 41, 247, 561. 39 元，扣除已支付的 6, 148, 998 元，欠付工程款 35, 098, 563. 39 元，垫付款利息按结算价的 15%计算。2018 年 7 月 19 日，博然建筑公司、博然开发公司、于宁签订《和解协议》约定，博然开发公司应给付博然建筑公司工程款

① 最高人民法院民事审判第一庭编著：《最高人民法院建设工程施工合同司法解释的理解与适用》，人民法院出版社 2004 年版，第 189 页。

② 典型案例 328：黑龙江农垦博然建筑工程有限公司与黑龙江农垦博然房地产开发有限公司建设工程施工合同纠纷案，黑龙江省高级人民法院（2017）黑民终 612 号民事判决书。

36,798,246.48元，并给付逾期支付此款的利息（按月息2分自2017年1月1日至实际全部给付之日止）；博然建筑公司在36,798,246.48元的范围内就案涉工程享有优先受偿权。后博然建筑公司诉至法院，要求博然开发公司给付工程款36,798,246.48元及利息，并主张在上述工程款及利息范围内就案涉工程享有优先受偿权。经查，案涉工程在施工中未发生重大变更。

## 法院观点

黑龙江省高级人民法院认为，双方当事人通过招投标程序最后确定博然建筑公司为中标单位，中标价格为固定价，双方以此为基础签订了《施工合同》并进行备案，该合同有效。此后，双方另行签订的《补充协议》将原合同约定的固定单价变更为按照国家定额进行结算，改变了中标通知书以及《施工合同》约定的结算标准。故《补充协议》属于对中标合同实质性内容的变更，违背法律禁止性规定，该合同属于“黑合同”，应属无效。前述两个合同约定的结算标准，在具体工程款上差额很大。基于此，博然开发公司完全有权按照中标通知书和《施工合同》的约定，依法主张《补充协议》无效、应按中标通知书和《施工合同》约定的固定价进行结算。博然开发公司却在明知其享有该权利的情况下，不但未主张该权利，而是在此后博然建筑公司委托鉴定机构鉴定、双方签订《工程结算单》和《和解协议》时，均同意按照《补充协议》约定的国家定额标准进行结算，总造价为41,247,516.39元，远超出《中标通知书》载明的工程总造价25,644,695.58元。即博然开发公司对其享有的相应权利不予主张，导致案涉工程总造价远高于中标的合同价款，双方当事人有可能存在恶意诉讼并损害第三人利益的情形。故对双方当事人达成的关于工程造价、欠款、利息、优先受偿权的约定以及签订的《和解协议》等均不予确认。

# 9. 建设工程价款优先受偿权裁判规则

《民法典》第807条规定："发包人未按照约定支付价款的，承包人可以催告发包人在合理期限内支付价款。发包人逾期不支付的，除根据建设工程的性质不宜折价、拍卖外，承包人可以与发包人协议将该工程折价，也可以请求人民法院将该工程依法拍卖。建设工程的价款就该工程折价或者拍卖的价款优先受偿。"针对该条规定的建设工程价款优先受偿权规则，《建设工程施工合同解释（一）》用8个条文（第35—42条）进行了细化。

## 9.1 建设工程价款优先受偿权的性质与效力

通说认为，建设工程价款优先受偿权是"不依时间评价而依原因评价的特权"，是为担保建设工程债权而成立的物权性权利；① 该权利依法律规定当然产生，不以登记为必要；② 该权利具有从属性，以工程款债权的存在为前提，工程款债权消灭后优先受偿权也归于消灭；该权利的效力比存在于建设工程上的其他物权要高。③

---

① 参见王全弟、丁洁：《物权法应确立优先权制度——围绕合同法第286条之争议》，载《法学》2001年第4期。

② 参见余能斌、范中超：《论法定抵押权——对〈合同法〉第286条之解释》，载《法学评论》2002年第1期；陈柏新：《〈合同法〉第286条司法适用疑难问题探讨》，载《上海政法学院学报（法治论丛）》2011年第2期。需指出的是，较多学者主张，对优先受偿权应实行登记制度。但这属于立法论层面的问题，根据现行法律规定，优先受偿权的成立无须进行登记。

③ 参见张东旺、孟宪东：《论建设工程优先权》，载《法学论坛》2001年第3期；王全弟、丁洁：《物权法应确立优先权制度——围绕合同法第286条之争议》，载《法学》2001年第4期；王旭军、梁静：《建设工程款优先受偿权之担保物权有机竞合论——对〈合同法〉第286条司法解释的反思》，载《法律适用》2004年第7期。参见陕西西岳山庄有限公司与中建三局建发工程有限公司、中建三局第三建设工程有限责任公司建设工程施工合同纠纷案，最高人民法院（2007）民一终字第10号民事判决书。

## 裁判规则329

**建设工程价款优先受偿权系基于承包人的施工行为导致建设工程增值，从而赋予承包人在增值范围内对建设工程交换价值优先受偿的权利。**

对建设工程价款优先受偿权的性质，学界的观点主要有“法定抵押权说”、“留置权说”与“法定优先权说”。[①] 实务界则普遍秉持“法定优先权说”，《最高人民法院建设工程款优先受偿权适用法律的复函》（〔2007〕执他字第11号）即明确规定：“建设工程款优先受偿权是一种法定优先权。”

承包人所享有的工程价款请求权属于债权，立法为什么通过优先受偿权的方式保障承包人“能够及时得到工程款”[②]？就此问题，存在不同的理解：一是保障建筑工人的劳动报酬。具体而言，在发包人拖欠的工程价款中，有相当一部分是承包人应当支付的工作人员的工资和其他劳务费用，即农民工工资。对工程价款赋予优先效力，有利于承包人回收欠款，自然也有利于劳动者及时得到工资，进而有利于维护社会的稳定。[③] 但优先受偿权对应的是“建设工程的价款”，“仅以工程价款中包括了大量的人工工资，生存权益高于经营权益为由来解释优先受偿的观点，只能得出只有人员报酬享有优先受偿权的结论，这显然是片面的”[④]，且工人工资的“根本解决应属于劳动法等法律调整的范畴”[⑤]，无须也不应由《民法典》另行规定。因此，保障农民工工资不构成立法赋予承包人优先受偿权的充分理据。二是解

① 也有观点主张，“该权利同时具备了法定抵押权、优先权、留置权三种物上请求权的部分属性和特征”，并在此基础上提出“担保物权有机竞合论”。参见王旭军、梁静：《建设工程款优先受偿权之担保物权有机竞合论——对〈合同法〉第286条司法解释的反思》，载《法律适用》2004年第7期。

② 《施工人在建设工程施工合同无效的情况下是否还享有工程价款优先受偿权？工程无法如期竣工的情况下工程价款优先受偿权的法定期间如何认定》，载杜万华主编、最高人民法院民事审判第一庭编：《民事审判指导与参考》总第60辑，人民法院出版社2015年版。

③ 参见陈柏新：《〈合同法〉第286条司法适用疑难问题探讨》，载《上海政法学院学报（法治论丛）》2011年第2期。

④ 王建东：《评〈合同法〉第286条》，载《中国法学》2003年第2期。

⑤ 陈旻、孙盈：《建设工程承包人优先权之审判实务若干问题研究》，载最高人民法院民事审判第一庭编：《民事审判指导与参考》总第37集，法律出版社2009年版。

决建筑行业拖欠工程款这一老大难问题。[①] 全国人大常委会法制工作委员会与《优先受偿权批复》的执笔人均持这一论点，[②] 具有较高的可信度与权威性。三是“增值理论”，也称“物化理论”。即“建设工程价款是承包人对工程建设投入的劳务、建筑材料等转化而来”[③]，没有承包人的劳动，就不会产生实体的建筑物，其他权利尤其是物权就失去了存在的基础，因此，承包人的工程款债权在利益位阶中应是第一位的。[④] 一方面，“承包人的劳动是建设工程产生的前提，而其他债权人的债权请求权是以该建设工程的存在为基础”[⑤]。“如果没有承包人建设的工程，则其他债权人的债权请求权也无法从建设工程的价值中实现。”[⑥] 另一方面，“优先受偿权的主体直接使建设工程增值，其在自身使工程增值的范围内优先受偿，于各方无害，亦不会破坏既有的权利体系和交易安全”[⑦]。

据此，赋予承包人就工程款债权享有优先受偿的权利，目的在于“解决建筑行业拖欠工程款问题”，其正当性基础在于“增值理论”——承包人的施工行为导致建设工程价值增加（从无到有、从少到多）。也正因如此，承包人应当但也只能在增值范围内对建设工程享有优先受偿的权利。在后述“中航长城大地建工集团有限公司与中国城市建设控股集团吉林投资有限公司建设工程施工合同纠纷案”[⑧]中，中航长城大地建工集团有限公司承建范围包括“中城建·世界名城”项目 A、B 区与地上土方堆土外运工程。但在其主张优先受偿权时，最高人民法院即认

---

① 参见王建东：《评〈合同法〉第 286 条》，载《中国法学》2003 年第 2 期。

② 参见胡康生主编：《中华人民共和国合同法释义》，法律出版社 2013 年版，第 479 页；汪治平：《建设工程价款优先受偿权的若干问题》，载《人民司法》2002 年第 8 期。

③ 最高人民法院民事审判第一庭编著：《最高人民法院新建设工程施工合同司法解释（一）理解与适用》，人民法院出版社 2021 年版，第 391 页。

④ 参见王丹：《买卖双方均认可存在房屋买卖关系，但在诸多重要事实上存在疑点，人民法院应综合各种证据准确认定是否存在真实购房关系——宋宇与北京盛和发房地产开发有限公司、广东粤财投资控股有限公司、北京城乡建设集团有限责任公司商品房预售合同纠纷再审案》，载最高人民法院民事审判第一庭编：《民事审判指导与参考》总第 51 辑，人民法院出版社 2012 年版。

⑤ 王旭军、梁静：《建设工程款优先受偿权之担保物权有机竞合论——对〈合同法〉第 286 条司法解释的反思》，载《法律适用》2004 年第 7 期。

⑥ 王洪亮：《承揽合同·建设工程合同》，中国法制出版社 2000 年版，第 187、188 页。

⑦ 孙科峰、杨遂全：《建设工程优先受偿权主体的争议与探究——〈合同法〉第 286 条之分析》，载《河北法学》2013 年第 6 期。

⑧ 参考案例 342：中航长城大地建工集团有限公司与中国城市建设控股集团吉林投资有限公司建设工程施工合同纠纷案，最高人民法院（2019）最高法民终 340 号民事判决书。

为，案涉土方外运工程费用属于中国城市建设控股集团吉林投资有限公司应承担的土地征收整理成本，该部分费用并未物化到案涉工程中，故就该部分未物化到案涉建设工程中的费用，中航长城大地建工集团有限公司无权行使工程价款优先受偿权。

**典型案例 329**

## 江苏南通六建建设集团有限公司与山西长实房地产开发集团有限公司等建设工程施工合同纠纷案[①]

### 基本案情

2006 年 12 月 20 日，山西长实房地产开发集团有限公司（以下简称长实公司）与江苏南通六建建设集团有限公司（以下简称南通六建）签订《建设工程施工合同》约定，南通六建承包长实公司开发的天天家园工程。施工过程中，2013 年 4 月 10 日，长实公司与南通六建签订《项目洽谈纪要》载明，在天天家园项目中，长实公司尚有约 4300 万元的工程款未支付，连同 1700 万元财务费用及其他部分一并打包，长实公司欠南通六建所有款项共计 6000 万元。此款长实公司需在 15 日内付清，南通六建确保工程在不受其他因素及不可抗力影响的情况下，于 2013 年 6 月 30 日前按期完工。天天家园工程于 2013 年 8 月 31 日完工后，南通六建诉至法院，要求长实公司支付工程款 6000 万元，并主张对长实公司开发的天天家园项目享有优先受偿权。

### 法院观点

针对《项目洽谈纪要》中所约定的“1700 万元财务费用及其他部分”，最高人民法院在二审中认为，建设工程价款优先受偿权所保护的范围系投入或者物化到建设工程中，对建设工程所产生增值部分的工作人员报酬、材料款等实际支出的费用。在发包人欠付工程款的情况下，承包人由于无法取回其实际投入或者物化到建

① 典型案例 329：江苏南通六建建设集团有限公司与山西长实房地产开发集团有限公司等建设工程施工合同纠纷案，最高人民法院（2014）民一终字第 181 号民事判决书。

设工程中的该部分价值，法律从而设定了一种对拍卖价款的物上代位，即承包人可以从该工程拍卖或者折价款项中优先取得其实际投入或者物化到建设工程中的价值；而对于未实际投入建筑物中的价值，无论其表现形式如何，均不能对建设工程取得优先受偿的地位。因此，南通六建对所承建的案涉工程享有优先受偿权的范围应为已完工程价款28,244,357.66元。《项目洽谈纪要》中所约定的“1700万元财务费用及其他部分”实质上并没有实际投入到案涉天天家园建设工程之中。因此，该部分款项在性质上仍然属于工程拖期所造成的违约金，而不属于建设工程优先受偿权的范围。

### 裁判规则330

**建设工程施工合同有效不是工程价款优先受偿权的成立要件。建设工程施工合同无效，但工程质量合格的，承包人有权主张工程价款优先受偿权。**

《建设工程施工合同解释（一）》第38条规定：“建设工程质量合格，承包人请求其承建工程的价款就工程折价或者拍卖的价款优先受偿的，人民法院应予支持。”第39条规定：“未竣工的建设工程质量合格，承包人请求其承建工程的价款就其承建工程部分折价或者拍卖的价款优先受偿的，人民法院应予支持。”这两个条文均以工程质量合格为优先受偿权的成立要件，但未涉及建设工程施工合同的效力问题。如果承包人据以主张工程款债权的合同被认定为无效，会不会影响优先受偿权的成立？

少数观点认为，建设工程施工合同有效是适用优先受偿权的前提。① 详言之，优先受偿权依附于工程价款债权而存在，如施工合同被确认无效，基于无效合同的财产返还规则，施工人仅享有财产折价返还请求权，并不享有工程款支付请求权。“皮之不存，毛将焉附。”既然没有工程款支付请求权，也就不会有优先

① 参见肖峰、韩浩：《建设工程合同纠纷实务争议问题研究》，载最高人民法院民事审判第一庭编：《民事审判指导与参考》总第84辑，人民法院出版社2021年版。

受偿权。[①] 最高人民法院在“王春霖与辽宁万泰房地产开发有限公司等第三人撤销之诉案”[②]中持这一观点。但多数观点认为，“优先受偿权的行使，不受合同效力的影响”[③]，“建设工程施工合同被认定无效，并非排除适用优先受偿权的条件。只要工程款数额能够确定且不违反法律规定，施工人的优先权即受法律保护”[④]。安徽省高级人民法院[⑤]、浙江省高级人民法院[⑥]、广东省高级人民法院[⑦]、江苏省高

① 参见关丽：《就同一建设工程分别签订的多份施工合同均被认定无效后，应当参照双方当事人达成合意并实际履行的合同结算工程价款——汕头市建安（集团）公司与北京秦浪屿工艺品有限公司建设工程施工合同纠纷上诉案》，载最高人民法院民事审判第一庭编：《民事审判指导与参考》总第55辑，人民法院出版社2014年版。

② 参考案例343：王春霖与辽宁万泰房地产开发有限公司等第三人撤销之诉案，最高人民法院（2015）民申字第2311号民事裁定书。

③ 参见最高人民法院民事审判第一庭编著：《最高人民法院新建设工程施工合同司法解释（一）理解与适用》，人民法院出版社2021年版，第392页；计珉、王杰兵：《承包人在合同无效后仍可行使建设工程优先权》，载《人民法院报》2011年3月16日，第7版；翁生荣、钱蓉、吴奕：《合同无效时，承包人或实际施工人是否能取得工程价款优先受偿权》，载《人民司法》2012年第18期；丁林阳：《施工合同解除后，未完工程承包人主张工程价款优先受偿权起算点的确定》，载《人民司法》2012年第18期。

④ 《施工人在建设工程施工合同无效的情况下是否还享有工程价款优先受偿权？工程无法如期竣工的情况下工程价款优先受偿权的法定期间如何认定》，载杜万华主编、最高人民法院民事审判第一庭编：《民事审判指导与参考》总第60辑，人民法院出版社2015年版；《民事审判指导与参考》研究组：《建设工程优先受偿权的行使是否受合同效力的影响》，载杜万华主编、最高人民法院民事审判第一庭编：《民事审判指导与参考》总第63辑，人民法院出版社2016年版。

⑤ 《安徽省高级人民法院关于审理建设工程施工合同纠纷案件适用法律问题的指导意见》（2009年5月4日）第17条规定：“建设工程施工合同无效，但工程经竣工验收合格的，承包人主张工程价款优先受偿权，可予支持。”

⑥ 《浙江省高级人民法院民事审判第一庭关于审理建设工程施工合同纠纷案件若干疑难问题的解答》（浙法民一〔2012〕3号）第22条规定：“建设工程施工合同无效，但工程经竣工验收合格，承包人可以主张工程价款优先受偿权。分包人或实际施工人完成了合同约定的施工义务且工程质量合格，在总承包人或转包人怠于行使工程价款优先受偿权时，就其承建的工程在发包人欠付工程价款范围内可以主张工程价款优先受偿权。”

⑦ 原《广东省高级人民法院关于审理建设工程合同纠纷案件疑难问题的解答》（粤高法〔2017〕151号）第13条规定：“建设工程施工合同无效，但工程质量合格的，发包人仅以施工合同无效为由主张承包人无权主张工程价款优先受偿权的，不予支持。”但在此之前，广东省高级人民法院持相反观点。《广东省高级人民法院关于在审判工作中如何适用〈合同法〉第286条的指导意见》（粤高法发〔2004〕2号）第7条规定：“在建设工程承包合同无效的情形下，承包人主张建设工程价款优先受偿权的，人民法院不予支持。”

级人民法院[①]、河北省高级人民法院[②]均持这一观点。河南省高级人民法院在“周口市新燎原置业有限公司与河南黄淮学院建设工程有限责任公司建设工程施工合同纠纷案”[③] 中也持这一立场。除下述【典型案例 330】外，最高人民法院在“宁夏钰隆工程有限公司与安徽三建工程有限公司等建设工程施工合同纠纷案”[④] “四川省巨龙劳务分包有限公司新疆分公司与中海天原投资发展有限公司等建设工程施工合同纠纷案”[⑤] 中均认为，虽然建设工程施工合同无效，但承包人的工程价款请求权同样需要优先于一般债权得以实现，故应当认定承包人享有优先受偿权。

建设工程价款优先受偿权虽然规定在《民法典》的合同编，但并不属于合同权利，而是法定权利。[⑥] 因此，以合同有效为前提条件缺乏合理性。第一，站在文义解释的角度，《建设工程施工合同解释（一）》并未将合同有效作为建设工程价款优先受偿权的成立要件。其第 38 条规定，只要工程质量合格，无论合同是否有效，承包人都享有优先受偿权。第二，根据《民法典》第 793 条第 1 款的规定，只要工程质量合格，即使建设工程施工合同被认定为无效，承包人也享有工程价款的请求权。在此背景下，对担保工程价款请求权实现的优先受偿权，亦应予以认可。[⑦] 第三，优先受偿权作为法定权利，其设立并非依附于建设工程施工合同，而是基于建设行为本身的特殊性，即建设行为是将劳动和建筑材料等物化于建筑产品

---

① 原《江苏省高级人民法院关于审理建设工程施工合同纠纷案件若干问题的解答》（2018 年 6 月 26 日）第 15 条规定：“建设工程价款优先受偿权不受建设工程施工合同效力的影响。建设工程施工合同无效，承包人仍然享有建设工程价款优先受偿权。”但在此之前，江苏省高级人民法院持相反观点。《江苏省高级人民法院建设工程施工合同案件审理指南（2010 年）》第 5 部分第 9 条认为：“合同无效而取得合法的工程款优先受偿权不符合立法精神，《合同法》第二百八十六条的语境是合同有效为前提。”

② 《河北省高级人民法院建设工程施工合同案件审理指南》（冀高法〔2018〕44 号）第 33 条中规定：“建设工程施工合同无效、但建设工程质量合格，承包人主张建设工程价款就该工程折价或拍卖的价款优先受偿的，人民法院应予以支持。”

③ 参考案例 344：周口市新燎原置业有限公司与河南黄淮学院建设工程有限责任公司建设工程施工合同纠纷案，河南省高级人民法院（2018）豫民终 729 号民事判决书。

④ 参考案例 345：宁夏钰隆工程有限公司与安徽三建工程有限公司等建设工程施工合同纠纷案，最高人民法院（2019）最高法民申 6085 号民事裁定书。

⑤ 典型案例 247：四川省巨龙劳务分包有限公司新疆分公司与中海天原投资发展有限公司等建设工程施工合同纠纷案，最高人民法院（2020）最高法民终 347 号民事判决书。

⑥ 参见谢勇：《建设工程施工合同案件裁判规则解析》，中国法制出版社 2020 年版，第 229 页。

⑦ 参见计珉、王杰兵：《承包人在合同无效后仍可行使建设工程优先权》，载《人民法院报》2011 年 3 月 16 日，第 7 版。

的过程。[①] 只要工程竣工验收合格，即表明该工程具有使用价值，依据增值理论，施工人投入该工程的物化成果应得到保障，故应承认施工人享有优先受偿的权利。[②] 第四，站在现实的层面，鉴于建设工程领域特有的资质与招投标管理要求，实践中建设工程施工合同无效的情况较为普遍。若将优先受偿权的行使条件限定为合同有效，会导致大量承包人的建设工程价款优先受偿权落空。在“汕头市建安（集团）公司与北京秦浪屿工艺品有限公司建设工程施工合同纠纷案”[③]中，最高人民法院审判委员会即讨论认为，在建设工程施工合同纠纷案件审理中，由于建筑市场违法违规行为的普遍存在，建设工程施工合同被认定无效的情况占有很大比例。如果认定合同无效时，承包人均不享有工程款的优先受偿权，则很难平衡双方当事人的利益关系，承包人处于不利的地位，工程款债权很难实现。据此，建设工程价款优先受偿权的享有应当以建设工程质量合格为条件，而不应以合同有效为条件。[④]

**典型案例 330**

## 中国新兴建设开发有限责任公司与海上嘉年华（青岛）置业有限公司建设工程施工合同纠纷[⑤]

### 基本案情

**2009 年 10 月 16 日，海上嘉年华（青岛）置业有限公司（以下简称嘉年华公司）与中国新兴建设开发有限责任公司（以下简称新兴公司）就案涉工程签订《建设工程施工合同》（《执行合同》）约定，由新兴公司承建嘉年华公司开发的**

---

① 参见翁生荣等：《合同无效时，承包人或实际施工人是否能取得工程价款优先受偿权》，载《人民司法》2012 年第 18 期。

② 参见孙科峰、杨遂全：《建设工程优先受偿权主体的争议与探究——〈合同法〉第 286 条之分析》，载《河北法学》2013 年第 6 期。

③ 典型案例 216：汕头市建安（集团）公司与北京秦浪屿工艺品有限公司建设工程施工合同纠纷案，最高人民法院（2011）民一终字第 62 号民事判决书。

④ 参见最高人民法院民事审判第一庭编著：《最高人民法院新建设工程施工合同司法解释（一）理解与适用》，人民法院出版社 2021 年版，第 392 页。

⑤ 典型案例 330：中国新兴建设开发有限责任公司与海上嘉年华（青岛）置业有限公司建设工程施工合同纠纷案，最高人民法院（2018）最高法民终 556 号民事判决书。

青岛海上嘉年华项目工程。合同签订后，新兴公司进场施工。2011年4月4日，经公开招投标程序，新兴公司中标案涉工程，双方又签订《建设工程施工合同》（《中标合同》）。完工后，双方因工程款支付发生争议。新兴公司诉至法院，请求嘉年华公司支付工程款，并主张优先受偿权。嘉年华公司辩称，建设工程施工合同无效，当事人承担的是返还财产和根据过错程度赔偿损失的责任，具有普通债权属性，承包人不应享有建设工程价款优先受偿权。

## 法院观点

案涉工程属于必须招投标的工程，而《执行合同》未经招投标程序，故应属无效；在签订《中标合同》前，新兴公司即已进场施工，故《中标合同》因“先定后招”也无效。在此基础上，最高人民法院认为，建设工程价款优先受偿权是法律赋予承包人的法定优先权，目的是保障承包人对自己的劳动成果获得报酬。虽建设工程施工合同无效，但嘉年华公司应承担折价补偿责任，根据法律规定，可以参照施工合同计算。即折价补偿责任参照工程价款计算，计算基础仍然是承包人付出的人力、材料和管理成本等，该内容属于建设工程价款优先受偿权的保护范围。因此，赋予新兴公司工程价款优先受偿权，符合《合同法》第286条的立法目的。

## 裁判规则331

**建设工程价款优先受偿权具有物上追及力，承包人可以向建设工程受让人主张建设工程价款优先受偿权，但受让人的权利足以阻却建设工程价款优先受偿权的除外。**

所谓物上追及力，也称物上追及效力，是指物权成立后，其标的物无论辗转至何人之手，物权权利人皆可追及标的物之所在而主张权利。① 那么建设工程价款优先受偿权是否具有物上追及力？

肯定的观点认为，《海商法》规定的船舶优先权、《民用航空法》规定的航空

① 参见梁慧星、陈华彬：《物权法》，法律出版社2020年版，第56页。

器优先权均具有追及效力。[①] 建设工程价款优先受偿权与船舶优先权、航空器优先权同属法定优先权，也应具有追及效力。否定的观点认为，承包人的优先受偿权“缺乏物权公示制度支撑”[②]，只能存在于属于发包人所有的建筑物或者建设工程上。为了保证交易安全，保护受让人利益，当建设工程所有权转让给他人且依法办理了变更登记后，建设工程优先权不得有追及效力。[③] 还有折中的观点主张，应当区分受让人对优先受偿权的存在是否知道或者应当知道，如果知道或应当知道，则有追及力，反之则否。[④]

基于建设工程价款优先受偿权的特性，应当认可其具有追及效力，即该权利依附于所担保的工程而存在，即使被担保的工程发生转让，也不影响承包人优先受偿权的行使。[⑤] 首先，由于该权利无须登记，也就不可能通过登记阻止或对抗其他人取得建设工程的物权。如果不赋予优先受偿权以追及力，则发包人可以通过买卖、以物抵债等多种方式转移物权，进而导致优先受偿权悬空。在此意义上，“追及力是确保建设工程价款优先受偿权最终实现的根本保证”[⑥]。其次，优先受偿权是法律赋予权利人的一种对物权，[⑦] 虽未登记，但其成立系基于法律规定。从这个意义上讲，法律的规定就是一种公示。因此，受让建设工程的第三人无权主张善意取

---

① 参见吴焕宁主编：《海商法学》，法律出版社 1996 年版，第 386 页；张东旺、孟宪东：《论建设工程优先权》，载《法学论坛》2001 年第 3 期。

② 陈旻、孙盈：《建设工程承包人优先权之审判实务若干问题研究》，载最高人民法院民事审判第一庭编：《民事审判指导与参考》总第 37 集，法律出版社 2009 年版。

③ 参见张东旺、孟宪东：《论建设工程优先权》，载《法学论坛》2001 年第 3 期；汪治平：《建设工程价款优先受偿权的若干问题》，载《人民司法》2002 年第 8 期。

④ 参见高印立：《规则与裁判：民法典下建设工程司法解释适用与拓展》，法律出版社 2021 年版，第 285 页。

⑤ 参见最高人民法院民事审判第一庭编著：《最高人民法院新建设工程施工合同司法解释（一）理解与适用》，人民法院出版社 2021 年版，第 366、439 页；《建设工程债权转让后，受让人是否享有优先受偿权》，载杜万华主编、最高人民法院民事审判第一庭编：《民事审判指导与参考》总第 65 辑，人民法院出版社 2016 年版；余能斌、范中超：《论法定抵押权——对〈合同法〉第 286 条之解释》，载《法学评论》2002 年第 1 期。

⑥ 杨心忠等：《建设工程合同纠纷裁判思路》，法律出版社 2014 年版，第 281 页。

⑦ 参见最高人民法院民一庭：《工程承包人承诺放弃优先受偿权的条件未成就其对转让的工程仍享有优先受偿权》，载最高人民法院民事审判第一庭编：《民事审判指导与参考》总第 42 集，法律出版社 2011 年版。

得，以对抗承包人的优先受偿权。最后，根据《民法典》第406条第1款①的规定，抵押权有追及力。又根据《建设工程施工合同解释（一）》第36条②的规定，承包人的优先受偿权优先于抵押权。如果否定优先受偿权的追及力，在建设工程所有权发生转移的情况下，就会出现抵押权优先于优先受偿权的悖论。换言之，鉴于抵押权具有追及力，举轻以明重，应当认为优先受偿权也具有追及力。就此问题，除下述【典型案例331】外，还可参见“吉林中城建中大房地产开发有限公司申诉案”③。

所谓“受让人的权利足以阻却建设工程价款优先受偿权的”，主要包括两种情形：一是受让人是符合《执行异议复议规定》第29条规定的买房人。就此，请参见【裁判规则363】。二是《最高人民法院关于人民法院民事执行中拍卖、变卖财产的规定》（法释〔2020〕21号）第6条第1款规定：“保留价确定后，依据本次拍卖保留价计算，拍卖所得价款在清偿优先债权和强制执行费用后无剩余可能的，应当在实施拍卖前将有关情况通知申请执行人。申请执行人于收到通知后五日内申请继续拍卖的，人民法院应当准许，但应当重新确定保留价；重新确定的保留价应当大于该优先债权及强制执行费用的总额。”从该款规定来看，对司法拍卖财产上的担保物权及其他优先受偿权的处理，原则上采取消灭主义——附着于建设工程的优先受偿权因建设工程被拍卖而消灭，但拍卖所得价款应当优先清偿优先受偿权人的工程款债权。④

---

① 该款规定：“抵押期间，抵押人可以转让抵押财产。当事人另有约定的，按照其约定。抵押财产转让的，抵押权不受影响。”

② 该条规定：“承包人根据民法典第八百零七条规定享有的建设工程价款优先受偿权优于抵押权和其他债权。”

③ 参考案例346：吉林中城建中大房地产开发有限公司申诉案，最高人民法院（2011）执监字第15号驳回申诉通知书。《最高人民法院公报》2012年第2期，第36页。

④ 参见杨心忠等：《建设工程合同纠纷裁判思路》，法律出版社2014年版，第390页。

典型案例331

## 福华建筑公司与丰兰公司建设工程施工合同纠纷案①

### 基本案情

2006年4月13日，福华公司与丰兰公司签订《建设工程施工合同》约定，福华公司承建丰兰悦华购物中心营业楼工程。2009年6月25日，工程竣工验收合格。经结算，丰兰公司尚欠福华公司工程款1700万元。2006年至2007年，丰兰公司分8次向第三人殷某借款共计3000万元。2009年9月15日，因无力还款，丰兰公司将丰兰悦华购物中心营业楼的部分商铺（建筑面积14,300平方米）过户给殷某，以抵偿丰兰公司借款本息，房产局为殷某办理了房屋所有权证。2009年12月15日，福华公司诉至法院，要求丰兰公司支付工程款1700万元及利息，并主张对丰兰悦华购物中心营业楼享有优先受偿权，法院判如所请。2010年5月，案外人殷某以丰兰悦华购物中心营业楼中建筑面积14,300平方米的商铺归其所有为由，申请再审。

### 法院观点

一审法院认为，由于丰兰悦华购物中心营业楼建筑面积14,300平方米的商铺已由殷某通过抵债途径取得，并办理了产权证书，故福华公司不能对丰兰悦华购物中心营业楼的上述房产主张优先权。对除此之外的丰兰悦华购物中心营业楼建筑面积2000平方米的商铺，福华公司享有优先权。福华公司不服，提起上诉。二审法院认为，虽然殷某已就相应商铺进行了产权变更登记，取得了产权证书，但亦不能对抗福华公司的建设工程价款优先受偿权，福华公司的该优先权及于其承建的丰兰悦华购物中心营业楼的全部。法院据此改判福华公司有权对其承建的丰兰悦华购物中心营业楼整体工程享有工程价款优先受偿权。

① 典型案例331：《福华建筑公司与丰兰公司建设工程施工合同纠纷案》，载最高人民法院民事审判第一庭编：《民事审判指导与参考》总第51辑，人民法院出版社2012年版。

## 裁判规则332

**建设工程价款优先受偿权具有物上代位性。建设工程的赔偿款、补偿款等，承包人有权在工程价款的范围内主张优先受偿。**

《民法典》第390条规定："担保期间，担保财产毁损、灭失或者被征收等，担保物权人可以就获得的保险金、赔偿金或者补偿金等优先受偿。被担保债权的履行期限未届满的，也可以提存该保险金、赔偿金或者补偿金等。"该条确认了担保物权具有物上代位性。[①] 但根据现行法律，工程价款优先受偿权是否具有物上代位性，尚不明确。[②]

原《广东省高级人民法院关于在审判工作中如何适用〈合同法〉第286条的指导意见》（粤高法〔2004〕2号）第6条规定："承包人对其承建的建设工程折价或者拍卖价款享有建设工程价款优先受偿权，但对于因建设工程的使用、出租所产生的收益不得行使优先权。"但多数观点认为，"建设工程被毁损的损害赔偿金、保险金，被征收、征用的补偿金，被转售的买卖价金均可充作代位"[③]。"建设工程所有权转让给他人且依法办理了变更登记后，可以就该转让所得价款依物上代位权原则享有优先受偿权。"[④] 承包人虽然对符合《执行异议复议规定》第29条规定的购房人不能主张优先受偿权，但可从商品房预售资金中优先受偿。[⑤]

如后述【裁判规则336】所言，建设工程价款优先受偿权指向建设工程的交换价值，也即经济价值。因此，建设工程发生经济价值形态变化的——由实体工程转变为赔偿金、补偿金或收费权，承包人的优先受偿权自然及于变化后的价值形态。

---

① 参见黄薇主编：《中华人民共和国民法典释义》（上），法律出版社2020年版，第751页。

② 参见张巍：《建设工程承包人优先受偿权之功能研究》，载《北大法律评论》编辑委员会编：《北大法律评论》第7卷，北京大学出版社2006年版。

③ 李建星：《〈民法典〉第807条（建工价款的优先受偿权）评注》，载《南京大学学报（哲学·人文科学·社会科学）》2021年第4期。

④ 张东旺、孟宪东：《论建设工程优先权》，载《法学论坛》2001年第3期。参见王旭军、梁静：《建设工程款优先受偿权之担保物权有机竞合论——对〈合同法〉第286条司法解释的反思》，载《法律适用》2004年第7期。

⑤ 参见李晓春：《建设工程适用留置权制度之立法思考》，载《政治与法律》2006年第4期；张巍：《建设工程承包人优先受偿权之功能研究》，载《北大法律评论》编辑委员会编：《北大法律评论》第7卷，北京大学出版社2006年版。

《最高人民法院关于充分发挥司法职能作用 助力中小微企业发展的指导意见》（法发〔2022〕2号）第14条中规定："冻结商品房预售资金监管账户的，应当及时通知当地住房和城乡建设主管部门；除当事人申请执行因建设该商品房项目而产生的工程建设进度款、材料款、设备款等债权案件外，在商品房项目完成房屋所有权首次登记前，对于监管账户中监管额度内的款项，不得采取扣划措施，不得影响账户内资金依法依规使用。"《关于规范人民法院保全执行措施 确保商品房预售资金用于项目建设的通知》（法〔2022〕12号）第1条第3款规定："除当事人申请执行因建设该商品房项目而产生的工程建设进度款、材料款、设备款等债权案件之外，在商品房项目完成房屋所有权首次登记前，对于预售资金监管账户中监管额度内的款项，人民法院不得采取扣划措施。"其背后的法理也在于优先受偿权的物上代位性。

**典型案例332**

## 北京城乡欣瑞建设有限公司与北京华汇房地产开发中心等建设工程施工合同纠纷案[①]

### 基本案情

2006年3月6日，申全福公司与北京城乡欣瑞建设有限公司（以下简称欣瑞公司）订立《建设工程施工合同》约定，欣瑞公司承建熊猫环岛综合市场升级改造工程。2007年7月15日，双方签订《熊猫环岛建材城装修工程结算书》，确认工程结算价款为14,883,915元。2008年5月30日，双方签订《补充协议》确认，申全福公司尚欠欣瑞公司施工款10,883,405元未予付清。2007年8月1日，北京市朝阳区四部门联合向"熊猫环岛综合市场"发出《市场拆除通告》称，熊猫环岛综合市场属于北京2008年奥运会用地范围，应在2007年10月31日前拆除全部地上物。2008年2月，熊猫环岛综合市场被拆除，政府部门因拆除该市场支付升级改造补偿费用3433万元，该费用存放于华汇中心（政府直属企业、

① 典型案例332：北京城乡欣瑞建设有限公司与北京华汇房地产开发中心等建设工程施工合同纠纷案，北京市高级人民法院（2017）京民终786号民事判决书、最高人民法院（2018）最高法民申4906号民事裁定书。

受托管理大型公建奥运会预留地）账户。2008 年 8 月，欣瑞公司诉至法院，要求判决申全福公司支付工程款 10,883,405 元，确认其对升级改造补偿款具有优先受偿权。

## 法院观点

一审法院（北京市第二中级人民法院）认为，建设工程价款优先受偿权在效力上优于抵押权和其他债权，故其应如担保物权一样具有物上代位性。即当建设工程毁损、灭失或者被征收时，优先受偿权人可以就工程获得的保险金、赔偿金或者补偿金等代偿物优先受偿。本案中，欣瑞公司对其施工的熊猫环岛综合市场升级改造工程享有建设工程价款优先受偿权。政府拨付至华汇中心账户的 3433 万元升级改造补偿款系熊猫环岛综合市场升级改造工程被拆除时获得的补偿金，在性质上属熊猫环岛综合市场升级改造工程的代偿物，欣瑞公司可基于建设工程价款优先受偿权对该补偿款行使物上代位权。二审法院（北京市高级人民法院）认为，双方已就欣瑞公司实际完成的工程进行结算并达成补充协议，申全福公司应及时支付其拖欠的工程款。现各方对于建设工程施工事实及所欠工程款数额并无争议，相应款项申全福公司应予偿还。在建设工程被拆除的情况下，欣瑞公司有权就补偿款享有优先受偿权。最高人民法院在再审审查中也认为，建筑物拆除后，升级改造款为建筑物的替代物，故欣瑞公司对升级改造款享有优先受偿权。

## 裁判规则 333

**调解书属于《民法典》第 229 条规定的法律文书，可以作为确认建设工程价款优先受偿权的依据。**

《建设工程施工合同解释（一）》第 36 条规定："承包人根据民法典第八百零七条规定享有的建设工程价款优先受偿权优于抵押权和其他债权。"即建设工程价款优先受偿权具有对抗发包人的抵押权人和其他债权人的效力。而调解遵循自愿原则，体现的是当事人对自身权利的处分。若此，应否允许发包人与承包人通过自愿协商的方式确认对第三人具有对抗效力的优先受偿权？

否定的观点认为，因建设工程价款优先受偿权具有对抗第三人的效力，故不能通过调解的方式确认。[①] 福建省高级人民法院持这一观点。[②] 肯定的观点则认为，调解书属于《民法典》第229条规定的法律文书，可以作为确认建设工程价款优先受偿权的依据。江苏省高级人民法院即认为，“优先受偿权可以通过调解予以确认”[③]。河北省高级人民法院[④]、湖南省高级人民法院[⑤]也持这一观点。除下述【典型案例333】外，最高人民法院在“何正伟与重庆东田实业有限公司、孔佳林等第三人撤销之诉案”[⑥]中也认为，以调解的方式确认承包人在应收工程价款范围内享有优先受偿权并无不当。

鉴于否定优先受偿权可以经调解确认的理由是优先受偿权具有对抗效力——可能损害第三人利益，而物权作为对世权也具有对抗效力，故就此问题，可以参考“法律文书导致的物权变动规则”。《民法典》第229条规定：“因人民法院、仲裁机构的法律文书或者人民政府的征收决定等，导致物权设立、变更、转让或者消灭的，自法律文书或者征收决定等生效时发生效力。”关于该条规定的法律文书，《民法典物权编解释（一）》第7条规定：“人民法院、仲裁机构在分割共有不动产或者动产等案件中作出并依法生效的改变原有物权关系的判决书、裁决书、调解书，以及人民法院在执行程序中作出的拍卖成交裁定书、变卖成交裁定书、以物抵债裁定书，应当认定为民法典第二百二十九条所称导致物权设立、变更、转让或者消灭的人民法院、仲裁机构的法律文书。”据此，调解书可以作为导致物权设立、变更、转让或者消灭的法律文书。与此同理，调解书也可以作为确认优先受偿权的

---

① 参见周利明：《解构与重塑：建设工程合同纠纷审判思维与方法》，法律出版社2019年版，第608页。

② 《福建省高级人民法院当前我省涉建工纠纷审判调研　问答·案例·白皮书》（2022年9月）第41条规定：“建设工程价款优先受偿权涉及到不特定第三人。双方当事人通过调解确认工程价款优先受偿权，易发虚假诉讼，或损害抵押权人、其他债权人等其他案外人的情况，因此，双方当事人请求出具调解书对建设工程价款优先受偿权予以确认的，原则不应准许。”

③ 李玉生主编：《建设工程施工合同案件审理指南》，人民法院出版社2019年版，第293页。

④ 《河北省高级人民法院建设工程施工合同案件审理指南》（冀高法〔2018〕44号）第36条规定：“当事人以调解方式对优先受偿权进行确认的，人民法院应依法审查其合法性，对当事人恶意串通损害第三人合法权益的调解协议不予确认。”

⑤ 《湖南省高级人民法院关于审理建设工程施工合同纠纷案件若干问题的解答》（湘高法〔2022〕102号）第22条中规定：“以调解方式确认建设工程价款优先受偿权的，符合法律规定的，法院可以确认。”

⑥ 参考案例347：何正伟与重庆东田实业有限公司、孔佳林等第三人撤销之诉案，最高人民法院（2022）最高法民申22号民事裁定书。

法律文书。至于调解可能导致损害第三人利益的问题，应通过对调解协议的审查解决。就此，可参见下述【裁判规则 334】。

典型案例 333

## 深圳市茂商会小额贷款有限公司与吉安市卓越建筑工程有限公司债权人撤销权纠纷案①

### 基本案情

2013 年 11 月 8 日，深圳市茂商会小额贷款有限公司（以下简称茂商会公司）向盈烨公司出借款项 500 万元，盛泰公司用其 5 号、6 号厂房提供抵押担保。2013 年 11 月 11 日，该项抵押办理了登记。后因盈烨公司未归还借款，2015 年 2 月 5 日，深圳仲裁委员会裁决盈烨公司归还借款本息，茂商会公司对盛泰公司 5 号、6 号厂房享有抵押权。2014 年 9 月 3 日，吉安市卓越建筑工程有限公司（以下简称卓越公司）与盛泰公司建设工程施工合同纠纷案诉至法院。2014 年 11 月 28 日，法院作出第 26 号民事调解书确认，盛泰公司支付卓越公司工程款 516 万元及利息，卓越公司对 5 号、6 号厂房及 8 号、9 号厂房基础的变卖、拍卖款优先受偿。茂商会公司提起诉讼称，建设工程价款优先受偿权是法定权利，不应当经调解确定，故要求撤销第 26 号民事调解书。

### 法院观点

江西省高级人民法院认为，现有证据表明，卓越公司对盛泰公司享有 516 万元工程款债权，卓越公司主张工程款优先受偿权亦未超出法定期限，故第 26 号民事调解书确认卓越公司对 5 号、6 号厂房及 8 号、9 号厂房基础的变卖、拍卖款享有优先受偿权，有事实与法律依据。最高人民法院在再审审查中也认为，建设工程价款优先受偿权系法定优先权，对于在人民法院调解书中明确建设工程价款享有优先受偿权的情形，法律及司法解释并未予以禁止。故原判决认定相关民事调解书确认

---

① 典型案例 333：深圳市茂商会小额贷款有限公司与吉安市卓越建筑工程有限公司债权人撤销权纠纷案，江西省高级人民法院（2018）赣民撤 1 号民事判决书、最高人民法院（2019）最高法民申 275 号民事裁定书。

卓越公司对厂房、厂房基础的变卖、拍卖款享有优先受偿权并未违反法律、法规及司法解释的强制性规定，适用法律并无不当。

## 裁判规则334

**建设工程价款优先受偿权的确认，涉及发包人其他债权人的利益。故对发承包双方调解认可的优先受偿权，法院应依法审查确定而不受当事人自行约定的约束。**

在调解确认建设工程价款优先受偿权时，因该权利具有涉他性，与发包人其他债权人的利益息息相关，故对建设工程价款优先受偿权所指向的工程范围、所担保的债权范围，不能仅依据发承包双方的意思自治决定。

一般认为，从发包人责任财产的角度出发，建设工程价款优先受偿权解决的是承包人与发包人的其他债权人之间的权利排序问题。如发包人的责任财产足以清偿全部债务，则无须进行权利排序，对相应债务逐一清偿即可，也就没有确定优先受偿权的必要。只有在发包人的责任财产无法清偿全部债务时，才有权利排序——何种债权优先受偿、何种债权排序在后——的必要。这也就意味着，排序在后的债权无法得到足额清偿，甚至有可能受偿率为零。由于建设工程价款优先受偿权的效力强大，不仅优先于一般债权，还优先于抵押权，故排序在前的建设工程价款优先受偿权所指向的工程范围、所担保的债权范围决定了位序在后的债权可分配的财产。因此，建设工程价款优先受偿权的确定，涉及发包人其他债权人的利益。如最高人民法院在下述【典型案例334】中所言，建设工程价款优先受偿权平衡的是承包人同发包人的其他债权人之间的关系，而非平衡承包人与发包人之间的关系。由于建设工程价款优先受偿权打破了抵押权人、普通债权人的债权受偿顺位，涉及发包人的其他债权人特别是银行等抵押权人的切身利益，为切实防范虚假诉讼，避免损害第三人合法权益，人民法院在出具判决书、调解文件前或者仲裁机构出具裁决书前，应当对当事人行使建设工程价款优先受偿权是否符合法律规定的条件（行使主体、期限、范围等）进行审查，不符合条件的，不予确认。①江苏省高级人民法

① 参见肖峰、韩浩：《建设工程价款结算及其优先受偿权的若干实务问题》，载《人民司法》2021年第22期。

院即认为，“优先受偿权可以通过调解予以确认，但法院应当审查建设工程价款优先受偿权的行使主体、行使期限、行使方式、工程款债权的范围等实质性事项是否符合法律规定”①。河北省高级人民法院②、湖南省高级人民法院③也持这一观点。下述【典型案例334】中，对发包人与承包人就优先受偿权达成的合意，法院经审查认为，该合意害及抵押权人的利益，即未予认可。

审查时，应主要关注如下事项：一是受优先受偿权保护的工程款债权金额。优先受偿权仅指向工程价款，而非发包人欠付的所有款额。在“中国城市建设控股集团吉林投资有限公司与中航长城大地建工集团有限公司建设工程施工合同纠纷案”④中，一审法院在确认欠付款额为51,139,891.66元的基础上，判决中航长城大地建工集团有限公司（以下简称中航公司）“就其承建的案涉工程享有建设工程价款优先受偿权”，发包人与承包人在上诉中均未对优先受偿权这一判项提出异议。但最高人民法院在二审中认为，鉴于建设工程价款优先受偿权作为一项具有优先性的权利，在案涉工程已被其他法院另案查封的情况下，如果不能正确判断该权利的行使范围，或者对中航公司本不应享有的工程价款优先受偿权予以错误确认，则会损害其他债权人的合法利益。为避免一审法院认定的建设工程价款优先受偿权的行使范围对第三人的利益造成损害，对一审法院关于中航公司行使建设工程价款优先受偿权范围的错误认定，应依职权予以纠正。并据此将一审判决确认的优先受偿权担保的工程款债权调减为28,244,357.66元（工程价款的金额）。二是优先受偿权所指向的工程范围。也就是说，承包人仅就自己施工部分享有优先受偿权。在“云南昕之昕景观环境工程有限公司与中国信达资产管理股份有限公司云

---

① 李玉生主编：《建设工程施工合同案件审理指南》，人民法院出版社2019年版，第293页。

② 《河北省高级人民法院建设工程施工合同案件审理指南》（冀高法〔2018〕44号）第36条规定：“当事人以调解方式对优先受偿权进行确认的，人民法院应依法审查其合法性，对当事人恶意串通损害第三人合法权益的调解协议不予确认。”

③ 《湖南省高级人民法院关于审理建设工程施工合同纠纷案件若干问题的解答》（湘高法〔2022〕102号）第22条规定：“以调解方式确认建设工程价款优先受偿权的，符合法律规定的，法院可以确认，但为了防止虚假诉讼、损害案外人利益等情况，法院应当进行实体审查，重点审查建设工程价款优先受偿权的行使主体、行使期限、行使方式、工程款债权的范围等实质性事项是否符合法律规定，尤其要审查是否存在当事人虚增工程款数额、伪造竣工记录、伪造付款期限、伪造行使时间等情形。未经实体审查或者经审查不符合建设工程价款优先受偿权行使条件的，不予出具调解书。”

④ 参考案例348：中国城市建设控股集团吉林投资有限公司与中航长城大地建工集团有限公司建设工程施工合同纠纷案，最高人民法院（2019）最高法民终340号民事判决书。

南省分公司第三人撤销之诉案”① 中，承包人完成的是装饰装修工程，而调解协议确认的优先受偿权指向整个建设工程，调解协议即被法院判决撤销。

典型案例 334

## 清远市美雅建筑工程有限公司与清远市长利兴旅游服务有限公司建设工程施工合同纠纷②

### 基本案情

2009 年 12 月 10 日、2010 年 2 月 15 日、2011 年 4 月 15 日，清远市长利兴旅游服务有限公司（以下简称长利兴公司）先后与清远市美雅建筑工程有限公司（以下简称美雅公司）签订 4 份施工合同，将清远沁园旅游服务中心，清远沁园住宅区 14—30 号楼，清远沁园旅游服务中心酒店 11、12 号楼等项目发包给美雅公司承建。2013 年 3 月 21 日，双方结算确认，案涉工程总造价为 136, 147, 605. 23 元。另查明，2010 年 2 月 7 日，长利兴公司向清远农商行借款 1. 5 亿元。2011 年 4 月 28 日，长利兴公司将案涉工程抵押给清远农商行，作为前述借款的担保。后因长利兴公司未按约偿还借款本息，清远农商行诉至法院。法院判决长利兴公司偿还借款本息，清远农商行对案涉抵押物享有优先受偿权，后该案进入执行程序。美雅公司诉至法院称，长利兴公司划入其账户的款项为 162, 315, 400 元，但其中大量款项系长利兴公司借美雅公司的账户走账，长利兴公司实际只支付了 5982 万元工程款，尚欠工程款 76, 327, 605. 23 元。故请求判令长利兴公司支付工程款 76, 327, 605. 23 元及利息，确认美雅公司对其承建的工程享有优先受偿权。一审中，美雅公司与长利兴公司达成调解协议，确认长利兴公司尚欠工程款 76, 327, 605. 23 元，且美雅公司享有工程价款优先权。

### 法院观点

广东省高级人民法院在二审中认为，美雅公司在长利兴公司将工程款划到其账

① 参考案例 349：云南昕之昕景观环境工程有限公司与中国信达资产管理股份有限公司云南省分公司第三人撤销之诉案，云南省高级人民法院（2019）云民终 164 号民事判决书。

② 典型案例 334：清远市美雅建筑工程有限公司与清远市长利兴旅游服务有限公司建设工程施工合同纠纷案，最高人民法院（2019）最高法民再 57 号民事判决书。

户后，按照长利兴公司指示将该款转给其他单位和个人。如果允许当事人在收到工程款后与发包人协商划到其他单位，并一直以尚欠工程款为由，主张工程价款优先受偿权，导致的后果是施工方永远有此权利，并一直可以对抗抵押权人，抵押权人的抵押权将难以实现，使抵押担保制度落空。美雅公司应当对其本来就有条件有机会及时实现工程款债权，却由于自身过错导致不能及时实现该债权承担相应后果。美雅公司与长利兴公司自行达成调解协议，该协议内容涉及工程价款优先权，损害了其他债权人利益，对双方就工程价款优先权的约定的效力不予确认。最高人民法院在再审中也认为，建设工程价款优先受偿权的立法目的主要在于平衡承包人同发包人的其他债权人之间的关系，并非平衡承包人与发包人之间的关系。故在判断承包人是否有权主张建设工程价款优先受偿权时，不能仅依据承包人与发包人之间的意思表示。本案中，美雅公司作为承包人，依法有权处分自己的权利，但不得损害他人合法利益。美雅公司在明知由长利兴公司账户转入其账户内的款项实为长利兴公司向其支付的工程款的情形下，仍然按照长利兴公司的指示将其账户内已收到的相关款项又转付给案外人，美雅公司对其工程款债权不能顺利实现具有过错。若允许美雅公司将因自己过错而不能实现债权的损失转嫁给清远农商行承担，将有违公平原则。据此，二审判决对美雅公司请求对案涉工程价款享有优先受偿权的主张不予支持，认定正确，应予维持。

## 裁判规则335

**建设工程的登记权利人不是建设工程施工合同发包人的，该权利人虽无须承担工程款支付责任，但因优先受偿权系指向建设工程的权利，故承包人可以向其主张优先受偿权。**

如前所述，在委托代建的模式下，代建人以自己名义单独对外签订建设工程施工合同，由代建人单独承担工程款支付责任，委托人不承担责任。那么承包人是否仍然享有优先受偿权？应当向谁主张优先受偿权？

从优先受偿权的权利范围来看，建设工程价款优先受偿权的基本依据是，由于承包人劳动和资金的投入，才使建设工程得以存在，如果没有承包人建设的工程，则其他债权人的债权请求权也无法从建设工程的价值中实现。[①] 且承包人只对其实际施工建设的工程享有优先权，对其未实际建设的工程和工程占用范围内的土地没有优先权。[②] 因此，“优先受偿权的主体直接使建设工程增值，其在自身使工程增值的范围内优先受偿，于各方无害，亦不会破坏既有的权利体系和交易安全”[③]。按照这一逻辑，由于承包人的投入与劳动成果已物化到建筑物中，无论建筑物归谁所有，如施工合同发包人未按照约定支付工程款，承包人就可以向建筑物所有人主张优先受偿权，并可通过对建筑工程的拍卖及折价等方式实现该权利。[④] 在委托代建的模式之下，无论项目登记在何者名下，也无论承包人与何者签订施工合同，对因施工行为导致的工程增值，承包人均可向登记权利人主张优先受偿权。换言之，承包人虽对委托人不享有工程款请求权，但其优先受偿权不受影响。[⑤] 如果代建人不能按照约定支付工程价款，承包人有权向委托人主张优先受偿权，并可通过对建筑工程的拍卖及折价等方式实现权利。[⑥] 就此，除下述【典型案例 335】外，还可参见“青岛龙海建设集团有限公司与威海润华投资发展有限公司建设工程施工合同纠纷、建设工程价款优先受偿权纠纷案”[⑦]。

承包人在主张优先受偿权时，应当注意以下问题：第一，如果承包人在工程款纠纷中同时要求确认其优先受偿权，虽然工程款的债务人仅为代建人，但也应将委托人追加为被告。因为承包人要求确认优先受偿权，势必影响委托人——项目登记权利人——的权利得失。就此，可参考“北京建工集团有限责任公司与丹东汉高

---

① 参见王洪亮：《承揽合同·建设工程合同》，中国法制出版社 2000 年版，第 187、188 页。

② 参见邬砚：《建设工程合同纠纷：254 个裁判规则深度解析》，法律出版社 2018 年版，第 226—229 页。

③ 孙科峰、杨遂全：《建设工程优先受偿权主体的争议与探究——〈合同法〉第 286 条之分析》，载《河北法学》2013 年第 6 期。

④ 参见最高人民法院民一庭：《建筑物所有人依据合同约定对建筑工程总承包人应付工程款不承担责任的，应予支持》，载最高人民法院民事审判第一庭编：《民事审判指导与参考》总第 49 辑，人民法院出版社 2012 年版。

⑤ 参见谢勇：《建设工程施工合同案件裁判规则解析》，中国法制出版社 2020 年版，第 235 页。

⑥ 参见杨心忠等：《建设工程合同纠纷裁判思路》，法律出版社 2014 年版，第 27、28 页。

⑦ 参考案例 350：青岛龙海建设集团有限公司与威海润华投资发展有限公司建设工程施工合同纠纷、建设工程价款优先受偿权纠纷案，山东省威海市中级人民法院（2019）鲁 10 民终 954 号民事判决书。

口岸置业有限公司等建设工程施工合同纠纷案”[1]。当然，由于承包人对于追加的委托人并无支付工程款的请求，所以其仅承担优先受偿权指向的责任，无须承担工程款的支付责任。第二，由于承包人的优先权不及于土地，虽然参照《民法典》第417条的规定，应当将土地与建筑物一并拍卖，但因土地使用权归属于委托人，而委托人不应承担责任，所以应先将拍卖所得价款中的土地价款部分返还给委托人，余款才能用于支付承包人的工程款。

典型案例 335

## 中国建筑一局有限公司与吉林省保合房地产开发有限公司、长春市南关区幸福乡红嘴子村村民委员会建设工程施工合同纠纷案[2]

### 基本案情

2012年11月8日，长春市南关区幸福乡红嘴子村村民委员会（以下简称红嘴子村委会）与吉林省保合房地产开发有限公司（以下简称保合公司）签订《新农村农民新居建设项目协议书》约定，保合公司为红嘴子村委会建设农民新村住宅。2013年8月10日，保合公司与中国建筑一局有限公司（以下简称中建一局）签订8份《建设工程施工合同》约定，中建一局承建红嘴子村农民住宅安置小区工程。2015年10月12日，红嘴子村委会获得了案涉工程的建设用地审批手续。至2016年7月，B、C、D三个区的工程完工。2016年9月初，案涉工程交付使用。后中建一局诉至法院，要求保合公司与红嘴子村委会共同承担工程款支付责任，并要求判令中建一局对所建全部楼房的拍卖价款或折价款享有优先受偿权。红嘴子村委会辩称，其不应对保合公司偿还中建一局工程欠款承担连带责任；红嘴子村农民住宅安置小区C、D两个区安置了1700多户农民，其余的面积系红嘴子村委会4万平方

[1] 参考案例351：北京建工集团有限责任公司与丹东汉高口岸置业有限公司等建设工程施工合同纠纷案，最高人民法院（2021）最高法民终885号民事判决书。

[2] 典型案例335：中国建筑一局有限公司与吉林省保合房地产开发有限公司、长春市南关区幸福乡红嘴子村村民委员会建设工程施工合同纠纷案，最高人民法院（2020）最高法民终367号民事判决书。

米的办公楼、商租房、社区服务中心及公建、商业楼房，中建一局不享有优先受偿权。经查，中建一局与保合公司结算的工程款为799,109,569.38元，已付工程款379,967,922.8元，故保合公司尚欠工程款419,141,646.58元。

## 法院观点

最高人民法院认为，案涉工程的土地权利虽然登记在红嘴子村委会名下，相关开发建设手续也是以红嘴子村委会名义办理的，但与中建一局签订合同的是保合公司而非红嘴子村委会，中建一局与保合公司签订的合同对红嘴子村委会没有法律约束力。对中建一局要求红嘴子村委会对保合公司所欠工程价款承担连带责任的主张，不予支持。中建一局作为承包人对案涉工程享有建设工程价款优先受偿权。案涉工程的土地权利、开发建设手续等皆办理在红嘴子村委会名下，而且红嘴子村委会对保合公司与中建一局签订建设工程施工合同、中建一局承建案涉工程为明知，红嘴子村委会也是案涉工程的受益人，故红嘴子村委会应配合中建一局，确保中建一局能够实际享有建设工程价款优先受偿权。红嘴子村委会不能以土地权利、开发建设手续在其名下为由排除对案涉工程的拍卖、折价等。

## 裁判规则336

**建设工程价款优先受偿权作为工程款债权的担保权，指向建设工程的交换价值而非使用价值，故建设工程价款优先受偿权不能阻却基于其他债权对建设工程的价值变现，但就变现所得款项，承包人享有优先受偿权。**

实践中，当发包人的债权人（非承包人）取得执行依据后，对建设工程采取强制执行行为时，承包人因担心建设工程价款债权不能实现，往往以享有优先受偿权为由，阻止对建设工程的强制执行行为。就此，应当从实体与程序两个方面进行分析。

就实体而言，优先受偿权指向建设工程的交换价值而非使用价值，而法院拍卖、变卖建设工程的执行行为，其目的在于实现建设工程的交换价值。因此，执行程序中的变现行为（拍卖或变卖）与优先受偿权的指向相同。在通过强制执行行为将建设工程变现之后，按照权利排序规则，确定优先受偿权与其他债权的顺序，再按照顺序分配变现所得款项即可。质言之，优先受偿权仅仅是债权的实现顺位的优先，是一种顺位优先权。[1] 因此，变现行为不但不会阻碍反而有利于优先受偿权的实现，承包人不应以其享有建设工程价款优先受偿权为由，排除基于其他债权对建设工程实施的价值变现。除下述【典型案例336】外，在“江苏中科建集团有限公司与江苏凌云置业有限公司等民事执行复议案”[2] 中，最高人民法院就明确，“建设工程款应当从案涉工程折价或者拍卖的价款中优先受偿，而不是直接受让工程的物权。也就是说，工程价款作为债权虽基于留置而具有优先受偿的属性，但恰如其他担保物权一样，均应在工程的变价款中优先受偿。因此，江苏中科建公司的工程价款优先受偿不能阻止案涉工程的评估拍卖程序”。

就程序而言，因法院基于发包人其他债权人的申请对建设工程予以变现，不但不会阻碍反而有利于优先受偿权的实现，故承包人不能对执行标的提出异议，而应当根据《民事诉讼法解释》第506条第2款的规定申请参与分配。[3] 当然，如果执行法院以承包人不享有优先受偿权为由对其参与分配的主张不予支持，则承包人可以另行提起诉讼主张实现优先受偿权。[4] 此外，“如果执行法院的强制执行行为是利用拍卖价款对抵押权人或者发包人的其他债权人进行清偿的行为，却未提前清偿承包人的建设工程价款债权或者在发包人欠付承包人建设工程价款范围内进行提存，承包人所享有的建设工程价款优先受偿权就能够阻却人民法院的强制执行行为”[5]。但在此情形下，承包人有权提出的是执行分配异议，而非阻却基于其他债权对建设工程的价值变现。

---

① 参见潘杰、汪传海：《建设工程价款优先受偿权能否排除强制执行及执行异议之诉审理范围相关问题探讨——华宇广泰建工集团松原建筑有限公司与东北农业生产资料有限公司及松原市博翔房地产开发有限公司案外人执行异议之诉申请再审案》，载杜万华主编、最高人民法院民事审判第一庭编：《民事审判指导与参考》总第72辑，人民法院出版社2012年版。

② 参考案例352：江苏中科建集团有限公司与江苏凌云置业有限公司等民事执行复议案，最高人民法院（2020）最高法执复122号执行裁定书。

③ 参见石佳友：《〈民法典〉建设工程合同修订的争议问题》，载《社会科学辑刊》2020年第6期。

④ 参见李玉生主编：《建设工程施工合同案件审理指南》，人民法院出版社2019年版，第300页。

⑤ 谢勇：《建设工程施工合同案件裁判规则解析》，中国法制出版社2020年版，第266页。

**典型案例 336**

## 河南国安建设集团有限公司与贺红妙、河南省裕丰复合肥有限公司案外人执行异议之诉案[①]

### 基本案情

2016年11月29日，就邓州市国土局与河南省裕丰复合肥有限公司（以下简称裕丰公司）、天衡制药厂建设用地使用权出让合同纠纷案，邓州市人民法院判决邓州市国土局给付裕丰公司9,950,084.71元，同时取得土地上的附属物的所有权。2016年12月5日，在贺红妙与裕丰公司民间借贷纠纷案的执行程序中，法院向邓州市国土局送达协助执行通知书，要求邓州市国土局将应付给裕丰公司的款项全部汇至法院指定账户。2017年3月10日，就河南国安建设集团有限公司（以下简称国安公司）与裕丰公司建设工程施工合同纠纷一案，南阳市中级人民法院判决裕丰公司支付国安公司工程款24,622,084.71元及逾期利息。其后，国安公司认为，邓州市国土局应给付给裕丰公司的9,950,084.71元实为邓州市国土局取得地上附属物所有权的物上代位价金，而该地上附属物系国安公司修建完成，基于优先受偿权的物上代位规则，国安公司对该995万余元工程折价款享有优先受偿权，遂要求撤销南阳市中级人民法院（2016）豫13执字第38号执行裁定书，不得处分国安公司享有建设工程价款优先受偿权的工程及相应补偿款。[②]

### 法院观点

最高人民法院在再审审查中认为，案外人执行异议之诉是指案外人就执行标的享有足以排除强制执行的权利，请求法院不再对执行标的实施执行的诉讼。建设工程价款优先受偿权的基础权源从本质上来说属于债权，只是相对于普通债权而言具有优先性而已，因此该权利并不足以排除强制执行，也不应作为当事人提起案外人执行异议之诉的权利基础。根据《民事诉讼法解释》第508条的规定，建设工程

① 典型案例336：河南国安建设集团有限公司与贺红妙、河南省裕丰复合肥有限公司案外人执行异议之诉案，最高人民法院（2019）最高法民申3207号民事裁定书。

② 河南省南阳市中级人民法院（2016）豫13执异81号执行裁定书。

价款优先受偿权属于法定优先权，承包人可以申请参与执行程序，主张对执行标的物享有优先受偿权。本案中，裕丰公司拖欠国安公司的建设工程价款已经为生效判决所确认，如该公司对执行标的享有建设工程价款优先受偿权并在法定期间内主张，该公司可以申请参与到执行程序中并主张对标的物优先分配，而不应以案外人身份提起执行异议之诉。

## 9.2 建设工程价款优先受偿权的权利主体

《建设工程施工合同解释（一）》第35条规定："与发包人订立建设工程施工合同的承包人，依据民法典第八百零七条的规定请求其承建工程的价款就工程折价或者拍卖的价款优先受偿的，人民法院应予支持。"从而将工程价款优先受偿权的权利主体限定为"与发包人订立建设工程施工合同的承包人"。在此基础上，就工程价款优先受偿权的权利主体还需明确以下内容。

**裁判规则337**

**转承包人、分包人、内部承包人等实际施工人与发包人之间不存在建设工程施工合同关系，故不享有建设工程价款优先受偿权，但其依据《民法典》第535条行使代位权的除外。**

在《2018年建工解释》颁布前[①]的司法实践中，转包合同或分包合同的实际施工人直接向发包人追索工程款时一并主张优先受偿权的，支持该请求的判决并不少见。[②] 但《建设工程施工合同解释（一）》第35条（原《2018年建工解释》第17条）将工程价款优先受偿权的权利主体限定为"与发包人订立建设工程施工合同的承包人"。据此，"实际施工人不属于《民法典》第807条规定的与发包人订

---

① 《建设工程施工合同解释（一）》第35条系沿袭《2018年建工解释》第17条的规定。

② 当然也有反对意见。如《广东省高级人民法院关于在审判工作中如何适用〈合同法〉第286条的指导意见》（粤高法发〔2004〕2号）第2条中规定："分包人对自己承建部分主张享有优先权的，人民法院不予支持。"《重庆市第一中级人民法院建设工程款优先受偿权法律适用意见研讨会会议纪要》（渝一中法发〔2004〕58号）第二部分第8条第1款前段也规定："建筑工程实行分包的，仅总承包人对该工程享有工程款优先受偿权。"

立建设工程施工合同的承包人，不享有建设工程价款优先受偿权”①。在“曹再兴等与中国建设银行股份有限公司龙岩新罗支行等建设工程施工合同纠纷案”②中，最高人民法院即认为，工程价款优先受偿权的请求主体只能为承包人，案涉工程的承包人是昌源公司，曹再兴、黄金荣是案涉工程的实际施工人而非承包人，虽然其在符合相关条件时可以向发包人主张工程价款，但并不享有工程价款的优先受偿权。此外，在“吴道全与重庆市丰都县第一建筑工程公司等建设工程施工合同纠纷案”③、“王春霖与辽宁万泰房地产开发有限公司、盛京银行股份有限公司沈阳市泰山支行第三人撤销之诉案”④ 中，最高人民法院也持这一观点。

还需注意的是，在指定分包的情况下，如果分包人是直接与总承包人签订的分包合同，则分包人显然不属于“与发包人订立建设工程施工合同的承包人”，不享有优先受偿权。如果分包合同是发包人、总承包人、分包人三方共同签署，在此情形下，因分包工程属于总承包的范围，故在法律关系上仍应认定，分包人虽系发包人指定，但并非与发包人直接建立承包合同关系，而是与总承包人建立分包合同关系，故也不享有优先受偿权。⑤ 当然，在平行发包的模式下，则存在多个“与发包人订立建设工程施工合同的承包人”，这些承包人在自身施工范围内均享有优先受偿权。

至于实际施工人依据《民法典》第535条行使代位权的，请参见下述【裁判规则338】。

---

① 《河南省高级人民法院建设工程案件审判工作座谈会综述》（2022年9月14日）“议题五：工程施工中的表见代理、工程价款优先受偿权、发票等方面问题”第3款。

② 参考案例353：曹再兴等与中国建设银行股份有限公司龙岩新罗支行等建设工程施工合同纠纷案，最高人民法院（2021）最高法民申5733号民事裁定书。

③ 典型案例240：吴道全与重庆市丰都县第一建筑工程公司等建设工程施工合同纠纷案，最高人民法院（2019）最高法民再258号民事判决书。

④ 参考案例354：王春霖与辽宁万泰房地产开发有限公司、盛京银行股份有限公司沈阳市泰山支行第三人撤销之诉案，最高人民法院（2015）民申字第2311号民事裁定书。

⑤ 参见最高人民法院民事审判第一庭编著：《最高人民法院新建设工程施工合同司法解释（一）理解与适用》，人民法院出版社2021年版，第365页。

典型案例 337

## 周贵芳等与四川龙达建设（集团）有限公司等建设工程施工合同纠纷案①

### 基本案情

2013 年 3 月 19 日，新城公司与四川龙达建设（集团）有限公司（以下简称龙达公司）签订《财富新城建设工程施工合同》《贵州省毕节市大方县财富新城建设工程补充协议》约定，龙达公司承建大方县金龙新区迎宾大道中段的“财富·新城”建设工程。2013 年 6 月 16 日，龙达公司与周贵芳、冯世平签订《内部承包经营合同书》约定，龙达公司将前述工程转包给周贵芳、冯世平。2016 年 12 月 13 日，案涉工程进行了结算。后周贵芳、冯世平诉至法院，要求龙达公司、新城公司支付工程款，并主张对案涉工程的折价或者拍卖的价款优先受偿。

### 法院观点

最高人民法院认为，鉴于建设工程价款优先受偿权系法定优先权，因其具有优于普通债权和抵押权的属性，故对该权利的享有和行使必须具有明确的法律依据，实践中亦应加以严格限制。根据现行法律及相关司法解释的规定，行使优先受偿权的主体应仅限于建设工程承包人，现行法律及司法解释并未赋予实际施工人享有建设工程价款优先受偿的权利。因此，周贵芳、冯世平作为案涉工程的实际施工人主张建设工程价款的优先受偿权，不予支持。

## 裁判规则 338

**实际施工人、承包人的其他债权人依据《民法典》第 535 条行使代位权的，基于优先受偿权对工程款债权的从属性，可以一并主张优先受偿权。承包人的优先受偿权在已主张的范围内相应消灭。**

① 典型案例 337：周贵芳等与四川龙达建设（集团）有限公司等建设工程施工合同纠纷案，贵州省高级人民法院（2017）黔民终 1004 号民事判决书、最高人民法院（2018）最高法民申 5769 号民事裁定书。

《建设工程施工合同解释（一）》第44条规定："实际施工人依据民法典第五百三十五条规定，以转包人或者违法分包人怠于向发包人行使到期债权或者与该债权有关的从权利，影响其到期债权实现，提起代位权诉讼的，人民法院应予支持。"对该条规定，存在多种理解。

第一种理解认为，"与该债权有关的从权利"主要是指担保权利，包括担保物权和保证。实际施工人与发包人之间不具有建设工程施工合同关系，且工程价款优先受偿权有别于担保物权，故实际施工人不能代位行使工程价款优先受偿权。①而且"转包、非法分包系被明令禁止的行为，不应对该违法行为赋予特别保护"②，"实际施工人是违法承建工程的主体，本应受到规制。如实际施工人享有与合法承包人一样的权利，则无法体现法律的引导作用，与立法精神相背离"③。据此，"工程价款优先受偿权是专属于承包人的权利，不属于可以代位行使的债权"④。第二种理解认为，该条通过"明示其一、排除其他"的解释方法阐明，只有实际施工人可以代位行使优先受偿权，承包人的其他债权人不得向发包人行使权。第三种理解认为，该条规定的权利主体不限于实际施工人，而是包括承包人的所有债权人；该条规定的"与该债权有关的从权利"，正是指工程价款优先受偿权。福建省高级人民法院⑤、浙江省高级人民法院⑥、重庆市高级人民

---

① 参见谢勇：《〈最高人民法院关于审理建设工程施工合同纠纷案件适用法律问题的解释（一）〉的理解与适用》，载最高人民法院民事审判第一庭编：《民事审判指导与参考》总第85辑，人民法院出版社2021年版；最高人民法院民事审判第一庭编著：《最高人民法院新建设工程施工合同司法解释（一）理解与适用》，人民法院出版社2021年版，第456、457页。

② 陈旻、孙盈：《建设工程承包人优先权之审判实务若干问题研究》，载最高人民法院民事审判第一庭编：《民事审判指导与参考》总第37集，法律出版社2009年版。

③ 参考案例355：江苏天许建设有限公司与徐州市久隆建安工程有限公司、徐州新腾置业有限公司建设工程施工合同纠纷案，江苏省徐州市中级人民法院（2019）苏03民终2223号民事判决书。

④ 参考案例356：江苏宏美建设工程有限公司与徐州市久隆建安工程有限公司、徐州新腾置业有限公司建设工程施工合同纠纷案，江苏省徐州市中级人民法院（2019）苏03民终2251号民事判决书。

⑤ 《福建省高级人民法院关于审理建设工程施工合同纠纷案件疑难问题的解答》（2007年11月22日）第18条规定："分包人或实际施工人完成了合同约定的施工义务且工程质量合格的，在总包人或非法转包人怠于主张工程价款优先受偿权时，就其承建的工程在发包人欠付的工程款范围内主张工程价款优先受偿权，可予支持。"

⑥ 《浙江省高级人民法院民事审判第一庭关于审理建设工程施工合同纠纷案件若干疑难问题的解答》（浙法民一〔2012〕3号）第22条规定："建设工程施工合同无效，但工程经竣工验收合格，承包人可以主张工程价款优先受偿权。分包人或实际施工人完成了合同约定的施工义务且工程质量合格，在总承包人或转包人怠于行使工程价款优先受偿权时，就其承建的工程在发包人欠付工程价款范围内可以主张工程价款优先受偿权。"

法院①、安徽省高级人民法院②、江苏省高级人民法院③、河北省高级人民法院④均认为，实际施工人依据《民法典》第 535 条行使代位权时，可以一并主张优先受偿权。

首先需要明确的是，《民法典》第 535 条第 1 款规定："因债务人怠于行使其债权或者与该债权有关的从权利，影响债权人的到期债权实现的，债权人可以向人民法院请求以自己的名义代位行使债务人对相对人的权利，但是该权利专属于债务人自身的除外。"换言之，承包人的债权人行使代位权，是《民法典》赋予的权利，《建设工程施工合同解释（一）》无权排除。因此，不应将《建设工程施工合同解释（一）》第 44 条规定的权利主体限定为实际施工人，而应包括承包人的所有债权人。

基于下述理由，应当认为，"违法分包和转包合同中的实际施工人可以向发包人提起代位权诉讼的方式，主张享有建设工程价款优先受偿权"⑤。首先，工程价款优先受偿权是工程款债权的担保权，属于工程款债权的从权利。因此，《民法典》第 535 条第 1 款规定的"从权利"，理应包括工程价款优先受偿权。其次，实际施工人通过行使代位权向发包人主张的权利本系承包人的债权，而建设工程价款优先受偿权是依附于承包人债权的担保权，故实际施工人在代为主张工程价款请求权时，一并主张优先受偿权并无不当。再次，《民法典》第 535 条第 1 款末段规定，"但是该权利专属于债务人自身的除外"。建设工程价款优先受偿权涵盖的债

---

① 《重庆市高级人民法院民一庭关于建设工程施工合同纠纷中的法律适用问题解答（一）》（2015 年）第 9 条中规定："在与发包人具有直接合同关系的承包人没有起诉发包人的情况下，实际施工人诉请发包人在欠付工程款范围内支付工程价款并依照我国《合同法》第二百八十六条主张建设工程价款优先受偿权的，应当予以支持。"

② 《安徽省高级人民法院关于审理建设工程施工合同纠纷案件适用法律问题的指导意见》（2009 年 5 月 4 日）第 18 条规定："分包人或实际施工人完成了合同约定的施工义务且工程质量合格的，在总包人或非法转包人怠于主张工程价款优先受偿权时，就其承建的工程在发包人欠付的工程款范围内主张工程价款优先受偿权，可予支持。"

③ 参见李玉生主编：《建设工程施工合同案件审理指南》，人民法院出版社 2019 年版，第 297 页。

④ 《河北省高级人民法院建设工程施工合同案件审理指南》（冀高法〔2018〕44 号）第 33 条中规定："分包人或实际施工人在总包人或非法转包人怠于主张工程价款时，主张建设工程价款就该工程折价或拍卖的价款优先受偿的，人民法院应予支持。"

⑤ 唐倩：《实际施工人的建设工程价款优先受偿权实证研究》，载最高人民法院民事审判第一庭编：《民事审判指导与参考》总第 81 辑，人民法院出版社 2021 年版。还可参见蒋子翘：《建设工程价款优先受偿权研究》，载《上海政法学院学报》2012 年第 2 期。

权内容并不属于基于人身权或者人身依附关系而产生的给付请求权的范围，不具有专属性，① 属于可以代位行使的权利。最后，行使代位权的实际施工人一并行使优先受偿权，不会损害发包人利益。优先受偿权是工程款债权的担保权，其依附于工程款债权而存在。如发包人已经向承包人足额支付工程款，承包人的工程款债权归于消灭，即使承包人欠付实际施工人工程款，由于发包人已无工程款债务，故实际施工人由于无权向发包人主张工程款债权也就无权主张优先受偿权。如果发包人欠付部分工程款，要么是承包人向其主张工程款债权时一并主张相应的优先受偿权，要么是实际施工人依据代位权向其主张工程款债权时一并主张优先受偿权，发包人的负担并未因此而有所加重。

当然，实际施工人代位行使优先受偿权需要注意以下问题：第一，实际施工人基于代位权而向发包人主张工程价款请求权，且一并主张建设工程价款优先受偿权时，以工程质量合格为前提条件。第二，如果实际施工人不是基于代位权向发包人主张工程款请求权，而是依据《建设工程施工合同解释（一）》第 43 条第 2 款直接向发包人主张自己的工程价款请求权，由于《建设工程施工合同解释（一）》第 35 条仅认可了“与发包人订立建设工程施工合同的承包人”享有建设工程价款优先受偿权，实际施工人并不直接享有该权利，故在此情形下，实际施工人无权主张建设工程价款优先受偿权。第三，如果实际施工人以代位权为依据，在向发包人追索工程款的同时一并主张建设工程价款优先受偿权，那么在实际施工人主张权利的范围内，承包人不得再主张优先受偿权。实际施工人行使代位权（代承包人之位直接向发包人主张工程款债权）时，才可以一并主张优先受偿权，也就是说，实际施工人主张的优先受偿权实为承包人之权利，那么在实际施工人已经主张权利的前提下，基于“权利不得重复主张”的要求，在实际施工人主张权利的范围内，承包人不得再主张优先受偿权。第四，实际施工人可以主张的工程款债权，既要受到承包人对发包人的工程款债权的限制，又要受到自身对承包人的工程款债权的限制。因此，实际施工人在代位权诉讼中可以主张的工程款债权只能等于或小于承包人对发包人的工程款债权。如果实际施工人主张的工程款债权小于承包人对发包人的工程款债权，也就意味着承包人对发包人还保有部分工程款债权，与

① 参见唐倩：《实际施工人的建设工程价款优先受偿权实证研究》，载最高人民法院民事审判第一庭编：《民事审判指导与参考》总第 81 辑，人民法院出版社 2021 年版。

该部分工程款债权对应的优先受偿权也就相应由承包人保有。据此，虽然实际施工人行使代位权，在向发包人追索工程款的同时一并主张了建设工程价款优先受偿权，但如承包人的工程款债权并未得到全额清偿，那么在实际施工人主张权利的范围外，承包人仍得主张优先受偿权。

**典型案例 338**

## 刘井海与富锦市福祥年村儿文化旅游发展有限公司等债权人代位权纠纷案①

### 基本案情

2018 年 7 月 22 日至 9 月 22 日，孙刚、周克栋向刘井海借款 1200 万元。2018 年 12 月 26 日，法院生效判决判定，孙刚、周克栋偿还刘井海借款本金 1200 万元及逾期利息。刘井海申请强制执行后，2019 年 8 月 29 日，周克栋向法院执行部门递交申请书称，周克栋挂靠诚捷祥公司为富锦市福祥年村儿文化旅游发展有限公司（以下简称福祥年文旅公司）施工，工程已经施工完毕且投入使用，福祥年文旅公司尚欠周克栋工程款约 2400 万元未付，申请执行该到期债权。2018 年 11 月 27 日，法院向福祥年文旅公司送达停止支付工程款裁定，肖凤瑾以董事长的名义认可周克栋是实际施工人，欠款应该有 2000 万元。法院据此向福祥年文旅公司送达了协助执行通知书。2019 年 9 月 16 日，福祥年文旅公司提交了执行异议申请书。刘井海诉至法院，要求福祥年文旅公司将其欠周克栋工程款中的 1200 万元及逾期利息给付刘井海，刘井海在福祥年文旅公司应向周克栋支付的工程款范围内享有优先受偿权。

### 法院观点

法院认为，代位权设立的目的是保护债权的实现。刘井海依据法院判决申请执行周克栋、孙刚的财产，周克栋、孙刚作为被执行人其财产不足以清偿债务时，周

---

① 典型案例 338：刘井海与富锦市福祥年村儿文化旅游发展有限公司等债权人代位权纠纷案，黑龙江省高级人民法院（2020）黑民终 512 号民事判决书。

克栋提出其对福祥年文旅公司享有债权，刘井海作为债权人有权请求以自己的名义在其债权限额内行使代位权。本案工程款的性质是债权，周克栋完成了工程的主要部分并且工程已经投入使用，刘井海有权代位取得相应的工程款债权，并且刘井海行使代位权没有损害发包人福祥年文旅公司的权利，根据建设工程款具有的优先受偿的性质，债权代位权人应当享有该工程款的优先受偿权。据此，福祥年文旅公司应在2000万元范围内给付刘井海欠款1200万元及逾期利息，刘井海在上述债权范围内对富锦市福祥年村儿红色经典教育基地的工程款享有优先受偿权。

## 裁判规则339

**挂靠人与发包人之间存在事实上的建设工程施工合同关系，系事实上的承包人，故挂靠人对发包人享有直接的工程款请求权，也就相应享有建设工程价款优先受偿权。**

如【裁判规则435】所述，挂靠人与发包人之间形成事实上的建设工程施工合同关系，挂靠人有权直接向发包人主张工程款债权。但挂靠人可否在向发包人主张工程款债权时一并主张优先受偿权？

《福建省高级人民法院当前我省涉建工纠纷审判调研　问答·案例·白皮书》(2022年9月）第15条后段规定：“尽管在发包人明知挂靠情况下，挂靠人与发包人形成事实上的建设工程施工合同关系，但挂靠人仍不属于‘与发包人订立建设工程施工合同的承包人’，不享有建设工程价款优先受偿权。”在“兴业银行股份有限公司三明列东支行与福建鑫科置业有限公司、陈金国等建设工程施工合同纠纷案”① 中，最高人民法院认为，优先受偿权作为一种物权性权利，权利主体必须由法律明确规定。陈金国作为借用资质的实际施工人，并非“与发包人订立建设工程施工合同的承包人”，不享有建设工程价款优先受偿权。《天津市高级人民法院关于审理建设工程施工合同纠纷案件相关问题的审判委员会纪要》(2020年12月9日）第4条第2款规定：“实际施工人向发包人主张建设工程价款优先受偿权的，应在查明实际施工人与发包人之间是否存在直接合同关系的基础上，依法

① 参考案例357：兴业银行股份有限公司三明列东支行与福建鑫科置业有限公司、陈金国等建设工程施工合同纠纷案，最高人民法院（2019）最高法民申2852号民事裁定书。

认定。”

虽然从形式上看，挂靠人不是与发包人订立建设工程施工合同的承包人。但就实质而言，挂靠人与发包人之间存在事实上的建设工程施工合同关系，系事实上的承包人，也即实际承包人。[①] 挂靠人以出借资质的建筑企业名义与发包人签订建设工程施工合同，虽然名义上的承包人是出借资质的企业，但真正的承包人是实际施工人，其对发包人直接享有工程款债权，也就应享有工程款债权的从权利——建设工程价款优先受偿权。[②] 从反面来看，被挂靠人并非工程的实际承包人，对发包人不享有工程款债权，也就不享有优先受偿权。如否定挂靠人的优先受偿权，就会导致在挂靠经营模式之下，无人享有优先受偿权。据此，挂靠人作为事实上的承包人，对发包人享有直接的工程款请求权，也就相应享有建设工程价款优先受偿权。

除下述【典型案例 339】外，在“申长松与重庆市桓大建设（集团）有限公司等建设工程施工合同纠纷案”[③] 中，最高人民法院也认为，申长松是借用资质的实际施工人，其已取代名义上的承包人重庆市桓大建设（集团）有限公司作为实际承包人与光明公司成立事实上的建设工程施工合同关系，此为申长松能够直接请求光明公司付款的原因所在。同理，在案涉工程已经实际交付光明公司的情况下，申长松对案涉工程应当享有优先受偿权。在“戴荣忠与六枝特区金海大酒店有限公司建设工程施工合同纠纷案”[④]、“侯泽勇与何斌等建设工程施工合同纠纷案”[⑤] 中，最高人民法院均认可挂靠人就工程价款享有优先受偿权。

---

① 参见谢勇：《建设工程施工合同案件裁判规则解析》，中国法制出版社 2020 年版，第 237 页。

② 参见谢勇、郭培培：《论实际施工人的民法保护》，载《法律适用》2021 年第 6 期。

③ 参考案例 358：申长松与重庆市桓大建设（集团）有限公司等建设工程施工合同纠纷案，最高人民法院（2021）最高法民终 727 号民事判决书。

④ 参考案例 359：戴荣忠与六枝特区金海大酒店有限公司建设工程施工合同纠纷案，最高人民法院（2020）最高法民终 429 号民事判决书。

⑤ 参考案例 360：侯泽勇与何斌等建设工程施工合同纠纷案，最高人民法院（2021）最高法民申 1033 号民事裁定书。

典型案例 339

## 宁夏钰隆工程有限公司与安徽三建工程有限公司、宁夏蓝天房地产开发有限责任公司建设工程施工合同纠纷案①

### 基本案情

2013 年，安徽三建工程有限公司（以下简称安徽三建）与宁夏蓝天房地产开发有限责任公司（以下简称蓝天公司）签订《协议书》约定，蓝天公司将案涉鼎辉时代城（1 号、4 号、5 号、8 号、9 号、10 号、23 号楼）工程项目发包给安徽三建。2014 年 3 月 21 日，安徽三建与宁夏钰隆工程有限公司（以下简称钰隆公司）签订《承包合同》约定，由钰隆公司全额承包案涉工程；管理费按工程款 1.2%收取，待工程结算书审计通过后，除工程质保金外，余款（不计利息）全部划拨至钰隆公司。此后，钰隆公司虽然不具有相应的施工资质，但对案涉工程进行了施工。2016 年 3 月 31 日，蓝天公司与安徽三建签订《工程款结算单》，确定案涉已完工程（1 号、4 号、5 号楼）造价为 122,458,278.48 元，钰隆公司已经收到的工程款为 24,687,162.68 元。后钰隆公司诉至法院，要求安徽三建支付工程款 97,771,115.8 元及利息，蓝天公司在未付工程款的范围内承担连带责任，钰隆公司对该工程享有优先受偿权。经查，蒋淑珍在承揽案涉工程后设立了钰隆公司，然后以钰隆公司名义与安徽三建签订承包合同。

### 法院观点

针对钰隆公司主张的优先受偿权，最高人民法院认为，在合同书上所列的承包人是具有相应资质的建筑施工企业，即被挂靠人；而实际履行合同书上所列承包人义务的实际施工人，是挂靠人。关系发包人实际利益的是建设工程是否按照合同约定的标准和时间完成并交付到其手中，只要按约交付了建设工程，就不损害发包人的实际利益。但是否享有工程价款请求权和优先受偿权，直接关系对方当事人的实

① 典型案例 339：宁夏钰隆工程有限公司与安徽三建工程有限公司、宁夏蓝天房地产开发有限责任公司建设工程施工合同纠纷案，最高人民法院（2019）最高法民申 6085 号民事裁定书。

际利益。事实上，挂靠人实际组织员工进行了建设活动，完成了合同中约定的承包人的义务。所以，挂靠人因为实际施工行为而比被挂靠人更应当从发包人处得到工程款，被挂靠人实际上只是最终从挂靠人处获得管理费。因此，挂靠人比被挂靠人更符合法律关于承包人的规定，比被挂靠人更应当享有工程价款请求权和优先受偿权。挂靠人既是实际施工人，也是实际承包人，而被挂靠人只是名义承包人，认定挂靠人享有工程价款请求权和优先受偿权，更符合法律保护工程价款请求权和设立优先受偿权的目的。

## 裁判规则340

**勘察人、设计人不属于建设工程施工合同的承包人，不享有建设工程价款优先受偿权。但在工程总承包模式下，如总承包的范围包括勘察、设计，且在总承包费用中无法区分出勘察费、设计费，则应允许总承包人就总承包费一并优先受偿。**

《民法典》第791条第1款前段规定："发包人可以与总承包人订立建设工程合同，也可以分别与勘察人、设计人、施工人订立勘察、设计、施工承包合同。"根据该条文义，勘察人、设计人、施工人均为建设工程的承包人。若此，勘察人、设计人是否享有优先受偿权？

有观点认为，"勘察人和设计人对建设工程增值具有直接贡献"①，故"勘察人、设计人、施工人均得享有建设工程优先权，其优先权都是同时随着建设工程的出现而成立的，因此三方的优先权同时成立"②。但从实践情况来看，"多否认勘察人、设计人享有优先受偿权"③。《安徽省高级人民法院关于审理建设工程施工合同纠纷案件适用法律问题的指导意见》（2009年5月4日）第16条后段规定："工程勘察人或设计人就工程勘察或设计费主张优先受偿权，不予支持。"《浙江省高级人民法院执行局执行中处理建设工程价款优先受偿权有关问题的解答》（浙高法执

① 孙科峰、杨遂全：《建设工程优先受偿权主体的争议与探究——〈合同法〉第286条之分析》，载《河北法学》2013年第6期。

② 张东旺、孟宪东：《论建设工程优先权》，载《法学论坛》2001年第3期。

③ 孙科峰、杨遂全：《建设工程优先受偿权主体的争议与探究——〈合同法〉第286条之分析》，载《河北法学》2013年第6期。

〔2012〕2号）第6条第2款也规定："工程勘察人或设计人就工程勘察或设计费主张优先受偿权的，不予支持。"

《建设工程施工合同解释（一）》第35条规定："与发包人订立建设工程施工合同的承包人，依据民法典第八百零七条的规定请求其承建工程的价款就工程折价或者拍卖的价款优先受偿的，人民法院应予支持。"从而将《民法典》第807条所规定的享有优先受偿权的承包人限定为建设工程施工合同的承包人，将勘察合同的承包人和设计合同的承包人排除在外。其理由在于：首先，根据《建设工程质量管理条例》第2条第2款、《建设工程安全生产管理条例》第2条第2款的规定，狭义的建设工程主要是指土木工程、建筑工程、线路管道和设备安装工程及装修工程，并不包括工程勘察和设计。其次，只有施工合同完成的是工程本身，勘察合同和设计合同的完成物仅为勘察设计文件，不属于《民法典》第807条规定的"工程"范畴。[①] 最后，《民法典》第807条的规范目的在于，随着固定资产投资规模的过快增长，拖欠工程款的现象出现了大幅度增加的趋势，严重地影响了建筑企业的生产经营，为切实解决拖欠工程款的问题，乃赋予承包人优先受偿权。[②] 因此，赋予勘察费、设计费优先受偿权不符合《民法典》第807条的立法目的。就此，可参见"大同煤矿集团阳方口矿业有限责任公司与海南水文地质工程地质勘察院等破产债权确认纠纷案"[③]。

至于工程总承包，由于其在施工之外还涵盖了设计、采购等内容，则相对复杂。有观点主张，工程总承包人有权就包含设计费等在内的总承包费用一体优先受偿。详言之，由于设计、采购、施工往往集成化、优化进行，设计费、采购费及施工费相互之间的界限并不清晰，且承包人赚取更多的系工程优化的价值，故其建设工程价款优先受偿权包含设计费、采购费及施工费。[④] "合同中约定的设计费甚至勘察费应属于工程款的范围，而且一般与工程价款同时结算、同时支付。因而承包

---

① 参见陈柏新：《〈合同法〉第286条司法适用疑难问题探讨》，载《上海政法学院学报（法治论丛）》2011年第2期。

② 参见胡康生主编：《中华人民共和国合同法释义》，法律出版社2013年版，第479页。

③ 参考案例361：大同煤矿集团阳方口矿业有限责任公司与海南水文地质工程地质勘察院等破产债权确认纠纷案，海南省三亚市中级人民法院（2022）琼02民初84号民事判决书。

④ 参见周利明：《解构与重塑：建设工程合同纠纷审判思维与方法》，法律出版社2019年版，第634页。

人可以就相关费用主张优先权。”① 但多数观点主张，在可能的情况下，应将优先受偿权的范围限定于施工费用。也就是说，如果根据总承包合同的约定，设计费、勘察费能够从承包费中区分出来，则该部分费用不能优先受偿。就此，可参考下述【典型案例 340】。如果设计费、勘察费不能从承包费中区分出来，则包括设计费、勘察费和施工费在内的全部工程价款均可优先受偿。②

除勘察人、设计人外，监理人也与建设工程紧密相连。但根据《民法典》第 796 条③的规定，监理合同属于委托合同，而非建设工程合同，监理费也就不属于建设工程价款，故监理人不享有优先受偿权。④

**典型案例 340**

## 机械工业第六设计研究院有限公司与国机重工（洛阳）有限公司与破产有关的纠纷案⑤

### 基本案情

2011 年 9 月 30 日，国机重工（洛阳）有限公司（以下简称国机公司）与机械工业第六设计研究院有限公司（以下简称第六设计院）签订《工程总承包合同》约定，第六设计院作为国机重工（洛阳）产业园总承包人，承包内容包括一期工程初步设计（含工艺方案），一期工程压路机、推土机事业部及除挖掘机联合厂房外的其他建（构）筑物的施工图设计，厂区工程施工图设计及以上内容的建安工

---

① 最高人民法院民事审判第一庭编著：《最高人民法院新建设工程施工合同司法解释（一）理解与适用》，人民法院出版社 2021 年版，第 359 页。

② 参见谢勇：《建设工程施工合同案件裁判规则解析》，中国法制出版社 2020 年版，第 232 页。参见最高人民法院民事审判第一庭编著：《最高人民法院新建设工程施工合同司法解释（一）理解与适用》，人民法院出版社 2021 年版，第 359 页。

③ 该条规定：“建设工程实行监理的，发包人应当与监理人采用书面形式订立委托监理合同。发包人与监理人的权利和义务以及法律责任，应当依照本编委托合同以及其他有关法律、行政法规的规定。”

④ 参见最高人民法院民事审判第一庭编著：《最高人民法院新建设工程施工合同司法解释（一）理解与适用》，人民法院出版社 2021 年版，第 359、360 页。

⑤ 典型案例 340：机械工业第六设计研究院有限公司与国机重工（洛阳）有限公司与破产有关的纠纷案，河南省高级人民法院（2021）豫民终 1270 号民事判决书。

程及非标设备总承包工作；合同总价暂定为33,521万元，由工程设计费259万元、工程总承包管理费（暂定）429万元、建安工程费（暂定）28,579万元、非标设备费（暂定）4254万元组成。从2017年7月开始，国机公司陆续使用案涉工程。2021年3月8日，国机公司、第六设计院、机械工业公司三方达成结算协议确认，案涉项目的工程总价款为201,143,730.68元，尚欠工程款为35,803,461.76元。2020年12月31日，国机公司进入破产清算程序。第六设计院作为债权人向管理人申报债权。2021年5月6日，管理人出具债权审查结果通知书，确认第六设计院债权金额为：工程款35,803,461.76元、勘察费161,168.77元、管理费146,671.07元、诉讼保全费106,126.50元，但对工程价款优先受偿权未予确认。第六设计院诉至法院，请求确认第六设计院在国机公司应付工程价款36,111,301.60元（其中勘察费161,168.77元、管理费146,671.07元、工程款35,803,461.76元）范围内对其承建的国机重工（洛阳）产业园建设工程享有优先受偿权。

## 法院观点

河南省高级人民法院认为，第六设计院具有建筑工程施工总承包资质，《工程总承包合同》是双方的真实意思表示，不违反法律、行政法规的强制性规定，应为合法有效。依照《民法典》第807条、《建设工程施工合同解释（一）》第35条的规定，在国机公司未依约支付工程价款的情况下，作为案涉工程总承包人的第六设计院有权请求对案涉工程折价或者拍卖的价款优先受偿。根据管理人对第六设计院债权的审查结果，第六设计院的债权包括工程款35,803,461.76元、勘察费161,168.77元、管理费146,671.07元、诉讼保全费106,126.50元。根据《建设工程施工合同解释（一）》第40条，承包人享有建设工程价款优先受偿权的范围应依照国务院有关行政主管部门关于建设工程价款范围的规定确定。因此，第六设计院享有建设工程优先受偿权的范围应仅限于工程款35,803,461.76元，而勘察费、管理费不属于工程价款范围之内，第六设计院对此不应享有优先受偿权。

**裁判规则341**

**建设工程价款优先受偿权是工程款债权的从权利，工程款债权转让的，建设工程价款优先受偿权一并转让。**

建设工程价款优先受偿权是通过使权利人对建设工程折价款优先受偿的方式确保工程款债权得以实现的权利，因此，其是工程款债权的从权利。如果权利人转让工程款债权，建设工程价款优先受偿权是否一并转让？

就此问题，各地法院的观点未臻统一。有法院认为，建设工程价款优先受偿权具有法定性、人身属性，不得转让。深圳市中级人民法院①、河北省高级人民法院②、重庆市高级人民法院与四川省高级人民法院③持这一观点。但多数法院认为，建设工程价款优先受偿权应随工程款债权一并转移。江苏省高级人民法院④、广东省高级人民法院⑤、山东省高级人民法院⑥、陕西省高级人民法院⑦、福建省

---

① 《深圳市中级人民法院关于建设工程合同若干问题的指导意见》（2010年3月9日修订）第31条规定："承包人将其对发包人的工程款债权转让给第三人的，建设工程价款优先受偿权不能随之转让。"

② 《河北省高级人民法院建设工程施工合同案件审理指南》（冀高法〔2018〕44号）第37条规定："建设工程价款优先受偿权与建设工程价款请求权具有人身依附性，承包人将建设工程价款债权转让，建设工程价款的优先受偿权消灭。"

③ 《重庆市高级人民法院、四川省高级人民法院关于审理建设工程施工合同纠纷案件若干问题的解答》（渝高法〔2022〕156号）第17条规定："建设工程价款优先受偿权属于法定优先权，行使主体应限定为与发包人形成建设工程施工合同关系的承包人，建设工程价款债权转让后，受让人主张对建设工程享有优先受偿权的，人民法院不予支持。"

④ 原《江苏省高级人民法院关于审理建设工程施工合同纠纷案件若干问题的意见》（苏高法审委〔2008〕26号）第20条规定："建设工程价款优先受偿权依附于工程款债权，承包人将建设工程价款债权转让的，建设工程价款优先受偿权随之转让。受让人是否实际享有建设工程价款优先受偿权，仍应进行实体审查。"

⑤ 《广东省高级人民法院关于审理建设工程施工合同纠纷案件若干问题的指导意见》（粤高法发〔2011〕37号）第15条规定："承包人将建设工程施工合同约定的工程款债权依法转让，债权受让方主张其对建设工程享有优先受偿权的，可予支持。承包人在转让工程款债权前与发包人约定排除优先受偿权的，该约定对承包人以外的实际施工人不具有约束力。"

⑥ 《山东高院民一庭关于审理建设工程施工合同纠纷案件若干问题的解答》（2020年8月15日）第12条规定："建设工程价款优先受偿权依附于工程款债权，属于从属性权利，承包人将建设工程价款债权转让的，建设工程价款优先受偿权随之转让。"

⑦ 《陕西省高级人民法院关于审理建设工程施工合同纠纷案件若干问题的解答》（2020年12月10日）第16条规定："建设工程价款优先受偿权依附于工程款债权，属于从属性权利，承包人将建设工程价款债权转让的，建设工程价款优先受偿权随之转让。"

高级人民法院①、湖南省高级人民法院②均持这一立场。山西省高级人民法院在“北京中关村开发建设股份有限公司等与山西亿丰置业有限公司等建设工程施工合同纠纷案”③中，内蒙古自治区高级人民法院在“标龙建设集团有限公司与伊金霍洛旗万力房地置业有限责任公司、乔新平建设工程施工合同纠纷案”④中，也认为受让工程款债权的主体一并受让建设工程价款优先受偿权。

最高人民法院的立场对这一问题的观点在个案中存在出入。最高人民法院既提出过“建设工程债权转让后，受让人也应享有优先受偿权。建设工程承包人转让其在施工中形成的债权，受让人基于债权的转让而取得工程款债权，因而其应当享有该工程款的优先受偿权”⑤。除下述【典型案例 341】外，在“翟朝晖、大连腾越房地产开发有限公司建设工程施工合同纠纷执行案”⑥、“王晓燕与闫小毛、焦作市东成房地产开发有限公司案外人执行异议之诉案”⑦、“陕西西岳山庄有限公司与中建三局建发工程有限公司、中建三局第三建设工程有限责任公司建设工程施工合同纠纷案”⑧中，最高人民法院均持这一观点。但最高人民法院也提出过“工程价款优先受偿权制度的目的是保护施工人的劳动报酬，承包人转让工程价款债权获得

---

① 《福建省高级人民法院当前我省涉建工纠纷审判调研 问答·案例·白皮书》（2022 年 9 月）第 20 条规定：“建设工程价款优先受偿权是一种法定优先受偿权，具有从属性，且与建设工程价款债权转让人之间不具有人身专属性，应认定建设工程价款优先受偿权随工程价款债权一并转让，以确保农民工工资权益尽快实现。”

② 《湖南省高级人民法院关于审理建设工程施工合同纠纷案件若干问题的解答》（湘高法〔2022〕102 号）第 20 条规定：“建设工程价款优先受偿权所设立的立法本意系解决拖欠工程款问题，以推动承包人价款债权的实现，具有从属性，不具有人身属性，故承包人将建设工程价款债权转让的，建设工程价款优先受偿权随之转让。”

③ 参考案例 362：北京中关村开发建设股份有限公司等与山西亿丰置业有限公司等建设工程施工合同纠纷案，山西省高级人民法院（2016）晋民初 50 号民事判决书。

④ 参考案例 363：标龙建设集团有限公司与伊金霍洛旗万力房地置业有限责任公司、乔新平建设工程施工合同纠纷案，内蒙古自治区高级人民法院（2019）内民终 337 号民事判决书。

⑤ 《建设工程债权转让后，受让人是否享有优先受偿权》，载杜万华主编、最高人民法院民事审判第一庭编：《民事审判指导与参考》总第 65 辑，人民法院出版社 2016 年版。

⑥ 参考案例 364：翟朝晖、大连腾越房地产开发有限公司建设工程施工合同纠纷执行案，最高人民法院（2018）最高法执复 56 号执行裁定书。

⑦ 参考案例 365：王晓燕与闫小毛、焦作市东成房地产开发有限公司案外人执行异议之诉案，最高人民法院（2021）最高法民申 33 号民事裁定书。

⑧ 典型案例 161、269：陕西西岳山庄有限公司与中建三局建发工程有限公司、中建三局第三建设工程有限责任公司建设工程施工合同纠纷案，最高人民法院（2007）民一终字第 10 号民事判决。《最高人民法院公报》2007 年第 12 期。

相应对价后，则建筑工人的劳动报酬已经实现，而受让人并不涉及劳动报酬问题”①，影射工程价款优先受偿权随同工程款债权一并转让缺乏必要性。最高人民法院在“张黎明与陶红军等申请执行人执行异议之诉案”② 中持这一观点。

基于建设工程价款优先受偿权对工程款债权的从属性，应当认为，建设工程价款优先受偿权随工程款债权的转让而一并转让。

第一，《民法典》第547条第1款规定：“债权人转让债权的，受让人取得与债权有关的从权利，但是该从权利专属于债权人自身的除外。”据此，判断承包人转让工程款债权时建设工程价款优先受偿权是否一并转移，关键在于判断建设工程价款优先受偿权是否为专属于承包人的从权利。就此，可以借鉴代位权方面的规定。《民法典》第535条第1款规定：“因债务人怠于行使其债权或者与该债权有关的从权利，影响债权人的到期债权实现的，债权人可以向人民法院请求以自己的名义代位行使债务人对相对人的权利，但是该权利专属于债务人自身的除外。”该条的用语“专属于债务人自身”与第547条“专属于债权人自身”如出一辙。针对何为“专属于债务人自身”，《民法典合同编通则解释》第34条规定：“下列权利，人民法院可以认定为民法典第五百三十五条第一款规定的专属于债务人自身的权利：(一) 抚养费、赡养费或者扶养费请求权；(二) 人身损害赔偿请求权；(三) 劳动报酬请求权，但是超过债务人及其所扶养家属的生活必需费用的部分除外；(四) 请求支付基本养老保险金、失业保险金、最低生活保障金等保障当事人基本生活的权利；(五) 其他专属于债务人自身的权利。”建设工程价款优先受偿权显然不属于该条所排除的具有人身性质的权利。因此，不应认为建设工程价款优先受偿权是专属于债权人（承包人）自身的从权利。

第二，站在权利性质的角度，建设工程价款优先受偿权是工程款债权的担保性权利，其目的在于通过使权利人对建设工程折价款优先受偿的方式确保工程款债权得以实现。“根据民法学原理，在主债权发生移转时，其从权利原则上应随之一同转移。”③ “此等从权利的转移，属于当然，毋庸特别约定。”④ “随同主债权转移而

① 最高人民法院民事审判第一庭编著：《最高人民法院新建设工程施工合同司法解释（一）理解与适用》，人民法院出版社2021年版，第365页。

② 参考案例366：张黎明与陶红军等申请执行人执行异议之诉案，最高人民法院（2019）最高法民申3350号民事裁定书。

③ 崔建远：《合同法总论》（中卷），中国人民大学出版社2012年版，第441页。

④ 韩世远：《合同法总论》，法律出版社2011年版，第472页。

一并转移的从权利，包括担保权和其他从权利。此处所谓的担保权，包括担保物权、保证债权、定金债权、押金债权和保证金债权等。”① 建设工程价款优先受偿权作为法定优先权，指向的是特定的物——建设工程，故其本质上属于对工程款债权的物的担保，理应坚持“从随主”原则。

第三，还可站在体系化的角度考察、借鉴围绕建设工程价款的代位权诉讼。《建设工程施工合同解释（一）》第44条规定，实际施工人有权提起代位权诉讼。在实际施工人提起的代位权诉讼中，一般认为，“在总承包人怠于行使建设工程款优先受偿权使得分包人的权利遭受损害时，分包人可就建设工程款优先受偿权行使代位权”②。其理由在于，“在实际施工人行使代位权的情况下，由于其代为行使的是承包人对发包人的权利，而承包人对发包人的权利包括建设工程价款优先受偿权，所以实际施工人在行使代位权时，可以一并主张建设工程价款优先受偿权”③。由此表明，建设工程价款优先受偿权并非专属于承包人的权利，是可以且应当与工程款债权一并转移的。且在实际施工人行使代位权（此时转包人或者违法分包人处于被迫状态）的情况下，尚可以主张优先受偿权，举轻以明重，在债权转让的情况下（此时转包人或者违法分包人处于自愿状态），债权受让人理应有权主张优先受偿权。在“枣庄汉鼎建材有限公司、刘德兰执行分配方案异议之诉案”④中，泰诺公司欠泰成公司工程款，泰成公司欠枣庄汉鼎建材有限公司（以下简称汉鼎公司）货款，经三方协商同意，泰诺公司与汉鼎公司确立偿还欠款的债权债务关系。山东省高级人民法院即认为，从《合同法》关于建设工程价款优先受偿权的立法本旨和社会效果来看，法律是要保护承包人建设工程价款的优先受偿的权利。汉鼎公司只是代位行使了承包人的这种权利，不损害其他人或社会利益，合情合理合法。如果仅仅是由于主张权利的途径不同而使该笔款项被放在优先受偿的范围之外，不符合法律关于建设工程价款优先受偿权的立法本旨。据此，确认了汉鼎公司就代位求偿的款项享有优先受偿权。

第四，站在利益衡量的角度，若认可建设工程价款优先受偿权随工程款债权一并转移，由于这两个权利本就存在，单纯权利主体的变化并不会害及发包人的其他

① 崔建远：《合同法总论》（中卷），中国人民大学出版社2012年版，第441页。

② 蒋子翘：《建设工程价款优先受偿权研究》，载《上海政法学院学报》2012年第2期。

③ 邬砚：《建设工程合同纠纷：254个裁判规则深度解析》，法律出版社2019年版，第219页。

④ 参考案例367：枣庄汉鼎建材有限公司、刘德兰执行分配方案异议之诉案，山东省高级人民法院（2018）鲁民终566号民事判决书。

债权人的利益。相反，若否定建设工程价款优先受偿权随工程款债权一并转移，承包人又因丧失工程款债权导致优先受偿权消灭，则会导致发包人的其他债权人因此获益——其债权处境比转让前处于更优位置。然而，发包人的其他债权人基于他人的权利转让行为获益，难谓具有合理性、正当性。

第五，如前所述，建设工程价款优先受偿权的理论基础在于“解决建筑行业拖欠工程款问题”与“增值理论”，至于保障农民工工资，“至多只是承包人优先权的一项副产品”①，不构成立法赋予承包人优先受偿权的充分理据。因此，以“承包人通过转让工程价款的债权获得相应对价，承包人的权利得以实现，施工人的劳动报酬得到保护”为由，认定工程价款优先受偿权不随同工程款债权一并转移，不能成立。

**典型案例 341**

## 中建海峡建设发展有限公司与厦门兴基伟业房地产开发有限公司等建设工程施工合同纠纷案②

### 基本案情

2010 年 8 月 30 日，厦门兴基伟业房地产开发有限公司（以下简称兴基伟业公司）与中国建筑第七工程局有限公司（以下简称中建七局）签订《建设工程施工协议书》约定，中建七局承建兴基伟业公司开发的“鑫塔 · 水尚”项目 I 标段、II 标段工程。2014 年 6 月 30 日，上述工程竣工验收合格。2016 年 4 月 25 日，双方签订《结算协议》确认，工程结算金额为 78, 050 万元。2016 年 12 月 6 日，中建七局将其承建案涉工程所享有的到期工程款债权转让给中建海峡建设发展有限公司（以下简称中建海峡公司）。2017 年 2 月 20 日，中建七局将该债权转让情况以书面形式通知兴基伟业公司。后中建海峡公司诉至法院，要求兴基伟业公司支付拖欠的工程款，并主张对“鑫塔 · 水尚”项目折价或拍卖的价款享有优先受偿权。诉讼中

---

① 张巍：《建设工程承包人优先受偿权之功能研究》，载《北大法律评论》编辑委员会编：《北大法律评论》第 7 卷，北京大学出版社 2006 年版。

② 典型案例 341：中建海峡建设发展有限公司与厦门兴基伟业房地产开发有限公司等建设工程施工合同纠纷案，最高人民法院（2021）最高法民终 958 号民事判决书。

经审查，尚欠的工程款为108,665,831元。

## 法院观点

一审法院（福建省高级人民法院）认为，根据《2018年建工解释》第17条的规定，依法享有工程价款优先受偿权的主体必须与发包人存在直接的施工合同关系。中建海峡公司系通过债权受让的方式取得讼争工程款债权，并非与兴基伟业公司存在直接的施工合同关系，故不享有工程价款优先受偿权。中建海峡公司上诉认为，建设工程价款优先受偿权作为从权利，应随主债权一并转让给中建海峡公司。最高人民法院在二审中认为，建设工程价款债权转让后，中建七局享有的建设工程价款优先受偿权可以随之转让给中建海峡公司。第一，建设工程价款优先受偿权为法定优先权，功能是担保工程款优先支付，系工程款债权的从权利，不专属于承包人自身，可以随建设工程价款债权一并转让。《合同法》第81条①规定，债权人转让权利的，受让人取得与债权有关的从权利，但该从权利专属于债权人自身的除外。《2018年建工解释》第17条②虽然规定由承包人主张优先受偿权，但是并不能得出建设工程价款优先受偿权具有人身专属性的结论。故建设工程价款债权转让的，建设工程价款优先受偿权随之转让并不违反法律规定。第二，本案建设工程价款优先受偿权与工程款债权的一并转让，既不增加兴基伟业公司的负担，也不损害兴基伟业公司其他债权人的利益。综上，中建七局将案涉工程款债权转让给中建海峡公司后，中建海峡公司可以享有建设工程价款优先受偿权。

## 裁判规则342

**承包人将工程款债权出质的，基于优先受偿权对工程款债权的从属性，质权的效力及于建设工程价款优先受偿权。**

根据《民法典》第440条第6项的规定，“现有的以及将有的应收账款”债权可以出质。如承包人将工程款债权出质，质权是否及于建设工程价款优先受偿权？

在此情形下，涉及三方主体、两个层次的优先受偿问题。在质权人与承包人之

① 现《民法典》第547条第1款。

② 现《建设工程施工合同解释（一）》第35条。

间，就承包人的工程款债权，质权人基于质权享有优先于承包人的其他债权人优先受偿的权利。有疑问的是，在发包人破产或支付困难的情况下，质权人可否基于工程价款优先受偿权主张优先受偿？因从权利不得脱离主权利而单独存在，承包人将工程款债权出质的，质权的效力应一并及于建设工程价款优先受偿权。也就是说，在承包人将工程款债权出质的情况下，质权人不仅基于质权享有优先于承包人的其他债权人优先受偿的权利，还基于质权的客体——工程款债权——附有的优先受偿权，享有优先于发包人的其他债权人优先受偿的权利。

**典型案例 342**

## 北京恒宇天泽基金销售有限公司等与陈锡良等金融借款合同纠纷案[①]

### 基本案情

2016 年 7 月，北京恒宇天泽基金销售有限公司（以下简称恒宇天泽公司）、联合银行海垦支行与建科公司签订《委托贷款合同》约定，恒宇天泽公司提供资金，由联合银行海垦支行作为受托人向建科公司发放贷款 2 亿元。2016 年 6 月 22 日，恒宇天泽公司（质权人）与建科公司（出质人）签订《应收账款质押合同》约定，为担保《委托贷款合同》项下债务的履行，出质人自愿将其享有合法处分权的应收账款为质权人的债权设立质押担保；应收账款对应的基础合同为《石狮市环湾大道、水头外线项目 BT 招商合同书》，债务人为环湾公司，应收账款金额为 2.5 亿元。此后，恒宇天泽公司、建科公司为上述应收账款在中国人民银行征信中心办理了质押登记。2016 年 7 月 8 日，联合银行海垦支行向建科公司发放了 2 亿元贷款。建科公司在偿还了 7700 万元本金后，未能依约偿还剩余本金，且自 2017 年 6 月 21 日出现欠息。恒宇天泽公司、联合银行海垦支行诉至法院，要求建科公司偿还借款 1.23 亿元及相应利息；环湾公司在本案债权范围内直接向恒宇天泽公司、联合银行海垦支行支付其应向建科公司支付的石狮市环湾大道、水头外线项目

① 典型案例 342：北京恒宇天泽基金销售有限公司等与陈锡良等金融借款合同纠纷案，北京市第四中级人民法院（2017）京 04 民初 170 号民事判决书、北京市高级人民法院（2019）京民申 822 号民事裁定书。

回购款，恒宇天泽公司、联合银行海垦支行对该项目回购款在应收账款质押范围内行使优先受偿权。

### 法院观点

北京市第四中级人民法院与北京市高级人民法院认为，恒宇天泽公司宣布贷款提前到期，要求建科公司偿还贷款本金 1.23 亿元，并支付相应利息、罚息的诉讼请求，符合法律规定及合同约定，应予支持。建科公司以《石狮市环湾大道、水头外线项目 BT 招商合同书》项下的应收账款为建科公司对恒宇天泽公司所负债务提供了应收账款质押担保，并已办理质押登记，该质押担保合法有效；在债务人建科公司不履行到期债务时，债权人恒宇天泽公司有权就该应收账款优先受偿。案涉应收账款系金钱债权，质权人请求法院判令其直接向出质人的债务人收取金钱，并无不当，没有必要再对应收账款采取折价或者拍卖、变卖等方式；恒宇天泽公司对欠付的应收账款在质押登记的范围内享有优先受偿权，符合《担保法》的规定，也不会危害其他利害关系人的利益，应予支持。

## 9.3 建设工程价款优先受偿权担保的工程款债权

针对优先受偿权担保的工程款债权，《建设工程施工合同解释（一）》第 40 条第 1 款规定："承包人建设工程价款优先受偿的范围依照国务院有关行政主管部门关于建设工程价款范围的规定确定。"所谓"国务院有关行政主管部门关于建设工程价款范围的规定"，一是住建部与财政部印发的《建筑安装工程费用项目组成》（建标〔2013〕44 号），其第 1 条第 1 款规定："建筑安装工程费用项目按费用构成要素组成划分为人工费、材料费、施工机具使用费、企业管理费、利润、规费和税金。"二是原《建设工程施工发包与承包价格管理暂行规定》（建标〔1999〕1 号，已被废止），其第 5 条规定："工程价格由成本（直接成本、间接成本）、利润（酬金）和税金构成。"此外，施工过程中签证确认的工程款部分，也属于工程价款的范畴，受优先受偿权的担保；但签证确认的赔偿款，根据《建设工程施工合同解释（一）》第 40 条第 2 款①的规定，则应排除在优先受偿的范围之外。

---

① 该款规定："承包人就逾期支付建设工程价款的利息、违约金、损害赔偿金等主张优先受偿的，人民法院不予支持。"

## 裁判规则343

**建设工程施工合同无效，参照合同约定计算得出的已完工程利润，因系工程价款而受优先受偿权的担保。但建设工程施工合同解除导致未能实现的预期利润，因系违约损失而不受优先受偿权的担保。**

在既往的司法实践中，有观点主张，承包人不应基于无效合同而获得利益，因此，在建设工程施工合同无效的情况下，利润不属于优先受偿权的担保范围。但是，《建筑安装工程费用项目组成》明确将利润作为工程价款的组成部分。而根据《建设工程施工合同解释（一）》第40条第1款的规定，工程价款属于优先受偿权的担保范围，且第2款亦未将利润排除在外。因此，虽然施工合同无效，但已完工程的利润作为工程价款的组成部分，应纳入优先受偿的范围。[①] 最高人民法院在“陕西建工集团第五建筑工程有限公司与陕西铠达投资集团有限公司建设工程施工合同纠纷案”[②]、“福华建筑公司与丰兰公司建设工程施工合同纠纷案”[③]、“汕头市建安（集团）公司与北京秦浪屿工艺品有限公司建设工程施工合同纠纷案”[④]中，均未将利润排除在优先受偿的范围之外。

但需注意的是，在工程未完工的情形下，承包人解除合同并要求发包人赔偿预期利润的，由于预期利润是承包人本应取得但因发包人违约未能取得的预期收益，在性质上属于《建设工程施工合同解释（一）》第40条第2款所排除的“损害赔偿金”，故不属于优先受偿权的担保范围。[⑤]

据此，对工程价款所包括的利润，应当一分为二：就已完工程的利润，无论建

---

① 参见计珉、王杰兵：《承包人在合同无效后仍可行使建设工程优先权》，载《人民法院报》2011年3月16日，第7版。

② 参考案例368：《建设工程施工合同解除后承包人仍享有建设工程优先受偿权——陕西建工集团第五建筑工程有限公司与陕西铠达投资集团有限公司建设工程施工合同纠纷上诉案》，载最高人民法院民事审判第一庭编：《民事审判指导与参考》总第55辑，人民法院出版社2014年版。

③ 典型案例331：福华建筑公司与丰兰公司建设工程施工合同纠纷案，载最高人民法院民事审判第一庭编：《民事审判指导与参考》总第51辑，人民法院出版社2012年版。

④ 典型案例216：汕头市建安（集团）公司与北京秦浪屿工艺品有限公司建设工程施工合同纠纷案，最高人民法院（2011）民一终字第62号民事判决书。

⑤ 参见雷运龙、黄锋：《建设工程优先权若干问题辨析》，载《法律适用》2005年第10期；杨心忠等：《建设工程合同纠纷裁判思路》，法律出版社2014年版，第275页。

设工程施工合同是否有效，其作为工程价款的组成部分，应纳入优先受偿权的担保范围；就预期利润，其作为承包人因发包人违约所遭受的损失，应排除在优先受偿权的范围之外。

典型案例 343

## 苏州富大世纪建设工程有限公司与苏州海纳啤酒饮料设备有限公司建设工程施工合同纠纷案[①]

### 基本案情

2011 年 6 月 30 日，苏州海纳啤酒饮料设备有限公司（以下简称海纳公司）与苏州富大世纪建设工程有限公司（以下简称富大世纪公司）签订《建设工程施工合同》约定，富大世纪公司承建海纳公司发包的研发楼工程。2011 年 9 月 4 日，工程开工。2011 年 10 月 15 日，案涉工程地基与基础分部工程通过验收。后由于海纳公司拖欠工程款及失去联系，富大世纪公司于 2012 年 1 月停止施工。2013 年 12 月 20 日，富大世纪公司向海纳公司邮寄律师函，通知解除《建设工程施工合同》。后富大世纪公司诉至法院，要求确认《建设工程施工合同》已解除，海纳公司支付工程款及相应利息、赔偿预期利润损失，并主张就该工程折价、变卖或拍卖后的价款享有优先受偿权。诉讼中经鉴定，已完工工程造价为 3, 434, 849. 15 元、未施工工程预期利润为 68, 711. 87 元。

### 法院观点

苏州市中级人民法院认为，富大世纪公司具备建设工程施工资质，其与海纳公司签订的《建设工程施工合同》系双方真实意思表示，合法有效。海纳公司未能按照合同约定支付工程款，导致工程停工，富大世纪公司有权主张解除合同。合同解除后已经完成的工程质量合格的，发包人应当按照约定支付相应价款。经鉴定已

---

① 典型案例 343：苏州富大世纪建设工程有限公司与苏州海纳啤酒饮料设备有限公司建设工程施工合同纠纷案，江苏省苏州市中级人民法院（2015）苏中民终字第 04312 号民事判决书。

完工部分工程造价为3,434,849.15元，扣除海纳公司已支付的212万元，尚余1,314,849.15元，海纳公司应当支付。富大世纪公司签订《建设工程施工合同》时可以预见的工程利润因为合同的解除必然会减少，故富大世纪公司主张的未施工工程的预期利润损失，属于合同解除造成的合理损失，应由违约方海纳公司承担。富大世纪公司于2014年1月22日诉至一审法院主张优先受偿权，未超过主张优先受偿权的法定期限。但根据《优先受偿权批复》第3条的规定，建筑工程价款包括承包人为建设工程应当支付的工作人员报酬、材料款等实际支出的费用，不包括承包人因发包人违约所受到的损失。故富大世纪公司对海纳公司尚欠工程款1,314,849.15元享有优先受偿权，但对未施工工程预期利润不享有优先受偿权。据此判决：（1）海纳公司支付富大世纪公司工程款1,314,849.15元及逾期付款利息；（2）海纳公司赔偿富大世纪公司未施工工程预期利润、现场遗留脚手架钢管租赁费等各项损失430,907.14元；（3）富大世纪公司在工程款1,314,849.15元范围内对案涉工程折价或拍卖价款享有优先受偿权。

## 裁判规则344

**垫资款属于工程价款的组成部分，是物化到建设工程中的实际投入，属于建设工程价款优先受偿权的保护范围。**

在建筑行业中，垫资施工的情况较为普遍。那么承包人的垫资款应否纳入建设工程价款优先受偿权的保护范围？

有观点认为，承包人垫资施工，违反《关于严禁政府投资项目使用带资承包方式进行建设的通知》（建市〔2006〕6号），故不宜将承包人的垫资款认定为属于建设工程价款优先受偿权的范围。① 但多数观点认为，承包人垫付的资金如果已经实际物化到建设工程中，则属于建设工程优先受偿权的保护范围。② 江苏省高级

① 参见最高人民法院民事审判第一庭编著：《最高人民法院新建设工程施工合同司法解释（一）理解与适用》，人民法院出版社2021年版，第265页；陈柏新：《〈合同法〉第286条司法适用疑难问题探讨》，载《上海政法学院学报（法治论丛）》2011年第2期。

② 参见丁林阳：《施工合同解除后，未完工程承包人主张工程价款优先受偿权起算点的确定》，载《人民司法》2012年第18期。

人民法院①、浙江省高级人民法院②均持这一观点。

从垫资款的用途来看，其应当属于优先受偿权的保护范围。首先，2004年10月25日发布的《2004年建工解释》第6条确立了垫资条款按有效处理的原则。③最高人民法院于2020年12月29日发布《建设工程施工合同解释（一）》，依然认为垫资条款应按有效处理。④故不应再将垫资行为认定为无效行为。其次，垫资的本质是承包人承担了本应由发包人预先支付的工程款，其性质与发包人欠付工程款并无本质区别。⑤最后，根据“增值理论”，“对承包人进场施工垫付的资金，只要用于工程施工，就应当纳入优先受偿权的范围，因为垫付的资金已转化为因建设工程而支付的工作人员报酬、材料款等实际支出的费用”⑥，“或物化为建筑工程”⑦。既然建设工程价款包括承包人为建设工程支付的材料款等实际支出的费用，则垫资款当然属于优先受偿权的范围。⑧据此，应把承包人垫资施工的款项视为已完工程的一部分或已物化的相应的工程量，⑨承包人就此享有优先受偿权。当然，对于合同约定的垫资并未用于建设工程，而是直接支付给发包人的，则应认定为名为垫

---

① 原《江苏省高级人民法院关于审理建设工程施工合同纠纷案件若干问题的意见》（苏高法审委〔2008〕26号）第21条第1款规定：“承包人的优先受偿权范围限于建设工程合同约定的工程价款，包括承包人应当支付的工作人员报酬、材料款、用于建设工程的垫资等实际支出的费用。”

② 《浙江省高级人民法院执行局执行中处理建设工程价款优先受偿权有关问题的解答》（浙高法执〔2012〕2号）第3条第1款规定：“建设工程价款优先受偿权的范围为建设工程的工程价款，包括承包人应当支付的工作人员报酬、材料款和用于建设工程的垫资款等。工程价款的利息不在优先受偿范围内。”

③ 参见最高人民法院民事审判第一庭编著：《最高人民法院建设工程施工合同司法解释的理解与适用》，人民法院出版社2004年版，第61页。

④ 参见最高人民法院民事审判第一庭编著：《最高人民法院新建设工程施工合同司法解释（一）理解与适用》，人民法院出版社2021年版，第258页。

⑤ 参见谢勇：《建设工程施工合同案件裁判规则解析》，中国法制出版社2020年版，第256页；最高人民法院民事审判第一庭编著：《最高人民法院新建设工程施工合同司法解释（一）理解与适用》，人民法院出版社2021年版，第270页。

⑥ 陈柏新：《〈合同法〉第286条司法适用疑难问题探讨》，载《上海政法学院学报（法治论丛）》2011年第2期。

⑦ 王建东：《评〈合同法〉第286条》，载《中国法学》2003年第2期。

⑧ 参见《民事审判指导与参考》研究组：《享有优先权保护的建筑工程价款范围如何界定》，载最高人民法院民事审判第一庭编：《民事审判指导与参考》总第38集，法律出版社2009年版。

⑨ 参见王旭军、梁静：《建设工程优先受偿权之担保物权有机竞合论——对〈合同法〉第286条司法解释的反思》，载《法律适用》2004年第7期。

资，实为借贷，不受优先受偿权的保障。①

典型案例 344

## 浙江国泰建设集团有限公司与泰州开泰汽车城发展有限公司、上海欣成投资（集团）有限公司建设工程施工合同纠纷案②

### 基本案情

2012年5月9日，浙江国泰建设集团有限公司（以下简称国泰公司）、泰州开泰汽车城发展有限公司（以下简称开泰公司）、上海欣成投资（集团）有限公司（以下简称欣成公司）三方签订《框架协议》约定，开泰公司开发建设的皇家花园工程由国泰公司总承包，国泰公司垫资8000万元实物施工工程量。2012年9月27日，国泰公司、开泰公司签订《建设工程施工合同》约定，承包人施工的合格工作量经监理单位、发包人审核满8000万元后，承包人于每月25日申报当月合格工作量，经审核确认后发包人按审核确认工作量的65%支付工程款给承包人。承包人施工的合格工作量经施工监理、发包人审核满8000万元之日起满两年，发包人于一周内一次性向承包人支付该笔8000万元工程款。2013年11月11日，国泰公司、开泰公司通过会议纪要确认国泰公司于2013年10月15日完成8000万元的工作量。2014年11月7日，开泰公司、国泰公司、欣成公司签订《施工补充协议》约定，开泰公司应在2015年9月25日前支付进度款5000万元；2015年10月14日前付清垫资8000万元。2015年12月18日，皇家花园项目一期工程全部竣工验收合格。后国泰公司诉至法院，要求开泰公司支付工程进度款本金5000万元、垫资款8000万元及相应利息，并主张就系争工程折价或者就拍卖、变卖所得价款享有优先受偿的权利。

### 法院观点

一审法院（泰州市中级人民法院）与二审法院（江苏省高级人民法院）认

① 参见王勇：《建设工程施工合同纠纷实务解析》，法律出版社2017年版，第380页。

② 典型案例344：浙江国泰建设集团有限公司与泰州开泰汽车城发展有限公司、上海欣成投资（集团）有限公司建设工程施工合同纠纷案，江苏省高级人民法院（2017）苏民终223号民事判决书。

为，《施工补充协议》中确认开泰公司欠付进度款5000万元、垫资款8000万元并约定了支付期限，现开泰公司未按约支付，故国泰公司主张开泰公司支付进度款5000万元及垫资款8000万元的诉讼请求应予支持。《合同法》第286条规定，发包人未按照约定支付价款的，承包人可以催告发包人在合理期限内支付价款，发包人逾期不支付的，承包人主张的建设工程价款可以就该工程折价或者拍卖的价款优先受偿。垫资款及进度款是工程价款的一部分，属于前述法律规定的优先受偿权的范围。本案工程于2015年12月18日全部经竣工验收合格，国泰公司于2016年2月2日诉至法院，并未超过法定的期限，故国泰公司主张的建设工程价款优先受偿权依法应予支持。国泰公司主张的建设工程价款优先受偿权的范围仅及于未付的垫资款8000万元及进度款5000万元，国泰公司所主张的利息属于逾期付款形成的损失，不属于工程价款的范畴，故不应当对其享有优先受偿权。①

## 裁判规则345

**施工过程中材料价格上涨导致的材料价差，因材料随施工行为物化到建设工程中，导致建设工程相应增值，故应纳入建设工程价款优先受偿权的保护范围。**

“建设工程价款优先受偿权所保护的范围是投入或者物化到建设工程中、对建设工程所产生增值部分的工作人员报酬、材料款等实际支出的费用，在发包人欠付工程款的情况下，施工人由于无法取回其‘实际投入’或者物化到建设工程中的该部分价值，从而设定了一种对拍卖价款的物上代位。”② 由此，材料款显然属于优先受偿权的保护范围。但在施工过程中，因发包人原因导致工期延长，在延长期间材料价格上涨，由此产生的材料价差损失，是否属于优先受偿权的保护范围？

在前述“中铁二十二局集团第四工程有限公司与安徽瑞讯交通开发有限公司

① 就案涉工程的结算，双方另诉解决，见最高人民法院（2019）最高法民终314号民事判决书。

② 仲伟珩：《建设工程价款优先受偿权的权利范围不包括因发包人违约导致的损失——中铁二十二局集团第四工程有限公司与安徽瑞讯交通开发有限公司、安徽省高速公路控股集团有限公司建设工程施工合同纠纷上诉案》，载杜万华主编、最高人民法院民事审判第一庭编：《民事审判指导与参考》总第62辑，人民法院出版社2015年版。

等建设工程施工合同纠纷案”① 中，安徽瑞讯交通开发有限公司（以下简称瑞讯公司）将阜周高速公路13标段发包给中铁二十二局集团第四工程有限公司（以下简称中铁公司）。在施工过程中，因2004年停工影响，原材料及油料价格上涨费用达3,119,237.63元。中铁公司起诉要求瑞讯公司赔偿该笔损失，并主张就该款项享有优先受偿权。二审中，最高人民法院认定，应由中铁公司与瑞讯公司平均分担停工导致的原材料及油料价差损失，同时认为，材料价差损失属于“损失”范畴，不属于优先受偿权的保护范围。

从优先受偿权的功能来看，其担保的“工程价款应涵盖承包人就其完成工程成果所产生的所有费用”②。材料价差损失固然名为“损失”，但就实质而言，不外乎是原来可以用100万元购买的材料，现在需要花120万元，这也就意味着建筑物上的材料价值120万元。材料价格上涨导致建设成本上涨，相应导致建筑工程价格上涨。因此，材料价差本质上属于材料款的组成部分，在承包人有权主张材料价差的情形下，应当属于优先受偿权的保护范围。

**典型案例345**

## 中国建筑第二工程局有限公司<br>与四川秦川物流配送有限公司等建设工程施工合同纠纷案③

### 基本案情

2015年10月16日，经招投标程序，四川秦川物流配送有限公司（以下简称秦川物流公司）、中国建筑第二工程局有限公司（以下简称中建二局公司）、仁鼎房产公司签订《建设工程施工合同》约定，中建二局公司以施工总承包的方式承建四川省广元市苍溪县“金湾国际·特色农产品日常生活用品会展中心”项目。

① 典型案例88：中铁二十二局集团第四工程有限公司与安徽瑞讯交通开发有限公司等建设工程施工合同纠纷案，最高人民法院（2014）民一终字第56号民事判决书。《最高人民法院公报》2016年第4期，第24—34页。

② 李玉生主编：《建设工程施工合同案件审理指南》，人民法院出版社2019年版，第297页。

③ 典型案例345：中国建筑第二工程局有限公司与四川秦川物流配送有限公司等建设工程施工合同纠纷案，最高人民法院（2022）最高法民终9号民事判决书。

2017年12月7日，秦川物流公司与中建二局公司签订《竣工结算书》确认，L1、L2地块工程2017年9月20日前的工程款为68,450,756元；2016年6月至2017年12月欠付工程款逾期利息为14,226,100元；2016年4—6月钢筋材料价格调整1,209,416.4元；L1、L2地块2017年9月20日前的工程按2009年定额和2015年定额安全文明施工费费率调差240万元；2017年9月20日前项目签证费用为823,317元……共计95,029,570元。后因秦川物流公司未能按约付款，2018年5月24日，中建二局公司诉至法院，要求解除《建设工程施工合同》，秦川物流公司与仁鼎房产公司支付工程款86,429,570元、工程款利息11,446,156元、违约金1500万元，确认中建二局公司在112,875,726元范围内对该工程项目折价或者拍卖的价款享有优先受偿权。

## 法院观点

在认定秦川物流公司未按约付款构成根本违约、中建二局公司有权解除合同的基础上，一审法院（四川省高级人民法院）认为，《竣工结算书》确认，结算金额为95,029,570元，扣减未完工程款180万元以及秦川物流公司其后向中建二局公司支付的工程款25,702,939.1元（二审调整为16,689,249.1元）后，秦川物流公司还应支付工程款67,526,630.9元。中建二局公司在工程价款范围内对案涉工程折价或者拍卖的价款享有优先受偿权。因《竣工结算书》确认案涉工程款为68，450，756元，减去未完成施工部分的金额180万元，扣除已付工程款后，中建二局公司在40,947,816.9元范围内享有工程价款优先权。但最高人民法院在二审中认为，根据《2018年建工解释》第21条、《建筑安装工程费用项目组成》第1条第1款的规定，建设工程价款优先受偿的范围包括人工费、材料费、施工机具使用费、企业管理费、利润、规费和税金。因此，除《竣工结算书》中汇总表载明的工程款68,450,756元属于建设工程价款优先受偿的范围外，2016年4—6月钢筋材料价格调整款1,209,416.4元、安全文明施工费费率调差款2,400,000元及2017年9月20日以前项目签证款823,317元，均属于建设工程价款优先受偿的范围。一审未将案涉工程的钢筋材料价格调整款、安全文明施工费费率调差款及项目签证款计入建设工程价款优先受偿范围内，有所不当，应予纠正。

## 裁判规则346

**质量保证金系建设工程价款的一部分，属于优先受偿权的保护范围。**

如前所述，根据《建设工程质量保证金管理办法》（建质〔2017〕138号）第2条第1款的规定，为担保承包人在缺陷责任期内履行保修义务，发包人有权在结算款中预留一定比例的资金作为质量保证金。那么质量保证金是否属于优先受偿权的保护范围？

就此问题，存在两种对立的观点。否定的观点认为，质量保证金不属于优先受偿权的保护范围。理由有二：一是“工程质量保证金从工程款中扣留只是将本应作为工程款支付给承包人的款项，转变为承包人应交给发包人的工程质量保证金。故工程质量保证金虽从工程款中扣留，但究其性质并非工程款”①，不属于优先受偿权的保护范围。二是质量保证金在工程款中所占比例不大，② 故丧失质量保证金的优先受偿权对承包人利益影响不大，而承包人行使优先受偿权对建设工程进行拍卖、折价，对发包人利益则影响巨大。两相比较，将质量保证金排除在优先受偿权的范围之外，更有利于利益平衡。四川省高级人民法院持这一观点。③ 肯定的观点认为，“从建设工程价款中预扣的工程质量保证金，本质上仍属于建设工程价款的一部分”④。故质量保证金属于优先受偿权的保护范围。天津市高级人民法院持这

① 肖峰、韩浩：《建设工程合同纠纷实务争议问题研究》，载最高人民法院民事审判第一庭编：《民事审判指导与参考》总第84辑，人民法院出版社2021年版；王毓莹、史智军：《建设工程施工合同纠纷疑难问题和裁判规则解析》，法律出版社2022年版，第397、398页。

② 《建设工程质量保证金管理办法》（建质〔2017〕138号）第7条规定，预留的质保金比例不得高于工程价款结算总额的3%。

③ 《四川省高级人民法院关于审理建设工程施工合同纠纷案件若干疑难问题的解答》（川高法民一〔2015〕3号）第38条第2款规定：“承包人、实际施工人支付的履约保证金、工程质量保证金、发包人应当支付的违约金等不属于优先受偿范围。”

④ 最高人民法院民事审判第一庭编著：《最高人民法院新建设工程施工合同司法解释（一）理解与适用》，人民法院出版社2021年版，第417页。

一观点。①

从质量保证金的性质来看，《建设工程质量保证金管理办法》（建质〔2017〕138号）第2条第1款规定："本办法所称建设工程质量保证金（以下简称保证金）是指发包人与承包人在建设工程承包合同中约定，从应付的工程款中预留，用以保证承包人在缺陷责任期内对建设工程出现的缺陷进行维修的资金。"其所谓"从应付的工程款中预留"表明，质量保证金虽然具有独立的名称，但就本质而言，仍然属于工程价款的组成部分，故应纳入优先受偿权的保护范围。但须注意的是，与结算款的支付时间不同，质量保证金在缺陷责任期届满后返还。因此，质量保证金的优先受偿权起算时间有别于结算款。

**典型案例 346**

## 浙江中成建工集团有限公司与天津万炬电子产业投资有限公司建设工程施工合同纠纷案②

### 基本案情

2013年2月15日，天津万炬电子产业投资有限公司（以下简称万炬公司）与浙江中成建工集团有限公司（以下简称中成公司）签订《建设工程施工合同》约定，万炬公司将天津宝坻电子商务产业基地A区项目工程发包给中成公司建设；完工后，扣留工程款的5%作为工程保修款，待工程竣工满1年后7日内支付保修款总额的50%，待工程竣工满2年后7日内支付至保修款总额的70%。2016年1月14日，双方确认，已完工程造价为421,217,194元。2016年年底，诉争工程彻底停工。截至2017年1月20日，万炬公司已支付工程款22,240万元。后中成公司诉至法院，要求万炬公司支付拖欠的工程款198,817,194元，中成公司在上述工程款

① 《天津市高级人民法院关于审理建设工程施工合同纠纷案件相关问题的审判委员会纪要》（2020年12月9日）第6条规定："发包人未依法返还从工程价款中预扣的工程质量保证金，承包人请求就工程折价或者拍卖的价款优先受偿的，应予支持。承包人行使优先受偿权的期限自应当返还工程质量保证金之日起计算。"

② 典型案例346：浙江中成建工集团有限公司与天津万炬电子产业投资有限公司建设工程施工合同纠纷案，最高人民法院（2018）最高法民终638号民事判决书。

范围内享有工程款优先受偿权。

## 法院观点

一审法院（天津市高级人民法院）认为，已完工程造价为421,217,194元，已经支付22,240万元，还应扣减工程款的5%（21,060,859.5元）作为质保金，故万炬公司应当向中成公司支付欠付的工程款177,757,194元。中成公司在该工程款范围内行使建设工程价款优先受偿权。但最高人民法院在二审中认为，一审判决扣除的质量保证金2106万元属于工程价款的一部分，也应在工程价款优先受偿权的保护范围之内。万炬公司应支付中成公司工程款198,817,194元，中成公司在万炬公司欠付工程款198,817,194元范围内享有建设工程价款优先受偿权。①

## 裁判规则347

**履约保证金系承包人支付给发包人的履约金钱担保，不属于工程价款的组成部分，不受优先受偿权的保护。**

如前所述，履约保证金是承包人向发包人提供的、以一定金额表示的保证其履行合同义务的担保。通常情况下，履约保证金应根据施工进度逐步退还。在发包人未足额退还履约保证金的情况下，承包人在请求支付工程款的同时一并要求返还履约保证金的，履约保证金是否属于优先受偿权保护的范围？

履约保证金是承包人支付给发包人的金钱担保——保证承包人的履行行为符合合同约定。首先，施工期间该笔费用由发包人占有，并未因承包人的施工行为而物化到建设工程中；其次，从《建筑安装工程费用项目组成》（建标〔2013〕44号）的内容看，履约保证金不属于工程价款的组成部分；最后，履约保证金作为债的担保方式，承包人享有的是返还请求权，而非支付请求权。因此，承包人就履约保证金不享有优先受偿的权利。② 除下述【典型案例347】外，还可参见“陕西建工第

① 需说明的是，最高人民法院认为，案涉备案合同解除后，尚未履行的条款应终止履行；质保金条款尚未履行，故自备案合同解除之时该条款应终止履行；一审判决仍然依据该条款扣除质量保证金，依据不足。就此问题，笔者更倾向于一审法院的裁判思路，具体理由详见【裁判规则137】。

② 参见杨心忠等：《建设工程合同纠纷裁判思路》，法律出版社2014年版，第276页。

六建设集团有限公司与西安国际港务区白马酒城实业有限公司建设工程施工合同纠纷案"[①]。

**典型案例 347**

## 唐永广与黄渝王方国等执行分配方案异议之诉案[②]

### 基本案情

2008 年 7 月 29 日，唐永广以江环科技公司的名义与天元公司签订了《农业科技园景观绿化工程施工合同》。合同签订后，唐永广以江环科技公司的名义向天元公司支付了工程保证金 20 万元。因天元公司一直未能向唐永广提供施工场地，唐永广无法进场施工。后唐永广诉至重庆市潼南区人民法院。潼南区人民法院作出（2014）潼法民初字第 02204 号民事调解书确认：天元公司于 2014 年 12 月 25 日前一次性向唐永广返还工程保证金 20 万元并支付资金利息。2015 年 8 月 11 日，唐永广申请强制执行。另查明，重庆市高级人民法院（2012）渝高法执监字第 38 号指定执行决定书将重庆全市法院受理的以天元公司为被执行人的案件指定由重庆市第一中级人民法院统一执行。执行中，重庆市第一中级人民法院对天元公司名下的"欧怡大酒店"及"欧怡廊桥水岸小区"的可处置房屋进行了司法拍卖，成交价 139, 706, 100 元。2018 年 12 月 25 日，重庆市第一中级人民法院作出（2013）渝一中法民执字第 00286 号《执行财产清偿方案》，将唐永广的债权列为普通债权。唐永广对上述清偿方案不服，认为其 20 万元债权及利息应当全部优先受偿，遂提起本案诉讼。

### 法院观点

重庆市高级人民法院认为，作为唐永广债权依据的（2014）潼法民初字第 02204 号民事调解书载明，天元公司应当向唐永广返还工程保证金 20 万元并支付

---

① 参考案例 369：陕西建工第六建设集团有限公司与西安国际港务区白马酒城实业有限公司建设工程施工合同纠纷案，陕西省高级人民法院（2021）陕民终 397 号民事判决书。

② 典型案例 347：唐永广与黄渝王方国等执行分配方案异议之诉案，重庆市高级人民法院（2020）渝民终 222 号民事判决书。

资金利息，因该工程并未实际施工，故该债权的性质为工程履约保证金。根据《2018年建工解释》第21条第1款、《建筑安装工程费用项目组成》第1条第1款、《建设工程施工发包与承包价格管理暂行规定》（已失效）第5条的规定，建设工程价款优先受偿的范围包括人工费、材料费、施工机具使用费、企业管理费、利润、规费和税金，工程履约保证金不属于优先受偿的范围。因此，从债权性质上看，唐永广的债权不具有优先受偿性，执行法院将其列为普通债权并无不妥。

## 裁判规则348

**建设工程施工合同约定的因质量获奖或提前完工的奖励款，系工程价款的组成部分，属于优先受偿权的保护范围。**

建设工程施工合同约定，如建设工程获得某一奖项，发包人应额外给予承包人一定金额的奖励款；或如承包人提前完工，发包人应额外支付一定金额的提前完工奖励款或赶工费。这类奖励款是否属于优先受偿权的保护范围？

该问题的实质在于，这类奖励款是否属于工程价款的组成部分。最高人民法院在“大连渤海建筑工程总公司与大连金世纪房屋开发有限公司等建设工程施工合同纠纷案”[①] 中认为，“优质工程奖励款不属于工程价款范围”。但事实上，承包人获得这类费用，是以其在施工活动中增加支出为前提的。因工程质量而获得某一奖项，就必须在选材、用工、管理上更加严格，也就需要更多的费用支出；获得相应奖项的工程，其价值也相应更高。要提前完工，就必须安排更多机械、使用更多人力，包括安排人员加班加点工作，也就需要更多的费用支出。《建设工程工程量清单计价规范》（GB50500-2013）第9.11.2项规定：“发包人要求工程提前竣工，应征得承包人同意后与承包人商定采取加快工程进度的措施，并应修订合同工程进度计划。发包人应承担承包人由此增加的提前竣工（赶工补偿）费用。”据此，如【裁判规则216】所述，建设工程施工合同约定的工期奖励款实为工程价款的组成部分，质量奖励款也是如此。根据“增值理论”，这类费用应当属于优先受偿权的

---

① 参考案例370：《大连渤海建筑工程总公司与大连金世纪房屋开发有限公司、大连宝玉房地产开发有限公司、大连宝玉集团有限公司建设工程施工合同纠纷案》，载《最高人民法院公报》2008年第11期。

保护范围。在下述【典型案例348】中，法院虽因承包人主张优先受偿权超过法定期限而未予支持其请求，但明确肯定优质工程奖属于工程款的组成部分。

典型案例348

## 湖南省第三工程有限公司与岳阳福隆置业有限公司建设工程施工合同纠纷案[①]

### 基本案情

2009年10月18日，岳阳福隆置业有限公司（以下简称福隆公司）与湖南省第三工程有限公司（以下简称省三公司）签订《湖南省建设工程施工合同》约定，由省三公司承建“福隆·巴陵尚都”1—3栋、5—8栋项目工程。2009年11月2日，双方签订《巴陵尚都工程补充协议（一）》约定，项目工程如能获省优以上奖项（含省优），发包方按结算总价的1.5%给予承包方优质工程奖励。合同签订后，省三公司组织人员及设备进场施工。2012年12月12日，案涉工程通过竣工验收。2013年6月，案涉工程1—2栋、7—8栋被评为湖南省优质工程。后省三公司诉至法院，要求福隆公司支付工程欠款、优质工程奖，并主张对“福隆·巴陵尚都”建设工程享有优先受偿权。福隆公司辩称，案涉合同无效，且优质工程奖不属于工程价款范畴，故不应参照合同约定进行支付。

### 法院观点

湖南省高级人民法院认为，《湖南省建设工程施工合同》及《巴陵尚都工程补充协议（一）》因违反《招标投标法》的规定而无效。《巴陵尚都工程补充协议（一）》约定，工程如能获省优以上奖项（含省优），发包方按结算总价的1.5%给予承包方优质工程奖。案涉工程能够获得优质工程奖，施工环节中付出了比工程合格更为复杂的劳动及建筑工艺，施工方将劳动成果及材料物化于建设工程上，发包方也享受到了由此所带来的附加经济利益，故优质工程奖励金应当属于工程款的组

① 典型案例348：湖南省第三工程有限公司与岳阳福隆置业有限公司建设工程施工合同纠纷案，湖南省高级人民法院（2019）湘民终199号民事判决书。

成部分，该项约定属于双方对工程款结算的约定。据此，案涉工程1—2栋、7—8栋共4栋获得省优质工程奖，福隆公司应当参照《巴陵尚都工程补充协议（一）》的约定，支付优质工程奖200万元。

## 裁判规则349

**停窝工损失虽属于工程价款结算的范畴，但基于其损失的属性，不属于优先受偿权的保护范围，但停工期间材料价格上涨导致的价差损失除外。**

所谓停窝工损失，是指承包方按合同约定进入施工现场后，因设计方或发包方的原因无法施工或者无法正常施工所产生的损失。主要包括停窝工期间的现场施工机械停滞费、现场工人的工资及周转性材料的维护和摊销费。那么停窝工损失是否属于优先受偿权的保护范围？

就此问题存在两种对立的观点。肯定的观点认为，停窝工损失名为损失，实为停窝工期间应当支付的工资和机械台班费，属于承包人为按发包人要求完成项目施工而产生的必要费用，[①] 应当纳入优先受偿权的保护范围。安徽省高级人民法院[②]、江苏省高级人民法院在“中建二局第一建筑工程有限公司与苏州新苏企业经济发展有限公司建设工程施工合同纠纷案”[③] 中、最高人民法院在“中建四局第五建筑工程有限公司与昆明大田宥房地产开发有限公司建设工程施工合同纠纷案”[④] 中持这一观点。否定的观点认为，停窝工并未导致建设工程的增值，不应纳入优先受偿

---

① 参见陈柏新：《〈合同法〉第286条司法适用疑难问题探讨》，载《上海政法学院学报（法治论丛）》2011年第2期。

② 《安徽省高级人民法院关于审理建设工程施工合同纠纷案件适用法律问题的指导意见（二）》（2013年12月23日）第23条规定：“因发包人原因导致承包人施工期间停窝工产生的工人工资、设备租赁等费用，承包人将该费用与工程价款一并主张优先受偿权的，应予支持。”还可参见合肥建工集团有限公司与安徽东基房地产开发有限公司建设工程施工合同纠纷案，安徽省高级人民法院（2018）皖民终238号民事判决书。

③ 参考案例371：中建二局第一建筑工程有限公司与苏州新苏企业经济发展有限公司建设工程施工合同纠纷案，最高人民法院（2021）最高法民终1263号民事判决书。

④ 参考案例372：中建四局第五建筑工程有限公司与昆明大田宥房地产开发有限公司建设工程施工合同纠纷案，最高人民法院（2019）最高法民终273号民事判决书。

权的担保范围。宁夏回族自治区高级人民法院在“浙江宏成建设集团有限公司与宁夏瑞泰房地产开发有限公司建设工程施工合同纠纷案”①，最高人民法院在“中铁二十二局集团第四工程有限公司与安徽瑞讯交通开发有限公司等建设工程施工合同纠纷案”②、“江西太平洋宇洪建设有限公司与理县文泰水电开发有限责任公司建设工程施工合同纠纷案”③ 中持这一观点。

《建设工程施工合同解释（一）》第40条第1款规定：“承包人建设工程价款优先受偿的范围依照国务院有关行政主管部门关于建设工程价款范围的规定确定。”据此，首先应当甄别停窝工损失是否属于建设工程价款。如前所述，“国务院有关行政主管部门关于建设工程价款范围的规定”有二：一是《建筑安装工程费用项目组成》（建标〔2013〕44号）。其第1条第1款规定，“建筑安装工程费用项目按费用构成要素组成划分为人工费、材料费、施工机具使用费、企业管理费、利润、规费和税金”。停窝工损失所指向的施工机械停滞费、现场人员工资、周转材料的维护与摊销费，能够为上述项目所涵盖。二是原《建设工程施工发包与承包价格管理暂行规定》（建标〔1999〕1号，已被废止）。其第5条规定：“工程价格由成本（直接成本、间接成本）、利润（酬金）和税金构成。工程价格包括：合同价款、追加合同价款和其他款项。合同价款系指按合同条款约定的完成全部工程内容的价款。追加合同价款系指在施工过程因设计变更、索赔等增加的合同价款以及按合同条款约定的计算方法计算的材料价差。其他款项系指在合同价款之外甲方应支付的款项。”而停窝工损失是承包人因工程停工、窝工造成的损失，属于前述“追加合同价款”中的“索赔”事项。此外，《建设工程施工合同（示范文本）》（GF-2013-0201）与《建设工程施工合同（示范文本）》（GF-2017-0201）第19.5款“提出索赔的期限”第1项均规定：“承包人按第14.2款〔竣工结算审核〕约定接收竣工付款证书后，应被视为已无权再提出在工程接收证书颁发前所发生的

① 参考案例373：浙江宏成建设集团有限公司与宁夏瑞泰房地产开发有限公司建设工程施工合同纠纷案，最高人民法院（2020）最高法民终1310号民事判决书。二审未涉及这一问题。

② 典型案例88：中铁二十二局集团第四工程有限公司与安徽瑞讯交通开发有限公司等建设工程施工合同纠纷案，最高人民法院（2014）民一终字第56号民事判决书。《最高人民法院公报》2016年第4期，第24—34页。

③ 典型案例211：江西太平洋宇洪建设有限公司与理县文泰水电开发有限责任公司建设工程施工合同纠纷案，最高人民法院（2020）最高法民终455号民事判决书。

任何索赔。”《建设工程工程量清单计价规范》(GB 50500-2013) 第9.13.3项第3目规定:“承包人接受索赔处理结果的,索赔款项应作为增加合同价款,在当期进度款中进行支付;承包人不接受索赔处理结果的,应按合同约定的争议解决方式办理。”据此,停窝工损失属于“发包人应支付承包人的合同价款”的范围。但《建设工程施工合同解释(一)》第40条第2款规定:“承包人就逾期支付建设工程价款的利息、违约金、损害赔偿金等主张优先受偿的,人民法院不予支持。”停窝工损失作为因无法施工或者无法正常施工所产生的费用,属于消耗性费用,并未导致建设工程的增值,应当排除在优先受偿权的保护范围之外。

据此,根据《建设工程施工合同解释(一)》第40条第1款,停窝工损失属于优先受偿权的保护范围;而根据第40条第2款,停窝工损失不属于优先受偿权的保护范围。两相比较,基于优先受偿权的理论基础——“增值理论”,认定停窝工损失不属于优先受偿权的保护范围更为合理。至于停工期间材料价格上涨导致的价差损失,可参见【裁判规则345】。

**典型案例349**

## 上海建工四建集团有限公司与上海佳程企业发展有限公司等建设工程施工合同纠纷案①

### 基本案情

2012年5月2日,上海佳程企业发展有限公司(以下简称佳程公司)、栩宽公司与上海建工四建集团有限公司(以下简称四建公司)签订《上海佳程广场项目工程总承包协议》约定,四建公司承建上海物流3-1地块商业和办公用房项目。之后,四建公司进场施工。施工过程中工程多次停工。2018年7月30日,四建公司诉至法院,要求解除合同,并要求佳程公司、栩宽公司支付剩余工程款、逾期付款利息、赔偿停窝工损失,并主张在上述款项范围内享有优先受偿权。经审查,案涉项目的停窝工损失为19,145,700元。

---

① 典型案例349:上海建工四建集团有限公司与上海佳程企业发展有限公司等建设工程施工合同纠纷案,最高人民法院(2021)最高法民终717号民事判决书。

## 法院观点

上海市高级人民法院认为，《2018 年建工解释》第 20 条规定："未竣工的建设工程质量合格，承包人请求其承建工程的价款就其承建工程部分折价或者拍卖的价款优先受偿的，人民法院应予支持。"第 21 条第 2 款规定："承包人就逾期支付建设工程价款的利息、违约金、损害赔偿金等主张优先受偿的，人民法院不予支持。"案涉工程虽未全面竣工，但业已就分部、分项部分进行了验收，四建公司主张其对已完工程价款享有优先受偿权，于法有据，予以支持。但四建公司对工程款利息、停窝工损失、逾期支付进度款利息也请求就已完工程折价或拍卖的价款优先受偿，显然与法律规定不符，不予支持。①

## 裁判规则 350

**承包人实现建设工程价款优先受偿权的费用，并未导致建设工程增值，故不属于建设工程价款优先受偿权的保护范围。**

《民法典》第 389 条规定："担保物权的担保范围包括主债权及其利息、违约金、损害赔偿金、保管担保财产和实现担保物权的费用。当事人另有约定的，按照其约定。"从而将实现担保物权的费用纳入担保物权的担保范围。那么实现优先受偿权的费用应否参照该规定，也一并纳入优先受偿权的保护范围？

建设工程价款优先受偿权虽系担保性权利，但并非《民法典》物权编规定的担保物权。就建设工程价款优先受偿权的担保范围，《建设工程施工合同解释（一）》第 40 条第 1 款规定为"依照国务院有关行政主管部门关于建设工程价款范围的规定确定"，而国务院有关行政主管部门关于建设工程价款范围的规定均未将实现建设工程价款优先受偿权的费用作为建设工程价款的一部分。② 因此，律师费、诉讼费、保全费、保全担保费等实现优先受偿权的费用，不属于优先受偿权的担保范围。

---

① 最高人民法院在二审中未涉及这一问题。

② 参见最高人民法院民事审判第一庭编著：《最高人民法院新建设工程施工合同司法解释（一）理解与适用》，人民法院出版社 2021 年版，第 418 页。

典型案例350

## 江苏溧阳建设集团有限公司与立诚包装有限公司建设工程施工合同纠纷[①]

### 基本案情

2012年，江苏溧阳建设集团有限公司（以下简称溧阳建设公司）承接了立诚包装有限公司（以下简称立诚公司）接待中心工程。2017年7月18日，因立诚公司资金问题，该工程无限期停工。2017年9月20日，溧阳建设公司发函给立诚公司，要求解除施工合同。后溧阳建设公司诉至法院，要求立诚公司支付工程款1573万元及相应利息，确认溧阳建设公司有权就接待中心装饰房屋及变更增加工程折价或者拍卖、变卖的价款在上述工程款及利息范围内享有优先受偿权，并要求立诚公司承担律师代理费20万元。庭审中，双方商定工程款为1258.4万元，利息从2018年5月1日起按照银行贷款基准利率计算至实际付清之日止；立诚公司同意支付溧阳建设公司律师代理费20万元。

### 法院观点

溧阳市人民法院认为，首先，溧阳建设公司承接案涉工程并完成部分施工，因立诚公司原因工程停工未竣工，对于已完成的工程量，双方商定的工程价款及利息、律师代理费，系双方当事人真实意思表示，未违反法律规定，予以确认。其次，案涉工程因立诚公司资金问题停工，主张优先受偿权的期限，应从合同解除之日起计算，即从2017年9月21日开始计算。溧阳建设公司向法院起诉时，并未超过6个月的期限，应予支持。最后，根据双方确认的工程内容，在处置案涉接待中心房屋资产时，可以就案涉装饰及实际施工工程内容进行评估，以确定相应工程的最终价值，溧阳建设公司仅在实际施工的案涉工程范围内享有优先受偿权。溧阳建设公司主张的工程款本金1258.4万元其有权优先受偿，其余利息及律师费，不属

---

① 典型案例350：江苏溧阳建设集团有限公司与立诚包装有限公司建设工程施工合同纠纷，江苏省溧阳市人民法院（2018）苏0481民初394号民事判决书。

于优先受偿范围。法院据此判决：(1) 立诚公司支付溧阳建设公司工程款1258.4万元、利息（从2018年5月1日起按照银行贷款基准利率计算至实际付清之日止）及律师代理费20万元；(2) 溧阳建设公司有权就其承包的立诚公司接待中心的案涉装饰工程，以折价、拍卖或变卖所得的价款优先受偿（受偿限额1258.4万元）。

## 9.4 建设工程价款优先受偿权约束的工程范围

所谓建设工程价款优先受偿权约束的工程范围，即优先受偿权的权利客体，是指承包人可以就哪些建设工程或建设工程的哪些部分主张优先受偿权。

**裁判规则351**

**承包人为建设工程所创造的增值仅限于工程本身，故建设工程价款优先受偿权亦应限于工程本身，不及于建设工程所附着的土地。**

根据《民法典》第807条的规定，优先受偿权指向的标的物是“建设工程”。建设工程作为不动产，不可能脱离土地独立存在。在此意义上，应当如何界定作为优先受偿权客体的“建设工程”？

有观点认为，根据“房地一体”原则，建设工程应当包括建筑物与建筑物所附着的土地，建设工程价款优先受偿权也相应地包括建筑物及其所占用的土地的使用权。但绝大多数法院认为，建设工程价款优先权的客体不及于建筑物所占用的土地的建设用地使用权。浙江省高级人民法院[①]、安徽省高级人民法院[②]、四川省高

① 《浙江省高级人民法院执行局执行中处理建设工程价款优先受偿权有关问题的解答》（浙高法执〔2012〕2号）第4条第1款规定：“建设工程承包人只能在其承建工程拍卖价款的范围内行使优先受偿权，对该工程占用范围内的土地使用权的拍卖价款不能主张优先受偿。”

② 《安徽省高级人民法院关于审理建设工程施工合同纠纷案件适用法律问题的指导意见（二）》（2013年12月23日）第22条规定：“承包人仅对建设工程占用的土地使用权主张优先受偿权的，不予支持。”

级人民法院①、河北省高级人民法院②、江苏省高级人民法院③均持这一观点。

根据前述“增值理论”，赋予承包人工程价款优先受偿权的基本依据是承包人的劳动和资金投入，直接使建设工程增值，故允许其就增值部分优先受偿。但承包人的添附行为、垫资、支付的工人工资等，对于建设用地使用权的增值并无贡献。④ 承包人的建筑材料也好，劳动力也好，并没有物化到土地上。⑤ 因此，“承包人的优先权仅存在于建设工程——建筑，而非土地——的价值之上”⑥。“建设工程价款优先受偿权仅及于扣除建设用地使用权价值之外的拍卖建筑物（或建设工程）的相应价值部分。”⑦ 至于“房地一体”原则，是为了避免房、地因拍卖的买主不同而分属不同的权利人，导致无法使用，并非指将土地使用权一并纳入优先受偿权的范围。正因如此，在拍卖建设工程时，应当区分建筑物价值与建设用地使用权价值，建设工程价款优先受偿权只能对于建筑物的价值部分行使优先受偿的权利。除下述【典型案例 351】外，还可参见“中国建筑第六工程局有限公司与哈尔滨凯盛源置业有限责任公司建设工程施工合同纠纷案”⑧。

需要注意的是，对于整理土地、河道开挖、土石方等特殊类型的建设工程，建造行为所附着的劳务、材料直接物化至土地使用权中，因此，承包人就此类土地使

---

① 《四川省高级人民法院关于审理建设工程施工合同纠纷案件若干疑难问题的解答》（川高法民一〔2015〕3 号）第 38 条第 3 款规定：“承包人、实际施工人请求确认对建设工程占用范围内的土地使用权享有优先受偿权的，不予支持。”

② 《河北省高级人民法院建设工程施工合同案件审理指南》（冀高法〔2018〕44 号）第 34 条第 3 款规定：“土地使用权不属于优先受偿权的客体，承包人请求对建设工程占用范围内的土地使用权的价值享有优先受偿权的，不予支持。”

③ 参见李玉生主编：《建设工程施工合同案件审理指南》，人民法院出版社 2019 年版，第 298 页。

④ 参见最高人民法院民一庭：《〈合同法〉第 286 条规定的建设工程价款优先权的客体不及于建筑物所占用的建设用地使用权》，载最高人民法院民事审判第一庭编：《民事审判指导与参考》总第 44 集，法律出版社 2011 年版。

⑤ 参见最高人民法院民一庭：《土地是否为建设工程优先受偿权的客体》，载杜万华主编、最高人民法院民事审判第一庭编：《民事审判指导与参考》总第 62 辑，人民法院出版社 2015 年版。

⑥ 张巍：《建设工程承包人优先受偿权之功能研究》，载《北大法律评论》编辑委员会编：《北大法律评论》第 7 卷，北京大学出版社 2006 年版。

⑦ 仲伟珩：《建设工程价款优先受偿权若干疑难问题分析》，载最高人民法院民事审判第一庭编：《民事审判指导与参考》总第 43 集，法律出版社 2011 年版。

⑧ 参考案例 374：中国建筑第六工程局有限公司与哈尔滨凯盛源置业有限责任公司建设工程施工合同纠纷案，最高人民法院（2017）最高法民终 730 号民事判决书。

用权，亦应享有相应的优先受偿权。① 就此，可参见后述“四川中成煤炭建设（集团）有限责任公司与成都泓昌嘉泰房地产有限公司建设工程施工合同纠纷案”②。此外，虽然承包人只能对建筑物行使优先受偿权，但如果建筑物的变现价值无法满足工程款债权的，则未受清偿的工程款债权作为普通债权，与其他债权人的债权对土地使用权价值部分有平等受偿的效力。

**典型案例 351**

## 杭州银行股份有限公司上海虹口支行与浙江宝业建设集团有限公司、上海金巢实业有限公司执行异议纠纷案③

### 基本案情

2015 年 8 月 7 日，浙江宝业建设集团有限公司（以下简称宝业公司）与上海金巢实业有限公司（以下简称金巢公司）建设工程施工合同纠纷案，经上海仲裁委员会调解确认：金巢公司就系争工程分期向宝业公司支付工程款 13,620 万元及相应利息，宝业公司对上述工程款债权享有就系争工程拍卖、变卖所得价款优先受偿的权利。仲裁调解书生效后，宝业公司向上海市第二中级人民法院申请执行。经该院委托评估，案涉土地和在建工程的总价为 15,300 万元。一拍流拍后，在第二次网拍中，宝业公司以起拍价（8568 万元）竞拍成交。④ 杭州银行股份有限公司（以下简称杭州银行）与金巢公司、陈光泰金融借款纠纷案，经上海市虹口区人民法院调解确认，金巢公司应归还杭州银行借款本金 1800 万元及利息等，杭州银行对案涉土地使用权的折价、拍卖或变卖款有优先受偿权。该案进入强制执行程序后，杭州银行向上海市第二中级人民法院提出执行异议称，宝业公司虽对在建工程

---

① 参见李建星：《〈民法典〉第 807 条（建工价款的优先受偿权）评注》，载《南京大学学报（哲学·人文科学·社会科学）》2021 年第 4 期。

② 典型案例 356：四川中成煤炭建设（集团）有限责任公司与成都泓昌嘉泰房地产有限公司建设工程施工合同纠纷案，最高人民法院（2021）最高法民再 188 号民事判决书。

③ 典型案例 351：杭州银行股份有限公司上海虹口支行与浙江宝业建设集团有限公司、上海金巢实业有限公司执行异议纠纷案，最高人民法院（2019）最高法执监 470 号执行裁定书。

④ 宝业公司直接以其对金巢公司享有的工程款债权冲抵该拍卖款。

享有优先受偿权，但其优先权不包含土地使用权拍卖价款。故请求停止向宝业公司优先分配案涉土地使用权的拍卖款，该款项应分配给杭州银行。

## 法院观点

上海市第二中级人民法院认为，本案所涉在建工程在案涉土地上建造，无法独立存在。基于“房地一体”原则，二者各自的价值难以区分。故杭州银行提出的宝业公司享有的建设工程价款优先受偿权不及于案涉土地的主张，不能成立，遂裁定驳回了杭州银行的异议。杭州银行不服，向上海市高级人民法院申请复议。上海市高级人民法院认为，宝业公司对建设工程拍卖价款享有优先受偿权，该权利优先于杭州银行对案涉土地使用权享有的抵押权，也裁定驳回了杭州银行的复议请求。杭州银行仍不服，向最高人民法院申诉。最高人民法院认为，《物权法》第200条[①]规定的“房地一体”，应当理解为房地一体处置，而非将建筑物与土地使用权理解为同一财产。虽然对房地一并处分，但应当对权利人分别进行保护。由于劳动者投入建设工程中的价值及材料成本并未转化到该工程占用范围内的土地使用权中，故工程款优先受偿权不及于案涉土地使用权。在对案涉房地产进行整体拍卖后，拍卖款应当由建设工程款优先受偿权人以及土地使用权抵押权人分别优先受偿，即对于拍卖款中属于土地使用权的部分，应当由杭州银行优先受偿。据此裁定，撤销原上海市第二中级人民法院、上海市高级人民法院的执行裁定，由上海市第二中级人民法院重新审查。[②]

### 裁判规则352

**承包人的建设工程价款优先受偿权应限于本人施工完成部分，不及于他人施工部分。如建设工程系由多个承包人完成，则每个承包人均在其各自施工范围内享有优先受偿权。**

---

① 现《民法典》第417条，内容有修改。

② 后上海市第二中级人民法院经重新审查，作出（2020）沪02执异150号执行裁定书，认为杭州银行的异议成立。

在一项建设工程中，可能存在多个承包人，他们分别完成建设工程的不同部分，如甲公司完成基础工程、乙公司完成主体工程、丙公司完成装修工程。若甲公司、乙公司与丙公司均主张优先受偿权，应当如何界定他们各自的权利范围？会不会引发权利冲突？

这一问题的实质与前述【裁判规则351】相同，即承包人仅就自身施工部分享有优先受偿权。原《广东省高级人民法院关于在审判工作中如何适用〈合同法〉第286条的指导意见》（粤高法〔2004〕2号）第4条第1款规定："承包人只能对其所建设的工程主张工程价款优先受偿权。"即表明，承包人对建设工程中由其他承包人完成部分，不得主张优先受偿权。一方面，不同承包人完成的施工内容不同，其对建设工程的增值也不同——增值仅限于自己施工完成部分。根据"增值理论"，应将承包人的优先受偿权限定在自身使工程增值的范围内，也就是以承包人实际施工完成部分的价值为限，而不能涉及第三人承建的工程部分。① 另一方面，承包人的工程款源于其施工完成的工作内容，其优先受偿权也应限于其施工完成的部分。《建设工程施工合同解释（一）》第37条将装饰装修工程承包人的优先受偿权限定为"该装饰装修工程"，即属此理。

由于每个承包人只能就自身施工完成部分主张优先受偿权，因此，即使一项建设工程中存在多个承包人，也不会发生优先受偿权的冲突。当然，一项建设工程只能整体拍卖，也即只能拍卖一次。因此，当多个承包人主张优先受偿权时，可在整体拍卖之后，按照各自应得价款所占工程总价款的比例，乘以拍卖所得价款，从而确定不同承包人的对应价款分别享有的优先受偿权。在下述【典型案例352】中，因案涉工程存在交叉施工，法院即将承包人的优先受偿权限定在其本人施工完成部分。

---

① 参见最高人民法院民事审判第一庭编著：《最高人民法院新建设工程施工合同司法解释（一）理解与适用》，人民法院出版社2021年版，第405页。

典型案例 352

# 中化二建集团有限公司与新疆五家渠现代石油化工有限公司建设工程施工合同纠纷案[①]

## 基本案情

2013 年 1 月至 2015 年 7 月 31 日，中化二建集团有限公司（以下简称中化二建公司）与新疆五家渠现代石油化工有限公司（以下简称现代石油公司）先后签订 3 份《建设工程施工合同》及 4 份《补充协议》，约定现代石油公司将其 30 万吨/年催化脱蜡/润滑油生产联合装置项目的土建、设备安装、电仪安装、桩基等工程发包给中化二建公司进行施工。2015 年 12 月 28 日，现代石油公司将中化二建公司人员清出现场。后中化二建公司诉至法院，要求解除合同，并要求现代石油公司支付工程款 49, 963, 086 元，确认中化二建公司对案涉工程价款享有优先受偿权。双方在庭审中均陈述，施工过程中存在多家施工企业同时施工，中化二建公司系在其他单位施工成果的基础上继续施工，中化二建公司离场后又有第三方对其未施工部分进行施工。

## 法院观点

一审法院（新疆维吾尔自治区高级人民法院生产建设兵团分院）认为，现代石油公司欠付中化二建公司的工程款数额为 41, 090, 492. 81 元。中化二建公司是案涉工程的承包人，履行了大部分施工义务，并在法定期限内主张对工程价款的优先受偿，符合法律规定。因庭审中双方认可案涉工程存在交叉施工情形，故中化二建公司只应就其施工部分的工程价款享有优先受偿权。二审中，最高人民法院也认为，中化二建公司是案涉工程的承包人，履行了大部分施工义务，并在法定期限内主张对工程价款的优先受偿权，且在一审庭审中双方认可案涉工程存在交叉施工情形，故一审判决认定中化二建公司只应就其施工部分的工程价款享有优先受偿

① 典型案例 352：中化二建集团有限公司与新疆五家渠现代石油化工有限公司建设工程施工合同纠纷案，最高人民法院（2018）最高法民终 424 号民事判决书。

权，符合法律规定，并无不当。

## 裁判规则353

**承包人就未竣工工程主张建设工程价款优先受偿权的，以建设工程施工合同解除为前提条件。合同未解除，承包人就进度款主张优先受偿权的，不应支持。**

在施工过程中，可能因为发包人资金链断裂导致工程停工，或存在更换承包人、解除施工合同等原因，致使工程未能竣工。在此情况下，承包人是否享有优先受偿权？

《建设工程施工合同解释（一）》第39条规定："未竣工的建设工程质量合格，承包人请求其承建工程的价款就其承建工程部分折价或者拍卖的价款优先受偿的，人民法院应予支持。"因此，优先受偿权不以工程完工并经竣工验收为先决条件，承包人对未完工程也享有优先受偿的权利。[①] 其理由在于：第一，虽然工程未竣工，但承包人就已完工部分仍享有相应的工程价款请求权。故对于担保工程价款请求权实现的优先受偿权，也应当予以认可。第二，虽然工程未竣工，但已完工部分仍具有相应价值，且该价值是承包人的施工活动所创造。根据"增值理论"，承包人就自身施工行为所增值的部分，应当享有优先受偿权。第三，"根据司法实践和建筑业界反映的情况来看，拖欠工程款的情况更多地表现在未完的工程中（烂尾工程）。那么，如果双方在履行过程中，明显是由于发包方违约，或发包方的过失致使工程未能竣工而烂尾，这时却要限制承包人的优先受偿权，显然是有失公允的"[②]。第四，拖欠工程款可能发生在施工的各个环节中——无论竣工前后。倘若以竣工为先决条件，那么假使发包人在此之前未能按约支付工程款，承包人就必须

---

① 参见《未完工程承包人是否可以主张优先受偿工程款》，载最高人民法院民事审判第一庭编：《民事审判指导与参考》总第35集，法律出版社2009年版。还可参见《建设工程优先受偿权的行使是否以工程竣工为条件》，载杜万华主编、最高人民法院民事审判第一庭编：《民事审判指导与参考》总第62辑，人民法院出版社2015年版。

② 王旭军、梁静：《建设工程优先受偿权之担保物权有机竞合论——对〈合同法〉第286条司法解释的反思》，载《法律适用》2004年第7期。

自行垫资完成工程，以满足“竣工”之条件。① 这样的结论显然是荒谬的。第五，虽然因未竣工而无法通过竣工验收来确定工程质量，但可以对已完工部分进行质量鉴定，或由发承包双方进行确认，以确定其质量是否合格。

在建设工程施工合同履行过程中，如发包人拖欠进度款，承包人有权起诉要求支付。有疑问的是，如承包人在要求支付进度款的同时主张对已完工程享有优先受偿权，或者在不解除合同的情况下要求支付已完工程价款并主张优先受偿权，应当如何处理？一种观点认为，承包人在不解除建设工程施工合同的情况下，仅享有进度款请求权，而进度款不属于优先受偿权的保护范围。② 就此，可参见“重庆天马物业发展有限公司与重庆市泰诚建设工程有限公司建设工程施工合同纠纷案”③。另一种观点认为，承包人有权就进度款或已完工程价款主张优先受偿权。就此，可参见“江苏省华建建设股份有限公司与重庆栩宽房地产开发有限公司建设工程施工合同纠纷案”④。

从《建设工程施工合同解释（一）》第39条的文义来看，该条并未将合同解除作为未竣工工程优先受偿权的成立条件。但优先受偿权的实现方式是折价、拍卖，而对建设工程进行折价或拍卖，会导致工程所有权由发包人转移至他人。⑤ 若此，未履行完毕的施工合同无法继续履行，应当予以解除。在施工合同解除的情况下，应当对合同后果进行清理，即对已完工程进行结算。在此情形下，承包人无论是主张工程进度款，还是就进度款主张优先受偿权，均与施工合同的状态不符，不应得到支持。因此，如合同未解除，承包人就进度款或已完工程价款主张优先受偿权，不应支持。在前述“中建四局第五建筑工程有限公司、昆明大田宥房地产开

---

① 参见张巍：《建设工程承包人优先受偿权之功能研究》，载《北大法律评论》编辑委员会编：《北大法律评论》第7卷，北京大学出版社2006年版。

② 参见最高人民法院民事审判第一庭编著：《最高人民法院新建设工程施工合同司法解释（一）理解与适用》，人民法院出版社2021年版，第426、427页。

③ 参考案例375：重庆天马物业发展有限公司与重庆市泰诚建设工程有限公司建设工程施工合同纠纷案，重庆市高级人民法院（2017）渝高法民终字第116号民事判决书。

④ 参考案例376：江苏省华建建设股份有限公司与重庆栩宽房地产开发有限公司建设工程施工合同纠纷案，重庆市高级人民法院（2018）渝高法民初字第13号民事判决书。该案经最高人民法院二审予以维持［参见（2019）最高法民终1559号民事判决书］，但二审未涉及优先受偿权这一问题。

⑤ 参见高印立：《建设工程价款优先受偿权行使期限之起算日的类型化分析——兼论〈建设工程施工合同司法解释（二）〉第二十二条》，载北京仲裁委员会（北京国际仲裁中心）组编：《北京仲裁》第113辑，中国法制出版社2020年版。

发有限公司建设工程施工合同纠纷案”① 中，中建四局第五建筑工程有限公司（以下简称中建四局）就未完工程主张优先受偿权，一审法院（云南省高级人民法院）认为，中建四局主张的是工程进度款，双方之间的建设工程施工合同关系尚未终止，故中建四局主张对昆明大田宥房地产开发有限公司（以下简称大田宥公司）拖欠的工程（进度）款享有优先受偿权的诉讼请求不能成立。二审中，最高人民法院虽然改判支持中建四局优先受偿权的诉请，但其理由为，工程竣工验收并非承包人取得建设工程价款优先受偿权的必要条件，结合本案大田宥公司无力支付工程价款导致合同实际终止履行的情况，对中建四局主张优先受偿权的诉讼请求予以支持。

需说明的是：第一，因优先受偿权的成立并未要求以承包人对工程未竣工无过错为前提条件，故即便承包人对工程未竣工有过错，其就已完工程的工程款依然享有优先受偿权。至于承包人的过错，发包人可另行追究责任。② 第二，有观点认为，在工程未完工的情况下，如果发包人将未完工工程另行发包给其他承包人施工，原来的承包人就无法对其已完工部分优先受偿，只能在全部工程完工后，再就其施工部分行使优先受偿权。③ 这一将承包人优先受偿权能否（以及何时）实现维系在他人后续施工行为之上的观点，显然不能成立。在此情形下，鉴于未完工程拍卖成交的可能性较小，在操作上，“可以对承包人施工部分的价值先行评估，然后转让该工程，由新的开发商接盘后继续承建，并由接盘人对已完工程的价款负责清偿”④。

---

① 参考案例 377：中建四局第五建筑工程有限公司、昆明大田宥房地产开发有限公司建设工程施工合同纠纷案，最高人民法院（2019）最高法民终 273 号民事判决书。

② 参见最高人民法院民事审判第一庭编著：《最高人民法院新建设工程施工合同司法解释（一）理解与适用》，人民法院出版社 2021 年版，第 408 页。

③ 参见谢勇：《建设工程施工合同案件裁判规则解析》，中国法制出版社 2020 年版，第 245 页。

④ 王旭军、梁静：《建设工程优先受偿权之担保物权有机竞合论——对〈合同法〉第 286 条司法解释的反思》，载《法律适用》2004 年第 7 期。

**典型案例 353**

## 中铁十九局集团有限公司与瑞云云计算研发建设有限公司建设工程价款优先受偿权纠纷案[①]

### 基本案情

2012 年 10 月 24 日，中铁十九局集团有限公司（以下简称中铁十九局）与瑞云云计算研发建设有限公司（以下简称瑞云公司）签订《框架协议》约定，瑞云公司将涉案工程发包给中铁十九局承建。协议签订后，中铁十九局进场施工。2017 年 1 月，中铁十九局以瑞云公司长期迟延支付工程款导致现场多次停窝工、产生大量停窝工费用为由，将瑞云公司诉至法院。审理中，根据双方达成的调解协议，法院出具（2017）京 02 民初 7 号民事调解书确认，瑞云公司欠付款为 118, 315, 011. 84 元。2018 年 10 月 15 日，双方签订《云计算项目合同解除协议书》约定，达成调解协议后，中铁十九局复工，在《调解书》确定的已完工程范围之外又完成若干工程的施工；于 2018 年 10 月 15 日解除《框架协议》以及双方之间签订的其他与本项目有关的所有合同、协议等。2018 年 10 月 18 日，中铁十九局诉至法院，请求法院判决确认中铁十九局在瑞云公司欠付的 118, 315, 011. 84 元范围内对案涉工程享有建设工程价款优先受偿权。诉讼中，就法院询问的“双方签订《云计算项目合同解除协议书》后，是否还会有其他复工行为”，瑞云公司称，“肯定要复工，复工还会找对方”。就法院询问的进一步施工的具体内容，瑞云公司称，包括所有施工手续备案、竣工验收、修补性工程、整改工程等。

### 法院观点

北京市高级人民法院认为，建设工程款的优先受偿权的成立应满足以下条件：第一，总承包人已经实际履行了建设工程施工合同约定的主要义务；第二，优先权人应当实际创设了建设工程物权，总承包人已完成或部分完成的合同约定的建设工

---

① 典型案例 353：中铁十九局集团有限公司与瑞云云计算研发建设有限公司建设工程价款优先受偿权纠纷案，北京市高级人民法院（2019）京民终 158 号民事判决书。

程质量合格。第三，总发包方与总承包方权利义务关系终止或解除，建造行为已然结束，建设工程价款优先受偿权指向的建筑物范围特定、明确。第四，已就全部工程完成最终结算，确定了最终的工程价款数额。(2017）京02民初7号民事调解书确定的已完工程的工程价款数额，仅是停工前已完工程的进度款，此时双方尚未就全部工程进行工程的最终结算，故中铁十九局依据（2017）京02民初7号民事调解书确认的进度款金额主张行使建设工程价款优先受偿权，条件不成就。

## 裁判规则354

**装饰装修工程具备折价或变卖条件的，无论发包人是否是该建筑物的所有权人，承包人均享有建设工程价款优先受偿权，但发包人满足《执行异议复议规定》第29条规定的条件的除外。**

针对装饰装修工程的优先受偿权，《2018年建工解释》第18条规定："装饰装修工程的承包人，请求装饰装修工程价款就该装饰装修工程折价或者拍卖的价款优先受偿的，人民法院应予支持，但装饰装修工程的发包人不是该建筑物的所有权人的除外。"《建设工程施工合同解释（一）》第37条规定："装饰装修工程具备折价或者拍卖条件，装饰装修工程的承包人请求工程价款就该装饰装修工程折价或者拍卖的价款优先受偿的，人民法院应予支持。"两相比较，《建设工程施工合同解释（一）》删除了"装饰装修工程的发包人不是该建筑物的所有权人的除外"这一但书，增加了"装饰装修工程具备折价或者拍卖条件"这一限定。

首先，装饰装修工程是以已经建成的建筑物为基础进行的二次加工和修缮，"在装饰装修工程中，承包人装饰装修等工作行为使原先的建筑工程或不动产得以增值"①，应当肯定装饰装修工程的承包人享有优先受偿权。当然，承包人只能在建筑物因装饰装修而增加的价值范围内优先受偿。

其次，发包人不是该建筑物的所有权人时，承包人是否享有优先受偿权？有观点认为，"装饰装修工程具备折价或者拍卖条件"涵盖了"装饰装修工程发包人是

① 纪晓晨等：《装饰工程优先受偿权如何行使》，载《中国建筑装饰装修》2013年第6期。

该建筑物所有权人”这一条件。[1] 天津市高级人民法院持这一观点。[2] 但这一观点明显违背《建设工程施工合同解释（一）》第37条的文义。“虽然装饰装修工程一般依附于已经完成或基本完成的建筑物之上，但是装饰装修工程的附着性特点并不意味着装饰装修工程不具备独立价值，当装饰装修工程发包人不是该建筑物所有权人时，仍应当进一步判断装饰装修工程客观上能否单独折价或拍卖。如装饰装修工程具备折价或者拍卖条件，装饰装修工程的承包人享有优先受偿权。”[3]“根据本条解释，未要求装饰装修工程的发包人必须是该建筑物的所有权人。”[4] 质言之，装饰装修工程的承包人是否享有优先受偿权，取决于“装饰装修工程客观上能否单独折价或拍卖”[5]，至于发包人是否是所有权人，则在所不问。《湖南省高级人民法院关于审理建设工程施工合同纠纷案件若干问题的解答》（湘高法〔2022〕102号）第19条即规定：“装饰装修的承包人就建设工程价款主张优先受偿权应具备折价或者拍卖条件，应理解为装饰装修的承包人就建设工程价款主张优先受偿权的同时应举证证明案涉装饰装修工程可单独评估且与其他工程一并拍卖。”

最后，公共建筑装饰装修工程、工业建筑装饰装修工程、成品房批量装修工程的承包人，理应享有优先受偿权。而住宅室内装饰装修工程的承包人是否享有优先受偿权呢？有观点认为，住宅室内装饰装修工程的承包人不享有工程价款优先受偿权。[6]

---

① 参见谢勇：《〈最高人民法院关于审理建设工程施工合同纠纷案件适用法律问题的解释（一）〉的理解与适用》，载最高人民法院民事审判第一庭编：《民事审判指导与参考》总第85辑，人民法院出版社2021年版。

② 《天津市高级人民法院关于审理建设工程施工合同纠纷案件相关问题的审判委员会纪要》（2020年12月9日）第5条规定：“依据建设工程司法解释（二）第18条规定，装饰装修工程的承包人请求工程价款就该装饰装修工程折价或者拍卖的价款优先受偿的，应予支持，但有下列情形之一的除外：（1）工程为家庭居室装饰装修的；（2）工程质量不合格的；（3）发包人对该建筑物不享有所有权或者处分权的。”

③ 肖峰、韩浩：《建设工程价款结算及其优先受偿权的若干实务问题》，载《人民司法》2021年第22期。

④ 最高人民法院民事审判第一庭编著：《最高人民法院新建设工程施工合同司法解释（一）理解与适用》，人民法院出版社2021年版，第388页。

⑤ 肖峰、韩浩：《建设工程合同纠纷实务争议问题研究》，载最高人民法院民事审判第一庭编：《民事审判指导与参考》总第84辑，人民法院出版社2021年版。

⑥ 参见最高人民法院民事审判第一庭编著：《最高人民法院新建设工程施工合同司法解释（一）理解与适用》，人民法院出版社2021年版，第389、390页。

天津市高级人民法院支持这一观点。[①] 但从《建设工程施工合同解释（一）》第37条的规定来看，该条并未将住宅室内装饰装修工程排除在外。当然，对于保障公民“住有所居”的住宅，根据《执行异议复议规定》第29条[②]、《查封、扣押、冻结规定》第4条[③]的规定，承包人不得行使优先受偿权。

**典型案例354**

## 北京城乡欣瑞建设有限公司与北京申全福熊猫环岛综合市场有限公司等建设工程施工合同纠纷案[④]

### 基本案情

1998年4月3日，华汇中心与北京申全福熊猫环岛综合市场有限公司（以下简称申全福公司）签订《租赁合同》约定，华汇中心将北京市朝阳区曹八里集贸市场的房屋及场地出租给申全福公司用于改扩建综合市场，租赁期限15年。2006年3月6日，申全福公司与北京城乡欣瑞建设有限公司（以下简称欣瑞公司）订立《建设工程施工合同》约定，欣瑞公司承接熊猫环岛升级改造工程，工程内容为吊顶、换灯、电气、地面、隔断、室外停车场、消防泵房，承包范围为包工包料。2007年7月15日，欣瑞公司与申全福公司结算确认工程价款为14,883,915元。2007年8月1日，北京市朝阳区四部门联合向“熊猫环岛综合市场”发出市场拆

---

① 《天津市高级人民法院关于审理建设工程施工合同纠纷案件相关问题的审判委员会纪要》（2020年12月9日）第5条规定：“依据建设工程司法解释（二）第18条规定，装饰装修工程的承包人请求工程价款就该装饰装修工程折价或者拍卖的价款优先受偿的，应予支持，但有下列情形之一的除外：（1）工程为家庭居室装饰装修的；（2）工程质量不合格的；（3）发包人对该建筑物不享有所有权或者处分权的。”

② 该条规定：“金钱债权执行中，买受人对登记在被执行的房地产开发企业名下的商品房提出异议，符合下列情形且其权利能够排除执行的，人民法院应予支持：（一）在人民法院查封之前已签订合法有效的书面买卖合同；（二）所购商品房系用于居住且买受人名下无其他用于居住的房屋；（三）已支付的价款超过合同约定总价款的百分之五十。”

③ 该条规定：“对被执行人及其所扶养家属生活所必需的居住房屋，人民法院可以查封，但不得拍卖、变卖或者抵债。”

④ 典型案例354：北京城乡欣瑞建设有限公司与北京申全福熊猫环岛综合市场有限公司等建设工程施工合同纠纷案，北京市高级人民法院（2017）京民终786号民事判决书、最高人民法院（2018）最高法民申4906号民事裁定书。

除通告称，“熊猫环岛综合市场”属于北京奥运会用地范围，要求其于2007年8月31日前撤市闭市，10月31日前拆除全部地上物。2008年2月，熊猫环岛综合市场被拆除。后欣瑞公司诉至法院，要求申全福公司支付工程款10,883,405元、华汇中心承担连带清偿责任，并请求确认其对熊猫环岛综合市场升级改造补偿款享有优先受偿权。华汇中心辩称，根据《最高人民法院关于装修装饰工程款是否享有合同法第二百八十六条规定的优先受偿权的函复》，装饰装修工程的发包人不是该建筑物的所有权人或者承包人与该建筑物的所有权人之间没有合同关系的，承包人不享有优先受偿权。本案诉争工程为装修工程，申全福公司不是所有权人，欣瑞公司无权主张优先受偿权。

## 法院观点

最高人民法院认为，华汇中心是否为建筑物所有权人与欣瑞公司是否对升级改造款享有优先受偿权无关。建筑物拆除后，升级改造款为建筑物的替代物，故欣瑞公司对升级改造款享有优先受偿权。

## 裁判规则355

**安装工程虽与主体工程不可分割，但因优先受偿权指向的是建设工程的交换价值，而安装工程与主体工程可做价值区分，故安装工程的承包人享有优先受偿权。**

《建筑法》第2条第2款规定：“本法所称建筑活动，是指各类房屋建筑及其附属设施的建造和与其配套的线路、管道、设备的安装活动。”《建设工程质量管理条例》第2条第2款规定：“本条例所称建设工程，是指土木工程、建筑工程、线路管道和设备安装工程及装修工程。”常见的安装工程包括消防工程、门窗安装工程，中央空调系统、供用电系统、智能化系统、电梯安装工程，等等。从这些合同的内容来看，实系买卖与安装的混合合同。[①] 但因这两个行为结合在一起，构成承包人的整个合同义务，故现行法将其统一纳入建设工程施工合同的范畴。安装工

① 参见李玉生主编：《建设工程施工合同案件审理指南》，人民法院出版社2019年版，第29、30页。

程只能依附于主体工程，不能独立存在，不能单独折价、拍卖。在此背景下，还应否赋予安装工程承包人优先受偿权？

有观点主张，应将优先受偿权的权利人限定为主体工程的承包人，[①] 安装工程承包人不享有优先受偿权。四川省高级人民法院持这一观点。[②] 上述观点主要基于如下两个理由：一是安装工程附属于主体工程，不能单独折价、拍卖，所以安装工程的承包人不享有优先受偿权。二是安装工程承包人行使建设工程价款优先受偿权将会严重影响工程的整体功能。例如，铁路、机场、通信光缆、供水供气系统、供电系统等工程，以及与厂矿企业的生产有直接关系的关键工程，这些工程投资巨大，施工往往分段进行，若允许承包人行使优先受偿权，将会把这些需统一调度使用的工程分割得七零八落，不利于发挥物的整体效能，将形成资源的极大浪费。[③] 最高人民法院在"江苏南通三建集团股份有限公司与武汉朕宇房地产开发有限公司建设工程施工合同纠纷案"[④] 中持这一观点。也有观点认为，安装工程承包人应当享有优先受偿权。《福建省高级人民法院当前我省涉建工纠纷审判调研 问答·案例·白皮书》(2022 年 9 月) 第 16 条后段即规定："如同装饰装修工程的承包人一样，消防工程承包人在行使工程价款优先受偿权时受到一定的限制。这种限制表现在两方面：一是只有直接向发包人承包消防工程的专业技术承包人才依法享有建设工程优先受偿权；二是消防工程的承包人只能就其承包的消防工程给整个工程增值的范围内行使优先受偿权。"《深圳市中级人民法院关于建设工程合同若干问题的指导意见》(2010 年 3 月 9 日修订) 第 32 条前段也规定："建设单位直接发包的基础工程，享有工程价款优先受偿权。建设单位直接发包的消防工程、玻璃幕墙工程、装修装饰工程，在该工程增加价值的范围内享有工程价款优先受偿权。"

在装饰装修工程承包人行使优先受偿权时，系将装饰装修工程与主体工程一并折价、拍卖，但承包人仅在建筑物因装饰装修而增加的价值范围内优先受偿。此种

---

① 参见谢勇：《建设工程施工合同案件裁判规则解析》，中国法制出版社 2020 年版，第 234 页。

② 《四川省高级人民法院关于审理建设工程施工合同纠纷案件若干疑难问题的解答》(川高法民一〔2015〕3 号) 第 39 条第 4 项规定，建设工程属于设备安装等附属工程，承包人、实际施工人请求工程价款就承建的建设工程折价或拍卖的价款优先受偿的，不予支持。

③ 参见张东旺、孟宪东：《论建设工程优先权》，载《法学论坛》2001 年第 3 期。

④ 参考案例 378：江苏南通三建集团股份有限公司与武汉朕宇房地产开发有限公司建设工程施工合同纠纷案，最高人民法院 (2019) 最高法民申 718 号民事裁定书。

方式既不会将装饰装修工程单独折价、拍卖，也不会导致工程被分割得七零八落。与此同理，安装工程属于民法上的添附。添附完成后，预留、预埋的物件与建设工程主体结合成一个整体，难以剥离，如强行剥离则会导致整个建筑物的价值贬损。但优先受偿权指向的是建设工程的交换价值，而非使用价值，故在实现优先受偿权时，无须对承包人施工部分进行物理剥离，只需从价值上将承包人施工部分赋予建设工程主体的增值区分出来即可。换言之，在对工程进行评估时，应分别评估承包人施工部分的价值与其他部分的价值，就拍卖或变卖所得款项，承包人优先受偿的金额应限定在其施工部分的价值在总价值中所占比例的范围之内，据此即可实现优先受偿权。除下述【典型案例355】外，还可参见“贵阳建苑园林环境绿化艺术有限公司与贵州利民食品有限责任公司建设工程施工合同纠纷案”①。

**典型案例355**

## 四川洪力消防工程有限责任公司与四川省蜀通建设集团有限责任公司、四川省巴中市集洲房地产开发有限公司案外人执行异议之诉案②

### 基本案情

2011年12月30日，四川洪力消防工程有限责任公司（以下简称洪力公司）与四川省巴中市集洲房地产开发有限公司（以下简称集洲公司）签订《消防工程安装合同》约定，洪力公司承接“润洲·金外滩”一期工程1号、2号、8号、9号、10号、14号、15号、16号、17号、18号楼的消火栓系统、自动喷淋灭火系统、火灾自动报警及联动控制系统、火灾应急广播系统等系统的施工安装及相关工作。2014年7月21日，双方签订《消防安装工程合同补充协议》约定，洪力公司

① 典型案例358：贵阳建苑园林环境绿化艺术有限公司与贵州利民食品有限责任公司建设工程施工合同纠纷案，贵州省高级人民法院（2015）黔高民终字第136号民事判决书、最高人民法院（2017）最高法民申1638号民事裁定书。

② 典型案例355：四川洪力消防工程有限责任公司与四川省蜀通建设集团有限责任公司、四川省巴中市集洲房地产开发有限公司案外人执行异议之诉案，最高人民法院（2019）最高法民申771号民事裁定书。

用欠付工程款中的3,265,812元购买案涉工程的9套住宅。2014年7月24日，洪力公司员工黄海波与集洲公司签订《商品房买卖合同》，购买了案涉9套房屋。集洲公司出具的《收款收据》备注："此款系以洪力公司金堂消防工程款抵扣。"整个项目的主体工程系四川蜀通建设集团有限责任公司（以下简称蜀通公司）承建，工程完工后蜀通公司通过诉讼主张工程款债权，生效判决对此已经认定。后因蜀通公司申请对案涉工程进行强制执行，洪力公司提出执行异议。

## 法院观点

最高人民法院认为，集洲公司虽与洪力公司员工黄海波签订了《商品房买卖合同》，但该合同本质上是以消灭集洲公司与洪力公司之间存在的工程款债务为目的的。虽然此后集洲公司向黄海波出具了以工程款抵房款的收据，黄海波办理了房屋买卖合同备案登记，但均不能改变本案双方系以房屋抵顶工程欠款的性质。洪力公司主张其享有建设工程价款优先受偿权成立，则其应当在案涉建筑物的消防工程部分增加价值的范围内优先受偿。但在蜀通公司已经通过诉讼主张工程款债权，生效判决对此已经认定，蜀通公司据此申请强制执行的情况下，洪力公司对案涉房屋并不享有足以排除强制执行的民事权益。① 洪力公司可以以享有建设工程价款优先受偿权为由，依法申请参与强制执行程序中对执行财产的分配。

## 裁判规则356

**地基基础、土地整治等工程，虽未形成建、构筑物，但在工程具备折价、拍卖条件的情况下，承包人就增值部分享有优先受偿权。**

在"中石化胜利建设工程有限公司与潍坊三陆置业有限公司等建设工程施工合同纠纷案"② 中，承包人完成的是基坑支护工程，并未形成建筑物。在此情况下，承包人是否享有优先受偿权？

对于整理土地、河道开挖、土石方等特殊类型的建设工程，建造行为所附着的

① 就此问题，可参见【裁判规则336】。

② 参考案例379：中石化胜利建设工程有限公司与潍坊三陆置业有限公司等建设工程施工合同纠纷案，山东省高级人民法院（2014）鲁民一终字第550号民事判决书。

劳务、材料直接物化至土地使用权中，因此，承包人就此类工程亦应享有优先受偿权。[①] 就此，除下述【典型案例 356】外，还可参见前述“中石化胜利建设工程有限公司与潍坊三陆置业有限公司等建设工程施工合同纠纷案”。在实现优先受偿权时，应当分别评估土地使用权原本的价值与施工行为所增加的价值，进而确定施工增加价值在总价值中的比例，该宗土地拍卖后，用拍卖成交金额乘以该比例，即为承包人有权主张优先受偿的金额。

此外，《建设工程质量管理条例》第 2 条第 1 款[②]规定的改建工程也是如此。“所谓改建，是指不增加建筑物或建设项目体量，在原有基础上，为提高生产效率，改进产品质量，或改变产品方向，或改善建筑物使用功能、改变使用目的，对原有工程进行改造的建设项目。”[③] 改建工程虽未增加建筑物或建设项目体量，但导致既有工程价值增加，承包人有权在价值增加的范围内行使优先受偿权。

**典型案例 356**

## 四川中成煤炭建设（集团）有限责任公司与成都泓昌嘉泰房地产有限公司建设工程施工合同纠纷案[④]

### 基本案情

2010 年 10 月 27 日，成都泓昌嘉泰房地产有限公司（以下简称泓昌嘉泰公司）与四川中成煤炭建设（集团）有限责任公司（以下简称中成煤建公司）签署《设计、施工合同》约定，泓昌嘉泰公司将海峡友谊大厦范围内全部的基坑支护、降水、土石方挖运工程的设计、施工交由中成煤建公司完成。2013 年 4 月 18 日，泓昌嘉泰公司与中成煤建公司签订《补充协议》约定，泓昌嘉泰公司将原合同项目

① 参见李建星：《〈民法典〉第 807 条（建工价款的优先受偿权）评注》，载《南京大学学报（哲学·人文科学·社会科学）》2021 年第 4 期。

② 该款规定：“凡在中华人民共和国境内从事建设工程的新建、扩建、改建等有关活动及实施对建设工程质量监督管理的，必须遵守本条例。”

③ 国务院法制办等编著：《建设工程质量管理条例释义》，中国城市出版社 2000 年版，第 22 页。

④ 典型案例 356：四川中成煤炭建设（集团）有限责任公司与成都泓昌嘉泰房地产有限公司建设工程施工合同纠纷案，最高人民法院（2021）最高法民再 188 号民事判决书。《最高人民法院公报》2023 年第 3 期，第 39—48 页。

基坑护壁加固施工的补充部分委托中成煤建公司施工。合同签订后，中成煤建公司组织人员进行了施工。后中成煤建公司诉至法院，要求鸿昌嘉泰公司支付欠付的工程款，并主张享有案涉建筑工程折价或拍卖后价款的优先受偿权。诉讼中，经鉴定，中成煤建公司已完工程造价为 32,298,977.71 元，鸿昌嘉泰公司已付 1690 万元，尚欠 15,398,977.71 元。

## 法院观点

针对中成煤建公司主张的优先受偿权，四川省高级人民法院在二审中认为，中成煤建公司施工的相关工程实质是对拟修建的建筑物所依附的土地现状进行的改变，尚未形成单独的建筑物或者构筑物，不能进行拍卖和变卖。故对中成煤建公司诉请的工程价款优先受偿权不予支持。但最高人民法院在再审中认为，《合同法》第 286 条规定的享有优先受偿权的承包人所完成的工程并不局限于单独的建筑物或构筑物，如装饰装修工程的承包人也享有优先受偿权。对于同一建设工程，由于工程技术内容不同、需要多方投资等原因，存在多个承包人是常见现象；只要承包人完成的工程属于建设工程，且共同完成的建设工程宜于折价、拍卖的，就应当依法保障承包人的优先受偿权。中成煤建公司施工的基坑支护、降水、土石方挖运工程，从设计到具体施工，均与总包方联系密切，与主体工程的施工配合严密，交叉进行，属于案涉海峡友谊大厦项目建设工程不可缺少的内容。在整个施工过程中，中成煤建公司投入的建筑材料和劳动力已经物化到案涉海峡友谊大厦项目整个建筑物之中，与建筑物不可分割。中成煤建公司作为承包人，在未受偿工程款 15,398,977.71 元范围内有权就案涉海峡友谊大厦工程折价或者拍卖的价款优先受偿。一审、二审法院认定中成煤建公司施工内容的实质是对拟修建建筑物所依附的土地现状进行的改变，尚未形成单独的建筑物或构筑物，客观上不具备行使建设工程价款优先受偿权的条件，系认定事实和适用法律错误，应予纠正。

## 裁判规则 357

**公路工程属于建设工程，收费公路的承包人可以通过道路通行费的物上代位实现优先受偿权。但非收费公路的承包人除外。**

如前所述，公路建设工程无法直接拍卖或折价，但因其主要经济价值体现在通行费用上，故承包人可通过物上代位的方式实现优先受偿权。2006年6月14日，针对江西省高级人民法院的请示，最高人民法院作出《关于公路建设单位对公路收费权是否享有建设工程价款优先受偿权以及建设工程价款优先权是否优先于质权的请示的答复》（〔2005〕执他字第31号）称："《合同法》第286条[①]规定的建设工程的折价或者拍卖虽原则上指工程所有权的转让，但对收费公路这类特殊工程的可转让的经营权，也应适用。因此，申请执行人作为公路施工单位，有权通过对被执行人享有的公路工程经营权的执行优先受偿。车辆通行收费权是公路经营权中的主要内容，执行中可以转让收费权或者直接从所收费用中提取款项。施工单位的优先受偿权应及于该收费权，可以从提取的款项中优先受偿。根据《担保法》及最高人民法院有关司法解释的精神，工程款优先受偿权应优先于异议人就公路收费设定的质押权。"在前述"北京中关村开发建设股份有限公司与湖南潭衡高速公路开发有限公司建设工程施工合同纠纷案"[②]中，承包人主张对案涉工程——湘潭至衡阳西线高速公路土建工程——享有优先受偿权，虽因超出法定的除斥期间而未得到支持，但湖南省高级人民法院在一审判决中亦认可，"中关村公司作为诉争工程的承包人，对潭衡公司欠付的工程款依法享有优先受偿权。因涉案工程为公路建设工程，属于特殊建设工程，无法直接折价，其主要经济价值体现在其通行费用上，故对其收益作为优先受偿权的行为对象符合实际情况"。

除收费公路外，还存在大量不收费的公路工程，比如市政道路工程。对此，由于该工程既无法折价、拍卖，也无从实现物上代位，故承包人不享有优先受偿权。

---

① 现《民法典》第807条。

② 参考案例380：北京中关村开发建设股份有限公司与湖南潭衡高速公路开发有限公司建设工程施工合同纠纷案，最高人民法院（2019）最高法民终1401号民事判决。

**典型案例357**

## 广东中人集团建设有限公司等与中国银行股份有限公司江门分行等执行分配方案异议之诉案①

### 基本案情

2013年3月11日，江门市中级人民法院判决瑞通公司就案涉公路工程向新兴公司、广东中人集团建设有限公司（以下简称中人公司）各支付工程款21,481,206.90元、3,824,670.05元。2012年12月17日，广东省高级人民法院判决瑞通公司向中国银行股份有限公司江门分行（以下简称江门中行）清偿贷款本金429,973,938.03元及利息，对瑞通公司提供的质押物——案涉公路的收费收益——江门中行作为质权人享有优先受偿权。2014年4月30日，江门市中级人民法院扣划案涉公路通行年票补偿款466.4万元。中人公司、新兴公司以承包人身份主张享有优先受偿权。江门中行则认为，案涉公路年票补偿款不属于工程价款优先受偿权的对象。

### 法院观点

最高人民法院认为，根据《合同法》第286条②的规定，中人公司、新兴公司对案涉工程应享有法定优先受偿权。因案涉工程为公路建设工程，属于特殊建设工程，无法直接拍卖或折价，该工程的主要经济价值体现在其通行费用上，故将其收益即年票补偿款作为优先受偿权的行为对象符合实际情况。且中人公司和新兴公司作为享有建筑工程优先受偿权的一方应优先于江门中行行使己方债权。江门中行认为案涉公路年票补偿款不属于工程价款优先受偿权的对象，理由不成立。

① 典型案例357：广东中人集团建设有限公司等与中国银行股份有限公司江门分行等执行分配方案异议之诉案，最高人民法院（2016）最高法民申1281号民事裁定书。

② 现《民法典》第807条。

## 裁判规则358

**建筑面积达300平方米的园林景观建造工程属于建设工程，承包人享有优先受偿权，但园林景观建造工程属于市政工程的除外。**

如前所述，园林绿化工程不属于建设工程。但建筑面积达300平方米的园林景观建造工程，因超越了园林绿化工程的规模限定，应归属于建设工程的范畴。对于这类工程，应当如何界定承包人的优先受偿权？

如园林景观建造属于承包人施工内容的一部分，连同主体工程一并施工，承包人理应就包括园林景观建造工程在内的整体工程享有优先受偿权。“宁波罗蒙环球商业广场有限公司与中国建筑第二工程局有限公司建设工程施工合同纠纷案”① 即为适例。在园林景观建造工程作为单独承包内容的情况下，其作为建设工程，承包人也应享有优先受偿权。除下述【典型案例358】外，还可参见“中国第四冶金建设有限责任公司与九江市嘉隆置业有限公司建设工程施工合同纠纷案”②、“湖南景乔园林工程有限公司与湖南和翔置业有限公司建设工程施工合同纠纷案”③。

但园林景观建造工程承包人的优先受偿权存在如下两种除外情形：一是如果园林景观建造工程属于市政工程，即构成【裁判规则362】所称的涉及公共利益的公用工程，因而在“性质上不宜折价、拍卖”，故承包人不享有优先受偿权。就此，可参见“云南苏林建设工程有限公司与昆明世纪华丰发展有限公司等建设工程施工合同纠纷案”④。二是有观点认为，承包人仅施工了园林景观建造工程，而园林景观建造工程所附属的主体工程已出售的，承包人也不享有优先受偿权。就此，可参考“佛山市南海区宇佳房地产开发有限公司与深圳市艺园生态建设有限

---

① 参考案例381：宁波罗蒙环球商业广场有限公司与中国建筑第二工程局有限公司建设工程施工合同纠纷案，最高人民法院（2020）最高法民终364号民事判决书。

② 参考案例382：中国第四冶金建设有限责任公司与九江市嘉隆置业有限公司建设工程施工合同纠纷案，江西省高级人民法院（2019）赣民终247号民事判决书。见该判决书主文第6项。

③ 参考案例383：湖南景乔园林工程有限公司与湖南和翔置业有限公司建设工程施工合同纠纷案，湖南省长沙市中级人民法院（2020）湘01民终12991号民事判决书。关于该问题的论述见一审判决书，二审判决未涉及这一问题。

④ 参考案例384：云南苏林建设工程有限公司与昆明世纪华丰发展有限公司等建设工程施工合同纠纷案，云南省高级人民法院（2020）云民终812号民事判决书。

公司建设工程施工合同纠纷案”[1] 以及“广东翔基建设工程有限公司与广州市花都佳业房地产开发有限公司建设工程施工合同纠纷案”[2]。但基于优先受偿权的物上追及力，在此情形下承包人亦应享有优先受偿权，只有符合《执行异议复议规定》第29条规定的购房人可以阻却承包人的优先受偿权。

**典型案例358**

## 贵阳建苑园林环境绿化艺术有限公司与贵州利民食品有限责任公司建设工程施工合同纠纷案[3]

### 基本案情

2012年6月4日，贵阳建苑园林环境绿化艺术有限公司（以下简称建苑公司）与贵州利民食品有限责任公司（以下简称利民公司）签订《园林绿化及配套工程施工合同》约定，利民公司将其年产500吨牛肉深加工系列产品扩建项目的园林景观及配套工程发包给建苑公司施工。合同签订后，建苑公司派人进场施工。施工中工程断断续续停工，最终工程于2013年12月7日全部停止施工。2013年12月6日，双方就已完工程价款进行结算，结算价款为7,837,997.14元。后建苑公司提起诉讼，要求解除《施工合同》，利民公司支付欠付的工程款，并对拍卖、变卖工程的价款享有优先受偿权。

### 法院观点

贵州省高级人民法院在二审中认为，案涉合同约定的施工范围从性质上划分涉及附属设施建造工程（园林绿化工程、羽毛球场工程、网球场工程、游泳池工程）及设备安装工程（给排水工程、室外电气照明灯工程），这些工程虽不是该工业园

---

① 参考案例385：佛山市南海区宇佳房地产开发有限公司与深圳市艺园生态建设有限公司建设工程施工合同纠纷案，广东省佛山市中级人民法院（2021）粤06民终6246号民事判决书。关于该问题的论述见一审判决书，二审判决未涉及这一问题。

② 参考案例386：广东翔基建设工程有限公司与广州市花都佳业房地产开发有限公司建设工程施工合同纠纷案，广东省广州市越秀区人民法院（2021）粤0104民初23152号民事判决书。

③ 典型案例358：贵阳建苑园林环境绿化艺术有限公司与贵州利民食品有限责任公司建设工程施工合同纠纷案，贵州省高级人民法院（2015）黔高民终字第136号民事判决书。

区内的营利性厂房等主体工程，但是属于附属设施的建造及安装工程，亦属于建筑工程施工范围。建苑公司作为案涉建筑工程的承包人主张工程价款优先受偿权，主体资格合法。①

## 裁判规则359

**建设工程的标的物是已确定被拆迁人的拆迁安置房的，承包人不得行使建设工程价款优先受偿权。**

《最高人民法院关于审理商品房买卖合同纠纷案件适用法律若干问题的解释》（法释〔2003〕7号）第7条第1款规定："拆迁人与被拆迁人按照所有权调换形式订立拆迁补偿安置协议，明确约定拆迁人以位置、用途特定的房屋对被拆迁人予以补偿安置，如果拆迁人将该补偿安置房屋另行出卖给第三人，被拆迁人请求优先取得补偿安置房屋的，应予支持。"从而确定被拆迁人就安置房屋享有优先权。2020年12月29日，《最高人民法院关于修改〈最高人民法院关于在民事审判工作中适用《中华人民共和国工会法》若干问题的解释〉等二十七件民事类司法解释的决定》，将该第7条删除。但删除的原因并非第7条的规定不妥，而是根据《最高人民法院关于审理行政协议案件若干问题的规定》（法释〔2019〕17号）第2条第2项的规定，土地、房屋等征收征用补偿协议被纳入行政协议的范畴，不应再由民事司法解释进行规范。换言之，依然应当认可被拆迁人就安置房屋享有优先权。当被拆迁人的优先权遭遇承包人的优先受偿权时，基于保障被拆迁人生存的需要，应当认为，被拆迁人的权利优先于承包人。

需注意的是，建设工程虽系拆迁安置房项目，但尚未确定具体被拆迁人的，也就不存在被拆迁人与承包人之间的权利冲突问题，此时的优先权主体仅有承包人，则优先受偿权应由承包人享有。在"浙江省三建建设集团有限公司与咸阳凯创置业有限责任公司等建设工程施工合同纠纷案"② 中，案涉项目为拆迁安置房项

① 但因建苑公司主张优先受偿权已超过法定期限，贵州省高级人民法院对建苑公司关于优先受偿权的请求未予支持。

② 参考案例387：浙江省三建建设集团有限公司与咸阳凯创置业有限责任公司等建设工程施工合同纠纷案，最高人民法院（2020）最高法民终483号民事判决书。

目，但尚未确定相应的被拆迁人，法院即认可了承包人的优先受偿权。

**典型案例 359**

## 武汉市国营三店农场等与华夏银行股份有限公司武汉汉口支行等所有权纠纷案①

### 基本案情

2001年11月11日，武汉市国营三店农场（以下简称三店农场）与东鑫公司签订合同约定，三店农场向东鑫公司提供310亩土地，用于房地产开发和三店农场拆迁“还建房”建设。2004年至2008年，三店农场、台商管委会与赵荒狗等191户拆迁安置户分别签订《拆迁安置协议书》约定，以鑫海花城二期40号楼、41号楼、42号楼、45号楼、47号楼、48号楼共6栋458套房屋进行拆迁安置。截至2008年5月31日，三店农场陆续付清了全部购房款及配套费。2007年6月26日和10月11日，东鑫公司以含本案所涉458套房屋在内的525套房产为抵押物，向华夏银行股份有限公司武汉汉口支行（以下简称华夏银行汉口支行）贷款。后因东鑫公司未按期还款，应华夏银行汉口支行的申请，法院查封了上述房产。执行过程中，三店农场、台商管委会以权利人身份对458套房产提出执行异议，请求法院中止执行，并解除查封措施。

### 法院观点

湖北省高级人民法院认为，参照《优先受偿权批复》②、《最高人民法院关于审理商品房买卖合同纠纷案件适用法律若干问题的解释》（法释〔2003〕7号）第7条、《查封、扣押、冻结规定》第17条③，可以归纳出以下处理原则：当事人约定

---

① 典型案例359：武汉市国营三店农场等与华夏银行股份有限公司武汉汉口支行等所有权纠纷案，湖北省高级人民法院（2012）鄂民一终字第52号民事判决书。

② 主要内容被《建设工程施工合同解释（一）》第36条、《执行异议复议规定》第29条吸收。

③ 该条（2020年修正后为第15条）规定：“被执行人将其所有的需要办理过户登记的财产出卖给第三人，第三人已经支付部分或者全部价款并实际占有该财产，但尚未办理产权过户登记手续的，人民法院可以查封、扣押、冻结；第三人已经支付全部价款并实际占有，但未办理过户登记手续的，如果第三人对此没有过错，人民法院不得查封、扣押、冻结。”

并经登记备案而设立的建筑物抵押权优先于普通债权；法律规定产生的建设工程款优先权优先于该建筑物上的抵押权；无过错购房人主张的房产所有人的权利，特别是被拆迁“还建”人的房产所有人的权利，因涉及被拆迁人的生存权利，优先于建设工程款优先权。据此，三店农场、台商管委会的权利优先于华夏银行汉口支行所享有的抵押权。

## 裁判规则360

**违法建筑不能成为权利客体，也就不得作为建设工程价款优先受偿权的标的物。**

如前所述，未取得规划审批手续的建设工程、施工范围超越规划许可手续规模的建设工程属于违法建筑。对违法建筑，承包人是否享有建设工程价款优先受偿权？

有观点认为，一方面，违法建筑具有事实上的使用价值，应当通过价值变现保障承包人工程款债权的实现。《最高人民法院关于转发住房和城乡建设部〈关于无证房产依据协助执行文书办理产权登记有关问题的函〉的通知》（法〔2012〕151号）第2条规定，执行程序中处置不具备初始登记条件的房屋，原则上进行“现状处置”，即处置前披露房屋不具备初始登记条件的现状，买受人或承受人按照房屋的权利现状取得房屋，后续的产权登记事项由买受人或承受人自行负责。另一方面，只要违法建筑尚未被拆除，建设工程价款优先受偿权的标的就客观存在，且可以通过补办手续使之合法化，进而成为权利客体。因此，违法建筑上应允许成立工程价款优先权。在“福建金龙地产有限公司与中建海峡建设发展有限公司建设工程施工合同纠纷案”①中，案涉标的物世界金龙大厦规划修建31层，实际修建33层。因福建金龙地产有限公司（以下简称金龙公司）欠付工程款，中建海峡建设发展有限公司（以下简称海峡公司）提起诉讼获得支持后，该案进入执行程序，海峡公司向法院主张工程款优先受偿。执行中，法院裁定：世界金龙大厦第32、33层按现状作价26,475,034元交付给海峡公司，抵偿金龙公司所欠债务。金

① 参考案例388：福建金龙地产有限公司与中建海峡建设发展有限公司建设工程施工合同纠纷案，最高人民法院（2016）最高法执监161号执行裁定书。

龙公司以世界金龙大厦第32、33层系法律禁止投入使用的违法建筑，以物抵债侵害其他债权人利益为由，提出异议。最高人民法院认为，世界金龙大厦第32、33层建筑应为违法建筑，但在违法建筑被法定部门行使公权力拆除或自行拆除前，其具有临时的使用价值，应视为金龙公司的具有临时使用价值的可供执行财产。执行裁定只对违法建筑占有的事实状态进行了变更，未涉及建筑物所有权的归属，不存在将违法建筑通过协助执行行为合法化的情形，不影响行政机关今后对违法建筑作出处理决定。如果今后行政机关依法将该违法建筑拆除，占有人对违法建筑的临时使用权和收益权等将随着占有物的丧失而消灭。海峡公司主张优先受偿权的时间在法定期限内，其优先受偿权优于抵押权和其他债权，故执行裁定并未侵犯其他债权人的合法权益。

《最高人民法院民事审判第一庭2021年第21次专业法官会议纪要》① 提出，"承包人享有建设工程价款优先受偿权的条件是建设工程宜折价、拍卖。违章建筑不宜折价、拍卖，故承包人对违章建筑不享有建设工程价款优先受偿权"。质言之，违法建筑不能成为权利客体，对其也不能进行法律上的处分，故不能成为建设工程价款优先权的标的。② 首先，建设工程价款优先受偿权的实现方式有二：一是折价，二是拍卖。无论是折价还是拍卖，均涉及建设工程所有权的变动，而违法建筑不能产生合法产权，也就不可能进行所有权的变动。③ 因此，即使认定违法建筑上可以成立优先受偿权，该权利也无法实现。其次，《国有土地使用权合同解释》第16条第1款第2项规定，对合作开发的违法建筑不予分配。《八民会纪要（民事部分）》第21条规定："对于未取得建设工程规划许可证或者未按照建设工程规划许可证规定内容建设的违法建筑的认定和处理，属于国家有关行政机关的职权范围，应避免通过民事审判变相为违法建筑确权。当事人请求确认违法建筑权利归属及内容的，人民法院不予受理；已经受理的，裁定驳回起诉。"与此同理，

---

① 最高人民法院民事审判第一庭编：《民事审判指导与参考》总第87辑，人民法院出版社2022年版，第167页。

② 参见仲伟珩：《建设工程价款优先受偿权若干疑难问题分析》，载最高人民法院民事审判第一庭编：《民事审判指导与参考》总第43集，法律出版社2011年版。还可参见最高人民法院民事审判第一庭编著：《最高人民法院新建设工程施工合同司法解释（一）理解与适用》，人民法院出版社2021年版，第397页。

③ 参见沈明磊：《特别法优于普通法适用问题之研究——以民事审判实务为视角》，载最高人民法院民事审判第一庭编：《民事审判指导与参考》总第29集，法律出版社2007年版。

“建筑是违法建筑，即标的违法。在标的违法的情况下，人民法院不能对该标的进行裁决”①，以避免通过民事审判变相为违法建筑确权。最后，对尚未拆除的违法建筑，前述《最高人民法院关于转发住房和城乡建设部〈关于无证房产依据协助执行文书办理产权登记有关问题的函〉的通知》规定，可以在占用层面进行处置。但对违法建筑进行处置不等于确权，因为一旦确认优先受偿权，即意味着违法建筑成为权利——优先受偿权——的客体。据此，因法院不能对违法建筑进行确权，违法建筑也就不可能成为建设工程价款优先权的标的。

较多观点认为，可以补办合法手续的违法建筑可作为建设工程价款优先受偿权的标的物。所谓“可以补办合法手续”，是指具备补办合法手续的条件，只是尚未办理而已，即“能办但未办”；而非具备补办合法手续的可能性，即是否可能补办不确定。在“浙江金茂钢结构有限公司管理人与青海安飞电子科技有限责任公司建设工程施工合同纠纷案”② 中，浙江金茂钢结构有限公司（以下简称金茂公司）承建的案涉工程因未取得建设工程规划许可证被认定为违法建筑，进而金茂公司主张的优先受偿权被法院驳回，金茂公司以“违法建筑可能被补正为合法建筑”为由申请再审。最高人民法院即认为，案涉工程并未办理建设用地土地使用权证、建设用地规划许可证及建设工程规划许可证，其不能进行转让，应属《合同法》第286条规定的“不宜折价、拍卖”的情形。故金茂公司管理人关于案涉工程价款优先受偿权的主张不能得到支持。此外，还可参见“中建海峡建设发展有限公司与和昌（福建）房地产开发有限公司建设工程施工合同纠纷案”③。

---

① 最高人民法院民事审判第一庭编著：《最高人民法院国有土地使用权合同纠纷司法解释的理解与适用》，人民法院出版社2005年版，第203页。

② 参考案例389：浙江金茂钢结构有限公司管理人与青海安飞电子科技有限责任公司建设工程施工合同纠纷案，最高人民法院（2018）最高法民申4028号民事裁定书。

③ 参考案例390：中建海峡建设发展有限公司与和昌（福建）房地产开发有限公司建设工程施工合同纠纷案，最高人民法院（2020）最高法民申1850号民事裁定书。

**典型案例 360**

## 南通长城建设集团有限公司与儋州珠联璧合房地产开发有限责任公司等建设工程施工合同纠纷案[①]

### 基本案情

2013 年 3 月 26 日，西联农场与儋州珠联璧合房地产开发有限责任公司（以下简称珠联公司）签订《合作开发土地合同书》约定，双方合作开发“联合城市花园”。2013 年 10 月 22 日，珠联公司与南通长城建设集团有限公司（以下简称南通公司）签订《儋州联合城市花园建设工程施工协议》约定，南通公司承建联合城市花园。合同签订后，在未办理规划许可证、施工许可证等审批手续的情况下，南通公司入场施工。2015 年 3 月，案涉工程项目停工。后南通公司诉至法院，要求珠联公司与西联农场共同支付工程款 39,547,959.01 元，并主张对联合城市花园工程项目的折价或拍卖价款享有优先受偿权。

### 法院观点

在认定工程款为 7,907,900.91 元的基础上，海南省高级人民法院认为，案涉工程至本案一审庭审时仍未办理建设工程规划许可证，实为违法建筑。违法建筑不能依法取得相应物权，也不能由当事人自由处分，应属《合同法》第 286 条规定的按工程性质不能折价以及不能申请拍卖的情形。因此，南通公司不得就案涉工程主张工程款优先受偿权。最高人民法院在再审审查中也认为，案涉工程至本案一审庭审时仍未办理建设工程规划许可证，属于违法建筑，当事人不能依法取得相应物权。原审判决据此认定案涉工程属于依现状不宜折价、拍卖的建设工程，并无不当。

---

① 典型案例 360：南通长城建设集团有限公司与儋州珠联璧合房地产开发有限责任公司等建设工程施工合同纠纷案，海南省高级人民法院（2018）琼民终 532 号民事判决书，最高人民法院（2019）最高法民申 1250 号民事裁定书。

**裁判规则 361**

**质量不合格的建设工程，承包人不享有优先受偿权，但该工程可修复的除外。**

《建设工程施工合同解释（一）》第38条规定："建设工程质量合格，承包人请求其承建工程的价款就工程折价或者拍卖的价款优先受偿的，人民法院应予支持。"第39条规定："未竣工的建设工程质量合格，承包人请求其承建工程的价款就其承建工程部分折价或者拍卖的价款优先受偿的，人民法院应予支持。"这两个条文均将质量合格作为行使优先受偿权的前提条件。其理由在于，质量不合格的工程不能投入使用，也就不能折价或拍卖，所以无法对其行使优先受偿权。[①] 但需注意的是，根据《民法典》第793条第2款的规定，竣工验收不合格的工程可以修复后重新验收。因此，对于验收不合格但确定可以修复的工程，承包人依然享有优先受偿权。但在承包人实际修复前，应在工程价款中扣除相应的修复费用。就此，可参见下述【典型案例361】。

**典型案例 361**

## 云南中润建筑工程集团有限公司、昆明贵山天阳房地产开发有限公司建设工程施工合同纠纷案[②]

### 基本案情

2013年8月2日，昆明贵山天阳房地产开发有限公司（以下简称贵山天阳公司）与云南中润建筑工程集团有限公司（以下简称中润公司）签订《建设工程施工合同》约定，贵山天阳公司将"云润天阳"一标段工程发包给中润公司。2013年11月14日，中润公司进场施工。2016年4月15日，中润公司撤场。其后，中

① 参见最高人民法院民事审判第一庭编著：《最高人民法院新建设工程施工合同司法解释（一）理解与适用》，人民法院出版社2021年版，第397页。

② 典型案例361：云南中润建筑工程集团有限公司、昆明贵山天阳房地产开发有限公司建设工程施工合同纠纷案，云南省高级人民法院（2019）云民终179号民事判决书。

润公司诉至法院，要求贵山天阳公司支付已完工程造价95%的工程款55,924,454.27元，并主张就工程款享有优先受偿权。贵山天阳公司辩称，案涉工程质量不合格，至今无法竣工、验收，中润公司不享有优先受偿权。经鉴定，"云润天阳"项目一标段1、6、7、8、9栋房屋及1号地下车库的面板钢筋保护层厚度不满足国家规范要求，必须进行加固处理后才能满足工程结构安全及使用功能的国家相关技术规范要求。"云润天阳"项目一标段1、6、7、8、9栋房屋及附楼基础与主体部分面板钢筋保护层存在厚度不足的质量问题，不满足国家规范要求；该质量问题可采用碳纤维粘贴加固法进行修复。根据实测和计算合格比例，"云润天阳"一标段项目加固措施修复费用为1,989,212.4元。

## 法院观点

贵州省高级人民法院认为，经一审法院委托司法鉴定，案涉工程仅存在可修复的质量问题，而非质量不合格工程，故贵山天阳公司认为案涉工程未经竣工验收合格，中润公司不享有优先受偿权的理由不能成立。案涉工程欠款为50,627,854.68元，中润公司关于优先受偿权的主张符合法律规定且未超过法定期限，故中润公司在工程欠款50,627,854.68元范围内享有优先受偿权。法院同时判决，中润公司向贵山天阳公司支付修复费用1,989,212.40元。

## 裁判规则362

**涉及公共利益的公用工程、公有工程，属于性质上不宜折价、拍卖的建设工程，其承包人不享有优先受偿权。**

《民法典》第807条将性质上不宜折价、拍卖的建设工程排除在优先受偿权的范围之外。针对如何判断建设工程是否不宜折价、拍卖，《四川省高级人民法院关于审理建设工程施工合同纠纷案件若干疑难问题的解答》（川高法民一〔2015〕3号）第39条第2项、第3项规定，建设工程属于为公益目的建设的教育设施、医疗设施及其他社会公益设施，或者建设工程属于国家机关已投入使用的办公用房或者军事建筑，承包人不得主张优先受偿权。江苏省高级人民法院则认为："建设工程具有下列情形之一，应当认定为不宜折价、拍卖：1. 建设工程质量不合格，且无法予以修复的；2. 建设工程属于事业单位、社会团体以公益为目的建设的教育设施、医疗设施及其他社会公益设施；3. 建设工程属于国家机关的办公用房或军事设施；4. 无法独立存在或者分割后影响主建筑使用功能的附属工程等工程。”①

所谓“性质上不宜折价、拍卖的建设工程”，主要包括直接关系国家利益和社会公共利益的工程。一是公有物，即政府机关办公楼、军事设施等。需要指出的是，在政府机关工程中，仅仅是办公场所不宜折价、拍卖。“折价变卖、拍卖政府机关兴建的员工宿舍、培训中心等非办公设施不直接影响政府履行公共职责，这些设施也不具备公益性质。”② 二是公用物。具体而言，建设工程是为了满足公众生活、安全需要，而非某一种独立主体可独自占有、使用，也非以营利为目的，如桥梁、图书馆、博物馆、机场、码头等公用物，以及学校、医院、幼儿园等以公益为目的的建筑工程；③ 还有城市公共广场、江河湖海堤坝，这类工程为公共需求而建，其性质决定了不能成为私有的财产，因此不应成立优先权。④ 就此，可参见“江苏南通六建建设集团有限公司与芜湖市重点工程建设管理处建设工程施工合同纠纷案”⑤、“鲲鹏建设集团有限公司与天长市教育体育局建设工程施工合同纠纷案”⑥。

值得注意的是，随着市场经济的发展，图书馆、博物馆、学校与医院等均出现了民营主体。在“中国农业银行股份有限公司吉林市东升支行与吉林市碧碧溪外国语实验学校借款担保合同纠纷执行案”⑦ 中，针对被执行人吉林市碧碧溪外国语实验学校的教育用地与教育设施，最高人民法院认为，虽然基于社会公共利益考量，教育用地与教育设施确实具有不同于普通财产的特殊性，但法律、行政法规中

---

① 《建设工程施工合同案件审理指南》，人民法院出版社 2019 年版，第 298 页。

② 陈柏新：《〈合同法〉第 286 条司法适用疑难问题探讨》，载《上海政法学院学报（法治论丛）》2011 年第 2 期。还可参见最高人民法院民事审判第一庭编著：《最高人民法院新建设工程施工合同司法解释（一）理解与适用》，人民法院出版社 2021 年版，第 398 页。

③ 参见王建东：《评〈合同法〉第 286 条》，载《中国法学》2003 年第 2 期。

④ 参见张东旺、孟宪东：《论建设工程优先权》，载《法学论坛》2001 年第 3 期。

⑤ 参考案例 391：江苏南通六建建设集团有限公司与芜湖市重点工程建设管理处建设工程施工合同纠纷案，安徽省高级人民法院（2021）皖民终 395 号民事判决书。

⑥ 参考案例 392：鲲鹏建设集团有限公司与天长市教育体育局建设工程施工合同纠纷案，安徽省高级人民法院（2021）皖民终 14 号民事判决书。

⑦ 参考案例 393：中国农业银行股份有限公司吉林市东升支行与吉林市碧碧溪外国语实验学校借款担保合同纠纷执行案，最高人民法院（2015）执申字第 55 号执行裁定书。

对于强制执行教育用地或教育设施并无限制性或禁止性规定。因此，只要不影响教育用地与教育设施的正常使用，人民法院可以采取必要的执行措施。换言之，对民营主体举办的图书馆、博物馆、学校与医院等公用物，在存在转让可能性的情况下，也应当允许成立优先受偿权。此外，在"四川晋业建筑工程有限公司与朔州市皓鑫房地产开发有限公司建设工程施工合同纠纷案"① 中，法院也认为，经济适用房工程具有可转让性，故承包人有优先受偿权。

**典型案例 362**

## 美建建筑系统（中国）有限公司与青海明瑞房地产开发有限公司等建设工程施工合同纠纷案②

### 基本案情

2012 年 1 月 8 日，青海明瑞房地产开发有限公司（以下简称明瑞公司）与美建建筑系统（中国）有限公司（以下简称美建公司）签订《钢结构施工合同》约定，美建公司承建新宁广场公共停车场综合改造项目的主体钢结构工程。2015 年 12 月 8 日，案涉工程验收合格。后美建公司诉至法院，要求明瑞公司支付工程欠款，并主张对新宁广场公共停车场综合改造项目工程拍卖或折价的价款享有优先受偿权。

### 法院观点

最高人民法院认为，根据《合同法》第 286 条之规定，按照建设工程的性质不宜折价、拍卖的，承包人不能将该工程折价或者拍卖。关于不宜折价、拍卖的情形，应当是指建筑工程的性质及其用途特殊，不适合以折价或者拍卖的方式加以转让。新宁广场公共停车场综合改造项目系市政重点工程和民生项目，具有社会公益性质。因此，美建公司无权对新宁广场公共停车场综合改造项目工程进行折价或拍

① 参考案例 394：四川晋业建筑工程有限公司与朔州市皓鑫房地产开发有限公司建设工程施工合同纠纷案，最高人民法院（2015）民一终字第 409 号民事判决书。

② 典型案例 362：美建建筑系统（中国）有限公司与青海明瑞房地产开发有限公司等建设工程施工合同纠纷案，最高人民法院（2018）最高法民终 59 号民事判决书。

卖，故不享有优先受偿权。[①]

## 9.5 建设工程价款优先受偿权面临的权利冲突

《建设工程施工合同解释（一）》第36条规定：“承包人根据民法典第八百零七条规定享有的建设工程价款优先受偿权优于抵押权和其他债权。”据此，“即便抵押权成立在先，仍劣后于承包人优先权受偿”[②]。但这一规定并未穷尽可能的权利冲突，实践中就相关权利的冲突问题仍然存在争议。

**裁判规则363**

**《执行异议复议规定》第29条基于“生存权至上”的考量，赋予消费性购房人以物权期待权。符合该条规定的购房人，其权利优先于承包人的建设工程价款优先受偿权。**

《执行异议复议规定》第29条规定：“金钱债权执行中，买受人对登记在被执行的房地产开发企业名下的商品房提出异议，符合下列情形且其权利能够排除执行的，人民法院应予支持：（一）在人民法院查封之前已签订合法有效的书面买卖合同；（二）所购商品房系用于居住且买受人名下无其他用于居住的房屋；（三）已支付的价款超过合同约定总价款的百分之五十。”考察《执行异议复议规定》第29条的“前世今生”，可以发现，其脱胎于《优先受偿权批复》。[③]《优先受偿权批复》第2条[④]出于保障人民群众基本生活和维护整体社会稳定的角度考虑，将支付

---

① 需说明的是，最高人民法院认为美建公司不享有优先受偿权，还有两个理由：一是该项目的所有权不属于发包人明瑞公司；二是美建公司所施工的钢结构工程系该项目的子分部工程，并非独立工程，无法单独拆分进行折价拍卖。笔者认为这两个理由均不能成立。就此，可参见【裁判规则335】、【裁判规则355】。

② 梁慧星：《合同法第286条的权利性质与适用》，载梁慧星主编：《民商法论丛》总第19卷，金桥文化出版（香港）有限公司。

③ 参见王毓莹：《房屋买受人提起执行异议之诉如何处理》，载最高人民法院民事审判第一庭编：《民事审判指导与参考》总第75辑，人民法院出版社2018年版。

④ 该条规定：“消费者交付购买商品房的全部或者大部分款项后，承包人就该商品房享有的工程价款优先受偿权不得对抗买受人。”

了大部分房款的业主的权益作为第一优先顺序予以保护。① 《执行异议复议规定》第29条吸收并进一步完善了该规定，该条能够最大限度地保障普通购房人的利益，但在实践中也极有可能被不当利用，引发道德风险。正因如此，实务界普遍主张，对该条规定的条件应当严格把握。

第一，该规则仅适用于商品房买卖。《九民会纪要》第126条规定，《执行异议复议规定》第29条作为“针对实践中存在的商品房预售不规范现象为保护消费者生存权而作出的例外规定，必须严格把握条件，避免扩大范围，以免动摇抵押权具有优先性的基本原则。因此，这里的商品房消费者应当仅限于符合本纪要第125条规定的商品房消费者。买受人不是本纪要第125条规定的商品房消费者，而是一般的房屋买卖合同的买受人，不适用上述处理规则”。

第二，“对于房屋的性质应当限定为居住用房，商业用房不在保护之列”②。如果案涉房屋系写字楼、商铺、厂房等经营性用房，就不涉及“居者有其屋”的生存权保护问题，也就缺乏予以特别保护的理由。在“李跃、衡阳农村商业银行股份有限公司执行异议之诉案”③中，二审法院（湖南省高级人民法院）即认为，“李跃主张应适用《执行异议复议规定》第29条的规定，但该规定旨在保护名下无其他用于居住的房屋的一般买受人。本案中，案涉房产系门面，而并非居住性住房，故不适用上述第29条的规定”。在“王粒力、张黎明申请执行人执行异议之诉案”④ 中，最高人民法院也认为，“《执行异议复议规定》第29条旨在保护消费者基本生存权，该条所称‘商品房’特指‘居住房屋’，用于保证购房者的基本生活之需。本案诉争标的物为车位，虽然主要是供该小区内的业主使用，但尚未达到影响业主生存权的程度，不能被认定为居住性房屋，不属于该司法解释第29条的

---

① 王丹：《买卖双方均认可存在房屋买卖关系，但在诸多重要事实上存在疑点。人民法院应综合各种证据准确认定是否存在真实购房关系——宋宇与北京盛和发房地产开发有限公司、广东粤财投资控股有限公司、北京城乡建设集团有限责任公司商品房预售合同纠纷再审案》，载最高人民法院民事审判第一庭编：《民事审判指导与参考》总第51辑，人民法院出版社2012年版。

② 王毓莹：《房屋买受人提起执行异议之诉如何处理》，载最高人民法院民事审判第一庭编：《民事审判指导与参考》总第75辑，人民法院出版社2018年版。

③ 参考案例395：李跃、衡阳农村商业银行股份有限公司执行异议之诉案，湖南省高级人民法院（2018）湘民终116号民事判决书、最高人民法院（2018）最高法民申5078号民事裁定书。

④ 参考案例396：王粒力、张黎明申请执行人执行异议之诉案，最高人民法院（2019）最高法民申3349号民事裁定书。

调整范畴”。

第三，购房人应系严格意义上的“消费者”。“就字面意见而言，‘消费者’就是购买住房以供居住者，如果购房旨在出租、投资等非居住目的，那么购房人就不再是‘消费者’，而属于投资者，甚至投机者。”① 因此，“批复中的‘消费者’的含义与《消费者权益保障法》的规定含义相同，即‘为生活消费需要购买’商品房的消费者，不包括为经营目的而购买商品房的消费者”②。虽然在现实生活中，这种目的导向的区分并不容易，但可结合购房合同的签订、购房款的支付等重要事实，从各证据形成的证据链进行甄别。在“宋宇与北京盛和发房地产开发有限公司等商品房预售合同纠纷案”③ 中，北京盛和发房地产开发有限公司（以下简称盛和发公司）开发了案涉房产，因欠付工程款，被施工方城乡建设公司申请强制执行，宋宇以已与盛和发公司签订 17 份商品房买卖合同为由，诉请盛和发公司办理该 17 套房屋的权属证书。最高人民法院民一庭在评析该案时指出：“由于债权不具有公示性，在‘一个愿打、一个愿挨’，双方意见一致的情况下，作为第三方的法院，很难单纯从形式上推翻双方债权债务的真实性。”④ 但是，宋宇一次性购买 17 套住房，已经超出了生活消费的合理范畴，即使不能否定买卖关系的真实性，也应认定宋宇不属于“消费者”，不得以消费者的身份主张排除承包人的优先受偿权。

第四，对于“无其他用于居住的房屋”的理解，有观点主张，“对于名下一套房的理解，应当作宽泛的理解，应当将买受人、实行夫妻共同财产制的配偶一方以及未成年子女作一并考虑。只要三者之一名下有房屋，即可视为已有居住用房”⑤。

---

① 张巍：《建设工程承包人优先受偿权之功能研究》，载《北大法律评论》编辑委员会编：《北大法律评论》第 7 卷，北京大学出版社 2006 年版。还可参见李玉生主编：《建设工程施工合同案件审理指南》，人民法院出版社 2019 年版，第 299 页。

② 汪治平：《建设工程价款优先受偿权的若干问题》，载《人民司法》2002 年第 8 期。

③ 参考案例 397：《宋宇与北京盛和发房地产开发有限公司、广东粤财投资控制有限公司、北京城乡建设集团有限责任公司商品房预售合同纠纷案》，载《最高人民法院公报》2013 年第 3 期。

④ 王丹：《买卖双方均认可存在房屋买卖关系，但在诸多重要事实上存在疑点。人民法院应综合各种证据准确认定是否存在真实购房关系——宋宇与北京盛和发房地产开发有限公司、广东粤财投资控股有限公司、北京城乡建设集团有限责任公司商品房预售合同纠纷再审案》，载最高人民法院民事审判第一庭编：《民事审判指导与参考》总第 51 辑，人民法院出版社 2012 年版。

⑤ 王毓莹：《房屋买受人提起执行异议之诉如何处理》，载最高人民法院民事审判第一庭编：《民事审判指导与参考》总第 75 辑，人民法院出版社 2018 年版。

也有观点认为，应限于字面理解，以买受人本人名下有无其他用于居住的房屋作为判断标准，买受人的配偶、父母、子女名下有其他用于居住的房屋的，不影响其对所购房屋所享有的消费者物权期待权。就此，《九民会纪要》第125条第2款规定，“可以理解为在案涉房屋同一设区的市或者县级市范围内商品房消费者名下没有用于居住的房屋。商品房消费者名下虽然已有1套房屋，但购买的房屋在面积上仍然属于满足基本居住需要的，可以理解为符合该规定的精神”。

第五，对“已支付的价款超过合同约定总价款的百分之五十”，《九民会纪要》第125条第3款规定：“如果商品房消费者支付的价款接近于百分之五十，且已按照合同约定将剩余价款支付给申请执行人或者按照人民法院的要求交付执行的，可以理解为符合该规定的精神。”

第六，对买卖关系、付款事实的真实性应当从严审查。《执行异议复议规定》第29条基于“加强对作为弱势者的房屋消费者权利的特别保护”，“赋予符合一定条件的商品房买受人对房地产开发企业所享有的转移所购房屋所有权之债权，优先于其他债权人对房屋开发企业所享有的金钱债权的效力，是对债权平等原则的突破”，“但又缺乏足以产生公信力的公示方式，对交易安全和作为被执行人的房地产开发企业其他金钱债权人的利益影响巨大，也增加了被执行人和案外人通过执行异议恶意串通逃避强制执行的道德风险”，因此，“应当从严审查、严格把握。如严格审查被执行人和案外人签订的买卖合同是否真实有效，是否签订在人民法院查封之前，是否倒签；支付房屋价款的证据是否充分，付款事实是否真实，已支付价款是否超过合同约定总价款的百分之五十以上”①。需要指出的是，这一要求对《执行异议复议规定》第28条同样适用。

第七，不要求购房合同已登记或完成预告登记或物权已转移。有观点称，“买受人享有的权利必须经过登记以后才能产生物权的效力，如果没有经过预告登记，买受人只是享有一般的债权，不能产生对抗建筑工程承包人优先权的效果”②。这一观点曲解了《执行异议复议规定》第29条的本意。如果认为消费者的购房合同已经登记或物权已经转移，以致消费者的权利具有对世性，从而优先于承包人的

---

① 刘敏、谢勇：《执行异议之诉中对购房人支付购房款等事实应从严审查》，载最高人民法院民事审判第一庭编：《民事审判指导与参考》总第75辑，人民法院出版社2018年版。

② 蒋子翘：《建设工程价款优先受偿权研究》，载《上海政法学院学报》2012年第2期。

优先受偿权，那么按照这一逻辑，已经登记的抵押权也具有物权效力，也应优先于承包人的优先受偿权。但《建设工程施工合同解释（一）》第36条明确规定，承包人的优先受偿权优于抵押权。事实上，《执行异议复议规定》第29条对已支付一半以上房款的消费者给予特殊保护，其理由在于消费者的生存利益高于承包人的经营利益。因此，只要购买商品住宅的消费者支付了一半以上房款，无论购房合同是否登记，物权是否转移，均足以排除承包人的优先受偿权。

典型案例363

## 叶多纯与安徽国融融资担保有限公司、安徽荣远置业有限责任公司案外人执行异议之诉案①

### 基本案情

2012年7月5日，安徽荣远置业有限责任公司（以下简称荣远公司）与叶多纯签订《墨荷名邸定购协议》约定，叶多纯定购墨荷名邸2幢904室房屋，总价491,212元。同日，叶多纯向荣远公司支付购房首付款251,212元。2012年11月8日，在安徽国融融资担保有限公司（以下简称国融公司）、墨荷园公司、荣远公司等担保合同纠纷案的执行程序中，淮南市中级人民法院查封了荣远公司名下包括墨荷名邸2幢904室在内的部分房屋。叶多纯遂提出执行异议申请，被裁定驳回后，叶多纯起诉至法院，主张其所购房屋权益应得到优先保护，应当排除对墨荷名邸2幢904室房屋的强制执行。

### 法院观点

安徽省高级人民法院在二审中认为，叶多纯与荣远公司就案涉房屋签订合同的时间在法院查封之前，且叶多纯在购买案涉房屋时名下并未有其他房产，应认定叶多纯在购买案涉房屋时系消费者。叶多纯支付了50%以上的房款，履行了商品房买卖合同的主要义务，作为消费者的买受人对已购商品房的权益优先于建设工程价款

① 典型案例363：叶多纯与安徽国融融资担保有限公司、安徽荣远置业有限责任公司案外人执行异议之诉案，安徽省高级人民法院（2017）皖民终404号民事判决书。

优先受偿权，而建设工程价款优先受偿权优先于抵押权。因此，作为消费者的叶多纯对案涉房屋的民事权益优先于本案申请执行人国融公司。法院据此判决停止对墨荷名邸2幢904室房屋的执行。

### 裁判规则364

**在房屋不能交付且无实际交付可能的情况下，消费性购房人的价款返还请求权优先于建设工程价款优先受偿权。**

如前所述，“基于生存权至上的考虑”[①]，《执行异议复议规定》第29条对消费性购房人的权利予以优先保护。但依据该规定确认消费性购房人优先权时，以商品房买卖合同有效且存续为前提。如果商品房买卖合同被确认为无效或被解除，则购房人对开发商享有的是购房款返还请求权。在此情形下，应如何看待购房人的购房款返还请求权与承包人工程价款优先受偿权的关系？

有观点认为，建设工程价款优先受偿权是具有担保性质的法定权利，如果认为购房款返还请求权优于优先受偿权，也就意味着购房款返还请求权依附于特定房屋——买卖合同约定的房屋，且顺位在前。但是，在买卖合同被确认为无效或被解除的情况下，购房款返还请求权在性质上属于一般债权、金钱债权，应以开发商的全部责任财产作为债权实现的保障，与买卖合同约定的房屋已无法律上的联系。通俗地说，购房款返还请求权是要求还钱，与该房屋的联系已经被割断，再将该房屋作为返还请求权的特定保障，明显理据不足。此外，之所以规定建设工程承包人的优先受偿权不得对抗交付全部或者大部分购房款的消费者，是因为“消费者的利益属于生存利益，是最基本的人权”[②]，为了保证“居者有其屋”，承包人的优先受偿权不能对抗消费者的房屋过户登记请求权。在商品房买卖合同被确认为无效或被解除的情况下，消费者已经丧失取得房屋的权利，也就脱离了“居者有其屋”的

---

① 王毓莹：《房屋买受人提起执行异议之诉如何处理》，载最高人民法院民事审判第一庭编：《民事审判指导与参考》总第75辑，人民法院出版社2018年版。

② 陈旻、孙盈：《建设工程承包人优先权之审判实务若干问题研究》，载最高人民法院民事审判第一庭编：《民事审判指导与参考》总第37集，法律出版社2009年版。

范畴，不涉及生存（居住）的问题，再给予其特别的保障，缺乏法理依据。据此，商品房买卖合同被确认为无效或被撤销、被解除后，购房人要求开发商返还购房款的权利，不具有优先性。也有观点认为，《最高人民法院针对山东省高级人民法院就处置济南彩石山庄房屋买卖合同纠纷案请示的答复》（〔2014〕执他字第23、24号）载明："基于《批复》保护处于弱势地位的房屋买受人的精神，对于《批复》第二条'承包人的工程价款优先受偿权不得对抗买受人'的规定，应当理解为既不得对抗买受人在房屋建成情况下的房屋交付请求权，也不得对抗买受人在房屋未建成等情况下的购房款返还请求权。"据此，就返还的购房款，购房人享有优于建设工程承包人优先受偿权的权利。①

2023年4月20日，针对河南省高级人民法院《关于明确房企风险化解中权利顺位问题的请示》（豫高法〔2023〕36号），最高人民法院作出《关于商品房消费者权利保护问题的批复》（法释〔2023〕1号）。该批复第3条规定："在房屋不能交付且无实际交付可能的情况下，商品房消费者主张价款返还请求权优先于建设工程价款优先受偿权、抵押权以及其他债权的，人民法院应当予以支持。"据此，在房屋不能交付且无实际交付可能的情况下，消费性购房人的购房款返还请求权优先于建设工程价款优先受偿权。

**典型案例364**

## 中国华融资产管理股份有限公司江苏省分公司与刘建强、江苏万宁房地产开发集团有限公司第三人撤销之诉案②

### 基本案情

2014年11月5日，刘建强与江苏万宁房地产开发集团有限公司（以下简称万宁公司）签订《商品房订购协议》约定，刘建强以518,963元的价格购买万宁城市景苑商品房15号楼1单元1603室。11月11日，万宁公司向刘建强出具收

① 参见雷运龙、黄锋：《建设工程优先权若干问题辨析》，载《法律适用》2005年第10期。

② 典型案例364：中国华融资产管理股份有限公司江苏省分公司与刘建强、江苏万宁房地产开发集团有限公司第三人撤销之诉案，江苏省徐州市中级人民法院（2020）苏03民终3353号民事判决书。

据，载明收到刘建强503,393元。2013年12月25日，案涉房屋在睢宁县房产管理局办理在建工程抵押权登记，抵押权人系中国华融资产管理股份有限公司江苏省分公司（以下简称华融公司江苏分公司）。2015年10月30日，刘建强提起诉讼，要求解除《商品房订购协议》，并要求万宁公司返还购房款并赔偿损失。2015年12月17日，铜山区人民法院作出（2015）铜民初字第3299号民事判决：（1）解除《商品房订购协议》；（2）万宁公司给付刘建强购房款503,393元，违约金100,678.60元。判决生效后，刘建强申请强制执行，但未能执行完毕。2018年11月20日，刘建强以万宁公司为被告提起诉讼，请求确认对案涉房屋折价或拍卖、变卖所得价款在（2015）铜民初字第3299号民事判决的债权范围内享有优先受偿权。铜山区人民法院作出（2018）苏0312民初10579号民事判决，确认刘建强对案涉房屋折价或拍卖的价款在503,393元的范围内优先受偿。华融公司江苏分公司诉至法院，请求撤销（2018）苏0312民初10579号民事判决。

## 法院观点

徐州市中级人民法院认为，《优先受偿权批复》第2条规定："消费者交付购买商品房的全部或者大部分款项后，承包人就该商品房享有的工程价款优先受偿权不得对抗买受人。"对该条承包人的工程价款优先受偿权不得对抗买受人的规定，应当理解为既不得对抗买受人在房屋建成情况下的房屋交付请求权，也不得对抗买受人在房屋未建成等情况下的购房款返还请求权。因此，根据《优先受偿权批复》和《最高人民法院针对山东省高级人民法院就处置济南彩石山庄房屋买卖合同纠纷案请示的答复》的规定，消费者购房人的房屋交付请求权和购房款返还请求权优先于承包人就该商品房享有的工程价款优先受偿权，亦优先于抵押权和其他债权。①

① 在此基础上，徐州市中级人民法院认为，上述规定是对执行程序中各特殊债权的保护顺位的规定。消费者购房人主张优先权应在执行程序中提出，由执行部门进行审查和确认，不宜在民事诉讼中判决确认。据此判决，撤销（2018）苏0312民初10579号民事判决书。

## 裁判规则365

**《执行异议复议规定》第29条的适用范围应限定为真实购房的情形，而不包括以房抵债等经营行为，但以承包人所建房屋抵偿承包人工程款的除外。**

实践中，在以房抵债的情形下，基于对债权的保障（通过合同备案或预告登记）以及顺利完成权属登记的需要，当事人之间通常会签订商品房买卖合同。这类合同中的“买受人”可否依据《执行异议复议规定》第29条的规定，阻却建设工程价款优先受偿权？

实务界普遍认为，《执行异议复议规定》第29条的规则不适用于以房抵债的债权人。①《执行异议复议规定》第29条之所以对符合特定条件的购房人的物权期待权予以优先保护，是因为“购房人权利一定程度体现了公民的基本生存权利，故应侧重保护”。在以房抵债的情形下，“当事人签订协议（指商品房买卖合同）目的是清偿原债务，属于债的替代履行方式”，“当事人的意思表示是用物抵偿债务，而不是债权人购买抵债之物”，“并非就抵债之物达成买卖合同”，因此，即使“当事人签订了商品房买卖合同，其基础也是以物抵债，法律关系未发生实质变化”。“如果赋予抵债受让人物权期待权，能够排除强制执行，则导致当事人自行确认并签订清偿协议的债权优先于经过司法机关确认并采取执行措施的债权受偿，扰乱债权清偿顺序，损害债权平等受偿原则。”② 质言之，《执行异议复议规定》第29条“并未将抵债受让人列入物权期待权保护范围”③。也就是说，对符合特定条件的购房人的物权期待权予以优先保护的规则，仅适用于真实购房的情形，而不包括以房抵债。但需注意的是，如果发包人将承包人建设的房屋用以房抵债的方式抵偿给承包人，用于清偿承包人的工程款债权，则属于承包人用折价的方

---

① 参见杨心忠等：《建设工程合同纠纷裁判思路》，法律出版社2014年版，第266—269页。

② 谢爱梅、李东旭：《以物抵债协议与〈执行异议和复议规定〉第二十八条之适用》，载最高人民法院民事审判第一庭编：《民事审判指导与参考》总第75辑，人民法院出版社2018年版。

③ 江必新、刘贵祥主编：《最高人民法院关于人民法院办理执行异议和复议案件若干问题规定理解与适用》，人民法院出版社2015年版，第429页。

式实现优先受偿权，应当予以支持。就此，请参见【裁判规则369】。

典型案例365

## 王凤鹏与长青建设集团有限公司等案外人执行异议之诉案①

### 基本案情

长青建设集团有限公司（以下简称长青公司）诉润红公司、润红威信分公司建设工程施工合同纠纷案，云南省高级人民法院于2018年12月27日作出判决：（1）润红公司支付长青公司工程欠款42,212,076.62元及利息；（2）长青公司在42,212,076.62元的工程欠款范围内对其施工的威信县扎西尚城项目工程折价或拍卖价款享有优先受偿权。2019年9月25日，最高人民法院作出（2019）最高法民终791号民事判决：驳回上诉，维持原判。该案进入执行程序后，执行法院决定对润红公司的房产予以查封、扣押、拍卖、变卖。王凤鹏以其对案涉房屋享有足以排除强制执行的民事权益为由，向法院提出执行异议。其理由是，2011年3月10日，润红公司原股东周刚强向王凤鹏借款50万元，后未能偿还，而周刚强向润红公司的法定代表人倪尉东转让股权，倪尉东未付清股权转让款，周刚强、润红公司与王凤鹏遂协商决定用润红公司的房屋抵偿借款。2016年2月26日，王凤鹏与润红威信分公司签订《商品房购销合同》约定，王凤鹏购买润红威信分公司扎西尚城某幢某号房屋，总价款445,331元。据此，王凤鹏要求排除对案涉房屋的强制执行。

### 法院观点

最高人民法院认为，根据王凤鹏的陈述，其取得案涉房屋的原因是其与润红公司的原股东周刚强之间存在50万元的借贷关系，周刚强与润红公司的法定代表人倪尉东之间又存在股权转让形成的债权债务关系，因倪尉东未能结清股权转让款，故各方协商一致，用润红公司开发的案涉房屋来抵偿周刚强向王凤鹏所借的款

① 典型案例365：王凤鹏与长青建设集团有限公司等案外人执行异议之诉案，最高人民法院（2021）最高法民终969号民事判决书。

项。从前述以物抵债的原因及过程来看，王凤鹏与润红公司之间并不具备直接的债权债务关系，案涉房屋所抵的债务是倪尉东个人与周刚强之间的股权转让款及周刚强与王凤鹏之间的借款。《执行异议复议规定》第29条所要保护的是商品房消费者的居住权，而本案所涉以物抵债的目的是消灭王凤鹏与周刚强之间的金钱之债，王凤鹏并不是为了居住而购买房屋。因此，王凤鹏并不属于《执行异议复议规定》第29条所要保护的“商品房消费者”。王凤鹏的权利为普通债权，根据债的平等原则，该债权不应优于另外一个具有法定优先权的金钱债权的实现。

## 裁判规则366

**开发商将商品房抵押后再出售给购房人，即便购房人符合《执行异议复议规定》第29条的规定，权利先后顺序也应为建设工程价款优先受偿权、抵押权、购房人的物权期待权。**

根据《建设工程施工合同解释（一）》第36条的规定，工程价款优先受偿权优先于抵押权和其他债权；又根据《执行异议复议规定》第29条的规定，工程价款优先受偿权不得对抗消费性购房人的物权期待权。有观点认为，据此推论，应按消费性购房人、承包人、抵押权人的先后顺序确定优先权。① 但是，如果开发商在出售商品房前已将工程抵押，又应当如何排序呢？

有观点认为，在此情形下，“支付了全部或者大部分价款的消费者的利益是首先应当保证的”②。也即仍应坚持消费性购房人、承包人、抵押权人的顺序。但是，“购房者在购买商品房时明知银行或其他债权人已在该商品房上登记设立了抵押权，仍坚持购房者权益始终优先于银行或其他债权人的一般抵押权，可能会动摇包括抵押登记在内的不动产物权的基本制度——不动产登记制度，损害依法履行了登记手续的抵押权人的合法利益”③。据此，如果在出售商品房前，开发商已经将

---

① 《重庆市高级人民法院关于对最高人民法院〈关于建设工程价款优先受偿权问题的批复〉应如何理解的意见》（渝高法〔2003〕48号）规定：“从该批复第一条、第二条的文意理解，应按购房消费者、承包人、抵押权人的顺序享有优先权，故购房消费者与抵押权人利益出现冲突时，人民法院应优先保护购房消费者的利益。”

② 杨心忠等：《建设工程合同纠纷裁判思路》，法律出版社2014年版，第256页。

③ 马莉萍、焦卫：《处理房地产纠纷若干难点的思考》，载《政治与法律》2004年第3期。

工程抵押，那么在后形成的购房人的权利不应优先于登记在前的抵押权。由于在后形成的购房人的权利并不优先于登记在前的抵押权，就陷入了“购房人优先于承包人、承包人优先于抵押权人、抵押权人优先于购房人”的权利循环制约怪圈。因此，对前述消费性购房人在先、承包人居中、抵押权人在后的权利排序，应当做出如下限定：消费者购买的房屋不是抵押权的标的物，就只有消费者购买的房屋不是抵押权的标的物时，消费者权利才应优先于抵押权。如果消费者购买的房屋是抵押权的标的物，那么相应的权利先后顺序应当是建设工程价款优先受偿权、抵押权、消费性购房人的物权期待权。在下述【典型案例 366】与“周涛与丁建兵、高安德亿房地产开发有限公司第三人撤销之诉案”[①] 中，因消费者购买的房屋是抵押在先的房屋，法院认定，购房人的合同债权并不能对抗在先抵押权。在此基础上，根据《建设工程施工合同解释（一）》第 36 条规定的“建设工程价款优先受偿权优于抵押权和其他债权”，就形成如下权利先后顺序：建设工程价款优先受偿权在先、抵押权居中、购房人的物权期待权在后。

**典型案例 366**

## 黄羽升与佛山市恒熙创展投资有限公司、佛山农村商业银行股份有限公司等房屋买卖合同纠纷案[②]

### 基本案情

2016 年 11 月 15 日，佛山市恒熙创展投资有限公司（以下简称恒熙创展公司）与黄羽升签订《房屋买卖合约》约定，黄羽升以 297,500 元的价格向恒熙创展公司购买案涉房屋。后黄羽升依约向恒熙创展公司支付购房定金及部分购房款，并办理收楼手续。因案涉房屋上存在抵押，黄羽升以其系消费性购房人为由诉至法院，要求注销案涉房屋的抵押登记，将房屋的土地使用权及房屋所有权过户至黄羽升名

① 参考案例 398：周涛与丁建兵、高安德亿房地产开发有限公司第三人撤销之诉案，江西省高级人民法院（2020）赣民终 921 号民事判决书。

② 典型案例 366：黄羽升与佛山市恒熙创展投资有限公司、佛山农村商业银行股份有限公司等房屋买卖合同纠纷案，广东省佛山市中级人民法院（2019）粤 06 民终 10417 号民事判决书、广东省高级人民法院（2020）粤民申 5115-5133 号民事裁定书。

下。经查，案涉房屋于2012年10月17日被抵押给佛山市禅城区农村信用合作联社，2014年12月2日被抵押给陈颖华，2016年6月16日被抵押给骆敏刚，2016年10月31日被抵押给邹建伟。2017年10月31日，恒熙创展公司进入破产清算程序。四抵押权人申报了债权，但未受清偿。

## 法院观点

佛山市中级人民法院（二审法院）与广东省高级人民法院（再审审查法院）认为，案涉房屋在黄羽升与恒熙创展公司签订《房屋买卖合约》前已由佛山农村商业银行股份有限公司、陈颖华、骆敏刚、邹建伟办理抵押登记手续。因所涉抵押债务至今尚未清偿完毕，黄羽升主张涂销抵押权，缺乏法律依据。在案涉房屋未经注销抵押登记的情形下，黄羽升所享有之合同债权并不能对抗在先抵押权人所享有之担保物权。

## 裁判规则367

**符合《执行异议复议规定》第29条规定的购房人将预购商品房用于抵押贷款并办理抵押登记的，则权利先后顺序为抵押权、购房人的物权期待权、建设工程价款优先受偿权。**

如果消费性购房人用所购房屋向银行抵押贷款，办理了抵押权登记，也可能出现消费者的物权期待权、银行的抵押权、承包人的优先受偿权的权利循环制约的怪圈：根据《执行异议复议规定》第29条，购房人的物权期待权优先于承包人的优先受偿权；根据《民法典》第386条①、第394条第1款②，银行的抵押权优先于购房人的物权期待权；根据《建设工程施工合同解释（一）》第36条，承包人的优先受偿权优先于银行的抵押权。

就此，由于购房人的权利优先于承包人，而银行对所购房屋享有抵押权，则最

① 该条规定："担保物权人在债务人不履行到期债务或者发生当事人约定的实现担保物权的情形，依法享有就担保财产优先受偿的权利，但是法律另有规定的除外。"

② 该款规定："为担保债务的履行，债务人或者第三人不转移财产的占有，将该财产抵押给债权人的，债务人不履行到期债务或者发生当事人约定的实现抵押权的情形，债权人有权就该财产优先受偿。"

终银行的抵押权不再劣后于承包人的优先受偿权。① 也就是说，购房人的物权期待权优先于承包人的优先受偿权，而购房人的物权期待权源于银行的抵押贷款，故银行的抵押权优先于购房人的物权期待权。承包人不得再以《建设工程施工合同解释（一）》第36条为据，对抗银行的抵押权。从而形成抵押权在先、购房人的物权期待权居中、建设工程价款优先受偿权在后的先后顺序。在下述【典型案例367】中，法院认定购房人满足《执行异议复议规定》第29条，故其权利优先于承包人的建设工程价款优先受偿权。但因购房人的大部分房款系通过按揭贷款支付，如购房人不按期偿还贷款，根据《民法典》第386条、第394条第1款的规定，则贷款银行可就案涉房屋行使优先受偿权，从而将权利顺位最终定格为抵押权在先、购房人的物权期待权居中、建设工程价款优先受偿权在后。

**典型案例367**

## 张恩秀与甘肃万城建筑工程有限责任公司、甘肃盛世豪龙房地产开发有限公司案外人执行异议之诉纠纷案②

### 基本案情

2017年7月4日，张恩秀与甘肃盛世豪龙房地产开发有限公司（以下简称盛世公司）签订《商品房买卖合同》约定，张恩秀购买盛世公司开发的皋兰县中堡村村委会南侧3N-5-702号房屋，总价款417,661元，首付127,661元，剩余29万元通过银行按揭贷款支付。2017年7月2日、3日、7日，张恩秀分别向盛世公司支付购房款10,000元、46,302元、71,359元。2017年7月28日，张恩秀、盛世公司、邮储银行皋兰支行签订《个人购房/购车借款及担保合同》，张恩秀以该套房屋作为抵押，贷款29万元。当日，邮储银行皋兰支行按约将29万元划付至盛世公司指定账户。甘肃万城建筑工程有限责任公司（以下简称万城公司）与盛世公

① 参见张巍：《建设工程承包人优先受偿权之功能研究》，载《北大法律评论》编辑委员会编：《北大法律评论》第7卷，北京大学出版社2006年版。

② 典型案例367：张恩秀与甘肃万城建筑工程有限责任公司、甘肃盛世豪龙房地产开发有限公司案外人执行异议之诉纠纷案，最高人民法院（2020）最高法民终312号民事判决书。

司建设工程施工合同纠纷一案，法院在2017年7月20日应万城公司申请，查封了案涉房屋，后法院经审理并判决，盛世公司支付万城公司工程款86,950,042.39元及利息、万城公司就所欠工程款在皋兰县中堡村村委会南侧商住楼其施工范围内享有优先受偿权。在该案执行过程中，张恩秀提出执行异议，要求终止对案涉房屋的执行。

## 法院观点

最高人民法院认为，根据《合同法》第286条及《优先受偿权批复》第1条之规定，万城公司享有的工程款优先受偿权优先于抵押权和其他债权，但该优先受偿权不得对抗消费者的权利。本案中，张恩秀与盛世公司签订《商品房买卖合同》系在万城公司申请查封案涉房屋之前；案涉房屋系张恩秀的唯一住房，且其已实际占有和入住；张恩秀通过按揭贷款已经支付了大部分购房款。综上，张恩秀购买案涉房屋的情形符合《执行异议复议规定》第29条规定的构成要件，其权利能够排除万城公司的债权执行。

## 裁判规则368

**符合《执行异议复议规定》第28条规定的购房人，其权利只能对抗普通金钱债权，不能对抗建设工程价款优先受偿权。**

《执行异议复议规定》第27条规定："申请执行人对执行标的依法享有对抗案外人的担保物权等优先受偿权，人民法院对案外人提出的排除执行异议不予支持，但法律、司法解释另有规定的除外。"一般认为，紧随其后的第28条、第29条属于第27条规定的但书。第28条规定："金钱债权执行中，买受人对登记在被执行人名下的不动产提出异议，符合下列情形且其权利能够排除执行的，人民法院应予支持：（一）在人民法院查封之前已签订合法有效的书面买卖合同；（二）在人民法院查封之前已合法占有该不动产；（三）已支付全部价款，或者已按照合同约定支付部分价款且将剩余价款按照人民法院的要求交付执行；（四）非因买受人自身原因未办理过户登记。"① 第29条规定："金钱债权执行中，买受人对登记在

① 针对该条第4项，《九民会纪要》第127条第2款中规定："一般而言，买受人只要有向房屋登记机构递交过户登记材料，或向出卖人提出了办理过户登记的请求等积极行为的，可以认为符合该条件。买受人无上述积极行为，其未办理过户登记有合理的客观理由的，亦可认定符合该条件。"

被执行的房地产开发企业名下的商品房提出异议，符合下列情形且其权利能够排除执行的，人民法院应予支持：（一）在人民法院查封之前已签订合法有效的书面买卖合同；（二）所购商品房系用于居住且买受人名下无其他用于居住的房屋；（三）已支付的价款超过合同约定总价款的百分之五十。”从第 28 条与第 29 条的表述来看，两个条文针对的都是金钱债权的执行，均要求在人民法院查封前已经签订合法有效的书面买卖合同。二者的不同之处有二：第一，第 29 条指向的是房地产开发商所开发的商品房，第 28 条指向商品房、二手房等所有房屋；第二，第 28 条与第 29 条规定的排除执行的条件不尽相同。这就导致两个条文的适用范围存在部分重合。就此，应当如何理解？

如最高人民法院在“北京富申联合供应链管理有限公司与刘乃生、沈阳同方置业有限公司案外人执行异议之诉案”① 中所言，“该司法解释的两个条款并非以被执行人是否系房地产开发企业作为区分标准，第 28 条系普适性的条款，对于所有类型的被执行人均可适用，而第 29 条是专门针对房地产开发企业的被执行人而规定的特别条款。房地产开发企业作为被执行人的案件中，既可以适用特别条款也可以适用普通条款”。“若要阻却普通金钱债权的执行，则既可以参照《执行异议复议规定》第 28 条的规定，也可以参照《执行异议复议规定》第 29 条的规定。当不符合第 29 条规定的条件时，如果符合第 28 条规定的条件，依然可以阻却普通金钱债权的执行。”② 但是，要阻却建设工程价款优先受偿权、担保物权等权利的执行，则只能依据第 29 条的规定，而无第 28 条的适用余地。《九民会纪要》第 126 条也明确：“根据《最高人民法院关于建设工程价款优先受偿权问题的批复》第 1 条、第 2 条的规定，交付全部或者大部分款项的商品房消费者的权利优先于抵押权人的抵押权，故抵押权人申请执行登记在房地产开发企业名下但已销售给消费者的商品房，消费者提出执行异议的，人民法院依法予以支持。但应当特别注意的是，此情况是针对实践中存在的商品房预售不规范现象为保护消费者生存权而作出的例外规定，必须严格把握条件，避免扩大范围，以免动摇抵押权具有优先性的基本原则。因此，这里的商品房消费者应当仅限于符合本纪要第 125 条规定的商品房

① 参考案例 399：北京富申联合供应链管理有限公司与刘乃生、沈阳同方置业有限公司案外人执行异议之诉案，最高人民法院（2016）最高法民申 2736 号民事裁定书。

② 王毓莹：《房屋买受人提起执行异议之诉如何处理》，载最高人民法院民事审判第一庭编：《民事审判指导与参考》总第 75 辑，人民法院出版社 2018 年版。

消费者。买受人不是本纪要第125条规定的商品房消费者，而是一般的房屋买卖合同的买受人，不适用上述处理规则。”

需要说明的是，有论者以“北京长富投资基金与王长柱、黑龙江省中然房地产开发有限公司执行异议之诉案”① 为例，提出最高人民法院在该案中认为，购房人可以依据《执行异议复议规定》第28条阻却担保物权等优先受偿权的执行。事实上，认真研读该案判决可知，最高人民法院在该案中之所以认为可以依据第28条阻却担保物权的执行，其原因在于抵押权人出具了《抵押可售函》，允许开发商在抵押期间对外出售房屋。法院据此认为，应当视为开发商取得了处分案涉房屋的权利，而非认为在未得到抵押权人同意的情况下，购房人可以依据第28条阻却担保物权的执行。“兰州银行股份有限公司天水路支行与邹云霞、嘉峪关市金城房地产开发有限公司案外人执行异议之诉案”② 则真正体现出了最高人民法院对《执行异议复议规定》第28条适用范围予以扩张的倾向。该案中，邹云霞在2009年3月购买了嘉峪关市金城房地产开发有限公司（以下简称金城公司）开发的易都摩尔商厦一层C区L01-1号商铺，4月，其付清房款后实际占有商铺，但一直未能办理权属登记。2014年，金城公司将摩乐易都地上一层抵押给兰州银行股份有限公司天水路支行（以下简称兰州银行天水路支行）。后因借款人未还款，兰州银行天水路支行诉至法院，其抵押权得到法院支持并进入执行程序，邹云霞提出执行异议。最高人民法院在二审中认为，原则上申请执行人对执行标的依法享有能对抗案外人的担保物权等优先受偿权的，人民法院对案外人提出的排除执行异议不予支持，但在符合《执行异议复议规定》第28条规定的情形下，即使案涉房产上设定有抵押权，邹云霞亦享有足以排除强制执行的民事权益。并最终认定，邹云霞享有足以排除强制执行的民事权益。因此，站在司法裁判的角度，依据《执行异议复议规定》第28条，究竟是只能对抗普通金钱债权，还是可以对抗建设工程价款优先受偿权、担保物权等优先性权利，最高人民法院的态度有所摇摆，亟待相关司法解释对其予以最终确定。

---

① 参考案例400：北京长富投资基金与王长柱、黑龙江省中然房地产开发有限公司申请执行人执行异议之诉案，最高人民法院（2018）最高法民终1064号民事判决书。

② 参考案例401：兰州银行股份有限公司天水路支行与邹云霞、嘉峪关市金城房地产开发有限公司案外人执行异议之诉案，最高人民法院（2019）最高法民终228号民事判决书。

典型案例 368

## 长青建设集团有限公司与任周良、云南润红房地产开发有限责任公司申请执行人执行异议之诉案①

### 基本案情

2015年9月3日，润红威信分公司（甲方）与任周良、李莉（乙方）签订《商品房购销合同》约定，甲方向乙方出售扎西尚城1幢336号商铺，房款218,794元。合同签订后，任周良一次性付清了房款，并已实际占有案涉房屋。长青建设集团有限公司（以下简称长青公司）与云南润红房地产开发有限责任公司（以下简称润红公司）、润红威信分公司建设工程施工合同纠纷案，一审法院于2016年6月16日裁定查封、扣押、冻结润红公司、润红威信分公司价值5000万元的财产，其中包括扎西尚城1幢336号商铺。一审法院作出的（2016）云民初29号民事判决认定，润红公司应向长青公司支付工程款42,212,076.62元及利息、长青公司享有扎西尚城项目的优先受偿权。2019年9月25日，最高人民法院（2019）最高法民终791号民事判决维持了一审判决。在长青公司申请执行过程中，任周良认为其系案涉房屋的所有权人，申请停止执行。一审法院于2020年10月29日作出（2020）云执异75号执行裁定书，裁定中止对案涉房屋的执行。长青公司遂提起本案申请执行人执行异议之诉。

### 法院观点

最高人民法院认为，《执行异议复议规定》第28条和第29条分别规定了不动产买受人的普通物权期待权和商品房消费者的物权期待权与强制执行的关系。商品房消费者的物权期待权属于特殊的物权期待权，基于保护消费者生存利益的特殊价值，其效力优先于工程价款优先权、担保物权、不动产买受人的普通物权期待权等权利。就本案所涉实体权利优先顺位而言，商品房消费者物权期待权最优，工程价

---

① 典型案例368：长青建设集团有限公司与任周良、云南润红房地产开发有限责任公司申请执行人执行异议之诉案，最高人民法院（2021）最高法民终606号民事判决书。

款优先权次之；不动产买受人的普通物权期待权虽被赋予“物权”名义，但毕竟不是既得物权，其本质上仍属于债权请求权，故虽优先于普通债权，但应劣后于工程价款优先权及担保物权等。也就是说，《执行异议复议规定》第27条规定的“除外”内容包括第29条，但不包括第28条。本案中，虽然任周良对案涉房屋享有普通物权期待权，但长青公司对案涉房屋享有建设工程价款优先权，故对任周良关于排除对案涉房屋执行的请求不予支持。

## 裁判规则369

**承包人基于工程款债权与发包人达成以房抵债协议，如抵债房屋是承包人基于建设工程施工合同所建造，则构成承包人以协议折价的方式实现优先受偿权。**

如前所述，《执行异议复议规定》第29条的适用范围应限定为真实购房的情形，而不包括以房抵债等经营行为。实践中，常见承包人基于工程款债权与发包人达成以房抵债协议的情形。在此情形下，承包人是否也不享有优先受偿权？

承包人就工程款债权享有优先受偿权，在与开发商达成以房抵债协议的情况下，该以房抵债行为属于优先受偿权的实现方式，也即《民法典》第807条所规定的“承包人可以与发包人协议将该工程折价”，承包人就抵债房屋理应享有优先受偿权。也就是说，承包人基于以房抵债协议享有优先受偿权，其法律依据是《民法典》第807条，而非《执行异议复议规定》第28条或第29条。《福建省高级人民法院当前我省涉建工纠纷审判调研　问答·案例·白皮书》（2022年9月）第19条第2项即规定，承包人自行与发包人协商以该工程折价抵偿欠付工程价款，属于依法行使建设工程价款优先受偿权的情形。正因如此，承包人依据与发包人达成的以房抵债协议主张对抵债房屋享有优先受偿权，应当满足两个要件：一是该债权应当是施工合同项下的工程款债权，而非诸如借款之类的其他债权；二是抵债房屋应当是承包人依据该施工合同所建造的房屋。例言之，承包人与发包人签订A施工合同，并据此建造A工程；承包人又与发包人签订B施工合同，并据此建造B工程。如发包人欠付A施工合同项下的工程款，则依据以A工程达成的以房抵债协议，承包人可以主张优先受偿权；但如发包人欠付A施工合同项下的工程款，却达成以B工程房屋抵债的协议，则承包人不能主张优先受偿权。

除下述【典型案例369】外，在“兴业银行股份有限公司泉州分行与河南省腾飞建筑有限公司等金融借款合同纠纷案”① 中，2014年1月20日，瑞昇公司与河南省腾飞建筑有限公司（以下简称腾飞公司）签订《抵偿协议书》约定，瑞昇公司将案涉房屋用于抵偿拖欠腾飞公司的工程款21,378,438.46元；2014年3月26日，瑞昇公司又在案涉房屋上为兴业银行股份有限公司泉州分行（以下简称兴业银行）设定了抵押权。针对该权利冲突，最高人民法院认为，本案中，承包人腾飞公司与发包人瑞昇公司约定以腾飞公司承建的2号、4号厂房抵偿瑞昇公司欠付的工程价款，是法律允许的实现工程价款优先受偿权的一种方式；在发包人与承包人协议约定以建设工程折抵工程价款的情况下，承包人对用于折抵的建设工程享有优先受偿权；就抵押权与建设工程价款优先权的顺位问题，腾飞公司通过折价对案涉2号、4号厂房所享有的建设工程价款优先受偿权作为法定优先权优先于兴业银行的抵押权。

**典型案例369**

## 四川省建筑机械化工程有限公司<br>与成都紫杰投资管理有限公司申请执行人执行异议之诉案②

### 基本案情

案涉13套房屋是大邑银都公司开发的“邑都上城”楼盘的商品房。四川省建筑机械化工程有限公司（以下简称建机公司）是“邑都上城”楼盘二期、三期土建、水电安装工程的承包人。因大邑银都公司拖欠建机公司工程款6,830,778元，双方于2013年7月11日签订《协议书》约定，大邑银都公司以包括案涉13套房屋在内的15套房屋共2819.53平方米作价7,330,778元抵偿欠付工程款，建机公司可以将抵偿的房屋出售，大邑银都公司配合购房人办理权属证书。另查明，成都紫杰投资管理有限公司（以下简称紫杰投资公司）以大邑银都公司等为被

① 参考案例402：兴业银行股份有限公司泉州分行与河南省腾飞建筑有限公司等金融借款合同纠纷案，最高人民法院（2018）最高法民终497号民事判决书。

② 典型案例369：四川省建筑机械化工程有限公司与成都紫杰投资管理有限公司申请执行人执行异议之诉案，最高人民法院（2020）最高法民再352号民事判决书。

告，向成都市中级人民法院提起借款合同诉讼，根据紫杰投资公司的申请，法院裁定对包括案涉13套房屋在内的房产、股权等财产在3076万元范围内予以查封。在借款合同纠纷案件审理过程中，2018年7月23日，建机公司对查封裁定中的案涉13套房屋提出执行异议。成都市中级人民法院认为，建机公司的异议成立，遂裁定中止对案涉13套房屋的执行。紫杰投资公司不服该裁定，提起本案诉讼。

## 法院观点

四川省高级人民法院（二审法院）认为，从《执行异议复议规定》第28条规范的目的来看，该条意欲保护的权益，均是真实的买受人基于购买不动产之目的而成立的合法有效的买卖关系所形成的针对该不动产交付及权属变动的债权，保护的是真实不动产买受人对该不动产享有的物权期待权。而本案中，建机公司的根本目的是处置抵偿的房屋以实现其工程款债权，其本意并非购买案涉房屋，与前述法律规定的保护对象范围不相符，故本案不能参照《执行异议复议规定》第28条的规定进行处理。据此判决，建机公司关于可基于建设工程价款优先受偿权排除本案执行的理由不能成立。但最高人民法院在再审中认为，在发包人逾期不支付工程价款的情形下，承包人既可以通过法院拍卖程序就建设工程拍卖价款优先受偿，也可以通过与发包人协商的方式将建设工程折价抵偿。建机公司与大邑银都公司签订的《协议书》，其实质是通过协商折价抵偿实现建机公司就案涉项目所享有的建设工程价款优先受偿权，建机公司与大邑银都公司以案涉房屋折价抵偿欠付工程款，符合工程价款优先受偿权的实现方式。紫杰投资公司对大邑银都公司享有的是普通借贷债权，而建机公司作为案涉工程项目的承包人对案涉项目享有建设工程价款优先受偿权，建机公司工程款债权应优先于紫杰投资公司的普通债权得到清偿。案涉房屋系工程款债权的物化载体，本案不适用《执行异议复议规定》第28条，建机公司就案涉房屋享有的权利足以排除紫杰投资公司的强制执行。

## 裁判规则370

**预告登记权利人的物权期待权不能对抗承包人的建设工程价款优先受偿权，但预告登记权利人符合《执行异议复议规定》第29条的除外。**

《民法典》第221条第1款规定："当事人签订买卖房屋的协议或者签订其他不动产物权的协议，为保障将来实现物权，按照约定可以向登记机构申请预告登记。预告登记后，未经预告登记的权利人同意，处分该不动产的，不发生物权效力。"权利人可否依据预告登记对抗承包人的建设工程价款优先受偿权？

江苏省高级人民法院制定的《执行异议及执行异议之诉案件办理工作指引（二）》第11条第1款规定："金钱债权执行中，执行法院对被执行人名下不动产采取执行措施，案外人以其系物权预告登记权利人为由提出执行异议，请求停止处分，应根据下列情形予以处理：（1）案涉不动产已办理物权预告登记的，应予支持；（2）案涉不动产符合物权登记条件，且在预告登记有效期内的，应予支持；（3）案涉不动产的预告登记已经失效，或者在执行法院查封之后办理预告登记的，不予支持。"第2款规定："建设工程合同承包人为实现其建设工程价款优先受偿权，申请对其建设施工的房屋予以强制执行，不适用本部分上述规定。但案外人系商品房消费者，且符合《异议复议规定》第二十九条规定的除外。"其理由在于，无论从预告登记表彰的权利性质还是权利效力来看，都应当认为预告登记不能对抗承包人的建设工程价款优先受偿权。一方面，预告登记"是为保全旨在使物权于未来发生变动的债权所为的登记"①，也即预告登记所表彰的权利本身并非现实的不动产物权，而是"将来发生不动产物权变动的请求权"②。而建设工程价款优先受偿权是现实的法定优先权。另一方面，抵押权也可以预告登记。但《建设工程施工合同解释（一）》第36条规定："承包人根据民法典第八百零七条规定享有的建设工程价款优先受偿权优于抵押权和其他债权。"据此，连现实的抵押权都无法对抗优先受偿权，更别提预告登记的抵押权了。据此，预告登记权利人的物权期待权不能对抗承包人的建设工程价款优先受偿权。但如预告登记权利人符合《执行异议复议规定》第29条的规定，根据【裁判规则363】，则可优先于承包人的建设工程价款优先受偿权。

① 崔建远：《物权法》，中国人民大学出版社2021年版，第72页。

② 黄薇主编：《中华人民共和国民法典释义》（上），法律出版社2020年版，第428页。

典型案例 370

# 中铁建设集团有限公司与洪彩萍、江西海源房地产开发有限公司执行异议之诉案①

## 基本案情

2017 年 2 月 10 日，就中铁建设集团有限公司（以下简称中铁公司）与江西海源房地产开发有限公司（以下简称海源公司）建设工程施工合同纠纷案，江西省高级人民法院作出一审判决：(1) 海源公司向中铁公司支付工程款 58, 582, 806. 77 元；(2) 中铁公司对“龙湖湾”小区×楼×层商铺，1-3 号商业、2-4 号商业、5-6-7 号商业、8-1 号商业房产在尚欠工程款 58, 582, 806. 77 元的范围内享有优先受偿权。2017 年 12 月 27 日，最高人民法院作出二审判决：驳回上诉，维持原判。判决生效后，中铁公司申请强制执行，法院向上饶经开区房管分局发出协助执行通知书，要求查封海源公司名下“龙湖湾”小区 1 号、2 号、3 号、4 号、5 号、6 号、7 号楼商铺，1-3 号商业、2-4 号商业、5-6-7 号商业、8-1 号商业房产（含案涉 2 个商铺，共计 95 个商铺）。洪彩萍对此提出异议。经查，2015 年 1 月 7 日，洪彩萍与海源公司签订 2 份《商品房买卖合同（预售）》约定，洪彩萍购买“龙湖湾”小区 3 幢 1 单元 1 层 1-3 号、1-4 号商业营业用房。2015 年 2 月 12 日，洪彩萍付清了购房款，同日，洪彩萍就上述房屋在上饶市房地产管理局进行预告登记，取得了房屋预告登记证。

## 法院观点

最高人民法院认为，受让人不能仅以办理了受让物权预告登记，即主张排除基于担保物权等优先受偿权的执行。根据《物权法》第 20 条的规定，当事人签订买卖房屋或者其他不动产物权的协议，为保障将来实现物权，按照约定可以向登记机构申请预告登记。预告登记后，未经预告登记的权利人同意，处分该不动产的，不

① 典型案例 370：中铁建设集团有限公司与洪彩萍、江西海源房地产开发有限公司执行异议之诉案，最高人民法院（2022）最高法民终 79 号民事判决书。

发生物权效力。故预告登记本身尚不足以产生物权效力，其系为保障将来实现物权。受让人依据预告登记而取得的权利，并不能够对抗担保物权等优先受偿权。生效判决已经确认中铁公司对案涉商铺在尚欠工程款范围内享有优先受偿权，故洪彩萍不能依据已办理预告登记，主张排除中铁公司基于该优先受偿权的执行。

## 裁判规则371

**发包人破产时，承包人就建设工程享有的优先受偿权既优先于破产费用、共益债务，也优先于发包人职工的工资债权。**

在发包人破产的情况下，发包人的责任财产需用于清偿职工工资、破产费用、共益债务、税务债务、普通债务等各类债务。在此情形下，承包人的优先受偿权处于哪一顺位？

首先，需明确的是，《最高人民法院关于审理企业破产案件若干问题的规定》（法释〔2002〕23号）第71条第4项规定，依照法律规定存在优先权的财产不属于破产财产。但《企业破产法规定（二）》第3条第1款规定："债务人已依法设定担保物权的特定财产，人民法院应当认定为债务人财产。"据此，应当认定，承包人享有优先受偿权的建设工程依然属于发包人的财产。

其次，《企业破产法》第109条规定："对破产人的特定财产享有担保权的权利人，对该特定财产享有优先受偿的权利。"《企业破产法规定（二）》第3条第2款规定："对债务人的特定财产在担保物权消灭或者实现担保物权后的剩余部分，在破产程序中可用以清偿破产费用、共益债务和其他破产债权。"据此，承包人的优先受偿权原则上优先于破产费用、共益债务和其他破产债权。但需注意的是，《最高人民法院关于审理企业破产案件确定管理人报酬的规定》（法释〔2007〕9号）第13条规定："管理人对担保物的维护、变现、交付等管理工作付出合理劳动的，有权向担保权人收取适当的报酬。管理人与担保权人就上述报酬数额不能协商一致的，人民法院应当参照本规定第二条规定的方法确定，但报酬比例不得超出该条规定限制范围的10%。"也就是说，管理人在破产程序中实现优先受偿权的费用，如评估、拍卖费用，构成实现优先受偿权的前提，应当从建设工程的变价款中优先支付。

最后，争议最大的是承包人优先受偿权与职工债权的先后顺序。有观点认为，“工资是工人维持自身和家庭成员生存的需要，事关工人及社会公众共同和普遍的生存权，那么，工资债权当然应当优先于法定优先的建筑工程承包款受偿，这是人权高于债权的利益衡量”[①]。但是，根据前述《企业破产法规定（二）》第3条第2款的规定，承包人的优先受偿权原则上优先于破产费用、共益债务；又根据《企业破产法》第113条第1款[②]第1项的规定，破产费用、共益债务优先于职工债权。据此，只能得出承包人的优先受偿权优先于职工债权的结论。而且根据“增值理论”，就承包人所施工部分进行折价或拍卖，所得价款是基于承包人的投入所产生，由承包人优先受偿，对于破产企业的工人并不构成权利侵害。而将优先受偿权的顺序置于工资债权之后，无异于以承包人的资金清偿发包人的债务，这并不公平。因此，建设工程价款优先权应该优先于破产企业的工资债权。

但需注意的是，《民事强制执行法（草案）》第179条第1款规定：“执行款在优先清偿执行费用和共益债务后，依照下列顺序进行分配：（一）维持债权人基本生活、医疗所必需的工资、劳动报酬、医疗费用等执行债权；（二）对执行标的享有优先受偿权的债权；（三）其他民事债权。”因此，在发包人未破产的情况下，承包人的优先受偿权应位列执行费用、共益债务、劳动报酬之后。

**典型案例371**

## 孙再堂与辽宁乾德集团有限公司破产债权确认纠纷案[③]

### 基本案情

**2012年8月18日，辽宁乾德集团有限公司（以下简称乾德公司）与孙再堂签**

① 兰世民：《执行分配中优先权冲突下的工资债权保护》，载《人民法院报》2007年6月21日，第6版。

② 该款规定：“破产财产在优先清偿破产费用和共益债务后，依照下列顺序清偿：（一）破产人所欠职工的工资和医疗、伤残补助、抚恤费用，所欠的应当划入职工个人账户的基本养老保险、基本医疗保险费用，以及法律、行政法规规定应当支付给职工的补偿金；（二）破产人欠缴的除前项规定以外的社会保险费用和破产人所欠税款；（三）普通破产债权。”

③ 典型案例371：孙再堂与辽宁乾德集团有限公司破产债权确认纠纷案，辽宁省法库县人民法院（2022）辽0124民初185号民事判决书。

订《保温施工劳务承包合同书》约定，孙再堂承包乾德公司开发建设的“鸿福嘉园”小区6号、7号、8号、12号、13号、16号、17号、20号、21号、22号、24号、25号楼等楼房外墙屋面及楼道保温工程劳务。2014年4月14日，双方签订《建筑施工劳务承包合同》约定，孙再堂继续承包“鸿福嘉园”小区9号、24号、25号楼土建工程劳务和13号、17号、20号、21号楼室内外砌砖、抹灰及零活的劳务。上述工程完工后交付给乾德公司。2014年7月23日、2016年4月18日，双方先后签订《抵账合同》《工程结算顶账协议》。2018年11月29日，法院裁定受理乾德公司的破产清算案。孙再堂就欠付工程款向管理人申报债权，管理人将孙再堂的1,826,300元债权确认为普通债权。孙再堂诉至法院，要求确认该债权在乾德公司破产财产中享有优先受偿权。

## 法院观点

法库县人民法院认为，破产优先受偿权（别除权）是指在破产程序开始前就债务人特定财产设定了担保物权的债权人，在破产程序开始后可以不依破产程序而对设定了担保物权的特定财产优先受偿的权利。最高人民法院发布第15批指导案例73号（通州建总集团有限公司诉安徽天宇化工有限公司别除权纠纷案），确立了建设工程价款在企业破产案件中享有优先受偿权。《企业破产法规定（二）》第3条规定：“债务人已依法设定担保物权的特定财产，人民法院应当认定为债务人财产。对债务人的特定财产在担保物权消灭或者实现担保物权后的剩余部分，在破产程序中可用以清偿破产费用、共益债务和其他破产债权。”根据上述法律规定，只要工程质量合格，即使建设工程施工合同被认定为无效，承包人仍然可以要求发包人按照合同约定支付工程款，且对担保工程价款请求权实现的优先受偿权亦应予以认可。《抵账合同》《工程结算顶账协议》等相关证据证明，《保温施工劳务承包合同书》《建筑施工劳务承包合同》已履行完毕，且工程质量合格，没有例外情形发生，据此，孙再堂当然依法享有优先受偿的权利。

## 裁判规则372

**建设工程欠付税款的，承包人的建设工程价款优先受偿权优先于税务机关的税收债权。**

如前所述，根据《企业破产法》第109条、第113条第1款的规定，承包人的优先受偿权优先于破产费用、共益债务，破产费用、共益债务优先于税务债权。但《税收征收管理法》第45条第1款规定："税务机关征收税款，税收优先于无担保债权，法律另有规定的除外；纳税人欠缴的税款发生在纳税人以其财产设定抵押、质押或者纳税人的财产被留置之前的，税收应当先于抵押权、质权、留置权执行。"若此，应当如何确定承包人的优先受偿权与税务债权的先后顺序？

就此问题，一方面，《民法典》第187条规定："民事主体因同一行为应当承担民事责任、行政责任和刑事责任的，承担行政责任或者刑事责任不影响承担民事责任；民事主体的财产不足以支付的，优先用于承担民事责任。"根据该规定，民事责任优先于行政责任。① 据此，承包人的优先受偿权优先于税务债权。另一方面，就税款征收而言，《企业破产法》是特别法，《税收征收管理法》是一般法，根据特别法优先于一般法的法律适用规则，应当适用《企业破产法》第109条、第113条第1款的规定。

**典型案例372**

## 福建福华建设工程有限公司罗源分公司与中国工商银行股份有限公司福州晋安支行、瑞华国银投资管理有限公司执行分配方案异议之诉案②

### 基本案情

2013年4月15日，恒久集团与福建福华建设工程有限公司罗源分公司（以下简称福华公司）就"客车内饰改装、配件制造及综合仓储项目"签订了《建设工程施工合同》。合同签订后，福华公司完成了部分施工任务，因恒久集团未能按约付款，福华公司诉至法院。2016年10月24日，法院判决：（1）解除《建设工程施工合同》；（2）恒久集团支付工程款20,131,251元及逾期付款违约金；（3）福

① 参见杨心忠等：《建设工程合同纠纷裁判思路》，法律出版社2014年版，第283、284页。

② 典型案例372：福建福华建设工程有限公司罗源分公司与中国工商银行股份有限公司福州晋安支行、瑞华国银投资管理有限公司执行分配方案异议之诉案，福建省福州市中级人民法院（2019）闽01民终1381号民事判决书。

华公司有权就其承建恒久集团所有的附属工程折价、拍卖或变卖所得价款，在欠付工程款20,131,251元范围内优先受偿。另查明，中国工商银行股份有限公司福州晋安支行（以下简称工行晋安支行）、瑞华国银投资管理有限公司（以下简称瑞华公司）均系恒久集团的债权人。其中，依据（2016）榕仲裁字第061号裁决书，工行晋安支行对2号附属楼、1—3号员工宿舍楼变卖所得价款在最高债权额4000万元内享有优先受偿权；依据（2016）榕仲裁字第078号裁决书，工行晋安支行对办公楼变卖所得价款在最高债权额2800万元内享有优先受偿权；依据（2017）榕仲裁字第525号裁决书，瑞华公司对1号车间、1号附属楼变卖所得价款在最高债权额5000万元内享有优先受偿权。这三个裁决均已进入执行程序。恒久集团所有的位于罗源湾开发区南工业区的1号车间、1号和2号附属楼、1—3号员工宿舍楼、办公楼共7幢建筑物及分摊的土地使用权市场价值估价为102,498,900元（其中土地使用权价值30,706,900元、建筑物价值53,472,500元、附属工程价值18,319,500元），变卖成交价为59,183,600元，变卖价占评估价比例为57.74%。2018年3月30日，法院对该笔变卖款作出《恒久集团南工业区变卖款分配方案》确定，扣除诉讼费、执行费、保全费、评估费、欠缴税费（产生于2011年3月1日至2013年3月1日）及滞纳金等共计1,835,480.15元后，工行晋安支行应领取分配款16,087,620.79元、12,197,718.99元，瑞华公司应领取分配款18,813,022.45元，福华公司应领取分配款10,249,757.62元。福华公司不服，提起诉讼要求：（1）撤销《恒久集团南工业区变卖款分配方案》；（2）福华公司的工程款18,319,500元在执行分配中享有优先权，并优先于工行晋安支行、瑞华公司的分配；（3）恒久集团欠缴的税费在工行晋安支行和瑞华公司分配的款项中扣除。

## 法院观点

福州市中级人民法院认为，关于福华公司因执行获得的款项是否应优先用于支付恒久集团欠缴税费的问题，《税收征收管理法》第45条规定，“纳税人欠缴的税款发生在纳税人以其财产设定抵押、质押或者纳税人的财产被留置之前的，税收应当先于抵押权、质权、留置权执行”。但该法条并未就税费优先受偿权是否优先于工程款的优先受偿权作出明确规定。根据我国私法债权优先于公法债权的立法原则，在法律无明文规定的情况下，工程款优先受偿权应优先于税费优先受偿权，即福华公司在本案应分配的款项不应扣除恒久集团欠缴的税费、滞纳金。关于福华公司的工程款分配顺位问题，福华公司仅对其所承建的附属工程享有优先受偿权，而工行晋安支行、瑞华公司享有优先受偿权的范围为罗源湾开发区南工业区 1 号车间、1 号和 2 号附属楼、1—3 号员工宿舍楼、办公楼共 7 幢建筑物，双方享有优先受偿权的范围不同。原审法院将建筑物及土地使用权与附属工程分开评估，根据变卖价占评估价的比例计算相应的领款金额，由此得出的分配方案合理，福华公司仅对其所承建的附属工程变卖所得的金额享有优先受偿权。

## 裁判规则373

**建设工程价款优先受偿权与抵押权指向的权利客体不完全重合的，应当按照各自担保的债权比例确定各自的优先受偿范围，并在重合的范围内按照先后顺序受偿。**

通常情况下，就权利顺位而言，抵押权居于工程价款优先受偿权之后。但在权利实现时，二者的界限并非一目了然。举例来说，某建设工程共计有 100 套住宅，尚欠承包人工程款 2000 万元，其中 50 套抵押给银行，尚欠银行贷款 3000 万元，银行将 50 套房屋拍卖，拍卖款为 4000 万元。这 4000 万元在承包人与银行之间应如何分配？就此，可以有三种解决思路：第一，以承包人优先受偿权优先为由，先支付承包人 2000 万元，余款 2000 万元支付给银行。第二，尚未拍卖的 50 套房屋足以保障承包人工程款债权的实现，所以拍卖所得款项全部支付给银行，承包人可就尚未拍卖的 50 套房屋主张权利。第三，按比例确定。也就是说，承包人的优先受偿权及于 100 套房屋，债权金额 2000 万元，拍卖房屋 50 套，故承包人可以主张优先受偿权的金额为 2000 万元×（50 套÷100 套）= 1000 万元，余款应支付给银行。

就此问题，鉴于抵押权的客体通常包括土地使用权，而承包人的优先受偿权不涉及土地使用权，所以应当先将土地使用权的价值单列出来，由抵押权人单独受偿。在此基础上，如建设工程价款优先受偿权与抵押权指向的权利客体不完全重合，应进一步按照比例确定各自的受偿金额，这样更加公平合理。《浙江省高级人民法院执行局执行中处理建设工程价款优先受偿权有关问题的解答》（浙高法执

〔2012〕2号）第5条即规定："建设工程承包人承建的部分工程因发包人的其他债务被人民法院执行的，承包人只能根据被执行的工程占其承建的全部工程的比例，对相应的工程价款主张优先受偿。"

典型案例373

## 张宝池、刘乐增与杨希强、林雪辉、沧州宏明房地产开发有限公司执行分配方案异议之诉案①

### 基本案情

2010年10月28日，张宝池、刘乐增与沧州宏明房地产开发有限公司（以下简称宏明公司）签订了《司马庄中心社区建设工程承包意向书》，并依约定进场对案涉司马庄1—14号楼基础部分进行了实际施工。后宏明公司未按约支付工程款，经法院判决确认，宏明公司应给付张宝池、刘乐增工程款4,819,093.44元；张宝池、刘乐增有权在4,819,093.44元工程款范围内就中心社区1—14号楼案涉工程的施工部分折价或者拍卖的价款优先受偿。另查明，杨希强、林雪辉与宏明公司存在民间借贷纠纷，并已在河北省青县人民法院进入执行程序。2017年12月29日，就杨希强与林雪辉的债权、张宝池与刘乐增的债权，河北省青县人民法院作出执行财产分配方案：供分配的款项为青县司马庄中心社区9—14号楼的价款，总额为15,501,849元；就中心社区1—14号楼，张宝池与刘乐增的总工程款为4,819,093.44元，经测算，9—14号楼基础施工部分的工程款为1,926,448.85元。据此，青县人民法院该分配方案确定的分配顺序为：(1）张宝池、刘乐增对9—14号楼基础工程部分所得价款享有优先受偿权，优先受偿金额为1,926,448.85元；(2）扣除诉讼费用、评估费、张宝池二人优先受偿金额后，杨希强、林雪辉在本案执行价款15,501,849元范围内，受偿13,456,600.15元。张宝池、刘乐增对该分配方案不服，向法院提起诉讼，要求优先受偿4,819,093.44元。

① 典型案例373：张宝池、刘乐增与杨希强、林雪辉、沧州宏明房地产开发有限公司执行分配方案异议之诉案，河北省沧州市中级人民法院（2018）冀09民终4801号民事判决书。

## 法院观点

二审中，河北省沧州市中级人民法院认为，建设工程承包人承建的部分工程因发包人的其他债务被人民法院执行的，承包人只能根据被执行的工程占其承建的全部工程的比例，对相应的工程价款主张优先受偿权。因此，执行财产分配方案确定张宝池、刘乐增在该次执行分配中对执行中所处分的青县司马庄中心社区 9—14 号楼的基础工程部分所得价款享有优先受偿权，优先受偿金额为 1,926,448.85 元，符合法律规定，且与张宝池、刘乐增享有的优先受偿权的范围相一致。张宝池、刘乐增提出的诉讼请求依据不足，依法不应予以支持。

### 裁判规则374

**承包人既享有建设工程价款优先受偿权，又享有保证人就工程款债务提供的保证担保的，参照混合担保规则，承包人应当先行使优先受偿权，保证人在优先受偿权不能涵盖的范围内承担保证责任，但保证合同另有约定的除外。**

保证人就发包人对承包人的工程款债务提供了担保，在工程款未获支付的情况下，承包人既享有建设工程价款优先受偿权，又能向保证人主张保证责任。在此情况下，承包人的权利行使有无先后限制？

有观点认为，基于权利自由行使原则，承包人是否行使建设工程价款优先受偿权，属于承包人自由选择的范畴，承包人不行使建设工程价款优先受偿权的，不影响保证人对保证义务的承担。但《民法典》第 392 条规定：“被担保的债权既有物的担保又有人的担保的，债务人不履行到期债务或者发生当事人约定的实现担保物权的情形，债权人应当按照约定实现债权；没有约定或者约定不明确，债务人自己提供物的担保的，债权人应当先就该物的担保实现债权；第三人提供物的担保的，债权人可以就物的担保实现债权，也可以请求保证人承担保证责任。提供担保的第三人承担担保责任后，有权向债务人追偿。”该条所称的“没有约定或者约定不明确，债务人自己提供物的担保的，债权人应当先就该物的担保实现债权”，即“债务人提供的物保优先于人保”规则。虽然建设工程价款优先受偿权并未被《民法典》列入担保物权的范围，但其作为效力更强的以物为标的的担保权，理应参照该规则。江苏省高级人民法院即认为，建设工程价款优先受偿权在内容和效力上符合物权法关于担保物权的规定，可以准用物权法有关担保物权的规定。在此情形下，承包人应当优先行使建设工程价款优先受偿权，保证人只在建设工程价款优先受偿权不能清偿的范围内承担责任。① 但需强调的是，根据《民法典》第392条的规定，“债务人提供的物保优先于人保”规则以“没有约定或者约定不明确”为适用前提。因此，如保证合同就权利行使顺序另有约定，应当从约定。

**典型案例374**

## 江苏兴邦建工集团有限公司与年士波、朱坚等保证合同纠纷案②

### 基本案情

辉盛公司将泗洪县星河上城小区二期、三期工程发包给江苏兴邦建工集团有限公司（以下简称兴邦公司）。2012年5月10日、12月12日，辉盛公司及其股东朱坚、年士波与兴邦公司就星河上城项目签订两份担保协议书约定，辉盛公司提供该期未销售的住宅作为发包方的担保，如以上担保不能实现，股东朱坚、年士波以自然人身份为辉盛公司担保。2014年11月7日，辉盛公司与兴邦公司就工程款支付达成补充协议约定，辉盛公司应于2014年11月10日前支付兴邦公司2000万元等，股东朱坚、杨政军签字确认对辉盛公司所欠工程款本息提供担保，至还清为止。2014年12月24日，兴邦公司以辉盛公司为被告提起诉讼。2015年6月17日，宿迁市中级人民法院作出（2015）宿中民初字第0011号民事调解书，解除双方之间的建设工程施工合同，辉盛公司应支付兴邦公司工程款1.18亿元，兴邦公司就案涉工程享有优先受偿权。其间，辉盛公司及其股东朱坚、杨政军为解除兴邦公司对案涉工程的保全，于2015年4月28日向兴邦公司出具承诺书，再次承诺以自然人名义（包括全部房产）对辉盛公司债务承担连带责任。后兴邦公司诉至法

① 参见李玉生主编：《建设工程施工合同案件审理指南》，人民法院出版社2019年版，第295页。

② 典型案例374：江苏兴邦建工集团有限公司与年士波、朱坚等保证合同纠纷案，江苏省高级人民法院（2020）苏民再118号民事判决书。

院，要求年士波、朱坚、杨政军连带给付兴邦公司工程款500万元。年士波辩称，兴邦公司应先实现工程价款优先受偿权，再向年士波主张承担保证责任。

**法院观点**

江苏省高级人民法院认为，根据《物权法》第176条的规定，被担保的债权既有物的担保又有人的担保的，债务人不履行到期债务或者发生当事人约定的实现担保物权的情形，债权人应当按照约定实现债权；没有约定或者约定不明确，债务人自己提供物的担保的，债权人应当先就该物的担保实现债权。本案中，宿迁市中级人民法院（2015）宿中民初字第0011号民事调解书确认兴邦公司就案涉工程享有优先受偿权。建设工程优先受偿权系为保障承包人工程款债权的实现而由法律设定的法定优先权，在性质和功能上与抵押权类似，并且优先于抵押权，具有担保工程款债权实现的功能。因此，当工程款债权既有建设工程优先受偿权又有人的担保时，在当事人没有约定的情况下，应当参照前述条文的规定，债权人先就优先受偿权实现债权。综上，兴邦公司应当先实现案涉工程的优先受偿权，实现后仍不能满足其债权的，再行向年士波主张保证责任。

## 9.6 建设工程价款优先受偿权的行使期限

针对建设工程价款优先受偿权的行使期限，相关规则有一个变化的过程。首先，《优先受偿权批复》第4条规定："建设工程承包人行使优先权的期限为六个月，自建设工程竣工之日或者建设工程合同约定的竣工之日起计算。"其次，《2018年建工解释》第22条规定："承包人行使建设工程价款优先受偿权的期限为六个月，自发包人应当给付建设工程价款之日起算。"最后，也即现行有效的《建设工程施工合同解释（一）》第41条规定："承包人应当在合理期限内行使建设工程价款优先受偿权，但最长不得超过十八个月，自发包人应当给付建设工程价款之日起算。"

**裁判规则375**

**《建设工程施工合同解释（一）》第41条规定的18个月属于除斥期间，不能中止、中断或延长。**

根据《建设工程施工合同解释（一）》第41条的规定，承包人应当在合理期限内行使建设工程价款优先受偿权，但最长不得超过18个月。对该期间的性质应当如何认定？

有观点认为，“这里的合理期限既不属于诉讼时效，也不属于除斥期间，是从保护施工人和其他权利人权益的角度拟制的期限”①。既然既非诉讼时效，亦非除斥期间，那么应当如何界定该期限的性质？法院应否依职权主动审查期限是否届满？期限届满的法律后果是什么？其是否可以中止、中断、延长？就此问题，可以参考最高人民法院执行局作出的《建设工程款优先受偿权适用法律的复函》（〔2007〕执他字第11号）。该复函明确：“建设工程承包人行使优先权的期限为六个月②，且为不变期间，不存在中止、中断、延长的情形。”从而将行使建设工程价款优先受偿权的期限界定为除斥期间。③ 在“湖南协和建设有限公司与株洲市汉华房地产开发有限公司建设工程施工合同纠纷案”④ 中，最高人民法院也认为，“建设工程款优先受偿权的行使期限属于除斥期间”。

除斥期间是不变期间，因除斥期间经过，法律上当然发生权利消灭的效力，⑤即使当事人不援引，法院也应依职权加以调查，并以此为基础作出裁判。⑥ 除斥期间可以进一步分为法定除斥期间和约定除斥期间。法定除斥期间的产生及存续期间，均由法律直接规定；而约定除斥期间的产生及存续期间，允许当事人根据法律自行约定。⑦ 建设工程价款优先受偿权来源于《民法典》第807条的规定，其存续

---

① 最高人民法院民事审判第一庭编著：《最高人民法院新建设工程施工合同司法解释（一）理解与适用》，人民法院出版社2021年版，第421页。《福建省高级人民法院当前我省涉建工纠纷审判调研问答·案例·白皮书》（2022年9月）第17条的规定与此相同。

② 该复函发布时有效的《优先受偿权批复》第4条规定行使优先权的期限为6个月。

③ 参见王建东：《评〈合同法〉第286条》，载《中国法学》2003年第2期；汪治平：《建设工程价款优先受偿权的若干问题》，载《人民司法》2002年第8期；丁林阳：《施工合同解除后，未完工程承包人主张工程价款优先受偿权起算点的确定》，载《人民司法》2012年第18期；陈柏新：《〈合同法〉第286条司法适用疑难问题探讨》，载《上海政法学院学报（法治论丛）》2011年第2期。

④ 参考案例403：湖南协和建设有限公司与株洲市汉华房地产开发有限公司建设工程施工合同纠纷案，最高人民法院（2017）最高法民再389号民事判决书。

⑤ 参见史尚宽：《民法总论》，中国政法大学出版社2000年版，第625页；王泽鉴：《民法概要》，北京大学出版社2011年版，第114、115页。

⑥ 参见［日］我妻荣：《我妻荣民法讲义：新订民法总则》（Ⅰ），于敏译，中国法制出版社2008年版，第405、406页。

⑦ 参见史浩明：《论除斥期间》，载《法学杂志》2004年第4期。

期间已被《建设工程施工合同解释（一）》第41条明确规定为18个月，故该期限应属法定除斥期间。根据除斥期间的特性，该期间不存在中止、中断、延长的情形。

典型案例375

## 陕西建工第三建设集团有限公司与汉川数控机床股份公司建设工程施工合同纠纷案①

### 基本案情

2008年12月10日，经招投标程序，陕西建工第三建设集团有限公司（以下简称陕西三建）与汉川数控机床股份公司（以下简称汉川公司）签订《建设工程施工合同》约定，陕西三建承建位于汉中市汉台区铺镇金坝村厂房钢结构工程。该合同通用条款第33.4条载明："发包人收到竣工结算报告及结算资料后28天内不支付工程竣工结算价款，承包人可以催告发包人支付结算价款。发包人在收到竣工结算报告及结算资料后56天内仍不支付的，承包人可以与发包人协议将该工程折价，也可以由承包人申请人民法院将该工程依法拍卖，承包人就该工程折价或者拍卖的价款优先受偿。"施工完成后，陕西三建编制了《工程结算书》，汉川公司于2010年11月5日签收，但未予以确认。后因双方就工程结算价款难以形成一致意见，2017年8月，陕西三建诉至法院，要求汉川公司支付工程款。审理过程中，陕西三建于2019年3月向一审法院要求增加诉讼请求——确认其对案涉工程享有建设工程价款优先受偿权。

### 法院观点

一审法院（陕西省汉中市中级人民法院）与二审法院（陕西省高级人民法院）均认为，根据《建设工程施工合同》通用条款第33.4条的约定，行使优先权的起算时间为收到竣工结算报告56日后，故2011年11月2日陕西三建行使优先权的

① 典型案例375：陕西建工第三建设集团有限公司与汉川数控机床股份公司建设工程施工合同纠纷案，陕西省高级人民法院（2020）陕民终349号民事判决书、最高人民法院（2021）最高法民申1600号民事裁定书。

条件已经成就，自此日期起6个月内，陕西三建可以与汉川公司协议将该工程折价，也可以申请人民法院将该工程依法拍卖，但截至2017年8月陕西三建提起诉讼之时，其一直未提出优先受偿的请求，直至2019年3月才向一审法院提出增加优先受偿的诉讼请求，该日期早已超过优先受偿权6个月的除斥期间，故陕西三建该项诉请无法律依据，不予支持。最高人民法院在再审审查中也认为，按照《建设工程施工合同》通用条款第33.4条的约定，陕西三建最迟应于2011年11月2日向汉川公司主张工程价款优先受偿权，但陕西三建未依约主张行使该权利，因优先受偿权行使期限属于一种除斥期间，陕西三建于2019年3月才向法院提出增加该项诉讼请求，已经大大超出优先受偿权行使期限，故陕西三建就案涉工程不享有工程价款优先受偿权。

## 裁判规则376

**《建设工程施工合同解释（一）》第41条规定的18个月期限包含了承包人催告发包人付款的期间。**

《民法典》第807条规定："发包人未按照约定支付价款的，承包人可以催告发包人在合理期限内支付价款。发包人逾期不支付的，除根据建设工程的性质不宜折价、拍卖外，承包人可以与发包人协议将该工程折价，也可以请求人民法院将该工程依法拍卖。建设工程的价款就该工程折价或者拍卖的价款优先受偿。"据此，承包人催告发包人支付工程价款所给予的"合理期限"，构成发包人付款的宽限期。但该催告期间与《建设工程施工合同解释（一）》第41条规定的18个月期限是并列关系还是包含关系？换句话说，在计算18个月的优先受偿权行使期限时，应将前述宽限期包含在内还是排除在外？

有观点认为，"催告期限不应包括在优先受偿权的行使期限内，两者系不同的期限"①。但是，根据《建设工程施工合同解释（一）》第41条的规定，优先受偿权的期限"自发包人应当给付建设工程价款之日起算"。也就是说，自发包人应当给付建设工程价款之日起，就应当起算18个月的期限，并不考虑催告的问题。因

① 王楷、于秋磊：《建设工程施工合同纠纷法律实务与工程专业知识解答》，法律出版社2021年版，第364页。

此，根据目前的法律规定，催告期间与18个月的期限是包含关系，“设定的宽限期，应计入优先受偿权行使的合理期限”①。在下述【典型案例376】中，法院在计算优先受偿权的行使期限时，即将承包人的催告付款期纳入了优先受偿权的行使期间。

**典型案例376**

## 北京佳定机电设备安装有限责任公司黑龙江分公司与鸡西市汇鑫房地产开发有限公司建设工程施工合同纠纷案②

### 基本案情

2010年11月13日，北京佳定机电设备安装有限责任公司黑龙江分公司（以下简称佳定机电黑龙江分公司）与鸡西市汇鑫房地产开发有限公司（以下简称汇鑫公司）签订《消防工程施工合同》约定，佳定机电黑龙江分公司承接汇鑫公司开发的某小区的消防工程。2011年7月7日，双方就该小区一期消防工程签订《消防工程施工合同补充协议》。2011年9月29日，双方就该小区二期工程签订《消防工程施工合同》。2014年5月19日，双方就该小区二期消防工程签订《施工合同补充协议》。2015年11月20日，该小区一期、二期及地下车库消防工程竣工，双方对工程进行了结算，确定工程造价为27,032,094.98元。2016年1月8日，因汇鑫公司拖欠剩余工程款，佳定机电黑龙江分公司向汇鑫公司送达催告函，要求汇鑫公司在接到催告函后15日内支付工程结算款。汇鑫公司在催告函上签署“贵公司函收到，某项目目前全部查封，资金严重紧张，争取尽快协调支付工程款，请贵公司谅解”的意见。2016年5月4日，因汇鑫公司仍未支付剩余工程款，佳定机电黑龙江分公司诉至法院，要求汇鑫公司支付工程款8,119,836.96元，并请求确认其对8,119,836.96元工程款享有优先受偿权。汇鑫公司辩称，一

① 李建星：《〈民法典〉第807条（建工价款的优先受偿权）评注》，载《南京大学学报（哲学·人文科学·社会科学）》2021年第4期。

② 典型案例376：北京佳定机电设备安装有限责任公司黑龙江分公司与鸡西市汇鑫房地产开发有限公司建设工程施工合同纠纷案，黑龙江省鸡西市鸡冠区人民法院（2016）黑0302民初1121号民事判决书。

期消防工程优先受偿权的行使期限已经届满。

## 法院观点

鸡冠区人民法院认为，双方签订的消防工程施工合同及补充协议均是双方当事人的真实意思表示，且不违反法律强制性规定，合法有效。案涉工程于 2015 年 11 月 20 日竣工，双方进行了结算，汇鑫公司没有及时支付工程款，在佳定机电黑龙江分公司催告后仍然没有支付工程款。根据《合同法》第 286 条的规定，佳定机电黑龙江分公司要求就剩余工程款在案涉工程折价或者拍卖的价款中优先受偿，符合法律规定，应予支持。《优先受偿权批复》第 4 条规定："建设工程承包人行使优先权的期限为六个月，自建设工程竣工之日或者建设工程合同约定的竣工之日起计算。"本案中，该小区一期、二期消防工程竣工时间均是 2015 年 11 月 20 日，佳定机电黑龙江分公司起诉主张优先受偿权的时间为 2016 年 5 月 4 日，未超过 6 个月的法定期限，故汇鑫公司提出一期消防设施工程款优先受偿权已过期限，没有事实根据，该理由不能成立。

## 裁判规则 377

**承包人为行使建设工程价款优先受偿权而催告发包人付款的，催告的付款期间有约定的从约定，无约定的由承包人单方确定。**

对承包人催告时所确定的付款期限，《民法典》第 807 条的要求是"合理"，并无具体标准，那么承包人应给发包人多长时间才属于"合理期限"呢？

就此问题众说纷纭。有观点主张，根据 FIDIC 文本，应该确定为 28 天。① 也有观点主张应确定为 56 天。② 还有观点主张，应将合理期限的裁量幅度界定为 1—6 个月。③ 而原《合同法（征求意见稿）》则规定为"不得少于 2 个月"④。

需注意的是，承包人催告付款的前提是"发包人未按照约定支付价款"。也就

---

① 参见王建东：《评〈合同法〉第 286 条》，载《中国法学》2003 年第 2 期。

② 参见李晓春：《建设工程适用留置权制度之立法思考》，载《政治与法律》2006 年第 4 期。

③ 参见林一主编：《建设工程施工合同纠纷案件审判实务》，法律出版社 2015 年版，第 309 页。

④ 参见全国人大常委会法制工作委员会民法室编著：《〈中华人民共和国合同法〉及其重要草稿介绍》，法律出版社 2000 年版，第 133 页。

是说，在承包人催告之前，付款期已经届至，发包人知道应当履行付款义务，理应已经筹措好相应资金，故无须给其额外的资金准备期。尤其重要的是，如前所述，催告付款期间与承包人行使优先受偿权的期间构成包含关系，也即催告期间会压缩承包人行使优先受偿权的期间。因此，催告的付款期间有约定的从约定，无约定的由承包人单方确定即可，无须给发包人较长的付款准备期。在下述【典型案例377】与“翟福良与济宁金城房地产综合开发有限责任公司建设工程施工合同纠纷案”[①]中，在发包人欠付工程款的情况下，承包人催告付款时，给予发包人的付款准备期仅有15天，法院即认为，承包人已对发包人履行了在合理期限内付款的催告义务。在“通州建总集团有限公司与青岛亿路发房地产开发有限公司建设工程施工合同纠纷案”[②]中，承包人催告付款时给予发包人的付款准备期仅为3天，法院也认可了该催告付款期的合法性。

**典型案例377**

## 刘晓华与湖北丰硕农业科技有限公司等建设工程施工合同纠纷案[③]

### 基本案情

2011年9月1日，刘晓华、李作洪与湖北丰硕农业科技有限公司（以下简称丰硕公司）订立《合同书》约定，丰硕公司将公司办公楼和宿舍楼主体工程发包给刘晓华、李作洪承建。在办公楼施工到第三层时，三方达成协议：由丰硕公司支付李作洪前期工程款240万元，李作洪退出工程建设，余下工程由刘晓华独自承建。李作洪退出后，刘晓华继续施工，并进行了其他钢结构工程基础、花砖、地坪、化粪池、下水道等的建设施工。2012年4月1日，刘晓华承建的办公楼办理了竣工验收备案。2012年8月9日，刘晓华向丰硕公司时任法定代表人晁增宏发出

① 参考案例404：翟福良与济宁金城房地产综合开发有限责任公司建设工程施工合同纠纷案，山东省济宁市任城区人民法院（2020）鲁0811民初13515号民事判决书。

② 参考案例405：通州建总集团有限公司与青岛亿路发房地产开发有限公司建设工程施工合同纠纷案，山东省青岛市中级人民法院（2022）鲁02民初367号民事判决书。

③ 典型案例377：刘晓华与湖北丰硕农业科技有限公司等建设工程施工合同纠纷案，湖北省高级人民法院（2018）鄂民再212号民事判决书。

《行使优先受偿权通知书》，要求以其为该公司承建的工程折价或拍卖款优先清偿所欠工程款，并在15日内办理完毕。后刘晓华诉至法院，要求丰硕公司支付工程款1000万元，并主张对其承建的工程在1000万元工程款内享有优先受偿权。

## 法院观点

湖北省高级人民法院（再审法院）认为，《合同法》第286条规定："发包人未按照约定支付价款的，承包人可以催告发包人在合理期限内支付价款。发包人逾期不支付的，除按照建设工程的性质不宜折价、拍卖的以外，承包人可以与发包人协议将该工程折价，也可以申请人民法院将该工程依法拍卖。建设工程的价款就该工程折价或者拍卖的价款优先受偿。"这是建设工程承包人享有优先受偿权的法律依据。结合本案事实，案涉建设工程于2012年4月竣工后，刘晓华即在6个月内催款并发出《行使优先受偿权通知书》，要求以其为丰硕公司承建的工程折价或拍卖款优先清偿所欠工程款。现刘晓华提起诉讼以期通过审判和执行的方式对丰硕公司未支付的工程价款实现其优先受偿权，并无不当。因丰硕公司未支付的工程价款为750万元，故刘晓华享有诉争工程优先受偿权的具体金额为750万元。

## 裁判规则378

**《建设工程施工合同解释（一）》第41条规定的18个月期间，发承包双方可以约定缩短、不得约定延长，但在工程款债权诉讼时效首次起算前约定工程款延期支付导致优先受偿权行使期间相应延后的除外。**

如前所述，《建设工程施工合同解释（一）》第41条规定的优先受偿权行使期间系除斥期间。对该期间，当事人可否约定延长或缩短？

有观点认为，该期限的长短涉及承包人、发包人和与建设工程有关的其他债权人的利益，应当由法律出作出强制性规定，而不允许当事人约定延长或缩短。① 也

① 参见汪治平：《建设工程价款优先受偿权的若干问题》，载《人民司法》2002年第8期。

有观点认为，“当事人可以事先约定承包人行使优先受偿权的合理期限”①。

就此问题，应当区分是延长还是缩短，分别判断。如约定缩短，约定有效；如约定延长，延长部分无效。《广东省高级人民法院关于在审判工作中如何适用〈合同法〉第286条的指导意见》（粤高法〔2004〕2号）第12条第1款规定：“承、发包双方当事人在合同中约定行使工程价款优先受偿权期限的，该约定有效。但在2002年12月28日②之后，承、发包双方当事人在合同中约定行使建设工程价款优先受偿权的期限超过6个月的，超过部分无效。”一方面，由于优先受偿权具有对世性，如果发承包双方约定延长优先受偿权的行使期间（如延长至36个月），则发包人的其他债权人的利益将因此遭受不利影响，也即发承包双方延长优先受偿权行使期间的约定将损及第三人利益，不应得到支持。另一方面，如发承包双方约定缩短优先受偿权的行使期间，则无损于第三人的利益。结合《建设工程施工合同解释（一）》第42条原则上允许发包人与承包人约定放弃或者限制建设工程价款优先受偿权，而缩短优先受偿权的行使期间与限制优先受偿权没有本质区别，应当予以准许。

所谓“但在工程款债权诉讼时效首次起算前约定工程款延期支付导致优先受偿权行使期间延后的除外”，“如果确因双方原因或者客观情况导致发包人不能按建设工程施工合同约定的期限支付建设工程价款，双方另行协商变更建设工程价款支付时间的，除非双方当事人恶意延长建设工程价款支付期限以损害抵押权人、发包人的其他债权人为目的，应当以发包人和承包人协商变更后的建设工程价款支付时间为建设工程价款优先受偿权除斥期间的起算点”③。例言之，根据施工合同约

① 最高人民法院民事审判第一庭编著：《最高人民法院新建设工程施工合同司法解释（一）理解与适用》，人民法院出版社2021年版，第421页。

② 即《优先受偿权批复》第4条规定的施行时间。

③ 最高人民法院民事审判第一庭编著：《最高人民法院新建设工程施工合同司法解释（一）理解与适用》，人民法院出版社2021年版，第427、428页；谢勇：《建设工程施工合同案件裁判规则解析》，中国法制出版社2020年版，第264页。《福建省高级人民法院当前我省涉建工纠纷审判调研 问答·案例·白皮书》（2022年9月）第17条也规定：“应付款时间经发包人与承包人协商而延长的，建设工程价款优先受偿权的起算点随之延长。但为避免发包人与承包人恶意串通，损害银行等其他债权人利益，人民法院应主动审查承、发包人的主观意愿及是否存在损害第三人利益的情形。如不存在，以双方另行协商确定的付款时间作为应付款时间。如恶意串通，则应以原合同约定的付款日期为应付款时间。”

定，工程款债权应于2021年1月1日届期，优先受偿权行使期间相应地于2021年1月1日起算，于2022年6月30日届满。若发、承包双方于2020年12月1日约定，工程款债权延期至2021年7月1日届期，优先受偿权行使期间相应地应于2021年7月1日起算，于2022年12月31日届满。在此情况下，优先受偿权的存续期限并未延长，只是由于起算时间延后导致期满时间相应延后。下述【典型案例378】即为适例。但需注意的是，该变更付款时间的约定，应限定在原定付款期限届满前。如原定付款期限届满后再约定变更付款时间，则应适用【裁判规则380】。

**典型案例378**

## 中国葛洲坝集团机电建设有限公司与山西能投光伏农业发展有限公司等建设工程施工合同纠纷案①

### 基本案情

2016年12月28日，中国葛洲坝集团机电建设有限公司（以下简称葛洲坝机建公司）与山西能投光伏农业发展有限公司（以下简称光伏农业公司）签订《工程总承包合同》约定，葛洲坝机建公司以总金额14,000万元提供光伏电站工程设计、采购和施工（EPC）交钥匙工程承包工作；电站性能验收完成7个工作日内，支付至项目合同总价的75%（含预付款）作为验收款项；全部工程竣工合格验收合格后的一年内，支付合同总价的15%；全部工程竣工合格验收合格后的两年内，发包方无质量异议的，支付合同总价的10%。合同签订后，葛洲坝机建公司按约履行了承建义务。2017年4月，项目电站具备送电条件。2017年6月26日，案涉项目电站并网试运前阶段通过质量监督检查。2017年10月18日，双方签订《阳曲县20MW分布式光伏发电项目工程总承包合同之补充协议一》约定：(1)光伏农业公司应于2017年10月30日前完成合同款75%的付款；(2)若光伏农业公司在2017年11月15日前仍未完成合同款75%的付款，则葛洲坝机建公司有权选

① 典型案例378：中国葛洲坝集团机电建设有限公司与山西能投光伏农业发展有限公司等建设工程施工合同纠纷案，最高人民法院（2019）最高法民终250号民事判决书。

择单方解除本协议，且有权要求光伏农业公司按照总包合同承担逾期付款的违约责任，逾期付款的违约责任从2017年6月26日项目并网发电之日起计算。后因光伏农业公司未按约付款，葛洲坝机建公司于2018年3月7日诉至法院，要求光伏农业公司按照《工程总承包合同》支付工程款14,000万元，并主张享有《合同法》第286条规定的优先受偿权。光伏农业公司抗辩称，工程竣工时间为2017年6月26日，至葛洲坝集团机建公司2018年3月7日起诉时，已经超过了6个月建设工程优先受偿权法定行使期间。

## 法院观点

最高人民法院认为，因双方于2017年10月18日签订《阳曲县20MW分布式光伏发电项目工程总承包合同之补充协议一》，对光伏农业公司的最后付款期限进行了重新约定，即要求光伏农业公司于2017年11月15日前付清合同款的75%。《2018年建工解释》第22条规定："承包人行使建设工程价款优先受偿权的期限为六个月，自发包人应当给付建设工程价款之日起算。"本案优先受偿权行使期限起算时间应为2017年11月15日，故至葛洲坝机建公司2018年3月7日提起本案诉讼时，并未超过6个月的建设工程价款优先受偿权行使期限。

## 裁判规则379

**优先受偿权是工程款债权的担保性从权利，只有工程款债权届期，优先受偿权才具备行使条件。优先受偿权行使期限的起算时间应与工程款债权诉讼时效的首次起算时间保持一致。**

根据《建设工程施工合同解释（一）》第41条的规定，优先受偿权的行使期间"自发包人应当给付建设工程价款之日起算"。对此应当如何理解？

实践中，此问题争议极大。有观点认为，如果双方未进行结算，工程价款尚不确定，根据《建设工程施工合同解释（一）》第27条，工程实际交付的，该期限自交付之日起算；工程未交付的，该期限自起诉之日起算。[1]《天津市高级人民法

[1] 参见最高人民法院民事审判第一庭编著：《最高人民法院新建设工程施工合同司法解释（一）理解与适用》，人民法院出版社2021年版，第424、425页。

院关于审理建设工程施工合同纠纷案件相关问题的审判委员会纪要》（2020年12月9日）第7条规定："依据建设工程司法解释（二）第22条规定，建设工程价款优先受偿权行使期限的起算点，区分以下情形确定：（1）施工合同对建设工程价款的支付时间、方式有约定的，以合同约定的工程价款支付时间作为起算点。（2）施工合同对建设工程价款的支付时间、方式未约定或者约定不明，建设工程已交付或者竣工结算文件依约视为发包人认可的，以交付之日或者提交竣工结算文件之日作为起算点；工程未交付，且工程价款未结算的，以起诉之日作为起算点。（3）施工合同解除或者终止履行，且工程价款未结算，当事人就工程价款支付事宜达成合意的，以双方约定的工程价款支付时间作为起算点。当事人未就工程价款支付事宜达成合意，但工程已交付的，以交付之日作为起算点；工程未交付的，以起诉之日作为起算点。（4）施工合同被认定无效，但建设工程经竣工验收合格的，可参照该合同约定的应付工程价款时间认定优先受偿权行使期限的起算点。"《福建省高级人民法院当前我省涉建工纠纷审判调研　问答·案例·白皮书》（2022年9月）第18条、《陕西省高级人民法院关于审理建设工程施工合同纠纷案件若干问题的解答》（陕高法〔2020〕113号）第15条则规定，应按照《建设工程施工合同解释（一）》第27条确定优先受偿权的起算时间。

优先受偿权是工程款债权的担保性从权利，只有工程款债权已届履行期，承包人的工程款请求权才能得到支持，主张优先受偿权才有意义。换言之，优先受偿权以发包人应付而未付工程款为成立条件。而发包人应付而未付工程款的，根据《民法典》第188条第2款的规定，应当起算工程款债权的诉讼时效。因此，优先受偿权行使期限的起算时间应与工程款债权诉讼时效的首次起算时间保持一致，明确了工程款债权诉讼时效的首次起算时间，也就明确了优先受偿权行使期限的起算时间，并无单独讨论优先受偿权行使期限起算时间的必要。至于为何限定为工程款债权诉讼时效的"首次"起算时间，请参见下述【裁判规则380】。

典型案例 379

# 钟开明与四川中腾能源科技有限公司破产债权确认纠纷案①

## 基本案情

2012年7月12日、2013年2月18日，钟开明与四川中腾能源科技有限公司（以下简称中腾公司）先后签订3份《建设工程劳务承包合同》约定，钟开明承接中腾公司的30万吨/年碳四改质装置基础工程的人工、机具、低消及脚手架、模板等工程，20万吨/年液化气深加工项目装置工程人工、机具、低消及脚手架、模板等工程，22万吨/年二甲苯异构体混合物技改工程人工、机具、低消等工程；中腾公司应在当月25日结算钟开明完成的工程量，次月5日前支付钟开明完成工程量的90%的工程款，余10%在工程全部完工后1个月内一次性支付钟开明。2014年12月25日，双方就20万吨/年液化气深加工项目装置工程和22万吨/年二甲苯异构体混合物技改工程价款进行了结算；2015年1月20日，双方就30万吨/年碳四改质装置基础工程和生活区工程价款进行了结算。2015年6月29日、2015年12月11日，中腾公司与农行大英县支行签订《最高额抵押合同》，用该公司相应资产作为抵押担保，抵押财产范围涵盖案涉工程。2016年9月8日，中腾公司与钟开明达成《工程结算协议》约定，钟开明承建的前述三项工程，经双方审核后工程款总金额为17,464,651.56元，已经支付13,475,000元，尚欠3,989,651.56元。中腾公司在2018年开始五年内均衡支付欠款（每年平均支付79.8万元）。后因中腾公司进入破产程序，钟开明诉至法院，要求确认就3,989,651.56元工程价款享有优先受偿权。就优先受偿权的起算时间，钟开明认为，“应当给付建设工程价款之日”应根据双方于2016年9月8日达成的《工程结算协议》中约定的“在2018年开始五年内均衡支付欠款”来认定，故优先受偿权的行使没有超过6个月期限；中腾公司认为，“应当给付建设工程价款之日”应根据《建设工程劳务承包合同》

① 典型案例379：钟开明与四川中腾能源科技有限公司破产债权确认纠纷案，四川省遂宁市中级人民法院（2019）川09民终922号民事判决书。

对价款支付的约定，结合双方就工程价款实际结算的时间来认定。双方于2015年1月20日就最后一项工程完成了结算，故中腾公司应在2015年2月20日前完成所有工程价款的支付，优先受偿权至2015年8月20日消灭。

### 法院观点

遂宁市中级人民法院认为，建设工程价款优先受偿权系法定优先权，其具有优先于普通债权和抵押权的属性，故对其适用应严格予以限制。首先，根据《2018年建工解释》第22条，钟开明行使建设工程价款优先受偿权的期限从应当给付建设工程价款之日开始计算。本案中，钟开明与中腾公司共订立3个合同，截至2015年1月20日，钟开明与中腾公司所有工程已结算完毕。《建设工程劳务承包合同》约定，“甲方在当月25日结算乙方完成的工程量，次月5日前支付乙方完成工程量的90%，余10%在工程完工后1月内一次性支付乙方”。据此，中腾公司应当在2015年2月20日前支付钟开明全部工程款，也即钟开明行使建设工程价款优先受偿权的期限应当从2015年2月20日开始计算，至2015年8月20日截止。其次，法律督促当事人须在应付工程价款之日起6个月内主张工程价款优先受偿权，该6个月期限为除斥期间，不得延长、中断。至2015年8月20日止，钟开明未就建设工程价款优先受偿权主张权利，因怠于行使该项权利，其已经丧失主张建设工程价款优先受偿权的权利。最后，虽然钟开明与中腾公司在2016年9月8日达成《工程结算协议》，但在该协议签订前，钟开明已经丧失主张建设工程价款优先受偿权的权利，若此时仍然允许当事人肆意顺延付款期限，以延长建设工程价款优先受偿权的行使期限，也就规避了《2018年建工解释》中关于建设工程价款优先受偿权行使期限的规定，势必会损害抵押权人和其他债权人的合法权益。据此，在钟开明向债务人管理人申报债权时，其已丧失主张建设工程价款优先受偿权的权利，其要求法院确认享有建设工程价款优先受偿权的请求不应得到支持。

### 裁判规则380

**工程款债权诉讼时效首次起算后，诉讼时效中断的，已经起算的优先受偿权行使期间不受影响。**

工程款债权的诉讼时效存在中止、中断或延长的问题。根据《民法典》第188条与第194条的规定，诉讼时效中止发生在3年诉讼时效期间的最后6个月内。因此，工程款债权诉讼时效中止时，诉讼时效起算已经超过两年半，优先受偿权的存续期间早已届满。在诉讼时效延长的情形下，优先受偿权18个月的存续期间更是早已届满。有必要讨论的是，工程款债权诉讼时效中断的，是否对优先受偿权的行使期间有影响？

实践中，工程款债权诉讼时效起算后，发承包双方协商一致延迟付款的，法院认定优先受偿权的行使期间相应顺延的情况，不乏其例。例如“天津深南建设发展有限公司与中国建筑第八工程局有限公司建设工程施工合同纠纷案”①。然而，虽然优先受偿权行使期限的起算时间应与工程款债权诉讼时效的首次起算时间保持一致，但二者在期限性质上判然有别。前者为除斥期间，后者为诉讼时效；而除斥期间不能中止、中断或延长。因此，在工程款债权的诉讼时效首次起算时，优先受偿权的期限一并起算。其后，如承包人主张债权或双方另行达成延期付款协议，导致工程款诉讼时效中断并重新起算，已经起算的优先受偿权的行使期限不发生中断而继续计算。

大量判决以工程款金额确定之日作为工程款债权诉讼时效的起算之日，其原因在于，在满足约定的工程款支付条件后的3年内，承包人未与发包人进行结算或未要求发包人结算的情形，几乎不存在。通常情况是，在满足合同约定的支付条件后，发承包双方经多次磋商——诉讼时效相应地多次中断，并在最后一次中断之后的3年内达成结算协议。所以，以工程款金额确定——达成结算——的时间作为工程款债权诉讼时效的起算点，并不违反诉讼时效制度的规定。但是，优先受偿权的行使期间属于除斥期间，一旦起算，不发生中止、中断、延长，这也就意味着，发、承包双方在满足合同约定支付条件之后的结算或要求结算的行为，并不会导致优先受偿权行使期间的重新起算。下述【典型案例380】即认为，工程款债权诉讼时效起算（优先受偿权行使期间一并起算）后，工程款债权诉讼时效虽因起诉（后撤诉）而中断，但已经起算的优先受偿权行使期间不受影响。

正因如此，前述【裁判规则378】提出——因约定工程款延期支付导致优先受

① 参考案例406：天津深南建设发展有限公司与中国建筑第八工程局有限公司建设工程施工合同纠纷案，最高人民法院（2020）最高法民终62号民事判决书。

偿权期间相应延后，应限定为延期付款的约定发生在原定付款期限届满前。在原定付款期限届满前约定延期付款的，工程款债权的首次起算时间为变更后的付款时间，优先受偿权相应地延后至变更后的付款时间。在“中国葛洲坝集团机电建设有限公司与山西能投光伏农业发展有限公司建设工程施工合同纠纷案”① 中，当事人在原定付款期限届满前协议延后付款期，最高人民法院即以变更后的付款时间作为优先受偿权的起算时间；但在原定付款期限届满后约定延期付款的，工程款债权的诉讼时效虽自变更后的付款时间重新起算，但优先受偿权的行使期限则自原定付款期限届满之日起算，不再发生变更。

**典型案例 380**

## 衡阳市长江建设工程有限责任公司等与福建好的板科技有限公司别除权纠纷案②

### 基本案情

2012年12月10日，福建好的板科技有限公司（以下简称好的板公司）与衡阳市长江建设工程有限责任公司（以下简称长江建设公司）签订《福建“好的板”厂区工程施工承包合同》约定，长江建设公司承建霞浦县松港街道大沙工业区35—38号的厂区土建、钢结构等工程。2014年11月11日，双方进行工程结算，确认工程审核造价为97,416,294.79元。2015年4月2日，好的板公司开具34张共计金额79,888,500元的支票，以支付该工程款。因支票不能兑现，长江建设公司诉至深圳市中级人民法院，深圳市中级人民法院判令好的板公司应偿还工程欠款79,888,500元。2016年12月6日，长江建设公司向宁德市中级人民法院起诉，主张建设工程价款优先受偿权，后因长江建设公司未在指定期限内缴纳诉讼费，该案按自动撤诉处理。其后，好的板公司进入破产程序。2018年2月14

① 参考案例407：中国葛洲坝集团机电建设有限公司与山西能投光伏农业发展有限公司建设工程施工合同纠纷案，最高人民法院（2019）最高法民终250号民事判决书。

② 典型案例380：衡阳市长江建设工程有限责任公司等与福建好的板科技有限公司别除权纠纷案，福建省宁德市中级人民法院（2018）闽09民终1337号民事判决书、福建省高级人民法院（2019）闽民申4701号民事裁定书。

日，长江建设公司向管理人申报79,888,500元债权，并主张优先权。因管理人未支持优先权，长江建设公司诉至法院，请求确认长江建设公司对“福建好的板厂区工程项目”工程折价或者拍卖的价款在79,888,500元范围内享有优先受偿权。长江建设公司认为，双方约定工程款分期支付，优先受偿权的起算点至少亦应自全部债权应届清偿期之日——2016年7月12日起算，长江建设公司在2016年12月6日就优先受偿权事宜起诉到宁德市中级人民法院，故优先受偿权没有超过法定期限。管理人辩称，案涉工程于2014年11月11日竣工，优先受偿权的期限应自2014年11月11日起算，长江建设公司于2016年12月6日向宁德市中级人民法院起诉主张优先受偿权，已远超法定期限。

## 法院观点

福建省高级人民法院认为，《优先受偿权批复》第4条规定：“建设工程承包人行使优先权的期限为六个月，自建设工程竣工之日或者建设工程合同约定的竣工之日起计算。”双方于2014年11月11日进行结算，确认了工程审核造价。此时，长江建设公司即可以主张建设工程价款优先受偿权，但长江建设公司并未提供证据证实其在讼争工程竣工后6个月内主张过优先受偿权。在深圳市中级人民法院受理的案件中，长江建设公司亦未主张工程款的优先受偿权。直到2016年12月6日，长江建设公司就讼争债权向宁德市中级人民法院起诉主张优先受偿权，已明显超过法定期限。且该案因长江建设公司未缴纳诉讼费用，宁德市中级人民法院按其撤回起诉处理，表示其已撤回行使优先受偿权的主张。优先受偿权的行使期限为除斥期间，并非诉讼时效期间，长江建设公司主张即使该案按撤诉处理，仍产生期间中断的后果，缺乏法律依据。即使按长江建设公司主张，双方已就工程款约定分期支付，优先受偿权行使期限的起算点至少应自全部债权应届清偿期之日即2016年7月12日起算，其于本案就讼争债权主张优先受偿权，亦已超过法定期限。

## 裁判规则381

**质量保证金的优先受偿权行使期间应根据支付质量保证金的时间单独计算，但该起算时点仅及于质量保证金本身，不及于之前已经到期的工程款债权。**

如前所述，质量保证金属于工程价款的组成部分，应受优先受偿权的担保。但质量保证金的支付时间与缺陷责任期挂钩，有别于结算款的支付时间，这就导致质量保证金的优先受偿权行使期间有别于结算款。

有观点认为，《民法典》第189条规定："当事人约定同一债务分期履行的，诉讼时效期间自最后一期履行期限届满之日起计算。"质量保证金作为工程价款的组成部分，本质上属于最后一期工程款，据此，应以支付质量保证金之日作为工程价款优先受偿权的起算时点。在下述【典型案例381】中，北京首钢建设集团有限公司在上诉中就提出，质保金属于工程价款的组成部分，受优先受偿权的保障，故应以质保金的返还日期作为整个案涉建设工程价款优先受偿权行使期限的起算时点。但多数观点认为，"作为工程价款一部分的质保金的起算点，从质保金应予返还之日开始计算"[①]，除质量保证金以外的工程结算款，则自结算款债权到期之日起算。

质量保证金作为承包人在缺陷责任期履行保修义务的担保，自扣除之日起已经与应付工程款相分离。例如，承包人不按约履行维修义务，发包人有权直接扣减质量保证金，这就导致质量保证金的退还具有或然性而非必然性。因此，质量保证金与工程结算款的关系并非严格意义上的同一债务分期履行，不应适用《民法典》第189条的规定。基于质量保证金与工程结算款分离的属性，二者应分别适用不同的优先受偿权行使期限的起算时点。

**典型案例381**

## 北京首钢建设集团有限公司与通化市诚信房地产开发有限责任公司建设工程施工合同纠纷案[②]

### 基本案情

2013年6月18日，就阳光颐水铭苑综合住宅小区二标段、三标段，通化市诚

① 李玉生主编：《建设工程施工合同案件审理指南》，人民法院出版社2019年版，第291页。《福建省高级人民法院当前我省涉建工纠纷审判调研 问答·案例·白皮书》（2022年9月）第18条第2款第2项也规定，质保金作为工程价款一部分，其优先受偿权起算点为质保金应予返还之日。

② 典型案例381：北京首钢建设集团有限公司与通化市诚信房地产开发有限责任公司建设工程施工合同纠纷案，最高人民法院（2020）最高法民终1192号民事判决书。

信房地产开发有限责任公司（以下简称诚信公司）与北京首钢建设集团有限公司（以下简称首钢建设）签订的两份《建设工程施工合同》均约定：竣工验收备案手续完成后付款至工程结算额的95%，余下5%为质保金，1年以后返还。2015年11月20日，阳光颐水铭苑2号、3号、13号、14号楼取得城建工程档案验收合格证。2017年1月25日，首钢建设提起本案诉讼，要求诚信公司支付工程款，并主张就工程款享有优先受偿权。就优先受偿权，法院认为，首钢建设在2015年5月之前已经将案涉工程交付诚信公司，故诚信公司应当于2015年5月给付工程价款，即自该时起算首钢建设行使工程价款优先受偿权的6个月期限，至2015年11月结束。但首钢建设于2017年1月25日提起本案诉讼，已经超出工程价款优先受偿权的行使期限14个月之久，故其关于对案涉工程享有工程价款优先受偿权的主张，不予支持。首钢建设上诉称，质保金属于工程价款的组成部分，故应以质保金的返还日期作为整个案涉建设工程价款优先受偿权行使期限的起算时点。

## 法院观点

最高人民法院认为，第一，2015年11月20日，案涉工程取得城建工程档案验收合格证，已经符合双方约定的付款至95%的条件。也即自此日开始，可以起算首钢建设行使优先受偿权的期限。而首钢建设于2017年1月25日才提起本案诉讼，已经超过6个月，故针对诚信公司应付的95%的工程款，首钢建设不享有优先受偿权。第二，对于工程结算总额5%的部分（质保金），根据合同约定，应自竣工验收合格1年后开始支付。即自2016年11月20日起，诚信公司始负担返还该质保金的义务。首钢建设请求就该部分工程款行使优先受偿权的期限届满日为2017年5月20日。首钢建设于2017年1月25日即提起本案诉讼，故对于该124, 549, 915. 60元×5%＝6, 227, 495. 78元应付工程款，首钢建设享有优先受偿权。第三，质量保证金虽然属于建设工程价款的一部分，其在能够对施工工程取得优先受偿权上与工程款是一致的，但是就质量保证金的功能来看，其系施工单位在工程保修书中承诺，在建筑工程竣工验收交付使用后，从交付的建设工程款中预留的用于维修建筑工程的资金。因此，该款项虽然来源于工程款，但是在功能上却发挥着保证金的作用。该保证金的返还日期具有区别于工程款支付期限的单独要求，通常需要通过当事人的约定，明确在一定的保证期满以后，建设单位将质量保证金返还给施工单位。就此而言，质量保证金是为保障工程质量而自工程款中扣除，自扣除之日起其已经与整个工程应付工程款相分离。因此，对该返还义务的具体履行期限，需要基于合同的特殊约定来确定。据此，在质量保证金与工程价款存在上述功能上的区分的情况下，不应该以建设单位返还质量保证金的时间作为应付工程款的时间。

## 裁判规则382

**发包人用商业承兑汇票支付工程款，在该汇票实际兑付前，应认定工程款未获支付。该汇票对应金额的工程款属于优先受偿权的担保范围，优先受偿权的行使期限从汇票载明兑付日的次日起计，但承包人已经背书转让票据的除外。**

如【裁判规则264】所述，发包人以商业承兑汇票支付工程款，后该商业承兑汇票未能实际兑付的，就未实际兑付部分，根据请求权竞合规则，承包人可以就票据追索权与工程款债权择一行使。在承包人行使工程款债权或票据追索权时，是否依然享有优先受偿权？该优先受偿权的行使期限从何时起计？

发包人开具或背书转让承兑汇票，只是履行债务的一种方式，在性质上相当于承诺支付，并不代表债务已经清偿。如承包人向付款人提示付款被拒，则意味着建设工程施工合同项下的债权并未实际得到清偿。在此情形下，即便承包人选择行使票据追索权，其目的仍在于消灭工程款债权。票据追索权实现，工程款债权才告消灭。承包人选择票据追索的方式主张权利，并不意味着承包人对基于原因关系而产生的工程价款优先受偿权的放弃。在“中国化学工程第六建设有限公司与山东统洲化工有限公司建设工程价款优先受偿权纠纷案”① 中，山东统洲化工有限公司通过东辰控股集团有限公司以商业承兑汇票向中国化学工程第六建设有限公司（以下简称中化六建）支付工程进度款320万元，因出票人账户余额不足而未获付款，中化六建提起票据追索权纠纷诉讼，达成付款调解协议但未获履行，中化六建又向法院提起确认优先权的诉讼。法院即认为，承包人在票据追索权纠纷案中主张

① 参考案例408：中国化学工程第六建设有限公司与山东统洲化工有限公司建设工程价款优先受偿权纠纷案，山东省东营市中级人民法院（2019）鲁05民初547号民事判决书。

票据权利，并未涉及工程款优先权，其在本案中主张优先权并不违反“一事不再理”原则，进而支持了承包人的请求。因此，应当认为，在承包人选择行使票据追索权时，依然享有优先受偿权，只要承包人在法律规定的期限内主张工程价款优先受偿权即可。

在承包人选择行使票据追索权或工程款债权时，对优先受偿权行使期限的起算时点，存在三种观点：一是商票交付承包人之日；二是商票到期之日；三是起诉之日。由于商票到期未获支付之日即为工程款欠付之日，故宜采第二种观点——自商票到期之日起算优先受偿权的行使期间。至于“但承包人已经背书转让票据的除外”，请参见前述【裁判规则 264】的论述。

**典型案例 382**

## 苏州金螳螂建筑装饰股份有限公司与苏州朗捷通智能科技有限公司装饰装修合同纠纷案①

### 基本案情

2014 年 4 月 28 日、10 月 24 日，苏州金螳螂建筑装饰股份有限公司（以下简称金螳螂公司）、苏州朗捷通智能科技有限公司（以下简称朗捷通公司）作为承包人，新方盛公司作为发包人，就珠海宝塔明珠酒店工程项目装饰及智能化工程先后签订了《施工合同》《补充协议》。2016 年 3 月 30 日，案涉工程甩项竣工。2016 年 9 月 1 日，三方结算确认，案涉工程结算金额为 8340 万元。2017 年 12 月 15 日，三方签订《付款协议》约定，本协议签订生效后 7 日内，新方盛公司向金螳螂公司、朗捷通公司支付现金 1000 万元，同时开具总金额 8365 万元的商业承兑汇票，兑付期限不超过 180 天。后新方盛公司向金螳螂公司、朗捷通公司分别开出了商业承兑汇票，但到期未能兑付。金螳螂公司、朗捷通公司确认，截至 2018 年 9 月 27 日，新方盛公司实际支付工程款 4338.19 万元。后金螳螂公司、朗捷通公司诉至法院，要求新方盛公司支付欠付的工程款 40,018,100 元，确认金螳螂公司、朗捷通

① 典型案例 382：苏州金螳螂建筑装饰股份有限公司与苏州朗捷通智能科技有限公司装饰装修合同纠纷案，广东省高级人民法院（2019）粤民终 2776 号民事判决书。

公司对珠海宝塔明珠酒店工程享有优先受偿权。

### 法院观点

案涉工程的工程款总额为8340万元，新方盛公司已经以汇款及房产抵顶的方式支付了4338.19万元，尚欠4001.81万元，各方均无争议。针对优先受偿权，一审法院（珠海市中级人民法院）认为，2017年12月15日的《付款协议》约定，协议生效后7日内，新方盛公司向金螳螂公司、朗捷通公司支付现金1000万元，并开具总金额8365万元的商业承兑汇票，因此，新方盛公司应付工程款的时间为2017年12月22日。根据《2018年建工解释》第22条的规定，金螳螂公司、朗捷通公司应当自此时起6个月内即2018年6月22日前主张对案涉工程享有优先受偿权，但金螳螂公司、朗捷通公司于2019年1月3日才提起本案诉讼主张优先受偿权，已经超过法定的期间，不予支持。但广东省高级人民法院在二审中认为，新方盛公司根据《付款协议》约定，向金螳螂公司、朗捷通公司开具10张总金额为8365万元的商业承兑汇票，最迟的一张汇票到期日为2018年7月13日，根据《票据法》第25条关于"付款日期为汇票到期日"的规定，新方盛公司应付最后一笔工程款的日期为2018年7月13日。金螳螂公司、朗捷通公司于2019年1月3日提起本案诉讼主张优先受偿权，未违反《2018年建工解释》第22条规定的6个月期限，金螳螂公司、朗捷通公司有权主张案涉装饰装修工程价款就该装饰装修工程折价或者拍卖的价款优先受偿。一审法院以新方盛公司出具上述10张商业承兑汇票的时间作为其应付工程款时间，存有不当，依法予以纠正。

## 9.7 建设工程价款优先受偿权的行使

对于建设工程价款优先受偿权的行使，《民法典》第807条规定："发包人未按照约定支付价款的，承包人可以催告发包人在合理期限内支付价款。发包人逾期不支付的，除根据建设工程的性质不宜折价、拍卖外，承包人可以与发包人协议将该工程折价，也可以请求人民法院将该工程依法拍卖。建设工程的价款就该工程折价或者拍卖的价款优先受偿。"其中，第1句规定了催告程序；第2句规定了协议折价、请求法院拍卖的行权方式；第3句规定了优先受偿的法律后果。

## 裁判规则383

**承包人行使优先受偿权，以催告发包人支付工程款而发包人在合理期限内未为支付为前置程序。但承包人直接起诉要求支付工程款且一并主张优先受偿权的，可将起诉行为视为催告、审理期间视为合理期限。**

《民法典》第807条第1句规定："发包人未按照约定支付价款的，承包人可以催告发包人在合理期限内支付价款。"由于在"催告"前的用语是"可以"，故就催告付款是否构成行使建设工程价款优先受偿权的前置程序存在争议。

有观点认为，"在是否催告发包人这一点上，法律规定的性质属于授权性规范，而不是强制性规范，所以承包人可以催告发包人，也可以不催告发包人，由承包人根据具体情况而定"[①]。吉林省高级人民法院在"白城市恒大地产开发有限公司与吉林省惠德建工集团有限公司建设工程施工合同纠纷案"[②]中即持这一观点。全国人大常委会法工委民法室则认为，"发包人不支付价款的，承包人不能立即将该工程折价、拍卖，而是应当催告发包人在合理期限内支付价款。如果在该期限内，发包人已经支付了价款，承包人只能要求发包人承担支付约定的违约金或者支付逾期的利息、赔偿其他损失等违约责任"[③]。最高人民法院在制订《建设工程施工合同解释（一）》时也认为，"《合同法》第286条还规定承包人在行使优先受偿权之前应予催告"[④]。据此，优先受偿权的行使应遵循如下顺序：发包人未按约付款→承包人催告→发包人未在催告确定的合理期限内付款→承包人行使优先受偿权。其中，催告是行使优先受偿权的前置程序、必经程序。

实践中，承包人往往并未严格按照上述程序行使优先受偿权，通常在请求发包

---

① 余能斌、范中超：《论法定抵押权——对〈合同法〉第286条之解释》，载《法学评论》2002年第1期。

② 参考案例409：白城市恒大地产开发有限公司与吉林省惠德建工集团有限公司建设工程施工合同纠纷案，吉林省高级人民法院（2018）吉民终715号民事判决书。

③ 黄薇主编：《中华人民共和国民法典合同编释义》，法律出版社2020年版，第693页。

④ 最高人民法院民事审判第一庭编著：《最高人民法院新建设工程施工合同司法解释（一）理解与适用》，人民法院出版社2021年版，第420页。

人支付工程欠款时，一并主张优先受偿权。对此，司法实践一般予以认可。[①] 就此，可以采取如下解释路径：将承包人向人民法院提起诉讼的行为视为催告，[②] 案件的审理期间即为催告后的合理期间。若此，承包人直接起诉要求支付工程款且一并主张优先受偿权的，并不违反《民法典》第807条关于催告的程序要求，应当予以支持。除下述【典型案例383】外，还可参见“大荣建设集团有限公司与奉化奥特莱斯实业投资有限公司建设工程合同纠纷案”[③]。

**典型案例383**

## 湖北鄂州鲁班（集团）建筑开发有限责任公司与崔汉水、陈凤华、湖北新杨子房地产开发有限公司建设工程价款优先受偿权纠纷案[④]

### 基本案情

2013年5月2日，湖北鄂州鲁班（集团）建筑开发有限责任公司（以下简称鲁班公司）与湖北新杨子房地产开发有限公司（以下简称新杨子公司）签订《建设工程施工合同》约定，鲁班公司承建武穴市杨子财富广场2号楼主体建筑工程。施工过程中，鲁班公司于2017年9月8日诉至法院，要求新杨子公司支付工程款2500万元。2018年2月2日，双方达成调解协议，武穴市人民法院作出（2017）鄂1182民初1648号民事调解书确认：新杨子公司用房屋折抵应付鲁班公司的工程价款，南侧的房屋按照4100元/平方米计价、北侧的房屋按照3670元/平方米计价，暂抵5000平方米，南北侧各2500平方米。2018年4月26日，经武穴市武穴

① 参见谢勇：《建设工程施工合同案件裁判规则解析》，中国法制出版社2020年版，第240页；最高人民法院民事审判第一庭编著：《最高人民法院新建设工程施工合同司法解释（一）理解与适用》，人民法院出版社2021年版，第213页。

② 参见最高人民法院民事审判第一庭编著：《最高人民法院新建设工程施工合同司法解释（一）理解与适用》，人民法院出版社2021年版，第377、378页。

③ 参考案例410：大荣建设集团有限公司与奉化奥特莱斯实业投资有限公司建设工程合同纠纷案，宁波市奉化区人民法院（2017）浙0213民初1366号民事判决书。

④ 典型案例383：湖北鄂州鲁班（集团）建筑开发有限责任公司与崔汉水、陈凤华、湖北新杨子房地产开发有限公司建设工程价款优先受偿权纠纷案，湖北省黄冈市中级人民法院（2020）鄂11民终1313号民事判决书。

办事处人民调解委员会调解，双方达成了如下协议：(1) 新杨子公司应支付已完工的工程价款4300万元；(2) 新杨子公司同意以法院查封的杨子财富广场2号楼19层至29层房屋抵付鲁班公司的工程款；(3) 其他相关事项按武穴市人民法院(2017) 鄂1182民初1648号民事调解书履行。另查明，2015年7月23日，因新杨子公司向崔汉水、陈凤华借款未归还，双方签订《商品房买卖合同》，新杨子公司将杨子财富广场2号楼第29层2903号至2911号9套房屋用于抵偿崔汉水、陈凤华的借款，且办理了网签。后鲁班公司诉至法院，要求确认《商品房买卖合同》无效，鲁班公司对杨子财富广场2号楼第29层2903号至2911号的9套房屋享有优先受偿权。崔汉水、陈凤华辩称，鲁班公司行使优先受偿权没有履行催告程序。

### 法院观点

黄冈市中级人民法院认为，《合同法》第286条规定承包人可以催告发包人在合理期限内支付价款，鲁班公司未经催告程序，亦可直接起诉主张优先受偿权，因为鲁班公司向法院起诉本身也是一种催告。本案中，根据双方约定，新杨子公司应当在2018年6月10日前履行付款义务，鲁班公司应当在6个月内即2018年12月10日前主张优先受偿权，鲁班公司于2018年10月17日向一审法院起诉主张优先受偿权，没有超出上述期限，应予支持。

## 裁判规则384

**发承包双方通过协议折价的方式实现优先受偿权的，自完成折价协议的预告登记、协议约定的物权变动或就折价协议提起诉讼之日起，折价协议具有对抗第三人的效力。**

《民法典》第807条规定“承包人可以与发包人协议将该工程折价”。据此，承包人实现优先受偿权的方式包括直接协议将工程折价，[①] 也即发承包双方之间达成以房抵债的协议。有疑问的是，《建设工程施工合同解释（一）》第41条所规定的18个月期间，是指达成折价协议的时间，还是协议履行完毕——完成房

① 参见谢勇：《建设工程施工合同案件裁判规则解析》，中国法制出版社2020年版，第265页。

屋权属变更——的时间？

有观点认为，“通过协商折价的方式，实现优先受偿权，应以移转建设工程所有权，对建工价款代物清偿为准。单由承包人向发包人发出折价的要约，纯属契约自由，并未实现优先受偿权。双方达成协商折价的合意，也不足以实现优先受偿权。因为该合意不具有对抗效力，也没有清偿建工价款”①。此外，在“招商银行股份有限公司包头分行与贾建军、姜亥军、刘涛案外人执行异议之诉纠纷案”②中，最高人民法院也提出，“以房抵债协议首先以消灭金钱债务为目的，基于以房抵债而拟受让不动产的受让人，在完成不动产法定登记之前，该以房抵债协议并不足以形成优先于一般债权的利益，不能据此产生针对交易不动产的物权期待权”。也有观点认为，《民法典》第 807 条赋予承包人通过与发包人订立协议将工程折价使工程价款得以优先受偿的权利，确定了折价协议具有对抗其他债权人的法律效力。③ 换言之，折价协议的对抗效力源于《民法典》第 807 条的特别规定。“折价协议签订后，发包人、承包人之间形成新的合同关系，原有的建设工程施工合同被折价协议替代”④，承包人基于该折价协议即可享有优先受偿权。

首先需明确的是，优先受偿权的标的物是具体的建筑物，故发承包双方达成的折价协议应当明确具体房屋及对应抵偿的工程款金额。双方仅笼统地对优先受偿权互认，不构成折价协议。在 150 号指导案例——“中国民生银行股份有限公司温州分行诉浙江山口建筑工程有限公司、青田依利高鞋业有限公司第三人撤销之诉案”⑤ 中，法院即认为，浙江山口建筑工程有限公司发出《催款通知书》主张优先权、对方回函认可并非法律规定的行使优先权的方式，也不是司法实务普遍认可的行使方式。

---

① 李建星：《〈民法典〉第 807 条（建工价款的优先受偿权）评注》，载《南京大学学报（哲学·人文科学·社会科学）》2021 年第 4 期。

② 参考案例 411：招商银行股份有限公司包头分行与贾建军、姜亥军、刘涛案外人执行异议之诉纠纷案，最高人民法院（2017）最高法民申 1769 号民事裁定书。

③ 参见王建东：《评〈合同法〉第 286 条》，载《中国法学》2003 年第 2 期。

④ 最高人民法院民事审判第一庭编著：《最高人民法院新建设工程施工合同司法解释（一）理解与适用》，人民法院出版社 2021 年版，第 378 页。

⑤ 参考案例 412：中国民生银行股份有限公司温州分行诉浙江山口建筑工程有限公司、青田依利高鞋业有限公司第三人撤销之诉案，浙江省高级人民法院（2018）浙民申 3524 号民事裁定书。指导案例 150 号。

根据《民法典》第807条的规定，协议折价确系优先受偿权的行使方式之一。但一方面，协议具有相对性，仅对协议当事人具有约束力，也就不具有排除第三人权利的效力；协议不具有公示性，即便发承包双方在优先受偿权行使期限内达成了折价协议，第三人也无从知晓。期限内达成折价协议但期限届满仍未完成物权变动的，从权利外观来看，善意第三人认为优先受偿权已经因逾期而归于消灭，属于合理信赖的范畴；认定折价协议一旦达成就具有对抗第三人的效力，还会诱发发承包双方倒签协议日期的道德风险。另一方面，承包人就未完工程也享有优先受偿权，而未完工程显然难以完成物权的变更登记；只要承包人在18个月内通过起诉、申请仲裁等方式主张优先受偿权，即应认可其享有优先受偿权，而在协议折价的情形下却要求完成物权变动，既会导致不同权利主张方式之间的不平衡，也相当于变相激励承包人起诉或申请仲裁而非自行协商。综合考量两方面因素，应当认为，发承包双方达成的折价协议本身不具有对抗第三人的效力；但折价协议以一定方法公示于外的，如完成折价协议的预告登记，完成协议约定的物权变动，发承包双方就折价协议提起诉讼或申请仲裁，则自公示之日起折价协议具有对抗第三人的效力。

**典型案例384**

## 青岛恒浩建安发展有限公司与韩海岩、青岛康桥地产有限公司等案外人执行异议之诉案[①]

### 基本案情

杨婕诉夏青、王晓惠、夏锡虎、王蕾、索林、青岛康桥地产有限公司（以下简称康桥公司）民间借贷纠纷案，在诉讼过程中，青岛市中级人民法院于2014年10月8日依据杨婕的申请，对位于青岛市204国道188号10号楼、11号楼的25处房产进行了诉讼保全。2015年9月21日，该案终审判决夏青、王晓惠偿还杨婕借款1143万元及相应利息，夏锡虎、王蕾、康桥公司承担连带责任。后杨婕向法院申请强制执行，法院于2016年4月22日发布公告，决定对上述查封的房产进行评估

① 典型案例384：青岛恒浩建安发展有限公司与韩海岩、青岛康桥地产有限公司等案外人执行异议之诉案，山东省高级人民法院（2019）鲁民终749号民事判决书、最高人民法院（2019）最高法民申4169号民事裁定书。

拍卖。青岛恒浩建安发展有限公司（以下简称恒浩公司）提出异议，要求对其中的24处房产停止执行。经查，2011年9月16日，恒浩公司与康桥公司签订《青岛市建设工程施工合同》约定，由恒浩公司对康桥公司开发的康桥嘉园二期工程进行施工。2015年6月2日，双方达成《建设工程折价协议》约定，因康桥公司无力支付已到期工程款，恒浩公司向康桥公司主张建筑工程优先权，双方同意以10号楼、11号楼的24处房产折抵康桥公司所欠恒浩公司的工程款14,881,688元（所有权归恒浩公司所有）。2015年6月26日，恒浩公司向青岛仲裁委员会申请仲裁。2015年8月25日，青岛仲裁委员会作出青仲裁字（2015）第396号裁决，裁决《建设工程折价协议》约定折价的24处房产归恒浩公司所有，价值14,881,688元。上述房屋仍登记在康桥公司的名下。

## 法院观点

最高人民法院认为，恒浩公司虽然与康桥公司签订了以案涉房屋折抵工程款的协议，但未办理物权变更登记，故依据《物权法》第9条，恒浩公司不能以其对案涉房屋享有所有权为由排除执行。青岛仲裁委员会虽然作出青仲裁字（2015）第396号裁决，将案涉房屋裁决归恒浩公司所有，但因该裁决作出于2015年8月25日（案件受理于2015年6月26日），晚于案涉房屋被法院查封的时间，故依照《执行异议复议规定》第26条第2款，恒浩公司不能以仲裁裁决将案涉房屋裁决归其所有为由排除执行。《合同法》第286条规定的系建设工程价款优先受偿权的行使方式，并未规定承包人与发包人协议将工程折价后，承包人即取得该工程的所有权。依据《优先受偿权批复》第1条，也不能得出承包人行使优先受偿权，与发包人协议将工程折价给承包人，承包人即取得建筑工程所有权的结论。法院据此判决，驳回恒浩公司要求停止执行的请求。

## 裁判规则385

**承包人通过诉讼或仲裁程序追索工程款债权时，未主张优先受偿权的，不发生行使优先受偿权的效力。**

承包人通过诉讼或仲裁程序追索工程款债权时，仅要求发包人支付欠付的工程款，未主张优先受偿权的，可否基于优先受偿权对工程款债权的从属性，认为承包人主张工程款债权的效力及于优先受偿权？

优先受偿权虽系工程款债权的从权利，但仍系独立的权利类型。纵观抵押权、质权等担保性的从权利，基于权利主张必须明示的要求，债权人仅主张主债权而未主张担保权的，则审理的范围仅限于主债权是否成立，而不涉及担保权的问题。据此，承包人通过诉讼或仲裁程序追索工程款债权时未主张优先受偿权的，不发生行使优先受偿权的效力。即便承包人对发包人的工程价款债权经法院判决确认，也不意味着承包人即同时享有建设工程价款优先受偿权。①《浙江省高级人民法院执行局执行中处理建设工程价款优先受偿权有关问题的解答》（浙高法执〔2012〕2号）第2条第2款即规定："建设工程承包人提起诉讼、申请仲裁仅要求判决或裁决由发包人向其支付工程款，未要求确认其对该工程拍卖价款享有优先受偿权的，不视为行使优先权。"除下述【典型案例385】外，还可参见"重庆金飞建设工程（集团）有限公司与遵义润丰旅游开发有限公司破产债权确认纠纷案"②。

**典型案例385**

## 翟建伟与南通金典装饰工程有限公司宁夏分公司、宁夏千弓预应力技术工程有限公司等执行分配方案异议之诉案③

### 基本案情

2014年11月25日，南通金典装饰工程有限公司宁夏分公司（以下简称南通金典宁夏分公司）与富利达公司签订《建设工程装修施工合同》约定，南通金典宁夏分公司为富利达公司装修位于银川市兴庆区丽景南街昆仑建材市场北侧的

---

① 参见杨心忠等：《建设工程合同纠纷裁判思路》，法律出版社2014年版，第279页。

② 参考案例413：重庆金飞建设工程（集团）有限公司与遵义润丰旅游开发有限公司破产债权确认纠纷案，贵州省高级人民法院（2018）黔民终1035号民事判决书。

③ 典型案例385：翟建伟与南通金典装饰工程有限公司宁夏分公司、宁夏千弓预应力技术工程有限公司等执行分配方案异议之诉案，最高人民法院（2020）最高法民终491号民事判决书。

“福源运通”办公室。完工后，南通金典宁夏分公司于2015年5月13日将富利达公司诉至兴庆区人民法院。2015年7月14日，该院作出（2015）兴民初字第3400号民事调解书，确认富利达公司于2015年7月19日前支付工程款100万元、违约金10万元。2018年11月5日，根据富利达公司的17名债权人各自取得的17份生效民事判决书和调解书，一审法院作出（2016）宁执21号《执行财产分配方案》。其中确认，南通金典宁夏分公司、宁夏千弓预应力技术工程有限公司（以下简称千弓公司）的工程款共计5,540,353元应优先受偿，剩余价款3,982,137元进入普通债权的分配。债权人翟建伟提出书面异议，认为南通金典宁夏分公司不享有优先受偿权。

### 法院观点

最高人民法院认为，南通金典宁夏分公司起诉主张工程款时未主张工程款的优先受偿权。南通金典宁夏分公司与富利达公司签订的《建筑工程装修施工合同》约定的竣工日期为2015年1月5日，该工程于2015年3月15日验收合格。兴庆区人民法院（2015）兴民初字第3400号民事调解书确认富利达公司于2015年7月19日前一次性支付南通金典宁夏分公司工程款，南通金典宁夏分公司依法应当在2016年1月18日之前主张优先受偿权。南通金典宁夏分公司在申请执行过程中于2017年1月10日提出行使优先受偿权的申请，已经超过优先受偿权的行使期间，因此南通金典宁夏分公司不享有工程款优先受偿权。

## 裁判规则386

**承包人可以不经审理程序确权直接在执行程序中主张优先受偿权，但优先受偿权的行使时间以其在执行程序中提出权利主张时为准。**

如前所述，承包人通过诉讼或仲裁程序追索工程款债权时，未主张优先受偿权的，不发生行使优先受偿权的效力。那么承包人未经诉讼（或仲裁）程序确认，直接在执行程序中主张优先受偿权的，应当如何处理？

就此问题存在三种观点。第一种观点认为，优先受偿权应当且只能在执行程序中实现。其理由谓，《民法典》第807条“规定的不是‘提起诉讼’，而是‘申请法院拍卖’。立法意图是要改变担保法规定的抵押权实现方式，由‘对人诉讼’改为‘对物诉讼’，即只能向法院申请执行抵押权”①。第二种观点认为，应当坚持诉讼（或仲裁）程序与执行程序并行，承包人既可以通过诉讼程序确认优先受偿权，也可以直接在执行程序中提出优先受偿权的主张。② 福建省高级人民法院支持这一观点。③ 第三种观点认为，优先受偿权应当通过诉讼（或仲裁）程序确认。“从法律性质上说，此类问题属于实体问题，应由审判机构通过诉讼程序或者由仲裁机构通过仲裁程序予以确认，执行机构无权对实体问题作出裁判。”④ “只有经过审判程序，才能确定承包人的优先权是否已经可以执行。”⑤ 据此，权利人在提出支付工程欠款的请求的同时，应提出行使建设工程价款优先权的请求。⑥

参照后述【裁判规则387】，既然优先受偿权可以适用实现担保物权的程序，也就意味着优先受偿权必须经过审判确认的观点不能成立。即便对执行程序中确认的优先受偿权有异议，现行执行异议程序也可以提供救济。因此，“如果给付之诉中，承包人未提出确认工程价款优先权的主张，在执行程序中，承包人仍可以主张工程价款优先权”⑦。在“中国银行股份有限公司江门分行与广东中人集团建

---

① 梁慧星：《合同法第二百八十六条的权利性质及其适用》，载《山西大学学报（哲学社会科学版）》2001年第3期。最高人民法院在（2003）民一终字第77号案中就持这一观点，参见关丽：《第三人依据发包方委托对工程结算报告出具审核意见的法律效力》，载最高人民法院民事审判第一庭编：《民事审判指导与参考》总第20集，法律出版社2005年版。

② 参见汪治平：《建设工程价款优先受偿权的若干问题》，载《人民司法》2002年第8期；王建东：《评〈合同法〉第286条》，载《中国法学》2003年第2期；《民事审判指导与参考》研究组：《未经诉讼直接向执行机构主张建设工程优先权的，执行机构应当如何处理》，载杜万华主编、最高人民法院民事审判第一庭编：《民事审判指导与参考》总第63辑，人民法院出版社2016年版。

③ 《福建省高级人民法院当前我省涉建工纠纷审判调研　问答·案例·白皮书》（2022年9月）第21条规定：“承包人在建设工程价款的诉讼或仲裁中，未主张建设工程价款优先受偿权的，在执行程序中，承包人仍可向发包人主张建设工程价款优先受偿权。”

④ 石佳友：《〈民法典〉建设工程合同修订的争议问题》，载《社会科学辑刊》2020年第6辑。

⑤ 张巍：《建设工程承包人优先受偿权之功能研究》，载《北大法律评论》编辑委员会编：《北大法律评论》第7卷，北京大学出版社2006年版。

⑥ 参见仲伟珩：《建设工程价款优先受偿权若干疑难问题分析》，载最高人民法院民事审判第一庭编：《民事审判指导与参考》总第43集，法律出版社2011年版。

⑦ 最高人民法院民事审判第一庭编著：《最高人民法院新建设工程施工合同司法解释（一）理解与适用》，人民法院出版社2021年版，第378、379页。

设有限公司、中国新兴建设开发总公司等执行分配方案异议之诉案”① 中，最高人民法院即认为，《关于对人民法院调解书中未写明建设工程款有优先受偿权应如何适用法律问题的请示的复函》[（2007）执他字第11号] 前段提出，“建设工程款优先受偿权是一种法定优先权，无须当事人另外予以明示”。因此，“法院虽未在判决书、调解书中明确建设工程款享有优先受偿权，并不妨碍权利人申请行使该优先受偿权”。在“河南省建筑安装工程有限公司与河南福成置业有限公司建设工程价款优先受偿权纠纷案”② 中，最高人民法院更是明确提出，根据《民事诉讼法解释》第508条第2款③的规定，建设工程价款优先受偿权并非必须通过诉讼程序确认才能成立，优先受偿权人可以直接向法院执行部门提出主张。当然，承包人在执行程序中主张其享有建设工程价款优先受偿权的，法院应当审查优先受偿权是否产生、范围是否适当、期限是否经过等事项。④

但需注意的是，若承包人在诉讼（或仲裁）程序中未主张优先受偿权，而是在申请执行时直接主张优先受偿权，则其行使优先受偿权的时间节点为申请执行时，而非起诉（或申请仲裁）时，如截至申请执行时已超过18个月的期限，则优先受偿权归于消灭。在前述“河南省建筑安装工程有限公司与河南福成置业有限公司建设工程价款优先受偿权纠纷案”⑤ 中，河南省建筑安装工程有限公司在执行程序中主张优先受偿权，即因期限届满而未获支持。

---

① 参考案例414：中国银行股份有限公司江门分行与广东中人集团建设有限公司、中国新兴建设开发总公司等执行分配方案异议之诉案，最高人民法院（2016）最高法民申1281号民事裁定书。

② 参考案例415：河南省建筑安装工程有限公司与河南福成置业有限公司建设工程价款优先受偿权纠纷案，最高人民法院（2019）最高法民申5070号民事裁定书。

③ 该款（现《民事诉讼法解释》第506条第2款）规定：“对人民法院查封、扣押、冻结的财产有优先权、担保物权的债权人，可以直接申请参与分配，主张优先受偿权。”

④ 参见李玉生主编：《建设工程施工合同案件审理指南》，人民法院出版社2019年版，第300页。

⑤ 参考案例416：河南省建筑安装工程有限公司与河南福成置业有限公司建设工程价款优先受偿权纠纷案，最高人民法院（2019）最高法民申5070号民事裁定书。

**典型案例 386**

# 中天建设集团有限公司与河南恒和置业有限公司建设工程施工合同纠纷案①

## 基本案情

2013 年 6 月 26 日，河南恒和置业有限公司（以下简称恒和置业公司）与中天建设集团有限公司（以下简称中天建设公司）签订《建设工程施工合同》约定，由中天建设公司对恒和国际商务会展中心工程进行施工。合同签订后，中天建设公司进场施工。2015 年 2 月 5 日，案涉工程停工。2014 年 11 月 24 日，焦作市中级人民法院通知中天建设公司，依据恒和置业公司其他债权人的申请，将对案涉工程进行拍卖。2014 年 12 月 1 日，中天建设公司向焦作市中级人民法院提交《关于恒和国际商务会展中心在建工程拍卖联系函》载明，中天建设公司系恒和国际商务会展中心在建工程承包方，现已完成工程产值 2.87 亿元，请求确认其享有优先受偿权并参与整个拍卖过程。2016 年 5 月 5 日，中天建设公司又向洛阳市中级人民法院提交《优先受偿权参与分配申请书》，请求确认并保障其对案涉建设工程价款享有的优先受偿权。2018 年 1 月 31 日，中天建设公司诉至法院，要求解除《建设工程施工合同》，确认恒和置业公司欠付中天建设公司的工程价款及享有优先受偿权。

## 法院观点

最高人民法院认为，人民法院依据发包人其他债权人或抵押权人的申请对建设工程采取强制执行行为，会对承包人的建设工程价款优先受偿权产生影响。此时，如承包人向执行法院主张其对建设工程享有建设工程价款优先受偿权，属于行使建设工程价款优先受偿权的合法方式。因中天建设公司向洛阳市中级人民法院提交《优先受偿权参与分配申请书》，已要求确认并保障其对案涉建设工程价款享有

① 典型案例 386：中天建设集团有限公司与河南恒和置业有限公司建设工程施工合同纠纷案，最高人民法院（2019）最高法民终 255 号民事判决书。指导案例 171 号。

的优先受偿权，故中天建设公司在工程价款 288, 428, 047. 89 元范围内，对其施工的恒和国际商务会展中心工程折价或者拍卖的价款享有优先受偿的权利。

## 裁判规则387

**作为优先受偿权实现方式之一的“请求人民法院将该工程依法拍卖”，既包括经审判确权后在执行程序中公开拍卖、变卖，也包括直接适用《民事诉讼法》规定的实现担保物权的程序。**

关于优先受偿权的实现方式，除协商折价以外，《民法典》第 807 条还规定“可以请求人民法院将该工程依法拍卖”。对该“依法拍卖”应当如何理解？

最典型的形态是，承包人在诉讼或仲裁程序中主张优先受偿权获得确认后，在执行程序中，法院对优先受偿权的标的物进行拍卖，承包人就拍卖所得款项在工程款债权范围内有优先受偿的权利。需注意的是，《最高人民法院关于人民法院民事执行中拍卖、变卖财产的规定》（法释〔2020〕21 号修正）第 25 条第 2 款规定：“第三次拍卖流拍且申请执行人或者其他执行债权人拒绝接受或者依法不能接受该不动产或者其他财产权抵债的，人民法院应当于第三次拍卖终结之日起七日内发出变卖公告。自公告之日起六十日内没有买受人愿意以第三次拍卖的保留价买受该财产，且申请执行人、其他执行债权人仍不表示接受该财产抵债的，应当解除查封、冻结，将该财产退还被执行人，但对该财产可以采取其他执行措施的除外。”据此，执行程序中流拍之后的变卖，也属于“请求人民法院将该工程依法拍卖”的范畴。

《民事诉讼法》第 15 章“特别程序”第七节“实现担保物权案件”规定了担保物权案件的特别实现程序——无须审判、直接裁定执行。《民事诉讼法解释》第 359 条规定：“民事诉讼法第二百零三条规定的担保物权人，包括抵押权人、质权人、留置权人；其他有权请求实现担保物权的人，包括抵押人、出质人、财产被留置的债务人或者所有权人等。”从文义上看，并未包括建设工程价款优先受偿权。但实务界普遍认为，“民法典第八百零七条并未排除承包人通过特别程序予以行使，承包人工程款债权确定的，也可以申请人民法院对该工程依法拍卖，其建设工程的价款债权可就该工程拍卖的价款优先受偿。具体的行使程序可以考虑准用

《民事诉讼法解释》关于担保物权实现程序的规定，因建设工程价款优先受偿权作为一种法定优先权，具有担保工程款债权实现的特定功能，通过特别程序实现优先受偿权并无不妥，这也与民法典第八百零七条的立法本意并不相悖”①。最高人民法院也认为，“物权法之外的其他实体法是否也可以作为申请实现担保物权的依据？我们认为，根据新民事诉讼法立法本意，除了物权法规定的三类申请主体外，我国合同法第二百八十六条规定的建设工程承包人也可以作为申请主体”②。江苏省高级人民法院认为，“建设工程价款优先受偿权的实现方式是申请人民法院将该工程依法拍卖，而根据《民事诉讼法》第196条和第197条③的规定，担保物权人可以直接申请法院裁定拍卖、变卖担保财产，建设工程价款优先受偿权与担保物权的行使程序并无差别，故可以准用实现担保物权程序”④。浙江省高级人民法院⑤、福建省高级人民法院⑥也持相同观点。据此，建设工程价款优先受偿权可以准用担保物权实现程序。如发包人对承包人的拍卖申请无异议，可以直接裁定拍卖。就此，可参见下述【典型案例387】。如发包人就优先受偿权是否存在或是否具备可执行的条件提出了异议，则法院应当终止该执行程序，并驳回承包人的申请。⑦ 就此，可参见“江苏森海建筑有限公司与江苏富亿达纺织科技有限公司申请

---

① 肖峰、韩浩：《建设工程价款结算及其优先受偿权的若干实务问题》，载《人民司法》2021年第22期。

② 高民智：《关于实现担保物权案件程序的理解与适用》，载《人民法院报》2012年12月9日，第4版。“高民智”是最高人民法院民事审判庭的集体笔名，寓意署名高民智的文章实际上是最高人民法院民事审判庭集体智慧的结晶。针对《民事诉讼法》《民事诉讼法解释》的理解与适用，最高人民法院先后以“高民智”为笔名，在《人民法院报》发表了10篇文章。

③ 现《民事诉讼法》第203条和第204条。

④ 李玉生主编：《建设工程施工合同案件审理指南》，人民法院出版社2019年版，第292页。

⑤ 《浙江省高级人民法院执行局执行中处理建设工程价款优先受偿权有关问题的解答》（浙高法执〔2012〕2号）第2条第1款规定：“建设工程承包人自行与发包人协商以该工程折价抵偿尚未支付的工程价款，或者提起诉讼、申请仲裁要求确认其对该工程拍卖价款享有优先受偿权，或者直接申请法院将该工程拍卖以实现工程款债权，或者申请参加对建设工程变价款的参与分配程序主张优先受偿权，均属于对建设工程价款依法行使优先权。”

⑥ 《福建省高级人民法院当前我省涉建工纠纷审判调研　问答·案例·白皮书》（2022年9月）第19条第3项规定，申请法院将该工程拍卖以实现工程价款债权，属于依法行使建设工程价款优先受偿权的情形。

⑦ 参见杨心忠等：《建设工程合同纠纷裁判思路》，法律出版社2014年版，第278页。

实现担保物权案”①。

**典型案例 387**

## 连云港世邦建设工程有限公司<br>与连云港晶能光源有限公司申请实现担保物权案②

### 基本案情

2010年9月12日，连云港世邦建设工程有限公司（以下简称世邦公司）与连云港晶能光源有限公司（以下简称晶能公司）签订《施工协议书》约定，世邦公司以包工包料的形式承接晶能公司位于连云港市大浦开发区金桥路七号厂区园区内的场地平整、道路、给排水、挖填土方、景观绿化等基础设施以及办公楼基础开挖和室内回填土工程。2012年12月16日，世邦公司编制了工程预（结）算书，载明工程总造价为1,980,102.99元，晶能公司予以确认。2011年9月2日，双方又签订《工程施工合同》约定，世邦公司以包工包料的形式承接晶能公司晶能光源玻璃车间内外墙、顶棚涂装工程。2012年12月8日，双方签订结算书，确定工程价款为332,960元。因晶能公司未支付上述两个工程的工程款，世邦公司以《合同法》第286条、《民事诉讼法》第196条与第197条为据诉至法院，申请法院将晶能公司的办公楼、厂房依法拍卖，由世邦公司就该工程折价或者拍卖的价款优先受偿。

### 法院观点

连云区人民法院认为，2份《施工合同》与2份《工程结算确认单》能够证实，世邦公司所承接的工程造价为2,313,062.99元，扣除2011年9月2日签订的合同约定的质保金16,648元，应当认定晶能公司欠付工程款2,296,414.99元。依据《合同法》第286条之规定，对世邦公司要求实现工程款优先权的申请依法予

① 参考案例417：江苏森海建筑有限公司与江苏富亿达纺织科技有限公司申请实现担保物权案，江苏省盐城市大丰区人民法院（2015）大民特字第00012号民事裁定书。

② 典型案例387：连云港世邦建设工程有限公司与连云港晶能光源有限公司申请实现担保物权案，连云港市连云区人民法院（2013）港民特字第0004号民事裁定书。

以支持。依据《合同法》第 286 条、《民事诉讼法》第 196 条与第 197 条之规定，裁定如下：世邦公司对晶能公司所有的位于连云港市大浦开发区金桥路七号的办公楼、厂房变价款享有 2, 296, 414. 99 元的优先受偿权。

## 裁判规则388

**建设工程因发包人的其他债务被强制执行的，工程款债权尚未取得执行依据的承包人，可以在该执行程序中以申请参与分配的方式要求保全优先受偿权。**

承包人的工程款债权尚未取得执行依据，而建设工程因发包人的其他债务已被纳入执行程序，承包人应当如何保全自己的优先受偿权？

福建省高级人民法院①、浙江省高级人民法院②均认为，尚未取得执行依据的承包人，可以通过申请参与分配的方式主张优先受偿权。《民事诉讼法解释》第 506 条第 1 款规定："被执行人为公民或者其他组织，在执行程序开始后，被执行人的其他已经取得执行依据的债权人发现被执行人的财产不能清偿所有债权的，可以向人民法院申请参与分配。"第 2 款规定："对人民法院查封、扣押、冻结的财产有优先权、担保物权的债权人，可以直接申请参与分配，主张优先受偿权。"据此，"承包人在发现发包人其他债权人或者抵押权人申请对建设工程进行强制执行时，向执行法院主张其对建设工程享有建设工程价款优先受偿权的，也属于承包人行使建设工程价款优先受偿权的合理方式"③。

但需注意的是，优先受偿权是工程款债权的担保权，是依附于工程款债权的从权利，其权利范围取决于工程款债权的金额。因此，对优先受偿权的确认依赖于工

---

① 《福建省高级人民法院当前我省涉建工纠纷审判调研　问答·案例·白皮书》（2022 年 9 月）第 19 条第 4 项规定："申请对建设工程拍卖款参与分配程序主张优先受偿权，属于依法行使建设工程价款优先受偿权的情形。"

② 《浙江省高级人民法院执行局执行中处理建设工程价款优先受偿权有关问题的解答》（浙高法执〔2012〕2 号）第 2 条第 1 款规定："建设工程承包人自行与发包人协商以该工程折价抵偿尚未支付的工程价款，或者提起诉讼、申请仲裁要求确认其对该工程拍卖价款享有优先受偿权，或者直接申请法院将该工程拍卖以实现工程款债权，或者申请参加对建设工程变价款的参与分配程序主张优先受偿权，均属于对建设工程价款依法行使优先权。"

③ 谢勇：《建设工程施工合同案件裁判规则解析》，中国法制出版社 2020 年版，第 266 页。

程款债权的确定，而在发承包双方就结算金额未达成一致的情形下，工程款债权的金额显然不属于可以在执行程序中直接确认的问题。据此，在发承包双方就结算金额未达成一致的情形下，承包人在执行程序中主张建设工程价款优先受偿权的，应当以工程款债权已经生效法律文书确认为前提。承包人的工程款债权未经生效法律文书确认的，人民法院不能在执行程序中径行确认承包人享有优先受偿权。在此情形下，对拍卖建设工程所得价款，应当暂停分配，待承包人的工程价款债权取得生效法律文书确认后再行分配，或者对拍卖所得款项进行相应比例的预留。在前述“江苏中科建集团有限公司、江苏凌云置业有限公司等民事执行复议案”① 中，最高人民法院即认为，“如果江苏中科建公司确实是案涉拍卖的建设工程施工方且被执行人尚未支付工程款，重庆高院应当依法优先保护其债权实现，即便其没有向江苏省如皋市人民法院提起诉讼，亦应根据江苏中科建公司优先受偿工程价款的申请提存相应款项；如果其他债权人对江苏中科建公司优先受偿权有异议，可通过执行异议之诉确认优先受偿权的效力；如果其他债权人没有异议，重庆市高级人民法院应当依法及时向江苏中科建公司发放工程款”。

**典型案例 388**

## 河北双维集团有限公司与刘忠利、崔满昌、河北天轩房地产开发有限公司民间借贷纠纷案②

### 基本案情

河北天轩房地产开发有限公司（以下简称天轩公司）系天轩湖畔项目开发商，河北双维集团有限公司（以下简称双维集团）承建了天轩湖畔项目二期 7 栋楼中的 1 号、4 号、8 号楼。因崔满昌、天轩公司欠刘忠利借款未归还，经法院判决后，邯郸市中级人民法院查封了天轩湖畔小区二期在建工程 1 号楼、4 号楼、5 号楼、6 号楼、8 号楼、9 号楼、10 号楼，并进行拍卖。2017 年 4 月 19 日，拍卖流

① 参考案例 418：江苏中科建集团有限公司、江苏凌云置业有限公司等民事执行复议案，最高人民法院（2020）最高法执复 122 号执行裁定书。

② 典型案例 388：河北双维集团有限公司与刘忠利、崔满昌、河北天轩房地产开发有限公司民间借贷纠纷案，最高人民法院（2019）最高法执监 359 号执行裁定书。

拍之后，邯郸市中级人民法院作出（2015）邯市执字第002866号执行裁定，将天轩湖畔项目二期的土地使用权及土地上建筑物（在建工程）以拍卖保留价68,462,251元交付刘忠利抵偿债务。双维集团以其享有建设工程价款优先受偿权为由，提出执行异议。邯郸市中级人民法院认为，双维集团在提出有合法依据的优先权之前，（2015）邯市执字第002866号执行裁定已经执行完毕，案涉标的物已经处分完毕，遂以（2018）冀04执异83号执行裁定驳回了异议。双维集团申请复议，被河北省高级人民法院（2018）冀执复297号执行裁定驳回。后双维集团向最高人民法院申请执行监督。另查明，2017年7月5日，双维集团以天轩公司为被告，向邯郸市中级人民法院提起建设工程施工合同纠纷诉讼。2017年11月16日，邯郸市中级人民法院判决天轩公司向双维集团给付工程款3605.61万元，双维集团在工程款3605.361万元范围内享有优先受偿权。

## 法院观点

最高人民法院认为，建设工程价款优先受偿权是法律赋予建设工程承包人的一项法定优先权，承包人可自行行使，亦可向人民法院或仲裁机构主张权利，在向人民法院主张权利时既可以通过诉讼程序予以主张，亦可在执行程序中提出。当承包人在执行程序中提出享有建设工程价款优先受偿权的主张时，执行法院应予充分关注并先行审查，在拍卖、抵债或者分配程序中依法保护其合法权益。如果其尚未取得建设工程优先受偿权的执行依据，且通过审查建设工程施工合同等证据仍无法确定优先受偿权范围，可以告知承包人尽快通过诉讼程序取得优先受偿权的执行依据。虽然承包人关于优先受偿权的主张并不能阻止执行程序的继续推进，但执行法院在处置该执行标的前，应对承包人的建设工程价款予以预留。若邯郸市中级人民法院确实无法在执行程序中确定双维集团是否享有优先受偿权以及优先受偿权的范围，至少应在作出以物抵债裁定前，先对双维集团的工程价款作出预留，待双维集团通过诉讼途径明确优先受偿权的范围后予以分配，而非不顾双维集团的优先受偿权，径直将执行标的抵债给申请执行人。综上，因河北两级法院在本案执行程序中未充分考虑可能存在的优先受偿权（现已被判决确认存在），径直作出以物抵债裁定，损害了承包人双维集团享有的建设工程价款优先受偿权。据此裁定，撤销河北省高级人民法院（2018）冀执复297号执行裁定与河北省邯郸市中级人民法院

（2018）冀04执异83号执行裁定，由邯郸市中级人民法院重新作出处理。

**裁判规则389**

**发包人破产的，承包人可以在破产程序中申报债权时或提起破产债权确认之诉时一并主张优先受偿权，但应根据债务加速到期规则确定优先受偿权的行使期限。**

承包人的工程款债权尚未取得执行依据，而发包人进入破产程序的，承包人应当如何保全自己的优先受偿权？

如前所述，《企业破产法规定（二）》第3条第1款规定："债务人已依法设定担保物权的特定财产，人民法院应当认定为债务人财产。"据此，应当认定，承包人享有优先受偿权的建设工程依然属于发包人的财产，应当纳入破产程序予以处理。在此情形下，承包人应当以债权人身份申报债权且一并主张优先受偿权。如申报债权未获管理人确认，则应提起破产债权确认之诉且一并主张优先受偿权。如承包人在破产程序中申报债权时或提起破产债权确认之诉时未一并主张优先受偿权，不发生行使优先受偿权的效力。还需注意的是，在发包人进入破产程序的情形下，如果承包人的工程款债权尚未届期，则加速到期，优先受偿权的行使期间以管理人确定的债权申报时间为起算点。

**典型案例389**

## 通州建总集团有限公司诉安徽天宇化工有限公司别除权纠纷案[①]

### 基本案情

2006年3月，安徽天宇化工有限公司（以下简称安徽天宇公司）与通州建总集团有限公司（以下简称通州建总公司）签订《建设工程施工合同》约定，安徽

① 典型案例389：通州建总集团有限公司诉安徽天宇化工有限公司别除权纠纷案，安徽省高级人民法院（2014）皖民一终字第00054号民事判决书。指导案例73号。

天宇公司将其厂区一期工程生产厂区的土建、安装工程发包给通州建总公司承建。2006年5月23日，通州建总公司进场施工。后因安徽天宇公司未按约定支付工程款，工程停工且未竣工。2011年7月30日，双方在仲裁期间达成和解协议约定，如处置安徽天宇公司土地及建筑物偿债，通州建总公司的工程款可优先受偿。2011年8月26日，安徽天宇公司因不能清偿到期债务，被裁定进入破产程序。2011年10月10日，通州建总公司向安徽天宇公司破产管理人申报债权并主张对该工程享有优先受偿权。2013年7月19日，安徽天宇公司宣告破产。通州建总公司于2013年8月27日提起诉讼，请求确认其债权享有优先受偿权。一审法院判决确认通州建总公司对申报的债权享有优先受偿权。宣判后，安徽天宇公司提出了上诉。

### 法院观点

安徽省高级人民法院认为，根据《破产法》第18条①的规定，案涉建设工程施工合同在法院受理破产申请后已实际解除，本案建设工程无法正常竣工。因发包人的原因，合同解除或终止履行时已经超出合同约定的竣工日期的，承包人行使优先受偿权的期限自合同解除之日起计算。2011年8月26日，法院裁定受理对安徽天宇公司的破产申请，2011年10月10日通州建总公司向安徽天宇公司的破产管理人申报债权并主张工程款优先受偿权，因此，通州建总公司主张优先受偿权的时间是2011年10月10日。安徽天宇公司认为通州建总公司行使优先受偿权的时间超过了受理破产申请之日6个月，与事实不符，不予支持。

## 裁判规则390

**承包人向发包人发函主张优先受偿权的，不发生行使优先受偿权的效力。**

关于优先受偿权的行使方式，除协议折价与请求拍卖两种情形之外，实践中常

---

① 该条第1款规定："人民法院受理破产申请后，管理人对破产申请受理前成立而债务人和对方当事人均未履行完毕的合同有权决定解除或者继续履行，并通知对方当事人。管理人自破产申请受理之日起二个月内未通知对方当事人，或者自收到对方当事人催告之日起三十日内未答复的，视为解除合同。"

见承包人“通过发函的形式向发包人主张工程价款优先受偿权。这种方式是否有效，法律与司法解释未予明确”①。

肯定的观点认为，法律并未限定优先受偿权的行使方式，只要承包人在法定期间内向发包人主张过优先受偿权即可。换言之，承包人发函属于优先受偿权的行使方式之一。② 重庆市高级人民法院③、广东省高级人民法院④、福建省高级人民法院⑤、湖南省高级人民法院⑥均认可承包人以发函的方式行使优先受偿权。最高人民法院在“天成润华集团有限公司与中国核工业华兴建设有限公司建设工程施工合同纠纷案”⑦、“四川省建筑机械化工程有限公司与成都紫杰投资管理有限公司申请执行人执行异议之诉案”⑧、“兴业银行股份有限公司上海长宁支行与浙江国泰建设集团有限公司等第三人撤销之诉案”⑨、“中冶天工集团有限公司与山西龙鑫恒泰能源焦化有限公司与破产有关的纠纷案”⑩ 中也持这一观点。反对的观点则认

---

① 最高人民法院民事审判第一庭编著：《最高人民法院新建设工程施工合同司法解释（一）理解与适用》，人民法院出版社 2021 年版，第 379 页。

② 参见杨心忠等：《建设工程合同纠纷裁判思路》，法律出版社 2014 年版，第 298 页。

③ 参考案例 419：重庆市钦正房地产开发有限公司与重庆灯塔建筑工程有限公司建设工程施工合同纠纷案，重庆市高级人民法院（2016）渝高法民终字第 181 号民事判决书。

④ 原《广东省高级人民法院关于审理建设工程合同纠纷案件疑难问题的解答》（粤高法〔2017〕151 号）第 17 条规定：“建设工程承包人提起诉讼、申请仲裁主张工程价款优先受偿权，自行与发包人协商以该工程折价抵偿欠付工程款，申请法院将该工程拍卖以实现工程款债权，申请对建设工程拍卖款参与分配程序主张优先受偿权，或者向发包人以书面形式明确表示主张优先受偿权的，均属于对建设工程价款依法行使优先受偿权。”

⑤ 《福建省高级人民法院当前我省涉建工纠纷审判调研　问答·案例·白皮书》（2022 年 9 月）第 19 条第 5 项规定，以书面形式向发包人明确表示主张优先受偿权的，属于依法行使建设工程价款优先受偿权的情形。

⑥ 《湖南省高级人民法院关于审理建设工程施工合同纠纷案件若干问题的解答》（湘高法〔2022〕102 号）第 21 条规定：“承包人有证据证明以发函、与发包人协议折价或申请参与对建设工程变价分配等方式行使建设工程价款优先受偿权的，应予认可。”

⑦ 参考案例 420：天成润华集团有限公司与中国核工业华兴建设有限公司建设工程施工合同纠纷案，最高人民法院（2012）民一终字第 41 号民事判决书。

⑧ 典型案例 369：四川省建筑机械化工程有限公司与成都紫杰投资管理有限公司申请执行人执行异议之诉案，最高人民法院（2020）最高法民再 352 号民事判决书。

⑨ 参考案例 421：兴业银行股份有限公司上海长宁支行与浙江国泰建设集团有限公司等第三人撤销之诉案，最高人民法院（2020）最高法民申 5386 号民事裁定书。

⑩ 参考案例 422：中冶天工集团有限公司与山西龙鑫恒泰能源焦化有限公司与破产有关的纠纷案，最高人民法院（2021）最高法民申 2026 号民事裁定书。

为，对优先受偿权的“行使方式应当从严，不应认可发函的形式”①。原《江苏省高级人民法院关于审理建设工程施工合同纠纷案件若干问题的解答》（2018 年 6 月 26 日）第 18 条第 2 款即规定：“承包人通过发函形式主张建设工程价款优先受偿权的，不认可其行使的效力。”

首先需要解决的问题是，如认可承包人以发函的方式行使优先受偿权，是否意味着承包人在发函之后即享有了优先受偿权？有观点认为，从承包人发函时起，就意味着其知道自身可以行使优先受偿权了，所以也应当从这一时间点开始计算该项权利的诉讼时效。② 如 150 号指导案例③所言，建设工程价款优先受偿权是法定优先权，其行使对象、优先受偿范围以及行使期限、行使方式均应符合法律规定，而承包人发函主张优先受偿权并不属于法定的优先受偿权的行使方式。由于优先受偿权的 18 个月期限是除斥期间，而除斥期间为权利存续期间，超过法定的除斥期间，权利归于消灭。因此，无论承包人是否主张权利，只要超过 18 个月期限，优先受偿权归于消灭，其再无权向人民法院申请将该工程拍卖。因此，承包人不可能通过向发包人宣示权利的方式保有优先受偿权，要实现该项权利，必须在 18 个月内与发包人协议折价，或申请人民法院拍卖。

**典型案例 390**

## 正太集团有限公司与唐山市金凤桐房地产开发有限公司破产债权确认纠纷案④

### 基本案情

2015 年 6 月 1 日，唐山市金凤桐房地产开发有限公司（以下简称金凤桐公司）

---

① 李玉生主编：《建设工程施工合同案件审理指南》，人民法院出版社 2019 年版，第 293 页。

② 参见王勇：《建设工程施工合同纠纷实务解析》，法律出版社 2017 年版，第 396 页。

③ 参考案例 423：中国民生银行股份有限公司温州分行诉浙江山口建筑工程有限公司、青田依利高鞋业有限公司第三人撤销之诉案，浙江省高级人民法院（2018）浙民申 3524 号民事裁定书。指导案例 150 号。

④ 典型案例 390：正太集团有限公司与唐山市金凤桐房地产开发有限公司破产债权确认纠纷案，河北省高级人民法院（2019）冀民终 675 号民事判决书、最高人民法院（2019）最高法民申 4925 号民事裁定书。

（甲方）与正太集团有限公司（以下简称正太公司）（乙方）就正太公司施工的唐山市路北区禾木花苑项目的撤场事宜签订《撤场协议》约定，甲方将应付乙方的工程款（不含质保金）分两笔打入政府指定监管账户，第一笔 11,019,252.70 元于 2015 年 6 月 1 日协议签订前打入，第二笔于 2015 年 9 月 30 日前打入；质保期（24 个月）满后，甲方将扣除有关维修费用后的质保金余款打入政府指定的监管账户。2015 年 10 月 8 日，正太公司向金凤桐公司发函称，金凤桐公司应在 2015 年 9 月 30 日前将第二笔款项支付至指定的账户，并表示对全部工程款享有优先受偿权。2017 年 5 月 12 日，法院受理了冯大里居委会提出的对金凤桐公司进行重整的申请。2017 年 6 月 12 日，法院指定了金凤桐公司的管理人。2017 年 9 月 29 日、2018 年 3 月 9 日，对正太公司申报的债权，金凤桐公司管理人认定，债权数额为 23,508,278.97 元，性质为普通债权。正太公司诉至法院，请求确认正太公司的破产债权为 39,485,601.70 元，并确认正太公司就该债权享有优先受偿权。

## 法院观点

河北省高级人民法院（二审法院）认为，根据《2018 年建工解释》第 22 条，正太公司行使优先受偿权的起始时间为金凤桐公司应当给付工程款之日。根据《撤场协议》的约定，金凤桐公司应当支付最后一笔工程款的时间为 2015 年 9 月 30 日。因此，正太公司行使优先受偿权的起始时间为 2015 年 9 月 30 日。根据《合同法》第 286 条、《2018 年建工解释》第 19 条，正太公司主张优先受偿权的方式只有两种，即与金凤桐公司协议将工程折价，协商不成则向人民法院申请将该工程拍卖。《撤场协议》主要是对工程质量及后期问题如何处理、工程款如何确定、工程款如何支付、违约责任等内容的约定，不能体现将工程协议折价的意思表示，故《撤场协议》不符合法律规定的有效行使优先受偿权的方式；正太公司于 2015 年 10 月 8 日向金凤桐公司发函，只是催告金凤桐公司及时履行《撤场协议》确定的义务，并强调其对工程款享有优先受偿权，没有将工程协商折价以及对优先受偿权协商一致的意思表示，发函的行为应认定为催告金凤桐公司支付工程款的行为，亦不属于行使优先受偿权的有效方式。据此，正太公司未在自 2015 年 9 月 30 日起 6 个月内，及时与金凤桐公司协商将工程折价，或直接向人民法院申请将工程拍卖，自 2015 年 9 月 30 日起至提起诉讼之日，已超过 6 个月的除斥期间，正太公司关于优先受偿权的主张不应得到支持。最高人民法院在再审审查中也认为，根据法律规定，正太公司可以采取与金凤桐公司协议将工程折价，或者是在协商不成的情况下向人民法院申请将该工程拍卖的方式行使优先受偿权。在金凤桐公司并未依《撤场协议》的约定于2015年9月30日之前支付第二笔款项，且在正太公司发函催告后仍拒不支付工程款的情况下，正太公司未按照《合同法》第286条的规定，在自2015年9月30日起6个月内及时与金凤桐公司协商将工程折价，或直接向人民法院申请将工程拍卖，要求将工程款在折价款或拍卖款中优先受偿。故正太公司未依照法定方式在法定期限内行使建设工程优先受偿权，因而丧失优先受偿权。

## 裁判规则391

**承包人自愿放弃或者限制优先受偿权的，符合财产权自由处分原则，应属有效。**

《建设工程施工合同解释（一）》第42条规定："发包人与承包人约定放弃或者限制建设工程价款优先受偿权，损害建筑工人利益，发包人根据该约定主张承包人不享有建设工程价款优先受偿权的，人民法院不予支持。"该条所规定的"放弃"，既包括放弃全部债权额的优先受偿权，也包括放弃部分债权额的优先受偿权；既包括对特定权利人（通常为开发商的银行债权人）放弃优先受偿权，也包括对所有债权人放弃优先受偿权。[①] 该条所规定的"限制"，主要指对优先受偿权的实现设置相应条件。至于放弃或限制的形式，既包括与发包人或发包人的特定债权人协议放弃，也包括承包人用单方承诺的方式放弃。有疑问的是，对该条规定的除外情形——损害建筑工人利益——应当如何理解？

有观点认为，"鉴于工程价款中必然包含建筑工人工资的现实，原则上应推定放弃即损害工人利益"[②]。也有观点认为，对于损害时点的判断，必须以放弃或者

① 参见最高人民法院民事审判第一庭编著：《最高人民法院新建设工程施工合同司法解释（一）理解与适用》，人民法院出版社2021年版，第435、436页。

② 王楷、于秋磊：《建设工程施工合同纠纷法律实务与工程专业知识解答》，法律出版社2021年版，第349页。

限制建设工程价款优先受偿权的约定作出之时为判断时点，即承包人在作出该约定的当时明知这个行为会损害建筑工人利益；至于当事人因经济状况恶化以致不能支付建筑工人工资，需以存在公开可知的信息为判断标准，比如存在大量被诉案件、股权被冻结、被列为失信被执行人、存在欠税等。① 最高人民法院则认为，“在判断承包人放弃或者限制结算工程价款优先受偿权是否损害建筑工人利益时，要看这一行为是否影响其整体的清偿能力，要将承包人整体的资产负债情况以及现金流情况是否因此恶化到影响建筑工人工资支付的程度作为主要的考虑因素”②。在“中国华融资产管理股份有限公司福建省分公司与苏州市凤凰建筑安装工程有限公司合同纠纷案”③ 中，承包人苏州市凤凰建筑安装工程有限公司（以下简称凤凰公司）向浦发银行福州分行承诺放弃优先受偿权后，发包人金瑞公司未支付工程款，以致双方涉诉。后在法院执行分配程序中，凤凰公司仅实际获得了工程款的50%。最高人民法院即认为，凤凰公司放弃优先受偿权的相关条款因损害建筑工人利益而无效。

如【裁判规则 329】所述，优先受偿权的理论基础在于，鉴于建设工程的增值源于承包人的施工行为，根据公平原则，赋予承包人优先受偿权，以解决建筑领域拖欠工程款的问题。至于保护建筑工人利益，并非优先受偿权的制度目的，也就不构成限制承包人处分优先受偿权的理由。基于权利自由处分原则，承包人有权放弃或限制优先受偿权。司法实践中，认可承包人预先放弃建设工程价款优先受偿权的案例占到案例总数的九成以上。④ 江苏省高级人民法院也认为，承包人自愿放弃优

---

① 参见朱永超：《关于〈施工合同司法解释二〉第二十三条中“损害建筑工人利益”的认定》，载微信公众号“马鞍山仲裁委员会”2020年8月27日，https://mp.weixin.qq.com/s/6uDHVohlxSV4y979-ke3Cw。

② 最高人民法院民事审判第一庭编著：《最高人民法院新建设工程施工合同司法解释（一）理解与适用》，人民法院出版社2021年版，第437页。

③ 参考案例424：中国华融资产管理股份有限公司福建省分公司与苏州市凤凰建筑安装工程有限公司合同纠纷案，最高人民法院（2019）最高法民终1951号民事判决书。

④ 参见王涛、俞悦：《建设工程价款优先受偿权放弃的法律效力》，载《人民司法（应用）》2016年第16期。

先受偿权的，应予准许。[①] 广东省高级人民法院也曾持这一观点。[②]

如坚持《建设工程施工合同解释（一）》第42条的规定，可以考虑从如下方面对该条的适用范围进行限定：第一，“损害”的现实性，即承包人在放弃或限制优先受偿权时，已经发生工资拖欠，构成对建筑工人利益的现实损害。虽然承包人是预先放弃优先受偿权，但由于工人工资系按施工进度发放，故在承包人放弃之时仍可能已经发生工资拖欠。实践中，这种情形并不常见，这也就将第42条的适用范围限制在较小范围内（将放弃之后发生的工资拖欠排除在外）。第二，与“损害”的现实性这一要件一脉相承，承包人应对所涉工人工资有支付责任（从而将转包、分包等情形排除在外），从而满足法律对（放弃行为与利益受损之间）因果关系的要求。第三，发包人明知承包放弃或限制优先受偿权构成对建筑工人利益的侵害。在发包人知情的情况下，其与承包人约定或要求承包人放弃优先受偿权，就符合《民法典》第154条所规定的“恶意串通损害第三人利益”规则进而使上述第42条规定的放弃行为无效，获得了法律上的正当性。

**典型案例391**

## 大连友兰建筑工程有限公司与庄河市林茵置业有限公司等建设工程施工合同纠纷案[③]

### 基本案情

2012年3月13日和3月15日，大连友兰建筑工程有限公司（以下简称友兰公司）与庄河市林茵置业有限公司（以下简称林茵公司）分别签订两份《建设工程施工合同》约定，友兰公司为林茵公司建设河东休闲购物中心与农副产品批发中心工程，合同价款分别为51,399,519元和60,428,799元。2012年8月20日，在

① 参见李玉生主编：《建设工程施工合同案件审理指南》，人民法院出版社2019年版，第294页。

② 《广东省高级人民法院关于在审判工作中如何适用〈合同法〉第286条的指导意见》（粤高法发〔2004〕2号）第9条规定：“承、发包双方当事人在建设工程承包合同中约定承包人不能行使建设工程价款优先权，事后承包人以建设工程价款优先权是法定权利为由向人民法院主张合同约定无效并要求行使建设工程价款优先权的，人民法院不予支持。”

③ 典型案例391：大连友兰建筑工程有限公司与庄河市林茵置业有限公司等建设工程施工合同纠纷案，最高人民法院（2018）最高法民终99号民事判决书。

林茵公司见证下，友兰公司向农行庄河支行出具无条件不可撤销《承诺书》称：自愿放弃案涉工程的全部工程款优先受偿权，农行庄河支行为上述抵押受偿权第一权利人；友兰公司保证案涉工程的工人工资及相关税费不拖欠，按时结清，保证农行庄河支行在受偿借款时为第一优先权人。后在施工未完成的情况下，友兰公司诉至法院，请求解除《建设工程施工合同》、林茵公司支付工程款3.1亿元、友兰公司对案涉项目享有工程款优先权。

## 法院观点

一审法院（辽宁省高级人民法院）认为，友兰公司对优先权的预先放弃是自愿的，并没有胁迫、欺诈、乘人之危等情形的发生，该放弃不违反法律的禁止性规定，应当有效。友兰公司在放弃优先权后又反悔主张该权利，没有法律依据，不予支持。一审判决后，友兰公司上诉称，工程价款优先权只能在不损害建筑工人和材料商权益的条件下才能放弃。未经相关权利人同意，任凭承包方放弃工程价款优先权，将会侵害建筑工人和材料商应有的合法权益。最高人民法院在二审中认为，建设工程价款优先受偿权为具有担保性质的民事财产权利，属于私权范畴，友兰公司有权选择行使或放弃。工程价款优先受偿权虽然旨在赋予承包人优于抵押权的法定优先权进而间接保障建筑工人、材料商的合法权益，但并未规定该优先权的行使、放弃需征得建筑工人、材料商的同意，友兰公司主张因其未征得上述人员同意，故放弃优先权的意思表示无效，缺乏法律依据。友兰公司放弃优先受偿权系自愿，应为真实意思表示，也不违反法律、行政法规的效力性强制性规定，故《承诺书》合法有效，对友兰公司依法具有约束力。友兰公司以其放弃该工程款优先权可能侵害建筑工人的合法权益为由主张放弃行为无效，请求判令其享有优先受偿权，缺乏事实和法律依据，原审未予支持，并无不当。

## 裁判规则392

**承包人向特定主体作出放弃或限制优先受偿权的意思表示，基于意思表示的相对性，该意思表示只对特定主体有效，其他主体不得据此对抗承包人的优先受偿权。**

实践中，承包人之所以放弃或者限制优先受偿权，通常是因发包人的借款人对发包人施加压力，发包人进而要求承包人放弃或限制优先受偿权。因此，承包人放弃或者限制优先受偿权的意思表示通常是向发包人的借款人作出的。

在此情况下，承包人之所以放弃或者限制优先受偿权，目的在于保护发包人特定债权人的利益，发包人的其他债权人或者建设工程的其他抵押权人不能以此为据对抗承包人。[①] 在“海南博鳌亚洲风情广场有限公司与江苏省华建建设股份有限公司建设工程施工合同纠纷案”[②] 中，江苏省华建建设股份有限公司（以下简称华建公司）承建海南博鳌亚洲风情广场有限公司（以下简称博鳌公司）开发的博鳌三江口滨水旅游商业区项目（二期）中的酒店、公寓及配套用房的土建、水电安装工程。施工过程中，华建公司对工行琼海支行作出了放弃优先受偿权的书面承诺。案涉工程经竣工验收合格后，华建公司诉至法院，要求博鳌公司支付工程款 21, 205, 937. 40 元及利息，并请求确认对施工工程折价或拍卖的价款享有优先受偿权。博鳌公司辩称，华建公司已向对工行琼海支行作出了放弃优先受偿权的书面承诺，不再享有优先受偿权。该案一审法院（海南省第一中级人民法院）与二审法院（海南省高级人民法院）均认为，华建公司对工行琼海支行作出的书面承诺，属华建公司与工行琼海支行之间的民事权利义务关系，由华建公司与工行琼海支行之间另行处理，与博鳌公司没有关联，博鳌公司以此主张华建公司在本案中对案涉工程不再享有优先受偿权，不能成立。

还需指出的是，承包人向特定主体作出的放弃或限制优先受偿权的意思表示，如为真意保留，不得对抗该意思表示的相对人。在“江苏南通二建集团有限公司与上海佳程房地产开发有限公司、上海农村商业银行股份有限公司浦东分行等建设工程施工合同纠纷案”[③] 中，承包人向银行出具远高于实际收款金额的工程款收款证明，银行在此基础上发放贷款。嗣后，承包人按照实际欠付的工程款主张优

① 参见最高人民法院民事审判第一庭编著：《最高人民法院新建设工程施工合同司法解释（一）理解与适用》，人民法院出版社 2021 年版，第 438 页。

② 参考案例 425：海南博鳌亚洲风情广场有限公司与江苏省华建建设股份有限公司建设工程施工合同纠纷案，海南省高级人民法院（2019）琼民终 168 号民事判决书。

③ 参考案例 426：江苏南通二建集团有限公司与上海佳程房地产开发有限公司、上海农村商业银行股份有限公司浦东分行等建设工程施工合同纠纷案，上海市高级人民法院（2020）沪民终 433 号民事判决书。

先受偿权，银行则要求按照承包人出具的证明认定欠付金额。最终，法院采纳了银行的主张。

典型案例 392

## 杭州建工集团有限责任公司与安阳中广发汇成置业有限公司建设工程施工合同纠纷案①

### 基本案情

2014 年 8 月 28 日，安阳中广发汇成置业有限公司（以下简称中广发公司）与杭州建工集团有限责任公司（以下简称杭建工公司）签订《建设工程施工合同》约定，中广发公司将翠园项目工程发包给杭建工公司。2015 年 12 月 10 日，杭建工公司以中广发公司未按双方补充协议约定支付工程进度款为由，向中广发公司发出全面停工的告知函，并停止施工。2016 年 2 月 26 日，杭建工公司撤离施工现场。后杭建工公司诉至法院，要求中广发公司支付工程款，并主张对所施工工程拍卖的价款享有优先受偿权。中广发公司辩称，杭建工公司向中原银行安阳郸城支行出具了放弃优先受偿权的函，故不再享有建设工程价款优先受偿权。经查，2015 年，中广发公司向中原银行安阳郸城支行申请 1.2 亿元贷款，杭建工公司向中原银行安阳郸城支行出具承诺书称："中广发公司开发的位于安阳市紫薇大道与朝霞路交叉口的大美城项目工程由我公司承建，我公司同意并支持中广发公司以该项目在建工程为抵押向贵行申请贷款 1.2 亿元，对此，我公司郑重承诺如下：我公司自愿放弃对上述在建工程项目的优先受偿权及留置权，优先受偿权由贵行享有。"中广发公司当庭认可，该笔贷款本息已经清偿完毕。

### 法院观点

一审法院（河南省高级人民法院）认为，杭建工公司向中原银行安阳郸城支行出具的承诺书，具有相对性，有特定的对象、特定的前提，该承诺函的效力仅涉

① 典型案例 392：杭州建工集团有限责任公司与安阳中广发汇成置业有限公司建设工程施工合同纠纷案，最高人民法院（2020）最高法民终 1113 号民事判决书。

及中原银行安阳邺城支行的1.2亿元贷款本息，不能据此认定杭建工公司完全放弃优先受偿权。中广发公司当庭明确认可该笔贷款已经清偿完毕，依据《合同法》第286条的规定，杭建工公司可就其承建工程的折价款、拍卖价款优先受偿。二审中，最高人民法院也认为，杭建工公司的工程款债权就案涉工程享有优先受偿权。理由是：其一，杭建工公司放弃建设工程价款优先受偿权的承诺是向中原银行安阳邺城支行作出的，并非向中广发公司作出，中广发公司不能以此为由提出对杭建工公司不利的主张。其二，杭建工公司向银行放弃上述权利的目的是便利中广发公司向银行借款以确保银行的贷款权益。因案涉借款已还清，杭建工公司的优先受偿权不会影响银行的权益，所以杭建工公司可以继续行使其优先受偿权。

# 10. 实际施工人的权利行使与责任承担规则

《2004 年建工解释》第 26 条第 2 款规定：“实际施工人以发包人为被告主张权利的，人民法院可以追加转包人或者违法分包人为本案当事人。发包人只在欠付工程价款范围内对实际施工人承担责任。”该款创设了实际施工人向发包人追索工程款的规则。因该规则在实务中歧义较多，《2018 年建工解释》用两个条文对其进行了修正。第 24 条规定：“实际施工人以发包人为被告主张权利的，人民法院应当追加转包人或者违法分包人为本案第三人，在查明发包人欠付转包人或者违法分包人建设工程价款的数额后，判决发包人在欠付建设工程价款范围内对实际施工人承担责任。”第 25 条规定：“实际施工人根据合同法第七十三条规定，以转包人或者违法分包人怠于向发包人行使到期债权，对其造成损害为由，提起代位权诉讼的，人民法院应予支持。”《建设工程施工合同解释（一）》对《2004 年建工解释》第 26 条、《2018 年建工解释》第 24 条与第 25 条进一步完善后，在第 43 条第 1 款规定：“实际施工人以转包人、违法分包人为被告起诉的，人民法院应当依法受理。”在第 43 条第 2 款规定：“实际施工人以发包人为被告主张权利的，人民法院应当追加转包人或者违法分包人为本案第三人，在查明发包人欠付转包人或者违法分包人建设工程价款的数额后，判决发包人在欠付建设工程价款范围内对实际施工人承担责任。”在第 44 条规定：“实际施工人依据民法典第五百三十五条规定，以转包人或者违法分包人怠于向发包人行使到期债权或者与该债权有关的从权利，影响其到期债权实现，提起代位权诉讼的，人民法院应予支持。”从而构建起实际施工人向发包人追索工程款的两条路径。除实际施工人向上追索工程款以外，在施工过程中，实际施工人还会因对外借款、购买材料、租赁设备、向下游施工人转包或分包工程而负担债务。如实际施工人是以承包人、项目部、项目负责人名义对外借款、购买材料、发包工程而负债，则会引发责任主体的界定问题。

## 10.1 主体的界定规则

在实际施工人向发包人追索工程款的情况下，涉及的主体包括实际施工人、转包人或违法分包人、发包人。如果存在多重转包、分包，还涉及其他中间环节的转包人、分包人。在实际施工人向发包人追索工程款时，对相关主体的界定，应遵循如下规则。

**裁判规则393**

**《建设工程施工合同解释（一）》第43条规定的发包人，特指建设工程的业主或代表业主对外发包工程的主体。不能站在合同相对性的角度，将转包合同的转发包人、分包合同的分发包人界定为发包人。**

A（建设单位）把工程发包给B，B又把工程转包给C，C再把其中的安装工程分包给D。D作为实际施工人，可否以C属于分包人，则B构成《建设工程施工合同解释（一）》第43条规定的发包人为由，要求B在欠付工程款范围内承担责任？

这个问题的实质在于，对《建设工程施工合同解释（一）》第43条规定的“发包人”应做绝对化理解——仅限于建设单位A，还是相对化理解——相对于D而言B构成发包人。有观点主张，对发包人应站在合同相对性的角度进行界定。江苏省高级人民法院①、上海市第一中级人民法院认为，在多重转包、分包的情况下，中间环节的转包人、违法分包人构成发包人，实际施工人主张中间环节的转包人、违法分包人在其欠付的工程款范围内承担连带责任，符合最高人民法院相关司法解释的规定。② 在“吴先进等人与发达控股集团有限公司等建设工程施工合同纠

---

① 原《江苏省高级人民法院关于审理建设工程施工合同纠纷案件若干问题的解答》（2018年6月26日）第23条规定：“建设工程因转包、违法分包导致建设工程施工合同无效的，实际施工人要求转包人、违法分包人对工程欠款承担连带责任的，应予支持。前手转包人、违法分包人举证证明其已付清工程款的，可以相应免除其给付义务。发包人在欠付的工程款范围内承担连带责任。”

② 参见肖峰、韩浩：《建设工程合同纠纷实务争议问题研究》，载最高人民法院民事审判第一庭编：《民事审判指导与参考》总第84辑，人民法院出版社2021年版；李玉生主编：《建设工程施工合同案件审理指南》，人民法院出版社2019年版，第77页。

纷案”[①] 中，工程发包、转包、分包关系为：富和公司→发达公司→张曦→吴先进等五人。在吴先进等五人起诉要求支付工程款的诉讼中，针对发达公司的责任，最高人民法院在再审审查中也认为，发达公司虽非案涉工程的发包人，但其作为转包人，根据《2018年建工解释》第24条的规定，其对张曦尚未支付完毕全部工程款，故判令其对张曦欠付实际施工人的工程款承担连带责任，并未实际损害其利益。但多数观点认为，《建设工程施工合同解释（一）》第43条规定的发包人仅指建设工程的建设单位，即业主。[②] 四川省高级人民法院、[③] 天津市高级人民法院[④]、河南省高级人民法院[⑤]均持这一观点。

站在合同文本的角度，《建设工程施工合同（示范文本）》（GF-2017-0201）“通用条款”第1.1.2.2目规定，发包人，是指与承包人签订合同协议书的当事人及取得该当事人资格的合法继承人。发包人有时也被称为发包单位、建设单位、业主单位等，是建设工程的投资建设主体。站在《建设工程施工合同解释（一）》第43条条文本意的角度，2021年5月10日，针对《河南省高级人民法院关于实际施工人能否向与其无合同关系转包人、违法分包人主张工程款的请示报告》[（2019）豫民再820号]，最高人民法院民事审判第一庭作出《关于实际施工人能否向与其无合同关系的转包人、违法分包人主张工程款问题的电话答复》[（2021）最高法民他103号] 称：“《民法典》和《建筑法》均规定，承包人不得将其承包

---

① 参考案例427：吴先进等人与发达控股集团有限公司等建设工程施工合同纠纷案，最高人民法院（2021）最高法民申3670号民事裁定书。

② 参见肖峰、韩浩：《建设工程合同纠纷实务争议问题研究》，载最高人民法院民事审判第一庭编：《民事审判指导与参考》总第84辑，人民法院出版社2021年版；最高人民法院民事审判第一庭编著：《最高人民法院新建设工程施工合同司法解释（一）理解与适用》，人民法院出版社2021年版，第446页。

③ 《四川省高级人民法院关于审理建设工程施工合同纠纷案件若干疑难问题的解答》（川高法民一〔2015〕3号）第13条第1款规定：“《建工司法解释》第二十六条中的‘发包人’应当理解为建设工程的业主，不应扩大理解为转包人、违法分包人等中间环节的相对发包人。”

④ 《天津市高级人民法院关于审理建设工程施工合同纠纷案件相关问题的审判委员会纪要》（2020年12月9日）第1条规定：“建设工程司法解释（二）第24条规定的‘发包人’，是指工程建设方或者业主，不包括多层转包、分包关系下的转包人、分包人。”

⑤ 《河南省高级人民法院建设工程案件审判工作座谈会综述》（2022年9月14日）“议题二：工程转包、违法分包、借用资质中的相关问题”第1款中规定：“该条所规定的发包人仅指建设工程项目的所有权人，也是工程价款的最终支付主体，即工程建设单位、开发企业，不能将工程承包人或者工程转包分包中的转包人、违法分包人扩大认定为发包人。”

的全部建设工程转包给第三人或者将其承包的全部建设工程支解以后以分包的名义分别转包给第三人。禁止承包人将工程分包给不具备相应资质条件的单位。禁止分包单位将其承包的工程再分包。因此，基于多次分包或者转包而实际施工的人，向与其无合同关系的人主张因施工而产生折价补偿款没有法律依据。”据此，《建设工程施工合同解释（一）》第43条规定的发包人，仅指项目业主，也即工程的建设单位。在委托代建的情况下，则应将代建方认定为发包人。

除下述【典型案例393】外，在“赵永鹏、毋寿甫与成都市惠邑城市建设投资有限公司（以下简称惠邑公司）、北京城建集团有限责任公司等建设工程施工合同纠纷案”[①]中，案涉工程的发包、转包关系为：惠邑公司（发包人）→北京城建公司→宏利公司→军海公司→重庆环水→赵永鹏、毋寿甫。针对赵永鹏、毋寿甫要求北京城建公司承担工程款支付责任的请求，最高人民法院即认为，北京城建公司与赵永鹏、毋寿甫之间未就工程施工签订任何合同，亦非案涉工程的发包人，不属于《2004年建工解释》第26条规定的应在欠付工程款范围内对实际施工人承担连带责任的主体。此外，在“重庆江通路桥建设有限公司与欧卫国、路桥华南工程有限公司建设工程施工合同纠纷案”[②]中，重庆市高级人民法院也持这一观点。

**典型案例393**

## 张支友与中天建设集团有限公司、汪国民建设工程施工合同纠纷案[③]

### 基本案情

中天建设集团有限公司（以下简称中天公司）是案涉工程的总承包人。2013年3月18日，中天公司与汪国民签订《木工分项工程承包合同》，将案涉工程的全

---

① 参考案例428：赵永鹏、毋寿甫与成都市惠邑城市建设投资有限公司、北京城建集团有限责任公司等建设工程施工合同纠纷案，四川省高级人民法院（2014）川民终字第397号民事判决书、最高人民法院（2015）民申字第1504号民事裁定书。

② 参考案例429：重庆江通路桥建设有限公司与欧卫国、路桥华南工程有限公司建设工程施工合同纠纷案，重庆市高级人民法院（2014）渝高法民终字第00132号民事判决书。

③ 典型案例393：张支友与中天建设集团有限公司、汪国民建设工程施工合同纠纷案，云南省高级人民法院（2016）云民终163号民事判决书、最高人民法院（2016）最高法民申3339号民事裁定书。

部模板工程分包给汪国民。汪国民与张支友达成口头协议，由张支友负责G3、G4、XG2、XG5等楼栋的木工施工。施工过程中，张支友因与中天公司管理人员、保安发生冲突退场。后张支友诉至法院，请求中天公司、汪国民共同承担工程款支付责任。

## 法院观点

针对中天公司应否承担责任，一审法院（云南省德宏傣族景颇族自治州中级人民法院）认为，中天公司是案涉工程的总承包人，其将工程分包给不具有建设工程施工资质的汪国民，且双方之间的工程款尚未结算，根据《2004年建工解释》第26条的规定，中天公司应在欠付汪国民工程款的范围内对张支友承担支付责任。但二审中，云南省高级人民法院认为，中天公司为案涉工程的总包人，并非案涉工程的发包人（业主），故原审法院依照《2004年建工解释》第26条第2款之规定，判令中天公司在尚欠汪国民工程款的范围内向张支友承担支付工程款的责任，适用法律错误，依法应予纠正。再审审查中，最高人民法院也认为，张支友与中天公司之间并无合同关系，对于张支友而言，其合同相对方为汪国民。中天公司是案涉工程的总承包人，并非案涉项目的发包人，本案不应适用《2004年建工解释》第26条第2款的规定。故张支友要求中天公司承担支付款项的连带责任的请求，缺乏法律依据。

## 裁判规则394

**《建设工程施工合同解释（一）》第43条规定的实际施工人，是与承包人建立合同关系并实际施工全部或部分工程的转承包人、分包人，但不包括内部承包人、多层转包或分包关系下的实际施工人。**

最高人民法院民一庭承认，实际施工人是《2004年建工解释》创制的概念，旨在描述无效合同中实际承揽工程的不具有法定资质的施工企业、非法人单位、农民工个人等，包括转包合同的承包人、违法分包合同的承包人、缺乏相应资质而借用有资质的建筑施工企业名义与他人签订建设工程施工合同的单位或者个人。[①] 实务

① 参见最高人民法院民事审判第一庭编著：《最高人民法院新建设工程施工合同司法解释（一）理解与适用》，人民法院出版社2021年版，第445页。

中，应当如何界定实际施工人？

一般认为，“实际施工人是指因转包、非法分包、肢解合同等违法行为，施工合同被认定为无效，实际从事工程建设的主体。实际施工人可能是自然人、超资质等级施工的建筑施工企业、超资质许可施工范围从事工程基础或结构建设的劳务分包企业等”①。2016 年 8 月 24 日，针对全国人大代表的建议，最高人民法院作出《对十二届全国人大四次会议第 9594 号建议的答复》称，“实际施工人”是指依照法律规定被认定为无效的施工合同中实际完成工程建设的主体，包括施工企业、施工企业分支机构、工头等法人、非法人团体、公民个人等，是《2004 年建工解释》确定的概念，目的是区分有效施工合同的承包人、施工人、建筑施工企业等法定概念。北京市高级人民法院②、山东省高级人民法院③、河北省高级人民法院④、河南省高级人民法院⑤、重庆市高级人民法院与四川省高级人

① 张志弘、裴跃：《〈最高人民法院关于审理建设工程施工合同纠纷案件适用法律问题的解释〉第二十六条第二款的限缩适用问题——大连恒达机械厂与普兰店市宏祥房地产开发有限公司、大连成大建筑劳务有限公司、大连博源建设集团有限公司、赵学君建设工程施工合同纠纷申请再审案》，载杜万华主编、最高人民法院民事审判第一庭编：《民事审判指导与参考》总第 62 辑，人民法院出版社 2015 年版。

② 《北京市高级人民法院关于审理建设工程施工合同纠纷案件若干疑难问题的解答》（京高法发〔2012〕245 号）第 18 条中规定：“《解释》中的‘实际施工人’是指无效建设工程施工合同的承包人，即违法的专业工程分包和劳务作业分包合同的承包人、转承包人、借用资质的施工人（挂靠施工人）；建设工程经数次转包的，实际施工人应当是最终实际投入资金、材料和劳力进行工程施工的法人、非法人企业、个人合伙、包工头等民事主体。”

③ 《山东省高级人民法院关于审理建设工程施工合同纠纷案件若干问题的解答》（2020 年 11 月 4 日）第 1 条规定：“实际施工人是指依照法律规定被认定为无效的施工合同中实际完成工程建设的施工主体，包括转承包人、违法分包的承包人等。当事人以实际施工人身份主张权利的，应当对其实际投入工程的资金、设备、材料、人工等事实进行举证。”

④ 《河北省高级人民法院建设工程施工合同案件审理指南》（冀高法〔2018〕44 号）第 29 条第 3 款规定，“建设工程经数次转包的，实际施工人为最终的承包人。”

⑤ 《河南省高级人民法院民事审判第四庭关于实际施工人相关问题的会议纪要》（2020 年）第 1 条规定：“实际施工人是指建设工程施工合同无效情形下实际完成建设工程施工、实际投入资金、材料和劳动力违法承包的单位和个人，具体包括违法的专业工程分包和劳务作业分包合同的承包人、转承包人、借用资质的承包人（挂靠承包人）以及多次转（分）包的承包人。”第 2 条规定：“认定实际施工人，应从以下五个方面综合审查：一是审查是否参与合同签订，如是否直接以被挂靠人名义与发包人签订合同，是否是转包、违法分包合同签约主体；二是审查是否存在组织工程管理、购买材料、租赁机具、支付水电费等实际施工行为；三是审查是否享有施工支配权，如对项目部人财物的独立支配权，对工程结算、工程款是否直接支付给第三人（材料供应商、机具出租人、农民工等）的决定权等；四是审查是否存在投资或收款行为；五是审查与转包人、违法分包人或出借资质的建筑施工企业之间是否存在劳动关系。”

民法院[1]发布的指导意见与之大同小异。

总结上述观点与规定，对实际施工人内涵的限定集中在如下四个方面：一是实际施工人应当是实际组织施工的人，既可以是对整个建设工程进行施工的人，也可以是对部分建设工程进行施工的人。如最高人民法院在“郑财文与临高县城镇建设投资有限公司建设工程施工合同纠纷案”[2] 中所言，“判断实际施工人应从其是否签订转包、挂靠或者其他形式的合同承接工程施工，是否对施工工程的人工、机器设备、材料等投入物化为相应成本，并最终承担该成本等综合因素确定”。换言之，因转包而未进行实际施工的人不是实际施工人。对实际组织施工的事实，可以从实际施工人能否举出材料物资采购、机械设备租赁、人工工资发放等方面的证据，是否参与施工文件的签署报送、是否参与竣工验收或结算予以判断。就此，可参见下述【典型案例 394】。“在违法分包的场合下，违法分包人和违法分包的承包人因均有投入和组织施工的行为，故均可认定为实际施工人。”[3] 但在分包范围内，分包人不构成实际施工人。二是实际施工人是承包主体，即在经营上具有一定独立性，具有独立经营、自担风险、自享利润的特点。承包人或者施工人的管理人员或者所聘用的建筑工人均属于工作人员，不构成实际施工人。就此，下述【裁判规则 395】将进行专门论述。此外，《最高人民法院对十三届全国人大五次会议第 3784 号建议的答复》（2022 年 6 月 22 日）明确提出，实际施工人不包括依照法律规定实行“企业内部项目经济责任制承包”（内部承包）的人。三是实际施工人未以自己名义与发包人订立建设工程施工合同。否则，施工人本身就属于承包人，无须强调“实际”二字。[4] 四是，也是最重要的，既往的司法实践普遍认为，多层转包或分包关系下的实际施工人，也享有《建设工程施工合同解释（一）》第 43 条规定的权利。“安丘市华安建筑有限责任公司与王刚、安丘市联众

---

① 《重庆市高级人民法院、四川省高级人民法院关于审理建设工程施工合同纠纷案件若干问题的解答》（渝高法〔2022〕156 号）第 9 条规定：“实际施工人是指依照法律规定被认定无效的施工合同中，实际完成工程建设的主体。实际施工人身份的界定，应当结合最终实际投入资金、材料，组织工程施工等因素综合予以认定。仅从事建筑业劳务作业的农民工、劳务班组不属于实际施工人范畴，其依据《最高人民法院关于审理建设工程施工合同纠纷案件适用法律问题的解释（一）》第四十三条的规定向发包人、转包人、违法分包人主张权利的，人民法院不予支持。”

② 参考案例 430：郑财文与临高县城镇建设投资有限公司建设工程施工合同纠纷案，最高人民法院（2021）最高法民申 1676 号民事裁定书。

③ 李玉生主编：《建设工程施工合同案件审理指南》，人民法院出版社 2019 年版，第 73 页。

④ 参见谢勇、郭培培：《论实际施工人的民法保护》，载《法律适用》2021 年第 6 期。

建筑劳务有限公司建设工程施工合同纠纷案”① 即是如此。但《最高人民法院民事审判第一庭关于实际施工人能否向与其无合同关系的转包人、违法分包人主张工程款问题的电话答复》[（2021）最高法民他103号] 称：“基于多次分包或者转包而实际施工的人，向与其无合同关系的人主张因施工而产生折价补偿款没有法律依据。”据此，有权直接向发包人追索工程款的实际施工人，不包括多层转包和违法分包关系下的实际施工人。陕西省高级人民法院②、福建省高级人民法院③、河南省高级人民法院④、重庆市高级人民法院与四川省高级人民法院⑤均支持这一观点。

**典型案例 394**

## 彭严靖与重庆对外建设（集团）有限公司等建设工程分包合同纠纷案⑥

### 基本案情

2006年3月1日，旭庆开发公司与重庆对外建设（集团）有限公司（以下简

① 参考案例431：安丘市华安建筑有限责任公司与王刚、安丘市联众建筑劳务有限公司建设工程施工合同纠纷案，最高人民法院（2019）最高法民申126号民事裁定书。

② 《陕西省高级人民法院关于审理建设工程施工合同纠纷案件若干问题的解答》（陕高法〔2020〕113号）第14条第1款规定：“在多层转包或者违法分包情况下，实际施工人原则上仅可以要求与其有直接合同关系的转包人或者违法分包人对工程欠款承担付款责任。”

③ 《福建省高级人民法院当前我省涉建工纠纷审判调研 问答·案例·白皮书》（2022年9月）第41条规定：“单层转包、单层违法分包的实际施工人可以依据《最高人民法院关于审理建设工程施工合同纠纷案件适用法律问题的解释（一）》第四十三条规定请求发包人在欠付工程款范围内承担责任。借用资质及多层转包和违法分包的实际施工人不能请求发包人在欠付工程款范围内承担责任。”

④ 《河南省高级人民法院建设工程案件审判工作座谈会综述》（2022年9月14日）“议题二：工程转包、违法分包、借用资质中的相关问题”第1款中规定：“可以突破合同相对性原则请求发包人在欠付工程价款范围内承担责任的实际施工人仅限于转包和违法分包两种关系，不包括借用资质及多层转包和多层违法分包关系中的实际施工人。即多层转包和多层违法分包关系中的实际施工人不能突破合同相对性原则请求发包人承担责任。”

⑤ 《重庆市高级人民法院、四川省高级人民法院关于审理建设工程施工合同纠纷案件若干问题的解答》（渝高法〔2022〕156号）第10条中规定：“多层转包和多次分包关系中的实际施工人依据《最高人民法院关于审理建设工程施工合同纠纷案件适用法律问题的解释（一）》第四十三条的规定向发包人主张权利的，不予支持。”

⑥ 典型案例394：彭严靖与重庆对外建设（集团）有限公司等建设工程分包合同纠纷案，重庆市高级人民法院（2016）渝民终307号民事判决书。

称对外建设公司）签订《建筑工程施工合同补充协议》约定，对外建设公司承建“江湾·国际花都”C1、C2、C3工程。2006年3月8日，彭严靖与对外建设公司签订《内部承包协议》约定，彭严靖对“江湾·国际花都”一、二期工程进行内部承包，对外建设公司收取工程造价1%的管理费。2006年9月29日，旭庆开发公司与对外建设公司签订《基础工程变更调整补充协议书》，对C1至C3工程项目基础±0.00以下范围进行了变更。2007年9月6日，对外建设公司将其承建的未完工程移交给骏建开发公司。彭严靖诉至法院称，其与对外建设公司之间为内部承包关系，涉诉工程项目系由其组织施工完成，作为实际施工人，其有权向对外建设公司主张工程款，项目业主骏建开发公司应在欠付工程款范围内承担支付责任。对外建设公司辩称，《内部承包协议》并未实际履行，彭严靖作为项目负责人，仅履行了相关管理职责，而未履行实际施工人在工程项目中的出资、垫资义务。

## 法院观点

一审法院（重庆市第五中级人民法院）认为，实际施工人司法认定的逻辑基点在于其承包、实施相关工程建设的地位及作用，具体应考量相应主体在工程组织建设中履行管理义务与经济义务两方面要素。鉴于对外建设公司对彭严靖履行管理职责并未提出异议，故争议焦点集中于后者，即彭严靖是否对案涉工程建设履行出资、垫资的经济义务。彭严靖所举出的具有确切金额的直接证据仅有两份借款审批单，金额仅40万元，而本案涉诉工程造价逾4000万元。且对实际施工人履行经济义务的考量，应为相应主体实际出资、垫资的状况，而前述40万元实际为对外建设公司支付，不宜据此认定彭严靖履行了实际施工人的经济义务。二审中，重庆市高级人民法院也认为，彭严靖举出的证据无法证明其对案涉工程的投入，也就没有向对外建设公司主张工程款的法律依据，相应地骏建开发公司亦不应向彭严靖承担工程款的支付责任。

## 裁判规则395

**自然人或施工班组是否构成实际施工人，应从合同约定的权利义务内容进行甄别。如合同约定单纯提供劳务，则应认定为劳动者或雇员；如合同约定独立经营、自负盈亏，则应认定为实际施工人，但内部承包人除外。**

如前所述，《最高人民法院对十二届全国人大四次会议第9594号建议的答复》称，“‘实际施工人’是指依照法律规定被认定为无效的施工合同中实际完成工程建设的主体，包括施工企业、施工企业分支机构、工头等法人、非法人团体、公民个人等”。若此，建设工程施工中普遍存在的建筑工人、包工头或施工班组，是否属于实际施工人？

实务界普遍认为，首先，建筑工人不属于实际施工人。《河南省高级人民法院民事审判第四庭关于实际施工人相关问题的会议纪要》第3条第1项规定：“与转包人、违法分包人无施工合同关系的农民工不能认定为实际施工人。”第9条规定，“实际施工人与农民工是两个法律概念”，“建设工程领域的农民工工资纠纷严格意义上属于农民工追索劳动报酬的劳务合同纠纷，不属于建设工程合同纠纷”。《北京市高级人民法院关于审理建设工程施工合同纠纷案件若干疑难问题的解答》(京高法发〔2012〕245号) 第18条第2款也规定：“建筑工人追索欠付工资或劳务报酬的，按照工资支付的相关法律、法规规定及《北京市高级人民法院关于依法快速处理建设领域拖欠农民工工资相关案件的意见》妥善处理。”河北省高级人民法院也有类似规定。① 其次，合同对价为劳务费用的施工班组也不属于实际施工人。《重庆市高级人民法院民一庭关于建设工程施工合同纠纷案件若干问题的解答》(2019年10月) 第21条规定：“劳务班组长、劳务班组成员请求支付劳务费用的，按照以下情形分别处理：1. 劳务班组长、劳务班组成员与实际施工人、分包人、转包人、总承包人等存在劳务分包合同关系的，应当由劳务班组长、劳务班组成员根据劳务分包合同、劳务费用结算清单等向与其存在劳务分包合同关系的实际施工人、分包人、转包人、总承包人等请求支付劳务费用；2. 劳务班组长、劳务班组成员与分包人、转包人、总承包人等存在事实劳动关系，劳务班组长、劳务班组成员请求支付劳动报酬的，按照劳动争议处理；3. 劳务班组长、劳务班组成员以工资欠条为证据直接向人民法院起诉，诉讼请求不涉及劳动关系其他争议的，按照普通民事纠纷处理。”《重庆市高级人民法院、四川省高级人民法院关于审理建设工程施工合同纠纷案件若干问题的解答》第9条中段规定，“仅从事建筑

① 《河北省高级人民法院建设工程施工合同案件审理指南》(冀高法〔2018〕44号) 第29条第2款规定：“具有下列情形的，不能认定为实际施工人：(一) 属于施工企业的内部职工；(二) 与非法转包人、违法分包人无施工合同关系的农民工、建筑工人或者施工队、班组成员。上述人员不能直接向发包人主张权利，只能依据劳动关系或劳务关系向实际施工人（承包人）主张权利。”

业劳务作业的农民工、劳务班组不属于实际施工人范畴”。最后，对包工头应根据其有权追索的费用进行区别对待。《河南省高级人民法院民事审判第四庭关于实际施工人相关问题的会议纪要》第3条第2项规定：“建筑行业俗称的包工头（施工队、施工班组）是否是实际施工人要区分情况：如包工头既向转包人、违法分包人承担施工合同义务，又负责招工，对招来的农民工承担支付工资义务，应认定为实际施工人。如包工头只负责招工和管理，与农民工都直接从转承包人、违法分承包人处领取工资或由包工头代领、代发工资，就不应认定为实际施工人。”

质言之，自然人（农民工、包工头）或施工班组是否构成实际施工人，应从合同约定的权利义务内容进行甄别。如合同约定单纯提供劳务，参与工程施工获取的是固定或相对固定的劳动收入，不承担经营风险，也不直接获得经营收益，则应认定为劳动合同或雇佣合同关系，① 而非建设工程施工合同关系，应认定相关主体为劳动者或雇员，而非实际施工人；如合同约定在工程范围内独立经营、自负盈亏，即合同对价为经营所得，则双方之间的法律关系为建设工程施工合同关系，应认定相关主体为实际施工人。以包工头为例，“在工程项目中实际投入资金、少量设备材料和劳力的包工头或班组长，因为其个人往往是违法分包合同的签订主体，同时其在工程中投入和利益不限于劳动和劳动报酬，还包括资金投入以及一定的利润，符合劳务分包的特征，可以认定为实际施工人。对于仅作为工人的代表，组织工人集中施工，以正常领取工资获取报酬的包工头或班组长则不能认定为实际施工人，相应的诉讼也不属于建设工程施工合同纠纷，而应属于劳务合同纠纷”②。与之类似，并非所有的施工班组都不构成实际施工人。如果班组并非农民工的集合体，而是某一包工头自负盈亏的班组，则包工头属于实际施工人。此外，如前所述，《最高人民法院对十三届全国人大五次会议第3784号建议的答复》（2022年6月22日）提出，实际施工人不包括依照法律规定实行“企业内部项目经济责任制承包”（内部承包）的人。

---

① 参见谢勇：《建设工程施工合同案件裁判规则解析》，中国法制出版社2020年版，第92、93页。

② 李玉生主编：《建设工程施工合同案件审理指南》，人民法院出版社2019年版，第74页。

典型案例 395

## 乐殿平与彭云瑞、福建四海建设有限公司等劳务合同纠纷案①

### 基本案情

彭云瑞以内部承包为名挂靠福建四海建设有限公司（以下简称四海公司），承接了淮安明发公司开发的商业广场项目，并实际组织施工。乐殿平是淮安明发商业广场C地块项目中的1号、2号、3号、6号泥水班组负责人。2017年1月10日，彭云瑞签署《淮安项目人工工资支付表》确认：应付乐殿平（班组）“1、2、3、6内外收尾工资”349,849.50元，“2号1—3层点工工资”10,000元，合计359,849.50元。2016年11月15日，四海公司与乐殿平签订《协议书》明确，鉴于彭云瑞未按照内部承包合同的约定履行相关义务，四海公司作为该项目的承建单位，就内部承包人彭云瑞拖欠乐殿平劳务费用等事宜，经友好协商达成该协议。后乐殿平以《2004年建工解释》第26条规定为据，以实际施工人名义要求支付劳务费359,849.50元及利息，淮安明发公司在欠付工程款范围内承担支付责任。

### 法院观点

最高人民法院在再审审查中认为，乐殿平为彭云瑞承包施工的淮安明发商业广场C地块项目中的泥水班组负责人。从《淮安项目人工工资支付表》与《协议书》来看，乐殿平与彭云瑞之间是劳务法律关系。乐殿平在本案中诉请支付的也是“劳务费359,849.50元及利息”，申请再审中也认可拖欠的款项系“农民工工资”。故乐殿平与彭云瑞之间并非建设工程施工合同关系，而是劳务合同关系。鉴于乐殿平与彭云瑞之间系劳务法律关系，乐殿平（班组）作为受彭云瑞雇用从事泥水劳务的人员，并非《2004年建工解释》第26条意义上的实际施工人。乐殿平以该条为据请求案涉工程项目发包人淮安明发公司在欠付工程款范围内承担偿付责任，缺乏事实基础和法律依据。

---

① 典型案例395：乐殿平与彭云瑞、福建四海建设有限公司等劳务合同纠纷案，最高人民法院（2019）最高法民申5594号民事裁定书。

## 裁判规则396

**挂靠人属于实际施工人的范畴，但《建设工程施工合同解释（一）》第43条规定的有权直接向发包人追索工程款的实际施工人仅限于转承包人与分包人，不包括挂靠人。**

通观《建设工程施工合同解释（一）》，其第1条第1款、第15条、第43条、第44条规定了实际施工人。其中，第1条第1款第2项规定“没有资质的实际施工人借用有资质的建筑施工企业名义的”，直接将挂靠人称为实际施工人。第43条第1款规定：“实际施工人以转包人、违法分包人为被告起诉的，人民法院应当依法受理。”明确将转承包人、违法分包人纳入实际施工人的范畴。因此，站在体系解释的角度，应当认为《建设工程施工合同解释（一）》规定的实际施工人包括三种类型：一是转包合同的承包人，即转承包人；二是违法分包合同的承包人，即违法分承包人；三是借用资质的单位或个人，即挂靠人。① 据此，挂靠人属于实际施工人的范畴。那么挂靠人作为实际施工人，是否有权援引《建设工程施工合同解释（一）》第43条的规定，直接向发包人追索工程款？

就此问题，从最高人民法院以下，矛盾判决比比皆是。在“沈良洪与西安安达房地产开发集团有限公司、陕西卓筑建设工程有限公司建设工程施工合同纠纷案”② 中，西安安达房地产开发集团有限公司主张，实际施工人仅指非法转包及违法分包的施工人，不包括挂靠人。最高人民法院认为，“此种狭义理解不符合该条文意旨，本院不予支持”。在“中建东方装饰有限公司与西安世纪金花珠江时代广场购物有限公司等建设工程施工合同纠纷案”③ 中，最高人民法院也认为，西安世纪金花珠江时代广场购物有限公司（发包人）应当在其欠付工程款的范围内向挂

---

① 参见谢勇、郭培培：《论实际施工人的民法保护》，载《法律适用》2021年第6期；最高人民法院民事审判第一庭编著：《最高人民法院新建设工程施工合同司法解释（一）理解与适用》，人民法院出版社2021年版，第22页。

② 参考案例432：沈良洪与西安安达房地产开发集团有限公司、陕西卓筑建设工程有限公司建设工程施工合同纠纷案，最高人民法院（2019）最高法民申652号民事裁定书。

③ 参考案例433：中建东方装饰有限公司与西安世纪金花珠江时代广场购物有限公司等建设工程施工合同纠纷案，最高人民法院（2018）最高法民再265号民事判决书。

靠人承担支付责任。还可参见“黑龙江省东阳房地产开发有限公司与郑延利建设工程施工合同纠纷案”[①]。据此，挂靠人可以以实际施工人的身份，向发包人追索工程款。[②] 地方法院持这一观点的判决亦不鲜见。在“陈亚、方成红等与重庆联顺房地产开发有限公司建设工程施工合同纠纷案”[③] 中，陈亚、方成红借用重庆十建的名义承揽重庆联顺房地产开发有限公司开发的兰花丽景二期三组团，后以实际施工人身份起诉重庆联顺房地产开发有限公司，要求支付工程款。重庆市第一中级人民法院即认为，比之转包、违法分包，借用资质挂靠情况下的实际施工人与发包人之间的联系更为紧密，根据“举轻以明重”的原则，既然转包、违法分包情形下的实际施工人可以依据该规定突破合同相对性原则向发包人主张工程价款，那么与发包人联系更为紧密的借用资质挂靠情形下的实际施工人当然也可类推适用该条文。与前述观点相反，在“四川中顶建设工程有限公司与朱天军、乌兰县自然资源局建设工程施工合同纠纷案”[④] 中，在认定朱天军与四川中顶建设工程有限公司（以下简称中顶公司）构成挂靠关系的情况下，针对二审法院以朱天军属于实际施工人为由判决中顶公司承担工程款支付责任，最高人民法院在再审中指出，“中顶公司系被挂靠方，不属于转包人、违法分包人或发包人，原判决以《2004 年建工解释》第 26 条为法律依据判决中顶公司承担给付工程款的责任，适用法律错误，本院予以纠正”。在“黄进涛与北京建工集团有限责任公司等建设工程施工合同纠纷案”[⑤] 中，最高人民法院也认为，“《2004 年建工解释》第 26 条的规定不适用于挂靠情形，挂靠关系中的实际施工人不能援引该司法解释直接向发包人主张工

---

① 参考案例 434：《建设工程经竣工验收后格后，实际施工人与发包人所签订的建设工程价款结算协议，人民法院可予保护——黑龙江省东阳房地产开发有限公司与郑延利建设工程施工合同纠纷案》，载最高人民法院民事审判第一庭编：《民事审判指导与参考》总第 49 辑，人民法院出版社 2012 年版。

② 参见最高人民法院民一庭：《发包人明知或故意追求借用他人资质所签订的合同的效力和发包人欠付工程款的利息性质及其处理》，载最高人民法院民事审判第一庭编：《民事审判指导与参考》总第 48 辑，人民法院出版社 2012 年版。

③ 参考案例 435：陈亚、方成红等与重庆联顺房地产开发有限公司建设工程施工合同纠纷案，重庆市第一中级人民法院（2019）渝 01 民终 4761 号民事判决书。

④ 典型案例 431：四川中顶建设工程有限公司与朱天军、乌兰县自然资源局建设工程施工合同纠纷案，最高人民法院（2019）最高法民再 329 号民事判决书。

⑤ 参考案例 436：黄进涛与北京建工集团有限责任公司等建设工程施工合同纠纷案，最高人民法院（2018）最高法民终 611 号民事判决书。

程款”。在“天津建邦地基基础工程有限公司与中冶建工集团有限公司建设工程施工合同纠纷案”① 中，最高人民法院也持这一观点。

基于下述理由，应当认定，挂靠人不属于《建设工程施工合同解释（一）》第43条规定的有权直接向发包人追索工程款的实际施工人。首先，针对作为实际施工人向发包人追索工程款规则起源的《2004年建工解释》第26条，最高人民法院民一庭明确提出，该条所称的“实际施工人主要是指转承包人和违法分包的承包人”②，并不包括挂靠人。其次，从《建设工程施工合同解释（一）》第43条的文字表述来看，“实际施工人以转包人、违法分包人为被告起诉的”，“应当追加转包人或者违法分包人为本案第三人”，“查明发包人欠付转包人或者违法分包人建设工程价款的数额”，可见该条规定的实际施工人对应的主体是“转包人、违法分包人”，③ 而不包括该司法解释第1条第1款第2项规定的“有资质的建筑施工企业”。④ 也就是说，该条规定的实际施工人仅限于转包的承包方与违法分包的承包方，⑤ 不包括挂靠人，“借用资质的实际施工人不能直接依据《建设工程施工合同解释（一）》第43条的规定向发包人主张权利”⑥。《最高人民法院民事审判第一庭2021年第20次专业法官会议纪要》⑦ 也认为，“《建设工程施工合同解释（一）》第43条只规范转包和违法分包两种关系，未规定借用资质的实际施工人以及多层转包和违法分包关系中的实际施工人有权请求发包人在欠付工程款范围内承担责任。因此，可以依据该条的规定突破合同相对性原则请求发包人在欠付工程款范围内承担责任的实际施工人不包括借用资质及多层转包和违法分包关系中的实

① 参考案例437：天津建邦地基基础工程有限公司与中冶建工集团有限公司建设工程施工合同纠纷案，最高人民法院（2017）最高法民申3613号民事裁定书。

② 最高人民法院民事审判第一庭编著：《最高人民法院建设工程施工合同司法解释的理解与适用》，人民法院出版社2004年版，第226页。

③ 参见李玉生主编：《建设工程施工合同案件审理指南》，人民法院出版社2019年版，第73页。

④ 参见谢勇：《建设工程施工合同案件裁判规则解析》，中国法制出版社2020年版，第91、106页。

⑤ 参见最高人民法院民事审判第一庭编著：《最高人民法院新建设工程施工合同司法解释（一）理解与适用》，人民法院出版社2021年版，第363页。

⑥ 肖峰、韩浩：《建设工程合同纠纷实务争议问题研究》，载最高人民法院民事审判第一庭编：《民事审判指导与参考》总第84辑，人民法院出版社2021年版。

⑦ 参见最高人民法院民事审判第一庭编：《民事审判指导与参考》总第87辑，人民法院出版社2022年版，第160、161页。

际施工人”。最后，根据【裁判规则435】，挂靠人与发包人直接建立事实上的施工合同关系，有权直接以合同相对人名义向发包人主张工程款债权，根本无须借助实际施工人身份间接主张权利。《天津市高级人民法院关于审理建设工程施工合同纠纷案件相关问题的审判委员会纪要》（2020年12月9日）第2条第2项规定，借用总承包人资质（挂靠）的实际施工人，可依据《2004年建工解释》第2条的规定，参照施工合同约定请求发包人支付工程价款。第4项规定，转包或者违法分包关系中的实际施工人，可依据《2018年建工解释》第24条的规定，请求发包人支付工程价款。也即是认为，《建设工程施工合同解释（一）》第43条规定的实际施工人，仅为转包或者违法分包关系中的实际施工人，而不包括挂靠人；挂靠人应以自己名义直接向发包人主张工程款。

**典型案例396**

## 罗尚雄与贵州钢建工程有限公司、遵义市新区开发投资有限责任公司建设工程施工合同纠纷案①

### 基本案情

2015年8月13日，就新蒲中桥三合村蚕坡岭平场工程，贵州钢建工程有限公司（以下简称钢建公司）与罗尚雄签订《项目内部承包合同》约定，罗尚雄内部承包该工程；工程范围以建设单位与钢建公司签订的合同内容为准；罗尚雄对承包项目自筹资金、自主经营、独立核算、自负盈亏；本工程除成本支出及罗尚雄向钢建公司交纳的管理费及税金，其余部分作为罗尚雄的收益。2016年1月5日，经招投标，遵义市新区开发投资有限责任公司（以下简称遵义开投公司）与钢建公司签订《建设工程施工合同》约定，钢建公司承建新蒲新区三合收费站匝道处（蚕坡岭）平场工程建设项目。2016年1月22日，钢建公司与罗尚雄又签订了与2015年8月13日《项目内部承包合同》内容相同的《项目内部承包合同》。罗尚雄于2016年3月进场施工。2018年8月31日，罗尚雄退出项目施工。后罗尚雄以实际

① 典型案例396：罗尚雄与贵州钢建工程有限公司、遵义市新区开发投资有限责任公司建设工程施工合同纠纷案，最高人民法院（2021）最高法民终394号民事判决书。

施工人身份提起诉讼，要求钢建公司支付工程款及经济损失172,441,133元，遵义开投公司在应付未付工程款范围内承担支付责任。

**法院观点**

贵州省高级人民法院在一审中认为，案涉工程是罗尚雄借用钢建公司资质与遵义开投公司签订《建设工程施工合同》，并与钢建公司签订《项目内部承包合同》所取得。根据《2004年建工解释》第26条的规定，钢建公司应对欠付的工程款承担支付责任，遵义开投公司作为发包人对欠付的工程款也应承担支付责任。但二审中，最高人民法院认为，《项目内部承包协议》系钢建公司和罗尚雄的转包协议。转包关系中的转承包人（和承包人建立合同关系的实际施工人）和挂靠关系中的挂靠人均可为实际施工人，但两者产生的法律效果并不完全相同。转承包人除能依据合同关系向转包人主张权利外，还能根据相关司法解释突破合同相对性原则，直接向发包人主张相应权利。挂靠人一般无权直接向发包人主张权利，这与转包关系中的转承包人的权利不同。

## 10.2 实际施工人的权利行使规则

《民法典》第465条第2款规定："依法成立的合同，仅对当事人具有法律约束力，但是法律另有规定的除外。"该款确立了合同相对性原则。而《建设工程施工合同解释（一）》第43条与第44条的规定，均突破了合同的相对性，允许实际施工人向与其无合同关系的发包人主张权利。其中，第44条有《民法典》第535—537条规定的代位权为据，而第43条则存在较多争议。

**裁判规则397**

**承包人与实际施工人之间的建设工程施工合同是否有效，不影响实际施工人依据《建设工程施工合同解释（一）》第43条向发包人追索工程款。**

对《建设工程施工合同解释（一）》第43条规定的实际施工人，多数观点主张，"司法解释中所称的实际施工人，有别于合法的承包主体，应当特指无效合同的承包人”①。最高人民法院民一庭也曾提出，适用《2004 年建工解释》第 26 条第 2 款，原则上第一手承包合同与下手的所有转包合同均应当无效。其理由在于，合同无效后，合同的相对性弱化，从而可以弥补突破合同相对性带来的法理上的缺陷。② 在前述“四川中顶建设工程有限公司与朱天军、乌兰县自然资源局建设工程施工合同纠纷案”③ 中，二审法院（青海省高级人民法院）也认为，“一审法院虽依据《2004 年建工解释》第 26 条第 2 款规定认定了工程款，但该条款的适用前提是合同无效，一审法院在对合同效力认定为有效的前提下，又适用该条款属适用法律错误”。

事实上，要求承包人与实际施工人之间的建设工程施工合同是无效合同，不仅不能弥补突破合同相对性带来的法理上的缺陷，反而带来了更大的缺陷。一方面，所谓合同无效就可以弱化合同的相对性，纯属主观臆造。如 A 与 B 的合同、B 与 C 的合同均无效，C 在无效合同中的损失仍受到合同相对性的限制，只能向 B 主张权利，而不能直接向 A 主张权利。另一方面，如果认为合同无效就可以弱化合同的相对性，则在“A→B→C”的连环交易结构中，如 B 与 C 的合同无效，则 C 的权利获得了双重保障——责任人包括 A 与 B；如合同有效，则 C 只能向 B 主张权利。由此导致法律为无效合同当事人提供的保护高于有效合同当事人，明显违背“合同无效不应获得比合同有效更高利益的原则”④。换言之，“对违法分包合同的承包人的工程款债权予以特别保护，对合法分包合同的承包人的工程款债权却不予以同等强度的保护，无论从法理角度还是从人民群众朴实的价值观来看，都缺乏坚实的基础”⑤。据此，无论与承包人之间的合同是否有效，实际施工人均享有依据《建设工程施工合同解释（一）》第 43 条向发包人追索工程款的权利。天津市高

① 王勇：《建设工程施工合同纠纷实务解析》，法律出版社 2017 年版，第 48 页；杨心忠等：《建设工程合同纠纷裁判思路》，法律出版社 2014 年版，第 60 页。

② 参见《实际施工人在何种情况下有权以发包人为被告提起诉讼》，载最高人民法院民事审判第一庭编：《民事审判指导与参考》总第 36 集，法律出版社 2009 年版。

③ 典型案例 431：四川中顶建设工程有限公司与朱天军、乌兰县自然资源局建设工程施工合同纠纷案，最高人民法院（2019）最高法民再 329 号民事判决书。

④ 石佳友：《〈民法典〉建设工程合同修订的争议问题》，载《社会科学辑刊》2020 年第 6 期。

⑤ 谢勇：《建设工程施工合同案件裁判规则解析》，中国法制出版社 2020 年版，第 38 页。

级人民法院①、湖南省高级人民法院②均持这一观点。

**典型案例 397**

## 宁夏睿鑫胜劳务分包有限公司与宁夏恺元建筑有限公司、银川市住房和城乡建设局建设工程施工合同纠纷案③

### 基本案情

2014年4月23日，银川市住房和城乡建设局（以下简称住建局）与宁夏恺元建筑有限公司（以下简称恺元公司）签订3份《承包合同》约定，由恺元公司承建盈南保障性住房项目A3号公建及A区地下车库工程，盈南保障性住房项目A5号、A8号廉租房工程及盈南保障性住房项目A6号、A9号、A11号、A12号公共租赁房工程。同日，恺元公司与宁夏睿鑫胜劳务分包有限公司（以下简称睿鑫胜公司）签订《分包合同》约定，恺元公司将前述工程的劳务分包给睿鑫胜公司施工。2019年5月8日，案涉工程竣工验收。后睿鑫胜公司诉至法院，要求恺元公司支付工程款，住建局在恺元公司未付清工程款范围内承担责任。住建局辩称，睿鑫胜公司系案涉工程的合法分包人而非实际施工人，无权突破合同相对性直接向住建局主张权利。

### 法院观点

宁夏回族自治区高级人民法院认为，《分包合同》系双方真实意思表示，内容不违反法律、行政法规的强制性规定，合法有效。根据《2018年建工解释》第24

---

① 《天津市高级人民法院关于审理建设工程施工合同纠纷案件相关问题的审判委员会纪要》（2020年12月9日）第2条第4项规定："转包或者违法分包关系中的实际施工人，可依据建设工程司法解释（二）第24条规定，请求发包人支付工程价款。"第5项规定："与总承包人订立合法有效劳务分包合同的分包人，可参照建设工程司法解释（二）第24条规定，请求发包人支付工程价款。"

② 《湖南省高级人民法院关于审理建设工程施工合同纠纷案件若干问题的解答》（湘高法〔2022〕102号）第26条规定："合法分包的情况下，实际完成建设工程施工分包合同项下内容的分包人可参照《最高人民法院关于审理建设工程施工合同纠纷案件适用法律若干问题的解释（一）》第四十三条之规定起诉发包人。"

③ 典型案例397：宁夏睿鑫胜劳务分包有限公司与宁夏恺元建筑有限公司、银川市住房和城乡建设局建设工程施工合同纠纷案，宁夏回族自治区高级人民法院（2020）宁民终129号民事判决书。

条的规定，行使诉讼权利的主体虽为实际施工人，但可以明确的是，在分包合同违法的情况下，对分包合同的承包人的权利要特别保护，在分包合同合法的情况下，对分包合同的承包人的权利当然应给予同等保护。案涉《分包合同》为有效合同，应适用《2018 年建工解释》第 24 条规定。

## 裁判规则 398

**《建设工程施工合同解释（一）》第 43 条赋予实际施工人的对发包人的工程款请求权，是以承包人对发包人的工程款请求权为基础的转致的请求权，而非独立的工程款请求权。**

《建设工程施工合同解释（一）》第 43 条允许实际施工人直接向发包人主张工程款，而承包人基于施工合同也享有对发包人的工程款请求权。在此背景下，应当如何界定实际施工人的请求权与承包人的请求权的关系？

就此问题存在两种观点。第一种观点认为，实际施工人的请求权是独立的请求权，不受承包人对发包人的请求权的影响。在“戚苏蓉与扬州扬子建筑市政工程有限公司等案外人执行异议之诉案”① 中，最高人民法院即认为，承包人的债权人对承包人工程款债权的查封，不影响实际施工人直接向发包人追索工程款。在“明业建设集团有限公司与袁文忠、杭州市余杭区人民政府崇贤街道办事处建设工程施工合同纠纷案”② 中，一审法院与二审法院均认为，承包人破产的，不影响实际施工人直接向发包人追索工程款。第二种观点认为，实际施工人的请求权并非独立的请求权，而是建立在承包人对发包人的工程款请求权的基础之上、由承包人请求权转致的请求权，故应受承包人请求权的影响。在前述“明业建设集团有限公司与袁文忠、杭州市余杭区人民政府崇贤街道办事处建设工程施工合同纠纷案”③

① 参考案例 438：戚苏蓉与扬州扬子建筑市政工程有限公司等案外人执行异议之诉案，最高人民法院（2021）最高法民申 5771 号民事裁定书。

② 参考案例 439：明业建设集团有限公司与袁文忠、杭州市余杭区人民政府崇贤街道办事处建设工程施工合同纠纷案，浙江省高级人民法院（2019）浙民终 1104 号民事判决书、最高人民法院（2020）最高法民申 2906 号民事裁定书。

③ 参考案例 440：明业建设集团有限公司与袁文忠、杭州市余杭区人民政府崇贤街道办事处建设工程施工合同纠纷案，浙江省高级人民法院（2019）浙民终 1104 号民事判决书、最高人民法院（2020）最高法民申 2906 号民事裁定书。

中，最高人民法院在再审审查中即认为，实际施工人追索工程款，应遵循“发包人→承包人→实际施工人”的权利路径。

正如《四川省高级人民法院关于审理建设工程施工合同纠纷案件若干疑难问题的解答》（川高法民一〔2015〕3号）第13条第5款所规定的：“实际施工人可以以发包人、转包人、违法分包人为共同被告主张权利，当事人之间依据相应的合同关系承担法律责任。”也就是说，发包人欠付承包人的工程款、承包人欠付实际施工人的工程款，都应依据各自的基础法律关系认定，这一点并未突破合同相对性原则。[①] 一方面，“实际施工人的施工行为以承包人的施工合同义务为基础，实际施工人对工程的实际投资与建设，在事实上具有履行施工合同中承包人的合同义务的性质。由此，二者具有相当程度的关联性，实际施工人对于该建设工程享有的权利义务，是由承包人在其与发包人之间的施工合同中享有的权利义务转化、承继而来”[②]。另一方面，从法律后果看，发包人代转包人或者违法分包人向实际施工人承担责任后，发包人欠转包人、违法分包人的债务以及转包人、违法分包人欠实际施工人的债务相应消灭。[③] 在前述“罗尚雄与贵州钢建工程有限公司、遵义市新区开发投资有限责任公司建设工程施工合同纠纷案”[④] 中，最高人民法院即明确，贵州钢建工程有限公司（以下简称钢建公司）（承包人）应该支付给罗尚雄（实际施工人）工程款32,635,224.72元。遵义市新区开发投资有限责任公司（以下简称遵义开投公司）作为发包人，对于罗尚雄的工程款请求，只在欠付合同相对人钢建公司工程款范围之内承担责任，承担之后可以从其应支付给钢建公司的工程款中抵扣。在此意义上，发包人根据《建设工程施工合同解释（一）》第43条第2款规定承担的责任，本质上仍是一种“代位”责任，或者说实际施工人行使的是一种“代位权”，是存在三角债的情况下一种彻底解决各方债权债务纠纷的有效、经济

---

① 参见谢勇：《〈最高人民法院关于审理建设工程施工合同纠纷案件适用法律问题的解释（一）〉的理解与适用》，载最高人民法院民事审判第一庭编：《民事审判指导与参考》总第85辑，人民法院出版社2021年版。

② 唐倩：《实际施工人的建设工程价款优先受偿权实证研究》，载最高人民法院民事审判第一庭编：《民事审判指导与参考》总第81辑，人民法院出版社2021年版。

③ 参见谢勇：《建设工程施工合同案件裁判规则解析》，中国法制出版社2020年版，第126页。

④ 典型案例396：罗尚雄与贵州钢建工程有限公司、遵义市新区开发投资有限责任公司建设工程施工合同纠纷案，最高人民法院（2021）最高法民终394号民事判决书。

的方式。[①] 发包人对实际施工人直接付款导致承包人工程款债权相应消灭，显然表明实际施工人的债权建立在承包人债权的基础之上，是通过债的抵销制度，将原本的“发包人→承包人→实际施工人”的关系，转变为“发包人→实际施工人=‘发包人→承包人+承包人→实际施工人’”的关系。最高人民法院在下述【典型案例 398】中的论述即遵循了这一逻辑。

**典型案例 398**

## 郭跃虎、郭一与河南省中创建筑工程有限公司、蒋彦丽案外人执行异议之诉案[②]

### 基本案情

2013 年 6 月 22 日，于水林以河南省中创建筑工程有限公司（以下简称中创公司）名义与河南省南水北调渠首及沿线土地整治重大项目淅川项目区建设指挥部签订“河南省南水北调渠首及沿线土地整治重大项目（第一期）1 片区第三年度淅川项目区”施工合同，合同总价款 4, 637, 226. 10 元。2013 年 9 月 6 日，于水林将该工程转包给蒋彦丽。蒋彦丽作为实际施工人完成了该工程。2017 年 1 月 17 日，就郭一、郭跃虎与蒋彦丽借贷纠纷案，南阳仲裁委员会作出南仲裁字（2016）第 104 号调解书，确认：（1）蒋彦丽于 2017 年 1 月 18 日前偿还郭一借款 589, 333 元及利息；（2）蒋彦丽于 2017 年 1 月 18 日前偿还郭跃虎借款 294, 667 元及利息。调解书生效后，在执行过程中，南阳市中级人民法院于 2017 年 7 月 19 日扣划了中创公司名下的河南省南水北调渠首及沿线土地整治重大项目应付工程款 884, 000 元。中创公司提出执行异议，南阳市中级人民法院裁定中止执行，郭一、郭跃虎遂提起执行异议之诉，要求继续执行。

### 法院观点

该案历经一审（准许继续执行）、二审（准许继续执行）与再审。最高人民法

① 参见谢勇、郭培培：《论实际施工人的民法保护》，载《法律适用》2021 年第 6 期。

② 典型案例 398：郭跃虎、郭一与河南省中创建筑工程有限公司、蒋彦丽案外人执行异议之诉案，河南省南阳市中级人民法院（2017）豫 13 民初 144 号民事判决书、最高人民法院（2020）最高法民申 1099 号民事裁定书。

院在再审审查中认为，执行法院执行案涉工程款的实体法律依据应是《2004 年建工解释》第 26 条第 2 款。根据该规定，实际施工人对发包人所享有的债权，以其对转包人或者违法分包人享有建设工程价款债权，以及转包人或者违法分包人对发包人享有建设工程价款债权为前提。发包人在欠付工程款范围内向实际施工人履行债务后，实际施工人对转包人或者违法分包人享有的建设工程价款债权以及转包人或者违法分包人对发包人享有的建设工程价款债权在相应的范围内消灭。在多层转包、违法分包的情况下，如果人民法院执行作为实际施工人的被执行人对发包人的到期债权，实际执行了各建设工程施工合同、转包合同或者违法分包合同项下承包人对发包人享有的建设工程价款债权。①

## 裁判规则399

**实际施工人依据《建设工程施工合同解释（一）》第 43 条向发包人追索工程款时，因该请求权是转致的请求权，故发承包人双方就付款条件、付款方式的约定对实际施工人具有约束力。**

实际施工人依据《建设工程施工合同解释（一）》第 43 条向发包人追索工程款时，发包人与承包人在施工合同中约定的付款条件、付款方式，对实际施工人是否具有约束力？

在“陈建光与贵州新建业工程有限责任公司等债权人代位权纠纷案”② 中，最高人民法院认为，“实际施工人可以根据该规定③越过承包人直接向发包人主张工程款债权，说明发包人对实际施工人的责任具有一定独立性，不以承包人先承担支付义务为前提”。换句话说，发包人与承包人之间约定的付款条件对实际施工人不具有约束力。与之相反，《河南省高级人民法院建设工程案件审判工作座谈会综述》（2022 年 9 月 14 日）“议题二：工程转包、违法分包、借用资质中的相关问题”第 1 款规定：“在发包人与转包人或者违法分包人尚不符合结算条件或正就工

① 最后，最高人民法院以“申请执行人对转包人、违法分包人的异议有异议的，应当提起代位权诉讼而非执行异议之诉”为由，指令河南省高级人民法院再审本案。

② 参考案例 441：陈建光与贵州新建业工程有限责任公司等债权人代位权纠纷案，最高人民法院（2020）最高法民再 231 号民事判决书。

③ 即《2018 年建工解释》第 24 条，现《建设工程施工合同解释（一）》第 43 条。

程结算进行诉讼等情形，以及根据现有证据无法判定发包人欠付工程价款具体数额的情况下，不应判决发包人对实际施工人承担欠付责任。”

如【裁判规则 398】所述，实际施工人依据《建设工程施工合同解释（一）》第 43 条对发包人的工程款请求权，是以承包人对发包人的工程款请求权为基础而转致的请求权，并非独立的工程款请求权。那么实际施工人依据《建设工程施工合同解释（一）》第 43 条向发包人追索工程款时，发承包人双方就付款条件、付款方式的约定，由于对承包人具有约束力，也就相应地对实际施工人具有约束力。最高人民法院第二巡回法庭 2020 年第 3 次法官会议纪要即认为，鉴于《建设工程施工合同解释（一）》第 43 条、《保障农民工工资支付条例》已经明确了转承包人可以取得对发包人的直接请求权，故发包人与承包人合同中约定的能够对承包人行使的抗辩，亦有权对转承包人行使。①

**典型案例 399**

## 李海军、崔有良与青海中发源实业有限公司、四川黄瓦台建筑工程有限公司等建设工程施工合同纠纷案②

### 基本案情

2015 年 4 月，青海中发源实业有限公司（以下简称中发源公司）与四川黄瓦台建筑工程有限公司（以下简称黄瓦台公司）签订《建设工程施工合同》约定，中发源公司将中发源时代广场 4—12 号楼工程发包给黄瓦台公司建设。2015 年 5 月 14 日，黄瓦台公司与中兴公司签订《建设工程施工合同》约定，黄瓦台公司将 4—12 号楼基坑支护工程转包给中兴公司。2015 年 7 月 20 日，李海军、崔有良组织施工队伍就基坑支护工程进场施工。2016 年 8 月初，李海军、崔有良携施工队伍撤场。后李海军、崔有良诉至法院，要求黄瓦台公司支付工程款 174, 899, 555 元，中发源公司在欠付工程款范围内承担付款责任。

---

① 参见贺小荣主编：《最高人民法院第二巡回法庭法官会议纪要》第 2 辑，人民法院出版社 2021 年版，第 104 页。

② 典型案例 399：李海军、崔有良与青海中发源实业有限公司、四川黄瓦台建筑工程有限公司等建设工程施工合同纠纷案，最高人民法院（2021）最高法民终 339 号民事判决书。

## 法院观点

一审法院（青海省高级人民法院）认为，根据《2004年建工解释》第26条的规定，李海军、崔有良作为案涉工程的实际施工人有权向发包人主张权利。但最高人民法院在二审中认为，根据《2004年建工解释》第26条的规定，发包人向实际施工人承担责任的前提是其欠付转包人或者违法分包人工程价款。该规定是从实质公平的角度出发，实际施工人向发包人主张权利后，发包人、转包人或者违法分包人以及实际施工人之间的连环债务相应消灭，且发包人对实际施工人承担责任的范围以其欠付的建设工程价款为限。本案中，案涉时代广场并未完工，中发源公司与黄瓦台公司亦未进行结算，仅能确定黄瓦台公司欠付李海军、崔有良工程款的事实。中发源公司是否欠付黄瓦台公司工程款、欠付工程款的数额等事实因未结算无法查清，实际施工人与发包人之间的权利义务并不明确，故李海军、崔有良向中发源公司主张其在欠付工程款范围内承担责任的条件不成就。①

## 裁判规则400

**承包人对发包人的债权被另案冻结或承包人进入破产程序的，实际施工人不得再以《建设工程施工合同解释（一）》第43条为据直接向发包人追索工程款。**

承包人进入破产程序或承包人对发包人的债权被另案冻结的，实际施工人是否仍有权依据《建设工程施工合同解释（一）》第43条直接向发包人追索工程款？

在“南京绿洲设备安装工程有限公司破产管理人诉南京集能建筑安装工程有限公司请求撤销个别清偿行为纠纷案”② 中，南京绿洲设备安装工程有限公司（以下简称绿洲公司）与常州供电公司（发包方）订立建设工程施工合同后，将案涉

① 严格来说，本案中因存在多重转包、分包，李海军、崔有良并不属于《建设工程施工合同解释（一）》第43条规定的实际施工人。

② 参考案例442：南京绿洲设备安装工程有限公司破产管理人诉南京集能建筑安装工程有限公司请求撤销个别清偿行为纠纷案，江苏省南京市中级人民法院（2015）宁商初字第51号民事判决书。相关评述可参见：《建设工程经转包的，工程价款应归属实际施工人——南京绿洲设备安装工程有限公司管理人诉南京集能建筑安装工程有限公司建设工程施工合同纠纷案》，载《人民司法》2016年第26期。

建设工程转包给集能公司。施工过程中，常州供电公司支付的工程款 4, 106, 848. 99 元被绿洲公司以授权集能公司占用和支配银行账号的方式支付给集能公司。后绿洲公司破产清算。破产管理人认为，在上述款项支付给集能公司前，绿洲公司已无法正常经营，明显缺乏清偿能力。故绿洲公司在破产清算受理之日前向集能公司清偿工程款的行为应予撤销。南京市中级人民法院认为，“绿洲公司将案涉建设工程非法转包后，集能公司投入人力和建筑材料，全面履行了绿洲公司与常州供电公司之间的合同。现案涉建设工程经竣工验收合格，集能公司有权要求常州供电公司偿付工程价款”。换言之，实际施工人向发包人追索工程款，不受承包人破产的影响。

但如前述，实际施工人依据《建设工程施工合同解释（一）》第 43 条向发包人追索工程款的，该请求权是建立在承包人对发包人的请求权基础上的转致请求权。如承包人进入破产程序，则承包人对发包人的工程款债权应归入承包人的责任财产，在破产程序中统一分配，不能再由实际施工人单方直接取得。就此，除下述【典型案例 400】外，还可参见“安徽博阳电力科技有限公司与中海阳能源集团股份有限公司、霍邱县现代农业投资发展有限公司第三人撤销之诉案”①。如承包人对发包人的工程款债权在另案中被冻结，承包人的请求权由于被冻结而无法行使，故建立在承包人请求权基础上的实际施工人的请求权相应地也无法行使。据此，承包人对发包人的债权被另案冻结或承包人进入破产程序的，实际施工人不得再以《建设工程施工合同解释（一）》第 43 条为据直接向发包人追索工程款。

**典型案例 400**

## 王福柱等与滨海县人民政府招待所等建设工程施工合同纠纷案②

### 基本案情

2016 年 9 月 16 日，江苏省滨海县人民政府招待所（以下简称滨海招待所）与

① 参考案例 443：安徽博阳电力科技有限公司与中海阳能源集团股份有限公司、霍邱县现代农业投资发展有限公司第三人撤销之诉案，北京市高级人民法院（2021）京民终 742 号民事判决书。

② 典型案例 400：王福柱等与滨海县人民政府招待所等建设工程施工合同纠纷案，江苏省盐城市中级人民法院（2021）苏 09 民终 3681 号民事裁定书。关于该案的评述可参见刘干：《实际施工人不能避开破产转包人直接起诉发包人》，载《人民司法》2021 年第 35 期。

盐城二建集团签订建设工程施工合同约定，滨海招待所将滨海国际大酒店的土建、安装工程发包给盐城二建集团承建。合同签订后，盐城二建集团即将工程转包给王福柱等三人合伙施工。2018年7月26日，江苏省盐城市中级人民法院受理了盐城二建集团的破产清算申请。2019年12月11日，案涉工程竣工验收合格。后王福柱等三人以实际施工人的身份，直接诉请滨海招待所在欠付工程价款的范围内承担给付责任。滨海招待所辩称，王福柱等三人非建设工程施工合同相对方，无权直接向其请求付款，而应向盐城二建集团的管理人申报债权。

## 法院观点

法院认为，尽管司法解释规定实际施工人对发包人享有诉权，但实际施工人的债务人仍是转包人、违法分包人，而非发包人。转包人作为发包人在建设工程施工合同中的相对人，有权向发包人主张工程款，据此收到的工程价款应作为转包人的财产。在转包人破产的情况下，则应当将工程款作为转包人的破产财产由管理人向发包人追收。管理人对外追收债权后，再对内确认实际施工人债权并按破产法的规定进行清偿。据此，在承包人进入破产程序的情况下，实际施工人不得越过承包人直接向发包人主张工程款债权。

## 裁判规则401

**实际施工人与承包人均向发包人追索工程款的，因实际施工人是终局权利人，应当合并审理并判决由实际施工人收取工程款。**

依据《建设工程施工合同解释（一）》第43条的规定，实际施工人有权直接向发包人追索工程款；依据建设工程施工合同，承包人也有权向发包人主张工程款。在实际施工人与承包人同时主张工程款债权的情况下，应当如何处理？

根据合同的相对性，无论是否存在承包人以外的实际施工人，向发包人交付工程的义务主体都是承包人，相应地，向承包人支付工程价款也是发包人的合同义务。虽然《建设工程施工合同解释（一）》第43条突破了合同相对性，赋予实际施工人直接向发包人追索工程款的权利，但不能得出承包人丧失工程款请求权的结论。如最高人民法院在“酒泉企智企业项目管理有限公司与酒泉企创房地产开发有限公司建设工程施工合同纠纷案”① 中所说，“在存在实际施工人的情形下，为了保护处于弱势地位的建筑工人的权益，相关的司法解释突破合同相对性，赋予实际施工人直接向发包人请求支付工程款的权利，但发包人仅在欠付承包人的工程款范围内对实际施工人承担付款责任。其引申含义为，若发包人已经向承包人支付完毕全部工程款，则无须对实际施工人承担责任。亦即，在存在承包人以外的实际施工人的情况下，法律和司法解释并未否定承包人依据合同约定向发包人请求支付工程款的权利”。据此，虽然实际施工人有权依据《建设工程施工合同解释（一）》第43条向发包人追索工程款，但承包人也有权依据建设工程施工合同向发包人主张工程款债权。

站在应然层面，承包人已经起诉发包人支付工程款的，实际施工人可以在一审法庭辩论终结前申请作为第三人参加诉讼，但不得另诉请求发包人在欠付工程款范围内承担责任。“人民法院对违法转包人或者违法分包人被追加为第三人后提出请求发包人给付建设工程价款的诉讼请求，可以合并审理。”②《最高人民法院民事审判第一庭2021年第21次专业法官会议纪要》③ 也认为，“为防止不同生效判决判令发包人就同一债务分别向承包人和实际施工人清偿的情形，需要对承包人和实际施工人的起诉做好协调。在承包人已经起诉发包人支付工程款的情况下，实际施工人可以在一审辩论终结前申请作为第三人参加诉讼，其另诉请求发包人在欠付工程款范围内承担责任的，不应受理。实际施工人作为第三人参加诉讼后，如果请求发包人在欠付工程款范围内承担责任，应当将承包人的诉讼请求和实际施工人的诉讼请求合并审理”。站在实然层面，如实际施工人与承包人分别起诉主张工程款债权，应合并审理。合并审理之后，因实际施工人是工程款的终局权利人，即“发包人→承包人→实际施工人”的最后一环，应由实际施工人收取工程款。如受理法院系不同法院，则可通过移送管辖实现合并审理。在下述【典型案例401】中，前案支持了实际施工人要求发包人支付工程款的请求，后案支持了承包人的债权受让人要求发包人支付工程款的请求并执行到位。后案判决即被实际施工人行使撤销权

① 参考案例444：酒泉企智企业项目管理有限公司与酒泉企创房地产开发有限公司建设工程施工合同纠纷案，最高人民法院（2019）最高法民申3856号民事裁定书。

② 谢勇：《建设工程施工合同案件裁判规则解析》，中国法制出版社2020年版，第120页。

③ 参见最高人民法院民事审判第一庭编：《民事审判指导与参考》总第87辑，人民法院出版社2022年版，第163、164页。

予以撤销。当然，如仅有实际施工人或承包人单方提起诉讼，则应判决由主张权利方收取工程款。

**典型案例 401**

## 范付振与徐占福等第三人撤销之诉案①

### 基本案情

启政公司从百顺基业公司处承接石家庄市桥西区石桥村5号、7号回迁住宅楼工程后，以收取该工程总造价1%的管理费为条件，将工程转包给了苏麒麟公司。2012年5月9日、5月15日，苏麒麟公司与范付振签订《劳务工程总包合同》《补充协议书》约定，范付振分包该工程劳务部分；负责提供施工起重塔吊，框架结构浇筑模板，搭建施工架子的钢管、爬梯；并提供施工木材、油漆等施工材料。2015年，工程完工并交付使用。后范付振诉至法院，桥西区人民法院作出（2015）西民初字第01500号民事判决，确认范付振是石桥村5号、7号回迁住宅楼建设工程的实际施工人；工程款5,928,032元、押金20万元由苏麒麟公司与启政公司承担连带责任；百顺基业公司在欠付工程价款范围内承担责任。② 因苏麒麟公司自2014年3月陆续从徐占福处借用资金共计350万元，后未能按时还款，2014年8月6日，双方签订《债权转让协议书》约定，苏麒麟公司将对百顺基业公司享有的到期工程款债权1000万元转让给徐占福，用于抵销350万元的借款债务及利息。2014年9月25日，因百顺基业公司未向徐占福履行该1000万元债务，徐占福诉至法院。石家庄市中级人民法院作出（2016）冀01民终6998号民事判决认定，百顺基业公司负有向徐占福支付1000万元款项的法律义务。该判决于2017年1月16日发生法律效力后，执行法院在2017年11月将执行款1000万元划转给徐占福。范付振认为，执行的该笔款项与其基于《劳务工程总包合同》《补充协议书》应当取得的款项是同一笔工程款，范付振才是该笔工程款的权利人，遂诉至法院，要求

---

① 典型案例401：范付振与徐占福等第三人撤销之诉案，河北省高级人民法院（2019）冀民终496号民事判决书、最高人民法院（2019）最高法民申6310号民事裁定书。

② 需指出的是，本案因涉及多重转包、分包，根据现行司法政策，范付振不再属于《建设工程施工合同解释（一）》第43条规定的实际施工人。

撤销（2016）冀01民终6998号民事判决书中不当转让范付振工程劳务款6,184,721元的内容。徐占福辩称，范付振不属于（2016）冀01民终6998号民事案件的第三人。

## 法院观点

河北省高级人民法院认为，首先，（2015）西民初字第01500号判决已经确认范付振是石桥村5号、7号回迁住宅楼建设工程的实际施工人，其享有建设工程价款的受偿权。其次，（2016）冀01民终6998号案件中的债权转让范围包括范付振的建设工程价款，范付振有权对徐占福在另案中诉请的款项提出独立请求，属于有独立请求权的第三人。最后，（2016）冀01民终6998号民事判决支持通过债权转让的方式向一般民间借贷关系的普通债权人转让施工人尚未取得的建设工程款债权，严重损害了实际施工人范付振的民事权益。据此裁定，撤销（2016）冀01民终6998号民事判决。①

### 裁判规则402

**实际施工人依据《建设工程施工合同解释（一）》第43条向发包人追索工程款，承包人的其他债权人也向发包人主张到期债权的，基于债权平等原则，应由在先主张权利一方收取工程款债权。**

前述【裁判规则401】讨论的是实际施工人与承包人的权利冲突问题，并基于实际施工人是终局权利人，认定应由实际施工人收取工程款。但如权利冲突发生在实际施工人与承包人的其他债权人之间，是否还应由实际施工人收取工程款？

承包人的其他债权人向发包人主张工程款债权，主要包括两种情形：一是承包人的其他债权人依据《建设工程施工合同解释（一）》第44条提起代位权诉讼；二是承包人的其他债权人取得执行依据后，依据《最高人民法院关于人民法院执

① 后徐占福向最高人民法院申请再审。最高人民法院在再审审查中，对原判“范付振作为实际施工人享有建设工程价款优先受偿权”的观点予以否定，但驳回了徐占福的再审申请。

行工作若干问题的规定（试行）》（法释〔2020〕21号）第45条第1款[1]，将承包人对发包人的工程款债权作为到期债权申请强制执行。下述【典型案例402】即是如此。在此情形下，如实际施工人依据《建设工程施工合同解释（一）》第43条也向发包人追索工程款，就会发生实际施工人与承包人的其他债权人之间的权利冲突。由于实际施工人的债权与承包人其他债权人的债权均为普通债权，并无顺位之分，基于债权的平等性，应当实行“先到先得”原则，即由在先主张权利一方收取工程款债权。

**典型案例402**

## 梁顺坤与重庆华迪源建筑劳务有限公司案外人执行异议之诉案[2]

### 基本案情

2012年5月28日，湛江建筑集团与顺德区土储中心签订建设工程施工合同约定，湛江建筑集团承建伦教裕成路市政工程BT项目，工程造价14,197,868.55元。同日，湛江建筑集团将该项目转包给梁顺坤，湛江建筑集团收取4.5%的管理费。合同签订后，该项目由梁顺坤组织实施。2013年11月4日，就重庆华迪源建筑劳务有限公司（以下简称华迪源劳务公司）诉湛江建筑集团建设工程施工合同纠纷案，法院判决湛江建筑集团向华迪源劳务公司支付工程劳务费3,458,557.72元及相应利息、退还工程保证金100万元。2014年3月26日，华迪源劳务公司向法院申请执行，截至2015年12月7日，湛江建筑集团应履行的债务总额为6,318,289元。2017年6月5日，法院向顺德区土储中心发出《协助执行通知书》，要求扣留、提取湛江建筑集团在该单位的应收工程款590万元。2017年7月14日，梁顺

---

[1] 该款规定：“被执行人不能清偿债务，但对本案以外的第三人享有到期债权的，人民法院可以依申请执行人或被执行人的申请，向第三人发出履行到期债务的通知（以下简称履行通知）。履行通知必须直接送达第三人。”

[2] 典型案例402：梁顺坤与重庆华迪建筑劳务有限公司案外人执行异议之诉案，重庆市第五中级人民法院（2018）渝05民终6047号民事判决书、重庆市高级人民法院（2019）渝民申228号民事裁定书。

坤以湛江建筑集团、顺德区土储中心为被告，向佛山市顺德区人民法院提起诉讼，要求顺德区土储中心支付梁顺坤工程款 9, 370, 593. 24 元。2017 年 12 月 8 日，顺德区人民法院判如所请。2017 年 11 月 28 日，梁顺坤提起本案诉讼认为，该工程系其实施，其系该工程款的专属债权人，故要求中止对该笔工程款的执行。

## 法院观点

重庆市第五中级人民法院认为，首先，伦教裕成路市政工程 BT 项目的合同双方为顺德区土储中心与湛江建筑集团。湛江建筑集团未履行生效判决所确定的支付义务成为被执行人后，法院有权就被执行人对他人的到期债权强制执行。故法院于 2017 年 6 月 5 日向顺德区土储中心发出的《协助执行通知书》符合法律规定。其次，梁顺坤并非顺德区土储中心的合同相对人，其对顺德区土储中心所享有的权利依附于顺德区土储中心和湛江建筑集团之间的合同，显然不得超越湛江建筑集团对顺德区土储中心的工程款请求权。最后，湛江建筑集团对顺德区土储中心的应收工程款 590 万元已被执行法院扣留。此种情形等同于湛江建筑集团已向顺德区土储中心主张了到期债权。顺德区土储中心在债权到期后，有义务按《协助执行通知书》的要求直接将被扣留、提取的款项汇入执行法院的账户，该行为即视为顺德区土储中心已履行对湛江建筑集团的支付义务。根据《2004 年建工解释》第 26 条第 2 款的规定，顺德区土储中心只在欠付工程价款范围内对实际施工人承担责任。故在执行法院已扣留应收工程款 590 万元的情况下，顺德区土储中心不再就该 590 万元工程款对实际施工人承担责任。据此，梁顺坤以另案民事判决主张其享有排除执行的权益，不能成立。再审审查中，重庆市高级人民法院也提出，在法院执行该 590 万元工程款后，该款项不再属于《2004 年建工解释》第 26 条第 2 款规定的发包人欠付的工程款。

## 10.3　发包人对实际施工人的责任承担

在实际施工人直接向发包人追索工程款的情形下，《建设工程施工合同解释（一）》第 43 条第 2 款规定，“在查明发包人欠付转包人或者违法分包人建设工程价款的数额后，判决发包人在欠付建设工程价款范围内对实际施工人承担责任”。

适用该规定时，须注意以下问题。

**裁判规则403**

**根据债的抵销规则，发包人的责任范围应以发包人对承包人的欠款金额、承包人对实际施工人的欠款金额中的最小金额为限。**

《建设工程施工合同解释（一）》第43条第2款规定“判决发包人在欠付建设工程价款范围内对实际施工人承担责任”。对该责任的范围应当如何界定？

有观点认为，仅需查明发包人欠付承包人工程款的金额，进而将发包人责任限定在该范围内即可。广东省高级人民法院①、河北省高级人民法院②、陕西省高级人民法院③均持这一观点。

实际施工人基于对承包人的工程款债权直接向发包人主张权利，一方面，发包人只应在欠付承包人工程款的范围内承担责任。因此，“要在查明发包人欠付转包人或者违法分包人建设工程价款的数额后，判决发包人在欠付建设工程价款范围内对实际施工人承担责任。如果发包人不欠转包人或者违法分包人建设工程价款，就不应向实际施工人承担责任”④。但另一方面，实际施工人有权主张的工程款，是承包人对其欠付的工程款，其可请求的金额必然受到自身债权金额的限制。就实际施工人对承包人的工程款债权与承包人对发包人的工程款债权，在金额对比上存在

① 原《广东省高级人民法院关于审理建设工程合同纠纷案件疑难问题的解答》（粤高法〔2017〕151号）第25条规定：“对于工程项目多次分包或转包的，实际施工人起诉合同相对方、发包人支付工程款的，为查明发包人欠付工程款的数额，应追加总承包人作为第三人。其余违法分包人、转包人如未参与实际施工，不影响案件事实查明的，可以不追加为案件诉讼主体。”

② 《河北省高级人民法院建设工程施工合同案件审理指南》（冀高法〔2018〕44号）第30条规定：“对于工程项目多次分包或转包的，实际施工人起诉合同相对方、发包人支付工程款的，为查明发包人欠付工程款的数额应追加总承包人为第三人，其余违法分包人、转包人未参与实际施工，不影响案件事实查明的，可以不追加为案件诉讼主体。”

③ 《陕西省高级人民法院关于审理建设工程施工合同纠纷案件若干问题的解答》（陕高法〔2020〕113号）第14条第2款规定：“实际施工人向发包人主张权利的，为查明发包人欠付工程款的数额，应追加总承包人作为第三人。其余违法分包人、转包人如未参与实际施工，不影响案件事实查明的，可以不追加为案件诉讼主体。”

④ 程新文等：《〈关于审理建设工程施工合同纠纷案件适用法律问题的解释（二）〉的理解与适用》，载《人民司法》2019年第4期。

三种可能性：一是实际施工人的工程款债权金额更小；二是承包人的工程款债权金额更小；三是二者相等。除二者相等的情形以外，无论是实际施工人的工程款债权金额更小，还是承包人的工程款债权金额更小，发包人的责任均应以发包人对承包人的欠款金额、承包人对实际施工人的欠款金额中的最小金额为限。若此，债的抵销规则才能正常运作——如果人民法院执行了实际施工人对发包人的到期债权，则实际执行了建设工程施工合同项下转包人或者违法分包人对发包人享有的建设工程价款债权。① 与此同理，“人民法院判决发包人在欠付工程款范围内向实际施工人承担责任后，非法转包人或者违法分包人另行起诉请求发包人给付建设工程价款的，对人民法院已判决发包人向实际施工人承担责任部分不再支持”②。如果不将发包人责任限定在最小金额内，就会发生抵销不能的问题。在下述【典型案例403】中，法院虽已查明承包人对实际施工人的欠付款，但未查明发包人对承包人的欠付款，导致“发包人对承包人的欠款金额、承包人对实际施工人的欠款金额中的最小金额”无法确定，最高人民法院即以“认定基本事实不清”为由裁定再审。

需说明的是，这一规则不仅限于《建设工程施工合同解释（一）》第43条第2款规定的情形，在适用第44条规定的代位权规则时，依然应当将发包人的责任限定为发包人对承包人的欠款金额、承包人对代位权人的欠款金额中的最小金额。就此，可参见“陈建光与宋文平、贵州新建业工程有限责任公司、贵州中岭矿业有限责任公司债权人代位权纠纷案”③。

---

① 参见《人民法院执行实际施工人对发包人的到期债权的，转包人或者违法分包人是否有权提出异议?》，载最高人民法院民事审判第一庭编：《民事审判指导与参考》总第90辑，人民法院出版社2022年版。

② 谢勇：《建设工程施工合同案件裁判规则解析》，中国法制出版社2020年版，第121页。

③ 参考案例445：陈建光与宋文平、贵州新建业工程有限责任公司、贵州中岭矿业有限责任公司债权人代位权纠纷案，最高人民法院（2020）最高法民再231号民事判决书。

典型案例 403

## 李长寿与四川省南江县朝阳开发建设有限公司等建设工程合同纠纷案①

### 基本案情

2012年11月20日，南江土储中心与四川省南江县朝阳开发建设有限公司（以下简称朝阳开发公司）签订《BT模式投资建设合同》约定，由朝阳开发公司对黄金新城黄金亲和苑（B区）安置房采用投资建设—回购模式实施建设。2012年12月26日，朝阳开发公司与亨通建设公司签订《BT模式投资建设合同》约定，朝阳开发公司将黄金新城黄金亲和苑（B区）工程转包给亨通建设公司，朝阳开发公司按投资额收取总造价1.8%的管理费用。其余内容和南江土储中心与朝阳开发公司签订的合同内容基本一致。案涉工程实际由李长寿投资并施工完成。亨通建设公司出具《投资建设施工主体的说明》称，该公司只是案涉工程挂名主体，李长寿是案涉1号、2号、3号楼主体工程，新建小区道路及1、2、3号楼附属工程及其他配套工程的实际投资人和实际施工人，该工程的相关权利义务由李长寿享有和承担。后李长寿诉至法院，要求朝阳开发公司支付回购款、利息、投资收益、违约金等，南江土储中心对上述款项承担连带给付责任。

### 法院观点

在认定朝阳开发公司应支付回购款17,673,237元、资金利息2,154,865元、投资收益4,536,558元的基础上，一审法院（巴中市中级人民法院）与二审法院（四川省高级人民法院）均认为，李长寿系案涉工程的实际投资人和实际施工人。南江土储中心作为案涉工程的发包方，也是案涉工程的实际回购方，就案涉工程仍下欠朝阳开发公司工程款，应当在欠付朝阳开发公司工程款范围内对实际施工人李长寿承担支付责任。但最高人民法院认为，原审法院基于对南江土储中心系案涉项

① 典型案例403：李长寿与四川省南江县朝阳开发建设有限公司等建设工程合同纠纷案，四川省高级人民法院（2020）川民终1420号民事判决书、最高人民法院（2021）最高法民申4930号民事裁定书。

目的发包方、回购方且尚欠朝阳开发公司工程款及投资收益等事实的认定，依据《2018年建工解释》第24条的规定，判决南江土储中心在欠付朝阳开发公司工程款范围内就朝阳开发公司应向李长寿支付的回购款本息及投资收益承担支付责任。但是，根据上述规定，建设工程施工合同纠纷案件中，判决发包人在欠付建设工程价款范围内对实际施工人承担责任，应以查明发包人欠付转包人或者违法分包人的工程款数额为前提。本案中，南江土储中心与朝阳开发公司并未就案涉工程进行结算，南江土储中心所欠朝阳开发公司的工程款数额尚不确定。在此情形下，原审法院判决南江土储中心承担支付责任，属于认定基本事实不清。据此裁定，指令四川省高级人民法院再审本案。

## 裁判规则404

**实际施工人向发包人追索工程款，就发包人的欠付问题，应由实际施工人承担证明责任，但依法应当适用举证妨碍规则的除外。**

如前所述，实际施工人向发包人追索工程款的，发包人的责任范围应以发包人对承包人的欠款金额、承包人对实际施工人的欠款金额中的最小金额为限。其中，承包人对实际施工人的欠款金额，理应由实际施工人承担证明责任。但发包人对承包人的欠款金额、发包人的支付条件是否成就，应当由谁承担证明责任？

就此问题，可谓观点纷呈。第一种观点认为，“考虑建设工程施工合同实际，因发包人与实际施工人无直接合同关系，发包人欠付总包人、违法分包人、转包人等的工程款数额多少，实际施工人无从知晓，也无法举证。相反，发包人对于向（总）承包人的已付款项是明知的，由其承担欠付款的举证责任符合实际”①。江苏省高级人民法院②、广东省高级人民法院③、北京市高

① 肖峰等：《〈关于审理建设工程施工合同纠纷案件适用法律问题的解释（二）〉解读与探索》，载《法律适用》2019年第7期。

② 原《江苏省高级人民法院关于审理建设工程施工合同纠纷案件若干问题的意见》（苏高法审委〔2008〕26号）第23条第3款规定：“实际施工人要求发包人给付工程款，发包人以实际施工人要求给付的工程款高于其欠付的工程款进行抗辩的，应当由发包人承担举证责任。”

③ 原《广东省高级人民法院关于审理建设工程合同纠纷案件疑难问题的解答》（粤高法〔2017〕151号）第24条第2款中规定：“根据《建设工程司法解释》第二十六条第二款的规定，发包人应举证证明已向总承包人支付的工程款数额。”

级人民法院①、四川省高级人民法院②持这一观点。还可参见“李志和与宁夏建设投资集团房地产开发有限公司、河南天河建设工程有限公司建设工程施工合同纠纷案”③。第二种观点认为，实际施工人作为主张权利的一方，应承担证明责任。就此，可参见“汪波等与重庆隆盛建设工程有限公司、重庆市南川区生态农业园区管理委员会建设工程施工合同纠纷案”④。第三种观点认为，发包人的应付款金额由实际施工人证明，发包人的已付款金额由发包人证明。⑤ 安徽省高级人民法院持这一观点。⑥ 第四种观点认为，实际施工人应当就发包人已办理工程款结算、发包人对承包人欠付工程款的数额、实际施工人工程价款未得到受偿的事实举证，同时发包人对不欠承包人工程款或欠款金额小于实际施工人主张的欠款金额承担证明责任。天津市高级人民法院持这一观点，⑦ 重庆市高级人民法院的观点与之类似。⑧

---

① 《北京市高级人民法院关于审理建设工程施工合同纠纷案件若干疑难问题的解答》（京高法发〔2012〕245号）第19条中规定：“发包人以其未欠付工程款为由提出抗辩的，应当对此承担举证责任。”

② 《四川省高级人民法院关于审理建设工程施工合同纠纷案件若干疑难问题的解答》（川高法民一〔2015〕3号）第13条第4款规定：“发包人以其未欠付工程价款为由提出抗辩的，应当承担举证责任。”

③ 参考案例446：李志和与宁夏建设投资集团房地产开发有限公司、河南天河建设工程有限公司建设工程施工合同纠纷案，宁夏回族自治区高级人民法院（2020）宁民申564号民事裁定书。

④ 参考案例447：汪波等与重庆隆盛建设工程有限公司、重庆市南川区生态农业园区管理委员会建设工程施工合同纠纷案，重庆市高级人民法院（2015）渝高法民终字第00547号民事判决书。

⑤ 参见谢勇、郭培培：《论实际施工人的民法保护》，载《法律适用》2021年第6期。

⑥ 《安徽省高级人民法院关于审理建设工程施工合同纠纷案件适用法律问题的指导意见（二）》（2013年12月23日）第13条规定：“实际施工人根据《最高人民法院关于审理建设工程施工合同纠纷案件适用法律问题的解释》第二十六条第二款的规定要求发包人承担责任，发包人对其已支付的工程价款数额负有举证责任。”

⑦ 《天津市高级人民法院关于审理建设工程施工合同纠纷案件相关问题的审判委员会纪要》（2020年12月9日）第3条第2款规定，“发包人与转包人或者违法分包人已结算的，可根据结算情况查明发包人欠付工程价款数额。发包人与转包人或者违法分包人未结算的，实际施工人请求发包人在欠付工程价款范围内承担责任的，应提供初步证据证明发包人欠付工程价款。发包人以其未欠付工程价款为由抗辩的，应提供相应证据予以证明。”

⑧ 《重庆市高级人民法院民一庭关于建设工程施工合同纠纷案件若干问题的解答》（2019年10月）第19条第1款规定：“实际施工人请求发包人在欠付工程价款范围内承担责任的，应由实际施工人就发包人与转包人或者违法分包人已经办理结算、实际施工人未得到清偿的工程价款数额等事实承担举证证明责任。”第2款规定：“实际施工人能够举证证明发包人与转包人或者违法分包人已经办理结算的，应由发包人对欠付转包人或者违法分包人工程价款金额承担举证证明责任。”第3款规定：“发包人与转包人或者违法分包人尚未办理结算，导致人民法院不能查明发包人欠付转包人或者违法分包人工程价款数额的，人民法院对实际施工人主张发包人在欠付工程价款范围内承担责任的请求不予支持。转包人或者违法分包人怠于与发包人办理结算的，实际施工人可以根据《最高人民法院关于审理建设工程施工合同纠纷案件适用法律问题的解释（二）》第二十五条之规定提起代位权诉讼。”

《民事诉讼法》第67条第1款规定："当事人对自己提出的主张，有责任提供证据。"《民事诉讼法解释》第91条第1项规定，"主张法律关系存在的当事人，应当对产生该法律关系的基本事实承担举证证明责任"。实际施工人向发包人追索工程款，其权利主张包括承包人欠付实际施工人工程款、发包人欠付承包人工程款，据此，发包人欠付承包人的工程款属于实际施工人主张的范畴，是实际施工人主张存在的法律关系，应由实际施工人承担证明责任。即便发包人与承包人称工程款未结算、欠付金额不明，实际施工人也可通过申请鉴定解决。对于发包人与承包人之间的已付款，实际施工人无从举证，则可通过举证妨碍规则解决。《民事诉讼法解释》第112条第1款规定："书证在对方当事人控制之下的，承担举证证明责任的当事人可以在举证期限届满前书面申请人民法院责令对方当事人提交。"第2款规定："申请理由成立的，人民法院应当责令对方当事人提交，因提交书证所产生的费用，由申请人负担。对方当事人无正当理由拒不提交的，人民法院可以认定申请人所主张的书证内容为真实。"从而解决了相关资料由发包人与承包人掌握而形成的"证据偏在"问题。据此，实际施工人向发包人追索工程款，就发包人的欠付金额问题，应由实际施工人承担证明责任，但依法应当适用举证妨碍规则的除外。

**典型案例404**

## 赵树英等与南充明峰房地产有限责任公司等建设工程施工合同纠纷案①

### 基本案情

2009年4月27日，向远平以天瑞公司名义与南充明峰房地产有限责任公司（以下简称明峰公司）签订《建设工程施工合同》约定，天瑞公司承建"圣典名都"2、5、6、8号楼工程。同年5月4日，向远平与胥勋强（已亡）、王宴签订《工程承包合同》约定，向远平将"圣典名都"项目中的6号楼以包工包料的方式

① 典型案例404：赵树英等与南充明峰房地产有限责任公司等建设工程施工合同纠纷案，四川省高级人民法院（2018）川民终596号民事判决书、最高人民法院（2019）最高法民申788号民事裁定书。

分包给胥勋强、王宴。合同签订后，胥勋强、王宴按约完成了相关建设工作，现案涉工程已交付并投入使用。后因工程价款结算产生分歧，赵树英、胥攀（胥勋强继承人）、王宴诉至法院，要求向远平、天瑞公司连带承担工程款支付责任。原审法院认定，向远平应当向赵树英、胥攀、王宴支付工程款2,055,967元，退还保证金10万元；明峰公司仅应在欠付向远平工程款的范围内承担责任。而（2012）南中法民初字第9号案已就明峰公司欠付向远平工程款的纠纷进行了审理，判决明峰公司以房抵款并返还15万元保证金，至此明峰公司不再欠付向远平工程款，故赵树英、胥攀、王宴主张明峰公司给付工程欠款的请求不能成立。赵树英、胥攀、王宴申请再审称，（2012）南中法民初字第9号民事判决书未经庭审质证，且与本案无关联，不应作为定案依据。

## 法院观点

最高人民法院认为，明峰公司是案涉工程的发包方，其将工程发包给向远平，并未与胥勋强、王宴直接建立合同关系。胥勋强、王宴作为实际施工人向发包人明峰公司主张权利，明峰公司仅在欠付其合同相对方向远平工程款的范围内对实际施工人承担责任。赵树英、胥攀、王宴作为主张权利一方，负有举证证明明峰公司存在欠付工程款的责任，但其未能举出相应证据，其要求明峰公司承担连带责任无事实和法律依据，原审法院不予支持该请求适用法律并无不当。因证明责任在赵树英、胥攀、王宴，原审法院是否采信（2012）南中法民初字第9号民事判决书关于判决明峰公司以房抵款并返还15万元保证金后不再欠付向远平工程款的内容，并不影响本案的处理结果。

## 裁判规则405

**实际施工人向发包人追索工程款，基于债的抵销原理，应由发包人在欠付工程价款范围内对实际施工人单独承担责任。**

《建设工程施工合同解释（一）》第43条第2款仅规定“在查明发包人欠付转包人或者违法分包人建设工程价款的数额后，判决发包人在欠付建设工程价款范围内对实际施工人承担责任”，但并未明确发包人承担责任的具体形态。

第一种观点也是多数观点主张，发包人的责任为（与承包人的）连带责任。[①]北京市高级人民法院[②]、广东省高级人民法院[③]、河北省高级人民法院[④]、江苏省高级人民法院[⑤]均持这一观点。最高人民法院在“吴先进等与发达控股集团有限公司、九江富和建设投资集团有限公司建设工程施工合同纠纷案”[⑥] 中也持这一观点。第二种观点主张，应判决承包人给付实际施工人工程欠款、发包人在欠付工程款范围内承担补充责任。[⑦] 第三种观点主张，发包人与承包人构成不真正连带责

① 参见最高人民法院民一庭：《施工合同约定工程尾款待验收通过后支付，如工程验收客观上无法进行，施工人请求支付该尾款，诉讼时效期间应当如何计算》，载最高人民法院民事审判第一庭编：《民事审判指导与参考》总第 49 辑，人民法院出版社 2012 年版。

② 《北京市高级人民法院关于审理建设工程施工合同纠纷案件若干疑难问题的解答》（京高法发〔2012〕245 号）第 19 条规定：“实际施工人以违法分包人、转包人为被告要求支付工程款的，法院不得依职权追加发包人为共同被告；实际施工人以发包人为被告要求支付工程款的，应当追加违法分包人或转包人作为共同被告参加诉讼，发包人在其欠付违法分包人或转包人工程款范围内承担连带责任。发包人以其未欠付工程款为由提出抗辩的，应当对此承担举证责任。”

③ 《广东省高级人民法院关于审理建设工程合同纠纷案件疑难问题的解答》（粤高法〔2017〕151 号）第 24 条第 1 款中规定：“《建设工程司法解释》第二十六条第二款规定的‘发包人只在欠付工程价款范围内对实际施工人承担责任’应定性为连带责任。”

④ 《河北省高级人民法院建设工程施工合同案件审理指南》（冀高法〔2018〕44 号）第 31 条第 2 款规定：“如果发包人与承包人已就工程款进行结算或虽尚未结算，但欠款范围明确，可以确定发包人欠付承包人的工程款数额大于承包人欠付实际施工人的工程款数额，可以直接判决发包人对实际施工人在承包人欠付实际施工人的工程款数额范围内承担连带给付责任。”

⑤ 原《江苏省高级人民法院关于审理建设工程施工合同纠纷案件若干问题的解答》（2018 年 6 月 26 日）第 22 条规定：“实际施工人依据《建设工程司法解释》第 26 第 2 款的规定起诉发包人主张工程款的，发包人应举证证明已向总承包人支付的工程款数额。发包人未能举证已付工程款数额的，应当与承包人对工程欠款承担连带责任。”第 23 条规定：“建设工程因转包、违法分包导致建设工程施工合同无效的，实际施工人要求转包人、违法分包人对工程欠款承担连带责任的，应予支持。前手转包人、违法分包人举证证明其已付清工程款的，可以相应免除其给付义务。发包人在欠付的工程款范围内承担连带责任。”

⑥ 参考案例 448：吴先进等与发达控股集团有限公司、九江富和建设投资集团有限公司建设工程施工合同纠纷案，最高人民法院（2021）最高法民申 3670 号民事裁定书。

⑦ 参见杨心忠等：《建设工程合同纠纷裁判思路》，法律出版社 2014 年版，第 39 页。

任。河南省高级人民法院持这一观点。[①] 第四种观点主张，基于债的抵销规则，应判决发包人单独对实际施工人承担支付责任。山东省高级人民法院持这一观点。[②]

基于债的抵销规则，“发包人履行生效判决所确定的债务后，发包人对非法转包人或者违法分包人的债务以及非法转包人或者违法分包人对实际施工人的债务的相应部分消灭”[③]。因此，“审判中直接判决发包人在欠付工程款范围内承担责任更为妥当”[④]。采取这种责任形态，“实质上是在金钱债务场合，借助于抵销制度，使代位权制度发挥了简易的债权回收手段的功能”[⑤]。在实际施工人基于自身对承包人的工程款债权以及承包人对发包人的工程款债权直接向发包人主张工程款的情况下，由发包人向实际施工人履行清偿义务，实际施工人与承包人之间、承包人与发包人之间相应的债权债务关系即消灭，从而简化了债务消灭的程序。因此，在实际施工人向发包人追索工程款的情况下，对发包人责任范围内的部分，应由发包人单独承担责任，而不应判决发包人承担连带责任或补充责任。就此，除下述【典型案例405】外，还可参见“陈建光与宋文平、贵州新建业工程有限责任公司、贵州中岭矿业有限责任公司债权人代位权纠纷案”[⑥]。当然，如果实际施工人对承包人的债权大于承包人对发包人的债权，对判决发包人单独承担责任之后的剩余部

---

① 《河南省高级人民法院民事审判第四庭关于实际施工人相关问题的会议纪要》第8条规定：“《建设工程施工合同司法解释》第二十六条第二款、《建设工程施工合同司法解释（二）》第二十四条均规定发包人在欠付建设工程价款范围内对实际施工人承担责任。《民法典》第一百七十八条第三款规定：连带责任，由法律规定或者当事人约定。因此，在法律没有规定和当事人约定的情况下，不应将发包人的责任认定为连带责任或者共同责任。对于发包人责任的表述应按照上述两个司法解释条款的表述为宜。审判实践中对于构成表见代理的转包人、违法分包人责任的认定也应比照处理。”《河南省高级人民法院建设工程案件审判工作座谈会综述》（2022年9月14日）“议题二：工程转包、违法分包、借用资质中的相关问题”第1款中规定：“对于发包人在欠付建设工程价款范围内对实际施工人承担的责任，可以理解为工程价款支付责任，不能认定为连带责任、共同责任或者补充责任。”

② 《山东省高级人民法院2011年全省民事审判工作会议纪要》（鲁高法〔2011〕297号）第三部分“关于建设工程施工合同纠纷案件”第6条第3款规定：“实际施工人起诉发包人请求支付欠付工程价款的，发包人在欠付工程价款的范围内对实际施工人承担直接支付欠付工程价款的责任，发包人与转包人或者违法分包人承担支付工程价款的连带责任没有法律依据。”

③ 谢勇：《建设工程施工合同案件裁判规则解析》，中国法制出版社2020年版，第121页。

④ 最高人民法院民事审判第一庭编著：《最高人民法院新建设工程施工合同司法解释（一）理解与适用》，人民法院出版社2021年版，第449页。

⑤ 崔建远主编：《合同法》，法律出版社2007年版，第150页。

⑥ 参考案例449：陈建光与宋文平、贵州新建业工程有限责任公司、贵州中岭矿业有限责任公司债权人代位权纠纷案，最高人民法院（2020）最高法民再231号民事判决书。

分，可以一并判决由承包人单独承担责任。

典型案例 405

## 王洪平与山东佳兴建设工程有限公司、济宁市兖州区住房保障中心等建设工程施工合同纠纷案①

### 基本案情

山东佳兴建设工程有限公司（以下简称佳兴公司）承接了济宁市兖州区住房保障中心（以下简称住房保障中心）发包的案涉工程后，2013 年 3 月 28 日，龚夫宽代表佳兴公司与王洪平签订《水电合同》约定，由王洪平分包案涉工程的水电暖部分，施工总面积为 9801 平方米，工程总承包价格为 238 万元；税费按总承包价的 3.5%、工程管理费按 2%、水电资料费用按 1 元/平方米计算，由王洪平负担。施工过程中，王洪平收到工程款 2,003,841 元。完工后，王洪平诉至法院，要求龚夫宽支付工程欠款及利息，佳兴公司对上述债务承担连带付款责任，住房保障中心在欠付工程款范围内承担连带付款责任。经查，住房保障中心尚欠付佳兴公司工程价款 1,046,876.24 元。住房保障中心认为，其作为发包人，承担的仅是未付工程款范围内的连带给付责任，而非直接给付责任。王洪平亦认为，应当先判决佳兴公司承担付款责任，再判决住房保障中心在欠付工程款范围内承担连带付款责任。

### 法院观点

济宁市中级人民法院认为，王洪平没有建设资质，《水电合同》应属无效。案涉工程已经交付使用，王洪平作为实际施工人可以要求参照合同约定支付工程价款。案涉工程总价款为 238 万元，王洪平已实际收到工程款 2,003,841 元，扣减管理费和税费 130,900 元（238 万元×5.5%）、水电资料费 9801 元，实欠工程款的数额为 235,458 元。龚夫宽将工程分包给王洪平施工的行为属职务行为，无须承担责任。关于住房保障中心与佳兴公司的责任问题，根据《2004 年建工解释》第 26 条

① 典型案例 405：王洪平与山东佳兴建设工程有限公司、济宁市兖州区住房保障中心等建设工程施工合同纠纷案，山东省济宁市中级人民法院（2019）鲁 08 民终 5246 号民事判决书。

第 2 款、《2018 年建工解释》第 24 条的规定，实际施工人可以以发包人为被告主张权利，发包人在欠付建设工程价款范围内对实际施工人承担责任。佳兴公司承包住房保障中心的工程后，将水电工程分包给王洪平，王洪平系案涉工程的实际施工人，可以依据上述规定，要求住房保障中心在欠付工程款范围内承担责任。住房保障中心尚欠佳兴公司工程款 1,046,876.24 元，应在欠付佳兴公司工程款 1,046,876.24 元的范围内向王洪平承担付款责任。据此判决，住房保障中心在欠付佳兴公司建设工程价款 1,046,876.24 元范围内给付王洪平工程款 235,458 元及利息，并驳回了王洪平要求佳兴公司承担责任的诉请。

## 10.4 《建设工程施工合同解释（一）》第 43 条与第 44 条的区别

《建设工程施工合同解释（一）》分别用第 43 条与第 44 条规定了实际施工人突破合同相对性向发包人主张权利的两个不同路径。其中，第 44 条是指引性规定——指向《民法典》规定的代位权，并未创设新的实际施工人工程款债权保护规则。[①] 有疑问的是，应当如何界定这两个路径的关系？

**裁判规则 406**

**实际施工人依据《建设工程施工合同解释（一）》第 43 条，只能主张本人参与施工的工程中承包人的工程款债权；依据第 44 条，则可以主张承包人对发包人的所有到期债权。**

从实际施工人可主张的权利范围来看，《建设工程施工合同解释（一）》第 43 条规定的是“发包人在欠付建设工程价款范围内”，第 44 条规定的是对发包人的“到期债权或者与该债权有关的从权利”，权利范围并不一致。

实际施工人依据《建设工程施工合同解释（一）》第 44 条，不仅对承包人欠付的工程款及利息可请求发包人在欠付承包人工程价款范围内承担责任，对承包人因转包合同关系或者违法分包合同关系产生的一切债务，如工程款、利息、损害赔偿金等，均可请求发包人在欠付承包人工程价款范围内承担责任。[②] 除此之外，实

① 参见谢勇：《建设工程施工合同案件裁判规则解析》，中国法制出版社 2020 年版，第 125 页。
② 参见谢勇：《建设工程施工合同案件裁判规则解析》，中国法制出版社 2020 年版，第 101 页。

际施工人可代位行使的承包人对发包人的债权，并不限于本人参与施工的工程中承包人的建设工程价款债权。[①] 如承包人对发包人享有建设工程施工合同之外的其他债权，如民间借贷债权、实际施工人未参与工程的工程款债权等，实际施工人均有权主张行使代位权。

实际施工人依据《建设工程施工合同解释（一）》第43条，则只能主张本人参与施工的工程中承包人的工程款债权。有观点认为，实际施工人依据第43条只能主张工程价款本身，不包括工程价款利息、违约金、损害赔偿金等。福建省高级人民法院[②]、河南省高级人民法院[③]、重庆市第一中级人民法院在"陈亚、方成红等与重庆联顺房地产开发有限公司建设工程施工合同纠纷案"[④] 中，均持这一观点。但《建筑安装工程费用项目组成》（建标〔2013〕44号）的附件二《建筑安装工程费用项目组成（按造价形成划分）》明确，按照工程造价形成划分，建筑安装工程费由分部分项工程费、措施项目费、其他项目费、规费、税金组成，其他项目费包括暂列金额、计日工和总承包服务费。暂列金额是指建设单位在工程量清单中暂定并包括在工程合同价款中的一笔款项；用于施工合同签订时尚未确定或者不可预见的所需材料、工程设备、服务的采购，施工中可能发生的工程变更、合同约定调整因素出现时的工程价款调整以及发生的索赔、现场签证确认等的费用。据此，虽然《建设工程施工合同解释（一）》第40条第2款将利息、违约金、损害赔偿金排除在优先受偿权的范围之外，但索赔费用本身属于工程价款的组成部分。而利息作为孳息，遵循随原物（本金）规则，应随工程价款一并转移。换言之，实际施工人依据《建设工程施工合同解释（一）》第43条可主张的工程款债

① 参见程新文等：《〈关于审理建设工程施工合同纠纷案件适用法律问题的解释（二）〉的理解与适用》，载《人民司法》2019年第4期。

② 《福建省高级人民法院当前我省涉建工纠纷审判调研 问答·案例·白皮书》（2022年9月）第40条前段规定："《最高人民法院关于审理建设工程施工合同纠纷案件适用法律问题的解释（一）》第四十三条规定实际施工人可以向发包人主张支付欠付建设工程价款的范围仅限定为建设工程价款，不包括工程价款利息、违约金、损失赔偿金等。"

③ 《河南省高级人民法院建设工程案件审判工作座谈会综述》（2022年9月14日）"议题二：工程转包、违法分包、借用资质中的相关问题" 第1款中规定："发包人对实际施工人承担责任的前提是，发包人欠付转包人或者违法分包人建设工程价款的数额且已届清偿期，且仅在该欠付工程价款范围内对实际施工人承担责任，该欠付责任不包括工程价款利息、损失、违约金等。"

④ 参考案例450：陈亚、方成红等与重庆联顺房地产开发有限公司建设工程施工合同纠纷案，重庆市第一中级人民法院（2019）渝01民终4761号民事判决书。

权，虽应限定为本人参与施工的工程中承包人的工程款债权，但应包括工程款、利息、索赔费用等所有费用，不应将工程价款利息、违约金、损害赔偿金等排除在外。下述【典型案例406】即为适例。

**典型案例406**

## 逯淑梅与江苏盛谐建设集团有限公司、大庆油田房地产开发有限责任公司建设工程施工合同纠纷案①

### 基本案情

2011年5月1日，大庆油田房地产开发有限责任公司（以下简称油田开发公司）与江苏盛谐建设集团有限公司（以下简称盛谐建设公司）签订《建设工程施工合同》约定，盛谐建设公司承建油田开发公司开发的城市乡村区块开发项目创业城工程十四标段。合同签订后，逯淑梅以项目部的名义进行施工。油田开发公司将工程进度款拨付至盛谐建设公司，盛谐建设公司又将款项拨付给逯淑梅。2013年10月至11月，案涉各项工程相继取得《竣工验收报告》。后逯淑梅诉至法院，要求盛谐建设公司给付工程款及利息，油田开发公司在欠付工程款本金及利息范围内承担给付责任。经查，盛谐建设公司尚欠逯淑梅工程款29,304,892.77元。

### 法院观点

最高人民法院认为，首先，《2004年建工解释》第26条第2款规定："实际施工人以发包人为被告主张权利的，人民法院可以追加转包人或者违法分包人为本案当事人。发包人只在欠付工程价款范围内对实际施工人承担责任。"据此，本案中，油田开发公司对逯淑梅的给付责任，应以其对盛谐建设公司欠付工程款的范围为限（32,900,133.16元）。其次，工程已于2013年11月20日最终形成《竣工验收报告》并竣工验收，且立即投入使用。根据《2004年建工解释》第18条，案涉工程欠款利息应自2013年11月20日起算。再次，逯淑梅主张按照《2004年建工

① 典型案例406：逯淑梅与江苏盛谐建设集团有限公司、大庆油田房地产开发有限责任公司建设工程施工合同纠纷案，最高人民法院（2020）最高法民终1008号民事判决书。

解释》第17条确定利息标准，系将逯淑梅与油田开发公司作为签订合同时的直接权利义务方，突破了合同相对性，忽视了油田开发公司在欠付盛谐建设公司工程款范围内承担责任的限制。本案中，油田开发公司已与盛谐建设公司在合同专用条款中约定利息的标准为存款利率，故其本案中给付责任的利息应为按中国人民银行同期同类存款利率计算的利息。最后，《建设工程施工合同》之附件《工程质量保修书》约定，工程保修期为2年。因此，应自工程竣工验收后2年始计算质保金利息。

## 裁判规则407

**实际施工人依据《建设工程施工合同解释（一）》第44条向发包人主张工程款债权的，可以一并主张优先受偿权；依据第43条只能主张工程款债权，不能主张优先受偿权。**

《建设工程施工合同解释（一）》第44条规定："实际施工人依据民法典第五百三十五条规定，以转包人或者违法分包人怠于向发包人行使到期债权或者与该债权有关的从权利，影响其到期债权实现，提起代位权诉讼的，人民法院应予支持。"该条规定中的"与该债权有关的从权利"，如【裁判规则338】所述，主要是指建设工程价款优先受偿权。据此，实际施工人依据《建设工程施工合同解释（一）》第44条向发包人主张工程款债权的，基于优先受偿权对工程款债权的从属性，可以一并主张优先受偿权。就此，除下述【典型案例407】外，还可参见"沈惠根与吉林市瀚星房地产开发有限公司等建设工程施工合同纠纷案"①。

《建设工程施工合同解释（一）》第43条仅规定"发包人在欠付建设工程价款范围内对实际施工人承担责任"，并未规定优先受偿权。如《最高人民法院民事审判第一庭2021年第21次专业法官会议纪要》② 所言，"只有与发包人订立建设工程施工合同的承包人才享有建设工程价款优先受偿权。实际施工人不属于'与

① 典型案例236：沈惠根与吉林市瀚星房地产开发有限公司等建设工程施工合同纠纷案，最高人民法院（2019）最高法民终1602号民事判决书。

② 参见最高人民法院民事审判第一庭编：《民事审判指导与参考》总第87辑，人民法院出版社2022年版，第165页。

发包人订立建设工程施工合同的承包人'，不享有建设工程价款优先受偿权"。据此，提起代位权诉讼的条件比较苛刻，但实际施工人可代承包人之位主张优先受偿权；依据第43条提起诉讼条件相对简单，但实际施工人无权主张优先受偿权。[①]

**典型案例407**

## 章邦涛与湖南华信稀贵科技股份有限公司、广东省第五建筑工程有限公司债权人代位权纠纷案[②]

### 基本案情

2010年6月至2013年4月，湖南华信稀贵科技股份有限公司（以下简称华信公司）与广东省第五建筑工程有限公司（以下简称广东五建公司）签订了41份《建筑施工合同》约定，广东五建公司承建华信公司贵冶分厂的火冶车间、银电解车间、湿法车间及附属工程、办公楼、堆料仓库工程、围墙、市政及零星工程等41项工程。案涉工程实际由章邦涛承建，自2012年起，案涉工程陆续交付华信公司使用。后章邦涛诉至法院，要求华信公司代广东五建公司支付工程款，并主张享有工程价款优先受偿权。经查，华信公司应付款金额为258,740,904.43元，已付款金额为183,042,086.26元。

### 法院观点

一审法院（郴州市中级人民法院）认为，首先，案涉工程已办理房产权证并交付使用，故广东五建公司有权要求华信公司支付对应工程价款；章邦涛作为案涉工程的实际施工人，其劳动及投入已物化到建筑工程当中，有权向广东五建公司行使债权。因此，无论是广东五建公司对华信公司享有的债权，还是章邦涛对广东五建公司享有的债权，均为合法到期债权。其次，广东五建公司虽曾于2016年10月对华信公司提起诉讼，但其在该案审理过程中申请撤诉，致使章邦涛未能实现到期

① 参见肖峰等：《〈关于审理建设工程施工合同纠纷案件适用法律问题的解释（二）〉解读与探索》，载《法律适用》2019年第7期。

② 典型案例407：章邦涛与湖南华信稀贵科技股份有限公司、广东省第五建筑工程有限公司债权人代位权纠纷案，湖南省高级人民法院（2020）湘民终1196号民事判决书。

债权。最后，广东五建公司对华信公司享有的债权系金钱债权，并非专属于债务人的债权。据此，本案符合债权人行使代位权的条件，章邦涛有权向华信公司行使债权人代位求偿权。广东五建公司作为案涉工程的承包人有权在其承建工程价款范围内就案涉工程折价或拍卖的价款行使优先受偿权，而本案以债权人行使代位权为基础，章邦涛代广东五建公司行使的权利范围包括该优先受偿权，故章邦涛就工程款应当享有优先受偿权。湖南省高级人民法院在二审中也认为，案涉工程已交付华信公司使用，故就未付工程款，广东五建公司对华信公司享有到期债权。章邦涛作为广东五建公司的债权人，在广东五建公司怠于行使其对次债务人华信公司享有的权利而有害于其债权时，为保全自己的债权，可以以自己的名义代位行使广东五建公司对华信公司的权利。因此，本案代位权条件已经成就。因广东五建公司对华信公司可以主张的权利范围包括优先受偿权，故章邦涛在应付工程价款范围内就案涉项目折价或拍卖的价款享有优先受偿权。①

## 裁判规则408

**《建设工程施工合同解释（一）》第 43 条与第 44 条所指的权利，在权利范围与行使条件上均有所不同。实际施工人先后依据第 43 条、第 44 条提起诉讼是否构成一事二诉，须根据前案对基础权利的认定作具体判定。**

实际施工人依据《建设工程施工合同解释（一）》第 43 条提起诉讼被驳回后，是否可以再依据第 44 条提起诉讼？反之亦然。

如前所述，第 43 条与第 44 条规定的实际施工人的权利，在权利范围上有所不同。除此之外，在行使条件上也有区别。第 43 条所涉权利的行使条件是发包人欠付承包人工程款、承包人欠付实际施工人工程款；第 44 条所涉权利的行使条件是承包人怠于行使对发包人的到期债权、承包人的该行为影响实际施工人工程款债权

① 根据本书观点，章邦涛作为挂靠人，可基于事实上的施工合同关系直接向发包人追索工程款且可一并主张优先受偿权。但章邦涛曾向原审法院起诉要求华信公司支付案涉项目工程款，而原审法院以章邦涛主体不适格为由驳回了章邦涛的起诉，章邦涛遂提起本案的代位权诉讼。在此基础上，允许章邦涛以代位权人身份提起诉讼，不失为妥善的救济路径。

的实现。[①] 由于二者在权利范围与行使条件上均有所不同，故实际施工人先后依据第43条、第44条提起诉讼是否构成一事二诉，须根据前案对基础权利的认定作具体判定。一方面，实际施工人依据第44条提起代位权诉讼，法院认定承包人并未怠于行使对发包人的权利或承包人的消极行权行为并未影响实际施工人利益，进而驳回实际施工人诉讼请求的，实际施工人仍可依据第43条以发包人为被告主张工程款。但如法院在代位权诉讼中认定，发包人并不欠付工程款、实际施工人主张的债权不成立，实际施工人再依据第43条的规定起诉发包人，则违背民事诉讼“一事不再理”的原则。另一方面，实际施工人依据第43条的规定提起诉讼，如法院以实际施工人的债权不成立为由驳回其诉讼请求，因第43条的规定已经涉及实体权利的认定和处理，实际施工人再以第44条的规定提起代位权诉讼，法院应当不予受理，已经受理的应当驳回起诉。[②] 如法院以发包人与承包人尚未结算为由，驳回实际施工人对发包人的请求，则实际施工人仍可以以承包人怠于行使权利为由依据第44条提起诉讼。下述【典型案例408】即为适例。

**典型案例408**

## 中圣荣建设有限公司与大庆建筑安装集团有限责任公司、天津滨海名苑投资有限公司建设工程施工合同纠纷案[③]

### 基本案情

2011年5月23日，天津滨海名苑投资有限公司（以下简称名苑公司）与大庆建筑安装集团有限责任公司（以下简称大庆公司）签订《建设工程施工合同》约定，大庆公司承建滨海旅游区畅园（蓝领公寓）工程。2012年4月26日，大庆公

① 《民法典》第535条第1款规定：“因债务人怠于行使其债权或者与该债权有关的从权利，影响债权人的到期债权实现的，债权人可以向人民法院请求以自己的名义代位行使债务人对相对人的权利，但是该权利专属于债务人自身的除外。”

② 参见肖峰等：《〈关于审理建设工程施工合同纠纷案件适用法律问题的解释（二）〉解读与探索》，载《法律适用》2019年第7期。

③ 典型案例408：中圣荣建设有限公司与大庆建筑安装集团有限责任公司、天津滨海名苑投资有限公司建设工程施工合同纠纷案，天津市高级人民法院（2017）津民终51号民事判决书、最高人民法院（2017）最高法民申5024号民事裁定书。

司与中圣荣建设有限公司（以下简称中圣荣公司）签订《专业分包施工协议》约定，中圣荣公司承接滨海旅游区畅园（蓝领公寓）2号楼、4号楼室内外装饰装修工程。2012年5月3日，中圣荣公司进场施工。2013年7月，2号楼、4号楼工程组织了竣工质量验收，但尚存在整改项目未整改。2013年11月12日，中圣荣公司、大庆公司、名苑公司完成案涉工程的移交，但尚未进行竣工验收备案。后中圣荣公司诉至法院，要求大庆公司支付工程款28,645,183元及利息、名苑公司对工程款及利息承担连带给付责任。诉讼中经鉴定，案涉工程造价为33,617,259元，大庆公司已付27,698,500元。另查明，至2014年7月10日，名苑公司已支付大庆公司工程款23,630万元，但双方之间尚未完成结算。

### 法院观点

在判决大庆公司承担工程款支付责任的基础上，针对名苑公司的责任，一审法院（天津市第二中级人民法院）认为，名苑公司作为案涉工程的建设方，尽管其目前支付大庆公司的工程款已达23,630万元，但由于其与大庆公司就案涉工程尚未完成结算，名苑公司是否欠付大庆公司工程款尚不确定，故根据《2004年建工解释》第26条第2款的规定，名苑公司应在欠付大庆公司工程款范围内承担给付责任。二审中，天津市高级人民法院认为，因名苑公司是否欠付大庆公司工程款及欠付数额尚不确定，故中圣荣公司主张名苑公司对其承担责任缺乏法律依据，不应得到支持；一审法院适用《2004年建工解释》第26条第2款的规定判令名苑公司在欠付大庆公司工程款范围内对中圣荣公司承担给付责任，缺乏事实与法律依据。因中圣荣公司与名苑公司之间无合同关系，如因大庆公司怠于行使对名苑公司的到期债权并对中圣荣公司造成损害，中圣荣公司可依据《合同法》第73条的规定行使权利。

## 10.5　实际施工人以本人名义对外实施法律行为的责任承担

在施工过程中，实际施工人必然会对外实施法律行为，包括向第三人采购材料、租赁设备、借款，以及对下游施工人发包工程、进行结算等。在实施这些法律行为时，实际施工人可能以本人名义，也可能以承包人名义，还可能以承包人项目经理部或者项目经理名义。本部分主要讨论实际施工人以本人名义对外实施的法律行为。

**裁判规则409**

**实际施工人以本人名义对外实施的法律行为，根据“责任自负”的要求，相应的法律责任应由实际施工人自行承担，与承包人无关。**

如【裁判规则396】所述，《建设工程施工合同解释（一）》规定的实际施工人包括三种类型：一是转包合同的承包人，即转承包人；二是违法分包合同的承包人，即违法分承包人；三是缺乏相应资质而借用其他资质符合要求的建筑企业的名义与发包人签订建设工程施工合同的单位或者个人。如转承包人、分承包人以自己名义对外实施法律行为，应由转承包人、分承包人自行承担相应的法律责任。有争议的是，挂靠人以自己名义对外实施法律行为的，被挂靠人应否承担相应责任？

在“吕坤与河南展辉建筑工程有限公司等建设工程施工合同纠纷案”[①] 中，丁效彦借用展辉哈密分公司资质承揽案涉工程后，以自己的名义与吕坤签订施工合同。后吕坤起诉要求支付工程款。最高人民法院在认定丁效彦应向吕坤支付工程款及利息的基础上，以“展辉哈密分公司在施工合同签订中存在明显过错，应承担相应的补充责任”为由，判决展辉公司在欠付工程款及利息的范围内承担30%的赔偿责任。但绝大多数法院认为，挂靠人以自己名义对外实施法律行为的，应由挂靠人单独对第三人承担责任，被挂靠人无须承担责任。重庆市高级人民法院[②]、福

① 参考案例451：吕坤与河南展辉建筑工程有限公司等建设工程施工合同纠纷案，最高人民法院（2022）最高法民再124号民事判决书。

② 《重庆市高级人民法院民一庭关于市二中法院民三庭〈关于建设工程施工合同纠纷中挂靠人和被挂靠人是否应当对工程建设相关债务承担连带责任的咨询报告〉的答复》（〔2014〕渝高法民一复字第29号）规定：“挂靠人为完成建筑工程施工而以自己名义与第三人签订的钢材、水泥等建筑材料买卖合同以及借款合同等，根据合同的相对性原则，挂靠人应当享有和承担合同项下的权利义务，与被挂靠人无关。”

建省高级人民法院[①]、河北省高级人民法院[②]、山东省高级人民法院[③]均持这一观点。

挂靠行为直接表现为挂靠人使用被挂靠人的名义。[④] 如挂靠人并未以被挂靠人名义从事法律行为，也就意味着该行为与挂靠无关，被挂靠人无须承担责任。因此，如果挂靠人以自己名义与第三人从事交易行为，如签订买卖、租赁建筑材料的合同，依这类合同的性质，只要合同是双方的真实意思表示，其就只对合同双方具有约束力。[⑤] 根据合同相对性，应由挂靠人单独对外承担责任。[⑥]

**典型案例 409**

## 陈晓兵与眭双红、国本建设有限公司等民间借贷纠纷案[⑦]

### 基本案情

眭双红、徐鹏借用中太公司、国本建设有限公司（以下简称国本公司）的资质，中标承建“星海·时代花苑”项目。施工过程中，眭双红、徐鹏为推进工程建设向陈晓兵借款，三方于 2012 年 2 月 2 日签订《借款协议》。协议载明了眭双

① 《福建省高级人民法院关于审理建设工程施工合同纠纷案件疑难问题的解答》（2007 年 11 月 22 日）第 3 条中规定：“挂靠人以自己的名义将工程转包或者与材料设备供应商签订购销合同，实际施工人或者材料设备供应商起诉要求被挂靠单位承担合同责任的，不予支持。”

② 《河北省高级人民法院建设工程施工合同案件审理指南》（冀高法〔2018〕44 号）第 49 条第 1 款中规定：“挂靠人以自己名义与材料设备供应商签订买卖合同，材料设备供应商起诉要求被挂靠单位承担合同责任的，不予支持。”

③ 《山东省高级人民法院关于审理建设工程施工合同纠纷案件若干问题的解答》（2020 年 11 月 4 日）第 15 条规定：“没有施工资质的施工主体借用有资质的建筑施工企业名义签订的建设工程施工合同无效，借用资质人以自己名义将工程分包、转包他人施工，实际施工人原则上仅可以向借用资质人主张工程价款。”

④ 参见李健等：《对建筑施工企业挂靠行为法律规定的评析》，载《建筑》2003 年第 5 期。

⑤ 参见董建忠：《挂靠纠纷审理中的问题及解决思路》，载《建筑时报》2012 年 4 月 19 日，第 7 版；薛彦林、燕华然：《建筑行业挂靠纠纷审理中的问题及解决思路》，载《建筑时报》2011 年 12 月 8 日，第 5 版。

⑥ 参见最高人民法院民事审判第一庭编著：《最高人民法院新建设工程施工合同司法解释（一）理解与适用》，人民法院出版社 2021 年版，第 83 页。

⑦ 典型案例 409：陈晓兵与眭双红、国本建设有限公司等民间借贷纠纷案，最高人民法院（2014）民申字第 1 号民事裁定书。

红、徐鹏共同承接案涉项目、垫资施工的事实，协议落款处借款人栏由眭双红、徐鹏签字。后因二人未归还借款，陈晓兵诉至法院，以国本公司、中太公司系被挂靠人为由，要求中太公司、国本公司与眭双红、徐鹏承担连带还款责任。

**法院观点**

最高人民法院在再审审查中认为，诉争《借款协议》载明了眭双红、徐鹏共同承接案涉项目、垫资施工的事实，故债权人陈晓兵对眭双红、徐鹏是案涉项目实际施工人的事实是明知的。尽管诉争借款用于案涉工程，但借款合同与建设工程施工合同是两个不同的法律关系，实际施工人对外借款不是对案涉项目建设工程施工合同的履行，在未经中太公司追认的情况下，不能认定《借款协议》是中太公司的意思表示。再结合中太公司和国本公司未参与《借款协议》的签订，协议上未加盖国本公司公章，以及出借人陈晓兵对眭双红、徐鹏借用国本公司和中太公司的资质施工明知的事实，应认定诉争借款是眭双红、徐鹏的个人债务，陈晓兵要求中太公司和国本公司对诉争借款承担连带还款责任缺乏依据。

## 10.6 实际施工人以承包人名义对外实施法律行为的责任承担

由于建设工程是以承包人的名义承接的，施工现场的标识、标牌等所展示的施工单位也是承包人，故实际施工人常以承包人的名义对外实施法律行为。此外，工程项目普遍实行项目经理负责制，即以项目经理为首成立项目经理部，负责项目的建设工作。实践中，实际施工人也常以项目部或项目经理的名义对外实施法律行为。如果实际施工人以承包人、项目部或项目经理名义对外实施法律行为，事先获得了承包人的授权或事后取得了承包人的追认，其行为构成有权代理，根据《民法典》第162条①的规定，应由承包人单独对外承担责任。需要讨论的是，实际施工人的行为既未事先获得授权、亦未事后取得追认的情况下的责任承担问题。

① 该条规定：“代理人在代理权限内，以被代理人名义实施的民事法律行为，对被代理人发生效力。”

## 裁判规则410

**承包人知道实际施工人以自己名义对外实施法律行为的，不能因承包人未做否认表示即推定承包人认可实际施工人的行为。但实际施工人具备其他代理权的外观，使相对人有理由相信实际施工人有代理权的除外。**

《民法通则》第66条第1款第3句规定："本人知道他人以本人名义实施民事行为而不作否认表示的，视为同意。"该规定被称为"本人沉默视为同意"规则。据此，承包人知道实际施工人以自己名义对外实施法律行为而未做否认表示的，应视为承包人认可实际施工人的行为。①

《民法典》在废止《民法通则》的同时，并未规定"本人沉默视为同意"规则。在此背景下，再结合《民法典》规定的无权代理追认规则，应当认为，承包人知道实际施工人以自己名义对外实施法律行为的，不能因承包人未做否认表示即推定承包人认可实际施工人的行为。根据《民法典》第171条第1款②与第2款③的规定，被代理人对无权代理的沉默不应视为对无权代理的追认或容忍，而是视为拒绝。④ 其理由在于，从私人自治的角度来看，本人的沉默属于其自治范围之内的事宜。⑤ 否则，在社会交往日益频繁的今天，自然人尤其是商事主体将不胜

① 《浙江省高级人民法院民二庭关于审理涉建筑施工企业项目部纠纷的疑难问题解答》（2020年12月17日）第3条第2款第4项规定，在认定行为人（项目经理、实际施工人或项目部其他人员等）的行为是否构成表见代理时，虽未与第三人签订书面合同，但建筑施工企业知道或应当知道该民事行为而未作反对表示的；或者从事该民事行为属于项目部权限范围，项目部知道或应当知道而未作反对表示的，可以认定行为人具有代理权的表象。

② 该款规定："行为人没有代理权、超越代理权或者代理权终止后，仍然实施代理行为，未经被代理人追认的，对被代理人不发生效力。"

③ 该款规定："相对人可以催告被代理人自收到通知之日起三十日内予以追认。被代理人未作表示的，视为拒绝追认。行为人实施的行为被追认前，善意相对人有撤销的权利。撤销应当以通知的方式作出。"

④ 参见马新彦：《民法总则代理立法研究》，载《法学家》2016年第5期。

⑤ 参见石一峰：《沉默在民商事交往中的意义——私人自治的多层次平衡》，载《法学家》2017年第6期。

其烦。①

但需注意的是，虽不能因承包人未做否认表示即推定承包人认可实际施工人的行为，但如实际施工人具备其他代理权的外观，使相对人有理由相信实际施工人有代理权，则应根据《民法典》第 172 条的规定，认定构成表见代理。在下述【典型案例 410】中，挂靠人私刻被挂靠人公章对外实施法律行为，被挂靠人应当知道而未予否认，法院要求被挂靠人承担责任的理由即侧重于挂靠人具备有代理权的权利外观——私刻的公章在多地对外使用且得到相关政府职能部门的确认，导致相对人对该公章形成合理信赖。

**典型案例 410**

## 雷伟程与江山市江建房地产开发有限责任公司、吴自旺等民间借贷纠纷案②

### 基本案情

吴自旺挂靠江山市江建房地产开发有限责任公司（以下简称江建公司）开发的金迪商厦项目。为推进项目建设，2009 年 12 月至 2011 年 6 月，雷伟程与吴自旺发生多笔借款，总计金额 768 万元。2011 年 7 月 19 日，雷伟程与吴自旺、江建公司、四季青公司订立《还款协议》约定，吴自旺承诺按照其出具的借据及还款计划向雷伟程归还借款，如未按还款计划还款，按每延期 1 天罚款 2 万元赔偿雷伟程的损失；江建公司和四季青公司为吴自旺的借款提供连带责任担保。雷伟程、吴自旺在该协议上签字，江建公司、四季青公司在该协议上盖章。后因吴自旺未按约还款，雷伟程诉至法院，要求吴自旺归还尚欠的借款本息、江建公司及四季青公司承担连带责任。江建公司抗辩称，其从未为吴自旺的借款提供担保。审理中查明，《还款协议》上所盖的江建公司的公章系吴自旺私刻。

① 参见冉克平：《民法典视野下“本人沉默视为同意”规则的再造》，载《当代法学》2019 年第 4 期。

② 典型案例 410：雷伟程与江山市江建房地产开发有限责任公司、吴自旺等民间借贷纠纷案，江西省高级人民法院（2014）赣民一终字第 32 号民事判决书、最高人民法院（2016）最高法民申 425 号民事裁定书。

## 法院观点

二审法院（江西省高级人民法院）认为，虽然《还款协议》上加盖的江建公司公章系吴自旺伪造，但吴自旺因开发金迪商厦项目，对外多次使用其私刻的公章，并得到了施工单位及相关政府职能部门的确认，故该枚公章对外产生了公示效力。江建公司主张其对吴自旺私刻公章不知情，但金迪商厦项目的开发是需要使用公章办理相关手续的，而吴自旺对外招标等行为未使用江建公司公章，可推定江建公司对此是知情的。据此，江建公司因吴自旺挂靠其公司进行经营及吴自旺私刻公章对外具有公示效力，应对《还款协议》中约定的债务承担担保责任。最高人民法院在再审审查中也认为，一方面，吴自旺在《招标通知书》和《建设工程施工招标备案资料》上以及与施工单位订立《建设工程施工合同》时，必须要使用公章。因此，应当推定江建公司对于吴自旺使用该枚公章知情。另一方面，吴自旺多次使用该枚公章从事一系列经营活动，且该枚公章与吴自旺向东乡县房管局申报《承诺书》时所用的公章相同，上述事实使雷伟程对于该公章形成合理信赖。据此，江建公司应当承担担保责任。

## 裁判规则411

**承包人任命实际施工人为项目经理，实际施工人以项目经理名义在项目经理权限范围内对外实施法律行为的，其行为构成有权代理，但第三人知道实际施工人身份的除外。**

建设工程实行项目经理负责制。《建设项目工程总承包管理规范》（GB/T 50358-2017）第3.6.1项规定：“项目经理应履行下列职责：1. 执行工程总承包企业的管理制度，维护企业的合法权益；2. 代表企业组织实施工程总承包项目管理，对实现合同约定的项目目标负责；3. 完成项目管理目标责任书规定的任务；4. 在授权范围内负责与项目干系人的协调，解决项目实施中出现的问题；5. 对项目实施全过程进行策划、组织、协调和控制；6. 负责组织项目的管理收尾和合同收尾工作。”第3.6.2项规定：“项目经理应具有下列权限：1. 经授权组建项目部，提出项目部的组织机构，选用项目部成员，确定岗位人员职责；2. 在授权范围内，行使相应的管理权，履行相应的职责；3. 在合同范围内，按规定程序使用工程总承包企业的相关资源；4. 批准发布项目管理程序；5. 协调和处理与项目有关的内外部事项。”如承包人任命实际施工人为项目经理，实际施工人以项目经理名义对外实施法律行为，应当如何定性？

少数法院认为，如项目经理是实际施工人，则实际施工人以项目经理名义对外实施的法律行为不构成职务行为。河南省高级人民法院持这一观点。① 但绝大多数法院认为，如实际施工人是承包人任命的项目经理，则实际施工人以项目经理名义对外实施法律行为，应当构成对承包人的有权代表，但第三人知道实际施工人身份的除外。福建省高级人民法院②、江苏省高级人民法院③、山东省高级人

① 《河南省高级人民法院民事审判第四庭关于实际施工人相关问题的会议纪要》（2020年）第10条第3款规定：“‘项目经理’多是实际施工人，通常存在借用资质或转包关系，与承包人之间不存在劳动合同关系和隶属关系，享有人、财、物支配权，独自享有工程款利益。审判实践中，一旦查明‘项目经理’就是实际施工人，再简单依据通常意义上项目经理的概念认定‘项目经理’的行为构成职务行为，不仅与事实不符，而且会导致概念混乱。”

② 《福建省高级人民法院关于审理建设工程施工合同纠纷案件疑难问题的解答》（2007年11月22日）第3条中规定：“挂靠人以被挂靠单位的名义将工程转包或者与材料设备供应商签订购销合同的，一般应由被挂靠单位承担合同责任，但实际施工人或者材料设备供应商签订合同时明知挂靠的事实，并起诉要求挂靠人承担合同责任的，由挂靠人承担责任。”

③ 原《江苏省高级人民法院关于审理建设工程施工合同纠纷案件若干问题的意见》（苏高法审委〔2008〕26号）第22条规定：“承包人的项目部或项目经理以承包人名义订立合同，债权人要求承包人承担民事责任的，人民法院应予支持，但承包人有证据证明债权人知道或应当知道项目部或者项目经理没有代理权限的除外。”《江苏省高级人民法院审判工作座谈会纪要（2009年）》第四部分（建设工程施工合同纠纷案件中的若干问题）第1条规定：“项目经理系施工企业在特定施工项目上的委托代理人和所属企业法定代表人的代表。项目经理以施工企业名义订立合同的，一般应当认定该代理行为有效，但施工企业能够证明相对人知道或者应当知道项目经理没有代理权的除外。”《江苏省高级人民法院建设工程案件审判指南（2012年）》提出，项目经理在工程项目上的行为代表着建筑企业的行为，包括参与建设工程招标、投标和签订建设工程承包合同、决定项目资金的投入和使用、物资采购、分包或转包工程、参与竣工验收、与发包人或分包人结算工程价等行为，均属职务行为，对外应当由所在的建筑企业承担法律责任。虽然在实际生活中，项目经理往往是挂靠建设工程承包企业的“个体包工头”，或转承包人、分包工程的承包人等，但由于项目经理是由建筑企业任命，对外以建筑企业的名义进行经营，无论是根据“合同相对性”原理，还是从施工企业权利与义务的统一、保证建设工程质量、维护相对人合法权益，或是制裁建设工程领域违法经营的角度考虑，建筑企业都应对项目经理（实际施工人）在工程项目上的行为负责。

民法院①、北京市高级人民法院②、四川省高级人民法院③、重庆市高级人民法院④、河北省高级人民法院⑤、陕西省高级人民法院⑥均持这一观点。

首先，一般认为，项目经理是承包人的法定代表人在工程项目上的代表人，在工程项目上具有人、财、物等方面全方位的管理权限，有权代表承包人对外实施法律行为。因此，如承包人任命实际施工人为项目经理，实际施工人以项目经理名义对外实施的法律行为原则上应由承包人对外承担法律责任。

---

① 《山东省高级人民法院2011年全省民事审判工作会议纪要》（鲁高法〔2011〕297号）第三部分“关于建设工程施工合同纠纷案件”第1条规定：“根据建设部《建筑施工企业项目经理资质管理办法》第2条的规定，建筑施工企业项目经理是指受企业法定代表人委托对工程项目施工过程全面负责的项目管理者，是建筑施工企业法定代表人在工程项目上的代表人。按照建设部、国家工商行政管理总局制定的《建设工程施工合同（示范文本）》（GF-1999-02011）第1.5款的规定，项目经理是指承包人在专用条款中指定的负责施工管理和合同履行的代表。根据上述规定，在法律层面上，项目经理是建设工程承包人在履行建设工程施工合同中的全权代理人……在建设工程施工中，项目经理的行为视为承包人的行为，项目经理在建设工程施工中与发包人、分包人或者实际施工人发生的争议，应当由承包人作为诉讼主体并承担相应的责任。”

② 《北京市高级人民法院关于审理建设工程施工合同纠纷案件若干疑难问题的解答》（京高法发〔2012〕245号）第8条规定：“施工合同履行过程中，承包人的项目经理以承包人名义在结算报告、签证文件上签字确认、加盖项目部章或者收取工程款、接受发包人供材等行为，原则上应当认定为职务行为或表见代理行为，对承包人具有约束力，但施工合同另有约定或承包人有证据证明相对方知道或应当知道项目经理没有代理权的除外。”

③ 《四川省高级人民法院关于审理建设工程施工合同纠纷案件若干疑难问题的解答》（川高法民一〔2015〕3号）第27条规定：“合同履行过程中，承包人项目经理以承包人名义在结算报告和签证文件上签字确认、加盖项目部印章，收取工程款、接收发包人供材等行为，一般应当认定为履行职务行为，对承包人具有约束力，但双方另有约定或承包人有证据证明相对人知道或应当知道项目经理没有代理权的除外。”

④ 《重庆市高级人民法院民一庭关于建设工程施工合同纠纷中的法律适用问题解答（一）》（2015年）第13问答称，“发包人向承包人任命或承认的讼争工程项目负责人或者项目经理支付工程价款的，应当视为发包人对承包人的直接付款行为”，间接认可了这一观点。

⑤ 《河北省高级人民法院建设工程施工合同案件审理指南》（冀高法〔2018〕44号）第50条第1款规定：“施工企业设立项目部并任命项目部负责人的，项目部负责人受施工企业委托从事民事行为，应视为履行职务行为，施工企业应为合同主体。”第2款规定：“建设工程承包人设立的项目部负责人在施工企业授权范围外从事的行为，构成表见代理的，施工企业应对外承担责任。”第3款规定：“施工企业与其设立的项目部负责人签订的有关内部协议，约定免除施工企业对外承担责任的条款，不具有对外效力，不能约束第三人。”

⑥ 《陕西省高级人民法院关于审理建设工程施工合同纠纷案件若干问题的解答》（陕高法〔2020〕113号）第12条第1款中规定：“建设工程承包人设立项目部并任命项目部负责人的，项目部负责人受承包人委托从事民事行为，应视为履行职务行为，承包人应为合同主体。”

其次，只有承包人任命的项目经理，才能视为承包人的法定代表人在工程项目上的代表人。对于如何认定“承包人任命的项目经理”，《重庆市高级人民法院民二庭关于审理涉及建设工程项目部的买卖合同纠纷案件若干法律适用问题的解答（试行）》（2014年9月9日）第2条提出，一般情形下，符合下列条件之一的，人民法院可确定其为建设工程的项目经理：（1）建筑施工企业出具任命书的；（2）建筑施工企业向建筑主管部门登记备案的；（3）建筑施工企业在其签订的建设施工合同中明确载明的；（4）建筑施工企业以其他方式明确表明的。不具备上述情形的项目负责人、实际施工人等不应认定为项目经理。

再次，项目经理所实施的行为，应当在项目经理权限范围内。[①]《浙江省高级人民法院民二庭关于审理涉建筑施工企业项目部纠纷的疑难问题解答》（2020年12月17日）第2条第2款规定，“认定项目经理的行为属于职务行为一般应满足身份要素、名义要素、权限要素三个方面的要件。身份要素，是指项目经理与建筑施工企业存在劳动关系，系建筑施工企业的员工；名义要素，是指项目经理是以建筑施工企业或项目部的名义对外签订合同；权限要素，是指项目经理的行为在建筑施工企业的授权范围之内，如与建设单位确定或变更施工内容、施工期限、施工质量、工程价款、违约责任，招聘必要的办公人员，购买或租赁必备的办公用具、原材料、机器设备等行为。项目经理实施的行为满足该三个要件的，可以认定为职务行为，由建筑施工企业承担相应的合同责任”。

最后，承包人对外承担责任后，有权根据其与实际施工人的内部法律关系向实际施工人追偿。

**典型案例411**

## 沈阳市合富源物资有限公司与辽宁国际建设工程集团有限公司、李敏强等买卖合同纠纷案[②]

### 基本案情

2008年4月30日，辽宁国际建设工程集团有限公司（以下简称辽国建公司）

① 参见李玉生主编：《建设工程施工合同案件审理指南》，人民法院出版社2019年版，第316页。

② 典型案例411：沈阳市合富源物资有限公司与辽宁国际建设工程集团有限公司、李敏强等买卖合同纠纷案，最高人民法院（2014）民抗字第31号民事判决书。

与华凌公司签订《建设工程施工合同》《施工补充合同条款》约定，辽国建公司承建华凌公司开发的沈阳美村项目一期一标段（1—7号楼）工程，辽国建公司委派李敏强作为项目经理负责工程施工建设。2008年10月15日，李敏强以辽国建公司众和分公司美村项目部名义，与沈阳市合富源物资有限公司（以下简称合富源公司）签订工业品买卖合同约定，合富源公司为辽国建公司众和分公司美村工程供应钢材。合同签订后，李敏强向合富源公司提供中国对外南方建设工程（集团）有限公司辽宁分公司第二项目部开具的一张工商银行空白转账支票作为抵押，保证按时支付货款。合富源公司依约分9次向辽国建公司众和分公司美村项目部供应钢材，总计价款1,520,492.60元。由于李敏强未能给付货款，合富源公司遂诉至法院，要求判令辽国建公司、李敏强、华凌公司给付钢材款1,520,492.60元。

## 法院观点

最高人民法院认为，辽国建公司和华凌公司签订的《施工补充合同条款》中明确约定该工程由辽国建公司包工、包料施工，李敏强为辽国建公司的项目经理。根据上述内容，李敏强是辽国建公司的工作人员，有权代表辽国建公司就案涉工程对外采购施工材料，辽国建公司应当对李敏强以辽国建公司名义采购钢材的行为承担民事责任。合富源公司与李敏强缔结的工业品买卖合同中明确载明“附施工合同”，合富源公司在一审中也提供了上述《施工补充合同条款》，说明合富源公司对李敏强的身份及权限已经尽到了足够的注意义务，李敏强的行为为合法的代理行为，合富源公司有权要求辽国建公司对案涉货款承担清偿责任。

## 裁判规则412

**实际施工人未获承包人任命擅自以项目经理名义对外实施法律行为的，不构成有权代理。但实际施工人具备其他代理权的外观，使相对人有理由相信实际施工人有代理权的，则构成表见代理。**

如前所述，只有承包人任命的项目经理才能视为承包人的法定代表人在工程项目上的代表人。实践中，一些实际施工人在未获得承包人任命的情况下，自行以项目经理名义对外实施法律行为，对此，不能视为职务行为，也就不构成有权代理。

《江苏省高级人民法院建设工程案件审判指南（2012年）》提出，实际施工人在赊购物资或者融资时加盖项目经理部的印章，凭此一般可以认定相对人有理由相信实际施工人的行为系职务行为，但是不能一概而论。相对人应对工程项目“项目经理”的身份进行必要的审查，如其未尽合理的审查义务，而与实际没有“项目经理”身份的人、与没有“项目经理”授权的人或者与在工程项目终止后无权代表施工企业的“项目经理”发生交易，就不能再视为与承包人的法定代表人在工程项目上的代表人发生交易。换言之，实际施工人未获承包人任命擅自以项目经理名义对外实施法律行为的，不构成有权代理。但实际施工人具备其他代理权的外观，如持有合法刻制的项目经理部印章，使相对人有理由相信实际施工人有代理权的，则构成表见代理。下述【典型案例412】即为适例。

**典型案例412**

## 袁秀莲、刘中厂与江苏帝都建设工程有限公司、王学运租赁合同纠纷案①

### 基本案情

2012年7月28日，江苏帝都建设工程有限公司（以下简称帝都公司）承接了菏能公司的车间工程。2012年8月21日，帝都公司与王学运签订承包协议约定，王学运承建该车间工程，帝都公司按工程总价款收取1%的管理费。施工中，王学运以项目经理名义对外行事。2012年10月28日，架杆租赁站（经营者为刘中厂）与帝都公司宏盛公司项目部签订《建筑器材租赁合同》约定，架杆租赁站向案涉项目出租建筑用架杆及扣件等物品。合同上承租方处加盖了帝都公司宏盛公司项目资料章，王学运以项目部法定代表人身份签名。后该项目因资金链断裂而形成烂尾工程，刘中厂自行组织人员陆续拆卸收回租赁物后诉至法院，要求帝都公司、王学运连带支付建筑器材租赁费、赔偿缺失建筑器材费。帝都公司辩称，王学运不是项目部的经理，帝都公司也没有设立项目部。

---

① 典型案例412：袁秀莲、刘中厂与江苏帝都建设工程有限公司、王学运租赁合同纠纷案，山东省高级人民法院（2014）鲁商终字第351号民事判决书、最高人民法院（2015）民申字第1413号民事裁定书。

## 法院观点

山东省高级人民法院在二审中认为，王学运持案涉印章、以帝都公司项目部名义与袁秀莲、刘中厂签订建筑器材租赁合同时，因王学运作为自然人没有建筑施工资质，不可能是建筑工程的施工主体，袁秀莲、刘中厂有理由相信王学运是代表建筑工程施工人帝都公司租用设备的。故帝都公司应承担《建筑器材租赁合同》项下的欠款支付责任。再审审查中，最高人民法院认为，王学运以帝都公司项目部经理名义签订《建筑器材租赁合同》，合同上加盖了帝都公司项目部印章，租赁的设备、器材也全部运到帝都公司项目部承建的项目工地，用于工地施工。这一切使交易相对人刘中厂能根据这些表象推断并相信王学运对帝都公司具有代理权，而帝都公司不能举证证明刘中厂明知或应当知道王学运没有代理权仍然与王学运签订《建筑器材租赁合同》。在债权得不到清偿时，刘中厂根据合同相对性原则，有权向《建筑器材租赁合同》的签约方帝都公司主张合同权利。至于帝都公司与王学运之间的责任承担问题，可以依据相关法律规定另诉解决。

## 裁判规则413

**实际施工人持承包人刻制的项目经理部印章对外实施与工程建设有关的法律行为的，该行为直接约束承包人，但该行为明显与项目建设无关的除外。**

建设工程施工常以项目经理部（也称项目部）的名义实施。为便于项目经理部对外实施法律行为，承包人有时会为项目经理部刻制专用印章。如实际施工人持承包人刻制的项目经理部印章对外实施法律行为，应当如何定性？

河南省高级人民法院主张，项目部的印章只能在工程项目内部使用，不能对外签订合同。[①] 因此，应当坚持“认人不认章”的原则，单独的项目部印章不足以代

① 《河南省高级人民法院民事审判第四庭关于实际施工人相关问题的会议纪要》第10条第2款规定：“工程项目部是不需要登记的临时机构，其印章不需要在公安机关备案，只能在工程项目内部使用，用于图纸会审、申请付款、工程签证、移送施工资料等环节，不能对外签订合同。在证明表见代理的证据中，以‘项目经理’或‘工程项目部’名义对外签订合同并非构成表见代理的排他性证据。根据《民法典》第一百七十二条规定，合同相对人还应举证证明其有理由相信‘项目经理’或者‘工程项目部’有代理（总）承包人对外缔约的权利，即证明自己善意无过失。”

表承包人。[①] 但多数法院认为，如项目部印章系承包人刻制，该印章所确认的行为与工程建设相关，应当认定该行为为承包人的行为。《福建省高级人民法院当前我省涉建工纠纷审判调研　问答·案例·白皮书》(2022年9月) 第8条第1款即规定："项目部对外签订合同并加盖项目部印章，是施工企业分支机构的行为，其后果由施工企业承担。"江苏省高级人民法院[②]、河北省高级人民法院[③]也持这一观点。

承包人为实施工程建设而成立项目部，则项目部构成承包人的分支机构。《民法典》第74条第1款规定："法人可以依法设立分支机构。法律、行政法规规定分支机构应当登记的，依照其规定。"第2款规定："分支机构以自己的名义从事民事活动，产生的民事责任由法人承担；也可以先以该分支机构管理的财产承担，不足以承担的，由法人承担。"据此，项目部作为承包人的分支机构，虽在性质上属于承包人的组成部分，但在承包人授权范围内可以对外从事各种民事活动，该民事活动对承包人直接产生法律效力，并构成承包人权利义务的一部分。[④] 只要实际施工人持有的项目部印章确系承包人刻制，则通常情况下可以代表承包人。在下述【典型案例413】中，承包人虽称实际施工人在合同上加盖的项目部印章与承包人刻制的项目部印章非同一枚印章，但承包人委派至项目部负责印章管理的人员在加盖该印章的合同上签名，即意味着承包人授权人员对该印章的认可，因此该印章在实质上相当于承包人刻制的印章，法院据此判决承包人就该合同承担付款责任。

---

① 《河南省高级人民法院建设工程案件审判工作座谈会综述》(2022年9月14日)"议题五：工程施工中的表见代理、工程价款优先受偿权、发票等方面问题"第2款规定："实践中，对于合同中加盖的承包单位项目部印章的效力，也要坚持'认人不认章'原则，着重审查参与订立合同或者加盖印章的人员是否有承包单位的相应授权，在合同上加盖项目部印章是否属于承包单位的真实意思表示等，并根据代表或代理的相关规则来确定合同的效力，不能简单根据加盖项目部印章的情况认定为承包单位的行为。"

② 原《江苏省高级人民法院关于审理建设工程施工合同纠纷案件若干问题的意见》(苏高法审委〔2008〕26号) 第22条规定："承包人的项目部或项目经理以承包人名义订立合同，债权人要求承包人承担民事责任的，人民法院应予支持，但承包人有证据证明债权人知道或应当知道项目部或者项目经理没有代理权限的除外。"在理解上应当认为，该条所规定的"承包人的项目部"应以项目部印章为身份证明。

③ 《河北省高级人民法院建设工程施工合同案件审理指南》(冀高法〔2018〕44号) 第51条第1款规定："施工企业认可的项目部印章对外订立合同的，该印章具有缔约或结算的效力，施工企业应对加盖该项目部印章的合同承担责任。"

④ 参见黄薇主编：《中华人民共和国民法典释义》(上)，法律出版社2020年版，第138页。

当然，如加盖项目部印章的合同约定的交易与项目部负责的工程建设没有关联、明显损害承包人的合法利益，则构成《民法典》第171条第4款规定的“相对人知道或者应当知道行为人无权代理”，应认定为无权代理。就此，可参见“李旭日与湖北润科建设集团有限公司、曾兆礼民间借贷纠纷案”①。

**典型案例413**

## 江苏摩天建工集团公司与淮安兴港建材有限公司买卖合同纠纷案②

### 基本案情

2012年8月，江苏摩天建工集团公司（以下简称摩天公司）与康驰公司签订《建设工程施工合同》约定，摩天公司承建涟水国际商贸城1号楼，王荣贵在摩天公司委托代理人处签名。其后，摩天公司与王荣贵签订《内部承包协议》约定，王荣贵内部承包涟水国际商贸城1号楼工程；摩天公司可委托一名行政管理人员协助王荣贵开展工作，提供印章、手续等服务；王荣贵按照工程总造价的1%向摩天公司交纳承包费。2012年11月23日，王荣贵持“摩天公司涟水国际商贸城1号楼公寓项目部”印章，与淮安兴港建材有限公司（以下简称兴港公司）签订《预拌商品混凝土定购合同》约定，摩天公司向兴港公司定购预拌混凝土，供货至涟水国际商贸城1号楼工程。王荣贵在摩天公司代表人处签名。2013年4月8日、6月1日、6月30日、7月31日，兴港公司先后出具对账单，杜勇作为签收人在施工单位栏签字确认，在2013年6月30日、7月31日的对账单上，王荣贵亦签名确认。后兴港公司诉至法院，要求摩天公司给付欠款2,386,460元。摩天公司辩称，交给王荣贵使用的印章系印有“摩天公司涟水国际商贸城1号楼项目部 担保赊账合同借欠款无效”的印章，非《预拌商品混凝土定购合同》所加盖的印章，该项目部印章系王荣贵私自刻制。庭审中，兴港公司提交了摩天公司与朱传

---

① 参考案例452：李旭日与湖北润科建设集团有限公司、曾兆礼民间借贷纠纷案，最高人民法院（2017）最高法民申4201号民事裁定书。

② 典型案例413：江苏摩天建工集团公司与淮安兴港建材有限公司买卖合同纠纷案，江苏省高级人民法院（2015）苏商终字第00067号民事判决书、最高人民法院（2015）民申字第3341号民事裁定书。

宇、杨永忠、顾爱民等建材供应商分别签订的购销合同，合同中均加盖“摩天公司涟水国际商贸城1号楼公寓项目部”印章。其中，杨永忠于2012年10月25日与摩天公司签订的钢结构承包合同中，张一平（摩天公司派至工地对印章使用进行管理的人员）代表摩天公司签订合同，并在合同尾部签字，该合同也是加盖“摩天公司涟水国际商贸城1号楼公寓项目部”印章。

## 法院观点

最高人民法院认为，根据《内部承包协议》，王荣贵以摩天公司的名义对外开展业务，摩天公司向王荣贵收取管理费。案涉工程施工合同亦是由王荣贵代表摩天公司与康驰公司签订，该合同上不仅有王荣贵的签名，摩天公司还加盖了印章，说明王荣贵是摩天公司认可的案涉工程负责人及实际施工人。工程施工期间，王荣贵以摩天公司的名义与兴港公司签订《预拌商品混凝土定购合同》，合同上加盖了摩天公司项目部印章，兴港公司在二审中提交的杨永忠、朱传宇等建材供应商就涟水国际商贸城1号楼公寓项目与王荣贵订立的购销合同均加盖了该印章。其中2012年10月25日与杨永忠签订的钢结构承包合同中，代表摩天公司签订合同的是摩天公司委派至项目部负责印章管理的人员张一平，故摩天公司应当知道该印章在王荣贵承建工程期间对外使用，摩天公司应对王荣贵的行为对外承担民事责任。①

## 裁判规则414

**实际施工人持私刻的项目部印章对外实施法律行为的，应认定为无权代理，但该印章的在前使用行为得到承包人认可或构成表见代理的除外。**

实际施工人持承包人刻制的项目经理部印章对外实施法律行为，该行为直接代表承包人。但如该印章系实际施工人私刻或伪造，又应如何认定？

① 需指出的是，如【裁判规则410】所述，最高人民法院在本案再审审查中所援引的《民法通则》第66条“本人沉默视为同意”规则，在《民法典》时代不再成立。但摩天公司委派至项目部负责印章管理的人员张一平在加盖该印章的合同上签名，即意味着摩天公司授权人员对该印章的认可，因此该印章在实质上即相当于摩天公司刻制的印章。

有观点认为，即便是实际施工人（仅限于挂靠人）私刻的项目部印章，原则上也可以代表承包人。《河北省高级人民法院建设工程施工合同案件审理指南》（冀高法〔2018〕44号）第53条即规定：“实际施工人与施工企业之间存在挂靠关系，行为人私刻施工企业印章的，施工企业不能证明合同相对人对私刻印章的情形是明知的，施工企业应承担相应的民事责任。”

如该项目部印章系实际施工人私刻或伪造，则该印章不足以代表项目部的真实意思，原则上不应对承包人产生约束力。《浙江省高级人民法院民二庭关于审理涉建筑施工企业项目部纠纷的疑难问题解答》（2020年12月17日）第6条前段规定：“一般情况下，合同上加盖项目经理、实际施工人或其他人伪造或私刻的印章，其不代表建筑施工企业的真实意思表示，不对建筑施工企业发生法律效力。”下述【典型案例414】即为适例。但需注意的是，第一，该项目部印章虽系实际施工人私刻或伪造，但该印章在以前曾经对外使用，且该使用行为得到承包人认可的，则相对人对该印章可以产生合理信赖，其基于合理信赖与实际施工人所为的法律行为应当受到法律保护。《河北省高级人民法院建设工程施工合同案件审理指南》（冀高法〔2018〕44号）第51条第2款即规定：“施工企业对项目部印章不认可的，若权利人举证证明在其他对外经济往来或具有公示效力的场合使用过该印章，则该印章具有缔约或结算的效力。”第二，该项目部印章虽系实际施工人私刻或伪造，但实际施工人具备其他有代理权的权利外观，使相对人有理由相信实际施工人有代理权的，则实际施工人加盖私刻印章的行为构成表见代理。前述《浙江省高级人民法院民二庭关于审理涉建筑施工企业项目部纠纷的疑难问题解答》（2020年12月17日）第6条规定：“一般情况下，合同上加盖项目经理、实际施工人或其他人伪造或私刻的印章，其不代表建筑施工企业的真实意思表示，不对建筑施工企业发生法律效力。但是，如果综合全案其他证据，能够认定行为人的行为构成有权代理行为或表见代理行为的，仍应由建筑施工企业承担相应的合同责任。”河北省高级人民法院①、重庆市高级人民法院②也有类似指导意见。

---

① 《河北省高级人民法院建设工程施工合同案件审理指南》（冀高法〔2018〕44号）第49条第2款中规定：“非法转包人、违法分包人未经施工企业授权，以施工企业项目部名义对外签订买卖、租赁等合同，施工企业是否承担民事责任适用《合同法》第四十九条的规定。”

② 《重庆市高级人民法院民二庭关于审理涉及建设工程项目部的买卖合同纠纷案件若干法律适用问题的解答（试行）》（2014年9月9日）第6条规定：“如合同相对方有理由相信建设工程项目部有代理权时所从事的民事行为产生的民事责任，应由建筑施工企业承担。”

**典型案例414**

## 南京市浦口区东阳钢管扣件租赁部与安徽金煌建设集团有限公司租赁合同纠纷案①

### 基本案情

2014年5月23日，南京市浦口区东阳钢管扣件租赁部（以下简称东阳租赁部）与安徽金煌建设集团有限公司（以下简称金煌公司）签订《钢管扣件租赁合同》约定，金煌公司向东阳租赁部租赁钢管扣件，用于金煌公司承建的全椒县福爵花园项目工程。该合同由东阳租赁部签章，金煌公司的周世华、张友才、陈林华签字，并加盖金煌公司公章及其福爵花园项目部印章。合同签订后，东阳租赁部自2014年5月至2015年3月陆续向金煌公司提供租赁物。截至2015年10月31日，金煌公司尚欠东阳租赁部租金452,381.82元、其他费用17,283元。后东阳租赁部诉至法院，要求金煌公司给付租金及费用469,665元。一审中，东阳租赁部称，周世华、张友才、陈林华签订《钢管扣件租赁合同》时佩戴的胸牌上均加盖金煌公司印章，而周世华等人因伪造公章被刑事立案，经委托鉴定，《钢管扣件租赁合同》上的金煌公司印章、胸牌上的金煌公司印章与样本印章的印文均不是同一枚印章盖印形成，且福爵花园项目部印章非金煌公司刻制。

### 法院观点

江苏省高级人民法院认为，构成表见代理需无权代理人具有代理权表象且善意相对人尽到合理注意义务。建筑行业存在大量以单位部门、项目经理乃至个人名义签订或实际履行合同的情形，进而因合同主体和效力认定问题引发表见代理纠纷，因此，对于表见代理的认定应持审慎态度。本案中，与东阳租赁部直接联系的周世华并无充分的有权代表金煌公司的表象。东阳租赁部在签订案涉租赁合同时，对张友才、陈林华和周世华的身份并未充分核实，仅依据陈林华的胸牌就认为

---

① 典型案例414：南京市浦口区东阳钢管扣件租赁部与安徽金煌建设集团有限公司租赁合同纠纷案，江苏省高级人民法院（2018）苏民再41号民事判决书。

其三人拥有代表金煌公司对外签订合同的权利。在产生怀疑后，东阳租赁部也未对合同上加盖的金煌公司的公章的真实性进一步核实，且经一审委托鉴定，案涉租赁合同及陈林华胸牌上加盖的金煌公司的公章系伪造。作为专门从事钢管、扣件出租业务的材料商，东阳租赁部熟知建筑行业的规则、交易习惯及潜在风险，而其从订约到履约，并未尽到谨慎注意义务，存在一定的过错。故本案中周世华等人的行为不构成表见代理，金煌公司不应承担相应的租金给付责任。

## 裁判规则415

**实际施工人使用承包人或项目经理部的技术专用章、财务专用章、资料专用章等专用印章对外实施法律行为的，基于印章的用途限制，该印章不能代表承包人，但该印章的在前使用行为得到承包人认可的除外。**

建筑企业除企业公章、项目部印章以外，还广泛存在技术专用章、财务专用章、资料专用章等专用印章。实际施工人使用这类专用印章对外实施法律行为的，应当如何定性？

公章的性质应与其代表的法律行为性质相匹配。从这类印章的名称即可得知，其具有明显的用途限制，不能在对外的法律行为中代表承包人。重庆市高级人民法院民一庭即认为，这类印章用于公司对外签订合同，显然超越了该印章的功能与用途，在无其他证据的情况下，不能认为该加盖行为意味着当事人有签订合同的意思表示。① 需注意的是，虽然该印章本身不能代表承包人或承包人的项目经理部，但不排除基于其他因素认定构成有权代理或表见代理。如相对人能够“举证证明其依一般交易习惯有理由相信该枚印章有超出其表面记载的实际功能，或结合其他证据证明存在使其相信行为人与企业之间存在某种事实上或者法律上关联的事实和理由”②，或该印章在前使用的行为得到承包人认可，则应认定该印章可以代

① 参见《重庆市高级人民法院民一庭关于一中院民一庭〈关于建筑设备租赁合同中承租人使用建筑公司项目部资料专用章签订合同是否可以认定建筑公司为租赁合同相对方的咨询报告〉的答复》（〔2014〕渝高法民一复字第22号）。

② 李玉生主编：《建设工程施工合同案件审理指南》，人民法院出版社2019年版，第320页。

表承包人。河北省高级人民法院①、浙江省高级人民法院②、福建省高级人民法院③均持这一立场。

**典型案例 415**

## 陈晓兵与眭双红、国本建设有限公司等民间借贷纠纷案④

### 基本案情

眭双红、徐鹏借用中太公司、国本建设有限公司（以下简称国本公司）的资质，承建“星海·时代花苑”项目。施工过程中，眭双红、徐鹏为推进工程建设向陈晓兵借款，三方于2012年2月2日签订《借款协议》。协议载明了眭双红、徐鹏共同承接案涉项目、垫资施工的事实，协议落款处借款人栏由眭双红、徐鹏签字，加盖中太公司项目部资料专用章。后因二人未归还借款，陈晓兵诉至法院，以国本公司、中太公司系被挂靠人为由，要求中太公司、国本公司与眭双红、徐鹏承担连带还款责任。

---

① 《河北省高级人民法院建设工程施工合同案件审理指南》（冀高法〔2018〕44号）第52条规定：“技术章、材料收讫章、资料专用章一般不具有缔约或结算的效力，相对人主张权利的，应当结合交易习惯、该章的使用情况等举证证明其有理由相信该印章具有超出其表面记载的实际功能，可以认定该章的效力。”

② 《浙江省高级人民法院民二庭关于审理涉建筑施工企业项目部纠纷的疑难问题解答》（2020年12月17日）第5条规定：“项目部技术专用章、财务专用章、图纸审核专用章等专用印章已明确了印章的使用范围，一般不能认为行为人具有授权对外签订合同的表象，故建筑施工企业不应承担合同责任。但如果项目部以上述印章对外签订的合同曾得到建筑施工企业认可的，仍可认定为具有有权代理表象。判断建筑施工企业是否认可，下列因素可作为参考：（1）建筑施工企业是否直接向相对人支付款项或以其他方式参与合同履行；（2）相对人向建筑施工企业开具的发票，建筑施工企业是否实际入账等。”

③ 《福建省高级人民法院当前我省涉建工纠纷审判调研 问答·案例·白皮书》（2022年9月）第9条规定：“原则上，公章的种类与文件的种类要相匹配。材料收讫章、资料专用章通常仅限所属企业内部间业务交流、请示报送等工作，之所以不认可超出公章特定用途的盖章行为的效力，本质上是因为持章之人一般缺乏代理权。反之，相对人举证证明其依一般交易习惯有理由相信该枚印章具有超出其表面记载的实际功能，或结合其他证据证明存在使其相信行为人与企业存在事实上或法律上关联的理由，如有证据证明行为人曾使用该枚印章进行过对账、结算等，足以让相对方相信具有对外签订合同或相应文件的效力。为此，即便超出印章的使用范围，亦不宜认定讼争合同对企业不发生效力。”

④ 典型案例415：陈晓兵与眭双红、国本建设有限公司等民间借贷纠纷案，最高人民法院（2014）民申字第1号民事裁定书。

## 法院观点

最高人民法院在再审审查中认为，诉争《借款协议》是由出借人陈晓兵与借款人眭双红、徐鹏签订，协议落款处借款人栏由眭双红、徐鹏签字并加盖中太公司项目部资料专用章。中太公司项目部资料专用章具有特定用途，仅用于开工报告、设计图纸会审记录等有关工程项目的资料上。尽管诉争借款用于案涉工程，但借款合同与建设工程施工合同是两个不同的法律关系，实际施工人对外借款不是对案涉项目建设工程施工合同的履行，《借款协议》也不属于工程项目资料，故在《借款协议》上加盖中太公司项目部资料专用章超越了该公章的使用范围，在未经中太公司追认的情况下，不能认定签订《借款协议》是中太公司的意思表示。

## 裁判规则416

**实际施工人擅自以承包人、项目经理、项目部名义对外实施的法律行为是否构成表见代理，应当根据行为时的外观表象进行判断，合同签订后呈现的外观表象不能作为认定表见代理的依据。**

《民法典》第172条规定："行为人没有代理权、超越代理权或者代理权终止后，仍然实施代理行为，相对人有理由相信行为人有代理权的，代理行为有效。"据此，表见代理要求实际施工人具备"相对人有理由相信行为人有代理权"的外观表象。实践中，该外观表象主要体现为承包人的授权委托书、介绍信、任命书、项目部公章，以及其他由承包人盖章确认的身份证明文件；除此之外，还有具有公示性质的文书、施工合同载明的项目负责人、施工图纸中载明的项目经理、工地告示牌载明的施工人员等。①

有观点认为，可以根据合同签订后的履行行为判断实际施工人是否构成表见代理。② 如实际施工人擅自以承包人名义对外签订材料采购合同，则可从材料是否实际用于案涉项目来判断是否构成表见代理。在此意义上，"合同标的物的用途不失

① 参见杨心忠等：《建设工程合同纠纷裁判思路》，法律出版社2014年版，第421页。

② 参见王楷、于秋磊：《建设工程施工合同纠纷法律实务与工程专业知识解答》，法律出版社2021年版，第62页。

为一个用来帮助解决争议的辅助和例外的考察因素，也即一种目的标准（受益人标准）。如果合同标的物用于该工程，至少说明实际施工人的目的仍然是组织施工，交易发生真实，由建筑单位承担责任存在现实基础”①。但从表见代理的理论基础来看，在根据表见代理制度判断相对人是否为善意时，应当以签订合同的时间作为判断时点。“设立表见代理制度的目的是保护交易的安全性”，“只要相对人对行为人有代理权形成了合理信赖，即使实际情况相反，也应保护这种信赖利益”②。据此，表见代理制度要求在达成交易时，无权代理人具有貌似有代理权的外观表象，导致相对人陷入无权代理人有代理权的错误认识。至于交易达成后，标的物如何交付、使用，是合同履行的范畴，与相对人是否善意无过失及交易主体的确定没有本质和必然联系。③ 换言之，合同签订后呈现出来的实际施工人有代理权的外观表象，无论是合同的履行行为，还是他案中的事实，只要签约时不为相对人所知晓，就不会使相对人误认为无代理权人有代理权，进而产生合理信赖，故不能作为认定构成表见代理的依据。

**典型案例 416**

## 陈元林与钮志浩、江苏中兴建设有限公司等买卖合同纠纷案④

### 基本案情

2010 年 9 月 28 日，江苏中兴建设有限公司（以下简称中兴公司）与万盛公司签订《建设工程施工合同》约定，中兴公司承建体育城工程，由其连云港分公司实际施工。中兴公司连云港分公司将工程的土建部分分包给青原公司，青原公司实际承包人赵鲁平又将部分工程转包给钮志浩。2011 年 3 月 27 日，钮志浩以中兴公司名义与陈元林经营的辰意经营部签订买卖合同约定，辰意经营部向中兴公司承建

① 周凯：《表见代理制度的司法适用》，载《人民司法》2011 年第 7 期。

② 黄薇主编：《中华人民共和国民法典释义》（上），法律出版社 2020 年版，第 340 页。

③ 参见杨心忠等：《建设工程合同纠纷裁判思路》，法律出版社 2014 年版，第 441 页。

④ 典型案例 416：陈元林与钮志浩、江苏中兴建设有限公司等买卖合同纠纷案，载《江苏省高级人民法院审判委员会关于买卖合同纠纷案中当事人行为是否构成表见代理认定问题的纪要》（审判委员会会议纪要〔2013〕3 号，2013 年 9 月 24 日），【法宝引证码】CLI. 13. 1018431。

的体育城工程工地供应木方、模板等材料；合同尾部需方及保证人栏由钮志浩个人签字确认，中兴公司未加盖印章。陈元林按约履行供货义务后，因货款未结清，陈元林诉至法院，要求中兴公司及其连云港分公司归还欠款，钮志浩承担担保责任。中兴公司辩称，其未向陈元林购买过建材，不应承担还款责任。诉讼中，陈元林提交了其在施工工地钮志浩办公室所拍摄的显示钮志浩为工程质量领导小组及安全领导小组成员的铭牌照片、工程项目部向钮志浩施工队所发的要求其确保在规定的时间节点完成工程进度的通知等证据。

## 法院观点

江苏省高级人民法院认为，[①] 表见代理的制度意义在于维护代理制度的诚信基础，保护善意第三人的合法权益，建立正常的民事流转秩序。根据法律规定，认定行为人与相对人订立合同的行为构成表见代理，应当具备以下条件：一是行为人没有代理权；二是签订合同之时具有使相对人相信行为人具有代理权的事实或理由；三是相对人主观上须为善意且无过失；四是行为人与相对人签订的合同应具备合同有效的一般条件，即不具有无效和可撤销的事由。对于第二个条件，因陈元林出示的通知及照片均系其于合同订立之后的供货期间取得。因此，没有证据证明陈元林在订立合同时相信钮志浩有权代表中兴公司。据此，本案中钮志浩的行为不构成表见代理。

## 裁判规则417

**实际施工人擅自以承包人、项目部或项目负责人名义对外购买材料、租赁设备，如确为工程所需且合同明确约定用于所建工程，可以认定构成表见代理，但相对人知道实际施工人身份的除外。**

---

① 针对陈元林的诉请，无锡市滨湖区人民法院一审认为，钮志浩的行为构成表见代理，中兴公司应承担付款责任。中兴公司提起上诉，无锡市中级人民法院也认为，钮志浩的行为构成表见代理，据此驳回上诉、维持原判。中兴公司向江苏省高级人民法院申请再审。江苏省高级人民法院经复查，指令无锡市中级人民法院再审该案。再审过程中，无锡市中级人民法院就钮志浩的行为是否构成表见代理这一问题向江苏省高级人民法院书面请示。

针对表见代理制度的适用，《最高人民法院关于当前形势下审理民商事合同纠纷案件若干问题的指导意见》（法发〔2009〕40号）第12条要求“严格认定表见代理行为”。第13条前段规定，“表见代理制度不仅要求代理人的无权代理行为在客观上形成具有代理权的表象，而且要求相对人在主观上善意且无过失地相信行为人有代理权”。总体而言，该指导意见主张对表见代理从严把握。

但实践中，实际施工人以承包人、项目部或项目经理对外实施法律行为的现象普遍存在，几乎成为建筑领域的惯常交易模式，如果一概予以否定或要求过于严苛，将会影响大量交易。所以在建筑领域，实务界对表见代理的认定标准一直相对宽松（借款除外）。江苏省高级人民法院即认为，如果实际施工人从事的是与项目部职能有关的民事行为，如购买材料、租赁设备、组织劳务施工，应类推适用表见代理制度。[①]《陕西省高级人民法院关于审理建设工程施工合同纠纷案件若干问题的解答》（陕高法〔2020〕113号，2020年12月10日）第12条第2款规定：“对于签订买卖、租赁合同的行为，应当结合购买材料或租赁设备的品类、用途、交货地点，是否用于涉案工程以及施工合同履行习惯，相对方是否善意等情况，认定是否由承包人承担责任。”《河北省高级人民法院建设工程施工合同案件审理指南》（冀高法〔2018〕44号）第49条第2款规定：“非法转包人、违法分包人未经施工企业授权，以施工企业项目部名义对外签订买卖、租赁等合同，施工企业是否承担民事责任适用《合同法》第四十九条的规定。有证据证实合同标的用于工程或施工合同履行过程中施工企业对项目部的行为进行过认可的，可以认定债权人有理由相信非法转包人、违法分包人有代理权。”

基于建筑市场的现状，且对实际施工人擅自以承包人、项目部或项目经理名义对外实施法律行为导致承包人对外承担的法律责任，通常情况下承包人可以在与实际施工人结算时得以弥补，所以认定实际施工人擅自以承包人、项目部或项目负责人名义对外购买材料、租赁设备的行为是否构成表见代理，不宜过于苛刻；如购买的材料、租赁的设备确为工程所需，且合同明确约定将材料、租赁物运输至工程所在地用于工程建设，则足以让相对人相信实际施工人具有代理权，可以认定为表见代理，由承包人对外承担责任。

关于该事项，需注意如下问题：第一，如【裁判规则416】所述，实际施工人

---

① 参见李玉生主编：《建设工程施工合同案件审理指南》，人民法院出版社2019年版，第81、82页。

的行为是否构成表见代理，应当根据行为时的外观表象进行判断，合同签订后呈现的外观表象不能作为认定表见代理的依据。因此，签订材料采购、设备租赁合同之后，材料、设备是否实际用于承包人承包的工程，不能作为认定表见代理的依据。因此，前述《陕西省高级人民法院关于审理建设工程施工合同纠纷案件若干问题的解答》第12条第2款、《河北省高级人民法院建设工程施工合同案件审理指南》第49条第2款所要求的"实际用于案涉工程"，以及《浙江省高级人民法院民二庭关于审理涉建筑施工企业项目部纠纷的疑难问题解答》（2020年12月17日）第7条①所持立场不具有合理性。第二，实际施工人的行为不具备具有代理权的外观，如合同约定的送货地点非该工程，则不成立表见代理。② 第三，在相对人知道或者应当知道实际施工人身份的情况下，即知道与其实施交易行为的主体是实际施工人而非承包人，也不应成立表见代理。《浙江省高级人民法院民二庭关于审理涉建筑施工企业项目部纠纷的疑难问题解答》（2020年12月17日）第3条第3款第2项即规定，相对人明知行为人与建筑施工企业之间是挂靠、非法转包、非法分包关系，仍然与其签订合同的，不成立表见代理。下述【典型案例417】即为适例。

**典型案例417**

## 淮安龙跃建材贸易有限公司与江苏鑫盛建设工程有限公司买卖合同纠纷案③

### 基本案情

2010年8月12日，江苏鑫盛建设工程有限公司（以下简称鑫盛公司）与张永

① 《浙江省高级人民法院民二庭关于审理涉建筑施工企业项目部纠纷的疑难问题解答》（2020年12月17日）第7条第1款规定："行为人以建筑施工企业或项目部的名义，向第三人购买或租赁必备的原材料、机器设备时，未签订书面合同，或签订的书面合同中未加盖建筑施工企业或项目部印章，但原材料、机器设备事实上已用于该建设项目，且第三人不知道或不应当知道行为人没有代理权限的，应当由建筑施工企业承担相应的合同责任。"第2款规定："人民法院在认定'原材料、机器设备事实上已用于该建设项目'时，应当根据原材料、机器设备是否已运至建设项目工地，并结合原材料、机器设备的数量、类型与建设项目的实际需求、规模是否相适应，予以综合判断。"

② 参见李玉生主编：《建设工程施工合同案件审理指南》，人民法院出版社2019年版，第323页。

③ 典型案例417：淮安龙跃建材贸易有限公司与江苏鑫盛建设工程有限公司买卖合同纠纷案，江苏省高级人民法院（2014）苏商终字第0385号民事判决书、最高人民法院（2015）民申字第1675号民事裁定书。

泉签订《项目内部承包责任书》约定，鑫盛公司聘用张永泉为盛和名都 A1、A2 楼（含人防）和 A11 门面房项目责任承包人，项目由张永泉自主经营、自负盈亏，鑫盛公司按工程结算总价的 2%收取管理费。2010 年 8 月 18 日，张永泉以鑫盛公司名义与淮安龙跃建材贸易有限公司（以下简称龙跃公司）签订《钢材购销合同》约定，龙跃公司为盛和名都工程中 A1 楼、A2 楼及地下人防工程供应钢材；合同尾部由张永泉签名并加盖鑫盛公司公章，但该公章系张永泉私刻。合同签订后，龙跃公司按约将钢材送至项目工地。后因买方拖欠钢材款，龙跃公司诉至法院，以张永泉的行为构成表见代理为由，要求鑫盛公司支付货款。

### 法院观点

江苏省高级人民法院在二审中认为，张永泉使用私刻的印章签订的合同对鑫盛公司不具有约束力。龙跃公司在明知张永泉系实际结算人的情况下向盛和名都工地供货，其履行合同的行为可佐证其所确认的合同相对方系张永泉个人，而非鑫盛公司。最高人民法院在再审审查中也认为，本案购销合同上加盖的鑫盛公司印章系张永泉私刻，无证据证明其签订本案合同得到鑫盛公司负责人员批准。鑫盛公司与张永泉存在内部承包关系，对此，龙跃公司是知情的。因此，从合同签订情况看，鑫盛公司并非合同当事人。

### 裁判规则418

**实际施工人擅自以承包人、项目部、项目负责人名义对外借款，相对人主张成立表见代理的，除要求客观上有代理权的外观、相对人善意且无过失以外，基于货币的一般等价物属性，还应严格审查所借资金与工程建设的牵连关系。**

与对外购买材料、租赁设备不同，在实际施工人擅自以承包人、项目部、项目负责人名义对外借款的情况下，“通过行为人借款行为的外观认定表见代理，最大的问题在于缺乏足够的行为外观供作参考”①。以项目部为例，对外借款并非项目

① 杨心忠等：《建设工程合同纠纷裁判思路》，法律出版社 2014 年版，第 426 页。

部的当然职能，项目部并不具有对外借款的权利外观。① 因此，对于实际施工人的借贷行为是否构成表见代理，应持较为严格的标准。

就此问题，原《江苏省高级人民法院关于审理建设工程施工合同纠纷案件若干问题的解答》（2018 年 6 月 26 日）第 25 条规定："建设工程领域，项目部或者项目经理不具有对外借款的职权，其以施工企业名义对外借款的，出借人要求施工企业承担还款责任的，原则上不予支持。出借人举证证明项目经理系获得施工企业授权，或具有款项进入施工企业账户、实际用于工程等情形，导致其有理由相信项目部或项目经理有代理权的，出借人要求施工企业承担还款责任的，可予支持。"《河北省高级人民法院建设工程施工合同案件审理指南》（冀高法〔2018〕44 号）第 49 条第 3 款规定："非法转包人、违法分包人未经施工企业授权，以施工企业项目部名义对外签订借款合同，应按照《最高人民法院关于民间借贷案件适用法律若干问题的规定》严格审查借贷的基础事实，包括借款的数额、利息等，并审查借款的用途。有证据证实借款实际发生且用于工程或施工合同履行过程中施工企业对项目部的行为进行过认可的，可以认定债权人有理由相信非法转包人、违法分包人有代理权。"《浙江省高级人民法院民二庭关于审理涉建筑施工企业项目部纠纷的疑难问题解答》（2020 年 12 月 17 日）第 8 条第 2 款规定："行为人以建筑施工企业或项目部的名义向第三人借款，第三人能够举证证明其有合理理由相信行为人有代理权限，且款项直接汇入建筑企业银行账户或确实用于该建设项目的，应当由建筑施工企业承担相应的合同责任。"《陕西省高级人民法院关于审理建设工程施工合同纠纷案件若干问题的解答》（陕高法〔2020〕113 号）第 12 条第 3 款规定："对于对外借款行为效力的认定要从严掌握，应当对借款流向、用途以及出借人是否善意等事实进行实质性审查，出借人要求承包人承担还款责任的，一般不予支持；出借人举证证明项目部负责人系获得承包人授权，或具有款项进入承包人账户、实际用于工程等情形的，出借人要求承包人承担还款责任的，可予支持。"

总结前述各地高级人民法院的指导意见，由于货币是具有高替代性的种类物，流动性强，故在实际施工人擅自以承包人、项目部、项目负责人名义对外借款的情形下，如相对人主张成立表见代理，除要求客观上有代理权的外观、相对人善

① 参见李玉生主编：《建设工程施工合同案件审理指南》，人民法院出版社 2019 年版，第 81 页。

意且无过失以外，还应严格审查所借资金与工程建设的牵连关系。一是审查借款合同约定的收款账户是否是承包人、项目部就该工程开设的账户。如果约定的收款账户是实际施工人的账户，不宜认定为表见代理。二是审查借款金额是否与工程规模相适应。《浙江省高级人民法院民二庭关于审理涉建筑施工企业项目部纠纷的疑难问题解答》（2020 年 12 月 17 日）第 3 条第 3 款第 4 项即规定，交易的金额与实际需求、规模等明显不相称的，不成立表见代理。

需指出的是，较多观点主张，所借款项是否实际用于实际施工人所负责的工程，对表见代理的认定具有重要意义。① 前述原《江苏省高级人民法院关于审理建设工程施工合同纠纷案件若干问题的解答》第 25 条、《河北省高级人民法院建设工程施工合同案件审理指南》第 49 条第 3 款、《浙江省高级人民法院民二庭关于审理涉建筑施工企业项目部纠纷的疑难问题解答》第 8 条、《陕西省高级人民法院关于审理建设工程施工合同纠纷案件若干问题的解答》第 12 条第 3 款，均将借款是否“实际用于工程”作为判断是否构成表见代理的重要标准。但如前所述，实际施工人的行为是否构成表见代理，应当根据行为时的外观表象进行判断，合同签订后的履行行为不能作为认定表见代理的依据。因此，借款是否“实际用于工程”不能作为判断是否构成表见代理的标准。

**典型案例 418**

## 蔡二虎与南通建工股份有限公司等民间借贷纠纷案②

### 基本案情

2012 年 8 月 16 日，南通建工股份有限公司（以下简称南通建工）出具《授权委托书》载明：“授权朱谦荣为本公司驻中国人民解放军总参管理保障部服务局服务用房工程现场负责人，负责现场管理及处理相关事宜。”2012 年 8 月 20 日，南

① 参见李少平主编：《最高人民法院第五巡回法庭法官会议纪要》，人民法院出版社 2021 年版，第 209 页。

② 典型案例 418：蔡二虎与南通建工股份有限公司等民间借贷纠纷案，江苏省南通市中级人民法院（2014）通中商终字第 0090 号民事判决书、江苏省高级人民法院（2015）苏审二商申字第 00151 号民事裁定书。关于该案的评述，可参见谷昔伟：《工程项目负责人擅自以公司名义对外借款不构成表见代理》，载《人民司法（案例）》2016 年第 11 期。

通建工与解放军总参管理保障部服务局签订《建设工程施工合同》约定，南通建工承建北京市海淀区阜成路乙6号服务用房，朱谦荣作为南通建工的委托代理人在合同上签名。2012年10月底，朱谦荣向蔡二虎借款，借条载明，今借到蔡二虎100万元，用于解放军总参管理保障部服务局服务用房工程；共同借款人朱谦荣、南通建工。借款人名称下方加盖了“南通建工解放军总参管理保障服务局服务用房项目管理专用章（非经济合同用）”。2013年1月28日，蔡二虎诉至法院，要求朱谦荣、南通建工偿还借款本息。

## 法院观点

一审法院（如皋市人民法院）认为，朱谦荣作为项目经理，有权对外借款，其出具借条的行为属职务行为，南通建工应承担还款责任；同时，朱谦荣本人是共同借款人，也应承担连带还款责任。但南通市中级人民法院在二审中、江苏省高级人民法院在再审审查中均认为，从项目经理的权限来看，对外借款与工程现场管理没有必然的关联性，故项目经理并不具备对外借贷的职权；从《授权委托书》的内容来看，朱谦荣的委托权限并不明确，无法据此认定朱谦荣具有对外借贷的权限；从借条来分析，该借条上所盖的南通建工项目管理章明确载明“非经济合同用”，表明该章不能用于对外签订经济合同，不能用于对外借款。案涉项目管理部有自己的账户，即使蔡二虎有合理理由相信项目部负责人有权对外借贷，双方财务往来也应通过项目部账户进行。而从双方借款还款的银行转账记录和相关凭证来看，双方所有的银行转账均发生于朱谦荣、蔡二虎及蔡二虎指定的个人账户。基于前述，尽管本案在客观上具备南通建工授予朱谦荣代理权的表象，但主观上蔡二虎未尽到合理的注意义务，不应认定朱谦荣的借贷行为构成表见代理。

## 裁判规则419

**承包人与相对人就实际施工人的行为是否构成表见代理发生争议的，由相对人承担实际施工人具备代理权之表象的证明责任，承包人承担相对人非善意的证明责任。**

表见代理要求"相对人有理由相信行为人有代理权"①，也即无权代理人有被授予代理权之外表或假象，且相对人对该外表或假象的信赖系善意且无过失。② 在相对人主张构成表见代理的情形下，对由此涉及的证明责任应当如何分配？

《最高人民法院关于当前形势下审理民商事合同纠纷案件若干问题的指导意见》（法发〔2009〕40号）第13条后段规定："合同相对人主张构成表见代理的，应当承担举证责任，不仅应当举证证明代理行为存在诸如合同书、公章、印鉴等有权代理的客观表象形式要素，而且应当证明其善意且无过失地相信行为人具有代理权。"其中，所谓相对人"善意且无过失"，系指相对人对呈现出来的外表或假象与真实情况不一致，不知道也不应当知道。若此，无权代理人有被授予代理权之外表或假象、相对人对该外表或假象的信赖系善意且无过失，均应由相对人承担证明责任。但是，"从私法各具体制度中善意认定的一般规则来看，无论我国法还是比较法，均采取推定的方式。这一方面是因为从正面证明自己善意是一个'魔鬼证明'；另一方面，实体法中的善意一般是通过其反面来加以规定，这其实已为程序法上善意的证明方式指明了方向，即需要主张非善意者从反面来证明第三人非善意"③。据此，相对人只要证明实际施工人具有代理权之表象，即可推定其当时处于善意状态。承包人为了否定该推定的善意状态，必须提出证据证明相对人在实施法律行为时知道或者应当知道实际施工人欠缺代理权或者超越代理权之范围。④下述【典型案例419】中法院即基于实际施工人具有代理权之表象，推定相对人为善意，在承包人未能举出反证的情况下，认定成立表见代理。

---

① 《民法典》第172条规定："行为人没有代理权、超越代理权或者代理权终止后，仍然实施代理行为，相对人有理由相信行为人有代理权的，代理行为有效。"

② 参见梁慧星主编：《民法总论》，法律出版社2021年版，第251、252页。

③ 石一峰：《私法中善意认定的规则体系》，载《法学研究》2020年第4期。

④ 参见杨心忠等：《建设工程合同纠纷裁判思路》，法律出版社2014年版，第427页。

典型案例 419

## 夏鹏举与中十冶集团有限公司、袁官和建设工程施工合同纠纷案①

### 基本案情

2013 年 8 月 26 日，中十冶成都分公司以（2013）3 号文件任命袁官和为公司副总经理，负责工程部工作。2014 年 2 月 17 日，中十冶成都分公司与袁官和签订《内部承包合同》，将通江县 S302 线县城过境公路建设项目（西段）工程交由袁官和施工。当日，袁官和交纳了履约保证金 3000 万元，中十冶成都分公司以（2014）1 号文件任命袁官和为四川省通江县 S302 线县城过境公路建设项目的指挥长，由其全权负责本项目。2014 年 8 月 13 日，中十冶成都分公司发出（2014）15 号文件载明，因袁官和总承包的通江县 S302 线县城过境公路（西段）至今未动工，现将 S302 线过境公路（三标段）大房沟隧道工程交给袁官和总承包，具体合同条款按西段工程合同执行，保证金退还由袁官和自行想办法。2015 年 3 月 17 日，中十冶集团 S302 线通江县城过境公路工程项目部作为甲方，夏鹏举作为乙方，双方签订《大房沟隧道工程劳务分包初步协议》约定，夏鹏举承接大房沟隧道工程，夏鹏举须交纳 800 万元履约保证金至舒小梅个人账户。协议落款处甲方位置加盖“中十冶集团有限公司 S302 线通江县城过境公路工程项目经理部”印章并有袁官和签名，乙方位置由夏鹏举签名。2015 年 3 月 18 日，夏鹏举分两笔向舒小梅账户转款 800 万元，该款被袁官和实际使用。后因各种原因该工程未开工，夏鹏举以中冶集团有限公司（以下简称中十冶公司）为被告、袁官和为第三人诉至法院，仅要求中十冶公司承担返还保证金的责任。

### 法院观点

最高人民法院在再审中认为，一方面，夏鹏举提供的证据能够证明袁官和具有

① 典型案例 419：夏鹏举与中十冶集团有限公司、袁官和建设工程施工合同纠纷案，最高人民法院（2019）最高法民再 199 号民事判决书。

有权代理中十冶成都分公司与其签订案涉协议的表象。袁官和在与夏鹏举签订案涉协议时向夏鹏举出示的3份材料中，（2013）3号文件证明袁官和是该分公司聘任的副总经理，（2014）1号文件证明该分公司任命袁官和为四川省通江县S302线县城过境公路建设项目的指挥长，全权负责本项目，《内部承包合同》证明袁官和内部承包该工程。另一方面，夏鹏举依据袁官和持有的3份材料，对袁官和以中十冶成都分公司项目部名义与其签订案涉协议并收取保证金800万元的行为，是对“全权负责项目”权限的通常判断，且工程内容也未超出常识性判断，故夏鹏举与袁官和签订案涉协议并支付保证金800万元的行为是在袁官和有授权表象的情况下作出的，夏鹏举属于善意第三方。虽然三份材料上中十冶成都分公司的印章与在公安局备案的印章不一致，但中十冶公司在另案中并未否定其效力，且中十冶公司在本案中虽主张印章是袁官和伪造的，但其没有提供充分的证据加以证明。综上，袁官和以中十冶成都分公司名义与夏鹏举签订《大房沟隧道工程劳务分包初步协议》以及向夏鹏举收取履约保证金800万元的行为构成表见代理，中十冶公司应当承担返还保证金的责任。

## 裁判规则420

**挂靠人以被挂靠人、项目部、项目负责人名义对外实施法律行为，构成有权代理或表见代理的，由被挂靠人单独对外承担责任。**

实际施工人以承包人、项目部、项目负责人名义对外实施法律行为，如构成有权代理，根据《民法典》第162条①的规定，应由承包人单独对外承担责任；如构成表见代理，根据《民法典》第172条②的规定，也应由承包人单独对外承担责任。有争议的是，《民事诉讼法解释》第54条规定：“以挂靠形式从事民事活动，当事人请求由挂靠人和被挂靠人依法承担民事责任的，该挂靠人和被挂靠人为共同诉讼人。”若此，在实际施工人是挂靠人的情况下，其是否应与被挂靠人承担

① 该条规定：“代理人在代理权限内，以被代理人名义实施的民事法律行为，对被代理人发生效力。”

② 该条规定：“行为人没有代理权、超越代理权或者代理权终止后，仍然实施代理行为，相对人有理由相信行为人有代理权的，代理行为有效。”

连带责任？

较多观点认为，若挂靠人的行为被认定为表见代理，应由挂靠人与被挂靠人承担连带责任。[①] 江苏省高级人民法院[②]、河北省高级人民法院[③]、广东省高级人民法院[④]均持这一观点。最高人民法院在“沙磊与大庆龙安建筑安装有限公司、孟令东买卖合同纠纷案”[⑤]、“梁湘雄与广东省第四建筑工程公司等民间借贷纠纷案”[⑥]中，也持这一观点。

《民法典》第172条规定：“行为人没有代理权、超越代理权或者代理权终止后，仍然实施代理行为，相对人有理由相信行为人有代理权的，代理行为有效。”既然代理行为有效，则应由被代理人承担责任。要求挂靠人与被挂靠人承担连带责任，不仅缺乏法律规范依据，且从合同的角度也难以找寻依据。[⑦]《浙江省高级人民法院民二庭关于审理涉建筑施工企业项目部纠纷的疑难问题解答》（2020年12月17日）第1条中段即规定：“构成委托代理、职务行为或表见代理的，相应的法

---

① 参见李玉生主编：《建设工程施工合同案件审理指南》，人民法院出版社2019年版，第81、82页；马莉萍、焦卫：《处理房地产纠纷若干难点的思考》，载《政治与法律》2004年第3期；时旭东、余京平：《挂靠单位应当承担连带责任吗》，载《检察日报》2013年6月14日，第3版；王峥：《论挂靠企业民事责任的承担》，载《辽宁公安司法管理干部学院学报》2002年第3期。

② 《江苏省高级人民法院建设工程施工合同案件审理指南（2010年）》认为，无论是根据“合同相对性”原理，还是从施工企业权利与义务的统一、保证建设工程质量、维护发包人等合法权益或是制裁建设工程领域违法挂靠经营的角度考虑，施工企业应对挂靠的实际承包人在工程项目上的行为负责，实务中目前普遍的做法是施工企业与挂靠的实际承包人对外承担连带责任。

③ 《河北省高级人民法院建设工程施工合同案件审理指南》（冀高法〔2018〕44号）第49条第1款中规定：“挂靠人以被挂靠单位名义签订合同，一般应由被挂靠单位和挂靠人共同承担责任，但材料设备供应商签订合同时明知挂靠的事实，并起诉要求被挂靠人承担合同责任的，人民法院不予支持。”

④ 原《广东省高级人民法院关于审理建设工程合同纠纷案件疑难问题的解答》（粤高法〔2017〕151号）第22条规定：“挂靠人以被挂靠人的名义承接工程后，又将工程进行分包或转包，实际施工人主张挂靠人和被挂靠人承担欠付工程款连带责任的，应区分情形处理：挂靠人以被挂靠人名义对外签订分包或转包合同的，挂靠人和被挂靠人承担连带付款责任；挂靠人以自己名义对外签订分包或转包合同的，挂靠人承担付款责任。”

⑤ 参考案例453：沙磊与大庆龙安建筑安装有限公司、孟令东买卖合同纠纷案，内蒙古自治区高级人民法院（2014）内民一终字第00229号民事判决书、最高人民法院（2015）民申字第1217号民事裁定书。

⑥ 参考案例454：梁湘雄与广东省第四建筑工程公司等民间借贷纠纷案，湖南省高级人民法院（2014）湘高法民一终字第22号民事判决书、最高人民法院（2014）民申字第604号民事裁定书。

⑦ 最高人民法院民事审判第一庭编著：《最高人民法院新建设工程施工合同司法解释（一）理解与适用》，人民法院出版社2021年版，第88页。

律后果应当由建筑施工企业承担。”除下述【典型案例420】外，还可参见“袁秀莲、刘中厂与江苏帝都建设工程有限公司、王学运租赁合同纠纷案”①、“张家口市景泰商贸有限公司与河南兴隆建筑工程公司买卖合同纠纷案”②。

此外，还需注意项目部的责任问题。《民法典》第74条第2款规定：“分支机构以自己的名义从事民事活动，产生的民事责任由法人承担；也可以先以该分支机构管理的财产承担，不足以承担的，由法人承担。”《民事诉讼法解释》第53条规定：“法人非依法设立的分支机构，或者虽依法设立，但没有领取营业执照的分支机构，以设立该分支机构的法人为当事人。”据此，如项目部未经工商登记，则“从性质来说，此类项目部属于企业的有机组成部分，不具备独立的民事主体资格，不能独立对外承担民事责任”③，应以被挂靠人为被告并由被挂靠人单独承担责任；如项目部经工商登记，则相对人可以要求项目部与被挂靠人一并承担责任。但因项目部作为被挂靠人的分支机构，其财产属于被挂靠人财产的组成部分，故最终的责任主体仍系被挂靠人。就此，可参见安徽省高级人民法院④、重庆市高级人民法院⑤的指导意见。当然，被挂靠人承担责任后，有权根据其与挂靠人之间的法律关系向挂靠人追偿。下述【典型案例420】即明确赋予被挂靠人单独向第三人承担责任之后对挂靠人的追偿权。

---

① 典型案例412：袁秀莲、刘中厂与江苏帝都建设工程有限公司、王学运租赁合同纠纷案，山东省高级人民法院（2014）鲁商终字第351号民事判决书、最高人民法院（2015）民申字第1413号民事裁定书。

② 参考案例455：张家口市景泰商贸有限公司与河南兴隆建筑工程公司买卖合同纠纷案，河北省高级人民法院（2014）冀民二终字第102号民事判决书、最高人民法院（2015）民申字第426号民事裁定书。

③ 董建忠：《挂靠纠纷审理中的问题及解决思路》，载《建筑时报》2012年4月19日，第7版。

④ 《安徽省高级人民法院关于审理建设工程施工合同纠纷案件适用法律问题的指导意见》（2009年5月4日）第3条规定：“未经登记成立的工程项目部不是适格的诉讼主体，应以设立该项目部的法人或法人的分支机构为当事人。”

⑤ 《重庆市高级人民法院民二庭关于审理涉及建设工程项目部的买卖合同纠纷案件若干法律适用问题的解答（试行）》（2014年9月9日）第5条第1款规定：“经工商登记的建设工程项目部，属于‘其他组织’，是建筑施工企业的分支机构，应以其所有的财产对外承担民事责任，其财产不足以承担部分，由建筑施工企业承担补充责任。”第2款规定：“未经工商登记的建设工程项目部的行为视为项目经理的行为，因项目经理是建筑施工企业法定代表人的委托代理人，故建设工程项目部在授权范围内或合同相对方有理由相信建设工程项目部有代理权时所从事的民事行为产生的民事责任，应由建筑施工企业承担。”

典型案例 420

## 周文学与沈阳双兴建设集团有限公司、杜军吉买卖合同纠纷案①

### 基本案情

2013 年 4 月 15 日，杜军吉以沈阳双兴建设集团有限公司新闻出版学校第一项目部（甲方）的名义与周文学（乙方）签订《水泥、砖购销合同》约定，周文学向辽宁省新闻出版学校第一项目部工程销售砖和水泥，乙方须按甲方要求将水泥或砖送到甲方施工工地的指定地点。该合同甲方处由杜军吉签字并盖有沈阳双兴建设集团有限公司新闻出版学校第一项目部工程技术专用章，乙方处由周文学签字。合同签订后，周文学陆续将砖和水泥送至杜军吉负责的第一项目部工地，累计货款总额为 1, 046, 336 元，杜军吉已给付货款 13.5 万元，余款 911, 336 元至今未付。后周文学诉至法院，要求沈阳双兴建设集团有限公司（以下简称双兴公司）与杜军吉共同给付货款 911, 336 元及相应利息。经查，双兴公司辽宁省新闻出版学校第一项目部的管理组织机构公示牌上标注项目经理、质量管理组长为杜军吉；案涉工地现场有大量双兴公司的标志；（2021）辽 01 民终 21422 号生效判决认定，杜军吉借用双兴公司名义对案涉项目进行施工建设，双方之间是挂靠关系。

### 法院观点

辽宁省高级人民法院认为，案涉购销合同加盖了“沈阳双兴建设集团有限公司新闻出版学校第一项目部工程技术专用章”，并有杜军吉的签字；案涉项目工地实际存在，且工地现场悬挂了多处有双兴公司标志的公示牌，公示牌上标注杜军吉为项目经理。（2021）辽 01 民终 21422 号生效判决已经认定，杜军吉与双兴公司之间是挂靠关系。综合上述情况，依据《合同法》第 49 条的规定，应由双兴公司承担给付货款的责任。双兴公司在承担因表见代理产生的法律责任后，可以依法向杜

① 典型案例 420：周文学与沈阳双兴建设集团有限公司、杜军吉买卖合同纠纷案，辽宁省沈阳市中级人民法院（2021）辽 01 民终 2983 号民事判决书、辽宁省高级人民法院（2021）辽民申 4593 号民事裁定书。

军吉主张因此而遭受的损失。

## 裁判规则421

**实际施工人以承包人、项目部或项目经理名义对外实施法律行为，相对人向承包人主张权利的，可将实际施工人作为无独立请求权的第三人。**

实际施工人以承包人、项目部或项目经理名义对外实施法律行为后，相对人以承包人为被告主张权利的，实际施工人应否参加诉讼？应以什么身份参加诉讼？

站在理论的角度，相对人以承包人为被告主张权利，则法律关系的相对人为承包人，实际施工人并非该法律关系的当事人，无须参加该诉讼。但《民事诉讼法》第59条第2款规定："对当事人双方的诉讼标的，第三人虽然没有独立请求权，但案件处理结果同他有法律上的利害关系的，可以申请参加诉讼，或者由人民法院通知他参加诉讼。人民法院判决承担民事责任的第三人，有当事人的诉讼权利义务。"由于承包人对外承担责任之后，要么向实际施工人进行追偿，要么在与实际施工人结算时对相应款项予以抵扣，所以应当认为裁判结果与实际施工人有法律上的利害关系，故实际施工人满足无独立请求权第三人的条件，可将实际施工人作为无独立请求权的第三人。① 就此，除下述【典型案例421】外，还可参见"夏鹏举与中十冶集团有限公司、袁官和建设工程施工合同纠纷案"②。

① 《重庆市高级人民法院民二庭关于以建筑施工企业或项目部名义对外签订商事合同的民事主体应否被追加为第三人的解答（试行）》认为："自然人、法人或其他组织以建筑施工企业或其项目部名义对外签订买卖、借贷、租赁等商事合同，建筑施工企业或其项目部与合同相对方发生民事诉讼，有下列情形之一的，人民法院应当依照《民事诉讼法》第56条第2款的规定通知该自然人、法人或其他组织作为无独立请求权的第三人参加诉讼：1. 该自然人、法人或其他组织申请作为无独立请求权第三人参加诉讼的；2. 作为原告的合同相对方请求通知该自然人、法人或其他组织作为无独立请求权第三人的；3. 作为被告的建筑施工企业或其项目部以该自然人、法人或其他组织应当承担合同权利义务为抗辩理由，请求追加该自然人、法人或其他组织为共同被告或无独立请求权的第三人的；4. 该自然人、法人或其他组织实际负责合同的签订、履行，掌握相关事实及证据，其不参加诉讼案件事实无法查清，而双方当事人均未申请其作为本案证人的；5. 本案的裁判结果对解决建筑施工企业或其项目部与该自然人、法人或其他组织之间的相关纠纷具有法律上的利害关系的。"

② 典型案例419：夏鹏举与中十冶集团有限公司、袁官和建设工程施工合同纠纷案，最高人民法院（2019）最高法民再199号民事判决书。

**典型案例 421**

## 周成龙与江苏盛谐建设集团有限公司、大庆油田房地产开发有限公司、逯淑梅建设工程施工合同纠纷案[①]

### 基本案情

2011 年 5 月 1 日，大庆油田房地产开发有限公司（以下简称房开公司）作为发包人、江苏盛谐建设集团有限公司（以下简称盛谐公司）作为承包人，就城市乡村区块开发项目创业城工程 14 标段签订了《建设工程施工合同》。2012 年 4 月 9 日，依据盛谐公司的《授权委托书》，逯淑梅以盛谐公司项目负责人名义，将 14 标段的部分外装工程分包给周成龙挂靠的东泰华美大连分公司。2013 年 1 月 3 日，东泰华美大连分公司、周成龙、逯淑梅约定，将分包合同的分包人变更为周成龙。工程完工后，周成龙以房开公司与盛谐公司为被告、逯淑梅为第三人诉至法院，要求房开公司、盛谐公司支付工程款及延期利息。根据案涉合同约定单价及《工程量确认单》确认的工程量计算，工程款数额为 4, 915, 129. 90 元，周成龙已实际收取工程款 2, 256, 820 元，欠付金额为 2, 658, 309. 90 元。逯淑梅辩称，其组织创业城 14 标段现场施工，系案涉工程的实际施工人，[②] 而非盛谐公司的项目负责人，不应将其列为无独立请求权的第三人。

### 法院观点

黑龙江省高级人民法院认为，周成龙没有承揽及建设案涉工程的资质，其借用东泰华美大连分公司名义签订的案涉建设工程合同无效，但周成龙施工的案涉工程已整体竣工验收合格，周成龙作为实际施工人有权参照合同约定请求支付工程款。

---

① 典型案例 421：周成龙与江苏盛谐建设集团有限公司、大庆油田房地产开发有限公司、逯淑梅建设工程施工合同纠纷案，黑龙江省高级人民法院（2017）黑民终 209 号民事判决书。

② “逯淑梅与江苏盛谐建设集团有限公司、大庆油田房地产开发有限责任公司建设工程施工合同纠纷案”［最高人民法院（2020）最高法民终 1008 号民事判决书］认定，逯淑梅确系案涉工程的实际施工人。

周成龙依据盛谐公司与东泰华美大连分公司签订的《建设工程施工劳务分包合同》建设案涉工程，作为发包人的盛谐公司应向周成龙支付工程款。关于周成龙应否向逯淑梅主张工程款的问题，根据盛谐公司为逯淑梅出具的授权委托书，盛谐公司授权逯淑梅处理大庆油田创业城14标段的一切工程，逯淑梅有权代理工程中的一切事务，在对外关系上，逯淑梅系盛谐公司的项目负责人。据此判决，盛谐公司向周成龙支付工程款2,658,309.90元，并支付利息169,447.79元。

## 裁判规则422

**挂靠人以被挂靠人、项目部、项目负责人名义对外实施法律行为，既不构成有权代理也不构成表见代理的，被挂靠人无须承担责任。**

有观点认为，挂靠人以被挂靠人、项目部、项目负责人名义对外实施法律行为，虽不构成有权代理与表见代理，但被挂靠人基于出借资质的违法行为，也应承担相应责任。如广东省高级人民法院认为，挂靠人以自己名义向第三人购买设备、原材料或将工程转包、分包给第三人的，由此产生的债务应由挂靠人自行承担；如果挂靠人以被挂靠人名义从事上述行为，或对挂靠人以谁的名义从事上述行为无法作出明确判断的，被挂靠人应承担补充清偿责任。① 北京市高级人民法院的观点与此类似。②

《民法典》第171条第1款规定："行为人没有代理权、超越代理权或者代理权终止后，仍然实施代理行为，未经被代理人追认的，对被代理人不发生效力。"据此，挂靠人的行为对被挂靠人不发生效力，应当由挂靠人自行承担责任。第171条第4款规定："相对人知道或者应当知道行为人无权代理的，相对人和行为人按照各自的过错承担责任。"据此，如相对人知道或应当知道挂靠人无代理权，则应由相对人与挂靠人按彼此过错分担责任。

---

① 《广东省高级人民法院关于2009年度广东省法院民事审判工作若干具体问题分析的报告》，载最高人民法院民事审判第一庭编：《民事审判指导与参考》总第41集，法律出版社2010年版。

② 《北京市高级人民法院审理民商事案件若干问题的解答之五（试行）》（京高法发〔2007〕168号）第47条中规定："合同相对人同时起诉挂靠者和被挂靠者的，如果合同相对人对于挂靠事实不明知，由挂靠者与被挂靠者承担连带民事责任；如果合同相对人对于挂靠事实明知，首先由挂靠者承担责任，被挂靠者承担补充的民事责任。"

挂靠的核心是借权，是挂靠人借用被挂靠人的建筑业企业资质从事施工活动，其目的是规避政府部门的资质监管。虽然挂靠双方借权行为违法，但是违法的是借权经营本身，而材料采购合同、设备租赁合同、借款合同等并非建立在被挂靠人资质的基础之上。虽然这些交易行为与实施工程建设有事实上的牵连，但这毕竟是独立的法律行为；且实施这些交易行为与被挂靠人的资质无关，也就是不以挂靠为基础。因此，挂靠人以被挂靠人名义对外实施法律行为，既不构成有权代理也不构成表见代理的，被挂靠人无须承担责任。《福建省高级人民法院关于审理建设工程施工合同纠纷案件疑难问题的解答》（2007 年 11 月 22 日）第 3 条后段规定，“挂靠人以被挂靠单位的名义将工程转包或者与材料设备供应商签订购销合同的，一般应由被挂靠单位承担合同责任，但实际施工人或者材料设备供应商签订合同时明知挂靠的事实，并起诉要求挂靠人承担合同责任的，由挂靠人承担责任”。也就是说，成立表见代理的，由被挂靠人承担责任；不成立表见代理的，由挂靠人承担责任。①

**典型案例 422**

## 张玉航与中太建设集团股份有限公司、张玉民间借贷纠纷案②

### 基本案情

张玉以中太建设集团股份有限公司（以下简称中太公司）名义承接香河香格今典小区工程后，自行组建香河香格今典项目部，借用中太公司名义施工。2011 年 4 月 8 日，张玉航和张玉签订《借款合同》约定，出借人为张玉航，借款人为中太公司香河香格今典项目部；借款用途为支付工地施工队工程款；借款金额 340 万元。张玉在借款人处签字，并加盖了中太公司香格今典项目部印章。其后，张玉航将借款直接存入或转账存入了张玉的会计田美娟、张春莲的银行卡。后因借款人未

① 参见潘定春、罗慰沁、孙贤程：《“挂靠”“内部承包”界定及其责任承担——各地法院审理建设工程施工合同纠纷案件指导意见浅析（一）》，载《建筑时报》2012 年 6 月 14 日，第 4 版。

② 典型案例 422：张玉航与中太建设集团股份有限公司、张玉民间借贷纠纷案，山东省高级人民法院（2015）鲁民一终字第 13 号民事判决书、最高人民法院（2015）民申字第 1895 号民事裁定书。

能按时还款，张玉航以张玉的行为构成表见代理为由诉至法院，要求中太公司承担还款责任。

## 法院观点

二审法院（山东省高级人民法院）认为，张玉系独立承包香河香格今典小区项目，自负盈亏，独立核算，只是借用中太公司名义施工，属于实际施工人。本案所涉借款是张玉作为实际施工人的个人借款，无论是用于工程，还是用于个人消费等支出，都应认定为张玉的个人借款。张玉虽以中太公司香河香格今典项目部的名义借款，但并没有提交证据证明其行为得到了中太公司的授权；张玉航和张玉系表兄弟关系，应当知道张玉并非中太公司的员工，故不构成表见代理中的善意相对人。据此，张玉应当自行承担偿还借款的责任。最高人民法院在再审审查中也认为，张玉航未能证明其善意且无过失地相信张玉具有代理权、能够代表中太公司借款，故不符合表见代理的构成要件，中太公司无须承担还款责任。

# 11. 建设工程挂靠施工的裁判规则

为保证建设工程质量，我国法律对建设领域实行严格的准入制度，只有具备相应资质的建筑施工企业才能从事建设施工。在此背景下，一些不具备相应建筑资质的企业或个人，因觊觎建筑行业的利润，遂借用具有相应资质的企业的名义承揽工程，即构成通常所谓的“挂靠”。在挂靠关系中，出借建筑资质的建筑施工企业是被挂靠人，具有与建设项目相适应的资质等级；借用建筑资质的实际施工人是挂靠人，通常不具有从事建设施工活动的资质或资质等级低于建设项目的要求；挂靠的目的在于借用被挂靠人的资质。正因如此，虽然《建设工程施工合同解释（一）》第1条、第7条没有使用“挂靠”一词，而表述为“借用”“资质”，但二者实际上系同一概念。在挂靠施工的情况下，存在发包人、挂靠人、被挂靠人三方主体；在发包人与被挂靠人之间，存在名义上的施工合同关系；在发包人与挂靠人之间，存在事实上的施工合同履行关系；在挂靠人与被挂靠人之间，存在挂靠合同关系。

## 11.1 挂靠的判定规则

“挂靠是一种严重的违法行为。”①《建筑法》第66条规定：“建筑施工企业转让、出借资质证书或者以其他方式允许他人以本企业的名义承揽工程的，责令改正，没收违法所得，并处罚款，可以责令停业整顿，降低资质等级；情节严重的，吊销资质证书。对因该项承揽工程不符合规定的质量标准造成的损失，建筑施工企业与使用本企业名义的单位或者个人承担连带赔偿责任。”因此，挂靠人与被

① 朱树英、何郁宁：《认定查处挂靠亟待关注六大法律问题》，载《建筑时报》2015年5月7日，第1版。

挂靠人会采取各种方法，掩盖二者之间的挂靠关系，如“挂靠协议往往使用规避法律禁止性规定的名称和用语，将挂靠协议表述为项目承包协议、项目管理责任书、内部承包协议”①，从文字表述上将挂靠行为隐藏起来。在施工过程中，挂靠人通常以被挂靠人的名义对外。而且，由于挂靠人与被挂靠人在挂靠期间具有共利关系，只有挂靠行为危及了各自的根本利益时（如工程面临巨大亏损时，挂靠人与被挂靠人会互相推脱责任），当事人才会将挂靠关系公之于众。而当工程并未出现明显问题时，双方不仅不会披露挂靠行为的存在，反而会竭尽所能将挂靠掩盖在合法的外衣下（因为挂靠行为一旦被认定，双方都将面临行政处罚）。这些因素增加了认定挂靠关系的难度。

## 裁判规则423

**所谓挂靠，是指挂靠人以被挂靠人的名义承揽工程，并在工程建设中由挂靠人独立经营、自负盈亏。**

《建设工程施工合同解释（一）》第1条对挂靠的表述是“没有资质的实际施工人借用有资质的建筑施工企业名义”。《建筑工程施工发包与承包违法行为认定查处管理办法》（建市规〔2019〕1号）② 第9条对挂靠的内涵进行了界定，其第1款规定：“本办法所称挂靠，是指单位或个人以其他有资质的施工单位的名义承揽工程的行为。”第2款规定：“前款所称承揽工程，包括参与投标、订立合同、办理有关施工手续、从事施工等活动。”第10条对挂靠的常见情形进行了列举：“存在下列情形之一的，属于挂靠：（一）没有资质的单位或个人借用其他施工单位的资质承揽工程的；（二）有资质的施工单位相互借用资质承揽工程的，包括资质等级低的借用资质等级高的，资质等级高的借用资质等级低的，相同资质等级相互借用的；（三）本办法第八条第一款第（三）至（九）项规定的情形，有证据证明属于挂靠的。”第8条第1款则规定：“存在下列情形之一的，应当认定为转包，但有

① 周凯：《表见代理制度的司法适用》，载《人民司法》2011年第7期。

② 在此之前，原建设部于1999年3月4日发布了《1999年整顿和规范建设市场的意见》，该意见的附件《关于若干违法违规行为的判定》第4条对挂靠行为进行了界定。虽该意见至今并未失效，但其颁布时间较早，已经与当前形势不符，处于事实上被弃置的状态。

证据证明属于挂靠或者其他违法行为的除外……（三）施工总承包单位或专业承包单位未派驻项目负责人、技术负责人、质量管理负责人、安全管理负责人等主要管理人员，或派驻的项目负责人、技术负责人、质量管理负责人、安全管理负责人中一人及以上与施工单位没有订立劳动合同且没有建立劳动工资和社会养老保险关系，或派驻的项目负责人未对该工程的施工活动进行组织管理，又不能进行合理解释并提供相应证明的；（四）合同约定由承包单位负责采购的主要建筑材料、构配件及工程设备或租赁的施工机械设备，由其他单位或个人采购、租赁，或施工单位不能提供有关采购、租赁合同及发票等证明，又不能进行合理解释并提供相应证明的；（五）专业作业承包人承包的范围是承包单位承包的全部工程，专业作业承包人计取的是除上缴给承包单位'管理费'之外的全部工程价款的；（六）承包单位通过采取合作、联营、个人承包等形式或名义，直接或变相将其承包的全部工程转给其他单位或个人施工的；（七）专业工程的发包单位不是该工程的施工总承包或专业承包单位的，但建设单位依约作为发包单位的除外；（八）专业作业的发包单位不是该工程承包单位的；（九）施工合同主体之间没有工程款收付关系，或者承包单位收到款项后又将款项转拨给其他单位和个人，又不能进行合理解释并提供材料证明的。"实践中，安徽省高级人民法院①、北京市高级人民法院②、江苏省高级

---

① 《安徽省高级人民法院关于审理建设工程施工合同纠纷案件适用法律问题的指导意见》（2009年5月4日）第4条规定："同时符合下列情形的，应认定为挂靠经营，所签订的建设工程施工合同无效：（1）实际施工人未取得建筑施工企业资质或者超越资质等级；（2）实际施工人以建筑施工企业的分支机构、施工队或者项目部等形式对外开展经营活动，但与建筑施工企业之间没有产权联系，没有统一的财务管理，没有规范的人事任免、调动或聘用手续；（3）实际施工人自筹资金，自行组织施工，建筑施工企业只收取管理费，不参与工程施工、管理，不承担技术、质量和经济责任。"

② 《北京市高级人民法院关于审理建设工程施工合同纠纷案件若干疑难问题的解答》（京高法发〔2012〕245号）第2条规定："具有下列情形之一的，应当认定为《解释》规定的'挂靠'行为：（1）不具有从事建筑活动主体资格的个人、合伙组织或企业以具备从事建筑活动资格的建筑施工企业的名义承揽工程；（2）资质等级低的建筑施工企业以资质等级高的建筑施工企业的名义承揽工程；（3）不具有施工总承包资质的建筑施工企业以具有施工总承包资质的建筑施工企业的名义承揽工程；（4）有资质的建筑施工企业通过名义上的联营、合作、内部承包等其他方式变相允许他人以本企业的名义承揽工程。"

人民法院①、四川省高级人民法院②、福建省高级人民法院③也相继出台了各自的认定挂靠的指导意见。

审视《建筑工程施工发包与承包违法行为认定查处管理办法》规定的情形，除第10条第1项、第2项规定的两种情形明显属于挂靠以外，第10条第3项（也即第8条第1款第3项至第9项）规定的情形只是在外观上与正常、合法的施工承包关系不一致，以致“很可能存在挂靠行为”，但并不足以确定挂靠关系的存在，故在判定时，应当允许当事人对违法行为的表象进行合理解释并提供证明材料④，并根据挂靠的判断标准，进行进一步的实质性审查。

结合《建设工程施工合同解释（一）》第1条、第7条以及《建筑工程施工

① 原《江苏省高级人民法院关于审理建设工程施工合同纠纷案件若干问题的意见》（苏高法审委〔2008〕26号）第5条规定：“承包人之间具有下列情形之一的，可以认定为本意见第四条规定的‘挂靠’：（一）相互间无资产产权联系，即没有以股份等方式划转资产的；（二）无统一的财务管理，各自实行或者变相实行独立核算的；（三）无符合规定要求的人事任免、调动和聘用手续的；（四）法律、行政法规规定的其他情形。”

② 《四川省高级人民法院关于审理建设工程施工合同纠纷案件若干疑难问题的解答》（川高法民一〔2015〕3号）第5条第3款规定：“审判实践中，可以结合下列情形综合认定是否属于借用资质（挂靠）：（一）借用资质（挂靠）人通常以出借资质（被挂靠）人的名义参与招投标、与发包人签订建筑施工合同，借用资质（挂靠）人与出借资质（被挂靠）人之间没有产权联系，没有劳动关系，没有财务管理关系的；（二）借用资质（挂靠）人在施工现场派驻的项目负责人、技术负责人、质量管理负责人、安全管理负责人中一人以上与出借资质（被挂靠）人没有订立劳动合同，或没有建立劳动工资或社会养老保险关系的；（三）借用资质（挂靠）人承揽工程经营方式表现为自筹资金，自行组织施工，自主经营，自负盈亏。出借资质（被挂靠）人只收取管理费（包括为确保管理费收取为目的的出借账户），不参与工程施工、管理，不承担工程技术、质量和经济责任的；（四）出借资质（被挂靠）人与发包人之间没有实质上工程款收付关系，均是以‘委托支付’、‘代付’等其他名义进行工程款支付，或者仅是过账转付关系的；（五）施工合同约定由出借资质（被挂靠）人负责采购主要建筑材料、构配件及工程设备或租赁施工机械设备，实际并非由出借资质（被挂靠）人进行采购、租赁，或者出借资质（被挂靠）人不能提供有关采购、租赁合同及发票等证明，又不能进行合理解释并提供证据证明的；（六）法律、行政法规规定的其他借用资质（挂靠）情形。”

③ 《福建省高级人民法院当前我省涉建工纠纷审判调研　问答·案例·白皮书》（2022年9月）第3条第3款规定：“以下情况一般认定为挂靠：1. 假借内部承包名义，但没有人员聘用合同、没有缴纳社保、没有工资发放记录，办公场所是各自独立的。2. 挂靠协议签订后，挂靠人再以被挂靠人的名义与发包人签订建设工程施工合同的；在没有挂靠协议的情况下，挂靠人以被挂靠人代理人的身份签订合同的。3. 工程款直接流向挂靠人，被挂靠人仅收取管理费，无实质参与工程管理，各自财务独立的。4. 从履行合同看，现场管理人员由挂靠人聘请、发放工资，挂靠人实际出资，以自己的名义或以被挂靠人的名义对外聘用人员、购买机械、材料或租赁设备的。”

④ 参见朱树英、何郁宁：《认定查处挂靠亟待关注六大法律问题》，载《建筑时报》2015年5月7日，第1版。

发包与承包违法行为认定查处管理办法》第9条对挂靠内涵的界定可知，挂靠行为的实质在于借用他人资质。从这一核心要义出发，挂靠关系包括如下三个构成要件。

第一，挂靠人以被挂靠人的名义承揽并从事工程建设。挂靠的目的在于借用被挂靠人的资质，因此，挂靠人只能以被挂靠人的名义对外从事“参与投标、订立合同、办理有关施工手续、从事施工等活动”①。实践中，为达到这一目的，被挂靠人一般会为挂靠人提供业务介绍信、公章、合同专用章、资质证书、营业执照等。挂靠人则通常以被挂靠人的分支机构、项目经理部或某施工队的名义对外开展活动。施工过程中，如果挂靠人以自己名义对外从事法律行为，如采购材料、借款等，则脱离了挂靠的范畴，应认定为挂靠人的个人行为，与挂靠无关。

需要说明的是，由于挂靠人以被挂靠人的名义从事工程建设，因此，签订建设工程施工合同的名义主体是被挂靠人。但是，实际参与合同谈判并确定合同内容的主体是挂靠人。由于挂靠人对工程自负盈亏，所以被挂靠人对合同订立、合同内容并无实质意义上的决定权。正因如此，如果建筑施工企业在与发包人缔结施工合同之后将工程全部或部分转移给不具有相应资质的主体施工，则属于建设工程的转包或分包，不构成挂靠。

第二，挂靠人独立经营。“在正常、合法的施工承包关系中，施工单位在施工现场派驻的项目负责人、技术负责人、质量管理负责人、安全管理负责人应当是施工单位的正式员工，即应当与施工单位订立劳动合同、建立劳动工资及社会养老保险关系（三者应同时满足）。”② 但在挂靠经营的模式下，挂靠人承接施工任务之后，在合同履行过程中自筹资金，自行组织施工队伍，自主经营，自主管理。被挂靠人虽然会收取一定的管理费或取得其他经济利益，但并不参与工程施工，不对施工行为进行实际管理。当然，为了应付检查与监督，被挂靠人有时也会象征性地派几个管理人员。③ 此外，由于被挂靠人是名义上的施工单位，所以被挂靠人可能会为挂靠人代开发票、代建账目、代扣代缴国家税费等，但被挂靠人及其派驻的人员

---

① 《建筑工程施工发包与承包违法行为认定查处管理办法》第9条第2款。

② 朱树英、何郁宁：《认定查处挂靠亟待关注六大法律问题》，载《建筑时报》2015年5月7日，第1版。

③ 参见李芊：《“挂靠”：亟待重视的建筑法律问题》，载《建筑时报》2008年11月6日，第3版。

并不对施工活动进行实质性的监督与管理。

由于挂靠人独立经营，所以从劳动用工关系来看，挂靠人自行选任、管理工人，与工人约定劳动条件，并支付劳动报酬。被挂靠人既不参与劳动者的选任、监督，也不向劳动者支付劳动报酬。“合同约定的施工单位与施工现场的工人之间无合法的建筑劳动用工和社会保险关系。”① 但在有的情况下，被挂靠人为了保证挂靠人按时、足额支付挂靠费，会向挂靠人的施工队伍中派驻人员从事财务工作，该派驻人员与被挂靠人之间则具有直接的劳动关系。

第三，挂靠人自负盈亏。挂靠人独自组织工程施工，对工程进行独立核算，是实体义务的履行者和权利的最终享有者，其独立承担施工活动的法律后果，是盈亏的最终承受者；被挂靠人仅按照约定收取固定金额或固定比例的挂靠费，只是形式上拥有相关权利，并不实际履行合同约定的相关义务。② 虽然被挂靠人为了保障自身利益，如按时、足额收取挂靠费，或避免因挂靠人欠款导致被挂靠人对外承担责任等，通常会在“与发包人签订的施工合同中，明确要求所有工程款必须汇入被挂靠企业银行账户”③，但按照挂靠人与被挂靠人之间的挂靠协议的约定，被挂靠人并不承担该项目的经营风险。因此，在挂靠关系中，挂靠人是一个独立的民事主体，与被挂靠人的法律地位是平等的，不存在隶属关系。

**典型案例 423**

## 深圳市新鹏都装饰工程有限公司与乔治装饰装修合同纠纷案④

### 基本案情

2007年8月10日至2008年10月23日，深圳市新鹏都装饰工程有限公司（以下简称新鹏都公司）先后与中民公司签订中民大酒店室内装饰A2标段合同、A3

① 董国庆、朱光明：《治理挂靠、非法转（分）包的制裁性折价方案初探》，载《人民司法》2007年第21期。

② 参见林达：《建设工程挂靠行为的法律问题研究》，载《福建法学》2011年第4期。

③ 雷彩虹：《建筑企业“挂靠”的法律分析及风险控制》，载《中国律师》2012年第4期。

④ 典型案例423：深圳市新鹏都装饰工程有限公司与乔治装饰装修合同纠纷案，最高人民法院（2020）最高法民再357号民事判决书。

标段合同、补充协议书。2007年8月14日至2008年10月30日，乔治与新鹏都公司分别签订《内部单项工程承包合同》约定，乔治按新鹏都公司与中民公司签订的工程合同条款及审定预算内项目执行装饰工程，其中，A2标段乔治应上缴工程结算总造价的2.4%，A3标段上缴工程结算总造价的2%，补充协议书约定“按原合同收取”利润。完工后，新鹏都公司与中民公司就工程款结算发生纠纷，法院判决新鹏都公司向中民公司承担返还超付的工程款、支付违约金等责任。2017年，大理州中级人民法院划转了新鹏都公司10,948,409.9元的款项。新鹏都公司遂以其与乔治之间实质上是挂靠关系为由提起诉讼，要求乔治赔偿被法院划转的款项。乔治辩称，双方不是挂靠关系，而是转包关系。经查，案涉工程项目的信息来源是乔治找的，谈判是陈尧辉与乔治一起去谈的；新鹏都公司与中民公司之间的三份施工合同均是由乔治签订，并加盖新鹏都公司印章；新鹏都公司与中民公司之间的诉讼，乔治为新鹏都公司特别授权的委托代理人。

## 法院观点

最高人民法院在再审中认为，挂靠是承包人出借资质给实际施工人。挂靠关系中的挂靠人在投标和合同订立阶段一般就已经参与其中，甚至就是挂靠人以被挂靠人的代理人或代表的名义与发包人签订建设工程施工合同，并实际履行施工合同。本案中，一是从A2标段合同、A3标段合同及补充协议的缔约情况来看，案涉工程项目系由乔治磋商洽谈，并最终由乔治代表新鹏都公司与中民公司签订合同。二是从乔治与新鹏都公司签订的三份《内部单项工程承包合同》约定的内容来看，双方约定的合同价款与施工合同约定的合同价款一致，同时约定乔治履行新鹏都公司与中民公司签订的合同项下的义务，自行组织项目部及组织施工班组进行施工，新鹏都公司则负责协调项目部办理施工手续、协调项目部与建设方关系等工作，乔治需按工程结算总造价的一定比例向新鹏都公司缴纳管理费。三是从实际履行行为来看，新鹏都公司未参与工程施工、管理，而是由乔治投入资金、实际施工。在新鹏都公司与中民公司工程款纠纷案中，乔治作为新鹏都公司特别授权的诉讼代理人参与诉讼和工程造价司法鉴定。由此可见，乔治是借用新鹏都公司资质承揽工程，自投资金，自主经营，自负盈亏；新鹏都公司与中民公司之间的装饰施工合同是由乔治借用新鹏都公司的施工资质实际履行，双方之间的法律关系符合挂靠关系的法律特征，应认定为挂靠关系。

**裁判规则424**

**挂靠人与被挂靠人之间无产权关系、挂靠人不是被挂靠人的工作人员、挂靠人须向被挂靠人缴纳挂靠费等，只是挂靠的常见表现形式，并非认定挂靠关系的实质性要件。**

有观点认为，如下三项内容也属于挂靠关系的构成要件：一是挂靠人与被挂靠人之间无产权关系；[①] 二是挂靠人不是被挂靠人的工作人员；三是挂靠人须向被挂靠人缴纳挂靠费。不可否认，多数挂靠具备这几个条件，但这几个条件并非挂靠的实质要件，无论是否具备这几个条件，均不影响挂靠关系的认定。

首先，如果“无产权关系”是指挂靠人与被挂靠人之间没有投资、参股、控股之类的关系，则该观点有违民事主体的独立性。即使挂靠人与被挂靠人之间存在投资、参股、控股关系，只要彼此是独立的民事主体，都不应借用资质。即使甲是乙公司的股东，甲也不能借用乙公司的名义从事建设工程。就此，可参见“湖南省永安建筑股份有限公司与萍乡市兴盛房地产开发有限公司、彭义芳建设工程施工合同纠纷案”[②]。如果“无产权关系”是指挂靠人与被挂靠人之间没有隶属关系，则该观点也无法成立。因为下属一方（通常是内设部门）本就不具备独立民事主体资格，也就不可能与他人建立挂靠关系。

其次，挂靠人是否为被挂靠人的工作人员，均不影响挂靠关系的成立。一方面，在劳动力自由流动的体制下，通过建立劳动合同关系把外部人员吸纳为“本单位人员”并不存在任何体制或操作上的障碍。因此，在实践中，为了达到规避法律的目的，挂靠人往往以被挂靠人的分支机构或委托代理人（如项目经理、工地负责人）等名义出现。[③] 另一方面，即便是建筑企业内部的员工，也可能与建筑

① 参见董国庆、朱光明：《治理挂靠、非法转（分）包的制裁性折价方案初探》，载《人民司法》2007年第21期。

② 典型案例434：湖南省永安建筑股份有限公司与萍乡市兴盛房地产开发有限公司、彭义芳建设工程施工合同纠纷案，江西省高级人民法院（2018）赣民终323号民事判决书。该案中，彭义芳持有永安公司0.024%的股份，但仍被认定为挂靠。

③ 参见林达：《建设工程挂靠行为的法律问题研究》，载《福建法学》2011年第4期。

企业建立挂靠关系。如张三是甲建筑公司的正式员工，但其以甲建筑公司名义承接工程后，独立经营，自负盈亏，甲建筑公司既不参与施工管理，也不承担经营风险；仅凭张三的“内部人”身份就认定这种行为不构成挂靠，是合法的施工行为，显然不具有合理性。就此，可参见下述【典型案例 424】。

最后，挂靠人是否向被挂靠人缴纳管理费、挂靠费，也不影响挂靠关系的认定。① 毋庸讳言，通常情况下，挂靠人须向被挂靠人缴纳一定金额的费用作为借用资质的对价，这部分费用通常以管理费、承包费、挂靠费等形式表现出来。但是，也存在“被挂靠方不向挂靠方收取任何好处，只是出于亲友之间的关系而允许其挂靠”② 的情况。只要有资质的建筑企业只是配合挂靠人承接工程，而不承担任何工程施工管理工作，不承担技术、质量、经济责任，仍然构成挂靠。就此，可参见“张圣军与安徽水利开发股份有限公司等建设工程施工合同纠纷案”③、“哈尔滨建筑安装公司与海林市东方建筑安装有限责任公司第一分公司等建设工程合同纠纷案”④。

据此，只要挂靠人以被挂靠人的名义承揽并实施工程建设、挂靠人独立经营、挂靠人自负盈亏这三个要素同时具备，即可认定存在挂靠关系。至于挂靠人与被挂靠人之间有无产权关系，挂靠人是否为被挂靠人的工作人员，挂靠人是否向被挂靠人缴纳管理费，都不影响挂靠的认定。《福建省高级人民法院当前我省涉建工纠纷审判调研 问答·案例·白皮书》（2022 年 9 月）第 7 条即规定：“实践中，施工企业与挂靠人约定，专门设立施工企业的分公司，交由挂靠人负责经营，并由该挂靠人对外通过某分公司以施工企业的名义承揽工程项目。这种情形与挂靠人直接与施工企业签订挂靠协议，而后在具体的项目中，通过项目部这一载体实施具体的挂靠经营活动无异。只不过采取了设立分公司这一更为隐蔽的形式。同样属于‘没有资质的单位或个人借用其他施工单位的资质承揽工程的’挂靠情形。”

---

① 参见最高人民法院民事审判第一庭编著：《最高人民法院新建设工程施工合同司法解释（一）理解与适用》，人民法院出版社 2021 年版，第 81 页。

② 王峥：《论挂靠企业民事责任的承担》，载《辽宁公安司法管理干部学院学报》2002 年第 3 期。

③ 参考案例 456：张圣军与安徽水利开发股份有限公司等建设工程施工合同纠纷案，安徽省高级人民法院（2019）皖民终 692 号民事判决书、最高人民法院（2019）最高法民申 6491 号民事裁定书。

④ 参考案例 457：哈尔滨建筑安装公司与海林市东方建筑安装有限责任公司第一分公司等建设工程合同纠纷案，黑龙江省高级人民法院（2020）黑民再 55 号民事裁定书。

**典型案例 424**

# 南京金陵建筑装饰有限责任公司与江苏金沃大酒店有限公司、倪占装饰装修合同纠纷案①

## 基本案情

2010年10月27日，倪占向南京金陵建筑装饰有限责任公司（以下简称金陵公司）出具《工程项目联营承诺书》，称金陵公司承接的金沃大酒店装饰工程由金陵公司下属内部项目部具体负责组织施工及管理，倪占作为该内部项目部负责人，同时也作为内部承包负责人，承诺严格执行金陵公司管理制度，保质、保量、按期竣工，因上述工程出现的对外债务由倪占负责清理和偿还。2010年10月28日，江苏金沃大酒店有限公司（以下简称金沃公司）与金陵公司签订《施工合同》约定，金陵公司承接江苏金沃大酒店装饰工程。倪占作为金陵公司授权代表人在合同上签字，并加盖金陵公司公章。合同签订后，倪占以金陵公司名义支付了履约保证金30万元。2010年11月18日，案涉工程下达开工令，倪占在承包方处签名。2011年3月5日，金陵公司和金沃公司签订《补充协议》，对工期进行了延长。倪占、李光明在《补充协议》中作为乙方签字，并加盖金陵公司公章。案涉工程完成后，未办理竣工验收手续，但已实际投入使用。后金陵公司诉至法院，要求金沃公司支付工程款及相应利息。诉讼中，双方就倪占的身份问题发生争议。金沃公司主张，倪占系挂靠金陵公司的实际施工人；金陵公司与倪占则认为，倪占是案涉工程项目部工作人员，《工程项目联营承诺书》未约定管理费、利润分配等条款，二者之间是内部承包关系，而非挂靠关系。经查，（2012）盱民初字第1133号、（2012）盱管民初字第0119号等生效判决确认，倪占为金陵公司项目部负责人，在案涉项目施工中的行为属于职务行为。

① 典型案例424：南京金陵建筑装饰有限责任公司与江苏金沃大酒店有限公司、倪占装饰装修合同纠纷案，江苏省高级人民法院（2016）苏民终1337号民事判决书、最高人民法院（2018）最高法民申1263号民事裁定书。

## 法院观点

江苏省高级人民法院（二审法院）认为，在金陵公司与金沃公司签订的《施工合同》及《补充协议》上，倪占均以金陵公司代表人的身份签字并加盖金陵公司的公章；开工令上倪占以承包人的身份签字；倪占个人实际支付了工程履约保证金；《工程项目联营承诺书》载明倪占为案涉工程内部项目部负责人，其同时也作为内部承包负责人，承诺因案涉工程出现的对外债务由其负责清理和偿还；倪占参与案涉工程施工并签收工程款。上述证据相互佐证，可以证明倪占挂靠金陵公司实施案涉工程。《施工合同》及《补充协议》因系倪占挂靠金陵公司签订，所以均应认定为无效。最高人民法院在再审审查中也认为，在责任分配方面，《工程项目联营承诺书》载明，倪占系案涉工程项目部负责人、内部承包负责人，保证保质、保量、按期竣工，其承诺因案涉工程造成的对外债务由其负责清理和偿还。该承诺书中虽载明倪占为案涉项目的内部承包负责人，但关于案涉项目的对外债务由其偿还的内容符合挂靠协议的一般特征。在财务管理方面，案涉工程的履约保证金系由倪占支付给金沃公司，金沃公司退还履约保证金时也是退还给倪占。结合以金陵公司为被告的案涉工程赊欠材料款案件的相关生效判决中的内容，可以认定案涉工程施工过程中，相关材料款、人工工资等由倪占自行管理筹措。综合考虑本案实际情况，认定倪占为案涉工程实际施工人，其与金陵公司之间系挂靠关系，并无不妥。

### 裁判规则425

**挂靠关系的实质在于“借权”，即挂靠人借用被挂靠人在建设领域基于建筑业企业资质所享有的特许经营权。**

关于挂靠行为的法律性质，主要有四种观点。一是“委托说”。该说认为，挂靠人通常以被挂靠人的分支机构或者项目部的身份出现，[①] 持有被挂靠人的授权委托书，以被挂靠人的名义从事经营，符合代理的特征，因此，被挂靠人与挂靠人之

① 参见张晓丹：《建筑企业挂靠的法律风险及防范措施》，载《法制与社会》2010年第24期。

间是委托与受托的关系，[①] 准用委托合同的规则。[②] 但是，如果是委托关系，则受托人完成的委托事务最终应由委托人承受法律后果；而根据挂靠协议的约定，挂靠经营的法律后果最终由挂靠人负担。此其一。其二，在有偿委托的情况下，由于委托事务的利益由委托人享有，故受托人有权请求委托人支付报酬或垫付的费用；而挂靠经营与此相反，挂靠施工所获利益由挂靠人享有，故挂靠人需向被挂靠人支付一定的费用（通常约定为管理费）。其三，在委托的事务中，委托人是实际的权利义务主体，受托人是为委托人处理事务；而在挂靠关系中，被挂靠人只是名义上的权利义务主体，挂靠人实际上是为自己处理事务。其四，委托合同以委托事务为标的，合同内容围绕委托事务展开，即受托人代委托人为特定行为；挂靠协议以被挂靠人的资质为标的，合同内容围绕借用资质展开，即挂靠人在某一项目中或特定期限内，借用被挂靠人的名义承揽工程。据此，被挂靠人与挂靠人之间并不构成委托关系。

二是“承包说”。该说认为，在挂靠经营的模式下，被挂靠人不介入挂靠人与发包人之间的关系，而由挂靠人自主经营、自负盈亏，符合企业承包经营的特征。因此，被挂靠人与挂靠人之间是发包与承包的关系，被挂靠人是发包人，挂靠人是承包人、分包人或新的承包人。[③] 有人据此将挂靠区分为“承包经营挂靠”与“借用挂靠”。[④]“承包说”在以下两个方面无法自圆其说：一方面，在承包经营的情况下，发包人应将企业经营权转移给承包人，由承包人进行经营；而在挂靠经营的情况下，挂靠人经营的是自己的企业或自己组织的施工队，被挂靠人的企业经营权依然由被挂靠人行使。另一方面，承包合同的标的是企业的经营权，包括对企业资质的合理利用、对企业财产的支配等，而挂靠合同的标的仅限于被挂靠人的施工资质，并不涉及被挂靠人的企业资产。

三是“托管说”。该说认为，挂靠人依据挂靠协议，在约定的条件下和约定的

---

① 参见薛彦林、燕华然：《建筑行业挂靠纠纷审理中的问题及解决思路》，载《建筑时报》2011年12月8日，第5版。

② 参见唐倩：《挂靠施工合同的效力分析》，载《法律适用》2019年第5期。

③ 参见董建忠：《挂靠纠纷审理中的问题及解决思路》，载《建筑时报》2012年4月19日，第7版。

④ 参见王蕴：《论挂靠经营中的若干法律问题》，载《学海》2002年第6期。

期限内，将自己委托于有管理能力的企业，并定期交纳管理费，符合托管的特征。[①]“企业托管，亦称企业委托经营或企业委托运营，是指企业所有者通过合同将所属企业移交给他人并委托其经营管理，由此所生收益归属自己或保留于该企业的企业经营方式。企业托管是一种企业经营方式，在我国，它是20世纪90年代中期才开始被作为对国有企业经营机制的一项新的改革措施而运用的。”[②] 原国家经贸委《关于放开搞活国有小型企业的意见》（国经贸企〔1996〕491号）第4条第8项即规定，“可将管理混乱、经营不善的小企业委托给实力较强的优势企业经营管理”。企业托管的基本内涵是“受人之托，代人理财”，实质是企业的所有权与经营权分离。[③] 因此，在企业托管的情况下，托管人对被托管人的财产享有管理权。但在挂靠经营的情况下，挂靠人与被挂靠人的财产相互独立，挂靠人独立经营，并不对被挂靠人的财产实施管理，也不介入被挂靠人自身的经营活动，故挂靠有别于托管。

四是“借权说”。该说认为，挂靠的核心是“资质等级借权经营”[④]。也就是说，站在挂靠人的角度，其与被挂靠人之间是一种借权关系，站在被挂靠人的角度，其与挂靠人之间是一种授权关系。[⑤] 就实质而言，挂靠就是借用他人的名义营业。对这类情形，日本民法学界称之为“名义贷与”，我国台湾地区则称之为“名义借贷”，俗称“靠行”或“寄行”。挂靠人之所以愿意支付管理费给被挂靠人，其目的在于获得被挂靠人在建筑领域享有的特许经营权。由于我国对建筑领域实行准入制度，只有具备相应资金和技术条件并经严格审核的企业才能获得资质证书，并从事与自身资质相适应的建筑施工活动。因此，获得建筑施工资质，即意味着获得在建筑领域内的特许经营权。挂靠人本身不具有相应资金和技术条件，无权从事有资质要求的建筑施工工作，其通过挂靠协议借用被挂靠人的名义，即在于获取被挂靠人在建筑领域的特许经营权，从而得以进入建筑市场。从挂靠人与被挂靠人之间的权利义务关系来看，也仅仅涉及特许经营权的借用，被挂靠人的义务是通

---

① 参见董建中、高玲：《建筑行业挂靠纠纷审理中存在的问题及解决对策》，载《法律适用》2007年第6期。

② 张淳：《试论对企业托管的法律调整》，载《中国法学》1999年第6期。

③ 参见左艳：《企业托管相关法律问题研究》，湖南大学2006年硕士学位论文，第2、15页。

④ 杨心忠、柳适思、赵蕾等：《建设工程合同纠纷裁判思路》，法律出版社2014年版，第26页。

⑤ 参见靳小宇：《建设工程挂靠施工合法化问题的法律探讨》，载《中国招标》2013年第25期。

过出具授权委托书、出借营业执照或其他证明文书的方式，使挂靠人可以行使本应由被挂靠人专属的特许经营权，挂靠人的义务则是针对借权行为支付相应对价——管理费。

据此，挂靠关系应当定性为特许经营权的借用。除下述【典型案例425】外，还可参见“李昌勇与贵州一水建设工程有限公司等建设工程施工合同纠纷案”①。

**典型案例425**

## 李伟与重庆市公路工程（集团）股份有限公司、辜文刚建设工程合同纠纷案②

### 基本案情

2013年7月10日，重庆市公路工程（集团）股份有限公司（以下简称公路公司）与辜文刚签订《工程合作协议》约定，就兴文县纳黔高速公路连接线一期工程，公路公司授权辜文刚利用公路公司的施工资质参与招投标活动，承接工程业务；辜文刚按照工程结算价的1.5%向公路公司缴纳管理费；公路公司提供项目部成立文件，开设银行账号，双方共同组建项目部。兴文县纳黔高速公路连接线一期工程建设过程中，辜文刚将K3+900—K7+558.167路基土石方工程交给李伟施工。2018年2月10日，李伟与连接线一期工程项目经理部达成《K3+900—K7+558.167路基土石方工程结算书》，确认项目部尚欠李伟工程款17,773,116.43元。后李伟诉至法院，要求公路公司及辜文刚支付工程款17,773,116.43元及相应利息。

### 法院观点

法院认为，挂靠经营是没有相应建筑资质或建筑资质较低的企业、其他经济组织、个体工商户、个人合伙、自然人以盈利为目的以其他有相应资质或建筑资质等

① 参考案例458：李昌勇与贵州一水建设工程有限公司等建设工程施工合同纠纷案，贵州省贵阳市中级人民法院（2021）黔01民终11471号民事判决书。

② 典型案例425：李伟与重庆市公路工程（集团）股份有限公司、辜文刚建设工程合同纠纷案，四川省高级人民法院（2019）川民终352号民事判决书。

级较高的建筑施工企业名义承揽施工工程的行为。根据《建筑法》第26条、《2004年建工解释》第4条以及《合同法》第52条的规定，挂靠经营行为违反了建筑行业特许经营的规定，挂靠者借权经营，属于违反法律强制性规定的行为，故挂靠协议无效。公路公司与辜文刚签订的《工程合作协议》约定，公路公司授权辜文刚利用公路公司的施工资质参与招投标活动，承接工程业务；辜文刚按照工程结算价的1.5%向公路公司缴纳管理费；公路公司与辜文刚共同组建兴文县纳黔高速公路连接线一期工程项目部，并提供银行账号。该协议实质为辜文刚挂靠公路公司进行工程施工，应为无效。

## 裁判规则426

**挂靠与转包的区别在于承揽建设工程的主体不同。在挂靠模式下，挂靠人以被挂靠人的名义从发包人处承揽工程；在转包模式下，转包人从发包人处承揽工程后，再将工程转包给转承包人。**

实践中，挂靠与转包在表现形式上较为近似。首先，从签约主体看，与发包人签订建设工程施工合同的主体都是被挂靠单位或转包人，而非挂靠人或转承包人。其次，从合同履行过程中的名义主体来看，虽然实际履行施工义务的主体是挂靠人或者转承包人，但因转包与挂靠均系现行法所禁止的违法行为，为规避建设行政主管部门的查处，挂靠人往往以被挂靠人的名义从事施工活动，转承包人也常常以转包人的名义进行施工；① 即二者的名义主体都是与发包人签订建设工程施工合同的主体，但实际履行合同义务的主体却是挂靠人、转承包人。最后，从权利义务关系来看，转包人与被挂靠人都只收取固定费用，不负责施工管理，不承担经营风险，转承包人与挂靠人则自筹资金，自主经营，自负盈亏。② 由此导致挂靠和转包在很多情况下难以区分。③

---

① 参见朱树英、何郁宁：《认定查处挂靠亟待关注六大法律问题》，载《建筑时报》2015年5月7日，第1版。

② 参见王建东、杨国锋：《挂靠人工程款债权起诉的路径建议》，载微信公众号“浙江东鹰律师事务所”2020年9月23日，https：//mp. weixin. qq. com/s/MbQX9lU96wVYuLZD29sMzw。

③ 参见李芊：《“挂靠”：亟待重视的建筑法律问题》，载《建筑时报》2008年11月6日，第3版。

基于二者高度近似，有观点据此主张，“挂靠施工行为与转包行为无法有效区分，甚至可以说二者在本质上并无区别”①。但事实上，挂靠与转包既可以区分，也应做区分。区分挂靠与转包的意义在于，被挂靠人让渡的是施工资质，转包人让渡的是施工机会，故二者在法律后果上存在明显区别：一是相关合同的效力不同。如果是挂靠，根据《建设工程施工合同解释（一）》第1条第1款第2项的规定，被挂靠人与发包人签订的建设工程施工合同应属无效；如果承包人在承接工程后予以转包，由于转包行为发生在施工合同签订之后，属于履行施工合同过程中的违约行为，故虽然转包合同无效，但不影响施工合同的效力。② 二是建设工程施工合同的相对人不同。根据合同相对性，在挂靠施工的情况下，应认定实际承包人是挂靠人，而非合同载明的被挂靠人，且挂靠人对发包人享有直接的合同请求权。就此问题，下文将做详细讨论，此处不赘述。在转包的情况下，其法律结构为“发包人→承包人（转包人）→转承包人”，转承包人与发包人之间并无合同关系，转承包人对发包人也就不享有直接的合同请求权。三是结算规则不同。在挂靠施工的情况下，虽然建设工程施工合同无效，但根据《民法典》第793条第1款的规定，仍应参照合同约定折价补偿；在转包的情况下，在承包人（转包人）与发包人之间、承包人（转包人）与转承包人之间，应当分别独立结算。

挂靠与转包的实质区别在于，“承揽”建设工程的主体不同。所谓“承揽”，《建筑工程施工发包与承包违法行为认定查处管理办法》（建市规〔2019〕1号）第9条第2款规定：“前款所称承揽工程，包括参与投标、订立合同、办理有关施工手续、从事施工等活动。”但笔者认为，该款对“承揽”的界定过于宽泛，应当把“承揽”限定为与发包人协商确定建设工程施工合同项下的权利义务。如《河南省高级人民法院建设工程案件审判工作座谈会综述》（2022年9月14日）“议题二：工程转包、违法分包、借用资质中的相关问题”第2款所言：“对两者的区分主要是看实际施工人有没有参与前期的磋商、投标和合同订立。”详言之，转包是指承包人与发包人签订建设工程施工合同之后，将承接的工程转包给其他单位或个人。因此，在转包的情况下，与发包人实际进行合同谈判的主体和签约

① 参见唐倩：《挂靠施工合同的效力分析》，载《法律适用》2019年第5期。

② 参见夏正芳：《建设工程案件审判实务中的有关问题》，载最高人民法院民事审判第一庭编：《民事审判指导与参考》总第35集，法律出版社2009年版。

主体相同，都是承包人（转包人），而非转承包人；在挂靠的情况下，挂靠人以被挂靠人名义承揽工程，因此，在挂靠人实际承接到工程——以被挂靠人名义与发包人签订施工合同——之前，挂靠行为即已存在。也就是说，名义上的签约主体是被挂靠人，而实际进行合同谈判的主体是挂靠人。正因如此，所谓“施工过程中发生的挂靠”① 是不存在的。质言之，在挂靠的情况下，工程由挂靠人（以被挂靠人名义）直接从发包人处取得；在转包的情况下，转包人先从发包人处取得工程，然后转承包人再从转包人处取得工程。从相关行为的发生时间看，转包发生在转包人取得承包权之后；而挂靠在挂靠人以被挂靠人名义订立建设工程施工合同之前就形成了借用资质的意思表示。② 因此从合同订立时间来看，挂靠协议一般在施工合同签订之前签订，而转包合同则在施工合同签订之后签订。③

实践中，挂靠人在与发包人确定承包关系后，绝大多数情况是先由挂靠人与被挂靠人签订协议确立双方的权利义务，再以被挂靠人与发包人签订建设工程施工合同的方式最终实现挂靠人承建工程的目的。④ 因此，法院在区分挂靠与转包时，多通过这一要点进行判断——实际施工人介入工程的时间在施工合同签订之前还是之后。如《福建省高级人民法院当前我省涉建工纠纷审判调研　问答·案例·白皮书》（2022 年 9 月）第 3 条第 2 款所称：“实务中，挂靠法律关系的认定应重点审查：投标保证金的缴纳主体和资金来源；实际施工人是否以承包人的委托代理人身份签订合同；实际施工人是否与发包人就合同事宜直接磋商；实际施工人是否全程参与投标、保证金的支付、合同的订立、实际施工等；是否以劳务分包形式来掩盖挂靠行为等，以此来确定法律关系的性质是否为挂靠。”即“审判实践中应当重点审查投标保证金的缴纳主体和资金来源、实际施工人是否以承包人的委托代理人身份签订合同、实际施工人有没有与发包人就合同事宜进行磋商，并以此来确定是否为挂靠”⑤。在“中国联合通信有限公司新疆分公司、中国联合通信有限公司喀什

---

① 林达：《建设工程挂靠行为的法律问题研究》，载《福建法学》2011 年第 4 期。

② 参见唐倩：《挂靠施工合同的效力分析》，载《法律适用》2019 年第 5 期。

③ 参见杨心忠等：《建设工程合同纠纷裁判思路》，法律出版社 2014 年版，第 59 页。

④ 参见最高人民法院民一庭：《发包人明知或故意追求借用他人资质所签订的合同的效力和发包人欠付工程款的利息性质及其处理》，载最高人民法院民事审判第一庭编：《民事审判指导与参考》总第 48 辑，人民法院出版社 2012 年版。

⑤ 李玉生主编：《建设工程施工合同案件审理指南》，人民法院出版社 2019 年版，第 70 页。

分公司与林源建设工程施工合同纠纷管辖权异议案”① 中，中国联合通信有限公司喀什分公司就“联通通信楼”的建设与建工集团签订《施工合同》后，建工集团与林源签订《内部承包合同》，将《施工合同》约定的建工集团应当履行的义务转给林源。最高人民法院即将该行为定性为转包，而非挂靠。在“四川中顶建设工程有限公司与朱天军、乌兰县自然资源局建设工程施工合同纠纷案”② 中，二审法院认定朱天军与四川中顶建设工程有限公司之间系挂靠关系，理由即为“朱天军先与中顶公司签订《挂靠协议》后以中顶公司委托代理人身份与乌兰县自然资源局签订案涉合同，并非由中顶公司将先行取得的工程承包施工权发包给朱天军”。此外，在“浙江申强建设有限公司与浙江旭昱建设有限公司建设工程施工合同纠纷案”③ 中，浙江旭昱建设有限公司（以下简称旭昱公司）长兴分公司与浙江申强建设有限公司（以下简称申强公司）先行签订案涉工程的内部承包协议，再由旭昱公司与发包人签订《建设工程施工合同》，法院也认定旭昱公司与申强公司之间法律关系的实质应为申强公司借用旭昱公司的资质参与招投标并进行建筑施工，而非转包。

**典型案例426**

## 白德强与重庆瑞昌房地产有限公司、中信国安建工集团有限公司、刘勇刚建设工程施工合同纠纷案④

### 基本案情

2011年3月21日，重庆瑞昌房地产有限公司（以下简称瑞昌公司）向中信国

① 参考案例459：中国联合通信有限公司新疆分公司、中国联合通信有限公司喀什分公司与林源建设工程施工合同纠纷管辖权异议案，最高人民法院（2006）民一终字第69号民事裁定书。

② 典型案例431：四川中顶建设工程有限公司与朱天军、乌兰县自然资源局建设工程施工合同纠纷案，最高人民法院（2019）最高法民再329号民事判决书。

③ 参考案例460：浙江申强建设有限公司与浙江旭昱建设有限公司建设工程施工合同纠纷案，浙江省高级人民法院（2013）浙民终字第34号民事判决书。

④ 典型案例426：白德强与重庆瑞昌房地产有限公司、中信国安建工集团有限公司、刘勇刚建设工程施工合同纠纷案，四川省高级人民法院（2018）川民终506号民事判决书、最高人民法院（2019）最高法民申729号民事裁定书。

安建工集团有限公司（以下简称中信公司）发出《中标通知书》载明，中信公司中标了中渝滨江1号C地I块标段工程。2011年4月1日，中信公司（甲方）与白德强（乙方）签订《内部承包合同》约定，就甲方承包的中渝滨江1号工程，双方采取内部承包管理方式，将工程承包给乙方；甲方按乙方工程结算总价款的3%计收企业管理费。2013年11月21日，案涉工程竣工验收。后白德强诉至法院，要求中信公司支付工程款24,025,329.46元，瑞昌公司在欠付中信公司工程款范围内承担连带责任。

## 法院观点

再审审查中，关于中信公司与白德强的关系究竟是挂靠还是转包，最高人民法院指出，一般而言，区分转包和挂靠主要应从实际施工人（挂靠人）有没有参与投标和合同订立等缔约磋商阶段的活动加以判断。转包是承包人承接工程后将工程的权利义务概括转移给实际施工人，转包中的实际施工人一般并未参与招投标和订立承包合同，其承接工程的意愿一般是在承包合同签订之后；而挂靠是承包人出借资质给实际施工人，挂靠关系中的挂靠人在投标和合同订立阶段一般就已经参与其中，甚至就是其以被挂靠人的代理人或代表的名义与发包人签订的建设工程施工合同。因此，一般而言，应当根据投标保证金的缴纳主体和资金来源、实际施工人（挂靠人）是否以承包人的委托代理人身份签订合同、实际施工人（挂靠人）有没有与发包人就合同事宜进行磋商等因素，审查认定属于挂靠还是转包。本案中，中信公司中标在前，白德强与中信公司签订《内部承包合同》在后，实际施工人白德强并未以承包人中信公司的委托代理人身份签订合同，也没有与发包人瑞昌公司就合同事宜进行磋商，故中信公司与白德强之间不是挂靠关系，而系转包关系。

## 裁判规则427

**挂靠与内部承包的区别在于：挂靠发生在施工合同签订前，内部承包发生在施工合同签订后；施工过程中，挂靠人资产独立、自主经营、自负盈亏，内部承包人与承包人资产一体、共同经营、共担风险。**

实践中，基于内部承包的合法性，挂靠人与被挂靠人常常以内部承包为名，行挂靠之实。从外观来看，二者的共同点在于：施工过程中，通常都以施工合同签订主体的名义对外。施工活动的利润都是在两个不同的主体之间分享，即挂靠人对获得的工程款，要分配一部分给被挂靠人（实际上是挂靠费）；内部承包中，施工企业对获得的工程款，要分配一部分给内部承包人（通常表现为完成目标的奖励金等）。

二者的区别在于：第一，合同签订时间不同。在挂靠的情况下，工程是由挂靠人（以被挂靠人名义）直接从发包人处取得；在内部承包的情况下，承包人先从发包人处取得工程，然后内部承包人再从承包人处取得工程。因此，从合同订立时间来看，挂靠协议一般在施工合同签订之前签订，而内部承包合同则在施工合同签订之后签订。第二，资产结构不同。内部承包人是承包人的内设机构，其经营资产属于承包人所有，内部承包人并无独立的所有权。而挂靠人与被挂靠人系不同主体，彼此独立经营，其经营资产归各自单独所有。第三，经营模式不同。在内部承包的情况下，虽然内部承包人拥有较大程度的自主权，但该自主权受承包人限制，承包人有权也有义务进行管理，尤其是工程质量管理和安全管理。在挂靠经营的情况下，挂靠人独立经营，被挂靠人不对工程质量、安全进行管理。第四，风险负担不同。如前所述，如施工活动最终亏损，在内部承包的情况下，施工企业对外负担项目的亏损，同时在企业内部，内部承包人也会因经营不善而受到一定的经济处罚，最终导致二者均负担不同程度的风险。在挂靠经营中，被挂靠人只收取固定比例或固定金额的费用，不负担项目的任何亏损风险。

有观点认为，挂靠经营与内部承包还有一个区别，就是内部承包人是承包人的工作人员，而挂靠人则是外部人员。但是，“内部承包本质上是企业将其生产资料交由职工承包经营，提供生产资料是内部承包的要件之一，如果建筑企业并无生产资料提供，仅是将空壳分公司交由他人‘承包’，或者为实施挂靠行为而专门成立没有任何生产资料的分公司，则应认定为挂靠，而不论该个人是否为公司员工”①。也就是说，施工组织者是不是施工企业的工作人员，并非区分挂靠经营与企业内部承包的实质标准，即使施工组织者是施工企业的工作人员或者分公司，如果施工企业“只包不管”“以包代管”，也应认定为挂靠经营。除下述【典型案例 427】外，还可参见“李建国与孟凡生、长春圣祥建筑工程有限公司等案外人执行异议

① 李玉生主编：《建设工程施工合同案件审理指南》，人民法院出版社 2019 年版，第 72 页。

之诉案"①。

**典型案例 427**

### 严晨华与中兴建设有限公司等建设工程施工合同纠纷案②

## 基本案情

2011年6月18日，三一公司与中兴建设有限公司（以下简称中兴公司）签订《青海三一机械生产维修中心土石方工程施工合同》约定，中兴公司承包青海三一机械生产维修中心土石方工程，合同总价款239万元。2011年6月18日，中兴公司与严晨华签订《内部承包施工合同》约定，对中兴公司承包的前述工程，由严晨华内部承包；合同总价款239万元；承包方式为包干、包料、包安全、包质量、包文明施工、包项目债权债务、包违约责任、包项目盈亏；严晨华向中兴公司上缴管理费3万元，并自行缴纳各类税费。2011年8月14日，中兴公司与三一公司签订《青海三一机械有限公司生产维修中心工程施工合同》约定，中兴公司承建倒班楼、研发楼等工程，合同总价款4150万元。2011年12月13日，中兴公司与严晨华签订《承包协议》约定，三一重工青海维修基地工程造价4150万元，严晨华为项目负责人及财务代表，中兴公司按工程款总额扣减4.42%的管理费（含税金）；该工程发生的企业、个人所得税由严晨华自行承担；如严晨华无力履行、中途退场或因与其他任何第三方的经济纠纷致中兴公司承担责任，全部经济损失由严晨华个人清偿。2014年9月17日，案涉工程竣工验收并交付使用。后严晨华以实际施工人名义诉至法院，要求中兴公司支付工程款10,285,541元。中兴公司辩称，二者之间是内部承包关系。

## 法院观点

青海省高级人民法院认为，建设工程挂靠施工是指单位或个人以其他有资质的

① 参考案例461：李建国与孟凡生、长春圣祥建筑工程有限公司等案外人执行异议之诉案，最高人民法院（2016）最高法民再149号民事判决书。《最高人民法院公报》2017年第2期，第29—38页。

② 典型案例427：严晨华与中兴建设有限公司等建设工程施工合同纠纷案，青海省高级人民法院（2020）青民终288号民事判决书、最高人民法院（2021）最高法民申6504号民事裁定书。

施工单位名义承揽工程的行为，包括参与投标、订立合同、办理有关施工手续、从事施工等活动。实践中，多存在以内部承包为形式的挂靠，当事人以此来规避法律，即建设工程挂靠中的“内部承包”实际上是建设工程挂靠施工关系。内部承包一般是企业内部的具体措施，并未改变承包人员的企业职工身份，双方仍然存在劳动关系，承包人员仍有权享受国家规定的劳动经济权益。《青海三一机械有限公司生产维修中心工程施工合同》中，中兴公司委托代理人处由严晨华签名；本案涉及的工程原材料购买、施工管理、工人工资发放等，均是由严晨华具体负责管理，并由其对外承担相应责任；结合中兴公司与严晨华之间就案涉工程的相关结算材料，可以认定严晨华实际进行了案涉工程的施工管理。中兴公司虽认为其与严晨华之间属于建筑企业内部承包合同关系，但其并不能提交证据证明其与严晨华之间存在劳动合同关系，亦不能提交证据证明其对案涉工程进行了人员、技术、资金的管理和支持；因此，严晨华与中兴公司属于以内部承包之名行挂靠之实，形成建设工程挂靠施工关系。再审审查中，最高人民法院也认为，严晨华个人无工程施工资质，其与中兴公司签订的《内部承包施工合同》《承包协议》明确约定中兴公司只收取固定管理费，严晨华承担工程所需的人工、材料采购、机械、管理费等，并承担一切风险，中兴公司实际不参与案涉工程的施工以及管理。因此，严晨华不是中兴公司职工，签订《内部承包施工合同》《承包协议》的行为不具有企业内部承包经营的性质，而是严晨华借用中兴公司资质的挂靠行为。

## 11.2 挂靠人与被挂靠人之间的挂靠关系

在挂靠施工所涉三方主体——发包人、被挂靠人、挂靠人——中，挂靠人与被挂靠人之间的法律关系（挂靠关系），基于合同相对性原则，属于挂靠人与被挂靠人之间的内部法律关系。

### 裁判规则428

**挂靠行为违反法律的强制性规定，无论挂靠人是否具备与建设工程相适应的施工资质，挂靠协议均属于无效协议。**

“挂靠行为在市场操作实践中相当普遍，且在不同地区有不同的表现形式，实际情况各不相同。”①

从挂靠的期限看，有较为固定的长期挂靠关系，也有基于具体项目的临时挂靠关系。例如，卢某与一家民营建筑公司签订挂靠协议约定，该公司将卢某任命为项目经理，卢某长期以公司名义对外承揽工程，并每年向该公司交纳一定费用，此即为固定的长期挂靠关系。② 在“东港公司与刘邦平、铺集公司建设工程施工合同纠纷案”③ 中，刘邦平仅就东港公司的办公楼工程挂靠铺集公司，此即为基于具体项目的临时挂靠关系。但挂靠期限的长短对挂靠性质与效力的认定并无影响。

根据挂靠人与被挂靠人资质的不同，可以把挂靠分为如下几种类型：一是无资质的个人挂靠有相应资质的施工企业；二是低资质的施工企业挂靠高资质的施工企业；三是资质等级相符的施工企业借用对方的名义承揽工程；四是高资质的施工企业挂靠低资质的施工企业。之所以资质等级相符的施工企业会借用他人名义，以及高资质的施工企业会挂靠低资质的施工企业，通常是由于挂靠人曾因违法参与招投标、拖欠工人工资、不履行生效法律文书确定的法律责任等被纳入失信人名单、招投标黑名单等，不能以自己的名义承揽工程，只能通过挂靠借用他人名义。实践中，第一、二种类型较为常见，第三、四种类型则相对较少。对于第一种与第二种类型的挂靠，理应认定为无效；对于第三种与第四种类型，由于挂靠人本身具备相应资质，对挂靠协议效力的认定则存在争议。有观点认为，在挂靠人本身具备相应的建筑资质等级，但仍因为其他原因采取借用资质的方式承揽工程时，实际上其足以确保工程质量和施工安全，并不损害社会公共利益，不违反建筑企业资质管理制度的规范目的，不应否定此类挂靠的效力。④

在当前的经济社会中，挂靠经营这种模式在实行准入制度的领域大量存在，如交通运输业、建筑业、医药业、旅游业等。不同领域的挂靠经营，有合法和不合法

---

① 朱树英、何郁宁：《认定查处挂靠亟待关注六大法律问题》，载《建筑时报》2015 年 5 月 7 日，第 1 版。

② 参见时旭东、余京平：《挂靠单位应当承担连带责任吗》，载《检察日报》2013 年 6 月 14 日，第 3 版。

③ 参考案例 462：东港公司与刘邦平、铺集公司建设工程施工合同纠纷案，山东省青岛市中级人民法院（2007）青民一终字第 1133 号民事判决书。

④ 参见唐倩：《挂靠施工合同的效力分析》，载《法律适用》2019 年第 5 期；石佳友：《〈民法典〉建设工程合同修订的争议问题》，载《社会科学辑刊》2020 年第 6 辑；杨心忠等：《建设工程合同纠纷裁判思路》，法律出版社 2014 年版，第 25 页。

之分。[①] 但在建筑领域，挂靠是被明令禁止的违法行为。《建筑工程施工发包与承包违法行为认定查处管理办法》第3条第3款规定："本办法所称的发包与承包违法行为具体是指违法发包、转包、违法分包及挂靠等违法行为。"第10条第2项规定，"有资质的施工单位相互借用资质承揽工程的，包括资质等级低的借用资质等级高的，资质等级高的借用资质等级低的，相同资质等级相互借用的"，都属于挂靠。《建筑法》第26条第2款规定："禁止建筑施工企业超越本企业资质等级许可的业务范围或者以任何形式用其他建筑施工企业的名义承揽工程。禁止建筑施工企业以任何形式允许其他单位或者个人使用本企业的资质证书、营业执照，以本企业的名义承揽工程。"由此可见，现行立法对建筑领域内的挂靠经营是明令禁止的。以借权为目的的挂靠协议，是双方为获得不正当利益，逃避国家对市场主体的管理监督，共同规避法律而签订的，应当认定为无效。[②] 鉴于《建筑法》第26条第2款的禁止性规定并未区分挂靠人有无资质，《建筑工程施工发包与承包违法行为认定查处管理办法》更是直接把挂靠人有资质的情形纳入了查处范围，故只要施工企业借用其他企业的名义进行施工，则不必考虑其是否具有资质，均应直接认定为违法挂靠，挂靠协议应属无效。[③]

**典型案例428**

## 华邦建投集团股份有限公司与中国中铁股份有限公司建设工程分包合同纠纷案[④]

### 基本案情

华邦建投集团股份有限公司（以下简称华邦建投公司）是广西壮族自治区桂

① 参见陆汉洲：《我眼中的"挂靠"》，载《建筑》2006年第3期。

② 挂靠经营这种模式在实行市场准入制度的领域内大量存在，对于其他领域内的挂靠协议的效力，学界的看法并不一致，如对于货运市场的挂靠经营，即存在不同观点，但对于建筑领域内的挂靠协议，普遍认为应属无效协议。

③ 参见陈琦：《建筑行业中挂靠施工法律问题探究》，西南政法大学2013年硕士学位论文，第3页。

④ 典型案例428：华邦建投集团股份有限公司与中国中铁股份有限公司建设工程分包合同纠纷案，最高人民法院（2021）最高法民终1287号民事判决书。

平至来宾高速公路的工程总承包人。2011年3月1日，中铁上海局二公司与中原轨道公司签订《标前协议》约定，中原轨道公司以中铁上海局二公司的资质参与广西桂平至来宾高速公路的投标，中铁上海局二公司收取最终结算价的2.8%作为管理费。2011年2月28日，中国中铁股份有限公司（以下简称中铁股份公司）向华邦建投公司发出投标函。2011年3月18日，华邦建投公司向中铁股份公司发出《中标通知书》，后双方签订《工程施工承包合同》约定，中铁股份公司承建桂平至来宾高速公路第四合同段。2011年3月24日，中铁上海局二公司与中原轨道公司签订《内部施工合同》约定，中原轨道公司负责组织施工第四标段工程，并向中铁上海局二公司上缴双方约定的固定费率的收益分成。工程完工后，华邦建投公司诉至法院，要求中铁股份公司支付因非法转包而应承担的违约金及损失1亿元。

## 法院观点

针对《标前协议》《内部施工合同》的效力，一审法院（广西壮族自治区高级人民法院）认为，结合《标前协议》早于《工程施工承包合同》签订的情况，案涉工程实质上是中原轨道公司通过中铁上海局二公司借中铁股份公司的名义进行投标，并与华邦建投公司签订合同。因此，中原轨道公司与中铁股份公司为挂靠关系。中原轨道公司借用中铁股份公司资质的行为及双方因此签订的挂靠协议因违反法律、法规的强制性规定而应认定为无效。二审中，最高人民法院也认为，中原轨道公司通过中铁上海局二公司借用中铁股份公司的资质投标，并在中标后以中铁股份公司名义与华邦建投公司签订《工程施工承包合同》，具体负责案涉工程第四合同段的施工，系中原轨道公司借用中铁股份公司资质进行建设工程施工的行为。由此，一审判决认定中原轨道公司与中铁股份公司签订的挂靠协议（案涉《标前协议》《内部施工合同》）无效，有相应的事实和法律依据，应予维持。

## 裁判规则429

**挂靠人与被挂靠人之间的法律关系是挂靠关系，而非建设工程施工合同关系。**

在挂靠施工所涉三方主体——发包人、被挂靠人、挂靠人——中，挂靠人与被挂靠人之间的法律关系应当如何定性？讨论这一问题的意义在于：第一，解决挂靠人与被挂靠人之间的纠纷应否适用专属管辖的问题。如双方之间的法律关系属于建设工程施工合同关系，则应适用专属管辖，反之则否。第二，解决挂靠人可否向被挂靠人主张工程款的问题。就此，【裁判规则 439】将进行详细论述，此处不赘述。

挂靠人与被挂靠人之间的法律关系源于双方之间的挂靠协议。从挂靠协议的内容看，主要是被挂靠人允许挂靠人以自己名义承揽工程且以自己名义组织施工。为此，被挂靠人需为挂靠人出具授权委托书、任命挂靠人为项目经理或授权代表、刻制或者允许挂靠人刻制项目部公章、代挂靠人缴纳税费；挂靠人需向被挂靠人支付相应的挂靠费。为保障挂靠费的收取，项目部财务人员常由被挂靠人派驻、财务章由被挂靠人保管，或双方约定工程款须支付到被挂靠人的银行账户，由被挂靠人扣除挂靠费后再支付给挂靠人；项目由挂靠人自主经营、自负盈亏。就实质而言，挂靠人与被挂靠人的实体权利义务关系仅限于挂靠人借权——被挂靠人允许挂靠人以自己名义承揽工程、组织施工，挂靠人就借权行为支付对价——挂靠费。而建设工程施工合同是承包人交付工作成果、发包人就工作成果支付对价的合同，在挂靠人与被挂靠人之间并不存在这一权利义务关系。据此，挂靠人与被挂靠人之间的法律关系是挂靠关系，而非建设工程施工合同关系。

有观点认为，挂靠人与被挂靠人之间属于管理关系，双方之间因挂靠经营产生的纠纷，如被挂靠人收到工程款后不支付给挂靠人或挂靠人不向被挂靠人支付税款等，属于法人内部的纠纷，人民法院不应受理。① 事实上，挂靠人与被挂靠人之间达成的挂靠协议是双方平等协商的结果，挂靠人独立经营、自负盈亏，也表明双方并无真正意义上的隶属关系。因此，《最高人民法院关于原北京市北协建设工程公司第三工程处起诉北京市北协建设工程公司解除挂靠经营纠纷是否受理问题的复函》（〔2003〕民立他字第3号）中明确，对于挂靠纠纷，只要当事人具备民事诉讼主体资格，人民法院就应当受理任何一方的起诉。

① 《最高人民法院关于原北京市北协建设工程公司第三工程处起诉北京市北协建设工程公司解除挂靠经营纠纷是否受理问题的复函》中，北京市高级人民法院的第二种意见。

典型案例 429

## 河北力筑建筑劳务分包有限公司与邵坚合同纠纷案①

### 基本案情

河北力筑建筑劳务分包有限公司（以下简称力筑公司）诉称，2016 年 7 月 8 日，力筑公司与河北四建签订《建设工程施工劳务分包合同》，承接了淮北众城水泥有限公司产能置换 4500t/d 熟料线及 9MW 余热发电项目土建第一标段劳务工程。邵坚是该项目实际负责人，负责组织工人施工。2018 年 5 月，力筑公司与河北四建办理结算，依据结算金额扣除管理费和税金后，力筑公司向邵坚结清劳务报酬 1, 563, 956. 84 元。后部分工人以力筑公司拖欠工资为由提起诉讼，淮北市中级人民法院判决力筑公司支付工资。力筑公司认为，因项目系邵坚组织工人施工，这些工人的工资应由邵坚承担，故起诉要求追偿其垫付的 231, 200 元及相应利息。经查，邵坚收到河北四建招标通知后，找到力筑公司要求挂靠在其名下，由邵坚作为项目实际负责人组织施工，力筑公司收取管理费，邵坚自负盈亏、自享利润。其后，邵坚以力筑公司名义与河北四建签订《建设工程施工劳务分包合同》。

### 法院观点

江苏省镇江市丹徒区人民法院认为，力筑公司与邵坚因施工工程的工人工资支付发生纠纷，属于建设工程施工合同纠纷范畴（建设工程分包合同），应当适用不动产专属管辖，即由建设工程所在地人民法院——安徽省淮北市杜集区人民法院管辖，遂裁定将案件移送杜集区人民法院处理。杜集区人民法院认为，该案为追偿权纠纷，不适用专属管辖的规定，将案件退回。江苏省高级人民法院认为，力筑公司与邵坚的基础法律关系为建设工程施工合同关系，本案应由杜集区人民法院管辖。因与安徽省高级人民法院协商不成，江苏省高级人民法院报请最高人民法院指定管辖。最高人民法院认为，力筑公司与邵坚之间不属于内部承包或者非法转包、分包

① 典型案例 429：河北力筑建筑劳务分包有限公司与邵坚合同纠纷案，最高人民法院（2020）最高法民辖 12 号民事裁定书。

关系，而应当属于挂靠关系。本案属于挂靠人与被挂靠人履行挂靠协议所发生的争议，并非发包人与承包人、转包人或分包人之间发生的建设工程施工合同纠纷，不适用有关专属管辖的规定，应当按照被告住所地和合同履行地的法定管辖原则确定管辖法院。据此裁定，案件由江苏省镇江市丹徒区人民法院审理。

## 11.3 挂靠人、被挂靠人与发包人之间的合同关系

在挂靠经营模式下，对发包人在建设工程施工合同中的相对人是谁这一问题，实务中的裁判规则较为混乱，主要有如下四种意见：第一种意见可称为“合同相对性说”。即在挂靠施工情形中，存在两个不同的法律关系，一为建设工程施工合同法律关系，二为挂靠法律关系；根据合同相对性原则，被挂靠人是施工合同相对人，挂靠人是挂靠合同相对人而非施工合同相对人。[①] 各方的权利义务应当根据相关合同分别处理。[②] 挂靠人系以被挂靠人名义订立和履行合同，与发包人不存在合同关系，故不能跨越被挂靠人直接向发包人主张工程价款，而仅能依照挂靠合同向被挂靠人主张。重庆市高级人民法院[③]、江苏省高级人民法院[④]持这一观点。最高人民法院在“天津建邦地基基础工程有限公司与中冶建工集团有限公司、天津市博川岩土工程有限公司建设工程施工合同纠纷案”[⑤]、“黄进涛与北京建工集团有限责任公司等建设工程施工合同纠纷案”[⑥] 中也持这一观点。第二种意见可称为“知情说”。即应当区分发包人是否知晓挂靠的事实，如发包人知情，则在发包人

---

① 参见谢勇：《建设工程施工合同案件裁判规则解析》，中国法制出版社 2020 年版，第 106、107 页。

② 参考案例 463：陈亚、方成红等与重庆联顺房地产开发有限公司建设工程施工合同纠纷案，重庆市第一中级人民法院（2019）渝 01 民终 4761 号民事判决书。

③ 《重庆市高级人民法院民一庭关于建设工程施工合同纠纷案件若干问题的解答》（2019 年 10 月）第 6 条中针对“实际施工人借用建筑施工企业资质与发包人签订建设工程施工合同的”规定：“各方当事人应当根据‘合同相对性原则’向合同相对方主张权利，但法律、行政法规、司法解释另有规定的除外。”

④ 《江苏省高级人民法院审判工作座谈会纪要（2009 年）》第四部分“建设工程施工合同纠纷案件中的若干问题”第 2 条规定：“挂靠人以被挂靠人名义订立建设工程施工合同或者其他合同的，因履行该合同产生的风险，由被挂靠人承担。”

⑤ 参考案例 464：天津建邦地基基础工程有限公司与中冶建工集团有限公司、天津市博川岩土工程有限公司建设工程施工合同纠纷案，最高人民法院（2017）最高法民申 3613 号民事裁定书。

⑥ 参考案例 465：黄进涛与北京建工集团有限责任公司等建设工程施工合同纠纷案，最高人民法院（2018）最高法民终 611 号民事判决书。

与挂靠人之间成立事实上的施工合同关系，应由挂靠人向发包人主张工程款；如发包人不知情，基于对发包人善意的保护，应当认定发包人与被挂靠人成立施工合同关系，在挂靠人与被挂靠人之间构成转包关系。最高人民法院在“陈亚军与阜阳创伤医院、江西建工第四建筑有限责任公司等建设工程施工合同纠纷案”①、“马殿臣与河南申颐置业有限公司、河南亚星建筑安装工程有限公司建设工程施工合同纠纷案”②、“许昌信诺置业有限公司与河南林九建设工程有限公司、牛长贵建设工程施工合同纠纷案”③ 中持这一立场。四川省高级人民法院④、陕西省高级人民法院⑤、福建省高级人民法院⑥、河南省高级人民法院⑦、湖南省高级人

① 参考案例466：陈亚军与阜阳创伤医院、江西建工第四建筑有限责任公司等建设工程施工合同纠纷案，最高人民法院（2019）最高法民终1350号民事裁定书。

② 参考案例467：马殿臣与河南申颐置业有限公司、河南亚星建筑安装工程有限公司建设工程施工合同纠纷案，最高人民法院（2019）最高法民申4500号民事裁定书。

③ 参考案例468：许昌信诺置业有限公司与河南林九建设工程有限公司、牛长贵建设工程施工合同纠纷案，最高人民法院（2019）最高法民申1245号民事裁定书。

④ 《四川省高级人民法院关于审理建设工程施工合同纠纷案件若干疑难问题的解答》（川高法民一〔2015〕3号）第14条规定：“发包人知晓并认可实际施工人借用资质施工，能够认定发包人实际与实际施工人建立建设工程施工合同关系，实际施工人要求发包人直接承担工程价款支付责任的，应予支持。”

⑤ 《陕西省高级人民法院关于审理建设工程施工合同纠纷案件若干问题的解答》（陕高法〔2020〕113号）第13条规定：“通常情况下，借用资质的施工人只有在出借资质人怠于履行权利时，才能提起代位权诉讼。但发包人明知借用资质事实存在的，借用资质的施工人可以直接向发包人主张权利。”

⑥ 《福建省高级人民法院当前我省涉建工纠纷审判调研 问答·案例·白皮书》（2022年9月）第4条规定：“实际施工人以被挂靠人的名义与发包人签订的建设工程施工合同，在发包人明知挂靠的情况下，发包人与承包人签订的建设工程施工合同无效。发包人对借用资质的事实不知情，即使在施工过程中发现挂靠的，亦应当认定建设工程施工合同有效。”第5条规定：“在发包人明知挂靠的情况下，发包人与挂靠人之间形成事实上的建设工程施工合同关系。建设工程经验收合格，实际施工人有权请求发包人参照合同关于工程价款的约定折价补偿。发包人对挂靠的事实不知情，发包人与被挂靠人签订的建设工程施工合同有效。根据合同相对性原则和信赖利益保护原则，实际施工人无权向发包人主张权利，但实际施工人可以基于合同相对性原则向被挂靠人主张权利。”

⑦ 《河南省高级人民法院建设工程案件审判工作座谈会综述》（2022年9月14日）“议题二：工程转包、违法分包、借用资质中的相关问题”第5款中提出：“与会人员认为，没有资质的实际施工人借用有资质的建筑施工企业名义与发包人签订建设工程施工合同，在发包人知道或者应当知道系借用资质的实际施工人进行施工的情况下，发包人与借用资质的实际施工人之间形成事实上的建设工程施工合同关系，借用资质的实际施工人可以请求发包人参照合同关于工程价款的约定折价补偿。”

民法院[①]的指导意见与此类似。第三种意见可称为“共同承包说”。即被挂靠人是名义承包人，挂靠人是实际承包人，二者作为一个整体共同构成施工合同的承包人一方，故应由二者共同主张工程款债权。[②] 详言之，“在借用资质与发包人签订建设工程施工合同的情况下，名义上的承包人是出借资质的单位，实际上的承包人是借用资质的单位或者个人，出借资质方之名与借用资质方之实共同构成承包人，缺少任何一方，建设工程施工合同都不能订立。因此，在对外关系上，可将出借资质方和借用资质方作为一个整体，对发包人负责”[③]。最高人民法院在“贺超群、江西赣基集团工程有限公司与中国水利水电第八工程局有限公司等建设工程施工合同纠纷案”[④] 中持这一观点。第四种意见可称为“挂靠人单独承包说”。即根据事实缔约理论，认为挂靠人作为实际承包人，与发包人形成事实上的施工合同关系，其有权以自己名义直接向发包人主张工程款。本书赞同第四种意见——“挂靠人单独承包说”，对另外三种意见的反驳理由将在下文讨论相关裁判规则时予以阐释。

## 裁判规则430

**建设工程施工合同系被挂靠人的虚伪意思表示，且被挂靠人事实上未履行该合同，故被挂靠人与发包人之间不存在建设工程施工合同关系。**

---

① 《湖南省高级人民法院关于审理建设工程施工合同纠纷案件若干问题的解答》（湘高法〔2022〕102号）第23条规定：“借用资质的实际施工人起诉发包人要求支付工程款的，人民法院可在查明事实的基础上按以下两种情形处理：（一）发包人明知实际施工人借用资质而未提出异议的，根据《中华人民共和国民法典》第一百四十六条、第四百九十条规定处理，实际施工人可直接向发包人主张权利。人民法院应追加被挂靠人为第三人。（二）发包人对借用资质不知情的，出借资质方怠于向发包人主张权利，实际施工人可参照《最高人民法院关于审理建设工程施工合同的司法解释（一）》第四十四条规定行使代位权。人民法院应追加被挂靠人为第三人。”

② 参见谢勇：《建设工程施工合同案件裁判规则解析》，中国法制出版社2020年版，第109页；安徽省高级人民法院民四庭：《关于房地产发改案件的调研报告》，载最高人民法院民事审判第一庭编：《民事审判指导与参考》总第58辑，人民法院出版社2014年版。

③ 程新文等：《〈关于审理建设工程施工合同纠纷案件适用法律问题的解释（二）〉的理解与适用》，载《人民司法》2019年第4期。

④ 参考案例469：贺超群、江西赣基集团工程有限公司与中国水利水电第八工程局有限公司等建设工程施工合同纠纷案，最高人民法院（2021）最高法民申6087号民事裁定书。

根据前述“合同相对性说”，被挂靠人是施工合同的唯一承包人；根据前述“共同承包说”，被挂靠人是施工合同的承包人之一；根据前述“知情说”，被挂靠人可能构成施工合同的唯一承包人，也可能不构成施工合同的承包人。但这三种观点均存在明显的缺陷。

“合同相对性说”将挂靠经营切割为两层法律关系，即发包人与被挂靠人之间的建设工程施工合同关系、挂靠人与被挂靠人之间的挂靠关系，将面临如下尴尬局面：首先，《建设工程施工合同解释（一）》第1条第1款第2项规定，没有资质的实际施工人借用有资质的建筑施工企业名义签订的施工合同无效。《招标投标法》第54条第1款前段规定，“投标人以他人名义投标或者以其他方式弄虚作假，骗取中标的，中标无效”。“投标人以他人名义投标”即构成挂靠。如认定建设工程施工合同的当事人是发包人与被挂靠人，则该建设工程施工合同的施工方具有相应资质，该合同应当认定为有效，这明显与现行法相违背。其次，如果以存在挂靠关系为由认定施工合同无效，则系以一个合同关系无效认定另一个合同关系无效，反而有违合同相对性原则。再次，若认定被挂靠人为承包人，难免发生被挂靠人与发包人串通损害挂靠人利益的行为。详言之，在施工完成后，若被挂靠人以合同相对人身份与发包人达成低价的结算协议（虽然被挂靠人从挂靠人处收取的管理费会有所减少，但其必然会从发包人处获得更大的利益），挂靠人将救济无门。最后，根据合同相对性原则，挂靠施工中的工程款应按照“发包人→被挂靠人→挂靠人”的顺序流转，多了被挂靠人这一中间环节，既徒增讼累，还可能因被挂靠人卷款潜逃、资金链断裂等增加工程款债权实现的风险。

最高人民法院倾向于“知情说”。除前述“陈亚军与阜阳创伤医院、江西建工第四建筑有限责任公司建设工程施工合同纠纷案”、“河南申颐置业有限公司、河南亚星建筑安装工程有限公司建设工程施工合同纠纷案”以外，《最高人民法院民事审判第一庭2021年第20次专业法官会议纪要》[①] 也认为，“没有资质的实际施工人借用有资质的建筑施工企业名义与发包人签订建设工程施工合同，在发包人知道或者应当知道系借用资质的实际施工人进行施工的情况下，发包人与借用资质的

① 最高人民法院民事审判第一庭编：《民事审判指导与参考》总第87辑，人民法院出版社2022年版，第162页。

实际施工人之间形成事实上的建设工程施工合同关系"。"知情说"的不足在于：第一，该观点的理论基础在于表见代理，即在发包人不知情的情况下，挂靠人以被挂靠人名义订立合同的行为构成表见代理，进而合同对被挂靠人具有约束力。但如前所述，挂靠不适用代理制度，其实质在于借权。第二，该观点认为，在发包人不知情的情况下，挂靠人与被挂靠人之间构成转包关系。但挂靠与转包的区别在于承揽建设工程的主体不同，二者的法律后果也迥然有别。仅因第三人（发包人）知情或不知情，相同的行为就被分别界定为挂靠或转包，于理不合。第三，也是最为重要的，在发包人不知情的情况下，其与被挂靠人成立建设工程施工合同关系，因被挂靠人具有施工资质，则该合同应属有效。若此，则"知情说"面临与"合同相对性说"相同的问题——违反现行法关于挂靠签订的施工合同无效的强制性规定。

事实上，根据《民法典》第 134 条第 1 款①的规定，民事法律行为基于双方当事人的意思表示一致成立。在挂靠经营的情形下，被挂靠人并无订立施工合同的真实意思，故在发包人与被挂靠人之间不成立建设工程施工合同关系。虽然根据意思表示的基本理论，单方虚伪意思表示构成真意保留，不得以其无效对抗善意第三人。② 但这属于合同效力的问题，而非合同是否成立的问题。此外，即便认为在发包人与被挂靠人之间成立建设工程施工合同关系，但施工活动是由挂靠人完成，也即被挂靠人并未履行该合同，故被挂靠人无权基于该合同行使工程款请求权。

"共同承包说"认为，被挂靠人与挂靠人作为一个整体共同构成承包人。基于前述分析，被挂靠人既无与发包人建立建设工程施工合同关系的真实意思，事实上也未履行该合同，故不构成承包人，也就不可能与挂靠人构成共同承包人。至于"挂靠人单独承包说"，下述【裁判规则 435】将进行专门论述，此处不赘述。

---

① 该款规定："民事法律行为可以基于双方或者多方的意思表示一致成立，也可以基于单方的意思表示成立。"

② 参见梁慧星：《民法总论》，法律出版社 2021 年版，第 185 页。

典型案例 430

## 南通四建集团有限公司与获嘉县岚世纪房地产开发有限公司、黄夕荣建设工程施工合同纠纷案[①]

### 基本案情

2013年9月，获嘉县岚世纪房地产开发有限公司（以下简称岚世纪公司）获得河南省获嘉县城关镇小西关城中村改造项目的开发权，案涉工程为该改造项目一期工程。此后，黄夕荣对案涉工程组织施工。签订单位为南通四建集团有限公司（以下简称南通四建公司）与岚世纪公司的《建设工程施工合同》约定，由南通四建公司承包获嘉县城关镇小西关城中村改造项目一期工程。该合同无签订时间，南通四建公司主张合同签订于2013年12月，岚世纪公司主张合同签订于2014年4月。2013年12月19日，黄夕荣与南通四建公司签订《内部经济责任承包书》约定，黄夕荣应上交的净利润为工程总造价的1.5%，黄夕荣承担工程总造价0.5%的统筹金等。2014年1月21日，南通四建公司出具授权委托书，授权黄夕荣、何德强对项目进行管理，并提供了南通四建公司的银行账户。南通四建公司、黄夕荣与岚世纪公司于2014年9月就施工及付款问题产生严重分歧。后南通四建公司向法院起诉，请求解除与岚世纪公司签订的《建设工程施工合同》，岚世纪公司向南通四建公司支付48,715,135.86元的工程款及利息，确认南通四建公司对案涉的全部工程享有建设工程价款优先受偿权。黄夕荣以有独立请求权的第三人身份参加诉讼，请求岚世纪公司支付1000万元工程款。南通四建公司主张，其系施工单位，黄夕荣系其工作人员。黄夕荣则主张，其系借用南通四建公司的资质。相关证言证明，黄夕荣在南通四建公司中标案涉工程之前便与岚世纪公司接洽工程具体事

① 典型案例430：南通四建集团有限公司与获嘉县岚世纪房地产开发有限公司、黄夕荣建设工程施工合同纠纷案，最高人民法院（2020）最高法民终1269号民事判决书。南通四建起诉后，河南省高级人民法院作出（2014）豫法民一初字第8号民事判决。南通四建不服，上诉至最高人民法院。最高人民法院于2018年11月13日作出（2018）最高法民终954号民事裁定，撤销（2014）豫法民一初字第8号民事判决、指令河南省高级人民法院重新审理本案。河南省高级人民法院重审后，作出（2019）豫民初18号民事判决。南通四建仍不服，再次向最高人民法院提起上诉。最高人民法院作出（2020）最高法民终1269号民事判决。

宜，并在南通四建公司中标之前就已进场施工，案涉工程的主要工作人员均为黄夕荣聘请，黄夕荣实际组织了案涉工程的施工。

## 法院观点

一审法院（河南省高级人民法院）认为，南通四建公司与岚世纪公司签订《建设工程施工合同》，又与黄夕荣签订《内部经济责任承包书》。现南通四建公司与黄夕荣均向岚世纪公司主张案涉工程价款，确定各方之间的法律关系是确定各方权利义务的前提。本案中，南通四建公司虽然与岚世纪公司签订了《建设工程施工合同》，但实际并无签订、履行合同的真实意思表示，就案涉合同标的而言双方无实质性的法律关系；双方之间的《建设工程施工合同》因不存在真实意思表示而无效。因南通四建公司未实际履行合同，其依据《建设工程施工合同》向岚世纪公司主张工程价款及优先受偿权，缺乏事实和法律依据，不予准许。项目开始前黄夕荣即与岚世纪公司接洽并承揽工程，与发包人岚世纪公司就建设案涉工程、互相设定权利义务形成了合意，并实际组织施工，承建案涉工程，其作为事实上的承包人与岚世纪公司之间就本案建设工程施工合同之标的产生了实质性的、真实的法律关系。其作为真实权利人欲直接取得工程款，根据本案实际情况，应予准许。据此判决，岚世纪公司支付黄夕荣工程款959,477.84元。二审中，最高人民法院也认为，南通四建公司虽然与岚世纪公司签订了《建设工程施工合同》，实际是将其施工资质出借于黄夕荣用于案涉工程的施工，南通四建公司并无签订、履行合同的真实意思表示，故《建设工程施工合同》因不是其真实意思表示而无效。南通四建公司上诉主张其为《建设工程施工合同》的一方当事人并向岚世纪公司主张工程价款及优先受偿权，缺乏事实和法律依据，不予支持。黄夕荣借用南通四建公司的资质承揽案涉工程，是案涉工程的实际施工人。因此，原审依据《2004年建工解释》第2条的规定，准许黄夕荣以自己的名义向岚世纪公司主张相应工程价款，并无不当。

## 裁判规则431

**挂靠人虽系以被挂靠人名义与发包人签订建设工程施工合同，但挂靠人作为事实上的施工人，根据事实缔约理论，挂靠人与发包人之间形成事实上的施工合同关系。**

关于挂靠人是否属于建设工程施工合同的承包人，存在三种观点：一是根据“合同相对性说”，挂靠人不属于施工合同的相对人，也就不可能成为承包人；二是根据“知情说”，签订建设工程施工合同时发包人对挂靠知情的，应认定挂靠人为施工合同的承包人，反之则否；三是根据事实缔约理论，无论发包人对挂靠是否知情，挂靠人均系施工合同的承包人。

对“合同相对性说”与“知情说”的反驳前已述及，此处不再赘述。在发包人明知挂靠的情况下，发包人知晓承包人实为挂靠人，双方围绕建设工程施工合同的签订、履行、结算等达成了合意，故二者之间基于合意形成施工合同关系，自不待言。[①] 在发包人不知道挂靠的情况下，根据事实缔约理论，也可以认定挂靠人与发包人之间形成事实上的施工合同关系。

事实缔约理论认为，契约关系得因事实过程——给付者事实上的提供和利用者事实上的利用——而成立，非必依缔约之方式不可。[②] 首先，在挂靠经营中，施工合同的履行具有特殊性，即由挂靠人直接向发包人履行。工程实际由挂靠人完成，挂靠人为之付出了劳动，而发包人则事实上享有该劳动成果。[③] 从给付关系看，给付人为挂靠人，受领人为发包人，而被挂靠人仅仅是此种给付关系名义上的中介。[④] 其次，既然认定挂靠协议是借权协议，书面的建设工程施工合同是掩盖挂靠这一非法目的的虚伪意思表示，则应根据实质法律关系确定权利义务主体。从事实上的履行情况来看，挂靠人实际履行了施工义务，发包人直接接受建设成果，应当认为二者间形成了事实上的权利义务关系。最后，在挂靠经营的情况下，挂靠人与发包人已经实际履行了被挂靠人与发包人之间的建设工程施工合同，即在合同的实际履行过程中，挂靠人已经取代被挂靠人成为合同的当事人。据此，在挂靠关系中，挂靠人与发包人虽然并没有签订书面的建设工程施工合同，但挂靠人通过自己的实际施工行为完成工程建设，发包人经竣工验收合格接受该工程项目，双方之间

---

① 参见肖峰、韩浩：《建设工程合同纠纷实务争议问题研究》，载最高人民法院民事审判第一庭编：《民事审判指导与参考》总第 84 辑，人民法院出版社 2021 年版。

② 参见王泽鉴：《民法学说与判例研究》第 1 册，中国政法大学出版社 1998 年版，第 105、111 页。

③ 参见林达：《建设工程挂靠行为的法律问题研究》，载《福建法学》2011 年第 4 期。

④ 参见最高人民法院民一庭：《发包人明知或故意追求借用他人资质所签订的合同的效力和发包人欠付工程款的利息性质及其处理》，载最高人民法院民事审判第一庭编：《民事审判指导与参考》总第 48 辑，人民法院出版社 2012 年版。

构成“给付者事实上的提供和利用者事实上的利用”，符合事实缔约理论，形成事实上的施工合同关系，挂靠人构成该施工合同关系的承包人。挂靠人对挂靠经营涉及的建设工程形成的债权债务享有权利、承担义务。①

最高人民法院不乏支持这一观点的案例。最高人民法院民一庭在其发布的一则指导性案例中认为，挂靠人实际为发包人履行了被挂靠人的施工义务，发包人直接从中受益，故二者间事实上形成了权利义务关系。② 此外，在另一则指导性案例——“黑龙江省东阳房地产开发有限公司与郑延利建设工程施工合同纠纷案”③ ——中，最高人民法院认可了挂靠人与发包人达成的结算协议，也相当于认可了挂靠人的承包人地位。在前述“宁夏钰隆工程有限公司与安徽三建工程有限公司、宁夏蓝天房地产开发有限责任公司建设工程施工合同纠纷案”④ 中，最高人民法院认为，“在本案中，钰隆公司借用安徽三建的资质，以挂靠方式对发包人蓝天公司发包的1、4、5号楼进行了实际施工，属于实际施工人；同时，钰隆公司与蓝天公司之间已经履行了发包人与承包人之间的义务，双方在事实上形成了建设工程施工合同关系，钰隆公司是案涉工程的实际承包人”。在“黄厚忠与郴州市发展投资集团有限公司建设工程施工合同纠纷案”⑤ 中，最高人民法院更是明确提出，“黄厚忠系借用有资质的建筑施工企业签订案涉《施工合同》，并实际履行了郴投公司与联合体公司签订的《施工合同》，且案涉项目均已通过竣工验收并已交付，无论郴投公司是否知晓黄厚忠是实际施工人，均已形成了事实上的权利义务关系”。

---

① 参见董建中、高玲：《建筑行业挂靠纠纷审理中存在的问题及解决对策》，载《法律适用》2007年第6期。

② 参见最高人民法院民一庭：《发包人明知或故意追求借用他人资质所签订的合同的效力和发包人欠付工程款的利息性质及其处理》，载最高人民法院民事审判第一庭编：《民事审判指导与参考》总第48辑，人民法院出版社2012年版。

③ 参考案例470：《建设工程经竣工验收合格后，实际施工人与发包人所签订的建设工程价款结算协议，人民法院可予保护——黑龙江省东阳房地产开发有限公司与郑延利建设工程施工合同纠纷案》，载最高人民法院民事审判第一庭编：《民事审判指导与参考》总第49辑，人民法院出版社2012年版。

④ 典型案例339：宁夏钰隆工程有限公司与安徽三建工程有限公司、宁夏蓝天房地产开发有限责任公司建设工程施工合同纠纷案，最高人民法院（2019）最高法民申6085号民事裁定书。

⑤ 典型案例438：黄厚忠与郴州市发展投资集团有限公司建设工程施工合同纠纷案，最高人民法院（2020）最高法民终630号民事判决书。

还有观点认为，挂靠人对发包人的请求权系不当得利返还请求权，[①] 而非基于施工合同的工程款请求权。该观点更不能成立。首先，如认为挂靠人与发包人之间存在施工合同关系，则发包人获得挂靠人建成的工程有施工合同为据，挂靠人对发包人享有合同请求权，不享有不当得利返还请求权。其次，如认为挂靠人与发包人之间不存在施工合同关系，则发包人获得挂靠人建成的工程有与被挂靠人签订的施工合同为据，也不构成不当得利。最后，如仅因挂靠人与发包人无合同关系（笔者并不赞同这一观点）就认为挂靠人对发包人享有不当得利返还请求权，则所有的转承包人、分包人甚至施工班组均对发包人享有不当得利返还请求权，这显然是不合理的。

**典型案例 431**

## 四川中顶建设工程有限公司与朱天军、乌兰县自然资源局建设工程施工合同纠纷案[②]

### 基本案情

2015 年 8 月 26 日，四川中顶建设工程有限公司（以下简称中顶公司）与朱天军签订《挂靠协议》约定，挂靠期间为 2015 年 8 月 26 日至 2017 年 8 月 25 日。2016 年 11 月 2 日，朱天军以中顶公司委托代理人身份与乌兰县自然资源局签订《合同协议书》约定，中顶公司承接乌兰县自然资源局的乌兰县柯柯镇托海村土地开发（占补平衡）项目。案涉项目于 2016 年 11 月 2 日开工，2017 年 2 月 23 日竣工验收。后朱天军以中顶公司、乌兰县自然资源局为被告诉至法院，要求支付工程款。诉讼中，各方确认工程价款为 4, 058, 300 元。

### 法院观点

最高人民法院在再审中认为，朱天军借用中顶公司的资质与乌兰县自然资源局

① 参见杨心忠等：《建设工程合同纠纷裁判思路》，法律出版社 2014 年版，第 33—38 页。

② 典型案例 431：四川中顶建设工程有限公司与朱天军、乌兰县自然资源局建设工程施工合同纠纷案，最高人民法院（2019）最高法民再 329 号民事判决书。

签订案涉施工合同，中顶公司作为被借用资质方，欠缺与发包人乌兰县自然资源局订立施工合同的真实意思表示，中顶公司与乌兰县自然资源局不存在实质性的法律关系。本案中，朱天军作为案涉工程的实际施工人与发包人乌兰县自然资源局在订立和履行施工合同的过程中形成了事实上的法律关系，朱天军有权向乌兰县自然资源局主张工程款。并据此判决，乌兰县自然资源局对朱天军承担工程款支付责任。

## 裁判规则432

**挂靠人借用被挂靠人名义与发包人签订的建设工程施工合同违反法律的强制性规定，无论发包人是否知晓挂靠的事实，均应认定为无效。**

对于挂靠人借用被挂靠人名义与发包人签订的建设工程施工合同的效力，有观点认为，应当遵循意思表示的基本规则，以发包人签订合同时是否知情为标准，分别确定合同效力。[①] 发包人知道是挂靠的，则属于恶意串通，应认定施工合同无效；发包人不知道的，则施工合同属于可撤销合同。[②] 详言之，发包人在订约时知道或者应当知道是挂靠的，发包人、挂靠人、被挂靠人在主观上构成恶意串通，在客观上规避了国家关于施工资质的强制性规定，且造成了侵害国家利益的后果，建设工程施工合同无效；[③] 如果发包人在订约时对于挂靠行为不知情，则建设工程施工合同有效，但挂靠行为构成对发包人的欺诈，因而该合同属于可撤销合同。最高人民法院在“贵州华隆煤业有限公司、六枝工矿（集团）六十五工程建设有限公司与陈荣、郭占辉、伍贤富、王蓉建设工程合同纠纷案”[④]、“桂林高星置业有限公

---

① 参见石佳友：《〈民法典〉建设工程合同修订的争议问题》，载《社会科学辑刊》2020年第6辑；谢勇：《建设工程施工合同案件裁判规则解析》，中国法制出版社2020年版，第42—48页。

② 参见李玉生主编：《建设工程施工合同案件审理指南》，人民法院出版社2019年版，第93页。

③ 参见最高人民法院民一庭：《发包人明知或故意追求借用他人资质所签订的合同的效力和发包人欠付工程款的利息性质及其处理》，载最高人民法院民事审判第一庭编：《民事审判指导与参考》总第48辑，人民法院出版社2012年版。

④ 参考案例471：贵州华隆煤业有限公司、六枝工矿（集团）六十五工程建设有限公司与陈荣、郭占辉、伍贤富、王蓉建设工程合同纠纷案，最高人民法院（2016）最高法民终361号民事判决书。

司与桂林科创置业有限公司建设工程施工合同纠纷案”[①] 中，均强调发包人对挂靠是否知情应作为判断合同效力的标准。

还有观点认为，如果发包人在缔约时即知道挂靠人是借用被挂靠人的资质与其签订的建设工程施工合同，则挂靠人借用资质与发包人签订的建设工程施工合同属于通谋虚伪意思表示。挂靠人、被挂靠人和发包人对于挂靠人借用资质签订建设工程施工合同的事实是知道的，挂靠人与发包人之间直接建立了建设工程施工合同关系，该合同属于通谋虚伪行为，是无效行为。如果发包人在签订合同时是善意，不知道挂靠人借用资质的事实，其本意就是将工程发包给有资质的建筑企业——被挂靠人，此时被挂靠人依据其与挂靠人的出借资质关系再将工程交由挂靠人施工的，对于善意发包人而言属于转包行为。[②]

上述观点的理由在于，由于挂靠经营具有较高的隐蔽性，挂靠协议为挂靠人与被挂靠人所掌握，不会对外透露，发包人很难知悉。因此，施工合同有效或无效的决定权实际上由被挂靠人掌控。如果想认定施工合同无效，则被挂靠人可以拿出挂靠协议，从而证明挂靠人是借用其资质承接工程。如果想认定施工合同有效，则被挂靠人只需隐匿挂靠协议即可。此外，如果施工合同无效，也可以按照合同约定的结算条款办理结算，对被挂靠人没有任何法律风险。但若施工合同无效，则违约条款也就无从谈起，发包人便无法追究被挂靠人的违约责任，给发包人带来了巨大的法律风险，导致发包人始终处于被动状态。[③] 因此，应当根据发包人是否知道挂靠的事实，分别确定合同效力。

上述观点立足于证据偏在的现实，貌似合理，实则存在明显漏洞。第一，对是否存在挂靠行为的认定，本就需要证据支持，如无证据证明，只能认为不存在挂靠。因此，除非认定挂靠行为不影响施工合同的效力，否则无法解决证据偏在的问题。而认定挂靠行为不影响施工合同的效力，显然与现行法律制度相悖。第二，挂靠行为在招投标时虽不容易发现，但到了施工时就会暴露无遗。[④] 因此，证据偏在

---

① 参考案例472：桂林高星置业有限公司与桂林科创置业有限公司建设工程施工合同纠纷案，最高人民法院（2020）最高法民申4881号民事裁定书。

② 参见谢勇、郭培培：《论实际施工人的民法保护》，载《法律适用》2021年第6期。

③ 参见李芊：《“挂靠”：亟待重视的建筑法律问题》，载《建筑时报》2008年11月6日，第3版。

④ 参见徐琳：《防止工程招标中“挂靠”现象的解决办法》，载《建设监理》2002年第6期。

的问题并不如想象的那么严重。而且“从审判实践来看，在绝大多数场合，发包人与实际施工人都是明知彼此的存在并且是有意而为的”①。第三，发包人对挂靠是否知情比是否存在挂靠更难查清，绝大多数时候只能根据发包人的单方陈述——知情或不知情——进行认定。如果以发包人是否知情作为判定合同是否有效的标准，“就可能导致如下结果：发包人为实现利益的最大化而忽略客观事实，选择性地接受或否认自己知道挂靠的事实”②。若此，事实上将合同效力的决定权交到了发包人的手上。第四，无论将施工合同评价为有效还是无效，对被挂靠人与发包人而言，都不是“一边倒”的利益失衡，而是利弊并存的“双刃剑”。如果施工合同无效，虽仍需按照合同约定的结算条款办理结算，但合同约定的违约条款对发包人不具有约束力，且对合同无效的损失，被挂靠人与挂靠人应承担主要甚至全部责任；如果施工合同有效，则双方均受合同约束，而该合同作为双方自愿、平等协商的结果，通常是利益均衡、风险并存的。因此，所谓被挂靠人“没有任何法律风险”的理由，不能成立。

在挂靠经营的情况下，施工合同并非基于意思表示的瑕疵而无效，而是因违反法律强制性规定——禁止借用资质——而无效。因此，无论发包人对挂靠是否知情，均应认定挂靠人以被挂靠人名义与发包人签订的建设工程施工合同无效。首先，《建设工程施工合同解释（一）》第1条第1款第2项援引的认定施工合同无效的法律依据是《民法典》第153条第1款。《民法典》第153条第1款规定：“违反法律、行政法规的强制性规定的民事法律行为无效。但是，该强制性规定不导致该民事法律行为无效的除外。”据此，认定施工合同无效的理由是挂靠行为违反法律的强制性规定，而非通谋而为虚假意思表示。最高人民法院在“郑皓颖与吉林市金晟房地产开发有限公司建设工程施工合同纠纷案”③中即认为，“没有资质的实际施工人借用有资质的建筑施工企业名义签订的建设工程施工合同，应当根据合

① 杨心忠等：《建设工程合同纠纷裁判思路》，法律出版社2014年版，第33页。

② 王毓莹、史智军：《建设工程施工合同纠纷疑难问题和裁判规则解析》，法律出版社2022年版，第132页。

③ 参考案例473：郑皓颖与吉林市金晟房地产开发有限公司建设工程施工合同纠纷案，最高人民法院（2019）最高法民终1455号民事判决书。

同法第52条第5项[①]的规定，认定无效”。其次，《招标投标法》第54条第1款前段规定，“投标人以他人名义投标或者以其他方式弄虚作假，骗取中标的，中标无效”。该规定并未区分招标人对挂靠是否知情。最后，从《建设工程施工合同解释（一）》第1条第1款第2项的规定来看，“显然，对于借用有资质的建筑施工企业名义订立建设工程施工合同，最高人民法院是把实际施工人认定为合同主体”[②]。《重庆市高级人民法院民一庭关于建设工程施工合同纠纷案件若干问题的解答》（2019年10月）第6条前段规定：“实际施工人借用建筑施工企业资质与发包人签订建设工程施工合同的，实际施工人与建筑施工企业签订的挂靠合同、建筑施工企业与发包人签订的建设工程施工合同均应认定为无效。”据此，挂靠签订的建设工程施工合同一律无效，不因发包人是否知情而有所不同。

当然，发包人对挂靠是否知情，虽不影响合同的效力，但影响合同无效的责任分配。原《广东省高级人民法院关于审理建设工程合同纠纷案件的暂行规定》（粤高法发〔2000〕31号）第19条即规定：“发包人知道或应当知道承包人挂靠其他建筑企业仍与之签订建设工程合同的，应对无效合同承担相应的过错责任。”也就是说，如果发包人不知道挂靠，则合同无效的责任应由（或主要由）挂靠人与被挂靠人承担。

**典型案例432**

## 莫志华、深圳市东深工程有限公司与东莞市长富广场房地产开发有限公司建设工程合同纠纷案[③]

### 基本案情

2003年4月30日，莫志华与深圳市东深工程有限公司（以下简称东深公司）

① 原《合同法》第52条规定：“有下列情形之一的，合同无效：（一）一方以欺诈、胁迫的手段订立合同，损害国家利益；（二）恶意串通，损害国家、集体或者第三人利益；（三）以合法形式掩盖非法目的；（四）损害社会公共利益；（五）违反法律、行政法规的强制性规定。”该条第5项被《民法典》第153条第1款吸收并完善为：“违反法律、行政法规的强制性规定的民事法律行为无效。但是，该强制性规定不导致该民事法律行为无效的除外。”

② 杨代雄：《使用他人名义实施法律行为的效果——法律行为主体的“名”与“实”》，载《中国法学》2010年第4期。

③ 典型案例432：《莫志华、深圳市东深工程有限公司与东莞市长富广场房地产开发有限公司建设工程合同纠纷案》，载《最高人民法院公报》2013年第11期。

签订《长富商贸广场工程合作协议书》约定，莫志华以东深公司的名义与建设单位签订大朗商贸广场工程施工合同，东深公司的权利义务由莫志华实际享有和承担，莫志华向东深公司缴纳工程造价1.5%的费用作为管理费。2003年5月13日，东深公司与东莞市长富广场房地产开发有限公司（以下简称长富广场公司）签订《长富广场工程初步协议》。2003年5月19日，东深公司与长富广场公司签订《东莞市建设工程施工合同》。2003年5月21日，东深公司与长富广场公司签订《大朗长富商贸广场工程施工合同》。上述协议签订后，莫志华于2003年6月23日开始施工。后因对已完成工程造价产生争议，莫志华、东深公司遂提起诉讼。

## 法院观点

一审法院（广东省东莞市中级人民法院）认为，莫志华作为自然人，不具有承包建筑工程的资质，其挂靠有资质的建筑施工企业东深公司承建案涉工程，违反了《建筑法》第12条、第26条的强制性规定。虽无证据证明长富广场公司对于莫志华与东深公司之间的挂靠关系知情，但根据《合同法》第52条第5项、《2004年建工解释》第1条第2项的规定，东深公司与长富广场公司签订的《长富广场工程初步协议》《东莞市建设工程施工合同》及《大朗长富商贸广场工程施工合同》均应认定为无效。二审法院（广东省高级人民法院）也认为，莫志华以东深公司的名义与长富广场公司签订的《大朗长富商贸广场工程施工合同》等合同违反了《建筑法》第26条第2款的规定，应确认为无效合同。[①] 在此基础上，针对当事人争议的损失问题，法院进一步认为，“在合同的签订和履行过程中与长富广场公司发生法律关系的是东深公司，同时莫志华与东深公司未能提供充分的证据证明长富广场公司对于莫志华与东深公司之间的挂靠关系知情。因此，本案导致合同无效的根本原因在于莫志华与东深公司，东深公司明知莫志华无建筑资质而仍让其挂靠承建工程违法却仍然实施了上述行为，故应承担全部过错责任”。

① 在最高人民法院的提审中，因双方当事人对于合同无效均不存在争议，故最高人民法院未再做评述。

## 裁判规则433

**基于挂靠行为的违法性，无论挂靠人是否具备相应施工资质，挂靠人以被挂靠人名义与发包人签订的建设工程施工合同均应认定为无效。**

《建设工程施工合同解释（一）》第1条第1款第2项规定，没有资质的实际施工人借用有资质的建筑施工企业名义签订合同的，应当依据《民法典》第153条第1款的规定，认定建设工程施工合同无效。如果借用资质的挂靠人具备相应资质，又应如何处理？

有观点认为，“高借低”“同级互借”只涉及管理秩序问题，并不会对建设工程质量造成实质性危害。[①] 因此，应根据挂靠人自身资质的不同，对合同效力作出不同的认定。如果挂靠人本身具备相应资质，则建设工程施工合同有效，反之则无效。对借权行为可以通过罚款等行政处罚措施进行处理，不应仅以当事人实施了借用资质的行为来否定施工合同的效力。[②] 换言之，“借用资质的实际施工单位本身具备相应资质，满足承揽的工程所需的资质等级要求，其借用资质较高的施工企业资质只是为方便承揽工程，争取更多的收费。此种情况建筑工程的质量和安全是有保障的，就不宜否定建设工程施工合同效力”[③]。《北京市高级人民法院审理民商事案件若干问题的解答之五（试行）》（京高法发〔2007〕168号）第46条即规定：“建筑行业中的挂靠经营行为并不都是当然无效，在下列情形下挂靠行为有效：（1）挂靠者虽然以被挂靠者的名义签订建设工程施工合同，但其本身具备建筑等级资质，且实际承揽的工程与其自身资质证书等级相符；（2）被挂靠者提供工程技术图纸、进行现场施工管理，并由开发单位直接向被挂靠者结算。”

但如【裁判规则428】所述，无论是《建筑工程施工发包与承包违法行为认定查处管理办法》第10条第2项，还是《建筑法》第26条第2款，均未区分挂靠人

---

① 参见王毓莹、史智军：《建设工程施工合同纠纷疑难问题和裁判规则解析》，法律出版社2022年版，第120页。

② 参见唐倩：《挂靠施工合同的效力分析》，载《法律适用》2019年第5期。

③ 杨心忠等：《建设工程合同纠纷裁判思路》，法律出版社2014年版，第95页。还可参见靳小宇：《建设工程挂靠施工合法化问题的法律探讨》，载《中国招标》2013年第25期。

有无资质，统一将建筑领域内的挂靠经营规定为明令禁止的违法行为。在此意义上，建设工程施工合同系因借用资质这一违法行为而无效，非因挂靠人不具备资质而无效。如果因挂靠人具备相应资质而认定施工合同有效，那么在转包的情况下，如转承包人也具备相应资质，是否也应认定转包合同有效？事实上，现行法之所以规定转包合同无效，不是因为转承包人不具备资质，而是因为“转包本身就属于完全违法的行为”[①]。与之同理，基于挂靠行为的违法性，无论挂靠人是否具备相应施工资质，挂靠人以被挂靠人名义与发包人签订的建设工程施工合同均属于无效合同。

据此，对于挂靠人以被挂靠人名义与发包人签订的建设工程施工合同，因挂靠施工违反了《建筑法》等相关法律法规的强制性规定，无论挂靠人是否具备相应施工资质，均应认定为无效。对于无资质或超越资质等级的挂靠，根据《建设工程施工合同解释（一）》第1条第1款第2项的规定，应当以《民法典》第153条第1款的规定为据，认定无效；对于挂靠人具备相应资质的挂靠，则应当以《建筑法》第26条第2款的规定为据，认定无效。

**典型案例433**

## 山西东禹实业集团有限公司与山西煤炭进出口集团鹿台山煤业有限公司、辽宁煤建工程集团有限公司建设工程施工合同纠纷案[②]

### 基本案情

2014年7月，经招投标，山西煤炭进出口集团鹿台山煤业有限公司（以下简称鹿台山煤业公司）与辽宁煤建工程集团有限公司（以下简称辽宁煤建公司）签订《2202工作面基建掘进工程施工合同》约定，辽宁煤建公司承建2202运输顺

① 最高人民法院民事审判第一庭编著：《最高人民法院新建设工程施工合同司法解释（一）理解与适用》，人民法院出版社2021年版，第25页。

② 典型案例433：山西东禹实业集团有限公司与山西煤炭进出口集团鹿台山煤业有限公司、辽宁煤建工程集团有限公司建设工程施工合同纠纷案，山西省高级人民法院（2020）晋民终459号民事判决书。

槽、2202回风顺槽、横川、运输顺槽与回风大巷风桥、回风顺槽与回风大巷风桥，合同价款为3,366,300元。2014年11月30日，双方签订《临时避难硐室掘进施工合同》约定，辽宁煤建公司承建临时避难硐室掘进工程，合同价款为172,000元。2014年12月17日，双方签订《2201综采工作面采煤作业施工合同》约定，辽宁煤建公司承建2201综采工作面采煤工程。2014年8月、2014年12月17日，辽宁煤建公司与山西东禹实业集团有限公司（以下简称东禹公司）签订《2202工作面基建掘进工程合同》《2201综采工作面原煤生产工程合同》约定，辽宁煤建公司将其承包鹿台山煤业公司的前述工程的全部施工工作分包给东禹公司，分包方向总包方缴纳审定结算价的2%作为施工管理费。同时，双方又以口头合同的方式达成了临时避难硐室掘进工程的分包合同。东禹公司实际履行了全部施工合同义务后诉至法院，要求鹿台山煤业公司支付工程欠款，并赔偿停工、误工等导致的各项损失。经查，东禹公司为矿山工程承包二级资质①，辽宁煤建公司为矿山工程承包一级资质。

### 法院观点

晋城市中级人民法院（一审法院）与山西省高级人民法院（二审法院）认为，鹿台山煤业公司与辽宁煤建公司签订的三份案涉合同，合同当事人虽系辽宁煤建公司，但东禹公司参与了合同的招标、订立，进行了实际施工、结算等活动。辽宁煤建公司名义上与东禹公司就案涉工程达成分包合同，实际上是东禹公司作为实际施工人借用辽宁煤建公司的名义与鹿台山煤业公司签订了三份案涉合同。据此，东禹公司借用辽宁煤建公司名义承揽案涉工程，该三份合同均为无效合同。

## 11.4 挂靠模式下的工程款债权

由于实务中对挂靠人、被挂靠人与发包人之间的合同关系存在较大分歧，所以

① 具备矿山工程承包二级资质的施工单位可承担下列矿山工程（不含矿山特殊法施工工程）的施工：1. 120万吨/年以下铁矿采、选工程；2. 120万吨/年以下有色砂矿或70万吨/年以下有色脉矿采、选工程；3. 150万吨/年以下煤矿矿井工程（不含高瓦斯及煤）岩与瓦斯（二氧化碳）突出矿井、水文地质条件复杂以上的矿井、立井井深大于600米的工程项目或360万吨/年以下洗煤工程；4. 70万吨/年以下磷矿、硫铁矿或36万吨/年以下铀矿工程；5. 24万吨/年以下石膏矿、石英矿或80万吨/年以下石灰石矿等建材矿山工程。

实务中对挂靠模式下工程款债权的处理，也路径各异。

## 裁判规则434

**被挂靠人与发包人之间不存在真实的建设工程施工合同关系，故被挂靠人无权与发包人进行结算，也无权向发包人主张工程款债权。**

实践中，被挂靠人以自己名义主张工程款的情形并不鲜见。如果诉讼中查明是挂靠施工，应否支持被挂靠人的请求？

较多观点认为，被挂靠人有权向发包人主张工程款债权。第一，被挂靠人从发包人处收取了工程款的，挂靠人可以依据挂靠关系向被挂靠人追索工程款。也就是说，被挂靠人是工程款的中间责任主体，故应允许被挂靠人向发包人主张工程款债权。第二，无论是被挂靠人自行提起诉讼，还是挂靠人以被挂靠人名义起诉，为规避对挂靠的行政处罚，原告通常会隐匿挂靠方面的证据；因此，不允许被挂靠人（或挂靠人以被挂靠人名义）向发包人主张工程款债权，事实上难以实现。第三，在法理上，允许被挂靠人向发包人主张工程款债权，乃因被挂靠人与挂靠人构成利益共同体，二者均可提出权利主张。

首先需要明确的是，被挂靠人在向发包人主张工程款债权时，往往会隐瞒挂靠的事实。在无法得知或查明挂靠的情况下，只能判决发包人向被挂靠人支付工程款。此后，挂靠人只能向被挂靠人主张工程款，不得再向发包人主张工程款。前述“郑州手拉手集团有限公司与河南省冶金建设有限公司等建设工程施工合同纠纷案”① 即为适例。但在已经查明挂靠的情形下，则不应允许被挂靠人向发包人主张工程款债权。

站在逻辑层面，如【裁判规则430】所述，在被挂靠人与发包人之间虽然存在名义上的建设工程施工合同，但该合同系被挂靠人的虚伪意思表示，且被挂靠人事实上也未履行该合同，故被挂靠人与发包人之间不存在建设工程施工合同关系。因

① 参考案例474：郑州手拉手集团有限公司与河南省冶金建设有限公司等建设工程施工合同纠纷案，最高人民法院（2018）最高法民终391号民事判决书。该案中，被挂靠人冶金公司向发包人手拉手公司主张工程款债权，在未通知挂靠人沈光付的情况下，调解结案。后沈光请求手拉手公司向其支付工程款，最高人民法院认为，沈光付在冶金公司已经向手拉手公司主张权利的情况下，请求手拉手公司直接向其支付工程款，不应支持。若此，则沈光付须以冶金公司为被告，重新主张工程款。

此，被挂靠人不是施工合同的真正权利义务主体，也没有进行施工建设，无权作为原告向发包人主张工程款。[①] 就此，除下述【典型案例 434】外，还可参见“南通四建集团有限公司与获嘉县岚世纪房地产开发有限公司、黄夕荣建设工程施工合同纠纷案”[②]。

站在效果层面，认可被挂靠人有权与发包人结算、有权向发包人主张工程款债权，具有如下弊端：第一，可能导致被挂靠人收取工程款后，不支付给挂靠人，从而引发挂靠人的再次追索，增加讼累。“郑州手拉手集团有限公司与河南省冶金建设有限公司等建设工程施工合同纠纷案”[③] 即是如此。第二，挂靠人向被挂靠人再次追索时，可能因被挂靠人的对外债务过大，导致追索不能。尤其是被挂靠人主张工程款时一并主张了工程价款优先受偿权（挂靠人无法再次主张优先受偿权）的情况下，被挂靠人获得工程款后，因对外债务过大，导致挂靠人追索时债权难以实现。第三，当被挂靠人的利益（挂靠费）已经实现或基本实现时，被挂靠人缺乏追索工程款的动力，就会怠于行使权利，导致挂靠人权利实现产生困难。此外，被挂靠人怠于行使权利，还可能使该权利超过诉讼时效。第四，实践中还存在被挂靠人与发包人串通，签订结算价明显过低的虚假结算协议，从而损害挂靠人利益的情况。[④] 后述“秦in虒蓁等与西安星火地产开发有限公司、晟元集团有限公司建设工程

① 参见王勇：《建设工程施工合同纠纷实务解析》，法律出版社 2017 年版，第 110 页。

② 参考案例 475：南通四建集团有限公司与获嘉县岚世纪房地产开发有限公司、黄夕荣建设工程施工合同纠纷案，最高人民法院（2020）最高法民终 1269 号民事判决书。南通四建起诉后，河南省高级人民法院作出（2014）豫法民一初字第 8 号民事判决。南通四建不服，上诉至最高人民法院。最高人民法院于 2018 年 11 月 13 日作出（2018）最高法民终 954 号民事裁定，指令河南省高级人民法院审理本案。河南省高级人民法院审理后，作出（2019）豫民初 18 号民事判决。南通四建公司仍不服，再次向最高人民法院提起上诉。最高人民法院作出（2020）最高法民终 1269 号民事判决。

③ 参考案例 476：郑州手拉手集团有限公司与河南省冶金建设有限公司等建设工程施工合同纠纷案，最高人民法院（2018）最高法民终 391 号民事判决书。该案中，被挂靠人冶金公司向发包人手拉手公司主张工程款债权，在未通知挂靠人沈光付的情况下，双方调解结案。后沈光付请求手拉手公司向其支付工程款，最高人民法院认为，沈光付在冶金公司已经向手拉手公司主张权利的情况下，请求手拉手公司直接向其支付工程款，不应支持。若此，则沈光付须以冶金公司为被告，重新主张工程款。

④ 在此情形下，被挂靠人本可从工程款中收取的挂靠费中因低价结算而逸失的部分，则通过与发包人的私下交易得以弥补，通常情况下被挂靠人将获得更多。此外，挂靠人与发包人达成虚假的低价结算协议，降低被挂靠人的管理费，并与发包人按真实结算价格履行的情况也有可能，但不值得过多关注。一则发包人缺乏配合作假的利益驱动，故可能性不大；二则被挂靠人的挂靠费系违法利益，本就缺乏保护的依据。

施工合同纠纷案”① 即为适例。

站在操作层面，被挂靠人向发包人主张工程款债权，既可能是被挂靠人自行提起诉讼主张工程款，也可能是挂靠人以被挂靠人名义起诉主张工程款。就此，重庆市高级人民法院民一庭（2014）渝高法民一复字第7号答复称：“作为建设工程施工合同的当事人，被挂靠人有权以发包人、总承包人、分包人、转包人为被告提起诉讼。为了便于查清案情，彻底解决纠纷，被挂靠人以发包人、总承包人、分包人、转包人为被告提起诉讼的，挂靠人可以作为第三人参加诉讼或者由人民法院通知其参加诉讼。”《安徽省高级人民法院关于审理建设工程施工合同纠纷案件适用法律问题的指导意见》（2009年5月4日）第2条前段规定，“实际施工人以被挂靠单位名义签订建设工程施工合同，实际施工人或被挂靠单位单独起诉发包人索要工程款的，发包人可申请人民法院追加被挂靠单位或实际施工人为案件当事人”。基于前述逻辑与效果层面的分析，更为合适的解决之道是，被挂靠人以自己名义向发包人主张工程款，经查涉嫌挂靠的，应当通知挂靠人，由其决定是否以有独立请求权的第三人身份参加诉讼。

**典型案例434**

## 湖南省永安建筑股份有限公司与萍乡市兴盛房地产开发有限公司、彭义芳建设工程施工合同纠纷案②

### 基本案情

2012年5月10日，湖南省永安建筑股份有限公司（以下简称永安公司）与萍乡市兴盛房地产开发有限公司（以下简称兴盛公司）签订《建设工程施工合同》约定，由永安公司承建兴盛公司开发的兴盛·新城市花园1号、2号楼工程。2012年7月10日，2号楼开工建设，并于2013年8月14日验收合格。2012年11月1

① 典型案例436：秦虓蓁等与西安星火地产开发有限公司、晟元集团有限公司建设工程施工合同纠纷案，最高人民法院（2019）最高法民再295号民事判决书。

② 典型案例434：湖南省永安建筑股份有限公司与萍乡市兴盛房地产开发有限公司、彭义芳建设工程施工合同纠纷案，江西省高级人民法院（2018）赣民终323号民事判决书、最高人民法院（2019）最高法民申1307号民事裁定书。

日，1号楼开工建设，并于2014年12月16日验收合格。2015年6月12日，兴盛公司法定代表人贺义平与彭义芳签订《兴盛·新城市花园（新城豪庭）1号、2号楼建安工程结算表》确认，1号、2号楼建安工程结算总价为41,183,989元，已付工程款为37,762,710元，尚欠工程款3,421,279元。永安公司以其系合同相对人、依法享有案涉项目所有权益为由，向法院提起诉讼，要求兴盛公司支付工程款13,829,830元及相应利息。为了确定案涉工程的结算总价，永安公司提出了司法鉴定申请。经查，《建设工程施工合同》约定的保证金100万元实际由彭义芳支付；施工由彭义芳组织完成；案涉工程的建筑材料费、民工工资、设备租赁费等费用由彭义芳对外支付；湖南省浏阳市人民法院（2015）浏刑初字第985号刑事判决书认定，彭义芳作为项目承建商承接了案涉工程项目。

## 法院观点

一审法院（萍乡市中级人民法院）认为，彭义芳系案涉工程项目的实际施工人，永安公司仅是出借资质，与案涉工程无实体上的权利义务关系，故永安公司无权主张工程款及利息。永安公司据此提出的鉴定申请应不予准许。并据此判决，驳回永安公司的全部诉讼请求。二审法院（江西省高级人民法院）认为，彭义芳作为承包人，工程结算应当在彭义芳与兴盛公司之间进行，且双方于2015年6月12日已就工程款进行了结算，该结算协议对双方均具有约束力。永安公司与兴盛公司之间不存在建设工程施工合同关系，永安公司无权主张工程款及利息，因此永安公司称兴盛公司欠付其工程款，一审法院剥夺其工程造价鉴定申请权，没有事实与法律依据。据此判决，驳回上诉、维持原判。最高人民法院在再审审查中也认为，彭义芳系案涉工程实际施工人，其有权与兴盛公司就案涉工程价款进行结算。永安公司无权要求兴盛公司再次进行结算，故其在原审法院要求对案涉工程进行鉴定，明显无此必要。

## 裁判规则435

**基于事实施工合同关系，挂靠人有权以合同相对人名义单独向发包人主张工程款债权，但应将发包人支付给被挂靠人的工程款作为已付款从应付款中扣除。**

由于对挂靠人与发包人之间是否形成事实上的施工合同关系存在不同观点，所以对挂靠人可否以合同相对人名义向发包人主张工程款债权也存在不同认识。

如根据“合同相对性说”，或者在“知情说”中发包人不知情的情况下，挂靠人不是施工合同的相对人，不能以合同相对人名义向发包人主张工程款债权，而应由被挂靠人主张工程款债权。对该观点的反对意见，前已述及，此处不再赘述。根据“共同承包说”，应当由被挂靠人与挂靠人作为共同原告主张工程款。但是，在挂靠施工的三方当事人中仅存在一个建设工程施工合同关系，即挂靠人通过实际履行行为与发包人建立的事实上的合同关系，被挂靠人并非承包人，缺乏主张工程款的权利基础，不应作为共同原告。原广东省高级人民法院《关于审理建设工程合同纠纷案件的暂行规定》（粤高法发〔2000〕31号）第4条即规定：“施工人挂靠其他建筑施工企业，并以被挂靠建筑施工企业名义签订建设工程合同，而被挂靠建筑施工企业不愿起诉的，施工人可作为原告起诉，不必将被挂靠建筑施工企业列为共同原告。”

根据事实缔约理论，在挂靠施工的情况下，挂靠人与发包人形成事实上的施工合同关系。虽然该合同关系无效，但“挂靠人基于自己投资、自己组织施工的事实”①，作为事实上的承包人，有权依据《民法典》第793条第1款的规定，向发包人主张工程款。② 在被挂靠人与发包人之间，虽然存在形式上的建设工程施工合同，但该合同并未实际履行。挂靠人才是“实体义务的履行者和权利的最终享有者”③。因此，挂靠人享有直接将发包人作为被告请求支付工程款的权利。天津市高级人民法院④、最高人民法院在“黑龙江省东阳房地产开发有限公司与郑延利建

① 王蕴：《论挂靠经营中的若干法律问题》，载《学海》2002年第6期。

② 参见万怡、李颖：《挂靠施工中工程款案件诉讼主体正当性探究——以某中级法院为视角》，载于健龙等主编：《中国建设工程法律评论》第4辑，法律出版社2016年版；陈屹、邬砚：《关于建筑领域挂靠经营的相关法律问题研究》，载宋令友主编：《实践中的房地产法律问题》，法律出版社2008年版。

③ 参考案例477：重庆市仁义建筑工程有限责任公司与贵州恒达房地产开发有限公司建设工程施工合同纠纷案，最高人民法院（2020）最高法民申2340号民事裁定书。

④ 《天津市高级人民法院关于审理建设工程施工合同纠纷案件相关问题的审判委员会纪要》（2020年12月9日）第2条第2项规定：“借用总承包人资质（挂靠）的实际施工人，可依据建设工程司法解释（一）第2条规定，参照施工合同约定请求发包人支付工程价款。”

设工程施工合同纠纷案”① 中，均持这一观点。

需要注意的是，实践中发包人通常直接向被挂靠人支付工程款，被挂靠人收款后再向挂靠人支付工程款。鉴于形式上的建设工程施工合同系以被挂靠人名义签订，故如无相反约定，此类支付对于挂靠人而言属于合意支付。对发包人已经支付给被挂靠人的部分，挂靠人应当向被挂靠人主张，以避免发包人承担双重清偿责任。② 此外，实践中，挂靠人以被挂靠人名义与发包人签订建设工程施工合同并部分履行后，因自身实力不济退出施工，被挂靠人承接并继续履行合同的情形并不少见。在此情形下，则应当认定存在两个施工合同关系，前一合同为挂靠人与发包人之间的施工合同，后一合同为被挂靠人与发包人之间的施工合同，分别确定挂靠人与被挂靠人各自的工程款债权。

**典型案例 435**

## 陈春菊与西宁市城市交通投资建设有限公司等建设工程施工合同纠纷案③

### 基本案情

2010 年 7 月 7 日，匠铸公司与陈春菊签订《挂靠协议》约定，匠铸公司同意陈春菊挂靠在其名下，承接西宁市城市交通投资建设有限公司（以下简称城投公司）投资建设的西宁市火车站综合改造工程小寨安置小区Ⅲ标段工程项目；挂靠期间，陈春菊以匠铸公司项目经理部名义自主经营、独立核算、自负盈亏；匠铸公司按工程总造价的 0.5%收取管理费。2010 年 8 月 4 日，陈春菊以匠铸公司名义中标该工程，并于同年 8 月 6 日与城投公司签订《建设工程施工合同》。2014 年 6 月

① 参考案例 478：《建设工程经竣工验收合格后，实际施工人与发包人所签订的建设工程价款结算协议，人民法院可予保护——黑龙江省东阳房地产开发有限公司与郑延利建设工程施工合同纠纷案》，载最高人民法院民事审判第一庭编：《民事审判指导与参考》总第 49 辑，人民法院出版社 2012 年版。

② 参见谢勇：《〈最高人民法院关于审理建设工程施工合同纠纷案件适用法律问题的解释（一）〉的理解与适用》，载最高人民法院民事审判第一庭编：《民事审判指导与参考》总第 85 辑，人民法院出版社 2021 年版。

③ 典型案例 435：陈春菊与西宁市城市交通投资建设有限公司等建设工程施工合同纠纷案，最高人民法院（2018）最高法民终 128 号民事判决书。

27日、11月7日，该工程商铺、地下室竣工验收合格。经核算，案涉建设工程总造价为162,550,043.58元，无争议的已付款为11,538万元。后陈春菊以匠铸公司与城投公司为被告诉至法院，请求判令城投公司支付欠付的工程款47,170,043.58元。一审中，陈春菊撤回了对匠铸公司的诉讼请求，一审法院依职权将匠铸公司列为第三人。被挂靠人匠铸公司在另案诉讼中被判决承担2,033,329.32元的支付责任，执行法院以发包人城投公司拖欠工程款为由，直接从城投公司账户划扣了2,033,329.32元，陈春菊不同意将该笔划扣款作为已付工程款。

### 法院观点

针对争议的该笔划扣款，最高人民法院认为，城投公司系因拖欠匠铸公司本案工程款而被执行法院划扣了上述款项，应视为城投公司已经支付了该部分工程款，该款项应从城投公司欠付的工程款中予以扣除。故城投公司拖欠款项应为45,136,714.26（47,170,043.58-2,033,329.32）元。

## 裁判规则436

**基于合同的相对性，被挂靠人与发包人就工程款达成的结算协议不能约束挂靠人，挂靠人有权要求另行结算。**

在挂靠施工的情况下，被挂靠人是名义上的承包人。在施工完成后，被挂靠人与发包人达成的结算协议对挂靠人是否具有约束力？

有观点认为，挂靠人有证据证明被挂靠人与发包人之间的结算协议明显损害其合法权益的，应对工程造价依据合同进行鉴定。[①] 换言之，被挂靠人有权与发包人进行结算，只是不得借结算之机损害挂靠人利益。还有观点认为，应由被挂靠人与发包人结算，挂靠人无权结算。在“黄建国与河南东方建设集团发展有限公司、河南亚星置业集团有限公司建设工程施工合同纠纷案”[②] 中，最高人民法院即认

---

① 参见杨心忠等：《建设工程合同纠纷裁判思路》，法律出版社2014年版，第169页。

② 参考案例479：黄建国与河南东方建设集团发展有限公司、河南亚星置业集团有限公司建设工程施工合同纠纷案，最高人民法院（2020）最高法民终576号民事判决书、最高人民法院（2021）最高法民申3897号民事裁定书。

为，河南东方建设集团发展有限公司作为被挂靠人已与发包人河南亚星置业集团有限公司签订工程结算协议书对工程价款进行了结算，黄建国作为挂靠人，要求由其对工程价款进行结算，没有法律依据。

但是，站在逻辑的层面，被挂靠人不是施工合同的真实承包人，无权主张工程款，也就无权与发包人进行结算，故其与发包人达成的结算协议对挂靠人不具有约束力。就此，可参见"李斌与霍城县粮食购销有限责任公司、伊犁七星建设工程有限责任公司建设工程施工合同纠纷案"①。站在效果的层面，如果允许被挂靠人与发包人进行结算，难免发生前述被挂靠人与发包人串通损害挂靠人利益的情况。也就是说，在施工完成后，被挂靠人以合同相对人身份与发包人达成低价的结算协议（虽然被挂靠人从挂靠人处收取的管理费会有所减少，但其必然可以从发包人处获得更大的利益），进而损害挂靠人利益。因此，基于合同的相对性，被挂靠人与发包人就工程款达成的结算协议不能约束挂靠人，挂靠人有权要求另行结算。

**典型案例 436**

## 秦虓蓁等与西安星火地产开发有限公司、晟元集团有限公司建设工程施工合同纠纷案②

### 基本案情

2010年7月13日，秦虓蓁向晟元集团有限公司（以下简称晟元公司）交纳了旭景崇盛园小区工程保证金50万元。2010年9月18日，西安星火地产开发有限公司（以下简称星火公司）与晟元公司签订《建设工程施工合同》，约定星火公司将旭景崇盛园9号、11号楼工程发包给晟元公司施工。2011年5月8日，案涉工程开工。2011年12月21日，晟元公司西北分公司与秦虓蓁等三人（责任人）就旭景崇盛园9号楼签订《施工项目目标管理责任书》，约定责任人上缴公司的管理费为审定总造价的1.5%，亏损由项目责任人承担，节余全奖。2013年7月20日，星

① 参考案例480：李斌与霍城县粮食购销有限责任公司、伊犁七星建设工程有限责任公司建设工程施工合同纠纷案，新疆维吾尔自治区高级人民法院（2022）新民申1192号民事裁定书。

② 典型案例436：秦虓蓁等与西安星火地产开发有限公司、晟元集团有限公司建设工程施工合同纠纷案，最高人民法院（2019）最高法民再295号民事判决书。

火公司与晟元公司签订《备忘录》确定，以2013年4月20日为时间节点统计晟元公司实际完成工程量，晟元公司退场。2013年12月26日，秦虢蓁等三人以星火公司为被告提起本案诉讼，要求星火公司支付工程款，并追加晟元公司为第三人。2016年11月14日，经鉴定，按照旭景崇盛园9号楼、地下车库施工合同约定的计价标准，案涉工程造价为46,491,959.59元。2016年12月5日，星火公司与晟元公司就旭景崇盛园9号楼及8、9分区车库签订了《工程决算审核书》，审定造价为39,274,391.18元。2016年12月19日，星火公司与晟元公司共同确认，所有工程款已结清。星火公司据此主张，星火公司与晟元公司按照合同约定协商终止合同并完成工程决算，且星火公司已结清全部工程款，不存在欠付工程款的情况。

### 法院观点

一审法院（西安市中级人民法院）与二审法院（陕西省高级人民法院）均认为，因星火公司与秦虢蓁等三人并不存在合同关系，星火公司与合同相对方晟元公司进行结算，符合建设工程施工合同的约定。双方共同确认工程款已经付清，因此秦虢蓁等三人主张星火公司拖欠工程款，依据不足。但最高人民法院在再审中认为，秦虢蓁等三人是案涉工程的实际施工人，晟元公司仅为名义承包人，星火公司应当在实际施工人认可的情况下与晟元公司结算。星火公司在未通知秦虢蓁等三人的情况下，与晟元公司按照39,274,391.18元进行了结算，该结算确定的工程总造价不能约束实际施工人秦虢蓁等三人，不能据此认定星火公司已结清案涉工程全部工程款，星火公司仍应在欠付工程款范围内向实际施工人承担付款责任。经鉴定，工程款为46,491,959.59元，星火公司已付39,274,391.18元，据此，星火公司尚欠工程款数额为7,217,568.41元。

## 裁判规则437

**挂靠人以承包人名义向发包人主张工程款债权，应当按照名义上的建设工程施工合同进行结算。挂靠协议约定的挂靠费应按照非法所得进行处理。**

挂靠人可以以自己名义直接向发包人主张工程款债权，但挂靠人与发包人之间并无书面建设工程施工合同，那么应当按照什么计价标准进行结算？

在挂靠施工的情况下，按照事实缔约理论，挂靠人与发包人之间形成事实上的施工合同关系。该事实合同的权利义务与形式上的建设工程施工合同的权利义务并无实质区别。首先，虽然形式上的建设工程施工合同的承包人是被挂靠人，但该合同本就是挂靠人借被挂靠人的名义所签订，也即该合同的实际承包人是挂靠人，而非署名的被挂靠人。其次，无论工程范围、工期还是工程质量，挂靠人均是按照该形式上的建设工程施工合同进行履行。在挂靠人按照该合同约定履行完自己义务的情况下，按照等价有偿原则，其有权要求发包人按照该合同约定折价补偿。最后，站在发包人的角度，如果其对挂靠知情，则其知道是挂靠人在实际履行该合同，那么按照合同约定的计价标准对挂靠人进行折价补偿，自属当然；如果其对挂靠不知情，虽然其付款对象由被挂靠人变更为挂靠人，但其获得的是符合法律规定与合同约定的质量标准的建设工程，从合同的利益安排来看，发包人按照合同约定的计价标准对挂靠人进行折价补偿，其实体利益并未受到任何损害。质言之，挂靠人与发包人实际履行的事实上的施工合同，也就是发包人与被挂靠人之间名义上的施工合同。[①] 因此，挂靠人以合同相对人名义向发包人主张工程款债权，应当按照名义上的建设工程施工合同进行结算。在前述“秦虢蓁等与西安星火地产开发有限公司、晟元集团有限公司建设工程施工合同纠纷案”[②] 中，最高人民法院即认为，应当由挂靠人与发包人按照名义上的建设工程施工合同进行结算。在后述“黄厚忠与郴州市发展投资集团有限公司建设工程施工合同纠纷案”[③] 中，黄厚忠以挂靠人身份向发包人郴州市发展投资集团有限公司主张工程款，法院也是按照郴州市发展投资集团有限公司与被挂靠人之间的《施工合同》进行鉴定，并按鉴定认定的工程造价予以判决。

这一规则遗留的问题是，按照名义上的建设工程施工合同进行结算，则意味着挂靠人从发包人处获得了挂靠协议约定的本应由被挂靠人收取的挂靠费。就此问题，可参照本书第 6 章第 6 节“违法所得”中的裁判规则处理。

---

① 参见杨心忠等：《建设工程合同纠纷裁判思路》，法律出版社 2014 年版，第 63 页。

② 典型案例 436：秦虢蓁等与西安星火地产开发有限公司、晟元集团有限公司建设工程施工合同纠纷案，最高人民法院（2019）最高法民再 295 号民事判决书。

③ 典型案例 438：黄厚忠与郴州市发展投资集团有限公司建设工程施工合同纠纷案，最高人民法院（2020）最高法民终 630 号民事判决书。

**典型案例437**

## 郑国平与大柴旦云天实业有限公司、湖北中勤建设发展有限公司建设工程施工合同纠纷案①

### 基本案情

2016年1月16日，郑国平以湖北中勤建设发展有限公司（以下简称中勤公司）青海分公司代理人名义与大柴旦云天实业有限公司（以下简称云天公司）签订《框架协议》约定，中勤公司承建云天公司钢结构厂房、宿舍楼等共6栋楼的二期建设项目；钢结构厂房部分取费标准按青海省定额信息价二类收费标准执行，宿舍楼部分取费标准按青海省定额信息价三类标准执行。2016年3月19日，云天公司与中勤公司青海分公司签订《建设工程施工合同》约定，案涉工程综合楼部分取费标准采用《青海省建设工程消耗量基价定额（2004）》。同日，双方又签订《补充协议》，约定了工程计价方式、标准；同时约定，《建设工程施工合同》《框架协议》与本补充协议如有抵触，以本补充协议为准。2016年3月20日，郑国平与中勤公司青海分公司签订《挂靠协议》约定，郑国平挂靠中勤公司青海分公司承包施工云天公司第二期建设工程，郑国平向中勤公司青海分公司交纳1%的资质挂靠费。2017年7月15日，郑国平退场，云天公司自行组织的其他施工队伍进场施工。后郑国平诉至法院，要求云天公司支付工程款18,172,125.39元及利息。云天公司辩称，只有承包人有权请求参照合同约定支付工程款；郑国平无论是实际施工人还是挂靠人，均无法律依据起诉云天公司。

### 法院观点

一审中，经郑国平申请，法院委托鉴定机构对已完工程造价进行了鉴定。鉴定的计价原则是，以《补充协议》约定的计价方式、标准为准；《补充协议》未约定的，以《框架协议》为准；《框架协议》未约定的，以《建设工程施工合同》为

① 典型案例437：郑国平与大柴旦云天实业有限公司、湖北中勤建设发展有限公司建设工程施工合同纠纷案，最高人民法院（2019）最高法民终353号民事判决书。

准。经鉴定，已完工程总造价为26,455,781.85元。扣除质保金1,322,789.09元、云天公司已付款1050万元，云天公司欠付金额为14,632,992.76元。一审法院（青海省高级人民法院）据此判决，云天公司给付郑国平工程款14,632,992.76元及相应的利息。云天公司对鉴定意见提出多项异议，包括郑国平无施工资质，鉴定意见将施工组织措施费等费用计入工程造价错误。最高人民法院在二审中认为，中勤公司青海分公司未履行施工义务，只是名义上的合同主体；案涉合同由云天公司与郑国平实际履行，故双方形成事实上的权利义务关系；郑国平对云天公司享有债权请求权，有权直接请求云天公司支付工程款。郑国平作为垫资施工方，其投入的材料、劳务已物化为案涉工程，其价值已通过鉴定确定；云天公司应按鉴定确定的金额向郑国平支付工程款，以履行合同无效后的财产返还义务。再审审查中，最高人民法院也认为，郑国平虽不具备施工资质，但其作为实际施工人有权主张工程款，原判决参照合同约定确定工程价款，并无不当。

### 裁判规则438

**挂靠人以自己名义向发包人主张工程款的，因诉讼结果与被挂靠人有法律上的利害关系，应当通知被挂靠人以无独立请求权的第三人身份参加诉讼。**

虽然挂靠人有权以自己名义单独向发包人主张工程款，但挂靠施工毕竟涉及三方主体——发包人、被挂靠人、挂靠人，工程款的相关认定与被挂靠人息息相关，因此，应当让被挂靠人参加挂靠人提起的工程款诉讼。

将被挂靠人纳入挂靠人提起的工程款诉讼，首先有利于认定是否成立挂靠。一旦认定挂靠，被挂靠人将面临建设行政主管部门的行政处罚。因此，被挂靠人对挂靠的认定具有法律上的利害关系，应当参加诉讼。最重要的是，若挂靠人单方起诉，会导致发包人支付给被挂靠人的款项难以认定。详言之，如前所述，在挂靠的情况下，发包人无论是向挂靠人付款还是向被挂靠人付款，都应当视为工程款的给付。[①] 在施工过程中，发包人可能向被挂靠人支付了一定的进度款，尤其在发包人

① 参见谢勇、郭培培：《论实际施工人的民法保护》，载《法律适用》2021年第6期。

不知道挂靠或施工合同约定应向被挂靠人支付工程款的情况下，更是如此。如挂靠人以自己名义单独提起诉讼，那么发包人向被挂靠人支付的款项中，哪些款项应视为已付款？在被挂靠人未参与诉讼的情况下，如何查清款项金额？如在前述“陈春菊与西宁市城市交通投资建设有限公司等建设工程施工合同纠纷案”① 中，因被挂靠人匠铸公司在另案中败诉后应对他人承担支付责任，而发包人西宁市城市交通投资建设有限公司拖欠工程款，该案执行法院遂直接从西宁市城市交通投资建设有限公司账户划扣了 2,033,329.32 元，挂靠人陈春菊不同意将该笔划扣款作为已付工程款。在挂靠人仅以发包人为被告追索工程款的诉讼中，若不追加被挂靠人为当事人，则相关款项无法查明，进而可能损害发包人权益。

基于上述原因，北京市高级人民法院②、安徽省高级人民法院③、河南省高级人民法院④均主张，应当将被挂靠人纳入挂靠人提起的工程款诉讼。至于被挂靠人参加诉讼的身份，一方面，由于其并非共同承包人，故不能与挂靠人一起作为共同原告；另一方面，被挂靠人无工程款请求权，但案件处理结果与其有利害关系——除认定挂靠后将面临行政处罚外，对被挂靠人收取的发包人已付款的认定，直接决定挂靠人是否有权向被挂靠人追索工程款以及追索的金额。因此，被挂靠人参加诉讼的身份应为无独立请求权的第三人。

---

① 典型案例 435：陈春菊与西宁市城市交通投资建设有限公司等建设工程施工合同纠纷案，最高人民法院（2018）最高法民终 128 号民事判决书。

② 《北京市高级人民法院关于审理建设工程施工合同纠纷案件若干疑难问题的解答》（京高法发〔2012〕245 号）第 20 条第 1 款中规定：“不具有资质的实际施工人（挂靠施工人）挂靠有资质的建筑施工企业（被挂靠人），并以该企业的名义签订建设工程施工合同，被挂靠人怠于主张工程款债权的，挂靠施工人可以以自己名义起诉要求发包人支付工程款，法院原则上应当追加被挂靠人为诉讼当事人，发包人在欠付工程款范围内承担给付责任。”

③ 《安徽省高级人民法院关于审理建设工程施工合同纠纷案件适用法律问题的指导意见》（2009 年 5 月 4 日）第 2 条中规定：“实际施工人以被挂靠单位名义签订建设工程施工合同，实际施工人或被挂靠单位单独起诉发包人索要工程款的，发包人可申请人民法院追加被挂靠单位或实际施工人为案件当事人”。

④ 《河南省高级人民法院民事审判第四庭关于实际施工人相关问题的会议纪要》第 5 条第 1 款规定：“无论是被挂靠企业起诉发包人还是实际施工人以被挂靠企业名义起诉发包人，均符合合同相对性原则，均不违反程序法的规定。但如果实际施工人不同意被挂靠企业单独起诉发包人主张工程款，要求参加诉讼，人民法院应当追加实际施工人为有独立请求权第三人，一体解决纠纷。”第 2 款规定：“实际施工人和被挂靠企业同时参加诉讼的，经审理查明涉案工程确由实际施工人施工或实际施工人与发包人已形成事实上建设工程施工合同关系的，应当判决发包人直接向实际施工人支付工程款，不宜再以合同相对性为由判决发包人向被挂靠企业支付工程款，以免损害实际施工人合法权益。”

典型案例438

## 黄厚忠与郴州市发展投资集团有限公司建设工程施工合同纠纷案①

### 基本案情

2010年4月26日，黄厚忠与华盛公司、格塘公司签订《联合承建苏仙湖、王仙湖提质建设工程协议书》约定，华盛公司和格塘公司组成联合体，黄厚忠以联合体名义投标两湖建设项目，项目中标后，实际权益由黄厚忠享有，两公司收取黄厚忠管理费。2010年6月15日，联合体中标两湖建设项目。2010年9月20日，联合体与郴州市发展投资集团有限公司（以下简称郴投公司）签订《施工合同》约定，联合体承建两湖建设项目。2011年1月8日，苏仙湖项目开工建设，2014年4月2日通过综合竣工验收。2011年3月28日，王仙湖项目开工建设，2013年11月20日通过综合竣工验收。后因结算发生争议，黄厚忠以郴投公司为被告诉至法院，要求郴投公司按照《施工合同》约定结算并支付工程款。郴投公司辩称，黄厚忠作为挂靠人无权向郴投公司主张工程款；郴投公司在合同履行过程中已经支付1.73亿元。诉讼中，法院追加华盛公司、格塘公司作为第三人参加诉讼。经鉴定，工程造价219,728,182.79元，扣除郴投公司的全部已付款后，欠付款为45,826,182.79元。

### 法院观点

最高人民法院认为，黄厚忠系借用有资质的建筑施工企业签订案涉《施工合同》，并实际履行了郴投公司与联合体签订的《施工合同》。案涉项目均已通过竣工验收并已交付，无论郴投公司是否知晓黄厚忠是实际施工人，均已形成了事实上的权利义务关系。郴投公司作为发包方，支付工程款是其应履行的合同义务。原审已追加华盛公司、格塘公司作为第三人参加诉讼，在诉讼中华盛公司、格塘公司均

① 典型案例438：黄厚忠与郴州市发展投资集团有限公司建设工程施工合同纠纷案，最高人民法院（2020）最高法民终630号民事判决书。

未对案涉工程款提出独立主张，反而对黄厚忠的诉请及理由予以认可。因此在查明郴投公司欠付工程款数额的情况下，判令郴投公司在欠付工程款范围内向黄厚忠支付工程款，并未损害郴投公司的利益。

## 裁判规则439

**挂靠人与被挂靠人之间仅存在挂靠关系，挂靠人不能依据挂靠关系要求被挂靠人支付工程款，但被挂靠人未将发包人支付的工程款转付给挂靠人或合同约定被挂靠人对挂靠人有直接给付义务的除外。**

在挂靠经营的情况下，发包人的工程款通常支付给被挂靠人，被挂靠人扣除挂靠费之后再将余额支付给挂靠人。在发包人欠付工程款的情况下，挂靠人可否向被挂靠人主张工程款债权？

有观点认为，对挂靠经营应坚持合同的相对性，即发包人与被挂靠人之间具有施工合同关系，挂靠人与被挂靠人之间具有挂靠关系，发包人与挂靠人之间无合同关系，因此，挂靠人可以且只能向被挂靠人主张工程款债权。还有观点认为，在挂靠施工的模式之下，挂靠人构成《建设工程施工合同解释（一）》第43条规定的实际施工人，故其有权向被挂靠人主张工程款。根据上述观点，只要挂靠人的工程款债权未得到实现，无论发包人是否已经向被挂靠人支付工程款，挂靠人都有权要求被挂靠人支付工程款。

如【裁判规则430】所述，对挂靠经营不应坚持形式上的合同相对性，否则将架空《建设工程施工合同解释（一）》第1条第1款第2项的规定。又如【裁判规则396】所述，挂靠人属于实际施工人的范畴。但《建设工程施工合同解释（一）》第43条规定的有权直接向发包人追索工程款的实际施工人仅限于转承包人与分包人，不包括挂靠人。在“四川中顶建设工程有限公司与朱天军、乌兰县自然资源局建设工程施工合同纠纷案”① 中，最高人民法院在再审中即认为，四川中顶建设工程有限公司（以下简称中顶公司）系被挂靠人，不属于转包人、违法分包人或发包人，中顶公司再审主张其不承担案涉工程款及利息的给付责任的理由

① 典型案例431：四川中顶建设工程有限公司与朱天军、乌兰县自然资源局建设工程施工合同纠纷案，最高人民法院（2019）最高法民再329号民事判决书。

成立，对中顶公司请求驳回朱天军对其的诉讼请求的意见，应予支持。因此，上述两种观点均理据不足。

相对于与发包人之间的施工合同而言，挂靠人与被挂靠人之间的关系属于内部关系。在这一内部关系中，挂靠人向被挂靠人主张工程款债权的，可以分为两种情形：一是被挂靠人从发包人处收取了工程款，但拒不支付给挂靠人；二是由于发包人未向被挂靠人支付工程款，故被挂靠人亦未向挂靠人支付工程款。在第一种情形下，挂靠人向被挂靠人主张工程款，依据的并非施工合同，而是二者之间的挂靠关系。根据挂靠协议，对发包人支付的工程款，被挂靠人仅能收取相应的挂靠费，其余款项均应支付给挂靠人。虽然挂靠协议无效，但该工程是由挂靠人实际施工完成，相应的价款亦应支付给挂靠人，故被挂靠人从发包人处收取工程款后拒不支付给挂靠人的，挂靠人有权向被挂靠人追索。《河南省高级人民法院民事审判第四庭关于实际施工人相关问题的会议纪要》第 4 条即规定："借用资质的实际施工人明知其与出借资质的施工企业是借用资质（挂靠）关系且常签有挂靠或内部承包协议，双方之间不存在发、承包关系，实际施工人向出借资质的施工企业主张工程款应不予支持。但如果因合同约定或实际履行过程中发包人将工程款支付到出借资质的施工企业账户，出借资质施工企业截留工程款不予支付的，实际施工人可向出借资质的施工企业主张被截留部分的工程款。"就此，可参见"单德本与吉林省鑫源市政工程建筑有限公司、公主岭市岭东工业集中区管理委员会建设工程施工合同纠纷案"①。在第二种情形下，挂靠人与被挂靠人之间不存在施工合同关系，只有挂靠关系。在挂靠关系之下，被挂靠人仅仅是出借自己的资质进而收取一定金额的挂靠费，并无向挂靠人支付工程款的义务，② 即挂靠协议无法衍生出工程款请求权；挂靠人的建设成果直接交付给发包人，由发包人享有，故挂靠人缺乏向被挂靠人主张工程款的权利基础。因此，在第二种情形下，除非挂靠协议有特别约定，否则挂靠人无权向被挂靠人主张工程款。除下述【典型案例 439】外，在"侯光冬、龙金红等与郴州市郢轩房地产开发有限公司建设工程施工合同纠纷案、申请诉中财产保

---

① 参考案例 481：单德本与吉林省鑫源市政工程建筑有限公司、公主岭市岭东工业集中区管理委员会建设工程施工合同纠纷案，最高人民法院（2021）最高法民申 6481 号民事裁定书。

② 参见王勇：《建设工程施工合同纠纷实务解析》，法律出版社 2017 年版，第 110 页。

全损害责任纠纷案”① 中，法院也认为，“挂靠人与被挂靠人形成挂靠合同关系，挂靠人对被挂靠人的权利义务是明确的，即被挂靠人的义务是提供施工资质，而没有向挂靠方支付工程款的合同义务，法律也未规定被挂靠人与发包人应对挂靠人就工程款支付承担连带责任”。关于该问题，还可参见“上海迪旻建筑装饰工程有限公司与中建东方装饰有限公司、西安世纪金花珠江时代广场购物有限公司建设工程施工合同纠纷案”②。

据此，挂靠人与被挂靠人之间仅存在挂靠关系，挂靠人不能依据挂靠关系要求被挂靠人支付工程款。但存在如下两种例外情形：一是被挂靠人已经收取发包人支付的工程款而未支付给挂靠人。发包人已将工程款支付给被挂靠人的，被挂靠人应及时支付给挂靠人。否则，挂靠人不仅有权向被挂靠人主张发包人已经支付的工程款，还有权要求支付相应利息。在前述“黄建国与河南东方建设集团发展有限公司建设工程施工合同纠纷案”③ 中，最高人民法院即提出，“本案中，黄建国是实际施工人。东方公司在收到亚星公司支付的工程款后应当及时支付给黄建国。亚星公司于 2017 年 3 月 7 日将剩余工程款向东方公司支付完毕，于 2017 年 5 月 26 日将社会保险费 9, 034, 759. 29 元支付给东方公司。一审判决认定东方公司应当于收到的次日向黄建国支付工程款，并以此为依据认定案涉工程款利息的起算时间，并无不当”。二是挂靠合同约定被挂靠人对挂靠人有直接给付责任。原《广东省高级人民法院关于审理建设工程合同纠纷案件疑难问题的解答》（粤高法〔2017〕151 号）第 23 条即规定：“因发包人欠付工程款，挂靠人主张被挂靠人和发包人承担欠付工程款的连带责任的，不予支持，但挂靠人和被挂靠人之间的合同明确约定被挂靠人承担支付工程款义务的除外。挂靠人主张被挂靠人支付已收取但尚未转付工

---

① 参考案例 482：侯光冬、龙金红等与郴州市郢轩房地产开发有限公司建设工程施工合同纠纷案、申请诉中财产保全损害责任纠纷案，湖南省郴州市中级人民法院（2018）湘 10 民初 322 号民事判决书、湖南省高级人民法院（2020）湘民终 1059 号民事判决书、最高人民法院（2021）最高法民申 1241 号民事裁定书。

② 参考案例 483：上海迪旻建筑装饰工程有限公司与中建东方装饰有限公司、西安世纪金花珠江时代广场购物有限公司建设工程施工合同纠纷案，最高人民法院（2018）最高法民再 265 号民事判决书。

③ 参考案例 484：黄建国与河南东方建设集团发展有限公司建设工程施工合同纠纷案，最高人民法院（2020）最高法民终 576 号民事判决书。

程款的，应予支持。”江苏省高级人民法院认为，“因挂靠关系中被挂靠人义务一般仅为出借资质，所以原则上不能推定被挂靠人有直接支付义务，即其责任一般也仅限于转付责任。至于明确约定直接支付责任的，可由被挂靠人承担工程款给付责任”①。

还有观点认为，在被挂靠人可以向发包人主张工程款债权而被挂靠人不积极行使该权利的情况下，挂靠人可以直接要求被挂靠人支付工程款。“大有环境有限公司与赵晓杰建设工程合同纠纷案”② 即为适例。该观点貌似符合《民法典》第159条规定的“恶意阻止条件成就视为条件已成就规则”，但如【裁判规则435】所述，挂靠人本身对发包人有直接的工程款请求权，而被挂靠人并无工程款请求权。在此背景下，以被挂靠人可以向发包人主张工程款债权而被挂靠人不积极行使该权利为由，认定挂靠人可以直接要求被挂靠人支付工程款，也就不能成立。

**典型案例439**

## 吕洪民与鹿邑县三泰建筑工程有限公司、北京市华展伟业房地产开发有限公司等建设工程施工合同纠纷案③

### 基本案情

2010年7月8日，北京市华展伟业房地产开发有限公司（以下简称华展公司）与鹿邑县三泰建筑工程有限公司（以下简称三泰公司）签订《建设工程施工合同》，约定三泰公司承接华展公司开发的“华展国际酒店及会议中心”及“高档住宅小区21号A楼”工程。2010年10月17日，吕洪民与案外人刘小洪签订《合伙

① 李玉生主编：《建设工程施工合同案件审理指南》，人民法院出版社2019年版，第80页。

② 参考案例485：大有环境有限公司与赵晓杰建设工程合同纠纷案，安徽省高级人民法院（2019）皖民终577号民事判决书、最高人民法院（2020）最高法民申2721号民事裁定书。

③ 典型案例439：吕洪民与鹿邑县三泰建筑工程有限公司、北京市华展伟业房地产开发有限公司等建设工程施工合同纠纷案，河南省高级人民法院（2021）豫民再36号民事判决书。该案被评为全国法院系统2021年度优秀案例。

承包工程协议》，约定双方合伙承包案涉工程，由刘小洪以其所挂靠的三泰公司名义与华展公司签订建设工程施工合同并进行建设。2012年6月23日，刘小洪退出与吕洪民的合伙，案涉工程由吕洪民继续投资建设并与发包方结算，与三泰公司的挂靠关系由吕洪民负责。2013年11月3日，吕洪民以工程项目责任人名义与三泰公司签订《项目管理目标责任书》约定，该项目由责任人独立核算，自负盈亏，全额经济承包，确保利润上交。2017年4月11日，吕洪民以华展公司、三泰公司为被告诉至法院，要求华展公司、三泰公司连带支付工程款2,415,573元及利息。

### 法院观点

一审法院（鹿邑县人民法院）判决三泰公司支付吕洪民建设工程款1,817,154.20元及资金占用利息，华展公司就该款项在欠付工程款范围内承担责任。二审法院（周口市中级人民法院）维持原判。三泰公司申请再审称，三泰公司既未接受施工劳动成果，也未代领代付工程款，吕洪民要求三泰公司支付工程欠款，缺少事实和法律依据。河南省高级人民法院在再审中认为，吕洪民系案涉工程的实际施工人，但三泰公司系被借用资质方，不属于转包人、违法分包人或发包人，原审判决要求三泰公司承担给付工程款的责任，适用法律错误。本案中，吕洪民与三泰公司签订的《项目管理目标责任书》中没有三泰公司向吕洪民支付工程款的约定；从工程款的实际领取过程看，案涉工程款并未支付至三泰公司账户，也没有证据证明三泰公司截留案涉工程款。因此，在实际施工人吕洪民明知其与三泰公司系借用资质关系而不存在发承包关系的情况下，其向三泰公司主张欠付工程款及利息没有事实依据。原审判令三泰公司直接向吕洪民承担付款责任不当，予以纠正。

## 11.5 挂靠人与被挂靠人对发包人的共同责任

挂靠人借用被挂靠人名义与发包人签订的建设工程施工合同项下的责任，应当区分为内部责任与外部责任。所谓外部责任，是指挂靠人、被挂靠人对发包人的责任；所谓内部责任，是指对发包人承担责任之后，责任在挂靠人与被挂靠人之间的分配或分担。①

### 裁判规则440

**基于建设工程施工合同产生的工程质量不合格、工期延误等损失，应由挂靠人与被挂靠人对发包人承担连带赔偿责任。但发包人在签订合同时知道挂靠的，也应分担相应损失。**

《建设工程施工合同解释（一）》第7条规定："缺乏资质的单位或者个人借用有资质的建筑施工企业名义签订建设工程施工合同，发包人请求出借方与借用方对建设工程质量不合格等因出借资质造成的损失承担连带赔偿责任的，人民法院应予支持。"该条列举的损失仅为"建设工程质量不合格"造成的损失，是否还包括其他损失？该条将损失的范围限定为"因出借资质造成的损失"，应如何判断损失是否是"因出借资质造成的"？

首先，从"因出借资质造成的损失"的文字表述来看，要求损失与出借资质具有因果关系。但在实践中，对该因果关系无须过于执着。《建筑法》第66条规定："建筑施工企业转让、出借资质证书或者以其他方式允许他人以本企业的名义承揽工程的，责令改正，没收违法所得，并处罚款，可以责令停业整顿，降低资质等级；情节严重的，吊销资质证书。对因该项承揽工程不符合规定的质量标准造成的损失，建筑施工企业与使用本企业名义的单位或者个人承担连带赔偿责任。"据此，只要发生工程质量问题，挂靠人与被挂靠人均应对发包人承担连带责任。然而站在因果关系的角度，对法律上的因果关系的判断，当前普遍采取"相当因果关系说"。判断因果关系的有无，应坚持"若无，则不"+"若有，则通常有"的判断标准。虽然没有挂靠行为就不会发生质量问题，满足"若无，则不"的要求；但实践中大量挂靠施工的工程质量合格，则表明挂靠与工程质量不合格之间并不满足"若有，则通常有"的要求。换言之，《建筑法》第66条要求挂靠人与被挂靠人就工程质量承担连带责任，并不以工程质量不合格与出借资质有因果关系为条件。

其次，建设工程施工合同项下的责任，除工程质量责任之外，还会涉及工期延

---

① 至于挂靠人在挂靠期间与（发包人之外的）第三人之间的法律关系引起的责任，参见本书"10. 实际施工人的权利行使与责任承担规则"部分的论述。

误责任①、超付工程款返还责任等。站在因果关系的角度，这些损失均存在与工程质量损失相同的问题，即满足“若无，则不”的要求，但不满足“若有，则通常有”的要求。既然挂靠人与被挂靠人就工程质量问题承担连带责任并不严格符合因果关系的要求，则对这些损失的责任承担亦无须严格符合因果关系的要求。实务界也普遍主张，如果被挂靠人没有出借资质，挂靠人就不可能获得实际承包工程的机会，故对挂靠人造成的工期延误等损失，发包人有权请求挂靠人与被挂靠人承担连带责任。② 原《江苏省高级人民法院关于审理建设工程施工合同纠纷案件若干问题的意见》（苏高法审委〔2008〕26号）第25条规定：“挂靠人以被挂靠人名义订立建设工程施工合同，因履行该合同产生的民事责任，挂靠人与被挂靠人应当承担连带责任。”《广东省高级人民法院关于审理建设工程施工合同纠纷案件若干问题的指导意见》（粤高法发〔2011〕37号）第14条规定：“挂靠人以被挂靠人的名义与发包人订立建设工程施工合同，被挂靠人与挂靠人应当对施工合同债务承担连带责任，但建设工程施工合同明确约定被挂靠人不承担责任的除外。”《北京市高级人民法院关于审理建设工程施工合同纠纷案件若干疑难问题的解答》（京高法发〔2012〕245号）第20条第1款后段规定：“因履行施工合同产生的债务，被挂靠人与挂靠施工人应当承担连带责任。”当然，“当事人如果只主张挂靠人或只主张被挂靠人独立承担责任，人民法院应只列挂靠人或被挂靠人一方为当事人”③。

最后，有观点主张，发包人在签订建设工程施工合同时知道或者应当知道挂靠的，无权要求被挂靠人承担连带赔偿责任。发包人知道或者应当知道挂靠依然签订建设工程施工合同，表明其自愿选择的合同相对方是挂靠人，知晓合同的实际履行者是挂靠人。在此情形下，可以考虑构成混合过错——发包人、被挂靠人、挂靠人均有过错，进而进行损失分担。下述【典型案例440】即为适例。

---

① 虽然施工合同因挂靠而无效，但仍然可能产生工期延误的法律责任。就此，本书在“建设工程施工合同的工期认定规则”部分已进行详细讨论，此处不赘述。

② 参见程新文等：《〈关于审理建设工程施工合同纠纷案件适用法律问题的解释（二）〉的理解与适用》，载《人民司法》2019年第4期。

③ 最高人民法院修改后民事诉讼法贯彻实施工作领导小组编著：《最高人民法院民事诉讼法司法解释理解与适用（条文主旨·条文理解·审判实务）》（上），人民法院出版社2015年版，第232页。

典型案例 440

## 西平金鼎商品混凝土有限公司与河南山江钢结构有限公司等建设工程合同纠纷案①

### 基本案情

2016年8月13日，西平金鼎商品混凝土有限公司（以下简称金鼎公司）与河南山江钢结构有限公司（以下简称山江公司）签订《建筑工程承包合同》约定，山江公司承包金鼎公司120型商品混凝土生产线后料场整体封闭的土建、钢结构工程。山江公司只在合同上加盖了印章，法定代表人未签名，黄二有（非山江公司员工）在山江公司法定代表人处签名。合同签订后，该工程由黄二有提供图纸，黄二有将工程转包给第三人张秀海施工。金鼎公司共计支付工程款1,526,759.30元。2018年1月4日，该钢结构工程倒塌。经鉴定，倒塌原因为关键部位设计失误，部分材料（材质、规格）选用不当，施工质量欠佳。金鼎公司诉至法院，要求山江公司、黄二有承担连带赔偿责任。

### 法院观点

河南省高级人民法院认为，案涉工程是黄二有借用山江公司的资质施工，根据《2018年建工解释》第4条的规定，黄二有和山江公司应当就工程质量对金鼎公司承担连带责任。金鼎公司不能提供施工图，且对黄二有借用资质施工是明知的，对其所受损失应自担40%的责任。山江公司出借资质，黄二有违法转包工程给无资质的张秀海，应负担60%的责任，即山江公司与黄二有应连带赔偿金鼎公司916,055.58元。

① 典型案例440：西平金鼎商品混凝土有限公司与河南山江钢结构有限公司等建设工程合同纠纷案，河南省高级人民法院（2021）豫民再35号民事判决书。

## 裁判规则441

**挂靠人或被挂靠人对发包人承担连带赔偿责任的，在挂靠人与被挂靠人内部，应按双方过错大小分担责任。**

如前所述，挂靠人与被挂靠人应就工程质量不合格、工期延误等对发包人承担连带赔偿责任。该责任在挂靠人与被挂靠人内部应当如何分配？

较多观点主张，被挂靠人承担了责任后，可向挂靠人行使追偿权。① 换言之，在终局责任层面，应由挂靠人单独承担责任，被挂靠人无须承担责任。《北京市高级人民法院审理民商事案件若干问题的解答之五（试行）》（京高法发〔2007〕168号）第47条第3款即规定："在被挂靠者对外承担责任的范围内，被挂靠者对挂靠者享有追偿权。"其理由在于，由于建设工程实际由挂靠人施工，工程款实际由挂靠人收取，挂靠人应为终局责任人，被挂靠人在承担责任之后，有权向挂靠人追偿。若此，挂靠人与被挂靠人承担的连带责任属于不真正连带责任，挂靠人是最终责任主体。

虽然在挂靠人自主经营的情况下，工程质量不合格、工期延误应归咎于挂靠人，但毕竟被挂靠人出借资质的行为违法，若无其违法出借资质的行为，挂靠人不可能承揽到工程。如果允许被挂靠人向挂靠人进行全额追偿，则意味着被挂靠人最终并未就其违法行为承担责任，在结果上也不利于遏制被挂靠人出借资质的行为。因此，"可以考虑被挂靠人在收取管理费的范围内承担按份责任"②，或者根据其过错大小分配一定的终局责任。若此，对发包人承担的连带赔偿责任，在挂靠人与被挂靠人内部，就成为按双方过错大小分配的终局责任。当然，挂靠人作为施工合同的实际履行者，理应承担绝大多数份额的责任。在"四川省南充市水电工程有限公司、曾昭胜与罗文学等建设工程合同纠纷案"③ 中，因挂靠人施工的工程存在质

---

① 参见董建中、高玲：《建筑行业挂靠纠纷审理中存在的问题及解决对策》，载《法律适用》2007年第6期；杨心忠等：《建设工程合同纠纷裁判思路》，法律出版社2014年版，第27页。

② 最高人民法院民事审判第一庭编著：《最高人民法院新建设工程施工合同司法解释（一）理解与适用》，人民法院出版社2021年版，第84页。

③ 参考案例486：四川省南充市水电工程有限公司、曾昭胜与罗文学等建设工程合同纠纷案，贵州省贵阳市中级人民法院（2020）黔01民终6714号民事判决书。

量问题，被挂靠人对发包人承担责任后向挂靠人追偿，法院判决二者承担同等的责任，对被挂靠人似过于苛刻。

典型案例 441

## 浙江天城建设集团有限公司与朱招勇等追偿权纠纷案①

### 基本案情

2012年4月28日，浙江天城建设集团有限公司（以下简称天城集团）与朱招勇签订《内部承包经营协议书》约定，朱招勇承建新开元公司柯柯赛铁矿1号井；工程年度包干3万元，朱招勇经济上实行独立核算，自负盈亏，自主用工；该工程工地的一切费用由朱招勇负责（包括人员伤亡、职业病、事故、税务、工商、治安、计划生育等方面的费用）。后朱招勇进场施工。2012年10月23日，工程施工过程中发生安全生产事故，致使一名工人死亡。事发后，业主方新开元公司向事故死亡者家属支付赔偿款587,046元并承担了死亡者家属食宿费等。后新开元公司提起诉讼，要求天城集团赔偿其支付的包括工亡赔偿金、处理工亡事故费用在内的一系列费用。经判决并执行，天城集团向新开元公司支付了66万元。后天城集团诉至法院，要求朱招勇赔偿各项损失共计78万元及利息。

### 法院观点

温州市中级人民法院认为，《内部承包经营协议书》虽名为“内部承包”，但实为挂靠合同。案涉安全事故产生的工亡赔偿金及其他合理费用合计635,379.38元，已由天城集团承担，天城集团有权就其多支付的数额向朱招勇追偿。对于追偿的金额，应当先确定天城集团、朱招勇在案涉安全事故中各自应当承担的责任比例。朱招勇作为项目实际负责人，未履行安全生产监管职责，导致事故发生，对因安全生产事故产生的工亡赔偿应当承担主要责任。天城集团作为承包人，将案涉工程交给不具有相应资质的个人实际承包管理，也应承担一部分责任。故酌定朱招勇

① 典型案例441：浙江天城建设集团有限公司与朱招勇等追偿权纠纷案，浙江省温州市中级人民法院（2015）浙温商终字第3212号民事判决书。

承担90%的责任，天城集团承担10%的责任。

## 裁判规则442

**发包人因超付工程款请求返还的，由挂靠人与被挂靠人承担连带返还责任。但发包人仅向挂靠人支付工程款的，由挂靠人单独承担返还责任。**

由于工程款的计算较为复杂，在施工过程中，发包人超付工程款的“乌龙”事件并不鲜见。在挂靠施工的情况下，对于超付的工程款，应当由谁承担返还责任？

在挂靠施工的情况下，发包人支付工程款存在三种路径：一是仅支付给被挂靠人；二是既支付给挂靠人又支付给被挂靠人；三是仅支付给挂靠人。在第一种情形下，被挂靠人作为形式上合法的也是事实上的收款主体，应当承担返还责任，挂靠人作为实际的合同相对人，也应承担返还责任，故应由挂靠人与被挂靠人承担连带返还责任。在“莫志华、深圳市东深工程有限公司与东莞市长富广场房地产开发有限公司建设工程施工合同纠纷案”① 中，莫志华挂靠深圳市东深工程有限公司（以下简称东深公司）与东莞市长富广场房地产开发有限公司（以下简称长富公司）签订施工合同，施工过程中，长富公司因向东深公司多支付了工程款，即起诉要求返还。法院认为：“莫志华以东深公司名义与长富公司签订合同、进行施工及收取工程款，东深公司亦予以认可，因此，长富公司支付的工程款应视为是莫志华与东深公司共同收取的，两者应共同承担还款责任。”在第二种情形下，超付的部分无法在挂靠人与被挂靠人的已收款中明确区分，参照前述第一种情形，也应由挂靠人与被挂靠人承担连带返还责任。在第三种情形下，被挂靠人与发包人并无真实的施工合同关系，被挂靠人虽系形式上合法的收款主体，但并未实际收款，故不应承担返还责任；挂靠人作为实际的合同相对人，也是事实上的收款主体，应就超付部分单独承担返还责任。

---

① 参考案例487：莫志华、深圳市东深工程有限公司与东莞市长富广场房地产开发有限公司建设工程施工合同纠纷案，最高人民法院（2011）民提字第235号民事判决书。

**典型案例 442**

## 中国建筑一局（集团）有限公司沈阳分公司与黑龙江文博建筑劳务有限公司、施全明建设工程施工合同纠纷案[1]

### 基本案情

2014 年 12 月 17 日，施全明借用黑龙江文博建筑劳务有限公司（以下简称文博劳务公司）名义与中国建筑一局（集团）有限公司沈阳分公司（以下简称中建沈阳分公司）签订《建设工程劳务（专业）分包合同》约定，文博劳务公司分包哈尔滨松北富力城项目的主体结构劳务工程。合同签订后，施全明进场施工，中建沈阳分公司陆续向文博劳务公司、施全明支付工程款 37, 491, 197 元。其中，文博劳务公司收款 34, 491, 197 元，施全明收款 300 万元。2016 年 1 月 4 日，中建沈阳分公司向文博劳务公司发出《关于授权新的项目部人员进行结算工作的事宜》，决定终止合同，开展结算工作。其后，中建沈阳分公司诉至法院，要求文博劳务公司、施全明返还中建沈阳分公司多支付的工程款及相应利息。文博劳务公司辩称，案涉工程款已由施全明实际收取，故对于法院认定的超额工程款的返还，文博劳务公司不应承担任何责任。诉讼中经鉴定，应付工程款为 29, 549, 956. 08 元，中建沈阳分公司超额支付 7, 941, 240. 92 元。

### 法院观点

一审法院（哈尔滨市中级人民法院）与二审法院（黑龙江省高级人民法院）认为，施全明系案涉工程实际施工人，且已实际收取上述款项，超额部分应予返还；根据《民事诉讼法解释》第 54 条，文博劳务公司作为被挂靠人应与挂靠人施全明共同承担返还工程款本息的责任。在再审审查中，针对文博劳务公司提出的其不应承担返还责任的主张，最高人民法院也认为，文博劳务公司作为合同相对方、

① 典型案例 442：中国建筑一局（集团）有限公司沈阳分公司与黑龙江文博建筑劳务有限公司、施全明建设工程施工合同纠纷案，黑龙江省高级人民法院（2019）黑民终 330 号民事判决书、最高人民法院（2020）最高法民申 6519 号民事裁定书。

款项收取方，二审判令文博劳务公司返还多支付的款项，有事实根据。并且根据《2018 年建工解释》第 4 条，文博劳务公司将自身资质出借给施全明，二审判令文博劳务公司与资质借用方施全明共同对中建沈阳分公司多付的工程款承担连带返还责任，适用法律并无不当。

# 12. 建设工程施工合同纠纷的主管与管辖规则

建设工程施工合同纠纷的管辖，主要涉及如下两个方面的问题：一是诉讼程序的专属管辖问题。建设工程施工合同纠纷由建设工程所在地法院专属管辖。“专属管辖是强制性最强的一种管辖，具有管辖上的排他性。”① 是“不允许依当事人意思来确定的管辖”②，《民事诉讼法》第35条后段即规定，协议管辖“不得违反本法对级别管辖和专属管辖的规定”。就此，“深圳市美达芙装饰工程有限公司与中建二局第一建筑工程有限公司建设工程分包合同纠纷案”③、“赤峰振峰建筑工程有限责任公司与中铁九局集团有限公司等建设工程施工合同纠纷案”④ 均为适例。二是诉讼与仲裁的程序选择问题，即建设工程施工合同纠纷究竟应当由法院主管还是仲裁机构主管。“专属管辖排除的是其他法院的管辖权，而不排除仲裁管辖权”⑤，“仲裁机构对纠纷的管辖权是由纠纷主体通过仲裁协议而授予的”⑥，故仲裁管辖仅涉及仲裁协议的有无及约束范围，不涉及专属管辖的问题。

## 12.1 诉讼程序的专属管辖

《民事诉讼法解释》第28条第2款规定：“农村土地承包经营合同纠纷、房屋

---

① 常怡主编：《民事诉讼法学》，中国政法大学出版社1996年版，第52页。

② ［日］新堂幸司：《新民事诉讼法》，林剑锋译，法律出版社2008年版，第68页。

③ 参考案例488：深圳市美达芙装饰工程有限公司与中建二局第一建筑工程有限公司建设工程分包合同纠纷案，最高人民法院（2017）最高法民辖30号民事裁定书。

④ 典型案例444：赤峰振峰建筑工程有限责任公司与中铁九局集团有限公司等建设工程施工合同纠纷案，最高人民法院（2018）最高法民辖44号民事裁定书。

⑤ 王楷、于秋磊：《建设工程施工合同纠纷法律实务与工程专业知识解答》，法律出版社2021年版，第13页。

⑥ 天津市高级人民法院、李颖：《我国仲裁管辖与诉讼管辖的法律关系》，载苏泽林主编：《民商事审判管辖实务研究》，人民法院出版社2006年版。

租赁合同纠纷、建设工程施工合同纠纷、政策性房屋买卖合同纠纷，按照不动产纠纷确定管辖。”所谓“按照不动产纠纷确定管辖”，《民事诉讼法》第34条第1项规定，“因不动产纠纷提起的诉讼，由不动产所在地人民法院管辖”。据此，在诉讼程序中，建设工程施工合同纠纷应由建设工程所在地人民法院专属管辖。其理由在于，“建设施工合同纠纷往往涉及建筑物工程造价评估、质量鉴定、留置权优先受偿、执行拍卖等，由建筑物所在地法院管辖，有利于案件审理与执行”①。

## 裁判规则443

**实行专属管辖的建设工程施工合同纠纷包括《民事案件案由规定》中的建设工程施工合同纠纷，建设工程价款优先受偿权纠纷，建设工程分包合同纠纷，建设工程监理合同纠纷，装饰装修合同纠纷，铁路修建合同纠纷，农村建房施工合同纠纷，航道、港口疏浚合同纠纷，船坞、码头建造合同纠纷。此外还包括工程总承包合同纠纷。**

法院在对原告的起诉立案时，会根据当事人诉争的法律关系的性质概括确定案件的案由。从《民事案件案由规定》的内容来看，第115号三级案由“建设工程合同纠纷”项下，包括9个四级案由：建设工程勘察合同纠纷、建设工程设计合同纠纷、建设工程施工合同纠纷、建设工程价款优先受偿权纠纷、建设工程分包合同纠纷、建设工程监理合同纠纷、装饰装修合同纠纷、铁路修建合同纠纷、农村建房施工合同纠纷。《民事诉讼法解释》第28条第2款规定实行专属管辖的“建设工程施工合同纠纷”究竟指哪些案由？

此问题观点纷呈。第一种观点认为，《民事诉讼法解释》第28条第2款规定的“建设工程施工合同纠纷”，仅指三级案由“建设工程合同纠纷”项下第3个四级案由“建设工程施工合同纠纷”。重庆市高级人民法院在“重庆龙沙建筑劳务有限公司与刘道才、重庆广信建筑劳务有限公司建设工程分包合同纠纷案”② 中持这一

① 最高人民法院修改后民事诉讼法贯彻实施工作领导小组编著：《最高人民法院民事诉讼法司法解释理解与适用（条文主旨·条文理解·审判实务）》（上），人民法院出版社2015年版，第181页。

② 参考案例489：重庆龙沙建筑劳务有限公司与刘道才、重庆广信建筑劳务有限公司建设工程分包合同纠纷案，重庆市高级人民法院（2018）渝民再296号民事判决书。

立场。第二种观点认为，“建设工程勘察合同履行中，勘察人一般需要到项目现场进行勘察作业，尤其是涉及桥涵、公路等建设工程，勘察人需要花费较高的现场工作成本，故建设工程勘察合同纠纷应当适用专属管辖”①。第三种观点认为，原《江苏省高级人民法院关于审理建设工程施工合同纠纷案件若干问题的解答》(2018 年 6 月 26 日) 第 1 条第 1 款规定：“《最高人民法院关于适用〈中华人民共和国民事诉讼法〉的解释》第 28 条规定建设工程施工合同案件按照不动产专属管辖确定受诉法院，即建设工程施工合同纠纷一律由建设工程所在地人民法院管辖。‘建设工程施工合同纠纷’还包括建设工程价款优先受偿权纠纷、建设工程分包合同纠纷、建设工程监理合同纠纷、装饰装修合同纠纷、建设工程勘察合同纠纷、建设工程设计合同纠纷。”第四种观点认为，《民事诉讼法解释》第 28 条第 2 款规定的“建设工程施工合同纠纷”应当包括“建设工程合同纠纷”项下的全部 9 种案件类型。② 湖南省高级人民法院也持这一观点。③

2015 年 8 月 27 日，最高人民法院以“高民智”为笔名发表文章称：“我们认为，应当按照不动产纠纷由不动产所在地法院专属管辖的建设工程施工合同纠纷，不限于《民事案件案由规定》的建设工程合同纠纷项下的第三个第四级案由‘建设工程施工合同纠纷’，应当包括该项下的建设工程施工相关的案件：……‘3. 建设工程施工合同纠纷，4. 建设工程价款优先受偿权纠纷，5. 建设工程分包合同纠纷，6. 建设工程监理合同纠纷，7. 装饰装修合同纠纷，8. 铁路修建合同纠纷，9. 农村建房施工合同纠纷。’”④

---

① 肖峰、韩浩：《建设工程合同纠纷实务争议问题研究》，载最高人民法院民事审判第一庭编：《民事审判指导与参考》总第 84 辑，人民法院出版社 2021 年版。

② 参见李玉生主编：《建设工程施工合同案件审理指南》，人民法院出版社 2019 年版，第 33 页。

③ 《湖南省高级人民法院关于审理建设工程施工合同纠纷案件若干问题的解答》(湘高法〔2022〕102 号) 第 1 条规定：“下列案件，由建设工程所在地人民法院管辖：(一) 建设工程施工合同纠纷、装饰装修合同纠纷、建设工程价款优先受偿权纠纷、建设工程监理合同纠纷、农村建房施工合同纠纷，建设工程分包合同纠纷及建设工程劳务分包合同纠纷。(二) 建设工程勘察合同纠纷、建设工程设计合同纠纷。(三) 工程款债权转让，债务人与受让人因债务履行发生的纠纷。(四) 建设工程总承包合同纠纷。”

④ 高民智：《关于民诉法解释中有关管辖若干问题的理解与适用》，载《人民法院报》2015 年 8 月 27 日，第 5 版。“高民智”是最高人民法院民事审判庭的集体笔名，寓意署名高民智的文章实际上是最高人民法院民事审判庭集体智慧的结晶。针对《民事诉讼法》《民事诉讼法解释》的理解与适用，最高人民法院先后以“高民智”为笔名，在《人民法院报》发表了 10 篇文章。

据此，首先可以明确的是，现行法规定实行专属管辖的“建设工程施工合同纠纷”包括第115号三级案由“建设工程合同纠纷”项下的第3至9项共7个案由。下述【典型案例443】即将建设工程分包合同纠纷纳入《民事诉讼法解释》第28条第2款规定的专属管辖的范围。其次，除前述7类案由以外，第235号三级案由“航道、港口疏浚合同纠纷”与第236号三级案由“船坞、码头建造合同纠纷”在性质上也属于建设工程合同纠纷，也应实行专属管辖。只不过根据后述【裁判规则444】，该纠纷应当由工程所在地的专门法院专属管辖。最后，工程总承包合同与建设工程施工合同是包含与被包含的关系，且建设工程施工合同构成工程总承包合同的主体内容。根据《最高人民法院关于印发修改后的〈民事案件案由规定〉的通知》（法〔2020〕347号）的要求，“没有对应的第四级案由的，适用相应的第三级案由”，工程总承包合同纠纷的案由应确定为“建设工程合同纠纷”，也应实行专属管辖。《湖南省高级人民法院关于审理建设工程施工合同纠纷案件若干问题的解答》（湘高法〔2022〕102号）第1条第4项即将建设工程总承包合同纠纷纳入专属管辖的范围。

需特别指出的是，建设工程监理合同纠纷虽然也被纳入《民事诉讼法解释》第28条第2款规定的建设工程施工合同纠纷项下实行专属管辖，但这仅表明二者实行相同的管辖规则。根据《民法典》第788条第2款的规定，建设工程监理合同是与建设工程施工合同并列的合同类型，并不属于建设工程施工合同的范畴。

**典型案例443**

## 四川省科茂建筑劳务有限公司等与中石油第二建设公司建设工程合同纠纷案[①]

### 基本案情

科茂劳务公司、科茂建筑公司向西藏自治区日喀则市中级人民法院起诉称，从2013年8月开始，中石油第二建设公司（以下简称中石油二建公司）作为总承包

① 典型案例443：四川省科茂建筑劳务有限公司等与中石油第二建设公司建设工程合同纠纷案，最高人民法院（2018）最高法民辖41号民事裁定书。

人，将从发包人中石油西藏销售分公司处承包的非主体工程事项（如尼木加油站维修改造工程，日喀则南郊、北郊、东郊、大地、萨嘎加油站维修改造工程等）分包给二者施工。2014 年 12 月 5 日，上述工程全部竣工验收合格，全部投入使用。因中石油二建公司欠付工程款，故提起本案诉讼。中石油二建公司以协议约定由中石油二建公司所在地法院管辖为由，提出管辖权异议。日喀则市中级人民法院裁定予以驳回后，中石油二建公司向西藏自治区高级人民法院提起上诉。西藏自治区高级人民法院认为，本案案由应为建设工程分包合同纠纷。依据《民事诉讼法解释》第 28 条的规定，在建设工程合同纠纷这个三级案由项下，只有建设工程施工合同纠纷才能适用专属管辖原则，建设工程分包合同纠纷不适用专属管辖原则。依据双方协议约定，本案应由甘肃省高级人民法院管辖，故裁定将本案移送至甘肃省高级人民法院。甘肃省高级人民法院认为，本案应按照不动产纠纷确定管辖，其不具有管辖权。遂报请最高人民法院指定管辖。

## 法院观点

最高人民法院认为，从科茂劳务公司、科茂建筑公司起诉主张的事实看，本案案由应为建设工程分包合同纠纷。《民事诉讼法解释》第 28 条第 1 款、第 2 款规定："民事诉讼法第三十三条第一项规定的不动产纠纷是指因不动产的权利确认、分割、相邻关系等引起的物权纠纷。农村土地承包经营合同纠纷、房屋租赁合同纠纷、建设工程施工合同纠纷、政策性房屋买卖合同纠纷，按照不动产纠纷确定管辖。"实践中，属于不动产纠纷应由不动产所在地法院专属管辖的建设工程施工合同纠纷不应限于《民事案件案由规定》建设工程合同纠纷项下的第三个第四级案由"建设工程施工合同纠纷"，应当包括该项下建设工程施工相关案件，即建设工程施工合同纠纷、建设工程价款优先受偿权纠纷、建设工程分包合同纠纷、建设工程监理合同纠纷、装饰装修合同纠纷、铁路修建合同纠纷、农村建房施工合同纠纷。因此，本案应按照不动产纠纷确定管辖法院。根据《最高人民法院关于调整高级人民法院和中级人民法院管辖第一审民商事案件标准的通知》的规定，本案一方当事人住所地不在西藏自治区辖区，且诉讼标的额超过 2000 万元，西藏自治区高级人民法院是本案的管辖法院。

## 裁判规则444

**专门管辖优先于专属管辖。铁路修建合同纠纷，航道、港口疏浚合同纠纷，船坞、码头建造合同纠纷等，应当先按照专门管辖的规定确定专门管辖法院，再按照专属管辖的规定确定由工程所在地的专门法院管辖。**

所谓专门管辖，是指根据法律或司法解释的规定，将某些特殊类型的案件交由专门法院管辖。根据《人民法院组织法》的规定，实行专门管辖的法院包括军事法院、海事法院和铁路运输法院等，其案件管辖范围是特定的，具有排他性。[①]

与建设工程相关的专门管辖主要有三：一是《最高人民法院关于铁路运输法院案件管辖范围的若干规定》（法释〔2012〕10号）第3条规定："下列涉及铁路运输、铁路安全、铁路财产的民事诉讼，由铁路运输法院管辖：……（五）铁路运输企业在装卸作业、线路维修等方面发生的委外劳务、承包等合同纠纷；（六）与铁路及其附属设施的建设施工有关的合同纠纷；（七）铁路设备、设施的采购、安装、加工承揽、维护、服务等合同纠纷……"二是《最高人民法院关于海事法院受理案件范围的规定》（法释〔2016〕4号）第55条规定，海洋、通海可航水域工程建设（含水下疏浚、围海造地、电缆或者管道敷设以及码头、船坞、钻井平台、人工岛、隧道、大桥等建设）纠纷案件，属于海事法院受案范围。三是《最高人民法院关于军事法院管辖民事案件若干问题的规定》（法释〔2020〕20号）第2条第4项规定，《民事诉讼法》第33条[②]规定的不动产所在地、港口所在地、被继承人死亡时住所地或者主要遗产所在地在营区内，且当事人一方为军人或者军队单位的案件，地方当事人向军事法院提起诉讼或者提出申请的，军事法院应当受理。据此，《民事案件案由规定》中，第115号案由"建设工程合同纠纷"项下第八个四级案由"铁路修建合同纠纷"应由铁路法院专门管辖；第235号案由"航道、港口疏浚合同纠纷"与第236号案由"船坞、码头建造合同纠纷"应由海

① 参见李少平主编：《最高人民法院第五巡回法庭法官会议纪要》，人民法院出版社2021年版，第5页。

② 现《民事诉讼法》第34条。

事法院专门管辖；其他涉军队的建设工程纠纷，应由军事法院专门管辖。

而如前所述，根据《民事诉讼法解释》第28条第2款的规定，建设工程施工合同纠纷实行专属管辖，即由建设工程所在地人民法院管辖。针对专门管辖与专属管辖并行的问题，按照专门管辖优先于专属管辖的要求，应当先适用专门管辖的规定，确定由相应的专门法院管辖；再按照专属管辖的规定，确定由工程所在地的专门法院专属管辖。以铁路修建合同纠纷为例，首先应确定由铁路运输人民法院专门管辖，再根据铁路所在地确定由工程所在地的铁路运输法院专属管辖。[①] 除下述【典型案例444】外，还可参考“安徽徽湘建筑劳务有限公司与中铁二十四局集团安徽工程有限公司建设工程施工合同纠纷案”[②]。

**典型案例444**

## 赤峰振峰建筑工程有限责任公司与中铁九局集团有限公司等建设工程施工合同纠纷案[③]

### 基本案情

2011年8月1日，中铁九局集团有限公司（以下简称中铁九局公司）与赤峰振峰建筑工程有限责任公司（以下简称振峰公司）就“平齐线茂满段增建二线工程”签订《建设工程施工劳务分包合同》。合同约定，如发生纠纷，向中铁四局路桥公司所在地（吉林省长春市）铁路运输法院起诉。工程完工后，振峰公司向沈阳（中铁九局公司所在地）铁路运输法院起诉，要求支付工程款。沈阳铁路运输法院以该案应由不动产所在地法院专属管辖为由，未予受理。振峰公司遂向内蒙古自治区科尔沁左翼中旗人民法院提起诉讼。中铁九局公司提出管辖权异议认为，应由沈阳铁路运输法院管辖。该管辖权异议被驳回后，中铁九局公司提起上诉。通辽市中级人民法院认为，根据双方合同约定，应当移送长春铁路运输法院管辖，遂裁

① 参见李玉生主编：《建设工程施工合同案件审理指南》，人民法院出版社2019年版，第33页。

② 参考案例490：安徽徽湘建筑劳务有限公司与中铁二十四局集团安徽工程有限公司建设工程施工合同纠纷案，安徽省六安市裕安区人民法院（2017）皖1503民初2439号民事裁定书、安徽省六安市中级人民法院（2017）皖15民辖终90号民事裁定书。

③ 典型案例444：赤峰振峰建筑工程有限责任公司与中铁九局集团有限公司等建设工程施工合同纠纷案，最高人民法院（2018）最高法民辖44号民事裁定书。

定予以移送。长春铁路运输法院认为移送错误，层报至吉林省高级人民法院，吉林省高级人民法院报请最高人民法院指定管辖。

## 法院观点

最高人民法院认为，根据《民事诉讼法解释》第28条第2款、《最高人民法院关于铁路运输法院案件管辖范围的若干规定》第3条第6项的规定，本案确定管辖既要考虑铁路运输法院的专门管辖范围，也要按照不动产纠纷确定管辖法院。案涉建设工程施工地点位于平齐线茂林至满汉营段，属于通辽车务段辖区，故本案应由通辽铁路运输法院管辖。《建设工程施工劳务分包合同》约定的管辖违反《民事诉讼法》第37条的规定，应认定为无效。通辽市中级人民法院裁定将本案移送长春铁路运输法院审理错误。据此裁定，本案由通辽铁路运输法院审理。

### 裁判规则445

**建设工程施工合同约定的施工范围跨越不同法院管辖区域的，或对位于不同法院管辖区域的建设工程实行诉的客体合并的，当事人向任一法院提起诉讼均符合专属管辖的规定。**

实践中，建设工程施工合同约定的施工范围跨越不同法院管辖区域的情况为数不少，最常见的就是道路建设工程。就此，“如果涉案工程由不同的子工程构成或者分为不同的标段位于多个辖区内，则数个法院均有管辖权”①。

诉的客体合并，系指同一原告对同一被告在同一诉讼程序中主张两个以上符合法院受案条件的独立的诉。在建设工程施工合同领域，常见的诉的客体合并的情形是，发包人与承包人就不同工程签订多个施工合同，在履行过程中，发包人付款时未针对不同工程进行区分，导致履行不可分，进而不得不将不同施工合同纳入一个案件进行审理。“胡承奇与单县亿隆（北京）房地产开发有限公司、山东百世建设

① 周利明：《解构与重塑：建设工程合同纠纷审判思维与方法》，法律出版社2019年版，第92页。

集团有限公司建设工程施工合同纠纷案”①、“魏孔海与新疆宇烽腾达电力建设有限公司、国网新疆电力有限公司奎屯供电公司等建设工程施工合同纠纷案”② 均属这类情形。在此情形下，各个建设工程所在地的法院均有管辖权。

针对多个法院均有管辖权的情形，《民事诉讼法》第36条规定：“两个以上人民法院都有管辖权的诉讼，原告可以向其中一个人民法院起诉；原告向两个以上有管辖权的人民法院起诉的，由最先立案的人民法院管辖。”

**典型案例445**

## 梅光林与龚治国建设工程施工合同纠纷案③

### 基本案情

2012年8月20日，龚治国与梅光林签订《钢结构工程安装合同》约定，龚治国将宏炎公司钢结构厂房安装工程发包给梅光林。2013年12月5日，龚治国与梅光林签订《钢构厂房施工合同》约定，龚治国将科瑞鸿泰公司津市分公司钢结构厂房安装工程发包给梅光林。合同签订后，梅光林履行了安装义务，安装工程项目已实际投入使用。梅光林完成上述钢结构安装工程之前，还承建了龚治国发包的天桥集贸市场钢结构工程，但双方未签订书面合同，该安装工程项目也已实际投入使用。后梅光林就案涉三个工程向法院提起诉讼，要求龚治国支付工程款173,100元、承担违约金51,930元。一审法院（湖南省津市市人民法院）判决龚治国支付梅光林工程款78,420元。龚治国提起上诉称，本案涉及三个项目，其中天桥集贸市场项目位于临澧县，应由临澧县人民法院管辖。

---

① 参考案例491：胡承奇与单县亿隆（北京）房地产开发有限公司、山东百世建设集团有限公司建设工程施工合同纠纷案，最高人民法院（2017）最高法民辖终372号民事裁定书。

② 参考案例492：魏孔海与新疆宇烽腾达电力建设有限公司、国网新疆电力有限公司奎屯供电公司等建设工程施工合同纠纷案，新疆维吾尔自治区伊犁哈萨克自治州塔城地区中级人民法院（2021）新42民终1750号民事判决书。

③ 典型案例445：梅光林与龚治国建设工程施工合同纠纷案，湖南省常德市中级人民法院（2020）湘07民终1961号民事判决书。

## 法院观点

湖南省常德市中级人民法院认为，建设工程施工合同纠纷应当适用专属管辖。本案涉及宏炎公司、科瑞鸿泰公司、天桥市场三个钢结构安装工程，除天桥市场项目的履行地在临澧外，其余两个项目的履行地均在津市，故津市法院、临澧法院均有管辖权。据此，津市法院对本案具有管辖权。

### 裁判规则446

**建设工程施工合同纠纷的专属管辖规则系针对纠纷类型所作的规定，与合同履行程度无关。无论是未实际施工情况下的退还履约保证金纠纷，还是缺陷责任期届满后的退还质保金纠纷等，均应适用专属管辖规则。**

发承包双方在施工过程中或施工完毕后就工程款、工期、工程质量等发生的争议，显然属于专属管辖的范畴。但在施工合同签订后、实际开工建设前即发生的争议，如施工合同不再履行引发的退还履约保证金纠纷以及工程交付使用且缺陷责任期届满后发生的退还质保金纠纷，是否仍应适用专属管辖?

时任最高人民法院专职审委会委员的杜万华指出，“如果建筑已经建好，将其列为不动产纠纷没有问题。如果建设工程合同还没有履行，建筑还没有建起来，还能作为不动产纠纷吗?最后权衡利弊还是将其作为不动产纠纷处理”①。其理由在于，从《民事诉讼法解释》第28条第2款的规定来看，该专属管辖规则针对的是建设工程施工合同纠纷这一纠纷类型。只要当事人之间的争议属于建设工程施工合同纠纷范畴，无论是在施工合同签订后、实际开工建设前即发生的争议，还是工程交付使用且缺陷责任期届满后发生的争议，均应当适用专属管辖。原《江苏省高级人民法院关于审理建设工程施工合同纠纷案件若干问题的解答》(2018年6月26日)第1条第2款即规定:“尚未开工建设的建设工程施工合同纠纷，以及达成结算协议的建设工程施工合同纠纷，均适用专属管辖。”《重庆市高级人民法院关于

① 杜万华:《〈民事诉讼法〉司法解释重点问题解析》，载《法律适用》2015年第4期。

民事诉讼管辖若干问题的解答》（渝高法〔2017〕256号）第18条针对“当事人签订建设工程施工合同前，就建设工程保证金的支付或返还产生争议，是否按照建设工程施工合同纠纷确定管辖”这一问题也提出，“当事人签订建设工程施工合同前，就建设工程保证金的支付或返还产生争议，能够确定建设工程项目所在地的，按照建设工程施工合同纠纷确定管辖；难以确定建设工程项目所在地的，按照一般合同纠纷确定管辖”。

承包人在施工合同履行前即起诉要求返还履约保证金的，可能遭遇合同约定的工程所在地不明的问题。就此，前述《重庆市高级人民法院关于民事诉讼管辖若干问题的解答》（渝高法〔2017〕256号）第18条后段的规定可资参照，即“难以确定建设工程项目所在地的，按照一般合同纠纷确定管辖”。

**典型案例446**

## 应建伟与大庆建筑安装集团有限责任公司重庆分公司建设工程施工合同纠纷案[①]

### 基本案情

2013年11月14日，应建伟、周德荣与大庆建筑安装集团有限责任公司重庆分公司（以下简称大庆建司重庆分公司）签订《土、石方工程内部承包施工协议》约定，大庆建司重庆分公司将贵州毕节锦新凤荞酒业有限公司土石方平场工程内部承包给应建伟和周德荣。当日，应建伟以个人汇款方式向大庆建司重庆分公司支付了保证金20万元。协议签订后，该工程项目一直未能开工。应建伟遂向贵州省毕节市七星关区人民法院提起诉讼，请求判令大庆建司重庆分公司返还履约保证金。

### 法院观点

七星关区人民法院认为，签订《土、石方工程内部承包施工协议》后，该工程项目一直未能施工，合同未能实际履行。《民事诉讼法解释》第18条第3款规

① 典型案例446：应建伟与大庆建筑安装集团有限责任公司重庆分公司建设工程施工合同纠纷案，最高人民法院（2017）最高法民辖61号民事裁定书。

定："合同没有实际履行，当事人双方住所地都不在合同约定的履行地的，由被告住所地人民法院管辖。"本案原被告住所地均不在七星关区，被告大庆建司重庆分公司住所地位于重庆市渝北区，故应由渝北区人民法院管辖。遂裁定将案件移送渝北区人民法院审理。渝北区人民法院认为七星关区人民法院裁定移送错误，遂逐级报请重庆市高级人民法院。重庆市高级人民法院以本案系建设工程施工合同纠纷，应按照不动产纠纷确定管辖为由，报请最高人民法院指定管辖。最高人民法院认为，本案系履行建设工程分包合同引发的纠纷，应建伟起诉主张案涉工程没有开工，大庆建司重庆分公司亦未按照约定返还工程保证金，依据《民事诉讼法解释》第28条第2款的规定，本案应由工程所在地七星关区人民法院管辖，七星关区人民法院不应将本案移送渝北区人民法院审理。

## 裁判规则447

**建设工程投标人因未中标要求退还投标保证金的，属于竞标合同纠纷而非建设工程施工合同纠纷，故不应适用专属管辖。**

如前所述，在施工合同签订后、实际开工建设前，因施工合同不再履行引发的退还履约保证金纠纷，应当适用专属管辖。那么投标人因未中标要求退还投标保证金的，是否也应适用专属管辖？

如【裁判规则231】所言，投标保证金所担保者并非招投标所指向的建设工程施工合同，而是竞标过程中之合意，因此，投标保证金属于竞标合同的范畴，与建设工程施工合同无关。基于此，对于投标人因投标未成主张招标人返还投标保证金的纠纷，因二者之间并未缔结建设工程施工合同，故不应由工程所在地法院专属管辖。①

需注意的是，《招标投标法实施条例》第74条规定："中标人无正当理由不与招标人订立合同，在签订合同时向招标人提出附加条件，或者不按照招标文件要求提交履约保证金的，取消其中标资格，投标保证金不予退还。对依法必须进行招标的项目的中标人，由有关行政监督部门责令改正，可以处中标项目金额10‰以下

① 参见李玉生主编：《建设工程施工合同案件审理指南》，人民法院出版社2019年版，第35页。

的罚款。”如中标后被取消中标资格，招标人与中标人就应否退还投标保证金发生的纠纷，应当如何确定管辖？如【裁判规则 45】所述，一旦中标，双方即成立建设工程施工合同关系。招标人之所以不退还投标保证金，系因中标人无正当理由不与招标人订立合同、在签订合同时向招标人提出附加条件或者不按照招标文件要求交纳履约保证金，即中标人违反建设工程施工合同的约定。因此，中标后投标保证金应否退还，属于建设工程施工合同违约责任的范畴，应当适用建设工程施工合同的专属管辖规则。

**典型案例 447**

## 郭金武与安徽霍山县华通建筑安装有限公司合同纠纷管辖权异议案[①]

### 基本案情

安徽霍山县华通建筑安装有限公司（以下简称华通公司）就案涉工程发布招标公告后，郭金武缴纳了投标保证金并参与投标，但因其未中标，故郭金武未与华通公司签订建设工程施工合同。后郭金武向招标公告所载明的建设工程所在地法院——安徽省临泉县人民法院——提起诉讼，要求华通公司返还投标保证金并支付利息。华通公司提出管辖权异议称，按照《民事诉讼法》第 21 条[②]第 2 款的规定，本案应由被告住所地安徽省霍山县人民法院管辖。

### 法院观点

安徽省阜阳市中级人民法院认为，郭金武依据投标文件等证据，对华通公司提起本次民事诉讼，双方并未签订书面合同，郭金武也在民事起诉状中自认其并未中标，因此本案并不涉及任何建设工程项目的施工，郭金武提出的诉讼请求也只是要求返还投标保证金并支付利息，不涉及任何工程款结算问题。因此，本案不属于建设工程施工合同纠纷，不适用专属管辖的规定，而应由被告住所地人民法院管辖。

---

① 典型案例 447：郭金武与安徽霍山县华通建筑安装有限公司合同纠纷管辖权异议案，安徽省阜阳市中级人民法院（2021）皖 12 民辖终 184 号民事裁定书。

② 现《民事诉讼法》第 22 条。

## 裁判规则448

**在工程转包、分包、内部承包的情况下，转承包人、分包人、内部承包人向承包人追索工程款的，属于建设工程施工合同纠纷，应当适用专属管辖规则，但挂靠人基于挂靠协议向被挂靠人追索工程款的除外。**

在工程分包的情况下，分包人向承包人追索工程款的，属于第115号“建设工程合同纠纷”项下第五个四级案由“建设工程分包合同纠纷”，应当适用专属管辖规则。那么转承包人、内部承包人向承包人追索工程款或挂靠人向被挂靠人追索工程款的，应否适用专属管辖？

在工程转包、内部承包的情况下，虽然第115号“建设工程合同纠纷”项下未列举转包合同纠纷、内部承包合同纠纷，但就实质而言，转承包人、内部承包人与承包人之间仍系建设工程施工合同关系，故仍应适用专属管辖规则。下述【典型案例448】即为适例。

在挂靠施工的情况下，如【裁判规则439】所述，挂靠人与被挂靠人之间的法律关系是挂靠关系，而非建设工程施工合同关系，如挂靠人基于挂靠协议要求被挂靠人转付（分包人已支付的）工程款，不应适用专属管辖，而应按一般合同的管辖原则确定管辖。就此问题，可参考“川渝建设集团有限公司与王明路、袁洪章等挂靠经营合同纠纷案”①。

**典型案例448**

### 许荣明与北京中关村开发建设股份有限公司等建设工程施工合同纠纷案②

### 基本案情

许荣明与北京中关村开发建设股份有限公司（以下简称中关村公司）签署了

① 参考案例493：川渝建设集团有限公司与王明路、袁洪章等挂靠经营合同纠纷案，四川省广安市中级人民法院（2017）川16民终236号民事判决书。

② 典型案例448：许荣明与北京中关村开发建设股份有限公司等建设工程施工合同纠纷案，最高人民法院（2017）最高法民辖终157号民事裁定书。

《乌鲁木齐市经济技术开发区文化体育中心工程项目内部承包经营协议书》。后双方在履行中发生争议，许荣明向工程所在地法院（新疆维吾尔自治区高级人民法院）提起诉讼。中关村公司提出管辖权异议认为，《乌鲁木齐市经济技术开发区文化体育中心工程项目内部承包经营协议书》属内部承包协议，不是建设工程施工合同，不属于工程所在地法院（新疆维吾尔自治区高级人民法院）专属管辖的范围；中关村公司作为被告，住所地为北京市，本案应由该地有管辖权的法院管辖。新疆维吾尔自治区高级人民法院裁定驳回中关村公司的管辖权异议后，中关村公司向最高人民法院提起上诉。

### 法院观点

最高人民法院认为，《合同法》规定建设工程施工合同可以依法分包、转包。对于违法分包、非法转包情形的处理，《2004 年建工解释》中作了相关规定，在《民事案件案由规定》中也有相关内容。依据上述规定，因建设工程分包、转包合同发生纠纷，也属于建设工程施工合同纠纷。新疆维吾尔自治区高级人民法院根据《民事诉讼法解释》第 28 条的规定受理本案，驳回中关村公司对本案提出的管辖权异议，适用法律并无不当。

## 裁判规则 449

**工程款债权转让后，债权受让人起诉主张工程款债权的，基于债的同一性，仍应适用建设工程施工合同纠纷的专属管辖规则。**

甲把工程发包给乙承建，乙将工程款债权转让给丙，丙起诉甲要求支付工程款，应当如何确定管辖法院？

一般认为，在工程款债权转让的情况下，因债权转让的后果仅是建设工程施工合同权利主体发生变更，并不影响案件法律关系的性质，[①] 建设工程施工合同之债的同一性得以维持，诉讼标的仍是原合同中的权利义务关系。因此工程款债权转让后，债权受让人起诉发包方的，“债务人对原权利人的抗辩可以对抗受让人，故仍

① 参见肖峰、韩浩：《建设工程合同纠纷实务争议问题研究》，载最高人民法院民事审判第一庭编：《民事审判指导与参考》总第 84 辑，人民法院出版社 2021 年版。

系围绕建设工程的事项所展开”①，应按照建设工程施工合同纠纷确定案由、确定管辖。原《江苏省高级人民法院关于审理建设工程施工合同纠纷案件若干问题的解答》（2018年6月26日）第1条第3款即规定：“工程款债权转让的，债务人与受让人因债务履行发生纠纷的，由于该债权源于建设工程施工合同，按建设工程施工合同纠纷适用专属管辖。”《湖南省高级人民法院关于审理建设工程施工合同纠纷案件若干问题的解答》（湘高法〔2022〕102号）第1条第3项也规定，工程款债权转让，债务人与受让人因债务履行发生的纠纷，由建设工程所在地人民法院专属管辖。

**典型案例449**

## 杜金生与中国建筑第七工程局有限公司、山西五盂高速公路有限公司建设工程施工合同纠纷案②

### 基本案情

北京祁鹏机械租赁处与中国建筑第七工程局有限公司（以下简称中建七局）签订《路基工程施工合同》后，与杜金生签订《债权转让协议》，将其在《路基工程施工合同》项下的权利转让给杜金生。其后，杜金生向工程所在地法院（山西省高级人民法院）提起本案诉讼，请求确认《路基工程施工合同》无效，并请求中建七局向其支付工程款、五盂高速公路公司承担连带责任。中建七局抗辩称，杜金生为债权受让人，并非建设工程施工合同的一方主体或者实际施工人，因此本案的性质为债权转让纠纷，而非建设工程施工合同纠纷，应由中建七局住所地的法院（河南省高级人民法院）管辖。

### 法院观点

最高人民法院认为，杜金生提起本案诉讼，系基于其与北京祁鹏机械租赁处签

① 李玉生主编：《建设工程施工合同案件审理指南》，人民法院出版社2019年版，第34页。

② 典型案例449：杜金生与中国建筑第七工程局有限公司、山西五盂高速公路有限公司建设工程施工合同纠纷案，最高人民法院（2018）最高法民辖终221号民事裁定书。

订《债权转让协议》受让了北京祁鹏机械租赁处在《路基工程施工合同》项下全部权利之事实。杜金生在本案中的诉讼请求均是围绕案涉《路基工程施工合同》提出的，因此本案法律关系性质仍为建设工程施工合同纠纷。杜金生受让北京祁鹏机械租赁处债权的后果仅是《路基工程施工合同》权利主体发生变更，并不影响本案法律关系的性质。本案建设工程所在地为山西省盂县，因此按照专属管辖以及级别管辖之规定，山西省高级人民法院对本案有管辖权。

**裁判规则450**

**债权人提起代位权诉讼，若次债务系基于建设工程施工合同而产生，因该次债务构成代位权诉讼的基础，故仍应适用建设工程施工合同纠纷的专属管辖规则。**

《建设工程施工合同解释（一）》第44条规定："实际施工人依据民法典第五百三十五条规定，以转包人或者违法分包人怠于向发包人行使到期债权或者与该债权有关的从权利，影响其到期债权实现，提起代位权诉讼的，人民法院应予支持。"那么在实际施工人或承包人的其他债权人提起代位权诉讼时，应当如何确定管辖呢？

安徽省高级人民法院在"陈娟债权人代位权纠纷案"[①] 中认为，该案系债权人代位权纠纷，而非建设工程施工合同纠纷，管辖法院的确定应根据《最高人民法院关于适用〈中华人民共和国合同法〉若干问题的解释（一）》（法释〔1999〕19号，已失效）第14条、第15条的规定，由次债务人住所地人民法院管辖。

代位权诉讼指向的次债务构成代位权诉讼的基础。因为债权人是代承包人之位向发包人主张权利，该权利是承包人在（与发包人之间的）建设工程施工合同项下的权利。因此，在代位权诉讼中，仍须对承包人与发包人之间的实体法律关系——建设工程施工合同关系——进行审理和查明，故仍应按照《民事诉讼法》第34条、《民事诉讼法解释》第28条的规定，优先适用专属管辖的规定，由建设

① 参考案例494：陈娟债权人代位权纠纷案，安徽省高级人民法院（2019）皖民终755号民事裁定书。

工程所在地人民法院专属管辖。[①]《重庆市高级人民法院关于民事诉讼管辖若干问题的解答》（渝高法〔2017〕256号）第17条针对债权人提起代位权诉讼，是否受债务人与次债务人已有的仲裁约定或者管辖约定约束，代位权诉讼如何确定管辖这一问题即认为，“代位权诉讼的提起系基于法律的特别规定。债权人提起代位权诉讼不受债务人与次债务人之间仲裁约定或者管辖约定的约束，由被告即次债务人住所地法院管辖；但债务人与次债务人之间的法律关系属于专属管辖、专门管辖、集中管辖范围的，应由相应法院管辖”。当然，如果债权人提起的代位权诉讼中的次债务与建设工程施工合同无关，则不适用建设工程施工合同纠纷的专属管辖规则。

**典型案例 450**

## 刘勇与上海建工（集团）总公司等债权人代位权纠纷案[②]

### 基本案情

刘勇基于民间借贷合同对恒益公司享有到期债权，该债权已经调解确认。执行程序中，刘勇以恒益公司与上海建工（集团）总公司（以下简称上海建工集团）签有建设工程施工合同，恒益公司对上海建工集团享有工程款债权为由，申请法院执行恒益公司对上海建工集团的工程款债权。上海建工集团提出执行异议。刘勇遂以上海建工集团为被告，向恒益公司与上海建工集团施工合同项目所在地法院——天津市河西区人民法院——提起债权人代位权诉讼。上海建工集团提出管辖权异议认为，其与刘勇之间并无施工合同关系，本案系债权人代位权纠纷，应依据《民事诉讼法》第21条[③]的规定确定管辖，即由其住所地的人民法院（上海市浦东新区人民法院）管辖。天津市河西区人民法院裁定，将案件移送上海市浦东新区人民法院管辖。刘勇提起上诉。

① 参见肖峰、韩浩：《建设工程合同纠纷实务争议问题研究》，载最高人民法院民事审判第一庭编：《民事审判指导与参考》总第84辑，人民法院出版社2021年版。

② 典型案例450：刘勇与上海建工（集团）总公司等债权人代位权纠纷案，天津市第二中级人民法院（2021）津02民辖终280号民事裁定书。

③ 现《民事诉讼法》第22条。

**法院观点**

天津市第二中级人民法院认为，刘勇系基于其与恒益公司业经一审法院作出的民事调解书所确认的债权债务以及恒益公司与上海建工集团之间所涉工程款债权而提起的债权人代位权诉讼。虽然根据相关法律规定，债权人代位权纠纷案件由被告住所地法院管辖，但人民法院在审理该代位权纠纷案件时仍需对债务人和次债务人之间的实体法律关系进行查明。因本案中恒益公司与上海建工集团之间施工合同约定的工程项目地点位于天津市河西区，根据《民事诉讼法》第33条①、《民事诉讼法解释》第28条第2款的规定，本案应优先适用专属管辖的规定，由工程项目所在地人民法院管辖，故一审法院对本案具有管辖权，一审法院在其具有管辖权的情况下将本案移送至上海市浦东新区人民法院审理有失妥当，应予纠正。

## 12.2 诉讼与仲裁的程序选择

仲裁是与诉讼并列的两大纠纷解决机制之一。《仲裁法》第4条规定："当事人采用仲裁方式解决纠纷，应当双方自愿，达成仲裁协议。没有仲裁协议，一方申请仲裁的，仲裁委员会不予受理。"据此，当事人达成仲裁协议自愿将争议提交仲裁机构解决是仲裁机构受理案件的前提，同时也是排除法院对该争议的管辖权的依据。②

**裁判规则451**

**建设工程施工合同纠纷的专属管辖规则是针对法院受理民事案件的权限与分工，不具有排除仲裁管辖的效力。建设工程施工合同当事人有权约定仲裁管辖，且仲裁管辖不受专属管辖规则的约束。**

如前所述，仲裁协议有排除诉讼管辖的效力。但根据《民事诉讼法》第34条，建设工程施工合同纠纷由工程所在地人民法院专属管辖。该专属管辖规则对当

① 现《民事诉讼法》第34条。

② 参见河北省高级人民法院立案庭、秦治国：《法院管辖和仲裁管辖关系的法律问题》，载苏泽林主编：《民商事审判管辖实务研究》，人民法院出版社2006年版，第109页。

事人选择仲裁程序有无影响？

一方面，该专属管辖规则源于《民事诉讼法》，只适用于民事诉讼程序，可据此排除非工程所在地法院的管辖权；但不能约束仲裁程序，不能排除仲裁管辖权。《仲裁法》第5条规定："当事人达成仲裁协议，一方向人民法院起诉的，人民法院不予受理，但仲裁协议无效的除外。"因此，如建设工程施工合同约定了仲裁管辖，则当事人在发生争议时，应当选择仲裁程序，而不能向人民法院提起诉讼。另一方面，《仲裁法》第6条第2款规定："仲裁不实行级别管辖和地域管辖。"因此，在建设工程施工合同约定了仲裁管辖的情况下，"双方约定的仲裁机构并不以工程所在地、当事人双方住所地等与案件具有实质连接点地区的仲裁机构为限"①。

**典型案例 451**

## 广东博道建设有限公司申请确认仲裁协议效力案②

### 基本案情

2017年1月25日，经招投标程序，中化学公司成为大埔至潮州高速公路土建工程的中标单位。其后，中化学公司以工程分包名义先后与广东博道建设有限公司（以下简称博道公司）签订《临建施工合同》《便道施工合同》等六份合同，均约定"如因本合同的履行发生争议，双方协商不成时，应将争议提交济南仲裁委员会按照该会现行有效的仲裁规则仲裁解决"。后双方在履行过程中发生争议，中化学公司向济南仲裁委员会申请仲裁，济南仲裁委员会予以受理。博道公司向佛山市中级人民法院提起诉讼，要求确认双方约定的仲裁条款无效。其主要理由为：其一，《民事诉讼法》对建设工程争议案件实行专属管辖，该专属管辖具有强制性和排他性。双方以协议方式约定通过仲裁解决纠纷从而排除专属管辖的适用，违反《民事诉讼法》的强制性规定，应属无效。其二，双方签订的合同名为分包实为转包，应属无效，故合同中约定的仲裁条款亦属无效。

---

① 周利明：《解构与重塑：建设工程合同纠纷审判思维与方法》，法律出版社2019年版，第41页。

② 典型案例451：广东博道建设有限公司申请确认仲裁协议效力案，广东省佛山市中级人民法院（2020）粤06民特373号民事裁定书。

## 法院观点

佛山市中级人民法院认为，首先，中化学公司与博道公司签订的六份合同均约定了仲裁条款，明确约定将因该合同履行产生的争议提交仲裁解决，并已选定明确、具体的仲裁机构，根据《仲裁法》第16条的规定，上述仲裁条款合法有效。其次，博道公司认为，双方基于违法事项（转包）约定的仲裁条款无效。《仲裁法》第19条第1款规定："仲裁协议独立存在，合同的变更、解除、终止或者无效，不影响仲裁协议的效力。"故即便博道公司上述主张属实，亦不影响案涉仲裁条款的效力。最后，《民事诉讼法》中有关专属管辖的规定仅排除诉讼当事人以协议方式选择其他法院管辖，但并未限制当事人采用仲裁方式解决纠纷的权利。综上，博道公司请求确认仲裁协议无效的依据不足，不予支持。

### 裁判规则452

**建设工程施工合同无效的，基于争议解决条款效力的独立性，不影响合同约定的或仲裁或诉讼的纠纷解决方式。**

仲裁程序的适用，以当事人之间存在合法有效的仲裁协议为前提。实践中，当事人关于仲裁的约定通常作为建设工程施工合同的一个条文。而如本书第2章所述，建设工程施工合同存在大量无效的情形。在施工合同无效的情况下，是否影响仲裁程序的适用？

《民法典》第507条规定："合同不生效、无效、被撤销或者终止的，不影响合同中有关解决争议方法的条款的效力。"《仲裁法》第19条第1款也规定："仲裁协议独立存在，合同的变更、解除、终止或者无效，不影响仲裁协议的效力。"其理由在于，"对于如何解决双方之间的民事争议，双方当事人在原合同中往往订有争议解决条款，当事人希望用约定的解决争议的方法来解决双方之间的争议。这些条款的效力是独立于合同的效力的，合同的生效与否、有效与否或者终止与否都不影响争议解决条款的效力"①。据此，如果施工合同约定的纠纷解决方式是仲

① 黄薇主编：《中华人民共和国民法典合同编释义》，法律出版社2020年版，第104页。

裁，即便施工合同无效，也不影响合同约定的仲裁管辖规则。

还需指出的是，《民法典》第507条所称“解决争议方法”，除包括诉讼或仲裁的程序选择以外，还包括选择检验、鉴定机构的条款。“这种解决争议方法的约定出于双方自愿，不涉及合同的实体权利和义务，应当承认其效力。”① 也就是说，发承包双方在施工合同中约定检验、鉴定机构的条款，其效力也独立于施工合同。

**典型案例452**

## 江苏省苏中建设集团股份有限公司与邯郸市嘉烨房地产开发有限公司建设工程施工合同纠纷案②

### 基本案情

邯郸市嘉烨房地产开发有限公司（以下简称嘉烨公司）将“嘉烨豪庭”工程发包给江苏省苏中建设集团股份有限公司（以下简称苏中建设公司）承建。2013年4月10日，双方签订《施工合同补充协议》。该协议第18条约定：“在本协议履行过程中发生争议时，双方应友好协商解决，协商无效时，提交工程所在地人民法院解决。”在案涉工程于2014年8月25日取得建设工程规划许可证后，嘉烨公司又组织公开招标，苏中建设公司于2014年9月13日投标、2014年9月24日中标。同日，双方就案涉工程签订《备案合同》。该合同第三部分专用条款约定：“双方同意选择以下第1条的方式解决争议：(1) 向邯郸仲裁机构申请仲裁……”施工基本完毕后，苏中建设公司向河北省高级人民法院起诉，要求嘉烨公司支付工程款。嘉烨公司提出管辖权异议认为，双方已明确约定有仲裁条款，该案不应由法院受理。河北省高级人民法院据此裁定，驳回苏中建设公司的起诉。苏中建设公司以《备案合同》不是双方真实意思表示且未实际履行为由，向最高人民法院提起上诉。

① 黄薇主编：《中华人民共和国民法典合同编释义》，法律出版社2020年版，第105页。

② 典型案例452：江苏省苏中建设集团股份有限公司与邯郸市嘉烨房地产开发有限公司建设工程施工合同纠纷案，最高人民法院（2017）最高法民辖终76号民事裁定书。

## 法院观点

最高人民法院认为，《施工合同补充协议》与《备案合同》中的争议解决条款是当事人的真实意思表示，其目的均在于以何种方法去解决双方当事人之间对“嘉烨豪庭”工程建设施工所产生的争议。由于《施工合同补充协议》订立在先，《备案合同》订立在后，《备案合同》中的仲裁解决争议条款应视为对《施工合同补充协议》中法院诉讼解决争议条款的变更。依照《仲裁法》第19条的规定，合同中包括仲裁协议在内的有关解决争议方法的条款是独立条款，不受合同其他条款效力的影响，因此，即使《备案合同》无效，合同中的仲裁条款仍然有效。据此，一审法院裁定嘉烨公司提出的管辖权异议成立是正确的，苏中建设公司应向邯郸仲裁委员会申请仲裁以解决案涉争议。

### 裁判规则453

**结算协议是对建设工程施工合同权利义务关系的清理，基于债的同一性，建设工程施工合同对纠纷解决方式的约定适用于围绕结算协议发生的争议，但结算协议另有约定的除外。**

基于建设工程施工合同而签订的结算协议约定，纠纷通过诉讼（或仲裁）解决，自应选择诉讼（或仲裁）程序。有疑问的是，如【裁判规则66】所述，相对于建设工程施工合同而言，结算协议具有独立性，在建设工程施工合同约定通过仲裁解决双方纠纷的情形下，其后签订的结算协议就此问题未作约定的，应当如何确定纠纷解决方式?

一般认为，结算协议虽在效力上独立于施工合同，但与施工合同具有履行上的牵连性。结算协议是为履行施工合同而签订的，体现了工程结算的结果，是对从签约到结算的履约行为进行的了断，对欠款数额、还款时间、还款方式等内容作出约定。[①] 质言之，无论是施工合同还是结算协议，指向的都是同一债务。正因如

① 参见《施工合同约定的仲裁条款是否适用于因偿付工程欠款签订〈还款协议书〉后发生的纠纷案件》，载最高人民法院民事审判第一庭编：《民事审判指导与参考》总第47辑，人民法院出版社2011年版。

此，结算之后发承包双方之间的法律关系仍然是施工合同关系，属于同一债权债务。因此，施工合同中约定的仲裁条款适用于因履行结算协议（或还款协议）发生的纠纷。[①] 当然，如结算协议另有约定，基于在后法律行为变更在前法律行为这一规则，则应以结算协议的约定为准。在下述【典型案例453】中，法院首先认可了施工合同中约定的仲裁管辖对结算后的纠纷具有约束力；其后，基于结算协议变更了施工合同约定的管辖，认定纠纷改由法院主管；最后，因结算协议约定的管辖无效而适用专属管辖。

**典型案例453**

## 赵文平与中铁十六局集团第一工程有限公司建设工程施工合同纠纷案[②]

### 基本案情

2010年7月，中铁十六局集团第一工程有限公司（以下简称十六局一公司）与赵文平签订《单项工序劳务施工协议书》约定，十六局一公司将西柏坡高速公路二环路至霍寨段S7项目合同段建设工程发包给赵文平，如双方发生争议向北京仲裁委员会申请仲裁。完工后，双方于2016年10月31日签订《结算协议》，并约定纠纷由中铁十六局单位所在地法院管辖。后双方在履行《结算协议》过程中发生纠纷，赵文平向工程所在地的河北省石家庄市鹿泉区人民法院提起诉讼。十六局一公司提出管辖权异议认为，根据《单项工序劳务施工协议书》的约定，案涉纠纷应由北京仲裁委员会管辖，而不适用法院的专属管辖。

### 法院观点

石家庄市中级人民法院认为，本案系建设工程施工合同纠纷。原本《单项工

① 参见《施工合同约定的仲裁条款是否适用于因偿付工程欠款签订〈还款协议书〉后发生的纠纷案件》，载最高人民法院民事审判第一庭编：《民事审判指导与参考》总第47辑，人民法院出版社2011年版。

② 典型案例453：赵文平与中铁十六局集团第一工程有限公司建设工程施工合同纠纷案，河北省石家庄市中级人民法院（2019）冀01民辖终9号民事裁定书。

序劳务施工协议书》约定，纠纷由北京仲裁委员会管辖。但 2016 年 10 月 31 日签订的《结算协议》约定，纠纷由十六局一公司所在地人民法院管辖，故应视为双方对约定的仲裁条款进行了变更，纠纷的约定管辖变为十六局一公司所在地法院即北京市顺义区人民法院。根据《民事诉讼法》第 34 条[①]的规定，约定管辖不得违反级别管辖和专属管辖的规定。又根据《民事诉讼法解释》第 28 条第 2 款的规定，建设工程施工合同纠纷按照不动产纠纷确定管辖。案涉工程位于石家庄市鹿泉区，故双方约定的管辖法院不符合专属管辖的规定，约定无效，本案应由工程所在地石家庄市鹿泉区人民法院管辖。

## 裁判规则454

**建设工程施工合同约定仲裁管辖，其后合同权利或义务转移给第三人的，基于债的同一性，围绕合同权利义务发生的争议仍应适用仲裁管辖，但当事人另有约定、第三人在受让时明确反对或者不知有单独仲裁协议的除外。**

建设工程施工合同约定了仲裁管辖，其后合同权利或义务转让给第三人（如承包人将工程款债权转让给第三人），第三人向发包人追索工程款的，应否受施工合同约定的仲裁管辖的约束？

一般认为，建设工程施工合同约定了仲裁管辖，其后无论是合同权利的转让、合同义务的转移，还是合同权利义务的概括转移，都只是合同主体的变更，并未丧失债的同一性，因此，围绕合同权利义务发生的争议仍应适用仲裁管辖。但需注意的是，仲裁是当事人基于意思自治原则而确定的纠纷解决制度，其最大的特点在于自愿性，因此，在合同权利或义务转移的情况下，如当事人另有约定、第三人在受让时明确反对、第三人在受让时不知有单独仲裁协议，则该仲裁条款对其不具有约束力。《最高人民法院关于适用〈中华人民共和国仲裁法〉若干问题的解释》第 9 条即规定："债权债务全部或者部分转让的，仲裁协议对受让人有效，但当事人另有约定、在受让债权债务时受让人明确反对或者不知有单独仲裁协议的除外。"

---

① 现《民事诉讼法》第 35 条。

**典型案例 454**

## 嘉祥县水务局与山东锦华电力设备有限公司建设工程施工合同纠纷案[①]

### 基本案情

嘉祥县水务局将嘉祥县城区自来水水质改善项目水处理工程发包给恒沣膜公司，双方为此签订了《嘉祥县城区自来水水质改善项目水处理工程施工合同》。合同第 13 条“关于合同争议的解决”约定，“凡与本合同有关而引起的一切争议，双方应首先通过友好协商解决，如经协商后仍不能达成协议时，则双方同意任何一方提交济宁市仲裁委员会仲裁”。2013 年 6 月 20 日，恒沣膜公司将案涉工程的工程款债权转让给山东锦华电力设备有限公司（以下简称锦华公司）。其后，锦华公司向济宁仲裁委员会提起仲裁申请，要求嘉祥县水务局支付工程款。济宁仲裁委员会作出济仲裁字（2014）第 164 号裁决书后，嘉祥县水务局向法院提起诉讼，以嘉祥县水务局与恒沣膜公司之间的仲裁协议只对嘉祥县水务局和恒沣膜公司有法律效力，嘉祥县水务局与锦华公司之间没有仲裁协议为由，申请撤销仲裁裁决。

### 法院观点

济宁市中级人民法院认为，锦华公司申请仲裁是基于债权转让取得了仲裁申请人资格，根据《最高人民法院关于适用〈中华人民共和国仲裁法〉若干问题的解释》第 9 条的规定，债权债务全部或者部分转让的，仲裁协议对受让人有效。本案中，案外人恒沣膜公司将案涉债权转让给锦华公司，因该债权是基于原合同产生的，原合同解决争议的方式明确约定为提交仲裁委仲裁，该仲裁条款适用于锦华公司，仲裁委基于该条款受理该案，并无不当。

---

① 典型案例 454：嘉祥县水务局与山东锦华电力设备有限公司建设工程施工合同纠纷案，山东省济宁市中级人民法院（2015）济民二撤仲字第 23 号民事裁定书。

## 裁判规则455

**实际施工人依据《建设工程施工合同解释（一）》第43条向发包人追索工程款的，无论发包人与承包人之间是否存在仲裁协议，也无论承包人与实际施工人之间是否存在仲裁协议，均应通过诉讼程序解决。**

根据《建设工程施工合同解释（一）》第43条第2款的规定，实际施工人可以将发包人作为被告，将转包人、违法分包人作为第三人，主张工程款债权。在此情况下，由于存在三方主体、两重法律关系，如果某一法律关系中约定了仲裁条款，应当如何确定纠纷解决程序？

就此问题，最高人民法院在相关案件中未能体现出一以贯之的裁判思路。第一种裁判观点认为，实际施工人向发包人追索工程款，系实际施工人对承包人权利的继受，故应受发包人与承包人[①]之间管辖约定的约束。就此，可参见“付洋与中交第二公路工程局有限公司等建设工程施工合同纠纷管辖权异议案”[②]。第二种裁判观点认为，实际施工人向发包人追索工程款，系以自己对承包人的权利为基础，故应受自己与承包人之间管辖约定的约束。在“甘肃杰出建筑工程有限公司与中交第二公路工程局有限公司、兰渝铁路有限责任公司建设工程施工合同纠纷案”[③]中，兰渝铁路有限责任公司（以下简称兰渝公司）是发包人，中交第二公路工程局有限公司（以下简称中交公司）是承包人，甘肃杰出建筑工程有限公司（以下简称杰出公司）是实际施工人。针对杰出公司向兰渝公司追索工程款的请求，最高人民法院认为，杰出公司主张工程价款的基础法律关系是其与中交公司之间的合同关系，而双方在合同中约定了仲裁条款，排除了法院的管辖权。因此，杰出公司

---

① 相对于实际施工人而言，承包人则为转包人或者违法分包人，为表述上的简便，下文统称为承包人。

② 参考案例495：付洋与中交第二公路工程局有限公司等建设工程施工合同纠纷管辖权异议案，最高人民法院（2013）民提字第148号民事裁定书。该案中，中交二公司是总承包人，龙航公司是分包人，付洋是与龙航公司签订合同的实际施工人，也即付洋是向总承包人而非发包人追索工程款。但该案的裁判观点与文中讨论的问题并无区别。

③ 参考案例496：甘肃杰出建筑工程有限公司与中交第二公路工程局有限公司、兰渝铁路有限责任公司建设工程施工合同纠纷案，最高人民法院（2014）民申字第1591号民事裁定书。

将兰渝公司、中交公司作为共同被告诉至法院，违背了杰出公司与中交公司通过仲裁方式处理双方争议的约定。湖南省高级人民法院也持这一观点。[①] 第三种裁判观点认为，实际施工人向发包人追索工程款，基于仲裁协议的相对效力，无论发包人与承包人之间是否存在仲裁协议，也无论承包人与实际施工人之间是否存在仲裁协议，均应通过诉讼程序解决。除下述【典型案例 455】外，还可参见“中国工商银行股份有限公司岳阳分行与刘友良申请撤销仲裁裁决案”[②]。

问题的关键在于仲裁协议的相对性。仲裁协议作为合同的一种，基于合同的相对性，其只能约束签订仲裁协议的当事人，只能规制仲裁协议所指向的基础合同中的纠纷。如发包人与承包人之间的建设工程施工合同约定有仲裁条款，则此仲裁条款只能约束发包人与承包人，不能约束非合同当事人的实际施工人，故实际施工人有权且只能以诉讼方式向发包人主张权利，不受发包人与承包人之间的建设工程施工合同中的仲裁条款的制约；[③] 如果承包人与实际施工人之间的合同约定有仲裁条款，则此仲裁条款不能约束非合同当事人的发包人，故实际施工人向发包人主张工程款债权时，亦应通过诉讼方式。[④] 只有在发包人、承包人与实际施工人之间达成三方仲裁协议的情况下，才应当适用仲裁程序。

---

① 《湖南省高级人民法院关于审理建设工程施工合同纠纷案件若干问题的解答》（湘高法〔2022〕102 号）第 2 条第 1 款规定：“发包人与承包人在建设工程施工合同中约定仲裁条款的，除非实际施工人表示认可或表示受发包人与承包人之间的仲裁条款约束，否则仲裁条款仅对合同双方具有约束力。实际施工人、合法分包人起诉承包人或直接起诉发包人的，人民法院应当审理。如果本案诉讼需要以发包人与承包人之间的仲裁结果作为依据的，可中止审理，待仲裁程序结束后再恢复审理。人民法院对已为仲裁机构的生效裁决所确认的事实应根据《最高人民法院关于民事诉讼证据的若干规定》第十条之规定予以认定。”第 2 款规定：“实际施工人、合法分包人与承包人约定了仲裁条款，又以发包人为被告提起诉讼的，不予受理，已经受理的，裁定驳回起诉。实际施工人、合法分包人与承包人之间的仲裁已终结后，又起诉发包人的（包含发包人与承包人在建设工程施工合同中亦约定了仲裁条款情形），人民法院应当审理。”

② 参考案例 497：中国工商银行股份有限公司岳阳分行与刘友良申请撤销仲裁裁决案，指导性案例 198 号。

③ 参见最高人民法院民事审判第一庭编著：《最高人民法院新建设工程施工合同司法解释（一）理解与适用》，人民法院出版社 2021 年版，第 450 页。

④ 参见杨心忠等：《建设工程合同纠纷裁判思路》，法律出版社 2014 年版，第 30 页。

**典型案例 455**

## 荣盛（蚌埠）置业有限公司与王修虎等建设工程施工合同纠纷案[①]

### 基本案情

2011年1月，华星公司与荣盛（蚌埠）置业有限公司（以下简称荣盛公司）签订四份《建设工程施工合同》约定，荣盛公司开发的南山郦都10号楼、14号楼、16号楼、17号楼、13号楼、商业5号楼由华星公司承建；如合同履行中发生争议，由蚌埠仲裁委员会管辖。2012年8月1日，华星公司与王修虎签订《建筑工程内部承包合同》约定，华星公司将南山郦都16号楼、17号楼、13号楼、商业5号楼分包给王修虎承建；如发生纠纷，可向原告所在地人民法院提起诉讼。施工完毕后，王修虎以华星公司、荣盛公司为被告诉至阜阳市中级人民法院，要求华星公司支付工程款，荣盛公司在欠付工程款范围内承担连带清偿责任。针对管辖问题，荣盛公司向最高人民法院申请再审称，荣盛公司与华星公司签订的《建设工程施工合同》中明确约定，如发生争议由蚌埠仲裁委员会管辖；王修虎作为实际施工人起诉荣盛公司时，应受荣盛公司与华星公司之间的仲裁条款的约束。

### 法院观点

最高人民法院认为，《2004年建工解释》第26条第2款规定，实际施工人在一定条件下可以向与其没有合同关系的发包人主张权利。该条款规定发包人仅在欠付承包人的工程价款范围内承担责任，这不是对实际施工人权利范围的界定，更不是对实际施工人程序性诉讼权利的限制；实际施工人向发包人主张权利，不能简单地理解为是对承包人权利的承继，其也不应受承包人与发包人之间仲裁条款的约束；事实上，王修虎也无权依据荣盛公司与华星公司之间的仲裁条款向蚌埠仲裁委员会对荣盛公司提起仲裁申请。据此，安徽省阜阳市中级人民法院对本案依法具有

---

① 典型案例455：荣盛（蚌埠）置业有限公司与王修虎等建设工程施工合同纠纷案，最高人民法院（2014）民申字第1575号民事裁定书。相关案情可参见安徽省高级人民法院（2014）皖民四终字第00145号民事裁定书、安徽省高级人民法院（2019）皖民再92号民事判决书。

管辖权。

## 裁判规则 456

**代位权只能以诉讼的方式行使。无论发包人与承包人约定采取何种纠纷解决方式，也无论债权人与承包人约定采取何种纠纷解决方式，债权人基于代位权向发包人追索工程款的，均应通过诉讼程序解决。**

根据《民法典》第535条的规定，承包人的债权人有权向发包人提起代位权诉讼。与前述问题相同，在承包人的债权人提起代位权诉讼的情况下，由于存在三方主体、两重法律关系，如果某一法律关系中约定了仲裁条款，应当如何确定纠纷解决程序？

一种观点认为，根据合同法的制度安排，债权人代位权应由债权人以诉讼方式行使。[①]"即使债权人与债务人之间、债务人与次债务人之间的合同订有有效的仲裁条款，次债务人也不得以存在仲裁协议为由对债权人提起的代位权诉讼提出管辖异议。"[②]《重庆市高级人民法院关于民事诉讼管辖若干问题的解答》（渝高法〔2017〕256号）第16条即规定："代位权诉讼的提起系基于法律的特别规定。债权人提起代位权诉讼不受债务人与次债务人之间仲裁约定或者管辖约定的约束，由被告即次债务人住所地法院管辖；但债务人与次债务人之间的法律关系属于专属管辖、专门管辖、集中管辖范围的，应由相应法院管辖。"另一种观点认为，"如果债务人与次债务人之间在债权人主张债权之前就存在有效的仲裁协议，债权人不能向法院起诉，应受仲裁协议约束"[③]。《广东省高级人民法院关于民商事审判适用代位权制度若干问题的指导意见》（粤高法〔2003〕200号）第3条规定："债权人提起代位权诉讼，如债务人与次债务人之间订立有效仲裁条款，法院应裁定不予受理。但该仲裁条款在债权人提起代位权诉讼后订立的或者次债务人放弃仲裁的除外。"北京市高级人民法院在"北京天龙亨通建筑工程有限公司与中国人民解放军

① 参见韩世远：《合同法总论》，法律出版社2011年版，第337页。

② 曹守晔：《代位权的解释与适用》，载《法律适用》2000年第3期。

③ 羊芙蓉：《代位仲裁的可行性研究——以债务人与次债务人合同仲裁条款对代位权人的效力为中心》，载《广东开放大学学报》2019年第6期。

军事科学院军事医学研究院等建设工程施工合同纠纷案”[①] 中也持这一观点。

《民法典合同编通则解释》第 36 条前段规定：“债权人提起代位权诉讼后，债务人或者相对人以双方之间的债权债务关系订有仲裁协议为由对法院主管提出异议的，人民法院不予支持。”其理由在于，仲裁协议应遵循合同相对性原则，仅在协议当事人之间产生相应的法律效果，[②]“仲裁协议效力无法拓展至第三方当事人”[③]，故承包人的债权人应该且只能通过诉讼方式行使代位权。首先，承包人的债权人与发包人之间没有仲裁合意。[④] 其次，即使承包人与发包人之间有仲裁条款，也只对承包人与发包人有约束力，不能约束承包人的债权人。[⑤] 最后，即使承包人的债权人与承包人之间有仲裁条款，也只对承包人的债权人与承包人有约束力，不能约束发包人。所以《民法典》第 535 条第 1 款规定“债权人可以向人民法院请求以自己的名义代位行使债务人对相对人的权利”，从而把纠纷解决的方式限定为诉讼。

如果不将代位权的行使方式限定为诉讼（排除仲裁），就会得出仲裁机构与法院均无管辖权的奇怪结论。以前述“甘肃杰出建筑工程有限公司与中交第二公路工程局有限公司、兰渝铁路有限责任公司建设工程施工合同纠纷案”[⑥] 为例，该案中，兰渝铁路有限责任公司（以下简称兰渝公司）是发包人，中交第二公路工程局有限公司（以下简称中交二公司）是承包人，甘肃杰出建筑工程有限公司（以下简称杰出公司）是分包人，中交二公司与杰出公司约定了仲裁条款。后杰出公司以兰渝公司、中交二公司为被告起诉主张工程款。最高人民法院认为，“杰出公司将兰渝公司、中交二公司作为共同被告起诉至甘肃省陇南市中级人民法院，违背了杰出公司与中交二公司通过仲裁处理双方争议的约定”。并据此驳回了杰出公司的起诉。但是，如果杰出公司以兰渝公司、中交二公司为被申请人申请仲裁，则又会因与兰渝公司无仲裁条款而不被仲裁机构受理。因此，“债权人代位债务人向次

---

① 参考案例 498：北京天龙亨通建筑工程有限公司与中国人民解放军军事科学院军事医学研究院等建设工程施工合同纠纷案，北京市高级人民法院（2020）京民终 94 号民事裁定书。

② 参见肖峰、韩浩：《建设工程合同纠纷实务争议问题研究》，载最高人民法院民事审判第一庭编：《民事审判指导与参考》总第 84 辑，人民法院出版社 2021 年版。

③ 沈志韬：《论债权人代位权情形下仲裁协议的效力》，载陈忠谦主编：《仲裁研究》第 22 辑，法律出版社 2010 年版。

④ 参见张芳芳：《代位请求权情形下仲裁协议的效力问题探讨》，载《河北法学》2007 年第 7 期。

⑤ 参见王静：《代位权诉讼若干问题研究》，载《法律适用（国家法官学院学报）》2001 年第 4 期。

⑥ 参考案例 499：甘肃杰出建筑工程有限公司与中交第二公路工程局有限公司、兰渝铁路有限责任公司建设工程施工合同纠纷案，最高人民法院（2014）民申字第 1591 号民事裁定书。

债务人主张权利，只能通过诉讼的途径进行，也即只能通过代位权诉讼的方式主张权利"①。

事实上，就诉讼或仲裁的程序选择而言，承包人的债权人依据《民法典》第535条行使代位权与实际施工人依据《建设工程施工合同解释（一）》第43条向发包人追索工程款面临的问题完全相同——仲裁协议的相对性。由于仲裁协议具有相对性，实际施工人（或承包人的债权人）与承包人约定的纠纷解决方式不能约束发包人，发包人与承包人约定的纠纷解决方式不能约束实际施工人（或承包人的债权人）。最高人民法院在"弈成新材料科技（上海）有限公司与湘电风能有限公司、南通东泰新能源设备有限公司债权人代位权纠纷案"② 中即认为，虽然湘电风能有限公司（次债务人）主张其与南通东泰新能源设备有限公司（债务人）签订的合同明确约定了仲裁条款，本案应由仲裁委员会审理，但由于弈成新材料科技（上海）有限公司（债权人）既非该仲裁条款所涉合同的一方当事人，亦非该仲裁条款所涉合同权利义务的受让人，故弈成新材料科技（上海）有限公司不受该仲裁条款的约束。据此，如实际施工人（或承包人的债权人）突破合同相对性向发包人追索工程款，应当且只能通过诉讼方式解决。除下述【典型案例456】外，广东省阳江市中级人民法院在"何宇峰与开平住宅建筑工程集团有限公司、阳江豪威房地产开发有限公司建设工程施工合同纠纷案"③ 中也持这一观点。

**典型案例456**

## 孙世君与茶花现代家居用品（滁州）有限公司、安徽鸿路钢结构（集团）股份有限公司债权人代位权纠纷案④

### 基本案情

孙世君诉称，2018年4月24日，茶花现代家居用品（滁州）有限公司（以下

---

① 赵钢、刘学在：《论代位权诉讼》，载《法学研究》2000年第6期。

② 参考案例500：弈成新材料科技（上海）有限公司与湘电风能有限公司、南通东泰新能源设备有限公司债权人代位权纠纷案，最高人民法院（2019）最高法民辖终73号民事裁定书。

③ 参考案例501：何宇峰与开平住宅建筑工程集团有限公司、阳江豪威房地产开发有限公司建设工程施工合同纠纷案，广东省阳江市中级人民法院（2020）粤17民终1947号民事裁定书。

④ 典型案例456：孙世君与茶花现代家居用品（滁州）有限公司、安徽鸿路钢结构（集团）股份有限公司债权人代位权纠纷案，安徽省高级人民法院（2020）皖民辖终103号民事裁定书。

简称茶花公司）将其在苏滁产业园投资的厂房、综合研发楼、办公楼、物资仓库等项目以108,709,235元的价格发包给安徽鸿路钢结构（集团）股份有限公司（以下简称鸿路公司）。2018年8月29日，鸿路公司与孙世君签订《项目内部承包协议书》约定，鸿路公司将茶花公司的工程转包给孙世君。2020年3月，案涉工程项目全面投入生产运营。2020年5月19日，孙世君向鸿路公司报送了结算报告，但鸿路公司未向发包人报送结算报告。鸿路公司怠于向发包人行使到期债权，对其造成损害，遂代位鸿路公司向茶花公司提起诉讼，要求茶花公司给付工程款44,042,051.55元。茶花公司提出管辖权异议认为，《项目内部承包协议书》约定，"在履行本协议中发生争议时，协商解决纠纷，协商不成的，应向合肥市仲裁委员会提交仲裁"，因此，孙世君应通过仲裁确认其债权人的法律地位后，才能向法院以行使代位权的方式起诉茶花公司。

## 法院观点

安徽省高级人民法院认为，根据《2018年建工解释》第25条的规定，实际施工人以转包人或者违法分包人怠于向发包人行使到期债权，对其造成损害为由提起代位权诉讼的，人民法院应予支持。虽然孙世君与鸿路公司签订的《项目内部承包协议书》中约定了仲裁条款，但茶花公司与鸿路公司之间并无仲裁条款，即该仲裁条款的效力仅及于孙世君与鸿路公司，并不及于孙世君与茶花公司、鸿路公司与茶花公司。孙世君以转包人鸿路公司怠于向发包人茶花公司行使到期债权，对其造成损害为由，代鸿路公司向茶花公司提起诉讼、主张欠付的工程款，符合上述司法解释的规定。

附：

# 各地高级人民法院对建设工程施工合同的指导意见汇编

1.《福建省高级人民法院关于审理建设工程施工合同纠纷案件疑难问题的解答》（2007年11月22日）

2.《江苏省高级人民法院关于审理建设工程施工合同纠纷案件若干问题的意见》（2008年12月17日）

3.《安徽省高级人民法院关于审理建设工程施工合同纠纷案件适用法律问题的指导意见》（2009年5月4日）

4.《江苏省高级人民法院建设工程施工合同案件审理指南》（2010年）

5.《四川省高级人民法院关于审理涉及招投标建设工程合同纠纷案件的有关问题的意见》（2010年6月22日）

6.《广东省高级人民法院关于审理建设工程施工合同纠纷案件若干问题的指导意见》（粤高法发〔2011〕37号）

7.《浙江省高级人民法院民事审判第一庭关于审理建设工程施工合同纠纷案件若干疑难问题的解答》（浙法民一〔2012〕3号）

8.《北京市高级人民法院关于审理建设工程施工合同纠纷案件若干疑难问题的解答》（京高法发〔2012〕245号）

9.《安徽省高级人民法院关于审理建设工程施工合同纠纷案件适用法律问题的指导意见（二）》（2013年12月23日）

10.《四川省高级人民法院关于审理建设工程施工合同纠纷案件若干疑难问题的解答》（川高法民一〔2015〕3号）

11.《江苏省高级人民法院民一庭建设工程施工合同纠纷案件司法鉴定操作规程》（苏高法电〔2015〕802号）

12.《重庆市高级人民法院关于建设工程造价鉴定若干问题的解答》（2016年11月9日，渝高法〔2016〕260号）

13.《广东省高级人民法院关于审理建设工程合同纠纷案件疑难问题的解答》（粤高法〔2017〕151号）

14.《河北省高级人民法院建设工程施工合同案件审理指南》（冀高法〔2018〕44号）

15.《江苏省高级人民法院关于审理建设工程施工合同纠纷案件若干问题的解答》（2018年6月26日）

16.《重庆市高级人民法院民一庭关于建设工程施工合同纠纷案件若干问题的解答》（2019年10月）

17.《山东高院民一庭关于审理建设工程施工合同纠纷案件若干问题的解答》（2020年8月15日）

18.《山东省高级人民法院关于审理建设工程施工合同纠纷案件若干问题的解答》（2020年11月4日）

19.《天津市高级人民法院关于审理建设工程施工合同纠纷案件相关问题的审判委员会纪要》（2020年12月9日）

20.《陕西省高级人民法院关于审理建设工程施工合同纠纷案件若干问题的解答》（陕高法〔2020〕113号）

21.《浙江省高级人民法院民二庭关于审理涉建筑施工企业项目部纠纷的疑难问题解答》（2020年12月17日）

22.《河南省高级人民法院民事审判第四庭关于实际施工人相关问题的会议纪要》（2020年）

23.《福建省高级人民法院当前我省涉建工纠纷审判调研　问答·案例·白皮书》（2022年9月）

24.《河南省高级人民法院建设工程案件审判工作座谈会综述》（节录）（2022年9月14日）

25.《湖南省高级人民法院关于审理建设工程施工合同纠纷案件若干问题的解答》（湘高法〔2022〕102号）

26.《重庆市高级人民法院　四川省高级人民法院关于审理建设工程施工合同纠纷案件若干问题的解答》（渝高法〔2022〕156号）